소련 붕괴의 순간

오늘의 러시아를
탄생시킨
'정치적 사고'의
파노라마

소련 붕괴의 순간

오늘의 러시아를 탄생시킨 '정치적 사고'의 파노라마

COLLAPSE
THE FALL OF THE SOVIET UNION

블라디슬라프 M. 주보크 지음
최파일 옮김

위즈덤하우스

일러두기

· 본문에서 인명, 지명 등 고유명사는 국립국어원의 외래어 표기법 및 용례를 따랐다. 단, 표기가 불분명한 일부는 실제 발음을 따라 썼다.

· 소련 지명은 러시아어 표기를 따랐으며, 처음 등장할 때 현재 명칭을 기재했다.

· 옮긴이의 주는 본문에 적고 표시했다. 미주는 모두 저자의 주다.

· 본문의 기울임체는 저자가 강조한 부분이다.

모든 개혁가에게

차례

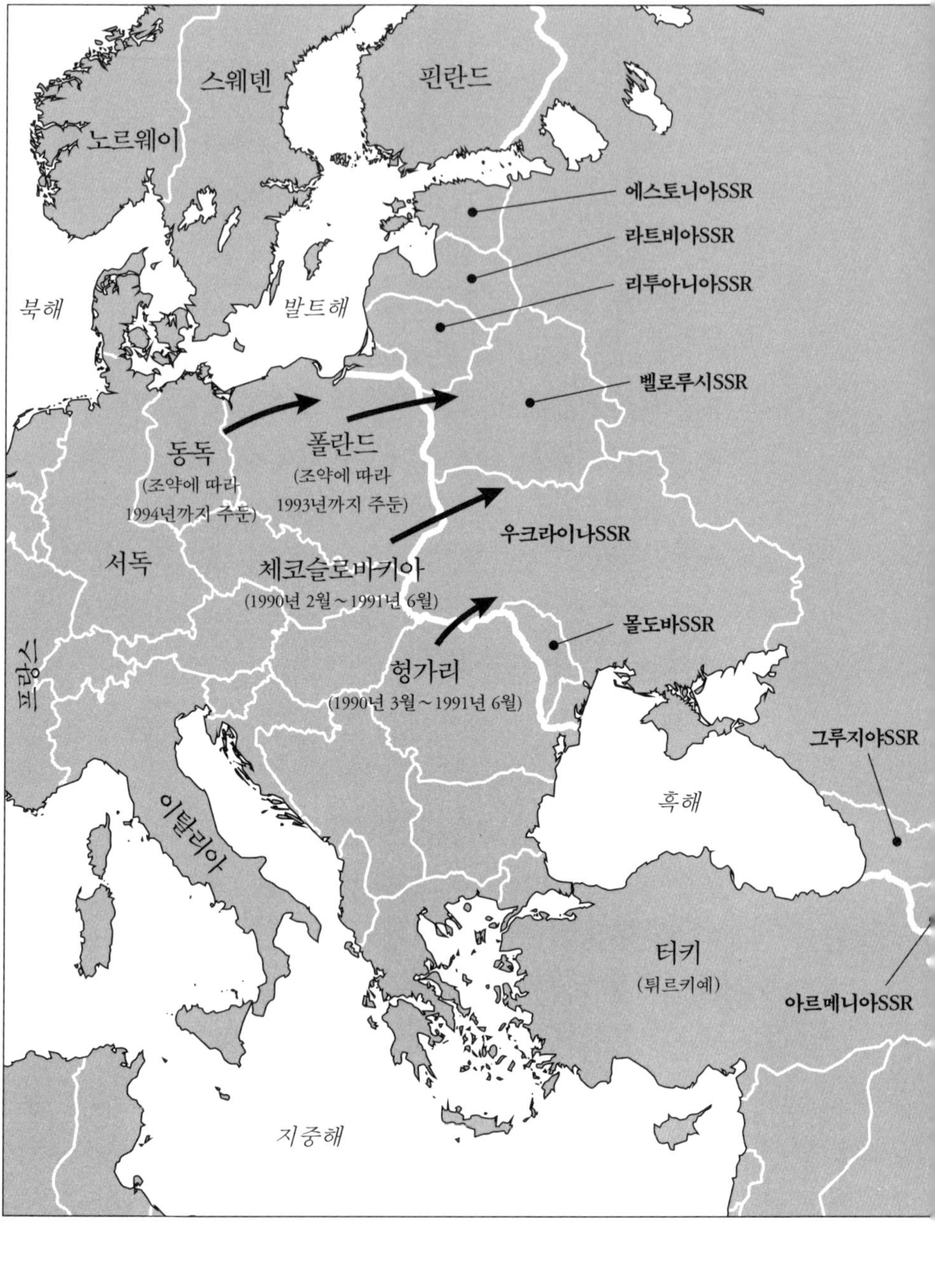

스웨덴
핀란드
노르웨이
에스토니아SSR
라트비아SSR
리투아니아SSR
북해
발트해
벨로루시SSR
동독
(조약에 따라
1994년까지 주둔)
폴란드
(조약에 따라
1993년까지 주둔)
우크라이나SSR
서독
체코슬로바키아
(1990년 2월 ~ 1991년 6월)
몰도바SSR
프랑스
헝가리
(1990년 3월 ~ 1991년 6월)
그루지야SSR
이탈리아
흑해
터키
(튀르키예)
아르메니아SSR
지중해

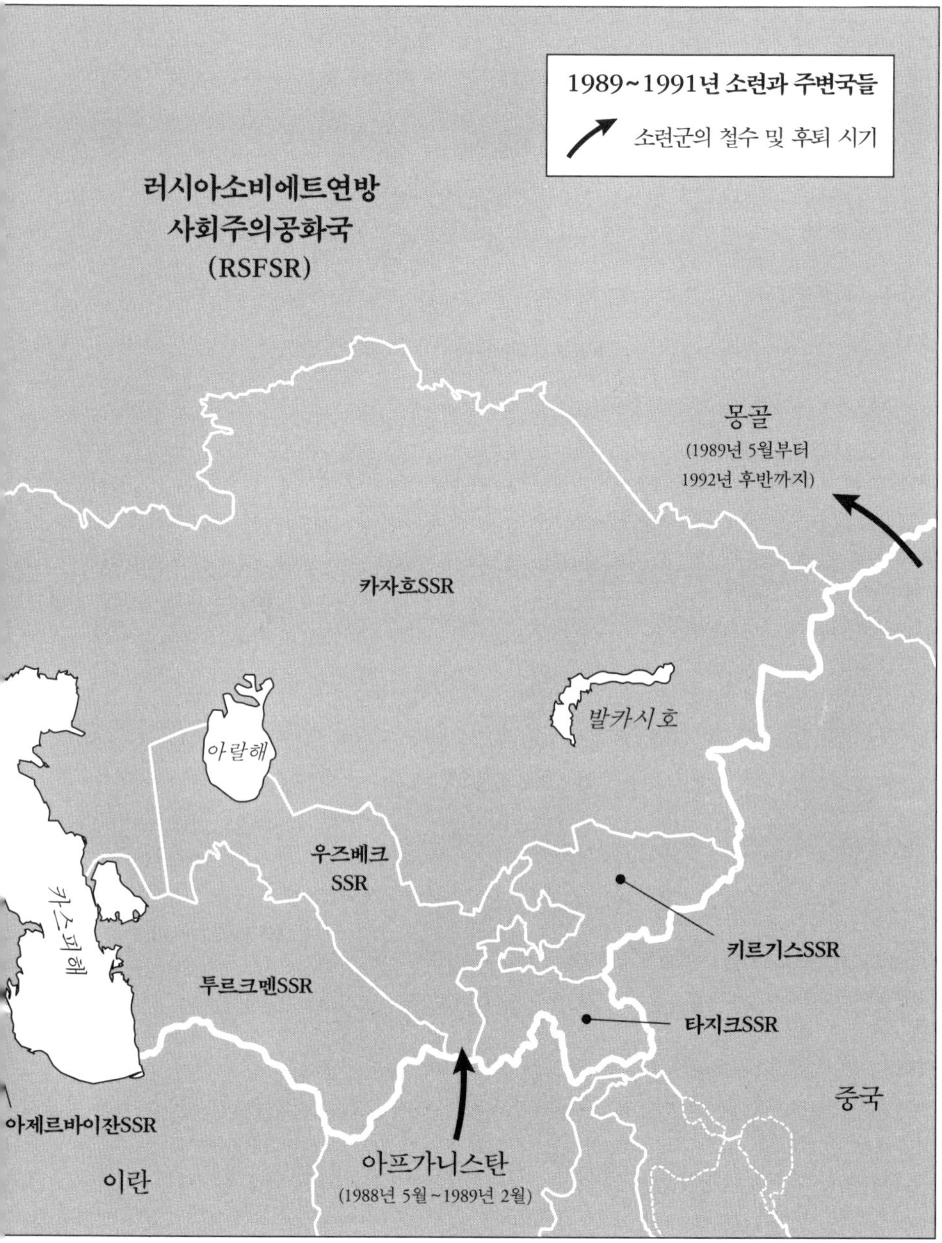

* SSR: 소비에트사회주의공화국의 줄임말

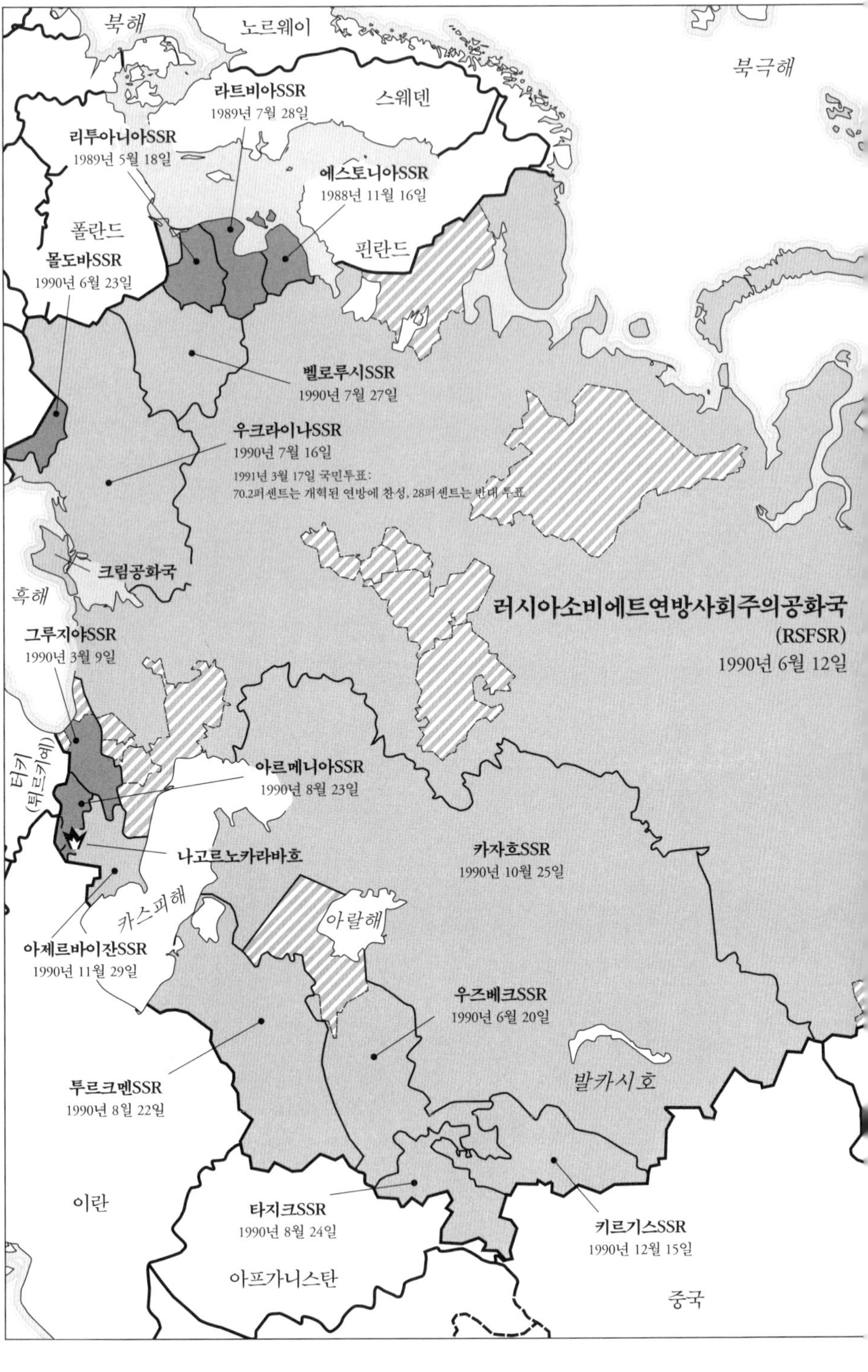
북해
노르웨이
북극해
라트비아SSR
1989년 7월 28일
스웨덴
리투아니아SSR
1989년 5월 18일
에스토니아SSR
1988년 11월 16일
폴란드
핀란드
몰도바SSR
1990년 6월 23일
벨로루시SSR
1990년 7월 27일
우크라이나SSR
1990년 7월 16일
1991년 3월 17일 국민투표:
70.2퍼센트는 개혁된 연방에 찬성, 28퍼센트는 반대 투표
크림공화국
흑해
러시아소비에트연방사회주의공화국
(RSFSR)
1990년 6월 12일
그루지야SSR
1990년 3월 9일
아르메니아SSR
1990년 8월 23일
티키
(튀르키예)
나고르노카라바흐
카자흐SSR
1990년 10월 25일
카스피해
아랄해
아제르바이잔SSR
1990년 11월 29일
우즈베크SSR
1990년 6월 20일
발카시호
투르크멘SSR
1990년 8월 22일
이란
타지크SSR
1990년 8월 24일
키르기스SSR
1990년 12월 15일
아프가니스탄
중국

소련, 1989~1991년
SSR 소비에트사회주의공화국들과 '주권' 선언 시기
1990년 8월~10월에 역시 '주권'을 선언한 자치 공화국들
1991년 3월 17일 국민투표에 참여하지 않은 공화국들
1991년 3월 17일 국민투표에 참여한 공화국들
1988~1991년 아르메니아와 아제르바이잔 간 분쟁
(지명: 나고르노카라바흐)
미국
1991년 3월 17일 국민투표: 71.3퍼센트의 투표자는 개혁된 연방에 찬성, 71.3퍼센트(동일한 투표자들)는 소련 대통령직에 추가로 러시아 연방에 새로운 대통령직 도입 찬성, 26.4퍼센트는 반대
오호츠크해
바이칼호
몽골
중국
북한
한국
일본

등장인물

- **가이다르, 예고르 ı 1956~2009 ı** 경제학자, 러시아연방의 시장 개혁 프로그램의 설계자, 1991년 11월 15일~1992년 12월, 러시아연방 정부 부총리.
- **게라셴코, 빅토르 ı 1937~ ı** 1989년 7월~1991년 12월 소련국영은행 총재.
- **나자르바예프, 누르술탄 ı 1940~ ı** 1990년 2~4월 카자흐소비에트사회주의공화국 최고소비에트 의장, 1990년 4월 카자흐 공화국 최고소비에트에 의해 카자흐스탄 대통령으로 선출.
- **란즈베르기스, 비타우타스 ı 1932~ ı** 1989~1991년 8월 사유디스(리투아니아 개혁 운동)의 지도자이자 리투아니아 의회 의장.
- **루츠코이, 알렉산드르 ı 1947~ ı** 1991년 공군 소장, 1991년 6월~1993년 10월 러시아연방 부통령.
- **루캬노프, 아나톨리 ı 1930~2019 ı** 1988년 9월~1990년 7월 정치국원, 1990년 3월~1991년 8월 소련 최고소비에트 의장, 1991년 8월 국가비상사태위원회와 협력.
- **루킨, 블라디미르 ı 1937~ ı** 러시아연방 최고소비에트 대의원, 1990년 6월~1991년 12월 러시아연방 최고소비에트 국제문제위원회 위원장.
- **리가초프, 예고르 ı 1920~2021 ı** 1983년 12월~1990년 7월, 소련공산당 중앙위원회 서기, 1985년 4월~1990년 7월 정치국원.
- **리시코프, 니콜라이 ı 1929~ ı** 1985년 9월~1990년 12월 소련 각료회의 의장, 고르바초프의 초기 경제 개혁의 설계자.
- **마슬류코프, 유리 ı 1937~2010 ı** 1982~1991년 11월 소련 정부 최고위 경제 기획자, 1988~1991년 11월 고스플란 위원장.
- **매틀록, 잭 ı 1929~ ı** 1987~1991년 8월 소련 주재 미국 대사.
- **메드베데프, 바딤 ı 1929~ ı** 1988년 9월~1990년 7월 정치국원이자 경제학자.
- **모이세예프, 미하일 ı 1939~2022 ı** 1988년 12월~1991년 8월 소련 참모총

장, 1991년 8월에 임시 국방부 장관 역임.

- **무라쇼프, 아르카디 ı 1957~ ı** 물리학자이자 소련 최고소비에트 대의원, 1990년 1월~1991년 9월 민주러시아 조직자.
- **바렌니코프, 발렌틴 ı 1923~2009 ı** 1989~1991년 8월 소련 지상군 지휘관이자 국방부 차관, 1991년 8월에 국가비상사태위원회에서 활동.
- **바카틴, 바딤 ı 1937~2022 ı** 1988년 10월~1990년 12월 소련 내무부 장관, 1991년 러시아 대통령 출마, 1991년 8~12월 KGB의 마지막 의장.
- **바클라노프, 올레크 ı 1932~2021 ı** 1988~1991년 8월 소련공산당 군산위원회 위원장, 1991년 국가비상사태위원회 일원.
- **베른스탐, 미하일 ı 1940~ ı** 미국 경제학자, 1991년 3~12월 러시아연방 정부 경제 자문.
- **베스메르트니흐, 알렉산드르 ı 1933~ ı** 1991년 1~8월 소련 외무부 장관.
- **보네르, 옐레나 ı 1923~2011 ı** 소련 반체제 인사이자 안드레이 사하로프의 아내, 러시아 야권과 민주러시아의 주도적 인물.
- **보롯니코프, 비탈리 ı 1926~2012 ı** 1983년 12월~1990년 7월 정치국원, 1988년 10월~1990년 5월 러시아연방 최고소비에트 의장.
- **보샤노프, 파벨 ı 1948~ ı** 언론인, 1991년 7월~1992년 2월 옐친 대통령의 언론 비서관.
- **보차로프, 미하일 ı 1941~2020 ı** 1990년 6월~1991년 9월 러시아연방 의회 고등경제위원회 의장.
- **볼딘, 발레리 ı 1935~2006 ı** 1981~1987년 고르바초프의 개인 비서, 1987~1991년 고르바초프의 비서실장, 1991년 8월 국가비상사태위원회 일원.
- **부르불리스, 겐나디 ı 1945~2022 ı** 옐친의 자문, 1991년 4~6월 옐친의 대통령 선거 운동 기획, 1991년 6~12월 러시아연방 정부의 국무부 장관.
- **브레이스웨이트, 로드릭 ı 1932~ ı** 1988~1992년 모스크바 주재 영국 대사.
- **사부로프, 예브게니 ı 1946~2009 ı** 1991년 8월 15일~11월 15일 러시아연방 경제부 장관.
- **사비사르, 에드가르 ı 1950~ ı** 1988년 7월 에스토니아 인민전선 공동 창립

자, 1991년 8월~1992년 1월 에스토니아 임시 총리.

- **사하로프, 안드레이 ı 1921~1989 ı** 핵물리학자이자 최초의 소련 핵무기 설계자, 소련 반체제 인사, 1975년 노벨평화상 수상자, 1989년 5~12월 소련 인민대표대회 대의원이자 야권 지도자.
- **샤탈린, 스타니슬라프 ı 1934~1997 ı** 경제학자, 1990년 5월~1991년 1월 고르바초프 대통령회의의 일원.
- **샤포시니코프, 예브게니 ı 1942~2020 ı** 소련 공군 지휘관, 1991년 8~12월 소련 국방부 장관.
- **샤흐나자로프, 게오르기 ı 1924~2001 ı** 철학자이자 사회학자, 1988~1991년 12월 고르바초프의 보좌관.
- **샤흐라이, 세르게이 ı 1956~ ı** 옐친의 법률 자문, 1991년 12월 7~8일 소련 해산에 관한 문서 작성.
- **셰바르드나제, 예두아르트 ı 1928~2014 ı** 1985년 7월~1990년 12월과 1991년 11~12월 소련 외무부 장관.
- **셰바르신, 레오니트 ı 1935~2012 ı** 1988년 10월~1991년 8월 KGB 제1총국(대외정보국) 국장, 1991년 8월 훈타의 몰락 이후 KGB 의장.
- **솝차크, 아나톨리 ı 1937~2000 ı** 1991년 7~12월 상트페테르부르크(구 레닌그라드) 시장.
- **슈슈케비치, 스타니슬라프 ı 1934~2022 ı** 1991년 8~12월 벨로루시 최고소비에트 의장, 1991년 12월 8월 소련 해산 문서에 서명(벨라루스어식 표기는 스타니슬라우 슈슈케비치).
- **스타로보이토바, 갈리나 ı 1946~1998 ı** 민족학자, 1989년 5월~1991년 9월 소련 인민대표대회 대의원, 1990년 6월~1993년 러시아연방 인민대표대회 대의원, 1990~1991년 옐친의 자문.
- **스탄케비치, 세르게이 ı 1954~ ı** 1989~1991년 민주러시아의 일원, 1990~1991년 모스크바 부시장이자 옐친의 자문.
- **스테파노프, 테이무라즈 ı 1934~1999 ı** 1985년 7월~1990년 12월, 셰바르드나제 외무부 장관의 보좌관이자 연설문 작가.

- **아간베갼, 아벨 I 1932~ I** 소련 경제학자, 1987~1988년과 1990년 9~10월 경제 개혁의 설계자.
- **아다미신, 아나톨리 I 1934~ I** 1990~1991년 이탈리아 주재 소련 대사.
- **아발킨, 레오니트 I 1930~2011 I** 경제학자, 1989년 8월~1990년 12월 소련 각료회의 부의장.
- **아파나셰프, 유리 I 1934~2014 I** 소련 인민대표대회 대의원, 민주러시아 지도자.
- **아흐로메예프, 세르게이 I 1923~1991 I** 소련의 원수, 1988년 12월~1991년 8월 고르바초프의 군사 자문, 199년 8월 국가비상사태위원회 일원.
- **야블린스키, 그리고리 I 1952~ I** 경제학자, 1990년 6~9월 '신뢰의 400일' 프로그램('500일' 계획으로 바뀜)의 작성자, 1991년 5~8월 그랜드바겐의 작성자.
- **야코블레프, 알렉산드르 I 1923~2005 I** 1987~1990년 7월 정치국원, 1990년 7~12월과 1991년 9~12월 고르바초프의 최측근.
- **야코블레프, 예고르 I 1930~2005 I** 1986~1991년 《모스크바 뉴스》의 편집장, 1991년 8~12월 소련 국영방송 사장.
- **이바넨코, 빅토르 I 1950~2023 I** 1991년 8월 5일~1991년 11월 26일 러시아연방 KGB의 의장, 1991년 8월 국가비상사태위원회 기간에 옐친 지지.
- **자슬랍스키, 일리야 I 1960~ I** 소련 인민대표대회 대의원이자 민주러시아의 주도적 인사.
- **체르냐예프, 아나톨리 I 1921~2017 I** 1986년 1월~1991년 12월 고르바초프의 외교 정책 보좌관.
- **카리모프, 이슬람 I 1938~2016 I** 1989~1991년 우즈베크공산당 제1서기, 1990년 11월 우즈베크 공화국 최고소비에트에 의해 우즈베키스탄 대통령으로 선출.
- **케비치, 비야체슬라프 I 1936~2020 I** 1990~1994년 벨로루시, 나중에는 주권국가 벨라루스의 총리(벨라루스어식 표기는 뱌차슬라우 케비치).
- **코르자코프, 알렉산드르 I 1950~ I** 전직 KGB 장교, 1986~1996년 옐친의 개인 경호원에서 나중에는 옐친 대통령의 경호실장.
- **코지레프, 안드레이 I 1951~2020 I** 1990년 10월~1991년 12월 러시아연방

외무부 장관.

- **크라우추크, 레오니드**(크랍추크, 레오니트) **ı 1934~2022 ı** 1990년 7월~1991년 12월 우크라이나 최고소비에트 의장, 1991년 12월~1994년 7월 19일 독립국가 우크라이나 초대 대통령.
- **크루치나, 니콜라이 ı 1928~1991 ı** 1983~1991년 소련공산당 경제 담당 수석 행정관.
- **크류치코프, 블라디미르 ı 1924~2007 ı** 1988년 10월~1991년 8월 KGB 의장, 1991년 8월 국가비상사태위원회의 주모자.
- **파블로프, 발렌틴 ı 1937~2003 ı** 1989년 7월~1991년 1월 소련 재무부 장관, 1991년 1~8월 초대 소련 총리, 1991년 8월 국가비상사태위원회 일원.
- **판킨, 보리스 ı 1931~ ı** 1991년 8~11월 소련 외무부 장관.
- **팔라셴코, 파벨 ı 1949~ ı** 1985년 12월~1990년 12월 소련 외무부 장관 예두아르트 셰바르드나제의 통역관, 1985년 12월~1991년 12월 고르바초프의 통역관.
- **페트라코프, 니콜라이 ı 1937~2004 ı** 1989년 7월~1990년 12월 고르바초프의 경제 자문, 시장경제로의 급진적 이행 프로그램의 설계자.
- **포킨, 비톨트 ı 1932~ ı** 1990년 11월~1991년 12월, 우크라이나 공화국 총리.
- **포포프, 가브릴 ı 1936~ ı** 경제학자, 민주러시아 조직자, 1990년 6월~1991년 12월 모스크바 시의회 의장 나중에는 시장.
- **폴로즈코프, 이반 ı 1935~ ı** 1990년 6월~1991년 8월 러시아공산당 서기장.
- **푸고, 보리스 ı 1937~1991 ı** 1990년 12월~1991년 8월 소련 내무부 장관, 국가비상사태위원회 일원, 훈타 실패 후 자살.
- **프리마코프, 예브게니 ı 1929~2015 ı** 1990년 3월~1991년 8월 고르바초프의 보좌관, 1991년 9~12월 KGB 제1총국(대외정보국)의 국장.
- **하스불라토프, 루슬란 ı 1942~2023 ı** 경제학자, 1990년 6월~1991년 6월 러시아연방 최고소비에트 부의장, 러시아연방 1991년 6월~1993년 10월 러시아연방 최고소비에트 의장.

서문

퍼즐

“드디어 그를 제거했군, 그 허풍쟁이를.” 모스크바에서 뉴욕으로 향하는 아에로플로트 사의 비행기가 아일랜드 섀넌에 잠시 기착했을 때 승객들이 수군거렸다. 그때가 1991년 8월 19일 아침이었다. 나는 몇 분이 지나서야 동승객들이 미하일 고르바초프가 권좌에서 축출된 이야기를 하고 있다는 것을 알아차렸다. 그들은 재급유를 위해 기착한 동안 CNN 뉴스를 통해 이 소식을 접했고 분명히 이 소식을 반기고 있었다. 비행기 안은 러시아 사람들로 가득했다. 일부는 회의 참석과 외교상의 공무로, 대다수는 국외에 거주하는 친지를 보러 가거나 여타 사적인 업무차 여행 중이었다. 나 역시 염두에 두던 여러 프로젝트를 위해 미국으로 가고 있었다. 나는 몇 달 전부터 냉전 종식에 관해 책을 집필하던 언론인 스트로브 탤벗과 역사가 마이클 베슐로스(Michael Beschloss)를 도와 현지 보조원으로 일하고 있었다. 내 가방 안에는 소련 관리들과의 인터뷰를 녹음한 테이프가 들어 있었다. 또한 소련의 냉전 경험에 관해 나도 책을 써야겠다고 결심한 참이었다. 매사추세츠주의 이름난 애머스트칼리지에서 연구원 제의가 들어와, 나는 태어나 그때껏 살아온 모스크바의 혼란을 뒤로했다.

고르바초프의 억류 뉴스는 정말로 뜻밖이었다. 모스크바 기반의 젊은 학계 지식인으로서 나는 그의 소련 개혁과 자유화 정책을 지지했다. 고르바초프는 여전히 큰 기대를 받았고 1990년 이후로 여러 친구와 마찬가지로 나는 구질서와 더욱 급진적으로 단절을 추구하던 보리스 옐친 쪽으로 기울었다. 내 지인들 가운데 구체제, 소련공산당, 중앙집중적 경제 관리, ‘사회주의적 선택’이 끝장났음을 의심하는 이는 아무도 없었다. 그래도 크렘린(크레믈)으로 쳐들어가 국가 구조를 무너트리는 것은 누구도 원치 않았다. 다들 혁명이 아니라 개혁을 바랐다. 친구들과 함께 나는 민주화 시위에 참석하고, 명령경제에서 시장경제로의 전환 방법을 논의하는 경제학자들의 저작을 열심히 읽고, 리투아니아와 그루지야의 독립운동을 지지했다. 뉴욕 JFK공항에 내린 뒤에 나는 두툼한《뉴욕타임스》를 한 부 구입했다. 신문은 미하일 고르바초프가 크림반도에서 휴가를 보내는 동안 군부와 KGB에 의해 권좌에서 쫓겨난 것 같다고 알렸다.

1991년 가을 내내, 나는 애머스트칼리지 도서관과 문서고에서 일하면서도 고국에서 들려오는 뉴스를 지켜보고 읽는 데 많은 시간을 보냈다. 쿠데타가 실패하고 고르바초프가 크렘린으로 복귀했다는 소식을 듣고 커다란 안도감을 느꼈지만, 이는 금방 미래에 대한 불안감으로 바뀌었다. 소련 경제는 급락하고 있었다. 우크라이나와 기타 공화국들은 연방에서 떠나려 했다. 내 마음은 인지부조화로 혼란스러웠다. 졸지에 무너지고 있는 나라의 시민이라는 처지가 된 나는 소비에트연방(USSR)이 "공화국들이 점점 줄어들고 있는 연방(Union of Fewer and Fewer Republics, UFFR)"이라며 농담을 던지는 미국인 동료들의 흥분을 공유할 수 없었다. 다행히 당시 아내와 아들도 애머스트에서 나와 함께 머무르고 있었다. 삶은 계속되었고, 9월 말에는 매사추세츠주 노샘프턴의 한 병원에서 둘째 아들도 태어났다. 하지만 그 와중에도 한 가지 생각이 줄곧 나를 괴롭혔다. 우리가 돌아갈 나라는 과연 어떤 나라인가?

우리 가족은 소련으로 귀국하지 못했다. 우리가 탄 귀국행 비행기는 1991년 12월 31일에 모스크바 셰레메티예보국제공항에 착륙했지만, 그때는 러시아연방, 우크라이나, 벨로루시(벨라루스) 및 여타 공화국의 지도자들이 이미 소련을 해체한 후였다. 어둑어둑한 셰레메티예보국제공항은 텅 비어 있었다. 비행기에 재급유를 하고 탑승교를 작동시키는 직원이나 세관원은 어디에도 보이지 않았고, 승객들의 여권과 비자를 확인하는 사람조차 없었다. 새로운 러시아 국가는 국경선이 뻥 뚫려 있고, 세관이 없으며, 통화는 평가절하되고, 상점이 텅 비어버린 나라였다. 불변의 국가 구조가 증발해버린 듯했다. 몇 달 전 8월에 내가 떠났던 나라는 갑자기 사라졌다.

여러 해 동안 나는 소련의 종식에 관한 책을 쓰고 싶었다. 하지만 시간이 더 흘러야만 이 엄청난 사건에 대해 더 냉정해질 수 있을 거라 생각했다. 나의 기다림은 허사였다. 1991년의 기억이 희미해지면서 여러 견해와 신화가 힘을 얻었다. 잠정적인 의견이었던 것이 1991년 이전 소련의 국가성(statehood)과 마찬가지로 불변의 시각으로 확립되었다. 서방에서 소련 붕괴는 불가피하고 이미 정해진 것으로, 너무 자명한 나머지 더 연구할 필요도 없는 것으로 누구나 받아들였다.[1] 2005년에 러시아의 블라디미르 푸틴 대통령이 소련 붕괴를 "20세기 최대의 지정학적 파국"이라고 하자, 서방의 관찰자들은 그의 반동적인 노스탤지어를 비웃었다. 서방 자유주의가 승리하고 NATO가 동쪽으로 확장한 시대였다. 이런 분위기는 2004년 조지아를 상대로 한 러시아의 전쟁과 2014년 크림반도 병합으로 바뀌었다. 서방 논평가들은 러시아가 '상실한 제국'을 회복하려고 한다고 말했다. 2019년 유럽이사회(유럽연합 정상회의) 의장 도날트 투스크는 중동부 유럽, 조지아인과 폴란드인, 우크라이나인에게 "소련 붕괴는 축복이었다"라고 말했다.[2] 소련의 해체를 러시아연방이 주도했음을 기억하는 사람은 서방에서 극소수에 불과했다. 미하일 고르바초프는 서방에서 고독한 영웅으로 여전히 남아 있었는데, 그가 불가피한 역사적 발전에 시동을 걸었다고 모두 인정했기 때문이다. 고르바초프가 러시아의 크림반도 병합을 지지했을 때 이는 이례적인 입장 발표로 치부되었다. 러시아에서 소련 붕괴에 대한 반응은 여전히 양극단을 달린다. 리버럴한 성향의 사람들은 소련의 개혁은 불가능했다고 믿으며, 심지어 소련의 '부검' 보고서를 쓰는 것도 시간 낭비라고 여긴다. 주민들에게 '빵과 오락'도 줄 수 없는 제국은 잘 사라진 셈이다! 또 다른 이들은 소련의 위대함에 대한 향수를 느끼며, 고르바초프는 서방에 나라를 팔아버린 자지만 스탈린은 위대한 지도자였다고 생각한다. 그렇게 생각하는 사람들 가운데 일부는 소련이 붕괴했을 때 세상에 태어나지도 않았다.

소련의 최후를 연구하는 학자들은 여러 원인을 그 이유로 들었다. 그들의 결론은 다음과 같이 요약할 수 있다. 첫째, 미국의 우월성과 냉전시대 정책이 소련을 후퇴하고 굴복하게 만들었다. 둘째, 고르바초프의 글라스노스트(고르바초프의 개방과 투명성 지향 정책) 노선이 공산주의 이데올로기의 정당성을 훼손했고 소련 체제가 실패할 수밖에 없게 만들었다. 셋째, 소련은 경제가 내부적으로 붕괴했기 때문에 멸망했다. 넷째, 각국의 독립 움직임이 '최후의 제국'의 내파로 이어졌다. 마지막으로 가장 막강한 소련 엘리트층이 고르바초프의 개혁에 반대했고, 뜻하지 않게 소련의 종말을 야기했다. 이 책에서 나는 이 원인 가운데 어느 것도 개별적으로는 소련을 무너트릴 수 없었음을 논증하려 한다. 그리고 이 모든 가닥가닥이 미하일 고르바초프의 통치로 인해 촉발된 일종의 퍼펙트스톰(나쁜 일들이 한꺼번에 일어나면서 드물게 발생하는 최악의 상황 – 옮긴이) 안에서 어떻게 합쳐졌는지 이해하기까지는 얼마간 시간이 필요하다.

냉전의 외적 압력에 관한 저술이 주장하는 바에 의하면, 소련은 과잉 팽창했기 때문에 붕괴했다. 소련은 아프가니스탄전쟁에서 졌고, 감당하기 힘든 군비 지출을 부담했으며, 세계 곳곳의 의존국을 경제적으로 보조했다. 일부 학자는 초강대국 소련이 미국을 비롯한 서방 동맹들과는 군사적·기술적으로 더 이상 경쟁할 수 없었다고 주장한다. 하지만 최근에 학자들은 미국의 압력이 베를린장벽의 붕괴 및 냉전 종식과는 별 상관이 없었다고 결론 내린다. 그리고 적어도 1987년 이후로 서방 정부는 소련의 불안정화와 그 이후의 와해에 놀라고 당황했다.[3] 근래에 소련 붕괴에서 서방, 특히 미국의 요인을 좀 더 세밀히 따지는 연구들이 등장했다.[4] 이 책은 외적 요인들을 내적 원인에 비해 부차적인 것으로 간주한다. 국제적 요인들은 소련 엘리트와 대항 엘리트 세력의 행위를 형성하는 데 아주 중대했지만, 소련이 최종적 위기에 접어든 다음에야 결정적 요인이 되었다.

글라스노스트와 공산주의 과거 그리고 이데올로기에 대한 언론의 공격은 반공주의와 민족주의 운동이 대두하는 데 크게 기여했다. 하지만 이데올로기적 붕괴가 소련 국가의 해체에 어떤 역할을 했는지는 아주 분명하지는 않다. 소련 엘리트층, 특히 모스크바의 엘리트들은 스탈린의 범죄와 탄압을 익히 알고 있었다. 그리고 대다수의 당원들, 특히 젊은 당원들은 오래전부터 입으로는 사회주의적 수사학을 구사하면서도 탐나는 외국 제품, 해외여행, 서양 록 음악, 대중문화라는 평행 세계에서 각자의 진짜 이해관계에 따라 행동하고 있었다.[5] 공산당의 이데올로기적 정당성은 오래전부터 침식되었으나, 그것이 1990~1991년에 당이 경제적·정치적 권력의 수단을 내준 주된 이유는 아니었다. 그것은 고르바초프의 결정이며, 전례 없이 자발적으로 권력을 이양한 것이었다.

소련의 경제 위기는 소련 역사의 마지막 3년간 중심적인 역할을 했지만 흔히 과소평가되었다. 공산당의 과거 범죄가 폭로되는 것과 맞물려, 경제 위기는 중앙의 권위에 대한 대중의 민심이 이반하고 동원하는 데 기여했다. 소련 경제 체계가 낭비적이고, 파산 일보 직전이며, 민중에게 재화를 제공할 수 없다는 것은 자명했다. 하지만 소련 경제에 무슨 일이 있었는지에 관해서는 논의가 분분하다. 공산당과 군산복합체(Military Industrial Complex, MIC), 여타 '로비 집단들'의 저항에 관해 흔히 반복되는 설명은 설득력이 없다. 소련 경제를 연구하는 학자들은 소련 경제 체계가 구조적 결함 때문이 아니라 고르바초프 시절의 개혁 조치들로 인해 파괴되었다고 결론 내렸다. 소련 경제와 재정의 의도적, 비의도적인 파괴는 소련이 해체된 원인 중에 가장 유망한 후보로 꼽을 수 있을 것이다.[6] 이 책은 더 넓은 역사적 서사 안에서 경제적·재정적 요인에 아주 면밀하게 주의를 기울여 소련 붕괴를 살펴보는 최초의 연구서다.

일부 학자는 소련이 다른 제국들이 그랬던 것처럼 다민족적인 솔기가 터지면서 붕괴할 수밖에 없던 '최후의 제국'이었다고 썼다. 권위 있는 한 연구서는 민족주의 움직임들이 소련 접경지대에서 시작되었다가 '제국의' 중심부에 있는 러시아인들도 동원할 만큼 충분한 반향을 일으켰다고 설명한다. 다시 말해 소련으로부터 분리하는 것을 상상할 수 있었고, 나중에는 분리가 불가피해 보이기 시작했던 것이다. 미국의 정치학자 마크 베이싱어(Mark R. Beissinger)는 "민족주의 반란과 종족 간 폭력의 복합적인 물결"이 소련 국가가 자신을 지키는 능력을 압도했다고 결론 내린다.[7] 소련이 기존 연방 내 공화국들의 경계선을 따라 15개 독립국가로 해체된 현실에 비춰 볼 때 이 설명은 자명해 보이지만 기만적인 순환 논리다. '제국'이라는 패러다임은 도전받을 수 있다. 그 패러다임은 소련 붕괴에서 민족주의 움직임, 특히 발트 지역과 우크라이나에서 그런 움직임의 역할을 과장한다. 또한 가장 결정적이고 놀라운 요인의 중요성을 축소하는데, 바로 스스로를 지키는 데 거듭 실패한 중앙 국가 그 자체라는 것이다. 그리고 이 논제는 소련의 핵심이었던 러시아연방의 탈퇴에 대해서는 피상적 설명만 제공한다.[8] 이 책은 모스크바의 많은 러시아인이 여러 측면에서 수십 년간 자신들의 생존 양식이었던 소련 국가에서 벗어나기를 왜 그렇게나 열렬히 바랐는지에 관해 제국적인 패러다임과 거리를 둔, 더 포괄적인 시야를 제시한다.

마지막으로 소련 엘리트들이 한 역할을 살펴봐야 한다. 일부 학자들은 고르바초프에 반대하고 그의 개혁을 방해했다는 '반동적'인 '강경' 노멘클라투라(산업과 정부의 유력한 자리들이 당이 임명한 사람들에 의해 채워지는 체계)에 관한 오래된 설명에 대해 이미 의문을 제기했다. 사실, 소련 관료와 관리가 변화에 대단히 잘 적응했음을 보여주는 증거는 많다. 일부 학자는 소련의 노멘클라투라가 국유 자산을 차지하려고 '사회주의 프로젝트'를 저버린 '자본주의 혁명'에 관해 논문을 내놓았다. 다른 학자들은 '비시민사회(uncivil society)'와 국가 기능에 결정적인 중앙집중적 후원 피라미드의 붕괴를 이야기한다. 사실상 소련 관료제 내의 태도는 반동부터 자유-민주주의까지 다양했다.[9] 이 책은 급변하는 상황에서 핵심적인 소련 엘리트들의 변화하는 세계관을 전보다 더 촘촘한 방식으로 탐구한다. 무엇보다도 망가지는 경제와 정치적 무질서, 민족-종족적 갈등에 대한 그들의 반응에 주목한다.

소련 붕괴에 관한 분석은 많은 맥락이 서로 중첩되었고 만연한 파멸의 느낌을 자아냈다. 그 결과 소련 붕괴는 궁극적으로 자기실현적 예언이 되었다. 하지만 역사가에게 소련의 붕괴는 조각이 딱 들어맞지 않는 퍼즐 같다. 이 풀리지 않는 수수께끼가 이 책의 주제가 되었다.

고르바초프는 이 퍼즐의 정중앙에 자리 잡는다. 마지막 지도자의 성격과 리더십은 소련의 해체에 대한 이야기에서 많은 조각을 짜맞추는 데 도움이 된다. 그에게 동조하는 학자들은 보통 그의 국제 정치를 전면에 두고 국내 문제와 실패는 불가항력적인 역사적 요인과 다른 원인들 그리고 정적들의 저항과 반역 탓으로 돌린다. 이런 접근법은 고르바초프 정책에 대해서 서방에서 가장 유력한 해석가인 아치 브라운(Archie Brown)의 저서에 일관되게 등장한다.[10] 윌리엄 타우브먼(William Taubman)은 훌륭한 고르바초프 전기를 썼는데, 주인공의 잘못을 지적하긴 하지만 그의 개혁 정책을 실패로 치부하는 것은 역시 거부한다. 오히려 고르바초프가 소련에서 "민주주의를 위한 초석을 놓았다"라고 믿는다. "러시아 민주주의 건설에 그가 생각한 것보다 더 많은 시간이 걸릴 것이라는 사실은 그 자신의 결점이나 잘못보다는 그가 가지고 작업하던 원자재의 결함 탓이 더 크다."[11] 저명한 냉전 역사가 오드 아르네 베스타도 이에 동의하는 것 같다. 그는 "냉전 최후의 드라마는 순전히 소련의 비극이 되었다"라며 고르바초프는 억지로 나라를 보존할 수도 있었겠지만, "차라리 연방이 사라지는 게 낫다고 생각했다……"라고 결론 내린다.[12]

하지만 고르바초프의 최선의 의도와 정책에 관해 이야기하려면 사회적·경제적 딜레마에 대한 균형 잡힌 탐구를 동반한 현실적인 재평가가 필요하다. 현명한 이들이 말하듯, 결국 "외교 정책은 국내에서 시작"하며 국내적 혼란을 배경으로 외교적 승리를 주장할 수는 없다. 이 책은 소련의 운명에 영향을 미친 국제적·국내적 과정을 하나의 서사로 그려낸다.

이 책에서는 소련 붕괴의 불가피성도 재고한다. 여기서는 다음과 같은 질문을 다룬다. 크렘린에는 어떤 정책적 옵션이 있었는가? 강압과 보상의 영리한 이용, 단호한 조치와 약간의 운이 다른 결과를 불러올 수 있었는가? 새로운 증거에 비춰 볼 때 돌이킬 수 없는 지점을 만든 훨씬 더 초기의 다른 선택지와 우발적 상황이 있었는가? 많은 회의론자는 내가 제기하는 이런 질문을 듣고서는 나를 나무랐다. 소련은 어차피 망할 운명이었고, 그 붕괴를 축하해야지 심문할 게 아니라는 것이다. 그런 논지는 한 학자가 1993년에 소련 붕괴에 관해 한 말을 상기시킨다. "우리는 기정사실에 불가피성이란 이름을 씌우는 경향이 있으며, 일어난 일이 반드시 일어나야 했던 건 아니라고 주장하면 흔히 패자를 위한 변명으로 치부한다."[13] 이 책은 "악의 제국이 보존될 수 있었던 방법"을 추측하는 책이 아니다. 그보다는 일어난 일에 관해 지적으로 정직해지려는 시도다. 역사는 불가피한 사건의 연속이 아니며, 소련의 종말도 예외는 아니다. 다양한 우발적 상황이 넘쳐났다. 예측 불가능성과 불확실성은 인간, 국가, 세계 정세의 근본적인 특징이다. 사회 운동과 이데올로기적 조류는 합리적이지 않으며, 정치적 의지는 역사를 뜻하지 않은 방향으로 몰고 간다. 마지막으로, 엄청난 결과를 가져오는 우연이 일어난다. 팬데믹 동안 이 책을 마무리하는 과정에서 나는 마지막 요점에 특히 공감했다.

봉쇄 독트린의 창안자인 미국 외교관 조지 케넌은 1946년 워싱턴국방대학에서 학생들에게 서방에 대한 소련의 위협은 "국외의 확고하고도 차분한 저항의 영향력 아래 소련 정책의 점진적 연화(軟化)"를 통해 제거될 수 있다고 학생들에게 설명했다. 하지만 연화는 "느리고 결코 끝나지 않을" 과정이 될 것이라고 경고했다. 그는 더 과격한 선택지로는 "소련의 잠재력을 일시적으로 약화시켜 1919~1920년과 유사한 상황을 낳을 내부적 알력 다툼"이 있다고 썼다. 케넌은 이 선택지는 그다지 가능성이 있다고 여기지 않았지만, 그의 예측은 1991년에 소련에서 일어난 일을 꽤 잘 묘사한다.[14] 가장 현명한 관찰자들도 히틀러 대군의 대대적인 침공마저 이겨냈던 소련이 내부에서 일어난 위기와 갈등으로 무너지리라고는 예상치 못했다. 제2차 세계대전 이후 30년 동안 소련 권력은 엄청나게 성장하며 그 끈질긴 회복력을 입증한 듯했다. 서방 지도자와 여론 형성자 들은 경제적·군사적 잠재력 면에서 미국의 라이벌로서 '초강대국 소련'에 관해 이야기했다. CIA와 서방의 많은 경제학자는 소련이 미국도 앞지를 것이라고 예견했다. 사실 소련은 언제나 미국과 비교당하며 경제적·재정적으로 밀렸다. 소련이 초강국의 지위에 오를 수 있었던 것은 군사적 위력을 전지구적으로 투사할 수 있도록 국가의 자원을 놀라울 만큼 집중시킬 수 있었던 체계 덕분이었다. 하지만 이것은 군사력이 설득력 있는 이데올로기적 메시지나 경제적 역량으로, 또는 두 가지 모두로 뒷받침될 수 있는 한 작동했다. 1980년대 소련 경제와 이데올로기, 사회 핵심의 심각한 내부적 문제들이 분명해졌을 때도 서방 관찰자들은 소련이 기력을 회복할까 봐 걱정했다. 소련은 회복하지 못했다. 하지만 1990년에도 모스크바와 주변 지역의 관찰자들은 대개 소련이 끝장났다고 전제하지 않았다. 고르바초프와 심지어 그의 비판자들도 1991년 8월의 '쿠데타'가 없었다면 소련이 그렇게 빨리, 철저하게 붕괴하지는 않았을 것임을 인정한다.[15]

이 책에서 나는 소련 붕괴가 불가피했다는 지배적인 서사, 즉 서방과 소련 내 반공주의 집단 내부에서 생겨난 서사의 구속에서 벗어나려 한다. 그 서사는 지금도 잘 팔리지만, 소련이 붕괴한 지 30년이 지나며 청중은 근본적으로 변화했다. 이제는 1991년 이후에 태어난 사람들이 소련과 냉전을 체험하고 기억하는 사람들만큼 많다. 소련 붕괴의 역사는 사전에 알려진 대본이 아니었다. 그것은 인간의 이상, 두려움, 열정 그리고 예기치 못한 사태가 전개되며 펼쳐진 드라마였다. 독자는 고르바초프와 크렘린의 사람들이 개혁 정책을 토론하고, 종족 갈등과 연방에서 떨어져 나가려는 공화국을 어떻게 할지 고심하고, 책임과 권력을 두고 다투는 모습을 '벽에 붙은 파리'(객관적 관찰자 – 옮긴이)처럼 지켜볼 수 있는 대목을 많이 마주칠 것이다. 역사적 서사에 진짜 같은 질감을 부여하기 위해, 당대의 특징이었던 즉각적인 반응, 소문, 두려움, 드물게나마 있던 낙관의 순간과 빈번히 터져 나온 절망의 묘사에 역점을 두었다.

이 책은 고르바초프를 중심에서 밀어내지 않으면서도 더 많은 소련 행위자와 목소리, 이니셔티브(주도적 행동이나 조치 – 옮긴이)를 소개한다. 이는 종합해보면 고르바초프의 선택에 달려 있던 "온전한 소련의 비극"에 대한 "그리스 연극의 코러스" 이상이다. 책 전반에 걸쳐 등장인물은 계속 늘어나며 다양해진다. 고르바초프가 중앙 권력을 위임하고 구소련 권력의 위계를 "모든 권력을 소비에트(평의회)에(all power to the Soviets)"(1917년 볼셰비키혁명의 구호 – 옮긴이) 체계로 대체하면서, 많은 이가 역사의 수동적인 방관자가 아니라 창조자는 아니더라도 참여자는 되었다고 느꼈다. 그리고 후기의 소련 정치는 고르바초프와 숙명의 라이벌이었던 옐친의 대결에 그치지 않았다. 이 책에서는 충실한 당 일꾼, 개혁가, 경제학자, 외교관, 의회 의원, KGB 간부, 군부, MIC의 수장, 신예 기업가, 언론인, 발트 민족주의자, 우크라이나 정치인 등등을 폭넓게 소개한다.

또한 소련 붕괴에 서방, 특히 미국이 미친 영향의 궤적을 고찰한다. 정부 및 비정부 행위자들과 언론은 소련 정치와 상상력에 기대 이상의 역할을 했다. 영국과 미국의 사료들, 특히 일기와 공문은 소련 기록의 공백을 메워주고 부정확한 오류를 바로잡는다. 외국인들은 소비에트 정권의 출범 당시와 마찬가지로 소련 역사의 기록자인 동시에 참여자가 되었다. 1990~1991년에 미국 행정부, 의회, 언론과 비정부 기구는 싫든 좋든 간에 소련 정치를 급진화하는 데 참여했다. 미국 요인은 당시에 미국인들이 짐작한 것보다 소련 내부 사람들의 인식에서 훨씬 큰 비중을 차지했다. 1990~1991년 소련에서 미국의 소프트파워는 미국이 1947년에 마셜플랜을 도입했을 때 유럽에서 누린 소프트파워보다 크지는 않더라도 맞먹기는 했다. 소비에트 정치에서 '아메리칸 현상'은 정치적 간섭이나 개입보다 훨씬 복잡했다. 러시아에서 지금도 '소련을 파괴하려 한 미국의 음모'가 있었다고 추측하는 사람들은 자기들이 무슨 말을 하고 있는지 모른다. 많은 소련인이 미국인을 환영하고 소련 사회를 변혁하는 데 도움을 주도록 초빙했다. 미국 지도부가 자신들의 막대한 '소프트파워'를 휘두를 때 신중하긴 했지만, 얼마나 시야가 협소하고 상상력이 부족했는지 알면 놀랍기만 하다.

이 책의 사료는 적어도 30년에 걸쳐 수집한 것이다. 여기에는 개인적 관찰, 소련 고위 정치인, 외교관, 군 관계자, KGB 관리, MIC 관리, 소련 국가 및 사회의 각계각층 사람들과 주고받은 대화를 포함한다. 러시아와 다른 나라들의 문서고와 도서관은 개인적 기억으로 부족한 부분을 제공했다. 서방의 일반적인 인식과 달리 소련 종식에 관한 러시아의 자료는 굉장히 개방되어 있고, 풍부하며, 여러 전자 데이터베이스를 통해서 널리 입수할 수 있다. 소련 권력 기관과 의회 회의장, 급진적 반대파의 모임, 전문가와 권위자의 수많은 협의회에서 무슨 일이 일어났는지 보여주는 무수한 속기록은 특히 귀중하다. 사건이 일어난 순간의 현장감과 함께 대단히 정확하게 재구성할 수 있게 해주는 개인적 기록과 의사록, 편지, 일기로 짜깁기한 것도 있다. 이 책을 집필하는 데 도움을 준 두 번째로 커다란 보물창고는 미국의 자료와 인터뷰 기록이었다. 그것들은 소련의 서술보다 더 통찰력 있고 분석적으로 깊이가 있었다. 결국 소련에서 펼쳐진 사건들을 라이벌 초강대국만큼 예의주시한 곳은 없었으니까.

이 증거를 수집하면서 나는 기존의 확신과 전제를 일부 조정했다. 30년 전처럼 지금도 중앙 경제와 고르바초프의 '사회주의적 선택'이 실패할 수밖에 없었다고 믿지만, 공산당의 종말에 관해서는 예전처럼 불가피했다고 느끼지 않는다. 전체적으로, 많은 사람이 다가오는 위기의 개별적 요소는 명확하게 인식했지만 국가 구조 전체가 무너지리라고는 상상하지 못했다는 사실에 놀랐다. 많은 역사적 행위자가 정치적 열정, 두려움, 이데올로기적 허상이나 망상, 개인적 야심에 영향을 받아 고작 몇 년 만에 관점을 급격하게 바꿨다는 사실도 놀라웠다. 그러한 변화는 혁명적 시대를 가리키는 명백한 신호가 되었다.

멀리서 보면 잘 알려진 증거도 달리 보인다. 소련사의 최종 국면에서 이데올로기의 역할은 내가 그 사건의 참여자이자 목격자였을 때보다 지금 더 크게 다가온다. 젊었을 적에 나는 고르바초프의 신레닌주의적 선언을 단순한 수사로 치부했다. 그의 말이 마음 깊이 우러나온 진심이었음을 드러내는 증거가 있는데도 말이다. 오늘날 내게는 특히 경제 분야에서 반공 이데올로기와 미국식 자유주의의 폭발적 확산이 그만큼이나 인상 깊다. 당시에는 그것이 '자연스럽고', '상식으로의 복귀'로 비쳤다. 모스크바와 주변 지역의 민주적 성향의 인텔리겐치아에게서 나온 개혁 사상과 국내파 프로젝트들의 유토피아적 특성에도 감명받았다. 그때는 '막무가내'로 여겨지던 것이 이제는 공상적이고 순진하고 파국의 예후처럼 보인다. 이것은 사후적 지혜로 역사의 행위자들을 비판하는 것이 아니라 그들의 동기와 열정을 역사화하는 것이다. 하지만 소련의 종말에서 무엇보다도 돈이 결정적이고 가차 없는 역할을 했음을 깨닫고 크게 놀랐다. 소련 시절에 경제적 무지라는 내 사회적 배경을 고려해보면, 예전에는 완전히 놓친 것이었다.

처음에는 소련 붕괴에 관해 1991년 1월에서 시작하여 다달이 변화하는 사태에 초점을 맞춰 서술하려 했다. 하지만 독자, 특히 젊은 독자에게 이전 시기의 개혁과 높은 기대, 내셔널리즘의 동원, 초조감, 급진화를 설명하는 게 얼마나 중요한지 깨달았다. 그래야만 그것들이 1991년의 좌절과 두려움, 체념으로 바뀐 과정을 이해할 수 있다. 그러므로 이 책은 전직 KGB 수장이자 공산당 서기장(1932~1984) 유리 안드로포프가 위로부터의 개혁이라는 아이디어를 암묵적으로 부활시킨 1983년에서 시작한다. 1장부터 6장까지 책의 전반부에서는 고르바초프와 개혁 성향을 지닌 그의 측근들이 어떻게 위로부터의 보수적 개혁을 혁명적인 도박으로 탈바꿈시키고 궁극적으로는 소련 체제와 국가가 기대고 있던 중요한 버팀대들을 제거해버렸는지 설명한다. 전반부에서 나는 소비에트 1당 지배라는 오랜 세월 축적된 반(反)체제적 에너지가 고르바초프의 성공적이지 못한 개혁으로 확대되면서 공적 정치 영역으로 분출되어 나왔음을 입증한다. 7장부터 15장까지 후반부에서는 붕괴 자체를 다룬다. 이 이야기의 익숙한 측면을 다시 논의하면서도 독자들에게 생소한 새로운 정보도 많이 추가했다.

나는 소련 붕괴의 퍼즐은 순전히 학문적 문제만은 아니라고 확신하며 이 책을 완성했다. 1991년 이후로 대화를 나눠본 사람은 러시아인이든 서방 사람이든 관계없이 나의 연구 주제에 호기심을 보이며 열렬히 반응했다. 어떤 이는 해외에서는 변화의 예언자였던 고르바초프가 왜 본국에서는 실패와 무능의 대명사가 되었는지 물었다. 당시에 정말로 새로운 독재가 출현하리라는 위협이 있었는가? 민주주의 국가들의 자발적인 연합이라는 고르바초프의 새 프로젝트는 성공 가능성이 있었는가? 1991년에 등장한 새로운 러시아는 권위주의로 회귀할 운명이었는가? 아니면 안타깝게 기회를 놓친 것인가? 이 책이 이런 궁금증을 해소해주고, 신세계를 탄생시킨 거대한 지정학적·경제적 격변을 독자들이 더 잘 이해하도록 돕길 바란다.

1983

1부 희망과 오만

HOPE AND HUBRIS

1990

1장

페레스트로이카Perestroika

• 과제는…… 옛 작동 방식을 무익하게 만들고, 장비와 관리자의 혁신을 장려하도록 물류적·경제적·도덕적 조치로 이루어진 체계를 고안하는 것이다.

_유리 안드로포프, 1983년 6월 15일[1]

• 계속 이런 식으로 살아갈 수는 없다.

_미하일 고르바초프, 1985년 3월

KGB 개혁가

소련을 개혁한다는 발상은 미하일 고르바초프가 아니라 그의 멘토인 유리 안드로포프가 떠올렸다. 소련이 붕괴한 뒤 한동안 "안드로포프가 더 오래 살았다면"이라고 아쉬운 듯 말하는 사람이 많았다. 안드로포프 치하였다면 나라를 개혁하면서도 하나로 유지할 수 있었으리라고 생각했던 것이다. 사실 안드로포프는 개혁이라는 발상을 가능하게 하고 후계자인 고르바초프에게 이를 추진하는 과제를 남겼다.

안드로포프는 1914년 6월, 제1차 세계대전이 발발하기 두 달 전에 태어났다. 그의 출신은 논쟁거리다.[2] 그는 자신이 코사크의 후손이라고 주장했지만, 사실은 가족과 함께 핀란드에서 모스크바로 와서 루뱐카 대로 26번지에 보석상을 차린 유대계 상인 카를 핀켈슈타인(Karl Finkelstein) 집안에서 태어났다. 몇십 년 더 일찍 태어났다면 사업가나 은행가가 되었을지도 모른다. 그 대신, 그는 출신을 숨기고 스탈린의 공포 정치 기간에 당 경력을 착실히 쌓아갔다. 그리고 마침내 루뱐카 거리의 또 다른 건물에 있는 KGB의 수장이 되었다(1967~1982). 그는 무자비하고 영리하며 지략이 풍부했다. 유력한 후원자들과 교분을 쌓았고, KGB를 감시, 비밀 유지, 첩보에 특화한 현대적인 단체로 탈바꿈했다.

안드로포프는 당시 공산당 서기장이었던 나이 많은 레오니트 브레즈네프에게 여러 면에서 쓸모가 있었다. KGB 요원들은 1969년에 서독 지도부와의 비밀 연락망을 알선해주었고, 덕분에 유럽의 데탕트(냉전시대 동서 진영의 긴장 완화 – 옮긴이)가 시작되었다. 안드로포프는 인권 옹호자들을 정신병동으로 보내버림으로써 소련 인텔리겐치아 내부의 이견을 억압했다. 또한 반정부 인사와 유대인을 소련에서 탄압하는 대신 외부로 강제 이주할 것을 제안했다. 심지어 불면증에 시달리는 소련 지도자에게 외국산 진정제를 구해다 주기까지 했다.[3] 안드로포프가 브레즈네프의 기대를 저버렸던 건 딱 한 번뿐이었다. 1979년에 그는 "사회주의 정권을 구하기 위해" 아프가니스탄으로 소련군을 이동시키라고 브레즈네프를 설득했다. 안드로포프는 아프가니스탄 침공이 단기 작전이 될 것이라고 장담했다. 브레즈네프는 이런 '유라'의 실수를 용서해줬다('유라'는 러시아 이름 '유리'의 애칭이다 – 옮긴이). 그는 안드로포프가 후계자가 되길 원했다. 죽기 직전에 브레즈네프는 그를 KGB에서 당 기관으로 전직시켰고 자신이 없으면 서기국을 이끌어줄 것을 부탁했다. 이것이 소련 지도자가 피후견인에게 남긴 마지막 선물이었다. 브레즈네프가 1982년 11월에 잠자리에 들었다가 세상을 떴을 때 안드로포프는 문제없이 뒤를 이었다.

대부분의 소련 인민은 안드로포프를 오랫동안 기다린 강력한 지도자로서 환영했다. 하지만 KGB에 의해 탄압과 통제를 받던 인텔리겐치아는 이런 미래에 진저리를 쳤다. 안드로포프의 비쩍 마른 얼굴과 무뚝뚝한 외양은 표도르 도스토옙스키의 《카라마조프가의 형제들》에 나오는 자비라곤 없는 전지적 인물인 대심문관을 연상시켰다. 안드로포프는 주변 사람들 중에서 일을 맡기려고 할 때 후보자를 인터뷰하지 않았다. 한번은 누군가가 그에게 "제 소개를 하겠습니다"라고 말하자, 그는 비꼬는 기색 없이 대꾸했다. "나보다 자네가 자신을 더 잘 안다고 생각하는 이유가 뭐지?"[4]

안드로포프는 통제되고 보수적인 개혁을 선호했다.[5] 그의 접근법의 핵심은 공산당 통치에 반대해 대규모 시위가 터져 나온 1956년 헝가리 부다페스트에서 소련 대사로 주재했을 때의 경험이었다. 10월 31일, 안드로포프의 보고에 자극을 받은 소련 지도자 니키타 흐루쇼프와 당(the Party, 이하 특별한 설명이 없으면 공산당을 가리킴 – 옮긴이) 동료들은 '회오리 작전'을 개시했다. 6000대의 소련제 탱크가 봉기를 진압하고 꼭두각시 정부를 세웠다. 안드로포프는 그 후로 내내 "불미스러운 헝가리 사건"을 언급했다. 어쩌면 그 순간이 그가 비명횡사에 가장 가까이 다가간 순간이었을 것이다. 그의 아내는 그때 얻은 신경쇠약에서 완전히 회복하지 못했다.[6] 부다페스트의 학살에서 안드로포프의 정치적 신조가 생겨났다. 반대 의견은 가차 없지만 신중하게 처리하라. 너무 늦기 전에 위로부터의 개혁을 준비하라. 유사시에는 무력 사용을 주저하거나 겁내지 마라.

모스크바의 당 기구에서 일하던 1960년대 초부터 안드로포프는 학자와 지식인을 끌어모았다. 그는 인텔리겐치아가 무슨 생각을 하는지 알고 싶었다. 또 소련 경제의 현대화와 혁신에 대해 관심이 있었다. 안드로포프의 지식인들은 전쟁 세대였다. 그들은 마르크스-레닌의 사회주의를 믿었고, 스탈린의 범죄가 드러나자 충격을 받았으며, 위로부터의 개혁을 꿈꿨다.[7] 그중 한 명인 철학자이자 사회학자 게오르기 샤흐나자로프(Georgy Shakhnazarov)는 그들 사이에 벌어진 토론을 다음과 같이 회고했다. 스탈린주의 모델을 대체하고 살아남을 공산주의 모델은 무엇일까? 안드로포프는 그의 지식인 '컨설턴트'들에게 허심탄회하게 이야기하길 청했다.[8]

안드로포프는 레닌의 유명한 질문인 "무엇을 할 것인가?"를 던졌다. 소비에트 국가가 사회주의의 도구로서 어떻게 잘 작동하게 만들 것인가? 샤흐나자로프는 문제는 숨 막히는 당의 강권이라고 답했다. '사회주의적 민주주의(socialist democracy)'와 제대로 된 선거 없이는 당료들이 언제나 기득권 계급으로 행동하며 인민의 복지는 신경 쓰지 않을 것이다. 안드로포프의 표정이 어두워졌다. 그는 샤흐나자로프의 말을 가로막더니, 과거에 소비에트 체제는 환상적이고도 거의 불가능한 일을 해냈다고 말했다. 당 관료 집단이 '녹슨' 것은 맞다고 그도 시인했지만, 지도부는 경제를 '대대적으로 개조할' 준비가 되어 있었다. 당-국가 체제를 성급하게 해체하는 우를 범해서는 안 됐다. "사람들이 생활이 나아졌다고 느낄 때에야 그들에게 씌워진 멍에를 느슨하게 풀어주고 숨 쉴 공기를 줄 수 있는 거요. …… 당신네 지식인들은 민주주의를 달라, 자유를 달라, 외치기만 할 뿐 현실은 무시해버리지."[9] 샤흐나자로프는 "알 수 없는 방식으로 전혀 다른 두 사람이 안드로포프의 내면에 공존했다"라고 회고했다. "상식적인 의미에서의 러시아 인텔리겐치아와 당에 복무하는 것을 소명으로 여기는 관료가 그 안에 있었다."[10]

안드로포프의 내면에서는 강경 노선이 개혁주의를 언제나 이겼다. 그는 1965~1967년에 소비에트연방에서 보수적인 경제 개혁을 지지했지만, 1968년에는 당 개혁가들이 '사회주의적 민주주의'를 대거 도입한 체코슬로바키아에 대한 소련의 군사적 침공을 지지했다. 그런데 체코슬로바키아를 점령한 것은 안드로포프식 혁신의 비전에 있어서는 전략적 패배가 되었다. 브레즈네프 서기장은 경제 개혁을 중단시켰다. 사실 그 후로 15년간 '개혁'이라는 말 자체가 금기였다. 휘하의 KGB가 당내 개혁가들을 숙청하는 동안, 안드로포프가 경멸한 출세주의자와 부패한 관료가 주요 노멘클라투라의 구석구석을 차지했다.

브레즈네프가 그를 후계자로 지명했을 때, 안드로포프는 엄청난 문제를 떠안으리란 점을 알고 있었다. 소련 군사들은 아프가니스탄에 있었고, 서방과의 데탕트는 실패했으며, 백악관에는 로널드 레이건이 있었다. 폴란드에서는 노동자들이 식량 가격의 인하를 요구했고, 게다가 반정부 지식인들의 도움을 받아 1980년에 연대운동(Solidarity movement, 독립자치노동조합 '연대')을 창립한 터였다. 안드로포프는 소련 탱크가 이번엔 문제 해결에 도움이 안 되리라고 판단했다. 폴란드는 서방 은행들에 270억 달러의 고금리 부채가 쌓여 있었다. 소련은 동유럽 의존국을 구제해줄 능력이 없었다. 동독 비밀경찰 조직인 슈타지 수장과의 대화에서, 안드로포프는 서방이 소비에트 블록을 상대로 금융 전쟁을 벌이고 있다고 밝혔다. 워싱턴은 모스크바에 주요 통화 공급원이 될 서유럽행 가스관 신설 공사를 막으려 애쓰고 있었다. 그는 미국과 서독 은행들이 "갑자기 우리에게 융자를 중단했다"라고 덧붙였다.[11] 폴란드가 이미 빠진 금융 구멍에 소련도 빠질 수 있었다.

소련의 새 지도자가 처음 한 일은 당-국가 기구의 '녹'을 제거하는 일이었다. KGB는 GDP의 20~25퍼센트를 차지하는 것으로 추정되는 소련 '그림자 경제'의 최고위급 인사 여러 명을 체포했다. 범죄 피라미드의 꼭대기인 모스크바 거래 체계에서만 1만 5000명 이상이 기소되었는데, 그 가운데 1200명은 관료였다. 그는 소비에트 공화국들 내부의 부패 집단들도 기소했다. 가장 큰 건은 우즈베키스탄의 '면화 사건(cotton affair)'으로, 수십억 루블의 소련 예산을 착복한 데다 당 관료 집단 전체가 연루된 사건이었다. 안드로포프는 전국적으로 업무 기강을 회복하기 위해 경찰 단속이라는 수법도 이용했다.[12]

모든 조치는 다음 단계를 위한 준비일 뿐이었다. 안드로포프는 소련공산당 중앙위원회(Central Committee of the Communist Party of the Soviet Union, CC CPSU) 경제부에 경제 개혁 로드맵을 작성하라고 지시했다. 이 작업을 주도하도록 선택한 사람은 거대 군수 공장의 최고경영자를 지냈고 당시 고스플란(Gosplan, 소련 각료회의 국가계획위원회, 소련 경제의 목표를 수립하고 수행함 – 옮긴이)의 의장이었던 53세의 니콜라이 리시코프였다. 리시코프는 안드로포프의 지시를 이렇게 회고했다. "당 기구는 자기 일에나 신경 쓰라고 하고, 자넨 경제 문제를 다루게."[13] 리시코프는 1960년대의 경제 개혁에 관여했던 경제학자와 사회학자를 불러모았다(이들 모두 뒤에 등장할 것이다).[14] 리시코프의 회고에 따르면, "그 사람들은 오랫동안 진공 상태에서 작업하며 추상적 이론들을 줄줄이 내놓았다. 그러다 갑자기 그들의 '이단적' 사고가 권력 최상층부에서 인기를 끈 것이다."[15]

1983년 1월, 안드로포프는 어느 토론회에서 샤흐나자로프와 다시 만났다. 소련 지도자는 그의 자문역에게 말했다. "당신도 알다시피 개혁 조치는 이제 시작되었을 뿐이오. 해야 할 일이 많소. 우린 모든 것을 과격하게, 근본적으로 변화시켜야 하오. 당신은 항상 흥미로운 발상을 떠올리지. 날 만나러 오시오. 얘기 좀 합시다……."[16]

안드로포프는 당시 중국의 덩샤오핑처럼 소련 경제 현대화에는 서방의 과학기술과 노하우, 자본이 필요하리란 점을 깨달았다. 한번은 리시코프에게 1920년대 레닌의 신경제정책(NEP)에 관해 무얼 알고 있는지 물었다. 예를 들어 소련 경제 자산을 외국 회사에 임대할 수 있었는가? 리시코프는 그에 관해 아무것도 모른다고 대답했다. "나도 몰라. 조사해보고 다시 오게." 마침내 누군가가 모스크바 중앙도서관에 파묻혀 있던, 그 주제에 관한 역사학 논문을 발견했다.[17]

안드로포프는 냉전시대 서방과의 경쟁 관계와 기존의 제국적 부담이 혁신을 향한 소련의 필요와 충돌한다는 사실을 예리하게 인식하고 있었다. 1981년, 그는 "가장 골치 아픈 문제는 우리가 소련과 여러 사회주의 국가들의 군비 지출 부담을 피할 수 없는 것"이라며 슈타지 수장 에리히 밀케에게 고충을 토로했다. 또한 베트남과 쿠바 같은 소련 의존국 및 라오스, 앙골라, 에티오피아 등의 '진보 세력'도 포기할 수 없었다. 이런 부담만 없다면 "2~3년 내로 다른 모든 문제를 해결할 수 있을 것"이라고 안드로포프는 말했다. 또한 레이건의 적대적인 외교 노선은 안드로포프 개혁에 가장 큰 걸림돌이었다. 1983년 3월에 레이건은 소련 미사일을 요격할 야심 찬 전략방위구상(Strategic Defense Initiative, SDI)을 출범시켰다. 미국 군산복합체는 돈이 넘쳐났다. 미국의 재정적 자원은 끝이 없어 보였다. NATO 회원국과 일본, 아랍 국가는 군비 지출을 비롯해 미국의 국채와 예산의 자금줄이었다. 냉전의 균형점은 미국에 유리하게 움직이고 있었다.[18]

이와 대조적으로, 소련의 세입과 재정 상태는 위태로웠다. 문제는 서방의 일반적인 주장들과 달리 '막대한' 국방 지출이 아니었다. 소련군과 MIC, 연구개발(R&D)은 대단히 비용 효율이 높았다. 입수할 수 있었던 최고 추정치에 따르면 국방 지출은 전체 GDP의 15퍼센트를 넘지 않았다. 소련 경제에 관한 서방의 대표적인 전문가는 소련이 붕괴하고 한참 지난 후에 지도부는 누구도 "소련이 감당할 수 없는 *군사적* 부담에 허덕이고 있다고 여기지 않았다"라고 시인했다. 이 전문가는 경제적 관점에서 "소련은 군사 활동에서 비교 우위를 보였다"라고 인정했다. 상당한 규모지만

초강대국치고는 작은 군사적 부담이 소련 경제와 국가를 위험에 빠뜨린 것은 아니었다.[19]

문제는 소련이 세계경제에 점차 편입되고 있다는 사실과 소련의 재정이었다. 소련의 무역수지는 높은 유가에만 전적으로 의존했다. 사근사근하고 태평한 브레즈네프는 스탈린과 달리 안정화 자금의 축적, 다시 말해 미래에 대비한 저금에 신경 쓰지 않았다. 1982년 11월 당 총회에서, 안드로포프는 곡물, 지방, 육류를 비롯한 식품의 수입이 늘어나는 상황을 비판했다. "누굴 겁주고 싶은 마음은 없지만, 우린 지난 몇 년간 수십억 루블과 금을 낭비했소." 소련은 석유에서 나온 이윤을 서방의 과학기술을 수입하는 대신 식량을 수입하고 위성국에 보조금을 지급하는 데 써버렸다. 적어도 폴란드는 서방에 진 빚더미에서 소련이 구해주리라고 기대할 수도 있었다. 그러나 소련이 빚더미에 깔리면 스스로 어떻게든 해야 할 테고, 미국은 이를 이용하려 들 것이다. 안드로포프는 미국인들이 소비에트 블록에 속한 국가들을 상대로 벌이는 '통화 전쟁'에 관해 불길하게 언급했다. 브레즈네프 시절의 수입품과 여타 재정 낭비에 관한 기밀 자료가 핵심 기관의 당 활동가들에게 배포되었다.[20]

1983년 6월 30일 정치국(Politburo)에서, 안드로포프는 세계경제와 금융시장에 대해 소련이 최근에 처한 취약한 입장이라는 주제를 다시금 언급했다. "수입은 줄곧 늘고 있는데, 기술 대신 쓰레기만 잔뜩 사들이고 있다. 서방 국가는 우리의 천연자원만 가져가는데, 우리의 상품은 그들에게 경쟁이 되지 않는다." 소련 지도자는 고스플란과 각 부처에 기계류와 유류 제품의 수출 증대 방안을 "생각해보라"라고 지시했다. 하지만 소비에트 공화국과 국영기업은 더 많은 보조금을 요구했다. "그 사람들은 돈을 따져보거나 추가적인 재원은 찾아보지도 않고 구걸하는 버릇에 빠져 있다." 안드로포프는 외국산 식량의 수입을 줄일 것을 제안했다. 동유럽 국가와 몽골, 쿠바에 대한 보조금을 점진적으로 줄이는 방안도 계획했다. 그는 리시코프에게 소비에트 경제 블록에 관해 다소 흥분해서 말했다. "이건 공동체가 아니야. 저열한 강도짓이지."[21]

개혁을 위한 준비 작업은 철저히 비밀리에 진행되었다. "심지어 고스플란의 위원들도 우리가 무슨 작업을 하는지 몰랐다"라고 리시코프 팀의 일원이 회고했다. "[안드로포프는] 꼭대기에서 이뤄지는 엄격한 계획화라는 구체제가 기능을 다했다"라고 결론 내렸다. "우리는 협동조합이 더 큰 경제적 자유를 가지고 국영기업보다 더 많은 이익을 내리란 점을 관료 집단에 입증해야 했다. 우리가 마련한 문서에서 사유 재산을 공공연하게 거론하지는 않았지만, 국가 소유 다음으로 협동조합 소유라는 발상도 내놓았다." 안드로포프는 그런 발상을 지지했다.[22] 소련국영은행(State Bank, 이하 '국영은행'으로 표기)의 고위 관리는 이렇게 기억했다. "우리는 기업체가 더 많은 권리를 가져야 한다고 생각했다. …… 중앙이 모든 것에 책임을 지는 상황은…… 경제 발전을 옥죄었다." 안드로포프는 국가 투자를 배분이 아닌 경쟁으로 전환할 것을 국영은행에 지시했다. 그는 재무부 장관에게 "다른 장관들이 돈을 달라고 엎드려 기면서 당신을 찾아와야 한다"라고 말했다.[23] 1983년 7월, 각료회의(Council of Ministers)는 경제 자유화에 관한 일부 개념을 재천명했다. 1984년 1월, 정치국의 승인을 받아 예비적인 경제 실험이 우크라이나와 벨로루시, 리투아니아의 일부 산업에서 시작되었다. 1965~1968년의 개혁이 중단되었던 지역이었다.[24]

안드로포프는 권력은 넘쳤지만, 개혁을 계속 밀고 나갈 시간이 부족했다. 건강이 악화되다가 1983년 2월에 신장이 완전히 망가졌고, 이후로 줄곧 투석을 받았다. 그가 정치국 회의에 마지막으로 참석한 것은 1983년 9월 1일로, 흑해 요양지에 갔다가 모스크바로 돌아와 곧장 병원으로 실려 갔다. 안드로포프는 1984년 2월 9일 급성 신부전으로 사망했다.

소련 개혁에 안드로포프가 가장 크게 공헌한 점은 정치국과 소비에트 정부에 일단의 관료들과 학계 인사들을 불러들인 것이었다. 그들이 그가 개시한 개혁을 출범시키기까지 그 후로 2년이 더 걸렸다. 전 KGB 개혁가가 자신의 정책을 이어가도록 준비시킨 핵심 인사는 미하일 고르바초프였다.

권좌의 레닌주의자

안드로포프에 대해 "우리는 그에게 모든 것을 빚졌다"라고 라이사 고르바초바(Raisa Gorbacheva)는 말했다. 라이사의 남편인 미하일 고르바초프는 1969년 4월에 KGB 의장과 처음 만났다. 이미 신장 질환으로 고생하고 있던 안드로포프는 캅카스산맥 자락의 스타브로폴 지역에 있는, 소비에트에서 유명한 온천지 키슬로보츠크에 갔다. 고르바초프는 지역 당 지도부를 대표해 안드로포프를 접대했다. 두 사람은 이후로 매해 여름마다 만났다. 1978년, 안드로포프는 키슬로보츠크에서 모임을 주최하여 고르바초프를 브레즈네프와 그의 측근들에게 소개했다. 그해 9월에 고르바초프는 전후세대로는 처음으로 정치국으로 승진했다.

안드로포프는 고르바초프한테서 자신보다 더 나은 또 다른 자아를 발견했다. 미하일 세르게예비치 고르바초프는 1931년 3월 2일에 러시아-우크라이나계 집안에서 태어났다. 아버지와 어머니는 둘 다 농사꾼 집안이었다. 그들은 스타브로폴 지역의 프리볼노예 마을에 살았다. 웅장한 캅카스산맥을 마주한 비옥한 러시아 땅이었다. 안드로포프처럼 고르바초프는 코사크 노래를 따라 부르며 가난한 농촌에서 자랐지만, 학식과 교양, 고급문화의 세계를 받아들였다. 1950년, 19세의 나이로 시험을 치르지 않고 모스크바대학에 입학 허가를 받았다. 기록적인 수확을 달성한 보상이었다. 젊은 고르바초프는 전공으로 법학을 택했다. 그는 인생의 반려인 라이사 티타렌코를 만났는데, 철학과 학생이자 시베리아 출신의 아리따운 우크라이나 여성이었다. 두 사람은 1953년 모스크바에서 결혼했다. 고르바초프는 학창 시절에 입당해서 공식적인 청년 단체인 콤소몰의 관리로 일했다. 그는 모스크바에 있는 검찰관 사무실이나 KGB에서 일을 시작할 참이었다. 국가는 소련 곳곳에 있는 다양한 일자리에 졸업생을 의무적으로 '배정'했고, 젊은 부부는 1955년에 고르바초프의 고향으로 돌아가야 했다.

그 무렵 라이사는 악몽을 꾸고는 남편에게 들려주었다. 꿈에서 두 사람은 매우 깊고 컴컴한 우물 바닥에 떨어졌다. 여기저기 상처 입고 피를 흘리며 엄청나게 고생한 끝에 두 사람은 우물에서 간신히 빠져나올 수 있었다. 그러자 눈앞에 너른 가로수길이 펼쳐졌고, 아득한 가로수길은 밝은 태양이 비추는 듯했다. 두 사람은 괴로운 마음을 안고 양옆으로 드리운 어두운 그림자 사이로 태양을 향해 발걸음을 떼기 시작했다……. 이 악몽은 할리우드 드라마 같았다. 두 사람은 이를 운명의 징조로 해석했다. 그들은 모스크바라는 문화적 천국에서 스타브로폴의 농민과 시시한 지방 당 관료들 사이로 추방되었다고 느꼈다. 그러나 두 사람은 이 늪에 빠지지 않고 문화적·지적으로 발전하기로 결심했다. 라이사는 이러한 노력의 원동력이었다. 부부는 역사, 사회학, 철학 서적과 두꺼운 문학잡지를 읽고 토론했다. 또 모스크바로 여행할 기회가 생기면 극장과 미술관에 방문했다. 고르바초프는 철학과 정치 이론에 관심이 많았고, 마르크스-레닌주의의 관점에서 그런 저작들을 읽었다. 그 덕에 안드로포프에게는 둘도 없이 흥미로운 대화 상대가 되었다.[25]

안드로포프는 부패하지 않을 것 같은 당 개혁가를 찾았다. 리시코프는 그런 사람 중 한 명이었다. 고르바초프도 마찬가지였다. 안드로포프와 달리 고르바초프의 공산주의적 신념은 공포와 배신, 학살의 세월로 얼룩지지 않았다. 남자들이 술을 입에 달고 살면서 아내들을 때리고 바람을 피우는 지방의 소비에트 노멘클라투라 사이에서 고르바초프는 귀감이었다. 반짝이는 눈동자와 거부할 수 없는 매력, 꺾이지 않는 낙관주의와 넘치는 자신감은 모스크바에 팽배한 냉소주의와 비관적 분위기와는 대조되었다.

정치국의 노장들은 고르바초프가 권력의 지위로 부상하는 데 마지막 걸림돌이었다. 그들은 안드로포프의 소망을 무시하고 콘스탄틴 체르넨코를 다음 지도자로 선출했다. 하지만 체르넨코의 짧막한 재임(1984~1985) 기간은 후보자로서 고르바초프의 입지를 더욱 강화했다. 10년간의 장로정치 끝에 대부분의 사람이 변화를 열망했다. 체르넨코가 1985년 3월 10일에 별세하자 모두 고르바초프를 지목했다. 정치국과 서기국에 포진한 안드로포프의 사람들은 고르바초프를 지도자로 열심히 밀었다. 이 그룹에는 니콜라이 리시코프 외에도 서기국 내 당 간부들을 책임지고 있는 예고르 리가초프와 KGB 의장 빅토르 체브리코프(Viktor Chebrikov), 러시아연방을 대표하는 정치국원 비탈리 보롯니코프(Vitaly Vorotnikov)가 있었다. 구파(舊派)의 핵심 인물이자 외무부 장관인 안드레이 그로미코(Andrei Gromyko)는 집단적 분위기를 무시할 수 없어서 고르바초프를 차기 당 지도자로 지명했다. 당 총회는 근래의 지도자들에게 그랬던 것과 달리, 의무감이 아니라 확연한 열의를 가지고 고르바초프에게 투표했다.

정치국에서 지도자로 임명되기 전날 저녁에 고르바초프는 라이사와 평소처럼 산책했다. 회고록에서, 그는 아내가 걱정했다고 서술했다. "정말로 이럴 필요가 있을까요?" 그러한 의심은 고르바초프의 경력에 대한 평가였다. 그는 권력 다툼을 벌인 적도 없고, 정적을 제거해야 했던 적도 없었으며, 목표를 달성하기 위해 무력을 쓴 적도 없었다. 소련 최고 권력을 손아귀에 쥐고는 권위를 확고히 내세우지 않는다는 것은 있을 수 없는 일이었다. 고르바초프는 조국을 더 나은 방향으로 변화시키는 데 힘을 보탤 수 있을 거라 믿고 정치국에 합류했음을 아내에게 상기시켰다. 하지만 사실 아무것도 이루지 못했다. "그러니까 정말로 변화를 원한다면 나는 그 위치를 받아들여야만 해. …… *계속 이런 식으로 살아갈 수는 없어.*"[26]

여러 해가 지나고 대량의 사료가 발굴되었는데도, 사람들은 여전히 이 발언의 진실성을 받아들이지 않으려 한다. 이 분야에 노련한 전문가는 이렇게 썼다. "우리는 고르바초프의 동기보다는 그의 행위에 관해 더 많이 알고 있으며, 1985년에서 1989년까지, 그 이후에 이르기까지 그의 정치적 진화에 관해 완전히 만족스러운 설명은 아직도 없다."[27] 퓰리처상을 수상했고 인정받는 고르바초프의 공인 전기를 쓴 미국 작가 윌리엄 타우브먼은 "고르바초프는 이해하기 힘든 사람이다"라는 문장으로 시작한다. 타우브먼은 고르바초프가 러시아를 변화시키려고 했으며, "민주주의의 초석"을 놓았지만 새로운 국가, 사회, 경제를 건설하는 데는 당연히 실패한 유례없는 "비극적 영웅"이었다고 결론 내렸다. 어느 러시아판 고르바초프 전기 작가는 그에 관해 "역사의 무자비한 변덕의 희생자 …… 러시아 역사상 가장 비극적 인물 가운데 하나"라고 평가한다.[28]

물론 1985년의 고르바초프는 훗날 그가 변화시키려 애쓴 조국을 파괴한 지도자로 기억되리라고는 예상하지 않았다. 그가 행동 노선에 붙인 이름은 '페레스트로이카', 즉 구조조정 또는 혁신이었다. 하지만 안드로포프가 죽은 뒤 고르바초프는 러시아를 파괴한 혁명가를 멘토로 선택했다. 바로 1917년에 출현한 볼셰비키 독재의 장본인이자 소련의 설계자 블라디미르 레닌이었다. 그 후로 5년간 고르바초프는 공개 연설과 정치국 모임뿐 아니라 최측근 자문들과의 사적인 대화에서도 끊임없이 레닌을 거명했다. 고르바초프는 전임자들처럼 정통성을 주장하거나 경쟁자들을 물리치기 위해 레닌의 말을 인용하지는 않았다. 그는 레닌과 자신을 동일시했다. 그는 진정한 마지막 레닌주의 신봉자였다.[29]

1950년대에 모스크바대학을 다닌 학생으로서, 고르바초프는 볼셰비키 지도자를 낭만적인 시선으로 바라봤다. '친애하는 일리치'는 전제정과 불의에 맞섰고, 대중 테러 수단을 마지못해 채택했으며, 스탈린을 몰아내려다 비극적이게도 일찍 죽었다. 이 신화는 고르바초프 일파에서 이데올로기가 되었다. 레닌은 이상이었고, 스탈린은 결함 있는 현실이었다. 그 신화는 1968년 이후로 희미해졌지만, 러시아의 지방과 개혁 성향의 당 기관원에게는 계속 살아 있었다.[30] 고르바초프는 레닌이 순수한 혁명적 직관이 번뜩인 천재라고 여겼다. 그는 레닌의 권위가 권력과 테러, 공포의 행사가 아닌 이론적 통찰에서 비롯되었다고 믿었다. 고르바초프의 보좌관 아나톨리 체르냐예프(Anatoly Chernyaev)도 유사한 관점에서 레닌을 바라봤다. 체르냐예프는 일기에서 고르바초프는 "레닌 행세를 하지 않았다. 그는 타고나길 레닌 같았다"라고 썼다. 또 다른 가까운 보좌관은 고르바초프의 책상에 레닌 전집 중 몇 권씩 항상 놓여 있었고 "그는 내 앞에서 그 가운데 한 권을 집어 들고 소리 내어 읽으며, 현 상황과 비교하고 레닌의 명민함을 극찬하곤 했다"라고 기억한다. 타우브먼은 레닌 숭배로 인해 고르바초프가 초강대국의 지도자 역할로 무리 없이 옮겨 갈 수 있었다고 평가한다. 혁명적 예언자처럼, 그도 소련만이 아니라 세계를 변혁할 임무를 띠고 있었다. 고르바초프가 진화하면서 '그의 레닌'도 진화했다.[31]

고르바초프는 신레닌주의적 열성을 공유하는 영혼의 단짝을 찾아냈다.

그중 한 명이 브레즈네프 시절에 캐나다 대사로 '추방'당했던 당 이념가인 알렉산드르 야코블레프(Alexander Yakovlev)였다. 고르바초프는 1983년에 오타와를 방문했을 때 그와 만났다. 캐나다의 농경지를 순방하는 동안, 농민 출신의 두 관리는 소련 농업의 문제점을 논의하다가 잘못된 점을 이해하기 위한 이론적 열쇠를 찾던 와중에 화제에서 벗어났고 마르크스-레닌주의 이론을 토론했다. 두 사람은 소련의 '모든 것'에 혁명적인 시동 걸기가 필요하다는 데 뜻을 모았다. 고르바초프는 야코블레프를 모스크바로 불러들여서 대표적 싱크탱크인 세계경제 및 국제관계연구소(IMEMO)의 소장으로 임명시키도록 안드로포프를 설득했다. 안드로포프가 죽은 뒤, 야코블레프는 고르바초프와 함께 개혁을 위한 아이디어를 논의하는 소집단에 합류했다. 1985년 8월에 당 선전가들의 비공개 모임에서 야코블레프는 "우리는 15년 동안 겨울잠을 자고 있었다"라며 "나라는 약해지고 있으며, 2000년에 이르면 우린 2류 국가로 전락할 것이다"라고 말했다.[32]

1985년 12월, 야코블레프는 고르바초프에게 미래 정치 개혁을 위한 요강을 보냈다. 그는 지도자의 임무가 소련 사회에 억눌린 좌절감을 급진적 변화로 돌리는 것이라고 썼다. 초점은 정치적 개혁에 맞춰져야 한다. 야코블레프는 당을 경제 관리에서 배제할 것을 제안했다. '사회주의적 민주주의', 탈집중화, 글라스노스트(문제점에 대한 자유로운 토론)는 '관료제라는 독재'에서 소련을 해방해줄 것이다. 야코블레프가 구상한 정치 개혁의 정점은 사회주의와 인민 민주주의로 이루어진 양당 체제로, 둘 다 정기적으로 선출되어야 했다. 최고 권력은 소련의 대통령이 지닌다. 레닌에게서 인용한 문장이 글의 곳곳을 장식했다. 궁극적 목표는 "모든 사람을 이 땅의 진짜 주인이 되게끔 변혁하는 것"이었다.[33] 이 요강은 보수적 개혁주의의 논리를 거부하고 안드로포프가 오래전 샤흐나자로프와의 대화에서 거부했던 주장을 지지했다.

고르바초프는 야코블레프의 요강을 읽었고, 그 아이디어는 브레즈네프 사망 이후 처음 열린 1986년 2월 당대회 연설에 반영되었다. 당대회를 앞두고 소련 지도자는 몇 주에 걸쳐 야코블레프 및 몇몇 보좌관과 난상토론을 벌이고 연설문을 작성하고 고쳤다. 그들은 평일 10시간에서 12시간씩 일했다. 고르바초프의 열정을 따라올 사람은 없었다. 연설 날짜는 대단히 상징적이었다. 30년 전 그날, 흐루쇼프는 스탈린의 범죄를 규탄하고 모든 공산주의자에게 "레닌으로 돌아가라"고 촉구했다. 고르바초프는 2월 25일 오전 10시에 연설문을 읽기 시작하여, 중간에 휴식과 점심시간도 가져가며 다섯 시간 반 동안 발언했다. 엄청난 양의 연설문에서 브레즈네프 시기를 '침체기'로 규정했고 '민주화', '탈집중화', '글라스노스트' 등 야코블레프의 메모에서 가져온 핵심어가 포함되어 있었다. 고르바초프는 급진적 개혁을 가리키는 새로운 핵심어인 페레스트로이카의 필요성과 이데올로기적 교조의 수정을 겨냥한 '신사고'에 관해서도 언급했다. 그는 고조되어 연설을 마무리했다. "이것이야말로 위대한 레닌이 타계할 때 표명한 소망을 실현할 길입니다. 힘차게, 통일된 의지로, 우리는 더 높이 오르고 전진할 것입니다. 우리는 다른 운명은 알지 못합니다. 동지들, 이 얼마나 아름다운 운명입니까!" 5000명의 당 지도자와 간부는 기립박수를 보냈다. 그 가운데 얼마나 많은 사람이 진심에서 우러나온 것인지 알 수 없다. 한 명만은 확실했다. 바로 고르바초프 자신이었다.[34]

신레닌주의적 웅변에도 불구하고, 고르바초프는 집권하고 첫 2년 동안 어떤 개혁 전략을 취할지 결정하지 못했다. 레닌의 숭배자로서, 소련 사회와 경제를 소생시킬 핵심 수단을 모색했다. 하지만 안드로포프의 보수적인 충고도 유념했다. 야코블레프가 제시한 급진적 정치 변화를 시도하기에 앞서, 소련 인민이 경제에서 실질적인 개선을 실감해야 한다는 충고였다. 그러므로 집권 직후에 고르바초프는 자신이 다뤄야 할 경제적·사회적 문제를 목록으로 작성했다. "1) 품질 2) 금주 투쟁 3) 빈곤층 4) 과수원과 텃밭을 위한 토지 5) 의약품."[35] 놀랍게도 안드로포프가 소련의 거시경제 안정성에 관해 제기했던 시급한 문제는 목록에 포함되지 않았다. 식량 수입을 줄이고, 무역수지 균형을 회복하고, 그림자 경제를 강력히 단속하고, 노동력을 규율할 필요성 말이다. 고르바초프의 작성문은 소련 경제를 괴롭히는 경제적·재정적 문제점에 대한 진단은 담지 않았다.

고르바초프 집권 첫 2년 동안 정치국에서 이뤄진 토론은 소련 경제를 부양할 방안을 둘러싼 불확실성을 드러냈다. 경제 성장이 무엇보다 시급하다는 데는 모두 동의했다. 공식 표어는 '가속화'였다. 하지만 어떻게 할 것인가? 동시에, 고르바초프는 몇 안 되는 자문 집단 무리에 리시코프와 개혁 성향의 경제학자들을 포함하지 않았다. 브레즈네프의 측근이었던 늙은 니콜라이 티호노프(Nikolai Tikhonov)가 여전히 각료회의 의장이었고, 리시코프는 1985년 후반에야 의장직에 올랐다.

1985~1986년에 소련 인민 수백만 명에게 영향을 미친 최대의 변화는 '금주 투쟁'이었다. 이 아이디어는 안드로포프의 또 다른 피후견인이자 이제는 정치국에서 고르바초프를 대리하는 예고르 리가초프가 제시했다. 두 사람 모두 러시아인들의 폭음 습관을 질색했다. 문제는 주세(酒稅)가 소련 GDP의 3분의 1에 달한다는 점이었다. 안드로포프도 이 문제를 인식했지만, 그의 해법은 상습적인 음주자들에게 벌금을 물리고 처벌하는 것이었지, 술을 금지하지는 않았다. 정치국에서 재무부 장관은 보드카로 거두어들인 귀중한 세수를 인민, 특히 소도시와 농촌 주민이 구입할 만한 다른 상품으로 대체하기는 불가능할 것이라고 주장했지만 헛수고였다. 주류 소비를 줄이려는 급진적 정책은 1985년 5월에 시행되었다. 러시아 역사상 세 번째 금지 시도였다. 첫 번째는 제1차 세계대전이 발발한 1914년, 두 번째는 독일이 소련을 침공한 1941년에 시도되었다. 리가초프에게 겁을 먹은 당 간부들은 과잉 반응을 보였다. 체코슬로바키아로부터 매입한 새 양조 공장은 방치되었다. 크림반도에 있는 고급 포도밭 수천 헥타르를 갈아엎었다. 고급 포도주 양조자들은 일자리를 잃었고, 목숨을 끊은 사람도 있었다. 보드카와 포도주, 맥주 소비는 급감했다. 장기적으로 볼 때, 수십만 소련 주민의 수명이 조금 길어졌고 더 건강한 아이들이 태어났다. 하지만 예산상의 참사는 즉각적이었고 오래갔다. 보드카 판매액은 1984년 540억 루블에서 1986년 110억 루블로 떨어졌다.[36] 또 다른 즉각적인 피해는 고르바초프에 대한 지지도였다. 그의 인기는 곤두박질쳤고 결코 이전 수준으로 회복하지 못했다.[37]

나중에 실시된 1985~1986년의 또 다른 불운한 개혁 조치는 소련 제품의 품질 향상이었다. 수십 년 동안 소련의 국영기업은 구닥다리 의복과 조악한 신발, 형편없는 TV를 생산했다. 인민은 그런 제품 대신 질 좋은 수입산을 찾았다. 팔리지 않은 재고품이 국영 창고마다 쌓여 있었다. 소련 경제학자들은 중앙집중화된 계획경제를 탓했다. 기업체의 생산성이 매출액이 아닌 수량으로 측정되었기 때문이다. 고르바초프의 정치국은 경제학자들을 무시했다. 1986년 5월, 고르바초프와 리시코프는 모든 국영기업을 유능한 전문가와 작업자로 구성된 특별 팀인 국가 감독(고스프리엠카) 아래에 두는 법령에 서명했다. 이 개혁 조치에 레닌 저작이 엄청난 영향을 미친다. 볼셰비키 지도자는 죽기 직전에 '노동자 감독'의 설치를 권고했다. 레닌의 저작을 달달 외우고 있던 고르바초프는 '정직한 소련 인민'으로 충원된 새로운 행정적 수단이 '사회주의 생산'을 더 잘 돌아가게 만들 것이라고 확신했다. 1987년 1월, 7만 명의 감독관이 작업에 착수했다.[38] 이는 즉시 공급 위기를 초래했다. 수천 개의 국영기업에서 생산한 690억 루블어치로 추산되는 상품은 대다수가 품질 불량으로 검사를 통과하지 못했다. 심지어 1960년대에 서방의 회사가 설립한 소련 최고의 공장도 갑자기 부도에 직면했다. 품질이 어떻든, 상품의 공급이 중단되면 전체 경제 유통 사슬에 영향을 미칠 수밖에 없었다. 구성품과 부품이 부족해져서 많은 조립 라인이 갑작스레 가동을 중단했다. 이는 타당한 근거가 있어도 갑작스러운 교정 조치는 불가피하게 경제적 붕괴로 이어진다는 사실을 보여주는 또 다른 사례였다. 망한 국영기업과 노동자를 어떻게 해야 할지 아무도 몰랐다. 기업을 파산하게 놔둘 수도, 노동자를 해고할 수도 없었다. 몇 달간 불확실한 상황이 이어진 끝에, 경제는 옛날 방식으로 되돌아갔다. 레닌주의적 발상은 실패했다.

1985~1986년에 고르바초프의 우선 사항은 '과학적-기술적 진보의 가속화'였다. 안드로포프가 소련의 지도자였을 때 고르바초프에게 이 문제를 고민하는 팀을 맡겼다. 고르바초프의 경력에서 심각한 공백을 메우기 위해서였다. 그는 곡물을 재배하는 스타브로폴 지역 출신의 '농업 전문가'

로 정치국에 들어왔지만, 기계 건설산업과 더 중요하게는 군수산업을 다뤄본 경험이 전무했다. 고르바초프는 문외한의 열정을 가지고 안드로포프가 맡긴 일에 뛰어들었고, 집권한 뒤에도 우선 과제로 삼았다. 그것은 그의 신레닌주의적 신념과 공명했다. 사회주의를 확장하는 데 있어서 과학과 기술의 역할은 고르바초프 세대에 교육받은 사람들의 사고와 일맥상통했다. 교육받고 냉철하고 이데올로기적으로 열성적인 사람들이 조작하는 스마트한 기기는 소련의 역사적인 후진성을 극복하게 해줄 것이었다. 1986년 2월의 당대회는 과학적 혁신과 기술적 현대화를 실행하기 위해 그 후 5년간 2000억 루블을 투자하겠다는 고르바초프의 제안을 승인했다.

예측에 따르면 5년 내로 소련 경제는 재편되어 국내 소비자의 요구에 부응하고 해외로 수출할 만한 질 좋은 제품을 생산할 것이다. 과거에, 소련의 현대화 시도는 서방의 회사를 끌어들여 신규 공장을 지었던 1930년대나 1960년대에 최상의 성과를 낳았다. 신규 기업에는 새로 훈련받은 기술자와 노동자가 필요했는데, 그들은 싫든 좋든 외국의 관행과 표준을 따랐다. 이는 경쟁과 여타 시장 추진 요인이 부재한 상황에서, 노후한 공정과 화석화된 작업 관행을 극복할 유일한 방법이었다. 하지만 1986년 고르바초프의 조치는 기존 국영기업의 장비 교체에 돈을 투자했다. 대규모로 실패할 수밖에 없는 정책이었다. 오래된 공장의 경영자와 노동자는 보수적으로 행동하며 혁신에 저항했다. 값비싼 서구 장비는 대부분 구공장과 시설에서는 절대 사용되지 않았다.[39]

누구도 수십억 루블에 달하는 투자금의 출처가 어딘지 설명할 수 없었다. 고르바초프의 값비싼 조치는 다른 분야에 대한 소련의 투자와 경비 절감 조치와는 어울리지 않았다. 한편 소련 무역과 금융 부문에서 벌어진 사태는 1983년 안드로포프의 불안을 확신하게 만들었다. 소련의 원유 생산은 1980~1984년에 조금 감소했지만, 고르바초프 치하에서 증가하기 시작했다. 하지만 1986년에 세계 유가는 배럴당 27달러에서 10달러로 급락했다. 소련 경제의 수출 이익은 130억 달러나 감소했다. 수십 년 만에 처음으로 소련은 140억 달러의 무역수지 적자를 기록하며 1986년을 마감했다. 소련이 서방 은행에 경화(태환 통화)로 진 빚은 1985년 272억 달러에서 1986년 394억 달러로 늘어났다. 1981년에 폴란드가 진 부채보다 많았다. 그리고 그것은 앞으로 상황이 더 나빠질 것임을 알려주는 표지였다.[40]

고르바초프와 리시코프, 소련 경제학자들이 장기적 관점에서 무엇을 계산했든 간에, 체르노빌원자력발전소 참사는 모든 것을 망쳤다. 1986년 4월 26일, 우크라이나 북부의 키예프(현재의 키이우 – 옮긴이)로부터 그리 멀지 않은 체르노빌에서 네 기의 원자로 중 하나가 폭발하여 소련 기술자, 과학자, 관료를 충격에 빠트렸다. 수십만 명에 달하는 키예프 시민들의 피난 행렬과 여타 지역에서 발생한 대중의 공황 상태는 제2차 세계대전을 방불케 했다. 사고 발생 이후 첫 한 달 동안, 방사능의 유출을 막고, 인근 도시에서 10만 명을 대피시키고, 발전소에서 30킬로미터 반경에 방어선을 치고, 오염된 토양을 제거하고, 방사능에서 하천을 지키고, 수십만 명의 아동을 보살피고, 필수 의약품을 제공하는 등 전례 없는 작전에 수많은 군인, 기술자, 의사, 광부, 과학자가 생명의 위험을 무릅쓰고 참여했다. 소련 예산 중 체르노빌 참사 복구 비용은 사고 후 첫 한 달간만 30억 루블에 달했다. 1989년 초, 리시코프는 복구 비용이 80억 루블에 달할 것으로 추정했다. 그는 "체르노빌이 회복 중인 우리 경제에 갑작스럽고도 파괴적인 타격을 가했다"라고 회고했다.[41]

무신론자지만 미신을 믿었던 라이사 고르바초바는 체르노빌을 매우 나쁜 징조로 여겼고, 수백만 명이 똑같이 생각했다. 고르바초프의 권위는 심각하게 훼손되었다. 사람들은 '얼룩진 지도자'(그의 이마에 있는 모반을 가리키는 표현)가 불운을 가져왔다고 추측했다. 이런 헛소리 말고도, 고르바초프는 참사의 규모를 밝히지 않아서 다시금 권위가 훼손되었다. 5월 14일에야 TV 연설을 통해 충격받은 국민에게 실상을 밝혔다. 그리고 체르노빌 위기 내내 최고의 해결사이자 진짜 영웅은 핵이라는 괴물을 길들이려는 엄청난 노력에 앞장섰던 리시코프였다. 총리는 키예프까지 날아갔고 나중에는 체르노빌도 찾아가 참화의 현장을 직접 점검했다. 고르바초프는 원자로가 콘크리트 '석관'[42]으로 덮인 후인 1989년 2월에야 라이사와 함께 체르노빌을 찾았다.

원전 사고에 대한 고르바초프의 불안감은 극단적이었다. 1986년 6~7월에 그는 소련 원자력 업계를 비롯하여 노령의 지도자인 아나톨리 알렉산드로프(Anatoly Aleksandrov)와 예핌 슬랍스키(Yefim Slavsky)를 희생양으로 삼았다. 당시 80대였던 두 사람은 소련 국방 분야의 최고 지식인이자 핵 초강국 소련과 원자력 시설의 건설자였다. 고르바초프의 거친 표현에 따르면, 그들은 구시대 엘리트들의 최악의 모습을 대변했다. 고르바초프는 원자력계가 "굴종, 아첨, 파벌주의, 이견을 지닌 사람들에 대한 박해, 보여주기식 관행, 연줄과 패거리가 두드러진다. 우리는 이런 것을 모두 끝장낼 작정이다"라고 주장했다.[43] 이것은 부당하고 부정확한 평가였다. 소련 핵과학 산업은 세계적 수준의 성과를 보여준 몇 안 되는 분야였기 때문이다.

체르노빌 사고에 대한 이런 반응은 고르바초프다운 것으로, 그 후로도 계속 되풀이되었다. 소련 지도자는 물론 격노했지만, 레닌을 재연하기도 했다. 그는 위기를 이용해 포괄적인 결론으로 비약했다. 구체제 전체가 심하게 병들고 오염되었다는 것이다. 위기는 또 다른 혁명을 요구했다. 주된 메시지는 소련이 벼랑 끝에 있는데, 지난 15년간 국가와 인민은 분수에 맞지 않게 살았고 고약한 습관에 빠진 탓이라는 것이다. 당이 이 수렁에서 그들을 끌어내지 못하면 소련은 치명적인 결과를 초래하며 '늪'으로 다시 가라앉을 것이었다. 9월, 고르바초프는 민간과 군의 '구조자들' 수만 명의 영웅적 노력을 언급하면서 다음과 같이 말했다. "러시아인은 불가능한 임무를 필요로 한다. 그래야만 모든 걸 내던지고 …… 필요한 일을 할 것이다. 러시아인이 깨어나 전진하려면 새로운 체르노빌 사태가 매일같이 일어나야 한다."[44]

윌리엄 타우브먼은 1986년 내내 고르바초프가 "초기 전략이나 전략의 부재로 인해 실패했다고 스스로 깨닫고 크렘린 동료를 설득하려고 애쓰는 이중의 과정"을 거쳤다고 썼다.[45] 하지만 고르바초프의 미사여구는 다른 결론으로 향했다. 소련 지도자는 실패를 재고하는 대신에 정치국과 정부의 동료들이 조심스러운 태도를 버리고 로드맵도 없이 급진적 개혁이라는 험난한 바다로 곧장 뛰어들길 바랐다. 결국, 그것이 정상적인 혁명 과정의 일환으로서 레닌이 한 일이라고 고르바초프는 주장했다. 막대한 대가와 실패는 그 과정의 일부였다. "중요한 것은 후퇴하지 않는 것이다"라고 고르바초프는 1986년 10월 30일에 말했다. "아무리 힘들고 어렵고 괴로울지라도 …… 다른 길은 없다."[46]

1986년에 고르바초프는 당 조직이 소련을 '침체'의 늪에서 끌어낼 주된 도구는 될 수 없다고 결론 내렸다. 레닌, 트로츠키, 무수한 당 개혁가를 따라 고르바초프는 모든 층위와 지역에서 일어나는 당 조직의 '관료화'가 혁명의 주요 장애물이라고 말하기 시작했다. 샤흐나자로프는 1960년대에 안드로포프에게 같은 이야기를 했다. 이는 야코블레프가 설파한 것이기도 했다. 고르바초프는 또 다른 신레닌주의적 표어도 꺼내 들었다. "관료제는 아무것도 할 수 없다. …… 민주적 과정을 발전시키길 진정으로 바란다면 소비에트(평의회)들이 핵심이다."[47] 1986년 9월, 고르바초프는 정치국에 말했다. "레닌을 읽어보면 그가 NEP를 설명하려고 하면서 얼마나 많이 발언했는지 알 수 있다. …… 민주주의 체제라면, 인민은 무엇이든 기꺼이 할 것이다. 한 참전 군인이 내게 편지를 보내길, '민주주의를 요구한 사람은 레닌 이후로 당신이 처음'이라고 했다." 고르바초프는 당 조직보다 평범한 인민들이 개혁을 더 많이 지지한다고 시사했다. KGB 의장인 빅토르 체브리코프는 반발했다. "KGB는 새로운 정책과 관련하여 반대나 의심을 일절 품지 않는다고 내 당원증을 걸고 맹세할 수 있다."[48] 당과 국가 조직은 그다지 혁명 지향적이지는 않았지만, 여전히 충성스러웠고 미지의 바다로 지도자를 따라갈 태세였다.

방향 설정이 잘못된 개혁

1987년 초, 고르바초프는 리시코프와 경제학자들에게 급진적이고 포괄적인 소련 경제 개혁 방안을 내놓으라고 채근했다. 개혁의 요점은 두 갈래였다. 첫째, 무수히 많은 만성적 경제 문제는 위계적, 보수적, 화석화된 관료제에서 풀뿌리로, 국영기업과 노동자조합으로 이전되어 해결해야 한다. 둘째, 당은 혁명적 변화라는 레닌주의적 엔진으로 탈바꿈해야 한다. 정치국은 이 제안을 토론하고 동의했다. 심지어 안드레이 그로미코 같은 충실한 당료들도 반대하지 않았다.

핵심적인 개혁은 사회주의 기업법이었다. 이는 '사회주의'와 국가가 규제하는 시장을 결합하려는 소련 개혁주의 경제학파의 더할 나위 없는 결과물이었다.[49] 리시코프와 경제학자들은 1960년대 논쟁으로 되돌아가 '3S' 정책을 정식화했다. 바로 자체 회계(self-accounting), 자기 금융(self-financing), 자치(self-governance)였다. 이것이 실제로 의미한 바는 무엇인가? 국가는 각 기업에 대한 소유권을 경영진과 '노동자조합'에 내주고, 그들이 기업의 자산에 책임을 진다는 것이다. 그들은 국영은행에서 대출을 받고 이 돈을 어떻게 쓸지 결정할 수 있다. 기업은 계약과 경제 개발에 대한 중앙의 계획에 따라 국가에 일정량의 상품을 납품해야 한다. 그 뒤로는 이윤 창출을 위해 생산하고 이윤의 일부를 가질 수 있다. 무엇보다도, 새로운 법은 지역과 지방의 당 기관에서 경제적 간섭을 하지 않는다는 것을 의미했다. 이 법을 열성적으로 추진한 리시코프는 소비에트 관리자 계급 출신의 '붉은 경영자(red directors)' 다수의 견해, 다시 말해 자신들의 업무에서 당 조직을 몰아내고 싶어 하는 이들의 견해를 표명했다.[50]

이것은 급진적인 변화였다. 1987년 1월, 리시코프는 법안 초안에 관해 정치국에 보고했다. 정치국 모임에서 그로미코는 중요한 질문을 던졌다. "보고서에서, 조합은 기업의 주인이 된다고 했는데, 공장과 발전소는 조합의 재산이 되는 것인가? 이건 지나친 처사다. 소유권 문제는 1917년 10월에 이미 끝났다." 고르바초프도 혼란스러웠다. 그는 "이 보고서는 기초 개념에 관해 여전히 모호하고 혼란스럽다"라고 시인했다. 또한 "실수를 저질러선 안 된다"라고 재빨리 덧붙였다.[51] 초안은 각료회의로 돌려보냈다. 논란을 피하기 위해 법안명에서 '사회주의'가 빠지고 대신 '국영기업'이 들어갔다. 조합들은 막대한 경제 자산에서 나오는 이익에 대한 소유권을 얻는 한편, 소유주로서 국가에 지는 책임은 여전히 법률적으로 불분명하게 규정되고 강제력이 없었다.

이런 주요 쟁점을 회피하면서, 고르바초프와 리시코프는 당이 모든 것을 지시하고 고스플란이 비용 편익을 계산하는 구식 '명령-행정 체계'를 종결시키기 위해 밀어붙였다. 역사상 없던 특별한 것, 바로 '사회주의적 민주주의 경제'를 창조한다는 생각이었다. 신레닌주의의 비전은 생산 수단의 소유가 노동자에게 동기를 부여하고 노동자들이 성과에 책임지게 만들 것이라고 전제했다. 그것으로 소련 인민을 생산과 품질에 대한 무관심과 부패의 늪에서 건져낼 수 있을까? 고르바초프는 인민의 수동성이 거슬린다는 사실을 인정했다. 자기 금융과 자치가 실험적으로 실시된 소련 경제 부문에서 왜 생산이 증가하는 대신 오히려 줄어들었는지 누구도 설명하지 못했다. 소련 지도자는 보이지 않는 비판가에게 답하기라도 하듯 스스로 반박했다. "서방에서는 이렇게 말한다. '두려움이 없는 사회에서는 개혁을 실시할 수 없다. 아무도 신에 대한 두려움이나 관심이 없기 때문이다.'" 그는 대다수 러시아인에게 기본적 필요를 채워주는 안전망이 있다고도 언급했다. 사람들은 열심히 일할 필요가 없다고 느끼기 시작했다. "이것은 심각한 문제"라고 고르바초프는 결론 내렸다.[52] 다른 정치국원들은 혼란스러웠다. 리가초프는 "우리 전부 경제 사안에서 허우적거릴 수는 없다. 과학적 접근법이 결여되어 있다"라고 토로했다. 고르바초프는 법안의 초안을 읽고는 "전혀 이해를 못 하겠다"라고 시인했다.[53]

그렇지만 고르바초프의 압박을 받은 정치국은 법안을 승인했다. 소련 지도자는 이제 혁명적 결의로 가득 찼다. 1987년 5월, 정치국이 새로운 경제 체제의 미래를 놓고 고심하고 있을 때 고르바초프는 인상적인 이미지를 내세웠다. "우리는 정글에서 마체테를 휘두르며 앞으로 나아가고 있는 모양새다. 모두 피가 튀고 살갗이 찢기고 여기저기 멍이 들었으며 다툼이 분분하다. 하지만 우리는 계속 나아간다. 그리고 울창한 숲은 이미 개척되고 있다."[54] 이것은 아프리카 한복판을 힘겹게 나아가는 데이비드 리빙스턴(아프리카를 횡단한 영국의 탐험가이자 선교사 – 옮긴이)의 이미지였다.

특별 당 총회에서 승인된 국영기업법은 1987년 6월 30일에 제정되었다. 1만 1000자의 법안은 30년 전 수포로 돌아간 흐루쇼프의 실험 이후 처음으로 소비에트의 경제 구조를 재정의했다. 사실 '국영기업'은 레닌이 러시아에서 권력을 잡은 이래로 최고의 자율성을 부여받았다. 기업들은 자유롭게 수출하고, 외국 파트너와 손잡고 합작 회사를 설립할 수 있으며, 자체 통화 계정을 보유할 수 있었다. 리시코프는 소비에트 경제를 세계 시장과 최대한 연결하고 경화로 이윤을 가져오는 것이 목표라고 정치국에 말했다. "[국영기업들이] 모든 것을 수출하게 하자. 석유 같은 전략 상품을 제외하면 최대한 많이 팔 수 있게 하자. [이 상품들이] 국내에서 부족해져도 괜찮다."[55]

고르바초프는 리시코프보다도 강하게 탈집중화를 추진했다. 이제는 각료들의 기술 관료주의가 아래로부터의 주도적 움직임에 장애물이라고 여겼다. 그리고 국영기업법의 시험 적용 기간을 건너뛰고 싶었다. 법률은 산업 전반에서 즉각 실시되어야 한다. 그는 과거에 보수주의 세력 때문에 정책이 찔끔찔끔 실시되다 보니 이와 비슷한 개혁 방안이 가로막혔다고 믿었다. 그는 정치국에서 레닌을 인용했지만, 차르 정부에서 개혁주의 총리였던 세르게이 비테(Sergey Witte)도 인용했는데, 개혁이 성공하려면 깊고 신속해야 한다는 발언이었다. 서기장은 법안 기안자들을 향해 말했다. "우리는 [구체제를] 사방에서 계속 공격해야 한다."[56]

국영기업법은 1988년 1월에 시행되었다. 하지만 결과는 개혁가들이 기대한 것과는 정반대였다. 법은 과거 소비에트 경제를 안정화하고 통제하는 메커니즘, 무엇보다도 당의 역할을 약화시켰다. 수십 년간 당은 소련의 주요 경제 단위마다 통제력을 행사했다. 기업 경영자들은 당원이자 노멘클라투라였다. 이제부터 기업의 수장은 노동자와 직원의 '조합'에 의해 선출될 예정이었다. 더 이상 위에서 해고할 수 없었다.[57] 동시에 개혁은 진정한 자유화와 경제 회생을 불러오지 못했다. 소련 망명자이며 스탠퍼드대학 출신의 경제학자 미하일 베른스탐(Mikhail Bernstam)은 나중에 국영기업법이 "탈집중화이되, 잘못된 탈집중화"였다고 설명했다. 경영자와 노동조합 지도자들로 대표되는 기업 조합들은 엄청난 이윤을 축적했지만 이를 새로운 장비에 투자하고 능률과 생산 품질을 개선할 동기가 없었다. 그보다는 그 이윤으로 자기 주머니를 채우고, 임금과 봉급을 불릴 방안을 모색했다. 또한 소련 소비자 중 절대다수가 원하는 값싼 소비재 생산을 중단하고, 값비싼 품목의 생산에 초점을 맞췄다.[58] 단 몇 년 만에 고르바초프와 리시코프는 출구가 보이지 않는 소비에트 경제라는 정글에서 길을 잃을 터였다.

고르바초프의 개혁은 소련의 경제적·정치적 통일체가 의지하던 재정적 안정성 역시 해치기 시작했다. 고르바초프는 소련 예산, 세입, 재정적 메커니즘에 관해 아는 게 없었다. 1983년에 안드로포프에게 국가 예산을 살펴봐도 되냐고 물었을 때, 그는 단호하게 거절당했다. 한편 소련 재정 체계는 초심자가 이해하기에 쉬운 문제는 아니었다. 세상 어디에도 비슷한 것이 없었던 재정 체계는 전쟁과 총동원, 절대적 정치 독재의 산물로서 어쩔 수 없이 생겨난 것이었다. 소련에서는 두 종류의 통화가 유통되었다. 하나는 가상의 통화로 *베즈날*(*beznal*)이라고 불렸는데, '현금이 없다'는 뜻이다. *베즈날*은 국가와 국영기업 간에 성립된, 완벽히 가상의 회계 체계였다. 소비에트 경제에서 이뤄진 투자, 신용, 여타 대형 거래는 *베즈날*로 지불되었다. 이 화폐는 시장경제의 어음이나 신용장과 유사했지만, 소비에트 *베즈날*은 현금화할 수 없었다. 두 번째 화폐는 *날*(*nal*)이라고 하는 국영은행이 발행한 은행권과 주화로 '현금'이란 뜻이었다. 소련 인민에게 봉급과 임금을 지급하고, 국영상점에서 지불하고, '그림자 경제'와 암시장에서 재화와 서비스를 살 때 이용되었다. *날*의 총량은 생산량과 인건비와 막연하게 관련이 있었다.

소련에서도 이 체계의 작동 방식을 이해하는 전문 은행가는 거의 없었다. 그러나 이 독특한 체계가 소련 거시경제의 안정성에는 핵심이었다. 국가는 대형 프로젝트의 자금을 대기 위해 수십억의 *베즈날* 화폐를 지출할 수 있었고, 여전히 현금 인플레이션, 소비재와 서비스의 가격은 대체로 통제되었다. 국영기업에서 나오는 이익은 현금화될 수 없었다. 제2차 세계대전 당시처럼 소련 역사상 가장 힘든 시기에도 소련의 금융 시스템은 무너지지 않았다.

베즈날 화폐가 완벽히 국가 통제하에 있었던 반면, 현금은 인민의 수중에 있었다. 유통되는 현금이 특히 국가 통제를 벗어난 개인 예금 계좌에 축적되면, 인플레이션과 거시경제의 불안정을 유발했다. 스탈린은 이 위험성을 알았다. 재무부 장관과 고스플란은 두 종류의 소비에트 화폐가 반드시 빈틈없이 분리되도록 했다. 모든 기업은 이중장부를 작성해야 했다. 임금과 봉급에는 *베즈날* 할당액을 사용하는 것이 엄격히 금지되었다. 그리고 산업 장비와 원자재를 현금으로 구입해서도 안 됐다. 그것들은 중앙예산에서 제공한 *베즈날* 화폐로만 지불해야 했다. 또한 국가 지도자와 기관은 저축 계좌에 현금 저축이 불균형하게 늘어나지 않게 했다. 저축이 지나치게 증가하면, 현금은 상품으로 몰리고 사람들은 사재기를 시작했다. 1947년과 1961년, 국가는 시중 통화량을 줄이기 위해 은밀히 준비한 화폐 개혁을 실시해야 했다. 또 다른 고통스러운 조치는 국가 고정 가격의 인상이었다.[59] 자본에 대한 국가 통제 체계는 인민의 봉급과 저축이 점진적으로 늘어나게 했지만, 이는 생산이 증대하고 능률이 개선되어야만 가능했다.

장기간 집권하면서, 브레즈네프는 기초 소비재 품목의 가격 인상을 회피했다. 반면, 군수산업과 연구 분야에 대한 투자는 경제 성장을 자극하는 대신 인플레이션을 유발했다. 비효율적인 소련 농업, 농업에서 발생한 손실, 품질이 조악하여 팔리지 않은 상품에 대한 보조금은 군비 지출보다 비용이 많이 들었다. 문어발처럼 뻗어나가는 '그림자 경제'에서 불법 기업가들은 수십억 루블을 모았다. 석유 세입은 국가 적자를 메웠지만 은폐된 인플레이션에도 기여했다. 고르바초프는 대단히 문제가 많은 재정을 물려받았지만, 정책 이니셔티브를 통해 상황을 빨리 악화시켰다. 주류 금지는 이 문제를 더욱더 악화했다. 인민은 술을 덜 마시긴 했지만, 그 대신 현금을 쓸 수 있는 고품질 상품을 원했다.[60]

1987년 초, 리시코프는 가격 개혁 없이는 경제가 개선되지 않을 것이라고 정치국 동료들에게 경고했다. 지도부에는 두 가지 선택지가 있었다. 정부의 조치로 고정 가격을 '현실적인' 수준으로 높이거나 특정 부문을 겨냥한 규제 완화를 준비하는 것이었다. 하지만 고르바초프는 이 문제를 회피하는 듯했다. 소련 지도자는 1962년에 흐루쇼프가 가격을 인상했다가 권위가 실추되었던 것을 떠올렸다. 이는 노동자 파업과 병사들의 반란까지 불러왔다. 1986년 10월, 고르바초프는 정치국에 "인민은 페레스트로이카로 인해 아무 혜택도 보지 못했다. 가격을 인상한다면 …… 페레스트로이카에 대한 신용을 잃을 것이다"[61]라고 말했다. 그 당시 가격 결정 국가위원회의 수장이었던 발렌틴 파블로프(Valentin Pavlov)는 그때가 기회였는데 놓쳤다고 회고했다. 고르바초프는 *베즈날*로 도매가는 인상했지만 소비자 물가는 더 낮은 수준을 유지하고, 400억 루블의 '과잉 화폐'를 흡수할 수도 있었을 것이다.[62] 결국에 경제 개혁은 브레즈네프 시절에 물려받은 형편없이 왜곡된 물가 체계를 바탕으로 시작되었다.

국영기업법은 은행 개혁을 촉발했다. 1960년대 이후로, 개혁 성향의 소련 경제학자들은 국영기업이 발전하려면 국가에 의해 통제받는 상업은행에서 개발 자금을 얻어야 한다고 주장했다. 기업은 이익을 내서 은행에 이자와 함께 대출금을 갚을 것이다. 이 방안은 국가 예산의 주요 수입원인 매출세를 대체할 수 있었다.[63] 1985년, 일단의 소련 은행가들이 이 아이디어를 채택했다. 그들은 이탈리아와 서독, 인도, 공산국가 헝가리와 유고슬라비아를 둘러봤다. 중국에서는 '자유 경제 지역'의 금융을 공부했다. 일본에서는 경제의 방향을 전환하고 현대화하는 국가 계획 신용과 표적 투자에 대해 살펴봤다. 1986년 6월, 그들은 리시코프에게 제안서를 제출했다. 제안서에 따르면, 국영은행은 통화 규제 기관으로 남는다. 대신에 대규모 산업 복합기업에 대출해줄 '특화된' 대형 투자은행을 설립한다. 대형 은행의 통제하에 있는 소형 '혁신' 은행은 소비자 지향 부문의 소기업에 대출해줄 것이다. 이 이니셔티브의 주동자인 미하일 조토프(Mikhail Zotov)는 시장 자유주의자가 아니었다. 그는 스탈린 치하에서 은행가 경력을 시작했다. 그는 "우리가 보기에는 …… [은행을] 적극적이고 직접적인 행위자로, 경제의 주체로 만들 때가 되었다"라고 회고했다. 리시코프는 제안서를 지지했다. 1987년 7월, 정치국은 신용 대출 기능을 가진 네 개의 '특화' 은행의 설립을 허용했다.[64]

1988년 5월, 경제와 금융 시스템에 더 큰 변화가 일어났다. 리시코프의 전문가들은 협동조합법을 마련했고 정치국에서 법률을 제정했다. '협동조합(Cooperatives)'은 레닌 시대에 "사회주의로 가는 길"로 선전되었지만, 1980년대에 이르면 대부분 사라졌다. 모든 기업 에너지는 그림자 경제로 쏠렸다. 리시코프는 협동조합을 다시금 합법화하고 국가 통제하에 두길 원했다. 고르바초프는 그 발상에 찬성했다. 중국에서 '협동조합'이 단 몇 년 만에 10억 인구를 먹여 살리는 데 성공했다고 정치국에 말했다. 소비에트연방에서도 똑같이 하길 바랐다. 하지만 협동조합법은 협동조합과 국영기업을 한 지붕 아래 뒀다. 협동조합은 국영기업에서 물건을 구입하고, 국영기업은 협동조합을 설립할 수 있었다. 새로운 법은 협동조합과 국영기업이 '잉여' 자금을 이용하여 다른 조합이나 기업에 대출해줄 목적으로 상업은행을 설립하는 것도 허용했다.

1987년, 소련 은행가들은 *날*과 *베즈날* 화폐의 총량과 유통을 더 단단히 통제할 것을 제의했다. 그 대신 리시코프와 전문가들은 금융 시스템에서 유통되는 두 종류의 통화 간 분리에 가시적인 통로를 뚫기 시작했다. 당시 소련 정부에서는 이것이 화폐 문제에 끔찍한 결과를 가져오리라는 것을 아무도 알지 못했다. 수십 년 동안 금지된 거래가 이제는 협동조합과 상업은행에 법적으로 허용되었다. 1988년에 협동조합을 출범한 사람들은 즉시 새로운 기회를 잡았다. 법이 실행되고 7개월이 지나자, 41개의 상업은행이 등록되었다. 1년 뒤, 소련 내 상업은행 수는 225개로 불어났다. 상업은행은 소련 금융 시스템에 거대한 규제되지 않는 구멍을 만들어냈다. 조토프는 1990년 말에 이렇게 썼다. "무슨 일이 일어났는가? …… 우리는 미시경제에 무턱대고 돌진했고, 사실상 은행과 통화 유통을 완전히 자유화한 셈이었다."[65]

자체 은행에 의해 신용 대출을 받은 협동조합은 국영기업에서 국가가

정한 가격으로 자원과 상품을 사들이기 시작했다. 그러고는 그 상품을 더 높은 시장 가격에 내다 팔거나 해외로 수출해서 500퍼센트 혹은 그 이상의 수익을 거뒀다. 협동조합에 부과된 세금은 10~13퍼센트에 불과했다. 상업은행가들은 이윤을 낼 수 있는 다른 방안을 짜냈다. 그들은 국영기업의 도움을 받아 *베즈날* 자산을 현금화하려 했다. 실개천이 봇물이 되었고, 사람들의 자금 통화량을 증가시켰다. 1989년 말에 이르자, 정치국과 국영은행은 둘 다 이 홍수를 통제할 수 없었다.

사회주의적 민주주의

고르바초프는 소련을 민주화한다는 아이디어를 어디에서 얻었을까? 서구 독자들, 특히 미국인들에게 민주주의와 자유로 가는 과정은 자연스럽고 긍정적이었다. 하지만 공산당 서기장은 자유주의자가 아니었다. 그런데도 그는 광범위한 정치 자유화를 급진적 경제 개혁과 *동시에* 실시하기로 결심했다. 30년이 지났지만 윌리엄 타우브먼은 놀라움을 감추지 못한다. "대체 무엇에 홀려서 자신이 수 세기 전으로 거슬러 올라가는 러시아의 정치적·경제적·사회적 양식을 단 몇 년 만에 극복할 수 있다고 생각했을까? 차르의 권위주의 체제는 소비에트 전체주의 체제로 변신했고 …… 타협과 합의를 비롯해 시민사회 활동에 대한 최소의 경험만 했을 뿐, 민주적인 자율적 조직의 전통도, 실질적인 법치도 경험한 적이 없는데 말이다."[66]

고르바초프는 이상주의적이고 교육받은 소수 집단이 사회적 자유를 은밀히 갈망하는 사회에서 자랐다. 거의 두 세기 동안, 인텔리겐치아는 헌법과 민중의 권리를 헛되이 꿈꿔왔다. 볼셰비키와 스탈린은 나중에 그 꿈을 웃음거리로 만들어버렸지만, 그렇다고 해서 완전히 억누르거나 무시할 수는 없었다. 스탈린의 1936년 헌법은 "사회주의적 민주주의"와 표현과 양심의 "자유" 및 여타 시민적 권리를 엄숙히 선언했다. 1948년, 소련은 UN의 세계인권선언에 서명했다. 1975년 8월, 브레즈네프는 헬싱키최종의정서에 서명했다. 1977년, 의정서의 일부가 수정된 소비에트 헌법에 포함되었다. 소비에트연방에서는 그것이 진지하게 바로 받아들여질 것이라고는 꿈에도 생각하지 않았다.[67] 아닌 게 아니라, 그런 생각을 하는 사람은 정신병원행이거나 KGB의 관심을 끌었을 것이다. 그래도 '사회주의적 민주주의'라는 관념이 사라진 것은 아니었고, 미래에 실현될 이상으로서 대중의 의식에 스며들었다. 1980년대 초반에 모스크바에서 *사미즈다트*(지하 출판물 – 옮긴이) 간행물을 내던 젊은 지식인들은 자유 민주주의가 아닌 '사회주의적 민주주의'가 소련 주민 대다수가 이해할 수 있는 유일한 표어라고 결론 내렸다.[68]

그 후에 고르바초프가 등장했다. 인텔리겐치아와의 접점 덕분에 그는 정치적 자유화라는 그들의 꿈을 공유할 수 있었다. 고르바초프는 '사회주의적 민주주의'의 필요성을 체코인 친구 즈데네크 믈리나르(Zdeněk Mlynář)와의 대화에서 개인적으로 발견한 것이 틀림없다. 믈리나르는 1968년 '프라하의 봄'에 적극적으로 참여한 개혁 성향의 공산주의자였다. 1960년대는 사회주의적 낭만주의 시대로, 핵물리학자이자 곧 인권 옹호자가 될 안드레이 사하로프(Andrei Sakharov)가 경제적 진보, 휴머니즘, 지적 자유는 연결되어 있다는 유명한 선언을 한 시대였다. 안드로포프가 전적으로 거부한, 소련 인민은 국가의 사안에 더 많은 발언권을 가져야 한다는 주장을 고르바초프가 받아들이는 것은 자연스러웠다. '사회주의적 민주주의'가 없다면 인민은 경제로부터 소외되고, 게으른 농노처럼 처신하며, 경제 현대화는 불가능할 것이다. 야코블레프가 1985년에 남긴 메모가 계속 고르바초프의 머릿속을 떠나지 않았다. 라이사는 소련 사회의 해방자가 되려는 남편의 염원을 지지했을 것이다. 그녀와 고르바초프는 거창한 관념에 대한 열정을 공유했고, 휴가나 긴 산책 동안 토론을 즐겼다.

1987년 8월, 고르바초프는 여름휴가 내내 이론화 작업에 전념했다. 브레즈네프와 정치국 측근들이 도미노 게임을 하고 술을 마시고 익숙한 농담을 주고받았던 크림반도의 별장에서, 고르바초프는 레닌을 읽고 처음으로 '청년 마르크스', 즉《1844년의 경제학 철학 수고(1844 Economic and Philosophical Manuscripts)》를 읽었다. 이 저작은 1950년대 후반 서구의 좌파 지식인들에 의해 발굴되었으며, 탈스탈린화를 꿈꾸던 1960년대 소련 사회과학자들에 의해 은밀히 연구되었던 가장 영향력 있는 글 중 하나였다. 크림반도에서 고르바초프는 선도적인 모스크바 싱크탱크의 학자들과 대화와 서신을 주고받았다. 공식적인 구실은 페레스트로이카에 관한 책을 쓰기로 미국 출판사와 계약했다는 것이었다. 이 일을 대필작가들에게 위임하는 대신, 고르바초프는 직접 집필과 편집 작업에 뛰어들었고 그 과정을 즐겼다. 그는 그때쯤 가장 믿음직한 보좌관이 된 아나톨리 체르냐예프에게 초고 전체를 몇 차례 구술했다. 고르바초프는 휴가를 1주일 연장하기까지 했다. 책 제목은 《페레스트로이카: 우리나라와 세계를 위한 신사고(Perestroika: New Thinking for Our Country and the World)》였다. 고르바초프는 70년 전 레닌이 그랬던 것처럼 자신의 '혁명'을 세계 정세와 연결하고 싶어 했다.[69]

서기장은 스탈린주의의 기원에 관한 책과 문서를 읽는 데도 몰두했다. 그의 사고는 볼셰비키혁명 70주년이 다가오던 1987년 11월로 집중되었다. 7월, 크림반도로 휴가를 떠나기 전에 고르바초프는 1961~1962년에 흐루쇼프의 지시에 따라 마련되었지만 공개되지는 않았던 스탈린의 범죄에 관한 자료를 정치국 동료들에게 읽게 했다. 스타브로폴 지방에서 노멘클라투라에 구속된 채 20년을 보낸 고르바초프는 1960년대에 인기 있었던 역사관을 지닌 채로 권좌에 올랐다. 체르냐예프에 따르면, "레닌이 1924년에 죽지 않고 적어도 10년을 더 살았다면 소련의 사회주의가 멋지게 발전했을 것"이라고 고르바초프는 여전히 믿었다.[70] 1987년이 되자 그는 원하는 모든 정보에 접근할 수 있었고 신참자다운 에너지를 갖고 역사 영역에 달려들었다. 그는 자신을 괴롭힌 질문들에 대한 대답을 찾으려 했다. 왜 스탈린이 등장하고 그가 저지른 범죄가 일어났는가? 레닌주의 설계 중 어떤 '결함'이 폭정과 대량 학살로 이어졌는가? 미래에 유사한 비극은 어떻게 피할 수 있는가? 그러한 질문들은 고르바초프 세대의 이상주의적 마르크스주의 성향의 지식인들이 이미 20년 전에 던진 것이었다.

그가 읽은 책은 알고 보니 이데올로기적 다이너마이트였다. 고르바초프는 그런 책에 깊은 감명을 받았다. 그는 자신의 생각을 몇 안 되는 동료

집단과 공유하기 시작했다. 그는 "경제부터 정신상태까지 전 체계를" 바꾸고 싶어 했다. 체르냐예프는 그의 말을 기록했다. "나는 멀리, 아주 멀리까지 갈 것이다." "더 많은 사회주의는 더 많은 민주주의를 의미한다"라는 그의 최대의 발견은 이론적이었다.[71]

흐루쇼프처럼 스탈린의 범죄에 관해 연설하는 대신, 고르바초프는 스탈린이 건설한 통치 체계를 해체하기로 결심했다. 이 목표를 염두에 두고, 그는 정책을 실행하고자 1988년 6월에 특별 연합대회(Party Conference)를 주최했다. 마지막 연합대회는 1941년 2월에 열렸는데, 피할 수 없는 전쟁에 대비하고자 스탈린이 소집한 것이었다. 고르바초프도 그와 비슷하게 시급한 문제를 안고 있었다. 1987년 당대회 연설처럼, 그는 가까운 자문들에게 의지했다. 이들은 '사회주의적 민주주의' 전문가 야코블레프, 게오르기 샤흐나자로프, 체르냐예프, 경제학자들인 바딤 메드베데프(Vadim Medvedev)와 스테판 시타리얀(Stepan Sitaryan)이었다. 이 그룹에는 고르바초프 부부의 대학 시절부터 오랜 친구였던 법률가 아나톨리 루캬노프(Anatoly Lukyanov)와 철학자 이반 프롤로프(Ivan Frolov)도 포함되었다. 전직 언론인이자 고르바초프 부부의 개인 비서였던 발레리 볼딘(Valery Boldin)이 각종 업무와 연락을 담당했다. 작업 집단은 모스크바 학계 싱크탱크에 수십 가지 비망록을 의뢰했다. 소련의 자유주의 성향을 지닌 인텔리겐치아가 수십 년간 기다린 순간이 마침내 도래했다. 정치 개혁을 위한 작업은 1988년 초에 시작되어 그해 내내 이어졌다.

알고 보니, 고르바초프는 준비 작업에 들어가기도 전에 이미 헌정 개혁에 관한 구상을 품고 있었다. 헌법적이고 법적인 문제는 경제와 재정 분야와는 달리 소련 지도자가 강한 영역이었다. 그의 목표는 "소비에트들을 영구적인 통치체로 전환하는 것"이었다고 메드베데프는 기억했다.[72] '소비에트'는 노동자, 농민, 병사의 혁명적인 '평의회' 또는 회합으로, 레닌은 소비에트의 이름으로 1917년에 러시아의 권력을 장악했다. 고르바초프의 구상은 기막히게 야심 찼다. 그는 러시아 사회주의를 원점으로 되돌리고 민주주의 방향으로 위대한 실험의 경로를 재설정하고자 했다. 정치 개혁의 출발점은 전국 선거를 통해 뽑힌 2250명의 대표로 구성된 인민대표대회(Congress of People's Deputies)로, 세계 어디에도 유례가 없는 기관이었다. 이 대회는 소비에트연방의 모든 민족 공화국과 종족 자치구, 모든 인구 집단, 모든 주요 공공기관을 대표할 것이었다. 그리고 헌법을 수정하고 정부를 임명하며 상설 입법의회인 최고소비에트(Supreme Soviet)를 구성하는 최고 권한을 지닐 것이다. 레닌이 승인한 최초의 볼셰비키 헌법에도 유사한 대표 기관이 있었다. 정치 구조에 대한 유사한 헌법적 개편이 공화국과 지역, 지방의 모든 층위에서 되풀이될 것이었다. 고르바초프는 마지막 순간까지 정치국 동료들을 정치 개혁에서 배제했는데, 야코블레프만이 예외였다. 그는 새로운 헌정 질서가 정치국과 당 조직의 절대 권력을 끝장낼 것임을 잘 알고 있었다.

고르바초프의 측근 중에서, 몇몇은 이 체계가 거추장스럽고 궁극적으로는 관리하기 힘들 것이라고 믿었다. 야코블레프와 체르냐예프는 강력한 대통령제를 선호했고, 메드베데프는 다수당이 정부를 구성하고 당수가 국가수반이 되는 의회제를 지지했다. 공산당 독재 덕분에 이미 강력한 집행권을 보유한 고르바초프는 권한을 더 강화하는 방안은 고려하지 않았다. 그리고 초기 볼셰비키 정부의 강력한 집행 권한을 되살리길 거부했다. 그는 개혁된 최고소비에트의 의장이 되는 것으로 충분했다. 메드베데프가 기억하듯이, "그의 결심을 바꾸기는 힘들고, 불가능하다시피 했다".[73]

그것은 소비에트와 러시아의 통치 관행으로는 설명하기 힘든 이탈이었다. 고르바초프가 새로운 대표자 회의에 의해 헌법상으로, 그리고 위임받은 더 강력한 집행권을 얻길 제안했다면, 아무 문제 없이 권력을 얻었을 것이다. 소련 지도자가 서기장과 소비에트 최고집행위원회의 수장이라는 두 가지 직위를 동시에 맡는 것을 누구도 막을 수 없었을 것이다. 일부 역사학자들은 고르바초프가 전능한 당 조직과 균형을 맞추기 위해 권한이 강화된 입법기관을 두길 원했다고 주장했다. 동기가 무엇이든 간에, "소비에트에 모든 권력을 부여하려는" 고르바초프의 목표는 근본적으로 정치적 오류임이 드러났다. 근본적인 개혁의 시기에 정치 체계 꼭대기에 초의

회(super-parliament)를 두는 것은 위험하고 비현실적이었다. 수십 년 동안 정치국의 결정에 무턱대고 찬성하던 소비에트들이 갑자기 입법과 집행 책임을 동시에 떠맡았는데, 그들로서는 도저히 감당할 수 없는 책임이었다. 또한 고르바초프는 정치 개혁으로 해방될 억눌린 대중의 에너지를 고려하지 않았다. 리시코프는 고르바초프의 개혁이 자신을 비롯한 정치국 동료들에게 전혀 뜻밖이었다고 후에 설명했다. 대의정치의 경험이 전무한 상황에서, 정치 개혁의 결과를 짐작할 수조차 없었다. 깨달았을 때는 이미 늦었다. 소비에트의 이중 대의 체제는 소련을 통치 불가능하게 만들 터였다. 그리고 소련이 붕괴한 뒤, 바로 그 체계가 러시아를 붕괴 직전으로 몰아갈 것이었다. 1993년 10월에 보리스 옐친이 고르바초프식 소비에트 체제를 강제로 폐지하자 헌정 질서는 안정되었다.[74]

정치 개혁을 위한 준비 작업은 고르바초프의 인격과 행위에서 새로운 면모를 드러냈다. 1988년, 소련 지도자는 오만함을 드러내기 시작했다. 권력이 자존심에 미치는 효과는 어쩔 수 없었다. 그는 세계 언론의 시선을 한 몸에 받았고, 로널드 레이건, 마거릿 대처, 프랑수아 미테랑을 비롯한 여러 정상과 만나는 잦은 해외 순방 때는 더욱 그랬다. 고르바초프는 크렘린의 동료보다 자신이 정치적·지적으로 우월하다고 느꼈다. 그는 체르냐예프에게 그들이 "철학적으로 빈곤하며", "교양이 부족"하다고 말했다. 심지어 근면한 리시코프도 경제 개발에 관한 끊임없는 불평과 낙담으로 그를 언짢게 했다. 서기장이 주재하는 정치국에서, 토론의 성격이 바뀌었다. "그는 다른 이들의 조언과 의견을 진심으로 구했다"라고 정치국원이었던 비탈리 보롯니코프는 회고했다. "하지만 [다른 이들이] 자신의 입장과 생각을 따르게 하는 한에서만이었다." 고르바초프는 또 다른 유별난 특징이 있었는데, 종종 행동 노선을 명확히 하지 않은 채 논의를 마무리했다. 이는 합의를 추구하는 것처럼 보였지만, 이견이 너무 많으면 나중에 부인할 수 있는 여지를 남겼다. 고르바초프는 "결정을 한없이 회피하고 저울질해 보다가 상황에 따라 결정을 내릴 태세"였다.[75] 그는 이런 특징을 자랑스러워했다. 그는 "레닌도 혁명을 구하기 위해 스스로 기회주의자를 자처했다"

라고 1988년 8월에 체르냐예프에게 말했다.[76] 고르바초프의 오만함은 아주 회의적인 정치국과 갈수록 우려하는 당 엘리트들을 헤쳐나가며 비현실적일 만큼 급진적인 정치, 경제 개혁 정책을 이끌어가는 데 도움이 되었다.

고르바초프의 원대한 계획에 중요한 정치적 순간은 1988년 6월 후반에 열린 특별 연합대회였다. 4500명가량의 대표가 크렘린에 모였다. 고르바초프는 급진적 행동 노선에 그들의 승인이 필요했고 대단한 성공을 거두었다. 전 국민이 지켜보도록 TV로 전부 중계된 특별 연합대회는 "소비에트 사회의 민주화와 정치 체제 개혁에 관한" 결의안을 채택했다. 대회는 1989년 가을까지 새로운 정치 체제의 구성과 관련한 소련 헌법을 개정하는 데도 찬성표를 던졌다. 새로운 체제는 유명무실한 최고소비에트의 기한이 만료되기 전에 실행될 예정이었다. 하지만 고르바초프는 대회의 대표자들 대다수가 모든 개혁 정책을 전면적으로 지지하지는 않을 것이라고 느꼈다. 그가 옳았다. 대다수는 다소 변화하길 원했지만, 서기장이 전체 정치 체제를 해체하리라고는 도저히 상상할 수 없었다. 보고와 연설로 점철된 나흘간의 당대회가 끝나기 직전에, 고르바초프는 뒤늦게 생각난 것처럼 그해가 가기 전에 당 조직을 재편하는 임무를 정치국에 위임하는 발의안을 표결에 부쳤다. 발의안은 통과되었고 고르바초프가 원하던 권한을 위임했다. 고르바초프가 나중에 평가하기로는, 이것이야말로 "진정한 페레스트로이카의 출발점"이었다.[77] 에두아르트 셰바르드나제는 10년 뒤에 고르바초프의 전략을 이렇게 정의했다. "그는 스탈린 체제를 해체하기 위해 스탈린의 권력을 이용했다."[78]

특별 연합대회 후로 고르바초프는 크림반도 포로스 근처에 완공된 호화 빌라로 장기 휴가를 떠났다. 보좌관 체르냐예프가 동행했다가, 사심 없는 레닌주의자 개혁가의 이미지와 맞지 않는 빌라의 호화로움에 충격을 받았다. "그에게 그게 왜 필요하지?" 체르냐예프는 고르바초프가 지난여름 이후로 변했다는 걸 알아차렸다. 여전히 꾸밈없었지만, 설교를 늘어놓길 좋아했고 반박당하면 토라졌다. 지난해처럼 고르바초프는 이론과 역사를 공부하면서 휴가를 보냈는데, 레닌이 죽은 뒤 볼셰비키의 토론 내용을 계속해서 들여다봤다. 그는 마르크스부터 지금까지 '사회주의 관념'의 진화에 관한 소책자를 체르냐예프에게 구술하기 시작했다. 그는 과거에서 현재로 이동하면서 사유의 명확함이 사라졌다고 지적했다. 체르냐예프는 "요즘에는 똑똑한 사람들이 흐리멍덩해져서, 사회주의가 어디에 존재하고 존재하지 않는지, 전반적으로 그게 무엇인지 아는 사람이 더 이상 없다"라고 말했다. 고르바초프는 받아들이려 하지 않았지만, 이제 신레닌주의는 그의 행동에 더는 지침이 되지 못했다.[79]

일부 학자들은 1988년에 서기장이 자신을 몰아내려는 당내 쿠데타를 두려워했다고 추측한다. 1964년 10월에 흐루쇼프를 몰아내려는 음모는 그가 피춘다에서 휴가를 보낼 때 드러났다. 하지만 윌리엄 타우브먼은 고르바초프가 그런 음모를 걱정하지 않았다고 결론 내리면서, 쿠데타에 대한 추측을 사실무근이라고 일축한다. 소련 지도자는 당이 관료제적 혼수상태에서 회복하여 1920년대 볼셰비키의 내분과 비슷한 분파 다툼으로 돌아갔을 뿐이라고 여겼다.

고르바초프가 보기에, 당내 '왼쪽'에는 고르바초프가 정치국으로 데려와 1985년 12월에 모스크바에서 당을 재조직하도록 임명한 보리스 옐친이 있었다. 정치국원 후보자이자 스베르들롭스크 지역의 전직 당 지도자였던 옐친은 고르바초프의 정치적 쌍둥이였다. 1931년 우랄 지역 스베들롭스크의 부트카 마을에서 스탈린의 집산화로 고통을 겪은 소작농 집안에서 태어난 옐친은 엄청난 자존감, 사실관계와 이름에 대한 놀라운 기억력으로 지방에서 출세했다. 옐친은 고르바초프처럼 매우 가정적인 남자였다. 또한 부패하지 않은 일꾼이었다. 하지만 다른 측면에서 두 사람은 완전히 대비되는 사례였다. 옐친은 지식인보다는 보통 사람들 사이에서 편안함을 느꼈고, 마르크스나 레닌의 저작을 손에 든 모습을 보인 적이 없었다. 옐친은 고르바초프와 달리 대학 교육을 받지 않았고 문화적 교양이 없었다. 직설적이고 노동계급적인 기질은 고르바초프의 온화한 태도와 매력과는 대조적이었다. 옐친의 당 경력은 대체로 우랄 지방의 대형 산업단지를 관리한 덕분이었고, 그는 고르바초프를 자신보다 우월하다기보다

열등하게 여겼다. 그는 스타라야광장(모스크바에 있는 공산당 본부)의 미로 같은 회랑을 헤쳐나갈 기술을 제대로 갖추지 못했다.

고르바초프는 옐친에게 엄청나게 힘든 임무를 맡겼다. 모스크바의 부패한 인물과 기관에 쌓인 악폐를 일소하는 일이었다. 청소 작업은 이미 안드로포프 치하에서 시작되었고, 옐친은 열성적으로 작업을 이어갔다. 그는 부패한 관리를 해고하고, 상점들을 불시에 시찰했으며, 시간을 내어 일반 시민들의 불만을 들었다. 덕분에 그는 모스크바 시민들 사이에서 대중적인 명성을 얻었다. 하지만 기관원들은 그 때문에 옐친을 미워했고 그의 활동을 방해했다. 옐친의 아내 나이나는 모스크바에서 자신과 남편이 의기소침했고 배척당했다고 회고했다.[80]

페레스트로이카에 대한 옐친의 '왼쪽' 공격은 1987년 10월 당 중앙위원회 전원위원회(Plenary Meeting of the Party's Central Committee)에서 시작되었다. 한 달 전, 스트레스를 받던 그는 고르바초프에게 사표를 제출했다. 사임 요청을 거절당하자, 그는 전원위원회에서 연설했다. 고르바초프는 이 자리를 빌려 스탈린에 대해 처음으로 자신의 진지한 비판을 전달하고 정치적 견해를 제시하려 했다. 옐친은 우연히도 이 역사적 자리에 초를 친 셈이었다. 그는 페레스트로이카가 표류하고 있다고 말하며 이를 당 관료들, 특히 리가초프 탓으로 돌렸다. 즉각적으로 분노의 반응이 터져 나왔다. 발언자들은 줄줄이 옐친을 비난했고, 결국 그는 정치국에서 쫓겨났다. 모스크바에는 옐친이 "상관들에게" 반항했으며 "인민"의 대변인이라는 풍문이 돌았다. 그 후에 우랄 출신의 이단아는 다시금 모두를 놀라게 만들었다. 그가 신경쇠약을 겪고 가위로 자해하기까지 한 것이다.[81]

브레즈네프 시대라면 정치국 내에서 이견을 드러내는 사람은 아프리카나 중앙아메리카에 있는 나라의 대사로 보내버렸을 것이다. 고르바초프는 그렇게 하지 않았다. 그 대신, 옐친을 당 병원에 입원시켜 억지로 치료를 받게 했는데, 의사들은 정신병원의 환자에게 하듯 강한 약물을 투여했다. 이 일은 충격적인 경험이어서 옐친은 이 일을 절대 잊지도, 용서하지도 않았다. 이후로 그는 신경쇠약에서 회복되었다. 1988년 6월 특별 연합대회에서 그는 공손하게 용서를 구하기까지 했지만, 급진성이 결여되어 있다며 다시금 고르바초프의 페레스트로이카를 비판했다. 그는 또 한 번 초를 쳤고 소련 지도자에게 쏟아지는 관심을 가로챘다. 11월, 옐친은 모스크바의 콤소몰 고등학교에서 다당제와 경쟁적인 대통령 선거의 필요성에 관해 통념에 반하는 강연을 했다. 모스크바와 러시아 지방에서 그의 인기가 치솟았다. 고르바초프의 일부 측근은 옐친을 유배시키라고 했지만 고르바초프는 단호히 거부했다고 샤흐나자로프는 회고했다.[82]

고르바초프의 '오른쪽'에는 당 서기국의 금욕적인 부서기장 예고르 리가초프가 있었다. 그는 당 지방 간부들의 기풍과 이해관계, 러시아에서도 더 가난한 농업 지역의 주민을 대변했다. 리시코프와 그의 무리에게, 리가초프는 당이 업무에 간섭하는 것을 보여주는 전형이었다. 모스크바 인텔리겐치아는 리가초프를 신스탈린주의자이자 이데올로기적 검열을 유지하려는 악마처럼 묘사했다. 체르냐예프는 고르바초프에게 리가초프를 쫓아내라고 채근했다. "당신은 지금 레닌과 같은 입장입니다"라면서, 1922년 레닌이 스탈린을 몰아내려고 했을 때를 암시했다.[83] 이런 비유는 터무니없었다. 리가초프는 모략을 일삼는 스탈린이 아니라, 독단적이고 충성스러운 당 일꾼일 뿐이었기 때문이다. 그리고 그는 신스탈린주의자가 아니라 안드로포프식 보수적 개혁의 옹호자에 가까웠다.

리가초프는 옐친이 쫓겨나고 다섯 달 뒤인 1988년 3월에 정치국 부국장의 지위에서 물러났다. 러시아 민족주의 계열의 언론인들이 리가초프에게 레닌그라드대학 화학교수인 니나 안드레예바(Nina Andreyeva)의 편지를 바탕으로 했다고 알려진 논설문을 보냈다. 조야한 스탈린식 이데올로기 캠페인을 재연한 논설은 소련 역사를 '먹칠하려고' 글라스노스트를 이용하는 소련 언론계의 '수정주의자들'을 맹비난했다. 리가초프는 이 논설을 승인했다. 논설은 이념적인 간부들에게 당이 공인한 지령 형태로 발표되었다. 이 사건은 소련 개혁을 안드로포프가 구상했던 방향으로 재설정할 마지막 기회로 볼 수 있을 것이다. '니나 안드레예바 사건'은 모스크바 인텔리겐치아를 불안에 빠트렸고, 서방의 매체는 페레스트로이카가 끝났다고 추측했다. 하지만 고르바초프는 다른 계획이 있었다. 그는 과거와 현재에 대한 공개적 논의와 함께 인텔리겐치아에 대한 지지가 향후 정치 개혁의 결정적 요인이라고 봤다. 그는 야코블레프의 지원을 받아 보수파의 '반란'을 쉽게 종식했다. 리가초프와 정치국 내의 지지자들은 수모를 당하고 움츠러들어 기가 꺾였다. 야코블레프는 국가 언론을 장악하며 최고위 당 이념가로서 리가초프를 대체했다. 그때부터 글라스노스트는 일사천리로 진행되었다.[84]

1988년 가을에 고르바초프에 대한 주요 위협은 당 엘리트들이 아니었다. 그보다는 경제 개혁의 꾸준한 실패가 문제였다. 경제 성장은 실현되지 않았고, 생산 라인과 공급망 혼란은 악화했다. 주택 건설은 둔화했다. 모스크바를 비롯해 대다수 소련 도시의 상점은 전보다 더 비었고, 줄은 더 길어졌다. 모스크바도 예외는 아니었다. 1988년 9월 초, 크림반도에서 머물고 있을 때 고르바초프는 세바스토폴로 나들이를 갔다. 현지 주민들이 그를 에워싸고 주택 부족, 연금 미지급 등에 관해 불만을 호소했다. 고르바초프는 세 시간 반 동안 그들과 이야기를 나누었다. 끝내 그는 "내가 당신들한테 뭡니까? 차르? 스탈린?"이라고 소리쳤다. 그는 분명히 소련 사람들에게 답답함을 느꼈고 그들도 그에게 낙담하고 있었다. 그는 그들이 대표를 선출하여 현지의 문제를 해결하고 그만 귀찮게 하길 원했다. 또한 지역의 당 관리들에게도 화가 났다. "그는 매우 걱정하고 있다"라고 체르냐예프는 일기에 썼다. "[당] 조직은 그가 오래가지 못할 것임을 깨달았고, 행정 체계의 엔진을 꺼버렸다." 어쩌면 당 관리들은 페레스트로이카를 보이콧하기로, "이 모든 일이 고르바초프의 정신 나간 모험이란 걸 보여주려고" 마음먹었는지도 모른다.[85]

사실, 당을 상대로 헌정 쿠데타를 꾀한 사람은 고르바초프 자신이었다. 크림반도에서 휴가를 보내는 동안, 그는 앞으로 자신을 도와 개혁을 이끌어갈 '혁명적인 페레스트로이카 전문가들'만 남기고 중앙 당 조직을 싹 뜯어고치고 축소하기로 단독으로 결정했다. 80~90만 명가량의 당 관리들이 1년 내로 해임될 예정이었다. 스탈린 이후로 최대의 당 간부 숙청이었지만, 이번에는 피를 흘리지 않았다. 체르냐예프는 고르바초프의 제안서 초고를 가장 먼저 보고 논평한 사람이었다. 고르바초프는 크림반도에서 돌아온 뒤, 제안의 개요를 다른 보좌관들에게 설명했다. 소련 정치-경제 체제 전체의 정치적 두뇌랄 수 있는 중앙 당 조직의 20개 부서 가운데 12개 부서가 해체될 예정이었다. 예정 부서는 대개 다양한 경제 부문을 감독했다. 1988년 9월 8일, 정치국은 고르바초프의 프로그램을 잠자코 승인했다. 리가초프는 당이 페레스트로이카 과정을 계속 통제해야 한다고 주장했지만, 서기장이 가장 아끼는 프로젝트를 감히 비판할 수는 없었다. 비탈리 보롯니코프는 당이 통치의 짐을 포기하면 누가 짊어질 수 있느냐고 물었다. 고르바초프는 그 질문을 회피했다. 그는 중앙위원회의 늙은 위원을 개인적으로 한 명씩 불러서 명예퇴직을 받아들이게끔 설득하며 2주를 보냈다.[86]

정치국에서 자신의 정치적 목표를 달성한 뒤, 고르바초프는 중앙시베리아 크라스노야르스크 지역으로 갔다. 그는 니켈, 몰리브덴, 백금을 생산하는 공장을 방문하여 프랑스와 에스파냐를 합친 것만큼이나 광대한 공업 지역을 순방했다. 거대 산업시설은 경악스러운 비효율성과 주거와 식량의 일상적인 부족, 인간이 초래한 환경 재난을 드러냈다. 이 순방으로 문제의 핵심은 당의 경제 운영에 있다는 고르바초프의 믿음이 굳어졌다. 그는 노릴스크의 세계 최대 니켈 생산 공장의 노동자들과 만난 자리에서, 그들이 좋아하고 신뢰하는 지도자를 선출하라고 촉구했다. 한 노동자가 "사령부를 향해 발포하라(炮打司令部)"라고 촉구하는 편지를 보냈다고 그는 말했다. 이것은 문화대혁명 당시 마오쩌둥의 표어였다. 갑자기 청중이 "옳소!"라고 외치며 열광적으로 함성을 질렀다. 군중의 분위기에 당황한 고르바초프는 중국의 경험을 되풀이하는 것은 참사가 될 것이라고 설명했다. 그는 정치 개혁이 시급함을 확신하며 모스크바로 돌아왔다. 소련이 직면한 문제에 대해 당대회에서 솔직한 토론을 하는 것만이 거대한 대중적 불만을 건설적 수단으로 돌리는 데 도움이 될 것이었다.[87]

9월 30일, 고작 30분 동안 토론한 뒤 당 총회는 전혀 이견을 내지 않고 모든 정치 개혁을 승인했다. 대의원들은 잠시 토론한 뒤, 고르바초프가 당의 수장으로 있으면서 향후 최고소비에트의 의장이 될 권리를 재가했다. 당 엘리트들은 스탈린 시대 이후 가장 급진적인 권력 이동을 무턱대고 인가해줬다.[88]

1987~1988년 고르바초프의 급진적 개혁은 이전 개혁의 실패, 당-국가 관료제에 대한 '1960년대 사람들'의 좌절 그리고 몇몇 고매한 당 조직원들의 이데올로기적 이상에서 비롯됐다. 하지만 고르바초프는 역사적인 오판을 저질렀다. 1988년 말에 그는 개혁과 나라 전체를 계속 통제할 수 있을 유일한 수단인 당 조직을 해체하려 했다. 그의 진단은 틀렸다. 그가 소비에트 사회주의 프로젝트의 재활성화와 현대화의 주요 장애물이라고 여긴 당 관료제는 보수적이고 점진적인 개혁을 선호했지만, 여전히 최고 지도부의 수중에 있었다. 오판에 근거한 탈집중화는 다른 오류들과 맞물려 경제와 금융을 망가트렸다. 더욱이 '사회주의적 민주주의'는 안드로포프가 경고했던 대로 대단히 위험한 모험이었다. 고르바초프식 페레스트로이카라는, 그가 구상한 방식은 성공할 수 없었다. 대신에 그것은 경제 혼란과 정치적 포퓰리즘, 민족주의라는 악령에 소련을 노출시켰다.

• 나쁜 정부에 가장 중대한 순간은 개혁을 향한 첫걸음을 목격하는 순간이라는 점을 경험이 가르쳐준다. …… 피할 수 없어 보일 때 참을성 있게 견딘 악은 일단 벗어날 수 있다는 생각이 들면 더는 참을 수 없어진다.

_ 알렉시 드 토크빌, 《앙시앵 레짐과 프랑스대혁명》(1856)

보편적 임무

1988년 12월 7일, 고르바초프는 뉴욕에서 열린 UN 총회에서 연설했다. 그는 동유럽 국가들에서 소련 병력 50만 명을 철수시키겠다고 공언했다. 소련은 정치범도 대부분 석방했다. 하지만 주요 관심 대상은 연설의 이데올로기적 메시지였다. 고르바초프는 이데올로기가 아니라, 협력과 통합의 '전 인류의 이해관계'에 기반을 둔 새로운 세계 질서를 제안했다. 이는 소련과 미국, 그리고 각 동맹국 간의 적대 관계에 기반한 냉전 질서를 거부한 것이었다. 또한 '계급 투쟁'과 공산주의가 승리한다는 필연성에 기반한 마르크스-레닌주의 세계관에 대한 거부이기도 했다. 서기장은 국제 관계에서 모든 형태의 폭력, 무력 사용을 배격한다는 원칙을 선언했다. 고르바초프의 UN 연설문의 주요 작성자인 체르냐예프는 그 원칙이 이데올로기적 혁명뿐 아니라 어쩌면 '세계 초강국 지위'[1]에 대한 작별 인사를 대변한다고 여겼다. 한마디로, 초강국 소련의 지도자가 서방 열강에 냉전의 종식을 제안했다. 소련은 협력자로서 모든 국제기구에 가입할 준비가 되어 있었다.

이 연설은 고르바초프가 1986년 이래로 '새로운 정치적 사고'라고 했던 것에서 유래했다. 그것은 그의 신레닌주의적 오만함과 기가 막힌 이상주의, 핵 대결에 대한 혐오가 뒤섞인 것이었다. 스탈린의 냉소적인 현실정치, 흐루쇼프의 벼랑 끝 전술, 브레즈네프의 힘을 통한 평화 데탕트라는 배경에 반해, 고르바초프의 프로젝트는 획기적인 돌파구였다. 일부 서방 비판가들이 주장하듯, 소련의 지정학적 긴축과 후퇴의 시작을 교묘하게 위장한 것이 아니었다. 그것은 마르크스-레닌주의라는 이데올로기와 소련의 지정학적 권력을 대체할 새로운 비전을 의도적으로 선택한 것이었다. 그러므로 제1차 세계대전 종전 당시 우드로 윌슨이 14개조를 발표한 이래로 국제 관계에서 가장 야심 찬 이데올로기적 사유의 사례일 것이다. 고르바초프를 냉전 종식의 진정한 주역으로 만든 것은 로널드 레이건이나 다른 서방 지도자들이 아니라 바로 이런 비전이었다.[2]

1986년 초 이래로 크렘린 지도자는 미국과의 핵 교착 상태를 끝내고 핵무기의 무시무시한 위협을 감소시키기 위해 힘써왔다. 그해 4월의 체르노빌 참사는 이 문제의 우선성을 강조하는 뜻밖의 계기가 되었다. 핵 파국의 엄청난 위험성을 실감한 고르바초프는 레이건에게 아이슬란드 레이캬비크에서 긴급 정상회담을 열자고 제안했다. 1986년 10월에 열린 정상회담에서 고르바초프는 미국이 핵무기를 감축하고 레이건이 SDI를 폐기하면 그 대가로 소련의 비축 전략 핵무기를 절반으로 감축하겠다고 제안하여 미국 대통령을 깜짝 놀라게 했다. 또한 1986년에 고르바초프는 선제 핵타격 독트린을 폐기하고 '전략적 충분성' 원칙으로 이동하도록 소련 군부에 강요하기 시작했다.[3]

비축 핵무기를 해체하는 일은 정신 나간 군비 경쟁을 멈추는 전제 조건이었다. 안드로포프처럼 고르바초프는 소련이 냉전 대결을 끝내지 않고는 재건되고 현대화될 수 없음을 깨달았다. 그는 1986년 5월에 소련 외무부 고위 관료들과의 만남에서 '신사고'의 초안을 언급했다. 주요 메시지는 레이건 행정부가 값비싼 군비 경쟁으로 소련을 소진하려 든다는 것이었다. "소련 외교 정책은 (군사 지출) 부담을 완화"해야만 하며, "국방비 지출이라는 속박을 느슨하게 하기 위해 할 수 있는 일은 무엇이든 해야 한다"고 결론 내렸다.[4] 국방 협의회와 정치국에서 이를 논의하는 동안 소련 지도자는 이런 우려를 여러 차례 표명했고, 외국 지도자들에게 미국은 새로운 군비 경쟁으로 "소련을 소진"하려 한다고 주장했다. 그의 메시지는 힘의 균형에 대해 우려하는 것은 그만두고 내부 개혁에 초점을 맞출 때라는 것이었다. 1987년, 고르바초프와 리시코프는 사상 최초로 소련 군수 산업의 지도자들에게 공장을 소비재 생산으로 '전환'하라고 요청했다.[5]

하지만 소련 개혁가들의 발목을 잡는 미국의 압력은 계속되었다. 레이건 행정부는 전임자들과 달리 소련의 팽창주의를 저지하기 위해 소련의 경제와 재정을 최대한 압박하려 했다. 미국의 호전성은 적어도 1987년 말까지 소련 개혁가들이 군사 경제에서 민간 경제로 자원을 재배치하기 어렵게 만들었다. 만약 레이건의 SDI가 실행되면, 핵 균형과 안정성이 종식될 터였다. 그러므로 소련 MIC의 관리자들과 과학 전문가들은 미국의 핵 위협을 무력화하기 위해 수십억 루블의 예산을 추가로 요구했다. 또한 미국의 제재 때문에 소련이 세계경제의 자원에 접근하기가 1960년대보다 더 힘든 처지였다. 미국 정부는 1940년대 후반에 수립된 서방 국가 및 일본의 비공식 네트워크인 코콤(COCOM, 다자간수출조정위원회)을 이용해, 동부 시베리아의 새로운 유전과 가스전(천연가스 매장지)에서 서유럽까지 가는 수송관을 완공하는 데 필요한 서방의 장비가 소련에 반입되는 것을 막았다. 1987년, 워싱턴은 일본 회사인 도시바가 모스크바에 현대적인 컴퓨터 장비를 판매하기로 하자 회사를 단속했고, 계약은 취소되었다.[6]

1985년 7월에 고르바초프가 소련 외무부 장관을 안드레이 그로미코에서 예두아르트 셰바르드나제로 교체한 것은 힘과 보복의 외교에서 벗어나기 위한 첫 실질적 조치였다. 그루지야(현 조지아) 공산당의 수장인 셰바르드나제는 고르바초프보다 세 살이 많았는데, 스탈린주의자였다가 개혁 성향의 공산주의자가 된 또 다른 사례였다. 셰바르드나제는 고르바초프처럼 1950년대 콤소몰 학교의 이상주의와 1970년대의 좌절을 체험했다. 그는 그루지야의 부패를 척결하겠다는 약속과 브레즈네프에 대한 아낌없는 아첨으로 경력을 쌓아나갔다. 그는 부패를 척결하지 못했고 브레즈네프를 십중팔구 싫어했을 것이다. 셰바르드나제는 고르바초프를 위해 여러 가지 중대한 역할을 수행했는데, 고르바초프의 구상을 실행하고, 해외로 소련 외교의 미소 띤 새 얼굴을 투사했으며, '신사고'가 이상하고 엉뚱하다고 여기는 군부의 공격에 방패막이가 되었다.

그래도 고르바초프는 최고 협상가의 역할은 자신의 몫으로 남겨뒀다. 그는 서방 지도자들과 독보적인 관계를 발전시켰고, 특히 로널드 레이건, 프랑수아 미테랑, 에스파냐 지도자 펠리페 곤살레스, 이탈리아 총리 줄리오 안드레오티, 영국의 마거릿 대처, 서독 수상 헬무트 콜과 각별했다. 외국 정상과의 만남은 고르바초프의 전임자들에게도 중요했다. 흐루쇼프는 세계를 탐험하고 자본주의자에게서 사회주의를 건설하는 방법을 배우고 싶어 했다. 브레즈네프는 평화 중재자의 역할을 떠맡고 본국에서의 위상을 공고히 하는 데 이를 이용했다. 고르바초프에게 외국인, 특히 서방 지도자와의 관계는 문화적·심리적 필수품이었다. 러시아 학자 드미트리 푸르만(Dmitry Furman)은 정상회담에 대한 고르바초프의 열망을 더 폭넓은 사회학적 현상으로 설명했다. "당의 상층부를 포함하여 모든 소련 사람에게 서방은 언제나 갈망의 대상이었다. 서방 여행은 가장 중요한 지위의 상징이었다. 어쩔 도리가 없다. 그건 '피'에 흐르는 것, 문화에 내재한 것이다."[7] 하지만 고르바초프로서는 더 강력한 필요가 생겼다. 서방 지도자들과 지적인 의견을 교환하고 자신의 개혁 이니셔티브에 대해 피드백을 받아야 했던 것이다. 서방으로 자주 순방을 다니는 동안, 그는 대화 상대들과 소련을 어떻게 변화해야 할지 논의하기 시작했다.

소련 경제를 개혁하는 데 열심인 서기장이 서방 국가를 방문할 때 경제학자, 기획자, 군수 산업 경영자, 은행가, 여타 기술 관료와 동행했을 것이라고 예상할지도 모르겠다. 그 대신, 고르바초프는 언론인과 사회과학자, 작가, 연극 연출가, 영화제작자를 비롯하여 문화 인사들로 구성된 거대한 수행단을 데려갔다. 대다수는 고르바초프와 마찬가지로 서방의 모든 것에 대해 매혹과 찬탄, 부러움을 느꼈다. 그들은 사회 전 영역에 걸친 급진적 개혁을 위해 소련 인민을 준비시키는 데 일조하도록 고무되었고, 고르바초프가 열심히 모색하던 '진정한 사회주의'의 주요 원천은 모두 서방에 있다고 믿었다.

고르바초프는 서방 지도자들의 '목소리', 그들과 함께 논의한 내용을 정치국의 토론에서 소개했다. 서방 언론에서 논평가들의 견해도 소련 개혁의 성격과 범위에 관한 계속되는 논쟁에 끼워 넣었다. 정치국에서는 야코블레프와 셰바르드나제, 메드베데프의 도움을 받아《뉴욕타임스》《파이낸셜타임스》《이코노미스트》와 주요 서방 언론의 의견을 인용했다. 이렇게 해서, 소련 지도자는 의미론적 권력, 새로운 공식과 논지, 신선한 어휘와 어조를 획득했고, 이는 모두 정치국 동료들에 대항하기 위한 것이었다. 또한 전에는 내부 담론에서 사용된 적 없는 언어와 개념이 들어올 길을 열었다. 소련은 이제 '제국'이라고 불릴 수 있었고, '다원주의', '위기', '전체주의', '스탈린주의' 같은 단어를 수용할 수 있었다. 서방에서 들여온 어휘들과 소련 언론인, 사회과학자, 작가의 저작에서 나온 어휘들이 소련의 옛 어휘를 점차 대체해나갔다.

고르바초프가 전 지구적인 세계관을 발전시키기 시작했을 때는 투철한 신레닌주의자였다. 정치국과 측근들과 함께 외교 정책을 논의하면서, 그는 '브레스트-리토프스크'의 은유를 활용하곤 했다. 이것은 볼셰비키 정부가 1918년 3월에 독일제국과 강화 조약을 체결한 도시다. 이 조약으로 레닌은 영토를 내주는 대신 시간을 벌고 모두의 예상과 달리 소비에트 정권을 보전할 수 있었다. 소련 역사가들과 고르바초프에게 브레스트-리토프스크조약은 사회주의적 이상주의와 실용주의를 결합시키고 레닌의 천재성을 확인하는 은유였다. 고르바초프는 국내 개혁에 집중하기 위해 후퇴와 긴축의 필요성을 주장하는 데 이 은유를 이용했다. 고르바초프에게 브레스트-리토프스크가 주는 교훈은 지정학적 양보 이상을 뜻했다. 그는 냉전의 상대들에게 거절할 수 없는 제의를 하고 싶었다. '공동의 이해관계'와 '인류 공통의 가치'를 토대로 새로운 세계 질서를 함께 건설하자는 것이었다. 소련 지도자는 현실정치의 각본을 따르는 대신, 도덕적이고 이상주의적인 보편적 비전을 표명했다. 고르바초프는 자신의 제안을 경제 및 정치 개혁의 시작과 일치시켰다.

고르바초프는 적어도 공개석상에서는 전 세계적인 비전을 동유럽의 미래와 연결시키지 않았다. 그는 소련의 무력으로 오랫동안 하나로 유지된 이 지역의 국가들이 먹고사는 데 애로를 겪으면서 서방의 경제적·재정적 궤도로 점차 끌려 들어가고 있다는 것을 잘 알고 있었다. 고르바초프는 그의 일파에 속한 다른 개혁가들처럼 이 사태를 이전 몇십 년간의 소련 정책 탓으로 돌렸다. 그와 측근들은 1968년 체코슬로바키아에 대한 소련의 개입이야말로 프라하뿐 아니라 소련과 사회주의 국가들에서 절실한 사회주의의 현대화와 민주화를 가로막았다고 평가했다. 이러한 역사의 교훈을 염두에 두고, 고르바초프는 과거에 대해 분명하고 원칙적인 선을 긋기로 결정했다. 소련은 다시는 무력을 사용하지 않을 것이며 동유럽 우방에 더 이상 지시하지 않을 것이다. 모스크바는 모범을 보임으로써 다른 나라들을 이끌 뿐이다. 페레스트로이카는 그 자체로 소련의 실례를 따르고 현재의 수렁에서 빠져나와 '진정한 사회주의'로 나아가도록 우방을 설득해야 한다. 고르바초프가 정치국원으로 임명한 바딤 메드베데프는 그가 이 같은 결정을 "결벽증 수준으로" 따랐다고 기억한다. 다른 사회주의 국가가 "내정간섭"으로 여길 것을 제의해봐야 소용없었다. 고르바초프의 측근 중에서도 일부는 그런 원칙주의적 논리에 의구심을 품었다. 결국, 소련의 리더십은 수십 년 전에 동유럽에 스탈린주의 정권을 세우는 것을 도왔고 그 정권의 유지를 위해 수시로 개입했다. 그렇다면 1986~1987년에 고르바초프의 모범을 따르려 한 이들의 세력을 키우기 위한 '적극적 조치(affirmative actions)'를 취해도 좋지 않았을까? 이런 시각에서, 어떤 이들은 1987년 4월 고르바초프가 체코슬로바키아에 방문했을 때를 잃어버린 기회로 보기도 한다. 그는 강경파 지도자 구스타프 후사크(Gustáv Husák)를 교체하고 '체코의 고르바초프'를 후원하기 위해 아무것도 하지 않았다.[8]

처음에, 고르바초프는 모스크바와 동유럽 위성국들 간의 집단 안보 동맹인 바르샤바조약기구의 정상회담에 특별한 관심을 보였다. 소련 지도자는 유럽경제공동체(EEC)를 반영하여, 경제상호원조회의(Council for Mutual Economic Assistance, CMEA)끼리 무역과 경제 협력 및 통합을 심화하자고 제안했다. 고르바초프는 유럽공동체(EC)가 단일유럽의정서(Single European Act)를 체결했고, 그로 인해 정치 공동체로 향하고 있다는 것을 의식했고 호기심을 느꼈다. 레닌은 '유럽합중국'은 자본주의 체제하에서는 불가능할 것이라고 예언했다. 그렇다면 사회주의적 통합은 왜 작동하지 않는가? 게다가 소련 지도자는 동독, 체코슬로바키아, 헝가리, 불가리아, 폴란드가 서구의 정보와 과학기술에 더 접근하기 쉬우므로 이를 이용해 소련의 현대화를 돕길 바랐다. 그가 특히 좋아한 아이디어는 '유레카', 즉 전자와 하이테크산업을 위한 EEC 협력 프로젝트에 비견할 만한 동유럽 협력 프로젝트였다. 그런 기대는 결실을 맺지 못했다. 동유럽 국가들은 서방 국가들, 무엇보다도 서독에 자연스레 끌렸고, 거기서 얻은 것을 소련이라는 '큰형님(big brother)'과 나눌 마음이 없었다.

소련 각료들과 경제 관리자들은 동유럽 파트너들이 소련을 값싼 에너지원이자 세계 시장에서 경쟁이 되지 않는 상품을 내다 팔 시장으로만 여긴다는 사실을 오래전부터 알고 있었다. 1986년 9월에 리시코프가 바르샤바에 방문했을 때, 폴란드 지도자인 보이치에흐 야루젤스키(Wojciech Jaruzelski) 장군은 폴란드 경제가 서방 은행들에 진 320억 달러의 부채로 '손발이 묶인' 상태라고 말했다. '폴란드의 생사'는 모스크바에 달렸다. 사실상, 저렴한 원유의 형태로 보조금을 더 달라는 뜻이었다.[9] 폴란드 위기 이래로, 소련 지도부는 동유럽의 경제적·재정적 사안과 주민들의 생활수준을 책임질 수 없음을 인정했다. 1986년 가을, 고르바초프와 리시코프는 동구권의 '공동 통화' 구상을 거부했다. 대가 없이 소련이 통화를 떠받쳐야 할 것이 뻔했다. 1987년, 소련 지도부는 헝가리와의 '더 깊은 유대'나 동독과의 '협력 확대'를 더 이상 지지하지 않기로 했다. 1987년 4월에 프라하를 방문한 후, 고르바초프는 다음과 같이 말했다. "당신들에게 부담을 지워 소련이 페레스트로이카를 진행하지는 않겠지만, 당신들도 우리에게 기댈 생각을 하지 말아야 한다고 솔직하게 말했다." 1987년이 저물어가면서, 정치국은 소련의 국제수지에 관해 걱정이 커졌다. 원유 가격이 지나치게 낮아 소련은 외화 수입의 3분의 2를 외채를 갚는 데 써야 할 판이었던 것이다.[10] 1988년에 이르자, 고르바초프는 동유럽 국가들이 페레스트로이카에 자산이 아닌 부담이라고 여겼다.[11]

국내 개혁과 마찬가지로 소련 지도자는 한층 밀어붙이면서, '유럽 공동의 집(Common European Home)'이라는 비전을 가지고 서유럽으로 눈길을 돌렸다. 고르바초프는 소련을 비롯한 33개 유럽 국가와 미국, 캐나다도 서명한 1975년 헬싱키최종의정서에서 주된 영감을 얻었다. 헬싱키최종의정서는 안보, 경제 협력, 그리고 가장 중요한 인권과 문화적 개방성에 대한 서명국들의 공통된 접근법을 성문화했다. 고르바초프는 헬싱키최종의정서가 공통의 가치를 표현한 것이라고 인정했다. '사회주의'와 '자본주의'는 더 이상 중요한 꼬리표가 아니었다.[12] 또한 협정문은 '안보 완충지대'로서 소련이 동유럽에 의존하는 것이 이제는 철 지난 개념이라는 뜻이었다. 핵 시대의 현실은 인정했지만, 한편 미래에 동유럽에서 소련군의 후퇴를 정당화할 논거를 제공하는 눈에 띄는 시도였다. 공통의 유럽적 가치라는 관점에서, 동유럽 국가 정권은 사회주의가 아니라 사회주의에 대한 졸렬한 모방으로 보았다. 모스크바에서 토론하면서, 고르바초프와 셰바르드나제 그리고 여러 개혁가들은 정확히 이런 관점을 천명했다.

그리고 동구권에서 폭력적인 봉기가 일어나면 소련 지도부는 어떻게 해야 하는가? 1988년 4월, 셰바르드나제는 이미 이 시나리오를 외무부의 부관들과 논의했다. 그는 "폭력적인 반소(反蘇) 반응을 원치 않는다면, [우리] 병력의 철수를 고려해야 한다"라고 말했다. 고르바초프는 측근들과 이와 같은 우려를 공유했다.[13] 1988년 10월, 게오르기 샤흐나자로프는 또 다른 시나리오를 경고했다. 동유럽 국가들과 그 외 지역의 연쇄적인 재정 파탄 시나리오로, 그중 일부는 "(폴란드, 헝가리, 불가리아, 베트남, 쿠바, 동독은) 지불 위기에 처해" 있었다. 그는 동유럽이 서방 은행들에 의존하고 있으며 정권이 바뀔 수도 있다고 지적했다. 소련은 이런 사태의 진행에 어떻게 대응해야 하는가? 그리고 동유럽에 소련군이 주둔하는 것이 "소련의 이해관계에 여전히 도움이 될까?" 샤흐나자로프는 그런 질문의 답을 아는 것 같았다. 그와 체르냐예프는 동유럽이 소련 경제라는 숙주에 들러붙은 '기생

충'이며, 소비에트 블록의 지도자들은 고르바초프의 급진적 개혁에 적대적이고, 소련군은 그 지역에서 가급적이면 빨리 떠나야 한다고 고르바초프에게 말했다. 동독만은 유일한 예외였다. 열강 간에 포괄적인 평화 협정이 부재한 상황에서, 소련군은 1945년 포츠담협정에 근거하여 동독에 계속 주둔할 것이었다.[14]

1988년 가을, 고르바초프는 알렉산드르 야코블레프에게 동유럽 상황에 대응하는 정치국 위원회를 설치하는 과제를 일임했다. 야코블레프는 학계 전문가들에게 눈길을 돌렸고, 그들의 의견은 사실상 만장일치였다. 소비에트 블록과 관련하여 가능성이 있는 시나리오는 모두 안 좋았다. 모스크바에 그나마 피해가 가장 덜한 선택지는 동유럽에서 발을 빼는 것이었다. 1989년 2월, 고르바초프에게 추후 제출한 보고서에서 야코블레프는 가능성 있는 최상의 시나리오는 그 지역의 공산 정권들이 반대 세력과의 연립을 통해서 살아남는 것이라고 결론 내렸다. 소련은 소비에트 블록을 포기하고 동유럽의 개별 국가들과 '이해관계의 균형'에 기반하여 관계를 설정해야 했다. 야코블레프는 위로라도 하듯이, 폭력사태가 발생하지 않는다면 동유럽은 여전히 '사회주의' 체제로 남을 수도 있고, '사회주의의 중심'인 소련을 위해 "전략적 보호를 생성하는 일종의 안보 벨트로서", 심지어 바르샤바조약기구에 남을 수도 있다고 말했다. 그는 보고서에서, 경제 영역에서는 동유럽이 서방에 경제적으로 재통합되는 것을 막을 수도 없고 막아서도 안 된다고 신중하게 진술했다. 재통합 과정은 사실상 소련의 경제적 이해관계와 양립할 수도 있다. 동구권은 소련 산업과 소비자들에게 40~50퍼센트의 상품을 공급했다. 어떤 의미에서 소련 경제는 동유럽에 편승하여 어떻게든 '유럽으로 복귀'할 수도 있을 것이었다.[15]

1988년, 아프가니스탄의 미래에 관해 미국과 국제적 합의에 도달하지 못한 소련 지도부는 정치국에서 끝없이 토론한 끝에, 그 지역에서 소련군 철수를 만장일치로 결정했다. 최종 철군 날짜는 1989년 2월 15일이었다. 동유럽에서 물러난다고 발표하는 일은 훨씬 더 힘들었다. 소련 지도부는 이 철수 작전을 유럽 공동의 집 계획에 관한 진전 상황과 시기적으로 일치시키고 싶었다. 고르바초프는 소련에 시간이 많지 않다고 정치국에 시인했다. 동유럽의 현 상태는 그 지역의 많은 나라가 세력권의 붕괴에 소련이 어떻게 반응할지 모르기 때문에 지속되고 있었다. 소련 지도자는 "그쪽에서 목줄을 세게 잡아당기면 끊어진다는 것을 그들은 아직 모른다"라고 결론 내렸다.[16] 하지만 모스크바에서는 그 일이 단 몇 달 만에 일어날 것이라고는 전혀 예상하지 못했다.

1988년 12월 7일 고르바초프의 UN 연설은 미국과의 데탕트를 가속화하려는 시도였다. 소련 지도자는 아프가니스탄과 동유럽에서의 병력 철수를 지정학적 필요나 패배를 시인해서가 아니라 자신이 세운 새 원칙의 승리로 내세우고자 했다. 처음에는 이 전략이 성공적인 듯했다. 연설은 우레와 같은 박수갈채를 받았고, 고르바초프는 서유럽에서 엄청난 인기를 얻었다. 연설은 레이건에게도 큰 감명을 주었고, 미국 대통령은 냉전이 끝났다고 확신했다. 하지만 대중적 승리는 근본적으로 취약한 고르바초프의 입지를 가렸다. UN 연설 이후에 거버너스섬에서 열린 회담 중에 레이건은 고르바초프에게 페레스트로이카의 진전 상황에 관해 천진하게 물었다. 고르바초프는 그 질문을 조롱으로 잠시 오해하고 얼굴을 붉혔다. 사실상 보고할 만한 진전은 없이 엄중한 문제들만 있었다.[17]

새로 들어선 부시 행정부는 고르바초프의 기대를 기만했다. 조지 H. W. 부시는 냉전시대에 인상적인 경력을 쌓았다. 중국 대사, CIA 국장, 포드 행정부의 일원이었고 그 후 레이건 행정부의 부통령을 지냈다. 레이건 팀이 혼란스럽고 다툼이 분분하고 일관성이 없었던 데 반해, 부시의 팀은 한결같고 똘똘 뭉쳤고 신중했다. 국가안보보좌관 브렌트 스코크로프트(Brent Scowcroft)와 국무부 장관 제임스 베이커는 대통령 다음가는 막강한 듀오로, 각각 미국의 안보와 외교 정책을 이끌었다. 그들은 1970년대 데탕트를 소련에 대한 '유화'라고 비판한 미국 우파의 공격을 견디고 살아남은 사람들이었다. 그들은 고르바초프의 이니셔티브와 비전을 위험한 '분위기'라고 여겼다. 소련의 핵무기는 그대로였고, 소련군은 여전히 유럽 심장부에 버티고 있었으며, 모스크바의 무기와 돈이 아프가니스탄, 베트남, 아프리카,

쿠바, 니카라과의 정권을 떠받쳤다. 소련의 MIC는 국제 협정이 금지한 생화학 무기를 비롯해 무기를 계속 생산했다. 부시, 스코크로프트, 베이커는 고르바초프가 레이건을 현혹했다고 믿었다. CIA의 로버트 게이츠는 소련 외교 정책의 변화를 레이건이 SDI를 구축했기 때문이라고 여겼다. 게이츠는 그 프로그램은 "소련 지도부의 골수 보수파마저도" 소련이 그렇게 엄청난 비용이 드는 프로그램을 추진할 수는 없을 것이며 "소련 내부에 중대한 변화가 필요하다"라는 것을 확신시켰다고 부시에게 보고했다. 한마디로 고르바초프의 '신사고'는 필요의 소산, 다시 말해 서방을 소련 경제의 현대화와 재활성화로 끌어들이려는, 그리고 소련 팽창을 재개하려는 교묘한 전략일 뿐이다. 부시와 그의 팀은 소련 지도자를 더욱 압박하여, 비축 핵무기를 축소하고 소련의 '제국 외곽(outer empire)' 전역에서 병력을 무조건 철수시키려 했다.[18]

1989년 1월, 부시 행정부는 크렘린과의 관계에 대한 '재평가'를 선언했고 이는 6개월간 지속되었다. 그사이, 고르바초프의 곤경은 심해졌다. 사실상 소련은 정치적·경제적 혼란의 소용돌이로 인해 다른 곳으로 변모했다. 수십 년 뒤까지도 고르바초프는 자신의 선의를 무시하고 오판한 서방 관계자들에게 응어리가 남았지만, 로널드 레이건만큼은 예외였다.[19]

과거의 복수

고르바초프의 개혁가 집단은 대체로 러시아연방 출신의 러시아계와 모스크바 출신 지식인으로 이루어져 있었다. 그들은 개인적으로 피비린내 나는 종족 갈등과 민족주의적 만행을 겪은 적이 없었다. 소련 시민들의 절대다수는 스스로를 소비에트 조국과 동일시할 것이라고 그들 모두가 믿었다. 고르바초프는 자신의 고향인 스타브로폴을 두고 "다종족적인 배경, 대단히 다언어적이고 다면적이며 이질적 요소로 이뤄진 환경"이라고 썼다. 그와 측근들로서는, 레닌주의적 '국제주의' 이데올로기는 러시아 인텔리겐치아의 인본주의적이고 포괄적인 윤리와 잘 어울렸다. 적어도 민족 해방 운동에 공감하고 외국인 혐오를 악이라고 여기는 사람들로서는 말이다.[20] 그 결과, 개혁가들은 과거로부터 물려받은 다수의 민족 문제에 대처할 준비가 되어 있지 않았다.

소련은 민족주의적 원한과 염원이 산재한 지뢰밭이었다. 제정 러시아의 잔해 위에 유혈과 무력, 볼셰비키 이데올로기에 의해 구축되었다. 국제적 혁명가 무리인 볼셰비키당은 민족성(nationality)에 관해 정교한 정책을 발전시켰다. 스탈린과 일부 볼셰비키는 그들이 장악한 나라를 러시아소비에트사회주의연방(Russian Soviet Socialist Federation)으로 불러야 한다고 주장했다. 그러나 레닌은 반대했다. 옛 제국의 종족적-문화적 지주였던 '대러시아인(great Russian)'(제정 러시아 시대에는 현재의 우크라이나 지방을 소러시아, 벨라루스 지방을 백러시아, 옛 모스크바 공국 영역을 중심으로 한 러시아 본토를 대러시아로, 전부 합쳐서 전러시아라고 불렀다-옮긴이)은 '억압 민족'이며, 소련 주변부의 비러시아계 민족은 모두 '피억압 민족'이라는 것이 레닌의 생각이었다. 그는 자체적 제도와 연방 탈퇴 권리까지 갖춘 민족들의 연합체라는 의미에서 소비에트사회주의공화국연방(Union of Soviet Socialist Republics)이라는 국명을 제안했다. 레닌의 주장은 관철되었다. 1922년 12월에 소비에트사회주의공화국연방(소비에트연방)은 러시아소비에트연방사회주의공화국(RSFSR), 우크라이나소비에트사회주의공화국, 벨로루시소비에트사회주의공화국, 자캅카스소비에트사회주의공화국이라는 네 개 공화국의 헌정적 조약으로 창설되었다. 볼셰비키는 모스크바와 레닌그라드 출신의 간부들과 자원을 이용해 각지에 과학아카데미와 작가 조합, 영화 제작소, 문학잡지 등을 만들어 비러시아계 '민족들'을 장려하고 보조금을 지급했다.[21]

1924년 레닌이 죽은 후, 사실상 스탈린은 소비에트연방을 점차 단일 국가로 통치했다. '민족적' 공산당들은 볼셰비키당, 나중에는 소련공산당의 철권통치로 단결되었다. 소련군은 '민족적' 편제를 따르지 않았다. KGB는 공화국마다 지부가 따로 있었지만, 모두 모스크바에 종속되었다. 군대와 KGB라는 두 막강한 기관의 최고 통수권자는 소련공산당의 서기장이었다. 모스크바에 위치한 국영은행(흔히 '고스방크'라고 부르는데, 소련의 중앙은행이

자 경제 자유화 조치로 상업은행 등 다른 은행의 설립이 허용되기 전까지는 소련 내 유일한 은행이었다 – 옮긴이)은 모든 공화국과 자치 지역에서 통용되는 통화를 발행했다. 연방에 속한 각 공화국의 영토에 있는 대규모 경제 자산, 즉 공장, 산업 시설, 에너지 설비, 가스관과 송유관의 대부분은 모스크바의 중앙 부처가 통제하는 '연방 자산'이었다. 러시아 민족주의에 맞선 견제와 균형은 공산당 정권이 다종족 정치체를 통치하도록 도우면서 수십 년간 잘 돌아갔다. 하지만 소련 지도부는 공화국들에 '완전한 독립'을 부여한다는 레닌주의 원칙에 줄곧 매여 있었다.[22]

1985년, 고르바초프가 집권했을 때 체코의 마르크스주의 역사가 미로슬라프 흐로흐(Miroslav Hroch)는 동유럽 민족주의를 3단계로 정의했다. A단계는 역사가, 언어학자, 과거와 언어, 문화를 연구하는 지식인들로 이루어진 엘리트 활동가들에 의해 민족이라는 관념이 대두하는 단계다. B단계는 애국적 선동의 시기이고, C단계는 대중 운동에 의해 민족국가가 수립되는 단계였다.[23] 하지만 소련에서는 고작 3~4년 사이에 이 도식이 무너지며 한 단계로 합쳐질 터였다. 소련 영토 내 일부 '민족들'은 이미 수 세기 동안 존재했지만, 다른 민족들은 반소 민족주의자들이 무자비하게 탄압받던 바로 그 순간에도 소련 독재정권에 의해 구성되었다. 소련 내 민족주의에 대한 저명한 연구가인 마크 베이싱어는 고르바초프 이전에 인민들은 "소비에트의 질서에 대한 충성과 자신의 종족적 정체성에 대한 충성 사이에서 선택할 기회나 필요성에 직면한 적이 없었다"라고 지적한다. "페레스트로이카 직전에 소련의 민족성 쟁점이 심각하고 복잡한데도 불구하고, 당시 소련 종족 문제는 대다수의 관찰자에게 중요하긴 해도 도저히 수습할 수 없는 문제로 보이지는 않았다."[24]

하지만 안드로포프와 KGB는 '민족적' 당 간부들과 '민족적' 인텔리겐치아가 개별 소비에트 공화국들의 민족 운동에서 중핵이 될 수 있음을 알았다. 안드로포프의 부관인 아르카디 볼스키(Arkady Volsky)는 안드로포프가 소비에트연방의 헌정 구조에서 민족 집단의 역할을 축소하려는 생각에 사로잡혀 있었다고 회고한다. 그는 민족주의의 힘을 알았고 KGB 의장 시절에 당의 공화국 지부들이 더는 믿지 않는 '국제' 공산주의의 허울 아래 진짜 성향을 그다지 감추지도 않은 채 갈수록 종족-민족주의적 파벌이 되어가고 있다는 정보를 받았다. 또한 러시아와 우크라이나 민족주의가 연방에 특히 위험할 수 있음을 깨달았다. 서기장은 부관에게 비밀 지령을 내렸다. "나라의 민족적 구획을 없애버리자고. 국명에 들어간 민족성이 흐려지도록 인구와 경제적 근거에 따라 소비에트연방 내 국가들을 조직할 구상을 제시해보게. 소련의 새 지도를 한번 그려봐."[25] 볼스키는 15가지 초안을 작성했지만, 안드로포프가 모두 거부했다고 회고했다. '국가'라는 관념이 경제적·예산적으로 말이 되게끔 각국에 걸쳐 산업 시설을 재분배하는 일이 가장 골치 아팠다. "이 임무만 떠올리면 몸서리가 쳐진다"라고 볼스키는 기억했다. 안드로포프와 그의 부관은 국경선을 다시 그리고 이 지역이나 저 지역에 '속할' 기업체 목록을 개편했다. 볼스키는 친구인 핵물리학자 예브게니 벨리코프(Yevgeny Velikhov)에게 도움을 청했다. "우리는 41개 국가를 만들었다. 제대로 된 도표까지 갖춰 프로젝트를 완수했지만, 그때에 이르자 [안드로포프는] 이미 위중한 상태였다." 급진적인 헌정 개혁 계획은 보류되었다. 볼스키는 안드로포프가 우격다짐으로 이 개혁을 어느 정도는 공화국 엘리트들이 수용하게 만들었을 것이라고 확신했다. "그가 '그 프로젝트'를 승인할 시간이 있었다면, 나중에 독립국가의 수반이 되는 당 서기들은 당의 현명한 결정을 지지했을 거라고 자신 있게 말할 수 있다."[26]

안드로포프가 70년 동안 지속된 소련의 민족적 구성체를 해체할 수 있었을까? 종족적 파벌의 지지를 받는 소비에트 공화국과 자치 지역의 실력자들이 그런 제안을 과연 받아들였을까? 이 명제는 검증되지 않은 채 남아 있다. 그 대신, 고르바초프 치하에서 소비에트연방의 구조는 지뢰밭이 되었다.

고르바초프의 정치국에 커져가는 민족주의의 힘을 경고한 첫 '비상벨'은 1986년 12월에 울렸다. 카자흐소비에트사회주의공화국의 수도 알마아타에서 지역 공산당 당수인 딘무하메드 쿠나예프(Din-Muhammed Kunayev)의 축출에 항의하는 카자흐 학생들의 반러시아 시위가 일어난 것이다. 시위는 익히 짐작할 만한 소비에트 스타일로 진압되어, 시위 학생 2400명이 체포되고 450명 이상이 다쳤으며, 두 명이 사망했다. 고르바초프에게 쿠나예프는 브레즈네프가 임명한 사람으로 과거에 속했다. 그러나 학생들과 카자흐 인텔리겐치아에게는 '국부(father of the nation)'였다. 설상가상으로, 쿠나예프의 후임자는 러시아계였고, 이는 공화국의 수반은 그 국명의 민족에 소속한 사람이어야 한다는 불문율을 위배한 것이었다.

정치국에서, 일부 국원들은 카자흐소비에트사회주의공화국 내의 소란은 '민족적' 인텔리겐치아와 '민족적' 당 간부로 인한 것이라고 올바른 결론을 내렸다. 야코블레프는 "신이여, 감사합니다. 소비에트연방을 파괴하겠다는 이야기는 여전히 나오지 않는군"이라고 외쳤다. 뜻밖에도 고르바초프가 반박했다. "어느 신(god)을 두고 하는 말인가? 이 문제에서 유일한 신은 레닌이야. 그가 스탈린에게서 민족에 관한 [올바른 정책을] 구해냈다면, 지금 우리가 이런 상황에 처하지 않았을 거야." 레닌의 사망 당시, 소련에는 5200개의 민족적 영토 단위가 있었다. 고르바초프가 보기에, '민족적' 인텔리겐치아는 위협이 아니라 페레스트로이카 프로그램의 중요한 우군이었다. 그는 "응징 조치는 매우 위험하다"라고 결론 내렸다. "순교자와 성인들이 즉시 등장할 것이다." 이 발언이 이후의 경력 내내 민족주의에 대한 고르바초프의 태도를 규정했다. 그는 다민족 정치체는 소비에트 기관들이 온전히 권한을 부여받아야만 조화를 이룰 수 있다고 믿었다.[27]

이러한 접근법은 남캅카스에서 가장 심각하게 역효과를 냈다. 종족적 복잡성에서 발칸 지역을 능가하는 이곳은 악성 지방 민족주의를 위한 압력밥솥이나 다름없었다. 1918~1920년에 러시아제국의 폐허 위에 수립된 그루지야, 아르메니아, 아제르바이잔은 대대로 열강들의 지정학 게임에서 노리개일 뿐이었다. 그 후에 이 지역은 승리한 볼셰비키들의 차지가 되었다.[28] 발칸에서처럼 아제르바이잔의 자치 지역인 나고르노카라바흐에서도 해묵은 종족적 증오가 불붙었다. 1988년 2월, 1주일 사이에 100만 명의 아르메니아인들이 그 지역을 아르메니아로 이전할 것을 요구하며 예레반 거리로 나섰다. 집회는 평화적이었지만, 아제르바이잔 내에서 이런 요구에 대한 반응은 폭력적이었다. 바쿠 근처 노동자 지구인 숨가이트에서 잔혹한 포그롬(원래는 과거 러시아에서 주기적으로 일어난 유대인 학살이나 박해를 가리켰으나, 유대인 외에도 인종이나 종교를 이유로 행해지는 조직적 박해로 의미가 확대되었다 - 옮긴이)이 벌어져 30명이 목숨을 잃었다. 아제르바이잔 경찰은 수수방관했다.[29]

이 갈등은 체르노빌 참사 이후로 고르바초프의 리더십에 가장 심각한 시험이 되었다. 고르바초프의 측근들 가운데 샤흐나자로프가 아르메니아-아제르바이잔 갈등의 긴 역사에 관해 가장 잘 알고 있었다. 그의 집안은 카라바흐의 아르메니아 귀족 가문의 후예였고 선조들은 대대로 러시아 차르에게 충성을 맹세했다. 샤흐나자로프는 두 민족 간의 분쟁은 "무력으로만 해소될 수 있다"고 확신했다. 모스크바는 종족 청소를 중단하고 아르메니아와 아제르바이잔 사람들에게 안전을 보장해야 한다. 하지만 고르바초프와 정치국 동료들은 '의지의 마비'에 사로잡혀 있었다. 체르노빌이 폭발한 뒤 그랬던 것처럼, 고르바초프는 돌이킬 수 없는 며칠을 허비하다가 마침내 러시아 지역에서 아제르바이잔으로 병력을 파견하기로 결정했다. 하지만 파견군은 발포하지 말고 숨가이트의 포그롬에 연루된 사람도 체포하지 말라는 명령을 들었다. 정치국이 질질 끄는 동안, 민간인들의 대규모 탈출이 두 공화국을 뒤흔들었고, 현지의 당 당국자들은 대규모 시위에 어쩔 줄 몰랐다. 고르바초프는 숨가이트에서 끔찍한 뉴스가 흘러나온 뒤에도 무력 사용을 극도로 주저했다. 그는 비상사태를 선언하지도, 이 위기에 대한 공식 조사를 요청하지도 않았다.[30]

그 대신, 우유부단한 고르바초프는 두 공화국의 지도자인 아르메니아의 카렌 데미르치안(Karen Demirchian)과 아제르바이잔의 캄란 바기로프(Kamran Baghirov)를 쫓아가 두 사람의 무대응을 비난했다. 고르바초프는 두 사람이 자신들을 지키기 위해 "페레스트로이카에 맞선 사람들을 선동"한다며 사적으로, 그리고 부당하게 탓했다.[31] 그는 민족주의적 대의를 부르짖는 주된 선동자들인 아르메니아 지식인들에게 자제해달라고 호소했다.

두 공화국 지도자들과의 비밀 회동에서, 고르바초프는 순진하게도 영토적 쟁점을 제기하지 말아주길 요청했다. 그는 카라바흐 지역에서 아르메니아인의 문화적 정체성을 보존할 다른 방도를 모스크바가 찾아보겠다고 약속했다. 그의 말은 쇠귀에 경 읽기나 다름없었다. 모스크바 지식인들의 태도도 나을 게 없었다. 그들은 이 갈등에서 아르메니아를 지지했고 고르바초프가 아르메니아의 편을 들지 않는다고 비난했다.[32]

고르바초프가 이렇게 행동한 한 가지 이유는 폭력을 개인적으로 혐오했기 때문이다. 이 성격적 특질은 나중에 그가 의사결정을 내리는 데 결정적 역할을 한다. 또 다른 이유는 정치 개혁에 대한 추진력을 잃을까 두려웠기 때문이다. 정치국의 동료들 일부는 이미 "급속한 민주화는 소련의 통합을 위험에 빠트릴 수 있다"고 이야기하고 있었다.[33] 고르바초프는 그런 염려를 일축했다. 그는 "두 공화국의 인텔리겐치아를 비롯한 신진 세력들과 관계를 맺을 것"을 촉구했다.[34] 1988년 3월, 그는 경제 탈집중화가 헌정적·정치적 위기를 불러온 사회주의 국가인 유고슬라비아로 갔다. 이곳을 방문한 뒤, 고르바초프는 공화국 당 지도자들에게 "유고슬라비아에서 일어난 일이 우리에게 일어나서는 안 된다"라고 말했다.[35] 하지만 그의 방안은 각 공화국에서 "페레스트로이카를 지지"할 "민족적" 인텔리겐치아의 비공식 단체와 "인민전선"을 구성하는 것이었다.[36] 미래는 곧 그런 '선제적' 조치들이 불에 기름을 붓는 격이었음을 보여준다.

1988년 10월, 아르메니아-아제르바이잔 위기가 고조되자 고르바초프는 체르냐예프와 샤흐나자로프에게 아르메니아 지식인들과 당내 '신진 세력들'이 기대를 저버렸음을 인정해야 했다. 이제 어찌해야 할지 막막했다. "무슨 일을 해야 할지 알고 있다면, 어떤 도그마든 무시하겠어. 하지만 난 모르겠어!"[37]

셰바르드나제의 보좌관으로, 조지아계와 러시아계의 피를 반반씩 물려받은 모스크바 출생 테이무라즈 스테파노프(Teimuraz Stepanov)는 페레스트로이카의 기획자들이야말로 헌정 위기를 불러왔다고 비판했다. 그는 "페레스트로이카의 수문을 연 그들은 살아 있는 민족주의자를 만나본 적이 없고", 따라서 이 사태를 충격으로 받아들였다고 생각했다. 하지만 그들은 현실을 알고도 배운 게 없었다. 정치 개혁과 헌법 수정에 관한 고르바초프의 보고서 초안을 읽고 나서, 스테파노프는 그것이 "연방의 보전과 서기장의 개인적 권위라는 우선적인 두 과제"를 완전히 저해한다고 썼다. 고르바초프가 자신의 개혁이 나라의 "체계를 뼈대까지 뒤흔드는 무혈 반란의 링에 올려놓았다"는 사실을 모르는 듯 "개인적이고 일반적인 파국"을 고려하거나 우려하지 않고 돌진했다고 스테파노프는 지적했다. 셰바르드나제의 보좌관은 반혁명의 역풍과 체제의 붕괴를 걱정했다.[38]

남캅카스에서는 아제르바이잔과 아르메니아 민족주의자들이 계속해서 서로를 대량으로 죽이고 있었다. 5만 명의 난민이 사방으로 피난을 떠났고, 무장 폭력배들이 열차를 털고 촌락을 약탈했다. 심지어 1988년 12월에 아르메니아의 광대한 지역을 폐허로 만든 처참한 지진도 민족주의적 열기를 잠재울 수 없었다.[39] 결국, 고르바초프는 거친 수단을 인가했다. 같은 달에 아르메니아 민족주의자들이 체포되었다. 1989년 1월, 소련의 최고소비에트는 카라바흐에 계엄을 선포하고 그 지역을 공화국의 사법 관할에서 제외했다. 하지만 아제르바이잔에서 포그롬을 선동한 자들을 처벌하는 조치는 전혀 없었다.[40] 이런 중앙 정부의 실패는 연방 전역에 걸쳐 '민족적' 공화국과 지방 당 관리에게 강한 부정적 신호를 보내는 셈이었다. 민족주의적 원한으로 넘쳐나는 판도라의 상자가 갑자기 열린 것이다.

1988년에 발트 민족주의 역시 고개를 들었고 소련 지도부에 엄중하고 체계적인 문제를 제기했다. 리투아니아, 라트비아, 에스토니아의 발트3국은 1920년에 주권국가가 되었지만, 20년 뒤에 일종의 강제 결합으로 소련에 흡수되었다. 발트 지역은 민족주의 담론을 합법화하고, 민족주의 운동을 조직하고, 궁극적으로 당 조직을 '국유화'하는 데 고르바초프의 개혁을 이용했다. 또한 발트 민족주의자들은 소련 헌법과 영토를 보전하는 근본 요소들을 다루는 전략을 고안했다.[41] 경제 개혁을 두고 전 연방이 토론하는 동안, 에스토니아 역사가이자 경제학자인 에드가르 사비사르(Edgar Savisaar)는 세 동료의 도움을 받아 공화국의 '자체 회계' 방안을 제안했다.

사비사르는 에스토니아인 아버지와 러시아인 어머니가 집단 농장을 떠나려다가 체포되어, 1950년에 어느 여자 교도소에서 태어났다. 하지만 나중에 사비사르는 소련식 '사회적 약자 우대 조치'의 수혜자가 되었다. 그는 타르투에서 대학 학위를 받고 에스토니아 정부에서 경제 기획자로 일했다. 그는 소비에트 체제를 속속들이 알았기에, 그의 제안은 모스크바를 중심으로 한 권력 피라미드 아래 심어둔 위장 폭탄이나 다름없었다. 공화국별 '자체 회계'와 유사한 구상이 유고슬라비아 종식의 근원이었다. 놀랍게도 사비사르는 고르바초프와 리시코프한테서 전폭적인 지지를 받았다.

발트인들은 종족 갈등과 폭력을 미연에 방지하기 위한 방안으로 고르바초프에게 '인민전선'이라는 아이디어를 준 장본인이었다. 1988년 4월, 사비사르는 에스토니아 TV 방송에서 "페레스트로이카를 지지하는 민주적 운동"을 제안했다. 8월, 야코블레프는 빌뉴스와 리가를 방문했고 현지 당 지도자들은 놀랍게도 그 구상을 지지했다. 당시 어느 전문가는 발트 공화국에서 "모스크바의 권력 균형은 사태 전개에 여전히 결정적이었다"라고 결론 내렸다. "야코블레프의 개입은 사실상 물꼬를 텄고 발트 민족주의의 대의를 동원했다".[42]

발트인들에 대한 야코블레프의 유화책은 고르바초프의 전폭적인 지지를 받았고 개혁주의적 열정과 신레닌주의 이데올로기에서 기인했다. 크렘린 개혁가들은 발트 공화국들을 경제 개혁을 위한 최적의 시험장으로 여겼고 그 밖의 소련 지역에 본보기가 되길 바랐다. 교육받은 다른 러시아인들과 마찬가지로, 그들은 발트국을 더 수준 높은 시민 의식을 보여주는 '유럽으로 통하는 창문'으로 여겼다. 정치국에 올린 보고서에서, 야코블레프는 발트국에서 "민족주의나 반소련, 반러시아, 반페레스트로이카 행위를 단 한 건도" 발견하지 못했다며 동료들을 안심시켰다. 그는 발트 지역에 소련의 산업화로 인한 생태학적 피해 같은 '자극 요인'을 제거하고, 러시아인의 이주를 축소시키고, 민족 문화 활동과 국제적인 활동을 제약함으로써 민족주의가 무장 해제될 수 있다고 순진하게 믿었다. 야코블레프의 주장은 말도 안 되는 소리였는데, 발트 민족주의는 '자극 요인'의 산물이 아니었기 때문이다.[43] 야코블레프의 동료들은 나중에 그가 반역을 저질렀다고 비난했다. 영리한 그가 발트인들이 연출한 위장극에 정말로 속았던 것일까? 그렇다면 그만이 그런 게 아니었다. 대다수의 서방 관찰자들도 발트인들이 연방 내에서 더 큰 자치권을 원할 뿐이라는 환상을 공유했다.[44]

글라스노스트와 과거의 범죄 행위의 폭로는 발트 공화국들에서 소련 옹호자들과 그 적들의 위태로운 균형을 무너트렸다. 고르바초프는 스탈린 탄압의 희생자들에 대한 정치국 조사위원회에 야코블레프를 공동 위원장으로 임명했고, 위원회는 1988년 6월 조사 작업에 착수했다. 소련으로 통합된 뒤 발트 국가들에서 자행된 탄압도 그 사안의 일부였다. 심지어 에스토니아의 카를 바이노(Karl Vaino)와 라트비아의 보리스 푸고(Boris Pugo) 같은 발트 지역의 당 지도자들도 1940년과 1949년에 일어난 대규모 강제 이주에 대해 '정치적 고려'를 해줄 것을 정치국에 요청했다. 위원회의 조사는 앞선 흐루쇼프의 시도처럼 테러 탄압 활동의 참상을 낱낱이 드러냈다. 하지만 야코블레프는 발트인들이 이 기록 보관소의 글라스노스트(정보 공개) 노력을 이용해 에스토니아, 라트비아, 리투아니아와 소련의 병합에 의문을 제기하리라고는 예상하지 못했다. 발트 민족주의자들에게 1939년의 독·소불가침조약은 병합을 확정한 비밀 거래였다. 소련 정부는 이를 언제나 부정했다. 그러나 1988년경, 고르바초프는 스탈린 문서고에서 독·소불가침조약의 비밀 의정서 사본을 발견했다. 그는 이 발견을 감추기로 했다. 게다가 이 폭발력 있는 비밀을 야코블레프와도 공유하지 않았다.[45]

발트인들은 고르바초프의 급진적 정치 개혁이라는 도박을 십분 활용했다. 1988년 내내, 공산당 중앙 통제에 충성하는 발트 지역 당 조직의 오래된 당 간부들은 후진적 사고방식을 지닌 개혁의 적으로 축출되었다. 새로운 당 지도자인 리투아니아의 알기르다스 브라자우스카스와 라트비아의 아나톨리스 고르부노프스(Anatolijs Gorbunovs)는 반스탈린주의자이자 민족주의 성향이었다. '민족적' 인텔리겐치아는 소련 작가동맹과 과학아카데미의 공화국 지부 같은 소련의 문화 기관을 이용해 정치 운동을 조직했고,

이로써 에스토니아의 페레스트로이카를 지지하는 인민전선(*Rahvarinne, 라흐바린네*), 리가의 라트비아 인민전선, 리투아니아의 개혁운동(*Sajūdis, 사유디스*)이 탄생했다. 발트국 독립 연구자들은 이 시기가 독립을 위한 대중 동원 측면에서 돌이킬 수 없는 시점이었다고 본다. 1988년 10월, *사유디스*는 음악학 학자이자 고르바초프의 완강한 적수인 비타우타스 란즈베르기스(Vytautas Landsbergis)를 의장으로 선출했다.

독립에 찬성하는 발트 민족주의 운동의 지도자들은 연방 내 모든 민족 공화국의 독립을 주창하는 것이 가장 현실적인 전략임을 깨달았다. 그들은 벨로루시와 우크라이나, 무엇보다도 '사회주의 제국'의 슬라브족 구심점인 러시아연방에 초점을 맞췄다. 발트 민주주의를 다른 공화국들의 본보기로 홍보하는 러시아어 언론사를 설립했고, 벨로루시와 그루지야 및 모스크바와 레닌그라드의 '인민전선'과 민족주의 단체의 첫 회합을 위한 장소와 각종 편의를 제공했다. 이후 몇 년간 이러한 노력은 그들이 한 가장 대담한 상상마저 뛰어넘는 결과를 낳았다.[46]

1988년 11월, 보수적 정치국원들은 에스토니아와 리투아니아, 라트비아를 순방한 뒤 경악하여 모스크바로 돌아왔다. 그들은 분리주의가 발트 지역의 새로운 국민적 합의가 되었다고 보고했다. 발트 인텔리겐치아는 기만전술을 펴고 있었다. 그들은 모스크바에서 온 방문객들에게는 페레스트로이카를 이야기했지만, 거리에서는 "러시아인은 물러가라!", "KGB, 소련군과 경찰은 모스크바로 돌아가라!", "모스크바 독재 타도!", "연방에서 즉각 탈퇴!"를 외치고 있었다. 발트 민족주의자들은 연방의 헌정 질서보다 공화국 법률이 우선한다고 부르짖었다.[47] KGB 의장인 빅토르 체브리코프는 무엇을 양보해도 발트인을 만족시키지 못할 것이라고 말했다. 모두 고르바초프가 단호한 자세를 취하길 기대했다.

발트 지역의 도전은 급진적 정치 개혁이 막 등장하기도 전에 개혁을 탈선시킬 것 같았다. 아나톨리 루캬노프는 고르바초프가 소련 헌법을 바꾸고 발트 지역의 분리를 막을 법적 방화벽을 세우기 위해 제안된 새로운 제도들을 고안하는 일을 도왔다. 그는 연방에서 공화국이 한 곳만 탈퇴해도 헌정 위기가 일어날 수 있다고 정치국에 경고했다. 헌법 수정 방향은 장래에 인민대표대회를 실력 행사 기관으로 만들어 공화국 법이 연방 법과 충돌할 경우 공화국 법을 무효화하는 것이다. 야코블레프와 메드베데프 그리고 고르바초프의 보좌관들은 전부 반발했다. 그들은 그런 제안이 단일 국가로 이어지고 러시아 쇼비니스트와 스탈린 찬양자는 박수 칠 것이라고 주장했다. 고르바초프도 반대했다. 그는 페레스트로이카가 모든 민족에 온전한 권리를 부여한다는 레닌의 약속을 실현해야 한다고 말했다. 그와 리시코프는 발트 공화국들이 경제적 자율성을 갖고 경제의 탈집중화가 효과를 발휘할 수 있음을 입증해주길 바랐다. 루캬노프는 추후에 자신의 제안을 철회했다.[48]

1988년 말, 고르바초프의 측근들이 정치 개혁, 연방, 민족 공화국에 관해 논쟁을 벌이고 있을 때, 과학아카데미는 소비에트연방을 개혁하기 위한 최고의 헌법 프로젝트를 공모했다. 모스크바에 있는 학술 기관 출신의 젊은 두 연구자가 한 가지 방식을 들고나왔다. 새로운 소비에트연방(Union)은 강력한 중심을 갖는다면 연방(federation)이 될 수 있다. 두 학자는 논의를 위해 스타라야광장의 당 본부로 초대되었다. 관리 한 명이 그들에게 당의 정치적 입장은 다르다고 말했다. "우리는 강한 중심이 필요하지만, 강한 공화국들도 필요하다." 학자들은 양자택일만 가능하다고 대답했다. 더욱 강한 공화국은 국가 연합(confederation)과 잠재적 해체를 의미한다. 그들은 "그 사람들은 전혀 이해하지 못한다!"라며 고개를 젓고는 당 본부를 떠났다. '강한 중심, 그러나 역시 강한 공화국들'이라는 불합리한 원칙은 민족주의와 더불어 경제적·정치적 개혁에 대한 고르바초프의 접근법에 줄곧 뼈대가 되었다.[49]

1988년 말에 승인된 헌정적 변화는 공화국 민족주의를 막는 방화벽을 세우지 못했다. 동시에, 공화국 엘리트들도 만족시키지 못해서 반항이 일어났다. 새로운 정치 질서에 따르면, 공화국들은 곧 열릴 인민대표대회에서 브레즈네프 시절처럼 절반의 의석 대신 3분의 1만 받을 예정이었다. 의석의 3분의 2는 '1인 1표'의 원칙에 의거해 자격을 얻거나 대다수는 모스크바에 위치한 '공공기관들'에 의해 선출될 터였다. 인민대표대회는 기존 공화국 내에 종족 자치 지역을 신설할 수 있었다. 이러한 개혁에 대한 반발로, 에스토니아 최고소비에트는 에스토니아 법이 소련 법에 우선하는 법안을 가결했고, 에스토니아 영토의 모든 천연자원과 경제 자원은 더 이상 모스크바의 통제를 받지 않는다고 주장했다.

고르바초프는 모든 소비에트 공화국에 더 많은 경제적 권리와 재산을 이전해야 한다고 주장했지만, 동시에 공화국들의 연방 탈퇴를 저지했다. 그가 '엄포'를 놓는 거라고 말하며 발트 민족주의자들이 정치 자유화를 이용해 일방적인 분리를 추진하기 시작했다고 시인했다. 그래도 고르바초프는 페레스트로이카는 성공할 것이며 그 경제적 결과는 민족주의적 소요라는 문제를 해소하는 데 일조할 것이라며 꿋꿋이 버텼다. 1989년 2월, 그는 발트 공화국들의 당과 정부 지도자들을 모스크바로 초청했다. 보롯니코프, 체브리코프와 정치국의 여러 보수파는 고르바초프에게 그의 방안이 재앙으로 이어질 것이라고 경고했다. "중앙의 강권은 공화국들의 강권으로 대체될 수도 있다!"라고 보롯니코프는 말했다. 체르냐예프는 발트 독립운동과의 공공연한 대립은 1968년 브레즈네프가 체코슬로바키아를 침공한 것과 같은 효과를 가져올 수 있다는 불안감을 일기에 남겼다. 어쩌면 발트 지역은 분리하게 하고 페레스트로이카를 계속 추진해서 일반 러시아인들의 삶을 개선하는 편이 낫지 않을까?[50] 고르바초프는 슬라브족이 다수를 차지하는 만큼 발트 지역이 소련 경제에 긴밀히 통합되어서 발트의 분리는 불가능할 것이라고 믿었다. 그는 중앙이 MIC와 수송관, 발전소와 전력망, 통신 시설, 그 외 전략 자산을 계속 통제할 것이라고 주장했다. 예상한 대로, 발트 지도자들은 크렘린이 제시한 경제적 자치 제안을 열렬히 받아들이고 본국으로 돌아갔다.[51]

1989년 2월, 샤흐나자로프는 고르바초프에게 발트 지역의 갈등에 대한 유일한 대안은 당 보수파에 대한 견제책으로서 '인민전선들'을 갓 등장한 정치 체제에 통합시키는 것이라고 보고했다. 또한 국민투표를 거쳐야만 소련에서 공화국이 탈퇴하게 하는 법을 요구했다. 그는 리투아니아 민족주의자들이 이 시험을 통과하지 못할 것이라고 주장했다. 헌법 수정은 정치 개혁이 시작되고 인민대표대회가 열리기 전에, 특별 당 총회에서 승인되고 최고소비에트에서 무난히 통과될 수 있을 것이다. 1988년에 소비에트 헌법의 3분의 1이 바로 이런 식으로 수정되었다.[52] 이해할 수 없지만, 고르바초프는 1년 이상 기다린 후에야 샤흐나자로프의 탈퇴 법률안 구상을 실행했다.

폭풍 속으로

"아버지는 고르바초프가 멍청이라고 생각한다"라고 1990년에 덩샤오핑의 아들은 어느 미국 기자에게 말했다.[53] 마오쩌둥의 충직한 부관이었던 덩샤오핑은 1978년 농촌 지역에 시장경제를 허용했고, 나중에는 이를 중국 경제 전역으로 확대하여 새 시대를 열었다. 수억 농민의 생산력을 해방시킨 것 말고도 덩샤오핑은 '자유 경제 지대'를 외국 투자에 개방했다. 급속한 경제 성장은 사회 불평등과 인플레이션, 불만을 야기했다. 1989년 5월, 수많은 중국 대학생이 청년들과 동조자들과 함께 거리로 쏟아져나와 천안문광장을 점거했다. 그들은 '사회주의적 정의와 평등으로의 복귀'뿐 아니라 '민주주의'도 요구했다. 마침, 고르바초프가 1959년 이후 처음으로 열리는 중소 정상회담을 위해 베이징에 도착한 터였다. 학생들은 고르바초프를 영웅으로 환영했고 '사회주의적 민주주의'에 대한 그의 신레닌주의적 수사를 인용했다. 그들은 중국 지도부의 젊은 개혁파인 자오쯔양도 잠재적인 '중국의 고르바초프'라고 환호했다. 며칠간 당혹스러워하고 망설이다가, 중국 지도부는 가차 없는 결정을 내리고 인민해방군을 보내 학생들을 학살하여 시위를 진압했다. 당내 이념가들 중 '자유화론자'들과 자오쯔양은 지도부에서 쫓겨났다. 덩샤오핑은 안드로포프가 1983년에 표명한 것과 동일한 논리에 따라 행동했다. 그는 상황을 통제하고 개혁을 이어가기 위해 군대와 공안 조직, 집권 공산당에 의지했다. 2년 뒤, 덩샤오핑은 이후 30년에 걸쳐 수억 중국인들에게 전례 없는 경제 성장과 번영을 가져온 자유시장 정책을 재개했다. 소비에트 체제의 붕괴에 겁먹은 중국 지도부는 공산당 체제의 자유화를 절대 고려하지 않을 터였다.[54]

고르바초프에 대한 덩샤오핑의 평가를 인용한 윌리엄 타우브먼은 고르바초프가 수레(정치 개혁)를 말(급진적 경제 개혁) 앞에 뒀다고 인정한다. 정치국 내 보수파 동료들도 같은 생각이었다. 그래도 고르바초프의 전기 작가는 페레스트로이카의 다른 연구자들과 마찬가지로 덩샤오핑의 평가를 거부했다. 중국에서 권위주의적 개혁의 성공은 독특한 경우고 소련의 여건에서는 재연될 수 없었다고 그들은 주장한다.[55] 중국은 여러 면에서 소련 공산주의와 닮았지만, 개혁을 위한 출발 조건은 근본적으로 달랐다. 고르바초프는 덩샤오핑과 같은 방식으로 농민층의 에너지를 해방시킬 수 없었다. 전체 노동력의 20퍼센트가 넘지 않는 소련 농업은 국가 보조금을 받는 사업이 된 지 오래였다. 중국은 전체 경제의 15퍼센트에 불과한 구 산업은 놔두고, 새로운 시장 산업 부문을 창출할 수 있었다. 소련 경제는 불합리할 만큼 산업화되었고, 단일 산업 도시들은 시장경제에서는 도저히 생존 가능성이 없었다. 중국 경제는 농민층의 저축과 외자를 활용했다. 소련 예산은 사회 안전망으로서 소련 시민들에게 지불하는 연금과 사회복지 비용 1000억 루블뿐 아니라, 외부 의존국 및 내부 공화국에 지급하는 보조금으로 지나친 부담을 떠안고 있었다. 모스크바는 유가 하락과 실패로 끝난 경제 탈집중화로 수십억 루블을 잃고 있었다.[56]

그러나 더 중요한 것은 고르바초프의 의도였다. 그는 중국을 개혁의 모델로는 고려하지 않았고, 덩샤오핑과 반대로 전 세계적인 이데올로기적 임무를 추구했다. 중국인들은 가장 중요한 문제를 풀지 못했다고 체르냐예프에게 말했다. "개인적 이해관계를 사회주의와 연결하는" 방법, "[레닌을] 사로잡았던" 문제를 풀지 못했다는 것이다.[57] 소련 지도자는 소련이 새로운 과학기술 분야에서 세계적 리더십을 되찾을 만한 인적·과학적 자원을 보유하고 있다고 믿었다. 민주화는 이 잠재력을 이용할 것이었다. 1989년 5월, 베이징에 머무는 동안 고르바초프는 지식인 측근들에게 고개를 돌렸다. "이 자리에 있는 사람들 가운데 몇몇은 중국식 길을 걷자고 주창했다. 우리는 오늘 이 길이 어디로 이어지는지 봤다. *나는 붉은광장이 천안문광장처럼 되길 원치 않는다.*" 소련 지도자는 역사가 자신이 선택한 길을 찬성한다고 믿었다.[58]

이런 결론을 염두에 두고, 고르바초프는 덩샤오핑에 대한 평가를 자체적으로 내렸다. 베이징의 기자회견장에서, 그는 "우리는 명령 통제 체제를 해체하지 않으면 개혁에서 성공할 수 없음을 확신했다"라고 밝혔다.[59] 고르바초프의 분신과도 같은 감상적인 체르냐예프도 그보다 몇 달 전 동일한 견해를 표명했다. "구체제는 사라지고, 파괴되어야 한다. 그런 후에야 사회는 자기 보존이라는 본능에 따라 행동하여 무(無)에서 되살아날 수 있다." 문화대혁명의 그림자에서 막 빠져나온 중국공산당 지도부는 '천명'을 되찾기보다는 무력을 선호했다. 1992년에 충직한 보좌관 샤프나자로프가 회고했듯이, 고르바초프는 "그 자신이 천안문사태를 벌일 배짱이 없었다. 분리주의자와 급진주의자의 첫 낌새가 보일 때 진압했다면 소비에트연방은 건재했을 것이다. 하지만 이는 이 땅에 민주주의를 가져온다는 찬란한 꿈에는 영원한 작별을 의미했을 테고 개혁가로서의 개인적 위신에 돌이킬 수 없는 타격을 입었을 것이다."[60] 덧붙이자면, 자유주의 성향의 인텔리겐치아와 서방 대중에 대한 위신이었다.

역사적 비교에는 항상 결함이 있다. 1989년에 고르바초프 지도부가 한 일을 포착한 사례나 은유를 찾아보기는 힘들다. 갑자기 머나먼 약속의 땅으로 항해하기로 결심한 거대한 배의 선장을 떠올려보라. 그는 선원들의 분위기와 본능을 거슬러 항해한다. 그와 그의 추종자들은 지도가 없고 나침반은 망가졌다. 배가 서쪽으로 항해한다고 생각했지만, 실은 남쪽으로 향하고 있다. 항해가 점점 힘들어지면서, 선장은 선원들이 믿을 수 없는 방해 공작원이라고 판단한다. 그래서 그는 항해에 열렬히 참여하고 싶어 하는 경험 없는 승객들에게 가서 약속의 땅에 도달할 최상의 방법을 고민해보라고 한다.

1989년 봄, 불만의 최대 원인은 아직 민족주의가 아니라 공급 위기였다. 수백만 소련 시민은 고난과 물자 부족에 오랫동안 익숙했다. 페레스트로이카는 그들에게 더 나은 삶을 향한 희망을 심어줬지만, 일상의 곤경과 문제는 더 커졌다. 1960년대 후반을 기억하는 이들은 그때는 상점에 물건이 잘 갖춰져 있었는데 지금은 왜 텅 비어 있는지 이해할 수 없었다. 소련 통계학자들은 정치국에 소련 인민들이 20년 전보다 두 배나 많이 소비하고 있으며, 소련 농장에는 돼지와 암소, 가축이 훨씬 많다고 보고했다. 사람들은 이런 통계를 일종의 우롱으로 받아들였다. 화폐가 더욱 상품으로 몰리면서, 사람들은 국영상점 진열대에 있는 것은 모두 쓸어 담으며 사재기를 해댔다. 설탕과 비누, 세제같이 1985년에는 널리 구할 수 있었던 상품마저 이제는 상점 진열대에서 자취를 감췄다. 매일 식품을 구하러 다니는 일은 사람들, 특히 여성들이 퇴근한 뒤 몇 시간씩 줄을 서야 한다는 의미였다. 생필품 배급제가 지역마다 차차 도입됐다. 모스크바의 상점들은 황량해졌고 레닌그라드도 마찬가지였다. 국영기업들은 농장이나 창고에서 식료품을 직접 구매하여 직원들에게 나눠줬다. 사람들은 지치고 현지 지도자들과 수뇌부에 분노하고 있었다.[61]

"1988년도가 우릴 나가떨어지게 했다"라고 각료회의 의장인 니콜라이 리시코프는 정치국 동료들에게 투덜거렸다. 1989년 말에 이르면 1200억 루블에 달할 것으로 예상되는 재정 적자가 가장 걱정되는 지표였다. 이는 전체 예산의 3분의 1에 해당하는 액수로, 제2차 세계대전이 끝난 이래로 전례 없는 상황이었다. 1989년 1월 5일, 리시코프는 개혁이 효과가 없는 이유를 논의하기 위해 각료회의의 특별 모임을 주재했다. 그는 모스크바에 있는 경제연구소 소장인 경제학자 레오니트 아발킨(Leonid Abalkin)을 초청하여 상황을 보고받았다.[62] 이보다 반년 전에는, 특별 연합대회에서 경제 분야에는 페레스트로이카가 작동하고 있지 않다고 공개적으로 말했다.[63]

모임은 여섯 시간 동안 이어졌다. 아발킨은 예산을 맞추기 위해 긴축 정책을 제안했다. 비용이 많이 드는 장기 프로젝트에 대한 투자를 삭감하고, 수익성 없는 기업에 보조금(600억 루블) 지급을 중단하며, 방위 산업 예산(80~100억 루블)을 감축하는 것이었다. 개혁이 소련을 재정 위기로 몰아가기 시작했음을 처음으로 자인하는 셈이었다. 아발킨은 거시경제적 분석을 정식으로 공부하지는 않았기에, 국영기업법과 협동조합법이 적자의 주요한 요인임을 짚어내지 못했다. 그리고 그는 더 많은 상업은행과 신용의 창출에 찬성했는데, 이는 통화에 대한 통제력을 약화시키고 본인이 제안한 긴축 정책을 망치기만 할 터였다. 어느 비평가는 나중에 아발킨을 두고 "장님이 장님을 인도하는 격"이라고 말했다. 리시코프는 "우리의 오류를 알고 있고, 어느 정도 통제를 벗어난 프로세스가 눈에 띈다"라는 역설로 모임을 마무리했다. 하지만 "우리가 물러선다면 경제 개혁을 해칠 것이다"라고 덧붙였다.[64]

'물러서는 것'에 대한 두려움, 즉 1968년 증후군이 개혁가들을 옭아맸다. 고르바초프는 젊은 공산당 간부들을 상대로 한 연설에서 이를 털어놨다. "지금 우리가 해온 것의 대부분은 1960년대에서 기인했다." 게다가 탄탄한 경제학이 결여되어 있었다. 아발킨을 비롯한 소련 경제학자들은 위에서 관리하기에는 소련 경제가 너무 복잡하다는 것을 깨닫고도 시장 탈규제화를 거부해야 할지, 이러지도 저러지도 못하고 있었다. 이는 결국 고르바초프 지도부에 '세 번째 선택지'를 제시했다. 권력, 책임, 자원을 국영기업, 지역, 공화국으로 넘기는 것이었다. "의사결정 집단을 전면적으로 바꾸는 것이 올바른 길이다"라고 고르바초프는 인도 지도자 라지브 간디(Rajiv Gandhi)에게 말했다. "우리 사회는 문화적·교육적으로 충분히 성숙했다. 인민은 현지의 문제를 스스로 해결할 것이다."[65] 고르바초프와 경제학자들은 이런 실험에서 물러나면 브레즈네프 시대의 침체로 되돌아갈까 두려웠다.

인민대표대회 선거를 코앞에 둔 정치적 순간은 이제 막 시작된 경제 개혁을 수정하기에는 곤란한 시점이기도 했다. 소련 지도부는 대부분의 국영기업이 현대화와 생산에 투자하기보다는 봉급만 늘렸다는 것을 알고 있었다. 하지만 그 이윤을 빼앗았다가는 불만과 혼란을 낳을 수도 있었다. 같은 이유로, 국가 고정 가격제를 바꾸기도 좋지 않은 시점이었다. "우리는 가격 인상을 2~3년 미뤄야 했다"라고 리시코프는 오스트리아 수상 프란츠 프라니츠키(Franz Vranitzky)에게 설명했다. "그러지 않으면 사회가 폭

발할 것이었다. 사회는 아직 준비가 되어 있지 않았다." 고르바초프도 같은 의견이었다.[66]

아발킨의 긴축 정책은 부문별 압력 행사라는 벽에 곧바로 부딪혔다. 농업 부문은 2800만 명을 고용하고 있었고 대단히 비효율적인 기존의 대기업체와 공급망을 포함했다. 육우 산업은 악명 높았다. 육우 산업은 브레즈네프 시절에 설립된 수천 개의 농장으로 이루어져 있었다. 설비도 변변찮고 특별한 기술이 없는 농촌 인력으로 운영되는 농장들은 낭비에 대한 눈에 띄는 사례로서 금과 경화를 주고 서방에서 수입한 곡물과 비타민 첨가제, 연간 보조금을 요구했다. 고르바초프와 리시코프는 농장에 보조금을 계속 지급하면서 임차권과 협동조합 설립 자유 등 더 많은 선택지를 주기로 했다. 이 개혁의 유토피아적 성격은 누가 봐도 분명했다. 두 세대 동안 국가의 지독한 탄압을 받았던 농민들은 계속해서 적은 봉급과 연금을 받고 작은 텃밭을 유지하기만 바랄 뿐 다른 야심은 없었다. 고르바초프는 농민들이 왜 '해방'을 열렬히 받아들이지 않는지 정말 의아했다. 한편, 당의 강압이 없다면 농민들은 국가가 정한 낮은 가격에 식량을 도시에 넘길 의사가 없었다. 1988년 가을, 소비에트 농장들은 수확량의 3분의 1을 국가에 넘기지 않았다. 수확량의 또 다른 3분의 1은 낭비하거나 잃었다. 정치국은 구매 가격을 인상하거나 해외에서 식량을 더 수입해야 하는 딜레마에 직면했다.[67]

정치국은 이 문제를 놓고 심하게 분열되었다. 다른 동료들의 지지를 업은 리가초프는 농민들에게 경제적 유인 동기를 주기 위해, 동일한 수확량에 더 많은 금액을 지급하도록 예산을 인상하자고 제안했다. 리시코프는 격렬하게 반대했고, 가장 비효율적인 집단 농장과 식품 생산 시설에 대한 보조금을 삭감하길 원했다. 그러면 도시에서 식량 부족 사태를 막을 수 없을 것이라고 리가초프는 반발했다. 두 막강한 관료는 서로에 대한 적의를 감출 수 없었다. 체르냐예프는 씁쓸하게 말했다. "나라의 최고 지도자들이 왜 이 상점에는 우유가 부족하고, 또 어디는 크림이나 케피르(염소, 양, 소의 젖으로 만든 발효유 – 옮긴이)가 부족한지의 문제를 두고 서로 고성을 질러댔다. 한편, 산더미 같은 양배추가 저장고에서 썩어가는 동안, 상점에서는 양배추를 구경도 할 수 없었다……."[68] 하지만 리가초프의 발언은 일리가 있었다. 보조금도 없고 구매 가격을 인상해주지 않는다면, 당과 국가 당국 간에 조정과 조직화가 이뤄지지 않으면, 진열대에 식품은 없을 것이었다. 또 다른 보수파인 보롯니코프는 일기에 어떤 상황인지에 대해 썼다. "농업 구조가 와해되었고, 당 위원회들은 운영에서 밀려났으며, 현지 평의회들은 아무런 행동 권한이 없다."[69]

아발킨의 긴축 정책에 있어서 또 다른 장애물은 MIC와 얽히고설킨 문제였다. 서방의 상상 속에서, 소련의 MIC는 나라의 자원을 빨아들이고 주민이 괜찮은 생활을 누리지 못하게 하며 체르노빌과 그 외의 인재(人災)를 초래하는, 고르바초프의 개혁에 맞선 사악하고 막강한 압력 기관이었다. 실제로는, 950만 명의 직원과 노동자와 함께 1500개의 공장, 기업체, 연구소를 아우르는 일곱 개의 거대한 부처로 구성된 소련 경제의 꽃이었다. 여기에 고용된 인력은 소련 전체 노동력의 7퍼센트에 달했다. MIC의 지도부는 발전소와 설비 같은 MIC의 고정자산을 대략 1110억 루블로 추산했는데, 소련 경제의 6.4퍼센트에 해당했다. 이 자산의 절반 이상은 모스크바와 레닌그라드에 있었다. 나머지는 엄격한 운영 체제와 높은 봉급, 특권적인 생활방식을 유지하는 수십 군데의 '폐쇄' 도시(기밀 군사, 산업, 연구소 등이 있는 도시들로, 여행이나 거주가 일부 제한되었으며 지도상에도 표시되지 않았다 – 옮긴이)들을 비롯해 우랄과 시베리아, 우크라이나, 카자흐스탄 곳곳에 흩어져 있었다. MIC는 스탈린이 특히 아낀 프로젝트였고, 흐루쇼프와 브레즈네프 시절에 크게 확대되었다. MIC의 위대한 업적으로는 핵무기 개발과 스푸트니크호 발사 등이 있었고, 최대의 위업은 미국과 전략적으로 동등한 지위에 도달한 것이었다. MIC는 냉전 동안 엄청나게 확대되었고, 모든 발전소와 공장, 연구소는 '전시' 체제였는데, 즉 전면전 기간을 버티기에 충분하다고 계산된 생산력을 유지했다.[70] 1988년, 모든 소련 지도자는, 가장 보수적인 사람마저도 군국화 비용을 크게 감축하고 국방 예산을 삭감해야 한다는 데 동의했다.

하지만 MIC는 소련의 과학적·기술적 현대화라는 고르바초프의 꿈에서 여전히 중심을 차지했다. 소련 지도자는 앞으로 무기를 줄이고 식량을 더 많이 생산하기로 결심했지만, 소련을 전자식 자동화 시대로 이끌어갈 수단으로 MIC를 계속 유지하길 원했다. 미국 학자는 다음과 같이 고찰했다. "그는 경제의 한 부문에서 그렇게 엄청나게 성취할 수 있는데 나머지 부문은 이를 따라 하지 못하는 것을 이해할 수 없었다. …… 소련 경제 개혁을 위해 암중모색하는 그의 노력은 상당 부분 그 모순을 해소하기 위해, 다시 말해 방위 산업의 '비법'을 알아내어 나머지 부문에 적용하기 위해서였다."[71] '가속화'를 위해 배정된 1986년도 예산 2000억 루블은 대부분 MIC에 투입할 예정이었다. 1985~1988년, 전자 산업에 대한 국가 투자는 두 배로 증가했다. 1988년 11월, 고르바초프는 투자가 성과를 거두리라는 자신감을 얻었다. 소련 우주 프로그램이 '에너지-부란(Energy-Buran)'이라는 우주왕복선을 성공적으로 발사하여 궤도에 진입시키고 착륙시킨 것이다. 부란 프로그램은 소련 경제 전체에 걸쳐 1200개 기업에서 약 100만 명의 인력을 고용했다. 천문학적 규모의 예산이 투입되어, 현재 시세로는 무려 270억 달러(36조 원)에 달했다. 100톤짜리 우주선은 미국의 우주왕복선과 유사했고 컴퓨터로 유도해서 완전 자동 방식으로 착륙할 수 있었다. 소련 지도자들에게 이것은 MIC가 소련 경제의 나머지 부문을 늪에서 건져낼 수 있음을 입증하는 증거였다.[72]

그래서 MIC 시설과 연구소에 대한 투자는 계속되었다. 재무부는 고르바초프 경제 개혁의 꽃과 같은 프로젝트를 위한 경화를 구하려 재빨리 움직였다. 또한 방위 산업체는 부진한 농업 부문을 위한 현대적 장비를 개발하고 생산하는 데 더 많은 돈을 요구해 받아냈다. MIC는 생산량 증대와 품질 향상을 위해 민간 소비용 상품을 생산하는 250개 공장의 운영권도 인수했다. 고르바초프는 모든 결정을 인가했다. 1989년 1월, 그는 헨리 키신저, 데이비드 록펠러, 발레리 지스카르데스탱 프랑스 대통령, 일본 전 총리 나카소네 야스히로가 포함된 3국위원회(Trilateral Commission) 일원들에게 이를 자랑스럽게 설명했다. 소비에트 정부에 있는 "페레스트로이카의 열렬한 친구들" 가운데 일부는 "인민의 반란"을 피하기 위해 "시장에 상품을 공급하려면 무엇이든 할 것"을 촉구했다고 고르바초프는 말했다. 고르바초프는 그 제안을 거부한 이유를 다음과 같이 밝혔다. "겨우 1~2년을 내다보는 게 아니라, 양질의 상품을 필요한 만큼 생산할 수 있는 경제를 창출하는 것을 고민하고 있다. 그러려면 구조적인 정책, 즉 [과학적·기술적] 발전을 향한 노선이 필요하다. 우리는 이 영역에 엄청나게 투자했다."[73]

1989년 1월 25일, 고르바초프는 겨울 휴가를 위해 모스크바를 떠났다. 그는 라이사와 함께 흑해의 관용 별장인 피춘다로 갔다. 그곳은 1964년 10월 니키타 흐루쇼프가 그를 축출하려는 쿠데타 직전에 휴가를 보낸 휴양지였다. KGB는 당을 지배하는 엘리트 다수가 페레스트로이카의 방향에 의구심을 품고 있다고 고르바초프에게 보고했다. KGB가 추정하기로는 당 고위 엘리트 중 반대파는 60~70퍼센트에 달했다. 당규에 따르면 중앙위원회 위원들은 서기장을 선출하거나 해임할 수 있었다. 하지만 고르바초프는 음모를 두려워하지 않았다. 정치적 변동과 헌법 개정이 그의 지위를 지켜주었기 때문이다. 게다가 KGB의 새 의장은 전임 서기장이 아닌 고르바초프가 지명한 블라디미르 크류치코프(Vladimir Kryuchkov)로, 1988년 10월에 임명됐다. 평생 안드로포프의 부관이었던 크류치코프는 정치적 야심이 없는 관료였고, 서기장의 전적인 신뢰를 누리는 것 같았다.[74]

피춘다에서 고르바초프의 주요 걱정거리는 다른 문제였다. 페레스트로이카를 어떻게 이어갈 것인가? 변함없이 그는 레닌에서 실마리를 찾았다. 피춘다로 떠나기 전, 소련 지도자는 짬을 내어 러시아의 반공 망명 인사 알렉산드르 솔제니친이 쓴 다큐멘터리 소책자인 《취리히의 레닌》을 읽었다. 소책자는 솔제니친이 안드로포프의 주장에 의해 소련에서 추방된 뒤 1975년에 출간되었다. 솔제니친의 글은 1916년 러시아혁명 직전에 볼셰비키 지도자에 대한 전기적 연구서로, 스위스에서 정치 망명객으로서 지루함을 느끼던 레닌은 살아서는 다시 혁명을 위한 싸움에 참여하지 못할 것이라고 불평하고 있었다. 소책자는 다정하고 인간적인 레닌이라는 신화를 박살 냈다. 솔제니친은 레닌이 연인인 이네사 아르망(러시아의 여성 혁명가로, 레닌과 함께 볼셰비키혁명을 주도한 영향력 있는 정치인이었다–옮긴이)을 비롯한 여타 사람들과 주고받은 편지를 인용하여 그를 정적과 추종자 모두에게 독설과 불만을 쏟아내는 광신적 혁명가로 그렸다. 또한 러시아 민족주의자들이 1917년 이후로 줄곧 제기했던 것도 주장했다. 레닌이 러시아란 나라와 인민을 자신의 세계 혁명을 위한 연료로 여겼다는 점 말이다. 소련에서 그 소책자는 금기여서, 책을 읽으면 투옥당할 수 있었다. 고르바초프가 읽은 사본은 당 고위 노멘클라투라를 위해 특별히 인쇄된 것이었다. 소책자를 읽은 후 고르바초프는 체르냐예프에게 오랫동안 혼자 떠들면서, 레닌이 파괴자였다고 시인했다. "그리고 항상 모두와 대립했지." 흥분한 고르바초프는 깜짝 놀란 보좌관 앞에서 레닌의 스타일과 몸짓, 말투와 즐겨 쓰는 단어, 그의 악다구니와 격노를 따라 하며 레닌을 흉내 냈다. 이 기괴한 공연은 한 시간 넘게 이어졌다.[75]

레닌의 정치적 고독은 고르바초프와 통했다. 해결할 수 없을 것 같은 문제를 완전히 뒤집어엎어서, 다른 이들을 따돌리고 정치적 순간을 붙잡는 그 볼셰비키 지도자의 독특한 능력도 마찬가지였다. 레닌이 자신을 비판하는 사람들을 혁명의 경로에서 벗어난 이들이라고 깡그리 무시한 것처럼, 고르바초프도 페레스트로이카에 의구심을 보이는 사람들을 '보수파', '좌파'와 '우파'의 이탈자, 자신의 혁명 발상의 발목을 잡는 '바닥짐'이라고 봤다. KGB 보고에 자극받은 고르바초프는 남은 원로 세력을 숙청하기로 결심했다. 과거의 업적과 나라에 대한 봉직 때문에 당 중앙위원회에 남아 있던 최고위 국가 노멘클라투라인 100여 명의 80대 중앙위원들이었다. 모스크바로 돌아온 후, 그는 점찍어둔 위원들을 한 명씩 만나기 시작했고 '자발적으로' 은퇴하도록 설득했다.[76]

피춘다에서 돌아온 후, 고르바초프는 경제와 재정 문제에 관한 논의와 더욱 거리를 뒀다. 그는 정치국에서 리시코프와 보수파 사이를 오갔지만, 개혁의 실제적인 사항에 대해서는 관심이 없었다. 소련 지도자는 아발킨이나 경제학자들에게 소련 예산 및 공급과 수요에 무슨 일이 벌어지고 있는지 설명해달라고 부르지 않았다. 고르바초프는 민주화에 꽂혀 있었다.

이제 민주화는 성공적인 현대화를 위한 전제 조건 그 이상이었다. 고르바초프는 소련을 사회-민주주의적 쇄신으로 인도할 역사적 사명을 띠고 있다고 확신했다.

고르바초프의 정치적 시각은 글라스노스트의 문학적·역사적 발견들에 강하게 영향을 받아 발전하고 있었다. 1988년 후반과 1989년 초반은 소련에서 위대한 문화적 창조성의 시대였다. 두꺼운 문학잡지와 엄청난 발행 부수를 자랑하는 신문이 역사에 관한 수정주의적 시론과 금지된 작가들의 소설과 회상록, 수십 년간 비밀 문서고에 묻혀 있던 일기와 원고를 앞다퉈 출간했다. 작가와 언론인은 수십 년에 걸쳐 쌓아온 창작물을 출간하느라 여념이 없었다. 누적된 효과는 엄청났다. 모든 출판물이 솔제니친의 소책자 같은 힘을 발휘하지는 않았지만, 저마다 소련의 문학적 정전을 파괴하고 창조적 삶을 허용하지 않은 소련 역사와 문화의 단편을 드러냈다. 따분한 당내 토론은 세상을 보고 이야기하는 당황스러울 만큼 다양한 방식으로, 뜻밖의 아이디어가 쏟아지는 활기찬 지적 향연으로 대체되었다. 체르냐예프는 일기에 신이 나서 적었다. "러시아에 얼마나 많은 아이디어와 재능이 넘쳐나는가! 얼마나 대단한 자유인가! *페레스트로이카 자체로는 아무것도 이뤄지지 않는다 해*도 이것만으로도 역사에 길이 남을 위업이다." 상관의 극히 사소한 동기에도 민감한 체르냐예프는 고르바초프에게도 비슷하게 드러나는 관점의 변화를 기록했다. 그는 "그것에 관해 줄곧 생각해왔고 실패의 가능성을 배제하지 않았다"라며 "하지만 그는 격하게 밀려오는 감정에 완전히 사로잡혀 있었다……"라고 체르냐예프는 피춘다에 다녀온 뒤 기록했다."[77]

격한 감정은 진짜였다. 고르바초프는 조국과 인민에게 이전에는 경험해보지 못한 '보편적 가치'와 자유를 주는 임무에 착수했다. 그는 인민을 해방시키고 "자신이 일하는 공장과 땅의 주인"으로 만드는 일을 계속할 것이었다. 당 조직에서 더 많은 권력을 빼앗아 '소비에트'와 민족 공화국, 현지의 인민평의회에 나눠줄 것이다. 고매한 서기장은 이 생각에 지나치게 사로잡혀서 세계사와 러시아 역사를 널리 살펴본 사람들에게는 명백히 보이는 역사적 교훈을 쉽게 간과했다. 고르바초프는 1861~1881년에 일어난 러시아의 대개혁에 관해 아무것도 읽지 않았던 모양이다. 차르인 알렉산드르 2세는 농노들에게 자유를 주고, 러시아인과 비러시아인을 가리지 않고 폭넓게 시민권을 부여했다. 이런 개혁 조치는 러시아를 재빨리 근대화의 궤도에 올려놓았지만, 한편으로 교육받은 청년층을 급진화시키고 대규모의 급진적 인텔리겐치아를 배출했다. 제국의 비(非)러시아계 주변부(폴란드)는 반란을 일으켰고, 혁명가들은 차르에게 전쟁을 선언하고는 1881년 대낮에 그를 시해했다. 러시아 군주정을 섬겼던 귀족 가문의 후예인 영국 역사가 도미닉 리븐(Dominic Lieven)은 1994년에 "알렉산드르 2세의 목표와 전략, 딜레마를 아는 사람은 고르바초프가 직면할 수밖에 없는 많은 문제를 매우 정확하게 예측할 수 있었을 것"이라고 썼다.[78]

고르바초프가 읽었다면, 다른 위대한 작가도 교훈을 주었을 것이다. 프랑스의 보수주의 사상가 알렉시 드 토크빌은 1789년의 프랑스 *앙시앵 레짐*의 몰락에 관해 이렇게 썼다. "위대한 천재만이 장기간 억압받은 신민들의 짐을 덜어주는 임무를 떠맡은 군주를 구해줄 수 있다. 피할 수 없어 보일 때 참을성 있게 견딘 악은 일단 벗어날 수 있다는 생각이 들면 더는 참을 수 없어진다."[79] 이것은 수십 년의 공산당 독재 이후 갑작스럽게 대중의 감정이 분출할 위험성에 관한 강력한 경고였다. 1988년 및 1989년 초반의 사태, 특히 동유럽과 소련 내부에서 민족주의적 동원과 경제적 불만은 이러한 현상을 일찍이 입증해주었다. 고르바초프는 폭풍이 몰려오고 있다는 신호를 무시할 수 없었다. 그런데도 그는 엄청난 자신감으로 폭풍 속으로 무작정 돌진했다. 1989년 봄, 고르바초프와 협소한 보좌관 집단이 구상한 혁명은 이제 그들의 손을 완전히 떠났다. 배는 이미 바다를 달리고 있었고, '이론화'의 시간은 지나갔다. 1989년 3월, 고르바초프는 《인생의 시험을 거친 페레스트로이카(Perestroika: Tested by Life)》라는 400쪽짜리 책의 출간 준비를 마쳤다. 책은 출간되지 못했다. 소련 지도자가 쓴 글이나 상상조차 않지를 만한 사건이 곧 닥친 것이다.

고르바초프는 데탕트 외교 정책이 핵전쟁의 위험을 끝내고 페레스트로이카에 더 우호적인 환경을 조성해줄 것을 기대했다. 그는 냉전을 종식시키고 소련을 서방에 개방하여, 현대화와 국내 개혁을 촉진하는 것을 목표로 삼았다. 하지만 1989년이 시작되었을 때, 이 목표 가운데 무엇도 이루지 못했다. 그 대신 개혁은 경제 안정을 해치기 시작했고 분리주의를 촉발했다. 개혁과 권력에 대한 고르바초프의 태도는 커다란 모순을 드러냈다. 그는 안드로포프에게서 엄청난 권력을 물려받았고, 그 덕분에 급진적 변화를 추진할 수 있었다. 하지만 그에게 페레스트로이카를 지속한다는 것은 '인민에게' 권력을 위임한다는 뜻이었다. 그의 개혁은 경제적 수단을 중앙의 규제자에게서 현지의 기업으로 넘겼다. 그다음에는 정치적 수단을 정치국에서 인민대표대회로, 현지 당 조직에서 현지 소비에트로 넘기기로 결심했다. 2년이 채 못 되어 이런 노선은 소련을 불안정하게 만들고, 재정을 망가트렸으며, 페레스트로이카의 아버지를 자신이 풀어헤친 파괴적 힘을 제어하지 못하는 '마법사의 제자'로 만들어버린다.

• 그들이 바람을 심었으니 회오리바람을 거두리라.

_《호세아서》, 8장 7절

굿바이 레닌

1989년 3월 26일, 소련의 1억 7280만 시민은 인민대표대회를 구성하기 위해 투표했다. 1917년 이후 처음으로 독자적인 후보들이 당 후보에 대립해 출마했고, 이들 중 많은 수가 당선되었다. 공산권 최초의 경쟁 선거였다. 2550석으로 구성된 인민대표대회는 미국 의회보다 다섯 배나 컸고 레닌이 해산시킨 1918년 제헌의회보다는 세 배 이상이었다.

대의원들은 세 가지 방식으로 뽑혔다. 전체 의석의 3분의 1을 차지하는 첫 번째 그룹은 전국에서 직접투표로 뽑혔다. 또 다른 3분의 1은 소비에트연방의 다민족적 성격을 대표하여 '민족 영토(national-territorial)' 선거구에서 나왔다. 러시아소비에트연방사회주의공화국은 소련의 공화국들 가운데 가장 많은 403명의 대의원을 선출했다. 인구가 밀집한 우크라이나가 143석으로 뒤를 이었다. 크림반도와 투바와 같은 자그만 자치구는 대의원을 한 명만 뽑았다. 의석의 마지막 3분의 1은 '공공 단체'에 의해 뽑혔고 소비에트 엘리트 계층의 주요 부문들을 대표했다. 역시 공공 단체로 여겨진 공산당도 100석을 배정받았다. 급진적 비판가들은 이들을 가리켜 '붉은 백인대(Red Hundred)'라고 했는데, 1900년대 차르 전제정을 지지했던 폭력적인 '검은 백인대(Black Hundred)' 운동(20세기 초 극단적인 러시아 민족주의와 전제정의 수호를 표방한 극우 세력. 민주 인사나 혁명 분자를 대상으로 테러를 저지르고 반유대주의적 폭력을 선동했다 – 옮긴이)을 빗댄 표현이었다. 하지만 완전히 잘못 짚은 평가였다. 고르바초프가 당 후보자를 골랐고 자신이 아끼는 지식인

을 많이 포함시켰으니 말이다.[1]

발트 지역에서는 민족주의 진영이 22석의 '민족' 의석을 대부분 차지했지만, 이 지역 유권자들은 신중하게도 리투아니아의 알기르다스 브라자우스카스를 비롯해 개혁적인 당 지도자들도 지지했다. 하지만 선거에서 가장 커다란 격변은 슬라브 중심부에서 일어났다. 당 지도자들은 모스크바, 레닌그라드, 우랄, 시베리아, 돈바스의 주요 공업지대에 있는 32개 선거구에서 무명의 후보자들에게 패했다. 레닌그라드와 모스크바에서 노동자와 인텔리겐치아는 모두 당 후보의 상대 후보에게 투표했다. 레닌그라드와 모스크바에서 당 후보는 선출되지 못했다. '모스크바 전체' 선거에서 보리스 옐친은 당이 지명한 대형 자동차 공장장을 상대로 무소속으로 출마했다. 고르바초프는 인민이 느끼는 '당 관료제'에 대한 분노의 물결을 풀어헤쳤고, 그의 라이벌이 이 물결에 편승했다. 옐친은 결단력을 보여주었다. 한 번씩 큰 주먹을 흔들며 쏟아붓는 그의 연극적인 연설은 청중을 사로잡았다. 그는 전체 투표 가운데 89퍼센트, 880만 명의 주민 가운데 500만이 넘는 표를 받았다. 국가 공무원, 외교관, 경찰, KGB 요원, 군인조차도 압도적으로 옐친에게 표를 던졌으며 놀랍게도 공정하게 집계되었다.[2]

고르바초프는 선거 결과를 당에 대한 호된 시험이라고 여겼고 정치국에서 "우리는 인민과 우리 자신을 겁박하지 말아야 한다"라는 결론을 이끌어냈다. 셰바르드나제와 야코블레프는 1당 체제하에서 민주주의가 승리했다고 칭찬했다. 당의 저조한 성적으로 인한 잠재적인 희생양인 리시코프는 고르바초프를 두둔했다.[3] 하지만 나머지 정치국원들은 검은색을 흰색으로 보길 거부했다. 루캬노프는 고르바초프에게 언론과 방송에 대한 장악력을 되찾길 촉구했다. 또한 정치 개혁의 2단계를 연기하자고 제안했다. 러시아연방과 여타 공화국들 내에서 이와 비슷한 대의원 선거가 1년도 안 남은 1990년 3월에 예정되어 있었다. 고르바초프는 두 가지 제안을 모두 일축했다.[4]

4월 25일, 소련 지도자는 지역 당 엘리트들의 분노에 직면했다. 선거 이후 처음 열린 당 총회는 이제 자리에서 물러나는 구세력 원로들을 위한 진혼곡으로 시작되었다. 이 거대한 집단에는 스탈린 치하에서 경력을 시작하여 소련을 핵을 지닌 초강국으로 탈바꿈한 과학자와 관리자가 포함되어 있었다. 그들의 고별 연설은 차분하고 위엄 있었다. 그러고 나서 폭풍이 휘몰아쳤다. 고르바초프 정권에서 승진한, 공업 지역의 새로운 당 실력자들이 연단을 차지하고 페레스트로이카에 대해 비난을 쏟아냈다. 가장 목소리를 높인 비판가들은 지역구에서 막 승리한 사람들이었는데, 나라가 경제 참사와 정치적 혼란의 길로 향하고 있다고 확신했다. 우랄과 시베리아 지역의 발언자들은 국영기업법이 생산성과 운영, 가격을 망친다고 말했다. 협동조합들은 값싼 소비재 시장을 약탈하고 있었다. 모두 러시아인인 비판가들은 민족 문제에 대한 정치국의 정책에도 질문을 던졌다. 지도부는 왜 아르메니아인과 발트인에게 경제 자원의 더 큰 지분을 주면서 유화 정책을 쓰는가? 글라스노스트 저널과 신문이 당 기구를 악의 근원을 묘사하는 것을 왜 허용하는가? 정치국은 정말로 지역 당 간부들을 개혁의 주요 적이라고 생각하는가?[5]

고르바초프는 장황한 설명과 함께 이런 질문과 주장을 반박했다. 정치국 보수파 보롯니코프는 고르바초프의 연설 태도를 "단어와 복잡하게 얽힌 표현의 흐름 …… 결국에는 그 장황한 말이 쟁점을 완전히 혼란시켜서 각자 다른 진영에 속한 사람들은 서기장이 실은 자신들의 입장을 지지한다고 생각하기 시작했다"라고 묘사했다. 서방의 한 연구자는 나중에 이를 강경파의 공격을 막아내는 수사적 기술이라고 해석했다. 사석에서, 고르바초프는 총회를 두고 자신의 정책 노선에 대한 합동 공격이라고 펄펄 뛰었다. 그는 정치국의 누구도 그에 대한 비판에 맞서지 않았음을 알아차렸고, 이는 정치권력을 당 엘리트에게서 인민대표대회로 이전하겠다는 그의 결심만 재확인한 셈이었다.[6]

고르바초프는 인민대표대회가 당내 최상의 세력에 힘을 실어주고 새로운 정치 엘리트를 배출할 것이라고 기대했다. 특히 자신과 라이사가 속한다고 느꼈던 교육받은 계급, 즉 소련 인텔리겐치아의 지지를 자신했다. 소련 인텔리겐치아는 인민대표대회에서 상당한 비중을 차지해서, 작가 55명,

연극 연출가와 배우 32명, 언론인 59명, 미술가 16명, 작곡가 14명, 그리고 과학 연구 기관과 실험실에 소속된 많은 사람이 있었다.[7] 레닌에게 러시아 인텔리겐치아, 특히 문화적 교양인은 "나라의 두뇌가 아니라 똥이었다".[8] 1950년대에 대학을 다닌 고르바초프와 라이사는 정반대라고 믿었다. 그들은 작가와 학자를 도덕적 엘리트로, 근대화의 선봉으로 숭상했다.

페레스트로이카의 다른 측면에서 그랬듯, 소련 지도자는 곧 기만당할 것이었다. 소련 인텔리겐치아에 대한 한 연구자는 다음과 같이 적절한 결론을 내린다. "지적인 담론을 모델로 한 열린 토론이 전후 지식인들 사이에서 공통의 정치적 관점을 도출해내지 못했는데, 어떻게 국가 사회주의의 위기를 해결할 수 있으리라 기대한단 말인가?"[9] 소련 인텔리겐치아의 본거지인 모스크바에서, 교육받은 엘리트층은 고르바초프가 표방하는 인간적 사회주의에 대한 믿음을 버린 지 오래였다.[10] 지식인들은 두 적대 진영으로 분열되었다. 한쪽은 정치적 자유화와 서구화를 갈망했고, 한쪽은 신스탈린주의적 시각을 지닌 러시아 민족주의자들이었다. 고르바초프는 양 진영에서 환심을 사려고 애썼지만, 가망 없는 시도였다![11] 1989년 봄, 작가, 학자, 언론인은 자유주의 성향이든 민족주의자든 똑같이 페레스트로이카의 설계자들이 현명하고 현실성 있다고 여긴 수준을 한참 뛰어넘은 정치 담론을 밀어붙였다. 그 몇 달간 모스크바 언론에 봇물처럼 쏟아진 출판물은 공산당 지배의 토대를 집중 공격했다. 사회학자 알렉산드르 트십코(Alexander Tsypko)는 레닌의 혁명가적 지혜에 의문을 표하는 일련의 논설을 펴냈다. 저명한 연극 연출가 마르크 자하로프(Mark Zakharov)는 방송에서 볼셰비키 지도자의 시신을 레닌 영묘에서 치워야 한다고 주장했다. 얼마 지나지 않아, 볼셰비키혁명의 신성한 의미 자체가 격한 논쟁거리가 됐다.[12]

모스크바에서 뽑힌 대의원들은 재빨리 독자적인 집단을 구성했다. 서방 언론에서는 이들을 '자유파(liberals)'라고 불렀고, 그들 스스로는 '제1차 민주파(the first-wave democrats)'를 자처했다. 그룹 가운데 일부는 흐루쇼프 해빙기(1950년대 중반에서 1960년대 중반)에 입당해 탈스탈린화를 꿈꾼 지식인이었다. 그들은 특권을 지닌 학술 연구 기관에서 일했고, 1986~1988년에 고르바초프와 야코블레프의 지원을 누렸다. 대표적인 경제학 저널의 편집자인 가브릴 포포프(Gavriil Popov), 프랑스혁명 역사가이자 당의 주요 이론 저널《코무니스트(*Kommunist*)》의 이사인 유리 아파나세프(Yuri Afanasyev), 저명한 사회학자인 타티아나 자슬랍스카야(Tatiana Zaslavskaya) 등이 대표적이었다.[13] 민족학자 갈리나 스타로보이토바(Galina Starovoitova), 역사가 세르게이 스탄케비치(Sergey Stankevich), 수학자 일리야 자슬랍스키(Ilya Zaslavsky), 물리학자 아르카디 무라쇼프(Arkady Murashov)처럼 공산주의에 대한 환상 없이 자란 더 젊은 세대의 대의원들도 있었다. 안드로포프가 1970년대에 소련 인텔리겐치아를 통제하는 임무를 맡겼던 KGB 장군 필리프 봅코프(Filipp Bobkov)는 그런 사람들을 두고 경직된 소비에트 시스템하에서 지위와 소득을 차지할 수 없는 "엄청난 지력"을 지닌 "거대한 세력"이라고 썼다. 그는 이런 사회적 환경이 발트 공화국들에서 민족주의자를, 남캅카스에서 폭력적인 극단주의자를, 모스크바에서 과격한 민주주의자를 만들어냈다고 판단했다.[14] 장군의 거친 평가에는 진실이 적어도 하나는 있었다. '민주파'는 당 시스템이 경직되었을 뿐 아니라, 구시대적이고, 정당성이 없으며, 범죄적이라고 믿었다. 그들은 폴란드의 반공 연대운동을 본받아야 할 모델로 여겼다. 1989년 4월, 고르바초프가 인민대표대회에서 공산당 대표로 선출한 유명한 안과의사 스뱌토슬라프 표도로프(Svyatoslav Fyodorov)는 모스크바 소속의 모든 '민주' 대의원에게 자신의 병원에서 만나 공동의 목표와 전술을 논의하자고 제의했다. 당시 서른다섯 살이었던 세르게이 스탄케비치는 모두가 승리에 들떠 있었지만, 한편으로는 두려워했다고 회고했다. 당 노멘클라투라 세력은 여전히 위압적으로 비쳤다. 가장 본능적인 욕구는 자기편을 찾는 것이었다. "우리는 특히 레닌그라드 사람들 …… 발트인들, 우크라이나인들에게 대표를 파견하고 손님을 맞이했다."[15]

'민주파' 내부의 주요 권위자는 안드레이 사하로프였다. 그는 소련 최초의 핵무기를 설계했지만, 1970년대에 세계적으로 알려진 인권 옹호자가 되었고 이런 활동으로 인해 노벨평화상을 받았다. 그는 소련의 아프가니스탄 점령에 항의했으며 1980~1986년에 KGB의 감시 아래 망명 생활을 했다. 고르바초프는 사하로프가 모스크바로 돌아오는 것을 허락했다. 1988년 후반, 야코블레프의 도움을 받아 사하로프와 인권운동가들은 지식인 토론 클럽인 '모스크바 호민관(Moscow Tribune)'과 소련 압제의 희생자들을 기리는 비정부 기구 '추모 협회'를 설립했다. 인민대표대회 선거가 발표되었을 때, 소련 과학아카데미 지도부는 사하로프를 후보자 명단에 포함시키지 않았다. 그러자 수백 명의 젊은 과학자들이 이 결정에 항의하고 나섰고, 사하로프는 정당하게 대의원으로 선출되었다. 1989년 봄의 모스크바 민주파 모임에서, 사하로프는 법의 지배, 시민사회, 인권과 같은 자유 민주주의적 의제를 지지했다. 하지만 한때는 꾸밈없이 솔직하게 말했다. "나는 이제 막 탄생한, 말하자면 젊은 정치인입니다. 그러나 우리는 이 해빙기가 얼마나 오래갈지 모르죠. 1주일, 아니면 2주일? 정말이지, 한 시간 만에 끝나버릴 수도 있어요." 그는 러시아 민주주의자들에게 최고의 전술은 불가능을 이루려 하는 것이라고 믿었다. 즉각적이고 직접적인 민주주의를 요구하고 수백만의 사람들에게 연단에서 허용되는 한 '진실의 말'을 하라는 뜻이었다.[16] 이것은 고르바초프가 기대하거나 원한 것은 분명 아니었다.

한편 다른 지식인들은 남캅카스에서 또 다른 종족-영토적 폭력을 폭발시켜 고르바초프의 페레스트로이카에 새롭게 타격을 입히는 데 일조했다. 그루지야공화국 내에서 자치를 누리던 소수 민족 압하스인들은 헌정 개혁으로 대담해져서 압하스가 러시아연방의 일부가 되어야 한다고 요구했다. 모스크바 학술 기관 출신인 압하스 지식인들이 이 운동을 이끌며 중앙 정부에 청원서를 썼다. 그러자 그루지야인 인텔리겐치아 중 급진적 민족주의자들이 '러시아제국'에서 그루지야의 즉각적인 탈퇴를 부르짖었다. 1989년 4월 8~9일, 민족주의적 동원은 통제에서 벗어났다. 트빌리시의 중앙 광장에서 거대한 집회가 열렸다. 그루지야의 당 지도자는 겁을 먹고 숨었고, 군중을 해산시키려고 남캅카스에 주둔한 군대를 불러들였다. 대체로 러시아인 장교와 장병으로 이뤄진 군대는 대민 훈련을 받은 적이 없어서 난폭하게 진압했다. 16명이 구타와 최루탄, 혼잡한 인파에 짓밟혀 사망했다. 하룻밤 만에 그루지야 전체에 광란의 반러·반공 봉기가 일어났다. 격노한 고르바초프는 국방부 장관에게 어떤 상황에서든 평화로운 집회에 무력을 사용하지 말라고 지시했다. 감정적인 셰바르드나제는 사임하기 직전이었다. 체르냐예프는 "러시아인들이 매우 아끼며, 우리가 200년 동안 함께 살아온 기독교 민족이 …… 소련을 떠나고 싶어 한다"라며 경악했다. 그는 "국가의 붕괴 및 혼돈과 비슷한 것"을 눈앞에 그리기 시작했다.[17]

1989년 5월 25일, 대중의 엄청난 기대를 받으며 인민대표대회가 모스크바에서 첫 회기를 개시했다. 정치국원 바딤 메드베데프는 동료들이 어떻게 느꼈는지 다음과 같이 회고했다. "우리가 절대적으로 새롭고 전례 없는 일을 예상해야 한다는 것은 인민대표대회가 열리기 훨씬 전부터 분명했다." 사람들은 역사적 우연의 일치를 알아차렸는데, 바로 2세기 전인 1789년, 프랑스에서 루이 16세가 삼부회를 개최했던 것이다. 모두가 놀랍게도, 고르바초프는 자신감이 넘치고 '희열'에 사로잡힌 듯했다. 대회는 16일 동안 열렸고, 그동안 소련 내의 활동은 대부분 중단되었다. 수백만 명의 사람이 일손을 놓고 TV 앞에 모여 회의를 지켜봤다. 회기 전체가 열 개의 표준시간대에 걸쳐 생중계되고 재방송되었다.[18]

개회식에서 첫 번째 폭탄선언이 나왔다. 턱수염이 무성한 한 라트비아의 대의원이 연단으로 달려가 트빌리시의 평화로운 집회에서 사망한 희생자들을 추모하기 위해 1분간 묵념할 것을 큰 소리로 요구했다. 또한 '학살'에 대한 의회 조사를 실시해야 한다고 소리쳤다. 이것은 스탈린 시대에 비밀경찰에 의한 체첸인 강제 이주 작업에 동참했던 사람이 벌인 즉흥적 행위였다. 이제 그 대의원이 정의와 응보를 요구했다. 몇몇 대의원은 그에게 박수를 쳤고, 그러자 대다수가 이것이 미리 짜인 각본의 일부인 줄 알고 합세했다. 돌발 행동에 허를 찔린 고르바초프도 박수를 치며 1분간 묵념했다.[19]

인민대표대회에서 감정이 달아오르고 있었다. 수십 년간 억눌려온 분노, 좌절감, 테러와 불의의 기억이 터져 나왔다. 최고령 대의원인 러시아 문화사가 드미트리 리하초프(Dmitry Likhachev)에게, 회의장의 분위기는 1917년 3월 러시아혁명의 초창기를 떠올리게 했다. 게다가 지금처럼 당시에 그는 사람들의 표정과 행동이 같은 식으로 바뀌는 것을 목격했다. 그는 기자들에게 "의회는 우리를 두려움에서 해방시키고 진실을 말하는 법을 가르쳤다"라고 말했다. 하지만 다음에 무슨 일이 일어날 것인가? "민주주의인가, 중우정치, 즉 폭민의 지배인가?" 메드베데프와 처음 개혁을 추진한 여타 사람들은 의석에 앉아 벌집을 쑤셔놓은 것 같은 회의장을 지켜보며 같은 생각을 품었다.[20]

포퓰리즘적 분노가 크렘린 너머로 모스크바, 레닌그라드와 러시아 일부 공업 지역에서도 대두하고 있었다. 인민은 폐쇄적 상점, 전용 휴양지, 특별 병원 등등 노멘클라투라의 특권이 폭로되자 격앙했다. 모스크바의 한 선거구의 대의원인 텔만 그들랸(Telman Gdlyan)은 포퓰리즘의 흐름에 편승했다. 그는 신레닌주의 신봉자로 자랐고 부패에 맞서 싸우기 위해 검찰이 되기로 마음먹었다. 그들랸은 안드로포프 치하에서 '면화 사건'을 조사하기 위해 우즈베키스탄으로 파견되었다. 존재하지 않는 면화를 생산하는 데 소련 예산의 40억 루블이 증발한 '사기' 사건이었다. 그들랸이 발견한 부패 사실은 글라스노스트 선풍을 불러일으켰고, 문어발처럼 뻗은 소비에트 '마피아'에 맞서 싸우는 전사로서 그는 유명 인사가 되었다. 사람들은 그들랸의 KGB식 방법을 지지했다. 그의 수사 팀은 수백 명의 관료를 체포하여 그들과 일가친척을 가혹하게 심문했다. 그들랸과 동료인 니콜라이 이바노프(Nikolai Ivanov)는 모스크바와 레닌그라드 선거구에서 각각 선출되었다.[21]

고르바초프는 인민대표대회에서 87표만 빼고 모든 표를 받아 최고소비에트 의장으로 선출되었다. 이로써 그는 당 엘리트들로부터 정치적으로 독립적인 지위를 누리게 되었다. 하지만 그의 권력은 크게 줄어들었다. 사회학자였던 막스 베버는 세 가지 형태의 권위를 정식화한 바 있는데, 바로 전통적 권위, 관료적 권위 그리고 카리스마적 권위다. 스탈린의 권력은 그

세 가지 권위를 모두 바탕으로 삼았고, 신비로움에 싸여 있었다. 고르바초프는 자신의 혁명을 증진하기 위해 스탈린의 권위를 물려받은 동시에, 젊고 선의를 품은 지도자라는 진정한 카리스마를 과시했다. 인민대표대회는 정치권력을 투명하고 선출 가능한 것으로 만들었고, 그 결과 그 신비함을 제거해버렸다. 카리스마를 지닌 새로운 인물들이 무대 중앙을 차지했는데, TV 연설로 전국적인 유명 인사가 된 지식인, 법률가, 언론인이 그들이었다. 고르바초프가 의회 지도자로서의 새 역할에 적응하느라 애를 먹는 게 분명했다. 그는 논의를 교묘히 조종하거나 마이크를 꺼버리곤 했다. 다른 대의원들과는 언쟁을 벌이고 불복종을 견뎌야 했다. 그리고 곧 반대파에 직면했다.[22]

고르바초프의 '민주적 사회주의' 계획은 정치 분파를 용인했다. 그는 발트 지역과 모스크바의 대의원들이 마이크에 접근하도록 허락했고, 미래에 그의 적대자들을 길러냈다. 발트인들이 인민대표대회에 대거 진출했는데, 독립을 지지하는 100명에 가까운 남녀 대의원이었다. 모스크바에서 그들의 목표는 소련의 주요 언론을 통해 인민을 선동하고, 우군과 동조자를 얻고, 모든 수단을 동원해 내부적 분쟁에서 무력 사용의 정당성을 실추시키는 것이었다. 그들은 1939년 몰로토프-리벤트로프의 '비밀 의정서'가 소련이 리투아니아와 라트비아, 에스토니아를 병합하는 근거가 되었다고 여기고, 그 조항을 규탄하는 데 초점을 맞췄다. 발트 공화국들의 많은 당과 국가 관료는 이런 목표에 동조했다. 리투아니아에서는, 당 지도자인 브라자우스카스와 *사유디스*(리투아니아 개혁 운동)의 민족주의자 지도자인 비타우타스 란즈베르기스가 KGB의 감시 밖에서 만나 모스크바에서의 활동 방침을 계획했다.[23]

사하로프를 중심으로 한 독자적 성향의 모스크바 대의원들은 고르바초프를 '조건부로' 지지하고 싶다는 입장을 밝혔는데, 다시 말해 그가 자신들의 의제를 채택해야만 지지하겠다는 뜻이었다. 그들은 고르바초프의 관용을 나약함으로, 회의장의 토론에 질서를 가져오려는 시도를 불관용적인 강권으로 해석했다. 그들은 그들랸과 이바노프 같은 포퓰리즘적 인물들과 손잡고, 권력 체제의 정점에서 쫓겨나 이제는 그 권력 체제를 부패와 특권에 찌든 세력이라고 질타하며 모스크바 대중에게 즐거움을 선사하고 있는 독특한 인물인 옐친과 관계를 다졌다. 하지만 대회에서 '민주파'와 포퓰리스트들은 여전히 소수파였다. 전국 상설 통치 기구인 최고소비에트를 선출할 때 옐친과 사하로프 등 모스크바 대의원은 표를 얻지 못했다. 이는 서방 언론에서 묘사한 것처럼 그저 '자유파'와 '반동파' 간의 갈등 탓이 아니었다. 오랫동안 지방의 인민들은 모스크바를 권력과 특권의 소재지로 부러워하고 미워했다. 그 결과 지방 대의원들은 '민주파'를 자처하는 모스크바 지식인들을 응석받이 엘리트로 여겼고, 그들의 설교에 호응하지 않았다. 모스크바 대의원들은 폭발했다. 유리 아파나셰프는 격앙되어 연설하면서, 인민이 기대하는 개혁을 가로막겠다고 하는 '공격적이면서 순종적인 다수'를 맹비난했다. 자신들의 의제에 동의하지 않는 모든 사람에게 대항해 '인민'을 대변해 발언하는 것은 정계에서 모스크바 지식인들의 관례가 된다.

정치국의 메드베데프는 다음과 같이 회상했다. "나의 마음은 두 갈래였다. 감정적으로는 [독선적인 모스크바 지식인들에게] 복수하고 싶은 감정을 억누르기 힘들었다. 동시에 최고소비에트는 [선출된 모스크바 대의원들, 옐친과 사하로프를 비롯한 여타 무소속 대의원들] 없이는 엄두도 낼 수 없으며, 대립하고 그들을 몰아내봤자 …… 상황만 악화시킨다는 점을 뼈저리게 깨달았다." 고르바초프도 똑같이 느꼈다. 대표적인 반란 세력인 옐친은 크게 나서지 않고 합리적으로 처신했다. 지지자들은 최고소비에트 의장으로 출마하라고 제안했지만, 그는 현명하게도 출마를 거절했다. 하지만 일련의 절차적 조치와 고르바초프의 묵인 끝에 무소속 대의원들은 최고소비에트에 옐친을 앉히는 데 성공했다. 주의 깊은 보수파 관찰자인 보롯니코프는 고르바초프가 "옐친을 내부로 끌어당겼고" 옐친이 내부로 들어오자 분명히 "한시름 놨다"라고 했다.[24]

하지만 독자적 성향의 대의원들은 고르바초프에게 전혀 고마워하지 않았다. 그들은 공산당에 맞서 '지역 간 대의원 그룹(Mezhregionalnaia Gruppa,

MDG)'이라는 야권을 구성하겠다고 발표했다. 레닌그라드, 우랄, 시베리아, 우크라이나, 벨로루시, 발트 공화국들, 남캅카스에서 무소속으로 선출된 대의원들이 여기에 합류했다. 이것은 1927년 이래로 소련에 처음 등장한 정치적 반대파였다. 그룹 내부의 동기는 다양했고, 유일한 공동의 목표는 기존의 권력 체제에 맞서는 것이었다. 역사가이자 과거 소련의 반정부 인사였던 로이 메드베데프(Roy Medvedev)는 참관인으로서 MDG의 모임에 참석했고, 그들의 모순적인 요구 사항을 기록했다. '자유시장'으로 이행할 것, 생태학적인 이유에서 원자재 생산과 수출을 감축할 것, 주택과 아파트, 병원, 학교, 장애인과 퇴역군인을 위한 요양원을 신속히 늘릴 것, 연금을 인상할 것 등등이었다. 반대 세력 대의원은 250명에 달했고, 그중 절반 이상은 비러시아계였다. MDG의 '조정위원회'에는 사하로프, 포포프, 아파나셰프, 옐친, 에스토니아에서 온 대의원 한 명이 포함되었다. 메드베데프는 "최근에 반정부 인사가 된 나는 이러한 요구에 대부분 공감했다"라고 회고했다. 그러나 그는 조급함이 느껴지는 데 낙담했다. MDG 지식인들, 특히 사하로프마저도 "지금이 아니면 안 된다"와 "이기지 못하면 죽는다"라는 원칙에 따라 움직였다.[25] 이 제1차 민주파는 망가진 경제와 재정을 어떻게 바로잡을지 아무 생각이 없었다. 아파나셰프는 한 인터뷰에서 "지금 우리가 누리는 이 자유의 감각이 경제가 더 나아지기까지 몇 년을 더 기다려야 한다는 의미라면, 나는 대가를 치를 각오가 되어 있다"[26]라고 말했다.

하지만 '공격적이면서 순종적인' 다수파란 이미지는 MDG의 입지를 강화했다. 한번은 사하로프가 아프가니스탄에서 소련군의 만행을 규탄하는 토론을 했다. 거대한 회의장에 2000명에 가까운 사람들이 자신들의 소비에트 애국심에 의문을 제기하는 이 반체제 인사를 향해 증오심을 느끼면서 갑자기 하나로 뭉쳤다. 아프가니스탄전쟁에 참전하여 다리를 잃은 한 대의원은 소련군에 대한 모욕이라며 사하로프를 몰아세웠다. 그의 발언은 "강국! 조국! 공산주의!"라는 구호로 마무리되었다. 레닌그라드에서 온 MDG 소속 대의원인 아나톨리 솝차크(Anatoly Sobchak)는 이 순간을 정치적 지진에 비유했다. 모든 사람이 애국심에 불타올라 자리에서 벌떡 일어섰던 것이다. 숍차크는 강력한 스프링이 자신을 의자에서 튕기는 것 같다고 느껴서, 앉은 채로 있기 위해 엄청난 자제력을 발휘해야 했다. 사하로프는 자신의 입장을 설명하려고 다시 연단으로 올라갔지만, 회의장을 메운 집단적인 폭언에 압도당했다.[27]

또 다른 중대한 순간은 인민대표대회 마지막 날에 찾아왔다. 사하로프는 고르바초프에게 발언을 요청했지만, 본인이 직접 발언에 나서서 반대파의 모든 요구 사항을 자세히 설명할 작정이었는지 발언 시간은 신경 쓰지 않은 채 미래를 위한 새로운 의제에 관해 계속 이야기했다. 고르바초프는 대회장에 있는 대다수가 점차 짜증 내는 것을 보고 사하로프의 발언을 중단시키려고 했고, 결국 20분이 지나자 사하로프의 마이크를 꺼버렸다. 이는 반대파의 정치적 선전에 뜻밖의 성공을 안기고 말았다. 사하로프는 뛰어난 연사가 아니었지만, 전국 방송에서 청중의 야유에 묻혀 목소리는 들리지 않은 채 입술을 달싹이는 노인의 모습이 인민대표대회에서 많은 사람이 마지막으로 받은 인상이었다. 그들은 고르바초프가 '인텔리겐치아의 양심'을 침묵하게 만드는 정치 체제를 대변한다고 느꼈다.

1992년에 샤흐나자로프는 고르바초프가 러시아의 역사에서 "의회주의의 아버지"로 기억될 것이라고 썼다. 비판자와 흠모자 모두 그의 대담한 실험에 엄청난 시간과 노력이 들어갈 것이라고 입을 모았다. 1989년 여름 내내 예산과 경제 개혁, 과세, 여타 쟁점에 관한 위원회들이 구성되었다. 위원회는 가을에야 활동하기 시작하여 곧 첫 의안을 준비했는데, 토지와 재산, 노동쟁의 등에 관한 법안이었다. 고르바초프는 자신이 소련의 법률 체계를 완전히 뜯어고친 것을 자랑스러워했다. 하지만 법안은 12월에 있을 다음 회기에야 투표에 부칠 수 있었다. 그때쯤이면, 소련은 이미 본격적인 경제, 정치 위기에 빠질 것이었다.[28]

인민대표대회가 만든 새로운 최고소비에트의 주요 메시지는 '행정적-관료적 시스템의 타도'였다. 입법 활동의 상당 부분은 '전체주의적'이지도, 자본주의적이지도 않은 경제를 수립하려는 욕망에 영감을 받았다. 갓 당

선된 의원들은 유권자들에 대한 열의를 과시하며, 사회 안전망 프로그램을 확대하기 위해 비용이 많이 드는 다양한 요구를 정부에 쏟아냈다. 하지만 필요한 수단과 자금을 어떻게 조달할지는 그들의 관심사가 아니었다. 일부 위원회들은 기업체와 협동조합 및 수출 지향 이해집단을 대변하는 새로운 로비 활동가들을 위한 정보 교환소로 작동하기 시작했다. 최고소비에트는 그러한 경제 행위자들에게 이익은 더 많이 배분해주고 세금은 낮춰주는 경향이 있었다. 정부 긴축 프로그램의 기획자인 아발킨은 1989년 7월 말에 최고소비에트가 "[경제] 상황을 바로잡기 위한 법안을 단 한 건도 통과시키지 않았으며", 그 결과 "국가 불능"의 기운이 짙어지는 데 기여하고 있다고 불평했다.[29]

정치국과 각료회의로 대표되는 구체제에는 결함이 많았다. 적어도 정치국은 새로운 정책을 구사하고 잘못을 시정하는 데 이용될 수 있었다. 하지만 1989년 6월 이후로, 정치국은 더 이상 자신들의 결정이 인민대표대회와 최고소비에트를 통과하리라고 장담할 수 없었다. 최고소비에트는 임명 권한을 이용하여 모든 정부 부처와 기관을 좌지우지했다. 대의원들은 리시코프의 총리 임명에 동의했지만, 포퓰리즘의 변덕에 영합하여 각료회의 구성원의 절반 이상을 불신임했다. 임명이 부결된 사람 중에 V. 그리보프(V. Gribov)는 저명한 전문가로 국영은행 총재의 물망에 올랐던 후보자였다. 리시코프가 황급히 대체할 후보자를 물색하면서, 여러 해 동안 서방에서 금융 경험을 쌓은 은행가인 빅토르 게라셴코(Viktor Gerashchenko)가 낙점되었다. 게라셴코는 소련 금융 시스템이 급속히 불안정해지고 있어서 자신에게 떨어진 임무가 힘들 것임을 알고 있었다. 그는 부친과 상의했는데, 부친은 스탈린 치하에서 국영은행 부총재를 지내며 전시와 전후 복구라는 특수한 여건에서 소련 재정을 관리했다가, 흐루쇼프의 방탕한 정책을 비판해 해임되었다. 게라셴코의 아버지는 아들에게 "도대체 네가 왜 그 자리가 필요하니?"라고 말했다. 과거에는 공산당 중앙위원회의 서기장만이 국영은행에 이런저런 지시를 할 수 있었다. 하지만 이제 국영은행의 수장은 인민의 대표들을 상대해야 했고, 그 대표들은 국영은행에 대한 '인민의 통제'가 모두를 번영으로 이끌 것이라고 순진하게 믿었다. 그런데도 게라셴코는 나라의 재정에 대한 피해를 조금이나마 줄일 수 있을 거란 기대로 그 자리를 수락했다.[30]

의회의 업무를 분류하는 사이 쿠즈바스의 노동자들 사이에서 고르바초프의 개혁에 대한 불만이 터져 나왔다. 쿠즈바스는 시베리아 중남부의 대형 공업지대로, 여러 표준시간대에 걸친 중앙집중식 공급 및 물자 배송 시스템에 의존하고 있었다. 이 시스템은 수십 년 동안 방치되어 악화되었지만, 고르바초프의 탈집중화 개혁은 시스템에 최후의 일격을 가했다. 이제는 기본적인 생필품마저 전달되지 않았다. 지역의 협동조합은 기초 생필품과 식량을 고가의 시장 가격에 팔았다. TV 방송으로 인민대표대회를 지켜본 후, 광부들은 최고소비에트에 불만과 요구 사항을 담은 단체 서한을 보냈지만 답장을 받지 못했다. 1989년 7월, 러시아연방과 우크라이나 전역에서 광산 갱도가 노동자조합에 의해 줄줄이 폐쇄되었다. 대략 20만 명의 광부들이 파업하고 파업위원회를 결성했다. 파업 노동자들은 소비재와 식량의 안정적인 공급, 더 많은 주택 공급, 새로운 의료 설비와 장비 도입, 더 많은 의약품을 요구했다. 현지 당과 관료들은 처음에는 충격에 빠져 저항했지만, 이내 이러한 요구를 지지했다.[31]

이것은 1962년 이래 러시아 노동계급에서 처음으로 발생한 심각한 봉기였다. 조직적 파업은 소련에서는 불법이었다. 하지만 최고소비에트는 파업 노동자들의 요구가 '공정하고 정당'하다고 인정하고 소비재와 의약품을 구입하기 위해 100억 루블을 배정했다. 7월과 8월 내내, 리시코프와 그의 부관들 그리고 각료회의의 관련 부처는 광부들과 교섭했다. 국가 부처는 필요한 물품을 수입했다. 구매품은 외국 채권이나 국가 보유고의 금을 매각해 지불해야 했다. 탄광부는 광부들의 임금을 인상했다. 파업은 잦아들었다. 그들에게 들어간 비용은 소련 재정에서 최소 30억 루블을 차지했고, 파업으로 인한 경제 총손실액은 80억 루블로 추정되었다. 최고소비에트는 연금, 장애인과 퇴역군인 지원금 등을 인상함으로써 경제 포퓰리즘 정책을 이어갔다. 국영은행 총재인 게라셴코는 여기에 돈을 대기 위해 있지도 않는 자금을 찾아내야만 했다. 아발킨의 긴축안은 쓰레기통행이었다. 국가 재정 적자는 늘어가서 무려 1000~1200만 루블에 달했다.[32]

"통치자들이 굴복한 것인가?"라고 셰바르드나제의 보좌관은 일기에서 숙고했다. "아니면 보수파의 '늪'에 맞선 노동계급과의 동맹인가?" 고르바초프는 회고록에서 광부 파업을 "등에 칼 꽂기"라고 부르며 "어쩌면 페레스트로이카에 대한 가장 심각한 시험"이었을 것이라고 평가했다. 그는 개혁을 논의하면서 마거릿 대처를 거론했다. '철의 여인'은 1984~1985년에 있었던 영국 광부 파업을 분쇄했다. 그와 반대로 고르바초프는 광부들에게 양보했다. 게다가 소련 지도자는 모든 분쟁 조정을 리시코프에게 일임했다. 보통은 흥미로운 내용이 많은 체르냐예프의 일기에 그해 여름의 사건에 관해서는 아무 언급이 없다. 고르바초프의 보좌관으로서 너무 바빴거나 혹은 너무 낙심해서 자신의 생각을 쓸 겨를이 없었다. 여름휴가 전에 쓴 마지막 일기에서, 체르냐예프는 고르바초프가 소련 지도자로서 강한 모습을 보여주지 못했기 때문에 러시아 국민에게 권위를 잃을 것이라고 내다봤다.[33]

고르바초프는 자신만만한 나머지 아무 걱정도 내비치지 않았다. 7월에 그는 키로프 공장의 노동자들(1917년에 그들의 선배들은 러시아혁명에서 일익을 담당했다)과 만났지만, 눈에 띄게 동요한 채 돌아왔다. 그는 협동조합에서 부당 이득을 취득하는 이들에 대한 노동자들의 분노를 목격했고, 노동자들은 고르바초프의 개혁 정책을 지지하지 않았다. 고르바초프는 모스크바 민주파가 광부들을 선동하고 있다고 의심했다(사실이 아니었다).[34] 그는 더 이상 러시아 노동자들에게 지지를 바라지 않았다. 의원과 지식인을 상대하는 게 더 편했다.

역사의 가속화

1989년 봄과 여름, 소련 정치 엘리트 내부에서 또 다른 극적인 사태가 발생했다. 그들이 해외로 나가지 못하게 막던 철의 장막이 갑자기 걷힌 것이다. 이는 소련 정치, 특히 모스크바 중심의 교육받은 인텔리겐치아에게 혁명적인 함의가 있었다. 스탈린 시대 이후로, 서방은 소련 시민에게 금지된 열매이자 강렬한 호기심의 대상이었다. 스탈린 이후 시대의 인텔리겐치아는 자신들의 정체성, 꿈, 문화적 자기 인정의 일환으로 '상상된 서방'의 관점을 유지했다. 교육받은 여러 집단들은 처음에는 재즈, 나중에는 록 음악이라는 서방의 음악과 문화에 말 그대로 집착하고 이상화하면서 성장했다. 그중에서도 브레즈네프 치하에서 소비에트 체제를 멸시하는 법을 배운 다수는 서방의 것이라면 무엇이든 무비판적으로 떠받들었다.

레오니트 브레즈네프의 가정에서는, 서기장과 그의 아내가 소련 뉴스와 오락 프로그램을 시청했다. 그들의 손주는 비디오카세트 녹화기(VCR)와 커다란 소니 TV로 서방의 영화와 만화를 봤다. 1989년에 이르자, 개인용 컴퓨터와 더불어 VCR은 정보를 전달하는 도구일 뿐 아니라 사회적 지위를 보여주는 가장 탐나는 대상이었다. 수백 군데의 새로운 '협동조합'이 VCR을 대량으로 수입, 판매하기 시작했고, 여전히 불법인 환전업보다 이익이 많이 남는 사업이었다. 하지만 어느 것도 국경을 넘는 실제 경험을 대체할 수는 없었다. "서방 방문은 가장 중요한 지위 상징이었다"라고 러시아 학자 드미트리 푸르만(Dmitry Furman)은 썼다. "파리를 보고 나서 죽어라"라는 말은 흔히 하는 우스갯소리였지만, 많은 소련인에게는 꿈이기도 했다. 과학자, 예술가, 무용가, 관현악단 그리고 소련의 유대인은 국경을 넘기 위해 '결정권 있는 주무 기관'으로부터 허가를 받지 못할 수도 있다는 두려움 속에서 살았다. 권력 피라미드 상층부에 있는 누군가가 그들의 충성심을 의문시하거나 주변인들이 당국에 밀고하는 것 말고 뚜렷한 이유도 없이 말이다. 소비에트 이후 시대에 나온 회고록들은 출국 허가의 철회를 둘러싼 드라마와 분노로 넘쳐난다.[35]

1989년 초, 해외여행에 관한 소련의 규정은 급격히 완화되었다. 이제는 개인적으로 해외여행을 허가받기 위해 당과 KGB를 비롯한 소련 당국에 굽신거릴 필요가 없었다. 1989년 상반기에 출국 비자 신청 승인 건수는 2년 전의 세 배인 180건에 달했다. 같은 기간에 약 20만 명이 이민을 공식적으로 허가받았는데, 대다수는 이스라엘과 미국으로 갔다.[36] 하지만 대다수는 소련 여권 발급과 소련을 떠났다가 돌아올 수 있는 허가증을 난생처음 신청한 사람들이었다. 관료, 기업 경영자, 협동조합 경영자, 학계 연구자, 과학자, 예술가는 장막이 걷히자 서둘러 달려갔다. 공연자들은 공연을 하러 갔고, 예술가들은 작품을 팔았으며, 지식인들은 강연을 했다. 글라스노스트 언론인, 학자, 정부 관료, 특히 영어를 비롯해 외국어를 아는 이들은 해외에서 찾는 곳이 많았다. 서방의 대학과 미국 해외공보처(United States Information Agency, USIA), 싱크탱크 기관, 연구원 프로그램, 재단에서는 각종 자금을 동원하여 소련 방문객을 초청했다. 지식인들은 서방의 재단에 의해 초청받았다.

학자들은 이런 현상을 냉전을 종식시킨 요인으로만 연구했다.[37] 하지만 이는 소련 체제의 정당성도 실추시켰다. 대다수의 소련 외교관과 KGB 관리, 해외에서 근무하는 군 관계자는 서방과 소련 사이에서 헤쳐나가는 데 익숙했다. 잘 조절된 정신 분열 상태나 다름없었다. 고르바초프는 1960년대 후반과 1970년대에 여러 차례 외국에 다녀왔고, 풍족한 서방의 상점과 상품이 부족한 소련 상점 간의 굴욕적인 격차를 확인했다.[38] 하지만 이것도 수천 명의 소련 인민(그들 중 대부분은 난생처음이었다)이 1989년 초부터 국경을 넘어 서방 국가를 방문했을 때 느낀 충격에 비하면 아무것도 아니었다. 그해 5월, 셰바르드나제의 보좌관이자 연설문 작가인 테이무라즈 스테파노프는 서독을 방문한 감상을 일기에 적었다. "악마가 우릴 이 연방공화국에 데려왔구나. 말끔하고, 단장되고, 정확하고, 친절한 이곳에서 사랑하는 조국을 떠올리면 더욱 괴롭다. 세계에서 가장 비인간적인 체제에 의해 탄생한, 극도의 추악함을 극복하기 위한 무익한 시도로 지쳐버린 지저분한 조국 말이다." 며칠 뒤 중·소 정상회담을 하러 가는 도중에 이르쿠츠크에서, 그는 한층 더 씁쓸해했다. "나의 조국이 독일 땅보다 아름답지 않다고 누가 그러는가? 하지만 그곳은 당의 명령과 밑도 끝도 없는 마르크스-레닌주의 세계관으로 무장한 [기관원들에 의해] 깡그리 파괴되었다."[39]

처음으로 서방을 방문한 소련 여행객에게 슈퍼마켓에 들른 경험은 엄청난 효과가 있었다. 진열대의 절반은 텅 비어 있는 어두침침한 소련의 식품점과 달리 온갖 종류의 식품이 진열된 번쩍번쩍한 궁전 같은 서방 슈퍼마켓은 정신을 차릴 수 없을 정도였다. 오렌지, 파인애플, 토마토, 바나나가 높다랗게 쌓여 있는 광경을 보고도 아무렇지 않은 소련 방문객은 없었다. 냉동실에서 꺼낸 푸르딩딩한 고깃덩어리에서 고기를 잘라주는 정육점 직원 대신에 다양하고 신선한 육류와 생선이 끝없이 진열되어 있고, 배고파 죽을 지경인 손님들에게 지저분한 통조림과 병을 퉁명스레 건네는 여자 점원 대신 미소를 띠며 응대하는 계산원이 있었다. 게다가 그 식품을 실제로 만져보고 맡아보고 맛볼 수 있다니! 외국에 나갔다가 집으로, 비참한 현실로 돌아온 소련 사람들에게는 심각한 여파가 기다리고 있었다. 이 경험은 소련 여행객들을 영영 바꿔놨다. 전에는 상상할 수도 없었던 서방의 생활 수준이 즉시 새로운 기준이 되었다. 소련의 현실, 익숙했던 일상이 갑자기 '비정상'이 되어 역겹고 참을 수 없는 것이 되었다.[40]

갓 선출된 최고소비에트의 대의원들은 대개 1989년 3~8월 사이에 서방의 국회의원과 대학, 비정부 기관, 망명을 간 친구와 친지의 초청을 받아 처음으로 서방에 다녀왔다. 인민대표대회에 선출된 겐나디 부르불리스(Gennady Burbulis)는 레닌을 찬양하며 자라서 1970년 레닌 탄생 100주년에 당에 가입했다. 그는 기밀정보 취급 자격 때문에(그는 전략 로켓군에서 의무병으로 복무했다) 해외로 나갈 기회가 없었다. 그러다가 1989년 6월, 최고소비에트에서 반대파 MDG에 합류했고 '스웨덴식 사회주의'에 관한 세미나에 참석하러 다른 대의원들과 함께 스톡홀름에 갔다. 한참 지난 후에도 그는 거대한 수산시장에 방문했을 때 받은 충격을 생생히 기억했다. 1킬로미터 넘게 늘어선 가판대와 수조에는 신선한 물고기와 굴, 오징어, 새우, 해산물이 가득했다. 부르불리스는 '스웨덴식 사회주의'의 열렬한 옹호자이자 그보다 더 열렬한 소비에트 당 체제의 반대자가 되어 스톡홀름을 떠났다.[41] 스웨덴 방문단의 또 다른 일원이었던 니콜라이 트랍킨(Nikolai Travkin)은 건설 노동자이자 소련 애국자로서, '민주적 사회주의'를 신봉하여 MDG에 합류했다. 그의 소비에트 정체성도 스톡홀름에서 무너졌다. 그는 공산주의가 그동안 소련 사람들을 줄곧 속여왔다고 확신하고 화가 나서 모스크바에 돌아왔다. 1990년 3월에 그는 당에서 탈퇴하고 노멘클라투라로부터 권력을 빼앗기 위해 러시아민주당을 창당했다.[42]

가장 결정적인 각성을 경험한 사람은 보리스 옐친이었다. 1989년 6월, 그는 미국 대사 잭 매틀록(Jack Matlock)에게 미국을 방문할 수 있게 해달라고 부탁했다. 방미 아이디어는 옐친의 국제적 지명도를 높이고 싶었던 보좌관 레프 수하노프(Lev Sukhanov)와 파벨 보샤노프(Pavel Voshchanov)가 내놓았다. 매틀록은 미국 의원을 비롯한 관계자와 접촉해봤지만 아무 성과가 없었다. 그러다가 옐친 쪽 인사들이 겐나디 알페렌코(Gennady Alferenko)를 알아냈는데, 굉장한 문화 사업가로 고르바초프 시대에 최초로 비정부 문화기구를 창립한 사람 중 한 명이었다. 그는 동서 공공 정치 외교 전문가였고 KGB의 감독 아래 활동했다. 알페렌코는 캘리포니아 빅서에 있는 비밀스러운 문화 기관인 에설런연구소의 짐 개리슨(Jim Garrison)에게 연락했다. 두 사람은 옐친을 위해 열흘짜리 미국 순회강연 계획을 세웠는데, 자존심 강한 러시아인은 모든 경비를 자신이 지불하고 싶어 했다. 순회강연은 1989년 9월 9일 뉴욕에서 시작하여 아홉 주의 11개 도시를 아울렀다. 이 방문은 1959년 흐루쇼프의 '아메리카 발견'보다 더욱 강렬했다. 그리고 소련의 운명에 더 큰 충격파를 가져올 터였다.[43]

옐친의 미국 방문에 관한 설명은 술판과 추문, 결례에 관한 이야기부터 새로운 눈이 뜨이는 체험에 대한 묘사까지 각양각색이다.[44] 모두 사실이었다. 옐친의 정치적 의제는 여전히 '민주적 사회주의' 건설이었지만, 당이 권력을 독점하지 않는 사회주의였다. 그가 미국인과 미국 지도자에게 설명하고 싶었던 것은 바로 그 점이었다. 그는 모든 인터뷰에서, 기회가 날 때마다 고르바초프를 공격했다. 옐친이 만나기로 약속한 사람들 가운데 가장 중요한 인물은 조지 부시 대통령이었다. 짐 개리슨은 소련의 사안을 다루는 국가안전보장회의(NSC)의 콘돌리자 라이스와 알고 지냈고, 그녀에게 연락했다. 결국, 옐친은 부시 대신에 국가안보 보좌관인 브렌트 스코크로프트 장군을 만났다. 부시 대통령은 담소를 나누러 '잠깐 들렀다'. 옐친과 그의 보좌진은 의기양양하게 백악관을 떠났다. 수하노프는 다음과 같이 회고했다. "옐친은 소련의 고위 지도자 가운데 부시의 임기 동안 백악관의 '봉인'을 푼 첫 번째 사람이었다. 고르바초프가 아니라 옐친이었다."[45]

옐친이 공식적인 소련 대표단의 일원이 아니라 단독으로 방문한 첫 번째 국가가 미국이었다. 그는 부유한 미국인들에게 성대한 환영을 받았다. 파티에 초대받아 식사를 하고, 그들의 전용기를 타고 움직였으며, 백만장자들의 저택에 묵었다. 비록 초갑부들의 생활양식이 끝없는 연회일 것이라고 예상하고 있었지만, 휴스턴공항으로 가는 길에 대형 할인매장인 랜달스슈퍼마켓에 즉흥적으로 방문했을 때 진짜 충격을 받았다. 지역 당 서기로서, 옐친은 스베르들롭스크 지역의 식료품 공급 부족 사태를 두고 수년 동안 씨름했다. 그의 최대 업적은 산업 시설과 공장 노동자들의 빈약한 식단을 보충하도록 스베르들롭스크 인근에 가금 농장 시스템을 확립한 것이었다. 랜달스슈퍼마켓은 경이로웠다. 이곳에서는 최빈층 미국인들이 소련 최고위 노멘클라투라도 본국에서 살 수 없는 것을 구입할 수 있었다. 숨이 턱턱 막히는 텍사스 사막에서 옐친과 그의 수행단은 에어컨이 가동되는 천국으로 들어섰다. 보좌관들은 옐친이 수심에 잠긴 모습을 봤는데, 마치 "이 풍요의 보고가 모두에게 매일같이 존재한단 말인가? 믿을 수 없어!"라고 생각하는 듯했다.[46]

옐친은 '민주적 사회주의'라는 표어를 외칠 때마다 그를 초대한 미국인들의 눈에 자신이 얼마나 바보같이 보였을지 깨달았다. 그는 보좌관에게 말했다. "그 사람들이 가난한 인민들에게 무슨 짓을 한 거지? 내내 그들은 우리에게 꾸며낸 이야기를 들려줬지. 바퀴를 발명하려고 애쓰면서 말이야('invent the wheel'은 이미 잘 작동하는 것을 처음부터 다시 만들려고 시간을 낭비한다는 뜻의 관용구다 – 옮긴이). 그런데 사실 바퀴는 이미 있거든……. 우리한테는 아직 없지만 말이야." 그리고 보좌관은 이 순간 "옐친의 볼셰비키 사고방식의 마지막 버팀대가 무너졌다"라고 썼다. 미국 방문에서 돌아온 뒤, 옐친은 MDG의 동료들과 기자들에게 슈퍼마켓 방문기를 자세히 늘어놨다. 그는 "정신 나갈 정도로 다양한 색깔과 상자, 꾸러미, 소시지, 치즈"에 관해 신나게 떠들면서, 평균적인 미국인 가구는 식품 구입에 봉급의 10분의 1이 안 되게 지출하는 반면 소련 가구는 평균적으로 절반 이상을 쓴다고 열변을 토했다. 옐친은 자신의 사명이 '아메리칸드림'을 러시아 인민에게 제공하는 것이라고 결심했다.[47]

인민대표대회, 철의 장막 붕괴, 동유럽의 자유화는 발트 민족주의자들에게 파급효과를 미쳤다. 모스크바에서 소련 최고소비에트의 하계 회기가 열리는 동안, *사유디스* 소속의 리투아니아 대의원들은 미국 대사인 잭 매틀록과의 공식적인 만남을 요청했고 미국이 리투아니아의 독립을 인정할지 단도직입적으로 물었다. 그들의 대담하고 성급한 움직임에 깜짝 놀란 매틀록은 자신과 미국 정부는 발트의 독립을 지지하지만, 주권이란 국가의 영토에 대한 완전한 지배권을 의미한다고 설명했다. "그러면 우리 힘으로 알아서 하라는 거요?"라고 어느 리투아니아 대표가 물었다. 매틀록은 이 질문에 기분이 나빴지만, 소련군이 무력을 사용한다면 *사유디스* 민족주의자들은 천안문광장의 중국 학생들만큼이나 저항할 힘이 없다고 확인해줘야 했다. 소련 당국이 모든 항구와 통신을 통제하는 한, 서방은 경제적 지원조차 해줄 수 없을 것이다.[48] 발트의 독립 지지자들은 서유럽에서도 지원은커녕 공감도 얻을 수 없었다.[49]

모스크바의 인민대표대회는 1939년 독·소 회담을 조사하는 특별 위원회를 구성했고, 이는 야코블레프가 이끌었다. '비밀 의정서' 사본의 존재는 서방에 널리 알려져 있었고, 이미 오래전에 공개되었다. 하지만 원본은 여전히 고르바초프의 개인 금고에 감춰져 있었다. 그는 스탈린의 발트 지역 병합이 소련 지도자와 히틀러 사이에 이뤄진 거래의 직접적인 결과임을 인정하지 않으려 했다. 바딤 메드베데프는 정치국에서 "[독·소불가침 조약에 대한] 무조건적 파기는 제2차 세계대전을 일으킨 주된 책임을 인정하는 셈"이라고 주장했다. 고르바초프도 동의했다. "대중 선동가들을 저지해야 한다. 그러지 않으면 우리가 그 보잘것없는 농업지대인 리투아니아를 얻으려고 제2차 세계대전을 치른 것처럼 보일 테니까!"[50]

결국 발트인들이 직접 나섰다. 러시아 광부 파업이 그들을 대담하게 만들고 입지를 강화했다. 8월, 발트 민족주의자들은 몰로토프-리벤트로프 불가침협약 50주년에 대규모 시위를 조직하기로 모의했다. 에스토니아의 에드가르 사비사르의 주도로, 그들은 8월 23일에 탈린부터 빌뉴스까지 600킬로미터에 이르는 거대한 인간 띠를 연출했다. 언론에서는 이를 '발트의 길(Baltic Way)'이라고 불렀다. 발트인들의 대중적인 분위기는 가능한 한 빨리 소련에서 떨어져 나오는 것이었다. 수백만 발트인은 고르바초프의 자유화 정책이 오래갈 것이라고 믿지 않았다. 따라서 둘도 없는 기회의 창이 다시금 굳게 닫히기 전에 연방에서 탈퇴하고 싶었다.[51]

7월 후반, 고르바초프는 중앙집권적 소비에트 국가를 자발적 연방으로 전환할 새로운 연방조약을 제안했다. 장기 집권 중인 우크라이나공산당 지도자 블라디미르 셰르비츠키(Vladimir Shcherbitsky)는 강하게 반대했다. 이것은 벌집을 건드리는 셈이었다. 예두아르트 셰바르드나제도 비관적이었는데, 그루지야 민족주의자들이 대중의 지지를 바탕으로 완전한 독립과 그루지야의 UN 가입을 요구하는 것을 알고 있었다. 격동기에 연방의 재편은 걷잡을 수 없는 분리의 위험 가능성만 높일 것이다. 리시코프는 중앙정부와 공화국들 간에 권리와 재산이 명확하게 구분되는 한, 경제적 연합을 고집했다.[52] 발트의 길 이후로, 고르바초프는 이 제안을 보류했다. 하지만 1년 뒤에 다시 끄집어낼 터였다.

1989년 여름 동안, 독립의 바람은 소련 내 다른 민족 공화국에도 확산되었다. 몰도바에서 민족주의자들이 독립을 요구했다. 우크라이나에서는 하리코프(현재의 하르키우 – 옮긴이)의 작가와 지식인 집단이 페레스트로이카를 위한 우크라이나 인민운동(*Rukh*, 이하 '루흐')의 첫 회의를 준비했다. 이 운동은 발트 인민전선 노선들과 더불어 고르바초프가 일찍이 승인한 것이었다. 우크라이나공산당 지도자 셰르비츠키는 이 발상에 강하게 반대했지만, 머지않아 그는 권좌에서 밀려날 터였다. 루흐 회의는 9월 8일부터 3일 동안 열렸다. 1200명의 대표 중 대다수는 당원이었지만, 1918년 볼셰비키가 해체한 '유기적' 우크라이나 국가의 복원을 요구하는 과거 정치범과 반체제 인사도 소수 있었다.[53]

회의에 초청받은 500명 가운데는 발트 지역, 남캅카스, MDG에서 대표로 파견한 민족주의 활동가와 지식인도 있었다. 루흐 내의 반체제 인사들은 폴란드에서 일어난 사건, 다시 말해 '연대'운동이 정부와 대등한 협상을 벌이고 자유선거에 준하는 선거를 실시한 사실에 크게 감명받았다. 게다가 그들은 '발트의 길'로 한층 고무되었다. 그들은 독·소불가침조약에 대한 발트 국가들의 규탄에 공개적으로 지지 의사를 표명했다. 사실 그 협약 때문에 서(西)우크라이나가 소련에 병합되어 우크라이나소비에트사회주의공화국의 일부가 되었지만 말이다. 우크라이나공산당 지도부와 KGB도 회의에 참석했다. 우크라이나공산당의 선동선전부의 수장인 레오니드 크라우추크(레오니트 크랍추크)는 1939년에 스탈린이 소련에 병합한 지역 중 한 곳에서 태어났다. 크라우추크는 민족주의자들의 발언을 듣는 동안 감정을 드러내지 않았다. 누군가가 그의 옷깃에 독립국 우크라이나를 상징하는 푸른색과 노란색의 작은 깃발을 꽂아주자, 크라우추크는 혹시 몰라서 재킷을 벗었다. 하지만 깃발을 떼지는 않았다.[54]

모스크바에서는, 최고소비에트 MDG에 소속된 독자적인 대의원들이 소비에트 공화국들의 민족주의 운동을 지지하는 대중 집회를 조직하기 시작했다. 그들은 소비에트연방의 완전한 해체를 원하거나 기대하지는 않았다. 오히려 사하로프와 그의 지지자들은 민족자결 원칙에 따른 완전하고 무조건적인 주권과 선택의 자유가 다민족국가를 보전할 유일한 방법이라고 믿었다. 사하로프는 특히 레닌과 스탈린이 구축한 연방이 새로운 헌법과 민주적 중앙 정부를 통해 '유럽과 아시아의 주권 공화국들의 대등한 연합'으로서 헌정적으로 '재발명'되어야 한다고 확신했다. 그의 헌정 프로젝트는 밑바닥부터 나라를 재건하는 것이었다. 즉, 소규모 민족-영토 자치구를 폐지하고 공화국을 미래 연방의 유일한 구성 주체로 만드는 일이었다. 이것은 지식인들의 유토피아였지만, 사하로프의 동료들인 러시아 지식인들은 그의 어리석음을 고스란히 따랐다. 그들은 공화국에 더 많은 권력을 주는 것이 민족주의를 길들이거나, 적어도 분리주의자들과 협상하는 효과적인 방법이라고 믿었다.[55] 유일한 예외는 민족학자인 갈리나 스타로보이토바였다. 스타로보이토바는 압하스, 아르메니아, 나고르노카라바흐 등의 '현장에서' 여러 달 동안 작업했고, 아르메니아-아제르바이잔 분쟁이 터졌을 때 아르메니아 민족주의자들을 지지했다. 1989년 7월에 그녀는 반대파 모임에서 발언하면서, 일부 공화국들은 향후 민주적 연방을 위해서 소비에트 헌법 대신 완전한 주권과 자체 헌법을 선택해야 한다고 말했다. "반응은 부정적이었다"라고 스타로보이토바는 회고했다. "사하로프만이 긍정적으로 반응했던 것 같다." 9월, 그녀는 케넌러시아연구소의 연구원으로 초청받아 처음으로 미국에 갔다. 그녀는 미국 학자들도 본국의 동료들처럼 소련 해체라는 자신의 급진적인 예상이 개연성이 없다고 여긴다는 것을 알고 깜짝 놀랐다. 발트 지역과 서우크라이나계 후손인 학자와 활동가만이 진심으로 지지했다.[56]

"혁명은 불안정이다!"

1989년 8월 초, 고르바초프는 모스크바를 떠나 평소처럼 크림반도로 휴가를 떠났다. 호화로운 빌라에서, 그는 체르냐예프에게 오랫동안 미뤄진 당 총회에서 발표할 민족적 사안에 관한 이론 문건을 구술했다. 글은 잘 흘러가지 않았다. 그 대신, 고르바초프는 발트의 길과 발트 인민전선들의 분리주의 노선을 "민족주의적 히스테리"를 선동하며 "소비에트 질서와 러시아인, 소련공산당, 소련군을 향한 악의로 가득한", "반소, 사실상의 반국가 분자들의" 음모로 묘사하는 '중앙위원회 선언'을 발표했다. 이 문서는 새로운 정치적 분위기와 너무나 어긋나서 발트인들은 그것이 고르바초프 모르게 당 강경파들에 의해 작성된 것이라고 의심했다.[57] 고르바초프의 접근법은 러시아 민담의 형태로 설명할 수 있다. 한 농부가 늑대 한 마리, 염소 한 마리, 양배추 한 포대를 거룻배에 실어 강을 건너고 싶었지만, 한 번에 무사히 실어 나를 방법이 떠오르지 않았다는 것이다. 고르바초프는 문제 더미 속에서 균형을 되찾으려고 하면서, 보수파와 논쟁을 벌이듯이 체르냐예프 앞에서 머릿속에 떠오른 생각을 말로 옮겼다. "안정화는 페레스트로이카의 종식이 될 것이다. 안정은 침체다. 혁명은 불안정이다!"[58]

체르냐예프는 그의 상관이 주변과 동떨어져 있다고 생각했다. 이제 보좌관은 레닌을 땅에 '묻고' 싶어 하는 사람들에게 동의했다. 체르냐예프는 "그들은 핵심을 꿰뚫어 봤다. 우리는 레닌주의 위에 조국을 건설할 수 없기 때문이다"라고 썼다. 2주 후, 동독에서 대중 시위가 고조되는 것을 지켜보면서 체르냐예프는 "전 세계적인 현상으로서 사회주의의 완전한 붕괴가 일어나고 있다"라며, 이는 "인간의 본성과 사물의 자연적 경로에는 이질적인 사회의 자진 해산"을 의미하기 때문에 "불가피하고 좋은" 일이라고 결론 내렸다. 다른 급진적인 당 개혁가들처럼, 자유주의 서방은 체르냐예프에게 소련의 '비정상성'과는 달리 '자연스럽고' '정상적'으로 보이기 시작했다. 그는 급진주의자의 조바심에도 사로잡혔다. 고르바초프는 왜 낡은 정치국에 여전히 갇혀 있는가? 왜 대통령의 지위를 이용해 낡은 정치 질서의 잔재를 제거하지 않는가? 체르냐예프와 체르냐예프의 친구들이 일부 가담한 반(反)정부파 간의 유일한 차이점이란 고르바초프에 대한 변함없는 충성심이었다.[59]

고르바초프는 눈앞에서 벌어지는 사태와 역사에 대해 자신이 통제력을 잃어가고 있음을 인정하지 않으려 했다. 그는 당의 통합과 민족들 간의 조화에 관해 연설문을 작성했다. 1989년 10월, 그는 기자와 편집인과의 회견을 주재했다. 그 자리에서 뒤늦게야, 글라스노스트 지도자들이 너무 나갔고 풍파를 일으키고 있으며 대중의 격한 감정을 자극하고 있다고 비난했다. "사람들의 인내심이 한계에 달했고, 우리는 등유에 푹 잠겨 있는데 누군가는 성냥을 던지고 있다." 그는 온 나라가 곧 식량 배급제에 들어갈 것이라고 예측한 사회학자 타티아나 자슬랍스카야를 거명했다. 소련 경제의 실패에 관해 널리 읽힌 논문을 출간한 경제학자 니콜라이 시멜료프(Nikolai Shmelyov)도 비난했다. 그리고 MDG의 조직자 중 한 명으로 즉각적인 자유와 공화국들의 연방 탈퇴 권리를 주장한 유리 아파나셰프를 공격했다. 커다란 인기를 누린 타블로이드 신문《논쟁과 사실(Arguments and Facts)》의 편집장은 고르바초프가 옐친보다 아래에 있는 순위표를 게재하여 고르바초프의 분노를 샀다. 어느 목격자는 "[고르바초프는] 말 안 듣는 학생들인 양 우리를 훈계했다. …… 새로운 관점에서 본 그는 낯설고 언짢은 사람이었다"라고 회상했다. 회견은 고르바초프의 권위를 더욱 실추시켰다. 그는 자신을 존경하는 사람들을 멀어지게 만들었지만, 권력을 이용해 자리에서 쫓아내지는 않았다.[60]

소련 지도자는 정치국을 개혁하는 노선을 이어갔다. 그는 우크라이나에서 자유화 정책에 의문을 표명한 셰르비츠키와 분리주의, 경기 침체, 만연한 범죄를 처리하기 위해 고르바초프 휘하에 비상 권력 기구를 신설하는 방안을 옹호한 전직 KGB 의장 빅토르 체브리코프를 물러나게 했다. 고르바초프는 체브리코프의 제안을 자신의 통치 방식에 대한 비판으로 받아들였다. 서기장은 "결정을 시행하고 시행을 통제하기 위해 병행 조직을 신설해야 한다고 생각하지 않는다"라며 "인민을 우리의 작업에 끌어들여야 한다. 그리고 이는 상황이 나아졌다는 것을 인민이 확인해야만 가능할 것이다"라고 말했다.[61] 그런 일은 결코 일어나지 않았다.

고르바초프는 정치국의 빈자리를 자신이 찍은 후보자들로 채웠다. 중동 문제에 관한 야심만만한 전문가 예브게니 프리마코프(Yevgeny Primakov), 고스플란 위원장 유리 마슬류코프(Yuri Masliukov), 1988년 가을부터 KGB의 의장인 블라디미르 크류치코프 등이었다. 많은 역사가와 전기 작가는 고르바초프가 왜 특별한 장점이 없는 기관원인 크류치코프를 승진시켰는지 이해할 수 없었다. 크류치코프는 일생 유리 안드로포프의 부관이었고, 흔들림 없는 충성심은 이제 고르바초프에게로 향했다. KGB 의장은 고르바초프가 바라던 모든 페레스트로이카 정책을 추진했다. 영국 대사는 "크류치코프는 최신식 자유주의적 경찰총장을 훌륭하게 흉내 낸다. 하지만 모든 사람이 [그의 흉내에] 설득되지는 않을 것이다"[62]라고 그를 평가했다. 2년 뒤, 동안(童顔)의 이 남자는 자신의 상관을 가택 연금시킬 것이었다.

1989년 10월과 11월, 고르바초프의 정치국은 리투아니아가 분리 독립할 위험에 집중했다. 그들은 리투아니아공산당과 소련공산당의 정치적 이혼에 찬성표를 던질 것으로 예상되는 리투아니아공화국 공산당 전당대회를 연기해야 한다고 리투아니아 지도부에 요구했다. 리투아니아 당 지도자인 브라자우스카스는 당대회 연기가 불가능하다고 설명했다. 그러자 고르바초프는 리투아니아 '동무들'에게 개인적 호소문을 보냈다. 그는 "분리하여 행진하면 우리는 막다른 골목에 다다를 것"이며 "오로지 함께, 오로지 앞으로, 인간적이고 민주적인 번영의 사회로 나아가자! 공산주의식 인사를 보내며, M. 고르바초프"라고 썼다.[63] 하지만 소비에트연방은 누가 봐도 아주 다른 방향으로 나아가고 있었다. 11월 9일에 발트 분리주의자들에 대해 논의하면서, 고르바초프는 의미심장한 말을 던졌다. "그들에겐 새로운 화두가 있지. '공통의 혼란에서 죽고 싶지 않다'는 화두가."[64]

장벽이 무너지다

고르바초프의 야심은 국내 개혁과 '유럽 공동의 집' 건설을 동시에 추진하는 것이었다. 하지만 소련 지도자는 이 '집'이 정확히 어떤 모습인지 아주 막연한 생각만 품고 있었다. 그는 그것이 자신의 이데올로기적 비전과 소련 경제 개혁에 필요하다는 사실만 알았다. 1989년 6월 12일, 그는 이번엔 산업 전문가와 경영자로 이루어진 대규모 수행단을 이끌고 서독으로 갔다. 고르바초프는 독일인들을 안드로포프와 마찬가지로 소련 경제 현대화의 핵심 파트너로 여겼다. 크렘린은 소련 산업과 기업이 서독 회사들과 '합작 사업'을 벌이도록 장려했고, 이미 그런 거래가 55건이나 성사되었다. 본에서 소련 대표단은 11건의 합의를 새로 맺었고, 그중 다수는 경제 협력에 관한 것이었다.[65]

7월 6일, 소련 지도자는 프랑스에 있었고 스트라스부르에 있는 유럽평의회에서 연설했다. 이 연설에서 그는 오랫동안 분리되었던 두 유럽의 협력을 제안했다. 하지만 소련 외무부 장관은 이 연설 내용에 관해 공지받지 못했고, 체르냐예프는 동료인 바딤 자글라딘에게 연설문 초안 작성을 지시했다. "누구와도 연락하거나 조언을 구하지 말게. 자네가 작업하고 있는 내용을 발설하지 마." 스트라스부르에서 고르바초프의 연설은 사회주의와 사민주의 계열 의원들의 기립박수를 받았다. 고르바초프는 이 연설에서 밴쿠버부터 블라디보스토크까지 뻗은 유럽이라는 프랑스 미테랑 대통령의 비전을 암묵적으로 지지했는데, 이는 또한 "동유럽을 불안정하게 만들려는" 미국의 시도를 견제하기 위한 것이기도 했다. 고르바초프는 미테랑에게 특별히 바라는 것이 있었다. 소련을 '세계경제'에 편입시키는 데 도움을 구하며 이 쟁점을 1989년 7월 14~16일에 파리에서 열리는 G7 정상회담 의제에 포함시키도록 해달라고 부탁한 것이다.[66]

앞서 6월에 본에서 열린 일 대 일 회담에서, 헬무트 콜은 고르바초프에게 동유럽과 동독은 어떻게 될지 물었다. 소비에트 지도자는 분명히 말했다. "동맹국에 관해서 우리는 확고한 개념을 가지고 있는데, 자기 일은 자기가 책임진다는 것이다." 이 발언은 소련이 동유럽에 개입할 권리를 공식적으로 포기하는 것을 넘어서는 의미가 있었다. 그것은 사실 동구권 내에 공통된 정책이 더 이상은 없다는 선언이자, 동유럽 국가들은 세계경제에서 독자적으로 생존해야 한다는 신호였다. 7월 7~8일, 스트라스부르에서 대성공을 거둔 직후에 고르바초프는 부쿠레슈티에서 열린 바르샤바조약기구의 회원국 간 정상회담에 참가했다. 거기서 그는 콜에게 전한 메시지를 동유럽 지도자들에게도 강조했다. 동독의 에리히 호네커, 루마니아의 니콜라에 차우셰스쿠(Nicolae Ceaușescu), 불가리아의 토도르 지프코프 그리고 체코슬로바키아 지도부가 소련이 그들을 내버려둘 작정이라는 사실을 마침내 깨달은 순간이었다.[67]

고르바초프의 비전에는 무수한 문제점이 있었다. 소련의 경제 개혁은 효과가 없었고, 탈집중화와 계속 바뀌는 외국 무역에 관한 규정은 잠재적인 서방 파트너들에게 혼란스러웠다. 바덴뷔르템베르크주의 기민당 지도자 로타르 슈패트(Lothar Späth)는 고르바초프에게, 과거에는 소련 관계 부처들과 여러 국가 기관이 계약 체결과 이행에 대해 재정적·법적으로 보장했지만, 이 시스템은 더 이상 작동하지 않는데 새로운 시스템은 아직 등장하지 않았다며 불만을 토로했다. 소련 기업들은 서류상으로는 자유롭게 대외 거래를 맺을 수 있지만, 그 기업의 수장들은 자신들이 무엇을 해도 되는지 여전히 몰랐다. "이것이 실질적인 협력을 저해한다"라고 슈패트는 결론 내렸다.[68] 고르바초프는 이 중요한 신호를 무시했다. 하지만 반년 후, 이 문제는 소련 경제를 현대화하겠다는 고르바초프의 꿈을 무산시켜버렸다.

시기의 문제도 있었다. 각자도생의 처지에 놓인 동유럽 국가들의 공산당 노멘클라투라는 자신들의 미래를 위한 열쇠가 더 이상 모스크바가 아니라 서방 자본과 은행에 있음을 깨달았다.[69] 이는 특히 헝가리와 폴란드에 해당되었다. 두 나라에서는, 국가 부도와 파산이라는 즉각적인 전망이 지도부가 야권을 정부에 끌어들이고 서방이 부채를 경감해줄 수도 있다는 희망을 품게 했다. 이런 거래는 처음에 폴란드에서 통하는 듯했다. 1989년 6월 4일, 폴란드인들은 소련의 선거 이후 공산권에서 두 번째로 실시된 경쟁 선거에서 상원을 선출하고 폴란드 의회인 세임(Sejm)의 대략 3분의 1을 뽑았다. 야권이 과반수 의석을 차지했다. 한편, 야권 지도자들은 소련의 역풍을 불러일으키지 않고 어디까지 가능한지 여전히 확신이 서지 않았다. 하필 선거일에 발생한 중국 천안문광장의 유혈진압은 폴란드 야권을 상당히 제약했다. 그래도 폴란드의 친소 지도자 야루젤스키 장군은 과반수보다 고작 한 표를 더 얻어서 대통령으로 선출되었다. 헝가리에서는, 당시 민주적 우상 파괴자인 빅토르 오르반을 비롯한 젊은이들이 공산주의 지배를 열심히 흔들고 있었다. 그리고 헝가리공산당 지도자들은 이를 따라 모스크바가 쥔 '목줄'을 시험해보기로 했다. 5월, 헝가리 총리 네메트 미클로시(Németh Miklós)는 자금 부족 때문에 냉전 시기에 설치되어 유지 비용이 많이 드는 오스트리아와의 국경 경비 시설을 차례로 철거할 것이라고 밝혔다. 역사가들은 이것이 도미노 반응을 일으킨 조치라고 말한다. 9월에는 동독 난민들이 헝가리로 이동했는데, 국경을 넘어 오스트리아로 간 다음 서독으로 들어가기 위해서였다. 이것은 동독의 호네커 정권을 끝장낸 정치 위기를 알리는 신호탄이었다. 10월, 수백만 명의 사람이 라이프치히와 여타 도시에서 경제적·정치적 자유를 요구하는 시위를 벌이면서, 동독은 이미 대중 혁명의 열기에 휩싸였다.[70]

고르바초프는 야코블레프와 동유럽 전문가들의 무수한 경고에도 불구하고 이러한 사태가 가속화한 것에 깜짝 놀랐다. 소련의 내부적 위기는 고르바초프와 셰바르드나제, 그들의 측근들이 유럽에서 가속화하는 변화를 바라보는 방식에 영향을 미쳤다. 테이무라즈 스테파노프는 "우리가 폴란드 사안에 간섭하지 않으리라는 점은 분명하다"라며 "지금은 우리도 혼란에 빠져 있고 이를 해결해야 한다. 하지만 어떻게 해야 할까? 어디를 둘러봐도, 헝가리, 발트 지역 혹은 국경선 건너편도, 어디에서든 질서와 기존의 상황이 붕괴하고 있다"라고 1989년 8월 19일 일기에 털어놨다. 스테파노프는 여름휴가 대신 셰바르드나제와 함께 남캅카스의 압하스로 갔다. 초강대국의 외무부 장관은 이전에 자신이 관할하던 구역에서 분쟁을 조정하고 압하스인과 그루지야인들 간의 휴전을 협상해야 했다. 힘들기만 하고 생색은 안 나는 임무를 수행 중일 때, 폴란드 세임에서 연대운동 지도자 가운데 한 명인 타데우시 마조비에츠키를 최초의 비공산당 계열 총리로 선출했다는 소식이 모스크바에서 들려왔다. 루마니아 통치자 차우셰스쿠는 이 문제에 대처하기 위해 바르샤바조약기구의 비상 회담을 요청했다. 스테파노프는 체념하듯 받아들였다. "[공산권의] 핵심 국가에서 사회주의가 단말마의 경련이나 격통의 몸부림 없이 조용히 종말을 맞고 있었다."[71]

셰바르드나제에게 진짜 고통스러운 일은 헝가리나 폴란드 혹은 동독의 미래가 아니라 고향 땅에서 일어나고 있는 비극이었다. 그루지야-압하스의 종족 갈등은 악화일로였다. 평생 소비에트 인텔리겐치아의 일부였던 지식인과 예술가는 민족주의의 참호 안에서 불구대천의 원수로 갈라섰다. 타협점은 없었고 폭력이 빠르게 확산되었다. 남캅카스에서 휘몰아치는 증오의 소용돌이에 공포를 느낀 안드레이 사하로프는 그루지야 지식인들에게 소수 종족의 권리를 존중해달라고 호소하고 그루지야공화국을 '축소판 제국(mini-empire)'으로 규정했다. 이는 4월에 트빌리시에서 벌어진 그루지야인 집회의 배후 인물인 민족주의자 즈비아드 감사후르디아(Zviad Gamsakhurdia)를 격분시켰다. 그는 사하로프가 '러시아 제국주의'를, 그의 아내 옐레나 보네르는 '아르메니아 민족주의'를 지지한다고 비난했다. 감사후르디아는 "그루지야는 그루지야인들에게"를 원했고 광신적인 추종자를 많이 거느렸다. 1989년 9월, 그루지야인의 89퍼센트는 그루지야가 소련에서 독립해야 한다고 믿었다.[72]

동유럽 주재 KGB와 소련군사정보부(GRU), 외교관들은 현지의 정치적 혼란에 관한 경고를 모스크바에 쏟아냈지만 헛수고였다. 동독의 소련 대사관은 동독의 정치적 위기에 개입하고 주도권을 되찾을 정치적 수단을 내놔야 한다고 주장했다. 모스크바의 지도부는 그러한 메시지를 무시했다. 마침내, 고르바초프는 1989년 10월 7일 독일민주공화국 건국 40주년 기념식에 참석하는 데 마지못해 동의했다. 그는 동독 지도자들에게 무슨 말을 해야 할지 몰랐다. 사정을 잘 아는 모스크바 주재 영국 대사는 "고르바초프는 일관된 정책도 없이 동독에 간다"라며 "그가 눈을 감고 독일 문제가 사라지길 바라는 사이, 현지의 사건들이 그를 앞지르고 있다"라고 런던에 보고했다. 체르냐예프에 따르면, 그의 상관은 "혁명을 지지하러" 베를린에 가고 싶다고 말했다. 해괴한 발언이었다. 세계 제일의 공산주의 국가의 지도자가 동독에서 소비에트 체제의 종식을 요구하는 이들에게 연대 의식을 표명할 참이었다. 하지만 고르바초프는 자신의 나라에서 그 체제를 변혁할 사명을 지니고 있었다. 그는 자신이 역사를 만들 것이고, 단순히 혁명의 홍수에 휩쓸려 고개만 내민 채 떠 있는 사람으로 여겨지지는 않을 것이라고 여전히 믿었다.[73]

고르바초프와 여타 소련 개혁가들이 협력을 크게 기대하던 부시 행정부는 소련 내부와 동유럽에서의 혁명적 사태의 전개를 놀라서 지켜봤다. 부시 행정부의 하급 관리인 필립 젤리코(Philip Zelikow)는 고르바초프가 폴란드 선거에 어떻게 반응할지 백악관이 면밀하게 주시했다고 회고한다. "그건 고르바초프의 핵심적인 시험대였는데, 통과했다." 그리고 부시와 스코크로프트는 고르바초프가 동유럽을 그냥 포기한다는 사실을 여전히 믿을 수 없었다. 스코크로프트의 부관인 로버트 게이츠는 고르바초프의 개혁이 실패하고 소련은 호전적인 태도로 돌아갈 것이라고 확신했다. 국방부 장관 딕 체니는 "소련은 항상 위험하고, 더 우호적인 어조긴 하지만 공산주의는 레이건이 한때 설파한 것처럼 여전히 사악하다"라고 생각했다.[74]

1989년 7월, 부시와 그의 팀은 폴란드와 헝가리를 순방한 다음 파리의 G7 정상회의에 참석했다. 그는 폴란드와 헝가리의 개혁에 호의적 인상을 받았고, 철의 장막의 해체는 감동의 눈물을 자아냈다. 하지만 변화의 속도와 반공주의적 동유럽인들의 급진주의는 1956년의 혁명을 떠올리게 했다. 그는 이것이 다시금 소련의 역풍과 개입을 불러올 수도 있다고 걱정했다. 미국의 모든 동맹국, 누구보다도 프랑스의 미테랑 대통령은 냉전은 끝났으며, 미국이 고르바초프와 소통하지 않는 것을 참을 수 없다고 여겼다. 부시는 국제통화기금(IMF)과 세계은행, 관세와 무역에 관한 일반 협정(GATT)에 소련을 참여시키고 EEC와의 연계를 증대시켜달라는 고르바초프의 요청에 서유럽 정상들이 보이는 열의를 가라앉히려 애썼다. 백악관은 유사시에 미국이 냉전을 계속 수행할 수 있게끔 하는 구조를 온전히 유지하고 싶었다. 그래도, 유럽 방문을 통해 부시는 급속한 변화의 과정에서 미국만 고립되어 있을 수 없다는 사실을 확신했다. 따라서 그는 고르바초프에게 12월 초에 '실무 회담'을 제안했다.[75]

1989년 가을이 시작되자, CIA 분석가들과 미국 대사관은 부시와 스코크로프트에게 이미 소련 *내부에서* 일어나고 있는 잠재적 재앙에 관해 보고했다. 방미 당시, 옐친은 "페레스트로이카는 붕괴하기 직전이다. …… 경제와 재정 부문, 당과 정치, 민족 사안이 위기에 처해 있다"라고 말했다.[76] 9월 21일, 셰바르드나제는 공식 회담이 끝난 뒤 부시와 스코크로프트와 만난 자리에서 이런 메시지를 확인해주었다.[77] 부시와 스코크로프트는 옐친의 말을 무시했지만, 셰바르드나제의 솔직함에 깊은 인상을 받았다. 그렇다고 해도, 그들이 소련에서 상상할 수 있는 유일한 시나리오는 천안문광장 같은 것으로, 무력에 의한 안정과 질서의 회복이었다.

한편, 동독의 대중 운동은 10월 말에 대규모 시위로 극적인 순간을 자아냈다. 고르바초프가 동독 사안에 엮이는 것을 의도적으로 거부하자, 동독의 신진 정치인들이 앞다퉈 행동에 나섰다. 그들은 늙은 지도자인 동독 공산당 서기장 에리히 호네커와 슈타지 수장 에리히 밀케를 물러나게 했고, 개혁을 약속함으로써 봉기를 진압하려 했다. 새로운 지도자 에곤 크렌츠는 동독이 파산했음을 알고 있었고, 독일민주공화국은 서독에 진 빚더미에 올라 있었다. 크렌츠는 소련에 지원을 부탁하러 모스크바로 달려갔지만, 고르바초프는 그의 호소를 못 들은 척했다. 소련도 외환 보유고가 바닥나고 있었던 것이다. 다급하게 해결책을 구하던 크렌츠와 동료들은 동독 시민들에게 정부 규정에 따른 서베를린으로의 자유로운 이동을 약속했다. 혼란스러운 조치들이 쏟아지는 가운데, 혼동한 어느 관리의 실수 덕분에 답답하게 쌓인 긴장이 뜻밖에도 해소되었다. 베를린장벽이 열린 것이다. 1989년 11월 9일 밤, 어느 국경 경비대원이 혼동한 나머지 환희에 넘치고 깜짝 놀란 동독 군중이 삼엄한 검문소를 그대로 통과하여 서베를린으로 쏟아져 들어가게 두었다.[78]

나머지 11월에, 소련의 후견을 받았던 동유럽의 공산 정권이 차례차례 무너졌다. 신중한 체코슬로바키아인들이 승리한 동독인들의 뒤를 이어 공산당 지배의 종식과 소련군의 철수를 요구하며 '벨벳혁명'을 일으켰다. 불가리아에서도 같은 일이 일어났다. 이 나라들의 공산당 노멘클라투라 가운데 실용주의자들은 권위가 실추된 지도자들을 서둘러 축출하고, 자신들의 정치적 색깔을 바꾸고, '민주'를 추가해 당명을 바꿨다. 폴란드와 헝가리에서 기존 집권당은 눈 녹듯 사라져버린 한편, 그 지도자들은 정치적 다원주의, 민주주의, 서구적 가치에 대한 헌신을 표명했다.[79]

1989년의 혁명은 같은 해에 일어난 소련의 급진화처럼, 여러 요인 중에서도 서구식 소비주의가 대중을 유혹하면서 야기되었다. 수천 명의 동독인들이 베를린장벽 위에서 자유에 취해 춤추는 동안, 수십만 명이 서베를린의 호화로운 상점을 뒤덮었다. 그들은 금단의 열매를 보고 만지고 맛보고 싶었다. 미국의 한 연구자는 "동독과 동유럽 전역에서 냉전 종식의 그 혼란스러운 나날 동안, 자본주의에 의해 제조된 소비재는 자유의 상징이자 본질인 듯했다"라고 평가했다. 1989년 말, 《플레이보이》는 헝가리어로 출판된 첫 번째 미국 상업 잡지로 "아메리칸드림을 수출"하고 있다고 자처했다.[80]

'포스트 장벽 효과'는 소련에 대한 서방의 승리를 상징했다. 윌리엄 타우브먼은 이를 다음과 같이 요약했다. "베를린장벽의 붕괴는 궁극적으로 모든 것을 변화시켰다. 그때까지, 고르바초프는 변화를 주도한 인물이었다. …… 그 후 그는 다른 이들, 즉 동독 거리의 대규모 군중, 공산주의 너머로 이동한 동유럽 정치인들, 고르바초프의 비전을 무시하거나 도전한 서유럽과 미국 지도자에 의해 시작된 변화에 반응해야 하는 처지였다."[81] 하지만 정작 고르바초프는 눈앞에서 벌어지고 있는 사태의 상징적·정치적 의미를 이해하지 못하는 듯했다. 그는 소련 내부의 문제 해결에 정신이 팔렸다. 장벽에 금이 간 날 저녁에, 정치국에서는 내부 문제들, 특히 리투아니아에 관해 길게 논의하느라 밤늦게 퇴근했다. 6일 뒤, 공개 연설에서 소련 지도자는 동유럽에서 "전체주의적 사회주의 체제가 붕괴"했다는 마거릿 대처의 선언을 부정했다. 또한 영국 대사에게 기가 막히도록 침착하게, 사태가 "올바른 방향으로 가고 있고 …… 페레스트로이카는 당신들에게도 도움의 손길을 내밀 것"이라고 말했다.[82] 그는 더 개방된 소련이 '유럽 공동의 집'을 통해 점진적으로 통합되리라는 아름다운 비전이 동유럽의 정치적 패주의 희생자가 되어버렸다는 사실을 어쩌면 스스로도 시인하지 않으려 했다.

베를린장벽의 붕괴와 도미노 효과에 따른 동유럽 공산주의 정권의 붕괴는 1945년 이래로 서방에 최대의 지정학적 기회가 다가왔음을 예고했다. 부시 대통령은 고르바초프와의 회담에서 갑자기 가공할 만한 패를 얻었다. 회의적인 브렌트 스코크로프트마저도 "갑자기 모든 것이 가능해졌음"을 깨달았다. 익숙한 냉전의 틀은 산산조각 나고 새롭게 등장한 세계는 "말 그대로 우리의 준거 틀 바깥"에 있었다. 하지만 신중함이란 덕목은 부시와 스코크로프트에게 조심스러운 행보를 요구했다. 또한 스코크로프트는 동유럽에서 일어난 혁명이 페레스트로이카의 방향을 뒤집을 가능성이 훨씬 더 커졌다고 결론 내렸다. 결국, 부시는 낙관론으로 기울었다. 어쩌면 소련이 "언제 폭발할지 모를 시한폭탄"이라고 생각했지만, 소련 지도자와 관계를 맺고 그의 우호적인 발언을 가급적이면 있는 그대로 받아들이고 싶었다.[83] 혁명적 변화들을 지켜내고, 소련 지도자가 소련의 군사력과 강경파를 적절히 관리할 수 있게 돕는 것이 무엇보다 중요했다. 발트 국가들의 독립 요구는 이런 측면에서 부시와 스코크로프트에게 특별한 관심의 대상이었다. 발트인들은 활발하고 조직이 잘 정비된 발트계 미국인들과 우파 공화당 진영의 동조자들로부터 지지를 받았다. 미국의 발트계 망명자들은 독립운동에 적극적으로 참여해서, 녹음과 인쇄 장비를 들여오고 *사유디스* 지도자들이 최초로 외국을 방문하도록 자금을 모았다. 미국 핵심 주들의 선거에서도 중요한 역할을 했다.[84] 그와 동시에 리투아니아의 분리는 소련 보수파의 역풍을 불러오는 기폭 장치가 될 수도 있으며, 소련군이 여전히 주둔하고 있는 동유럽과 동독에도 영향을 미칠 수 있는 사태였다.

몰타 근처의 소련 유람선인 막심 고리키호에서 1989년 12월 2~3일에 열린 고르바초프와 부시의 회담은 세계의 이목을 집중시켰다. 고르바초프는 이탈리아에서 엄청난 외교적 승리를 거둔 뒤 회담장에 도착했다. 그는 밀라노에서 기쁨의 눈물을 흘리며 소련 지도자에게 종교에 가까운 존경을 표하는 군중에 둘러싸였다. 고르바초프에게 회담은 심리적이고 정치적인 측면에서 냉전의 종식을 의미했다.[85] 회담에서 미국 측의 분위기는 매우 달랐다. 우호적이지만 화기애애하지는 않았고 때로는 긴장감이 흘렀다. 부시는 뱃멀미를 했다. 소련의 협상 팀은 조바심을 냈고, 고르바초프의 군사 자문인 세르게이 아흐로메예프(Sergey Akhromeyev) 원수는 침울했다. 소련 측에서는 고르바초프 혼자 에너지와 자신감을 발산했는데, 동유럽을 '잃은' 게 아니라 '얻은' 사람 같았다. 그는 부시가 미·소 무역법에 잭슨-배닉 수정 조항을 적용하고 싶지 않다고 말하자 아주 기뻐했다. 이 조항은 1974년에 채택되어 미국과 소련의 무역을 이주의 자유와 연결했는데, 미·소 경제 관계와 데탕트를 망치는 데 일조했다. 부시는 미국의 사업체가 소련에서 활동하지 못하게 막는 미국의 수출 차관과 신용 보증에 부과된 제한을 해제하는 데 "의회의 태도를 살펴보겠다"라고 약속했다. 또한 소련의 GATT 참여도 지지했다. 그러나 IMF나 세계은행의 회원국 자격에 관해서는 아무 언급도 하지 않았다.

소련 지도자는 돈이 필요했기에, 본국의 문제에 관해 솔직하게 밝히고 뜻밖의 적자 내역을 나열했다. 체르노빌 사고로 80~100억 루블, 아르메니아 지진으로 120~140억 루블, 유가 하락으로 인한 적자의 증가가 그것이었다. 몇몇 경제학자도 적자에 책임이 있는 것으로 지목되었는데, 고르바초프는 소련 소비자들의 수요를 충족시키기 위해 160~200억 루블을 수입에 쓰라고 조언한 소련 경제학자 니콜라이 시멜료프를 가리킨 것이었다. 부시는 레이건 행정부로부터 물려받은 500억 달러의 재정 적자를 청산해야 하는 예산상의 문제를 자신도 안고 있다고 예의 바르게 대답했다. 미국 국무부 장관 제임스 베이커는 고르바초프에게 소련의 금 보유량을 이용해 해외에 금 담보채권을 판매하라고 조언했다.[86]

부시는 미국의 요구 사항을 내놓았다. 그는 고르바초프가 피델 카스트로의 쿠바와 니카라과의 공산주의 세력 산디니스타에 대한 지원을 중단하도록 압박했다. 이것은 미국의 우선 사항 중 하나였다. 소련 협상 팀은 깜짝 놀랐다. 고르바초프는 "전략적이고도 철학적으로" 냉전은 이미 끝났다고 하기를 바랐다. 회담 둘째 날에 그도 미국인들에게 깜짝 선언을 내놨지만, 부시와 스코크로프트가 두려워한 내용은 아니었다. "나는 당신과 미국에 대해 소련은 어떤 상황에서도 전쟁을 개시하지 않을 것이라고 말하고 싶습니다. 소련은 미국을 더 이상 적으로 여기지 않습니다." 소련 지도자에게 이것은 근본적인 선언이자 앞으로 있을 모든 협상을 위한 토대였지만, 셰바르드나제와 체르냐예프는 부시가 반응하지 않는 것에 주목했다. 소련 측은 손을 내밀었지만 악수는 이뤄지지 않은 셈이었다. 대화는 군비 제한에 관한 구체적이고 익숙한 분야로 흘러가며 흐지부지해졌다.

회담이 끝나기 전, 두 지도자는 발트 지역에 관해 논의했다. 고르바초프는 그 지역이 일방적으로 분리하게 할 수는 없다고 설명했는데, 소련 헌법은 모든 공화국을 동등하게 대해야 하기 때문이다. 리투아니아가 떨어져 나가게 됐다가는 소련의 다른 지역에서 "온갖 종류의 끔찍한 불길이 일어날 것"이다. 부시는 "하지만 당신이 원치 않더라도 무력을 사용한다면 화염의 폭풍이 일어날 것입니다"라고 대답했다. 고르바초프는 이것이 이중잣대라고 보고 속으로 발끈했다. 미군은 파나마에 개입할 준비를 하고 있었고, 그곳의 통치자인 마누엘 노리에가 장군을 붙잡아 미국의 감옥에 처넣을 작정이었다. 그런데도 그는 소련 내정에 미국이 간섭하는 데 평소와 달리 소련식의 반박을 하지 않았다. 고르바초프는 부시가 동유럽과 베를린장벽에 관해 의기양양해서 승자의 태도를 내비치지 않는 데 안도했다. 그는 장래 더 나은 동반자 관계에 대한 희망을 드러냈다.[87]

몰타정상회담이 끝난 뒤, 스코크로프트는 베이징으로 은밀히 날아가 '천안문의 도살자들'과 악수를 나누고 중·미 파트너십에 무엇도 영향을 미치지 않을 것이라며 중국 지도자들을 안심시켰다. 중국인들은 미국의 확언을 무심하게 받아들였다. 그들은 고르바초프의 정책을 공공연하게 멸시했다. 중국 외교부장 첸치천(錢其琛)은 크렘린의 지도자가 새로운 질서를 건설하고 싶어 하지만 나라의 안정도 유지하지 못한다고 말했다. 첸치천은 스코크로프트에게 놀라운 소식을 전했다. 소련이 매우 가난한 중국에 돈을 빌려달라고 요청했다는 것이다.[88]

바르샤바조약기구 내부에서는, 상황이 어떻게 흘러가고 있는지에 관해 아예 환상을 품지 않았다. 부시와의 정상회담이 끝난 뒤, 고르바초프는 모스크바로 돌아와 소비에트 블록의 지도자들과 만났다. 회담 참여자의 절반은 공산주의자가 아니거나 반공주의자였다. 폴란드 가톨릭당 총리인 마조비에츠키는 폴란드 대통령인 야루젤스키 장군 옆에 앉았다. 루마니아의 확고한 공산주의자 차우셰스쿠는 격리 중이기라도 한 듯 멀찍이 떨어져 앉았다. 한 소련 고위 외교관은 셰바르드나제의 보좌관인 스테파노프에게 "이 사람들 중 절반은 다음 회담 자리에 없을 거야"라고 말했다. 스테파노프는 "다음 회담이 열린다면 말이지"라고 대꾸했다. 고르바초프의 제안에 따라 회담은 1968년의 체코슬로바키아 침공을 규탄하는 성명서 초안을 승인했다. 스테파노프는 초안을 그렇게나 허술하게 편집한 데 놀랐다. "결정적 문제들이 그런 식으로 대충 결정된다면 나라가 왜 이 지경에 이르렀는지는 뻔하다."[89]

12월 16일, 동유럽의 마지막 공산 정권이었던 루마니아의 차우셰스쿠 독재정권이 무너졌다. 그날, 셰바르드나제는 NATO 사무총장 만프레트 뵈르너(Manfred Wörner)를 만나기 위해 브뤼셀에 있는 NATO 본부를 처음으로 방문했다. NATO 전 직원이 나와 소련 외무부 장관을 기립박수로 맞이했다. 셰바르드나제는 감동받은 듯했고 감사의 말을 던졌다. 하지만 스테파노프는 이 광경을 바라보며 소련의 국내 위기와 결부했다. 그는 셰바르드나제와 마찬가지로, 소련 외교 정책에 대한 이런 갈채가 본국에서는 비판자들의 분노만 살 것임을 잘 알고 있었다. 그는 "잘 먹고사는 미국과 유럽의 대중이나 핵전쟁에 의한 세계 종말의 공포에서 해방되었다며 박수 칠 여유가 있다. 굶주림과 비참함이 먹구름을 드리운 나라에서는 이런 안도감은 있을 수 없다"[90]라고 일기에 썼다.

1989년에는 혁명적 전환이 많이 일어났다. 봄과 여름에 고르바초프의 정치적 자유화 노선은 상당한 급진화를 가져왔지만, 이번에는 국경지대가 아니라 나라의 핵심부, 무엇보다 모스크바, 러시아어를 사용하는 공업지대, 지배 엘리트 내부에서 일어났다. 공산주의 이데올로기라는 전면이 먼저 무너졌고, 그다음은 동유럽에 위치한 외부 제국의 차례였다. 베를린 장벽의 붕괴는 고르바초프의 페레스트로이카를 무색하게 만들었고, 바르샤바조약기구에 미래가 없다는 것도 분명해졌다. 하지만 소련 지도자와 엘리트들에게는 내부의 위기가 외부의 사건을 점차 압도했다. 고르바초프는 해외에서 소련이 '유럽 공동의 집'에 참여할 것이라고 주장했다. 그러나 가장 가까운 보좌관들과 자문들은 소련이라는 집이 무사히 보전될지 의심하기 시작했다.

- RSFSR의 주권은 수 세기에 걸친 역사와 문화, 전통을 지닌 러시아 국가의 존재에 자연스럽고 필수적인 조건이다.

_RSFSR의 국가주권선언문에서, 1990년 6월 12일

러시아가 깨어나다

러시아인들은 어떻게 할 것인가? 그것은 고르바초프 개혁이 다시금 끄집어낸 또 다른 문제였다. 1989년 인구조사에 따르면 소련의 전체 인구 2억 8700만 명 가운데 절반 이상인 1억 4500만 명이 스스로를 러시아계로 여긴다고 답했다. 수십 년 동안 그들은 '그들의 조국(home)'이 소비에트연방 전체라는 말을 들었다. 러시아인 가운데 2500만 명 정도는 우크라이나, 벨로루시, 발트 국가들, 캅카스 지역, 중앙아시아에서 살았다. 대다수는 'RSFSR'(이하 '러시아연방'으로 표기함)이라는 단어에 딱히 유대감을 느끼지 않았다. 그리고 다수는 소련 전체가 역사적으로 '러시아'라고 여기며 자랐다. 실제로 러시아연방은 '러시아 공화국'이 전혀 아니었다. 그것은 중앙의 소비에트 기관들이 통치하는 소련의 본체였고 그 거대한 규모와 자원들이 다른 14개 소비에트 공화국을 하나로 유지했다. 스탈린부터 안드로포프까지, 최고소비에트를 비롯해 러시아연방의 기관들은 기껏해야 장식물에 불과했는데, 그럴 만한 이유가 있었다. 어떠한 '러시아' 권력 중심부든 러시아 민족주의를 유발하고 중앙의 당-국가에 엄중한 위험을 제기할 수 있었다.

그러나 발트 국가들과 우크라이나, 그 외 지역에서의 민족주의 운동이 부상하자, 러시아연방은 러시아인의 '조국'처럼 보이기 시작했다. 러시아 언론인, 정치인, 지식인은 RSFSR을 '러시아연방(Russian Federation)'이나 '러

시아'라고 부르기 시작했다. 그러자 다음과 같은 의문이 생겼다. 발트 공화국들이 독립하면 '러시아'도 독립 주권국가로서 헌법적 권리를 주장할 수 있을까? 그렇다면 소비에트연방에는 무엇이 남을까?

러시아 분리주의에 대한 풍문은 1989년 6월에 인민대표대회에서 처음 들려왔다. 고르바초프가 좋아하는 러시아 작가 중 한 명인 발렌틴 라스푸틴은 '러시아 제국주의'를 거론하는 발트와 그루지야 대의원들에게, 그들이 소비에트연방에 작별을 고하고 싶다면 "어쩌면 러시아도 연방을 떠나야 할 것이다. …… 어쩌면 그러는 편이 낫지 않을까?"라며 쏘아붙였다. 라스푸틴은 러시아가 다른 공화국들을 보조해주는 일을 그만둬야 한다는 의미였다. 유명한 문화사가이자 고르바초프 부부가 좋아하는 드미트리 리하초프는 과거의 공산주의 정권이 "러시아에 심한 굴욕을 주고 너무 많은 것을 빼앗아서 러시아인들은 숨을 쉴 수 없을" 정도라고 말했다. 당 조직 내의 러시아 민족주의자와 인텔리겐치아는 소련의 다른 '민족들'이 갖고 있는 것을 요구하기 시작했다. 공산당의 러시아 지부와 러시아 과학아카데미, 러시아 작가동맹, 모스크바대학과 레닌그라드대학의 러시아인 우대 할당제가 그것이었다.[1]

1989년 7월, 정치국은 다음과 같은 결론을 내렸다. 러시아인들은 필연적으로 발트인, 그루지야인, 아르메니아인, 여타 비러시아인과 같은 주권적 권리를 요구할 것이며, 이는 소비에트연방의 종말을 의미할 것이라는 결론이었다. "주권국가 러시아를 만들어내는 것이 발트인들의 비현실적 꿈"이라고 바딤 메드베데프는 경고했다. 벨로루시계인 니콜라이 슬륜코프(Nikolai Sliunkov)는 소비에트연방 내의 공화국들이 균형을 이루기 위해 러시아연방을 6~7개로 쪼개는 방안을 제시했다. 리시코프는 러시아연방을 여러 개의 경제 지역으로 나누는 방안을 제안했다. 야코블레프는 정치국에서 러시아 문제를 가볍게 일축한 유일한 인물이었다. 그는 러시아인들이 연방을 의도적으로 파괴할 만큼 미치지는 않았다고 말했다. 야코블레프의 동료들은 그의 그릇된 낙관론에 눈살을 찌푸렸다. 리시코프는 "당신은 모든 것을 해체하고 싶어 하는 것 같군. 발트 지역에 가선 안 될 사람이야"라고 말했다.[2] 동료들은 일제히 고르바초프를 쳐다보았고, 그는 "우리는 러시아 인민의 압력을 무시할 수 없다"라고 대답했다. '연방 내에서 러시아의 역할'을 강화할 방법을 찾아야 했지만, 러시아연방에 더 큰 주권을 주지 않고 또 소련공산당 내에 별도의 러시아공산당을 신설하지는 않아야 했다. 만일 그런 일이 일어난다면 "연방의 근간이 사라져버릴 것"이라고 고르바초프는 결론 내렸다.[3]

고르바초프는 이 모순을 어떻게 해결할지는 설명하지 않았다. 그의 '더 강한 공화국들'이라는 슬로건을 내세운 채로, 러시아연방 내의 각 공화국들을 차별하는 것은 불가능했다. 1990년의 전반기에, 분리주의를 향한 러시아의 각성과 욕망은 계속 탄력이 붙었다. 서로 적대적인 세 가지 세력이 러시아 주권이라는 발상을 지지했다. 하나는 당과 소련 엘리트 내부의 러시아 민족주의자들이었다. 두 번째는 모스크바 정치를 지배하는 민주적 야권이었다. 세 번째는 보리스 옐친이 이끄는 대중 포퓰리즘 세력이었다.

보수적인 러시아 민족주의는 제2차 세계대전 이후로 당과 국가 관료, 인텔리겐치아에게 확산되었다. 브레즈네프 행정부는 국제 공산주의보다는 쇼비니즘을 바탕으로 다져졌다. 많은 그루지야인이 스탈린을 위대한 그루지야인으로 숭배한 한편, 러시아인들은 그 위대한 독재자를 '러시아 초강대국(Russian superpower)'의 건설자로서 찬양했다. 이런 배외주의는 러시아의 인구학적 쇠퇴를 자각하면서 완화되었다. 1979년에 러시아 지역의 어느 당 지도자는 일기에 전형적인 비난을 맹렬히 쏟아냈다. "러시아인들이 눈앞에서 감소하고 있다." 러시아의 역사적 핵심부가 "점점 비어가고 있다".[4] 당 노멘클라투라와 군부, KGB 내부의 대다수는 러시아 농민층의 파괴를 한탄하는 발렌틴 라스푸틴 같은 작가들에게 공감했다. 게다가 1988~1989년의 글라스노스트 덕분에 알렉산드르 솔제니친처럼 이전에 금지된 러시아 민족주의자들의 작품을 읽기 시작했다.

고르바초프는 원칙적인 국제주의자였지만, 체르냐예프는 고르바초프가 "러시아인들을 향한 위험한 편향"을 지녔음을 알아차렸다. 라이사 고르바초바는 러시아 문화 역사가, 민족주의 작가, 러시아정교회 신자가 포함된 모스크바 소비에트문화재단의 이사회에 속해 있었다. 재단은 옛 러시아 문화의 보고를 재발견하고, 혁명 이전 러시아 사상가들의 저작을 출간하고, 재단의 지도자 중 한 명이 말했듯 "러시아의 위엄을 회복시켰다". 고르바초프는 저서의 인세를 전부 재단에 기부했고, 많은 당료가 그 뒤를 따랐다.[5] 하지만 고르바초프가 러시아 민족주의자들을 소비에트라는 장막 안에 계속 가둬두길 바랐다면, 착각이었다. 1989년 말에 이르자, 러시아 지역의 당과 관료 집단은 고르바초프의 페레스트로이카를 재앙이라고 여겼다. 그들은 '민족적' 정치 기반을 제공해주도록, 소련공산당 내에 '러시아'공산당 창당을 추진하기 시작했다.

1989년 10월, 러시아연방과 우크라이나소비에트사회주의공화국의 최고소비에트라는, 여전히 개혁되지 않고 빈사 상태인 두 기구가 공화국 헌법을 개정하기 위해 각각 모스크바와 키예프에서 열렸다. 정치국에서 합의되어 언론에 발표된 개혁을 위한 청사진에 따르면, 러시아와 우크라이나공화국에 이미 소비에트연방에 설립된 것과 같은 새로운 양원제 대의기구, 즉 정기적으로 열리는 인민대표대회와 상설 최고소비에트가 구성될 계획이었다. 키예프에서, 우크라이나 최고소비에트는 모스크바의 청사진에서 벗어나 새로운 최고소비에트를 구성하는 선거 실시 방안만 가결했다. 모스크바에서는, 예전 규정에 따라 '선출된' 많은 대의원이 전전긍긍하며 변화에 저항했다. 그들은 많은 자치 공화국을 거느린 거대하고 복잡한 공화국을 어째서 정치적 불안정에 빠트려야 하는지 이해할 수 없었다. 연방의 층위에서 이뤄진 정치적 실험이 만연한 포퓰리즘, 다루기 힘든 반대파, 파업, 경제적 문제를 이미 초래했음은 누구나 알 수 있었다. 보수적 대의원들은 호텔에서 크렘린의 대회장으로 가는 길에 모스크바 기반의 급진주의자들이 급진적 표어를 외치며 다가와 말을 걸자 더욱 반발하는 태도를 보였다.[6] 모스크바 최고소비에트를 주재한 비탈리 보롯니코프는 정치국의 결정을 관철하여 당 보수파들이 새 헌법을 승인하도록 이끌었다. 개혁 찬성파 대의원들은 모든 대의원을 민선으로 하자는 안건을 내놨다. 이 안건은 예상대로 통과되었다. 9개월 만에, 이 개혁은 소련 정치를 혁명적으로 변화킬 터였다.

안드레이 사하로프와 반대파 지식인들은 소수 민족집단을 위한 평등이라는 자유주의적 관점에서 러시아 문제를 논의했다. 사하로프는 러시아인들이 미래의 자발적 연방을 지배해서는 안 된다고 생각했다. 러시아연방은 너무 커서 여러 개로 쪼개야 한다. 이렇게 나눠야 더 작은 규모의 공화국들이 평등하다고 느낄 것이다. 1989년 11월 27일, 사하로프는 고르바초프에게 자신이 작성한 헌법 제안서를 전달했다.[7] 하지만 소련 지도자는 이를 무시했는데, 그는 현 정세로 너무 바빴다. 이 시기는 모스크바 야권이 소비에트헌법 제6조에 명문화된 당의 권력 독점을 폐지해야 한다고 요구하던 때였다. 이 쟁점은 12월 12~24일 모스크바에서 열린 제2차 소련 인민대표대회의 초점이었다. 사하로프, 아파나셰프와 MDG 지도자들은 고르바초프와 공산당이 권력을 포기하도록 전 연방에서 정치 파업을 선언하기로 결정했다. 이 시도는 흐지부지되었는데, 대다수의 노동자들은 모스크바에 기반을 둔 지식인들의 요청에 반응하지 않았다. 그러다가 12월 14일, 사하로프가 심장마비로 급서했다. 야권은 대의를 위한 순교자로 그를 안장했다.

소련 인민대표대회와 최고소비에트의 보수적 다수파에 좌절한 모스크바 야권 지도자들은 다가올 러시아연방 인민대표대회 선거에 다시금 에너지를 집중했다. 고르바초프가 설계한 '사회주의적 민주주의'의 제2단계에 속하는 이 선거는 원래 1989년 11월로 예정되어 있었지만, 1990년 3월로 연기되었다. 선거가 연기된 덕분에 야권은 더 탄탄하게 조직을 갖출 수 있었다. 1990년 1월 모스크바에서 열린 모임에서, 야권 인사들은 민주러시아(Democratic Russia)라는 새로운 이름을 내걸고 운동을 조직했다. 이 단체는 전 반정부 인사, 과학자, 작가, 학자, 지식인과 인텔리겐치아 일원으로 이루어졌다. 그들은 자유, 민주주의, 인간의 권리, 다당제, 자유선거, 시장경제 등 '안드레이 사하로프의 이상'을 위해 싸우겠다고 다짐했다. 민주러시아는 반자유주의적 러시아 민족주의자들은 배제했다. 발행 부수가 460만 부에 달하는 잡지 《오고뇨크(*Ogonyok*)》는 민주러시아의 호소문을 무료로 게재했다. 운동은 러시아연방의 완전한 주권을 주창했고, 소비에트연방은 러시아와 그 외 공화국들이 자발적으로 위임한 권한만 지닐 것이다.[8]

1989년 가을, 보리스 옐친은 여전히 자신의 색을 찾기 위해 분투했다. 그의 인생에서 힘든 시기였다. 《프라우다(*Pravda*)》는 방미 기간 동안 옐친의 음주벽과 무례한 행동을 묘사한 이탈리아 신문 《라 레푸블리카(*La República*)》의 기사를 보도했다. 그 직후에 옐친은 사고를 겪었는데, 그의 운전기사가 몰던 차가 대낮에 크렘린 근처 트베르스카야 거리에서 불법 유턴을 하다가 맞은편에서 오던 차와 부딪혔던 것이다. 옐친은 다치지 않았지만 상대 운전자는 심장마비를 일으켰다. 그다음에 벌어진 사건은 더욱 당혹스러웠다. 경찰이 옐친을 모스크바 인근 시골의 어느 다리 아래 개울가에서 발견했는데, 그는 꽃 두 다발을 들고 물에 쫄딱 젖은 상태였다. 경찰에게 발견된 후 그의 첫 반응은 이 사건을 보고하지 말아달라는 것이었다. 나중에는 정체불명의 괴한들이 자신을 공격해 다리 아래로 내던졌다고 주장했다. 고르바초프는 'B. N. 옐친에 대한 공격'에 관해 청문회를 열었는데, 이 청문회는 굴욕적인 웃음거리로 탈바꿈했다. 옐친은 자신의 '사생활'에 관해 이야기하고 싶지 않았다고 말했다. 그가 정부를 만난다는 풍문이 돌았다. 옐친의 권위는 크게 떨어졌다.[9]

이런저런 불미스러운 사건들은 옐친이 획기적인 결정, 즉 *러시아* 정치인이 되기로 마음먹는 데 일조했다. 처음에 그는 보수주의적인 러시아 민족주의로 기울었지만, 미국을 방문한 후로는 자유주의적 의제로 전향했다. 1989년 12월 초, 그는 '러시아 대통령'이 되겠다고 공언했다. 그리고 자신의 사명은 "러시아의 민주적 · 국가적 · 정신적 부활"이라고 선언했다. 옐친의 '러시아'는 소비에트연방 전체가 아니라, 러시아연방만이었다. 그는 소련의 핵심부가 완전한 주권을 얻고, 자체적으로 헌법을 보유하고, EEC에 가입하고, 미국, 일본, 영국과 무역 협정을 체결하길 원했다. 터무니없이 야심 찬 목표였지만, 그 덕분에 옐친은 급진적인 포퓰리즘적 의제를 세웠다. 마침내 고르바초프의 페레스트로이카라는 그늘에서 벗어난 것이다. 러시아 민족주의자들에게 옐친이 보내는 메시지는 "러시아는 다른 공화국들이 오랫동안 보유했던 경제적·정치적·사회적·과학적 기관이 없는, 국가성이 없는 유일한 공화국"이라는 것이었다. 모스크바 인텔리겐치아에게 보내는 메시지는 달랐는데, 러시아연방이 민주파에게 더 나은 목표라는 것이었다. 그는 분리주의에 대한 비난을 간단히 묵살했다. 자신은 그저 소비에트연방을 개혁하고 싶을 뿐이라는 것이었다. 야권이 러시아 인민대표대회 선거에서 승리한다면 그 후에 "민주주의가 러시아에서 승리한다면, 조만간 민주주의는 …… 전 연방 차원에서 승리할 것이다". 그리고 그는 당 우두머리들, 수뇌들을 물리치고 러시아 자원을 러시아 인민을 위해 재분배할 것이라고 포퓰리즘적인 지지 기반을 향해 약속했다.[10]

옐친 현상은 새로운 견인력을 찾아냈다. 옐친이 러시아 차르의 빈자리를 채울 도전자가 된 것이다. 러시아인들은 그들의 영웅이 저지른 모든 비행을 용서했다. 택시 운전사, 배관공, 산업 노동자, 농민은 옐친의 추문이 KGB와 당의 거물들에 의한 함정이라고 철석같이 믿었다. 당시에 옐친의 새로운 의제가 소비에트연방을 개혁하지 않고 실은 파괴할 것임을 깨달은 사람은 없었다. 어쨌든 그들은 새로운 노선과 과감한 조치를 원했다. 옐친은 공격적인 포퓰리즘 선거 운동을 펼쳤다. 모스크바와 우랄 지역의 노동자와 농민들을 상대로 한 무수한 선거 유세에서, 그는 러시아의 재기를 부르짖고 다른 공화국에 살고 있는 러시아인들에게 '러시아로 돌아올 것'을 요청했다. 대필한 자서전에서, 옐친은 변변치 않은 출생 배경을 묘사하고 당 거물에 맞서는 평범한 러시아 인민의 옹호자를 자처했다. 자서전은 모스크바 근교와 크림반도에서 머무는 고르바초프 부부의 호화 빌라를 묘사하며, 그들의 사치스러운 생활을 비판했다. 이런 사치는 잘사는 나라에선 당연한 일이겠지만, 남녀노소를 불문하고 텅 빈 상점에서 식료품을 구하기 위해 줄을 서야 하는 러시아에서는 아니라고 꼬집었다.[11] 옐친의 자서전은 서방에 번역되어 출간되었고, 서방 언론의 서평과 기사는 그 대목을 놓치지 않았다. 체르냐예프는 고르바초프에게 이를 알리면서, "추잡한 중상모략"이라고 평했다. 틀린 말은 아니었지만, 옐친의 비난은 많은 러시아인에게 영향을 미쳤다. 체르냐예프는 일기장에 러시아 지식인과 일반인은 1917년에 그들의 선조들이 대중 선동가들을 지지한 것처럼 생각 없이 옐친을 지지할지도 모른다고 걱정을 털어놨다.[12]

1990년 3월 4일, 러시아연방 인민대표대회 선거에서 옐친은 본거지인 우랄 지역 스베르들롭스크에 출마하여 70퍼센트의 지지를 얻었다. 그는 즉시 서유럽으로 책 홍보 투어를 떠났다. 스페인, 이탈리아, 영국, 프랑스에서 엘리트들은 호기심을 보이면서도 그를 긍정적인 정책이 없는 민족주의적 대중 선동가로 조심스럽게 맞이했다. 파리에서, 옐친은 대중 토크쇼에 출연해 러시아 철학자 알렉산드르 지노비에프(Alexander Zinoviev)와 논쟁을 벌였다. 1970년대에 소련에서 추방당했던 지노비에프는 고르바초프의 개혁을 풍자한 《카타스트로이카(*Catqastroika*)》(파국을 뜻하는 '*catastroph*'과 '페레스트로이카'를 합성한 단어 – 옮긴이)를 막 펴낸 참이었다.[13] 뜻밖에도, 러시아 반체제 인사는 옐친을 포퓰리스트이자 대중 선동가라고 공격했다. 옐친이 다당제가 러시아에 사회 정의를 가져올 것이라고 주장하자, 지노비에프는 "소련에서 정당을 1000개 만들어봤자 전부 정치 마피아로 변질되고 말 겁니다!"라며 반박했다. 사회자는 옐친에게 "소련의 미래를 어떻게 보십니까?"라고 물었다. 옐친은 사람들이 젊고 활력 넘치는 지도자를 선택할 것이며, 그 지도자는 "초권위적인 권력 없이" 모든 상황을 바로잡을 것이라고 답했다. 지노비에프는 러시아 인민은 이미 1917년에 권력을 잡았으나, 이는 스탈린의 독재로 귀결되었을 뿐이라고 대꾸했다. 그는 옐친이 소련을 죽일 것이며, 서방은 그에게 박수를 보낼 것이라고 말했다. 하지만 여러 해가 지나면 러시아 사회는 권위주의로 퇴행할 것이고, 인민들은 브레즈네프의 '황금기'를 그리워할 것이라고 덧붙였다. 사회자는 옐친에게 고르바초프를 대신해 소련의 대통령이 되고 싶은지 물었다. 옐친은 짐짓 미소를 지으며 대답했다. "아니오. 미래는 러시아의 것입니다."[14] 옐친은 자신이 한 말을 지켰지만, 지노비에프의 판단 역시 예언적이었다.

고르바초프의 대통령직

1990년 1월, 고르바초프는 경제 및 민족주의 문제로 지치긴 했지만, 소련을 전체주의라는 계류지에서 떨어져 나오게 했다고 믿었다. 남편이 더 이상 스트레스를 견딜 수 없을 거라 여긴 라이사는 고르바초프의 은퇴를 사적으로 종용했다. 하지만 고르바초프는 1990년과 그로부터 1년이 지난 후에도 정계를 떠나지 않았다. 그는 보좌관들에게 자신은 권력 그 자체를 좋아하지는 않는다고 몇 번이나 이야기했다. 하지만 그는 페레스트로이카를 올바른 방향으로 이끌고 나갈 사람은 자신뿐이라고 확신했다. 문제는 날이 갈수록 나라에 혼란과 위기감이 커졌다는 사실이다.[15]

여러 민족을 '화합(harmonization)'하게 만들려는, 시작부터 유토피아적이었던 시도는 대실패였다. 1989년 12월, 크렘린의 모든 노력에도 리투아니아공산당은 소련공산당에서 분리하여 완전한 독립으로 나아간다는 방침을 선언했다. 고르바초프는 모스크바에서 당 총회를 주재했고, 성난 참석자들은 분리를 막기 위해 무력 사용을 요구했다. 당이 파견한 대표단이 협상하러 리투아니아로 갔다가 빈손으로 돌아왔다. 1990년 1월, 고르바초프는 본인이 직접 날아가서 '건전한 세력들'에게 호소했다. 그는 소련을 전체주의적 단일 국가로 만들었다며 스탈린을 탓하고, 발트인들에게 분리할 수 있는 규정이 있는 공화국들의 진정한 연방에 참여하길 권했다. 심지어 다당제 국가라는 구상도 수용했다. 이러한 모든 제안은 "리투아니아인보다는 외국 기자들에게 더 강한 반향을 일으켰다"라고 어느 관찰자는 평가했다. 리투아니아인들은 이제 소련에서 탈퇴할 절호의 기회를 잡았다고 여겼다.[16]

일부 역사가들은 나중에, 고르바초프가 발트인들에게 의미 있는 탈퇴의 가능성을 제시했더라면, 소련의 나머지 지역 내의 분리주의라는 시한폭탄에서 발트 국가라는 신관을 제거할 수 있었을 것이라고 주장했다.[17] 하지만 이것 역시 또 다른 이성적인 추측에 불과하다. 고르바초프의 주된 문제는 리투아니아가 아니라, 러시아인들이었다. 빌뉴스의 한 공장에서 발언을 할 때, 고르바초프는 대다수가 러시아계인 노동자들에게 어떤 사람들은 "러시아가 연방에서 분리하면 4년 내로 세계에서 가장 번영하는 국가가 될 것"이라는 말도 안 되는 소리를 하고 있다고 말했다. 그런데 고르바초프는 터무니없다고 여기는 발상에 청중은 갑자기 박수를 치기 시작했다. 그는 "박수 치지 말고 내 말을 들어봐요"라고 쏘아붙였다. 리투아니아를 방문하는 동안 그의 기분은 '분노와 혼란'으로 어두워졌다. 그는 침울한 기분으로 모스크바로 돌아왔다.[18]

같은 달인 1990년 1월, 정치국은 아제르바이잔에서 무력을 사용해야 했다. 현지의 당은 와해되었고, 대부분이 '민족적' 인텔리겐치아 출신인 '인민전선'의 민족주의자들이 장악했다. 아제르바이잔계가 수 세기 동안 살아온 소련-이란 국경지대에서는 전년도 베를린장벽의 붕괴 때처럼 환호하는 군중이 국경선을 뚫었다. 하지만 이번에는 소련 기계화사단과 공수사단이 아제르바이잔인들의 '주권'을 향한 열망을 진압하고 국경선을 회복시켰다. 바쿠에서는 현지 주민 100여 명과 군인 20명이 죽었다. 당연히, 아제르바이잔의 시위 진압은 해법이 아니라 시간 벌기용에 지나지 않았다.[19] 라이사는 바쿠 군사 작전 다음 날에 남편의 얼굴이 말이 아니었다고 기억했다. 안색은 잿빛이었고, '영혼의 분열'이라도 겪은 듯 눈에 띄게 나이가 들어 보였다. 이는 고르바초프가 무력 사용을 생리적으로 혐오한다는 것을 보여주는 또 다른 예였다.[20] 개인으로서는 찬탄할 만한 도덕적 특성이지만, 비극적 역사를 지니고 악성 민족주의의 급격한 대두에 직면한 나라의 지도자에게는 커다란 정치적 결점이었다. 1990년 1월, 크렘린의 지도자는 딜레마에 직면했다. 무력을 사용해 기존 국가를 그대로 유지할 것인가, 공화국들에 권력을 이양하는 노선을 이어갈 것인가? 결국, 고르바초프는 두 번째 길을 택했다.

모스크바에서, 러시아의 민주 야권은 고르바초프의 도덕적인 고통에 대해서는 알지 못했다. 아파나셰프, 가브릴 포포프, 세르게이 스탄케비치와 민주러시아의 지도자들은 2월 4일, 50만 명이 참석한 대규모 집회를 열어 '민주주의'와 리투아니아의 독립을 지지했다. 그들은 러시아 '파시즘'에도 항의했다. 러시아연방의 공업지대에서 수백 건의 집회와 시위가 벌어졌다. 옐친의 예를 따라 야권은 갑자기 노선을 바꿔서 당-국가 지도자들과 관료 집단에 대한 대중의 분노에 편승했다. 자신들이 거둔 성공으로 대담해진 아파나셰프와 동료들은 1917년 러시아혁명 기념일인 2월 25일, 모스크바에서 또 다른 대규모 집회를 약속했다. 야권은 참여 인원으로 50만 명을 예상했지만, 참석자 수는 목표에 훨씬 못 미쳤다. 시위자들은 당 노멘클라투라와 리시코프 정부에 반대하는 현수막을 들었고, 처음으로 "고르바초프는 물러가라!"라는 구호도 외쳤다. 포포프와 아파나셰프는 야권과의 원탁회의와 '구국을 위한 민주 정부'를 요구했다. 대중적인 신문인 《논쟁과 사실》과 《모스크바 뉴스》, 심지어 여전히 크렘린이 통제하고 있던 국영방송의 프로듀서와 기자까지도 야권을 응원했다.[21]

레닌은 러시아혁명이 일어나기 위한 조건으로 세 가지를 제시했다. 권력의 마비 상태, 사람들이 당국을 더는 무서워하지 않고 오히려 점차 무시하는 것, 그리고 생활 조건의 악화였다. 1990년 1월, 상황은 세 측면에서 고르바초프에게 불리해지고 있었다. 하지만 레닌의 공식을 달달 외우고 있는 소련 지도자는 여전히 낙관적이었다. 1990년 2월 초 광부들과 만남의 자리에서, 그는 러시아 인민의 두 가지 중요한 자질을 믿는다고 말했는데, 바로 그들의 애국심과 "엄청난 인내심과 참을성"이었다.[22] 고르바초프가 러시아인을 최후의 의지처로 여긴 최초의 소련 지도자는 아니었다. 하지만 러시아인 대다수는 고르바초프가 권력을 이양하지 않고 활용하기를 바랐고, 그가 권력을 사용하길 꺼리는 것이 많은 사람의 눈에는 허약함으로 비쳤다. 소련 지도자는 점차 심해지는 신뢰의 위기를 겪고 있었다. 옐친의 간명한 포퓰리즘적 스타일과 대조를 이루는 그의 장황한 설명은 속았다는 기분과 환멸을 느끼는 대중에게 더 이상 호소력이 없었다.

소련 지도자는 여전히 정기적으로 정치국 모임을 주재했다. 하지만 당 기구를 위해 정책을 제시하는 대신 끝없는 토론으로 시간을 허비했다. 보수적 개혁가들은 그의 리더십에 대한 회의감을 내비치지 않았다. 리가초프는 당의 권력 이양이 정치적인 대실수라고 생각했다. 보롯니코프는 고르바초프의 사임을 요구했다. 경제 개혁의 실패에 책임이 있는 리시코프는 방어적 자세를 취하며 어떤 비판에든 발끈했다. 자유주의적 개혁가 진영에서, 셰바르드나제와 야코블레프 역시 소외되고 혼자라고 느꼈다. 고르바초프의 자기 고립은 점점 심해졌다. 그는 계속 순진한 질문을 던졌다. 왜 사람들은 옐친이 뭘 하든 용서해주는가? 모스크바와 레닌그라드의 문제는 왜 계속 나빠지는가? 우리는 대체 뭘 잘못한 것인가? 대답을 기대한 것은 아니었다. 동료들은 서기장이 대체 어떤 종류의 고립주의적 투명막 속에서 살고 있는지 궁금할 따름이었다.[23]

1989년에 탄생한 정치 시스템이 끔찍하게 무능하다는 것은 이제 정치국의 누구나 다 아는 사실이었다. 양원제 의회는 위기 시에 나라를 제대로 통치할 수 없었고, 오히려 그것이 위기의 일부였다. 보수적 개혁가들은 나라에 강력한 집행 권한이 필요하다고 믿었다. 정치국 내의 자유주의자들은 반동적 역행과 '사회주의적 민주주의'의 종말을 우려했다. 야코블레프는 고르바초프에게 "너무 늦기 전에 권력을 잡기"를, 정치국과 당 엘리트 집단, 최고소비에트마저도 뒷전으로 밀어내고 소련의 대통령이 되길 촉구했다. 야코블레프의 시나리오에 따르면, 고르바초프는 농민들에게는 토지를, 노동자들에게는 공장을, 공화국들에는 진정한 연방을, 민주파에는 다당제 정치를 제시하면서 레닌식으로 인민에게 직접 호소해야 했다. 또한 군대와 중앙 기구를 숙청하고, 리시코프 정부를 없애고, 중앙 부처들을 폐지하고, 동유럽에서 철군하고, 서방에 대형 융자를 요청하고, "경제에서 시급한 조치"도 실시해야 했다. 체르냐예프마저도 이런 식의 신레닌주의적 급진주의에는 아연실색했다. "어디서 새 엘리트 집단을 찾을 수 있는가?"라며 고르바초프의 보좌관이 묻자, 야코블레프는 대답했다. "엘리트는 널렸소. 혁명 정신에 따라 그들을 불러들일 용기만 있다면!"[24]

소련 지도자는 무력이 아니라 자신의 비전으로 나라를 인도하길 원했다. 1990년 1월, 고르바초프는 미래의 당대회를 위해 새로운 이데올로기적 '플랫폼'을 작성하기 시작했다. 끝도 없는 수정을 거친 후, 그 문서는 "인도적이고, 민주적인 사회주의"를 개혁된 공산당의 새로운 사명으로 천명했다. 3개월 뒤, 고르바초프는 세계 공산주의 지도자의 생일인 4월

22일을 기려 소련 언론에 보낼 '레닌에 관한 한마디'를 쓰는 작업에 열성적으로 뛰어들었다. 그는 체르냐예프와 샤흐나자로프에게 자신의 글을 칭찬했다. "진짜 재능 있는 글을 읽을 때, 내 상상력을 사로잡는 것은 내용이 아니라 바로 언어, 말이라네. 나는 한 구절을 두고도 몇 시간씩 고심하기도 해."[25]

이런 '이론적' 작업에 자극받은 고르바초프는 더 많은 헌법 수정에 착수했다. 1989년 12월, 그는 소비에트헌법 제6조의 폐지에 반대했다. 하지만 1990년 1월 말, 갑자기 마음을 바꿔 두 가지 구상을 정치국에 기습적으로 제시했다. 첫째, 당은 권력에 대한 독점을 내려놓은 *뒤에야* 스스로 개혁할 수 있다. 둘째, 대통령제의 새로운 헌법이 낡은 위계적 권력 구조를 대체해야 한다. 리가초프는 예상대로 불만스러웠다. "대통령 통치는 매우 중요하다. 하지만 주된 정치 세력은 당이다. 최종적으로는 당만이 모든 것을 시행할 수 있다." 그와 리시코프는 당 총회가 후보자를 지명하고 승인한다면, 대통령제 방안에 찬성했다. 하지만 고르바초프는 제3의 방안을 선택했는데, 당에 의해 지명되지만 인민대표대회에서 선출되는 것이었다. 공개적인 민주 선거는 거론조차 되지 않았다.[26]

고르바초프는 공화국들의 연방 탈퇴, 자치구의 주권, 대통령회의(Presidential Council)와 연방회의(Federation Council, 각 공화국의 최고소비에트 의장들로 구성된 기관), 대통령령을 내릴 수 있는 권리 등 여러 가지 구체적인 헌법 개정안을 제안했다. 개정안은 정치국의 승인을 거쳐 국민투표 없이 3월 중순에 특별 인민대표대회에서 채택될 예정이었다. 그 후, 새로운 연방조약에 관한 작업이 시작될 것이다. 조약문은 중앙과 공화국 간의 합의에 합법성을 부여하고, 각각의 권리와 책임, 경제 자산, 재정을 규정할 것이다.[27] 할 일은 많았지만, 고르바초프는 입법 작업에 평소처럼 정력적으로 달려들었다.

2월 초, 고르바초프는 개정안을 승인할 당 총회를 주재했다. 그는 지역 당 지도자들의 정족수에 물타기를 하려고, 노동자, 과학자, 군인 등 500명의 '객원'을 초청했다. 대체로 러시아인들인 지역 당 서기들은 강한 불만을 토로했다. 벨로루시공산당의 전직 수장이자 이제는 폴란드 대사인 블라디미르 브로비코프(Vladimir Brovikov)는 "우리는 어머니[러시아]를 형편없는 상태로 빠트려서, 세계가 우러러보는 강국에서 실패한 과거와 서글픈 현재, 불투명한 미래를 지닌 나라로 전락시켰다"라고 성토했다. 고르바초프의 지지자들은 그의 외교 정책을 변호했지만, 그들도 국내 쟁점에 관해서는 할 말이 없었다.[28] 고르바초프는 분노했지만, 비판자들이 울분을 쏟아내게 내버려뒀다. 총회는 한밤중까지 이어졌다. 청중이 기진맥진했을 때, 서기장은 자신의 결론을 밝히고 원하던 대로 승인을 얻어냈다.[29]

1990년 3월 12일, 2000명이 넘는 대의원들이 제3차 인민대표대회의 개회식을 위해 크렘린 대회의장에 왔다. 당의 독재 종식을 의미하는 헌법 제6조의 폐기는 이미 결정된 사안이었다. 반면, 대통령제를 둘러싼 논의는 이틀간 이어진 정치극으로 탈바꿈했다. 3월 13일, 민주파는 대통령이 다른 정치적 직위를 겸하는 것을 금지하는 수정안을 발의했다. 찬성표가 반대표보다 두 배나 많이 나왔다. 이 수정안이 통과되었다면, 고르바초프는 당 지도자 자리에서 물러나야 했을 테고, 예측할 수 없는 일들이 벌어졌을 것이다. 모스크바 야권은 당과 국가의 명확한 분리를 고집했다. 더욱 충격적이게도 많은 보수적 당료, 누구보다도 러시아인들이 이런 분리를 지지했다. 고르바초프는 분개한 러시아 보수파와 포퓰리즘적 민주파가 일으키는 치명적인 시너지 효과에 직면했다. 중도파는 줄어들고 있었다. 옐친은 대회에 참석하지도 않았지만, 그의 지지자들은 고르바초프의 대통령 임명에 반대표를 던졌다.[30]

소련 지도자에게는 다행스럽게도, 많은 대의원이 그에게 결집했다. 레닌그라드 대의원인 아나톨리 솝차크는 정치적 혼란이 닥치면 중국의 천안문사태와 비슷한 일이 발생할 수 있다고 암시했다. 레닌그라드를 대표하는 또 다른 대의원인 드미트리 리하초프는 당시의 상황을 어렸을 적에 목격한 1917년에 비교했다. 그는 당과 국가의 분리는 나라에 이중 권력(2월 혁명으로 러시아에 임시정부와 노동자 소비에트라는 두 개의 정부가 공존하던 상태를 가리킨다-옮긴이)을 낳아 내전으로 이어질 것이라고 말했다. 인민대표대회는 대통령제법을 통과시켰고, 이는 헌법의 일부가 되었다. 또한 연방 내 어느 공화국에서든 "공화국의 주권과 영토 보전을 존중하면서" 비상조치나 대통령 통치를 도입할 수 있는 대통령의 특권도 승인했다. 대통령은 군 통수권자의 권한도 지녔고, 최고소비에트의 동의와 건의를 받아 정부를 임명하고, 동원령을 선포하고, 무장 공격에 대응할 수도 있었다. 법이 통과된 후, 크렘린의 또 다른 회의장에서 당 총회가 열렸고, 고르바초프의 입후보를 지지했다. 그다음 인민대표대회는 비밀 투표를 실시했는데, 1329명의 대의원이 고르바초프를 소련 대통령으로 임명하는 데 찬성했다. 급진 민주파가 다수를 차지하는 500명가량은 반대표를 던졌고, 300명 이상은 기권하거나 불참했다. 옐친도 그들 중 한 명이었다.[31]

이제, 고르바초프는 세 가지 기관, 즉 정치국, 대통령회의, 연방회의를 주재했다. 하지만 몇 주 지나지 않아, 문제가 여전하다는 사실이 드러났다. 고르바초프가 쥔 권력이 부족해서가 아니라, 무엇을 위해 권력을 쓸지 생각이 없는 데다가 무력 사용을 원칙적으로 거부하는 것이 문제였다. 그는 새로운 정부를 구성하지 않았다. 대신에, 누가 자신을 대신해 최고소비에트 의장이 될지를 두고 끝없이 협의했다. 야코블레프는 분명히 그 자리를 원했지만, 고르바초프는 의회의 절차와 토론에 밝은 루캬노프를 선택했다. 고르바초프는 스타라야광장의 당 본부에서 크렘린으로 각료회의도 옮겼다. 대통령회의에는 KGB의 크류치코프, 야조프 원수, 그 외 핵심 각료들이 포함되었다. 고르바초프는 향후의 경제적 조치를 보여주기 위해, 경제학자인 스타니슬라프 샤탈린(Stanislav Shatalin)과 니콜라이 페트라코프(Nikolai Petrakov)를 승진시켰는데, 둘 다 시장경제를 지지했다. 다른 각료들은 지식인과 작가였고, 심지어 '지식 노동자'도 한 명 있었다. 아발킨, 국영은행의 게라셴코, 재무부의 파블로프, 대형 국영기업의 수장은 초대받지 못했다. 모든 모임은 당 본부와 크렘린에 있는 고르바초프의 집무실에서 열렸다. 심지어 의례도 그대로였다. 회의가 길게 이어지는 동안, 고르바초프의 손짓에 따라 고용인들이 간단한 다과를 내왔다. 모임이 대개 점심 이후까지 길어지면, 참석자들에게 작은 샌드위치가 제공되었다. 시간이 많이 지나면, 피로가 몰려왔다. 방에는 퀴퀴한 공기가 쌓였는데, 류머티즘을 걱정한 고르바초프가 에어컨을 끄라고 지시했기 때문이다.[32]

당 서기국을 해체했지만, 고르바초프는 대통령 행정 조직을 따로 만들지 않았다. 대신, 그는 모든 서신과 속기, 기록, 각종 비서 업무를 관장하는 수석 참모인 발레리 볼딘에게 의존했다. 전직 기자인 볼딘은 정확성 말고는 별다른 재능이 없었다. 그는 안드로포프 시절부터 고르바초프 핵심층의 일원이었고 라이사의 전적인 신뢰를 누렸다. 하지만 고르바초프의 전기 작가는 볼딘이 고르바초프의 책상에 도달하는 정보를 걸러내어, 상관에게 "은밀하게 반역을 꾀했다"라고 썼다. 그와 동시에, 고르바초프는 본인이 주재한 긴 회의들에서 나온 정보를 비롯한 어떤 정보도 행정적 결정으로 전환하지 않았다. 대다수의 정치국 모임과 이후의 대통령회의는 관료 기구에 내리는 구체적인 지시 사항이라기보다는 언론을 위해 준비하는 텍스트인 '결의안'으로 마무리되었다. 관리들은 결의안을 자기들이 원하는 대로 해석하는 법을 터득하거나, 아니면 그냥 무시했다.[33]

고르바초프의 대통령직은 의도하지 않은 결과도 초래했다. 50세의 나이로 카자흐소비에트사회주의공화국의 당 지도자면서 고르바초프를 아낌없이 지지했던 누르술탄 나자르바예프가 느닷없이 자신도 카자흐스탄의 대통령이 되겠다고 선언했다. 2주 뒤, 우즈베키스탄의 당 지도자 이슬람 카리모프(Islam Karimov)가 똑같이 선언했다. 고르바초프는 진짜로 놀랐다. "어째서? 아무런 권고나 동의도 없이 …… 나라에 대통령은 단 한 명뿐이라고 …… 동의한 거 아니었나?" 카리모프는 "이것은 인민의 소망"이라고 태연히 말했다. 나자르바예프도 진지하게 거들었다. "카자흐스탄 인민도 마찬가지로 말한다. 우리도 대통령을 가지면 안 되는가?" 그러자 고르바초프는 맥없이 동의했다. 그리하여 그는 크렘린이 한 것과 똑같은 방식으로 공화국의 헌정을 바꿀 권리를 민족 공화국의 실력자들에게 인정했다.[34]

독일과 리투아니아

1990년 1월 26일, 고르바초프는 집무실에서 엄선된 인사들과 독일의 재통일에 관해 논의했다. 독일민주공화국의 와해는 '유럽 공동의 집'을 건설하려는 그의 시간표를 망쳐버렸다. 독일의 재통일은 몇 년이 아니라 몇 달이면 이뤄질 게 분명했다. 회의 참석자 모두 이런 사태가 소련의 안보와 지정학적 미래에 지닌 역사적 의미를 이해했다. 셰바르드나제의 형은 1941년 6월 독일이 침공한 지 며칠 만에 브레스트-리토프스크에서 전사했다. 체르냐예프, 야코블레프, 샤흐나자로프, 아흐로메예프 원수는 모두 대조국전쟁에 병사와 하급 장교로 참전했다. 리시코프의 집안은 진격하는 독일군을 피해 피난을 갔다. 고르바초프는 삼촌 세 명을 잃었고 독일 점령지에서 자랐다.

독일 문제에 관한 논의는 대단히 차분하고 실용주의적이었다. 체르냐예프가 먼저 입을 열어서 크렘린은 독일의 재통일을 막을 수 없으며, 그러기에 실행할 수 있는 유일한 선택지는 콜 총리와 협력하여 1945년 포츠담 회담에 따라 점령국의 권한을 보유한 서방의 세 열강과 합의를 도출하는 것이라고 말했다. 고르바초프는 소련이 독일의 통일 열망에 반대할 "도덕적 권리가 없다"는 데 동의했지만, 독일의 재통일은 소련이 포함된 유럽 공동의 집 탄생과 반드시 동시에 진행되어야 한다고 주장했다. "통일독일은 NATO에 가입할 수 없다. 우리 군의 주둔이 이를 막을 것이다. 미군이 철수한다면 우리도 철수할 수 있지만, 그들이 철수할 일은 한동안 없을 것이다."[35]

하지만 미국은 생각이 달랐다. 고르바초프가 "콜이 거부할 수 없다고 느낄 만한 제안을 할" 위험이 있었다고 브렌트 스코크로프트는 회고했다. 여러 해가 지나 스코크로프트는 "고르바초프가 왜 그렇게 하지 않았는지 아직도 모르겠다"라며 궁금해했다.[36] 스코크로프트가 걱정한 위험이란 독일의 중립성이었는데, 만약 통일독일이 중립국이었다면 NATO는 붕괴하고 미군은 유럽에서 철수했을 것이다. 1989년 12월 초 부시와 고르바초프의 몰타정상회담 이후, 미국 대통령은 콜을 만나서 NATO를 유지하기로 굳건히 지지해준다면 그 대가로 독일의 재통일을 전적으로 돕기로 약속했다. 두 지도자는 소련군을 동유럽과 동독에서 철수시키는 공통의 목표에 합의했다. 이를 달성하기 위해, 그들은 조심스럽게 행동하고 고르바초프를 가능한 한 오랫동안 권좌에 붙들어둬야 했다.[37]

2월 5일, 콜은 독일민주공화국에 화폐 통일을 제의했는데 이는 7월 1일에 발효될 예정이었다. 총리는 엄청난 비용은 상관하지 않고, 평가절하된 동독의 마르크화를 독일의 마르크화로 일 대 일로 교환하는 데 비용을 대기로 약속했다. 이는 현대사에서 최대의 뇌물이나 다름없었고 중유럽에서 권력 균형을 변화시켰다. 소련의 주요 자산이랄 수 있는 동독 주둔 소련군도 독일 마르크화에 굴복했다. 갑자기 고르바초프는 또 다른 딜레마에 직면했다. 그곳에 주둔한 소련군 유지 비용을 댈 경화를 찾아내든가, 철군해야 했다. 두 번째 선택지는 굴욕적인 데다 정치적 참사가 될 터였다. 첫 번째 선택지는 소련의 통화 보유고가 바닥을 보이는 상황이라 불가능했다.

2월 9일, 제임스 베이커 국무부 장관이 모스크바로 날아가 고르바초프에게 독일의 재통일에 관한 서방의 노선을 설명했다. 베이커는 수사적인 질문을 던졌다. 비동맹의 불안정한 독일과 NATO에 속한 독일 중에 무엇이 소련의 안보에 나을까? 달갑잖은 제안을 쉽게 받아들이게 하려고, NATO의 관할권과 주둔군은 "동쪽으로는 단 1인치도 이동하지" 않을 것이라고 국무부 장관은 장담했다. 고르바초프는 나중에 이 약속이 독일을 둘러싼 향후 거래의 핵심이었다고 주장했다. 하지만 당시에 그는 "물론 NATO 지역의 확장은 용납할 수 없다"라고만 말했다.[38] 나중에 무수한 비판자들이 소련 지도자가 베이커의 약속을 유리하게 이용하지 못했다고 비난했다. 하지만 고르바초프는 협상에서 자신의 입지가 약하다는 것을 잘 알고 있었다.

콜도 모스크바로 날아와 이튿날 고르바초프를 만났다. 소련 지도자는 독일의 중립성, 기존 독일 국경선의 인정, 유럽의 전반적인 상황, 소련의 경제적 이해관계 등 "여러 현실의 맥락에서" 독일인들에 의해 독일의 미래가 결정될 것이라고 공언하여 총리를 기쁘게 했다. 콜은 독일의 중립성만 빼면 모든 '현실'을 받아들였다. 통일독일은 NATO에 남을 것이었다. 그는 수완 좋게 고르바초프에게 특별한 관계를 제안했다. "무슨 문제든 조짐이 보이기만 하면 몇 시간 전에 연락을 주시오. 곧장 당신을 만나러 오겠소."[39] 이것은 여러모로 고군분투 중인 페레스트로이카의 아버지에게 몹시도 절실한 제의였다.

베이커와 콜은 소련의 국제수지가 채무불이행 직전임을 알고 있었다. 경화의 주요 공급원인 원유와 가스 산업은 생산량이 감소하면서 이익이 줄어들 것으로 예상되었다. 1989년 12월, 서방 은행들은 처음으로 소련의 상업 신용 대출을 거절했다. 도이체방크와 오스트리아의 은행과 같은 오랜 파트너들조차 서방 금융시장에 소련이 접근하는 것을 차단했다. 주된 이유는 소련의 정치적 불안정과 권력이 중앙에서 개별 공화국들로 이동할 날이 임박해서였다. 서방 은행가들은 몇 년 뒤에 대체 누가 빚을 갚을 것인지 알고 싶었다. 한편, 국영기업과 협동조합의 수출 수입은 소련의 국가 예산으로 들어오는 대신 기발한 수법을 통해 해외 계좌로 흘러가고 있었다. 그런데 소련의 수입 물량은 계속 늘어나고 있었다. 신용 부족 사태에 직면하여, 소련의 국영은행은 금과 다이아몬드를 담보로 외화를 빌리는 '스와프' 거래를 추진했다. 하지만 효과는 별로 없었고, 국제수지 적자는 점점 늘었다. 곡물과 기타 수입품을 소련 항구로 실어 오는 화물선은 운임이 지급될 때까지 항구에서 몇 주씩 기다려야 했다.[40]

콜과 부시는 1990년 2월 말에 캠프 데이비드에서 다시 만나 정보를 교환했다. 모스크바의 서방 정보원들은 동독의 '상실'과 NATO의 동진이라는 불길한 가능성이 러시아인들을 분노로 몰아넣고 고르바초프 정권이 전복될 수도 있다고 보고했다. 부시와 스코크로프트는 소련 군부의 분위기를 특히 걱정했다. 대통령과 총리는 고르바초프의 위신과 입지를 지켜주면서 조심스럽게 움직이기로 했다. 여전히 부시는 소련이 막다른 벽에 몰려 있다고 주장했다. "어쩌면 돈 문제로 귀결될 수도 있다. 그들은 돈이 필요하다." 콜의 화폐 통일 때문에, 고르바초프는 7월 전까지 해법을 찾아야 했다. 그는 5월 말에 워싱턴 D.C.에서 예정된 다음번 정상회담에서 독

일과 NATO에 관한 서방의 입장을 받아들일지도 몰랐다.[41]

리투아니아 위기도 고르바초프에게 큰 문제였다. 민족주의자들의 승리로 끝난 공화국 선거 후 3월 11일에, 리투아니아 의회는 옛 리투아니아의 헌법과 주권의 회복을 선언했다. 또한 '리투아니아 국가'를 복원하는 80여 가지 법률과 결의안도 승인했다. 리투아니아 민족주의자들은 부시와 콜이 피하고 싶었던 일을 했는데, 바로 고르바초프를 구석으로 몰아붙인 것이다. 게다가 빌뉴스 음악원의 전직 교수인 비타우타스 란즈베르기스를 의회 의장으로 선출했다. 이에 소련 지도부는 고뇌에 빠졌다. 고스플란의 위원장 유리 마슬류코프는 리투아니아가 연방을 떠나도 되지만, 1939년 독·소불가침조약에 따라 리투아니아 땅이 된 빌뉴스(빌노)와 클라이페다는 소련에 남겨둬야 한다고 제안하려 했다. 리시코프와 보롯니코프는 그런 제안 때문에 우크라이나와 러시아 민족주의자들이 행동으로 나설까 우려했다. 갑자기 리시코프는 새로운 소비에트연방이 민족적 자치를 폐지하고 개별 공화국들의 주권을 약화해야 한다는 안드로포프의 오래된 프로젝트를 떠올렸다.[42] 고르바초프를 대통령으로 선출한 인민대표대회는 리투아니아의 독립을 '불법'으로 선언하고 고르바초프에게 리투아니아 영토에 관해 "소련과 소속 공화국들의 권리와 이해관계를 지킬 수 있는" 권한을 부여했다.[43]

고르바초프는 리투아니아에 소련 지상군 지휘관인 발렌틴 바렌니코프(Valentin Varennikov)를 파견하여 핵심 경제 시설과 통신 자산을 모스크바의 통제하에 두었다. 바렌니코프는 모스크바로 돌아와 리투아니아의 대통령 통치를 건의했는데, 다시 말해 군대가 선출 의회로부터 권력을 건네받는다는 뜻이었다. 3월 22일에 정치국은 이 안건을 논의했다. 리가초프와 국방부 장관 야조프 원수는 즉각적인 군사 행동을 촉구했는데, 시간을 끌수록 분리주의자들만 유리해진다고 걱정했던 것이다. 리시코프는 이의를 제기했다. 주요 위험은 리투아니아가 아니라 러시아 분리주의였다. 옐친과 모스크바 야권이 러시아연방에서 권력을 잡으면 "소비에트연방을 손쉽게 파괴하고, 당과 정부 지도자들을 타도할 것"이라고 리시코프는 주장했다.

야코블레프는 줄곧 침묵했는데, 과거 발트인들에 대한 유화책으로 인해 곤욕스러운 처지였기 때문이다. 고르바초프는 듣기만 하고 의견을 내지 않았다. 체르냐예프는 1968년 체코슬로바키아의 기억에 시달리며 우울해져서 정치국 모임을 떴다. 그는 고르바초프가 "리투아니아에서 학살을 실행한다면 사임은 말할 것도 없고 …… 십중팔구 다른 일도 할 것이다"라고 일기에 적었다.[44] 며칠 뒤, 에스토니아 최고소비에트가 공화국 내의 소련 권력은 불법임을 선언하고 독립적인 에스토니아 국가를 '복원'했다.[45]

마침내 소련 최고소비에트는 공화국들의 연방 탈퇴에 관한 법안을 통과시켰다. 이 법에 따르면, 탈퇴는 그 공화국의 투표자 3분의 2 이상이 국민투표에서 분리를 찬성할 때만 가능한 힘겨운 과정이었다. 다른 공화국과 소련 인민대표대회도 분리를 승인해야 했다. 발트인들은 이것이 독립을 가로막기 위한 수작이라고 여겼다.[46] 그렇긴 해도 이는 법적으로 헌법에 따라 공화국에 권력을 이양하는 또 다른 단계였다.

4월 9일, 고르바초프는 대통령회의를 소집하여 리투아니아 문제를 다시금 논의했다. KGB의 크류치코프와 내무부 장관 바딤 바카틴(Vadim Bakatin)은 각자 의견을 내놨다. 크류치코프는 어물쩍거렸는데, 자신은 무력을 쓰길 원하지만 고르바초프가 찬성하지 않을 것을 알고 있었기 때문이다. 바카틴은 말을 돌리지 않았다. 위기는 "오로지 무력에 의해서만 해소될 수 있다. 다른 수단이 없다"라고 잘라 말했다. 내무부 장관은 리투아니아의 주요 경제 자산을 모스크바의 통제하에 두고, 리투아니아에 석유와 휘발유 공급을 끊고, 리투아니아인들이 소련 상품을 해외에 재판매하는 것을 막아야 한다고 주장했다. 또한 모스크바는 서방 지도자들에게 리투아니아가 협조하게끔 종용하도록 요청해야 한다. 경제 압박이라는 바카틴의 제안은 바렌니코프의 제안을 가로챈 것이었다. 이는 야조프 국방부 장관을 분노에 빠트렸다. "대체 얼마나 기다릴 거요? 이 문제는 사흘이나 닷새, 길게 잡아도 1주일이면 끝낼 수 있소." 리시코프는 "그러면 …… 내전으로 귀결될 수도 있다"라며 반박했다.[47]

4월 13일, 소련 정부는 리투아니아 당국에 이틀 내로 그들의 일방적 조치를 철회하든지, 다른 공화국들에서 전달한 상품의 대금을 "자유롭게 태환할 수 있는 통화로"[48] 지불해야 한다고 통보했다. 이 통지문은 리투아니아의 독립선언을 취소하라고 요구하는 것은 아니었다. 빌뉴스의 민족주의자들은 협상을 거부했다. 4월 18일, 리투아니아에 석유 공급이 끊겼다. 많은 이가 리투아니아 '봉쇄'와 '옥죄기'라고 했지만, 사실이 아니었다. 리투아니아는 6월까지 버틸 만큼 휘발유가 충분했고, 평소 가스 공급량의 5분의 1을 계속 받았다. 농업 공화국이었기에 식량은 부족하지 않았다. 심지어 모스크바의 명령을 우회하는 협동조합과 기업을 통해 다른 공화국에서 '수출 가능한' 상품을 인도받을 수 있었다.[49]

4월 6일, 셰바르드나제는 백악관 집무실에서 부시를 만나 리투아니아와의 헌정 갈등에서 모스크바를 지지해줄 것을 요청했다. 부시는 무력의 사용이나 "리투아니아에 대한 진압으로 인식되는 것만이 문제가 될 것"이라고 밝혔다. 미국 대통령은 "우리는 50년간의 역사에 붙잡혀 있다"라며 생각에 잠겼다가, 이내 '대화'를 요청했다.[50] 며칠 뒤, 캐나다 총리인 브라이언 멀로니와 회담하면서 부시는 리투아니아와 소련의 갈등이 대단히 걱정스럽다고 시인했다. 고르바초프가 '동유럽과 독일을 잃었다'며 심한 비판을 받고 있는데, 이제 '소비에트연방의 해체 가능성'에 직면했다고 그는 말했다. 리투아니아에 대한 무력 진압이 일어나도, 미국 행정부는 소련을 응징할 수 없을 것이라고 암시했다. 심지어 최악의 시나리오가 일어나도, "나중에 상황을 정상으로 되돌릴 방도를 찾아내야 할 것"이었다.[51]

란즈베르기스도 미국 정부가 편을 들어주지는 않을 것이라고 의심했다. 그는 서방이 고르바초프에게 유화적 태도를 보인다는 의미에서 '또 다른 뮌헨'(1938년, 영국 총리가 히틀러와 뮌헨에서 회담한 뒤 독일이 체코슬로바키아의 일부 영토를 병합하는 데 동의하면서, 이듬해 나머지 영토마저 점령당했다. 강대국의 이해관계로 약소국의 운명이 좌우되고, 유화책이 최악의 결과를 초래한 사례로 꼽힌다 – 옮긴이)을 언급했다. 발트계 미국인들과 일부 의원들은 미국이 리투아니아 독립을 즉시 인정하고 소련에 대해 경제 제재를 취할 것을 요구했다. 이는 부시와 스코크로프트의 부아만 돋웠다. 스코크로프트는 "발트인들은 불에 기름을 붓고 있었다. …… 발트 국가들이 항구적 독립을 달성할 수 있는 유일한 길은 크렘린의 묵인뿐이라는 게 현실이었다. 우리의 과제는 모스크바가 그 결론에 도달하게 하는 것이었다." 부시와 스코크로프트는 발트계 미국인들을 만나서 리투아니아의 독립은 고르바초프가 권력을 유지하는 데 달려 있다고 설득했다. 발트계 미국인들은 리투아니아의 독립이 러시아가 자유로 나아가는 길을 닦을 것이며, 서방의 단호함은 소련 강경파를 제지할 것이라고 주장했다.[52]

서유럽 정부들도 리투아니아 분리주의자들이 성급하게 행동하고 있다고 생각했다. 유럽의 새롭고 안정적인 틀과 본국의 새로운 연방에 대해 협상할 수 있도록 소련 지도자는 더 많은 시간이 필요하다는 것이었다. 독일 외무부 장관 한스디트리히 겐셔는 부시와 대화 중에 "리투아니아 사태는 고르바초프에게 6개월에서 12개월이나 일찍 일어나버렸다"라고 말했다.[53] 미테랑 대통령도 부시와의 회담에서 "리투아니아인들이 현명하게 굴도록 도와야 한다"라고 한마디 했다. 소비에트 제국의 다른 도미노들이 쓰러지기 시작하면 "고르바초프는 사라지고 군사 독재가 들어설 것"이라고 말을 이었다. 이것이 서방의 공통적인 입장이었다.[54] 미테랑과 부시는 리투아니아 온건파들에게 크렘린과의 교착 상태를 깨는 방안으로 독립 선언을 연기하라는 제안을 전달하기로 합의했다. 4월 24일, 미테랑과 콜은 이런 요지로 리투아니아 지도부에 공동 서한을 보냈다.

4월 26일, 리투아니아 노동자 스타니슬로바스 제마이티스(Stanislovas Žemaitis)가 모스크바 볼쇼이 극장 앞에서 항의의 표시로 분신했다. 그러나 대다수의 리투아니아인들은 독립을 위해 목숨을 바칠 마음은 없었다. 서방이 리투아니아 독립을 인정하지 않고 고르바초프가 결연히 나서자, 리투아니아 의원들도 냉정을 되찾았다. 5월 4일, 라트비아 최고소비에트가 리투아니아와 에스토니아에 합류하여 1940년 이전의 독립된 라트비아 국가의 복원을 선언했다. 하지만 라트비아와 에스토니아에서 인구의 절반은 러시아어를 썼다. 양국의 지도자들은 모스크바와 협상하기로 결정했다.[55]

이때 샤흐나자로프는 고르바초프에게 새로운 연방조약을 논의하기 위해 모든 공화국 지도자들을 불러 원탁회의를 주재하라고 제의했다. 독립을 원하는 공화국은 조약에 서명할 수 있는 한편, 독립을 원치 않으면 연방 내에서 준독립국가의 지위를 얻고 에너지 자원에 제값을 낼 터였다. 이런 식으로 고르바초프는 조지아와 아르메니아, 아제르바이잔 분리주의자들을 제지할 수 있었을 것이다. 샤흐나자로프는 그것이 발트라는 폭탄의 신관을 제거할 유일한 방법이라고 결론 내렸다.[56] 이는 사하로프가 없는 사하로프의 논리였지만, 샤흐나자로프는 공화국 통치자들을 한 지붕 밑으로 데려올 대통령으로서의 권력을 고르바초프에게 기대했다.

하지만 고르바초프는 리투아니아가 소련 국가를 괴롭히는 주된 문제인 것처럼 그것에만 집중했다. 그는 "[리투아니아 분리주의자들을] 절박하게 만들 것이다!"라고 큰소리쳤다. 5월 18일, 그는 란즈베르기스보다 온건해서 더 합당한 대안인 리투아니아 총리 카지미라 프룬스키에네(Kazimira Prunskienė)를 만났다. 고르바초프는 프룬스키에네가 빌뉴스로 가서 독립선언을 중지하도록 의회를 설득해주길 바랐다. 프룬스키에네는 고르바초프가 군부에 굴복했다고 느끼고는 크렘린을 떠났고, 모스크바 강경파들에 맞설 수 있도록 서방 외교관들에게 도움을 호소했다. 리투아니아 위기와 소련의 금수조치는 계속되었다.[57]

독일과 러시아

5월 1일, 전 세계 프롤레타리아의 연대를 기리는 국제 노동절 기념행사에서, 고르바초프는 평소처럼 수행단에 둘러싸여 레닌 영묘의 연단 위에 서 있었다. 옆에 있는 새 얼굴은 3월에 민주러시아 후보로 선출된 모스크바 시의회 의장인 가브릴 포포프였다. 포포프는 고르바초프에게 자유화 덕분에 우후죽순처럼 생겨난 정당과 각종 단체의 '대안적' 시위를 허용할 것을 권했다. 자유민주당원, 기독교민주당원, 무정부주의적 생디칼리스트(생디칼리즘은 국가 통제와 의회주의를 부정하고, 노동조합을 산업 관리의 주체로 삼는 사상이다. 총파업, 사보타주, 무장봉기와 같은 직접 행동을 강조한다 – 옮긴이)와 그 외의 '독립적 정당과 단체'가 여러 색깔의 깃발 아래 기념행사에 참여했다. 어떤 이들은 낫과 망치 그림을 찢어낸 빨간 깃발을 들었다. 100여 명의 시위자들은 레닌 영묘 앞에 멈춰 서서 구호를 외치기 시작했다. "사회주의? 됐어!" "공산주의자들, 너희들은 파산했다!" "파시스트의 붉은 제국 타도!" "리투아니아에 자유를!" "정치국 타도!" "고르바초프 타도!" "퇴진! 퇴진!! 퇴진!!!" 군중은 대개 러시아계였다. 전국적으로 중계되던 TV 방송은 중단되었지만, 카메라는 냉랭한 표정의 크류치코프와 초점 없는 눈동자로 허공을 응시하는 야조프를 포착했다. 1968년 8월, 여덟 명의 반정부 인사가 붉은광장에서 소련의 체코슬로바키아 침공에 항의했을 때 시위자들은 두들겨 맞고 KGB에 체포되었다. 이번에는, 행사장에 늘어선 KGB 장교들은 어떻게 처신할지 아무 지시도 받지 못한 채 가만히 있었다. 노동절의 소동은 25분간 지속되었다. 마침내, 고르바초프가 몸을 돌려 영묘를 떠나자 다른 지도자들도 뒤따랐다. 시위 군중은 그들의 등 뒤에 대고 소리쳤다. "부끄러운 줄 알아!"[58] 굴욕감에 얼굴이 화끈거려서, 리가초프는 크렘린의 복도에서 고르바초프에게 다가가 말했다. "나라가 얼마나 개탄스러운 상태에 빠졌는지 보라고!"[59]

고르바초프는 시위자들을 '난동꾼'과 '깡패'라고 일축하고는 행사에 포함하자는 아이디어를 낸 포포프를 탓했다. 하지만 그 역시 모욕을 받고 굴욕감을 느꼈다. 그의 권위가 모두가 보는 앞에서 실추된 것이다. 그는 정치적 무정부 상태를 조장하는 민주러시아의 급진적 '민주파'와 당과 국가 안보 세력의 성난 보수파 사이의 깊은 수렁에 빠졌다. 보수파는 석 달도 안 남은 차기 당대회에서 고르바초프를 엄중하게 질책할 수도 있었다. 리투아니아 분리와 동독이 NATO에 포함되는 사안만으로도 상황은 이미 심각해서 고르바초프는 당 리더십을 잃을지도 몰랐다.

5월 3일, 정치국은 독일의 재통일에 관한 새로운 협상 노선에 관해 논의했다. 체르냐에프가 작성하고 셰바르드나제, 크류치코프, 야조프, 야코블레프가 서명한 정책 초안은 서방의 양보와 보장을 대가로 통일독일의 NATO 가입을 인정하는 내용이었다. 하지만 갑자기 고르바초프가 애국적인 열변을 토하며 초안서를 치워버렸다. 서방이 계속해서 NATO에 독일이 들어가야 한다고 고집한다면, 소련은 유럽에서 재래식 군대와 전략무기를 감축하는 전략무기감축조약(Strategic Arms Reduction Treaty, START)에 관한 미국과의 대화에서 발을 뺄 것이다. 정치국은 침묵했고, 리가초프만이 흡족해했다. 고르바초프의 충직한 보좌관마저도 이해할 수 없었다. 왜 갑자기 연극을 하지?[60] 체르냐예프는 상관에게 재고하길 간청했다. "진정한 안보는 미·소 협상으로 규정되었고 …… 소련은 어느 때보다 페레스트로이카에 대한 서방의 지지가 필요하다."[61] 체르냐예프는 정곡을 찔렀다. 고르바초프는 소련과 서방이 자신을 핵심 설계자 중 한 명으로 삼아 새로운 세계 질서로 나아가는 길에 합류할 것이라는 명확한 증거가 필요했다. 그와 동시에 고르바초프는 자신의 입지가 하루가 다르게 약해지고 있음을 알았다. 그는 여전히 독일 합의에 대한 열쇠를 쥐고 있었지만, 서방의 현금 흐름은 본과 워싱턴에서 열쇠를 쥐고 있었다.[62] 이때, 콜은 능란한 제스처를 다시금 취했는데, 고르바초프를 궁지에서 빼낼 현금을 제안했던 것이다. 5월 중순, 그는 개인 보좌관인 호르스트 텔칙을 도이체방크에서 나온 두 직원과 함께 모스크바로 보냈다. 고르바초프는 그들에게 소련이 시장경제로 이행하는 과정에서 살아남기 위해서는 적어도 150~200억 루블의 장기 융자라는 '산소'가 필요하다고 말했다. 며칠 뒤, 소련 지도자는 제임스 베이커와의 대화에서 같은 액수를 언급했다. 그가 서방이 돈을 빌려주길 바란다는 신호를 보내기는 이번이 처음이었다.[63]

1990년 5월 16일, 러시아연방 인민대표대회가 모스크바에서 열려 7주 동안이나 이어졌다. 모든 대의원이 직접선거로 선출되었고, 선거 유세는 대단히 자유롭게 이루어져서 치열한 접전이 펼쳐졌다. 대의원은 대개 러시아계 지방 관료 및 중간계급 출신과 대도시의 인텔리겐치아였다. 약 87퍼센트는 공산당원이었다. 소련 인민대표대회와 달리, 집단농장에서 온 농민과 노동자는 몇 없었다. 보수 진영에는 러시아 지방, 당, 국가 관료 출신의 노멘클라투라가 있었다. 급증하는 범죄와 경제 불안정을 '철권'[64]으로 싸워 다스리겠다는 공약을 내걸었던 KGB와 경찰 출신 대의원도 적잖았다. 자유파 진영에는 의석의 5분의 1을 차지한 민주러시아가 있었다. 그들을 찍은 유권자들은 모스크바와 레닌그라드, 볼가와 우랄의 공업 도시들, MIC의 '폐쇄 도시'들의 문화·교육 기관이 압도적이었다.[65] 소련 최고소비에트에서 모스크바를 기반으로 하는 '제1차 민주파' 다수가 러시아 의회에도 출마해 당선되었다. 그들의 낙관주의는 끝없이 치솟았다. TV 검열관들을 제외하고, 러시아 언론은 압도적으로 그들 편이었다. 모스크바, 레닌그라드, 러시아연방 도시들의 독립신문과 정치 정기 간행물은 1988년 245종에서 1989년 920종으로 불어났고, 1990년에는 무려 1642종에 달했다.[66] 발행 부수 역시 사상 최고치를 기록했다. 모스크바의 학술 싱크탱크 출신 학자이자 민주러시아 공약집을 쓴 빅토르 셰이니스(Viktor Sheinis)는 이때 승리에 도취한 '민주파'의 희열감을 나중에 이렇게 회고했다. "사회가 잠에서 깨어나 관료주의에 새로운 규칙을 부과하기 시작했다." 이제부터 정치의 중심은 중앙의 소비에트 의회에서 러시아 의회로 이동해야 했다. 어느 국제회의에서 셰이니스는 단일 국가의 종말은 "불가피하다"라고 말했다. 심지어 "곧 연방 기관들은 다스릴 게 남지 않을 것"이라고 시사하기까지 했다.[67]

고르바초프의 측근들 사이에서 러시아 선거 결과는 암울한 체념론을 불러일으켰다. 주된 질문은 러시아 의회의 주도권 싸움에서 누가 옐친을 이길 수 있는가였다. 고르바초프는 시간을 끌며 "누굴 선택해야 하지?"라고 묻기만 했다. 정치국은 마지막 순간에야 후보자를 정했다. 정치적 야심도 없고 고분고분한 기관원인 알렉산드르 블라소프(Alexander Vlasov)는 선거 직전에 러시아연방 최고소비에트에서 의장을 맡았다.[68] 한 목격자는 고르바초프와 루캬노프가 러시아 인민대표대회에서 모두 보이는 곳에 앉아 "두 마리 올빼미처럼" 작당하더라고 회고했다. 하지만 블라소프는 민주러시아 대의원들의 질문과 비판 공세 앞에서 맥을 못 췄다. 권력 다툼은 여전히 길고도 힘겨웠다. 옐친은 대회에서 과반수를 얻지 못했다. 심지어 자유파 진영에서도 일부 지식인은 그를 불신했고 그가 야심 찬 권위주의적 포퓰리스트라고 의심했다. 보수파는 남부 러시아 지역의 당 지도자이자 소련공산당 내 '러시아공산당'의 대표적 주창자인 이반 폴로즈코프(Ivan Polozkov)를 지지했다. 고르바초프는 동의했고, 블라소프는 입후보를 철회했다. 폴로즈코프와 옐친은 막상막하여서, 둘 다 과반수를 얻지 못했다. 그러자 고르바초프는 블라소프에게 다시 입후보하라고 했다. 게다가 옐친이 제멋대로이고 신뢰할 수 없어서, 같이 일할 수 없는 사람이라고 직접적으로 공격했다. 이 발언은 예상대로 역풍을 불러일으켰다. 고르바초프에게 무조건 거부 반응을 보이는 일부 보수파는 마음을 바꿔 옐친을 지지했다. 고르바초프는 러시아 인민대표대회에 개입했다가 처참한 결과만 낸 뒤, 모스크바를 떠나 미·소 정상회담을 위해 워싱턴 D.C.로 날아갔다. 이미 고르바초프에게 비판적이던 민주러시아 인사들조차, 이 중대한 시점에도 종잡을 수 없는 그의 행동에 어리둥절했다. 그리고 보수파는 당 지도자에게 버림받고 배반당했다고 느꼈다. 보롯니코프는 씩씩거렸다. "고르바초프는 뭘 원한 거야? 옐친이 러시아의 우두머리가 되면 [소련이] 어떻게 될지 모두 빤히 알잖아!" 5월 29일, 러시아 인민대표대회에 피로감과 답답함이 쌓여가는 가운데 옐친이 네 표 차이로 의장으로 선출되었다.[69]

고르바초프는 대통령 전용기가 대서양 상공을 날고 있을 때 이 소식을 들었다. 1988년 12월, 그전 미국 방문 때처럼 소련 지도자는 엄청난 수의 자문역과 수행원, 그를 보호하기 위한 KGB 제9부 장교 수십 명, 대규모의 기자, 지식인, 작가, 예술가, 학자를 대동했다. 하지만 상황은 극적으로 바뀌었다. 고르바초프는 더 이상 절대 권력을 지닌 계몽 전제자가 아니라 국내 권력조차 위태로운 불운한 개혁가였다. 서방 언론은 그가 과연 당대회에서 살아남을 것인지 궁금해했다. 비행기에 동승했던 테이무라즈 스테파노프는 모스크바에서 들려온 소식을 곰곰이 생각했다. 옐친은 고르바초프의 오만과 오류의 정치적 소산이자, 그의 거대한 야심 때문에 소비에트연방을 노림수로 만들어버린 정치적 도박의 산물이었다. "이제 그가 연방에서 러시아의 분리를 선언한다면, 고르바초프는 돌아가서 어떤 연방을 대표할 것인가? 그리고 고르바초프가 그 이단자를 저지하기로 한다면, 어떤 식의 전통적인 러시아 반란이 뒤따를 것인가?" 몇몇은 고르바초프에게 그 러시아 지도자한테 축전을 보내라고 권했다. "적어도 그런 행동이 감정이 악화된 수백만을 누그러뜨릴 수 있다"라고 스테파노프는 생각했다. "라이사와 이야기한 뒤, 소련 지도자는 그렇게 하지 않기로 했다."[70]

그 대신, 그는 또 다른 계책을 품고 있었다. 1990년 5월 31일 정상회담 첫날, 부시가 독일과 NATO에 관해 묻자 고르바초프는 갑자기 헬싱키최종의정서에 따라 독일은 가입 동맹을 선택할 권리가 있다고 인정했다. 부시와 미국 관리들은 귀를 의심했다. 고르바초프가 거래하려 들거나 자문들과 상의하지도 않고 매우 중요한 것을 그냥 내주고 있었던 것이다. 말실수일까? 아흐로메예프 원수와 독일에 관한 핵심 전문가인 발렌틴 팔린(Valentin Falin)은 몸을 들썩이며 얼굴이 파래진 채 소곤거렸다. 셰바르드나제마저도 고르바초프의 말을 가로막으려고 애썼다. 체르냐예프가 소련 대표단 가운데 놀라지 않은 유일한 인물이었다. 그는 고르바초프가 계속 집권하기 위해서가 아니라 자신의 비전을 위해 외교를 희생하고 있다고 생각했다. 크렘린 지도자는 미국과 그 동맹국들이 소련이 "더 강하지만 민주적이고 …… 진보적이고, 역동적이고, 자유로워져서, 바깥 세계와 미국을 향해 돌아서도록" 도와주길 바랐다.[71]

그 외의 나머지 소련 대표단은 그런 고고한 염원에 공감하지 않았다. 그들을 움직이는 공통의 목표 의식, 고르바초프나 나라의 미래에 대한 믿음이 더는 없었다. 미국인들과의 동맹이 고르바초프의 실패한 개혁을 구해낼 수 있다는 환상을 품은 사람은 없었다. 대표단은 이 기회에 매일 할당된 달러로 본국에서 구할 수 없는 상품을 구입하려 미국 상점을 뒤질 뿐이었다. 스테파노프는 넌더리가 나서 사임해야 한다는 강한 도덕적 충동에 시달렸다. 셰바르드나제의 보좌관인 세르게이 타라센코(Sergey Tarasenko)는 이렇게 회고했다. "우리는 미국에 기대기만 하면 한동안은 생존할 수 있는 데다 강대국의 지위를 유지할 수도 있다는 것을 깨달았다. 미국에서 몇 발짝이라도 떨어지면 밀려날 것이라고 느꼈다. 우리는 최대한 미국에 가까이 붙어야 했다."[72]

고르바초프는 소련의 경제 개혁을 돕겠다는 미국의 약속에 고무되었다. 미국인들은 이것이 시장 자본주의로의 급속한 이행을 의미한다고 굳게 믿었다. 부시는 "반쯤 임신할 수는 없는 법이죠"라고 지적했다. 고르바초프는 그 은유를 이어받아 "하지만 첫 달에 애를 얻을 수도 없죠. 우린 유산은 하고 싶지 않습니다"라고 대꾸했다. 그는 부시에게 미국의 조언과 돈이 고통스러운 이행 과정을 완화하는 데 결정적일 것이라고 말했다.[73] 우선적으로 경제협정, 특히 소련에 최혜국 지위를 부여하는 무역거래법을 승인해줄 것을 요청했다. 셰바르드나제는 이 문제에 대해서는 양보해주길 제임스 베이커에게 간청하다시피 했다. 소련 지도자는 부시가 동의하자 기쁘고 고마워했다. 또한 소련에 차관을 제공해줄 수 있는지도 물었지만, 부시는 예의 바르게 거절했다. 그와 베이커는 의회에서 반대하고, 소련이 쿠바와 아프가니스탄에 원조를 지속하고 있으며, 소련에 유대인의 자유로운 이주에 관한 법이 없다는 등의 여러 이유를 들었다.[74]

대표단은 모두 고르바초프가 귀환하고 난 후 소련을 다스리기가 훨씬 힘들 것이라고 느꼈다. 하지만 소련 지도자는 신경 쓰지 않는 듯했고 북아메리카에서 보내는 모든 순간을 만끽했다. 본국에서 갈수록 천박해지는 공격과는 대조적으로, 자신의 역사적 업적에 대한 미국의 찬양과 일반 미국인들이 그와 라이사에게 보내는 존경을 실컷 누렸다. 미국 문화계 스타들이 고르바초프를 보러 소련 대사관에서 열린 특별 환영회에 몰려들었다. 고르바초프와 라이사는 캠프 데이비드에서 조지 부시와 영부인 바버라와 함께 지내며 매우 편안해했다. 고르바초프는 골프 카트를 몰았고, 말발굽을 던지는 미국식 놀이를 배웠으며, 부시에게 자신의 개혁과 문제점에 대해 털어놓으며 몇 시간씩 이야기하기도 했다. 부시는 참을성 있게 이야기를 듣고 배려심을 보였다. 워싱턴정상회담 이후, 고르바초프는 스탠퍼드대학에서 영웅 같은 대접을 받았고, 전직 국무부 장관 조지 슐츠는 고르바초프를 "위인, 위대한 사상가"로 추켜세웠다.[75]

1990년 6월 12일, 모스크바의 러시아 인민대표대회에서 옐친은 두 번째이자 더 큰 승리를 거뒀는데, 러시아 주권에 관한 선언서를 채택한 것이다. 이 선언서는 여러 판본이 있었다. 정치국은 "더 강한 중앙은 더 강한 공화국을 의미한다"[76]라는 원칙에 따라 온건한 판본을 승인했다. 옐친의 판본은 매우 달랐다. 그의 '러시아'는 완전한 법적·경제적·정치적 주권을 얻을 것이다. 그는 공화국이 "그 영토에 미치는 경제 조치를 통과시키거나 취소하고, 근본적인 개혁을 실시할 …… 권리를 가져야 한다"라고 선언했다. 영국 대사는 옐친의 '막무가내식' 발언에 관해 "옐친은 발트인들과 똑같은 요구를 하고 있다. …… 내가 아는 한, 연방에서 러시아가 분리해야 한다고 그가 주장한 것은 아니지만"이라고 꼬집었다.[77]

그리고 이 판본이 최종 선언서의 토대가 되었다. 단 열세 명의 대의원만이 반대했고 아홉 명은 기권했다.[78] 어쩌면 러시아 역사상 가장 놀라운 투표일 것이다. 선언서는 보수적 민족주의("수 세기에 걸친 러시아 주권")와 민주주의 건설의 메시지("민주적이고 합법적인 국가 창설")를 결합했다. 또한 러시아 분리주의를 법제화했다. "러시아소비에트연방사회주의공화국의 주권적 권리들"이 소련 법률과 충돌할 때 소련 법률은 유예될 수 있다. 선언서는 공화국 영토상의 모든 자산은 그 "배타적 소유자"인 공화국 인민의 것이라고 주장했다. 실상 여기에는 크렘린도 포함되었다. 나중에 옐친의 의중에 따라 러시아 의회는 전문적이지만 진정으로 혁명적인 법령을 채택했다. 이때까지 순전히 장식적 기관이었던 러시아 공화국의 부처들이 러시아연방 영토상의 경제 자산을 인수할 수 있게 하는 내용이었다. 이는 실질적으로 중앙 국가에 대한 정치적·경제적 선전포고였다.[79]

서방의 관찰자들은 어리둥절했다. 러시아인들이 왜 자기 나라에서 독립해야 하는가? 영국 학자 아치 브라운은 나중에 러시아의 '주권'이 별개의 국가와 구분되는 영국의 '내정 자치(home rule)' 관행과 비슷하다고 평가했다. 영국에서는 스코틀랜드, 웨일스, 북아일랜드 주민이 자체 의회를 구성하고 런던 정부에서 중요 국가 기능의 일부를 이양받는 형태로 '내정 자치'를 얻어냈다. 잉글랜드 보수파도 '내정 자치'를 원했지만 얻지 못했다.[80] 1990년 6월에 소련에서 일어난 일은 러시아 보수파와 급진파가 스코틀랜드와 웨일스에 해당하는 지역(우크라이나와 벨라루시)이 어떻게 반응할지는 신경 쓰지 않은 채 소비에트연방의 구성 공화국으로서 내정 자치를 요구했다는 것이었다.

민족학자 갈리나 스타로보이토바는 러시아 의회에 선출된 MDG의 지도자 중 한 명이었다. 그녀는 주권 선언의 엄청난 성공을 "자기 주권을 찾으려는 러시아의 분투"라고 설명했다. 그녀가 보기에 주권 선언은 국가기관의 모양새는 갖춘 다른 공화국들과 비교할 때 러시아의 열등의식이 드러난 것이기도 했다.[81] "모스크바로부터" 자원 통제권을 가져오려는 지방민들의 바람도 무시할 수 없었다. 단번에, 고르바초프의 개혁은 러시아 분리주의자로 변신한 공산주의자 이단아가 이끄는, 대중적 정당성과 헌정적 권위를 지닌 라이벌 '러시아' 기관을 탄생시켰다. 또한 러시아연방 인민대표대회의 대의원들은 공격적인 경쟁 프로젝트를 추진하는 '러시아' 대항 엘리트층('Russian' counter-elite)도 구성했다. 당시에 중앙과 '러시아'라는 두 엘리트 집단이 화해할 수 없다는 점을 이해한 사람은 없었다. 한쪽이 승리하면 다른 쪽은 사라져야 할 운명이었다.

"고르바초프를 안정화하기"

러시아의 주권 선언은 다른 공화국들에 '주권들의 행렬'을 촉발했다. 가장 눈에 띄는 것은 1990년 7월 16일 '우크라이나 국가 주권' 선언이었다. 우크라이나 역사상 두 차례의 주권 선언이 있었다. 첫 번째는 볼셰비키의 침략과 반란에서 국토를 보호하기 위해 1918년 1월 키예프의 우크라이나 *라다*(*Rada*, 공화국 최고소비에트를 가리키는 우크라이나식 명칭)가 통과시킨 것이었다. 두 번째는 1941년 6월 30일 르보프에서 우크라이나민족주의자조직(Orgianization of Ukrainian Nationalists, OUN)이 선언한 것이다. OUN은 "아돌프 히틀러의 영도 아래 유럽에서 신질서를 창조하는 나치 대독일과의 협력"을 찬양하는 흉악한 종족 민족주의자들이었다. 새로운 우크라이나 주권 선언은 대체로 러시아 주권 선언의 복사판이었다. 선언서는 우크라이나 영토상의 모든 자원은 '우크라이나 인민'에게 속한다고 주장하고 공화국 바깥의 모든 '우크라이나인'을 대표하겠다고 약속했다. 우크라이나는 영토상의 모든 것을 소유하며, 자체 국영은행과 군대를 보유할 수 있다. 선언서는 우크라이나 공화국이 국가의 금과 통화 보유고와 같은 '연방의 자산'을 공유해야 한다고 주장하여 소비에트연방을 간접적으로만 언급했다.[82]

서방 지도자들 누구도 새로운 소비에트 정치를 이해할 수 없었다. 그들은 고르바초프가 동포들에게서 왜 그렇게 많은 분노와 증오를 불러일으키는지 궁금할 따름이었다. 옐친과 야권의 많은 비판가는 CNN과 서방 언론에서 고르바초프를 맹비난했다. 6월 8일, 부시와 만난 자리에서 콜은 "우리가 고르바초프를 안정화해야 할 것 같다"라고 말했다. 6월 19~20일에 총리 집무실은 독일이 정착하는 데 재정적 측면을 협상하기 위해 소련 정부의 부(副)수장인 스테판 시타리얀을 베를린으로 초청했다. 6월 25일, 서독 정부는 소련군에 재정적 지원을 하기로 공식 협정문에 서명했다. 소련군 장교들은 기존의 예금을 독일 마르크화로 일 대 일로 교환할 수 있으며, 독일민주공화국 내의 소련군 유지 비용은 7월 1일 이후로 서독 예산으로 감당할 예정이었다.[83]

정상회담에서, 고르바초프는 소련의 경제 개혁이 성공하려면 3년 동안 연간 200억 달러가 들 것이라고 개인적으로 말했다. 부시는 재무부 장관 니컬러스 브래디(Nicholas Brady)와 국가경제위원회 위원장 마이클 보스킨(Michael Boskin)에게 고르바초프를 돕기 위해 미국 행정부가 할 수 있는 일이 무엇인지 물었다. 두 사람 모두 소련에 대한 모든 재정 지원책에 단호하게 반대했다. 브래디는 의회와 공화당이 대통령을 가만두지 않을 것이라고 설명했다. 러시아 포그롬을 피해 도망친 유대계 후손인 보스킨은 고르바초프와 그의 부하들은 러시아 같은 나라에서 성공하지 못할 것이라고 대답했다. "그들이 쫓겨나든지, 정치적 반동이 개혁을 중단시킬 것이다." 부시는 나중에 솔직하게 시인했다. "우리는 그들[소련 사람]이 철저하게 경제 개혁을 하지 않는 한, 그들에게 200억 달러나 재정 지원을 할 수 없었다. 그리고 경제 개혁을 했더라도 우리에게 돈이 없었다."[84]

공개석상에서, 부시 행정부는 소련 정부에 대한 지렛대로서 계속해서 미국의 지원이라는 미끼를 흔들어 보였다. 하지만 부시는 소련 경제 개혁의 지침을 IMF와 세계은행의 전문가들에게 맡기기로 한 터였다. 이 결정의 장점은 분명했다. 부시는 고르바초프에게 소련의 개혁 정책에 신경 쓰고 있음을 보여주는 동시에, 경제 개혁이 실패하더라도 부시 행정부가 책임질 일은 없었다. 7월 9일 휴스턴정상회담에서, G7 정상들은 소련이 공식적으로 요청한 자금에 관해 논의했다. 미테랑 대통령과 캐나다의 브라이언 멀로니 총리는 고르바초프를 옹호했지만, 마거릿 대처와 일본의 가이후 도시키 총리는 부시의 노선을 지지했다. 정상들은 IMF와 세계은행, 그에 상응하는 유럽 기구들에 "소련 경제에 관한 연구를 주관할 것"을 요청하는 공동 성명에 서명했다.[85]

부시는 그 당시 서방 정책의 논리를 다음과 같이 회고했다. "폭넓은 미·소 의제와 독일에 관해 진전을 보려면, 소련과 고르바초프는 체면과 위상을 유지할 필요가 있었다. 그 주변의 모든 것, 제국과 경제, 이제는 그들의 연방마저 산산이 무너지고 있었지만 말이다."[86] 스코틀랜드와 그 후 런던에서 열린 회담에서, NATO 정상들은 워싱턴의 재촉을 받아 NATO 동맹의 전략이 소련에 대한 억제에서 예전 냉전시대의 적과의 협력으로 이동하고 있다고 선언했다. 더블린에서 EEC 소속 외무부 장관들은 소련에 이와 유사하게 상징적인 '문호 개방' 제스처를 취했다. 부시 행정부의 두 일원이 나중에 결론 내린 대로, 이는 서방이 고르바초프에게 내놓을 수 있는 "최고이자 최종 제시액"이었다.[87]

G7, NATO, EEC 선언은 소련 지도자에게 알맞은 때에 등장했다. 1990년 6월 19일에 모스크바에서 개최된 러시아공산당 창립회의는 고르바초프의 자유화를 중단시키고 당의 정치적 종말을 뒤집어보려는 러시아 보수파 당 엘리트 내부의 강력한 움직임이 정점을 이룬 것이었다. 1941년에 나치의 소련 침공이 시작된 날인 6월 22일, 볼가-우랄 군관구 사령관 알베르트 마카쇼프(Albert Makashov) 장군은 동유럽을 해방시키는 과정에서 소련 인민 수백만 명이 희생된 역사적 기억에 호소했다. 이제 소련군은 "싸워보지도 않고" 그 나라에서 쫓겨나고 있다고 그는 말했다. "[당]대회를 앞둔 …… 공룡들의 리허설"이라고 셰바르드나제의 자유주의적 보좌관인

테이무라즈 스테파노프는 두려움에 떨며 일기에 썼다. 러시아 공산주의자 대다수는 강경파이자 반지성적인 지방 기관원 이반 폴로즈코프를 당 지도자로 선출했다. 그다음에 열린 당 총회에서는 고르바초프의 정책 노선에 대한 모욕적인 공격과 서기장에서 해임하겠다는 위협이 난무했다.[88]

이때, 리투아니아 최고소비에트가 서방의 압력에 굴복했다. 6월 29일, 리투아니아 최고소비에트는 대망의 양보를 하고 독립선언을 유예했다. 이는 먹구름 낀 고르바초프의 지평선에서 유일하게 밝은 지점이었다. 그는 리투아니아공화국에 대한 금수조치를 즉각 해제했다.

7월 2~13일에 열린 제28차 소련공산당대회는 레닌의 사망 이후 가장 특별한 모임이었다. 개회 전야에, 고르바초프는 정치국에서 비공식적인 식사 자리를 마련했고 정치국원들에게 집단 사퇴를 요청했다. 그는 자신이 이번 대회를 무사히 넘긴다면 다음 정치국을 구성할 때 자유 재량권을 갖고 싶다고 설명했다. 다루기 힘든 리가초프까지, 모두 요구에 응했다.[89] 당대회에서 혼란스럽고 성난 당료들은 지도부가 자신들을 배반했다고 믿었다. 정치국원들은 차례로 일어서서 적대적인 청중 앞에서 자신들의 행위를 해명했다. 리시코프는 경제에 관해 무려 500가지 질문을 받아냈다. 셰바르드나제는 외교 정책에 관해 50가지 질문을 받았다. 보좌관인 스테파노프는 줄곧 살얼음판을 걷는 기분이었다. 그는 "한 발짝만 더 움직이면 포그롬이 시작될 거다!"라고 일기에 털어놨다. 고르바초프와 셰바르드나제 그리고 페레스트로이카의 주동자들에게는 다행스럽게도, 청중에게는 공통의 이데올로기나 결연한 지도부가 없었다. 화풀이하게끔 내버려두는 통상적인 전술이 다시금 통했다. 누구도 야유를 받거나 '반역'이란 비난을 들으며 연단에서 쫓겨나지 않았다. 야코블레프는 뛰어난 웅변으로 박수를 받기까지 했다. 새로운 중앙위원회 선출 과정에서 대표들은 A부터 시작하여 알파벳 순서대로 모든 위원에게 반대표를 던졌다. 셰바르드나제와 야코블레프만 남고 알파벳 맨 끝에 이르자, 대회 참석자들의 분노는 별안간 누그러졌다. 빨간 버튼만 계속 누르는 데 지쳤던 것이다. 결국, 고르바초프는 절차상의 꾀를 써서 전임 정치국 일원 대다수를 새로

운 중앙위원회에 남길 수 있었다.[90]

결정적 순간에, 셰바르드나제는 소련 강경파의 기우를 잠재우기 위해 미국 측에서 제공한, 소련과 협력할 뜻을 밝히는 NATO의 선언서 견본을 고르바초프에게 건넸다. 대의원의 4분의 1이 반대표를 던지긴 했지만, 결국 고르바초프는 소련공산당 서기장으로 재선되었다. 셰바르드나제, 체르냐예프와 자유주의 성향의 소수파는 고르바초프의 재기에 깜짝 놀랐다. 고르바초프를 대체해 당 지도자로 선출될 가능성이 크다고 모스크바 인텔리겐치아 사이에서 소문이 무성했던 리가초프가 패했다. 포퓰리즘적인 반부패 공격은 그에게 심각한 타격을 입혔다. 그리고 당 기관원들은 그의 고압적인 행정 스타일을 싫어했다. 그는 당대회에서 표를 얻지 못했고 지도부를 떠났다.[91]

보리스 옐친은 다시금 고르바초프에게 쏠린 관심을 가로챘다. 러시아의 이단아는 미리 준비한 발언을 시작했는데, 자신은 러시아 지도자가 되기 위해 당을 떠나기로 결심했다는 것이다. 야유를 받으며, 옐친은 일부러 천천히 연단에서 내려와 통로를 따라 출구로 걸어갔다. 그의 퇴장을 TV로 지켜본 수백만 사람에게는 극적이고도 기억에 남을 뉴스였다. 이 퍼포먼스 이후로, 옐친은 더 이상 고르바초프와 대립하며 아등바등하는 쌍둥이가 아니라 스스로 독자적인 국가적 지도자가 되었다. 여론 조사에서 그의 지지도는 치솟았다.[92]

당대회가 끝난 다음 날인 7월 14일, 고르바초프는 NATO 사무총장 만프레트 뵈르너(Manfred Wörner)를 만나 서방 동맹국과 소련과의 협력을 제안받았다. 이 만남은 이튿날 모스크바에서 고르바초프와 콜의 비밀 면담으로 이어졌다. 소련 대통령은 '보상'과 소련 안보 요건을 수용하는 대가로 통일독일의 NATO 가입과 소련군의 철수에 동의했다. 이 요건은 베이커와 콜, 겐셔가 지난 5월에 그에게 제시한 조건과 사실상 똑같았다. 그 비밀 면담에 관해 알고 있던 유일한 관리이자 면담 준비를 도왔던 체르냐예프는 거래가 그 자리에서 성사되어야 한다고 고르바초프에게 경고했다. 그것은 공연한 걱정이었다. 기분이 좋고 고맙기만 한 콜은 조건을 수

락했다. 그는 고르바초프에게 소련군에 대한 재정적 지원을 독일 국민에게 비밀로 해달라고만 부탁했다.[93]

스탈린 이래로 소련 지도자가 단독으로 행동한 것은 이번이 처음이었다. 셰바르드나제는 모임에 초대되지 않아서 이 일을 나중에 알았다. 7월 16일, 고르바초프는 콜을 북부 캅카스 아르히즈에 있는 휴양지로 초대했다. 오래전에 고르바초프가 유리 안드로포프를 접대했던 곳이었다. 이제 크렘린 지도자는 병든 소련을 '유럽으로' 끌어당겨줄 강력한 서방 친구이자 후원자에게 의존하고 있었다. 두 지도자가 산책하며 일 대 일 대담을 가진 뒤, 셰바르드나제와 겐셔, 몇몇 소련과 독일 전문가가 합류했다. 그들은 '큰 거래'의 세부 사항을 놓고 옥신각신했다. 고르바초프는 소련군의 동독 주둔 기한을 연장하려고 했지만, 결국 1994년까지 떠나는 데 동의했다.[94] 소련 지도자의 전격적인 외교로 최종 협상이 더 나아지지는 않았지만, 고르바초프가 양보한다고 비판했던 그 측근들에게는 깊은 인상을 남겼다.

1990년 전반기 동안, 고르바초프는 공화국 엘리트층에게 권력을 이양했다. 갈수록 거침없어지는 러시아 대항 엘리트층을 결국엔 상대해야 했다. 한쪽은 러시아연방 최고소비에트에서 옐친이 이끄는 집단이고, 다른 한쪽은 '러시아공산당' 집단이었다. 대항 엘리트층은 러시아 자유주의 인텔리겐치아, 포퓰리즘, 보수적 민족주의라는 상충하는 세력들을 대변했다. 그 결과, 고르바초프의 권위는 추락했고 정치적 기반은 좋게 말해서 위태로웠다. 국가 권력을 행사할 수 있다는 점을 빼면, 유일하게 유리한 입지는 세계 정치가라는 독특한 위상이었다. 서방 파트너들의 도움으로, 고르바초프는 자신의 정치적 수완을 재확인했다. 그는 독일의 재통일과 새로운 유럽 질서의 창건자가 되었다. 서방의 우군과 친구, 특히 부시와 콜의 도움을 받아 소련 지도자는 본국에서 자신의 권위를 재천명하길 바랐다. 하지만 고르바초프는 성공을 입증할 만한 근본적인 수단이 없었다. 소련 경제는 계속 나빠지고 있었고 이에 대처하기 위해 믿을 만한 전략이 없었던 것이다.

• 그러므로 양심은 우리 모두를 겁쟁이로 만들고……
천하의 거창하고 웅대한 과업들도
이런 까닭에 방향을 잃고
흐지부지해진다.
_ 윌리엄 셰익스피어, 《햄릿》

경제학자들의 시간

1989년 2월, 모스크바를 방문한 영국의 경제학자 알렉 노브(Alec Nove)는 소련 경제에 관해 이렇게 말했다. "터널의 끝에 빛이 보이기는커녕 터널도 안 보인다." 1915년 상트페테르부르크에서 알렉산드르 노바콥스키(Alexander Novakovsky)로 태어난 노브는 혁명이 일어난 뒤 가족과 함께 영국으로 이주했고, 글래스고에서 소련 경제사를 가르쳤다. 1989년 11월, 노브는 다시 모스크바를 방문했고, 상황이 한층 악화되었음을 알아차렸다. 소련 경제학자들은 그에게 파국이 닥치고 있다고 말했다. 이 위기의 성격을 제대로 설명할 수 있는 사람은 없었다.[1] 소련 총리인 니콜라이 리시코프와 고위 경제학자 레오니트 아발킨도 설명할 수 없었다. 회고록에서, 두 사람은 정치가 개입해서 그들의 계획을 망쳤다고 불평했다. 1987~1988년의 개혁이 새로운 행위자들, 즉 자율적인 국유기업, 협동조합, 상업은행을 만들어냈고, 그것들이 더 많은 소비재를 생산하는 대신 기존의 국가 경제를 약탈하고 국가 재정에 엄청난 출혈을 일으켰음을 그들은 결코 인정하지 않았다.[2]

일부 정부 관료들은 이 위협을 인식했다. 재무부 장관 발렌틴 파블로프와 그의 전문가들은 산업 국영기업이 수익의 30퍼센트만 국가 재정에 넘기고 60퍼센트는 남긴다는 사실을 정부에 알렸다. 이런 식으로 그들은 1000억 루블을 '벌었지만', 봉급을 올리는 데 써서 경제에 인플레이션을 초래하는 현금 공급만 늘렸을 뿐이었다. 생산성 증대와 경제 현대화에 대한 투자는 계속 감소하고 있었다. 그 결과, 전문가들은 경제가 자금 부족을 겪고 있으며, 국가 재정 적자가 큰 폭으로 증가할 것이라고 내다봤다. 재무부의 전문가들은 모두 국영기업과 협동조합에서 수익의 50퍼센트를 국가 재정에 넘길 것을 제안했다. 이에 대응하여, 로비스트들은 최고소비에트에서 맹렬한 반격에 들어갔다. 그들은 정부가 경제적 페레스토로이카를 가로막으려는 반동 세력이라고 몰았다. 리시코프와 아발킨은 "개혁에서 한발도 물러서서는 안 된다"[3]라는 똑같은 태도에 시달려 꼬리를 내렸다. 1989년 12월, 리시코프 정부는 이전 개혁들의 구조적·기능적 오류를 지속시킬 뿐인 새로운 프로그램을 인민대표대회에 제출했다. 인민대표대회는 리시코프에게 프로그램을 수정하여 다시 제출하라고 지시했다.[4] 1990년 내내 수정 작업을 하느라, 경제 토론만 한없이 이어지고 결정은 내리지 못했다.

리시코프 정부는 국가가 규제하는 시장을 원했다. 장관들은 재정, 통화, 그 외 규제 기관이 신설되는 데 5~7년이 걸릴 거라고 주장했다. 소련 경제학의 소산인 레오니트 아발킨은 시장 개혁이 국가 통제 아래 상당한 준비 과정을 거쳐 시행되어야 한다고 믿었다. 정부는 우선 상품을 충분히 비축하고 규제 메커니즘과 시장 기구들을 창출해야 하며, 그렇게 해야만 경제에 대한 규제를 신중하게 철폐할 수 있다. 하지만 정부는 즉각적이고 심각한 도전에 직면해 있었다. 서방 은행들이 신용 대출을 중단한 것이다. 경화의 주요 공급원인 소련의 원유는 소련 '협동조합' 사업에 의해 해외에서 시장 가격에 팔렸고, 그 수익은 그들의 호주머니로 들어갔다. 소련은 여전히 금을 보유하고 있었지만, 보유고는 784톤으로 하락했다. 스탈린이 사망할 때까지 비축한 보유량의 절반에도 못 미쳤다. 정부는 5년 동안 연간 10억 달러어치의 다이아몬드 원석을 팔아치우기 위해 영국의 다이아몬드 가공회사 드비어스사와 협상했다. 그와 동시에 최고소비에트는 저

소득층을 지원하기 위한 국가 지출을 증대했다. 재무부는 더 많은 루블화를 찍어낼 수밖에 없었다.[5]

1990년 3월, 정부는 리시코프에게 치명타를 안긴 스캔들로 요동쳤다. 노보로시스크 근처에 있는 버려진 기차역에서, KGB 관리가 '무개화차'로 등록된 12대의 T-72 탱크를 발견했다. 서류에 따르면 탱크는 거대한 탱크 공장인 우랄 왜건 플랜트에서 생산됐고, 해외로 수출하기 위해 협동조합 'ANT'가 주문한 것이었다. 소련의 무기 수출은 항상 국가가 독점했던 사업이었다. 그렇다면 영리업체가 왜 끼어 있을까? ANT(러시아어로 '자동기기', '과학', '기술'의 머리글자를 딴 단어) 협동조합은 전직 KGB의 제9부 장교인 블라디미르 랴셴체프(Vladimir Ryashentsev)에 의해 1987년에 설립되었다. 협동조합은 리시코프의 각료회의 산하 연구개발부의 후원 아래 운영되었고, KGB 장교들을 채용했다. 소련 MIC의 제품을 개인용 컴퓨터나 의약품처럼 수요가 많은 외국 상품과 '교환'한다는 계획이었다.[6] 리시코프는 협동조합의 활동을 승인했지만, 달갑잖은 대중의 관심은 고려하지 못했다. 러시아 공산주의 계열 신문인 《소비에트 러시아(Soviet Russia)》가 이 특종을 건졌다. KGB의 크류치코프와 리가초프는 TV에서 무기 수출을 맹비난했다.[7]

TV로 중계된 인민대표대회 회기 동안, 아나톨리 솝차크는 ANT를 진정한 시장 개혁을 가로막고 자기들 배만 채우려는 노멘클라투라 관리들의 작당모의라고 일컬었다. 그는 리시코프가 진상을 무마하려 했다는 혐의를 제기했다. 한편, 고르바초프는 이 추문에 대해 안전거리를 유지했다. 이 사건은 포퓰리즘의 힘을 보여주었다. TV 시청자들은 체르노빌과 아르메니아, 그 외 분쟁 지역에서 리시코프의 에너지와 영웅주의는 잊고, 솝차크가 고위층 비리를 폭로한 데 환호했다. 'ANT 사건'에 대한 조사는 몇 달이나 이어졌지만 재판 없이 끝났다. 랴셴체프는 나중에 헝가리로 도피했고, 몇 년 뒤에 시체로 발견되었다.[8]

소련 정부가 신뢰와 지불 능력이라는 이중의 위기를 겪는 동안, 폴란드의 탈공산주의 정부는 시장경제를 창출하기 위한 전격 작전을 개시했다.

언론에서는 정책을 설계한 폴란드 경제학자 레셰크 발체로비치(Leszek Balcerowicz)의 이름을 따서 '발체로비치 플랜'이라고 불렀다. 폴란드의 개혁 조치는 IMF와 세계은행이 개발한 거시경제적 안정화 처방을 충실히 따랐다. 폴란드 정부는 가격 규제를 철폐하고, 무역과 민간 기업 창업을 자유화하며, 공무원 임금과 급여의 인상에 상한선을 뒀다. 이것은 감내해야 할 고통이었는데, 물가와 실업률이 치솟았기 때문이다. 하지만 얼마 안 있어 폴란드 농민들이 도시에 식량을 공급하기 시작했고, 돈은 더 이상 부족한 상품에 몰리지 않았으며, 급등하던 인플레이션은 진정되었다.[9]

폴란드 개혁 조치는 소련 경제학자들을 창의적으로 사고하게끔 고무시켰다. 고르바초프가 새로 임명한 경제 자문 니콜라이 페트라코프는 급속히 시장경제로 이전하는 일관된 프로그램을 작성한 첫 번째 사람이었다. 지적인 측면에서, 그는 1960년대 소비에트 '수리경제학'을 바탕으로 했다. 수리경제학 신봉자들은 컴퓨터를 이용해 수요와 공급, 투자의 필요를 계산해서, 그 결과 당-국가 관료 집단을 대체하길 바랐다.[10] 페트라코프는 정치적으로는 모스크바 기반의 민주적 야권에 공감했고, 리시코프 정부가 서툴고 무능하다고 여겼다.[11]

1990년 3월 10일, 페트라코프는 고르바초프 앞에 탈규제화 논리를 바탕으로 한 급진적 경제 개혁안 개요서를 제출했다. 그는 국가가 더 이상 자원을 경제에 배분하지 않아야 한다고 주장했다. 원자재와 소비재 가격에 대한 규제도 철폐해야 한다. 페트라코프는 국영기업의 *베즈날* 신용대출(*kreditnaia emissia*)이 소련 인플레이션의 주요 원인임을 올바르게 인식하여 이를 제한할 것도 제안했다. 1990년 초, 소련의 국영은행뿐 아니라 공화국 은행도 '주권' 공화국 의회들의 부추김을 받아 융자를 늘리기 시작했다. 민간 '협동조합'과 상업은행의 도움을 받아 두 종류의 소련 통화, 즉 현금 및 비현금 거래 수단 간의 단단한 격벽이 무너졌다. 국영은행은 갈수록 더 많은 양의 돈을 찍어내야 했다. 페트라코프는 고르바초프가 명령을 발효해, 국영은행이 신용과 통화 정책을 좌우하는 기관이 되고 각료회의가 예산 통제권을 되찾아야 한다고 주장했다. 최고소비에트는 새롭게 인플레이션을 일으킬 만한 국가 프로그램을 시작할 권한을 가져서는 안 된다. 소련 재정 시스템의 이중 구조는 점진적으로 해체될 것이다. 소비재가 부족한 경제에 극약인 '자유' 현금(잉여 현금 – 옮긴이)의 흐름은 급격히 감소할 것이다. 국영기업들은 합자회사로 전환되고 국가 자원을 털어 가는 약탈자 노릇을 그만둬야 한다. 정부는 증권 거래소를 신설하고 예산과 신용대출에 상한선을 둔다. 한편, 국가는 잉여 현금을 장기 프로젝트에 투자할 수 있도록 부동산과 가능하다면 토지에 대해서도 규제 완화를 허용할 것이다. 프로그램에는 시간표도 있었는데, 3~4월에는 주요 명령과 법령, 법률을 마련하고 5~6월에는 제도 정비에 들어간다. 그리고 7월 1일에는 국영기업의 민영화가 시작될 예정이었다.[12]

페트라코프 프로그램은 현실적이고 독창적이었다. 중국의 경험에 크게 영향을 받은 한편, IMF가 폴란드에서 시행한 '두루 적용되는' 충격 요법과는 많이 달랐다. 페트라코프의 아이디어가 1990년에 국가적 수단과 재정 시스템이 그대로인 상태에서 실시되었다면, 소련 경제의 운명은 매우 달라졌을지도 모른다. 1987~1988년의 파멸적인 '혼합경제'는 성공적인 시장경제를 향해 다시금 궤도에 오를 수 있었을 것이다. 안타깝게도 페트라코프의 뛰어난 통찰을 고르바초프는 전혀 이해하지 못했다. 소련 지도자는 정치적 요점, 다시 말해 장기적으로 시장의 힘이 공화국을 하나로 묶을 강력한 접착제가 될 것이라는 결론이 마음에 들었다. 하지만 시장경제로 이행한 결과가 발생시킬 정치적 위험 부담을 두려워했다. 4월에 폴란드 대통령 야루젤스키와 대담하다가, 고르바초프는 폴란드 자유화의 대가에 대해 "당신이나 우리가 유사한 일(IMF식 경제 개혁 – 옮긴이)을 했다면 사람들은 당장 우리를 끌어내렸을 것"이라고 꼬집었다. 페트라코프는 이런 우려에 대해 서방에서 대규모 융자를 받아 소비재를 대량으로 수입하여 구조 개혁의 중대한 시기에 수요를 충족시키고 사회적 긴장을 완화하는 방안을 제시했다. 그는 국민의 예금을 보호하기 위해 독창적인 해법도 내놨는데, 저축 예금의 이자는 미국 달러화로 지불하게 하는 것이었다.[13]

고르바초프는 주저했다. 그는 지난여름의 광부 파업을 떠올렸다. 그리고 리시코프 정부를 퇴진시키겠다는 정치적 의지도 없었다. 4월 14일, 대통령회의와 연방회의의 연석회의에서 정부는 시장경제로의 이행과 탈규제화를 1991년 1월부터 실시하자고 제안했다. 리시코프의 급진주의는 거기까지였다. 경제학자들은 하나둘씩 정부의 방안에 동의했지만, 사회적·정치적 낙진에 대해 경고했다. 소련이 붕괴한 뒤, 고르바초프는 경제학자들이 그를 저버렸고 정책 실패의 책임을 피하려고만 했다고 말했다. 그래도 경제학자들은 제일 중요한 점을 지적했다. 시장경제로의 이행은 불가피하며 정치적 위험 부담은 매우 크다고 말이다. 시간을 끌어봤자 이 딜레마는 심해지기만 할 것이었다. 경제학자 스타니슬라프 샤탈린은 또 다른 중요한 점을 지적했는데, 공화국별 자체 회계는 "가장 멍청한 짓"으로 공화국 분리주의만 조장하리라는 것이다. 시장경제는 연방을 공고히 할 것이다. 이는 페트라코프가 일찍이 언급한 것이었다.[14]

고르바초프는 연석회의에서 경제 위기의 심각성과 '갑작스러운' 출현에 대해 짐짓 놀라워한 유일한 참석자였다. 그는 페트라코프의 개혁 정책을 추진하는 대신, 리시코프가 정부 프로그램을 '업데이트'하길 기다렸다. 또한 고르바초프는 경제 전략 논의를 의회 기구에 위임했다.[15] 둘 다 쓸데없는 짓이었다. 양극화, 급진적 포퓰리즘, 희생양 찾기의 분위기에서, 새로운 정책을 펼칠 수 있는 것은 대통령뿐이었다. 최고소비에트의 대의원들은 최저임금 인상과 돈이 많이 드는 사회 보호 프로그램에 투표했다. 그들은 그런 프로그램에 들어가는 돈은 지폐를 더 찍어내야 하고, 그 결과 인플레이션이 심화된다는 사실에는 신경 쓰지 않았다. 리시코프 정부는 마침내 국영기업의 수익에 55퍼센트를 과세하는 방안을 내놨지만, 포퓰리즘적인 최고소비에트는 거부권을 행사했다. 개별 공화국의 최고소비에트에서, 민족주의는 이러한 경향을 심화했다.[16]

고르바초프는 5월 22일 크렘린에서 개혁 정책에 관한 논의를 재개했다. 경제학자들에게 과외를 받은 그는 국영기업과 협동조합들의 인플레이션 유발 조작이 "시장의 균형을 해쳤다"라고 인정했다.[17] 정부 관리들은 해법이 아니라 장애물만 이야기했다. 그들은 폴란드식 개혁을 유일한 대안으로 거론하면서, 그 경우에 실업자 수가 1500~4000만 명까지 치솟을 것이라고 경고했다. KGB 의장은 파업 가능성을 언급했다. 논의는 사회 최빈곤층에 초점이 맞춰졌고 구체적 사안들로 빠졌다. 빵값을 언제 올려야 하는가? 가장 가난한 사람들에게 어떻게 보상해야 하는가? 러시아 작가인 발렌틴 라스푸틴은 참석자들에게 "인민에게 조언을 구할 것"을 촉구했다. 놀랍게도 페트라코프의 혁신적 해법은 전혀 거론되지 않았다.[18] 재무부의 발렌틴 파블로프는 행동에 나설 것을 요구한 주장한 몇 안 되는 사람 가운데 한 명이었다. 그는 연료와 빵의 도매가를 인상할 것을 제안했다. 도매가는 *베즈날*, 소매가는 현금이라는 두 통화 간에 남아 있는 구분이 소비재 가격의 즉각적 인상은 피하면서 석유 산업과 농업을 활성화할 수 있는 특별한 수단을 소련 정부에 제공한다고 설명했다. 고르바초프는 파블로프의 말을 이해하지 못했다. 리시코프는 고르바초프가 소매가와 최고소비에트, 분노한 대중의 정부 사퇴 압력을 처리해야 하는 암담한 일을 자신에게 떠넘겼다고 의심했다. ANT 사건으로 이미 상처받은 리시코프는 비이성적으로 행동했다. 그는 물가 개혁에 관해 전국적인 토론을 제안했는데, 정말 최악의 발상이 아닐 수 없다!

크렘린 회의가 끝나고 며칠 뒤, 리시코프는 TV에 나와 경제 문제를 논의하고 가격을 인상해야 할 것이라고 말했다. 그 발언으로 전국적으로 사재기 열풍이 일었다. 리시코프의 최측근 보좌관들조차도 깜짝 놀랐다. 고르바초프는 "니콜라이 리시코프는 신경쇠약 상태였다"라고 회고했다.[19] 이유는 어찌 됐든, 위로부터 계획된 경제 개혁은 다시금 거부되었다. 성난 의원들은 정부 프로그램을 백지로 되돌리고 9월까지 새로운 계획안을 제출하라고 요구했다. 리시코프 정부는 이미 끝장났지만, 사퇴하려고 하지 않았다.[20]

정책 싸움

러시아 주권 선언과 러시아 의회 의장으로 옐친이 선출된 탓에, 고르바초프가 소련의 대통령이 된 뒤 주어진 기회의 창은 닫혀버렸다.[21] 그는 러시아 주권을 폐지할 수 없었고, 이제는 러시아 의회와 협상해야 했다. 러시아연방의 최고소비에트는 크렘린에서 강을 따라 올라가면 거대한 흰 대리석 건물에 있었다. 오랫동안 그 건물은 조용한 곳이었는데, 이제는 벌집을 쑤셔놓은 듯했다. 소련 지도부는 60대에 접어드는 사람들로 구성된 반면, 러시아 의회는 고르바초프의 리더십에 실망한 30~40대 젊은 세대를 끌어당겼다. 그리고 민주러시아 소속 대의원들은 그리스신화 속 아우게이아스 왕의 외양간을 청소하라고 선출된 인민위원이라도 된 기분이었다. 그들 중 한 명은 다음과 같이 회고했다. "우리는 고르바초프가 새로운 피를 수혈해주고 [보수파와] 결별할 줄 알았다. 그에게는 당 내부에 의지할 수 있는 사람이 많았다." 그러는 대신, 고르바초프는 "주변에 늘 똑같은 늙은이들, 연설문 작가들만 불러들였다. 우리가 보기엔, 한물간 사람들이었다." 자연스럽게, 러시아 의회는 고르바초프와 구소련 엘리트에 저항하는 반대파의 구심점이 되었다.[22]

48세의 체첸인 경제학자인 루슬란 하스불라토프(Ruslan Khasbulatov)는 러시아 주권을 부르짖는 적극적 운동의 배후에 자리한 주동자이자 선동가가 되었다. 두 살 때, 그는 체첸에서 중앙아시아로 강제 이주당했다. 나중에 탈스탈린화 덕분에 그와 체첸인들은 고향으로 돌아올 수 있었고, 그는 모스크바에서 법학과 경제학을 공부하고 모스크바정경대학의 교수가 되었다. 1990년 여름, 하스불라토프는 주권 쟁탈전에 야심을 쏟았다. 7월 13일, 그가 주도적으로 발의하여 러시아연방 최고소비에트는 러시아연방 내의 국영은행을 러시아 의회에 종속되는 '러시아은행'으로 전환하는 법안을 채택했다. 이 기관은 모든 통화적 기능을 수행할 수 있는 권한을 부여받았다. 심지어 국영은행은 법에서 언급하지도 않았다.[23] 국영은행 총재 빅토르 게라셴코는 이 법을 소련 재정 시스템의 종말이라고 여겼다. 어떻게 한 경제에 경쟁적인 두 개의 화폐 공급 중심지가 존재할 수 있는가? 하스불라토프는 짐짓 모른 척하며 악의는 없다고 부인했다. 그러나 러시아은행 창립을 도운 모스크바 금융 전문가 집단은 잘 알고 있었다. 그들은 자기들이야말로 총살감이라는 살벌한 농담을 주고받았다. 아닌 게 아니라, 그들은 1917년 볼셰비키들의 첫 번째 행위가 제국은행을 장악하는 것이었음을 기억했다. 혁명은 돈의 통제권을 쥐지 못하면 실패한다.[24]

러시아 의회는 경제학자 그리고리 야블린스키(Grigory Yavlinsky)에게도 휘황찬란한 경력의 출발점이었다. 서우크라이나 르보프에서 태어난 야블린스키는 모스크바에서 경제학을 전공하고 졸업한 뒤(하스불라토프와 아발킨이 가르친 대학이었다), 소련 정부 기관에서 연구자로 근무했다. 1989년, 아발킨은 그를 불러들여 각료회의의 전문가 팀에 합류시켰다.[25] 1990년 1월, 당시 38세였던 야블린스키는 정부 전문가로 폴란드로 가서 발체로비치의 개혁 정책을 관찰했다. 그는 깊은 인상을 받고, 소련에서도 같은 조치를 취해야 한다고 생각했다.[26] 두 경제학자와 함께, 야블린스키는 소련 경제를 1년 안에 민영화하고 탈규제화할 프로그램을 고르바초프를 위해 작성했다. 프로그램의 제목은 '신뢰의 400일'이었다. 그것은 페트라코프의 프로그램과 비슷했지만, 일관성이 떨어지고 무지한 의원들도 사로잡을 수 있도록 포퓰리즘적 외양을 띠었다. 성공의 핵심 요소는 국민의 신뢰와 저축이라고 야블린스키는 주장했다. 가격을 자유화해서 저축을 증발시켜버리는 대신, 개혁가들은 사람들이 저축액을 투자해 소상점, 부동산, 트럭, 버스 등을 민영화하게 도와야 한다. 소련 인텔리겐치아와 전문가들은 그렇게 재산을 지닌 중간계급이 될 것이다.[27]

'400일' 프로그램은 러시아 의회에서 찬양자를 얻었다. 민주러시아 소속의 재능 있는 정치인인 미하일 보차로프(Mikhail Bocharov)는 러시아연방의 총리 자리를 노리고 있었다. 그는 경제 전문가라는 자격을 강화할 요량으로, 야블린스키의 프로그램을 도용하여 이름만 '500일'로 바꾼 다음 '러시아를 위한 경제' 프로그램이랍시고 내놨다. 그러고도 총리 경선에서 졌지만, 대신 경제 개혁의 전문가 위원회라고 할 수 있는 최고경제회의의 의장이 되었다. 야블린스키는 진상을 알고 나서 보차로프와 옐친을 만났다. 젊은 경제학자는 500일 계획이 '러시아 프로그램'에 그쳐서는 안 된다고 설명했는데, 소련 경제는 산업들이 정맥과 동맥처럼 공화국들 곳곳에 뻗어 있는 하나의 통합된 몸이기 때문이다. 의사는 환자의 몸 전체를 치료해야지, 팔다리나 한 부위만 치료해서는 안 된다. 야블린스키의 논증에 깊은 인상을 받은 옐친은 그에게 러시아 정부의 부총리직을 제의했다.[28]

야블린스키는 제의를 수락했지만, 자신의 프로그램에 두 명의 후원자를 끌어들이기로 결심했다. 바로 옐친과 고르바초프였다. 7월 21일, 그는 페트라코프에게 연락했고 이 구상의 정치적 잠재력을 즉각 알아본 페트라코프는 고르바초프에게 알렸다. 소련 대통령은 "이 친구 어디 있어? 당장 여기로 데려오게"[29]라고 말했다. 고르바초프의 요청으로 야블린스키는 옐친이 휴가를 떠난 라트비아의 휴양지 유르말라로 날아왔다. 러시아 지도자는 처음엔 부정적인 반응을 보였다. 옐친의 자존심은 고르바초프와의 동맹을 허락하지 않았다. 그는 러시아 방방곡곡에서 자체 금융 시스템과 외교 정책, 대외 무역을 갖춘 '주권국 러시아'에 관해 연설했다. '러시아의 세금'은 소비에트연방 재정으로 넘기지 않을 것이다. 잔존한 '중앙'은 국방과 통신, 에너지만 관리할 것이다.[30] 그래도 옐친은 고르바초프와의 전술적 동맹으로 득을 볼 수 있겠다고 생각했다. 처음으로 크렘린 지도자는 정치국의 이단아와 대등한 파트너십을 맺을 준비가 되었다. 고르바초프는 직접 옐친에게 전화를 걸어 이를 확인시켰다. 옐친은 경제 개혁 시도에 합류하기로 동의했다.[31]

고르바초프는 전기 작가 윌리엄 타우브먼이 쓴 대로, 이성적 계산보다는 절박한 심정에서 500일 계획을 지지했다.[32] 정말이지 소련 지도자는 리투아니아 위기와 러시아 주권 선언에 믿을 만한 대응책을 찾고 있었다. 야블린스키의 제안은 뜻밖의 선물이었다. 고르바초프는 옐친과 공화국 지도자들이 서명하는 경제적 협정문이 새로운 연방조약으로 나아갈 길을 닦아줄 것으로 기대했다. 독일의 재통일과 관련해 콜과 성공적으로 이룬 거래도 고르바초프의 자신감을 높였다. 그는 외교 사안에서 이룬 업적을 국내 정치에서도 이룩하고 싶었다. 7월 20일 대통령회의 모임에서, 고르바초프는 유럽연합의 '아버지' 자크 들로르와 최근에 만난 일을 신나서 이야기했다. 그는 민족주의와 전쟁으로 점철된 역사를 지닌 유럽 국가들도 통합에 성공했으니, 소비에트 공화국들이 얼룩진 역사에도 불구하고 통합을 유지할 이유는 충분하다고 주장했다.[33]

페트라코프와 야블린스키는 자신들의 구상을 실행에 옮길, 다시없을 기회를 반겼다. 두 사람은 "연방조약의 기초로서 시장경제로 이행하기 위한 연방 프로그램을 구상"해서 내놓는 임무를 "독립적인" 전문가 집단에 맡기는 명령서를 작성했다. 또 자신들과 발상을 공유하는 경제학자들을 선임했다. 대통령회의의 유일한 경제학자인 스타니슬라프 샤탈린이 그룹을 이끌 예정이었다. 한 달이 지난 9월 1일, 구상안이 논의와 승인을 위해 소련과 러시아연방 최고소비에트에 제출되었다.[34] 경제학자들은 고르바초프와 옐친이 명령서에 서명하고 일에 착수할 것이라고 기대했다. 7월 27일, 고르바초프는 그 명령서를 글자 하나 바꾸지 않고 서명했고, 옐친도 그랬다. 하지만 고르바초프는 리시코프도 서명해야 한다고 주장했다. 명령서에 관해 가장 늦게 알게 된 불쌍한 총리는 기습적으로 공격당했다고 느꼈다. 고르바초프는 자신이 그토록 애쓴 프로그램을 쓰레기통에 처박아버리고 라이벌 경제학자 팀으로 돌아선 셈이다! 결국 리시코프는 서명하길 거부했다. 고르바초프는 심기가 불편했지만, 라이사와 함께 크림반도로 여름휴가를 떠나려던 차였다. 소련 지도자는 7월 30일 비행기에 올라 흑해로 떠났다. 이틀 뒤, 아발킨과 다른 부관들과 상의한 끝에 리시코프는 꼬리를 내리고 서명했다. 그는 또 한 번 '개혁의 적'이 되어 여론의 희생양이 되기에는 기운이 남아 있지 않았다.[35]

그 결과로 두 전문가 팀은 경쟁했다. 페트라코프와 야블린스키, 그들이 선임한 경제학자들은 모스크바 서쪽의 아르한겔스코예에 있는 6호 별장으로 옮겨 갔는데, 모든 설비를 갖춘 국영별장 단지로 안락하게 지내며 작업할 수 있는 곳이었다. 경제학자 팀은 높은 사명감을 품고 작업에 임했으며, 경제 위기를 빠져나올 길을 알고 있다고 자신했다. 옐친은 경제학자들과 두 차례 만났다. 고르바초프는 페트라코프에게 매일 전화해 진행 상황을 문의했다. 그는 또한 계획서 초안을 받아서 확인한 후 돌려보냈다.[36] 아발킨이 이끄는 리시코프의 전문가 팀은 모스크바 근처의 또 다른 휴양지에서 작업했다. 그들은 9월 최고소비에트에 제출해야 할 정부 프로그램 수정 작업에 몰두했다. 고르바초프가 크림반도에서 돌아와서 두 팀이 협조하지 않는 것을 걱정하자, 아발킨은 정부 프로그램을 중단하라고 지시한 사람이 없었다고 대답했다. 대통령이 작업 중단을 승인할 것인가? 고르바초프는 책임을 떠맡지 않았다. 소련 지도자는 리시코프와 더는 말도 하지 않았지만, 여전히 총리로 두고 싶었다.[37]

두 팀 간의 경쟁은 정치적 대립으로 비화했다. 페트라코프와 야블린스키가 첫발을 뗐는데, 공화국 대표들도 이 프로젝트에 참여시켜야 한다고 결정한 것이다. 발트 국가들의 대표들까지 포함해 공화국 대표들 전원이 아르한겔스코예에서 500일 계획을 논의했다. 페트라코프는 이렇게 회고했다. "나는 경제적 안정이 달성된다면 극심한 종족-민족주의적 갈등이 누그러질 것이라고 믿었다. 물자 부족으로 인해 야기되는 대중의 좌절감은 자연스레 민족주의로 전환되기 마련이다. …… 모스크바는 러시아의 수도이고, 따라서 모든 경제적 곤경은 러시아인 탓으로 돌려졌다." 이 발언은 왜 그 경제학자가 종족-민족주의적 요구에 대해 정책의 일관성을 희생시켰는지 설명해주는 듯하다. 아르한겔스코예의 경제학자들은 모두 러시아인이었는데, 갑자기 공화국들이 연방의 권위에 대해 절대적인 법적 우위를 지녀야 한다고 인정했다. 특정 공화국 내의 모든 자원과 경제 자산은 '그곳 인민의 소유'로 선언되어야 한다. 이것은 경제학이 아니라 의사 민주주의적 포퓰리즘이었다. 당연히 옐친과 그의 대표들은 그 '원칙'을 기꺼이 받아들였다. 그들은 향후 가능한 연방의 핵심 조건, 즉 연방세는 거부했다. 게다가 그들은 미래 연방정부는 공화국 대표들의 위원회 형태가 되어야 한다고 고집했다. 그것은 분리주의와 경제적 참사를 자초하는 셈이었다.[38]

고르바초프가 이 논리를 받아들이길 주저하자, 경제학자들은 지지를 얻기 위해 언론인들에게 눈길을 돌렸다. 프로파간다에 재능이 있는 야블린스키는 언론과 무수한 인터뷰를 했다. 엄청난 발행 부수를 자랑하는 모스크바 기반의 정기 간행물들은 500일 계획을 나라의 마지막 희망이라고 추켜세웠고, 경제학자들은 새로운 선지자와 구원자로 칭송되었다. 복잡한 쟁점이 이분법적 문제로 바뀌었다. 야블린스키를 지지하는 언론은 아발킨의 팀을 MIC의 대리인이자 무능한 농업 압력 집단, 노멘클라투라 관료 집단으로 묘사했다. 그러자 반대편에서는 500일 계획이 나라를 외국 자본가들에게 팔아넘기는 계획이라며 맞받아쳤다.[39]

1990년 7월 말, 모스크바의 여론 조사들은 응답자의 약 70퍼센트는 시장경제로 이행하는 데 찬성하지만, 15퍼센트만이 당장 이행하길 바란다는 것을 보여주었다.[40] 500일 계획에 대한 언론 캠페인은 친시장경제 분위기에 새로운 절박감을 조성했다. 일부 소비에트 노동조합 지도자들은 시장경제로의 즉각적인 이행을 받아들이면서 정부가 발목을 잡고 있다고 비난했다. 이것은 페트라코프-야블린스키파를 위한 요란한 홍보 활동이었지만, 옐친을 위한 것이기도 했다.

크림반도에서 휴가 첫날, 고르바초프는 체르냐예프를 불러 새로운 이론적 프로젝트, '사회주의와 시장'을 구상하고 있다고 말했다. 그는 생각한 바를 구술했지만, 막상 연설문 작가가 초안을 가져오자 얼굴을 찌푸리며 치워버렸다. 이후 두 차례나 더 시도했지만 실패로 돌아갔다. 소련 지도자는 신레닌주의 체제를 극한까지 밀어붙였지만, 시장 자본주의와 소비에트 '사회주의'를 조화시킬 수 없었다. 하나는 버려야 했다. 고르바초프는 연방조약의 이론적 측면에 대해서도 작업했지만, 생각은 쉽게 풀리지 않았다. 소련 지도자는 소비에트연방을 대체할 자발적인 연방을 창설하길 바랐지만, 공화국들을 하나로 묶기 위해서는 정치적 수단인 당에 계속 의존해야 했다. 헌법을 공부한 고르바초프는 과하게 열성적인 편집자처럼 굴면서, 만족스러운 결론에 도달하기 위해 단어와 문단을 매만졌다. 하지만 결론은 연방의 중심이 없는 약한 연합체로 향했다. 샤흐나자로프가 고르바초프에게 이 점을 지적하자, 고르바초프는 화를 내며 일축했다. 그는 실마리를 찾기 위해 레닌을 파고들었다.[41]

고르바초프가 크림반도에서 이론화에 몰두하는 동안, 옐친은 아르한겔스코에 경제학자들과 두 차례 만나서 그들의 작업을 승인했다. 또한 러시아연방 전역에서 캠페인을 펼쳤다. 500일 계획은 그의 핵심 구호가 되었다. 그는 '러시아 프로그램'이 2년간의 이행기를 거친 후에는 인민의 삶을 더 좋게 바꿀 것이라고 약속했다. 미래의 연방조약에 관해서는, 주권은 풀뿌리에서 비롯되어야 한다는 초민주적인 주문만 되풀이했다. 그러므로 러시아연방은 역피라미드 형태로 재건되어야 했다. 러시아연방 내의 자치 지역인 타타르스탄, 바시키리야, 코미를 방문하는 동안, 옐친은 "받아들일 수 있는 최대한의 주권을 가져오라"라며 인민에게 촉구했다.[42] 나중에 겐나디 부르불리스는 이 노골적인 포퓰리스트 구호를 고르바초프의 정치 공작과 반대로 "정직하고 원칙적인 접근"이라며 옹호했다. 사실상, 옐친은 정치적 분리주의라는 원심 분리기에 또다시 힘을 보태고 있었다.[43]

8월 중반, 고르바초프는 체르냐예프와 총애하는 새로운 보좌관인 예브게니 프리마코프를 별장의 저녁 식사에 초대했다. 두 보좌관은 옐친과 손을 잡고, 500일 계획을 적극적으로 수용하며, 리시코프 정부를 버리라고 그에게 권유했다. 그러지 않으면, 옐친이 러시아 공산주의자들과 손을 잡고 고르바초프에게 맞서서 '러시아'의 기치 아래 세력을 끌어모을 수도 있다고 주장했다. 고르바초프는 그 위험성을 일축했다. 그는 러시아공산당을 통제할 수 있다고 생각했다. 옐친이 "규칙도, 도덕도, 교양도 모르는 사기꾼"이라며 분노를 쏟아냈다. "러시아가 없다면 아무 일도 되지 않을 것"이므로 옐친을 상대해야 한다는 데는 동의했다. 그러나 리시코프를 버리면, '또 다른 적대적 전선'을 상대해야 할 것이었다. 고르바초프는 리시코프와 각료회의, 공산당 기구 전체가 "[앞으로] 펼쳐질 시장 시스템에 의해 자연스레 희생자"가 될 것이며 "이 일은 올해 안으로 일어날 것"이라고 두 사람을 안심시켰다.[44] 마지막 발언은 소련 대통령이 500일 계획을 채택하길 원하며 그것이 소련의 국가성에 초래할 결과를 이해하고 있다는 의미였다.

8월 21일, 고르바초프의 요청으로 리시코프, 아발킨과 소련 정부의 각료들이 라이벌 팀과 공통분모를 찾는다는 명목으로 아르한겔스코예에 방문했다. 두 팀의 만남은 대결로 바뀌었다. 옐친의 특사인 부르불리스는 개인적 동기가 있었던 것 같다고 나중에 의심했다. "우랄에서 온 [또 다른] 남자", 옐친을 향해 리시코프가 느끼는 깊고도 반쯤은 의식적인 시기심 말이다. 그러나 의견 차이의 원인은 심각하고도 원칙적이었다. 리시코프와 아발킨에게는, 장래 시장경제의 주요 행위자는 중앙 정부 부처와 국유 법인이었다. 페트라코프와 야블린스키에게는, 경제적 연방의 주요 수혜자는 주권 공화국이었다. 두 접근법 간의 절충점은 사라졌다. 아발킨은 페트라코프에게 '연방(the Union)'이란 말을 어떻게 이해하는지 물었다. "하나의 국가(state)인가, 아닌가?" 그는 분명한 대답을 듣지 못했다. 페트라코프는 그 만남을 다르게 기억하고 있었지만, 장래 연방의 국가성이 중심 쟁점이었음을 시인했다. 소비에트연방의 붕괴와 사회주의에서 자본주의로의 이행은 아발킨으로서는 "끔찍하고도 받아들일 수 없는 것"이었다고 페트라코프는 회고했다. 페트라코프는 어느 시점부터 그것을 당연하게 받아들인 모양이었다. 결국, 리시코프는 감정이 북받쳐서 말했다. "내 손으로 나라를 파묻는 일"은 없을 것이며 소비에트연방의 "무덤을 파는 자들"에게 맞서서 끝까지 싸우겠다고 말이다.[45]

이 대립 때문에 고르바초프는 휴가를 일찍 끝내야 했다. 8월 23일에 그가 탄 비행기가 브누코보공항의 비행장에 내렸다. 소련의 전통에 따라, 정치국과 대통령회의, 보좌관들이 대통령을 맞이하러 나왔다. 햇볕에 그은 고르바초프가 모습을 드러내자, 리시코프, 루캬노프, 마슬류코프가 다가가 각료들과 긴급회의를 할 것을 요구했다. 고르바초프가 자리를 뜨자, 증오로 얼굴이 하얗게 질린 리시코프는 페트라코프에게 고개를 돌렸다. "당신은 역사에 길이 남을 거야!" 루캬노프도 거들었다. "당신이 계속 이렇게 나가면, 9월에 최고소비에트는 정부를 몰아낼 거야. 11월에는 인민대표대회와 최고소비에트도 해산되겠지. 그러면 새로 선거를 할 테고, 12월이면 대통령이 실각할 거야. 그리고 당신도 마찬가지고!"[46]

고르바초프는 다음 날 아침에 페트라코프와 그의 팀을 만났다. 국영별장에서 반팔 차림으로 일하던 흥분한 경제학자들은 집에 가서 재킷과 넥타이를 챙길 여유도 없었다. 모임은 다섯 시간 동안 이어졌고, 고르바초프는 좌중의 마음을 사로잡았다. 그는 시간을 내어 프로그램 초안을 읽었고, 젊은 경제학자들을 지적인 논쟁 상대로 대했으며, 좋은 질문을 던졌다. 몸이 좋지 않아 작업의 대부분을 놓쳤던 샤탈린도 모임에 나왔고 "우리 사람들은 날개라도 단 것 같았다"라고 기억했다. 고르바초프는 모스크바로 돌아가는 대로 500일 계획을 대통령회의뿐 아니라 옐친과도 의논하겠다고 말했다. 그는 샤탈린과 페트라코프를 이튿날 리시코프 정부와의 회의에 초대했다. 모임에서 정부 각료들은 고르바초프에게 옐친과의 협상을 소리 높여 경고했다. 고스플란의 위원장 유리 마슬류코프는 "무슨 수를 써서라도 …… 옐친을 제거해야 합니다!"라고 외쳤다. 대통령은 "헛소리 그만하시오"라며 말을 잘랐다. 고르바초프는 울분을 터트리게 하는 그의 수법에 의존했다.[47]

고르바초프는 8월 29일에 옐친과 만났다. 1987년 이후로 일 대 일 면담은 처음이었다. 여러 해 동안 두 사람 사이에는 악감정이 쌓였다. 러시아 지도자는 시작부터 불만을 늘어놓았다. 고르바초프는 왜 그렇게 기를 쓰고 자신이 러시아연방 의장으로 선출되는 것을 막으려 했는가? 솔직한 대화를 나눌 기회였지만, 고르바초프는 대수롭지 않게 넘어갔다. "이봐, 보리스. 자네가 미국에서, 책과 인터뷰에서 날 얼마나 맹공격했는지 생각해 보게."[48] 정치적 의견 차이는 한층 심각했다. 고르바초프는 옐친에게 자기 자리를 원하느냐고 물었다. 옐친은 아니라고 대답했다. "난 러시아에서 할 일이 많아." 사실, 그는 강력한 연방 국가인 소비에트연방을 아예 없애버리고 싶었다. 그는 러시아와 같은 주권국가들로 구성되고, 상위에 강력한 중앙 정부가 없는 연합만 수용할 태세였다. 옐친의 구체적 요구 사항도 마찬가지로 급진적이었다. 그는 리시코프 정부와 재무부, 국영은행, 대외무역은행의 수장들도 물러나야 한다고 요구했다. 재무부는 개별 공화국들에서 파견한 이사들이 감독해야 한다. 러시아연방은 자체 KGB와 경찰을 두고, 수도인 모스크바와 자체 세관, 대륙붕·삼림·어장에 대한 지배권을 가지며, 러시아 영토상의 무수한 산업 단지와 MIC의 '폐쇄' 도시들도 관리해야 한다. 러시아 정부는 금 보유고와 다이아몬드, 석유, 여타 자원에서 러시아의 몫을 받아야 한다. 러시아의 과학아카데미, TV 방송, 항공사도 설립될 것이다. 그리고 화룡점정으로, 옐친은 "크렘린은 러시아 소유"라고 선언했다.[49] 공화국 의회에서 아주 근소한 차로 선출된 지난날의 추방자는 최후통첩의 언어를 구사했다.

소련의 대통령은 참을성 있게 옐친과 협상했지만, 협상은 고르바초프의 입지가 얼마나 허약한지만 점차 깨닫게 했다. 체르냐예프는 일기장에 이렇게 기록했다. "사방에서 고르바초프에게 전보가 날아오고 있다. …… 당국과 대통령의 무력함에 관해 아우성치는…… 독재를 위한 여건이 갖춰졌다. 어디에서 출현할까? 고르바초프는 그럴 능력이 없다."[50] 옐친에 대한 고르바초프의 유화책은 그의 품성 탓이었지만, 라이벌에 대한 무시의 표현이기도 했다. 고르바초프는 두 사람이 만나기 전에, 1986년부터 옐친이 심리적인 '불안정'을 겪었고 그것이 정치적 행위에 영향을 준다는 병력에 관한 정보를 볼딘에게서 전달받았다.[51] 정치적 반대자들에 대한 유사한 '진단'은 안드로포프 치하에서도 나왔다. 하지만 그런 주장들이 고르바초프에게 영향을 주었을 가능성이 크다. 그의 생각엔 아프지 않고서야 그런 요구를 할 수 없었다.

옐친은 대중적 인기를 바탕으로 고르바초프에게 도전했다. 독립적인 여론조사에서 나온 어느 데이터에 따르면, 옐친의 지지율은 1990년 5월 27퍼센트에서 7월에 61퍼센트까지 치솟았다. 고르바초프의 인기는 1989년 12월 52퍼센트에서 1990년 8월 23퍼센트로 추락했다. 모스크바에서는 26퍼센트만이 고르바초프가 소련의 대통령으로 머물기를 바랐고, 34퍼센트는 옐친을 지지했다.[52] 고르바초프와 만나기 직전, 옐친은 "나는 오래전부터 그를 두려워하지 않았다. …… 이제 그와 나는 대등하다"라고 말했다. 측근들과의 자리에서, 그는 소련 대통령을 응석받이 왕자, 안드로포프와 브레즈네프를 비롯해 상관들을 휴양지에서 접대하여 최고의 자리에 오른 사람이라고 불렀다. 고르바초프는 스스로를 새로운 레닌으로 여겼지만, 옐친은 그를 1917년 러시아 임시정부의 우유부단한 수장인 알렉산드르 케렌스키처럼 취급했다.[53]

나중에 옐친은, 고르바초프가 리시코프의 '자진' 사퇴와 옐친의 살생부에 오른 정부 관료들의 퇴진을 이끌어내기로 약속했다고 주장했다. 그의 주장에 따르면, 두 사람은 500일 계획을 2주 이내로 실시하기로 합의했다. 잠정적인 계획은 고르바초프가 보수적인 소련 최고소비에트를 우회해서 대통령령으로 500일 계획을 승인하는 것이었다. 그러고 나서 계획안을 토론할 수 있게 러시아 의회를 비롯해 개별 공화국 의회로 계획서를 보낼 예정이었다. 옐친은 러시아 의회가 프로그램을 먼저 승인하여 다른 공화국들이 따라올 수 있게 하겠다고 약속했다.[54] 이 합의가 실제로 존재했다고 하더라도, 결코 실행되지는 않았다.

옐친과 의논한 다음 날, 고르바초프는 경제협정과 연방조약을 논의하기 위해 대통령회의와 연방회의를 합친 대규모 회의를 주재했다. 그는 정부 관료와 장관, 발트 3국과 그루지야를 제외한 11개 공화국의 지도부, 러시아연방 내의 15개 자치구 관리까지 170명을 초대했다. 심지어 수도를 방문한 노동자 대표단도 불렀다.[55] 샤탈린은 민영화와 사적 소유가 민족주의적 갈등에 유일한 장기적 해법이라고 칭찬하며 500일 계획을 제출했다. "에스토니아 돈이 러시아로 오고 러시아가 우크라이나에 투자하는 날, 그런 날이 오면 정상적인 경제생활이 시작될 것이다." 그는 예비적인 금융 안정화의 필요성도 언급했다. 그러지 않으면 "시장은 우리를 파괴해버릴 것"이었다. 그다음에는 정부 프로그램을 제출하고 중앙과 공화국 당국들이 행동을 통일할 때까지 서방 은행들이 소련에 대출을 중단해버렸다고 마슬류코프가 말했다. 그는 외국의 융자가 없으면 소련 경제는 1991년에 20퍼센트가 줄어들 것이라고 경고했다. 두 정책 프로그램의 설계자들 모두 소련 예산의 65퍼센트에 달하는 엄청난 사회보장 및 복지 지원 프로그램을 유지할 것이라고 약속했다.[56]

그다음 옐친이 발언하여 러시아연방은 혼자서는 시장경제로 도약할 수 없다고 인정했다. 다른 공화국들과의 국경과 세관의 통제 그리고 개별 통화가 필요할 것이다. 만약 러시아 정부가 이 길을 택하면 '연방 붕괴의 시발자'가 될 것이었다. 러시아 지도자는 고르바초프에게 리시코프 정부를 없애라고 다시금 촉구했다. “중앙은 바뀌어야 하며 …… 진정으로 강력한 대통령제 권력이어야 한다. …… 독재라고 부를 일 없이, 독재로의 이행 없이 단호하게 힘을 행사[해야 한다.] …… 인민은 이를 이해하고 승인할 것이다.”[57] 다른 공화국과 자치구의 지도자들은 모임의 목적을 이해하려고 애썼다. 그들은 더 많은 권리와 자원을 기대하고 모스크바에 왔다. 그 대신, 두 경제 프로그램에 관한 이야기만 들었다. 어느 쪽을 실행할 것인가? 고르바초프는 여전히 최고 중재자 역할을 했다. 그는 대립하는 두 진영의 구성원들을 공동 협의회에 집어넣고 타협안을 도출하자고 제안했다. 야블린스키와 젊은 경제학자들은 반발했고, 샤탈린은 사임을 들먹였다. 고르바초프는 깜짝 놀랐다. “당신은 내 기대를 저버리고 있군. 그럴 거면 집단의 일원이 되어서는 안 되지”라고 샤탈린에게 말했다. 샤탈린은 즉시 사과했지만 합의점을 찾기 매우 힘들 것이라고 불만을 토로했다. 고르바초프는 콤소몰의 응원단장처럼 굴었다. “아니오, 여러분은 합의점을 찾을 거요. 동무들, 포기하지 맙시다. …… 그저 기다리기만 하면 돼요. 사람들이 거리로 들고나올 때에야 우리는 행동할 거요. 창의적 힘을 동원해요. 계속 모색해보시오!! 우린 찾아낼 거요!!!”[58]

대통령회의는 이튿날까지 이어졌고 결국 리시코프는 감정적으로 폭발하고 말았다. 총리는 극도로 동요한 상태에서 여러 차례 마이크를 잡았다. 그는 강력한 중앙 정부와 자신의 프로그램이 없으면, 나라는 즉시 와해될 것이라고 말했다. 그는 소련 최고소비에트가 ‘결정을 내려서’ 두 프로그램 중에 선택해야 한다고 요구했다. 그러고 나서 그 주장과는 명백히 모순되게도, 나라와 경제가 통제할 수 없는 지경이 된 주된 원인은 작금의 의회제라고 설명했다. “나라가 뒤죽박죽(*khodit khodunom*)이 되었으니 우리는 이 불안정을 끝내야 한다.” 어느 순간엔 고르바초프 쪽으로 고개를 돌려서 “미하일 세르게예비치, 우리는 동무이자 친구요. 대통령답게 행동해 나라에 질서를 가져오시오. 당신이 받은 권한과 권력을 써요. …… 우리는 모두 당신을 도울 것이오”라고도 말했다.[59] 회의는 상충하는 주장들이 한꺼번에 터져 나오며 소란스러워졌고, 고르바초프는 황급히 회의를 마무리

했다. 이틀간의 말잔치는 정치적으로 마비됐다는 느낌만 더했다.[60]

고르바초프는 아카데미 회원이자 1983~1987년 경제 개혁의 설계자 아벨 아간베갼(Abel Aganbegyan)에게 두 프로그램을 조화시켜달라고 요청했다. 소련 지도자는 500일 계획이 연방정부 및 연방세와 연계되어야 한다고 주장했다.[61] 이를 두고 많은 사람이 고르바초프를 비난했고, 일부 역사가들은 이때 소련 지도자가 자신의 비호 아래 개혁을 재개할 마지막 기회를 잃었다고 본다. 하지만 고르바초프가 망설인 데는 나름의 정치적 논리가 있었다. 중앙 정부가 없다면, 대통령은 15개 공화국과 거대한 인민대표대회를 혼자서 상대해야 할 처지였기 때문이다. 모든 주요 산업이 중앙에서 통제되는 복합기업들로 구성된 소련 경제에는 광범위한 혼란이 발생할 것이다. 리시코프가 없다면, 또는 적어도 그의 노련한 부관들이 없다면, 소련 경제 관리자 계급 전체가 제멋대로 구는 무리가 될 것이었다. 그리고 공화국과 자치구의 중간급 기관원들은 그들의 지역에 있지만 항상 모스크바에서 다스리던 기업체들을 다룰 만한 전문 능력을 갖추고 있지 않았다.[62]

검은 9월

상대적으로 안정적인 시대에도 이처럼 불가능해 보이는 일을 해내기는 어려웠을 것이다. 그러나 1990년 가을은 정치적 신경증, 양극화, 줄어드는 타협점으로 점철되었다. 감정과 비합리성이 정치적·경제적 계산을 뒤덮고 압도해버렸다. 《워싱턴포스트》 소속으로 모스크바에 주재 중인 젊은 기자 데이비드 렘닉(David Remnick)은 1990년의 '검은 9월'을 소련 붕괴의 전환점으로 기억했다. 그것은 흉악 범죄로 시작되었다. 9월 9일, 알렉산드르 멘(Alexander Men)이라는 정교회 사제가 모스크바 근처의 마을에서 잔혹하게 살해되었다. 살인범은 밝혀지지 않았다. 알렉산드르 멘 신부는 유대인으로 태어났지만, 러시아정교회에 인생을 바쳤다. 렘닉의 친구들인 모스크바 출생의 자유주의 지식인들도 유대계였고, 그들과 그 자녀들은 멘 신부에게 세례를 받았다. 언론 및 문화, 인문학 분야에 종사했기에, 그들은 원래 고르바초프의 페레스트로이카를 지지했지만 지금은 옐친과 민주러시아를 지지하고 있었다. 그들은 겁에 질렸다. 그들이 보기에 멘 신부의 끔찍한 죽음은 러시아정교회와 KGB, 당과 MIC 내부의 '어둠의 세력들'에 있는 반유대주의 분자들을 포함하는 더 크나큰 음모의 일부였다.[63]

멘 신부가 피살당한 다음 날, 소련 군부는 모스크바 주변에서 수상쩍은 군사 훈련을 실시하기 시작했다. 렘닉과 모스크바 친구들에게는 계엄령으로 끝난 1980~1981년의 폴란드가 되살아난 것 같았다. 미국인 기자는 "전체주의적 세상에서는" 편집증이야말로 세상을 바라보는 가장 현실적인 방식이라고 결론 내렸다. 그는 저서에 "쿠데타가 서서히 진행 중이었다"라고 썼다. "다음 몇 달 동안 우리가 알게 된 것은, 처음에는 빌뉴스와 리가, 다음에는 모스크바에서 실제로 모의가 진행되었고, 말도 안 될 만큼 가장 공공연하고 애써 감추려 들지 않는 음모였다는 것이다." 나중에 렘닉은 이 사건에 관해 책을 썼다. 러시아와 서방의 많은 분석가가 같은 이야기에 대한 변주를 되풀이했다. 당시에 촬영되던 BBC 시리즈 〈제2차 러시아혁명(The Second Russian Revolution)〉에도 포함되었다.[64]

1990년 9월에 무슨 일이 벌어지고 있었을까? 정말로 어떤 음모가 진행되고 있었을까? 러시아 역사가들은 구체적 증거를 아무것도 발견하지 못했다. 그들의 조사 결과에 따르면, 9월 8일에 소련군 공수부대 지휘관인 블라디슬라프 아찰로프(Vladislav Achalov) 대장은 5개 사단에 "고도의 준비 태세를 갖춰" 모스크바로 진군하라고 지시했다. 이튿날, 랴잔 공수사단이 완전 군장을 하고 모스크바에 급파되었다. 이틀 뒤, 프스코프 공수사단도 똑같은 명령을 받았다. 어느 러시아 역사가는 "소련 대통령 미하일 고르바초프와 드미트리 야조프 국방부 장관만이 그 병력을 이동시킬 수 있었다"라고 결론 내렸다. 나중에 아찰로프는 그 명령들이 11월 7일 레닌의 10월혁명을 기념하기 위해 모스크바에서 열린 연례적인 열병식 준비의 일환이었다고 주장했다.[65]

고르바초프가 옐친과 만난 지 고작 한 주 뒤에 계엄령 선포를 비밀리에 예행연습하고 있었다고 생각하기는 힘들다. 게다가 소련군의 군 통수권자는 부시와의 정상회담을 준비하고 있었다(205쪽을 보라). 그래도 '검은 9월' 이야기는 중요하다. 폭력에 대한 풍문과 공포는 흔히 국가 마비, 무정부 사태와 어깨를 나란히 하기 때문이다. 1789년 7월과 8월의 '대공포'는 농민 봉기에 기름을 붓고 프랑스혁명에 기여했다. '은밀한 쿠데타'에 대한 신화는 소련 사회의 상상력을 자극했고 1990년 9~12월 동안 모스크바에서 미래 독재에 대한 두려움을 조성했다. 모스크바 언론인 빅토르 야로셴코(Viktor Yaroshenko)는 《노비 미르(*Novy Mir*)》에 이 현상에 관해 썼다. 그는 소비에트 권력 구조들이 무너지고 있을 뿐 아니라, 러시아 민주주의는 사유 재산이나 정치적이고 사회적인 전통 같은 뿌리가 없다는 것도 알고 있었다. 그는 정치적 양극화를 '붕괴의 에너지'라고 불렀다. "지금 우리 앞에 있는 것은 민주주의자와 전체주의자 간의 투쟁이라기보다는, 전체주의자로 구성된 두 팀 간의 싸움이다. 오로지 신인류만이 민주주의의 유니폼을 걸쳤다." 그가 알거나 지켜본 사람들은 가장 기가 막힌 변신을 보여줬다. 최고위 당 지도자들은 무력 사용을 혐오한 반면, 민주러시아 지도자들은 무슨 수를 써서든 국가를 파괴하고 싶어 했다.[66] 프랑스혁명에 관한 통찰력 있는 논평가인 알렉시 드 토크빌이라면 분명 이 말에 동의했을 것이다.

이탈리아 주재 소련 대사 아나톨리 아다미신(Anatoly Adamishin)은 9월에 모스크바를 찾았다가 나라가 "낭떠러지로 떨어지고 있음"을 알았다. 그의 친구이기도 한 경제학자 페트라코프, 아간베걘, 시멜료프는 한목소리로 '비상조치'와 독재만이 사회를 무너지지 않게 할 수 있다고 말했다. 아다미신의 학교 친구이자 KGB의 대외정보국 국장인 레오니트 셰바르신(Leonid Shebarshin)은 "다음 주가 결정적일 것"이라고 말했다. 어떤 의미에서일까? 누가 독재자가 될까? 아다미신은 일기에 "고르바초프와 그의 사람들은 결정적 조치를 취할 배짱이 없었다"라고 썼다. 그래도 그는 뭔가가 일어나고 있다는 확신을 품고 로마로 귀환했다. "모든 상황이 독재를 향하고 있다면, 누군가가 바깥 세계에 체면을 유지하는 것을 포함해 그에 가장 적절한 형태를 골라야 한다."[67] 수년 뒤에 재무부 장관 파블로프는 회고록에서 자신의 9월 음모를 밝혔다. 그와 리시코프의 부관인 마슬류코프와 블라디미르 셰르바코프(Vladimir Shcherbakov)는 고르바초프에게 비상적 경제 노선을 채택하라고 최후통첩을 내놓기로 했다. 만약 그가 거절하면, 정부 전체가 사임할 계획이었다. 리시코프는 어물쩍거렸다. 그는 "아니, 이젠 너무 늦었어. 그들은 우리더러 난관을 두려워한다고, 위기를 유발한다고 비난할 거야. 우린 끝까지 십자가를 져야 해"라고 말했다고 파블로프는 기억했다. 그는 정부의 수장이 독자적으로 행동할 수 없다는 것을 깨달았다. 음모는 흐지부지되었다.[68]

윌리엄 타우브먼은 이 시기의 고르바초프에 관해 "고르바초프가 찾을 만한 좋은 활로가 없었을뿐더러 어쩌면 아무 활로도 없었을 것이다"[69]라고 썼다. 하지만 "뜻이 있는 곳에 길이 있다"라는 오랜 격언이 있지 않은가? 회의에 참석하고 협의회를 주재하고 글만 손보는 대신, 고르바초프는 인기 없는 리시코프를 교체하고 비상 권한으로 경제적 훈타(*junta*, 흔히 쿠데타로 집권한 군사독재정권의 지도부를 뜻함 – 옮긴이)를 임명해 집권시킬 수도 있었을 것이다. 의회 기구의 토론이나 종족-민족주의자들과의 대책 없는 회담의 늪에 빠지지 않고 페트라코프 프로그램을 실시할 수도 있었다. 그렇게 해서 혼란이 발생했을 수도 있지만, 고르바초프가 말만 하는 대신 행동에 나섰다면 적어도 통제할 권한이 있는 혼란이었을 것이다.

소련 경제 혁명이 계속 연기되는 동안, 고르바초프와 셰바르드나제는 외교 정책에서 일종의 준혁명, 다시 말해 독일의 재통일에 관한 회담의 뒤를 잇는 것을 이뤄냈다. 1990년 8월 2일, 과대망상적인 이라크 독재자 사담 후세인은 이웃 나라 쿠웨이트로 군대를 보내 합병을 시도했다. 소련 외교 정책은 갈림길에 있었다. 이라크는 중동의 대표적인 소련의 우방이자 소련 군비의 최대 구매자여서, 지난 30년간 군비 구매액은 총 183억 루블에 달했고, 전함 41척, 미그(MIG) 항공기 1093대, 전투와 수송 헬리콥터 348대, 탱크 4630대, 병력 수송 장갑차 5530대, 대포와 박격포 3279문, 전술 미사일 시스템 84기 등을 사들였다.[70] 소련의 다른 우방과 달리, 이라크는 모든 구매를 미국 달러로 지불했다. 또한 소련 전문가들이 이라크 석유 산업에서 근무하는 한편, KGB는 사담 후세인의 보안 담당 부서를 훈련시켰다. 약 8000명의 소련 시민이 이라크에 거주하며 일하고 있었다. 쿠웨이트 침공 당일, 마침 셰바르드나제와 제임스 베이커는 바이칼호 근처의 이르쿠츠크에서 군축 회담 중이었다. 셰바르드나제는 소련이 이라크의 침공에 맞서 미국 편에 가담해야 한다고 결정했다. 그다음에 일어난 일은 그야말로 요지경이었다. 베이커가 예정된 방문을 위해 몽골로 날아가는 동안, 소련 외무부 장관은 베이커의 보좌관 데니스 로스(Dennis Ross)와 로버트 졸릭과 함께 모스크바로 날아갔다. 상공에서, 그들은 이라크에 무기 판매를 금지하는 미·소 공동 선언문을 작성했다. 외무부에서 아랍 전문가들과 고성이 오간 끝에, 셰바르드나제는 뜻을 관철했다. 그때 크림반도에 있던 고르바초프는 셰바르드나제의 결정에 즉시 힘을 실어줬다. 소련의 국내 문제에 관한 끝없는 논의와는 놀랄 만큼 대비되어서, 정치국 모임이나 최고소비에트 회의는 없었다. KGB의 크류치코프와 야조프 국방부 장관도 결정 사항을 통지받았을 뿐이다.[71] 8월 3일에 모스크바로 돌아온 베이커는 놀랍고도 기뻤다. 그와 셰바르드나제는 CNN과 전 세계 언론이 보는 앞에서 공동 의향서를 발표했다. 국무부 장관은 그날을 "냉전이 끝난 날"로 여겼고 나중에 자신의 정치 회고록을 이 획기적 사건으로 시작했다. 백악관에서는, 대개 회의적인 스코크로프트도 그렇게 느꼈다. 1989년 동유럽에서, 그리고 독일의 재통일에 관해서, 소련 지도부는 미국의 관점에서 볼 때는 시대의 필요에 반응했다. 이번에 쿠웨이트 사안을 놓고는 고르바초프와 셰바르드나제는 아무도 강요하지 않았는데도 전략적으로 선택했다.[72] 부시도 대단히 감명받았다. 그는 고르바초프에게 전화를 걸어 걸프 사태에 관한 협의를 의논하기 위해 헬싱키에서 정상회담을 제안했다.[73]

고르바초프와 부시는 9월 9일에 헬싱키에서 만났다. 스코크로프트와 CIA 분석가들은 부시에게 고르바초프의 권위가 "가파르게 추락"하고 있으며 공산당은 "돌이킬 수 없이 약화"되었다고 보고했다. 하지만 체르냐예프가 관찰한 대로, 회담 초반에 "실패를 걱정하고, 매우 긴장한" 사람은 부시였다. 미국 대통령은 이라크와의 전쟁을 정당화하기 위해 UN에서 고르바초프의 지지가 절실했다. 그는 고르바초프에게 "대통령님, 존경하는 친구이자, 대등하고 중요한 파트너이며, 현 사태에 대단히 중요한 역할을 하는 참여자인 당신에게 호소합니다"라고 말했다. 부시는 소련의 파트너에게 새로운 세계질서를 함께 건설하는 전망을 제시했다. 여태껏 미국의 정책은 중동 사안에서 소련을 배제해왔지만, 이제는 소련을 포함하길 원했다. 그리고 부시는 두 사람이 지금부터는 이름을 부를 만큼 가까운 사이가 되자고 제의했다.[74]

소련의 대표적인 아랍통인 예브게니 프리마코프는 후세인에게 중동 평화회담을 약속하는 대가로, 이라크군의 철수를 중재하겠다고 제의했다. 하지만 이 방안은 이라크 정권을 응징하고 군사력을 파괴해 페르시아만에서 미국의 헤게모니를 수립하려는 전략과 충돌했다. 셰바르드나제는 프리마코프의 간섭에 노발대발했다. 그의 보좌관 세르게이 타라센코는 나중에 이렇게 설명했다. "우리는 국가로서 침몰하고 있었고, 강대국의 지위는 옛 기억일 뿐이었다. 강대국을 유지할 유일한 길은 미국이라는 기관차에 몸을 싣는 것뿐이었다." 여기에는 강력한 개인적 동기도 존재했다. 셰바르드나제처럼 프리마코프도 그루지야 출신으로 그의 정치적 적수였던 것이다. 셰바르드나제와 타라센코는 베이커와 로스에게 프리마코프의 계획을 무산시키라는 신호를 보냈다. 헬싱키에서, 체르냐예프는 셰바르드나제의 손을 들어줬다. "우리는 아랍인보다 미국을 우선해야 한다. 그것이 우리의 미래이자 구원이다."[75]

고르바초프는 프리마코프의 계책이 마음에 들었지만, 부시가 새로운 질서 건설이라는 전망을 제시하자 마음을 바꿨다. 그는 공식 발언에서 프리마코프가 이라크와의 평화회담을 중재하지 않게 하겠다고 약속했다. 부시와 베이커는 만족했다. 그러자 소련 지도자는 화제를 바꿔서, 미국인들에게 경제 개혁을 도와달라고 요청했다. 가격을 자유화하고 시장을 상품으로 가득 채워서, 사람들이 긍정적인 결과를 볼 수 있게 한다는 발상이었다. 결론적으로는 서방의 돈이 필요했다. 그는 구체적으로 "금액이 그렇게 크지 않으며, 우리는 무상 공여를 요구하는 게 아니라 이자를 붙여 갚을 대출을 원할 뿐"이라고 설명했다. 양국의 회담 참석자들은 주요 의제는 제쳐두고 합작 사업과 경제 협력에 관해 이야기하기 시작했다. 부시는 이전까지 소련에는 거부했던 수평식 석유 시추 기술을 공개하겠다고 약속했다. 고르바초프는 카자흐스탄 텡기즈 유전 탐사를 위해 셰브론사와의 협상을 꺼냈다. 심지어 프리마코프와 아흐로메예프 원수도 큰 관심을 보이며 이 대화에 합류했다.[76]

이튿날, 베이커는 헬싱키에서 모스크바로 날아와 미국 상무부 장관인 로버트 모스배커(Robert Mosbacher)와 함께 미국 기업인 대표단을 이끌고 합작 투자에 대해 논의했다. 고스플란의 위원장인 마슬류코프가 공식적인 모임 주최자였지만, 고르바초프가 주도적인 역할을 맡았다. 그는 미국 기업인들을 크렘린으로 초청해서 정치적인 지원을 약속했다. 체르냐예프는 미국인들이 계속 똑같은 질문을 하는 것을 알아차렸다. 중앙을 상대해야 하는가, 아니면 개별 공화국들을 상대해야 하는가? 그들은 러시아나 카자흐스탄 의회가 소련의 약속을 깰까 봐 투자를 망설였다. 고르바초프는 그런 의심을 일축했다. 그는 베이커에게 소련 개혁에 더 많은 지원을 내놓으라고 압박하며 15억 달러의 차관을 요청했다. 헬싱키에서 그는 자존심 때문에 부시에게 물어보지 못했다. 국무부 장관은 소련 지도자의 국제적 지도력을 침이 마르도록 칭찬했지만, 무려 1917년 '케렌스키 부채'로 거슬러 올라가는 과거의 문제들 때문에 소련에 대한 신용 한도가 막혀 있다고 설명했다. 그 부채는 러시아 임시정부가 졌다가 이후 볼셰비키 정권이 상환을 거부한 빚이었다. 베이커는 이를 두고, 미국 의회가 이와 관련한 법적 장애를 제거하려고 나설 때쯤이면 소련은 페레스트로이카를 두 번이나 끝낸 다음일 거라며 농담을 던졌다. 그는 중동에서 가장 부유한 아랍 국가이자 미국의 핵심 동맹국인 사우디아라비아에 접근해보라고 제안했다. 그 뒤 며칠 만에, 미국의 중재로 고르바초프는 파드 국왕에게 접근해 돈을 요청했다.[77]

"그는 모든 사람에게 돈과 대출을 구걸하고 있었다"라고 체르냐예프는 당시의 고르바초프에 관해 썼다. 9월 7일, 헬싱키정상회담이 열리기 전에,

소련 지도자는 콜과도 대화했다. 그들은 9월 12일에 모스크바에서 서명할 통일 조약과 10월 3일 베를린에서 열릴 통일 기념식에 대해 언급했다. 하지만 무엇보다도 고르바초프의 위태로운 지위와 자금 요청을 논의했다. 콜은 동독에서 소련군 유지 비용과 소련으로 돌아가는 장교와 그 가족의 재정착 비용으로 80억 마르크를 제의했다. 휘하 장관들의 말에 따르면, 그게 독일 재정으로 감당할 수 있는 최대치였다. 하지만 고르바초프는 그 두 배를 원했다. 콜은 9월 10일에 다시 전화를 걸어, 110~120억 마르크를 제시했다. 고르바초프는 "시장경제로의 이행이 10월 1일에 시작되어야 한다. 나는 힘든 처지라 실랑이를 벌일 수 없다"라고 말했다. 콜은 독일 회사들이 소련이 시장경제로 이행하는 것을 지원하고 싶어 한다고 대답했다. "가을에 대형 융자에 대해 논의합시다. 약속했으니 꼭 지키겠소." 일시적 구제책으로, 콜 총리는 5년간 30억 마르크의 무이자 신용 한도를 제안했다. 고르바초프는 제의를 수락했다.[78]

소련 지도자는 이스라엘에도 자금 지원을 호소했다. 그는 체르냐예프에게, 이스라엘이 소련의 경제 개혁을 지원하기 위해 100억 달러를 조성할 것이라고 말했다. 그 대가로, 고르바초프는 소련-이스라엘 간 외교 관계(1967년 아랍 국가들과 이스라엘의 6일전쟁으로 단절되었다)를 회복시키고 유대인 이민을 합법화하기로 약속했다. 중동 지역을 넘어서, 고르바초프는 유럽의 지도자들에게도 재정적 원조를 구했다. 이탈리아 외무부 장관 잔니 데 미켈리스(Gianni De Michelis)가 모스크바로 와서 여신(신용공여)을 제공하기 위한 예비 협정을 체결했다. 최종적인 액수는 상당했다. 콜에게서 30억 마르크를, 미테랑에게서 15억 달러를, 에스파냐 곤살레스 총리로부터 그보다 좀 더 많은 액수를, 이탈리아도 같은 금액을, 파드 국왕에게서 40억 달러를 약속받았다. 이스라엘은 아무것도 내놓지 않았다.[79]

그런데 자금 조성 캠페인이 끝났을 무렵, 정책의 목표가 사라져버렸다. 소련의 경제 개혁 프로그램이 만신창이가 되었던 것이다. 9월 초, 소련과 러시아연방의 최고소비에트 대의원들은 휴가에서 돌아왔다. 고르바초프 개혁의 소산인 두 의회는 고작 몇 킬로미터 떨어진 채 모스크바에 자리를 잡았다. 그러나 두 기관은 협력하는 대신, 소련 수도에서 양극으로 갈려 혼란을 일으켰다. 9월 3일 개회한 러시아 의회에서 옐친과 하스불라토프가 500일 계획의 사본을 대의원들에게 배포했고, 대의원들은 9월 11일에 이를 승인했다. 전 연방 의회에서는, 리시코프가 500일 계획을 보이콧했다. 루캬노프는 대의원들에게 타협안을 기다리라고 말했다. 두 의회 간에 법안 전쟁이 불붙었다. 리시코프는 육류 도매가를 인상하자고 공개적으로 제안했다. 이 폭탄선언에 상점에서 육류가 동이 났다. 러시아 의회는 여기에 소련 정부를 기다리지 않고 러시아연방의 영토에서 육류 소매가를 인상하는 것으로 맞받아쳤다. 대의원들은 국내 소비용 '러시아산' 석유 가격도 다섯 배나 인상했다. 또한 물가 상승을 보상하기 위해 연금과 사회 부조를 인상하는 법안도 가결했다. 페트라코프와 야블린스키는 두 의회가 경쟁이라도 하듯 경제 개혁의 재정적 토대를 허무는 것을 지켜보며 기겁했다.[80]

정치적 감정은 자연스레 권력 문제에 집중되었다. 10월 21일, 3주간 지연한 끝에 고르바초프는 소련 입법부에 공화국들과 협상하고 시장 개혁을 실시하기 위해 대통령 권한을 추가로 부여해줄 것을 요청했다. 러시아 의회 의원들은 이 사실을 알고 나서 러시아연방 영토에서 대통령령을 무효화하는 법안을 통과시켰다. 이는 러시아 선거구에서 뽑힌 소비에트연방 의회의 대의원들에게 전환점이었다. 그들은 자신들의 정치권력이 얼마 남지 않았다고 느꼈다. 고르바초프에게 집행권을 강화하고 비상사태를 선포하라는 압력이 커졌다. 9월 24일, 의회는 소련 대통령에게 일부 지역에 비상사태를 선포할 수 있는 권한을 부여하기로 의결했다. 기자석에서 이 과정을 지켜보던 야로셴코는 다시금 은밀한 쿠데타를 떠올렸다. 고르바초프는 소련의 합법적인 독재자가 되었다. 그는 전국의 수백만 러시아인이 이를 눈치채거나 전혀 신경 쓰지 않는다는 사실에 놀랐다.[81]

'검은 9월'의 서스펜스는 코미디로 끝이 났다. 러시아 의회에서 30여 명의 대의원이 "조국이 위험에 처해 있다!", "시민 불복종을 조직하라!", "군대는 인민을 향해 무기를 들지 말라!"와 같은 구호와 함께 선언문을 발표했다. 선언문은 권력과 재산을 장악하고, 자위대를 조직할 것을 제안했다. 이 선언문은 극단적인 형태의 러시아 민족주의를 옹호했는데, 선언문의 작성자는 러시아 네오파시즘의 괴짜 이론가이기도 한 당원이었다. 이틀 후, 여전히 수백만 부를 발행하던 《프라우다》는 러시아 입법부의 '시위 활동'에 대해 신랄한 논평을 실었다.[82] 민주파는 어두운 음모가 도사리고 있다며 당 조직을 의심했지만, 정작 그곳의 간부들은 두려움에 떨었다. 그들은 1989년 동유럽의 시나리오처럼, 민주파가 언제든지 공산당 당국을 무너뜨릴 수 있다고 생각했다. 모스크바 당 서기 유리 프로코피에프(Yuri Prokofiev)는 9월 24일의 선언문을 두고, "나는 손에 연필을 쥐고 [그것을] 살펴봤다. 이것은 기존 권력의 전복을, 반헌법적 행동을 직접적으로 요구하는 것이다"라고 말했다.[83]

9월 29일, 고르바초프는 소련의 '창조적' 인텔리겐치아 대표 수백 명과 만났다. 대다수는 모스크바 출신으로, 정교한 특권 시스템을 누리며 국가 예산과 기관 기부금에서 돈을 받는 작가와 예술가 동맹 회원이었다. 고르바초프의 개혁으로 그들은 당의 통제와 검열, KGB의 밀고자로부터 해방되었다. 그러나 회의에서 새로운 자유를 축하하고 고르바초프를 찬양하는 사람은 없었다. 모두 무정부 상태와 내전을 두려워하며 새로운 1917년에 대해 이야기했다. 작곡가 게오르기 스비리도프와 배우 키릴 라브로프는 대다수가 유대계인 과학 및 문화 엘리트가 이스라엘과 서방으로 탈출한다고 말했다. 유대계 극작가 미하일 샤트로프는 포그롬을 두려워했다. "인텔리겐치아는 상황을 전복시킬 능력이 있다"라고 그는 말했다. "이제 그들은 끔찍한 혼란의 시기에 상황을 안정시키는 데 도움이 될지 자문해야 한다." 《노비 미르》의 편집자 세르게이 잘리긴(Sergey Zalygin)은 글라스노스트의 과잉을 한탄했다. "소련에서는 누구나 비평가가 된다. 그 본보기를 세운 건 우리다. …… 사람들이 말로만 떠들어대는 길을 택하도록 선동했다." 연극 연출가 마르크 자하로프는 "나는 한동안은 무제한의 권한을 행사할 강력한 대통령 권력을 옹호한다"라고 말했다. 유명 배우이기도 한 니콜라이 구벤코(Nikolai Gubenko) 문화부 장관은 과감하게 발언했다. "우리는 낯선 자유에 취해서, 많은 민족을 하나로 모으고 이제는 소비에트사회주의공화국연방이라는 [국가를 형성한] 우리의 문화적·역사적 전통을 파괴하고 있다."[84] 레닌과 당 독재를 끝내려 했던 바로 그 사람들이 이제 새로운 독재를 요구하고 있었다. 이 호소를 받아들이거나 거부하는 것은 고르바초프의 몫이었다.

분열된 집

10월 1일이 다가왔지만, 500일 계획은 소련 정부와 두 의회의 포퓰리즘적 공격으로 완전히 끝장났다. 야블린스키가 가장 먼저 개혁이라는, 가라앉고 있는 배를 떠났다. 가장 절정에 달했던 9월 말, 그와 동료 경제학자들은 미국 억만장자 조지 소로스의 후원으로 미국으로 날아가서 IMF와 세계은행이 주최한 국제 포럼에서 '500일 계획'을 발표했다. 역시 소로스재단의 지원을 받은 한 무리의 번역가들이 하룻밤 만에 500일 계획의 두꺼운 영문판을 내놨다.[85] 그러나 모스크바로 돌아온 야블린스키는 이 프로그램이 엉망이 된 것을 발견하고 옐친에게 불만을 토로했다. 당시 러시아 지도자는 교통사고를 당해서 집에서 요양 중이었다. 9월 21일, 모스크바 시내에서 소형 '지굴리' 차량이 운전기사가 몰고 있던 옐친의 세단을 들이받았다. 옐친의 측근과 수백만 명의 러시아인은 이 사고가 KGB의 암살 시도가 실패한 것이라고 믿었다. 옐친은 젊은 경제학자에게 그렇게 속상해할 필요가 없다고 말했다. "일단 고르바초프가 퇴장하면, 나중에 모든 것을 뒤집을 수 있네." 훗날 야블린스키는 그런 냉소주의에 경악했다고 주장했다. 그는 러시아연방 정부에서 사임했다. 옐친은 경제 자문직을 제안했지만, 야블린스키는 정중히 거절했다.[86]

페트라코프는 연말까지 고르바초프의 경제 보좌관으로 일했다. 그런데 다시금 여론에 호소하기로 결심했다. 11월 4일, 《콤소몰스카야 프라우다(*Komsomolskaia Pravda*)》는 페트라코프, 샤탈린, 야블린스키를 비롯해 500일 계획을 만든 경제학자들이 서명한 선언문을 발표했다. 그들은 아간베갼이 마련한 타협안, 즉 고르바초프가 승인했던 계획안을 공격했다. 선언문은 이 문서가 어떤 문제도 해결하지 못하고 국가를 불행에 빠뜨릴 뿐이라고 단언했다.[87]

1990년 10월 15일, 미하일 고르바초프는 노벨평화상을 수상했다. 오슬로의 노르웨이노벨위원회는 그가 냉전 종식에 특별히 기여한 공로를 인정했다. 서방이 고마워하며 준 또 하나의 선물이었다. 라이사는 대부분 해외에서 보낸 수백 통의 축하와 찬사를 담은 편지와 글을 받았다. 그러나 국내에서 온 편지는 고르바초프가 소련 국가와 안정된 경제를 파괴하고 있다고 비난했다. 고르바초프는 체르냐예프에게 편지를 몇 통 보여줬고, 체르냐예프는 상관이 왜 이런 쓰레기를 읽는 데 귀중한 시간을 낭비하는지 이해할 수 없었다. 고르바초프의 보좌관은 최고의 선택지는 노벨상을 받고 은퇴하는 것이라고 믿었다. 정계 은퇴 대신, 고르바초프는 무엇을 해야 할지 모르면서 "온갖 데 끼어드는" 호사가처럼 행동했다.[88]

보리스 옐친은 고르바초프의 노벨상 수상에 그만의 독특한 방식으로 반응했다. 10월 16일 러시아 의회 연설에서, 그는 고르바초프가 자신과 합의했던 내용을 지키지 않았다고 비난했다. 그는 두 가지 경제 개혁 프로그램을 뒤섞으려 한 고르바초프의 시도를 "참사"라고 일컬었다. 그리고 경제적 재앙과 인플레이션을 일으킨 지출을 리시코프 정부의 탓으로 돌렸다. 그는 러시아연방을 위해 세 가지 선택지를 제시했다. 첫째, '러시아' 단독으로 500일 계획을 시행하고, 러시아연방의 세관과 대외무역에 대해 완전한 통제권을 지니며, 자체적인 은행과 통화를 보유하고, 소련의 군사력에서 러시아연방의 지분을 취한다. 둘째, 고르바초프와 '급진적 개혁의 지지자들'의 연립 정부를 구성한다. 셋째, 고르바초프의 계획이 무너질 때까지 반년 정도 기다린다.[89]

대통령회의에서 크류치코프와 루캬노프는 공화국들의 동의를 구하지 않고 고르바초프가 TV로 국민에게 호소하고 경제 개혁을 추진함으로써 옐친의 '선전포고'에 대응할 것을 촉구했다. 리시코프는 반대파가 금방이라도 권력을 장악하고 자신과 정부 관리들을 죽일까 봐 두려워했다. 메드베데프와 셰바르드나제는 타협책을 지지했다. 볼딘이 끼어들었다. "우리는 옐친에 대한 환상을 버려야 한다. 그는 절대 우리와 함께 일하지 않을 것이다. 그의 건강 상태가 그를 대립 상태로 몰아가고 있다." 볼딘의 선택은 중앙 권력을 확고히 하자는 주장이었다. 고르바초프는 폭발했다. "중요한 건 옐친이 아니다. 그는 사회의 시류를 반영한다. 사람들은 혼돈과 붕괴가 다가오고 있음을 느낀다. 그들은 질서를 원하고 비상조치도 불사할 태세다." 그러나 그는 볼딘의 생각에 동의했다. "이 편집증 환자는 [소련의] 대통령직을 노리고 있다. 그는 환자다. 측근들이 그를 계속 선동하고 있다. 우리는 그에게 제대로 한 방 먹여야 한다." 홧김에 고르바초프는 셰바르드나제에게 앞으로 몇 주 동안의 모든 외국 방문 일정을 취소하게 했다. 깜짝 놀란 체르냐예프, 페트라코프, 샤탈린, 그 외 자문들은 회의가 끝난 후 고르바초프에게 간곡히 부탁했다. 그들은 전국적인 파업과 시민 불복종을 우려했다. 체르냐예프는 옐친의 허세는 무시해버리고 고르바초프의 국제적 위상을 높여야 한다고 말했다. 이 주장이 통했다. 고르바초프는 마음이 누그러져서 해외 순방을 예정대로 진행하기로 했다.[90]

옐친의 연설은 다시금 그의 우선순위를 드러냈다. 그는 더글러스 허드 영국 외무부 장관과의 회담에서 소련은 "거꾸로 된 피라미드", 즉 주권 공화국들의 자발적인 연합으로 대체될 것이라고 말했다. "러시아는 이제 경제 문제뿐 아니라 핵실험 유예와 같은 조약을 외국과 체결할 수 있는 입장이다." 옐친은 놀란 허드에게 "고르바초프도 이 말에 반대하지 않을 것"이라고 장담했다. 이 만남에 동석했던 로드릭 브레이스웨이트(Rodric Braithwaite) 영국 대사는 옐친이 "권력에 관심이 있으며, 현재 그의 전술은 리시코프를 파멸시키고, 소련 정부를 무력화시키고 신용을 떨어뜨리는 것"으로, 나중에는 "고르바초프도 제거할 것"이라고 생각했다. 브레이스웨이트가 보기에 이러한 목표는 "어림없"었고, 놀랍게도 러시아 지도자를 히틀러에 비교했다. "그는 의지의 승리(Tirumph of the Will, 나치의 유명한 프로파간다 영화 제목 – 옮긴이)를, 평범한 사람들은 불가능하다고 말하는 것을 이룰 능력을 가지고 있다고 믿는 게 분명하다."[91]

옐친이 가진 것이라곤 러시아 사람들의 지지뿐이었다. 러시아연방은 기능하는 관료제나 전문성, 돈, 자원이 없는 유령 국가였다. 70년간 이 거대한 공화국은 소련의 중앙 부처와 중앙 당 기구의 명령을 따랐다. 러시아계인 지역 KGB와 경찰 지부의 사람들은 러시아의 주권과 옐친을 개인적으로 지지했지만, '러시아 KGB'는 존재하지 않았다.[92] 옐친은 제대로 된 경호원도 없었고, 전직 KGB 장교였던 알렉산드르 '사샤' 코르자코프(Alexander 'Sasha' Korzhakov)만이 그를 경호했다. 고르바초프는 일부 행정-관료 자원을 중앙 정부에서 러시아 정부로 이관할 것이라고 약속했다. 옐친의 10월 연설은 그런 관대함의 기회를 끝장낸 듯 보였다. 옐친도 이를 깨달았다. 러시아 지도자는 당당한 제스처를 취한 뒤, 고르바초프에게 전화를 걸어 궁색한 변명을 내놓았다. 그러나 그는 자신의 목표를 포기하지 않았다.

1990년 가을, 겐나디 부르불리스는 옐친 옆에서 특히 두드러진 역할을 맡았다. 그의 견해와 활동은 주인에게 점점 더 많은 영향을 미칠 것이었다. 부르불리스는 고르바초프와 라이사와 마찬가지로 철학을 공부했고 이론과 지적 토론을 좋아했다. 페레스트로이카가 시작되었을 때 그는 우랄대학에서 마르크스-레닌주의를 가르치고 있었는데, 1987년에는 거대한 전문가 집단과 인텔리겐치아를 끌어당긴 토론 클럽을 출범시켰다. 1989년 3월에는 인민대표대회에 선출되어 안드레이 사하로프를 중심으로 한 모스크바 지식인 집단에 합류했다. 1990년, 부르불리스는 민주적인 새로운 러시아가 끔찍한 전체주의 제국 소련을 무너뜨리고 다른 민족들을 해방하며 서방과 함께 자유주의적 세계 질서를 구축해야 한다고 결론을 내렸다. 그는 러시아의 여러 도시에서 열린 '민주주의 세미나'에 돈을 댄 공화당 우파 미국인들과 협력하기 시작했다.[93]

1990년 9월, 부르불리스는 옐친에게 '최고 자문-조정 협의회'를 세우고 모스크바의 주요 지식인과 '지적인' 지방 사람들을 초청하여 정치 전략을 논의하자고 설득했다. 고르바초프의 지식인 측근들을 늘 부러워했던 옐친은 즉시 동의했다. 이 프로젝트는 그 즉시 성공을 거둬서, 이미 고르바초프에게 환멸을 느낀 모스크바의 지식인 엘리트들이 '협의회'로 몰려들었다. 1990년 10월에 열린 첫 회의에서, 옐친은 러시아 최고 인재들을 존경의 눈빛으로 바라보며 경청했다. 부르불리스는 "그는 스펀지처럼 새로운 아이디어를 흡수했다"라고 회상했다.[94] 토론은 고르바초프의 중앙 권력을 이길 방법에 초점이 맞춰졌다. 연극 연출가 마르크 자하로프는 공통의 견해를 표명했다. "러시아는 …… 나폴레옹식 조치를 취해야 하며", 따라서 "자체적인 KGB와 경찰이 필요"하다. 그러지 않으면 "러시아의 이행과 민주주의적 전환은 이뤄지지 않을 것이다".[95]

옐친에게 큰 영향을 미친 조언은 9월 18일에 유명한 민족주의 작가이자 반체제 인사인 알렉산드르 솔제니친이 한 것이었다. 《콤소몰스카야 프라우다》는 〈러시아를 어떻게 재건할 것인가?〉라는 소책자 180부를 발행했다. 저명한 망명 작가는 러시아인들이 수 세기에 걸쳐 제국을 이뤄왔다고 썼다. 소비에트의 실험은 러시아인들을 탈진시켰고, 더 이상 제국의 짐을 짊어질 수 없다. 솔제니친은 소비에트연방을 해체하고, 연방의 슬라브 핵심, 즉 '세 형제 민족'이 살아가는 러시아연방, 우크라이나, 벨로루시만 남길 것을 제안했다. 솔제니친은 '러시아인들'이 개발하고 살아가는 카자흐스탄 북부도 보유해야 한다고 주장했다.[96] 소논문은 옐친에게 커다란 충격을 주었다. 부르불리스는 솔제니친의 발상을 재해석하여, 크렘린에 맞설 세 슬라브 공화국의 정치 연합을 구성할 것을 제안했다.[97]

10월 21~22일, 민주러시아는 모스크바에서 회의를 개최했다. 러시아연방 73개 지역에서 온 1600여 명의 대표들이 마침맞게도 '러시아'라는 이름이 붙은 거대한 복합 영화 상영관에 모였다. 약 300명의 러시아와 서방 기자들 그리고 200명의 외국인 손님도 참석했다. 부르불리스의 친구이자 최고 준비 위원인 아르카디 무라쇼프는 언론에 이 운동의 주요 목표를 발표했다. "러시아 역사에서 소비에트 사회주의 시대를 종식"하고 "공산주의 제국 중심부의 파괴적 활동을 무력화할" 러시아 공화국의 대통령을 선출하는 것이었다.[98] 회의는 반공 자유주의 수사와 인텔리겐치아 종파주의의 바자회나 다름없었다. 500일 계획을 실행하지 않은 고르바초프가 비판과 공격의 초점이 되었다. 대중 잡지 《오고뇨크》에서 인용한 어느 대표는

"우리가 폴란드처럼 …… 시장경제로 이행했다면 지금쯤 상점에는 상품이 쌓여 있었을 것이고, 파인애플을 길거리에서 팔고 있었을 테고, 루블화가 구석구석에서 달러화와 파운드화로 교환되었을 것이다"라고 열변을 토했다. 500일 계획이 폴란드식 개혁을 *피하려고* 했다는 사실은 안중에도 없었다! 다른 대표들은 당과 대통령을 비롯해, 모든 소비에트 국가 구조를 당장 폐지할 것을 요구했다. 죽은 안드레이 사하로프의 부인인 옐레나 보네르만이 고르바초프와 협력할 것을 요구했다.[99]

마드리드와 파리를 순방한 뒤, 고르바초프는 모스크바로 돌아와 10월 31일에 또 다른 대통령회의에 참석했다. 측근 가운데 일부는 민주러시아와 옐친이 1917년 볼셰비키의 시나리오에 따라 움직인다고 믿었다. "나라가 통제되지 않는다!" 셰바르드나제와 야코블레프마저도 강력한 집행 권한을 부르짖었다. KGB 의장은 "이 나라에서 오늘까지도 뭔가 해낼 수 있는 유일한 세력은 당이라고 주장하는 바다"라고 발언했다. 야조프는 군대를 조롱하는 젊고 인기 있는 TV 기자들을 맹비난하며, "이 쓰레기 같은 놈들을 내쫓아야 한다"라고 씩씩거렸다. 루캬노프는 경제 개혁을 실시할 권위주의적 미래상을 다음과 같이 요약했다. 당 권력은 부활해야 한다. 군대, KGB, 경찰, 법원의 당 조직은 반드시 보존되어야 한다. 소련 최고소비에트는 고르바초프가 의지할 수 있는 마지막 정치적 보루다. 사람들은 무정부 상태와 범죄에 질렸고, 대통령의 강권적 정책을 지지할 것이다. 극단적 민주주의자를 제외한 인텔리겐치아도 내전이 두려워 그를 지지할 것이다. 루캬노프는 옐친과 어떤 식의 연합도 거부했다. 그는 반대파가 경제적 자원을 장악하길 원할 뿐이고 통치할 준비가 되어 있지 않다고 말했다. 그러고는 자기 말을 반박하듯 러시아 '민주파'를 폴란드의 연대운동과 비교했다. 첫째, 그들은 고르바초프를 야루젤스키 장군처럼 간판뿐인 대통령으로 만들고는, 치워버릴 것이다. 고르바초프는 "우리는 그들의 계략을 즉시 간파했다"라며 동의했다. 고르바초프의 지지에 힘을 받은 루캬노프는 한 가지 아이디어를 내놨다. "독재적 권한을 가진 소규모 참모부"를 세우는 것이었다. 참모부는 "모든 과정을 조율"할 것이다. 중심의 상황 분석실은 "몇 발 앞서 내다봄으로써" 반대파를 능가할 것이다.[100] 모두가 고르바초프의 반응을 기다렸다. 고르바초프는 이 제안의 본질을 이해하지 못하는 척했다. 몇 분 뒤, 그는 입을 열었다. "동무들, 지시를 기다리지 마시오. 이래라저래라 말을 듣는 것이 지겹소. 행동하시오. 당신들은 권한을 갖고 있고, 법이 있소." 그는 KGB 의장을 향해 몸을 돌렸다. "크류치코프, 누가 당신이 행동하는 것을 막고 있소? …… 필요하다면 내가 바로잡을 테니, 제발 일을 시작하시오." 이것은 놀랄 만한 발언이었다. 대통령은 KGB 의장에게 적합하다고 생각하는 대로 알아서 하라고 지시한 것이었다.[101]

11월 5일의 대통령회의에서, 셰바르드나제는 반대파를 집권시키는 방안을 고려해볼 것을 제안했다. 그것은 기괴한 발상이었고, 고르바초프는 일축했다.[102] 그다음 루캬노프가 11월 7일 혁명기념일 준비에 관해 보고했다. 이것은 붉은광장의 열병식과 대중 집회를 비롯해 가장 중요한 국가 경축 행사였다. 노동절의 처참한 경험을 모두 기억하고 있었다. 이번에는 훨씬 더 나빠질 수도 있다. 모스크바의 신문과 잡지는 볼셰비키의 '10월 쿠데타'를 맹공격하고 고르바초프의 '사회주의적 선택'이라는 수사를 조롱했다. 급진적 단체들은 바리케이드를 쌓아 붉은광장으로 오는 탱크 행렬을 막겠다고 위협했다. 1989년 6월 베이징에서, 신원 불명의 남성이 장갑차 행렬을 막는 CNN 뉴스의 장면이 모스크바 거리에서도 재연될 수 있었다. 모스크바 군관구 사령관과 KGB 관리는 루캬노프에게 반소·반공 집회를 막을 방법이 없다고 말했다. 루캬노프는 민주러시아에서 선출된 모스크바 시의회 의원들이 혹시 있을지도 모를 무질서에 책임지기를 거부하며 축전 행사를 취소할 것을 권고했다고 보고했다. 고르바초프는 그 말을 듣고 폭발했다. "10월혁명, 소비에트의 권력에 반대하는 시위가 있어서는 안 된다!" 그는 루캬노프가 민주파에 영합하고 있다고 비난했다. 루캬노프는 폭력적 대치의 위험 가능성은 사실이라고 대답했다. '병사들의 어머니' 운동이 남캅카스와 중앙아시아의 종족 갈등 지역에서 자기 자식들을 복귀시키라고 요구하는 집회를 계획하고 있었다. 포퓰리스트 선동가

인 텔만 그들랸과 니콜라이 이바노프도 붉은광장에서 집회를 계획했다.[103]

고르바초프는 내무부 장관 바딤 바카틴에게도 화풀이했다. 2년 전, 고르바초프는 이 당료를 쿠즈바스에서 발탁하여 부패로 악명 높은 경찰력을 운영하도록 했다. 바카틴은 모스크바 언론의 총아가 되어서, 부패 척결을 부르짖고 교도소 환경을 개선했으며 경찰 밀고자들을 해고했다. 이제 고르바초프는 그에게 경찰력을 이용해 모스크바 거리에서 질서를 보장하라고 요구했다. 바카틴은 거절했다. "다음 날 후회할 수도 있습니다. 격렬한 몸싸움이 벌어지고 시체가 나올 겁니다. 노동절을 기억해요."[104] 소련 지도자는 바카틴에게 비겁과 명령 불복종을 들먹였지만, 아무런 조치도 취하지 않았다.[105] 셰바르드나제는 이런 말이 오가는 것을 들으며 실의에 빠졌다. 그는 고르바초프가 점차 무력 사용과 독재정권으로 흘러가고 있다고 봤다.[106]

1990년 11월 7일, 볼셰비키혁명 기념식은 크게 우려했던 대치 없이 지나갔다. 기념일을 코앞에 두고서야 고르바초프는 경축 행사에 옐친도 레닌 영묘 위 연단으로 초대했고, 옐친은 수락했다. 소련 지도자는 다시금 '10월의 이상'에 관해 이야기하고 '극단적 세력'을 맹비난하며 정치적 안정과 페레스트로이카의 승리를 이루는 데 '러시아인들의 특별한 역할'을 언급했다. 열병식은 무사히 진행되었다. 그다음 고르바초프와 옐친은 붉은광장을 가로질러 대중 행진에 동참했다. 두 사람은 상냥하게 미소를 띠며 행렬을 이끌었다. 레닌 영묘 앞에서 고르바초프와 옐친, 그 외 참석자들은 소비에트 국가의 창건자를 기리는 화환을 놓은 뒤 관람 연단으로 되돌아왔다. 대립의 주인공들은 잠깐 불화를 묻어두었다.[107]

뜻밖의 작은 사건 하나가 잘 연출된 행사의 옥에 티였다. 급진적 프로파간다에 선동된 레닌그라드의 한 자물쇠공이 총을 들고 붉은광장에 나타났다. 소련의 새로운 민주적 지도자를 뽑을 전국 선거가 열릴 수 있게, 고르바초프를 암살할 작정이었다. 남자는 사람들의 행렬에 합류하여 영묘에서 50미터 떨어진 곳에서 고르바초프의 머리에 총을 겨눴다. 근처에 있던 한 경찰이 가까스로 총을 내리게 해서, 소련 지도자의 암살이 될 뻔한 사건을 막았다. 불운한 암살 미수범은 KGB에 체포되어 결국 정신병동에 갇혔다. 경찰에게는 훈장과 음악회 표가 수여되었다.[108] 그 후 반대 시위는 평화롭게 진행되었다. 민주러시아 집회는 당 본부 옆에서 열렸다. 영국 대사는 집회를 "늘 좋은 말만 하고 하는 일은 없는 …… 늘 보던 지식인들"이라고 생각했다. 참석자들이 영묘와 내외빈석에서 자리를 뜬 그날의 후반부에, 반대파 행렬이 붉은광장으로 진입해 지나갔다. 옐친도 그 행렬에 합류했고, 군중은 "옐친! 옐친!"을 연호하며 그를 열렬히 환영했다.[109] 러시아는 혁명과 내전 이후로 이렇게 분열된 적이 없었다. 하지만 누구도 폭력을 원치 않았다.

이튿날, 고르바초프는 제임스 베이커를 만나 레닌 혁명 기념식은 법과 질서에 대한 '조용한 다수'의 지지를 입증한 것이라며 국무부 장관을 안심시켰다.[110] 그는 순진한 생각을 품고 있었다. 소련 내에서 분리주의 움직임은 계속되었다. 키예프에서는 1918년 우크라이나 독립을 상징하는 파란색-노란색 깃발을 들고 반공 구호를 외치는 시위자들이 공식 기념행사에서 눈에 띄었다. 민스크에서는 벨로루시 국민전선이 경찰과 충돌했다. 몰도바에서는 국민전선이 소련에서 분리하여 루마니아에 합류하기로 하자, 공화국 내 러시아계 소수 집단이 폭동을 일으켰다. 그루지야와 발트 3국, 아르메니아는 경축 행사를 아예 취소했다. 아제르바이잔과 타지키스탄에는 계엄령이 내려졌다. 리투아니아와 에스토니아에서는 소련군이 수도 빌뉴스와 탈린에서 행진했는데, 두 공화국 의회는 이를 '무력 시위'이자 '주권 침해'라고 규탄했다.[111]

1990년 내내, 고르바초프는 자신과 중앙 국가에 주도권을 되찾아줄 기회를 여러 차례 얻었지만 다 날려버렸다. 국가의 통제력을 유지하고 새로운 규제 장치들을 발전시키면서 체계적인 시장 개혁을 개시할 기회의 창이 아주 잠시나마 열려 있었던 듯하다. 그러나 그 기회를 붙잡으려면 엄청난 비전과 의지, 행운까지 따라야 했지만 소련 지도부에는 그런 것이 없었다. 심각한 경제 상황에 대한 소련(과 러시아) 엘리트의 무지, 포퓰리즘적 혼란, 이렇다 할 만한 서방의 지원이 주어지지 않은 탓에, 기회의 창은 열리

자마자 닫혔다. 경제적 파멸에 대한 예감이 분리주의의 주요 동인이 되어
감에 따라, 이것은 소련이라는 국가의 미래에 운명적인 결과를 가져왔다.

6장 리바이어던Leviathan

> • 주권의 본질적 권리들이 박탈된다면 …… 정치공동체(commonwealth)는 그에 따라 해체되고 만인 대 만인의 투쟁 상태와 참화로 되돌아간다.
>
> _토마스 홉스,《리바이어던》(1651)

1990년 겨울이 다가오면서, 고르바초프의 주변인들은 다가오는 파국에 절박해졌다. 샤탈린, 페트라코프, 그 외 자유주의 성향의 국정 참여자들은 러시아 의회의 저항에 부딪혀 도저히 경제 개혁을 실시할 수 없다고 주장했다. 리시코프와 루캬노프는 러시아와 여타 공화국 의회들의 '반헌법적' 법령들을 대통령령으로 취소해야 한다고 요구했다. 리시코프는 그야말로 발작하듯 흥분했다. "우리 모두 공부했잖소. 혼돈은 독재를 낳는다고! 우리가 아무것도 하지 않으면, 독재가 출현할 거요!"[1] 소련 총리는 틀림없이 17세기 영국 내전기에《리바이어던》에서 이에 관해 쓴 토마스 홉스를 언급하고 있었다. 하지만 홉스의 사상은 양날의 검이어서, 무정부 상태는 독재로 이어질 수도 있고, 대립하는 집단들 간의 사회계약으로 이어질 수도 있다. 고르바초프는 후자로 완전히 기울었다.

1990년 말, 서방 언론은 국가 기구, MIC, 군부, KGB, 당 강경파 등 기존 엘리트와의 동맹을 공고화하려는 고르바초프의 '우회전'에 관한 헤드라인으로 가득했다. 하지만 당시 일어나고 있던 일에 대한 증거는 겉으로만 그럴듯해 보일 뿐, 대체로 소문에 기댔다. 누구도 구소련 국가의 토대를 구성하는 핵심 집단의 관점과 태도를 자세하게 살펴보지 않았다. 이 장에서는 '우회전'에 대해 살펴볼 것이다. 소련 지도자는 붕괴하는 국가의 주요 이해 당사자들의 역풍을 정말로 두려워했는가? 그리고 핵심 엘리트들은 정말로 고르바초프의 머리에 총을 겨누었는가?

레임덕 당

1990년 말, 당은 여전히 1600만 당원에게 당비를 걷었지만 300만 명이 이미 탈당했고 이는 더 큰 정치적 출혈의 시작일 뿐이었다. 모스크바 스타라야광장의 당 본부를 방문해도 눈에 띄는 변화는 알아채지 못했을 것이다. KGB 경비대가 거대한 건물의 입구마다 여전히 경비를 섰고, 구내식당은 (바깥의 텅 빈 식료품점과 대조적으로) 여전히 맛있는 음식을 잘 갖춰놓았으며, 똑같은 관리들이 나무 패널로 된 커다란 문 너머 널찍한 똑같은 사무실에 앉아 있었다. 그러나 같은 문 너머, 권력 구조가 바뀌었다. 1990년 7월 이후로 새로운 정치국 및 서기국의 구성원은 상대적으로 잘 알려지지 않은 신인이었다. 당대회 대의원들은 그들 중 누구에게 투표할지 고려하면서 서로에게 묻곤 했다. "저 사람들은 누구지?"[2] 고르바초프의 새로운 당 부서기장 블라디미르 이바시코(Vladimir Ivashko)는 자신이 맡은 바를 다른 사람들과 자신에게 설명하려 애썼다. 모든 소비에트 공화국에 열다섯 개의 독립된 공산당이 있는 상황에서, 그는 소련공산당이 더 이상 거대한 단일체가 아니라는 생각을 입 밖으로 꺼냈다. "우리의 임무는 자문단, 조정 센터가 되는 것이다."[3] 하지만 무엇을 위한 센터인가? 정치국과 사무국의 새로운 국원들은 심각한 정체성 위기와 씨름했다. 이전에 우크라이나공산당의 수장이었던 이바시코는 소련공산당이 변해야 한다는 데 동의했다. 1990년 7월 당대회 이후, 당은 권력과 전략이 없는 조직이 되었다. 고르바초프와 이바시코가 제안한 유일한 방책은 '민주화 심화'였다. 이바시코는 동료들에게 "그렇다면 이것은 무엇인가?"라고 물었다. "백과사전에서 정의를 찾아야 한다."[4]

아나톨리 체르냐예프는 정치국 모임에 참석하는 것을 그만뒀다. 당대회 전에, 그와 다른 자유주의적 자문들은 고르바초프에게 당을 쪼개어 당내 자유파의 지도자가 되라고 촉구했다. 이런 식으로 하면, 옐친에게 선수를 치고 고르바초프를 서기장에서 해임할 수 있는, 다가오는 소련공산당 대회도 취소할 수 있을 것이다. 일부 모스크바 기관원들은 소련공산당 내에 민주주의적 기반을 구성했다. 그들은 권위주의적 위계 조직을 사민주의적 운동으로 바꾸고 싶어 했고 시장 개혁을 지지했다. 고르바초프의 측근 중 야코블레프, 체르냐예프 등은 고르바초프에게 이 운동을 이끌고 어쩌면 소련공산당과는 별도로 새로운 정당을 창당할 수도 있다고 설득했다. 고르바초프는 체르냐예프에게 자신의 입장을 설명했다. "[당 기구의] 망할 미친개들을 목줄에서 풀어줄 수는 없어. 그러면 이 거대 조직이 전부 내게 등을 돌릴 거야." 대단히 솔직하게 인정했다! 소련이 붕괴한 지 몇 년 후, 러시아 역사학자 루돌프 피호이아(Rudolf Pikhoia)는 이해할 수 없었다. 당 조직의 내부에서 시작해 정점에 오른 고르바초프가 왜 공산당 노멘클라투라의 권력을 줄곧 파괴하기만 했을까? 그는 새로운 권력 기반을 만들지 않고 자신의 오래된 권력 기반을 훼손한 지도자였다.[5] 그리고 여기에는 고르바초프가 차마 인정할 수 없는 사연이 더 있었다. 변화를 실시하기 위해 강력한 정치적 수단을 이용할 줄 모르는 이 개혁의 설계자는, 당 없이 통치하는 법도 역시 배우지 못했다.[6]

1990년 가을, 당 조직의 '미친개들'은 입지를 다지고 있었다. 여기에는 폴로즈코프를 비롯하여 페레스트로이카 시기에 승진했지만 페레스트로이카는 싫어하는 다수의 보수적 지방 지도자 등이 있었다. 폴로즈코프는 소련공산당 내에서, 900만 당원을 거느린 거대 조직인 '러시아공산당'을 이끌었다.[7] 그와 그의 친구들은 그들의 이데올로기적 원칙에 대한 '배반'과 소련제국의 영토를 잃었음을 성토했다. 극심한 정치적 위기에 KGB와 군부가 그러한 호소에 어떻게 반응할지는 예측 불허였다. '러시아 파시즘'을 거론하는 데이비드 렘닉 기자의 모스크바 친구들을 벌벌 떨게 만든 것은 바로 이들이었다. 그런데 폴로즈코프와 그의 친구들에게는 큰 문제가 하나 있었으니, 카리스마가 없었다. 10~11월 여론 조사에서, 폴로즈코프는 응답자 중 단 6퍼센트의 지지를 받은 반면 옐친의 지지율은 50퍼센트가 넘었다.[8]

고르바초프가 잘못 알고 새로운 정치국에 들인 한 마리 '미친개'는 올레크 셰닌(Oleg Shenin)이었다. 고르바초프는 그를 신레닌주의자라고 여겼다. 사실, 셰닌은 고압적이고 권위주의적인, 위로부터의 개혁으로 회귀하길 바라는 안드로포프 찬양자였다. 1990년 11월 16일, 셰닌은 정치국에서 새로운 연방조약과 옐친 및 여타 공화국 실세들과의 거래에 반대하는 발언을 했다. 그는 소련 영토에서 구소련 헌법의 보존에 기반한 "비상조치만이 효과가 있을 것"이라고 주장했다. 고르바초프는 셰닌더러 "계엄령 사고방식"에 빠져 있다고 비난했다.[9]

'러시아 공산주의자들'은 고르바초프의 페레스트로이카가 풀어헤친 대중 정치에 적용할 수 있는 새로운 언어가 없었다. 1990년 후반에 나온 당 문서들은 맹렬하다기보다 지나치게 딱딱해서, 귀에 쏙 들어오는 호소와 구호 대신 답답하고 틀에 박힌 말이었다. 당대의 포퓰리스트 선동가들 옆에서, 당 기관원들은 꿀 먹은 벙어리에 수줍었으며 그저 대답하기에 바빴다. 폴로즈코프는 TV에 나갈 만한 훌륭한 당 대변인이 없고 신문에서 당을 위해 일할 실력 있는 작가가 부족한 것을 한탄했다. 1988년에 니나 안드레예바의 악명 높은 선언문을 게재했던 신문《소베츠카야 로씨야(*Sovetskaia Rossiia*)》는 러시아 보수적 민족주의를 위한 새 언어를 실험하고 있었다. 그러나 새 언어를 위한 시간이 와도 이미 소련이 붕괴한 뒤일 터였다.

구시스템에서 당 기관원들은 정해진 봉급으로 먹고살았고 공식적으로는 개인적 재산과 부를 쌓을 수 없었다. 그들은 질 좋은 식품의 공급과 출입이 제한된 휴양지 같은 국가가 부여한 특권에 연연했다. 반대로, 새로운 정치 엘리트 출신은 개인적인 부를 축적할 수 있었다. 고르바초프의 개혁은 새로운 금융업, 역외 사업, 다양한 '협동조합' 사업을 허용했다. 이것은 개인적 이득을 얻을 수 있는 전례 없는 기회를 제공했다.[10] 처음에, 당 엘리트들은 이러한 기회를 다소 늦게 알아챘다. 1989년 8월, 소련 가스 산업을 담당한 장관 빅토르 체르노미르딘과 그의 부하 직원들은 새로운 자유를 이용하기 위해 국영 컨소시엄인 가스프롬을 설립하기로 했다. 정치국 국원들은 정말로 놀랐다. 그들은 체르노미르딘에게 "그런 두통거리가 왜 필요하지?"라고 물었다. 당 실력자들은 누군가가 소비에트 노멘클라투라를 떠나 손실을 볼 가능성을 안고 있는 거대 사업에 대한 주도권과 책임을 모두 떠안으려 하는 이유를 여전히 상상조차 할 수 없었다.[11] 그러나 동유럽 공산 정권이 몰락한 후, 이러한 생각은 바뀌기 시작했다. 모스크바와 레닌그라드의 최고위층을 포함한 당료들이 기업 설립 과정에 참여하기 시작했다. 기업가적인 지역의 당 거물과 국영 관리자, 기업가가 함께 설립한 새로운 소비에트 합자 복합기업체의 목록이 길어지기 시작했다.[12]

당의 경제 담당 수석 행정관인 니콜라이 크루치나(Nikolai Kruchina)는 다가오는 미래를 보았다. 그는 3억 루블 이상으로 추정되는 당의 재산을 전부 관리했다. 고르바초프는 크루치나를 "매우 똑똑하고 신중하면서도 추진력을 갖춘, 강직한 사람이었다. 그는 전적으로 신뢰할 수 있었다"라고 회고했다. 1990년 내내, 크루치나는 특히 공화국과 지역, 지방의 당 기관원들에게 급여를 지급하려면 자본주의를 실천해야 한다는 것을 깨달았다. 그는 1600만 당원의 회비를 포함한 당 자금을 신생 지방자치제, 조합, 상업은행 및 기타 사업체에 투자했다. 또한 사무용 건물, 교육 기관, 병원, 고급 휴양 시설, 출판사, 수천 대의 자동차, 건설 회사 등등을 포함한 당 자산을 영리화하기 시작했다. KGB와 소련 대사관의 도움을 받아, 크루치나는 서방 사업가 및 정치인과 합작회사를 설립했다. 국내에서는 크루치나가 이끄는 '당 주식회사(Party Inc)'가 콤소몰 기관원 출신의 백만장자 기업가 및 상업은행가 1세대에게 자금을 대고 지원했다. 모든 일은 쇠퇴하는 당 권력을 돈으로 전환하기 위해 이루어졌다.[13]

1990년 가을, 소련 독립 언론에서 학자들과 언론인들은 '노멘클라투라의 민영화'를 논의하기 시작했다. 빅토르 야로셴코는《노비 미르》에 실은 논설에서 십중팔구 '살찐 고양이(Fat Cats)' (배부른 자본가를 뜻하는 관용적 표현 – 옮긴이)란 의미에서 '고양이 당(the Party of Cats)'에 관해 썼다. 야로셴코가 지목한 고양이는 위기를 당 자산 민영화의 기회로 이용한 당 기구 관리뿐 아니라 그들의 하급 동료인 콤소몰과 소련 노동조합의 관리였다. 당의 재정에서 넉넉하게 빌린 초기 자본을 이용하여 새로운 상업은행, 합작회사 및 컨소시엄이 우후죽순처럼 생겨났다고 언론에서 밝혔다. 당은 대부분의 출판사를 소유하고 있었다. 갑자기 출판사들과 제지업체들로 법인이 형성되었고, 서방 국가에 종이를 톤당 800~1000달러에 수출하기 시작했다. 고양이 당은 폭력적인 갈등을 벌일 생각이 없다고 야로셴코는 결론 내렸다. 대신, "그들은 민주 진영에 암묵적인 사회계약을 요구한다. 우리 주머니를 두둑하게 채워 무사히 물러나게 해주면 우리도 …… 너희를 감옥에 처넣고 총살하지 않을 것이다". 10년 뒤에 이 '계약' 은유는 서구 학자들에 의해 재발견된다.[14]

당 중앙 조직에서 일하던 레온 오니코프(Leon Onikov)는 회고록에 다음과 같이 썼다. "모든 전문가는 소련공산당의 쇄신에 실패해서 필연적으로 소련이 해체되었다고 이해했는데, [당이] 체제의 지팡이였기 때문이다." 고르바초프, 야코블레프, 체르냐예프처럼, 오니코프는 전형적인 '1960년대 사람'이었다. 그가 생각하기에 당을 쇄신할 유일한 방법은 당을 계몽된 관료와 인텔리겐치아의 연합으로, 사회 민주주의를 위한 세력으로 만드는 것이었다. 그는 당시 중국에서 일어나는 상황처럼, 공산당 노멘클라투라가 국가자본주의의 지배계급이자 주요 이해관계자로 변할 수 있다고 생각할 만큼 냉소적이지는 않았다.[15] 그러나 자유주의적 당 기관원인 그는 소비에트 국가에 대해 제대로 지적했다. 대다수의 당 노멘클라투라는 고르바초프가 왜 '사회주의적 민주주의'라는 이름으로 권력, 특히 물질적 권력을 다른 관련자들에게 계속 넘겨주는지 이해할 수 없었다. 이미 레오니트 브레즈네프 치하에서 당은 공화국과 지역의 파벌 및 엘리트 관리자의 계서제로 변질된 상태였다. 그들은 불복종을 처벌할 뿐 아니라 파벌의 이익을 보호할 수 있는 체제에 속한다고 생각하는 한 서기장에게 충성을 다했다. 1989년의 개혁, 특히 경쟁적인 공화국 구조의 부상은 이러한 충성심에 의구심을 갖게 만들었다.

1990년 동안, 당 엘리트들과 파벌들은 동유럽에서 그랬듯 모스크바를 중심으로 하는 옛 노멘클라투라가 사라질 수도 있다는 사실을 깨달았다. 자금의 힘과 국가 재정을 좌우할 권한은 최고소비에트와 위원회로 넘어갔다. 이런 상황에 직면하여 영리한 당 관리들은 *당 이후에* 어떻게 살아남을지 생각했다. 공화국과 민족 자치구에서는 이런 사고 전환이 더 빠르게 진행되었다. 거기서 옛 노멘클라투라 지도자들은 중앙과 거리를 두고 민족 주권의 깃발 아래 숨는 것이 '자연스러웠다'. 이런 변신은 적어도 경제적 자산을 통제하기 위해 모스크바와 협상할 때 새로운 지렛대를 제공해주었다. 우크라이나와 벨로루시 같은 공화국에서, 당 기관원들은 경제 관리자들과 더불어 최고소비에트에서 지배적인 다수파를 형성했다. 카자흐스탄, 우즈베키스탄과 중앙아시아 공화국에서는 당 서기들이 종족을 기반으로 한 파벌의 지도자 역할을 했다. 이는 불확실성이 커지는 상황에서 정치적 · 경제적으로 합리적인 선택이었다.[16]

한때 극한의 상황에서 인민과 경제를 동원할 수 있는 막강한 정치 세력이었던 당은 각자의 이익에 따라 행동하는 파벌과 사람으로 이루어진 거대한 집단이 되었다. 그들 중 다수는 고르바초프를 권좌에서 끌어내리고, 민주적 실험 없이 국가자본주의로 나아가고 싶어 했을 것이다. 그러나 당 총회와 당대회에서 여러 차례 드러났듯이, 고르바초프는 노멘클라투라의 쿠데타를 두려워할 이유가 없었다. 분노와 좌절을 느껴도, 누구도 감히 서기장에 대항할 수는 없었다. 그들은 투표로 고르바초프를 몰아내더라도, 여전히 그가 헌법상 군 통수권자이며 KGB를 통제한다는 것을 깨달았다. 군과 KGB야말로 고르바초프 권력의 핵심이었다.

대후퇴

1990년 말, 소련군은 여전히 세계 최대 규모였다. 가을 징집으로 충원된 지상군은 최소 400만 명의 현역병을 보유하고 있었다. 군은 최대 6만 4000대의 탱크, 7만 6500대의 장갑차(APC), 1만 2200대의 군용 항공기와 헬리콥터를 보유하고 있었는데, 이는 NATO군보다 훨씬 많은 숫자였다.[17] 그와 동시에 동유럽의 혁명과 독일 통일로 인해 소련군이 소련 국경을 넘어 배치될 수 있는 법적 · 정치적 근거가 사라졌다. 그리고 이는 1941~1942년 이래로 소련군이 가장 대규모로 후퇴한 것이었다. 5만 명의 장교, 수만 대의 탱크, 장갑차, 대포, 항공기, 헬리콥터, 수십만 대의 물자 및 장비를 포함한 약 65만 명의 소련군이 중유럽과 동유럽에서 수천 킬로미터를 건너

본국으로 철수해야 했다. 이는 본질적으로 수십 년 동안 존재해온 소련군의 구조와 병참의 종말을 의미했다. 역사가들은 소련군 철수로 인한 엄청난 파장과 혼란을 아직 충분히 평가하지 않았다.[18] 이러한 막대한 타격에 더해, 소련군은 NATO와 바르샤바조약기구 간의 유럽재래식무기감축조약(Treaty on Conventional Armed Forces in Europe, CFE)에서 제안한 군비 감축(다시 말해 파괴)이라는 가혹하고 값비싼 조치를 감당해야 했다. 고르바초프와 셰바르드나제는 1990년 11월에 '유럽 공동의 집' 건설의 한 축으로서 이 조약에 서명할 계획을 세웠다.

소련군이 유럽에서 대대적으로 철수하기로 하자 이는 모스크바에서 다양한 감정을 불러일으켰다. 언론인 야로셴코는 "우리는 거대한 소련 군사력을 파괴하기로 동의했다, 그것도 공짜로. …… 하지만 최고소비에트를 비롯한 누구도 그 대가로 우리가 무엇을 얻을 것인지 설명하지 못했다. …… 신뢰? 대출? 지원? 코콤(COCOM) 제재의 끝? …… 냉엄한 현실은 탱크, 미사일, 원자력 잠수함이 우리가 가진 전부라는 것이다." 야로셴코는 모스크바의 버스에서 두 사람이 나누는 대화를 우연히 들었다. 한 승객이 "서방이 우리한테서 이 물건들을 전부 사가게 하자"라고 말하자, 상대방은 "그럼 그들이 그걸 폐기하면 되겠네"라고 대꾸했다.[19] 소련군 최고위급 지휘관들은 후퇴로 인해 충격을 받고 분노했다. 후퇴를 직접 책임지는 지휘관들, 다시 말해 고르바초프의 군사 자문인 세르게이 아흐로메예프, 드미트리 야조프 국방부 장관, 미하일 모이세예프(Mikhail Moiseyev) 참모총장이 특히 그랬다. 아흐로메예프와 야조프는 제2차 세계대전에서 사병으로 싸웠다. 야조프는 전쟁으로 형제들과 일가친척 서른네 명이 목숨을 잃었다는 사실을 결코 잊을 수 없었다. 모이세예프는 전쟁에서 형제들을 잃었다. 그들의 경력 전체가 냉전기에 이뤄졌다. 야조프는 1962년 쿠바 미사일 위기 동안 소련군과 함께 쿠바에 배치되어 있었다. 그들 중 누구도 소련에 경제 개혁이 필요하다는 점을 의심하지 않았다. 예를 들어 아흐로메예프는 소련이 과대 확장되었다고 인정했고 아프가니스탄에서의 철군을 지지했다.[20] 하지만 심리적으로는, 특히 NATO의 경제적 · 기술적 우위를 고려할 때 소련 군부는 거대한 소련 군사력의 급속한 해체를 받아들일 수 없었다. 함께 일한 누군가에 따르면, 아흐로메예프는 1987년 미·소 조약에 명기된 소련 중거리 미사일 폐기를 '개인적 비극'으로 여겼다. 장성들은 고르바초프가 신세계 질서라고 말하는 사명감 가득한 수사를 이해할 수 없었다. 그들은 의무감과 규율로 인해 고르바초프의 뜻을 따랐지만, 속으로는 대후퇴에 반대했다.[21]

고르바초프에게 의문을 가지는 대신, 1987년 이래로 군 수뇌부는 셰바르드나제와 외무부에 불만을 표출하며 그들을 희생양으로 삼았다. 셰바르드나제는 자신을 보호하는 차원에서 아흐로메예프, 야조프, 모이세예프를 서방과의 군축 협상에 참여시키자고 제안했다. 그들도 협상에 참여하면 국제 관계의 현실을 깨닫고 의심도 줄어들지 않을까 기대했던 것이다. 1989년 7월, 아흐로메예프는 워싱턴 D.C.를 공식적으로 방문하고, 전직 국무부 장관인 조지 슐츠의 개인적인 손님으로 캘리포니아까지 찾았다. 아흐로메예프는 미국에서 목격한 상황에 압도당했고, 미국의 풍요에 대비되는 소련의 현실에 우울해졌다.[22] 고르바초프의 군사 자문은 좀 더 유연해져서 군축 회담에서 양보하는 데 찬성했다. 하지만 통일독일이 NATO에 가입하리라는 전망은 인내의 한계를 넘어섰다. 1990년 4월에 셰바르드나제를 비롯한 소련 외교관들과 함께 미국인들과의 회담에 참석한 뒤, 그는 진짜 심경을 드러냈다. 귀국하는 비행기 안에서, 아흐로메예프 원수는 어두운 얼굴로 말없이 앉아 있었다. 그러더니 나지막이 투덜거렸다. "70년 동안 미국인들은 우리 연방을 파괴하려고 애써왔는데, 결국 목표를 이뤘군." 셰바르드나제의 부관이 반박했다. "그들이 파괴한 게 아니라, 우리 스스로 파괴한 겁니다." 아흐로메예프는 "그들이 파괴했어. 그리고 우리도 파괴했지"라고 되받아쳤다. 또 한번은 야조프 국방부 장관이 셰바르드나제에게 소리쳤다. "서면으로 보증서를 줘. 10년 안에 전쟁은 안 일어날 거고, 독일 놈들이 제3제국의 국경선으로 복귀하지 않는다는 보증서를 달라고!" 이 광경을 목격한 셰바르드나제의 보좌관 테이무라즈 스테파노프는 일기에 이렇게 적었다. "페레스트로이카에 가망이 없다는 사실을 드디어 깨달았다. 고르바초프, 셰바르드나제, 우리 모두 가망이 없다."[23]

1990년 여름 동안, 국방부 장관과 참모총장은 셰바르드나제의 등 뒤에서 은밀히 움직였다. 야조프는 소련의 최신형 탱크와 장갑차 2만 1000대와 포 2만 문을 동독과 동유럽에서 중앙아시아로, 즉 CFE의 지리적 범위 바깥으로 보내라고 지시했다. 비싼 전자기기와 광학 장비가 장착된 탱크가 철조망에 둘러싸여 몇 명의 경비병이 지키는 가운데 사막에 방치되었다. 중앙아시아 공화국의 지도자들과는 상의하지도 않았다. 이것은 잘 계산된 움직임이라기보다는 자포자기의 행위였다.[24] 미국 첩보 위성이 이런 재배치를 알아냈고, 제임스 베이커는 셰바르드나제에게 항의했다. 소련 외무부 장관의 약속과 명예가 걸린 일이었다.[25] 1990년 10월 25일, 셰바르드나제는 고르바초프에게 이 일에 대해 격하게 항의하는 편지를 보냈다. 그는 소련이 "여전히 멀쩡히 서 있고 파산을 면한" 것은 오로지 "소련이 안정적인 파트너이자, 단일 국가이길 바라는 파트너들과 독일의 재정 지원 및 신용 대부 덕분이다. 지금 우리가 처한 상황에서는 탱크나 비행기가 아니라, 재정 지원을 거절당하는 것만으로도 나라가 무너질 수 있다"라고 썼다.[26] 고르바초프가 군부와 대립각을 세우길 거부하자, 셰바르드나제가 직접 나섰다. 그는 조약 초안에 "원한다면 적고 싶은 대로 뭐든 적어도 된다"라며 모이세예프에게 감정적으로 호소했지만, 그러면 CFE, 소련 외교, 유럽 평화 프로세스가 모두 실패할 것이다. 그 결과 소련의 안보가 승리할 것인가? "펜타곤 매파는 모이세예프 동무에게 박수를 칠 것"이라고 셰바르드나제는 경고했다.[27]

야조프와 모이세예프는 꿈쩍도 하지 않았다. 군 첩보 당국은 1990년 6월에 체코슬로바키아 대통령 바츨라프 하벨과 헝가리의 탈공산 정권 지도부가 NATO 가입을 원한다고 보고했다. 바르샤바조약기구가 CFE를 체결하기 이전에 자진 해산하고 그렇게 해서 과거 소련의 동맹국들을 유럽의 세력 균형에서 배제했더라면, 협상장에서 소련의 입지는 나아졌을 것이다. 군축 관련 위원회 모임에서, 국방부 장관은 빈 회담장에서 소련 측 최고위 교섭 담당자에게 물었다. 몰도바부터 남캅카스까지, 소련 남부 지역에 배치된 소련군 병력 수가 어쩌다가 튀르키예와 그리스군과 똑같아졌는가? "우리는 그런 [병력 감축] 허가를 내리지 않았다"라며 야조프는 분통을 터트렸다. 그는 미국 측 상대들과 마찬가지로 냉전이 정말로 끝났다고는 믿지 않았다.[28]

사실상, 동유럽에서의 후퇴에 관한 소련군 최고위층의 우려는 급속히 커지는 내부적 불안정이라는 맥락에서만 이해될 수 있다. 고위급 장성들은 동독과 동유럽의 '상실'이 소련군에는 시작일 뿐임을 알고 있었다. 대부분의 잔존하는 실전 병력과 기지 대부분은 발트 공화국부터 벨로루시와 서우크라이나를 거쳐 몰도바까지, 소련 서쪽 국경지대에 배치되어 있었다. 남부 집단군은 남캅카스와 중앙아시아에 배치되어 있었다. 서부와 남부에 배치된 부대들은 우선 남캅카스와 발트 지역, 나중에는 우크라이나에서 커지는 불안정성은 물론 현지 민족주의자들의 분노와 직면해야 했다. 군은 1989년 4월 트빌리시, 그다음 1990년 1월 바쿠에서의 유혈 진압 이후로 대중적인 비판의 표적이 되었다. 소련군에 관한 미국 최고의 전문가인 윌리엄 오돔(William Odom)은 당시 소련군이 겪어야 했던 일에 감정을 이입하며 나중에 이렇게 썼다. "가령 [1968년에] 베트남에서 격전을 치른 미군 연대가 적절한 주거와 지원 시설도 없는 군사기지로 막 귀환했는데, 그러고 나서 그 연대가 다시 대학 교정의 반전 시위자들을 진압하러 파견됐다고 상상해보라. 폭력이 발생할 가능성이 높았을 것이라고 말하는 건 지독하게 절제된 표현이다."[29]

마지막으로, 러시아의 주권 선언 후 '주권의 행렬'은 소련의 군사 기구와 소련군의 통합성에 대해 처음으로 문제를 제기했다. 1990년 9월 28일에 야조프는, 발트 공화국들과 남캅카스가 연방을 떠나기로 한다면 MIC는 소련 전투기, '공대지' 미사일, 공군 원격 유도 시스템, 자동 감시 시스템 등의 생산에 핵심적인 100여 개의 기업을 잃을 것이라고 경고했다.[30] 1990년 7~9월에 우크라이나 최고소비에트는 우크라이나 영토상에서 신병 징집을 막거나 그들을 우크라이나 '국가' 영토의 외부에 배치하는 것을 금지하는 법안과 결의안을 통과시켰다. 러시아연방 최고소비에트에서는 옐친이 러시아 징집병들에 대해 마찬가지로 선언했다. 이는 공화국들의 경계에 따라 군이 분할된다는 의미였다. 또한 소련군 징병 체계가 무너졌다. 1990년 10월까지, 40만 명의 징집 대상자가 징집에 응하지 않았다. 징집제는 발트 3국과 남캅카스, 몰도바에서는 완전히 무너졌으며, 우크라이나와 러시아연방에서도 징병 숫자가 적잖이 감소했다.[31]

10월 말, 고르바초프는 고위 군 관계자들과 일련의 모임을 가졌다. 모임에서 발언한 사람들은 모두 소련군이 위기에 처해 있으며, 중앙 권력의 실패가 그 원인이라고 결론 내렸다. 참석자들은 고르바초프와 리시코프의 '무기력함'에 대해 큰 소리로 불만을 늘어놓았다. 소련 공수부대 지휘관이자 육군의 최연소 장군인 블라디슬라프 아찰로프 대장은 "누구도 대통령의 명령을 실행하지 않는다"라면서 많은 이의 생각을 대변했다. 그는 종족 갈등에 군대를 이용하는 것도 언급했다. "우리는 퓌러(führer, 지도자를 뜻하는 독일어 – 옮긴이)의 야심을 위해 병사들의 목숨을 지불해야 한다." 1990년 1월, 아찰로프는 공수부대를 이끌고 바쿠로 가서 인민전선 과격파의 오합지졸과 시위대를 처리했다. 모스크바 언론과 반대파가 비무장 민간인에 대한 과잉 폭력 진압이라며 공수부대를 비난할 때 고르바초프를 비롯한 정치 지도부가 그들과 거리를 두는 것을 보고 신물이 났다. 아찰로프는 캅카스, 발트 지역, 몰도바, 서우크라이나에서 사람들이 군대를 '러시아 점령자들'처럼 취급한다고 말을 이었다. 결론적으로, 그는 대통령이 행동에 나서지 않는다면 군은 장병과 군 저장 시설을 보호하기 위해 자체적으로 "계엄령을 도입할 수밖에 없을 것"이라고 경고했다. 이것은 고르바초프의 주의를 끌지 않을 수 없는 도발이었다.[32]

1990년 11월 7일의 열병식은 소련 군부의 사기를 진작하지 못했다. 탱크 대형을 지휘한 장교들은 처음으로 자신들이 소련 수도에서 환영받지 못한다고 느꼈다. 참가자 중 한 명은 "열병식이 끝난 뒤 느낀 것이라고는 엄청난 피로감이었다. 경축하는 게 아니라 뭔가 거대하고 더럽고 수치스러운 큰일을 해낸 것 같았다"라고 회상했다.[33] 11월 13일, 고르바초프는 최고소비에트와 공직에 선출된 1000여 명의 소련군 장교와 만났다. 오간 이야기들이 험악해서 기록 전문은 공개되지 않았다. 군은 통수권자에게 복종했지만, 고르바초프가 그들의 존경을 잃은 건 분명했다.[34] 1주 후, 야조프는 파리에서 고르바초프와 함께 유럽안보협력회의(CSCE)에 참석하고 있었다. 소련 지도자는 새로운 유럽을 위한 파리헌장과 CFE에 서명한 35명의 정상 중 하나였다. 조약을 협상한 소련 외교관은 기념식 동안 가까이에 서 있던 야조프가 혼잣말로 중얼거리는 것을 들었다. "이 조약은 우리가 총 한 방 쏴보지 않고 제3차 세계대전에서 졌다는 뜻이야."[35]

감시견

1990년 말, KGB는 가공할 조직이었다. 48만 명의 장교와 비밀 유지 수직 구조, 엄격한 군 규율을 갖춘 KGB는 수십 년 동안 '칼을 쥔 당의 팔'로서 움직였다. 당과 마찬가지로 KGB는 소련 국가, 사회, 경제의 모든 조직에 침투해 있었다. 모스크바에서만도 KGB는 6만 5000명에서 8만 9000명가량의 장교를 두었다. 신분을 기밀로 한 채 KGB가 고용한 비밀 요원과 정보원도 있었다. 보안위원회는 자체적으로 병력을 거느렸고, 국경과 세관을 통제하며, 당과 국가를 위한 보안 통신과 통제 시스템을 제공하고, 전략 핵무기의 안전을 보장하는 등의 임무를 담당했다.[36]

1990년 2월, 미국 국가안보 부보좌관 로버트 게이츠는 제임스 베이커와 함께 모스크바를 찾아 KGB 의장 블라디미르 크류치코프를 루뱐카(KGB의 본부. 모스크바의 루뱐카광장에 있어서 흔히 루뱐카로 불렸다 – 옮긴이)의 사무실에서 만났다. 게이츠는 당의 정치권력 독점이 종식된 것에 대한 크류치코프의 발언이 인상 깊었다. 크류치코프가 미국에서처럼 "우리도 [공산]당을 똑같은 강령을 가진 두 당으로 나눠야겠다"라고 농담했던 것이다. 게이츠는 "두 당 중 하나는 자본주의일까요?"라고 물었지만, 의장은 대답하지 않았다. 개인적으로, 크류치코프는 고르바초프의 당 개혁이 엄청난 실수라고 여겼다. 크류치코프는 게이츠에게 소련 지도부가 인민에게 너무 많은 변화를 부과하고 있다고도 말했다. "변화는 산소처럼 점진적으로 적용되어야 한다. 너무 빠르게 많이 주입하면 어지러울 수 있다."[37]

두 사람은 소련의 미래에 관해 논의했다. 게이츠는 많은 지역이 무력에 의해 연방에 가입했다고 지적했다. 이제 이 지역들이 독립을 요구하고 있다. 크류치코프는 미국의 남북전쟁 당시에 남부연맹도 강제로 연맹에 복귀하지 않았느냐고 응수했다. 게다가 소련의 공화국들은 모두 한 경제권에 속해 있다. "어느 공화국이든 내일 당장 연방을 탈퇴한다면 [부정적] 효과를 실감하지 않을 수 없다." 이것은 고르바초프가 주장한 그대로였다.[38] 크류치코프는 정치적 변화가 경제 발전을 앞서버렸다는 게이츠의 말에 동의했다. 어쨌거나 그는 소련이 근본적으로 변화하는 것 말고는 방도가 없다고 단언했다. 그는 게이츠에게 경고했다. "만약 미국이 우리를 구석으로 몰거나, 현재의 어려움을 이용해 먹으려 하거나, 난감한 상황으로 몰아넣는다면", 이는 당뿐 아니라 인민의 태도에도 영향을 미칠 것이다.[39] 게이츠는 KGB 의장이 페레스트로이카를 더는 지지하지 않는다고 결론 내렸다. 그는 미국 대사관저로 돌아와서 베이커에게 고르바초프가 조심해야 할 것이라고 말했다. 워싱턴으로 귀환한 후에는, NSC의 소련 전문가인 콘돌리자 라이스에게 이를 알렸다.[40]

KGB 대외정보국의 국장인 레오니트 셰바르신은 조직이 "인민의 분위기에 관한 적나라한 진실을 직시하길" 두려워했다고 회고했다. 1990년에 발트 3국의 KGB 사무실을 시찰한 후, 셰바르신은 그곳의 동료들을 머리 잘린 암탉에 비유했다. 그들은 눈앞의 문제들을 이해하지 못한 채 푸드덕거리며 돌아다닐 뿐이었다.[41] 더욱이 1990년 가을에는, KGB도 더 이상 정치적으로 한결같지 않았다. 모든 장교는 이전처럼 당원이었지만, 일부는 과거의 공산주의와 거리를 두고 싶어 했다.[42] 1990년 3월, KGB 장교 2756명이 상관들의 허락을 받아 러시아 의회와 지역 및 지방 소비에트 공개 선거에 출마했고, 다수가 당선되었다.[43] 스베르들롭스크 지역의 KGB 장교들은 러시아 의회에 KGB가 현지 공산당 관리가 아니라 국가의 이해관계에 복무해야 한다고 주장하는 공동 서신을 보냈다. 루뱐카의 KGB 협의회는 이런 단체 행동이 집단 규율에 대한 위반이라고 여겼지만, 누구도 처벌받지는 않았다.[44] 1990년 여름, KGB 퇴역 장성 올레크 칼루긴은 소련 비밀경찰과 비밀정보부에 대한 비판가로서 발언하기 시작했다. 그들랸과 이바노프와 더불어 칼루긴은 반대파의 집회에서 수만 명의 이목을 끌었다. 고르바초프는 칼루긴의 연금과 지위를 박탈하는 명령에 서명했다. 이는 칼루긴의 엄청난 인기만 더했을 뿐이다. 그는 민주러시아 소속 대의원으로 선출되었고 10월에는 이 운동의 회의에서 주역이었다.[45]

KGB가 1990년 9월에 은밀한 쿠데타를 기획할 수 있었을까? 크류치코프를 아는 이들은 단호하게 '아니오'라고 대답했다. KGB 의장은 고르바초프의 승인 없이는 손가락 하나 까딱 못 할 것처럼 보였다. 셰바르신은 1990년 4월에 한 인터뷰에서 다음과 같이 말했다. "KGB와 그 산하 정보기관은 독립적인 곳으로 정치적 이해관계가 없다. 정책을 실행하도록 돕는 국가의 도구, 한 기관일 뿐이다."[46] 몇 년 뒤 회고록에서 셰바르신은 "몇 년에 걸쳐 우리는 모두 상부의 관료적이고 국가적인 지혜에 대한 신뢰와 복종, 엄격한 규율의 원칙에 따라 철저히 교육받았다"라고 회고했다.[47]

크류치코프가 고르바초프에게 영향력을 미치기 위해 선호한 방법은 정보 제공이었다. KGB 의장은 소련 지도자의 마음에 측근과 그들의 의도에 대해 의심의 씨앗을 뿌렸다. 체르냐예프가 1991년 2월과 3월 일기에 씁쓸하게 기록한 대로, KGB가 그에게 보고하는 비밀, 특히 숙적인 옐친과 옐친의 미국인 파트너들에 관한 "비밀에 M. S. [고르바초프]는 약했다".[48] 고르바초프는 서방의 보고서와 첩보에 관한 KGB의 감청 내용을 보고받는 것을 좋아했다. 또한 정적과 동료 간의 통화 내용을 도청한 '[대통령] 본인만 볼 수 있는' 녹취록도 읽었다. KGB는 사방에 엄청난 수의 도청 장치를 심어두었다. 크류치코프는 고르바초프의 비서실장 발레리 볼딘과 한패가 되어 일했다. 옐친과 민주러시아의 권력이 부상하는 것이 두려워질수록, 고르바초프는 볼딘과 KGB가 공급하는 왜곡된 '독점' 정보에 더욱 의존했다. 이 정보는 *프로슬루시카(proslushka)*, 다시 말해 반대파 지도자들의 사무실과 어쩌면 개인적인 대화까지도 엿듣는 은밀한 도청을 통해 얻은 것이었다.

1990년 말, 고르바초프에게 올라오는 KGB 보고서는 브레즈네프 시대 이래로 변한 게 없는 듯 비밀경찰의 사고방식과 냉전적 인식이라는 특정한 프리즘을 통해 계속해서 작성되었다.[49] 크류치코프는 소련의 '제5열'(스파이, 공작원 등 내부의 적을 뜻하는 은어. 보통 정규군은 4열로 줄지어 가는데, 이와 달리 적의 내부에 잠입해 활동하는 열외 부대라는 의미다-옮긴이)을 비롯하여, 소련 엘리트들한테서 수많은 협력자를 얻어내는 CIA와 서방 NGO의 역할에 집착했다. KGB 의장에 따르면, "미국의 특정 집단들과 미국 특수 요원들"이 모스크바에서 '민주주의자'를 자칭하면서 옐친의 주변에 모인 사람들뿐 아니라, 소련 수도의 지식인 엘리트를 더 폭넓게 노리고 있었다. 크류치코프는 셰바르드나제, 체르냐예프, 특히 알렉산드르 야코블레프가 영향력 있는 미국 첩자라고 확신했다. 또한 워싱턴 D.C.에 있는 IMF가 경제 개혁에 관한 자신들의 견해를 소련에서 적극적으로 홍보하고 있다고 썼다.[50] KGB는 특히 1989년 '장벽 붕괴 충격(post-Wall shock)'의 결과로, 소련 엘리트층을 휩쓸고 있는 열렬한 서구화 조류와 친미화를 재빨리 감지했다. 그와 동시에 새로운 정치적 분위기에서, KGB는 '영향력 있는 첩자들'과 그들의 후원자라고 하는 미국인들에게 아무것도 할 수 없었다. 1990년 가을, 옐친의 자문인 겐나디 부르불리스는 크류치코프를 만나서 옐친의 미국인 손님들을 여전히 '폐쇄 도시'였던 스베르들롭스크로 부를 수 있도록 특별 허가를 요청했다. 크류치코프는 아무런 이의 없이 서류에 서명했다.[51]

1990년 12월 11일, 크류치코프는 국영 TV에서 "해외로부터 물심양면 넉넉한 지원을 받는" 모종의 파괴적 세력이 "우리 사회와 국가를 약화시키고 소련 권력을 해체하려고" 작심하고 활동 중이라고 밝혔다. KGB 의장은 소비재 부족을 반대파의 활동과 조직범죄 탓으로 돌렸다. "우리 경제를 개선하는 데 겪는 많은 어려움은 사실상 경제 사보타주에 가까운, 여러 외국인 파트너들의 활동 때문에 생긴 것이다"라고도 덧붙였다. 그러면서도 KGB가 치안 감시와 밀고자, 자유에 대한 탄압이 횡행하던 '옛 시절'로 돌아가길 원하는 것은 아니라고 재빨리 부정했다. 크류치코프의 발언

은 서방 외교관을 비롯해 많은 사람을 오싹하게 만들었지만, 고르바초프의 승인을 받았던 듯하다.[52]

KGB는 여전히 소련 사회에 본능적 공포감을 자아냈지만, 고르바초프한테는 아니었다. 소련 지도자는 KGB를 자신의 집무와 생활양식에서 필수적이며 심지어 자연스러운 일부로 여겼다. KGB는 신변 안전, 정보, 통신, 심지어 가정부까지 제공했다. KGB의 제9국 관리들은 방탄 리무진은 물론이고 엄청난 국가 예산을 써가며 고르바초프의 모든 국내 순방과 특히 해외 순방에 동행했다. 소련 대통령은 대통령으로서 독점적 필요와 안락함을 위해 KGB가 만들고 유지한 투명막 안에서 일했다고 말할 수 있을 것이다. 그리고 그런 생활은 그에게 잘 맞았던 것 같다.

압박받는 MIC

민주러시아와 반소 민족주의자, '전체주의 국가'를 규탄하는 여타 사람들의 악마론에서, MIC는 당 기구와 KGB와 마찬가지로 반동적이고 비밀스럽고 음험한 세력으로 간주되었다. 의회 토론에서, 급진적 민주주의자와 포퓰리스트는 터무니없이 부풀려진 MIC 예산을 공개했다. 그들은 소련이 그렇게 적은 지출로 국방 예산이 3000억 달러에 달하는 미국과 경쟁할 수 있다고는 도저히 믿을 수 없었다. 소련 후기 역사의 정치적 역설 속에서, 수십만 명의 MIC 기술자와 전문가, 과학자가 집회에 참가해서 자신들의 밥줄인 MIC의 해체를 요구했다. 결국 대략 30만 명의 젊고 우수한 MIC 직원들은 보조금을 받는 자재를 수출하고 개인용 컴퓨터를 수입하는 등의 고수익 사업을 하는 협동조합에서 근무하기 시작했다.[53]

MIC는 국가 투자와 매출이 급감하고 있었다. 1989년, 소련의 국방 예산은 77억 3000만 루블에서 71억 루블로 삭감되었고, 1991년 예산은 66억 5000만 루블로 더 감소했다. 인플레이션을 감안하면, 대폭적인 삭감이었다. R&D 지출은 1990년에 310억 루블로 줄었고, 1991년에는 220억 루블로 예상되었다. 500일 계획에 따르면 국방비 지출을 삭감해야 했다. MIC

지도자들은 사업 전환과 이행에 드는 돈을 어디서 구해야 할지 몰랐다. 누가 새로운 생산 능력을 구축할 것인가? 더 이상 필요 없는 무기류를 계속 만들어내는 구산업은 어찌해야 할까? 그리고 사용할 수 없어진 치명적인 무기의 재고, 무엇보다도 핵무기는 어찌해야 하는가? 비축 무기 유지 비용은 어마어마했는데, 폐기 비용은 그보다 더 클 것이었다. 천연두부터 탄저균까지 치명적인 바이러스 저장분을 포함해, 고르바초프조차 몰랐던 생물학 무기와 암호명 '노비촉'이라는 이원화 화학무기도 있었다.[54]

MIC 기업의 많은 수장은 냉전을 뒤로하고 서방 파트너들과 합작하기를 진심으로 원했다. 하지만 1990년 여름까지, 누구도 서방을 방문할 수 없었고, '서방과의 파트너십'은 국가 반역죄로 취급되었다. 고르바초프와 시장경제와의 로맨스가 이 금기를 깼다. 8월, 그의 승인을 받아 한 무리의 MIC 고위 지도자와 책임자가 보스턴으로 날아갔는데, 미국 사업가들과 가능한 협력 프로젝트를 논의하기 위해 난생처음 서방을 방문한 것이었다. 9월, 그들 중 일부는 모스크바에서 미국 사업가 대표단을 만났다. 미국 상무부 장관 로버트 모스배커는 부시에게 "[소련인들은] 우리가 건너와 일부 군수 시설을 전환하는 방안에 관해 논의하고 구체적인 기회들에 관해서도 이야기했다. 이런 식으로 계속하면, 소련이 서구 국가들 무리에 평화롭게 합류하려는 움직임은 돌이킬 수 없을 것이다"[55]라고 보고했다. 과학아카데미의 도움을 받아, 일부 방위 산업 기업가들은 외국 투자자들에게 손을 뻗었다.

1990년 9월 28일, 고르바초프는 MIC 고위 인사들과 특별 협의회를 주재해 새로운 시장 상태로 '전환'하는 프로그램을 의논했다. 그들 모두는 수만 명, 종종 수십만 명을 고용한 거대 국영기업을 다년간 경영한 경험이 있었다. 그리고 모두 당의 최고 노멘클라투라에 속했다. 오랫동안 그 관리들을 위한 주요 조정 기관은 소련공산당 중앙위원회의 국방 부문과 각료회의의 군산위원회(Military-Industrial Commission)였다. 이제 그들은 자신들의 문제와 불만 사항을 늘어놓았다. 그들은 당과 국가가 시장경제로 고통스럽게 이행하는 과정에서 살아남도록 어떻게 도울지 알고 싶었다. 가까운 미래에 무슨 일이 일어날지 누구도 점칠 수 없었다. 리시코프 정부가 제안한 5개년 계획에 따르면, 탱크 생산량은 이전보다 2.5배, 미사일과 군용기 생산량은 절반가량 줄어들 것으로 예상되었다. 그 대신, 정부는 MIC가 농업 장비 생산량은 2.4배, 의약품 생산량은 2.5배, 소비자 지향적 국영산업 생산량은 1.8배, 전자기기 생산량은 두 배 늘려주길 바랐다.[56]

고르바초프의 크렘린 집무실에서의 논의는 예상대로 자유주의자와 보수파 간의 날카로운 대립을 드러냈다. 중국 경제 개혁 전문가인 젊은 경제학자 유리 야레멘코(Yuri Yaremenko)는 민수용 상품 생산으로의 '전환'을 가속화하라며 MIC 지도자들을 재촉했다. MIC의 인력과 자산을 활용하여 소련 경제를 재발명해야 한다. 이것이 고르바초프가 원하는 바였다.[57] 이 해법은 유망해 보였지만, 빠른 시일에 실행될 전망은 보이지 않았다. 과학아카데미의 부원장인 예브게니 벨리코프는 MIC 기업들과 미국 회사들 간의 파트너십을 옹호했다. 그는 MIC 고위 관리들이 해외에 나가고 사업 거래를 성사시킬 때 최고 수준의 인가를 요구하는 기밀 규정의 폐지를 고르바초프에게 건의했다.[58] 이 해법은 미국인들이 과거의 적이자 라이벌과 혁명적인 협력에 동의하리라는 것을 전제로 했다.

MIC 기업들의 몇몇 책임자들은 이미 모색하기 시작한 시장 사업과 서방과의 파트너십에 관해 고르바초프에게 보고했다. 군용 전자제품을 생산하는 대형 공장의 책임자는 비디오카세트 녹화기를 대량 생산할 준비를 하고 있다고 말했다. 또 다른 관리자는 전국을 전화로 연결하는 데 군사 위성을 이용할 계획을 세웠다. 조선 산업을 담당한 각료는 흑해의 해군 조선소 개조에 자금 조성을 약속한 '래퍼포트'라는 스위스 기반 투자은행가와 사업 관계를 수립했다. 더 인상적인 벤처 사업도 생겨나기 시작했다. 소련 방사성동위원소 제조 공장의 관리들은 분명히 상부의 인가를 받아 원자력 무기의 원료인 플루토늄-238 5킬로그램을 그램당 1200달러에 판매할 의사가 있다며 미국 에너지부에 접근했다. 이는 즉매 제안이어서, 원한다면 10킬로그램은 그해 후반에, 20킬로그램은 1991년에 인도할 예정이었다. 소련산 플루토늄은 미국에서 제조되는 유형보다 훨씬 저렴했다. 놀란 미

국인들은 이 전례 없는 거래에 동의해야 할지 고심했다.[59]

9월 회의에 참석한 보수파로는 군산위원회 위원장인 올레크 바클라노프(Oleg Baklanov)와 KGB의 크류치코프가 있었다. 바클라노프는 MIC를 급속히 전환할 수 있을지 의문이며, 국가 자금이 없으면 소련 경제에서 가장 값나가는 부문이 무너져버리고, 가장 숙련된 노동자들이 협동조합에서 물건을 사고파는 처지가 될 것이라며 우려했다. 바클라노프는 진정한 해법은 국가의 재정적 안정을 회복하는 일이라고 믿었다. 그것은 독재가 필요하다는, 속이 빤히 들여다보이는 요청이었다.[60] 크류치코프는 미국과의 협력을 일축했다. 그는 미국인들이 소련 MIC를 파괴하고 금전적 인센티브를 이용해 소련의 기밀을 빼돌리려 한다고 경고했다. 소련은 경쟁력 우위를 담보할 독자적인 R&D 기반을 보유해야만 최강대국으로 남을 것이다.[61] 물정에 밝은 아카데미 회원이자 고르바초프가 가장 아끼는 보좌관 예브게니 프리마코프는 MIC 문제에 대해 또 다른 해법을 제안했다.[62] 프리마코프도 겉으로 보기에는 선한 미국의 의도를 신뢰하지 않았지만, MIC 지도자들에게 냉전 상대방들을 본받아 글로벌 무기 수출을 확대하라고 촉구했다. 소련의 무기 제조업체들은 군비 생산을 감축하는 대신, 시장을 찾아야 한다. "우리가 ANT를 왜 그렇게 두려워하게 되었는가? …… 우리가 떠나면, 다른 이들이 [무기] 시장을 채울 것이다. 손을 더럽히지 않고 일할 수는 없는 법이다."[63] 프리마코프는 그해 봄에 포퓰리즘 정치와 언론 공격의 표적이 되었던 ANT 협동조합 스캔들을 거론하고 있었다.

9월에 열린 고르바초프와의 협의회에서, MIC 최고위 경영자들은 서방 투자자들이 예산 배정을 대체할 수는 없다고 입을 모았다. 서방의 시장은 소련 군수 산업과 연구소 제품에는 여전히 닫혀 있었다. 발언자들이 잇달아 R&D와 무기 관련 프로그램에 대한 예산 삭감을 유예해달라고 고르바초프에게 요청했다. 게다가 이런 산업 부문에는 뚜렷한 장기 전망이 필요했다. 하지만 고르바초프는 MIC 지도자들에게 자체적으로 해법을 강구해보라며 협의회를 끝냈다. 많은 참석자가 혼란스럽고 실망한 채로 크렘린을 떠났다.

1990년 11월 12일, 미국 대표단이 레닌그라드와 모스크바에서 MIC 지도자들을 만났다. 이 행사는 과학아카데미의 선구적인 싱크탱크 IMEMO, 미국의 비정구기구인 경제우선순위위원회(Council on Economic Priorities, CEP)가 기획한 것이었다. 미국 군수 기업의 거물급 인사들은 없었으며, 대표단은 대체로 대학교수 경제학자와 정치학자 그리고 몇몇 기업 경영인으로 채워져 있었다. 가장 눈에 띄는 인물은 오하이오주 주지사인 리처드 설레스트(Richard Celeste)와 전직 CIA 국장인 윌리엄 콜비였다. 반면 소련 측은 저명인사들이 많아서, 알렉산드르 야코블레프, 벨리코프, 바클라노프와 MIC 책임자와 경영자가 있었다. 경제학자 샤탈린과 야레멘코도 참석했다. 바클라노프는 훌륭한 주최자답게 미국인들에게 "우리는 당신네 전문가들이 우리의 군수 산업을 연구할 수 있게 열려 있다"라고 말했다.[64]

소련 주최 측은 미국인들에게 가장 선진적인 일급 기밀 MIC 시설을 보여주었다. 레닌그라드에서는 가장 큰 군용 및 민간용 광학 제조업체인 로모(LOMO)를 시찰했다. 이 회사는 미국 손님들에게 "보슈앤롬(Bausch & Lomb) 사를 비롯해 전 세계에서 단 다섯 개의 회사와만 어깨를 나란히 하는" 회사로 깊은 인상을 남겼다. 미국인들은 모스크바에서, 7만 3000명의 직원과 7000명의 엔지니어를 거느리고 첨단 방공 시스템을 구축하는 복합기업인 '알마즈(Almaz)'를 방문했다. 이 회사의 책임자이자 학자인 보리스 보운킨(Boris Bounkin)은 라디오와 TV, 테이프 녹음기 및 기타 민간용 전자제품을 전문으로 다루고 싶었다. 대표단은 우주위성을 궤도에 쏘아 올리는 프로톤 로켓(Proton rocket, 원래는 대륙간탄도미사일로 개발된 우주발사체 – 옮긴이)을 생산하던 에네르기아 기계제작 공장(Energia Machine-Building Plant)에도 방문했다. 회사의 책임자는 방사능 정화와 암 치료, 수질 정화, 레이저 및 방사선학을 위한 생태 및 로봇 장비를 생산하고 싶어 했다. 하지만 정부의 전환 프로그램으로 인해 그 대신 자전거, 썰매, 프라이팬을 생산해야 한다고 불만을 토로했다.[65]

소련 공장의 책임자들은 미국 손님들에게 놀라울 정도로 솔직했다. 그들은 국제무역과 합작 투자, 마케팅에는 전문성이 없지만, 대출을 받고 경화를 버는 일이 절실하다고 시인했다. 그들은 미국인들에게 어떻게 해야 할지 조언을 구했다. 로모의 이사는 고르바초프의 정책으로 인해 알아서 해야 한다고 고충을 토로했다. 그는 미국의 지원이 없다면 방위 산업은 무너질 것이며, 이는 "우리가 핵무기를 보유하고 있음을 고려하면 위험한" 일이라고 말했다.[66] 미국 학자들은 소련 군수 공장 책임자들이 자신들보다 시장의 힘에 더 열광하는 것을 보고 충격을 받았다. 한 미국 경제학자는 소련 측 인사들에게 국가만이 시장경제로의 전환 과정에서 손실을 보상하고, 현명하고 수익성 있는 선택을 할 수 있도록 도와주며, 군수 기업이 혼란을 틈타 가격 폭리를 취하고 부당 이득을 취하려는 시도를 막을 수 있다고 지적했다. 또 다른 미국 경제학자는 이렇게 말했다. "얼마나 많은 소련 사람이 창업에 참여할 기회를 얻기 위해 철밥통인 정부 일자리를 기꺼이 포기하는지 그저 놀라울 따름이다." 이번 방문에 관한 미국 보고서는 상황을 다음처럼 요약했다. "일각에서는 소련의 방위 산업체 관리자들을 개혁의 적으로 여긴다." 그러나 모스크바와 레닌그라드에서 오간 대화는 "많은 방위 산업체 관리자가 시장경제에서 살아남을 수 있다고 생각한다는 것을 분명히 보여주었다".[67]

벨리코프는 회고록에서 고르바초프와의 만남에 스위스 기반 투자은행가 브루스 래퍼포트(Bruce Rappaport)를 데려왔다고 밝힌다. 1990년 9월 모임에서 언급된 '래퍼포트라는' 사람이 바로 그였다. 고르바초프는 늘 그렇듯 소련의 위대한 잠재력과 미래에 관해 이야기했다. 래퍼포트는 점점 조바심을 내며 듣다가 말을 잘랐다. "대통령님, 제가 유대인 농담을 들려드리겠습니다. 한 유대인이 아내의 장례를 지낸 뒤 랍비를 찾아가 어떻게 해야 하느냐고 물었습니다. 랍비는 '1~2년 정도 시간을 두게. 적응하고 위안도 찾을 거야'라고 말했지요. 유대인이 대꾸했습니다. '1년, 2년……. 그럼 오늘 밤은 어쩌죠?'"[68] 마지막 문장은 MIC가 처한 어려움과 고르바초프 개혁의 본질을 요약했다. 소련 최고의 산업 부문과 관리자는 시장과 개혁을 적극적으로 포용했지만, 세계 시장에서 살아남기 위해서는 시간, 전문성, 국가 지원이 필요했다. 하지만 어느 것도 없었으므로, 그들은 힘든 처지였다.

도전받는 리바이어던

1990년 가을 내내, 고르바초프는 6월부터 그의 자문들이 작성한 연방조약을 계속 손질했다. 그는 국민 직접투표로 선출된 대통령을 수반으로 하는 강한 연방을 계획하고 있었다. 강한 각료회의에는 개별 공화국의 정상도 포함할 예정이었다. 대통령은 계속해서 헌정 질서의 유일한 보증인이며, 국경을 통제하고, 경제·국방·외교 정책을 수립하고, 금융 신용 시스템을 규정하고, 공동 예산을 짜고, 공화국들 간의 분쟁을 해소할 것이다. 중앙은 러시아연방과 여타 공화국 영토상의 전 MIC와 여타 '전 연방' 산업에 대한 통제권을 보유할 것이다.[69]

11월 11일, 고르바초프는 옐친을 만났지만 러시아의 반항아는 고르바초프의 구상을 거부하고 자신의 요구 사항만 되풀이했다.[70] 이튿날, 소련 최고소비에트가 2주간의 휴가를 끝내고 재개되었다. 의원들의 분위기는 유권자들의 분노를 반영했다. 한 설문 조사에서, 누가 나라의 권력을 휘두르고 있느냐는 질문에 가장 많은 대답은 '없다'였다. 불만의 주요 원인은 변함없이 식량 공급 위기였다. 의원들조차 식량 배급을 받기 시작했다. 거칠게 빻은 밀가루 두 봉지, 250그램짜리 버터 한 덩이, 설탕 한 봉지, 닭 한 마리, 사탕 한 상자였다.[71]

의회에서 특히 목소리를 높인 집단은 '소유즈(Soyuz)'라는 집단으로, 고르바초프와 정부가 경제 위기, 민족 분리주의, 동유럽에서의 철수에 책임이 있다고 주장했다. 소유즈는 강성 공산주의자와 비러시아계 공화국에서 러시아계 소수 집단을 대변하는 사람들로 1990년 2월에 탄생했다. 이 집단의 주요 대변인은 라트비아의 러시아어 사용자로서 군에 의해 선출된 빅토르 알크스니스(Viktor Alksnis) 대령이었다. 스탈린 대숙청 때 죽임을 당한 스탈린의 원수(元帥)의 손자인 알크스니스는 강성 소련 애국자였다. 소련의 위기에 대한 그의 해법은 계엄, 의회 중지, '란즈베르기스, 옐친, 누구든' 말썽꾼은 모조리 체포하는 것이었다. 그의 영웅은 1980년대에 폴란드에서 '개혁으로의 평화로운 이행'을 가능케 한 야루젤스키 장군이었다. 소유즈 대의원들은 고르바초프가 국민에게 보고할 것을 요구했다.[72]

11월 16일, 대통령은 서둘러 작성한 연설을 했는데, 진부한 말과 자신의 이룬 페레스트로이카 업적을 두서없이 나열한 잡탕이었다. 고르바초프의 전기 작가는 그 연설이 "망했다"라고 결론 내렸다. 알크스니스는 의석에서 일어나 고르바초프가 30일 내로 방향을 바로잡지 않으면, 인민대표대회는 그의 대통령 권한을 철회할 것이라고 경고했다.[73] 그날 늦게, 정치국도 고르바초프를 압박했다. 셰닌, 바클라노프, 폴로즈코프, 그리고 모스크바와 레닌그라드 당 조직 수장들은 당장 대통령 통치를 도입하고 언론에 포진한 자유주의자들을 숙청할 것을 요구했다.[74] 결정적 발언은 최고소비에트에서 어느 노부인 대의원의 간청이었다고 고르바초프는 샤흐나자로프에게 고백했다. "우리는 당신을 위해 기도하고 있습니다. …… 무슨 일을 해야 하는지 제발 결정을 내려주세요."[75]

소련 대통령은 밤새 소련 의회에 보내는 또 다른 연설문을 작성했는데, 이번에는 간결하게 8개 항으로 구성되었다. 이번에는 보좌관들이나 리시코프를 포함하여 누구와도 의논하지 않았다. 이튿날 아침, 대통령은 대통령회의를 해산하고 새로운 정부 조직을 만들 것이라고 대의원들에게 발표했는데, 대통령에게 해명할 책임이 있는 각료회의와 '힘 있는' 부처들로 구성된 안전보장회의였다. 이 연설은 긴장을 누그러트렸다. 소유즈파와 급진적 경제 개혁의 지지자들조차도 결국엔 위기에 대처하기로 결심한 듯한 지도자에게 박수를 보냈다.[76]

고르바초프에게는 서방과의 파트너십의 운명이라는 또 다른 이유가 있었다. 성난 최고소비에트가 고르바초프와 셰바르드나제가 협상한 조약들의 비준을 끝장낼 수도 있었기 때문이다.[77] 11월 18일, 새로운 자신감을 얻은 고르바초프는 이탈리아에 도착하여 명망 높은 피우지(Fiuggi)상을 받은 다음, 파리로 가서 CECS에 참석해 '새로운 유럽을 위한 파리헌장'과 CFE에 서명했다. 그는 회의의 중심인물이었고, 부시, 미테랑, 콜, 대처를 비롯한 서방 지도자들이 그의 의견에 따랐다.

옐친의 일방적인 분리주의를 찍어 누를 필요성에 관해 고르바초프와 부시가 양해에 도달하기에 더할 나위 없는 순간이었다. 미국 대통령은 이라크에 대한 무력 사용을 허용하는 UN 안전보장이사회 결의안에서 소련의 지지가 절실했다. 부시는 헌법 질서를 회복하기 위한 고르바초프의 조치를 지지할 것이라고 노골적으로 말했다. "당신이 달성하고 싶은 것을 안다. 공화국들에 필요한 질서와 통일을 유지하는 것이다." 부시는 옐친의 주제넘은 요구를 대놓고 일축했다. 유일한 예외는 발트 3국을 상대로 한 무력 사용이었는데, 이 쟁점에 관해서는 미국 여론이 그가 고르바초프를 지지하도록 허용하지 않을 것이었다.[78]

그 대신, 고르바초프는 방어적인 자세를 취했다. 그는 부시 행정부가 소련의 동의 없이 이라크를 상대로 일방적인 행동에 나설 수도 있고, 그러면 새로운 유럽에 소련을 통합시키려는 계획에 핵심적인 우군을 잃을까 걱정했던 것 같다. 부시와의 일 대 일 대담에서, 고르바초프는 뉴딜의 이미지를 환기하며 내부적 곤경을 설명했다. 자신은 프랭클린 루스벨트처럼 혼란과 폭력을 피하려는 국민의 두려움에 대응해야 한다. 그러므로 "현재 진행되는 과정이 혼란으로 바뀌지 않도록, 때론 어느 정도 가혹한 행정적 수단을 *닮은* 것을 이용할 수밖에 없다". 그는 새로운 연방조약이 위기를 해소할 유일한 수단이라고 부시에게 말했다.[79]

체르냐예프는 자신 앞에 '두 명의 고르바초프'가 있다는 인상을 받았다. 한 명은 매력적인 비전을 가진 세계적 인물이었고, 또 한 명은 "탄약이 바닥나서" 막대한 집행 권한을 행사하지 못하는 임기 말의 국내 정치인이었다.[80] 고르바초프는 모스크바로 돌아오자, 샤흐나자로프에게 자신은 결코 대통령령으로 통치하지 않을 것이라고 다짐했다. 누구도, 최고소비에트와 다가오는 인민대표대회도 "나에게 독재를 강요하지는 못한다. 독재를 하느니 차라리 사임하겠다. …… 이것은 확고한 신념, 일생의 원칙이다."[81] 그래도 그는 한동안 서방을 방문하지 않기로 했다. 심지어 노벨상을 수상하기 위해 12월 10일로 예정된 오슬로 방문도 취소했다. 상은 고르바초프 대신 고위 소련 외교관이 가서 대리 수상했다.[82]

고르바초프가 '유럽 공동의 집'을 쌓는 동안, 옐친과 부르불리스는 크렘린에 대항하여 러시아연방과 다른 공화국들과의 동맹을 구축하려 애쓰고 있었다. 11월 19일, 러시아 지도자는 키예프에 도착하여 러시아연방과 우크라이나소비에트사회주의공화국의 상호 인정과 협력 조약에 서명했다. 이것은 새로운 연방을 '아래로부터', 세 슬라브 공화국 및 카자흐스탄과의 경제적·정치적 연계라는 '수평적' 기반에서 건설하기 위해 옐친이 주장한 전략의 주춧돌이었다. 고르바초프는 옐친의 계획에 관해 알고 있었지만, 간섭하지 않았다.

우크라이나는 여전히 당 노멘클라투라에 의해 확고하게 지배받고 있었고, 서우크라이나와 루흐의 일부 구성원만이 완전한 독립을 요구했다.[83] 러시아제국 및 모스크바의 '전체주의적 정권'과 우크라이나와의 300년에 걸친 밀착은 끝났으며, 우크라이나는 이제 스스로 갈 길을 자유롭게 선택할 수 있다고 옐친은 말했다. 11월 19일 우크라이나 최고소비에트에서 연설할 때, 옐친은 루흐의 민족주의자들에게 최고의 우군인 것처럼 비쳤다. 그러고 나서 준비된 조약문과 우크라이나 의회 의장인 레오니드 크라우추크와의 공동 선언서에 서명했다. 기자들 앞에서 옐친은 고르바초프가 '절대' 권력을 집중시키고 있다고 비난했다. 또한 러시아연방은 '전체주의적' 중앙이 부과한 책략인 연방조약에 서명하지 않을 것이라면서, 그 대신 러시아연방과 우크라이나 등과 같은 주권국가들의 연합만이 있어야 한다고 말했다.[84]

부르불리스는 옐친이 키예프를 방문할 때, 〈러시아를 어떻게 재건할 것인가?〉라는 솔제니친의 소논문에 영향을 받았다고 회고했다. 솔제니친은 러시아인과 우크라이나인, 벨로루시인이 지정학적 재앙과 외세의 정복으로 분단된 한 민족이라고 썼다. 그는 우크라이나인들에게 호소했다. "형제들이여! 우리는 잔학한 분단이 필요하지 않다! 그건 공산주의 시절의 어두운 망상이다. 우리는 소비에트 시절을 함께 겪었고, 이 거대한 구덩이에 같이 빠져 있다. 우린 다 함께 빠져나올 것이다."[85] 옐친도 유사한 수사법을 이용했다. 그와 동시에, 러시아 지도자는 옛 소련 국가의 완전한 파괴와 우크라이나 주권의 온전한 인정을 바탕으로 그러한 통합으로 가는 길이 건설되어야 한다는 점에 일말의 의심도 없었다.

옐친의 측근 모두가 이에 동의한 것은 아니었다. 러시아 의회에서 가장 뛰어난 외교 정책 전문가인 블라디미르 루킨(Vladimir Lukin)은 러시아연방이 "볼셰비키들에 의해 인위적으로 만들어졌고 종족적으로나 역사적으로 러시아와 동일시될 수 없다"라고 주장했다. 반대로, 소련은 "예나 지금이나 의심의 여지 없이 러시아제국과 러시아 공화국(1917)의 승계국이고, 70년 동안 외교 정책에서 러시아의 이해관계를 대변했다". 러시아연방을 지배하는 정치 엘리트들이 "독립국가를 건설하는 노선을 취한다면, 장기적이고 서서히 진행되는 종족-내전을 예상해야 할 것"이다. 루킨은 러시아 관계자들이 구연방 국가를 파괴하는 대신, 고르바초프를 도와 재건해야 한다고 믿었다. 우크라이나 주권에 힘을 실어주는 것이 러시아의 국익에는 도움이 되지 않을 게 분명했다.[86]

하지만 옐친은 솔제니친의 또 다른 주장에도 감명을 받았다. 러시아인들이 '전체주의적 제국'을 떠받치는 찰흙 인형 역할을 하는 데 지쳤다는 것이었다. 우크라이나 최고소비에트에서 연설하면서, 옐친은 러시아는 "특별한 역할을 원치 않"고, "장래 제국의 중심이 되려는 것도 아니"라고 선언했다. 그는 우크라이나 내부의 '러시아 영토'라는 쟁점을 제기하는 것조차 거부했다. 그는 크림반도 문제에 관해 구체적으로 설명했다. "크림반도의 인민에게 국민투표로 자신들의 장래를 결정할 권리를 줘야 한다. 우리는 간섭하지 말아야 한다." 키예프에서, 옐친은 크림반도 문제는 "크림반도의 인민들과 우크라이나 의회의 [내부] 사안"이라는 점을 재확인했다.[87]

우크라이나 의회는 즉시 조약을 비준했고, 우크라이나 민족주의자들은 옐친의 메시지를 환영했다. 몇 달 뒤, 크라우추크는 지방세와 고정자산, 천연자원을 전부 우크라이나가 통제하는 옐친의 구상을 적극 수용한다고 소련 주재 영국 대사인 로드릭 브레이스웨이트에게 밝혔다. 하지만 그는 러시아연방이 너무 크기 때문에 러시아-우크라이나 관계가 불평등할 가능성을 우려했다. 이런 이유로 크라우추크는 일종의 약한 연방이 우크라이나에는 나을 수도 있다고 설명했다.[88] 이것은 역설이었다. 모스크바의 러시아 지도부는 우크라이나 지도자들이 사실 원치 않는 우크라이나 독립을 요구한 것이다.

러시아 의회에서 러시아-우크라이나 조약은 당혹감을 자아냈다. 서명국들은 "소련 내(*v ramkakh SSSR*) 우크라이나소비에트사회주의공화국과 러시아소비에트연방사회주의공화국의 현 국경선 내에서 영토 통합성을 인정하고 존중한다"라고 제6조에서 규정했던 것이다.[89] 조약 비준에는 얼마간 시간과 노력이 필요했다. 그래도 루킨과 다른 의원들은 공식 조약문을 승인했다. 그들은 제6조를 *소련이 존속하는 동안* 우크라이나 영토에 대한 인정이라고 해석했다. 이런 단어 선택을 둘러싸고 1년 뒤에 그렇게 논란이 분분하리라고는 아무도 상상하지 못했다.

고르바초프의 나쁜 선택들

1990년 11월 말에 이르자, 고르바초프는 그의 '독재적 대통령직'이 잠시 만들어낸 정치적 동력을 모두 허비했다. 그의 자문들은 모두 그가 탈진해서 방향감각을 잃었다고 결론 내렸다.[90] 고르바초프에게 가장 합리적인 조치는 장래의 후계자, 즉 참신하고 정력적인 지도자로서 부통령을 뽑는 것이었다. 적합한 후보자는 카자흐스탄공산당 지도자이자 대통령인 누르술탄 나자르바예프였다. 이 카자흐인은 영리하고 진중하고 조심스러웠다.[91] 그 대신 고르바초프가 선택한 사람은 겐나디 야나예프(Gennady Yanayev)로, 고르바초프와 마찬가지로 농민 출신에 콤소몰에서 경력을 쌓은 사람이었다. 브레즈네프 정권에서 야나예프는 소련 청년조직위원회를 이끌었고, 나중에는 대외 문화 교류 및 친선 협회 연맹에서 일했다. 두 자리 모두 끊임없는 해외여행과 한담, 과음, 외국 손님과의 파티가 뒤따랐다. 어느 모로 보나 파티 맨(Party man, 파티 맨은 열성 당원이나 당 일꾼이란 의미와 파티를 즐기는 사람이란 두 가지 의미가 있다 – 옮긴이)인 야나예프는 고르바초프로서는 괴상한 선택이었다.

또한 고르바초프가 고른 다른 간부들은 무력을 쓸 줄 아는 사람들이 부상했다는 것을 시사했다. 그는 내무부 장관으로 바카틴을 대신해 보리스 푸고를 임명했다. 라트비아계인 푸고의 아버지는 스탈린의 공포 정치 기간 동안 법 집행 기관인 NKVD(내무인민위원회. 소련의 안보와 비밀 정보를 담당한 기관으로 KGB의 전신 - 옮긴이)에서 일했고 1945년 이후에 라트비아에서 소련 권력에 대한 저항을 분쇄하는 데 일조했다. 푸고는 브레즈네프 치하에서 라트비아 KGB를 이끌었다. 푸고의 부관으로, 1989년 아프가니스탄에서 마지막으로 나온 탱크 행렬을 이끈 러시아 군인 보리스 그로모프(Boris Gromov)를 선택했다.

고르바초프 측근들의 수준이 떨어진 와중에 53세의 정력적이고 고등교육을 받은 재무부 장관 발렌틴 파블로프만이 예외인 듯했다. 파블로프는 당과 콤소몰 기구 출신의 대중 선동가와 출세주의자들과 달리, 스스로를 '순전한 재정 전문가'라고 여겼다. 그는 소련 통화 체계 작동 방식과 그 위기의 진짜 원인을 아는 극소수 중 하나였다.[92] 파블로프는 500일 계획이 소련 경제에는 처참한 계획이라며 거부했다. 그는 싱가포르, 한국, 대만의 경우와 현재 중국공산당 지도부하에서 그렇듯, 시장경제로의 이행이 권위적인 국가 통제하에서 이루어져야 한다고 확신했다. IMF와 세계은행에 소련이 가입하는 것은 찬성했지만, 외국 자본을 유치하려면 특별한 국가 정책이 필요할 것이라고 믿었다. 1990년 12월 6일, 파블로프와 고스플란 위원장인 마슬류코프, 소련 의회 소속 위원회 위원장들은 고르바초프에게 '국가의 사회경제적 상황을 안정화하기 위한 합의'를 제출했다. 파블로프는 국가 재정을 메우기 위해 연방 국가와 공화국들 간의 새로운 재정 시스템을 세심하게 고안했다. 이를 염두에 두고, 그는 모든 국영기업에 20퍼센트의 의무 과세를 제안했다. 이 돈은 연방 안정화 기금으로 들어갈 예정이었다. 이것이 옐친과의 협상을 위한 새로운 입장이었다. 합의문은 대통령에게 공화국들, 특히 러시아연방에 지나치게 양보하면 "소비에트연방이 연방 국가로서 기능하기 위한 경제적 기반을 사실상 해체할" 것이라고 경고했다.[93]

제4차 특명 전권 인민대표대회가 1990년 12월 17일에 크렘린에서 개최되었다. 이는 1년 전에 열린 대회와 매우 달랐다. 대다수 친민주적 의원들은 자신들을 '그들의' 공화국과 동일시했다. 최대 분파는 소비에트연방에 회의적이고 자신만만한 옐친과 부르불리스, 민주러시아의 급진적 일원을 포함하여 러시아연방 소속이었다. 나자르바예프는 중앙아시아 대의원 집단을 이끌면서 더 많은 자치권을 요구했다. 발트 대의원들은 조지아, 아르메니아, 아제르바이잔, 몰도바 출신의 대의원들처럼 인민대표대회를 보이콧했다. 많은 지식인도 불참했는데, 서방의 재단과 대학에서 몇 달짜리 연구직을 제안받거나 순회강연을 하러 해외로 나가고 없었다.[94] 과반의 대의원들은 고르바초프의 권위를 공공연하게 무시하며 그의 제안을 뒤엎었다. 회의를 지켜본 로드릭 브레이스웨이트에 따르면, "[고르바초프가] 물러난다면 그를 어떻게 대체할지 아무도 몰랐다".[95]

대회를 주재한 루캬노프가 상황을 더 통제하고 장악하는 듯했다. 뜻밖에도, 강경 레닌주의자이자 과도하게 감상적인 소련 애국자로 체첸 출신의 대의원 사지 우말라토바(Sazhi Umalatova)에게 절차적 제청을 허용했다. 우말라토바는 대통령 불신임 투표를 발의했다. 고르바초프가 위임받은 권한을 허비하고 나라를 망가트렸다는 것이다. 고르바초프를 향해, "죄송하지만, 대통령이라면 인민의 이익을 위해 권력을 사용하는 법을 알아야 한다"라고 그녀는 말했다.[96] 루캬노프는 대통령이 헌법을 위배하지 않는 한 의회는 대통령을 해임할 수 없다고 덧붙이면서, 우말라토바의 발의를 표결에 부쳤다. 총 1288명의 의원이 반대표를 던졌다. 하지만 400명 이상이 고르바초프의 해임에 찬성했다. 이 사건은 무엇을 의미하는가? 우말라토바는 자신의 연설은 맹세코 충정에서 우러나온 호소였다고 말했다. 발의가 부결된 뒤, 그녀는 화장실로 달려가 엉엉 울었다.[97]

더 많은 타격이 고르바초프를 기다리고 있었다. 그중 하나는 리시코프였다. 총리는 자리에서 일어나 왜 페레스트로이카가 커다란 실패였는지 설명하기 시작했다. 그는 "진정한 인간적 사회주의"라는 정부 프로그램을 공격한 적대 세력을 탓했다. 연설 직후에 리시코프는 심장마비가 와서 정계를 떠났다. 마침내, 고르바초프는 자유롭게 새 정부를 구성할 수 있었다.[98] 고르바초프 등에 더 큰 칼을 꽂은 장본인은 셰바르드나제였다. 자존심, 충성심, 시기, 좌절감이 감정적이고 야심만만한 그의 내면에서 충돌했다. 셰바르드나제는 고르바초프가 소련 외교를 이끌기 위해 라이벌인 프리마코프를 치켜세우면서 자신을 희생양으로 삼는다고 확신했다. 또한 소련 '제국'이 무너질 운명이며, 자신의 충성을 모스크바에서 그루지야로 옮겨야 한다는 확신도 한몫했다.[99] 12월 20일 아침, 셰바르드나제는 두 보좌관에게 사임 의사를 밝혔다. 고르바초프가 '늘 구사하는 수법'에 넘어갈 것을 우려해, 그에게는 알리지 않았다. 몇 시간 뒤, 셰바르드나제는 인민대표대회의 연단에 서 있었다. 그는 차분히 발언하다가, 자신에 대한 인신공격 문제를 제기하더니, 감정이 격해졌다. "독재가 다가오고 있습니다! 그게 어떤 종류인지, 독재자가 누구일지는 모르지만. …… 저는 사임합니다. …… 지금 반응하지 말고, 욕하지 마십시오! 이것이 다가올 독재에 맞서 제가 기여하는 바이자 항의의 표시입니다." 그는 "미래의 주인은 민주주의와 자유"라는 선언으로 연설을 마무리했다. 그러고 나서 청중을 긴장감 속에 남겨둔 채 대회장을 빠져나갔다. 서방 관측통들과 기자들은 충격적인 뉴스를 보도하러 달려 나갔다. 알크스니스와 동료들은 고소해했다. 친민주파 대의원들은 독재의 위험성에 관해 언급하며 셰바르드나제에게 결정을 재고하라고 촉구했다.[100]

고르바초프는 무표정하게 앉아 있었다. 마침내 입을 열었을 때, 그는 셰바르드나제를 부통령으로 임명할 계획이었고 뜻밖의 사임으로 마음이 상했다고 말했다. 외무부 집무실에서 TV로 이 광경을 지켜보던 셰바르드나제는 화가 치밀어 붉으락푸르락하는 얼굴을 감싸 쥐었다. 고르바초프는 다시금 둘러대고 있었다. 이튿날 아침, 고르바초프는 셰바르드나제를 크렘린의 집무실로 불렀는데, 라이사가 함께 있었다. 두 사람은 셰바르드나제가 사임을 번복하도록 설득했다. "자네가 사임하면, 나도 그럴 거라네." 집무실로 돌아온 셰바르드나제는 보좌관들에게 고르바초프가 명백한 현실을 시인하려 들지 않는다고 말했다. 그는 연방을 파괴하길 원하는 분리주의자와 붕괴를 멈추기 위해 비상조치를 쓰길 원하는 강경파 사이에 간신히 껴 있었다. 무력을 써서 피를 흘리는 것 말고는 다른 방도가 없을 것이다. "그러면 우리의 대의명분은 전부 의미를 잃겠지."[101]

셰바르드나제가 사임하고 난 이틀 뒤에 크류치코프가 인민대표대회에서 보고했을 때 긴장감은 더 커졌다. KGB 의장은 전처럼 소련 내부 사안에 대한 외부의 개입을 언급했다. 그는 서방이 소련 경제 개방을 이용하려 들며, 소련 기업체에서 유능한 과학자와 기술자의 '두뇌 유출'을 조장하고 있다고 말했다. 1983년의 안드로포프의 노선을 이어받아, 서방이 소련을 상대로 벌이고 있다는 통화 전쟁도 언급했다. 그는 "스위스 은행에만 120억 루블이 예치되어 있고, 언제든 소련 경제로 흘러 들어와" 엄청난 인플레이션을 유발할 수 있다고 말했다. 요컨대 "외국 파트너들"이 하는 많은 활동은 "경제 사보타주에 가깝다".[102]

고르바초프가 야나예프를 부통령 후보로 제안했을 때, 의회는 그의 입후보를 거부했다. 더 모욕감을 느낀 쪽이 고르바초프인지, 야나예프를 무능한 바보라고 생각한 대의원들인지는 모르겠다. 휴식 시간에 한 무리의 지식인들이 고르바초프를 만류하려고 했다. 야나예프는 개혁에 적임자가 아니라고 그들이 말하자, 고르바초프는 "근거가 무엇인가?"라고 반문했다.[103] 야나예프는 2차 투표에서 근소한 표차로 당선되었다. 체르냐예프는 일기에 "의회가 폭도로 변하고 있다. …… 이 기관은 하루빨리 해산되어야 한다"라고 썼다. 고르바초프의 최측근 보좌관은 사임하기로 했던 것을 미루었다. 고르바초프를 동정했던 것이다.[104]

인민대표대회에서 합의는 고사하고 제대로 논의하지도 못한 큰 문제는 연방조약이었다. 1년 넘게 거부한 끝에, 고르바초프는 이 중차대한 쟁점을 상정했다. 대다수가 너무 늦었다고 생각했다. 고르바초프는 또 다른 묘안을 제시했다. 연설에서, 그는 개혁된 연방을 유지할지 여부를 전국적인 국민투표에 부치자고 요청했다. 인민대표대회는 투표 시기를 지도부에 맡기고 찬성표를 던졌다. 소련으로서는 쇠퇴하고 무너져가는 국가의 여러 정파 간의 불화라는 불길한 전망으로 그해가 마무리되었다. 모스크바의 자유주의적 친구들에게서 분위기를 감지한 서방 외교관들과 언론인들은 곧 피가 흐르고 소련군이 개입할 것이라고 확신하다시피 했다. 새로운 연방이 생겨날까? 아니면 혼란만 커지고 어쩌면 유혈사태가 발생할 것인가? 답을 아는 사람은 없었다. 그러나 이 시점에도 소련이 1991년을 넘기지 못할 것이라고 예상한 사람은 거의 없었다.

1991

2부 쇠퇴와 몰락

DECLINE AND DOWNFALL

7장

대치Standoff

- 하지만 의지가 있으면서도 의지를 발휘하지 않는 그 사람에게 가장 처참한 패배 말고 무엇이 기다리겠는가?

  _루이 16세를 두고 토마스 칼라일이 한 말(1789)[1]

- 옐친과 고르바초프는 감옥에서 둘이 만날 때까지 절대 화해하지 않을 거다.

  _소련 농담

발트 국가들에서의 유혈사태

1990년 12월 20일 아침, 조지 부시의 특별 보좌관인 콘돌리자 라이스는 백악관 상황실에서 걸려 온 전화로 깼을 때 아직 자고 있었다. 라이스는 고르바초프와 소련의 미래에 대해 논의하는 NSC의 우발사태 소그룹의 일원이었다. 브렌트 스코크로프트가 1989년 가을에 이 그룹을 만들었는데, "고르바초프가 이것[페레스트로이카]을 멈추거나 누군가가 고르바초프를 멈춰 세울 것"이라고 확신했기 때문이다. 그룹의 리더는 CIA의 베테랑 분석가였던 로버트 게이츠였다. 이 그룹의 의제에서 가장 큰 우발사태는 소련이 폭력으로 붕괴할 전망이었다. 이들은 소련의 핵무기가 위험한 집단의 수중에 들어갈 경우, 미국 정부가 고르바초프에 대한 쿠데타 계획을 알 경우, 독일 주둔 소련군이 귀국을 거부할 경우 등 다른 위험도 검토했다. 이제 라이스는 셰바르드나제의 사임에 대한 설명을 요청받았다. "그때가 가장 겁났던 순간이었다"라고 그녀는 회상했다. "깜짝 놀랐고, 매우 걱정스러웠다." 라이스는 스코크로프트에게 전화를 걸어 경고했다. 소련에서 '정말 끔찍한' 일이 곧 일어날 거라고 말이다.[2]

셰바르드나제가 사임하기 이틀 전, 라이스와 CIA 전문가들은 소련에서 '은밀한 탄압'이 일어나고 있다는 데 의견이 일치했다. 고르바초프 정부와 분리주의 공화국들 간의 문제가 "앞으로 몇 주 사이에 악화될 가능성이 컸다". 미국 정부는 어떻게 해야 하는가? 그때까지 백악관은 공화국 지도자들과의 만남을 자제했다. 하지만 일부 분리주의 지도자들이 UN이나 다른 국제기구의 인정을 요구하면 미국 정부는 어떻게 대응해야 하는가? 문제의 공화국들에는 발트 국가들뿐 아니라 러시아와 우크라이나도 있었다.[3]

부시, 스코크로프트, 베이커는 옐친에 대한 러시아의 지지에 정말로 영문을 알 수 없었다. 게이츠와 CIA의 프리츠 어마스(Fritz Ermarth), 모스크바 주재 미국 대사인 잭 매틀록은 세 사람에게 옐친이 미래의 러시아 대통령이 될 가능성이 매우 크다고 줄곧 이야기했다.[4] 스코크로프트는 1950년대에 웨스트포인트에서 공부하며 소련과 러시아 역사에 관한 책을 읽었다. 그런 책에서는 러시아가 불안정성과 지리, 경제적 후진성 때문에 권위주의 정권에 지배받을 운명이라고 가르쳤다. 민주주의와 인권, 소련의 해체를 요구하는 옐친과 러시아 지식인 무리의 등장은 이 함수에 들어맞지 않았다. 스코크로프트는 부시에게 다음과 같이 썼다. "한때 소련과 동의어로 인식되던 나라, 러시아가 옐친의 지도력 아래 크렘린으로부터 자율성을 추구하는 상황을 보면 지금 소련의 상황이 얼마나 어처구니없는지 가장 잘 포착할 수 있을 것이다." 스코크로프트는 옐친을 고르바초프의 통치 스타일이 만들어낸 혼란의 산물이며, "야심에 찬 최고의 기회주의자이고, 민주주의자로서의 자격은 아무리 봐도 의심스럽다"라고 보았다. 짐 베이커도 동의했는데, 셰바르드나제가 옐친은 선동가이자 아마도 위험한 민족주의자일 것이라고 말했다는 것이다.[5]

라이스는 전보문을 읽고 수시로 지도부에 브리핑하면서, 12월 20일을 백악관 상황실에서 보냈다. 누구도 무슨 일이 벌어질지 예견할 수 없었다. "우리에겐 암울한 하루였다"라고 베이커는 회고했다.[6] 하지만 이튿날도, 그 이튿날도 아무 일도 일어나지 않았다. 그리고 1주일 뒤에 워싱턴 주재 소련 영사인 알렉산드르 베스메르트니흐(Alexander Bessmertnykh)가 고르바초프의 친서를 가지고 부시에게 도착했다. 소련 지도자는 셰바르드나제의 사임은 신경쇠약 때문이라고 설명했다. "우리의 정책 노선은 …… 형식적으로나 실체적으로도 변함없으리라는 점을 절대적으로 확신해도 됩니다. …… 이 점은 유럽 [탈냉전] 과정에 해당됩니다. 모든 군축과 안보 쟁점에도 그럴 겁니다. 페르시아만 문제(제1차 걸프전을 말한다 – 옮긴이)에도 마찬가지입니다." 고르바초프는 미국 측이 1991년 2월 11~13일, 모스크바에서 열릴 예정인 다음 정상회담 날짜를 확정해주길 바랐다. 베스메르트니흐가 차기 소련 외무부 장관이 될 예정이었다. 베스메르트니흐를 '사샤'라고 불렀고 그가 셰바르드나제의 사고방식을 충실히 따르는 것을 알고 있었던 미국 지도자들은 안심했다.[7]

리투아니아 친독립파 지도자인 비타우타스 란즈베르기스는 러시아의 혼란과 분열의 잠재성을 가장 일찍 이해한 사람이었다. 별안간 그는 소련이 내부로부터 붕괴할 수도 있다는 것을 알아차렸다.[8] 리투아니아의 탈퇴가 그 내파의 도화선이 될 수도 있었다. 도화선은 뜻밖에도 1991년 1월 초에 터졌다. 온건한 민족주의자로 구성된 리투아니아 정부는 기초 식품 가격을 인상하기로 결정했다. 대다수가 러시아어 사용자인 성난 군중이 거리에서 시위를 벌였고 리투아니아 의회에 난입하려고까지 했다. 정부는 사임했다. 정치적 진공 상태에서, 친모스크바 공산주의자들과 러시아인 소수 집단 지도자들은 소련군을 불러들여 리투아니아에 '대통령 통치'를 도입하기로 했다. 두 진영이 대치할 참이었다. 1월 10일, 야조프는 바렌니코프 장군에게 빌뉴스로 귀환하라고 명령했다. 그리고 크류치코프는 KGB의 미하일 골로바토프(Mikhail Golovatov) 대령에게 잘 훈련된 소규모 KGB 특공대 '알파'를 이끌고 빌뉴스로 날아가라고 지시했다. 이튿날, 리투아니아 공산주의자들은 '구국위원회'의 수립을 선언하고 소련군에 지원을 호소했다.[9]

훗날 '알파' 특공대 지휘관은 처음에 KGB 상관들로부터 리투아니아 방송국을 장악해서 대통령 통치를 수립하기 위한 구국위원회의 호소문을 발표하라는 지시를 받았다고 주장했다. 하지만 그다음 다른 명령이 내려왔다. 소련에 해로운 뉴스의 방송을 막기 위해 TV 방송국을 장악하라는 명령이었다. 말이 되지 않았다. 골로바토프는 나중에 이를 "나라의 지도부에 의한 …… 어마어마한 배신행위"라고 했는데, 여기서 지도부란 고르바초프만이 아니라 KGB 상관들도 가리켰다. '알파' 특공대는 군과 내무부의 폭동 진압 경찰인 오몬(OMON)과 손잡고 움직였다. 야간에, 탱크와 병력수송장갑차의 지원을 받은 프스코프 공수부대가 송신탑으로 이동하려다가 적대적인 리투아니아 청년들 무리에 에워싸였다. 소규모 충돌이 일어나 14명의 리투아니아인이 목숨을 잃었다. TV 방송국 내부에서는 '알파' 특공대 장교 한 명이 총에 맞아 죽었는데, 아군의 오인 사격이 확실했다.[10]

고르바초프가 연루됐을 가능성이 즉시 제기되었고 이 의혹은 사라지지 않았다. 많은 리투아니아인이 유혈사태의 책임이 소련 지도자에게 있다고 생각했다. 이것이 사실이라면 소련 지도자는 무엇을 하고 싶었던 것일까? 이 무렵은 미국과 동맹국들이 페르시아만에서 전쟁 준비를 하던 시기였다. 모스크바가 발트 지역의 독립운동을 진압하고 싶었다면, 지금이 완벽한 기회였다. 고르바초프를 비난하는 사람들은 현지의 세력이 독자적으로 행동했을 수도 있다는 점을 부인했고, 야간의 대치 상황이 혼란스러웠음을 간과했다. 리투아니아에서 고르바초프가 당시에 군대를 완전히 장악하지 않았다고 주장하는 사람은 전직 총리 카지미라 프룬스키에네를 비롯해 거의 없었다.[11]

소련공산당 서기국의 올레크 셰닌은 공공연하게 리투아니아에서 대통령 통치를 추진했고 나중에는 고르바초프가 "부하들을 저버렸다"라고 주장했다. 소련 지도자는 '구국위원회'를 인정하는 준비된 문서에 서명하길 거부했다. 훗날 크류치코프는 고르바초프가 자신과 야조프, 보리스 푸고에게 무력 사용을 준비하라고 지시했지만, 나중에 생각을 바꿨다고 주장했다. 체르냐예프도 빌뉴스에서 사망자가 발생했다는 소식을 들었을 때 그렇게 생각했다. 셰바르드나제는 소련 지도자가 발뺌하고 얼버무리면서 사태에 기여했다고 확신했다.[12] 훗날 셰바르드나제는 보좌관들에게 1990년 10월 후반에 '비밀리에 만난 자리'에서 리투아니아공산당 지도자들이 민족주의자들로부터 자신들을 보호해달라고 미친 듯이 호소하자 고르바초프는 무력 사용을 배제하지 않았다고 말했다. 1991년 1월 3일, 고르바초프는 셰바르드나제를 크렘린에서 만났고 지난번 사임 이후 정부에 복귀할 것을 마지막으로 요청했다. 소련 지도자는 우울해 보였고, 스스로 사임하기 직전이었다. 그는 느닷없이 "나도 그만둘 준비가 됐네. 자네가 부럽기까지 하군. 정말이야"라고 말했다. 어쩌면 발트 지역에서 무력을 사용하라고 그에게 가해진 압력을 의미했는지도 모른다.[13]

회고록에서 고르바초프는 크류치코프, 야조프, 푸고에게 "빌뉴스의 상황이 통제 불능 상태가 되고 *사유디스* 지지자들과 공산주의자들 간에 직접적으로 충돌할 경우"에만 행동에 나설 것을 승인했다고 주장했다. 소련 지도자가 주장한 대로 상황이 진행되었다면, 소련군은 1990년 1월 바쿠에서처럼 현지의 저항에 치명적인 화력으로 대응했을 수도 있다. *사유디스* 지도자들은 이런 시나리오를 두려워했기에 지지자들에게 비폭력을 고수할 것을 촉구했다. 1991년 1월 11일, 빌뉴스에서 유혈사태가 벌어지기 하루 전에 고르바초프는 부시에게 보안 회선으로 전화해 리투아니아 민족주의 정부와 평화적으로 합의하기 위해서는 무엇이든 하겠다고 말했다. 그는 부시에게 "다들 내게 대통령 통치를 도입하라고 성화입니다"라고 말했다. "그런 문제에 대한 내 방법을 알잖아요. 그건 당신의 방식과도 비슷하죠. 나는 정치적 해법을 도출하기 위해 …… 최선을 다할 겁니다." 고르바초프는 리투아니아에서는 모든 것이 "우리의 통제하에" 있지는 않다고 덧붙였다.[14]

소련 지도자는 최악의 상황에 처했다. 그는 부시에게 한 맹세를 어겼다. 란즈베르기스와 *사유디스* 운동가들은 세계의 관심과 동정을 누렸다. 서방 언론은 고르바초프를 얼마나 영웅처럼 떠받들었는지 잊은 듯했다. 기자들은 뻔하고 익숙한 냉전시대의 이미지를 꺼내 들었고, 리투아니아는 1956년의 헝가리나 1968년의 체코슬로바키아와 비교되었다. 1989년 천안문광장의 중국 탱크도 어렴풋이 배경에 모습을 비쳤다. 언론은 고르바초프의 페레스트로이카가 끝장났다고 단정했다. 그가 헌정적 쟁점을 놓고 차일피일 미룬 것도 음흉한 계획의 일환이 되었다.《워싱턴포스트》의 진보 성향의 관찰자는 고르바초프가 어떻게 "비무장 민중을 상대로 탱크를 보내 노벨평화상을 더럽히고 서방의 존경과 신뢰를 저버릴 수 있는가?"라며 개탄했다.[15] 민주러시아 지도자들은 리투아니아 폭력사태에 항의하기 위해 모스크바 시민 수만 명을 거리로 나서게 했다. 크렘린 근처의 마네즈나야광장에서 열린 가장 큰 집회에는 10~20만 명가량이 모였다. 체르냐예프는 라디오에서 들은 내용을 일기에 받아 적었다. "고르바초프는 우리 시대 최대의 거짓말쟁이", "고르바초프와 그 일당", "고르바초프는 히틀러보다 나쁘다". 갈리나 스타로보이토바는 BBC와의 인터뷰에서 다음과 같이 말했다. "고르바초프는 독재자가 되었다. 아직 큰 유혈사태가 일어나게 하지는 않았다. 하지만 그는 민주주의라는 개념이 근본적으로 생소한 사람이다."[16]《모스크바 뉴스(Moscow News)》의 편집장 예고르 야코블레프(Yegor Yakovlev)는 지면 가장자리에 검은 띠를 두르고 비명을 지르는 제목 "피의 일요일!"을 달아 신문을 발행했다.《논쟁과 사실》은 러시아 지성계와 문화·예술계의 최고 엘리트인 저명인사와 전문가 80명이 서명한 집단 항의서를 실었다.[17]

이런 집중 공격은 고르바초프의 자존심에 상처를 입힌 게 분명했다. 하지만 소련 지도자는 거센 압력에 굴복하지 않았다. 의회에서 야조프와 크류치코프, 푸고를 계속 옹호하기까지 했다. 이는 그를 더욱 문제를 일으킨 장본인처럼 보이게 만들 뿐이었다. 고르바초프의 자문들조차 항의에 동참하고픈 충동을 느꼈다. 야코블레프는 괴로워한 나머지 병원에 실려 갔다. 체르냐예프는 고르바초프에게 즉각적 사임을 표명하는 감정적인 편지를 구술했다. 그의 비서(이자 내연녀)가 이 편지를 타자로 쳤지만, 결국 끝까지 치지 않고 좍좍 찢어버렸다. 하지만 체르냐예프는 후대를 위해 이 편지 내용을 일기에 베껴두었다.[18]

리투아니아 유혈사태가 일어나고 1주일 뒤, 또 다른 비극이 리가를 덮쳤다. 라트비아 오몬이 라트비아 무장 경찰과 충돌한 것이다. 소련 방송국

촬영 기자를 비롯해 민간인 다섯 명이 사망했다. 고르바초프는 이 사건에도 책임지길 거부했다. 그는 현지 라트비아 민병대를 탓했고 라트비아 최고소비에트 의장인 아나톨리스 고르부노프스의 반란까지 의심했다. 그는 결국에 '이 도발로' 가장 이득을 보는 사람이 누구냐며 따졌다. 소련 지도자는 '러시아 분리주의자들'도 비난했다. 모스크바에서 옐친과 민주러시아의 지원을 예상하지 않았다면, 발트 지역의 과격한 분리주의자들이 그렇게 도발적으로 행동하지는 않았을 것이라고 고르바초프는 주장했다.[19] 하지만 리가에서 사건이 벌어지고 이틀 뒤, 고르바초프는 폭력사태와 거리를 두고 사상자 발생에 유감을 표하고는 다시금 민간인에 대한 무력 사용을 규탄하는 성명서를 발표했다. 체르냐예프는 안도와 안타까움이 뒤섞인 평가를 내렸다. "고르바초프의 장기다. 언제나 한발 늦다." 고르바초프가 발트 지역에 대통령 통치를 도입하고 무력을 사용할 거라 확신했던 모스크바 주재 서방 대사들도 안도했다.[20]

독재자와 역사학자들은 어정쩡한 무력 사용의 효과에 대해 잘 알고 있다. 무력을 쓰고 나서 주춤하느니 아예 안 쓰는 게 낫다는 것을 말이다. 발트 지역 사태로 소련 보수파의 사기는 땅에 떨어지고 군은 낙담했다. 1991년 1월 말에 열린 당 비상 총회는 이런 분위기를 반영했다. 말뿐이고 연극이었지, 실질적 조치는 전혀 없었다.[21] 이바시코가 이끄는 당 서기국은 군과 KGB, 경찰 내 모든 당 조직에 편지를 보냈다. 편지는 "새로운 상황에서, 전적으로 정치적 수단에 의해 행동해야 한다"라고 요약했다.[22]

리투아니아 비극 전야에, 모스크바에서 옐친은 에스토니아 의회 의장인 아르놀드 뤼텔(Arnold Rüütel)을 접견했다. 옐친은 자신이 여전히 당에서 따돌림을 받을 때 공개적으로 공감해준 뤼텔에게 고마워했다. 두 지도자는 러시아연방과 에스토니아 간의 상호 인정 조약에 서명했다. 이튿날 아침, 빌뉴스에서 유혈사태가 발생한 뒤 옐친과 뤼텔은 함께 탈린으로 날아갔다. 라트비아 지도자 고르부노프스가 리가에서 도착하여 두 사람에게 합류했고 러시아연방-라트비아 조약을 체결했다. 리투아니아에 남아 있던 란즈베르기스는 전화로 가담했다.[23] 옐친과 발트 3국 지도자들은 UN

과 "그 외의 국제 조직"을 대상으로 "주권국가를 상대로 한 무력 행위"를 규탄하는 공동 호소문을 발표했다. 러시아 지도자는 발트에 주둔한 소련군 소속 러시아 장교, 부사관, 장병에게 "반동 세력"의 수중에서 "도구와 노리개"가 되지 말라고도 촉구했다. 그와 동시에, 옐친은 발트 지역에 거주한 러시아인들에게도 호소했다. 장래 그들의 국적이 어디에 속하든 그들의 권리는 보호될 것이라는 말이었다. 이런 호소와 각종 조약문 어디에도 소련과 소련 헌법은 언급조차 되지 않았다. 옐친의 지지에 발트인들은 기뻤다. 옐친과 동행한 자문 겐나디 부르불리스는 이것이 새로운 러시아 건설의 초석이 되리라 믿었다. 그는 UN에 대한 호소문을 두고 "러시아가 처음으로 국제 관계의 주체로 행동했다"라고 회고했다.[24]

옐친이 발트 지역으로 황급히 달려가기에 앞서 몇 주 동안 옐친파 내부에서는 논의와 준비가 있었다. 1990년 12월 26일, 옐친과 자문위원회는 고르바초프의 '우경화'를 논의했다. 모임을 주재한 부르불리스는 '러시아'와 발트 국가 및 다른 공화국들과의 동맹이 전체주의적 역행을 막을 유일한 방법이라고 주장했다. 다른 자문들은 러시아연방이 KGB와 경찰 내 친러시아 분자들에게 호소하기 위해 퇴역 장교와 참전 군인으로 이루어진 '그림자' 러시아군을 슬슬 구성해야 한다고 주장했다.[25] 미국·캐나다연구소 소장인 게오르기 아르바토프(Georgy Arbatov)는 옐친에게 경고했다. 동유럽에서 후퇴한 뒤, KGB와 군부는 모든 것을 잃을 수도 있음을 깨달았으며 중앙을 중심으로 결집할 수도 있는 데다, 분리주의자에 대한 유혈 진압이 일어날 수도 있었다. 발트 지역에서, 옐친은 리투아니아 민족주의자와 러시아어 사용자, 소련 군부를 중재하기 위해 최선을 다해야 한다고 아르바토프는 주장했다. 결론적으로, "러시아는 자신에 대해서만 생각해서는 안 되고 나라 전체를 위한 통합의 중심이 되어야 한다".[26]

옐친은 정치적 분열을 아울러 모든 러시아인의 지도자가 되고 싶었다. 그는 소련 외부의 러시아 망명자에게도 연대를 호소했다.[27] 동시에, 고르바초프와의 화해는 결사반대했다. 그는 KGB가 자신을 노리고 있으며, 제거하려고까지 한다고 확신했다. 옐친은 중앙 정부에 맞서 세 '슬라브' 공화국과 카자흐스탄을 통합시키는 상향식 피라미드 구상을 끈질기게 추구했다. 몰도바와 그루지야는 물론 발트 공화국들도 이 연합에 가담할 것이다. 옐친의 이런 망상 같은 계획은 신연방조약에 관한 고르바초프의 망상과 겨룰 만했다.[28]

고르바초프의 발트 참사는 옐친의 정치적 본능이 옳았음을 입증하는 듯했다. 발트 지역에서 러시아 지도자의 행동은 더 이상 무모하거나 분열을 초래하는 것으로 보이지 않았다. 그와 반대로, 모스크바 자유주의 성향의 엘리트 전체가 그를 지지하고 칭송했다. 옐친은 고르바초프의 난국을 십분 활용했다. 1월 21일, 그는 러시아 의회에서 연설하면서 상황을 명쾌하게 분석했다. 민주주의와 권위주의 사이에서 오락가락한 고르바초프의 '6년'을 비판한 다음, 역피라미드형 연방 구상을 제시했다. 한마디로, 소련 내 최대 공화국의 지도자가 공공연히 반란을 선동했고, 고학력 러시아인의 대다수가 그를 지지하고 있었다.[29]

1991년 2월 7일, 크류치코프는 고르바초프에게 나라의 정치적 상황에 관해 암담한 메모를 보냈다. "'민주주의 진영'의 호전적 일파에 대한 유화책은 사이비 민주주의자들이 아무런 제지도 받지 않고 정권을 장악하려는 계획을 실현하게 해준다." 옐친이 이끄는 전복적 세력은 페레스트로이카의 의제를 가로챘다. 사회주의를 혁신하는 대신, 그들은 사회주의 질서를 파괴하고 싶어 했다. 크류치코프는 발트 지역의 유혈사태 이후로 고르바초프가 '과학계와 인문학계 인텔리겐치아'의 지지를 잃었다고 인정했다. 그래도 정치적 운신의 폭은 있다고 결론 내렸다. 소련의 최고소비에트와 인민대표대회는 옐친을 지지하지 않았다. KGB 의장은 "대통령이 최고소비에트에서 위임받은 비상 권한의 틀 안에서 임시적 조직이라는 …… 선택지"에 관해 매우 조심스럽게 언급했다.[30] 그는 이 메시지를 고르바초프의 연설에서 고스란히 가져온 정형화된 언어로 전달했다.

새로운 스트롱맨

고르바초프의 측근 가운데 새로운 행동가가 등장했는데, 리시코프를 대체하여 소련 정부의 총리가 된 발렌틴 파블로프였다. 1991년 1월 14일에 최고소비에트는 고르바초프가 그를 임명한 것을 승인했다. 무수한 사실관계 오류와 기상천외한 주장이 넘쳐나는 파블로프의 회고록은 역사학자들에게는 지뢰밭이다. 파블로프는 고르바초프에 대한 경멸과 그에 대한 기록을 바로잡고 싶은 마음 사이에서 왔다 갔다 했다. 그럼에도 그의 회고록은 파블로프에 대한 귀중한 정보원이다. 그는 고르바초프의 정치나 외교에는 간섭하지 않는 전문가를 자처했다. 그의 전문 분야는 소련 대통령이 그에게 위임한 활동 영역인 경제학과 재정이었다.[31]

회고록에서, 파블로프는 소비에트연방을 파괴하려고 애쓴 소비에트 엘리트와 러시아 정부에는 두 종류의 사람이 있다고 썼다. 고르바초프와 리시코프와 같은 사람들은 무지하고 자신들의 단기적인 이해관계 때문에 국가와 경제를 말아먹었다. 옐친, 포포프, 솝차크 그리고 민주러시아 다수 인사와 같은 또 다른 사람들은 소련의 무덤을 파려고 작정한 이들이었다. "민주러시아파와 그 배후의 세력들은 대격변을 원했다"라고 파블로프는 결론 내렸다. 이것은 표트르 스톨리핀 총리가 1907년 러시아 국가 두마(State Duma, 러시아 의회의 하원 – 옮긴이)에서 급진적 의원들을 상대로 한 발언에서 인용한 것이었다. "당신들은 대(great)격변을 원하지만, 우리는 대(great)러시아를 원한다!" 스톨리핀은 나약한 니콜라이 2세를 대신해서, 러시아를 구하기 위해 권위주의적 수단에 의한 보수적 개혁을 추진했다. 파블로프는 "총리가 되었을 때, 나는 여전히 강대국의 붕괴를 막기 위해 고심했고 그러기를 바랐다. 국가는 여전히 존재했고 법적 수단에 의해 구해낼 수도 있었을 것이다"라고 회상했다.[32] 체르냐예프는 파블로프가 잠재적으로 고르바초프를 넘어설 수 있다고 판단했다. "그는 똑똑하고 전문적이다. 의원들 모두 다 그 앞에서는 하룻강아지나 다름없다. 그는 그들을 멸시하고 그들의 주장을 쉽게 막아낸다. 그리고 '모든 인텔리겐치아'가 자기를 어떻게 생각하는지 눈곱만큼도 신경 쓰지 않는다. 그는 자신이 옳다고 여기는 일을 할 것이다."[33]

파블로프는 소련 지도부의 대다수가 간과하는 사실을 믿었다. 즉, 진짜 권력은 돈에 대한 국가의 통제에 의지한다는 것이었다. 중앙의 재정, 통화 시스템이 존재하는 한 소비에트연방은 생존할 수 있었다.[34] 파블로프는 1989년 가을에 이미 중앙 정부가 무책임한 정치 세력들에게 돈에 대한 통제권을 위임하고 있다는 것을 깨달았다. 이 통제권을 되찾아야만 했다. 1990년 7월에 러시아 의회가 러시아은행을 설립하기로 결정했을 때, 파블로프와 국영은행의 총재인 빅토르 게라셴코는 기겁했다. 고르바초프가 대통령의 권한으로 러시아 법령을 무효화하지 않자 그들은 한층 낙심했다. 고르바초프는 그들의 '제왕적 야심'을 나무라기까지 했다.[35] 파블로프는 500일 계획에도 맞서 싸웠다. 급진적 경제학자들은 국영은행의 '초독점'을 파괴하고 공화국 은행들의 연맹으로 대체하자고 제안했다. 파블로프가 보기에, 소련은 미국의 연방준비제도 체제를 모방할 수 없었다. 국영은행은 차르와 볼셰비키 치하에도 있었다. 그 독점적인 지위에 대해 의문을 제기하면서, 무지한 정치인들과 급진적 경제학자들이 소련의 금융과 소련 국가를 허물고 있었다.[36]

1990년 말, 파블로프의 악몽은 현실이 되었다. 12월 2일, 러시아 의회는 러시아은행의 지위를 강화하고 러시아 영토상의 모든 국영은행 지점을 인수하기로 결정했다. 국영은행의 게라셴코는 그 법령을 무시했지만, 러시아 분리주의자들은 러시아 관할 상업은행에 신용과 통화 창출 기능을 실행할 수 있는 면허를 내주기 시작했다. 그것은 금융 시스템에 대한 중앙 통제를 파괴하는 지름길이었다.[37] 설상가상으로, 러시아연방 지도자들은 러시아 정부가 국영기업과 협동조합에 세금을 징수하고 러시아 재정에 포함해야 한다고 주장했다. 1990년 12월, 파블로프는 옐친에게 러시아연방과 중앙 정부의 재정이 세입을 공유하는 방안을 제안했다. 옐친은 이를 거부했다.[38]

고르바초프가 발트 사태의 후폭풍과 걸프만 위기와 씨름하는 동안, 파블로프는 고통스러운 재정 개혁에 착수했다. 소비자 기초 품목 가격과 마찬가지로, 국영기업들 간의 *베즈날* 거래에 이용되는 모든 국가 규제 도매 가격을 세 배로 인상하는 것이 그의 계획이었다. 전 연방과 러시아 의회 간의 포퓰리즘적 경쟁은 공동 표준을 망가트리고 여러 공화국에서 국영기업 간의 거래를 불가능하게 만들었다. 파블로프는 고정 가격이 시장이 주도하는 가격으로 대체되어야 한다는 것을 알고 있었다. 하지만 국가 통제를 유지할 필요성도 알았다. 이번에는 고르바초프도 가격 개혁에 동의했지만, 4월 초로 연기했다.

파블로프가 1991년 1월에 실시한 또 다른 개혁은 연방 부채 상환과 투자 기금을 마련하기 위한 국영기업 20퍼센트 과세 방안이었다. 이것은 국영기업법에 대한 대대적 수정이자, 최소한의 세금만 내면서 막대한 수익을 챙겼던 '협동조합'의 폭리 취득자들과 국영기업의 이사들에게는 날벼락이었다. 그들은 시위로 소련과 러시아 의회를 공격하고, 면세를 간청하고, 생산 라인을 중단시키겠다며 협박했다. 이 개혁 정책이 실행되었다면, 중앙 재정을 다시 채웠을 것이다. 하지만 이를 실행하려면 강력한 행정적 지렛대가 있어야 했는데, 무엇보다도 공화국 영토, 특히 러시아연방에 대한 징세를 방해받지 않아야 했다.[39]

파블로프 개혁 중 마지막 항목은 가장 큰 원성을 자아냈다. 1991년 1월 22일 저녁, 소련 사람들은 가장 단위가 큰 통화인 50루블과 100루블 지폐가 더 이상 유효하지 않다는 TV 발표를 들었다. 지폐는 3일 이내에 같은 가치의 새로운 은행권으로 최대 1만 루블까지 교환할 수 있었다. 파블로프는 이 개혁을 1989년부터 준비했는데, 고르바초프와 리시코프가 실행을 미뤄왔다.[40] 이번에는 파블로프가 환영받지 못하는 조치에 대해 모든 책임을 졌다. 그는 화폐 개혁으로 그림자 경제 기업가들과 통화 투기꾼에게서 300억 루블을 흡수할 수 있을 것이라고 주장했다. 서방과 국내의 비판자들은 파블로프의 개혁이 "거칠고 비효과적"이라고 평가했다. 하지만 그것은 실제로 현금 공급을 줄이고 금융 붕괴를 지연시킴으로써 정부가 얼마간 시간을 벌게끔 도와주었다.[41]

KGB의 크류치코프와 마찬가지로, 파블로프는 소련 국가에 대한 큰 위험이 러시아 정부 관리와 외국 이해집단이 결탁한 탓에 비롯되었다고 봤다. 회고록에서, 파블로프는 두 가지 경우에 특히 주목했다. 첫 번째 경우, 러시아연방 부총리이자 옐친의 핵심 측근인 겐나디 필신(Gennady Filshin)이 러시아 상점들의 진열대를 채울 수 있다며 계획을 들고나왔다. 그는 두세 명의 영국 '사업가들'과 거래 계약을 맺었는데, 그들은 국영은행을 통해 러시아 정부로부터 77억 달러를 '융자' 받을 계획이었다. 필신의 사업 파트너들은 이 돈을 서방 시장에서 '부족한 소비재'를 구입하는 데 쓰겠다고 약속했다. KGB가 이 사기극을 폭로했고, 이는 러시아 의회에서 스캔들과 청문회를 불러왔다. 필신은 사임해야 했지만, 자신이 투기 계획에 참여했다는 것은 부인했다. 민주러시아와 옐친의 측근은 필신의 편을 들었다.[42]

두 번째 경우에는, 1991년 2월 13일에 파블로프가 서방 은행들이 소련에 루블화를 쏟아내 고르바초프와 정부를 붕괴시킬 음모를 꾸미고 있다며 공개적으로 의혹을 제기했다. 그는 은행권 교환이 아슬아슬하게 때를 맞춰 이 음모를 저지하는 데 일조했다고 주장했다. 그는 부당 이득 취득과 수상쩍은 거래를 목적으로 순진하고 경험 없는 소련 파트너와의 합작 사업을 이용하는 외국 사업가들과 거래하지 말라고 소련 기업들에 경고했다. 서방 외교관들과 언론은 아연실색했다. 영국 대사가 보기에, 이것은 "세계 제2위 강대국의 총리가 과시하는 놀라운 무지와 우둔함, 무책임 그리고 외국인 혐오"였다. 소련이 정상적으로 운영되는 나라였다면, 고르바초프는 파블로프를 해임했을 것이라고 대사는 결론 내렸다.[43]

파블로프는 분명 크류치코프로부터 받은 정보에 의거해 행동했다. 그리고 소련 금융과 정치의 종말에 음모론적 색채를 더한 사람은 그만이 아니었다. 정치적 경계선 반대편에서는, 옐친과 자문 몇몇도 파블로프에 못지않게 음모론적 사고방식을 지녔다. 1990년 12월, 옐친의 자문회의에서 경제학자 니콜라이 시멜료프는 고르바초프가 새 은행권 200억 루블을 서방 은행들에 시세에 팔라고 KGB에 지시했다고 보고했다. 일각에서는 그 액수가 실은 600억 루블이라고 말하기도 한다고 덧붙였다. 옐친은 이 허황된 이야기를 믿는 눈치였다.[44]

회고록에서, 파블로프는 자신의 행동을 옹호했다. 그가 가장 두려워한 것은 외국 행위자들이 부당 이득을 취득하는 게 아니었다. 그보다는, 가장 큰 위험은 세계 시장에 문을 활짝 열려고 하고, 일확천금에 굶주려 있으며, 몇 달 만에 기존의 금융 시스템을 망가트릴 수 있는, 러시아 정부의 비양심적이거나 경험 부족인 사람들로 비롯한 것이라고 결론 내렸다. 파블로프의 회고록은 소련 금융 시스템이 붕괴하고 나서 여러 해가 지난 뒤에, 가장 충격적이고 뻔뻔한 금융 조작이 전혀 처벌받지 않고 이루어져서 소수의 러시아인과 외국 투자자의 주머니를 채운 후에 쓰였다.

국민투표

1월 말, 고르바초프와 루캬노프는 새로운 연방조약의 필요성에 관한 전국적 국민투표를 1991년 3월 17일에 실시하기로 결정했다. 그들이 고안한 국민투표 문항은 엄청나게 배배 꼬여 있었다. "모든 민족에 소속된 모든 사람의 권리와 자유가 온전히 보장될 동등한 주권 공화국들이라는 새로워진 연방으로서 소비에트사회주의공화국연방의 존재가 필요하다고 생각하십니까?" 과반수가 '그렇다'고 투표하면, 다음 단계는 연방조약에 서명하고 헌법을 개정하는 것이었다.

회고록에서, 고르바초프는 투표 문항이 "보좌관들과의 오랜 토론"을 거쳐 나왔다고 말했다.[45] 샤흐나자로프와 체르냐예프는 고르바초프의 연방조약이 비현실적인 프로젝트이며, 국민투표로는 아무것도 바뀌지 않을 것이라고 예전부터 생각했다. 기껏해야, EEC나 영연방과 비슷할 것이었다. 또한 체르냐예프는 굳이 여론 조사를 하지 않아도 모스크바 시민 대다수는 고르바초프와 소련 정부에 몹시 분노하고 있음을 알고 있었다. "국민투표는" 파국적인 폭발의 "기폭제가 될 수 있다".[46] 다수의 보수파도 국민투표에 매우 회의적이었다. 1월 30일의 정치국 모임에서, 우즈베키스탄의 당 지도자이자 대통령인 이슬람 카리모프는 "국민투표를 준비하면 격한 감정을 부추기는 데 일조할 것"이며, 우즈베키스탄 속담처럼 "잠자는 사자의 꼬리를 밟지 말라"라고 말했다.[47] 크류치코프도 같은 이유에서 국민투표 방안이 마뜩잖았다. 회고록에서, KGB 의장은 3월 국민투표는 소련의 적이 이득을 볼 뿐인 도발이라고 주장했다. 크류치코프는 "국민투표를 실시할 필요가 없었다. 대중에게는 전혀 문제가 되지 않았다"라고 회상했다.[48]

옐친 진영에서, 고르바초프의 국민투표는 신생 민주국가 러시아에 대한 음모로 비쳤다. 옐친과 부르불리스는 고르바초프가 러시아연방 내의 무수한 자치구를 미래의 연방을 구성할, 동등하고 주권을 지닌 주체로 취급한다며 분개했다. 고르바초프가 옐친과 러시아 의회를 자치구 지도자들과 대립시키려는 한다는 뜻이었다. 자신의 권력을 위협하는 하나의 '러시아'를 상대하는 대신, 소련 지도자는 러시아연방의 16개 단위와 협상하길 바랐다.[49] 국민투표가 다가오자, 옐친과 측근들은 우크라이나와 벨로루시의 지도자들이 중앙에 맞서 자신과 '협약'을 맺으려 서두르지 않는다는 것을 알아차렸다. 미래에 드러나겠지만, 우크라이나인들은 옐친의 러시아와의 불평등한 동맹이란 전망을 고르바초프가 주재하는 중앙이란 구상보다는 반기지 않았다.[50]

옐친의 중심 프로젝트는 변함없이 러시아 대통령직이었다. 하지만 법적 장애가 있었는데, 러시아연방 헌법에는 대통령 직위가 없었고 인민대표대회로만 헌법을 개정할 수 있었다. 옐친과 그 지지자들은 정족수인 3분의 2에 줄곧 못 미쳤다. 많은 대의원과 당 일꾼들을 비롯한 사람들은 한 나라에 두 대통령이 있을 위험을 우려했다. 부르불리스와 스타로보이토바는 다른 선택지를 생각해냈는데, 국민투표를 실시하여 러시아 국민에게 '찬성'을 얻어내는 것이었다. 하지만 여러 시간대에 걸쳐 실시되는 대규모 선거에는 최대 3억 루블이 들어갈 수도 있었다. 고르바초프의 국민투표는 이 문제를 해결했다. 러시아 국민투표를 동시에 실시하면 비용이 전혀 들지 않을 것이었다. 러시아 최고소비에트는 과반수의 찬성으로 이 계획을 승인했다.[51] 러시아 국민투표의 투표 문항은 간결했다. "러시아연방에 민선 대통령 직위를 도입할 필요가 있다고 생각하십니까?" 러시아 국민투표 용지에는 러시아연방의 영토 통합성을 유지할지, 즉 민족 자치 구에 대해 러시아 대통령의 우위를 인정할지 묻는 두 번째 질문도 있었다. 부르불리스는 러시아 국민투표가 알고 보니 뜻밖의 행운이자 묘책이었다고 회고했다. "고르바초프는 저도 모르게 우리에게 엄청난 기회를 선사했다."[52]

1991년 2월 1일에 보리스 옐친은 60세가 되었다. 러시아에서 가장 인기 있는 정치인은 모스크바 인근에 비어 있는 청소년 여름 캠프장에서 생일 파티를 열기로 했다. 옐친의 아내 나이나와 딸 옐레나와 타티아나는 성대한 파티를 준비하라는 말을 들었다. 우랄기술대학 출신인 옐친의 동창들도 이를 위해 모스크바까지 날아왔다. 대략 80명이 파티에 참석했는데, 옐친의 보좌관인 레프 수하로프는 기타를 가져왔다. 옐친은 러시아 노래를 좋아했고 종종 따라 불렀기 때문이다. 여러 차례 건배사가 이어진 뒤, 우랄에서 온 옐친의 친구들이 그에게 특별한 선물을 증정했는데, 옐친을 새긴 0.5미터 크기의 나무 조각상이었다. 손님 중 한 명이 나무 조각상 앞에 서서 이렇게 말했다. "자, 보리스, 자네 턱에 한 방 먹일게. …… 얼마나 잘 받아낼지 보자고." 하지만 주먹을 날려도 '나무 인형 옐친'은 꼿꼿한 자세로 돌아와 모두를 즐겁게 했다. 그것은 네발리아시카(*nevaliashka*)라는 러시아식 오뚝이로, 옐친의 흠모자들에게는 꺾이지 않는 투지를 상징했다.[53]

2월 19일, 전국 방송에 출연하려고 몇 달간 애쓴 끝에 옐친은 드디어 기자들과 TV 인터뷰를 가졌다. 자문들은 그를 잘 준비시켰고, 그는 꼬치꼬치 캐묻는 질문에 주의 깊게 답변했다. 하지만 인터뷰가 끝나기 직전에, 그는 중대한 깜짝 발언을 했다. 그의 지지자들은 고르바초프와 협력하길 바란다고 말했다. "하늘에 맹세컨대, 저는 아주 여러 차례 시도했습니다." 하지만 몇 시간에 걸친 대통령과의 만남은 아무 성과도 없었다. 6년간 거듭 실패했는데도, 고르바초프는 바뀔 생각이 없었다. 그렇게 말하고 옐친은 소련 대통령의 즉각적인 사임을 요구했다. 소련에서 권력은 "집단적 조직체, 즉 공화국연방회의(a Council of Federation of republics)"에 넘어가야 한다.[54] 옐친은 사지 우말라토바처럼 감정적으로 이를 요구하지 않았다. 그는 러시아 대통령 선거 운동에 지지자들을 결집시킬 심산이었다. 모스크바 시민 900명을 대상으로 한 개별 여론 조사는 응답자 가운데 3분의 2가 옐친을 지지하는 것으로 드러났다. 소련의 장래에 대한 질문을 받았을 때, 20퍼센트도 안 되는 사람이 소련을 지지했고 49퍼센트 가까이 옐친의 '주권 공화국들의 연합'을 선호했다. 한층 더 놀랍게도, 28퍼센트 가까운 응답자는 설문지에서 '소련은 없어져야 한다'는 항목을 골랐다.[55]

고르바초프는 TV에 나온 옐친을 보고 자신의 앙숙이 술에 취했다고 확신했다. "[옐친은] 손을 떨고 있었다"라며 "스스로 제어하지 못하고 준비된 텍스트[만] 어렵사리 읽는 게 눈에 보였다"라고 고르바초프는 몇 년 뒤 회상했다. 소련 지도자는 국민투표가 옐친의 분리주의 계획에 엄청난 타격을 줄 것이라고 기대했다. 2월 말, 고르바초프는 몇 달 만에 하는 첫 국내 방문으로 민스크를 찾았다. 거기서 소련 지도자는 '민주파'에 대한 공격을 쏟아내며 파괴적인 '네오볼셰비즘'을 비난했다.[56] 모스크바로 돌아오자마자, 그는 정치국과 서기국에 국민투표를 위해 "당 전체를 동원하라"라고 지시했다. "당이 이 싸움을 이겨낸다면, [승리는] 당이 다시 일어서게끔 할 것이다." 러시아공산당의 수장 이반 폴로즈코프는 "미하일 세르게예비치, 드디어 보수파와 힘을 합쳤군요"라고 말했다. 소련의 무능한 의회 구조를 밀어내고, 대통령 통치를 할 때가 되었다.[57]

3월 2일, 고르바초프는 60번째 생일을 축하했다. 그는 스타라야광장의 당 서기국 사무실에서 주요 당직자들로부터 축하 인사를 받고 자신의 인생과 페레스트로이카에서 공산당의 역할에 관해 짤막한 연설을 했다. 그의 비서실장인 발레리 볼딘은 분위기가 침울했다고 회고했다. "가장 뛰어난 아첨의 달인조차도 그를 위인이나 현인으로 치켜세우며 건배하자고 하지 않았다."[58] 그러고 나서 소련 지도자는 크렘린으로 서둘러 이동하여 이전 대통령회의의 일원과 각료회의, 개인 보좌관으로부터 생일 축하를 받았다. 루캬노프는 감동적인 연설을 했다. 야조프는 고르바초프에게 군도(軍刀)를 선물했다. 내무부 장관 보리스 푸고는 권총, 문구를 새긴 가죽 권총집, 탄약 클립을 선물했다. KGB의 크류치코프도 고르바초프에게 선물을 줬지만, 무엇이었는지는 누구도 기억하지 못했다. 체르냐예프와 샤흐나자로프는 소련 지도자에게 '연설문'을 낭독했다. 역사는 고르바초프를 누구도 감히 하지 못한 일을 해낸 위대한 지도자로 기억할 것이라고 그들은 말했다. "이 대륙[소련]을 영원히 가둘 것 같았던 대갈못을 떼어냈다." 고르바초프는 "조국의 명예와 이익을 위해, 양심과 자괴감에서 우러나와" 그렇게 한 것이다. 축하 메시지에는 에이브러햄 링컨의 인용문도 있었다. "만일 결과가 내가 옳았음을 보여준다면, 나에 대한 나쁜 말은 전혀 문제가 되지 않을 것이다. 결과가 내가 틀렸음을 가리킨다면, 열 명의 천사가 내가 옳았다고 단언하더라도 의미가 없다."[59]

전국 방송에서 옐친이 고르바초프의 퇴진을 요구한 것이 러시아 의회를 분열시켰다. 대다수는 '러시아'를 공성 무기로 삼아 소련 정부를 무너트리려고 하는 급진적인 민주파와 날카롭게 대립했다. 2월 21일, 양원 의장을 비롯해 러시아 의회의 최고위 공직자 여섯 명이 옐친에게 등을 돌렸다. 그들은 몇 주 안에 열릴 러시아연방 인민대표대회 특별 회기에서 옐친을 끌어내릴 생각이었다. 옐친파로 여전히 그에게 충성하는 유일한 대의원인 하스불라토프는 다음과 같이 결론 내렸다. "상황이 좋지 않다. 대다수가 옐친에게 화가 났다. 힘든 싸움이 일어날 것이다."[60]

러시아 공업 도시와 지방에서 옐친에 대한 지지가 고조됐다. 가장 커다란 울림을 일으킨 것은 쿠즈바스 광부위원회의 파업 선언이었다. 옐친의 자문위원인 비야체슬라프 골리코프(Vyacheslav Golikov)가 이 파업을 촉발했다. 기자들은 그를 폴란드 연대운동의 지도자를 따라 '소련 바웬사'라고 불렀고, 그는 그에 걸맞게 행동했다. 하지만 이번에 광부들은 비누와 세제, 더 나은 생활 조건을 요구하지 않았다. 그들은 고르바초프를 몰아내길 원했다. 골리코프와 파업 조직자들은 그다음에 일어난 일에 깜짝 놀랐다. 20만 명의 광부가 작업 복귀를 거부하고 파업에 동참한 것이다. 쿠즈바스 광부 파업은 소련 경제를 뒤흔든 두 번째로 큰 노동 쟁의 행위였고, 한 달 간이나 이어졌다.[61]

민주러시아에서는, 은밀한 쿠데타에 대한 공포가 강하게 작용했다. 민주러시아 운동의 지식인 지도자들은 토론을 벌였다. 지식인들이 1980년 폴란드의 예를 본받아 노동자들을 정치 혁명으로 이끌어야 할까? 아니면 너무 위험할까? 옐친은 위험을 무릅쓰자는 쪽으로 기울었다. 3월 9일, 모스크바 영화의 집에서 열린 민주러시아의 대규모 집회에서 그는 다시금 고르바초프의 퇴진을 요구하면서 민주주의를 구하고, 강력하고 조직적인 당을 창당할 때라고 주장했다. 수백만 명이 라디오를 통해 이 연설을 들었다.[62] 닷새 뒤, 러시아 지도자는 자문위원회와 모임을 가졌다. 모스크바 시의회 의장인 포포프가 발언에 나섰다. 그는 러시아 연대운동이 좋은 선택이 아니라고 믿었다. 1991년은 "전쟁이나 대공황에 버금가는 파국"의 해가 될 것이다. 그는 소련의 국민소득이 10~20퍼센트 감소할 것이라고 말했다. 화나고 일자리를 잃은 대중은 권위주의적 지도자를 열망할 것이다. 그래서 미국에서는 루스벨트를, 독일에서는 다름 아닌 히틀러를 찾아냈다.

포포프는 고르바초프가 교활하고 믿을 수 없다며 옐친에게 동의했다. 그와 동시에, 퇴진 요구는 그를 당 강경파의 품에 밀어 넣을 것이다. 강경파는 고르바초프를 미워하지만, 고르바초프와 군, KGB를 이용해 독재를 수립할 것이다. 그러고 나서는 그를 제거할 것이다. 포포프는 소련 훈타가 오래가지 못할 테고, 어쩌면 1년 반 정도 버틸 것이라고 말했다. 그들은 서방으로부터 융자를 받거나 경제 문제를 해결하지 못할 것이다. 하지만 단기적으로 강력한 탄압은 러시아 민주주의에 커다란 타격을 입힐 것이다. 옐친과 야권 지도자들은 체포되고 어쩌면 제거될 수도 있다. "우리 모두 죽을 수 있다"라고 포포프는 예언했다. "페레스트로이카의 지지자들은 누구인가? 그들은 소수라서, 200~300명 기껏해야 400명이다. 그들이 사라지면, 이 나라는 어떻게 될 것인가?" 최상의 전술은 고르바초프에게 협력을 제안하는 것이라고 포포프는 결론 내렸다.[63]

옐친의 측근으로 돌아온 야블린스키는 포포프의 암울한 경제적·사회적 진단을 지지했다. 그는 소련의 경제적 현실은 주권 공화국들이 그저 '장식'으로 남아 있는 정도라고 지적했다. 주권 공화국들이 소련에서 분리되면, 러시아연방을 비롯해 모두 망할 것이다. 야블린스키는 1990년에 모두 '민주주의 게임'에 휩쓸린 것을 후회했는데, 이제는 모두 공화주의적 의회 제도 같은 '장식적 조직의 포로'가 되었기 때문이다. 그가 말하길, 소련은 옐친과 다른 공화국에 있는 옐친의 협력자들이 승객으로 남은 비행기와 같아서, 중앙 정부가 여전히 조종석을 차지하고 앉아 경제를 운영하며 돈과 신용을 통제한다. 현재 유일하게 신중한 노선은 조종석의 사람들이 상황을 계속 통제할 수 있게끔 돕는 것이다. 그러지 않으면 러시아연방은 소련처럼 폭발하고 만다. 경제 붕괴, 종족 민족주의, '러시아 파시즘'이 나라를 갈가리 찢어놓을 것이다.[64] 옐친은 어두운 표정으로 이야기를 들었다. 그는 고르바초프 쪽 사람들로부터 협력 가능성에 관한 '신호'를 받았다고 밝혔지만, 이를 '또 다른 수작'이라며 일축했다. "[고르바초프는] 내 눈을 똑바로 들여다보며 '내가 장담하지'라고 세 차례나 말했어. 그러고는 감감무소식이야!" 그는 보수파가 러시아 의회에서 자신을 몰아내려고 하면, 굴복하지 않고 대회를 해산시킬 것이라고 말했다.[65]

3월의 국민투표가 있기 이틀 전, 옐친은 러시아 경제 개혁을 돕기 위해 모스크바에 온 스탠퍼드대학의 미국 경제학자들과 만났다. 미국인들에게 자신의 비전을 선명히 제시하면서, "초창기 미합중국과 같은 상황이 일어날 것"이라고 옐친은 말했다. 러시아와 다른 공화국들 간의 협력은 중앙 권위 없이도 미래의 연합을 이끌어내는 데 유용할 것이라고 결론 내렸다. 고르바초프는 공산주의의 유산과 완전히 결별하지 못했고 그럴 의지도 없으므로, 경제 개혁은 소련이 아니라 "러시아에서 이뤄질 것"이었다. 그는 "공산당의 전체주의 시스템 전체를 파괴하고 있다"라고 자신 있게 말했다. 러시아는 방위 산업체들을 비롯해 소련의 모든 자산을 인수할 것이다. 연합의 중앙 정부는 방위 시설과 도로, 원자력만 보유할 것이다. 60개의 전연방 부처 같은 "거대 연합 조직은 더 이상 필요 없다. *소련 대통령은 더 이상 필요 없다*".[66] 이번에는, 옐친은 진심에서 우러나와 발언했다. 기회가 오면, 그는 미국인들에게 말한 대로 행동할 터였다.

부시는 발트 지역의 유혈사태로 인해 걱정했지만, 고르바초프가 장담하는 말을 믿었다. 그리고 이라크를 상대로 한 '사막의 폭풍' 작전에 국제적 지원을 제공하는 '친구 미하일'에게 줄곧 의지했다. 1월, 리투아니아의 비극이 일어난 뒤 부시는 고르바초프에게 전화를 걸었지만, 걸프전에 관해서만 이야기했다. 그는 이라크군의 공습 첫 주가 잘 지나간 다음에야 발트 위기에 대해 언급했다. 게다가 고르바초프에게 강력한 경고를 담은 서신을 보냈는데, 발트인들을 상대로 폭력사태가 또 일어날 경우 모든 경제적 지원을 철회하고 소련에 제재를 가할 수밖에 없다는 것이었다. 이 점을 확실하게 전달하기 위해, 부시는 모스크바정상회담을 연기했다. 1월 24일, 미국 대사 잭 매틀록이 이 서신을 고르바초프에게 전달했다.[67]

소련 지도자는 서신을 읽고 매틀록에게 물었다. "잭, 이곳의 상황을 어떻게 보고 있습니까?" 뜻밖의 질문에 놀라서, 미국 대사는 고르바초프가 폭력을 원치 않고 발트인들도 마찬가지일 거라고 개인적으로 믿는다고 대답했다. 고르바초프에게 무력을 사용하라고 압력을 가하는 사람들은 그와 개혁을 망치고 있었다. 고르바초프는 대사의 말을 가만히 들었다. 그러더니 "귀국의 대통령이 우리가 내전이 벌어지기 직전이라는 점을 이해하게 도와주십시오. 대통령으로서 나의 주요 책무는 내전을 막는 것입니다"라고 부탁했다. 그는 자신이 "누구의 볼모도 아니"라고 힘주어 말했고 *미국이 제재를 가하더라*도 이전의 모든 양해 사항은 지킬 것이라고 매틀록에게 확인해주었다. "내 친구인 조지 부시에게 전해주시오. 걸프전이나 독일 문제 또는 CFE와 관련해 내게 어떤 압력이 가해져도, 나는 합의 내용을 지킬 거라고요." 미국 대사는 고르바초프의 결의에 감명받아서 이 좋은 소식을 워싱턴의 상관들에게 보고했다.[68]

소련 지도자는 걸프에서 유혈사태를 피할 수 있을 거란 희망을 버리지 않았다. 그에게 걸프전은 그와 부시가 함께 건설하기로 다짐한 평화로운 세계 질서라는 비전에 타격을 입힐 것이었다. 미국이 주도하는 연합군이 지상전을 개시하기 직전, 쿠웨이트에서 철군하도록 사담 후세인을 설득하기 위해 예브게니 프리마코프가 바그다드로 날아갔다. 2월 22일, 미국 지상군이 투입되기 직전에 부시는 고르바초프의 평화 중재 시도를 일축했다. 미국 행정부는 완벽한 군사적 승리와 중동의 정치적 재건을 원했다. 미국 대통령이 전쟁이 왜 필요한지 설명하자, 소련 지도자는 그를 막으려 했다. "조지! 조지! 조지!" 하지만 부시는 듣지 않았다.[69]

2월 23일, 프리마코프는 바그다드에서 이라크 독재자와 잠정적 합의에 도달했다는 신호를 보냈다. 고르바초프는 존 메이저(영국), 줄리오 안드레오티(이탈리아), 미테랑(프랑스), 콜(독일), 가이후(일본), 이집트의 호스니 무바라크, 시리아의 아사드, 이란의 라프산자니 등 G7과 중동 국가 정상에게 온종일 전화를 돌렸다. 그러고 나서 부시에게 전화를 걸었는데, 부시는 미국을 해치는 고르바초프의 평화 중재 시도에 대단히 짜증이 났지만, 사담은 미국과 소련 사이를 틀어지게 하려는 것뿐이라고 참을성 있게 반박했다. 두 지도자의 관계는 "너무도 중요해서 이라크로 인해 틀어지지는 않을 것이다". 미국의 방침을 바꿀 수 없었기에, 고르바초프는 바그다드에서 프리마코프를 불러들였다.[70]

걸프전은 부시에게 엄청난 성공이었다. 1~2월에 실시된 대규모 공습은 이라크의 소련제 무기 대부분을 파괴했다. 그러고 나서 영국군과 프랑스군의 지원을 받은 25만 명의 미군이 쿠웨이트를 휩쓸었다. CNN은 이라크의 군사적·행정적 목표물을 상대로 한 '일방적 싸움'의 현장을 전 세계에 중계했다.[71] 2월 28일, 부시는 승리를 선언했다. BBC는 서방 연합군 측의 전사자 수는 148명이며, 그 외의 이유로 145명이 더 사망했다고 보도했다. 공습과 지상전으로 사망한 이라크군 전사자 수는 6~20만 명으로 추정되었다. 당시 베트남전 증후군을 의식하던 미국 언론은 인명 피해 보도는 적게 하고 파괴된 이라크 시설과 불타는 유정에 초점을 맞췄다. BBC는 "전쟁 당시 얼마나 많은 민간인이 죽었는지는 아무도 모르지만, 전쟁의 직접적 결과로 민간인 사망자 추정치는 10~20만 명이다"라고 보도했다.[72] 리투아니아에서 사망한 민간인 14명과는 대조적으로, 서방은 이 거대한 사망자 수치를 대체로 무시했다.

걸프전의 결과로 고르바초프는 체면을 잃고 위축되었다. 체르냐예프는 상관이 불만을 터트렸다고 기록했다. "워싱턴에서는 옛 시절과 옛 방식을 더욱 그리워했다. 그들은 고르바초프에 대한 열광적 도취를 끝내려는 모양이다." 미국의 걸프전 준비 과정과 리투아니아와 라트비아의 민족주의자들과의 유혈 충돌은 마찬가지로 미국이 세운 음모의 일환이었다. 미국의 자문들이 "반대파, 누구보다도 옐친 주변으로 몰려들었다"라고 고르바초프는 말했다.[73] 분명 고르바초프는 KGB 보고서에 의존했지만, 체르냐예프조차도 새로운 세계 질서라는 고르바초프의 꿈을 전쟁이 묻어버렸다고 결론 내렸다. 체르냐예프와 그의 상관 모두, 소련은 미국의 하위 파트너 위치를 받아들이거나 사라질 것이라는 데 동의했다.[74] 크렘린은 모르고 있었지만, 당시에 서유럽 지도자들은 고르바초프를 존중해달라고 부시에게 사정하고 있었다. 부시는 그러겠다고 약속했다. 전쟁이 끝난 뒤에, 그는 "평화로운 중동을 위해 …… 소련과 건설적이고 협력적인 관계를 맺기 위해 다 같이 힘을 합칠 것"이라고 말했다.[75]

백악관에서는, 긴장감 대신 승리감이 흘렀다. 콘돌리자 라이스는 브렌트 스코크로프트에게 NSC에서 사임하고 스탠퍼드대학으로 복귀하겠다고 알렸다. "나는 그에게 독일을 통일시켰고, 동유럽은 해방되었고, 소련은 붕괴 직전이며, 난 기력이 바닥났다고 말했다."[76] 떠나기 전에, 라이스는 스코크로프트를 도와 부시를 위해 소련의 상황을 분석한 또 한 편의 보고서를 작성했다. 보고서는 고르바초프, 옐친뿐 아니라 어느 누구도 "소련을 덮친 모든 문제를 해결할 일관된 프로그램은커녕 어느 문제 하나에든 만족스러운 대답이 없다"라고 결론 내렸다. 이어서 모스크바에서 전개된 상황은 의회 기구들의 불안정하고 무책임한 행태와 옐친과 고르바초프가 서로 퍼부은 공격이 입증하듯이 '소련 정치 문화의 미성숙함'을 드러낸다고 지적했다. 보고서는 모스크바를 기반으로 하는 '민주파'와 '자유주의 세력'이 가진 기회에 대해 확연하게 비관적인 견해를 보였다. 민주주의자나 자유주의자를 자처하는 이들은 권력을 잡거나 유지할 능력이 없는 오합지졸에 불과하다. 그들은 1917년에 레닌과 볼셰비키에게 권력을 빼

앗긴 자유주의적 임시정부 구성원들과 비슷했다.[77]

스코크로프트는 보고서가 마음에 들었다. 그는 소련의 상황이 아주 나빠져도 미국이 할 수 있는 일은 없다고 생각했다. "소련이 민주주의로 가는 길을 찾지 못한다 해도 역사는 미국을 탓하지 않겠지만 민주주의가 중유럽에서 뿌리를 내리지 못한다면 틀림없이 책임을 물을 것이다." 고르바초프에 맞선 쿠데타는 즉각적인 위험이 아니었다. 엉망진창인 현 상황은 '산발적이고 결정적이지는 않은 폭력 행위'만 일으킬 것이다. 부시는 보고서를 읽고 "끝. 태우거나 보관"이라고 적어서 스코크로프트에게 보냈다.[78] 그 순간부터 백악관에서 논쟁의 초점은 소련의 해체가 얼마나 빠르게 진행될 것이고 미국 지도자는 리스크를 최소화하기 위해 무엇을 할 수 있는지에 맞춰졌다.

3월 10일, 소련 지도자는 백악관으로부터 뒤늦게 생일 축하를 받았다. 부시는 따뜻한 개인 서신을 보냈다. 미국 지도자는 1990년 6월에 캠프 데이비드에서 두 사람이 보낸 여유로운 시간을 추억했다. "나는 당신이 본국에서 직면한 문제에 관해 종종 생각하곤 하니, 사적인 차원에서 알려주고 싶은 게 있다면 뭐든 짐[베이커]에게 말해주십시오." 그는 다음과 같이 덧붙였다. "아시다시피 나는 당신의 친구인 것을 행운이라고 생각합니다."[79] 이 편지는 걸프전과 발트 유혈사태로 야기된 미·소 관계 휴지기의 종식을 의미했다. 3월 14일, 베이커는 소련의 군축조약 비준에 대해 영향력을 행사하려고 모스크바로 날아갔다. 국무부 장관은 고르바초프의 측근뿐 아니라 다른 공화국과 의회 지도자도 초청해 미국 대사관저인 스파소하우스에서 만찬회를 열기로 했다. 이것은 옐친을 따로 만나고 싶지 않았던 베이커가 그 난제를 피할 방법이었다. 그와 매틀록은 스파소하우스에서 발트 3국의 지도자들과의 개별 면담도 계획했다.[80]

이것은 3월 국민투표를 코앞에 둔 매우 민감한 시기에 불편한 행위였다. 고르바초프는 KGB 보고를 통해 미국인들의 계획을 알고 나서 노발대발했다. 그는 측근들에게 만찬에 참석하지 말라고 지시했다. 체르냐예프는 야권의 모든 사람을 대사관저로 초청한 미국의 '뻔뻔함'에 경악했다.

그는 일기에, “어쩌면 우린 서로 다른 사고방식과 윤리를 지녔으며, 미국인들에게는 이게 정상일 수도 있다. 그게 아니라면 유럽 평화 정착 과정에서 고르바초프나 소련의 참여가 더 이상 필요 없을 때, 후세인을 이긴 승자들의 고의적인 무례함이다”라고 적었다.[81]

미국인들은 고르바초프의 ‘유치한’ 행동에 놀랐다. 다행히 옐친이 초대를 거절했고, 베이커와의 ‘진짜’ 면담을 원했다. 만찬회에서 일부 공화국 지도자들은 공공연하게 고르바초프를 무시했다. 그루지야 지도자인 즈비아드 감사후르디아는 그루지야 공화국이 국민투표를 보이콧할 것이라고 밝혔다. 아르메니아 지도자들은 완전한 독립을 선언하기 위한 자체 국민투표를 9월에 실시할 예정이라고 말했다. 경제학자 샤탈린은 신연방조약 구상을 비웃고 파국을 예견했다. 베이커는 당혹스러워서 고르바초프를 옹호하려고 나섰다. 소련 지도자가 시작한 페레스트로이카가 없었다면 미국 대사관저에서 열리는 이 같은 만찬은 생각할 수도 없었을 것이라고 국무부 장관은 비꼬았다.[82]

이튿날 아침, 베이커는 고르바초프에게 백악관에서 준비한 문서를 전달했다. 부시는 고르바초프가 과거의 세력들에 볼모가 되지 않았으며, 최근 우익으로 기운 행보는 민주적 개혁 노선을 지키기 위한 전술적인 움직임일 뿐이라고 믿는다는 뜻을 밝혔다. “지금 경로를 고수하는 한, 역사에서 당신이 차지할 자리는 확실합니다. …… 그것이 그런 반전이 없을 것이라고 믿는 주요한 이유 가운데 하나입니다.” 미국의 지침에 따라, 베이커는 옐친에 대한 노골적인 비판을 자제했다.[83] 대화는 화기애애해졌고, 고르바초프는 옐친 문제에 관해 차츰 베이커에게 속내를 털어놨다. 베이커는 베이커대로 소련 정치와 경제 개혁에 관해 미국인 자문 역할을 수행했다. “다음 일요일에 국민투표에서 승리하면, 이 승리를 선언하고 그 후 공화국에 한발 다가가기 위해 더 유연함을 보여줘야 합니다. 이렇게 말할 수도 있겠죠. ‘자, 이제 당신들이 원하는 바를 중앙에 말해보라. 국방이나 통화, 외교 정책처럼 당신들과 논의할 수 없는 게 있긴 하지만 나머지는 논의 가능하다.’” 베이커는 이런 전술적 행보가 공화국에 선택권을 넘기면서 상황을 변화시킬 것이라고 말했다. 부시 행정부가 발트 공화국들의 독립을 일방적으로 인정하지는 않을 것이라고 소련 지도자를 안심시켰지만, 발트 공화국들에 자유를 줄 것을 권했다. "지금 당신이 가지고 있는 것 대신에, 발트 지역에 자그마한 핀란드 세 개를 갖는 편이 나을 거라고 거듭 말해왔습니다. 발트 공화국들은 경제적으로 분리하지는 못할 겁니다. 어쩔 수 없이 당신들과 경제적·정치적·사회적으로 관계를 맺어야 할 겁니다."[84]

고르바초프는 경제 개혁과 정치 개혁을 짝지을 방법에 관해서도 더 논의하고 싶었다. 베이커는 이 문제에 관해서도 충고했다. "중앙-공화국 쟁점을 먼저 처리하는 게 좋지 않겠습니까?" 정치적 쟁점을 해결한 후라면, 이 문제는 통제경제 체제의 전통과 심리에 70년간 묶여 있던 경제를 뜯어고치는 일보다는 쉬울 것이다. 고르바초프가 공화국들과 연방조약 체결에 성공한다면, 경제 문제를 처리할 시간이 생길 것이다.[85] 고르바초프는 베이커의 우호적인 태도에도 미국의 선의를 계속 의심했다. 그는 베이커에게 "옐친의 측근 중 한 명"이 옐친과 매틀록과의 대화에 관해 알려줬다고 밝혔다. 자신이 '헌법적이지 않은 방식'으로 집권한다면 미국 정부는 어떻게 반응할지 옐친이 물었다는 것이다. 베이커는 어떻게 반응해야 할지 알 수 없었다. 매틀록은 그 이야기가 유언비어라고, 고르바초프를 기만하려고 KGB가 지어낸 이야기라고 나중에 베이커에게 말했다. 매틀록은 다음 날 체르냐예프에게 전화를 걸었다. 고르바초프의 보좌관은 대사가 고르바초프와 만날 약속을 잡아주었다. 소련 지도자는 대사의 설명을 들은 뒤 기분이 밝아졌다. 그러고 나서 그는 "부시가 가까이 있는 한, 부시 곁에 있는" 전략적 선택을 다시금 표명했다. 고르바초프는 미국인들이 모스크바의 권좌 주변에 우글거리고 있다는 KGB의 우려를 일축했다. 미국인들이 소련에 관한 첩보를 최대한 얻어 가게 하라고, 반농담조로 말을 맺었다.[86]

모스크바에 방문하면서, 백악관이 고르바초프와 옐친 중에 누구도 소외시키지 않으면서 균형을 잡을 수 있다고 베이커는 확신했다. "두 사람 모두 대외적인 위상뿐 아니라 대내적인 위상 면에서도 조지 부시 및 미국과의 관계를 중시했다." 그는 미국 지도부가 이미 소련 정치의 핵심 외부 행위자, 즉 소련의 정치 드라마에서 모든 진영이 조언과 지원을 구하는 상대가 되었다고까지 말하는 것은 자제했다. 부시는 이런 이중 게임을 싫어했다. "내 생각에는, 무대에 있는 사람과 춤을 춰야 한다"라고 미국 대통령은 소련 국민투표일에 개인 녹음기에 생각을 남겼다. "불안정을 [조장할] 일은 특히 하면 안 된다."[87]

모스크바에서의 대결

3월 17일의 국민투표는 눈에 띄는 조작 없이 투명하게 실시되었다. 전 연방 투표는 고르바초프가 간절히 바라던 결과를 가져왔다. 공식 통계에 따르면 1억 4857만 4606명이 투표에 참여했으며, 이 중 1억 1350만 명이 개혁된 연방을 보존하자고 찬성표를 던졌다. 그래도 3230만 명이라는 상당수의 투표자(21.7퍼센트)가 반대했다. 국민투표 결과는 보수파의 사기를 북돋웠다. 크류치코프는 의구심을 떨치지 못하면서도 투표 결과가 "모든 낙관적 전망을 능가했다"라고 회고했다. KGB 의장은 지금이 비상 통치를 도입하기에 완벽한 순간이라고 믿었다.[88] 당 서기국에서 올레크 셰닌은 고위 당료들에게 다가오는 러시아연방 인민대표대회에서 다수파가 옐친을 패배시켜야 한다는 메시지를 보냈다. 셰닌은 이번에는 고르바초프가 직접 싸움을 이끌기를 바랐다.[89]

사실, 국민투표는 공화국들에서 분리주의에 대한 요구를 무효화하지 않았다. 발트 3국과 아르메니아, 그루지야, 몰도바까지 여섯 공화국이 투표에 불참했다. 라트비아와 에스토니아는 2주 앞서 자체 국민투표를 실시하기로 결정했고, 독립 민주국가를 압도적으로 지지했다. 예를 들어 라트비아에서는 주민의 73.7퍼센트가 독립에 찬성했는데, 러시아어 사용 인구 다수가 라트비아계 편에 가담한 것이 분명했다. 이것은 놀랍고 분명한 결정이었다. 라트비아와 에스토니아의 러시아계 주민들은 발트 민족주의에 소외감을 느꼈을 수도 있지만, 소련 지도부와 소련의 개혁 실패에 더 큰 분노와 소외감을 느끼고 있었다. 러시아계 주민들 가운데 민족주의 성향의 사람들은 고르바초프의 개혁 연방 대신 옐친의 '러시아'를 지지했다. 그리고 많은 사람이 폴란드인과 발트인의 '유럽 복귀'에 대한 염원을 함께 했다.[90]

전 연방 국민투표에 참여한 거의 모든 공화국이 나름대로 국민투표를 실시했다. 카자흐스탄과 우크라이나에서는 질문 자체가 바뀌어서 고르바초프가 제시한 것보다 더 모호했다. 두 공화국 국민의 과반수 이상은 독립 공화국이 '주권국가연합'에 가입하는 데 '찬성' 표를 던졌다. 다시 말해, 그들은 완전한 독립을 할 수 있지만 그러고 나서는 연방정부가 없는 연합에 가입한다는 뜻이었다. 우크라이나 최고소비에트는 1990년 7월의 주권 선언에 찬성하는지 물으면서, 전국적인 질문에 별개의 문항을 추가했다. 우크라이나 투표자의 과반수 이상은 주권 선언을 지지했는데, 고르바초프의 국민투표가 반대하는 것으로 여겨지는 '반헌법적인' 움직임을 지지한 셈이었다. 그리고 우크라이나 서부 주 세 곳은 자체적으로 주민투표를 실시했는데, 소련으로부터의 분리에 찬성했다. 3월 20일에 키예프를 공식 방문한 영국 대사는 우크라이나 지도부가 투표 결과에 고무되었다고 기록했다. 공화국 국민의 과반수는 공화국의 '주권'에 표를 던졌다. 크라우추크와 관계자들은 자신들과 미래 우크라이나에 관한 구상에 "자신감이 흘러넘쳤다".[91]

쏟아지는 국민투표 사태로 고르바초프의 원대한 구상은 묻혀버렸다. 무엇보다도 옐친과 그의 지지자들은 원하는 바를 얻었다. 러시아 대통령직은 7970만 명의 투표자 가운데 4분의 3인 5686만 344명이 찬성했다. 2100만 명가량은 이 제안에 반대했다. 모스크바와 레닌그라드에서 각각 77.85퍼센트와 78.53퍼센트의 지지를 얻은 반면, 같은 투표자 가운데 50퍼센트만이 고르바초프의 연방조약을 지지했다. 러시아연방 내 84개 자치구에서 옐친의 프로젝트는 확고한 다수의 지지를 받았다. 이 투표 결과는 러시아연방 내 민족적 분리주의를 저지하는 그의 정책을 확인해주었다. 타타르

자치소비에트사회주의공화국('타타르스탄'으로 바뀜)을 포함해 세 자치구만 자체적으로 주민투표를 실시하고 러시아 국민투표에는 참여하지 않았다.[92] 어느 회고적인 평가에 따르면, 옐친과 민주러시아에 "국민투표 선거 운동은 대통령 선거 운동을 위한 예행연습이었다".[93] 이 선거 운동의 요지는 고르바초프에 대한 반대였다. '고르바초프의 연방'에 반대표를 던지는 것은 민주러시아의 선거 공보물에서 밝힌 대로 "우리의 조국, 우리 선조의 피와 땀, 우리 민족과 신앙 그리고 우리의 미래"를 지지한다는 뜻이었다.[94]

고르바초프는 국민투표가 끝난 뒤 모스크바 지식인들이 두려워하던 비상조치를 도입하지 않았다. 그 대신, 그는 경제학자들에게 이야기했다. 그는 일관된 경제 개혁 프로그램에 착수할 기회가 있는지 다시 한번 검토해 보고 싶었다. 경제학자들은 온갖 경고를 늘어놨지만, 새로운 내용은 없었다. 이 논의는 고르바초프에게 베이커가 이틀 전에 한 말을 상기시켰다. "레이건 대통령은 팔이 하나밖에 없는 경제학자가 필요하다고 말하곤 했지요. 너무 많은 경제학자가 이야기할 때 두 팔을 쓰는 것을 좋아하거든요. 한편으로는, 또 다른 한편으로는(on one hand, on other hand)이라면서요."[95]

국민투표 결과에 대한 옐친의 반응은 대립을 더 격화시켰다. 3월 22일, 그는 레닌그라드의 키로프 기계제작 공장을 방문하여 폴란드 연대운동을 연상시키는 연설을 했다. 러시아 지도자는 소련 당국이 연간 세금의 절반인 대략 560억 루블을 가져가고, 중앙아시아의 비러시아 공화국들을 보조하는 데 사용하여 "러시아를 강탈"했다고 불만을 제기했다. "다른 공화국들을 먹여 살리는 것은 이제 그만!" 그는 외쳤다. 자신이 물가 상승으로 노동자들이 입는 손실을 보상해줄 수 있는 유일한 사람이라고 주장했다. 상점의 텅 빈 선반에 성난 수백 명의 산업 노동자가 옐친의 선동적인 언사에 자극받아 "고르바초프는 퇴진하라!"를 외치기 시작했다.[96]

모스크바에서는 민주러시아의 유리 아파나셰프가 앞장섰다. 국민투표는 그의 낙관론에 힘을 실어줬다. "이제 근본적인 변화 과정이 가차 없이 진행 중"이라고 영국 대사에게 말했다. 그는 워싱턴 D.C.의 유력한 미국 싱크탱크 기관인 민주주의를 위한 국가기금(NED)으로부터 대규모 보조금을 막 받았고, 정치적 선전에 이 돈을 썼다. 심지어 당 출판사들도 달러를 받고 반대파의 선거 홍보물을 인쇄해주더라고 그는 말했다. 선거 선전물 중 일부는 동조하는 아에로플로트 승무원들이 러시아 각 지방으로 실어다 줬다.[97] 아파나셰프는 난색을 표하는 포포프를 물리치고는 모스크바 시의회에서 옐친을 지지하는 대규모 집회의 허가를 받아냈다.

키로프 기계제작 공장에서 열린 옐친의 집회에 고르바초프는 격노했다. 그는 이 일을 국영 TV에 방영하면, '이 대중 선동가'가 무슨 말을 하고 있는지 모든 사람이 볼 수 있을 거라고 제안했다. 인민은 옐친이 나라를 파괴하고 있음을 깨달을 것이다. 고르바초프의 자문들은 그를 뜯어말렸다. TV로 방송되면, 고르바초프의 권위는 땅에 떨어질 것이라고 주장했다. 모두 "대통령을 발깔개처럼 취급하기" 시작할 것이다. 체르냐예프는 고르바초프에 대한 러시아 일반 대중의 "걷잡을 수 없는 비이성적 증오"를, 그로서는 이해하기 힘든 현상을 인식했다. 또한 고르바초프의 보좌관들은 모스크바와 레닌그라드 투표자의 각각 46퍼센트와 43퍼센트가 고르바초프의 신연방에 반대한다는 점에도 주목했다. 샤흐나자로프는 옐친이 총파업을 이끌까 걱정했는데, 그게 경제와 국가를 끝장내버릴 것이었다. 고르바초프는 점차 진정했다. 그리고 옐친과 맞붙으러 러시아연방 인민대표대회에 가지 않기로 했다. 그는 이것이 숙적에게만 좋은 일이라고 시인했다.[98]

고르바초프가 분통을 터트리며 꾸물거리는 동안, 새로운 공황이 모스크바 당 지도자 사이에 퍼졌다. 유리 프로코피에프와 그 외 기관원들은 '급진주의자들'이 거대한 군중을 이끌고 당 본부와 어쩌면 크렘린에도 난입할까 두려웠다. 고르바초프는 총리에게 해법을 구했다. 파블로프는 이미 쿠즈바스 파업을 처리 중이었다. KGB는 미국노동연맹과 산업조직회의(AFL-CIO)의 지도자인 레인 커클랜드(Lane Kirkland)가 모스크바를 방문하고 있으며 러시아 광부들에게 지원을 약속했다고 보고했다. 파블로프는 이 순간 어떤 양보든 러시아식 연대운동을 조직하고 싶은 사람들만 부추길 것이라고 판단했다. 그는 광부들이 작업을 재개하기 전까지 대표들과 협상 테이블에 앉기를 거부했다. 그는 "돈을 찾아내어" 임금을 인상해서 광부들을 달래자는 고르바초프의 제안도 거절했다.[99] 3월 25일, 고르바초프의 승인을 받은 파블로프는 3월 26일부터 4월 15일까지 모스크바에서 모든 집회와 시위를 중단할 것을 선언했다. 총리는 국영 TV에서 발언하면서 옐친에게 반대하는 러시아 대의원들을 보호하겠다고 약속했다. 고르바초프는 모스크바 경찰에 대한 권한을 포포프의 시 당국에서 내무장관 보리스 푸고에게로 이전하는 명령에 서명했다.

옐친의 지지자들은 고르바초프와 그의 측근들이 옐친을 제거할 계획을 세우고 있다고 확신했다.[100] 대체로 모스크바 지식인들인 민주러시아의 온건파는 예상되는 대결을 피하자고 제안했다.[101] 옐친이 무엇을 했을지는 아무도 말할 수 없다. 하지만 3월 26일 저녁에, 고르바초프는 전국 TV 방송에서 늘 그렇듯 길게 연설하면서 감정적이고 주저하는 태도로 반대파가 도발을 기획하고 있다고 비난했지만, 자신의 잘못도 시인했다. 그는 간청하듯 말했다. "폭력사태가 더 발생한다면, 저는 정치적으로 사망할 것입니다." 고르바초프는 파블로프의 조치를 철회하지 않았지만, 그의 호소는 조치의 효력을 약화시켰다. 대담해진 민주러시아의 급진파는 고르바초프와 파블로프의 즉각 퇴진을 요구했다. 3월 28일, 모스크바 신문들은 크게 헤드라인을 달았다. 파블로프의 조치를 무시하고 그날 저녁에 대규모 집회가 열릴 예정이라는 것이었다.[102]

그날 아침, 체르냐예프는 알렉산드르 야코블레프에게 전화를 받았다. 그는 고르바초프의 보좌관에게 고르바초프를 즉시 만나서 불가피한 충돌을 막도록 설득하라고 촉구했다. 야코블레프는 고르바초프가 모스크바에 병력을 불러들인 것을 공식적으로 비판했다. 체르냐예프의 생각은 달랐는데, 고르바초프는 절대 독재자가 되지 않을 것이라고 이제는 확신했다. 오히려 주요한 위험은 민주러시아의 무책임함이었다. 체르냐예프는 야코블레프에게 반대파가 합법적 정부를 구성하고 건설적 정책을 추구하기 위해 필요한 것을 이미 모두 얻었다고 말했다. 그 대신, 반대파 지도자들은 계속해서 극단적인 요구 사항만 추구하며 대중을 선동하고 있었다. 그들에게 원하는 것을 줬다가는 국가가 파괴될 것이다. 그리고 국가가 없다

면 어떤 개혁도 불가능해질 것이다.[103]

야코블레프는 고르바초프가 군에 의존하지 말고 '민주주의에' 기대야 한다고 주장했다. 이 말에 체르냐예프는 폭발했다. "민주주의는 무엇으로 이뤄져 있습니까? …… 민주주의는 정당, 기관, 법의 지배, 합법성에 대한 존중으로 조직된 사회의 한 형태요. 민주주의는 지도자들이 집권을 위해 경쟁하는 것이지, 국가에 반대하는 것이 아니오." 야코블레프와 체르냐예프 간의 논쟁은 국가의 강압으로부터 즉각적인 자유를 주장하는 인텔리겐치아의 요구와 국가 붕괴를 막을 필요성이라는 변함없는 러시아식 딜레마를 반영했다.[104] 셰바르드나제는 '어둠의 세력들'에 대한 두려움에도 불구하고 체르냐예프의 논리에 동의했다. 그가 보기에, 오늘은 급진적 민주파를 따르던 사람들이 내일은 권위주의적 대중 선동가를 따를 수도 있었다. 적어도 그루지야에서는 그런 일이 일어났다.[105]

러시아연방 인민대표대회의 특별 회기는 1991년 3월 28일에 크렘린 내의 역사적인 궁에서 개최되었다. 수백 명의 대의원이 내부 보안군의 출입 통제선을 통과하여 도착했다. 크렘린 바깥에는 4만 명의 무장 군인이 있었다. 개회 연설에 나선 옐친은 방어적인 자세를 취했다. 그는 "이 대결에는 승자가 없을 수도 있다"라고 인정했다. 그는 각 공화국에서 온 모든 정치 세력이 참여한 '원탁회의'로 중앙 정부를 대체할 것을 제안했다. 이를 통해 "쇄신된 연방에 도달할 수 있을 것"이라고 말했다. 옐친은 "나는 고르바초프의 노선에 반대하지만, 그와 함께 일할 준비가 되었다"라고 연설을 끝맺었다.[106]

하지만 대다수의 의원들은 크렘린 바깥의 무장 군인에 격분했다. 의원들은 마이크 앞에 줄을 서서 모스크바에서 병력을 철수시키라고 소련 지도부에 요구했다. 대회는 532 대 286으로 소련 정부와 고르바초프의 행위가 '반헌법적'이라고 선언했다. 하스불라토프는 고르바초프와 협상할 권한을 부여받았다. 그는 고르바초프로부터 비상조치는 해제하지 않겠지만, 다음 날 병력을 철수시키겠다는 약속을 받고 돌아왔다. 성난 대의원들은 대회 장소를 러시아혁명의 요람인 레닌그라드로 옮길 것을 주장했다. 하

지만 더 냉정한 의원들의 의견이 우세했고, 휴회가 선언되었다.[107]

반대파의 집회 장소였던 크렘린 옆 거대한 마네즈나야광장은 군인들과 탱크 수백 대가 차지하고 있었다. 반대파는 모스크바 순환대로에 있는 중간 크기 교차로인 아르바트광장과 고르키 거리에 지지자들을 결집시키기로 했다.[108] CNN은 집회 현장을 생중계했고, 모든 서방 기자가 합류했다. 미국 기자 데이비드 렘닉은 자유주의 성향의 러시아 친구들과 함께 있었다. 그는 근래에 일어난 베이징의 천안문 학살 사건을 떠올리고는 조마조마했다. 병력은 시위자로부터 도보로 5분 거리에 있었다. 군중은 학계 기관과 군사-과학 연구소, 박물관, 도서관 직원들로 이루어져 있었다. 비러시아 공화국에서 온 친독립파 활동가와 젊은 서방 음악 팬, 일부 젊은 기업가, 다수의 외국인도 있었다. 렘닉은 민주당 소속 오클라호마주 상원의원인 데이비드 보런(David Boren)과 우연히 마주쳤는데, 그 역시 이 행사에 이끌려 거리로 나온 것이었다. 민주러시아는 70만 명이 운집했다고 밝혔지만, 실제 숫자는 12~15만 명에 가까웠을 것이다. 당국이 집회 일시 중단 선언을 강제했다면, 사상자 발생은 불가피했을 것이다. 하지만 고르바초프는 파블로프와 군에 아주 신중하게 대처하라고 지시했다. 법 질서 세력은 차분하게 대응했고, 반대파의 집회는 "더할 나위 없이 지루해"졌으며, 군중의 분위기는 바뀌었다. 렘닉은 "군중은 스스로에 도취되어 있었다. 그들은 커다란 승리를 축하하고 있었다"라고 기록했다.[109]

고르바초프는 할 만큼 했기에, 이튿날 아침 병력과 폭동 진압 경찰을 모스크바에서 철수시키라고 지시했다. 로드릭 브레이스웨이트는 일기에 고르바초프의 패배에 관해 썼다. "군중은 이제 그를 미워하고 경멸한다. 그의 입지는 치명상을 입은 듯하다."[110] 고르바초프는 회고록에서, 그해 봄에 정부와 러시아 반대파의 대치가 중앙 정부를 "탈진"시키고, 시급한 문제를 해결할 시간을 낭비했으며, 연방을 내부로부터 깨지기 쉽게 만들었다고 썼다. 소련 정부와 당 내 강경파는 옐친 측의 행위가 법의 테두리를 벗어났다고 여겼고 다음과 같이 결론 내렸다. "그들이 감히 그렇게 나온다면, 결단코 우리도 그렇게 해야 한다."[111]

병력 철수 소식은 러시아연방 인민대표대회 내 분위기를 급격하게 바꾸었다. 급진파는 고르바초프가 패배를 자인했다고 의기양양했다.[112] 공산당 대의원들은 대오가 흐트러졌고, 동시에 옐친을 몰아내려던 사람들은 열의가 식었다. 그들 중 한 명인 보리스 이사코프(Boris Isakov)는 옐친의 독재적 성향에 대한 비난을 이어갔지만, 균형을 맞추는 차원에서 고르바초프에게 대통령직을 "다른 누군가에게" 넘기라고 촉구했다. 아프가니스탄에서 싸운 소련 공군 베테랑인 알렉산드르 루츠코이(Alexander Rutskoy)는 러시아공산당에서 탈퇴하겠다고 발표했다. 그는 공산주의자들이 "민주주의를 지지하는" 새로운 정파를 구성하고 옐친을 지지해야 한다고 말했다. 심지어 폴로즈코프도 러시아공산당이 옐친에 맞서 음모를 꾸민 적이 없다고 맹세해야 했다. 방청하고 있던 정치국원 비탈리 보롯니코프는 눈앞의 광경을 지켜보다가 신물이 났다. 그는 더 이상 그런 엉터리 광대극에 끼어들고 싶지 않아 러시아 의회에 사임서를 제출했다.[113]

러시아공산당 반대파가 사라지자, 인민대표대회는 옐친에게 러시아 경제를 해결할 권한을 추가로 부여했다. 옐친이 이를 어떻게 해낼지는 아무도 몰랐지만, 옐친의 자문들이 작성한 프로그램은 일관성을 지닌 것 같았다. 가장 결정적으로, 다수의 러시아공산당원을 비롯해 대의원의 3분의 2 이상이 대통령직을 신설하도록 러시아연방 헌법을 수정하는 데 찬성표를 던졌다. 대통령 선거일은 1991년 6월 12일로 정해졌다.[114] 이것은 정치적 기적에 가까웠다. 몇 주 전만 해도 보수파의 희생자로 낙점되었던 옐친이 이제 러시아 최고 헌법 기관으로부터 권한을 부여받고 러시아 인민에 의한 민선 행정부의 지도자가 될 유례없는 기회를 얻은 것이다. 이는 고르바초프와 각료회의, 소련 인민대표대회와 루캬노프의 최고소비에트가 1789년의 프랑스 국왕과 국민의회와 같은 처지가 되었다는 뜻이었다. 즉, 구닥다리가 되어 대체될 판국이었다. 하지만 프랑스와 달리, 이 혁명적 전개는 국가의 소멸과 해체를 불러올 터였다. 이것이 3월 17일의 국민투표와 고르바초프의 갈지자 행보의 결과였다.

- …… 중앙 정부가 현지 당국들에 권력을 내줌.

_《메리엄-웹스터 사전》에서 '이양(devoultion)'의 정의

9 더하기 1

국민투표가 끝나고 한 달간 우물쭈물한 끝에, 고르바초프는 마침내 마음을 정하고 샤흐나자로프에게 '위기관리의 핵심 문제들'을 논의하기 위해 1991년 4월 23일에 9개 공화국 지도자들과의 비공개 모임을 위한 자료를 준비하라고 지시했다. 대통령은 "한정된 범위의 사람들과 정치적·경제적·사회적 유형의 시급한 문제들을 논의"하자고 옐친에게 간결한 개인 초대장을 보냈다. 모임은 번잡한 모스크바를 벗어나 노보오가료보의 '별장'에서 열릴 예정이었다.[1]

노보오가료보는 모스크바에서 서쪽으로 대략 40킬로미터 떨어진 모스크바강 굽이의 전원지대에 위치해 있었는데, 고르바초프의 관저와도 매우 가까운 호화로운 별장 단지였다. 그곳에서 브레즈네프는 닉슨과 회담을 가졌고, 고르바초프도 레이건을 접견했다. 4월 23일, 소련에서는 노보오가료보가 중앙 정부에서 공화국들로의 권력 이양과 동의어가 되었다. 회담은 '9 더하기 1'로 알려졌다. 1은 모임의 주최자인 대통령이었다. 9는 3월 국민투표에 참여한 공화국의 지도자들이었다. 게다가 고르바초프는 러시아연방 내 15개 자치 공화국과 자치구의 수장들도 초청했다.[2]

경제 위기가 초대의 배경이었다. 파블로프와 국영은행은 고르바초프에게 그해 초 이래로 중앙 정부는 예상 세입의 3분의 2를 받지 못했다고 알렸다.[3] 러시아 정부와 그를 따르는 공화국들은 소련 국가의 자금을 고갈시키고 있었다. 광부 파업으로 많은 산업이 문을 닫기 직전이었다. 중앙아

시아 공화국들은 재정 적자를 메우기 위해 면화를 해외로 수출하기 시작했다. 우크라이나는 다른 공화국들에 대한 식량 공급을 제한하기 시작했다. 일부 지역에서는 상품 수출을 제한하는 장벽을 세우고 수입 상품에 관세를 부과했다. 이 보호주의는 더 많은 사재기와 품귀 현상을 초래할 뿐이었다. 4월 10일, 파블로프는 고르바초프에게 리시코프 프로그램의 골자를 업데이트한 위기 대응 프로그램을 제시했다.[4] 고르바초프는 더 이상 그럭저럭 위기를 헤쳐나갈 수 없다는 것을 깨달았다. 그는 분리주의에 맞서는 조치를 취하든지, 정치적 합의를 끌어내야 했다. 늘 그렇듯이, 그는 협상하는 쪽을 택했다.

노보오가료보에서 그 후로 두 달 동안, 소련 지도자는 옐친이 1990년 여름부터 제안한 해법, 즉 '주권국가연합'에 90퍼센트 가까이 기울었다. 바딤 메드베데프는 사실상 "'원탁회의'가 실행됐다"라고 평가했다.[5] 그 대가로, 고르바초프는 러시아 지도자가 타협을 확실하게 매듭짓도록 얼마간 양보해주길 기대했다. 하지만 그는 권력 이양 이후에 과연 어떤 국가가 등장할지, 심지어 그 자신에게도 분명하게 설명할 수 없었다. 아마 노보오가료보에 있던 누구도 알 수 없었을 것이다. 고르바초프와 그의 보좌관들은 옐친이 강력한 대통령이 있는 연방을 결사반대할 것임을 알고 있었다. 샤흐나자로프는 연방조약을 체결하면 고르바초프는 사임해야 할 가능성이 크다고 경고했다.[6] 고르바초프는 그 말을 듣지 않았다. 그는 공화국 지도자들을 구워삶을 수 있다고 확신했다. 회고록에서, 고르바초프는 자신의 전술이 "러시아 지도부를 깨트리기 힘든 약속으로 얽매놓는" 것이었다고 썼다.[7]

옐친 주변에 있는 어떤 이들은 수뇌부의 반목이 나라를 망가트리고 있음을 깨달았다. 3월 28일 모스크바에서 대치하던 날, 블라디미르 루킨은 1960년대부터 줄곧 알고 지낸 체르냐예프를 찾아왔다. 그 당시 두 사람은 개혁의 꿈을 공유했지만, 이제는 반대 진영에 속해 있었다. 만남은 잘 흘러갔던 듯하다. 체르냐예프는 고르바초프에게 루킨이 "'걸림돌인 옐친을 제거할(*vyvesti ego za skobki*)' 방안"을 갖고 있다는 쪽지를 보냈다. 루킨을 중심으로 한 러시아 의회 내 온건파가 "연방조약의 신속한 체결을 간절히 염원"하고 있다는 것이다. 이 파벌의 또 다른 인물인 게오르기 아르바토프는 다시금 옐친에게 고르바초프와의 반목을 끝내고 개혁 성향의 당 인사들과 연합하라고 호소했다.[8]

"러시아 대통령으로 선출될 준비를 하고 있던 옐친은 연방과 소련 대통령인 내가 성실하게 처신하지 않을 것을 우려했다"라고 고르바초프는 회고했다.[9] 러시아의 이단아는 유럽평의회 총회에 연설하러 스트라스부르에 갔다가 쓰라린 교훈을 얻었다. 많은 유럽 의원, 특히 좌파는 옐친이 새로 학습한 수사학을 싫어했다. 그리고 그를 대중 선동가, 고르바초프를 폄하하고 위험한 분리주의자라고 여겼다. 적대적인 반응에 직면한 옐친은 기분이 상해서 서둘러 자리를 떴다. 파리에서는 미테랑이 한층 굴욕을 주었는데, 러시아 지도자를 엘리제궁으로 초대하지도 않았던 것이다. "타격이 심했다"라고 수년 뒤에 옐친은 회고했다. 프랑스에서 옐친이 느낀 당혹감은 고르바초프가 일본에 국빈으로 방문하고 한국에서 열렬히 환영받은 소식과는 대조되었다.[10]

모스크바로 돌아온 옐친은 고르바초프와의 반목을 잠시 접고 협상하기로 결심했다. 하지만 소련 지도자에 대한 불신은 여전했다. 옐친의 측근들은 고르바초프가 연방조약을 체결한 뒤 대통령 통치를 도입할 음모를 꾸미고 있다는 '정보'를 옐친에게 꾸준히 전달했다. '내부 정보원들'은 모든 공화국의 의회가 해산되고 행정부는 중앙 정부에 종속될 것이라고 옐친에게 장담했다. 그런 주장들이 완전히 근거가 없지는 않았는데, 당과 KGB 보수파의 열렬한 소망을 반영했기 때문이다.[11]

또한 옐친은 러시아연방 내 민족 자치구 지도자들과 자신의 사이를 고르바초프가 계속 이간질하려 든다고 여겼기에 짜증이 났다. 그럴 기회는 넘쳐났는데, 캅카스, 체첸, 다게스탄에는 강력한 분리주의의 잠재성을 지닌 소수민족 거주지가 있었기 때문이었다. 또 다른 주요 거주지는 러시아 심장부인 볼가강 주변의 타타르스탄이었다. 1991년 초, 타타르스탄의 공산당 지도자 민티메르 샤이미예프(Mintimer Shaimiev)는 종족-민족주의라는 수단을 활발히 활용했다. 3월 16일, 특별 선거에서 샤이미예프는 그 지역의 정유 공장과 대형 자동차 공장에 대한 지배권을 모스크바로부터 가져오겠다고 약속하며 타타르스탄의 대통령으로 선출되었다. 고작 몇 달 전, 옐친은 타타르스탄, 바시키리야와 러시아연방 내 소수민족 거주지의 자치주의자들에게 최대한의 주권을 약속했다. 이제 타타르스탄 지도자의 야심은 옐친의 '러시아'의 영토 통합성을 위협하고 있었다.[12]

4월 23일 아침, 고르바초프는 매우 긴장한 상태였다. "우리는 옐친이 분노하기 쉬운 성격임을 알고 있었지만, 그의 '팀'이 화해에 동의할지는 확실치 않았다. 만일의 사태에 대비해야 했다"라고 샤흐나자로프는 회상했다. 러시아 지도자가 탄 차가 노보오가료보 입구에 나타났을 때, 긴장은 누그러졌다. 지도자들의 만남은 자문들 없이 비공개로 이루어졌다. 휴식 시간이 되자, 고르바초프가 밝은 표정으로 나타났다. 그는 보좌관들에게 모임에서 합의된 공동 성명을 문서로 작성하라고 지시했다. 공동 성명서는 "시민 불복종, 파업, 합법적으로 선출된 기존 국가 권력 기구의 전복을 호소함으로써 정치적 목적을 이루려는 시도"를 규탄했다. 성명서 초안을 준비한 샤흐나자로프는 고르바초프가 핵심을 양보했음을 알아차렸다. 문서에서 소비에트연방이라는 단어 대신에 짤막하게 연방(a Union)이라고만 언급했던 것이다. 타스 통신과 국영방송은 나라와 전 세계에 뉴스를 알렸다. 점심을 들면서, 옐친과 고르바초프는 샴페인 잔을 들고 서로의 건강을 기원했다.[13]

옐친은 고르바초프가 얼마나 많이 양보했는지 가장 먼저 깨달았다. "연방조약의 체계가 …… 뒤집혀졌다." 하지만 그는 의구심을 떨치지 못했다. 왜 고르바초프는 극적인 양보를 그토록 쉽게 했는가? 혹시 '전체주의적 중앙'의 마지막 몸부림을 연장하려는 교묘한 수작일까?[14] 옐친 진영의 어느 역사가는 나중에 노보오가료보 합의는 "고르바초프에게 매우 강력한 정치적 선택이었음이 드러났다"라고 썼다. 소련 지도자는 그다음 날 열린 소련공산당 총회에서 당 강경파에 맞서 자신을 보호하고 있었다는 것이다.[15] 그런 정치적 대가를 치러가며 과연 그렇게 양보할 필요가 있었을까?

당 보수파는 마땅히 갈 곳이 없었다. 그들 가운데 가장 정력적인 올레크 셰닌과 레닌그라드의 당 서기인 보리스 기다스포프(Boris Gidaspov)는 다음 당 총회에서 서기장을 (이번에도!) 호되게 질책할 참이었다. 하지만 그들은 전면적인 반란을 기획할 프로그램이나 언어가 없었다.[16] 노보오가료보의 공동 선언은 완전히 그들의 허를 찔렀다. 어느 정치국원은 총회에서 샤흐나자로프에게 따졌다. "대체 무슨 일을 한 거요, 동무들? 당신들은 권력을 내버리고 그와 함께 연방도 내버렸소."[17]

고르바초프는 경고의 말과 함께 총회를 개최했다. 자신은 강경파와 민주적 극단파 사이의 공개적 갈등을 피하고 싶다는 것이었다. 그런 충돌은 평화로운 헌정 절차가 끝나고, 무정부 상태와 반란, 궁극적으로 '진정한 독재'로 전락한다는 의미일 것이다. 보수파 비판가들은 예상대로 비난의 십자포화를 쏟아냈다. 전부 고르바초프의 후견을 받았던 당 서기들은, 연사들이 차례차례 고르바초프에게 모욕적 발언을 쏟아내는 동안 무표정하게 앉아 있었다. 그다음은 고르바초프가 모두를 놀라게 할 차례였다. 그는 서기장에서 사퇴할 생각이라고 밝혔다. 이것은 강경파를 무장 해제시키는 차르 같은 제스처였다. 마법처럼, 성난 당 일꾼들이 말 잘 듣는 충성스러운 신하로 돌변했다. 정치국원이자 노보오가료보 회담의 참석자이기도 한 카자흐스탄의 나자르바예프가 결정적인 중재자 역할을 해서, 고르바초프는 서기장 직에 머무르기로 했다.[18]

노보오가료보 성명이 나오고 며칠 뒤, 샤흐나자로프는 영국 대사 로드릭 브레이스웨이트에게 이제 모든 일은 옐친의 행동에 달렸다고 말했는데, 옐친은 여전히 고르바초프를 궁지로 몰 수 있기 때문이었다. 샤흐나자로프는 보수파가 아직 끝장나지 않았다고 경고했다. 고르바초프가 당을 쪼갰다면 상황은 나았으리라. 브레이스웨이트는 "놀랍게도, 샤흐나자로프는 군의 정권 탈취 가능성을 배제하지 않았다. 그런 위치의 사람이 이런 식으로 말하는 걸 들은 것은 처음이었다"라고 썼다. 몇 시간 뒤, 영국 대사는 러시아공산당 지도자 이반 폴로즈코프를 만났다. 그는 방어적이면서도 큰소리를 쳤다. 그는 옐친이 대통령 선거에서 승리하지 못할 거라고 장담했다. "뽑힌다고 해도, 그는 방안이 없어서 1년 내로 쫓겨날 겁니다." 브레이스웨이트는 모스크바에서의 불안정한 휴전에 관해 런던에 보고했다. 그는 고르바초프의 묘비명을 쓰기에는 아직 이르다고 판단했다.[19]

노보오가료보 회담으로 고르바초프는 전술적 승리를 거뒀지만, 새로운 형식의 회담은 공화국 분리주의만 조장했다. 루슬란 하스불라토프는 고르바초프가 심리학적 실수를 저질렀다고 회고했다. 그가 양보하는 바람에 다른 공화국 지도자들은 허약하고 우유부단한 지도자라고 확신했다는 것이다. "권력을 잡으려는 충동은 정치 엘리트들을 추동하는 가장 강력한 요인이다"라고 하스불라토프는 결론 내렸다. 고르바초프는 특이한 정치적 동물로, 권력을 오해했다.[20] 선구적인 학자들의 연구와 관찰은 하스불라토프의 판단이 옳았음을 확인해주었다. 결국, 노보오가료보는 공화국의 유력자들이 만나 고르바초프 몰래 합의할 수 있는 포럼이 되었다.[21]

5월 말, 루킨은 고르바초프의 제안을 옐친에게 전달했는데, 연방조약에 대해 "협상 파트너들은 신속한 체결을 원한다"라는 것이었다. 고르바초프는 타타르스탄 같은 민족 자치구가 모두 조약에 서명하지 않고 러시아연방만 서명하는 방안을 수용했다고 그는 말했다. 옐친과 러시아 의회는 연방 층위에서 내려지는 모든 중대 결정에 대한 거부권을 가질 것이고, 러시아연방은 자국 영토상의 과세를 완전히 통제할 것이다. 하지만 그 대가로 고르바초프가 진짜로 원한 것은 중앙 부처와 소련군에 자금을 대기 위해 세입이 곧장 중앙으로 가는 연방세였다. 루킨은 이 제안을 수락할 것을 러시아 대통령에게 촉구했다. 옐친은 이 거래를 거부했다. 그는 전부를 원했다.[22]

러시아 민주주의자들과 그 친구들

1991년 겨울과 봄, BBC는 모스크바에서 '제2차 러시아혁명'이라는 몇 부작짜리 다큐멘터리를 찍었다. 소련의 수도에 있는 많은 지식인으로서는, 이 제목이 그 순간을 포착했다고 여겼다. 미국 정치학자 마크 가슬론(Marc

Garcelon)은 러시아 민주주의 운동의 핵심부가 주로 MIC 실험실과 연구소 근무자들 그리고 소련 과학아카데미 사람들로 이루어져 있다고 썼다. 그는 이 현상을 "전문가들의 반란"이라고 불렀다.[23] 이때는 프랑스혁명 연구자가 수십만 명을 항의 집회로 불러 모으고, 강단 사회학자가 작은 나라의 지도자가 되며, 이탈리아 르네상스 역사가가 러시아 지도자에게 자문하고, 연구소 출신 물리학자가 러시아 민주주의 진영에서 미국 의회에 사절로 가던 시대였다. 가장 분별력 있는 뛰어난 지성인들조차도 혁명적인 오만함과 역사적 사명감에 부풀었다. 당시 어느 민주주의 활동가는 훗날 그와 동료들이 정보와 여행의 자유 그리고 지적 재산권을 원했다고 회고했다. "이 인텔리겐치아는 정의에 대한 모든 희망을 …… 서구식 모델과 연결시켰다." 국가 건설과 마찬가지로 인플레이션과 경제 발전의 문제에 대해 말하자면, "양자역학만큼 이해하기 힘든 것이었다".[24]

1991년 4월 13일, 민주러시아 운동의 조직자들은 대규모 회의 전날에 모스크바에서 모임을 가졌다. 그들은 민주러시아에 30~40만에 달하는 활동가들과 약 100만 명의 지지자들이 있다고 주장했다. 규모가 상당한 세력이지만, 분열되어 있고 무질서했다. 운동가들을 하나로 묶는 유일한 요소는 고르바초프와 소련 국가 기구를 몰아내려는 열망이었다. 역사가이자 민주러시아 지도자인 유리 아파나셰프가 현 정세에 관해 보고했다. 그는 불가피한 경제 위기와 그에 따른 불만의 증대로 노동자들이 파업을 일으킬 것이라고 말했다. 민주주의자들은 쿠즈바스의 파업 광부들과 연대를 다지고 벨로루시의 노동자들에게 손을 뻗쳐야 한다. 그래야 고르바초프에게 우리의 조건을 지시할 수 있는 권력 기반을 창출할 것이기 때문이다. 그는 "우리가 고르바초프, 파블로프와 함께 사회주의를 개량하든지, 아니면 사회주의를 극복하든지 둘 중 하나"라고 비꼬았다. 아파나셰프는 소련 경제와 정치 시스템 전체가 혁신되길 원했고, 운동 진영 내에서 일부는 그런 노선이 너무 급진적이고 새로운 형태의 볼셰비즘이라고 여기지만 전혀 그렇지 않다고 말을 이었다. 민주러시아는 무력을 쓰지 않고 집권할 것이며, 러시아에 자유주의적 질서를 건설할 것이다. 체스 세계 챔피언인 가리 카스파로프는 "고르바초프를 구하고 싶어 하는" 이들을 비웃었다. 옐레나 보네르도 고르바초프가 정치적으로 끝났다는 데 동의했다. 보네르는 "러시아 인텔리겐치아는 더 이상 사태에 끌려다녀서는 안 된다"라고 단언했다.[25]

이날 모임에서, 42세의 물리학자 미하일 시나이더(Mikhail Shneider)는 폴란드의 1989년 원탁회의에 영감을 받았다. 그는 고르바초프에서 민주 세력으로 권력을 이양하기 위한 일정표를 발표했다. 1991년 4월, 고르바초프는 모든 정치 세력을 아우르는 원탁회의를 출범시키고 당 지도부에서 물러나야 할 것이다. TV 방송에 대한 국가의 독점을 폐지하고, 정부 내 당 조직과 KGB · 군 · 경찰을 해산해야 한다. 5월 말까지는 각료회의를 해산하고, 소련 최고소비에트를 해체해야 할 것이다. 옛 국가가 해체되는 동안, 공화국 지도자들은 임시정부를 구성할 것이다. 10월 1일, 개별 공화국의 제헌의회들이 새로운 연방조약에 서명할 것이다. 그리고 10월 말이면, 전 연방 제헌의회가 수립될 것이다. 고르바초프가 협조하길 거부한다면, 민주러시아는 전국적으로 정치 파업을 선언해야 한다고 시나이더는 주장했다.[26]

민주러시아 운동의 또 다른 급진적 정치 전략가는 전직 소아과 의사인 37세의 블라디미르 보세르(Vladimir Boxer)였다. 이튿날 회의에서 연설한 보세르는 러시아인들을 세 집단으로 나누었다. 러시아인 가운데 3분의 1만이 '민주적 성향'인데, 옐친을 지지하고 고르바초프의 연방을 거부하기 때문이었다. 다른 3분의 1은 연방의 보존을 지지하고 러시아 대통령제를 거부하는 '반동적이고 보수적인 세력'이었다. 그 중간인 3분의 1은 '늪'이었다. 활발한 선전과 집회를 통해 이 늪을 정복할 수 있고, 러시아 민주주의는 승리할 것이다.[27]

이제 주도적인 러시아 민주주의자들은 소련의 모든 공화국이 개별 국가가 될 것이라고 전제했다. 러시아 민주주의는 승리를 위해, 심지어 러시아연방 내에서도 모든 독립운동을 지지하고 민족 자치구를 빠짐없이 인정해야 한다. 소련의 모든 종족 갈등은 공산주의 노멘클라투라와 그 앞잡

이들, 그들의 부패한 통상 구조의 산물이라고 옐레나 보네르는 주장했다. 그녀는 모임 참석자들에게 이렇게 외쳤다. "다른 공화국의 민주주의자들이 당신들을 지지하길 거부한다면 당신들은 끝난 것입니다!"[28] 인권운동가인 레프 포노마레프(Lev Ponomarev)는 발트 공화국들의 독립운동과 우크라이나의 루흐, 그 외 공화국들의 민족주의 운동이 '탈공산주의 사회에서도' 연방 국가를 거부한다고 인정했다. 그는 평화로운 이행을 보장하기 위해 민주국가들의 연방이나 연합이 '소련의 법적 승계자'가 되어야 한다고 결론 내렸다.[29]

노보오가료보 성명은 민주러시아 지도자들을 충격에 빠트렸다. 그들은 옐친에게 뒤통수를 맞고 버려졌다고 느꼈다. 실망스럽게도 광부 파업은 빨리 끝났다. 아파나셰프와 보네르는 노보오가료보 성명을 중앙 당국에 투항한 셈이라고 여겼다. 전국 정치 파업은 어찌 된 건가? 광부들과 러시아 연대운동은 어찌 된 건가? 고르바초프와 현 정부를 권좌에서 몰아내고 진정한 민주주의자들과 공화국 지도자들과 진짜 원탁 토론을 벌일 기회를 왜 걷어차는가?[30] 옐친의 자문인 겐나디 부르불리스는 혼란스러워하는 급진파들에게 막후 거래는 없었다며 진정시켜야 했다. 그는 고르바초프와 손을 잡기로 한 옐친의 결정은 "개혁을 위한 유일한 국가 기반"이라며 "어떤 사람들은 고르바초프가 이겼다고 하지만, 나는 상황이 우리에게 달려 있다고 생각한다"라고 설명했다. 이제 모두가 옐친의 대통령 선거 운동에 집중해야 했다. 부르불리스는 선거 운동 책임자였고 옐친의 부통령 후보로까지 나설 생각이었다. 몇 시간에 걸쳐 토론한 끝에 민주파의 분노는 누그러졌다. 모임에 참석한 민주러시아 대표들은 옐친을 대통령 선거 운동의 후보자로 지명했다. 단 한 명의 대표만이 반대했고 일곱 명은 기권했다.[31]

1991년 봄, 미국 공화당 우파와 민주당 진보 세력 모두 러시아 민주운동의 대단한 끈기에 감탄했다. 옐친과 민주러시아 운동가들은 위축되지 않고 대중에 대한 호소와 대중 선전 활동 범위를 넓혔다. 특히 인상적인 것은 러시아 민주주의자들이 발트 지역 독립이라는 대의명분에 보내는 강력한 지지였다. 미국 의회의 자금 지원을 받은 NED에서, 즈비그뉴 브레진스키, 리처드 파이프스(Richard Pipes), 나디아 듀크(Nadia Diuk), 러시아 반체제 인사인 블라디미르 부콥스키(Vladimir Bukovsky)는 발트인들의 가장 강력한 동맹으로서 옐친을 지지하라고 촉구했다.[32] 민주러시아는 로널드 레이건의 친구이자 후원자의 재정 지원을 받는 크리블연구소로부터 이미 200만 달러를 기부받았다. 이 돈으로 부르불리스와 그의 친구들은 모스크바에서 120개의 워크숍과 교육 세미나, 러시아 각 지방에서 '민주주의를 위한 훈련'과 더불어 에스토니아 탈린의 다민족적 회의와 '학교'를 후원했다. 그들은 3월 국민투표 당시에 민주러시아의 정치 유세를 위해 복사기와 컴퓨터도 구입했다. 그 기기들은 옐친의 대통령 선거 운동에도 사용됐다. KGB는 이 사실을 알았지만 아무것도 할 수 없었다. 미국 기부금의 수혜자들은 인민의 대표로서 면책 특권이 있었기 때문이다. 소련 의원들이 외국의 지원을 받는 것을 금지하는 법률이 없었던 것이다.[33]

또 다른 '러시아 민주주의의 친구'는 민주당 계열의 기관이지만 비당파적이고 비정부적인 조직으로 활동하는 전미민주연구소(Naitional Democratic Institute, NDI)였다. 스탠퍼드대학의 풀브라이트 장학금을 받은 젊은 학자인 마이클 맥폴(Michael McFaul)은 당시 모스크바에서 러시아 민주주의 운동에 관한 책을 쓰기 위해 인터뷰 중이었다. 그는 NDI 업무에 자원했다. 맥폴은 1990년 10월 민주러시아 창립회의에 참가했고, 1991년 4월 협의회에도 참석했다. 그는 블라디미르 보세르와 미하일 시나이더, 러시아 의회의 젊고 뛰어난 의원으로 러시아연방의 민주적인 헌법 작성에 관여하던 올레크 루먄체프(Oleg Rumyantsev)와 친해졌다. 맥폴은 당시 자신과 친구들을 '민주적인 이상주의자'라고 묘사했다. 그는 "이 사람들이 집권한다면, 미·러 관계에서 파트너십의 새 시대가 가능할뿐더러 개연성도 있을 것 같았다"[34]라고 믿었다.

1991년 4월 초, 리처드 닉슨이 소련 위기의 심각성을 가늠해보기 위해 소련에 도착했다. 그는 전직 미국 대통령으로서는 최초로 발트 국가들을 방문했고, 그루지야와 우크라이나도 찾았다. 모스크바에서는 세바르드나제와 프리마코프, 크류치코프를 만났다. 하지만 고르바초프, 옐친과는 만날 약속은 잡지 못했는데, 둘 다 너무 바빴기 때문이다.[35] 닉슨과 함께한 소련 망명자 디미트리 K. 시메스(Dimitri K. Simes)가 꾀를 냈고, 닉슨과 시메스는 묵고 있던 모스크바 프레지던트호텔 로비에 앉아 옐친과 만날 일정에 관해 큰 소리로 떠들었다. 시메스는 KGB가 이 대화를 엿듣고 고르바초프에게 보고할 것이라고 예상했다. 아니나 다를까, 두세 시간 만에 고르바초프의 비서가 전화를 걸어와 닉슨을 대통령과의 면담에 초대했다. 그러고 나서 시메스는 루킨에게 전화를 걸어 닉슨이 고르바초프와 만날 예정이라고 알렸다. 그러자 옐친도 즉각 바쁜 일정을 쪼개 닉슨과 만날 시간을 냈다.[36]

닉슨은 두 사람과의 만남에 관해 서방 언론에 대단히 편파적으로 보고했다. 그는 고르바초프를 수세적이고 기운이 바닥난 과거의 인물처럼 묘사했다. 반면 옐친은 신속하고 단호하게 개혁하려는 열의가 넘친다고 칭찬했다. 닉슨은 《뉴욕타임스》에 "고르바초프는 월스트리트고, 옐친은 메인스트리트다(월스트리트는 대기업의 이해관계와 도시적 가치를, 메인스트리트는 소규모 자영업자들의 이해관계와 보통 사람의 가치를 상징한다 – 옮긴이). 옐친은 혁명적 지도자가 될 수 있다. …… 그는 사람들을 끌어당기는 동물적인 매력이 있고 가차 없다"라고 말했다.[37] 며칠 뒤 《타임》에는 옐친이 "공산주의 철학을 철저히 배격"하고, 사유 재산권을 지지하며, 발트 지역에 즉각 독립을 허용할 것이고, "쿠바, 아프가니스탄, 앙골라를 비롯하여 제3세계 낙오자들에 대한 소련의 모든 원조를 끊을" 것이라는 닉슨의 칭찬이 실렸다. 그는 미국 정부가 고르바초프가 아니라 옐친과 그의 유능한 자문들을 지지해야 한다고 결론 내렸다. 물론 이러한 변화는 고르바초프를 불쾌하게 할 것이라고 닉슨은 인정했다. "하지만 우리가 그를 필요로 하는 것보다 그가 우리를 더 필요로 한다는 점을 기억해야 하며", 옐친을 지지하는 것이 도덕적으로도, 또 미국의 국익에도 옳다고 지적했다. 또한 닉슨은 옐친에게서 중요한 점을 배웠다. "그는 소련에 미래가 없다는 것을 안다. 전혀 없다. …… 러시아에 미래가 있다면, 옐친이다."[38]

닉슨으로부터 공개적인 메시지가 나오기 전부터, 부시와 스코크로프트는 미국이 옐친과 '러시아 민주주의자들'을 지지하도록 강한 압력을 받았다. 부시 대통령은 줄리오 안드레오티 이탈리아 총리와 통화하면서, "미국의 일각에서, 특히 극좌와 극우 진영에서, 옐친은 영웅"이라며 불만을 토로했다. 그는 고르바초프가 발트 지역이 연방에서 벗어나는 것을 즉시 허락하기만 하면, 유럽과 미국에서 엄청난 지지를 받을 것이라고 아쉬운 듯 말했다. 안드레오티는 고르바초프에게 정치적으로 위험한 일이라고 대답했다. 게다가 교황도 같은 생각이라며, 바티칸은 발트 독립을 압박하지 않는다고 덧붙였다. 바람직한 경로는 연방 중앙에서 관리하는 점진적인 정치적·경제적 개혁이었다. 미국 대통령도 동의했다. "옐친이 옳은 말을 하지만", 부시가 이야기를 나눠본 각국의 지도자들은 하나같이 그가 대중선동가이고 집권하면 독재자가 될 것이라고 믿었다.[39]

3월 29일, 부시는 백악관에서 에스토니아 최고소비에트의 의장 아르놀드 뤼텔과 외무부 장관 렌나르트 메리(Lennart Meri)를 접견했다. 뤼텔은 미국 대통령이 1월에 발트 지역의 유혈사태를 중단시키는 데 중요한 역할을 했다며 감사를 표했다. 하지만 의장은 고르바초프가 발트 국가들의 소비에트연방 탈퇴에 관한 협상에 나서도록 부시가 더 큰 압력을 행사하길 바랐다. 보좌관들이 경고했지만, 부시는 발트인들보다는 고르바초프의 미묘한 처지를 더욱 걱정하는 마음을 감추지 못했다. 부시가 불쑥 물었다. "하지만 고르바초프가 살아남을까요? 10달러를 걸고 내기를 한다면, 그가 살아남는 데 거시겠습니까?" 고르바초프의 생존을 돕는 최상의 방법은 그가 발트 지역을 놔주도록 서방이 압력을 가하는 것이라고 뤼텔은 대답했다. 이는 러시아 민주주의를 강화하고 고르바초프가 권력을 다시 발휘하도록 할 것이다. 메리는 고르바초프가 "원수가 되고 싶어 하는 7000명의 장군들"과 "나라를 줄곧 지배했으며, 안드로포프 치하에서도 고르바초프 막후의 주된 권력이었던" KGB의 볼모가 되었다고 설명했다. 서방과 발트 지역, 러시아 민주주의자들이 함께 행동해야, 고르바초프가 KGB와 군이라는 굴레에서 자유로워질 수 있다. 이것은 부시에게 신선한 발상처럼 보였다. 하지만 좀 더 생각해본 뒤 미국 대통령은 이전 노선을 고수했다. 연방의 중앙이 관리하는 점진적인 변화가 소련이 나아가야 할 유일한 길이다. 고르바초프를 몰아붙여서 우익 쿠데타의 위험을 초래하는 대신, 부시는 독립을 향한 발트인들의 행진을 늦추는 편을 택했다.[40]

노보오가료보 회담이 열리기 전날, 스코크로프트는 CIA와 그 외의 전문가들에게 소련 상황에 대한 최신 분석을 요청했다. 고르바초프의 퇴진이나 축출을 유발할 만한 사태는 무엇인가? 가능한 승계 시나리오로는 어떤 것이 있는가? CIA의 고위 소련통인 프리츠 어마스는 지금이 그의 모든 생각을 백악관과 공유하기에 적기라고 여겼다. 그는 '소련이라는 도가니(The Soviet Cauldron)'라는 제목의 메모에서, "경제 위기, 독립에 대한 염원, 반공 세력이 소련 제국과 통치 체제를 무너트리고 있다"라고 썼다. 중앙계획적인 소련 경제는 "돌이킬 수 없게 망가졌고" 더는 "일관된 시스템"이 아니다. 당도 무너지고 있었다. 고르바초프에 대한 신임은 "뚜렷한 지향점이 보이지 않는 정치적 행보와 정책 실패 때문에 …… 제로에 가깝다". 어마스는 고르바초프와 옐친 모두 암살당할 수도 있는 폭력적인 루마니아 시나리오를 예견했다. 가능성 높은 또 다른 시나리오는 옐친과 민주 세력을 겨냥한 강경파의 '푸치(*putsch*)'(폭력적인 정부 전복 시도 – 옮긴이)였다. 메모는 크류치코프와 야조프, 아흐로메예프 원수와 지상군 지휘관 발렌틴 바렌니코프를 이 시나리오의 유력한 실행자로 거론했다. 어느 경우에도, 어마스는 소련이 해체되거나, 해체되지는 않더라도 이전과 같은 초강국의 지위와 전 세계적 영향력을 회복하지는 못할 것이라고 결론 내렸다. 개인적으로는, 어마스는 '아래로부터' 새로운 연합을 건설하려는 옐친의 계획이 고르바초프가 말하는 '중앙이 지배하는 연방'보다 결국 더 오래가는 해법이라고 믿었다.[41]

이 메모는 워낙 논란의 여지가 많아서 CIA 수뇌부는 며칠 동안 스코크로프트에게 보내도 될지 망설였다. 결국 4월 29일, 중앙정보국장은 '소련이라는 도가니'의 일부 분석 내용을 집어넣은 보고서를 스코크로프트에게 제출했다. "고르바초프 시대는 실질적으로 끝났다"라고 보고서는 설명했다. "고르바초프가 1년 뒤에도 집권한다고 해도 실제 권력은 강경파나 공화국들에 있을 공산이 크다. 고르바초프가 가까운 시일 내에 축출된다면, 강경파의 손에 의해 그렇게 될 가능성이 가장 큰데, 그들은 허약한 간판을 내세우거나 일종의 구국위원회를 통해 통치할 것이다."[42]

스코크로프트는 보고서가 지나치게 비관적이라고 생각했다. 러시아인들이 자신의 나라를 그토록 비이성적으로 파괴할 수 있다고는 여전히 납득하지 못했다. 더욱이 고르바초프-옐친 합의, 소련공산당 중앙위원회 총회에서 고르바초프의 승리, 광부 파업의 종결로 인해 이런 암울한 시나리오는 다소 그럴듯해 보이지 않았다. CIA 전문가들은 전에도 그랬던 것처럼 어떻게든 난관을 타개하는 고르바초프의 능력을 과소평가한 게 틀림없다. 부시는 이 견해에 동의했다.[43]

옐친의 대통령직

러시아 대통령 선거 운동은 굉장히 성급하게 진행되었다. 후보자들이 등록한 5월 중순부터 공식적으로 시작되어, 한 달도 안 돼 마무리되었다. 5월 21일, 러시아연방 인민대표대회의 또 다른 특별 회기가 상당한 비용을 들여 크렘린에서 개최되었다. 4일간의 회기 동안, 러시아 대의원들은 선거 규정을 승인하고 대통령 임기를 5년 연임으로 제한했다. 대회는 또한 옐친과 그 외의 다섯 후보자를 대통령 경선 후보자로 승인했다.[44]

가장 눈에 띄는 옐친의 경쟁자는 전직 소련 정부 수장인 니콜라이 리시코프였다. 언론은 그의 감정적인 성격에 빗대어 '울보 볼셰비키'라는 별명을 붙였다. 하지만 근래에 심장마비를 겪고 나서 경선에 뛰어들기로 한 그의 결정은 존경심을 불러일으켰다. 부통령 후보자인 보리스 그로모프 장군은 아프가니스탄에서 마지막으로 철수하는 소련군을 이끌었고 나중에는 내무부 차관을 지냈다. 또 다른 경쟁자는 우랄 군관구 지휘관으로, 고르바초프의 동유럽 철수 결정을 격렬히 비판한 알베르트 마카쇼프 장군이었다. 그는 모스크바 자유주의자들이 두려워하고 미워하던 모든 것을 체현한 사람이었다. 노골적인 반유대주의자이자 스탈린 찬양자인 그는 500일 계획을 거부하고 토지와 부동산 사유화에 반대했다. 전직 내무부 장관 바딤 바카틴은 개혁 성향의 공산주의자들에게 호소했다. 마지막으로, 아만 툴레예프(Aman Tuleyev)가 쿠즈바스 노동자와 광부의 대변자로 출마했다.

후보자들 중 누구도 유명세와 폭넓은 호소력 면에서 옐친에게 상대가 되지 않았다. 하지만 저마다 옐친의 잠재적 과반수 지지표를 조금씩 가져갔다. 리시코프와 바카틴은 변화를 원하지만 안정도 바라는 중도파를 자처했는데, 시장경제로의 이행을 언급했지만 충격 요법과 땅 투기, 그 외의 시장경제적 변화를 두려워하는 이들에게 호소했다. 포퓰리즘적 성향의 주변부에서는 마카쇼프와 툴레예프가 불만스러운 군부와 역시 불만의 골이 깊은 노동자는 물론 하층 계급에도 호소했다. 마지막으로, 그들 모두 변화와 개혁을 동반하긴 하지만 소련의 유지를 지지했다. 이것은 러시아 분리주의를 역설하는 옐친에 대한 도전이었다.

옐친 진영에는 고약했던 깜짝 사건은 45세의 블라디미르 지리놉스키(Vladimir Zhirinovsky)가 경선에 출현한 것이었다. 반공주의 공약을 내세운 그는 활력이 넘치는 인물이자 모스크바국립대학에서 동양어와 법학으로 학위를 받은 가장 고학력 후보자였다. 유대계 부친을 두었지만, 지리놉스키는 공격적인 러시아 쇼비니스트이기도 했다. 입증된 적은 없지만, KGB가 1989년에 지리놉스키를 정계에 입문하도록 부추겼다는 소문이 돌았다. 확실히 그는 당의 거물들과 인텔리겐치아를 싫어하며, 외국인을 혐오하고, 민족주의자인 러시아인들 중에서 옐친에 대한 지지를 다소 빼앗을 수 있었다.[45]

옐친의 선거 운동을 총괄한 겐나디 부르불리스는 옐친의 경쟁자들이 소련 사회의 주요 틈새를 파고들 수 있게 '세심하게 선별'되었다고 믿었다. 러시아연방의 지방들과 민족 자치구에서 옐친의 선거 기반은 모스크바보다는 훨씬 약해서, 유권자의 3분의 1만이 그를 지지했다. 경제 위기는 지방에 특히 큰 타격을 가해서, 상점들은 텅텅 비었고 봉급은 체불되거나 지급되지 않았다. 옐친의 경쟁자들은 이 모든 것이 '러시아 주권' 그리고 옐친과 고르바초프의 반목 때문에 벌어진 일이라고 주장했는데, 전혀 근거 없는 말은 아니었다. 부르불리스는 2차 투표까지 갈 것을 걱정했다. 5월 14일, 부르불리스는 민주러시아의 다른 활동가들을 만나서 1차 투표에서 옐친이 승리를 거둘 방안을 논의했다. 부르불리스는 최상의 방안은 옐친이 현직 의원으로서 선거에 나가는 것이라고 주장했는데, 경제 상황으로 너무 바빠서 실질적인 문제들에 전념하기 위해 유세에 나서지 않는 것이다. 그의 선거 팀과 민주러시아 대표들이 각 지역으로 가서 옐친을 대신하여 다른 후보자들에 맞서 싸울 것이었다.[46]

민주러시아의 활동가들은 인상적일 만큼 열심히 일했다. 그들은 집중적인 선거 운동의 특징을 옐친에게 유리하게 활용했다. 그들의 유세는 러시아 역사상 최초의 대통령 선거 운동으로서 여론 조사, 광고, 의사소통 기술 같은 서구의 선거 운동 기법을 일부 도입했다. 다행스럽게도 선거 운동 자금을 마련할 필요는 없었다. 러시아 의회는 국가 재정에서 선거 운동 자금을 보조하는 법안을 통과시켰고, 국가의 보조금은 자격을 갖춘 모든 후보자에게 똑같이 분배되었다. 또한 선거법은 국가 보조금을 가지고 대통령 후보자마다 최대 100명까지 선거 운동원을 고용할 수 있게 했다. 그들 가운데 일부는 크리블연구소가 후원한 워크숍에서 교육받은 사람들이었다. 옐친은 소련의 많은 유명 인사에게서 지지받기도 했는데, 전국적으로 유명한 언론인, 과학자, 학자, 예술가, 영화배우였다. 유명한 영화감독 알렉산드르 소쿠로프는 옐친에 관한 영화도 찍었다. 사회학자 타티아나 자슬랍스카야와 유리 레바다(Yuri Levada)가 이끄는 러시아판 갤럽인 여론조사연구소(Center for the Study of Public Opinion)는 옐친의 선거 팀에 특정 층을 겨냥한 사회학적 데이터를 제공했다. 갈리나 스타로보이토바는 옐친에게 민족 자치구와 소수민족 집단에 관해 자문했다.[47]

민주러시아는 옐친의 풀뿌리 선거 운동에 수천 명의 자원봉사자를 제공했다. 대부분은 앞서 언급된 저항적인 '과학-기술 인텔리겐치아' 출신이었다. 옐친 선거 운동의 최말단은 그의 열성 팬, 다시 말해 혁명가적인 카리스마를 추종하는 수십만 개인이었다. 그들로서는, 옐친이 고르바초프식의 통치와 구질서의 붕괴로 인한 고통스러운 권력 공백을 채워주었다. 그는 그들에게 새로운 희망과 준종교적인 숭배심과 믿음도 불어넣었다. 민주러시아의 여론 조사는 유권자의 20퍼센트가 옐친의 구체적인 프로그램에는 동의하지 않더라도 그를 지지한다는 사실을 드러냈다. 서방 관측통들은 많은 러시아인이 그저 옐친이 그들에게 속해 있기 때문에 그를 지지한다고 평가했다. 그는 술을 마시고, 러시아식 사우나를 즐기며, 얼음장 같은 찬물에 첨벙 뛰어들었던 것이다. 옐친에 대한 대중의 무분별한 지지는 무수한 형태와 방식을 띠었다. 아에로플로트의 승무원들은 옐친의 선거 홍보물을 러시아연방 곳곳으로 무료로 실어다 주었다. 무보수 자원봉사자와 연금 수급자가 홍보물을 우편함마다 넣고 잠재적인 투표자들에게 유세했다. 지방의 사서와 교사, 산업 노동자는 현지의 친옐친파 선거 집회를 응원했다.[48]

한동안 옐친은 누구를 부통령 후보로 삼을지 결정을 내리지 못했다. 러시아의 부통령이 되고 싶어 한 부르불리스는 물정 모르는 지식인처럼 생긴 데다 말투도 그랬다. 스베르들롭스크에서 온 옐친의 연설문 작가들은 조종사 출신의 장군으로 근래에 러시아 의회에서 옐친에게 과반수의 지지를 선사한 알렉산드르 루츠코이를 대신 제안했다. 42세의 루츠코이는 아프가니스탄에서 싸웠고, 비행기가 격추되었지만 살아남았다. 옐친은 그 자리에서 동의했다. 멋지게 콧수염을 기른 잘생긴 장교 루츠코이는 선거 포스터에서 멋져 보였다. 게다가 그는 러시아 보수파의 대오를 분열시키는 데도 도움이 될 터였다.[49]

옐친은 현역 의원이기도 했지만, 포퓰리스트로서도 선거에 나섰다. 그는 고통스럽고 불가피한 개혁에 관해 이야기하지 않았다. 그 대신, 그는 국영기업과 공장, 광산에 대한 세금 우대 조치를 공언했다. 그의 법안은 미움을 한 몸에 받던 파블로프가 도입한 인기 없는 판매세를 폐지했다. 그리고 그는 민족 자치구에 더 많은 자유를 부여하겠다고 공약했다. 소련 석유 산업의 중추인 튜멘을 방문한 동안, 다른 공화국들에 석유를 세계 시세로 팔고 수익의 일부는 석유 노동자들에게 주겠다고 약속했다. 쿠즈바스를 방문하기 전에는, 열성적인 청중을 격려하도록 쓸 수 있게 러시아은행의 수장에게 돈 가방을 준비해달라고 부탁했다.[50]

러시아 지도자는 고르바초프의 연방조약에 관해 일부러 모호한 태도를 유지했다. 노보오가료보의 9 더하기 1 모임에서 옐친은 대체로 수동적이고 말을 아꼈다. 그의 짤막한 발언들은 전혀 헤드라인을 장식하지 않았다. 연방조약을 논의한 러시아 의회 회기 동안, 옐친은 설명하고 질문에 답하는 일을 하스불라토프에게 일임했다. 그와 동시에, 쿠즈바스 선거 집회와 제철소와 석유 업체에서 그는 노동자들에게 지금 당장 사업장의 관할권을 중앙에서 러시아연방으로 이전하기 위해 투표하라고 촉구했다. 더 높은 임금을 약속한 데 혹한 일부 집회의 노동자들은 그렇게 했다.[51]

6월 6일, 옐친은 한 시간짜리 〈명사 소개(Who Is Who)〉 TV 프로그램에 출연했다. 2월 이후 첫 전국 방송 출연이었다. 국영방송은 여전히 중앙 정부의 통제와 자금 지원을 받았지만, 각 대통령 후보자들은 생방송 인터뷰를 위해 프로그램에 초대받았다. 옐친은 교통체증으로 발목이 붙잡혔는지, 촬영에 들어가기 5분 전에야 스튜디오에 도착했다. 사회자인 이고르 피수넨코(Igor Fisunenko)는 서구식 인터뷰 기법을 구사해 후보자들을 닦아세웠다. 이런 접근법은 옐친과 특히 그를 지지하던 TV 시청자들에게는 오히려 역효과를 불러일으켰다. 그들은 자신들의 영웅이 편향된 심문의 희생자가 되었다고 여겼다. 많은 시청자가 프로그램에 전화를 걸어 피수넨코에게 '무도한 행태'를 그만두라고 요구했다. 결국에는 무려 세 자루 분량에 달하는 항의 편지가 방송국에 도착했다. 피수넨코는 나중에 옐친과 지지자들의 행태가 정치적 불관용을 드러냈다고 논평했다. 그들은 대화와 타협에 준비가 되어 있지 않았다.[52]

옐친은 6월 10일 황금 시간대에 방송된 다른 후보자들과의 원탁 토론은 건너뛰었다. 그는 다른 후보자들과 동급으로 엮이고 싶지 않았다. 지리놉스키가 이를 기회로 삼아서, 옐친이 공격의 주요 표적이 되었다. 그는 러시아 지도자를 레닌에 비교했는데, 옐친은 러시아 국가의 건설자가 아니라 파괴자였다. 지리놉스키는 또한 당당하게 러시아 쇼비니즘의 언어를 포용했다. 그에게 러시아란 '소련 경계선 내 전역', 다시 말해 서우크라이나부터 캄차카까지, 백해의 무르만스크부터 아프가니스탄 국경까지를 가리켰다. 우크라이나, 벨로루시, 카자흐스탄 같은 소련의 주권 공화국들은 없애야 한다. 러시아는 여러 행정 구역으로 나뉠 것이고, 모든 소수민족은 "대통령의 보호하에" 놓일 것이다.[53] 지리놉스키는 옐친 현상의 말단을 노렸다. 그들은 강력한 리더십의 호소력에 넘어오기 쉽고, 급진적 포퓰리즘에 반응하면서도, 한편으로는 무너지고 있는 초강대국과 자신을 동일시하는 저학력 계층이었다.

6월 12일의 투표일은 조용히 지나갔다. 러시아와 서방 관측통 모두는 선거가 자유롭고 공정하게 치러졌다고 생각했다. 거대 국가 기구, 다양한 자원을 보유한 KGB, 현지 당국은 선거 결과에 간섭하거나 좌지우지하지 않았다. 어쩌면 그럴 수 없었을지도 모른다. 고르바초프는 확실히 옐친과의 약속을 지켰다. 옐친은 1차 투표에서 57.3퍼센트의 표를 얻어 승리했다. 그는 모스크바와 레닌그라드, 주요 도시와 공업지대, 그리고 교육 수준이 높은 젊은 유권자층에서 대부분의 표를 얻었다. 리시코프는 1위와 한참 차이가 나는 16.85퍼센트를 득표하여 뒤를 이었다. 3위는 뜻밖에도 7.81퍼센트를 득표한 대중 선동가 지리놉스키가 차지했다.

같은 날 다른 선거도 이루어졌다. 레닌그라드와 모스크바의 유권자들은 시 평의회(소비에트)의 의장보다 더 많은 행정 권한을 지닌 시장도 선출했다. 모스크바는 가브릴 포포프를, 레닌그라드는 아나톨리 솝차크를 뽑았는데, 둘 다 민주러시아에서 두드러진 인물이었다. 2년 전, 안드레이 사하로프는 모스크바를 전 연방의 수도로 놔두고 러시아연방의 수도를 다른 도시로 옮길 것을 건의했다. 그 이유는 명백했는데, 모스크바는 모든 소련 시민에게 공통의 수도였기 때문이다. 하지만 이제 모스크바를 러시아 민주파가 장악했으니, 옐친은 크렘린을 자신의 거처로, 모스크바를 러시아의 수도로 삼고 싶었다.

선거에서 승리하며 옐친은 국제적으로 인정받았다. 그는 영국 존 메이저 총리, 캐나다의 브라이언 멀로니 총리, 프랑수아 미테랑, 마거릿 대처, 체코 바츨라프 하벨 대통령에게서 축하 인사를 받았다. 러시아 지도자는 조지 부시의 인정을 기다렸다. 그는 1989년 워싱턴을 처음 방문했을 때 냉대받은 처참한 경험을 여전히 기억했다. 이제는 의기양양하게 워싱턴으로 귀환하고 싶었다. 몇 달 동안 옐친 쪽 관계자들은 부시에게서 초청을 받아내려고 애썼다. 하지만 백악관은 미국 대사에게 옐친과의 그런 만남을 약속하지 말라고 지시했다.[54]

5월, 부르불리스는 미국 우파 계열 친구들과 기부자들, 도덕적 다수(Moral Majority, 미국의 보수적 기독교 정치 단체 – 옮긴이)의 수장 폴 웨이리치(Paul Weyrich), 억만장자 밥 크리블(Bob Krieble)을 초대했다. 러시아인들은 손님들에게 러시아에서 민주주의가 곧 승리할 것이라고 장담했다. 미국인들은 깜짝 놀라며 "당신들은 유토피아주의자들이다. [소련] 제국은 매우 탄탄하고 아주 잔인하다"라고 반응했다. 어쨌든 미국 손님들은 이제 미국 정치 엘리트와 대중이 다시 옐친과 만날 때가 되었다고 제안했다. 미국 의회의 손님 자격으로 워싱턴에 초청할 수 있다는 것이었다. 처음에 옐친은 이 구상을 거절했다. 그는 대통령의 손님이 아니면 미국에 방문하지 않을 작정이었다. 미국인들은 의회가 대통령과 위상이 같다는 사실을 옐친이 모르는 모양이라며, 미국 의회가 옐친을 초청한다면 부시도 그를 외면할 수 없을 것이라고 대답했다. 워싱턴으로 돌아온 '러시아 민주주의의 친구들'은 연줄을 동원했다. 공화당이 다수인 상원의 원내총무 조지 미첼을 비롯하여 밥 돌, 스트롬 서먼드, 제시 헬름스를 포함한 공화당 의원들이 미국 의회에서 연설하도록 옐친을 초청했다. 러시아연방의 젊은 외무부 장관이자 옐친의 심복인 안드레이 코지레프(Andrei Kozyrev)는 AFL-CIO 지도자인 레인 커클랜드, 펜타곤의 딕 체니, 상무부 장관 로버트 모스배커와의 만남을 주선했다. 리처드 닉슨의 친구이며 해외 민주주의 증진 센터의 창립자인 앨런 와인스타인(Allen Weinstein)은 러시아에 민주주의를 확산한 공로를 기려 옐친을 시상식에 초대했다.[55] 선거 결과가 모스크바에서 공식적으로 발표되기도 전에, 백악관은 옐친의 공식적인 미국 방문 기간에 부

시가 그를 접견할 것이라고 발표했다. 그러자 부르불리스가 크리블에게 "밥, 해냈군요"라고 말했다.[56]

옐친의 방문 준비 작업에 관여한 블라디미르 루킨은 미국 우파에 지나치게 의존하는 것을 우려했다. 5월에 워싱턴 D.C.를 방문했을 때, 루킨은 헨리 키신저를 만났다. 그는 강력한 민주주의 국가 러시아는 소련을 파괴하는 게 아니라 안정화하는 데 일조할 것이며, 이는 미국과 서방에도 좋을 것이라고 주장했다. 미국 현실주의 정치의 전문가인 키신저도 동의하는 듯했다. 루킨은 버몬트주 캐번디시에 살고 있던 솔제니친과도 접촉했다. 미국 자유주의에 비판적인 것으로 악명 높은 저명한 작가께서 옐친을 만나 그의 과도하고 열성적인 '아메리카니즘'을 말릴 수 있을까? 하지만 부르불리스가 영향력을 발휘하여 이 계획에 퇴짜를 놨다. 결국, 옐친은 "너무 바빠서" 키신저와 솔제니친을 만나지 못했다.[57]

6월 19일, 옐친이 탄 비행기가 메릴랜드주 앤드루스공군비행장에 착륙했다. 흐루쇼프, 브레즈네프, 고르바초프는 모두 미국 공식 방문 일정을 그곳에서 시작했다. 이튿날 아침, 러시아 대통령 당선인은 부르불리스, 코지레프, 루킨을 대동하고 펜타곤에서 체니를 만나서 러시아는 소련 방위산업을 해체할 준비가 되었다고 말했다. 그러고 나서 옐친은 상무부에서 로버트 모스배커와 사업가들을 만났는데, 러시아의 경제와 자원이 민간투자에 '개방돼' 있다고 말했다. 그날 오후 옐친은 백악관에서 부시를 만났다. 그보다 앞서 부시는 백악관이 고르바초프, 옐친과 평행한 관계를 구축해야 한다는 스코크로프트의 메모를 읽었다. 그들 각자 어느 때보다도 미국의 인정과 확인을 필요로 했기에, 어렵지 않았다.[58]

로즈가든에서 언론을 상대로, 미국 대통령은 "1000년의 러시아 역사상 …… 최초로 민주적으로 선출된 지도자"라는 인사말로 손님을 맞았다. 그 즉시 대통령은 고르바초프 대통령의 "용기 있는 정책"이 "냉전을 종식하고 유럽을 온전하고 자유롭게 하는 데" 중심축 역할을 했다는 발언으로 균형을 맞췄다. 그다음에 양측은 대통령 집무실로 이동했다. 소련 대사가 참석한 자리에서 부시는 옐친에게, "나는 미국 대통령이고 고르바초프는 소련 대통령이므로 우리는 서로 상대할 것이다. 하지만 그렇다고 해서 우리가 당신을 상대할 수 없다는 뜻은 아니다"라고 말했다. 옐친은 부시가 마침내 자신을 국제적인 파트너로 인정해줘서 기뻤다. 그는 연방조약이 7월에 조인될 것 같다고 밝혔다. 하지만 그루지야와 발트 3국을 비롯한 일부 공화국은 연방을 떠날 것이라고 말했다.[59]

옐친은 다른 시나리오에 관해서도 언급했다. 러시아는 개별 공화국들과 쌍무 경제협정을 맺었고, 만약 연방조약이 실패한다면 "우리는 경제협정을 유지할 것"이다. 어떤 경우에든, 러시아 영토상에 있는 모든 방위 산업, 원유와 가스 및 천연자원은 러시아의 통제하에 있을 것이므로, 서방의 석유 회사들은 이제 러시아 정부와 직접 거래해야만 한다. "우리는 더 이상 중앙의 서비스가 필요하지 않다"라고 옐친은 설명했다. "우리는 명령 체계를 원하지 않는다. 그걸 파괴하고 싶다. …… 모든 사업은 자유로울 것이다."[60]

백악관에 있는 동안, 뜻밖에도 옐친은 경쟁자의 운명이 얽힌 괴상한 사건에 연루됐다. 6월 20일 오전, 모스크바 시장 당선인 포포프는 미국 대사인 잭 매틀록에게 스파소 하우스에서 면담을 요청했고, 다음과 같은 내용의 쪽지를 전달했다. "고르바초프를 축출하려는 쿠데타가 준비 중. 보리스[옐친]에게 알려주시오." 다음 쪽지에서 포포프는 음모자들의 이름을 거명했는데, 소련 정부의 수장 파블로프, KGB의 크류치코프, 야조프 국방부 장관, 최고소비에트의 의장 루캬노프였다. 매틀록은 부시와 스코크로프트, 베이커만 볼 수 있게 워싱턴에 즉시 비밀 메시지를 보냈다. 시차 때문에 그들은 옐친이 백악관에 방문하기 직전에 메시지를 받았다. 이는 백악관 집무실에서 대화의 기조와 내용을 완전히 바꿨다. 미국인들은 옐친에게 포포프의 경고에 관해 알렸다. 러시아 손님은 쿠데타 가능성을 대수롭지 않게 여겼지만, 집무실의 직통 전화로 그와 부시가 즉시 고르바초프에게 연락을 취해보자고 제의했다. KGB는 쿠바 미사일 위기 이래로 소련 측의 직통 전화를 관리해왔다. 크류치코프에게 미국과 러시아의 정상이 고르바초프를 지지하고 있음을 알려주면 좋을 것이다! 이상하게도 전화는 연결되지 않았다(혹은 연결될 수 없었다). 대화를 계속하면서, 옐친은 러시아 선거가 공산당 보수파에 대해 대중이 거의 지지하지 않는다는 것을 입증했다고 부시에게 설명했다. 군인의 40퍼센트 정도가 옐친을 지지했으니, "군은 전체적으로 인민에게 맞서지 않을 것"이다. 심지어 KGB의 중간급 장교들도 변화에 찬성했다. 그는 "러시아는 확고하게 고르바초프의 편"이라고 자신 있게 결론 내렸다.[61]

부시와 스코크로프트는 놀라면서도 안도했다. 러시아 지도자는 지난번 백악관 방문 이래로 매우 성숙해진 듯했다. 게다가 이번에는 양복도 다림질이 잘되고 몸에 잘 맞았다.[62] 이튿날 아침, 고르바초프는 (백악관이 그에게 연락하려 했다는 말을 듣고) 전화를 걸었다. 그는 쿠데타 가능성을 웃어넘겼다. 부시는 옐친이 훌륭하게 처신했다고 말하고는 덧붙였다. "나는 우리의 파트너가 당신이란 점을 매우 분명히 했습니다. …… 옐친의 방문 때문에 중앙을 난처하게 할 일은 전혀 없습니다. …… 그곳에서 당신의 입지를 약하게 만들 만한 일은 하고 싶지 않아요."[63]

옐친은 기뻐서 어쩔 줄 몰랐다. 그는 승리자로서 워싱턴에 다시 오려던 목표를 이뤘다. 심지어 '어둠의 세력'에 맞서 고르바초프의 보호자 역할까지 해냈다. 워싱턴의 다른 만남들도 정치적이고 상징적으로 중요했다. 옐친은 캐피톨힐(미국 국회의사당)에서 열렬한 환대를 받았다. 상·하원의 의원들은 발트 국가들을 자유롭게 하고 러시아를 '사업 면에서' 개방하겠다는 옐친의 약속에 박수를 보냈다.[64] 러시아 지도자는 그다음 미국 금융의 수도인 뉴욕에서 재계 지도자들을 만났다. 몇 년 전만 해도 월스트리트를 '미국 제국주의'의 중심지라고 불렀던 타스(TASS) 통신 기자들은 옐친이 연방준비제도이사회의 이사들 및 솔로몬브라더스, 체이스맨해튼은행, J. P. 모건 및 여타 금융계 수장들과 대화를 나눴다고 찬양하는 어조로 보도했다. 세월이 지난 후, 부르불리스는 당시의 만남에 대한 인상을 떠올렸다. 소련 UN 사무소가 캐비아와 피로즈키 같은 전형적인 러시아 음식을 비롯해 옐친의 접견 행사 준비를 도와주었다. 옐친을 만나러 온 미국인 손님들은 이 요리들을 신나게 먹어치웠다. 부르불리스는 뿌듯하기 그지없었다. 세계 최고의 부자들이 러시아 음식을 그렇게 좋아하다니! 옐친과 코지레프 그리고 부르불리스는 그 미국인들이 러시아의 재건을 도울 것이라고 생각했다. "우리는 그들과 우리 사이에 길고 유익한 파트너십을 기대했다." JFK공항을 출발해 모스크바로 돌아오는 길에, 옐친은 연방준비제도의 전문가들이 러시아로 와서 "우리의 전문가들과 함께 러시아연방의 신용, 재정, 금융 시스템을 개혁하도록"[65] 초청했다고 기자들에게 밝혔다.

모스크바의 기자들은 "러시아에 대한 두 번째 인정"에 관해 이야기했다. 한 TV 채널은 부시-고르바초프-옐친의 '삼각관계'에 관한 다큐멘터리를 방영하기까지 했다. 한때 서방을 충격에 빠트리고 행동거지 때문에 교양 있는 많은 동포를 창피하게 만들었던 러시아 이단아가 마침내 명성을 얻은 것이다. 그는 수백만 러시아 인민의 지지를 받는 국가적 지도자였고, 서방은 그의 정통성을 인정했다. 9 더하기 1 회담에서 사안을 결정하는 사람은 이제 고르바초프가 아니라 그가 될 터였다.

곰과 여우

7월 10일, 몇 주간의 준비 끝에 옐친은 러시아연방의 대통령으로 취임했다. 세심하게 연출된 취임식은 상당한 비용을 들여 전국 각지에서 초청된 러시아 대형 의회의 대의원 2000명 모두를 다시금 모아 크렘린 의회궁에서 열렸다.[66] 옐친은 성서에 손을 얹고 선서하고 예포를 발사하는 러시아판 미국 대통령 취임식을 연출할까도 생각했지만, 결국엔 러시아 전통과 소련식 장려함이 혼합된 취임식이었다. 옐친은 오른손을 가슴에 얹고 러시아소비에트연방사회주의공화국의 소비에트 헌법에 선서했고, 그의 뒤로는 소련의 붉은 낫과 망치 깃발이 휘날렸다. 잠시 후, 옐친 뒤에 있던 커튼이 올라가면서 붉은군대의 군악대가 등장해 미하일 글린카의 19세기 오페라 〈차르에게 바친 목숨(A Life for the Tsar)〉을 연주했다. 취임 연설에서, 옐친은 '러시아의 1000년 역사'에 관해 이야기하면서 소련 시대를 '대

시련'의 시대라고 했다. 그는 러시아가 다른 공화국들과 더불어, "근본적으로 개혁된 연방을 이루기 위한 어려운 과제"를 끈기 있게 이어갈 것이라고 약속했다. 그는 고르바초프는 언급도 하지 않았다. 그리고 끝으로, "위대한 러시아가 우뚝 일어설 것"이라고 선언했다.[67]

취임식에서 유일하게 독창적인 요소는 총대주교 알렉시 2세(Alexyi II)의 연설이었다. 그는 러시아정교회와 가톨릭, 개신교, 이슬람과 유대교를 비롯한 다른 종교 공동체를 대표하여 옐친을 축복했다. 총대주교는 대통령 당선인이 "인민의 선택과 신의 은혜로 러시아에서 최고의 정치권력을 부여받았다"라고 말했다. 하지만 이 권력에는 수십 년간 공산주의 지배로 인해 깊숙이 병든 나라에 대한 무거운 책임이 따른다. 알렉시 2세 총대주교는 옐친에게 나라를 다스릴 때 '인류학적 현실주의'를 실천할 것을 요청했다. 그는 정치적 반대파를 포함한 러시아의 모든 인민에 대한 이해와 용서를 의미한다고 설명했다. 공산주의자들은 권력을 잡은 뒤 '새로운 인간적 자질과 아름다운 사회'를 창조할 것이라 기대하며 과거를 지워버렸다. 이것은 커다란 비극으로 이어졌을 뿐이다. "이 땅의 악이 정치적 무대에서 제거되었다고 해서, 모든 것이 제자리를 찾을 것"이라고 기대하는 것은 순진하다. 러시아 인민이 "하룻밤 사이에 바뀔 수는 없다".[68]

취임식에 참석한 고르바초프는 공개적인 발언에서 크렘린에서 또 다른 대통령이 출현한 것은 페레스트로이카의 '논리적 귀결'이라고 말했다.[69] 실제로, 그는 자신의 경쟁자가 자신을 뛰어넘었다고 느꼈다. 그는 보좌관에게, "그는 정말 대단한 야심가야. 왕홀을 향한 저 순진한 욕망을 보라고!"라며 투덜거렸다. 어쩌면 러시아 차르는 모름지기 그렇게 행동해야 할지도 모른다고 생각에 잠겼다. "하지만 나는 그렇게는 못 해."[70] 고르바초프는 옐친에게 크렘린 내에 사무실을 내주었는데, 자신의 대통령 집무실에서 광장을 가로질러 바로 맞은편이었다. 하지만 옐친은 고르바초프가 크렘린의 특별 연대를 거느리며 방비가 삼엄한 그곳을 누가 드나들지 결정하는 한, 그 유서 깊은 러시아 요새의 거주자가 되고 싶지 않았다. 그래서 크렘린 내 새 집무실은 의전용으로만 이용하고, 2.4킬로미터쯤 떨어진 러시아 의회에서 집무를 보았다.

고르바초프의 보좌관들은 크렘린에 두 대통령이 있는 것은 극히 비정상이고 불안정한 요인이라고 입을 모았다. 아나톨리 체르냐예프는 옐친의 취임에서 시스템상의 변화를 감지했다. 즉, 러시아인들의 물결이 공산 정권의 조직으로 밀려 들어온 것이다. 러시아인들은 대부분 고르바초프의 리더십과 '사회주의적 선택'을 경멸했는데, 이는 실패한 개혁과 늘어가는 경제적 곤경의 동의어나 다름없었다. 정치국과 서기국은 더 이상 쓸모없었다. "그들은 당원들에게도 아무 힘이 없다." 고르바초프는 자신이 위험을 무릅쓴 도박에 진 것에 아무렇지 않은 척하며 옐친의 새로운 위상이 정부와 최고소비에트의 충실한 당원들 사이에서 자신이 균형을 더 잘 잡게 도와줄 것이라고 스스로를 설득했다. 하지만 옐친이 고르바초프의 기대를 저버린다면, 소련 지도자는 낭떠러지 너머로 떨어져버릴 것이라고 체르냐예프는 예상했다. 샤흐나자로프는 더욱 비관적이었다. 고르바초프가 걸려 넘어지면, 반공의 허리케인이 전체주의의 마지막 잔재만이 아니라 국가라는 구조도 모조리 파괴해버릴 것이었다.[71]

이 변화에서 최대의 패배자인 고르바초프는 국가와 경제를 운영하는 업무를 파블로프와 각료들에게 계속 위임했다. 그리고 그는 당 문제로 바빴다. 지독히도 인기가 없었지만, 소련공산당은 소련 전체에 걸쳐 조직된 유일한 세력이었다. 1500만 명의 당원으로 이루어진 당의 위계적 조직은 군대, 경찰, 경제 부처, 교육 기관, 문화 조직의 모든 단위마다 세포 조직을 두었다. 많은 공화국과 러시아의 외딴 지역에서, 현지 당 위원회는 관료제와 경제 운영과 여전히 긴밀하게 엮여 있었다. 당연하게도, 공식 권력에서 동떨어진 이 관리들 다수는 고르바초프의 리더십을 증오하고 경멸할 뿐이었다. 모스크바 당 조직의 수장인 유리 프로코피에프가 의뢰한 러시아 대통령 선거에 관한 당 내부 보고서는 이런 정서를 드러냈다. 보고서는 "인민은 M. S. 고르바초프·중앙·소련공산당에 반대표를, B. N. 옐친과 자유롭고 부유하고 번영하는 러시아에 찬성표를 던졌다. 그들은 강력한 의지를 지닌 지도자를 지지하여 …… 의지의 마비, 실패, 교활함과 기만, 혼란한 생각과 일관성 없는 행동에 반대하여 표를 던졌다"라고 결론을 내렸다. 프로코피에프는 고르바초프를 당 지도부에서 몰아내길 원하는 사람들 가운데 한 명이었다. 당 노멘클라투라에게 최대 문제는 고르바초프의 대안이 어디에도 없다는 것이었다. 그리고 '강한 의지를 지닌' 가장 눈에 띄는 인물은 옐친, 미국식 민주주의로의 도약을 약속하는 열렬한 포퓰리스트였다.[72]

알렉산드르 야코블레프와 예두아르트 셰바르드나제는 당 혁신이 소용없는 일이라고 결론 내렸다. 셰바르드나제는 6월에 당의 대오에서 공개적으로 이탈한 한편, 야코블레프는 네오스탈린주의자들과 여전히 승산 없는 싸움을 벌이고 있었다. 7월 1일, 야코블레프와 셰바르드나제는 '민주주의와 개혁을 위한 운동'을 출범했는데, 개혁 성향을 지닌 소련공산당의 구성원들과 민주러시아의 온건한 활동가들을 위한 새로운 정치적 발판을 창출하겠다는 구상이었다. 이 프로젝트의 초창기 동조자들로는 모스크바 시장 포포프와 레닌그라드 시장 솝차크, 고르바초프의 전 경제 자문 니콜라이 페트라코프, 알렉산드르 루츠코이 러시아 부통령과 영향력 있는《모스크바 뉴스》의 편집장 예고르 야코블레프 등이 있었다. 운동의 조직자들은 러시아 기업가 및 친시장 산업 경영자라는 성장 계급에 지지를 구했다. 고르바초프가 당 지도자 자리에서 물러날 경우, 셰바르드나제와 야코블레프는 그를 위한 새로운 정치 기반을 구축함으로써 돕고 싶다고 주장했다.[73]

고르바초프는 당내 보수파와 자유파 사이의 깊어지는 간극을 황급히 가리려 했다. 체스판에서 말을 바꾸듯, 러시아공산당의 지도부를 교체해서, 폴로즈코프가 물러나고 무명의 지방 당 기관원이 후임자가 되었다. 또한 고르바초프는 당을 위한 새로운 개혁주의적 강령을 작성하라고 지시했고, 몇 주가 걸렸다. 샤흐나자로프는 수차례 뜯어고쳤지만 여전히《공산당선언》의 신판처럼 보인다고 빈정거렸다. 최종적으로, 작업을 도와달라고 요청받은 체르냐에프가 '사회주의적 선택'에 관한 표현 대부분을 삭제했다.[74] 7월 8일, 고르바초프는 펠리페 곤살레스 에스파냐 총리에게 만약 당내 보수파가 새 강령을 채택하길 거부한다면 소련공산당을 쪼개어 새

로운 당을 출범시킬 생각이라고 털어놨다.[75]

옐친은 새로운 대통령직에 국가적 수단이 뒷받침되지 않아서 불만스러웠다. 러시아 주권을 선언한 다음 해, 러시아 당국은 중앙 정부와 경제 시스템의 기능을 상당히 방해했다. 그와 동시에 그들은 중앙을 대체할 수 있는 효과적인 새 제도들을 창출하는 데 완전히 실패했다. 옐친은 여전히 국가 관료 기구에는 외부인으로 남아 있었다. 민주러시아 활동가들은 국정 운영과 통치에 대한 경험이 전혀 없었다. 러시아연방은 발트 국가들, 우크라이나, 벨로루시, 카자스흐탄과 비교해봐도 여전히 '유령' 공화국이었다.

러시아 정부는 한탕주의 사업가들과 야심만만한 지방 관리자들이 제멋대로 모인 집단이었다. 러시아연방 각료회의 의장으로 선출된 이반 실라예프(Ivan Silayev)는 각료회의를 이끌기에는 너무나 부적합한 인물이었다. 실라예프는 그 자리를 얼마 못 지킬 거라 믿었다고 파블로프는 기억했는데, 심지어 국유 부동산 보유지에서 사적인 용도로 쓸 별장을 구해달라고 파블로프에게 조심스레 부탁하기까지 했다.[76] 수완이 뛰어난 러시아은행의 수장 그리고리 마튜킨(Grigory Matiukhin)은 한계에 봉착했다. 러시아 전역에 현금인출기망을 구축하려던 그의 프로젝트는 자금 부족으로 흐지부지되었다. 대통령 선거 운동 기간에 옐친이 마튜킨에게 노동자조합에 줄 '경품'을 위해서 현금을 요청하자, 그 러시아 은행가는 돈이 없다고 말했다. 러시아 대통령은 화가 나서 물었다. "누가 이 집의 주인이지?" 마튜킨은 "당신이지만, 돈은 없소"[77]라고 대답했다. 그렇게 큰소리쳤지만 러시아은행은 돈을 찍어낼 수 없었고, 소련 정부만이 할 수 있는 일이었다. 무엇보다도, 국제적으로 옐친이 인정받았지만 결국 안드레이 코지레프가 이끄는 러시아 외무부는 여전히 뼈대만 있는 기관이었다. 러시아 외무부는 세계 전역의 대사관과 영사관, 무역 사무소를 관장하는 소련 외무부의 물적 기반과 업무에 전적으로 의존했다.

몇 달 동안 고르바초프로부터 약속을 받고 크류치코프와 여러 차례 만남을 가진 후에도, '러시아 KGB' 프로젝트는 서류상으로만 존재했다. 크류치코프는 옐친을 국가의 적으로 취급해서 민감한 정보를 전혀 제공하지 않았다. KGB 의장은 부하인 빅토르 이바넨코(Viktor Ivanenko)를 러시아 정부와의 연락 담당자로 임명했다. 명목상의 '러시아 KGB'가 루뱐카 본부 내에 신설되었는데, 직원은 장교 20명을 넘지 않았다. 옐친이 얻어낼 수 있는 최선이었다. 이바넨코의 원래 임무는 러시아 분리주의자들을 감시하는 것이었지만, 그는 점차 옐친에게 공감했고 부르불리스와 친해졌다.[78]

포퓰리즘적인 연설에서, 옐친은 중앙 관료제가 터무니없이 돈이 많이 들고, 특권의 중심지이며, 인민이 더 잘살 수 있게 재정 지원을 끊어야 한다고 주장했다. 개인적으론 생각이 달랐다. 부르불리스가 회고하길, 옐친은 관료 계급에 대한 전면적인 숙청 계획을 거부했다. 그 대신, 그는 소련 관료 중 최고의 인력을 새로운 러시아 국가 조직으로 끌어들이고 싶었다. 여기에는 KGB와 경찰도 포함되었다. 부르불리스는 여러 해가 지난 후에 다음과 같이 말했다. "우리는 KGB가 주된 조직으로서 수십 년 동안 질서를 유지하고 밤낮으로 일하며 사회의 구석구석을 통제해온 나라에서 자랐다." 옐친은 KGB가 자기 목숨을 노렸다고 의심했지만, 그런 막강한 조직의 적대감을 사고 싶지 않았다. 또한 옐친과 부르불리스는 러시아 지도자가 러시아연방 내 비러시아계 '민족' 자치구들에서 승리를 거두지는 못했다는 것도 알고 있었다. 공산당 없이, 러시아의 영토적·정치적 주권을 공고히 할 다른 국가적 수단을 찾아야 했다. KGB는 그렇게 이용할 수 있는 유일한 수단이었다.[79]

7월 20일, 옐친은 KGB 본부를 방문했다. KGB는 이날 러시아연방 전역의 지역별·구역별 지부 수장들의 회의를 소집했다. 회의에 초대받은 옐친은 하스불라토프, 부르불리스와 젊은 법무 보좌관인 세르게이 샤흐라이(Sergey Shakhrai)와 동행했다. 회의는 KGB에 의해 녹화되었지만, 자유주의적인 기자들은 행사에 초대받지 못했다. 회의에서 러시아 대통령은 면밀하게 작성한, 놀랍도록 협조적인 연설을 했다. 그는 러시아에 강력한 행정부의 창설을 요청했는데, 거기에는 "국가보안위원회를 위한 자리도 적절히 마련되어야 한다"라고 말했다. KGB는 '민주국가의 효과적인 기관'이 되어, 시민의 "권리와 자유의 수호", 경제 개혁 지원, 조직범죄 근절,

'[러시아] 공화국 내 사회적·민족적 갈등의 방지와 무력화'와 같은 새로운 과제에 집중해야 한다. 옐친은 KGB 장교의 숙청에 반대한다고 공개적으로 밝혔다. "여러분은 최고의 인재를 뽑았으며, 부패에 저항하는 진정한 애국자들이다. 러시아의 부활을 위해 여러분의 잠재력을 최대한 활용하지 않는 것은 국익에 반하는 것이다."[80]

자유주의적인 옐친 지지자들에게 그의 KGB 연설은 늑대더러 양 떼를 지키는 보호자가 되어달라는 말처럼 들렸을 것이다. 그러나 옐친은 러시아에서 당과 국가 기관의 미래를 매우 다르게 취급할 것이라는 신호를 보내려는 의도였다. KGB 장교들은 당원이었지만 다수는 러시아 민족주의자이기도 했기에, 러시아 국가를 강력한 지도자가 통치한다면 탈공산주의 러시아로 충성의 대상을 갈아타는 것에 대해 고민했다. KGB의 일부 고위급 장교들은 당과 일찌감치 결별하는 것이 루마니아와 헝가리, 여타 동유럽 국가의 동료들이 최근에 탈공산 정부에 의해 해직되고 탄압당한 비참한 운명을 피할 유일한 길이라고 확신했다. 그러므로 많은 KGB 장교는 회의에서 옐친의 연설을 들으며 고개를 끄덕였다. "그야말로 그들이 러시아 대통령에게서 듣고 싶었던 것이다"라고 그날의 모임에 참석했던 KGB 중장 레오니트 셰바르신은 회고했다. "옐친이 대중 소요 가능성[을 비롯해], 그해 말에 일어날 것으로 예상되는 어려움에 관해 언급했고, 국가 안보 기관들이 그런 상황에 대비할 것을 요청했을 때 …… 가벼운 웅성거림이 회의장을 지나쳤다."[81]

같은 날, 옐친은 당 '세포 조직', 다시 말해 "러시아 영토에 위치한 국가 기관, 단체, 기업, 사업체 내"에 당 조직의 존재를 금지하는 법령에 서명했다. 법령은 사실상 KGB, 군대, 여타 권력 구조 내에 소련공산당의 권력 행사 수단을 제거하는 것이었다.[82] 그것은 또한 당과 국가 기구 간 공생적 관계를 끝냈다. 물론 옐친에게는 이 법령을 실시할 힘이 없었다. 그렇지만 지지자들과 세계에 깊은 인상을 남기고 싶었다. 공개적으로, 옐친은 이 법령으로 고르바초프를 돕고 싶다고 주장했다. "나는 제2전선을 열었다. 고르바초프에 대항하여 [다가오는 당 총회에서] 강력한 일제 공격을 벌이고 싫어 하는 저 반동적 세력은 공격의 상당 부분을 제2전선으로 돌렸다."[83]

옐친은 다시 한번 고르바초프를 제치고 세간의 이목을 집중시켰다. 이제 소련 지도자는 예상치 못한 달갑잖은 선택에 직면했다. 옐친의 법령을 위반해서 당의 충실한 일꾼들과 한편이 될 것인가, 아니면 법령을 받아들여서 그들의 반란을 직면할 것인가.

9장 합의Consensus

- 경제, 멍청함.

  _제임스 카빌(1992)

워싱턴 독트린

1991년 여름은 소련의 미래와 소련 경제를 세계 시장에 적응시킬 방안에 관한 합의 없이 시작되었다. 가장 자연스러운 선택은 국가자본주의와 소기업 자유화의 조합으로, 이미 중국이 선택한 길이었다. 하지만 중국 경제의 진로는 소련 언론에서 주목받지 못했다. 그 대신, 민주러시아와 자유주의적 언론인들은 500일 계획의 종말을 안타까워하면서 재빨리 시장으로 도약하기 위한 선택지를 찾아 서방으로 눈길을 돌렸다.

가능한 서방의 선택지는 단 하나, '워싱턴 컨센서스'였다. 이곳의 비판가들은 준종교적 성격 때문에 이 개념을 '십계명'이라고 불렀다. 그 독트린은 워싱턴과 IMF, 세계은행뿐 아니라 미국 재무부와 연방준비제도이사회에서 일하던 경제학자들 사이에서 부상했다. 주요한 이론적 토대는 밀턴 프리드먼과 그 외 시카고대학의 경제학자들이 창안한 것이었다. 워싱턴 컨센서스는 대처와 레이건의 '신자유주의 혁명'의 이념적 토대가 되었다. 1980년대에 IMF는 당시 막 탄생한 세계 금융시장에서 매력적인 투자 대상으로 만들기 위해 라틴아메리카 국가들에 워싱턴 컨센서스의 정책들을 적용했다. 국영 경제의 급격한 축소, 민영화·자유화·규제 완화, 재정 규율과 균형 예산 등의 정책을 포함했다. 1991년에 세계은행의 수석 경제학자가 된 하버드대학 경제학자 래리 서머스는 워싱턴 컨센서스를 두고 이렇게 말했다. "진리를 전파하라. 경제학의 법칙은 공학의 법칙과 같다. 법칙은 어디서나 통한다."[1]

워싱턴 컨센서스의 정책은 경제에 대한 규제를 철폐했고 기존의 국가 제도를 종종 치명적으로 약화했다. 주춧돌이 되는 개념인 거시경제적 안정성은 대개 사회보장적 정책과 민간 소비를 희생시켜서 이룬 것이었다. 동유럽 공산 정권의 붕괴는 신자유주의 경제학의 실천자들에게 광활한 공간을 열어젖혔다. 바르샤바, 프라하, 부다페스트의 반공주의자들에게 워싱턴 컨센서스는 자유화와 규제 완화로 국가 독점 철폐, 국영기업 민영화와 자유 무역이라는 그들의 슬로건과 잘 어울렸다. 국가 재정 지원의 급격한 축소는 반공주의 혁명의 의제와 부합했다. 누구도 신자유주의 정책이 거대한 사회 불평등과 정치적 긴장을 불러일으킨다는 점을 신경 쓰지 않았다.[2]

500일 계획의 작성자인 그리고리 야블린스키는 1990년 9월, 워싱턴 D.C.에서 열린 IMF-세계은행 포럼에서 자신의 프로그램을 발표했을 때 워싱턴 컨센서스를 알았다. 최고의 경제학자들은 야블린스키의 프로그램이 가능성 있는 출발점이긴 하지만 '십계명'과는 일치하지 않는다고 말했다. 무엇보다도, 500일 계획은 너무도 많은 국가 통제와 후생 프로그램을 고스란히 놔뒀고, MIC의 권력을 깨트리지도 않았다. 500일 계획을 영어로 번역하는 데 돈을 댄 조지 소로스는 야블린스키에게 '노동자조합'과 지역 소비에트의 권력을 종식시키라고 충고했다. 야블린스키는 워싱턴 컨센서스가 소련 경제를 너무 불안정하게 만들며 파괴적이라고 여겼다. 그는 급진적 민영화와 규제 완화는 사회적 불안정을 피하는 것을 고려하여 실시되어야 한다는 주장을 굽히지 않았다.[3]

그러나 모스크바와 레닌그라드의 일부 러시아 경제학자들과 사회과학자들은 워싱턴 컨센서스를 적극 수용했다. 1991년 4월, 이 그룹은 라틴아메리카에서 1980년대에 경제 성장을 유일하게 경험한 칠레를 방문했다. 그룹의 리더인 비탈리 나이슐(Vitaly Naishul)은 수학을 연구한 적 있는 41세의 경제학자로, 고스플란에서 근무한 경력이 있었다. 나이슐과 친구들은 소련의 관료 체제가 작동하지 않을 것이고 해체되어야 한다는 데 동의했는데, 소련의 노동력은 수십 년에 걸친 공산당 전체주의로 인해 변질되고 저하되었기 때문에, 냉혹한 시장 충격만이 노동 윤리를 회복시킬 수 있을 것이었다. 한마디로 '정상' 경제로 향하려면 완전한 붕괴와 고통, 그에 따른 생존의 과정을 불가피하게 거쳐야 한다고 주장했다. 산티아고에서, 그들은 아우구스토 피노체트 정부의 재무부 장관을 역임한 에르난 부치(Hernan Büchi)와 세르히오 데 라 콰드라(Sergio de la Cuadra)를 만났다. 심지어 은퇴한 독재자도 만났다. 그들 중 한 명은 "피노체트는 오래된 화면 속 스탈린처럼 인자하면서 근엄해 보였다"라고 회상했다. 피노체트의 범죄 행위는 전혀 신경 쓰지 않았으며, 그들은 칠레의 경제적 성공에 감명받았다. 나이슐이 설명했다. "우리나라는 1917년 볼셰비키혁명과 뒤따른 혼란의 시기에 수천만 명이, 대체로 헛되이 목숨을 잃었다. 칠레는 3000명이 목숨을 잃고 고도로 발전한 사회가 되었다."[4] 그 뒤 많은 세월 동안, 나이슐과 그의 지지자들은 소련 경제 개혁에 관한 논의에서 유력한 관계자가 된다. 그리고 그들 중 한 명인 알렉세이 골롭코프(Alexei Golovkov)는 옐친의 자문이 되었고, 겐나디 부르불리스와 친해졌다. 1991년 8월, 이는 역사를 바꾸는 데 지대한 역할을 할 것이었다.

경제학자이자 언론인이 예고르 가이다르(Yegor Gaidar)는 워싱턴 컨센서스를 가장 먼저 받아들인 사람 중 하나였다. 그는 모스크바의 최고 인텔리겐치아와 소련 노멘클라투라 집안 출신이었다. 그의 아버지는《프라우다》해외 특파원이었다. 페레스트로이카가 시작되었을 때 아직 30대 초반이었던 가이다르는 소련 경제 개혁에 관해 연구하기 위해 젊은 경제학자들과 세미나를 조직했다.[5] 1990년 7월, 가이다르 모임은 헝가리 소프론에서 열린 국제 세미나에 참석하여 MIT의 루디거 돈부시(Rudiger Dornbusch)와 예일대의 윌리엄 노드하우스 같은 세계적으로 저명한 경제학자들을 만났다. 이 세미나에서 가이다르와 그의 동료들은 급진적으로 전향했는데, 소련 경제의 즉각적이고 급진적인 시장화와 민영화 말고는 대안이 없다는 결론에 도달했다. 구경제 시스템은 개혁될 수 없었다. 그것은 파괴되어야 했다.[6] 헝가리 세미나 이후로 가이다르는 스탠퍼드대학으로 향했고, 레이건 행정부 출신 경제학자들의 본산인 후버연구소에 연구원으로 6개월간 머물렀다. 그를 초청한 연구소 관계자들은 놀랐는데, 가이다르가 처음으로 거시경제 이론에 대한 명확한 생각을 보여준 소련 경제학자였기 때문이었다.[7] 스탠퍼드대학에서 가이다르는 500일 계획의 종말을 지켜보고 《프라우다》에 글을 기고했다. 그는 급진적 개혁 정책이 작동하려면, 국가의 사회보장 프로그램들을 삭감해야 하는데, 그러면 많은 사람이 고통받을 것이라고 썼다. 물가연동제, 연금 인상, 그 외 선의의 프로젝트들은 초인플레이션과 경제 붕괴만 초래할 것이다. 그는 "중앙난방이 멈추면, 지폐를 태워 집을 데우기는 불가능할 것"이라는 결론을 내렸다.[8] 가이다르는 모스크바로 돌아가 경제 개혁 연구소를 설립했다. 그의 야심은 워싱턴 컨센서스를 모스크바에 적용하는 것이었다.

1990년 12월, IMF와 세계은행은 워싱턴에서 G7 정상들이 요청한 연구 보고서 '소련 경제 연구(A Study of the Soviet Economy)'를 내놓았다. 1991년 2월, 완전판이 세 권으로 출간되었다. 서방의 일류 경제학자들은 소련과 그 경제에 관해 아무것도 몰랐으므로, 연구 작업은 IMF 출신 젊은 전문가들로 이루어진 특별 전담 연구 팀이 맡았는데, 그중 일부는 동유럽 출신 성분을 지녔었다. 연구 팀은 공개 자료를 활용했다. 참여자 한 명은 "전체적인 상황은 아주 분명했다. 소련 경제는 위험한 내·외부적 불균형에 직면해 있었던 것이다"라고 회고했다.[9] 서방의 경제학자들이 알고 있는 경제의 균형을 잡는 유일한 방법은 워싱턴 컨센서스 정책을 구사하는 것이었다. 연구 팀의 경제학자들은 갈등을 느꼈다. 연구 보고서는 급진적 개혁이 소련을 고스란히 유지할 것이라는 가정하에 작성되었다. 하지만 연구 팀은 급진적 경제 개혁이 농업 부문 로비 집단과 MIC를 비롯해 강력한 이해집단의 저항에 부딪혔다고 결론 내렸다. 이 집단들은 불완전한 사회주의적 개혁에서 등장한 새로운 로비 세력과 더불어 국가 보조금의 종식에 반대했다. 개혁을 두고 이 집단들의 교착 상태를 깰 유일한 방법은 급진적인 자유화와 규제 완화였다. 또한 이는 소련의 정치적 이완을 의미했고, 이완은 해체로 이어질 터였다. 경제학자들은 그러한 개혁이 "우선 발트 국가들과 나중에는 나머지 국가까지 공화국들을 분리할 수도 있는" 강력한 원심력을 만들어낼 것이라고 주장했다. 이 주장은 IMF 유럽 분과의 수장이자 연구 팀의 주임인 영국 경제학자 존 오들링스미(John Odling-Smee)를 불편하게 만들었다. 휴스턴에서 모인 G7 정상들은 고르바초프가 계속 집권하고 중앙의 정치적·군사적 통제권을 유지하게 도울 생각이라고 밝혔다. 경제학자들은 명시적 결론을 자제하라는 이야기를 들었다. 연구 보고서는 '시스템 내부적으로' 다소 신중한 개혁을 제안했다.[10]

모스크바에서, 대다수의 소련 경제학자들은 IMF의 온건한 권고를 환영했다. 가이다르만이 유일한 예외였다. 그는 자유주의적 입장인 《모스크바 뉴스》에 '달갑잖은 진실의 시간'이라는 논설을 실었다. 소련 정부와 러시아 정치인들은 "수백억 달러로 타당성이 뒷받침되는" IMF 보고서의 결론에 주의를 기울여야 한다. 그는 워싱턴 경제학자들이 라틴아메리카 국가들에 그랬던 것처럼 모스크바 정책 결정자들에게 지시를 내리지 않은 것을 유감스러워했다. "누군가는 사회와 작금의 권력자에게 말해줘야 한다"라면서, 가이다르는 소련 경제가 GNP의 5분의 1에 달하는 "국가 보조금의 부담을 견디지 못할 것"이라고 설명했다. 젊은 경제학자는 고르바초프와 옐친 간의 권력 투쟁이 소련을 라틴아메리카의 상태로, 잇따른 위기로 흔들리는 허약한 국가로 전락시킨다고 확신했다. 인플레이션으로 인한 손실을 모두에게 보상해준다는 발상은 고르바초프는 물론 옐친도 표방하고 있지만, 어리석은 짓이다. 국가 재정이 위기에 처해 있는 한, 의회의 법률은 연금의 지급을 보장할 수 없다. "당 관료(party-crats)를 민주 관료(democrats)로 교체할 수도 있고, 그러고 나서 그 반대도 가능하다. 이 사실이 거시경제의 엄혹한 논리를 바꿀 수는 없다." 가이다르는 소련 경제에 관한 IMF 연구 보고서를 미래 개혁을 위한 기본 지침으로 여겨 러시아어로 번역하기로 했다.[11]

1991년 3월, 스탠퍼드대학의 미국 경제학자들과 신자유주의 경제의 이론가 및 실천가 들이 러시아 의회의 고등경제위원회(Higher Economic Council) 위원장 미하일 보차로프의 초청을 받아 모스크바에 도착했다. 그룹의 리더인 50세의 미하일 베른스탐은 오랜 세월 끝에 고국을 다시 찾았다. 그는 인권운동에 참여하고 사하로프, 솔제니친과 협력한 탓에 KGB에 의해 등 떠밀려 1976년에 미국으로 이주해야 했다. 시카고대학을 졸업한 뒤, 레이건 행정부에서 일했고 공화당 우파에 많은 친구를 두었다.[12] 1991년 봄, 베른스탐은 소련을 무너트리고 싶은 마음이 이미 없었다. 그는 고르바초프와 옐친을 도와 무너지는 경제를 구하고 싶었다. IMF 연구서로 인해 베른스탐은 마음이 좋지 않았다. 떠나기 전에 그는 밀턴 프리드먼과 시카고대학의 동료들과 상의했다. 그는 칠레에서는 통했던 것이 소련에서는 통하지 않을 것임을 깨달았다. 거시경제적 안정화와 세계 시장의 투자 대신 혼돈과 파괴가 있을 것이다. 어쩌면 신자유주의 경제학의 보편적 법칙이 창조적으로 변형되어, 새로운 민주적 러시아가 부상하도록 도울 수도 있으리라고 베른스탐은 생각했다.[13]

1991년 3월 15일, 미국인 방문객들은 옐친과 만났다. 러시아 지도자는 "여러분이 레이건을 도운 것처럼 저도 도와주길 바랍니다"라고 말했다. 옐친은 신자유주의 정책에 관해 아무것도 몰랐지만 모조리 채택하고 싶어 했다.[14] 스탠퍼드대학의 경제학자들은 '러시아를 위한' 새로운 개혁 프로그램을 계획하기로 했다.

런던으로의 초대

여러 달 동안, 부시 대통령은 미·소 정상회담을 연기한 것이 얼마나 크렘린을 괴롭게 만들었는지 깨닫지 못했다. 5월 7일, 그는 잭 매틀록으로부터 이 문제를 알려주는 전보를 받았다. 미국 대사가 고르바초프와 단둘이 만났는데, 소련 지도자가 답답한 심경을 쏟아냈던 것이다. 그는 이라크 문제에 관해 미국을 도와줬는데, 미국은 그 보답으로 돕고 싶어 하기는커녕 새로운 요구만 늘어놓고 있다고 말했다. 미국산 곡물을 구입하기 위해 대출해달라는 개인적인 요청도 수포로 돌아갔으며, 미국은 소련의 원자력 발전소에 아직도 컴퓨터를 제공하지 않았고, 민간 항공기를 제작하기 위한 합작 프로젝트도 더 많은 장애에 부딪혔다. 또한 미국 언론이 그가 실패하리라고 점치는 바람에, 소련 인민 사이에서 "그의 평판을 크게 해치고" 있었다. 고르바초프는 매틀록이 대사직에서 곧 물러날 거란 말을 듣고 물었다. "왜 지금 떠나려 합니까? 혹시 이 배가 침몰할 거라 생각하는 겁니까?" 또한 미국인들이 왜 소련 기업들, 특히 이제 국가의 간섭을 받지 않고 사업과 무역 거래를 추진할 수 있는 MIC와의 경제 합작에 늑장을 부리는지도 물었다. 냉전 시기의 법률이 여전히 서방에서 소련으로 선진 기술을 이전하는 것을 가로막고 미·소 무역을 방해하고 있었다. 미국의 친구들이 이런 장애물을 제거하는 데 더 힘을 써줄 수 있지 않은가? 고르바초프는 매틀록에게 불쑥 물었다. "우리가 당신들에게 배의 키를 넘기길 바라는 거요?" "절대 아닙니다!"라고 미국 대사는 대답했다.[15]

1991년 5월 11일 토요일, 조지 부시는 힘든 한 주를 보낸 뒤 캠프 데이비드에서 쉬고 있었다. 그는 희귀한 갑상선 질병을 진단받았다. 새로운 의료 기술 덕분에 위험한 외과적 수술은 피할 수 있었지만, 많이 지쳐 있었다. 회복 중에 그는 친구인 고르바초프에게 전화를 걸었다.[16] 그는 구체적으로 뭘 내놓을 수 있을지 알지 못했다. 미·소 관계는 발트 지역의 상황으로 정체된 듯했다. 미국 대통령이 내놓을 수 있는 최선의 제안은 소련을 IMF와 세계은행에서 특별 준회원국 지위를 얻도록 패스트트랙에 올려놓는 것이었다.[17] 하지만 고르바초프는 IMF의 금융 지원을 구하려고 길게 줄을 선 제3세계 국가들의 마지막에 놓이는 것을 원치 않았다. 그는 부시에게 조만간 런던에서 열릴 G7 정상회담에 초대받고 싶다고 말했다. 고르바초프는 이 회담을 준비하는 차원에서, 프리마코프와 야블린스키를 워싱턴으로 보내도 되는지 물었다. 뜻밖의 요청에 놀란 부시는 "이쪽 사람들에게 …… 긍정적으로 받아들이라고 지시하겠다"라고 대답했다. 심지어 "문제를 찾으려 하지 않고 도와줄 이유를 찾으려고 …… 노력"하겠다고도 덧붙였다.[18]

고르바초프는 정부로부터 경제 노선을 결정하고 이를 위한 자금을 구하라는 강한 압박을 받고 있었다. 1991년 4월 초, 파블로프는 가격을 인상하지 않고는 아무 일도 돌아가지 않을 거라고 고르바초프를 드디어 설득했다. 그러자 정부는 *베즈날* 금융의 일부인 수매가를 세 배 인상했다. 소매가에도 똑같은 일이 일어났다. 정치적 후유증은 예상대로 엄청났고 부정적이었다. 자유주의적인 모스크바 언론과 민주러시아, 옐친의 자문 들은 '1억의 러시아인'을 빈곤에 빠트리고 있다며 파블로프를 즉각 공격했다. 파블로프의 개혁은 공화국의 포퓰리스트들에게는 타격이었다. 공화국 의회들이 유권자들에게 예전처럼 더 크게 보상해주는 법안에 투표할 수 있지만 정치적 책임은 그들의 몫이라고 파블로프는 주장했다. 그러면 포퓰리즘이 새빨간 거짓말임이 드러날 것이다. "[그들은] 나눠줄 게 없다."[19] 파블로프는 외국인 지분을 비롯해 외국 투자에 소련 경제를 급격히 개방하자고 제안했다. 그는 현재의 사회적 긴장을 완화하기 위해서는 250억 달러 규모의 서방 융자와 투자를 소련 정부가 필요로 한다는 것을 인정했다. 3분의 1 정도는 수요가 높은 소비재를 수입하여 소비자에게 판매하는 데 사용할 생각이었다. 그렇게 축적된 자금은 MIC의 '전환'에 투자할 예정이었다. 3분의 1은 식품 가공과 포장, 그 외 소비자 지향 산업의 설비에 투자하고, 나머지는 구산업을 유지하는 데 투입할 계획이었다. 회고록에서, 파블로프는 내각이 서방 정부와 은행에 담보를 기꺼이 제공할 준비가 되었다고 썼다. 서방의 기업이 소련 기업의 지분을 구입하고 구조조정에 참여하는 것을 허용할 준비가 되었던 것이다.[20]

고르바초프는 파블로프의 위기 타개책이 노보오가료보에서의 정치적 거래를 복잡하게 만들지 않을까 걱정했다. 그는 지난해의 500일 계획 같은 또 다른 요술 지팡이가 절실했다. 바로 이때 야블린스키가 거창하고 잘 포장된 프로그램을 들고 다시금 부상했다. 야블린스키는 인플레이션을 잡으려는 파블로프의 주요 목표를 공유했지만, 전략 면에서는 총리와 날카롭게 대비되었다. 그의 해법은 대기업들로 이루어진 국가자본주의가 아니라 중소기업과 서비스업종을 단계적으로 민영화하는 것이었다. 그러나 소련 시민들의 저금으로는 더 이상 민영화에 자금을 댈 수 없었다. 그는 파블로프의 개혁이 인민과 소련 국가의 신뢰를 완전히 무너뜨렸다고 주장했다. 그 대신에 민영화는 안정화 기금에서 인민이 대출한 돈으로 이뤄지며, 이 기금은 서방 국가들에 의해 조성될 것이다. 그는 자신의 개혁이 소련 경제에 시동을 걸고 초인플레이션을 억제할 것이라고 장담했다. 개인적으로는, 소련을 위한 '마셜플랜'이라고 불렀다.

야블린스키는 자신의 구상을 뒷받침하기 위해 미국의 영향력 있는 네트워크와 접촉했다. IMF 수석부총재인 스탠리 피셔는 5년 동안 매해 200~300억 달러를 외국에서 대출해주면 소련의 거시경제를 안정화할 수 있을 것이라고 주장했다. 하버드케네디스쿨의 전직 학장인 그레이엄 앨리슨(Graham Allison)은 구상을 정책 이니셔티브로 전환할 수 있도록 야블린스키를 하버드대학으로 초청했다. 앨리슨은 소련 경제가 직면한 엄청난 도전에 대해 아주 흥미로워했지만, 고르바초프의 실패로 말미암은 파국적 결과 또한 우려했다. 그는 핵 군축에 관한 미·소 계획에 참여했고, 모스크바가 수만 기의 핵무기를 통제할 수 없다면 발생할 잠재적 위험을 절실히 인식하고 있었다. 냉전에 든 비용의 극히 일부만으로도 서방은 이전의 적을 동료로 돌아서게 할 수 있다고 앨리슨은 주장했는데, 이는 미국과 전 세계에 아주 싸게 먹히는 거래일 것이었다. 이 계획에 붙인 '그랜드바겐(Grand Bargain)'이라는 이름은 앨리슨의 접근법을 그대로 반영했다.[21]

모스크바에서 야블린스키는 예브게니 프리마코프에게 접근했는데, 프리마코프는 즉시 계획을 지지하며 고르바초프와의 만남을 주선했다. 앨리슨도 모스크바로 곧 날아왔다.[22] 모임은 1991년 5월 16일에 이루어졌다. 또 다른 미국인 참석자는 폴란드의 '충격 요법' 개혁에 관해 발체로비치에게 자문한 하버드대학의 경제학자 제프리 삭스였다. 삭스는 구체적으로, 서방이 소련에 5년에 걸쳐 1500억 달러를 융자하면 개혁을 성공시킬 수 있다고 했다.[23] 체르냐예프는 일기에 "M. S. [고르바초프]는 [야블린스키가] 미국인들과 함께 G7과 M. S.를 위해 '사전 프로젝트'를 추진하는 데 동의했다"라고 썼다. 이 프로젝트로 인해, 세계은행과 IMF는 "150억, 300억, 혹은 1500억 달러까지 제공할 것이다". 하룻밤 만에, 스탠리 피셔와 제프리 삭스의 이론상 수치가 거대한 금융 지원의 개연성으로 탈바꿈했다.[24] 이틀 뒤, 고르바초프는 이전의 자문 집단을 대체한 새로운 정부 조직인 안보회의(Security Council)를 주재했다. 그는 소련이 IMF와 세계은행에 가입해야 한다고 강력하게 주장했다. 그러면 서방은 지갑을 열 것이었다. 1500억 달러는 '현실적이지 않지만', 그 절반은 가능할지도 모른다. 프리마코프, 파블로프, 시타리얀과 국영은행장인 빅토르 게라셴코도 찬성했다. 대개는 고르바초프에게 동의하던 KGB 의장 크류치코프는 갑자기 반대했다. 그는 서방이 자금을 내놓지 않을 것이라고 말했다. 또한 소련 개혁이 서방의 지원이라는 가능성과 결부되면 치러야 할 '엄청난 정치적 대가'를 두려워했다. 고르바초프는 크류치코프의 우려를 일축했다. 그는 보좌관에게 KGB 의장이 구닥다리 소련 애국자처럼 굴고 있다고 말했다.[25]

야블린스키는 그랜드바겐의 세부 사항을 작업하기 위해 동료들과 함께 미국으로 날아갔다. 한때 CIA와 NSC에서 근무했고 당시 하버드대학에 있던 로버트 블랙윌(Robert Blackwill)이 야블린스키와 앨리슨이 국무부에서 로스와 졸릭을 만날 수 있게 도왔다. 졸릭은 나중에 "나의 견해는 서방이 수십억 달러를 한 번은 제공할 수 있지만 두 번은 안 된다는 것이었다"라고 회고했다. 졸릭은 야블린스키에게, 애국적인 관점에서 틀을 세워서 소련의 민영화가 선행되어야 한다고 말했다. 그러면 서방의 지원이 순차적이고 표적화된 방식으로 뒤따를 수 있다. 야블린스키는 자신도 서방이 돈을 검토하는 것을 원하지 않는다며 미국 관리들에게 장담했다. "당신들은 앞으로 돈을 준다는 약속을 이용해 우리가 지금 해야 하는 일을 하게끔 해야 한다."[26]

파블로프는 야블린스키의 개입이 마음에 들지 않았다. 그는 부관인 블라디미르 셰르바코프를 부시와의 경제 회담을 위한 소련 대표단의 공식 대표로 워싱턴 D.C.에 파견했다. 41세의 셰르바코프는 신중하고 기민하며 경험이 풍부한 기관원이었다. 하지만 소련의 산업 관리자가 그렇듯이, 그도 거시경제학이나 소련의 경제적 문제의 원인을 이해하지 못했다.[27] 셰르바코프와 프리마코프는 5월 27일 워싱턴 D.C.에 도착했다. 그들은 제임스 베이커를 만나고 나서 경제자문위원회(Council of Economic Advisors)의 위원장 마이클 보스킨을 만났다. 소련 관리들은 자신들이 본국에서의 합의를 대변한다고 거짓으로 주장했는데, 두 나라를 빼곤 소련의 모든 공화국이 파블로프의 프로그램을 승인했다는 것이다. 보스킨의 회고에 따르면, 프리마코프는 "코트를 열어젖히고 우리에게 팔 수 있는 품목의 목록을 보여주려 했다". 보스킨은 귀환한 소련군을 위해 주택을 건설하도록 서독이 소련에 건네준 돈이 어떻게 되었는지 물었다. 프리마코프는 이 질문에 대답할 수 없었다. 보스킨은 부시에게 소련 대표단이 서방의 거금을 지원받을 가능성을 타진하러 왔다고 보고했다. 그들의 대답은 "아니오"여야 했다.[28]

5월 31일, 부시는 백악관 집무실에서 소련 대표단을 맞았다. 그는 대화에 참여하기 위해 하버드대학에서 온 야블린스키에게 일부러 몸을 돌려 그의 접근법을 설명해달라고 했다. 그 경제학자는 졸릭의 조언에 따라, 소련 사람들은 구걸하러 온 것이 아니며 막대한 외국의 융자는 당장은 필요 없다고 말했다. 그 대신, 그는 가격 통제의 급격한 완화와 민영화를 요청했다. 부시와의 사적인 오찬에서, 프리마코프는 파블로프의 노선을 옹호했다. 경제 개혁이 효과를 내려면, 행정적 수단이 외국의 융자만큼이나 필수적이다. "우리 인민은 주도적으로 나서려 하지 않는다. 그들은 명령을 기다린다." 부시는 다가오는 런던정상회담에서 미국 정부는 협상 테이블에 자금을 전혀 내놓지 않을 것이라고 말했다. 안타깝게도, "지금 우리는 사실상 빈털터리다. 나는 재무부와 IMF에 경제적으로 현실성 있는 것을 제시할 수 있어야 한다"라고 설명했다. 프리마코프는 부시에게 고르바초프가 "런던에 와서 1000억 달러를 요청하지는 않을 것"이라고 장담했다. 소련 사절은 아마도 미국 대통령이 더 적은 액수를 제의해주길 기대했겠지만, 아무 말도 하지 않았다. 부시는 소련 사절단의 진짜 목적이 무엇인지 종잡을 수 없었다. 그들은 돈을 원하는 건가, 원하지 않는 건가? 그는 스코크로프트에게 한마디 했다. "이 친구들은 정말 아무 준비도 하지 않는군, 안 그런가?"[29] 오찬 당시, 부시는 프리마코프에게 새 데스크톱 컴퓨터를 자랑하며 뭔가를 출력해보려고 했다. 부시의 비서인 어느 노부인이 대통령에게 어떤 버튼을 눌러야 하는지 가르쳐주었다. 소련 대표단이 모스크바로 돌아왔을 때, 프리마코프는 고르바초프에게 부시가 보낸 컴퓨터 출력 쪽지를 건넸다. "친애하는 마이클(미하일을 영어식으로 부른 것–옮긴이): 방금 당신의 유능한 대리인 프리마코프 씨와 아주 훌륭한 점심을 들었습니다. 새 컴퓨터로 외국 정상에게 처음으로 보내는 이 메시지를 당신이 받았으면 합니다. 행운을 빌며 고마움을 전합니다, 조지 부시." 대화가 실패했다는 것은 분명했다.[30]

며칠 뒤, 파블로프는 국영기업과 공화국들의 세금 미납으로 인한 재정적 구멍을 막기 위해 재무부에 680억 루블을 내부적으로 대출해주도록 고르바초프의 승인을 받아냈다. 이것은 소련 역사상 최대 규모로 루블화를 찍어낸 사례였다. 국영은행도 인민의 저금을 빌렸다. 이 조치는 철저히 비밀리에 시행되었고, 소련의 존재는 마지막에야 드러났다.[31] 이런 상황에서, 서방의 융자와 투자의 문제는 소련 재정과 경제에 생사가 걸린 문제가 되었다.

6월 5일, 6개월간 연기한 끝에 고르바초프는 오슬로로 날아가 노벨평화상 수상 연설을 했다. 체르냐예프가 다음과 같은 주제로 연설문 초안을 준비했다. 페레스트로이카는 소련보다는 전 세계에 큰 혜택이 되었으니, 소련이 심각한 위기에 처해 있는 이때 서방은 부디 빚을 갚고, 모두를 위해 재난을 막아줄 수 없겠는가? 고르바초프는 보좌관에게 돈 얘기는 빼라고 지시했다. 노벨상 수상자로서 백년대계의 관점으로 수상 연설문의 틀을 잡고 싶었는데, 개혁된 소련이 없다면 서구 열강도 항구적이고 평화로운 세계 질서를 건설할 수 없을 것이라는 식이었다. 그렇긴 해도, 고르바초프는 '중대한 시점'에 놓인 소련 개혁을 도울 방법에 관해 G7 정상회담에서 진지한 '대화'를 시작하자고 오슬로 연설에서 서방 지도자들과 대중에게 호소하기로 했다.[32] 오슬로로 출발하기 전날 밤, 고르바초프는 워싱턴으로부터 비공식 메시지를 받았다. 체르냐예프는 부시가 "마침내 M. S.를 [런던으로] 초청하기로 결정했다"라고 적었다. 아마도 런던정상회담이 소련 지도자가 죽어가는 소비에트 체제와 결별하고 그와 그의 나라가 서구 자유주의 질서에 합류하도록 정식으로 초대받는 자리가 될 것이라고 생각했다.[33] 6월 15일, 영국 대사인 로드릭 브레이스웨이트는 고르바초프를 런던정상회담에 초대하는 존 메이저 총리의 공식 초청장을 전달했다.

"그들을 3류 국가로 전락시키는"

고르바초프가 자금 결핍과 서구가 주도하는 세계 질서에서 소련의 지위에 관해 걱정하는 동안, 부시와 스코크로프트는 CFE와 START 조약에 관해 걱정했다. 그 조약들은 소련과 관해서는 부시의 최우선 과제였다. 소련 참모총장 모이세예프 원수는 영미 외교관 및 군사 전문가와의 회담에서, 소련군이 바르샤바조약에서 이전의 소련 동맹국들에 배정되었던 군비 할당량을 받지 못한다면 최고소비에트는 CFE의 비준을 거부할 것이라고 말했다.[34] 알렉산드르 베스메르트니흐 외무부 장관의 귀띔을 받은 미국 측은 모이세예프와 직접 교섭해서 원수에게 양보하게끔 압박하기로 했다. 이 접근법은 먹혔다. 양측은 타협했다. 1991년 5월 23일 소련 최고소비에트에서, 아흐로메예프는 CFE에 개인적으로 '도의적 책임'이 있다고 밝히고 비준을 호소했다. 6월 14일, 각국 대사들의 특별 회의가 빈에서 열려 조약 수정안을 비준했다. 모스크바정상회담의 중요한 장애물 하나가 제거되었다.[35] 그러나 START에 관한 대화는 끊임없이 소련 측의 저항에 부닥쳤다. 모이세예프는 조약안이 불공평하다고 불만을 제기했는데, 미국은 미사일과 핵탄두에서 소련에 1.7 대 1로 우위를 차지했다. 미국은 소련 측이 전부 양보하리라 기대하며 자신들이 양보하길 거부했다. 이번에 고르바초프는 참모총장 편을 들었다.[36]

부시와 스코크로프트는 처음부터 그랜드바겐이 마음에 들지 않았다. 미국 언론은 이 계획을 신나게 공격했다. 윌리엄 새파이어는《뉴욕타임스》에서 앨리슨과 야블론스키를, "자본주의가 돈을 댄 버팀목으로 공산주의 체제를 긴급 구제하는" 터무니없는 방안을 들고나온 선의의 얼간이라고 불렀다. 소련이 국가 부도 사태를 피하고 싶다면, 붉은군대의 규모를 축소하고, 쿠바의 피델 카스트로와 아프가니스탄 정권에 대한 재정 지원을 중단하고, 주택과 아파트, 토지와 공장을 매각하고, 이윤 동기를 이끌어내야 한다고 새파이어는 주장했다. 그는 "여기에 요구되는 정치적 기후를 자유라고 한다"라고 결론 내렸다.[37] 막후에서는, 옐친 진영 인사들이 '반동적인' 파블로프 내각에 절대 돈을 주지 말라고 미국인들에게 간청하고 있었다. 안드레이 코지레프는 베이커의 보좌관들에게 "당신들이 중앙에 돈을 주면 돈 낭비가 될 뿐 아니라, 설상가상으로 침몰해야 할 체제를 계속 떠 있게 할 것"이라고 말했다.[38]

그래도 야블린스키-앨리슨 프로젝트는 얼마간의 정치적 동력을 얻었다. 권좌에서 물러난 마거릿 대처가 부시에게 쿠웨이트에서 걸프전을 주도한 것처럼 소련을 지원하는 데 앞장서라고 촉구했다. 철의 여인과의 면담 뒤, 미국 대사인 매틀록은 대처가 옳았다고 일기에 적었다. "우리 쪽 지도자들이 이 도전에 대응하지 못한다면, 그들은 지혜나 용기, 아니면 그 둘 다가 없는 것이다."[39]

백악관에서, 부시는 군축과 관련해 재정적 보상을 제시하지 않으면서 고르바초프에게 얼마나 더 압박을 가해도 될는지 알 수 없었다. 프리마코프와 셰르바코프가 워싱턴을 떠난 뒤에, 대통령은 고르바초프를 위해 런던정상회담에 어떤 '선물'을 가져갈 수 있을지 논의하려고 스코크로프트에게 특별 각료회의를 주재하라고 지시했다. 소개글에서, 스코크로프트는 각료들에게 전체 상황의 모든 요소를 고려할 것을 요청했다. 그는 중요한 단서를 덧붙였는데, 소련 측에 대한 어떤 접근법이든 독일 및 서방 동맹국과 보조를 맞춰 발전해야 하며, 중유럽과 동유럽 국가를 돕는다는 우선순위를 훼손해서는 안 된다는 것이었다.[40]

6월 3일, 행정부의 주요 일원들이 백악관 상황실에 모여 소련에 관해 토론했다. 국무부의 베이커 팀은 고르바초프에 대한 '존중과 관여'라는 입장을 대변했다. 그들은 공동의 경제 공간을 지닌 개혁된 연방을 유지하는 것이 미국의 안보 이익과는 충돌하지 않는다고 주장했다. 베이커는 그랜드바겐에 회의적이었지만, 어떤 아이디어들이 나오는지 두고 보자며 졸릭에게 야블린스키와 계속 협력하라고 지시했다. 딕 체니와 펜타곤 소속 보좌관들은 소련 '제국'의 해체를 환영하면서 소련 의존국인 쿠바와 아프가니스탄을 버리고, 핵무기를 감축하고, MIC의 해체 과정에 착수하도록 고르바초프에게 압박을 가해야 한다고 주장했다. 제3의 입장은 재무부 장관 니컬러스 브래디와 국제문제 특별보좌관 데이비드 멀퍼드(David C. Mulford)였다. 그들은 재정적 근거에서 소련에 대한 대규모 지원에 단호히 반대했다. 부시의 절친인 브래디는 대통령의 결정에 엄청난 영향력을 행사했다. 대통령은 국제 문제에 관해서는 대개 베이커의 의견을 따랐지만, 이번에는 달랐다. 기록적인 재정 적자의 시기에, 부시는 세금을 인상하지 않겠다는 선거 공약을 이미 어겼다. 그런 상황에서 고르바초프를 돕는 데 돈을 낭비하는 것은 정치적으로 어리석은 행동일 것이었다.

백악관 회의에서, 브래디는 한 가지 질문을 던졌다. 그랜드바겐이란 무엇인가? 2500억 달러인가? 브래디는 새파이어의 글에서 핵심 논지를 되풀이하여, "소련이 그대로 유지되도록 돈을" 주는 것은 "절대적인 재앙"일 것이며 "이 방 안의 누구도 그런 일을 원치 않는다"라고 말했다. 사실 재무부 장관은 야블린스키의 구상이 아니라 야블린스키의 비판가들이 과장되게 희화화한 것을 묘사했다. 그와 동시에, 브래디는 보기 드물게도 솔직하게 미국의 전략적 우선 사항을 표명했다. "여기서 중요한 것은 소련 사회가 국방 시스템을 감당할 수 없도록 변화시키는 것이다. 소련이 시장 체제로 간다면, 그들은 대규모 국방 조직을 감당할 수 없다. 진짜 개혁 프로그램은 그들을 3류 국가로 전락시킬 것이며, 그것이 우리가 원하는 바다."[41]

행정관리예산국(Office of Management and Budget, OMB)의 국장이자 레이건 행정부의 베테랑인 리처드 다만(Richard Darman)이 그다음에 발언했다. 그는 그랜드바겐과 마셜플랜과의 비유를 일축했다. "프리마코프나 야블린스키의 계획은 소련 역사를 바꿀 수 없다. 나는 소련의 분해가 미국에 확실하게 위협이 되리라고 믿지 않는다. 문제는 기회비용이지, 위협이 아니다." 미국의 대소련 전략은 "다소 마키아벨리적"일 필요가 있다고 다만은 말을 이었다. "다른 사안들에 대해 협력하고자 하는 정권을 달래는 데 필요한 최저액은 얼마인가?"[42]

베이커는 회의 참석자들에게 소련 지도부를 평화로운 개혁 노선으로 이끄는 일의 중요성을 상기시켰다. 고르바초프와 그의 사람들은 경제를 잘 모르지만, 동유럽에서 정치적 다원주의와 걸프전을 이끌어냈다. "우리는 이 프로세스를 계속 이어가야 한다." 마키아벨리 역할을 자처한 다만은 미국 행정부가 야블린스키 프로그램을 딱 잘라 거절해서는 안 된다는 의견을 제시했다. "미하일 고르바초프는 쇼맨이다. 그는 어떻게 해서든 우리를 압박할 것이다. 나중에는 다른 것을 필요로 할 수도 있다." 브래디는 "순전히 고르바초프의 시도를 망쳐버리기 위해" 체코슬로바키아의 바츨라프 하벨과 폴란드의 레흐 바웬사를 런던으로 초청할 것을 제안하기까지 했다.[43]

미국 행정부의 다수에게는 여전히 냉전이 계속되고 있었고, 일부는 소련이 무너지는 것을 보며 행복해했다. 회의 결과 부시에게 고르바초프를 위한 당근은 딱 두 개만 남았다. 하나는 이미 약속되어 있었던 G7 런던정상회담에 고르바초프를 초대하는 것이었다. 다른 하나는 소련이 좀 더 양보한다면, 부시가 모스크바로 날아가 정상회담을 하는 것이었다.[44] 부시는 이 제안에 무엇인가 더 추가해야 한다고 느꼈다. 6월 10일, 그는 미국산 곡물을 구입할 수 있도록 소련에 15억 달러의 차관을 제공했다.

이때쯤이면, 고르바초프와 그의 자문들은 미국이 소련을 위한 '마셜플랜'을 거부했다는 사실을 분명히 알아야 했다.[45] 하지만 모스크바에서는 이상한 게임이 계속되었고, 고르바초프와 그의 자문들 대다수는 대규모 미국 원조가 여전히 가능한 일처럼 말하고 행동했다. 잭 매틀록은 나중에 이를 '인디언 포커'(자신의 카드를 볼 수 없지만 다른 사람들의 카드를 보고 추측해서 베팅하는 게임 – 옮긴이)라고 불렀다. 고르바초프뿐 아니라 다른 진영 사람들도 정치적 포커 게임을 했다. 소련 대통령은 자신의 세계적 위상이 서방 지도자들의 지갑을 열 것이라고 자신만만했다. 지금 당장, 노보오가료보에서 옐친과 여타 공화국 지도자들이 개혁된 연방에 합류하도록 서방의 막대한 지원 프로그램이라는 망령을 지렛대로 삼고 싶었다.

야블린스키는 이렇게 회고했다. “우리는 미국 행정부가 소련을 구제하고 싶어 하지 않는다는 것을 알았다. 그레이엄 [앨리슨]은 러시아 사람처럼 기분이 상했다. 그는 ‘그들은 아무것도 안 하려 해!’라며 불만을 터트렸다.”[46] 앨리슨과 야블린스키는 여론에 호소하여 부시 행정부가 재고하게끔 하기로 했다. 6월, 《포린 어페어스》는 앨리슨과 그랜드바겐의 또 다른 지지자인 로버트 블랙윌이 함께 쓴 글을 실었다. 두 사람은 소련이 강대국인 동시에 세계경제에 편입된 ‘정상 사회’가 될 것을 상상할 수 있다고 썼다. “러시아인에게 강대국의 지위는 미국인이 그렇듯 국가정체성의 한 요소다.” 물론 소련의 경제적 이행을 위한 공식은 없으므로 서방의 지원 프로그램이 경제적 관점에서는 실패할 수도 있다. 그래도 “마셜플랜 수준의 특가 거래(바겐)”는 세계 시장을 갖춘 ‘정상적’ 연방을 건설하는 데 합심하도록 엄청난 인센티브를 제공할 것이다.[47]

6월 13일, 야블린스키와 앨리슨은 부시와 고르바초프에게 계획의 초안을 보냈다. 이제 프로젝트는 ‘민주주의와 시장경제로의 소련의 전환에 서방 협력을 위한 공동 프로그램’이라고 이름 붙여졌다. 그들은 첨부 서한에 “G7 정부의 대표들과 비공식 대화를 가졌다. 이 부분의 연구를 완료해 늦어도 다음 주까지 G7의 다른 지도자들에게 사본을 전달해야 해서 쫓기고 있다”라고 썼다. 6월 15일, 두 사람은 프로그램 문안을 옐친에게 팩스로 발송했다.[48] 그러고 나서 야블린스키가 국내 전선을 준비하기 위해 모스크바로 날아갔다. 그는 옐친을 만나서 고르바초프뿐 아니라 카자흐스탄 지도자 누르술탄 나자르바예프에게 프로그램의 사본을 전달했다. 1990년 7월에 그랬듯이, 러시아 경제학자는 경제 구상을 핵심 정치인들 사이에 연합 구축용 수단으로 이용했다. 고르바초프는 민첩하게 반응했다. 6월 17일, 그는 야블린스키를 노보오가료보로 초대했고, 경제학자는 프로그램의 세부 내용을 공화국과 자치구 지도자들에게 한 시간 반 동안 설명했다. 야블린스키는 그들이 “깊은 관심을 드러내며 대단히 협조적인 자세를 보였고” 설명이 끝난 뒤 한 시간 동안 토론이 이어졌다고 앨리슨에게 알렸다. 그 후 고르바초프는 야블린스키를 기자들에게 소개하며 야블린스키의 보고서가 '역사적 전환점'을 대변한다고 말했다. 며칠 뒤, 고르바초프의 대변인은 야블린스키가 런던정상회담에 고르바초프와 동행할 것이라고 발표했다. 고르바초프는 야블린스키와 앨리슨에게 두 사람의 계획을 '90퍼센트' 받아들일 준비가 되었다고 말했다.[49]

6월 18일 아침, 졸릭과 미국 관리들은 모스크바에서 새로운 전개 사항을 알리는 사적인 팩스를 앨리슨에게서 받았다. 팩스는 "상황이 복잡해지고 있다"라는 말로 마무리되었다. 런던정상회담 몇 주 전, 앨리슨과 야블린스키는 유럽의 수도를 분주히 돌아다니며 예비 교섭 담당자들, 즉 G7 정부의 재무부 장관과 경제 전문가를 만나 프로그램을 열심히 로비했다. 그들은 앨리슨의 친구이자 억만장자 폴 게티(Paul Getty)의 부인인 앤 게티가 제공한 비행기를 이용했다.

야블린스키가 노보오가료보에서 그랜드바겐을 띄우고 있을 때, 파블로프 총리와 그의 동료들은 최고소비에트에서 이 계획을 공격하고 있었다. 6월 17일 아침, 파블로프는 놀란 대의원들에게 비상 통치의 필요성에 관한 보고서를 제출했다. 소련 국가 부채는 이미 2400억 루블에 달하는 한편, 소련의 외채는 750억 달러에 달했다. 상업은행, 기업, 공화국 당국에서 나온 청구서가 걷잡을 수 없이 불어났다. 국민 수중의 미지출 현금도 기하급수적으로 증가해서, 그 순증가세는 4월에 41.3퍼센트, 5월에는 61.3퍼센트, 6월에는 무려 79.1퍼센트에 달했다. 국영은행은 수십억 루블의 새 지폐를 찍어낼 기술적 수단이 바닥나고 있었다. 게라셴코는 곧 임금을 지급할 현금의 양이 부족해질 것이라고 경고했다. 파블로프는 최고소비에트 연설에서 야블린스키와 그의 '하버드 후원자들'과의 논쟁에 뛰어들었다. 그는 서방의 시혜와 정치적 의지에 의존하는 경제와 금융 개혁에 반대했다. 그 대신 방위 산업 중 가장 수준 높은 부문들의 전환에 투자할 수 있도록 경제 자산의 대규모 민영화와 같은 국내 투자 재원을 고려해볼 것을 제안했다. 기업과 협동조합이 외화를 변동환율로 구입할 것도 제안했다. 그리고 공화국들이 중앙 재정에 조세를 납부하게끔 강제하고 재정 규율을 회복시키길 원했다. 이러한 조치를 실시하기 위해, 파블로프는 자신에게 특별 권한을 달라고 최고소비에트에 요청했다. 그는 고르바초프가 너무 바빠서 그런 문제들을 다룰 수 없으며, 그의 건강이 걱정스럽다고 했다.[50]

보고를 마친 뒤, 파블로프는 루캬노프 의장에게 TV 중계나 기자가 없는 특별 비공개 회기를 마련해줄 것을 요청했다. 이 비공개 회기에서, 소련 경찰력의 수장인 보리스 푸고는 이 나라에 조직범죄가 들끓고 종족 갈등으로 나라가 갈가리 찢겨 있다고 발언했다. 야조프 국방부 장관은 소련 군사력의 급속한 쇠퇴에 관해 언급했다.[51] 크류치코프는 야블린스키의 계획을 다시 끄집어냈다. 그가 보기에 이 계획은 나라를 구하지 못할 것이었다. 그는 현 위기가 CIA의 "영향력 있는 요원들", 다시 말해 권력을 잡기 위해 나라를 불안정하게 만든 급진적 세력의 작품이라고 설명했다. KGB 의장은 "2500억이니, 1500억이니, 1000억 달러니 하는 융자는 동화이자 환상"이라고 평가했다. KGB 의장은 서방이 실용주의적이며 전적으로 자신들의 이해관계를 추구한다고 설명했다. 미국에서는 "소련의 붕괴는 정해진 결론이라고 믿는다". 소련의 약점을 이용하여, 서방 정치인과 외교관은 이제 "서방의 모호한 약속과 경제적 은전에 대한 대가로 지금 소련이 특정한 조건을 충족해야 한다고 집요하게 촉구하고, 심지어 최후통첩 같은 방식으로 요구"하기 시작했다. 이런 조건 중에는, "우리의 방식이 아니라 대양 저편의 나라에서 구상된 방식으로 하는 근본적인 경제 개혁의 실시"가 있다고 크류치코프는 덧붙였다. 워싱턴은 "용인할 수 있는 수준 아래로" 군사 지출을 삭감하고, 소련 "우방국들과의 관계"를 되돌리며, "이른바 발트 문제에 관해 서방에 양보"할 것을 원했다. 비록 음모론적 사고방식으로 표현되긴 했어도, 미국의 공식적 의도에 대한 정확한 평가였다. 크류치코프는 이에 관해 고르바초프에게 끊임없이 알렸지만, 소용이 없었다고 말했다. 1941년, 소련 정보 당국은 스탈린에게 나치 공격이 임박했다고 경고했지만 헛수고였다. 미래의 역사가들이 1991년을 두고, "매우 심각한 문제들에 대해 제대로 주의를 기울이지 않은 것을 보고 깜짝 놀라게 될 것"이라고 그는 말을 마쳤다.[52]

크류치코프의 발언은 그 회기의 주요 사건이었다. 신호라도 받은 듯 소유즈파의 '애국자들'과 독재정부의 지지자들이 마이크로 달려가 고르바초프의 사임을 요구했다. 이 소식은 모스크바의 자유주의 언론에 금방 새어 나갔다. 《인디펜던트 가제트》의 헤드라인은 다음과 같았다. "연방 입법부와 정부의 합동 세력이 대통령과 노보오가료보, 어쩌면 우리의 미래도 파괴할 수 있다." 기자들은 연방조약이 연방 의회를 폐지할 것을 두려워하면서 성난 보수파 의원들 다수가 파블로프의 요청을 열렬히 지지하는 데 주목했다. 자유주의자들은 이것이 고르바초프의 배후에서 일어나는 음모인지, 소련 대통령이 왜 이런 일이 일어나게 놔두는지 궁금해했다. 민주러시아 출신 대의원들로서는, 이 모든 것이 진행 중인 진짜 쿠데타였다. 모스크바 시장인 가브릴 포포프는 미국 지도부에 경고하고, 그리하여 미국 채널을 통해서 고르바초프에게 위험을 알려주기 위해 매틀록에게 달려갔다. 셰바르드나제는 친구인 제임스 베이커에게 다급한 호소문을 보냈는데, 자금 원조와 소련의 양보를 연결시키려는 미국의 고집이 강경파를 자극하고 있다는 것이었다. 미국은 고르바초프에게 재정 지원을 제공해야 하며, 그러지 않으면 "결국 당신들은 끔찍한 독재자를 상대하게 될 것이며, 지금 고르바초프가 요구하는 것보다 훨씬 더 많은 돈을 국방비로 지출할 것"이라고 셰바르드나제는 경고했다.[53]

고르바초프는 다음 날에야 최고소비에트에 출석하여 놀라운 자신감으로 반항적인 의원들을 제압했다. 그와 동시에, 민주러시아 자유주의자들에게는 실망스럽게도 파블로프나 크류치코프를 해임하지는 않았다. 프리마코프가 고르바초프의 면전에서 보안을 KGB에 지나치게 맡기는 것은 아닌지 조심스레 언급했을 때, 소련 지도자는 이를 웃어넘겼다. 고르바초프는 끝 모르는 자만심 때문에 자신이 임명한 부하들이 반기를 들 수도 있다고는 상상도 못 했다.[54]

앞 장에서 묘사했듯, 모스크바의 정치적 위기는 러시아 대통령 당선인이 미국을 방문했을 때 백악관 집무실에서 부시와 옐친이 나눈 중요한 대화의 주제였다. 부시는 야블린스키의 계획에 관해 물었다. 러시아 지도자는 "비행기에 오르기 직전에야 계획서 사본을 받아서, 아직은 아무 견해도 없다"라고 거짓말을 했다. 사실, 야블린스키는 모스크바에서 옐친과 몇 시간이고 그 프로그램에 관해 논의했다. "옐친은 매우 수용적이고 협조적이었다"라고 야블린스키는 앨리슨에게 보고했다. 경제학자는 옐친의 생각을 다시금 잘못 읽었다. 러시아 대통령에게, 야블린스키의 계획은 배신이었다. 그랜드바겐은 고르바초프와 중앙 정부를 구조할 닻이었기 때문이다. 옐친은 미국인들이 고르바초프의 소련이 아니라 자신의 '러시아'에 투자하길 바랐다.[55]

부시는 그랜드바겐의 영향에 대해 한 번 더 논의하려 애썼다. NSC의 에드 휴잇(Ed Hewett)이 제안하여 케네벙크포트에 있는 부시의 자택으로 소련 전문가인 미국 학자들이 초대되었다. 부시는 많은 질문을 던졌다. 옐친이 고르바초프에게 도전하는 상황에서 소련이 어떻게 통치될지에 대해 특히 관심이 많았다. 하버드대학의 티머시 콜턴(Timothy Colton)은 다음과 같이 대답했다고 기억한다. "미합중국 대통령이 미시시피강의 서쪽 주들만 통제하고, 러시아연방에서도 그렇듯이, 그 라이벌이 절반인 동부를 통제하는 식일 것이다." 상상력이 넘치지만, 가능성 있는 시나리오는 아니었다. 랜드연구소(RAND)의 아널드 호럴릭(Arnold Horelick)은 서방의 중대한 이해관계를 이렇게 표현했다. "중요한 것은 소련 경제, 특히 러시아 경제가 생존 능력을 권위주의적 정치 구조에 의존하거나 그 자산과 생산물이 권위주의적 통치자의 처분에 너무 자유롭게 맡겨지지 않는 방식으로 진화해야 한다는 것이다." 결국, 전문가들의 공통된 결론은 연방조약이 체결되고 조세와 투자 정책이 정리될 때까지는 무엇도 소련에 효과가 없다는 것이었다.[56]

부시와 스코크로프트는 고르바초프를 지지하는 서방의 입장이 점점 정치적 추진력을 얻는 것을 걱정했다. 보스킨의 회고에 따르면, "미테랑과 존 메이저, 특히 헬무트 콜이 부시 대통령을 닦달하고 있었는데, 콜은 러시아 병력을 동독에서 내보내려 애쓰고 있었기 때문이었다".[57] 콜은 "옐친과 고르바초프가 어떻게든 협조하게 만드는 것"이 중대하다는 셰바르드나제의 메시지가 인상 깊었다. 독일 총리는 부시에게 고르바초프를 돕는 방향으로 런던에서 서방 지도자들을 결집시키고, 고르바초프에게 "우리가 생각하기에 그가 해야만 하는 일"을 솔직하게 말할 것을 촉구했다.[58] 부시, 베이커, 스코크로프트는 선택지를 논의했다. 행정부는 서유럽 지도자들이 친절한 말은 해도 선뜻 지갑을 열 생각이 없다는 사실을 알고 있었다. 고르바초프에 대한 주요 잠재적 기부자인 독일인들은 더 이상 "혼자 덤터기 쓰는" 신세가 되길 원치 않는다. 국무부 장관은 대통령에게 그랜드바겐을 끝장내버리는 것과 "고르비(Gorby)에게 너무 부정적으로" 대하지 않는 것 사이에서 미묘한 균형을 유지하라고 권고했다. 제임스 베이커의 연설문 작가들이 마련한 각서는 다음과 같았다. "우리가 소련을 깔아뭉개려고 하거나 우간다처럼 취급하려고 애쓰는 것처럼 비쳐서는 안 된다." 베이커는 "그랜드바겐의 대안"으로서 "단계적인" 점진적 접근법을 옹호했다. 이것은 서방 정부들이 특정한 약속이나 언질을 주는 것을 피하면서 고르바초프가 '진지한 경제 개혁'을 향해 신속하게 나아가도록 자극하는 접근법이었다. "순리대로 흘러가게 놔두자"라고 베이커는 권유했다. "우리는 긍정적인 태도를 보이는 한편", 결정의 책임은 소련이 져야 한다. 그는 G7 런던정상회담에서 정치적 지지를 하는 듯 보이면 고르바초프가 권력을 유지하기는 충분할 것이라고 내다봤다.[59]

부시는 이 권고대로 행동했다. 그는 존 메이저, 콜, 그 외 G7 정상들에게 서한을 보내 고르바초프가 어떤 개혁에 동의할지와는 상관없이, 미국 정부가 고르바초프에 대한 대규모 금융 지원에 *언제든* 반대할 것임을 분명히 했다. 만약 융자를 준다면, 소련이 아닌 동유럽에 제공되어야 한다고 그는 썼다.[60]

"소련은 코스타리카가 아니다!"

로버트 게이츠는 CIA가 소련의 비밀을 많이 파악했다고 회고했다. 하지만 미국 첩보원들은 고르바초프가 런던에 어떤 제안을 들고 올지는 알아내지 못했는데, 고르바초프도 몰랐기 때문이다.[61] 부분적인 문제는 제도적 혼란이 늘어나는 것이었다. 로드릭 브레이스웨이트의 평가로는, 그 무렵 소련 정부는 "우두머리에게 입김을 불어넣으려고 사실상 대등한 조건에서 모든 사람이 다투는, 부족이나 기껏해야 중세 체제가 되었다".[62] 무엇보다도, 고르바초프는 경제 개혁에 관해 여전히 결단을 내리지 못했다. 미국 대사관은 고위급 정보원을 통해 소련 정부에서는 시장경제로 신속하게 넘어갈 필요성을 누구도 더 이상 의심하지 않는다는 것을 알고 있었다. 망설이는 주요 원인은 이행에 따르는 정치적 비용이었다. 나자르바예프의 측근인 한 전문가는 고르바초프가 사유 재산 개념을 여전히 불편하게 여겼기 때문에, 집단 소유를 통해 동일한 수준의 경제 효율을 이뤄낼 다른 방법이 있는지 미국인들에게 계속 묻고 있다고 밝혔다. 그는 "마피아가 매각 대상으로 나온 기업체를 모조리 사들이고" 노동자조합의 권리를 박탈할 것을 걱정했다. 또 다른 정보원에 따르면, 고르바초프는 G7에 어떤 경제 패키지를 제시할지는 "런던행 비행기에 오를 때까지" 자신도 모를 것이라고 반쯤 농담조로 말했다.[63]

고르바초프는 G7 정상회담을 위한 제안서 준비 작업을 전직 정치국원이자 경제학자인 바딤 메드베데프에게 일임했다. 메드베데프가 이끄는 전문가 그룹은 모스크바 인근의 볼린스코예에서 만났는데, 런던정상회담 2주 전에 세계 지도자들과의 논의에는 어울리지 않는 논쟁적인 문서를 만들었다. 고르바초프는 체르냐예프에게 문서를 수정해달라고 요청했다. 1주일 뒤에 체르냐예프는 파블로프가 지명한 또 다른 그룹에서도 런던정상회담을 위한 문서를 준비했다는 사실을 알았다. 결국에는 이 문서가 고르바초프의 개인 서신을 가장해서 서방 지도자들에게 보내졌다.[64] 서방의 금융 지원에 관한 전망은 고르바초프 측근들끼리의 내부 논의에서 가장 민감한 쟁점이자 가장 큰 불확실성의 이유였다. 이 논의에 관여한 한 소련 경제학자는 모스크바 미국 대사관에 "사실상 모든 것이 서방 지원의 액수와 결부되어 있다"라고 털어놨다. "소련은 서방의 지원이 클수록 가격 자유화와 재정 적자 축소 등 시장경제를 향해 더 멀리, 더 빠르게 나아가려

할 것이다."[65] 총리와 크류치코프는 어둡게 전망했지만, 파블로프 내각마저도 이런 분위기를 공유했다. 고위급 경제 관료들 사이에서, 서방의 거액 지원에 대한 기대는 자체적인 추진력을 얻었다. 국방부터 농업, 중공업에 이르기까지 모든 소련 정부 부처는 독일에 주둔하는 소련군 비용을 감당하기 위해, 곡물을 수입하기 위해, 아니면 소련 산업에 불가결한 장비와 자재를 구입하기 위해, 파블로프와 그의 부관들에게 저마다 외화가 필요하다고 호소했다. 파블로프의 요청에 따라, 장관과 국영기업 지도자는 정유와 가스 사업의 현대화부터 유라시아 횡단 '철교' 건설까지, '외자의 참여'가 필요한 거창한 프로젝트의 목록을 준비했다.[66]

런던정상회담을 앞두고 열린 브레인스토밍 회의에서, 바딤 메드베데프와 경제학자 아발킨은 가진 패를 보여주고 소련 재정과 금융 위기의 심각성을 밝히자고 제안했다. 파블로프와 부총리인 셰르바코프, 재무부 장관 블라디미르 오를로프(Vladimir Orlov)는 반대했다. 그들은 그런 솔직함이 역효과를 낳을 것이라고 주장했는데, 서방 은행이 소련에 대한 단기 대출도 중단할 것이기 때문이었다. 결국에 고르바초프는 알맹이 없는 말만 장황하게 늘어놨다. 그는 소련의 재정적 문제점과 필요에 대한 명확한 문서도 없이 런던으로 갔다. 소련 정부 부처와 기업에서 준비한 모든 요청 사항은 본국에서 먼지만 쌓여가고 있었다.[67]

런던으로 가기 전, 고르바초프는 7월 5일에 키예프에서 헬무트 콜과 정상회담을 가졌다. 두 사람이 아르히즈에서 마지막으로 만난 이래로 많은 것이 바뀐 상황이었다. 크렘린 지도자는 이제 더는 독일의 미래를 좌우할 수 없었다. 1991년 2월 25일, 부다페스트에서 야조프와 베스메르트니흐는 소련을 대표해 바르샤바조약기구의 군사 조직 해산 문서에 서명했다. 7월 1일, 프라하에서 열린 바르샤바조약기구의 마지막 모임에서 하벨과 동유럽의 지도자들은 정치적 동맹의 종식을 선언했다. 소련 측에서는 야나예프 부통령이 참석했다. 리시코프가 제의한 대로, CMEA에서 약정한 고정 가격도 유동적인 세계 가격으로 대체되었다. 1991년 1월 이후로, 국영은행은 공산 진영의 공동 결제 통화였던 '태환 루블'의 수취를 중단했다. CMEA 내 무역은 붕괴했다. 1991년 6월 28일, 부다페스트에서 열린 회원국 회담에서 소련과 이전 8개 위성국의 대표들은 CMEA를 해체했다. 50년 전 스탈린이 철의 의지로 설립한 공동체는 연기처럼 사라졌다.

1990년 여름 이후, 소련 지도부는 동유럽 나라들이 NATO에 가입하려 한다고 의심할 만한 이유가 충분했다. 프라하의 바츨라프 하벨, 부다페스트의 괸츠 아르파드와 1990년 12월 이후로 폴란드 대통령이 된 레흐 바웬사는 지역의 안보를 유럽안보협력기구(OSCE)에 맡기지 않았다. 소련과의 무역 붕괴는 '유럽으로의 복귀'와 모스크바와 거리 두기라는 새로운 동유럽 정치 엘리트들의 공동 요구에 다급함을 더했다. 1990년 가을, 소련 정보 당국은 체코슬로바키아, 폴란드, 헝가리 정부가 NATO 가입 요청서를 들고 서방 정부에 접근하기 시작했다고 보고했다. 총참모부는 셰바르드나제의 외무부가 양자 조약들을 동유럽 국가들에 제안하도록 강요했는데, 양측이 적대적 동맹에 가담하거나 제3국의 군대가 조약 당사국의 영토와 기반 시설을 이용하지 못하게 하는 특별 조항이 담겨 있었다. 이것은 동유럽의 '핀란드화(Finlandization)'(작은 나라가 내정에서는 자주권을 유지하면서도 대외 정책은 주변 강대국의 영향력 아래 있는 것을 일컫는 말로, 냉전기 핀란드의 대소련 외교 정책에서 유래했다 – 옮긴이)를 위한 방안이자 NATO의 동진을 막기 위한 수단이었다. 동유럽 정부는 이 제안을 거부했다. 모스크바의 자유주의 언론은 '크비친스키 독트린'에 관해 분개한 어조로 보도했는데, 셰바르드나제의 부관인 율리 크비친스키(Yuly Kvitsinsky)의 이름을 딴 이것은 브레즈네프의 제한 주권 독트린을 가리켰다.[68]

콜과의 대화에서, 소련 지도자는 소련과 동유럽 국가와의 균열은 한시적인 현상일 뿐이라 일축했다. "그들은 우리한테 질렸지! 하지만 우리도 그들한테 질렸소!" 그는 동유럽 국가들이 "다른 진영에 가담할 수 있는 허점을 원한다는 것을 알고 있다"라고 말했다. 콜은 "NATO요?"라고 물었다. 고르바초프는 직접적인 대답을 피하고 "모종의 게임"이라며 애매하게 언급했다. 체르냐예프는 이 대화가 동유럽의 미래에 관한 독·소 합의를 이끌어내려는 고르바초프의 탐색전이라고 봤다. 콜은 고르바초프의 걱정들이 '과장'되었다고 여겼다. 총리는 유럽에 '적대적 동맹'은 더 이상 없다고 말했다.[69]

콜은 고르바초프에게 개혁된 소련이 새로운 유럽의 일부가 될 것이며, 소련 경제는 자유주의적 경제 질서에 편입될 것이라고 약속했다. 독일 총리는 고르바초프에게 대형 금융 지원을 기습적으로 요청하여 런던정상회담을 공격하지 말라고 했다. 그는 고르바초프가 양측 모두를 난처하게 만들 수 있다고 경고했는데, 서방은 돈을 제공할 수 없을 것이고 고르바초프는 가격을 불렀다가 거절당한 입찰자처럼 보일 것이다. G7 정상회담에 참석한 콜의 경제 보좌관이 고르바초프에게 파블로프의 위기 타개 프로그램은 IMF의 요구와 보조를 맞춰야 한다고 말하자, 고르바초프는 "소련은 코스타리카가 아니다!"[70]라며 쏘아붙였다. 이 감정적인 대답은 소련 지도자의 자존심을 드러냈다. 그는 서방의 돈이 절실했지만, 런던에서 재정난에 처한 지도자로 보이고 싶지 않았다. 그는 여전히 자신을 세계적인 정치가로 여겼다.

하지만 키예프정상회담의 모든 참석자는 소련이라는 거대한 체계가 무너지고 있는 것을 알 수 있었다. 공항에서 키예프로 가는 길에, 우크라이나 민족주의 시위대가 든 손팻말의 구호는 "콜 yes! 고르바초프 no!"였다. 키예프의 중심가에서, 콜과 고르바초프는 리무진에서 내려 현지 주민을 만나려 했지만 '우크라이나 독립'을 요구하며 1918년 우크라이나 국기인 노랑-파랑 깃발을 흔드는 군중에 둘러싸였다. 독일 손님들은 거북해했다. 회담이 끝난 뒤, 공식 수행단은 시위자들과 맞닥뜨리는 불상사를 피하기 위해 키예프 외곽으로 우회했다. 모스크바로 돌아오는 비행기 안에서, 고르바초프는 지정학적 성찰에 몰두했다. 그는 보좌관에게, 콜은 "우크라이나에 눈독을 들이고 있지만" 독일의 야심은 견제될 수 있다고 말했다. "콜은 소련을 소화할 수 없다는 것을 안다. 더욱이 우리 없이는 그는 유럽을 소화할 수 없고 미국인들을 몰아낼 수 없다. 그러므로 그는 우리의 소생을 돕고 우리가 그들과 나란히 서게끔 뭐든 할 것이다."[71] 고르바초프의 생각은 현실과 일치하지 않았다. 독일 총리는 고르바초프를 좋아했지만, 미국과의 특별한 파트너십, 안정적 NATO와 번영하는 유럽연합의 건설을 열망하고 있었다. 키예프정상회담 뒤, 콜은 부시에게 전화를 걸어 고르바초프가 G7 정상회담에서 "깜짝 요구를 들이밀지 않을 것"이라고 안심시켰다. 이것은 분명히 그랜드바겐을 가리키는 것이었다. 부시는 "일이 그런 식으로 풀린다면 나는 그 의제에 관해 마음이 매우 편하다"[72]라고 무뚝뚝하게 대답했다.

런던으로 가기 직전에, 고르바초프는 야블린스키와 길고 감정적인 만남을 가졌다. 그는 G7 정상회담에 그랜드바겐을 제시하지 않겠다고 말했다. 그러자 야블린스키는 런던에 동행하지 않겠다는 의사를 밝히고, 모스크바 인근에 있는 별장으로 가서 전화선을 뽑았다.[73] 며칠 뒤, 고르바초프는 부시로부터 정중하지만 확고한 결정이 담긴 편지를 받았다. "시장으로 급속하게 이행하는 것이 여전히 너무 위험하다고 느낀다면 …… 우리가 당신을 돕기는 더 어려울 것입니다."[74] 고르바초프가 처음 든 생각은 미국의 독단적 지시를 무시하는 것이었다. 런던으로 떠나기 전날 저녁, 소련 지도자는 IMF, 유럽부흥개발은행(European Bank of Reconstruction and Development, EBRD) 및 여러 경제 기구에 정회원 자격을 요청하는 가입 신청서에 서명해서 보냈다. 그리고 G7 정상들에게 또 다른 호소문을 보냈다.[75]

런던정상회담

그레이엄 앨리슨은 야블린스키가 고르바초프와 함께 런던에 오지 않는다는 것을 알고 나서, 부시 대통령에게 다급하게 팩스를 보냈다. 그는 미국 정부가 소련에 '깊은 관여(deep engagement)' 노선을 택해야 한다고 촉구했다. 1989~1990년, 부시와 베이커가 고르바초프와 셰바르드나제를 미국의 '이상과 관념의 준거 틀'에 따라 행동하게끔 이끌었던 것을 언급했다. 소련 지도부는 이런 관념을 적극적으로 포용했고, "이 과정이 냉전을 종식시켰다". 앨리슨은 이제 부시와 베이커가 소련의 경제를 전환하고 세계

경제로 통합하도록 고르바초프와 그의 각료들을 이끌어야 한다고 강조했다. 앨리슨은 이 프로그램을 "점령 없는 전후 전환"이라고 불렀다.[76]

부시는 그럴 작정이었지만, 앨리슨이 제안한 식은 아니었다. 백악관은 계속해서 냉전시대의 이익에 고착한 단기적 비전을 추구했다. 친구인 만프레트 뵈르너와의 대화에서, 부시는 "[고르바초프가] G7 정상회담을 발판 삼아 NATO 정상회담에 찾아오지 않았으면 좋겠다"라고 말했다. NATO 정상회담은 로마에서 11월에 열릴 예정이었지만, 미국 대통령은 서방에서 여전히 엄청난 인기를 누리고 있는 소련 지도자가 '유럽 공동의 집'이라는 미사여구로 대서양 동맹의 물을 흐릴까 봐 벌써 걱정하고 있었다. 뵈르너도 "그런 일은 가급적 피해야 한다"라며 동의했다.[77]

7월 14일, 프랑스 국경일에 미국 대통령과 행정부 관계자들은 파리에 도착해 미테랑 대통령을 만났다. 이튿날 아침, 미국인들은 런던에 도착해 존 메이저와 G7 참가자들과 예비 회담을 가졌다. 스코크로프트의 말대로, 이러한 만남의 목적은 소련에 대한 금융 지원 문제를 둘러싼 "우리 모임의 조용한 분열"을 수습하는 것이었다. 미테랑과 안드레오티는 '혼합 경제와 사회주의적 목표'를 표방한 소련 프로그램에 공감을 표했다. 안드레오티는 부시에게 이탈리아도 제2차 세계대전이 끝난 뒤 하루아침에 가격 규제를 철폐하지는 않았음을 상기시켰다. 공산주의가 붕괴한 뒤 소련 사회에 신자유주의적 조건을 재빨리 도입하는 것은 정치적으로 위험할 것이다. 콜과 메이저는 소련을 돕는 목적만을 위한 특별 위원회 설립을 제안했다. 유럽위원회 의장 자크 들로르와 네덜란드 총리 뤼트 뤼버르스(Ruud Lubbers)는 소련과 예전 동맹국과의 무역이 가능하도록 소련 외채를 재조정하는 것에 호의적인 의견을 표명했다.[78]

미국인들은 모든 제안을 단칼에 물리쳤다. 브래디의 도움을 받은 부시는 부채 상환과 관련하여 소련에 "운신의 폭"을 주자는 의견에 반대했다. 부채를 진 라틴아메리카 나라들처럼, 소련은 IMF의 뜻에 따라야 한다. 고르바초프는 신자유주의적 워싱턴 컨센서스를 수용해야 한다. 즉, 급진적 규제 완화, 민영화, 그러고 나서 민간 외국인 투자 유치를 위한 경쟁이 이루어져야 한다. EBRD는 소련 경제에 대출해주면 안 된다. 고르바초프를 위한 '특별한 거래'는 폴란드와 체코슬로바키아에 그들이 외면받고 있다는 '잘못된 메시지'를 보낼 것이다.[79]

부시와 미국 행정부 인사들은 지정학적 우선 사항을 염두에 두고 있음을 숨기지 않았다. 독일, 프랑스, 이탈리아가 소련에 대해 후원자처럼 구는 것은 미국 주도의 유럽이란 구상은 물론 NATO의 중추적 역할과도 모순되었다. 런던에서 독일 대표단과 만난 자리에서, 부시는 앞으로 NATO의 임무에 관해 프랑스의 불가지론적 태도에 반감을 표시했다. 그는 "이 문제를 재론하지 않게 분명히 해두자. 소련의 미사일이 미국을 겨누는 한, 누가 적인지 분명하다"라고 잘라 말했다. 부시는 외국의 지원을 영토 문제와 연결하길 원하는 일본의 총리 가이후 도시키의 입장도 지지했다. 일본은 1945년에 스탈린이 병합한 4개 섬을 소련에서 반환해주길 원했다. 독일을 제외하면, 일본이 유일한 대규모 현금원이었다.[80]

고르바초프가 없이 열린 G7 개막 회의에서, 부시는 케네벙크포트에 모인 학자들로부터 받은 조언을 공유했다. 또한 '그랜드바겐'에 반대하는 다른 요점을 제기했는데, 소련이 전략 미사일의 현대화를 비롯해 군사적 필요성에 많은 돈을 지출하고 있으며 고르바초프는 발트의 공화국들을 놔줄 용의가 여전히 없다는 것이었다. 게다가 미국 대통령은 소련 대신 동유럽 국가를 돕는 것을 우선순위로 내세웠다.[81] 런던정상회담에 참석한 일부 서방 지도자들은 당혹스러웠다. 미국 대표단은 고르바초프를 돕지 않으려고 온갖 구실을 찾고 있었다. 캐나다 총리 브라이언 멀로니는 감동적인 연설을 했다. 1985년, 당시 부통령이었던 부시가 모스크바에서 체르넨코의 장례식에 참석했다. 장례식이 끝난 뒤, 고르바초프가 부시를 만나 이렇게 말했다면 부시는 어떻게 했을까? *나는 동유럽을 해방시키고, 바르사뱌 조약기구를 해체할 것이며, 통일독일은 NATO에 가입하고, UN군은 이라크에 맞서 전쟁을 개시할 것이며, 소련은 CFE와 START 조약에 서명하고, 선거와 민주주의가 있을 것이며, 미국과의 개인적인 유대를 발전시키고, 서방과의 경제적 유대도 늘어날 것이다.* 멀로니는 "고르바초프가 1985년에 그런 말을 했다면 나는 수표를 들고 달려갔을 것"이라며 결론을 맺었다. 안드레오티는 1985년에 레이건이 했던 말을 상기시켰다. "고르바초프가 성공할지는 모르겠지만, 누구도 그를 돕지 않았다는 양심의 가책을 느끼는 일은 없어야 한다."[82] 하지만 G7의 참석자 중 누구도 미국의 리더십에 의문을 표하길 원치 않았다. 그리고 돈을 내놓고 싶지도 않았다.

소련에 관한 G7 논의의 최종 요약문에는 미국의 접근법에 기반한 "소련의 선의를 가늠하는 다섯 가지 주요 시험"이 포함되었다. 그 시험들은 다음과 같았다. 소련 중앙 정부와 공화국 간의 균형 잡기, 중유럽과 동유럽에 버금가는 급진적 경제 개혁, 가까운 미래에 엄격한 거시경제 정책 실시, 과감한 군사 지출 삭감 약속, 외국 투자를 위한 적절한 조건이었다.[83] 그날 오찬에서, 멀로니는 콜에게 물었다. 지금부터 한 달 안에 고르바초프가 쫓겨나고 사람들이 우리가 할 만큼 하지 않았다고 불평한다면? 독일 총리는 합의된 정책을 여전히 고수할 것인가? 결국에 콜은 고르바초프 본인이 대규모 서방의 지원을 기대하지 않는다고 대답한 것으로 보인다. "우리가 제안하고 있는 것이 그가 필요로 하고 원하는 것이오."[84]

7월 16일, 고르바초프는 대규모 수행단을 이끌고 런던에 도착했다. 로드릭 브레이스웨이트 대사가 히스로공항에서 고르바초프를 공식적으로 맞이했다. 그는 고르바초프가 G7 정상들에게 보낸 메시지를 이미 읽었고 "러시아식 허장성세, 다시금 행동은 없고 말뿐"이라고 여겼다. 소련 지도자는 "기운이 넘치지만", 라이사는 침울하고 심하게 지쳐 보였다. "그녀는 이 어려운 시기 동안 감정적 충격을 완화하는 역할을 해왔던 모양이다." G7에 대응하여 고르바초프의 해결사인 프리마코프는 여러 날 전에 이미 런던에 와 있었다. 그는 서방 동료들의 충고를 무시한 채, 서방 언론에서 금융 원조에 대한 지지를 이끌어내려고 끈질기게 애썼다. 하지만 서방 동료들과 대화를 나눌수록 점점 침울해졌다. 고르바초프의 통역인 파벨 팔라셴코(Pavel Palazhchenko)는 서방 언론이 야블린스키를 영웅처럼 떠받들고 있지만, 개인적으로는 서방 교섭자들이 "그의 프로그램을 진지하게 받아들이지 않는다는 것을 시사하고 있음"을 알아차렸다.[85] 미국 지도부는 고르바초프에게 지원을 제안하고 싶은 서방의 유혹을 확실하게 차단했다.

부시의 주요 관심사는 여전히 START였다. 조약이 체결될지 여부는 마지막 순간까지 분명하지 않았다. 소련 군수산업의 지도자들, 총참모부, 군축 전문가는 미국이 제시한 불평등하고 굴욕적이기까지 한 조건에 불만을 표시했다. 우크라이나 드네프로페트로프스크에 있는 대형 미사일 생산 공장 '유즈마시(*Yuzhmash*)'의 책임자이자 수석 설계자는 공장이 생산하는 '토폴(SS-18)' 미사일의 대규모 감축에 반대했다. 그는 이것이 미국인들이 소련과 마주 앉아 협상하게 만들 유일하게 남은 요인이라고 주장했다. 돈 문제도 있었는데, 중(重)미사일의 폐기, 사찰, 점검에는 소련 예산에 수십억 루블이 들 것이었다. 그리고 거대 소련 기업과 수만 명의 숙련 노동자와 기술자는 어쩌란 말인가?[86] 하지만 고르바초프는 총참모부 및 군축 전문가와 논쟁하고 싶지 않았다. 런던정상회담이 가까워짐에 따라, 그들의 저항은 잦아들었다. START에 관한 합의의 부재는 고르바초프와 부시가 모스크바에서 정상회담을 갖지 않을 것이고 어쩌면 런던에서도 협조하지 않을 것이란 의미였다. 그리고 MIC의 지도자들은 소련의 다른 대기업 수장들처럼 서방의 금융 지원을 얻길 간절히 바랐다. G7 정상회담 하루 전, 야조프와 MIC의 수장 올레크 바클라노프, 여타 기관 간 위원회의 일원들은 미국인들이 수용할 수 있는 조약안을 승인했다. 알렉산드르 베스메르트니흐는 모스크바로부터 이 소식을 받았을 때, 런던의 미국 대사관 윈필드하우스로 달려가 기쁨에 넘쳐 부시에게 알렸다. "10년간의 여정이 끝났습니다, 대통령 각하!"[87]

7월 17일 이른 아침, 고르바초프는 미테랑 대통령과 EBRD의 의장 자크 아탈리와의 면담으로 하루를 시작했다. 미테랑은 파블로프 계획이 제시한 일부 대규모 프로젝트에 서방을 끌어들이라고 권유했다. 프랑스 대통령은 이탈리아, 독일, 프랑스 지도부가 그를 지지한다고 고르바초프에게 장담했다. 아탈리는 한술 더 떠서, 부시를 대형 지원 프로그램의 주요 반대자로 꼽았다. 그는 거대한 소련 시장의 출현은 동유럽 국가에도 도움이 될 것이므로 동유럽을 우선시하는 미국의 태도는 "말도 안 된다"라고

지적했다. 아탈리는 미국인들을 희생시켜서 고르바초프의 착각에 장단을 맞추고 있었다.[88]

그러고 나서 소련 대표단의 자동차 행렬이 고르바초프와 그의 동행인 셰르바코프, 프리마코프, 체르냐예프를 태우고 런던 미국 대사관저의 늦은 비공식 조찬으로 향했다. 부시는 기분이 아주 좋았고, 고르바초프에게 쾌활하게 물었다. "요즘 당신과 옐친은 어떻습니까? 그가 당신을 지지해줍니까? 당신이 그를 지지해줍니까?" 하지만 고르바초프는 부시에게 할 말을 준비해 왔다. 그는 깊은 생각에 잠겨 입을 열었다. "내가 아는 정보에 따르면 미국 대통령이 …… 주요 문제에 대해 아직 마음을 결정하지 않았다고 알고 있는데, 그것은 미국은 어떤 소련을 원하는가 하는 것입니다." 자문들 중 일부는 미국의 의도를 의심하지만, 자신은 부시의 선의를 믿는다. 그러나 확인이 필요하다. 서방은 페르시아만에서 국지전을 벌이는 데 1000억 달러를 마련했는데, 소련이 새로운 경제 체제에 착수하도록 도울 돈은 마련할 수 없었다. "그렇다면 내 친구 조지 부시는 어떻게 할까요? 그가 원하는 건 뭘까요? 우리가 다른 동료들을 만나면, 그들은 이렇게 말할 겁니다. 잘했어, 고르바초프! 계속해, 행운을 빌어! 이건 네가 할 일이지, 우리 일이 아니야."[89]

체르냐예프는 부시가 식사를 중단하고 표정이 어두워진 것을 알아차렸다. 그는 고르바초프한테서 베이커와 스코크로프트로 시선을 향했다. 미국 대통령에게 고르바초프가 '국지전'이라고 치부한 걸프전은 그의 임기 중 최고의 치적이었다. 또한 고르바초프는 미국의 소련 경제 개혁에 대한 '비관여'를 정확하지만 직설적으로 확인했다. 잠시 뜸을 들인 후, 부시는 모욕을 참기라도 하듯 차분하지만 냉랭하게 "우리는 중앙과 공화국들 간의 문제에 대한 해결책을 찾으면서, 세계 시장에 통합된 민주적이고 시장 지향적인 소련을 추구합니다"라고 대답했다. 그는 중앙과 공화국들 간의 문제 해결이 "자본 흐름을 위해 불가결할" 것이라고도 덧붙였다. 부시는 소련이 여전히 미국의 적인지 하는 쟁점도 처리해야 했다. 개인적으로는 적이 아니라고 믿지만, 소련은 계속해서 미사일을 현대화하고, 의회는 백악관이 이에 응수할 것을 촉구하고 있었다.[90] 만약 소련이 더 이상 미국의 적이 아니라면, 고르바초프는 미국이 의심과 공포를 가라앉히도록 더 과감한 조치를 취해야 한다고 부시는 말하는 듯했다.

"나는 전례 없을 만큼 협조가 이어지길 바랍니다. 우리는 소련의 경제적 파국을 추구하지 않으며, 소련의 사망이 우리에게 이익이 되지 않음을 압니다. …… 내가 이와는 다른 인상을 주었다면, 사과합니다."[91] 대통령의 사과는 대화에 드리운 구름을 걷어냈다. 두 지도자는 런던정상회담의 성과에 관해 이야기를 나누기 시작했다. 부시는 서방이 소련에 기술적 조언을 제공한다고만 약속할 수 있다고 말했다. 이 만남에 대한 소련 측 기록에는, 고르바초르프가 "당신이 돈 문제를 제기할 수도 있다"라고 말했다. 하지만 미국 쪽 기록에서는 이 언급이 누락됐다.[92]

양측은 상반된 인상을 받고 만남을 마무리했다. 미국은 고르바초프가 말한 "소규모 공세"를 런던정상회담에서 서방의 도움을 더 얻어내지 못한 데 따른 심리적인 사기 진작의 필요성으로 해석했다. 점심 후, 부시는 고르바초프를 한쪽으로 데려가 START에 관해 밀담을 나눴는데, 곧 베이커와 스코크로프트가 대화에 합세하고는 재빨리 엄지손가락을 치켜올렸다. 워싱턴의 전문가들이 소련의 제안에 찬성했다는 뜻이었다. 부시는 "정말 중대하고 아주 흥분되는 순간이었는데, 치명적인 핵무기 수천 기를 감축하기로 역사적 합의에 도달했던 것이다"라고 회상했다. 소련 측에서는, 상관이 요령 없게 발언했고 약한 패를 드러냈다고 체르냐예프는 생각했다. 어쩌면 이것은 크류치코프와 GRU로부터 들은 보고에 대한 고르바초프의 반응이었을 것이다. 체르냐예프는 일기에 "기본적으로 솔직하고 사람을 신뢰하는 미국인들은 '마이클'이 왜 그런 식의 게임을 원하는지 도통 이해할 수 없었다"라고 적었다. 그의 협소한 자문 집단 내부에서, 고르바초프는 부시에 대한 '심문'을 여러 차례 다시 끄집어냈지만, 회고록에서는 이 일화를 언급하지 않았다. 소련 지도자는 부시를 모스크바로 초청했고, 대통령은 초청을 수락했다. 그것이 고르바초프가 런던에서 거둔 유일한 성과였다.[93]

G7 특별 회의를 위해 고르바초프가 랭커스터 하우스에 등장한 것은 연습했던 퍼포먼스였다. 소련 지도자는 준비된 대본에서 벗어나지 않겠다는 약속을 지켰다. 평소의 장황한 독백보다도 긴 연설에서, 그는 '혼합 경제'의 선택을 옹호했다. 그는 경제적 자유를 약속했지만, 인민들이 감당할 수 있는 것보다 더 빠르게 움직이고 싶지 않다고 말했다. 과거 농민이었던 대다수의 러시아인들이 왜 집단적인 소유 형태를 선호하는지 설명하기 위해 러시아 역사로 이야기가 새기도 했다. 미테랑과 안드레오티는 그를 지지했다. 회의가 끝난 뒤 소련 지도자는 서방 지도자들로부터 소련과 G7 순회 의장국, 또한 서방 재무부 장관들과의 협의를 계속하겠다는 소소한 약속을 받아냈다.[94]

부시와 스코크로프트는 고르바초프가 막판에 모자에서 야블린스키-앨리슨 프로그램이라는 '토끼'를 불쑥 끄집어낼까 봐 여전히 두려웠다. 그러므로 고르바초프가 그렇게 하지 않았을 때 안도했다. G7 정상회담이 끝난 뒤, 스코크로프트는 부시에게 "고르바초프는 당연히 받아야 한다고 느끼는 것을 받으러 왔는데, 자신의 입장을 제대로 설득하지 못했다"라고 말했다. 부시는 "그 친구가 망친 것 같지, 안 그래? 참 별일이야. 그는 언제나 자기 자신을 잘 파는 사람인데, 이번에는 아니었어. 현실 감각이 떨어진 게 아닌가 몰라"라고 답했다.[95] 고르바초프는 자신이 길게 보는 게임을 했다고 믿었다. 런던에서 마거릿 대처는 그에게 채근했다. "그들을 그냥 놔주면 안 돼요! 자기들이 말한 대로 행동해야 한다고, 말한 것에 돈을 걸라고 요구해야 합니다." 고르바초프의 통역은 은퇴한 철의 여인과의 대화가 소련 지도자에게 "큰 자극제"가 되었다고 여겼다.[96]

7월 19일, 고르바초프는 모스크바로 돌아왔다. 평소처럼, 안보회의 구성원, 당 지도부, 각료 전원이 모스크바 브누코보공항에서 그를 기다리고 있었다. 고르바초프가 비행기에서 내려와 정부 관리들에게 이야기하기 시작하자, 대표단 중 한 명은 많은 사람의 "표정이 시무룩했다"라고 기억했다. 크류치코프는 늘 그렇듯이 속을 헤아릴 수 없었다.[97] 모든 부정적 신호에도 불구하고 고위 정부 관리들은 고르바초프의 마법 같은 카리스마가 결과를 이끌어내리라 기대했다. 이전에도, 소련 지도자들은 서방의 친구 및 파트너들과의 만남에서 몇 번씩이나 수십억 달러를 뜯어내곤 했다. 하지만 이번에는 빈손으로 돌아왔다. 이번에는 마법사가 실패했고, 서방의 지원을 얻어내려던 그의 뻔뻔한 시도는 워싱턴 컨센서스와 미국 회의론이라는 장벽에 부닥쳤다. 페레스트로이카의 세일즈맨은 부도에 직면해 있었다.

10장 음모Conspiracy

- 쇄신된 연방은 소비에트사회주의공화국연방의 법적 승계자다. 소비에트연방은 계속해서 세계 강국으로 행동할 것이다.

_ 미하일 고르바초프, 1991년 8월 2일[1]

트로이카

모스크바에서 고르바초프가 런던에서 돌아온 것은 실패로 받아들여졌다. 비판가 무리는 그의 세계적 정치가로서의 위상이 자산이 아니라 자기 홍보를 위한 것이라고 여겼다. 그리고 당의 동지들은 공공연하게 다른 지도자를 찾고 있었다. 1991년 7월 26일, 당 총회는 고르바초프의 '민주적 사회주의' 프로그램을 통과시켰지만, 그의 예상과 달리 열띤 논쟁 대신 무관심과 권태가 느껴졌다. 누구도 더 이상 고르바초프의 말과 프로그램을 신경 쓰지 않았다. 총회는 자신감 있는 지도자의 이미지를 투사하는 아나톨리 루캬노프를 열렬히 반겼다. 참석자 대다수는 루캬노프가 "*데모크라투라*(*demokratura*)라는 포퓰리즘 세력에 맞서" 당이 위로부터의 개혁의 키를 다시 잡아야 한다고 역설했을 때 박수를 보냈다. 그는 민주주의적 포퓰리즘 세력이 민주주의라는 미명으로 반공 독재를 도입하려 한다고 설명했다. "대통령이 당을 잃어서는 안 되는 만큼, 당도 대통령을 잃어서는 안 된다"라고 결론 맺자, 기립박수가 터져 나왔다.[2] 한 참석자는 루캬노프의 메시지를 다음과 같이 기억했다. 내가 당신들이 필요로 하는 지도자다.[3] 11월에 비상 당대회를 열기로 합의하자 모두 마침내 당 지도자가 바뀔 것이라고 생각했다.

고르바초프는 주요 목표인 연방조약으로 다시 눈길을 돌렸다. 소련 지도자는 조약 체결이 경제와 통치의 근본적 문제를 해결하지 못한다는 것을 인정하려 들지 않았다. 법적 쟁점에 대한 집착은 옐친, 크라우추크와 공화국 지도자들이 더 많은 양보를 얻기 위해 중앙을 압박하게 만들 뿐이었다. 옐친은 소련 정부를 유지하게 해줄 연방 조세에 동의하길 거부했다. 게오르기 샤흐나자로프는 상관에게 옐친을 회유하는 것을 그만두라고 했다. 대신에, 옐친이 아니라 고르바초프가 소련에 어떤 형태의 지원이든 얻어내도록 서방 지도자와 금융기관과의 협력에 집중해야 했다.[4]

샤흐나자로프는 상관에게 우크라이나에 더 신경을 쓰라고도 채근했다. 고르바초프가 옐친에게 양보할수록 두 번째로 큰 슬라브 공화국 내 분리주의 경향만 강화될 뿐이었다. 5월 11일, 우크라이나 최고소비에트는 흐리브나(*hryvna*)를 국가 통화로 한다는 구상에 찬성했다. 6월 7일, 옐친의 본보기를 따라 우크라이나 최고소비에트는 우크라이나 공화국 영토상 전 연방의 경제 자산을 우크라이나 관할에 두는 법안을 통과시켰다. 옐친이 러시아 대통령이 된 뒤, 우크라이나 입법부는 공화국이 새로운 연방에 가입하기 전에 연방조약에 대한 추가적인 '전문 지식'이 필요하다고 결정했다. 우크라이나 최고소비에트의 의장 레오니드 크라우추크는 옐친의 성공을 본보기로 삼아 우크라이나 공화국의 대통령이 되기로 했다. 장래 대통령 선거 운동을 염두에 두고, 크라우추크는 노보오가료보 모임에 더 이상 참석하지 않았다.[5]

7월 23일, 석 달간의 대화 끝에 9개 공화국과 그 자치구의 대표단이 깨지기 쉬운 합의를 승인하기 위해 모였다. 불안에 떠는 많은 대의원으로부터 몇 주 동안 격렬한 저항을 받았던 소련 최고소비에트는 '어느 정도 수정한 뒤', 애매하게 만들어진 연방조약에 대통령이 서명해도 된다고 승인했다. 고르바초프는 루캬노프와 파블로프, 정부 각료들을 데리고 노보오가료보에 도착했다. 고르바초프의 보좌관들은 최종 투표에 부치기 위해 고생스러운 협상과 쌍방 타협의 결과물인 초안을 준비했다. 고르바초프는 회의를 시작하면서 "이미 위험한 경향이 감지된다. 조약을 빨리 마무리해야 한다. 아주 빨리!"라고 밝혔다. 그렇지만 모임은 어떠한 합의나 구체적인 기한도 두지 않고 끝났다.[6]

알고 보니, 고르바초프는 더 한정된 모임을 계획해두었다. 7월 29일, 그는 옐친과 카자흐스탄 지도자 누르술탄 나자르바예프를 노보오가료보로 초대했다. 나자르바예프는 두 라이벌의 중재자 역할을 할 예정이었다. 트로이카(*troika*, 원래는 세 마리 말이 끄는 러시아 전통 썰매다. '3인방', '3두 체제'란 뜻을 지니며, 이하 3인방으로 표기 – 옮긴이)는 밤늦게까지 비공개로 대화를 주고받았다. 보좌관조차 불러들이지 않았다. 이른 아침에 그들은 잠정적 합의에 도달했다. 합의의 골자는 다음과 같았다. 고르바초프는 옐친이 러시아연방과 그곳의 15개 자치구를 대신해 조약에 서명할 유일한 대표임을 전적으로 받아들였다. 소련 대통령은 소련 인민대표대회가 기한이 되어 자동 폐지되도록 허용하며, 소련 최고소비에트도 새로운 헌법을 기다리지 않고 정치적 생존을 끝내는 데 동의했다. 더욱이 고르바초프는 야나예프, 파블로프, 크류치코프, 야조프, 푸고를 해임하라는 옐친의 요구도 따랐다. 고르바초프는 의례적인 연방정부의 총리로 파블로프 대신 나자르바예프를 임명하겠다고 제안했다. 이렇게 양보한 대가로, 옐친은 새로운 연방의 대통령으로 고르바초프를 지지하기로 약속했다. 또한 러시아연방이 중앙 연방정부의 재원이 될 연방 조세를 "연방이 제시한 경비 내역을 기반으로 공화국들과의 합의에 따라 고정 세율로" 내기로 잠정적으로 동의했다. 이것은 해석하기에 달린 굉장히 모호한 문안이었다. 고르바초프는 나중에 그것이 주요한 성과였다고 주장했다.[7]

고르바초프는 회고록에서 이 밤샘 모임을 예비 대화인 것처럼 설명했다. 실제로는 중앙 권력을 파괴하고 옐친과 다른 공화국들의 힘을 키울 세 지도자 간의 비밀 거래였다. 3인방은 소련 최고소비에트와 공화국의 모든 의회가 휴가 중인 8월 20일에 조인식을 갖기로 했다. 그때는 모두 일광욕, 수영, 버섯 따기를 즐기고 있을 터였다. 세 지도자는 자신들의 거래, 특히 지도부 인사 교체를 비밀로 해두기로 했다. 옐친은 이 만남이 도청되어 유출될 것을 우려하듯 특히 안절부절못했다. 고르바초프도 같은 생각이었다. "이 경우에는 증인이 필요하지 않았다."[8]

고르바초프는 연방조약이란 목표가 비밀스러운 수단을 정당화한다고 생각했던 것 같다. 그는 조인식 날짜와 관련하여 중앙아시아의 4개 공화국 지도자들과 상의했지만, 세부 내용은 함구했다. 중앙아시아 지도자들은 자금과 보조금의 흐름을 유지하고 싶었으므로, 일관되게 조약에 찬성했다. 우즈베키스탄의 이슬람 카리모프 대통령은 서명하겠다고 밝혔다. 하지만 이 합의에서 간과된 우크라이나는 어떻게 할 것인가? 고르바초프의 보좌관인 샤흐나자로프와, 우크라이나계이며 예전에 키예프 당 조직의 수장이었던 그리고리 레벤코(Grigory Revenko)는 우크라이나를 빠트리고 조인식을 해서는 안 된다고 경고했는데, 그곳의 분리주의를 정당화할 것이기 때문이었다.[9] 고르바초프는 조인식이 눈덩이 효과를 낳아 제2의 슬라브 공화국의 합류를 이끌어내길 기대했다.

잠깐 눈을 붙인 후, 아침에 고르바초프는 스타라야광장의 집무실에 활기찬 모습으로 나타났다. 그는 샤흐나자로프와 레벤코에게 크렘린의 호화로운 게오르기옙스키홀에서 조인식을 할 수 있게끔 준비 작업에 들어가라고 지시했다. 고르바초프가 가장 먼저 서명할 예정이었다. 서명자들은 러시아어로만 작성되어 비단실로 제본하고 모로코가죽을 씌운 조약문을 한 부씩 받을 것이었다. 조인식은 TV로 중계되고 기념주화, 우표, 소책자로 기념할 예정이었다.[10] 레벤코한테서 이 소식을 들은 체르냐예프는 기분 좋게 놀랐다. 그는 고르바초프와 옐친 간의 합의를 두고 "그가 과연 이 일을 해낼까 싶었다"라고 말했다. "이젠 상황이 완전히 달라졌다." 고르바초프의 통역관인 파벨 팔라셴코(Pavel Palazhchenko)도 기뻐했는데, 이제 START와 연방조약이라는 두 가지 조약문을 손에 쥐면서 고르바초프의 입지는 더 강해질 터였다. 그리고 미국인들도 고르바초프에게 한 약속을 지켜야 한다고 옐친에게 촉구할 것이다.[11]

다른 관찰자들은 훨씬 더 회의적이었다. 영국 대사 브레이스웨이트는 오랫동안 연방조약이 "근본적인 헌정적·정치적 논쟁의 결론이 아니라, 출발점으로만 작용할 의미 없는 문서"라고 여겼다.[12] 미·소 정상회담을 준비하기 위해 모스크바에 왔던 제임스 베이커는 친구인 셰바르드나제와 함께 식사했는데, 셰바르드나제는 연방조약이 "상황을 해소하지 못할 것"

이라고 말했다. 그루지야인은 고르바초프가 당의 개입을 금지하는 옐친의 법령을 지지하지 않는 패착을 저질렀다고 말했다. 그가 법령을 지지했다면, "전 국민의 지지를 얻었을 것"이라고 주장했다.[13]

마지막 정상회담

소련 지도자는 부시 대통령과의 정상회담에 맞춰 옐친과의 합의를 이끌어내려 계획했다. 7월 29일 늦은 시간에 미국 대표단이 모스크바 셰레메티예보공항에 착륙했을 때, 고르바초프는 노보오가료보에서 비밀 회담을 하고 있었다. 야나예프 부통령이 공항에서 미국 대통령을 맞았다. 부시 대통령과 리무진을 타고 모스크바 주재 미국 대사관저로 가는 길에, 야나예프는 줄곧 농담을 건넸다. 야나예프의 뿌리는 볼가 강변의 소작농 집안으로 거슬러 가는데, 다른 사람들과 마찬가지로 그의 집안도 스탈린 시대의 집산화로 인한 궁핍과 기근, 제2차 세계대전의 끔찍한 희생으로 고통받았다. 당 경력은 야나예프에게 강력한 사회적 지위 상승의 수단이 되었다. 그는 다른 의미에서 '파티' 맨이 되었는데, 외국 청년 단체 대표들을 만나는 일을 담당했기에 그에게는 끝없는 한담과 음주가 뒤따랐다. 지금 그는 자신의 사교술을 부시에게 시험했다. 미국 대통령은 야나예프가 "유머 감각이 좋으며 서글서글하고 호감이 가는", CIA 서류철에서 읽은 것과는 퍽 다른 사람이라고 느꼈다.[14]

조지 부시는 START 조약에 서명하는 것만 생각하며 모스크바로 떠나왔다. 이 조약에 관한 대화는 미·소 관계의 걸림돌이 된 지 오래였다. 브렌트 스코크로프트와 미국 관리들은 공세에 시달리는 고르바초프와 위기에 허덕이는 소련 군부에서 미국의 이익을 최대한 쥐어 짜내려 했다.[15] 비행기에서, 부시는 소련군 수뇌부가 과연 통수권자에게 여전히 복종할지 염려했다. 근래에 모스크바에 다녀온 콜린 파월 합참의장은 소련군 장성과 원수가 여전히 고르바초프를 지지하고 있다고 보고했지만, 군부가 가증스러운 '민주주의자'와 정치적 혼란에 맞서 그들의 조직을 보호하기 위해 반격할 것이라고 추측했다. 하지만 파월은 군부 쿠데타의 가능성을 일축했다. "정권을 잡으려는 말 탄 사람(국가의 위기를 맞아 구세주처럼 나타나 독재 권력을 장악하거나 장악하려는 군인 – 옮긴이)은 보이지 않는다." 부시는 이런 안일한 평가에 설득되지 않았다. CIA 전문가들은 강경파 당 지도자들이 고르바초프에게 맞서서 움직일 수도 있고, 그러면 군이 그들을 지지할 수도 있다고 경고했다. 미국 대통령은 모스크바에서 매우 신중을 기할 작정이었다.[16]

모스크바정상회담은 크렘린의 예카테리닌스키 홀에서 고르바초프와 부시가 긴 대화를 나누며 시작되었다. 고르바초프는 놀랍도록 생기 넘치고 명랑해 보였다. 그는 부시에게 옐친과 나자르바예프와의 비밀 회담에 관해 이야기했다. 고르바초프는 연방조약이 조인되면 일어날 일을 자세히 설명했다. "이런 절차는 우크라이나가 서명하기로 결정할 때까지 이어질 것이다." 그는 우크라이나 국민의 "4분의 3은 아니라 해도" 3분의 2는 연방 보존에 찬성한다고 자신 있게 주장했다. 그러고 나서 고르바초프는 "개혁을 위한 결정적 싸움에서 승리"할 수 있도록 "진정한 지지"를 부시에게 다시금 요청했다. 부시는 소련 경제에 지원을 제공할 미국의 능력은 한정되어 있다는 기존 노선을 되풀이했다. 미국 대통령은 소련 지도자가 이 문제를 더는 압박하지 않자 안도했다.[17]

대표단의 다른 일원들도 대화에 합류하자, 고르바초프는 미국인들에게 소련 경제에 투자하길 촉구했다. 대화에 초대받은 나자르바예프는 카스피해 연안의 거대한 텡기즈 유전을 개발하기 위해 카자흐스탄과 다국적 정유회사 셰브론과의 대규모 사업 거래를 견고히 하고 싶었다. 소련 측에서 거쳐야 할 번거로운 행정 절차가 많았지만, 미국 측의 장애물도 많았다. 1974년 미·소 무역법에 대한 잭슨-배닉 개정 조항(Jackson-Vanik amendment)은 소련 사업에 대한 미국의 신용 대출과 투자를 소련 시민의 이민의 자유와 연계했다. 정상회담 전야에 새로운 소련 법률은 자유로운 이주권을 제공했다. 대신에, 부시는 의회에 잭슨-배닉 제재의 유예를 요청하는 제안서를 보냈다. 또한 텡기즈 유전 계약에서 나자르바예프를 돕겠다고 약

속했다.[18]

하지만 부시는 소련의 IMF 정회원 가입은 거부했다. 그는 "소련 경제는 잠재적으로 어마어마해서, 다른 국가들을 지배할 수도 있다"라고 설명했다.[19] 스탈린이 크렘린을 차지하고 있던 1944년에, 미국인들은 소련을 미래의 자유주의적 경제 질서에 편입시키려 IMF와 세계은행의 세 번째 창립국 지위를 제안했다. 스탈린은 자급 경제를 택했다.[20] 1991년 7월, 고르바초프는 스탈린의 결정에 대한 대가를 치르고 있었다. 소련 지도자가 아무리 양보하고 매력을 발휘한들, 40년간의 대립의 역사를 2~3년 만에 지울 수는 없었다.

옐친은 만남에 초대되었지만, 고르바초프 정상회담의 들러리 노릇은 거부했다. 그는 개별적으로 대화를 나누기 위해 부시를 자신의 새로운 크렘린 집무실로 초청했다. 스코크로프트는 부시에게 가지 말라고 권고했는데, 옐친이 무슨 짓이든 할 것이고 심지어 UN에서 러시아연방의 개별 의석을 요구할 수도 있다고 믿었다. 미국 측은 짧고 비공식이며 언론을 대동하지 않는다는 조건하에 만남을 받아들였다. 러시아 대통령은 10분 늦게 도착해서, 부시를 기다리게 했다. 그러고 나서 그는 고르바초프가 마침내 러시아의 주권을 인정했다고 의기양양하게 말하며 미국이 "관계를 공식화"할 것을 제안했다. 부시는 깜짝 놀라는 척했다. "어떤 관계요? 미국과 러시아입니까, 아니면 당신과 중앙입니까?" 국무부 장관 베이커가 끼어들었다. "옐친 대통령님, 우리의 대답은 공화국들이 다른 국가들과 협정을 맺을 수 있는 권위에 관해 연방조약이 어떻게 규정하는지에 달려 있을 것입니다. 새로운 연방조약을 살펴봐야 할 겁니다." 옐친은 연방조약이 "러시아와 여타 공화국들을 대외적인 경제 정책을 비롯해 독자적인 외교 정책을 추구할 수 있는 주권국가"로 인정한다고 주장했다. 그는 그와 고르바초프, 나자르바예프가 서명하기로 동의한 조약의 문안을 인용했다.[21] 부시가 간신히 옐친의 집무실을 빠져나오자, 기자회견을 위해 기자들이 기다리고 있음을 알아차렸다. 옐친이 언론을 상대로 이야기하기 시작했지만, 미국 대통령은 인내심이 바닥났다. 그는 "가야 합니다. 늦었어요"라고 말하고, 수행원들을 이끌고 전용 리무진으로 향했다. 부시는 스코크로프트에게 옐친이 "매복했다"라며 투덜거렸다.[22] 옐친은 크렘린 그라노비타야궁에서 열린 부시를 위한 환영회에서도 허세 섞인 자기주장을 이어갔다. 그는 의전을 거듭해서 위반했고, 무례하게도 바버라 부시를 만찬장으로 에스코트하려고까지 했다. 미국인들은 기겁했다.[23]

7월 31일 아침, 고르바초프는 노보오가료보의 대통령 별장에서 미국 대표단을 맞았다. 소련 지도자는 언론과 겉치레, 옐친의 장난질에서 벗어나 미국인들과 좋은 시간을 보내고 싶었다. 9개월이 지난 끝에, 드디어 고르바초프와 부시는 얼굴을 맞대고 이야기를 나눌 수 있었다. 두 사람은 별장 주변의 숲을 반 킬로미터쯤 걷다가 모스크바강이 내려다보이는 양지바른 베란다에 수행원들과 함께 앉았다. 고르바초프는 마침내 1990년 가을 이후 그가 겪은 일을 개인적으로 부시에게 일 대 일로 설명할 기회를 얻었다. 그의 '우회전'은 페레스트로이카를 위해, 보수적 반동을 막아내기 위해 시간을 버는 데 필요했다. 이제 그는 전속력으로 전진하고, 소련을 재건하고, 부시와 함께 새롭고 평화로운 세계 질서를 건설할 수 있다. "전체주의적·권위주의적 정권은 퇴장하고 있다"라고 고르바초프는 말했다. "우리가 이러한 변화를 가져왔다." 그와 동시에, 미국이 지금의 유리한 고지를 이용해 세계를 지배하려는 유혹에 빠져서는 안 된다고 경고했다. 다가오는 세계는 다극적일 것이므로, 개혁된 소련은 미국이 민주주의를 증진하고 불안정과 혼란을 막는 것을 도울 것이다. 모스크바는 중동과 남아프리카의 평화 노정에 기여하고, 인도-파키스탄 분쟁을 중재할 수 있을 것이다. 대담을 통역했던 팔라셴코는 고르바초프가 "두 나라가 제공할 수 있는 일종의 축"에 관해 이야기하고 있었다고 회고했다.[24]

부시는 고르바초프의 생각의 흐름을 끊지 않았다. 대화 내용을 기록해야 했던 스코크로프트는 시차로 인해 고르바초프의 장황한 연설 중에 꾸벅꾸벅 졸았다. 마침내 부시가 입을 열었을 때, "이 변화무쌍한 세계에서, 우리는 강하고, 경제적으로 강력하며, 변화된 소련을 편안하게 느낀다"라고 말했다. 그는 미국이 소련과 중국의 사이를 이간질하지 않을 것이라고 말했다. 베이커도 중동에 대해 이야기할 때 맞장구를 쳤다. "당신이 협력에 그치지 않고 동반자로서 방향을 제시해줄 수 있는 분야다." 미국인들은 소련-이스라엘의 외교 수립을 환영했다. 역시 이 자리에 동석한 소련 외무부 장관 알렉산드르 베스메르트니흐는 이스라엘-팔레스타인 평화회담이 중립적 장소에서 부시와 고르바초프의 중재로 개최되면 좋겠다고 제안했다. 베이커는 "오슬로는 어떤지" 제안했다.[25]

얼마 뒤, 베이커가 자리를 떴다가 어두운 표정으로 돌아왔다. 그는 "벨로루시와 국경지대에 있는 리투아니아 세관이 무장 괴한에게 공격당해 세관원 여러 명이 죽었다는 AP통신 보도가 방금 들어왔다"라고 알렸다. 이것은 방금 새로운 세계 질서에 관해 일장 연설을 늘어놓은 소련 지도자가 자기 나라의 혼란상도 막지 못한다는 사실을 굴욕적으로 상기시켰다. 고르바초프는 당황해서 당장 KGB 의장 크류치코프에게 전화해 진상을 파악하라고 체르냐예프에게 말했다. 체르냐예프에게 처음 든 생각은 미국인들 앞에서 고르바초프를 난처하게 하려고 누군가가 도발을 연출한 게 틀림없다는 것이었다. 여러 해가 지난 뒤에도 진상은 밝혀지지 않았다. 리투아니아는 비극적 사건을 소련의 오몬 탓으로 돌렸지만, 공화국의 국경선을 가로지르는 불법 무역을 둘러싼 범죄조직의 갈등이었을 가능성도 충분했다.[26]

고르바초프와 부시는 유고슬라비아의 붕괴도 논의했다. 세르비아계가 지배적인 유고슬라비아 군대와 근래에 독립을 선언한 슬로베니아와 크로아티아 공화국 간의 싸움이 순식간에 격화되었다. 부시와 고르바초프는 독일의 콜 총리가 슬로베니아와 크로아티아의 독립을 인정하길 바란다는 것을 알고 있었다. 하지만 고르바초프는 반대했는데, 유고슬라비아의 해체는 소련 내 공화국 분리주의를 반영하는 듯했던 것이다. 일례로, 그는 제2차 세계대전 이후 리투아니아가 소련으로 편입될 때 리투아니아로 넘어간 영토를 벨로루시가 수복하고 싶어 한다고 말했다. 게다가 에스토니아 동부는 러시아인과 우크라이나인이 주로 정착해 있으므로, 발트 국가들이 소련에서 완전히 분리하면 그들이 반발할 수도 있다. 부시는 공감을 표하기로 마음먹었다. "어젯밤 옐친이 처신하는 것을 보니 당신의 문제가 이해가 간다. 우리는 …… 기꺼이 더 돕고 싶다."[27]

오후 늦게 크렘린으로 돌아와서, 고르바초프와 부시는 보충 협약이 두툼하게 딸린 START 조약에 서명했다. 이는 소련의 전략 무기를 35퍼센트, 미국의 전략군을 25퍼센트 감축했다. 부시는 오랫동안 바랐던 것을 이뤘지만, 조인식에 감정이 북받쳤다. 그는 일기에 "이상주의는 죽지 않았고, 빌어먹을 대륙간탄도미사일(ICBM)의 현저한 감축은 좋은 일"[28]이라고 썼다. 소련 측에서는, 내부적 위기가 축하 행사를 무색하게 했다. 조인식 동안, 팔라셴코는 베이커의 보좌관인 데니스 로스에게 몸을 기울여 속삭였다. "우리가 내부에서 겪고 있는 갈등과 긴장도 외부 세계의 것만큼 깔끔하게 정리된다면 좋으련만."[29] 소련군 관계자들은 무표정한 얼굴로 조인식을 지켜봤지만, 마뜩잖은 기색이 역력했다. 야조프는 조약이 "균형 잡혔다"라고 말했지만, 공식적으로 한 말을 믿는 건 아니었다.[30] 모두 양측의 심대한 불균형을 알고 있었다. 부시는 독보적인 금융력과 세계적 동맹을 거느린 군사적 패권을 휘둘렀지만, 고르바초프는 경제적 혼란의 불운한 볼모이자 부도난 국가의 지도자였다. 세계는 이미 일극 체제였고, 고르바초프의 정치적 미래는 부시의 지지에 달려 있었다.

8월 1일, 모스크바에서 정상회담을 마친 후에 미국 대표단은 키예프로 출발했다. 이번 방문은 의전과 지리, 미국 국내 정치에 따른 것이었다. 부시는 미국 내 우크라이나계 미국인 공동체가 '식민 학정'의 본산으로 여기는 모스크바로부터 우크라이나 공화국의 완전한 독립을 요구하고 있음을 알았다. 고르바초프는 회고록에서 미국 대통령이 우크라이나의 분리주의 경향을 지지할 수도 있는 일은 일절 하지 않기로 약속했다고 회상했다. 사실, 모스크바에서 부시는 고르바초프의 우정에 감동받았다. 그는 우크라이나에서 고르바초프 조약(연방조약)의 옹호자가 되기로 결심했다.[31] 에어포스원(미국 대통령 전용기)에서, 부시는 고르바초프가 미국 대표단에 딸려 보낸 야나예프와 다시금 즐겁게 동행했다. 부시는 야나예프의 낚시 이야기를 특히 좋아해서 소련 상점에서는 구할 수 없는 다채로운 미국산 낚시용 루어를 보내주기로 약속까지 했다. 미국 대통령은 짬을 내어 키예프에서 연설하기 위해 참모진이 준비해둔 원고 초안도 수정했다. 연설의 요지는 민주주의와 자유는 고르바초프가 이끄는 개혁된 소련에 우크라이나가 남을 때 더 성공적으로 건설될 수 있다는 것이었다. 부시는 유고슬라비아에서 진행 중인 폭력사태도 고려했는데, 캅카스의 소비에트 공화국들과 몰도바에서 이미 재연되고 있었다. 그는 키예프 연설문에 두 문장을 추가했다. "미국은 멀리 떨어진 폭정을 현지의 전제정으로 대체하기 위해 독립을 추구하는 이들을 지지하지 않을 것이다. 미국은 종족 증오에 기반한 자멸적인 민족주의를 도모하는 이들을 지원하지 않을 것이다." 몇 분 뒤에 비행기의 다른 구역에 앉아 있던 매틀록 대사는 연설문 원고를 보고 그 두 문장이 우크라이나 정치에 서투르게 개입하는 것이라고 생각했다. 하지만 대통령 연설문 작가는 바꾸기엔 너무 늦었다고 말했다.[32]

키예프 공식 방문은 1740년대에 러시아의 옐리자베타 여제를 위해 바르톨로메오 라스트렐리(Bartolomeo Rastrelli)가 건축한 아름다운 마린스키궁에서 부시와 우크라이나 고관들의 만남으로 시작되었다. 3주 전에 우크라이나 관리들은 바로 이 궁전에서 콜 총리에게 소련에 남길 원한다고 말했다. 그들은 민족주의자 가운데 실지회복주의(한 민족에 문화적으로나 역사적으로 연원이 있는 영토를 되찾으려는 움직임 – 옮긴이) 집단은 극소수이며, "특히 [돈바스] 지역에 많이 살고 있는 우크라이나 내 러시아인의 수는 1000만 명"이라고 주장했다. 따라서 완전한 독립은 "폭력이나 동란으로 이어질 수도 있다".[33] 부시는 CIA 배경 보고서에서 우크라이나 지도자인 레오니드 크라우추크가 자발적 연방이라는 개념을 지지하는 편이라고 읽은 참이었다. 하지만 크라우추크는 우크라이나의 이해관계와 자신의 정치적 미래가 "러시아와 옐친에 의해 덮이는" 것은 바라지 않았다.[34]

마지막 요점이 결정적이었다. 우크라이나공산당 지도부는 점점 심해지는 옐친의 자기주장과 반공주의를 우려했다. 7월, 우크라이나 과학아카데미 소속의 학자 집단은 연방조약의 초안이 우크라이나 주권 선언과 배치된다고 주장했다. "우크라이나는 자체 헌법을 지닌 국제적으로 인정된 국가로서만 조약에 가입해야 한다"라고 결론 내렸다.[35] 부시의 키예프 방문은 우크라이나를 국제적인 사안과 법의 소재로 제시하기에 안성맞춤인 기회였다. 우크라이나 인사들은 야나예프를 무시해서, 대화는 우크라이나어와 영어로만 진행되었고 소련의 부통령에게 굳이 통역해주지 않았다. 대화하는 동안, 크라우추크와 우크라이나 총리 비톨트 포킨(Vitold Fokin)은 미국인들에게 우크라이나의 주권을 인정하고 금융 지원을 모스크바가 아니라 키예프로 직접 보내줄 것을 요청했다. 우크라이나는 UN에서 미국에 협력할 준비가 되었다고도 말했다. 부시는 우크라이나의 요청을 딱 잘라 거절했다. 미국은 연방조약이 허용하는 조건에 한해 우크라이나를 상대할 것이다. 미국 대통령은 "나는 중앙과의 관계를 존중하고 싶다"라는 말로 마무리했다.[36]

대화가 끝난 뒤, 부시는 우크라이나 최고소비에트로 이동하여 연설했다. 민족주의자 대의원들은 미국 대통령이 '제국'으로부터의 '독립전쟁'을 지지하길 거부한 사실에 화가 나고 낙심하기까지 했다. 우크라이나의 민족적 염원에 공감하는(또한 우크라이나어를 할 줄 아는) 잭 매틀록은 대다수가 지식인인 루흐의 지도자들이 너무 빨리, 너무 많은 것을 원한다고 생각했다. 루흐에 속한 우크라이나 반체제 인사들이 자유와 정치적 활동의 수단을 준 사람이 고르바초프란 사실을 그새 잊어버렸다는 것이 신기했다. 고작 2년 전, 고르바초프는 우크라이나 당 지도부가 루흐의 등록을 받아들이도록 만들었는데, 이제 그 지도자들이 소련 지도자를 증오하며 비방하고 있었다.[37]

모스크바에서, 고르바초프의 자문들은 키예프에서의 부시의 행동을 고르바초프와 중앙에 유리하고 결정적인 변화로 해석했다. 고르바초프는 옐친과 나자르바예프와의 거래에 더 이상 자신이 없었기에, 이는 대단히 반가운 뉴스였다. 그는 힘이 완전히 빠졌다. 드물게도 비관주의에 사로잡혀서, 체르냐예프에게 "아, 정말이지 쩨쩨하고, 천박하고, 편협한 인간들이야, 이놈이나 저놈이나. 둘을 보고 이런 생각이 들었어. 대체 누굴 위해 누구와 이 짓을 하는 거지?"[38]라고 투덜거렸다. 8월 2일, 그런데도 고르바초프는 TV에 등장하여 8월 20일에 크렘린에서 조인식과 함께 연방조약이 체결될 것이라고 발표했다. 미래의 연방은 소비에트연방의 법적 승계국가(*provopreiemnik*)가 될 것이라고 설명했다. 그러고 나서 "소련은 세계적 강국으로서 역할을 계속해갈 것"이라고 덧붙였다. 체르냐예프는 고르바초프의 연설에서 즉시 모순점을 알아차렸다. 그는 일기에 대통령이 연방(federation)을 언급했지만, "실질적으로, 그는 …… 연합(confederation)에 동의했다"라고 적었다. 그는 고르바초프의 기념비적인 권력 양여의 의미에 관해 성찰했다. "M. S.는 옐친을 자신의 구상을 위한 길을 치워줄 불도저로 이용했"지만, 불도저는 고르바초프에게 등을 돌린 채 계속 움직이고 있었다.[39]

충직한 보좌관은 곧 일어날 일이 무엇인지 모호하게 흐렸는데, 이는 비단 고르바초프 권력의 종말에 그치지 않았다. 그것은 초강대국의 종말이었다. 조약은 다른 국가와 외교 관계를 수립할 권리를 비롯해 완전한 주권을 연방 내 공화국에 부여했다. 국제법의 관점에서는, 완전히 헛소리였다. 그리고 고르바초프만이 무한한 자신감을 가지고, 옛 연방의 폐허에서 작동 가능한 새로운 연방이 부활할 것을 진지하게 기대했다.

크림반도 휴가

8월 4일, 고르바초프는 오래 미룬 휴가를 보내기 위해 모스크바를 떠나 크림반도로 갔다. 미하일과 라이사 고르바초프는 호사에 약했다. 가난하고 누추했던 부부의 초창기 시절에 대한 보상이었던 듯하다. 1988년, 크림반도 포로스 인근에 지어진 대통령 휴양 별장은 안락함에 대한 꿈을 만족시켰다. KGB 기밀문서에서 '자리아(새벽)'로 알려진 호화 맨션은 더없이 아름다운 정원으로 둘러싸여 있었다. 국방부 예산 내역에 숨겨진 건축과 조경 비용은 일부 추정에 따르면 10억 루블에 달했다.[40] 당시 소련 국방예산은 다해서 770억 루블이었다. KGB가 건축의 세부 사항을 모두 감독했다. 고르바초프는 나중에 자신은 그곳의 사치스러움과 전혀 관계가 없다고 주장했지만, 설계와 장식은 라이사의 아이디어였다. 자리아는 카라라산 대리석으로 장식되고 카렐리아산 자작나무로 만든 값비싼 가구를 갖췄다. 쥐라기 석회암으로 된 웅장한 산이 북풍을 막아줬다. 에어컨이 설치된 유리관 엘리베이터를 타고 내려가면 3면이 암벽으로 둘러싸인 전용 조약돌 해변으로 곧장 이어졌다. 별장 뒤쪽의 산과 앞쪽의 바다는 포근한 마법 같았다. 온화하고 건조한 아열대 기후는 프랑스 리비에라 해변 못지않았다.[41]

미하일 고르바초프는 이 시국에 과연 휴가를 가도 될까 싶었다. 크렘린을 떠나기에는 정세가 너무 불안해 보였다. 하지만 라이사가 고집을 피웠다. 고르바초프의 딸 이리나와 이리나의 남편 아나톨리, 미하일의 어린 두 손녀까지 가족 모두가 크림반도의 낙원을 보고 싶어 안달이 났다. 그리고 고르바초프는 라이사 없이 모스크바에 혼자 머물 수 없었다. 매일 라이사와 함께 하는 산책과 대화는 그에게는 필수적인 자양분이었다. 출발하기 전, 소련 정부와 그 외 고관들이 평소처럼 비행장에서 대통령 내외를 배웅했다. 고르바초프의 비서실장인 발레리 볼딘은 군과 경찰, KGB에서 당 '세포 조직'을 금지한 옐친의 법령을 어떻게 해야 할지 물었다. 고르바초프는 대답이 없었다. 그의 인사는 야나예프 부통령을 향했다. "자네가 맡게." 라이사와 딸 이리나는 야나예프의 손에 스트레스로 인한 피부병인 습진을 보았다. 그들은 모스크바로 돌아오면 친지한테 배운 간단한 치료법을 가르쳐줘야겠다고 생각했다.[42]

세 시간 뒤에 대통령 전용기가 크림반도의 도시 세바스토폴의 북동쪽에 위치한 군용 비행장인 벨베크에 착륙했다. 크라우추크를 비롯한 우크라이나 지도부와 크림반도 지도부가 소련 지도자를 맞이했다. 분위기는 긴장되어 있었는데, 오찬 자리에서 크라우추크는 통상적인 환영 인사 대신 고르바초프에게 주권 공화국들의 지도부도 이제는 그와 대등하므로 주권 공화국 위에 군림하지 말아야 한다고 말했다. 그가 말을 마치자 어색한 침묵이 흘렀다. 우크라이나공산당의 제1서기인 스타니슬라프 후렌코(Stanislav Hurenko)는 침울한 얼굴로 앉아 있었다.[43]

크림반도의 아름다운 자연이 고르바초프 부부가 받은 불쾌한 인상을 재빨리 가렸다. 야외는 섭씨 30도였고, 바다는 25도였으며 요리사, 의사, 간호사, 하녀를 비롯해 수십 명의 자리아 직원이 고르바초프와 가족의 시중을 들며 원하는 바를 충족시켰다. 활동적인 휴가를 즐기는 미하일과 라이사는 매일 아침 체조와 수영, 건강 검진으로 시작했다. 그다음 고르바초프는 전화를 돌렸다. 이후 오전에 부부는 습관대로 한 시간씩 산책한 다음 더 길게 수영을 즐겼다. 운동 신경이 좋은 KGB 경호원들이 기관총을 넣은 배낭을 메고, 주변 산을 산책하는 미하일과 라이사를 따라다녔다. 그들은 부부가 바다에서 수영할 때도 주변을 맴돌았다. 별장 주변은 KGB 제9국 요원들로 세 겹으로 둘러싸여 보호되었다. 심지어 별장과 해변 주변의 수중을 지키는 스쿠버다이버 대원들도 있었다. 점심 식사 후 낮잠 시간에, 대통령 일가는 책을 읽고 휴식을 취했다. 저녁 이후 시간은 문화 활동 시간으로, TV나 홈시어터로 영화를 봤다. 이리나 고르바초바와 남편 아나톨리는 열한 살 제니아와 세 살 나타샤를 돌보면서 덜 계획적으로 휴가를 보냈다. 고르바초프는 공무로 바쁘지 않을 때면, 모스크바에서 가져온 논픽션을 읽었다. 그중에는 표트르 스톨리핀 총리의 운명을 다룬 역사서도 있었다. 1907년 제1차 러시아혁명을 인기 없는 개혁으로 진정시켰던 러시아 총리로, 결국 1911년에 암살당했다. 또 다른 책은 미국 학자 로버트 C. 터커(Robert C. Tucker)가 쓴 스탈린 전기의 러시아어판이었다.[44]

고르바초프는 깊은 사색과 글쓰기가 없는 휴가는 상상도 못 하는 사람이었다. 자리아에서 며칠을 보낸 뒤, 그는 아내에게 자신이 지도자로서 해온 일에 관해 글을 쓰고 싶다고 말했다. “페레스트로이카는 필요했는가? 우리는 파국을 향해 다가가고 있는가? 내가 미국 제국주의에 가게를 팔아버렸나?” 평소처럼 자기 생각을 체르냐예프에게 구술했다. 초고는 이전에 전체주의적이었던 소련을 대체할 ‘유례없고 독특한’ 통합된 국가를 그렸다. 공화국들 간의 자발적이고 민주적인 합의가 미래의 연방에 ‘전례 없는 안정’을 부여하리라. 하지만 고르바초프는 라이사에게 개혁을 가속할 방법을 모르겠다고 털어놨다. 위기 해소 프로그램은 막다른 골목에 부딪혔

고, 국가 메커니즘은 마비되었다.[45]

고르바초프는 공화국 지도자들에게 계속 전화를 걸어 연방조약을 지지해달라고 호소했다. 벨로루시 최고소비에트 의장인 니콜라이 데멘테이(Nikolai Dementey)는 조인식에 참석하기로 동의했다. 8월 10일, 고르바초프 부부는 근처 휴양지에서 휴가를 즐기던 우크라이나 지도자 크라우추크와 아내 안토니나를 맞이해 대접했다. 만남은 격의 없고 화기애애했다. 저녁 식사 자리에서, 라이사가 대화를 주도하며 질문을 던졌다. 크라우추크에 따르면 두 부부가 산책하러 나갔을 때, 고르바초프와 크라우추크가 아내들을 먼저 보내고 중요한 대화를 나눴다. 고르바초프는 "왜 조약에서 서명하지 않으려 하는가?"라고 물었다. 크라우추크는 그것이 연합조약이어야 한다고 대답했다. 1922년에 소련이 수립되었을 때, 우크라이나는 자체 군대와 그 외에 주권국가에 속한 것을 보유할 권리가 있었다. 그러다 스탈린이 모두 가져가버렸다. 왜 우크라이나가 이제야 레닌이 수십 년 앞서 제의한 것보다 훨씬 나쁜 거래를 받아들여야 하는가? 크라우추크는 연방세에도 반대했는데, 중앙 재정에 얼마나 낼지는 우크라이나가 결정해야 한다. 연방 대통령은 어떻게 할지 고르바초프가 물었다. 크라우추크는 공화국들이 돌아가며 대통령을 맡기로 자신이 제안했던 것을 상기시켰다. 고르바초프는 고개를 내저었다. "아니, 그건 안 돼. …… 대통령은 전 국민에 의해 선출되어야지." 우크라이나는 더는 고르바초프에게 표를 던지지 않을 것이라고 크라우추크는 말했다. 소련 지도자는 믿기지 않는다는 표정으로 그를 쳐다봤다. 크라우추크는 뜻을 굽히지 않았다. 고르바초프는 회고록에서 이 대화를 언급하지 않는다.[46]

8월 18일, 라이사 고르바초바는 모스크바 신문들을 훑어본 뒤, 수첩에다가 다음과 같이 적었다. "연방조약을 둘러싸고 무슨 일이 벌어지고 있는 거지?! 어떤 사람들은 관료적인 통일 국가가 되살아나고 있다고 울부짖는다. 또 어떤 사람들은 나라가 무너지고 있고 산산조각 나고 있다고, 조약의 토대들이 모호하고 막연하다고 말한다. 그런 연방조약이 왜 필요하겠는가?"[47] 라이사의 서술은 통찰력이 있었다. 민주러시아의 자유주의적 반공주의자들은 연방조약에 대해 가장 목소리를 높인 비판가들이었다. 8월 8일, 자유주의적인 《인디펜던트 가제트》는 유리 아파나셰프, 옐레나 보네르와 민주러시아의 대표적 인사들이 서명한 〈러시아 대통령 B. N. 옐친에 대한 호소〉를 게재했다. 그들은 옐친에게 고르바초프와의 조약을 거부하길 촉구했다. 한 나라 안에 이중 주권이 존재하는 부조리를 지적했는데, 주권은 중앙에 속하든지 공화국들에 속하든지, 둘 중 하나여야 했기 때문이다. 새로운 연방은 "지속적이고 어쩌면 유혈 분쟁에 빠질 것이다". 서명자들은 논의를 지속하면서 어쩌면 또 한 번 국민투표를 실시할 것을 제안했다.[48] 이 비판가들이 지식인 명사들이었으므로 옐친도 같은 신문에 답변을 실을 수밖에 없었다. 그는 현실주의를 필요로 했다. 조약이 없다면 "러시아는 중앙 조직에 볼모로 남을 수밖에 없을 것이다". 법적이고 헌정적인 과정만이 연방 부처에서 권한을 포기하게 만들 수 있다. 또 다른 국민투표는 말할 것도 없고, 조약 파기는 "연방 관료제에 최고의 선물"이 될 것이었다.[49]

또 다른 공격은 앞서 러시아의 보수 민족주의자들의 신문인 《소베츠카야 로씨야》에 실린 〈인민에 보내는 한마디〉란 글에서 비롯되었다. 이 성명서는 민족주의 성향 작가들은 물론, 고위 장성인 소련 지상군 지휘관 발렌틴 바렌니코프와 내무부 차관 보리스 그로모프 장군도 서명했다. 성명서는 중세 러시아 연대기 양식으로 쓰였는데, "조국이 위험에 처했다"라고 선언하고 사람들에게 동란의 시대(Time of Troubles, 1598년 류리크왕조의 대가 끊기고 1613년 로마노프왕조가 들어설 때까지 러시아가 혼란에 빠졌던 공위기 – 옮긴이)를 끝내기 위해 들고 일어나 싸우라고 촉구했다. 현 위기를 "기만적이고 말만 번드르르한 통치자들, 교활한 변절자들, 탐욕스러운 폭리 취득자들" 탓으로 돌리고, 군대와 군수산업체, 정교회, 자유주의자부터 민족주의자까지 모든 러시아인에게 호소했다.[50] 성명서의 작성자는 제국주의적이고 민족주의적인 견해로 악명 높은 53세의 언론인 알렉산드르 프로하노프(Alexander Prokhanov)였다. 사실상, 그는 고르바초프에 대한 반란을 선동하고 있었다. 그는 같은 시기에 데이비드 렘닉과의 인터뷰에서 "우린 민주주의

사회에 살고 있어요, 안 그래요?"라고 설명했다. 당 총회에서 고르바초프의 보좌관인 안드레이 그라체프(Andrei Grachev)는 성명서에 서명했다는 이유로 그로모프와 바렌니코프를 견책할 것을 주장했다. 보수적 청중은 그의 발언에 야유를 보냈다. 며칠 뒤 누군가가 모스크바 인근에 있는 그라체프의 별장에 불을 질렀다.[51]

고르바초프는 조인식 때까지 조약의 공식 문안을 기밀로 유지하고 싶었다. 하지만 8월 14일, 주간지 《모스크바 뉴스》의 영어판에서 전문을 발표했다. 모스크바 주요 신문사들이 이튿날 러시아어 원문을 게재했다.[52] 유출은 불가피했다. 이미 무수한 사본이 소련 정부와 러시아, 우크라이나 및 공화국들의 최고소비에트에 유포되었기 때문이다.[53] 하지만 고르바초프는 속이 상했다. 특히 이런 식의 공개가 더 많은 긴장과 논쟁을 낳을 것을 우려했다. 게다가 옐친이 비판에 대응하는 과정에서 점차 망설이는 것을 알아차렸다. 러시아 지도자는 '러시아'는 연방세 없이 단일 조세 체계만 둘 것이라고 공개적으로 말했다. 이런 입장은 권력 이양을 위한 고르바초프의 계획을 방해했다.[54]

크류치코프는 고르바초프에게 옐친이 중앙아시아 공화국의 다섯 지도자들과 알마아타에서 따로 모임을 가졌다고 알렸다. 아닌 게 아니라, 옐친은 조인식이 열리기 전에 나자르바예프와 대화하길 원했다. 러시아 대통령도 나름대로 걱정거리가 있었는데, 고르바초프가 마지막 순간에 약속을 어길지도 모른다는 것이었다. 그 경우, 옐친은 카자흐스탄을 포함한 네 공화국과의 4자 협정이라는 원래의 구상으로 돌아가고 싶었다. 볼딘은 고르바초프가 크림반도에서 전화를 걸어와 수화기에 대고 소리를 질렀던 것을 회상했다. "이건 분리주의야! 그들은 소련 대통령의 의견을 무시하고 있어. 지방 우두머리들이 국가 지위(Statehood)의 문제를 결정하려 해. 이건 음모야. 내버려두지 않겠어. 당장 행동에 나서야 해……."[55]

8월 15일, 고르바초프는 옐친에게 전화를 걸었다. 러시아 대통령은 거래를 깨라는 압력을 받고 있음을 시인했다. 고르바초프는 그도 압력을 받고 있다고 대답했다. 고르바초프의 회고에 따르면, 두 지도자는 노선을 지키면서 조인식에서 만나기로 합의했다. 옐친은 참석자들의 자리 배치에 관해 물었고, 그와 러시아 대표단이 중심에 있어야 한다고 말했다. "좋게 마무리했다"라고 고르바초프는 회고했다. "하지만 옐친이 전적으로 솔직하지는 않다고 느꼈다."[56]

관찰자들은 연방조약을 체결한 뒤 무슨 일이 벌어질지 논의했다. 레닌그라드에서, 아나톨리 솝차크 시장은 낙관적인 태도를 보였다. "우파는 이제 무시해도 된다."[57] 고르바초프의 보좌관이자 노련한 기관원인 바딤 자글라딘은 실제로 정치적 역풍의 위험이 있다고 믿었다. 알렉산드르 야코블레프는 조인식을 선수 치도록 강경파를 몰아갈까 봐 걱정했다. 그는 서방 관리들에게 군부를 등에 업은 러시아공산당의 신스탈린주의 지도자들이 '구국위원회'를 구성할 것을 경고했다. 8월 16일, 야코블레프는 신스탈린주의자와 군 장성, KGB 그리고 MIC로 이뤄진 '그림자' 동맹에 의한 쿠데타가 임박했음을 경고하는 공개서한을 발표했다.[58]

고르바초프는 여전히 낙관했다. 그는 조인식 일정표를 승인해 공화국 지도자와 공화국 당 조직에 유포했다. 일정표에는 8월 20일에 조약에 서명하기로 한 다섯 공화국, 즉 러시아연방과 카자흐스탄, 우즈베키스탄, 벨로루시, 타지키스탄이 나열되어 있었다. 투르크메니스탄과 키르기스스탄 지도자들은 9월에 합류할 예정이었다. 고르바초프는 10월 10일에는 우크라이나와 아제르바이잔, '그 외 공화국'도 조약에 서명하길 기대했다.[59] 다른 방법은 없다고 그는 체르냐예프에게 속내를 털어놨다. 그는 1991년 여름에 이르자 당 강경파와 일부 반공주의자가 단호한 태도와 무력 사용을 요구하는 데 주목했다. 양측 모두 그것이 시장으로의 이행과 안정을 위해 필요하다고 생각했다. 고르바초프는 "비상 통치 도입은 파멸, 즉 내전으로 가는 길"이라고 결론 내렸다.[60]

불청객들

고르바초프는 정부 인사나 측근이 독자적으로 움직이고 자신에게 반기를 들 수도 있다는 가능성을 완전히 부정했다. 이 점에서 그는 돌이킬 수 없이 착각했다. 스탈린은 언제나 핵심 측근들을 의심하며 지속적으로 숙청했다. 레닌을 본보기로 삼은 고르바초프는 스탈린식 권력 유지 비결을 거부했다. 동시에, KGB를 자연스러운 배경의 일부로 여기는 여느 당 기관원처럼 행동했다. 크류치코프는 의심할 만한 여지를 주지 않았다. KGB 의장은 상관에게 매일, 때로는 하루에도 여러 번씩 상황을 보고했다. 이 일과는 고르바초프의 휴가 동안에도 바뀌지 않았다.

고르바초프가 크림반도로 떠나던 날, 나중의 수사에서 드러났듯이 "국가비상사태위원회를 수립하고 국가의 비상사태를 선포할 결정과 관련한 모든 서류가 구비되어 있었다". 이 서류 작업은 1990년 봄에 리투아니아에 대한 제재 이후로 준비해왔다. 그리고 고르바초프도 그에 관해 알고 있었다.[61] 어떤 사람들은 나중에 KGB 의장이 사리사욕을 위해 그 비상조치 계획안을 실행에 옮겼다고 주장했다. KGB의 도청을 통해 연방조약이 체결되면 자신이 해임될 것을 알고 있었을 것이라는 말이다. 크류치코프는 항상 이를 부정했다. 사실상, 무슨 수를 써서라도 권력을 잡으려는 것이 그의 동기였을 리는 만무하다. 그는 권력에 굶주린 모험가가 아니라 충성스러운 관료였다. KGB 의장은 고르바초프의 혼성적 연방이 안정적 국가와 경제의 기반이 되리라고는 여길 수 없었을 뿐이다. 그가 아는 모든 상황이 정반대를 가리켰으며, 옐친의 러시아는 한때 소련이었던 것을 집어삼키려 했다. 크류치코프는 '외국의 개입'에 대해 편집증적이긴 했지만, 중앙 계획경제의 혼란스러운 해체에 관해서는 옳았다. 이러한 상황 인식으로 인해 그는 연방조약 서명은 소련 국가의 종말을 의미한다고 확신했다. 그리고 그 일은 막아야 했다.[62]

지난 몇 달간 고르바초프의 갈지자 행보와 모호한 언어("자네는 행동해야 하고, 내가 나중에 바로잡을 거야") 때문에 소련 대통령이 결국 *기정사실*에 굴복할 것이라고 KGB 의장은 생각했다. 크류치코프는 고르바초프가 일반 대중뿐 아니라, 군과 의회, 당 내부에서 얼마나 신망을 잃었는지 알았다. 해외의 KGB 정보원들도 서방 지도자들이 고르바초프를 이미 임기 말 지도자로 취급하기 시작했다고 보고했다. 어느 익명 보고서에서, 한 소련 첩보원은 크류치코프에게 "부시 대통령의 핵심 측근들은 고르바초프가 지도자로서의 잠재력을 소진했다는 결론에 도달했다"라고 알렸다. 또한 "부시 대통령과 그의 핵심 측근들은 고르바초프를 대체할 가능성이 있는 인물로 B. N. 옐친을 전혀 고려하지 않는다"라고 보고했다. 회고록에서, 크류치코프는 또 다른 정보원의 보고를 언급했는데, 주요 자본주의 국가 지도자들이 "우리 국가의 소멸"을 예상하고 있다는 경고였다. 그는 소련 지도부가 "비극적인 전개"를 막기 위해 왜 아무것도 할 수 없는지 의아해했다.[63]

또 다른 두 사람도 행동에 나설 필요성에 관해 크류치코프에게 동의했다. 라이사 고르바초바가 대단히 신뢰한 발레리 볼딘은 나중에 동조적인 기자에게 이렇게 말했다. "우리의 과제는 연방조약을 미루는 것이었다." 또 그는 공모자들이 권력 장악을 원치 않았다고 주장했다. "이미 권력은 충분했다." 그 대신, 소련 최고소비에트와 당 총회를 소집하여 고르바초프를 대체할 새 지도자를 선출하길 바랐다고 볼딘은 주장했다. 공모자들은 적어도 겉보기에는 헌법을 따르길 원했다.[64] MIC의 수장인 올레크 바클라노프는 그런 움직임에 찬성할 특별한 이유가 있었다. 바클라노프는 고르바초프가 시장 세력에서 MIC를 구하기 위해 아무것도 하지 않는다고 생각했고, 또 여러 요인들 중 특히 우크라이나 분리주의가 소련 군수 산업을 망가트릴 수도 있다고 걱정했다. 일찍이 1991년 4월, 바클라노프는 이미 당 총회에서 '계엄령의 도입을 포함한' 비상 통치에 찬성했다. 바클라노프는 나중에 어느 인터뷰에서 1991년 8월에 자신은 고르바초프를 제거하길 원하지는 않았다고 말했는데, 여전히 고르바초프의 갈지자 행보가 상황과 오해의 산물이라고 믿었기 때문이다. 연방조약에 관한 고르바초프의 일방적 결정을 최대한 신속히 취소하도록 최고소비에트를 소집하길 원했다.[65] 크류치코프는 바클라노프가 "나라를 구할 결정적 행동을 할 준비가 된", 지도부에서 "두세 사람밖에 안 되는 이들 중 하나"였다고 회고했다. 크류치코프, 볼딘, 바클라노프의 트로이카는 아주 우연히 모였는데, 세 사람 모두 모스크바 인근의 '별장 협동조합' 소속으로, 모두 이 별장

공동체에서 땅뙈기를 구입했다. 그들의 계획은 격의 없는 대화에서 탄생했다.[66]

그들이 음모에 끌어들인 또 다른 공모자는 고르바초프가 없을 때면 중앙위원회를 책임지는 당 서기 올레크 셰닌이었다. 시베리아 출신의 러시아계인 셰닌은 페레스트로이카 초창기에는 고르바초프의 열렬한 지지자였지만, 정치적 자유화가 불안정과 참사를 불러온다고 여겨서 격한 비판자가 되었다. 1991년 1월, 셰닌은 발트 지역에서 무력 사용을 공공연하게 옹호했다. 4월에는 고르바초프를 당 서기장에서 해임하려고 시도했지만 성공하지 못했다. 야코블레프는 셰닌이 구국위원회의 지도자로 가장 유력한 인물이라고 여겼다. “야심만만하고 결단력이 있는 그의 머릿속은 스탈린주의적 잡탕에 절여 있었다.” 음모에 가담하게 된 동기를 회고하면서, 셰닌은 8월 20일의 연방조약은 소련을 ‘수백 개 국가의 연방’으로 탈바꿈시켰을 것이라고 설명했다. “그것은 완전한 붕괴였다.” 바클라노프처럼 셰닌도 고르바초프가 무슨 일을 하고 있는지 제대로 깨닫지 못한다고 믿었다.[67]

고르바초프가 크림반도로 떠난 다음 날, 크류치코프의 개인 경호원이 야조프의 운전사에게 전화를 걸어 이례적인 요청을 했다. 국방부 장관이 “목적지 ABC”, 다시 말해 모스크바 외곽에 있는 KGB 안가(안전가옥)로 초대되었다는 것이었다. 두 핵심 관리가 약속을 잡는 이 이례적인 방식은 그럴듯한 [사전 공모] 부인의 가능성을 보장했다. 공모자들은 미국의 전자 첩보 활동을 비롯해 어느 감시망에도 걸리지 않도록 대비책을 강구했다. 만남은 확실한 결정 없이 온건한 합의만 끌어냈는데, 비상 통치 도입에 대한 대중의 반응을 분석해본다는 것이었다. 그러나 이것은 결정적인 조치이기도 했는데, 만남은 고르바초프 모르게 이루어졌고 그에게 통보되지도 않았기 때문이다.[68]

KGB 의장은 소련 지도부 내에서 그런 만남을 마련할 수 있는 유일한 사람이었다. 무엇보다 스탈린 시대 이래로 최고 지도자의 구체적인 지시가 없는 한, 최고위 정치 인사들이 회합하지 못하게 하는 것이 비밀경찰의 의무였기 때문이다. 그와 동시에 크류치코프가 KGB 조직과 기관을 음모에 끌어들이기는 쉽지 않았다. 그는 고위급 부하 직원들의 절대적 충성심을 기대할 수 없었다. 그리고 일부 KGB 관리들이 옐친에게 동조한다는 것도 알고 있었다. 따라서 크류치코프는 개인적으로 신뢰하는 몇몇 부하와 보좌관에게 의존했다. 야조프와 만난 뒤, 크류치코프는 측근인 KGB 분석관 두 명에게 비상 통치가 선언될 경우 일어날 수 있는 상황에 관해 '전략적 예측'을 제출하라고 지시했다. 분석관들은 1990년 12월에 준비해 놓은 자료를 이용했다.[69] 보고서에서 그들은 비상 통치에 *반대하는*, 적어도 연방조약에 서명하기 전에 도입하는 데 반대하는 논지를 제출했다. KGB 전문가들은 비상 통치가 대규모 시민 불복종 가능성을 비롯해, 불안정화와 권력 투쟁으로 이어질 것이라고 경고했다. 그들의 장기적 시나리오 가운데 하나는 1956년 헝가리나 1989년 루마니아와 비슷한 결과를 가져오는 "좌파로부터" 역쿠데타의 가능성이었다. 어쨌거나, KGB 분석관들은 안정을 회복하려면 공화국 지도자들과의 합의가 필요할 것이라고 결론 내렸다.[70]

8월 14일, 크류치코프는 분석관들의 건의에 반하여 행동했는데, "국가 지도부는 비상 체제를 도입하기로 결정을 내렸다. 연방조약 체결 후에 이 조치를 실행에 옮기기는 너무 늦다"라고 그들에게 말했다. 크류치코프가 새롭게 결심을 굳힌 계기는 분명치 않다. KGB 의장은 ABC 안가에서 또 다른 비밀 모임을 열었다. 이번에 4인방은 국가비상사태위원회(State Committee for the State of Emergency)를 수립하기로 결정했는데, 러시아어 머리글자는 GKChP였다. 아무도 이보다 어색하지 않은 이름을 내놓지 못했다. 야조프가 참석하면서 부하 두 명도 함께 데려왔는데, 소련 지상군 사령관인 발렌틴 바렌니코프와 오랫동안 공수부대 지휘관을 역임했고 현 국방부 차관인 블라디슬라프 아찰로프 장군이었다. 두 사람 모두 아프가니스탄에서 군사 작전을 지휘했고 고르바초프 리더십에 혹독한 비판자였다. 바렌니코프는 1945년 6월에 모스크바 전승 열병식에 참가했던 초강대국의 진정한 군인이었다. 그는 신문에서 연방조약 전문을 읽은 뒤, "이건 조

약이 아니라 사형 선고문이다!"라고 외쳤다고 한다.[71]

또 다른 핵심 참석자는 발렌틴 파블로프였다. 그는 그날 모스크바 외곽의 별장에서 열리는 어느 생일 파티에 초대되었다고 회고했다. 관용 리무진을 타고 이미 그곳으로 가는 와중에 정부 보안을 통해 크류치코프가 전화를 걸었는데, 일정을 바꿔 "딱 한 시간"만 시간을 내서 논의에 참석해달라는 것이었다. 그는 ABC 안가에 도착해 저녁 내내 머물렀다. 나중에 파블로프는 부총리인 셰르바코프에게 크류치코프의 이야기를 듣고 경악했다고 털어놨다. KGB 의장은 '민주파'가 정부 전복 계획을 꾸미고 있으며 비상 통치만이 그들을 막을 수 있다고 밝혔다. 파블로프가 음모에 관해 미리 고지받지 못했다는 것은 설득력이 없다. 기민한 총리가 어째서 크류치코프가 지어낸 속이 빤히 들여다보이는 거짓말을 믿기로 했을까? 아마도, 사방이 조용하고 사람들이 여름휴가를 떠나 있던 당시에, 비상 통치를 도입할 다른 이유가 없었기 때문일 것이다. 파블로프는 연방조약이 소련 경제와 금융 시스템을 통제하고 관리할 중앙 정부의 능력을 파괴할 거라 믿었기 때문에, 연방조약을 무산시키고 싶었다. 하지만 회고록에서, 그는 국가비상사태위원회가 고르바초프를 무력으로 축출할 계획을 세우지는 않았다고 주장했다. 주된 이유는 소련의 파산이었다. 그는 "서방 세계는 소련에 대한 진짜 봉쇄를 선언했을 것이다"라고 이유를 설명했다. "당시 고르바초프 대통령을 강제로 몰아냈다면 국제적으로 완전히 고립되었을 것이다. 모두 이를 잘 이해하고 있었다!" 이 엇갈리는 신념이 이틀 뒤에 파블로프의 기이한 행동을 결정했다.[72]

공모자들은 자신들의 행동이 합헌적으로 보이게 할 방법을 논의했다. 그들은 소련 최고소비에트 의장인 아나톨리 루캬노프가 가담해서 고르바초프를 대체해 소련의 새 대통령을 선출할 인민대표대회를 소집해줄 것이라고 전제했다. 루캬노프는 이 일을 하기에 가장 유망한 후보자였다. 당시, 그는 모스크바에서 400킬로미터 떨어진 발다이 휴양지에서 휴가를 보내고 있었다. 야조프는 군 헬리콥터를 보내 루캬노프를 모스크바로 데려와 협조하도록 설득하자고 제안했다. 하지만 루캬노프가 어떻게 반응할지는

장담할 수 없었다. 이 정치인은 노회했고 고르바초프 부부와 가까웠다.[73]

고르바초프와 이야기해보도록 포로스에 대표단을 보내자고 제안한 사람은 크류치코프였다. 대체 무엇을 위해? 볼딘은 회고록에서, 고르바초프가 비상 통치를 승인하게 만들거나 그를 격리하기 위해서라고 설명했다.[74] KGB 의장은 바클라노프, 파블로프, 야조프가 소련 지도자에 맞설 각오가 서지 않았음을 알고 있었다. 크림반도를 방문해 이 거사 전체에 합법성이라는 겉모습을 갖춰야 했는데, 고르바초프가 동료의 압력에 굴복하리라는 희망을 품었던 것이다. 긴 논의 끝에, 크류치코프와 야조프는 모스크바에서 준비 작업을 하는 동안, 바클라노프와 볼딘, 셰닌이 바렌니코프 장군과 함께 고르바초프를 만나러 가기로 결정했다. 이것이 고약한 깜짝 방문이 될 것임을 알고 있었다. 야조프는 볼딘을 바라보며, "브루투스, 너마저도?"라고 농담을 던졌다. 8월 18일 13시 02분, 대표단을 태운 군용 비행기 투폴레프(TU-154)가 모스크바를 이륙하여 크림반도로 향했다. 바렌니코프 장군이 조종사에게 지시를 내렸는데, 투폴레프 비행기는 그의 '지휘 본부'였다. 고르바초프를 만난 뒤, 바렌니코프는 우크라이나를 계속 통제하에 두기 위해 키예프로 날아갈 작정이었다.[75]

크림반도로 향하는 비행기 안에서, 셰닌은 바렌니코프에게 고르바초프의 서명을 받기 위해 챙겨 온 문서를 보여주었다. 소련 대통령이 '질병상의 이유로' 일시적으로 야나예프 부통령에게 권한을 넘긴다는 것이었다. 비행기에는 정치 지도부의 안전을 책임지는 제9국을 담당하는 KGB의 유리 플레하노프(Yuri Plekhanov) 장군도 탑승해 있었다. 비행기가 크림반도에 가까워졌을 때, 플레하노프는 대통령 별장의 통신을 담당하는 KGB 장교들에게 전화를 걸었다. 그는 오후 4시 30분에 고르바초프가 이용할 수 있는 모든 통신 수단을 끊으라고 지시했다. 공모자들이 탄 비행기는 벨베크 공항에 착륙했고, 간단한 점심을 든 뒤 무장 KGB 장교들을 대동한 자동차 행렬이 포로스를 향해 전속력으로 달려갔다. 자리아에 정확히 4시 30분에 도착하려는 계획이었다.[76]

고르바초프는 별장에서 조약 조인식을 위해 준비한 연설문을 수정하고 있었다. 그는 다음 날 아침에 자신과 라이사가 비행기를 타고 모스크바로 떠날 수 있게 준비해두라고 직원들에게 지시했다. 그러고 나서 체르냐예프처럼 근처의 휴양지에 머물고 있던 샤흐나자로프에게 전화를 걸었다. “나와 함께 모스크바로 날아갈 준비가 되었나? 2~3일 내로 돌아올 거니까 수영할 시간은 많을 거라네.” 샤흐나자로프는 떠날 채비가 되었다고 답하고 고르바초프의 안부를 물었다. 대통령이 사흘 전에 라이사와 산에서 산책하다가 허리가 아팠던 것이다. 고르바초프는 “아주 괜찮네. 체력을 회복했어”라고 말한 뒤 전화를 끊었다. 몇 분 뒤, 경호 팀의 수장인 블라디미르 메드베데프 소장이 그를 보러 왔다. 메드베데프는 혼란스러워 보였다. 방금 별장 주변의 KGB 경호원들이 고르바초프의 허가 없이 한 무리의 방문객을 들여보냈던 것이다.[77]

고르바초프의 첫 번째 반응은 크류치코프에게 전화하는 것이었지만, 보안 전화선은 먹통이었다. 별장에서 18킬로미터 떨어진 무할라트카에 있는 KGB 통신 센터의 상근 장교들이 고르바초프의 별장으로 연결되는 여덟 개의 통신선을 모두 끊었다. 현지 일반 전화선부터 국방부와 연결할 때 쓰는 ‘적색’ 위성 전화선까지 고르바초프 책상 위에 있는 다섯 개의 전화는 모두 먹통이었다. 나라 최고의 권력자이자 핵무기 ‘버튼’을 통제하는 소련군 통수권자가 크류치코프의 명령으로 모든 연락이 차단된 것이다. 고르바초프가 아내에게 헐레벌떡 달려갔더니 그녀는 혼자서 신문을 읽고 있었다. “뭔가 나쁜 일이, 어쩌면 끔찍한 일이 일어났어”라고 고르바초프가 말했다. “그들이 나와 만남을 요구하고 있어……. 모든 전화선이 끊겼어. 알겠어? 이건 격리야! 음모일까? 억류인가?” 고르바초프는 충격을 받은 라이사를 침실로 데려갔다. 그는 그곳이 도청에서 안전하여 밀담을 나누기에 가장 좋은 장소라고 생각했다. “난 어떤 책략이나 거래에도 동의하지 않을 거야. 협박이나 위협은 통하지 않아.” 그는 잠시 침묵했다가 덧붙였다. “하지만 우리 모두, 가족 전체가 큰 대가를 치러야 할 수도 있어…….” 라이사는 “이건 당신 결정이야. 무슨 일이 일어나든 난 당신 편이야”라고 대답했다.[78]

고르바초프는 방문객들을 만나러 나왔을 때 물었다. "당신들은 누구를 대표하고 있는 건가? 누굴 대신해 이야기하는 건가?" 그들의 혼란스러운 답변을 듣고, 소련 지도자는 공모자들이 자신을 제거할 계획을 세운 게 아님을 바로 깨달았다. 그와 달리, 그들은 연방조약 체결을 취소하고 최고소비에트를 소집하기 위해 그가 필요했다. 한마디로, 쿠데타가 일어난 것처럼 보이지 않으려 했다. 고르바초프는 자신의 입장이 아주 명백했다고 나중에 주장했는데, 모든 비상 통치를 딱 잘라 거절했다는 것이다. 하지만 그의 실수는 대표단과 너무 오래, 거의 한 시간이나 이야기를 주고받았다는 것이었다. 나중에, 그는 부관들을 굴복시키려고, 다시 말해 "전에 여러 차례 그랬던 것처럼" 그들이 입장을 철회하게 만들려 했다고 설명했다. 하지만 말로 그들을 홀리는 고르바초프의 능력이 이번엔 통하지 않았고, 이후 여러 해 동안 고르바초프를 따라다닐 음모론을 위한 여지를 남겼다. 결국, 소련 지도자는 서명을 끝끝내 거부했다. 바렌니코프는 모두가 느끼는 심경을 표현했다. "그렇다면 사임하는 수밖에 없소!" 볼딘의 회상에 따르면, 고르바초프는 거친 러시아 비속어로 대꾸했다. 마지막에 고르바초프는 "빌어먹을, 어디 한번 해봐!"라는 말로 그들을 쫓아냈다. 이 말은 여러 의미로 해석될 수 있다. 공모자들이 떠난 뒤에 고르바초프는 안도감을 느꼈는데, 최악의 사태는 일어나지 않았기 때문이다. 라이사와 나머지 가족은 여전히 무사했다. 그 한 시간 뒤에 고르바초프를 만난 체르냐예프는 그가 미소를 띠고 있는 것을 알아차렸다.[79]

공모자들은 연락할 수단을 남겨두지 않았다. 크류치코프의 명령에 따라, 대통령의 별장 단지를 보호하는 500명의 KGB 장교와 해병은 쿠데타 동안 대통령을 사실상 가택 연금했다. 고르바초프의 개인 경호 임무를 맡은 KGB 장교 다섯 명만이 이 지시를 거역하고 대통령과 그 일가를 끝까지 보호하겠다고 다짐했다. 공모자들이 실제로 고르바초프를 제거하기로 마음먹었다면 그들의 결심은 사실상 중요하지 않았을 것이다. 당시 별장에 있어서 떠날 수 없었던 사람들은 고르바초프의 보좌관이자 연설문 작가인 아나톨리 체르냐예프와 속기사 올가 라니나, 하녀와 요리사, 정원사,

수영장 직원과 운전사 들이 있었고, 마침 그곳이 폐쇄될 때 자리아 내부에 있던 KGB 정보 전달원들도 있었다.

시간이 지나면서, 고르바초프는 사태의 의미를 깨닫기 시작했다. 라이사와 체르냐예프, 사람들과의 대화에서 그는 쿠데타 주동자들이 "자멸적"이고 "흉악"하다고 말했다. 고르바초프는 "나라가 엄중한 처지에 빠졌다"고 판단했다. 세계는 소련에 등을 돌릴 것이고, 경제와 정치 봉쇄가 있을 것이며, 페레스트로이카가 이룩한 모든 것에 비극적 결과가 따를 수도 있다.[80] 고르바초프 가족은 크림반도에 가져온 휴대용 소니 트랜지스터라디오 앞에 둘러앉았다. 하지만 소련은 아주 평안했다. 이 나라는 무슨 일이 일어나는지 여전히 모르고 있었다.[81]

고르바초프가 고대하던 휴가는 느닷없이 중단되었다. 그리고 그날 훨씬 중요한 그 무엇이 툭 끊어졌다. 떨어지지 않고 중간에서 균형을 잡으며 위태로운 줄타기를 할 줄 알던 정치적 마법사 고르바초프가 끝났다. 그는 몰랐지만, 그것은 또한 그가 미국과 맺은 모든 국제적 합의와 위대하고 민주적인 유럽 공동의 집에 대한 환상의 끝이기도 했다.

볼딘, 바클라노프, 셰닌, 바렌니코프, 플레하노프는 침울한 기분으로 벨베크공항으로 되돌아왔다. 바렌니코프는 키예프행 군용 비행기에 올랐다. 나머지는 고르바초프의 대통령 전용기 IL-62기를 타고 모스크바로 돌아갔다. 그들은 '핵가방(nuclear briefcase)'을 맡고 있는 KGB 장교 두 명도 함께 데려갔다. 이 순간부터 사흘 동안 소련 전략 핵전력의 지휘 통제권은 야조프와 크류치코프의 수중에 있었다. 플레하노프는 비행기에서 KGB 의장에게 전화를 걸어 상황을 보고했다. 고르바초프는 비상 통치를 지지하지 않을 것이다.[82] 주동자들은 궁지에 몰렸다. 대통령 없이 새 정권의 정당성을 어떻게 입증할 것인가? 유일하게 남은 선택지는 고르바초프가 '아프다'고 공표하는 것이었다. 대통령이 부재하면, 소련의 부통령이 나라의 헌법적 임시 지도자가 된다. 소련의 새로운 통치자인 겐나디 야나예프는 자신의 역할을 마지막에 알았다. 대표단이 크림반도에 있는 동안, 크류치코프는 고르바초프 대체자를 찾기 시작했다. 마침내 모스크바 근처의 친구네

별장에서 야나예프를 찾아냈다. 그들은 진탕 술을 마시며 놀고 있었다.[83]

8월 18일 저녁, 공모자들은 크렘린에 있는 파블로프의 집무실에서 마지막 계획 회의를 가졌다. 크류치코프는 발다이 휴양지에서 군용 헬리콥터로 데려온 루캬노프를 비롯해 소련 지도부의 모든 주요 인사를 한자리에 모았다. 루캬노프가 쿠데타 계획을 알았을 때, 당 간부들이 단호한 지도자로 칭찬했던 사람이 갑작스레 우유부단하고 세세한 규정에 지나치게 얽매이는 변호사로 돌변했다. 루캬노프는 헌법에 근거하여 대통령 권한대행이 되라는 제의를 거부하고 국가비상사태위원회가 작성한 문서에서 자신의 이름을 지웠다. 내키지 않아 한 또 다른 참여자는 겐나디 야나예프였다. 그는 놀란 기색이 역력했고 고르바초프를 대신해 소련의 임시 지도자가 될 준비가 전혀 되어 있지 않았다.[84]

마지막 참석자는 자정 직전에 크렘린에 도착한 소련 외무부 장관 베스메르트니흐였다. 크류치코프는 그를 벨로루시의 휴양지에서 호출했고, 외무부 장관은 양복으로 갈아입을 시간조차 없었다. 크류치코프는 국가비상사태위원회에 그를 추가하길 원했는데, 고르바초프가 맺은 국제적 협정을 훈타가 준수할 것이라고 서방을 안심시킬 의도였던 것 같다. 베스메르트니흐는 아연실색했다. 그는 자신이 공식적으로 엮이지 않아야 서방 파트너들을 설득하기 쉬울 것이라고 주장했다. 그는 파란 펜을 꺼내서 위원회 명단에서 자신의 이름을 지웠다.[85]

그날 저녁에 크림반도에서 돌아온 대표단은 주저하며 놀란 참여자들을 심리적 덫에 가둬버렸다. 볼딘이 그들에게 말했다. "당신들이라고 무사히 빠져나갈 수 있을 것 같은가? 고르바초프는 당신들의 이름을 모두 알고 있소. 다리는 이미 끊어졌소. …… 우린 모두 한배를 탄 거요." 그러자 크류치코프가 야나예프에게 부드럽게 말했다. "모르겠소? 우리가 수확물을 거두어들이지 않으면 기근이 일어날 거고, 몇 달 후면 사람들은 거리로 나올 테고, 내전이 시작될 거요." 야나예프는 결국 압력에 굴복하여 "딱 2주만" 대통령 권한대행이 되기로 했다. 그동안 최고소비에트와 인민대표대회가 새 지도자를 선출하리라는 것이 공통된 가정이었다. 야나예프와 다른 관리들이 '소련 지도부 선언'과 '소련 인민에 대한 호소'라는 두 문서에 서명했다. 루캬노프는 자신의 집무실로 가서 재빨리 또 다른 '선언'을 작성했는데, 연방조약이 3월 국민투표의 정신을 저버렸으며, 소련의 공유 경제 공간을 허물고, 금융 시스템을 망가트렸으며, "소비에트연방이 연방 국가로서 기능하게 할 소유권"을 확립하지 못했다는 내용이었다. 공모자들은 국영 라디오와 TV로 이튿날 오전 6시에 세 문서 모두 방송하기로 결정했다.[86]

러시아연방의 모든 지역과 주요 도시는 소련 관계 당국과 시 당국의 수장 그리고 군관구 지휘관으로 구성된 현지의 '국가비상사태위원회'가 통치하기로 했다. 셰닌과 모스크바 당 조직의 수장인 유리 프로코피에프 같은 일부 당료들은 쿠데타 음모를 열렬히 지지했고, 당 연락망을 이용해 공화국별, 지역별, 지구별 조직의 동료들에게 비밀 지령을 보내기 시작했다. 공모자들은 당 기반 시설을 활용하고 싶었지만, 셰닌의 이름은 위원회 명단에서 빼는 것이 좋겠다고 결정했다. "당시 소련공산당은 반동 세력이라는 낙인이 찍혀 있었다"라고 바클라노프는 회상했다. 국가비상사태위원회는 "새로운 것의 탄생을 상징해야 했다".[87]

마침내, 야나예프는 각국 정부와 지도자 및 UN 사무총장 하비에르 페레스 데 케야르에게 보내는 호소문에 서명했다. 야나예프는 부시, 미테랑, 콜, 영국 총리인 존 메이저, 그 외 서방 지도자들에게 보낼 수 있게 준비된 서신들에도 서명했다. 호소문과 서신에서는 경제 위기, "권력 중앙이 너무 많아 통제 불가능한 상황", "나라의 붕괴 조짐"으로 인해 "소련의 일부 지역에서 6개월간의 비상사태"를 선언하는 것이 불가피하다고 설명했다. 이것은 고르바초프 정책의 포기가 아니라는 말이 이어졌다. "개혁은 계속되어야 한다." 야나예프는 민주주의, 글라스노스트, 시민 권리와 자유를 충실히 지킬 것임을 약속했다. 그는 서방과의 모든 조약과 협정은 유효할 것이라고 장담하고, "기존 법의 틀 안에서" 합헌적으로 통치하겠다고 맹세했다. 서신은 서방 지도자들에게 "미하일 세르게예비치[고르바초프]가 전적으로 무사하며, 그를 위협하는 것은 아무것도 없다"라고 장담했다. 베스

메르트니흐는 외교 채널을 통해 서신을 서방 정부의 정상들에게 보냈다.[88]

국가비상사태위원회의 조직 회의는 8월 19일 오전 2시 30분에 해산했다. 몇몇은 집으로 돌아가 다양한 병으로 쓰러졌다. 이미 고혈압을 앓던 볼딘은 병원으로 갔다. 파블로프는 또 다른 희생자였다. 그는 감정과 스트레스를 진정제와 술이라는 형편없는 혼합물로 다스리려고 했다. 새벽에 파블로프가 인사불성이 되는 바람에 그의 경호원이 응급차를 불렀다. 남은 사람들 가운데 야조프가 가장 결단력 있는 사람이었다. 그는 부하들을 국방부로 소집하여 고르바초프가 '아프다'고 알리고, 군의 전투 대비 태세를 격상하라고 지시했다. 다른 조치로는 전략 로켓기지, 핵무기와 재래식 무기 저장 시설의 방비 강화 등이 있었다. 군은 공화국과 지역 당국, 당, KGB, 그 외 "헌법을 지지하는" 공적·정치적 조직을 포함한 "모든 건전 세력"과 협조해야 한다고 야조프는 말했다. 야조프가 부관들에게 명령한 표현은 나라의 존망이 걸려 있지 않기라도 한 듯 대단히 막연했다. 그는 민간인과 충돌하면 어떻게 해야 할지 명확히 지시하지 않았다. 그저 유혈사태를 원치 않는다고 언급했을 뿐이다.[89]

야조프의 명령 가운데 가장 지대한 영향을 미친 것은 병력을 모스크바로 이동시킨 것이었다. 여러 공수부대가 수도 곳곳의 요충지에 배치되었다. 제2타만 기계화 소총사단과 제4칸테미로프 탱크사단은 수도로 진입하라는 명령을 받았다. 소련 수도에 입성한 전력은 탱크 350대, 보병전투차(BMP) 140대, 장갑차(APC) 150대에 달했다. 병사에게 하달된 명령은 "병력의 사망이나 불구"의 가능성도 경고했는데, 병사들이 공격받을 수도 있지만, 살상 무기 사용을 최대한 자제해야 한다는 이중의 경고였다. 소련 공군 지휘관 예브게니 샤포시니코프(Yevgeny Shaposhnikov)는 야조프가 부관들에게 '과잉' 대응, 특히 유혈사태를 피하는 데 최선을 다하라고 지시했다고 나중에 회고했다. 병사들에게 실탄이 지급됐는지조차 확실치 않다.[90] 그보다 중요한 것은 대대적인 군사력 과시였다. 난생처음으로, 모스크바 시민들은 겁주기용으로 시가지에 줄줄이 늘어선 탱크를 목격했다. 이는 충격이지 않을 수 없었다.

11장 훈타Junta

- C'est pire qu'un crime, c'est une faute(그건 범죄보다 더 나쁜 거야, 그건 실책이라고).

  _ 앙투안 불레이 드 라 뫼르트(Antoine Boulay de la Meurthe)(1809)

- 사람들은 [권력 당국의] 나약함 빼고는 모든 것을 용서해줄 수 있다.

  _ D. 볼코고노프가 보리스 옐친에게, 1994년 12월[1]

충격과 공포

1991년 8월 17일 토요일, 소련 문화부 장관 니콜라이 구벤코는 모스크바 근처 니콜리노 폴리예의 별장에서 생일 축하를 받고 있었다. 소련 정부 인사들과 예술계 엘리트들이 어울려 한담을 나눴다. 구벤코의 오랜 친구인 이탈리아 주재 소련 대사 아나톨리 아다미신도 참석했다. 전반적인 분위기는 보수적이었다. 연방조약이 소련의 위기를 해결할 것이라고 믿는 사람은 없었다. 부총리인 블라디미르 셰르바코프는 인기가 없더라도 필요한 경제적 조치를 실행하려는 의지가 고르바초프에게 없다며 한탄했다. 그는 무엇을 해야 할지는 설명할 수 없었지만, 경제 위기 때는 사람들이 조만간 크렘린에 도움을 구할 것이라고 자신했다. 하지만 누구도 극단적인 일이 일어날 거라고 예측하지는 않았다. 고르바초프의 비서실장인 발레리 볼딘이 크렘린에서 전화를 걸어 구벤코에게 생일 축하 인사를 건넸다. 구벤코는 파블로프 총리도 오리라고 기대하고 있었다. 그는 나타나지 않았다. 손님들은 술을 잔뜩 마셨고, 구벤코의 별장에 밤새도록 머물렀으며, 파티는 이튿날까지 이어졌다. 많은 손님이 일요일 저녁에야 모스크바로 돌아갔다.[2]

월요일, 아다미신은 인생 최대의 놀라운 소식으로 잠에서 깼다. TV에서, 고르바초프가 몸이 좋지 않으며 대통령으로서 역할을 수행할 수 없다고 여성 진행자가 침통하게 발표하고 있었다. 부통령인 겐나디 야나예프가 권력 수단을 인계받았다. 여섯 달 동안 나라를 운영하기 위해 국가비상사태위원회가 구성되었다. 밖에서, 탱크 행렬이 아스팔트 위에 바퀴 자국을 남기며 이동하는 것을 아다미신은 보았다. 그 광경을 보고 처음으로 든 생각은, 무슨 일이 벌어지든 연방조약은 끝났다는 것이었다. 그는 이런 결과가 안타깝지 않았다. 동시에, 이 외교관은 비상 통치를 맡은 사람들이 권좌에 머무를 수 있는지 의심스러웠다. 아다미신은 그들이 무력으로 반항적인 공화국을 길들이고 광활한 나라를 통제하기는 힘들 것이라고 일기에 썼다. 게다가 경제는 어쩌고? 어떻게 인민을 일하게 만들 것인가?[3]

민주러시아의 지도자와 활동가에게는 잔혹한 아침이었다. 옐레나 보네르는 평상시에 소련 TV를 시청하지 않았다. 하지만 이번에는 딸이 TV를 켜보라고 했다. 보네르의 첫 반응은 충격과 공포였는데, 예전부터 예측했던 독재가 도래하고, 반동 세력들이 마침내 반격했던 것이다. 그녀는 간호사로 자원했던 1941년과 독일의 소련 침공을 떠올렸다. 스탈린은 라디오에서 이렇게 말했다. "우리의 대의는 정당하다. 적은 분쇄될 것이다. 승리는 우리 것이다!" 미국 기자들이 그녀에게 전화를 걸었을 때, 그녀는 바로 그렇게 말했다. 그러고는 잠시 말을 멈췄다. '내가 무슨 말을 하고 있는 거지?!' 하지만 깊이 사색할 시간이 없었다. 이것은 끝까지 가는 섬멸전이었다.[4]

월요일 아침에 모스크바의 아파트에서 일어난 셰바르드나제는 보좌관들에게 말했다. "이건 파시즘이다." 그는 알렉산드르 야코블레프에게 전화해서 그가 집에 있고 체포되지 않았다는 사실에 안도했다. 다음으로는 옐친에게 전화를 걸었는데, 러시아 지도자도 자유로운 몸으로 전화를 받았다. 하지만 셰바르드나제는 곧 체포될 것이라고 확신했다. 그는 서방 언론인들을 기자회견에 초대했다. 생존하기 위한 유일한 방법은 서방의 여론에 기대 정치적·도덕적 지지를 얻는 것이라고 생각했다. "우리는 인권을 이야기해야 한다." 민주운동 진영의 동료들은 이 계획을 알고 나서, 일부는 겁을 먹었다. 서방에 대한 호소는 국가 범죄로 간주될 것이었다. "누구도 화요일까지 살아남지 못할 것"이라고 말하는 사람도 있었다.[5]

스탈린 희생자들의 자식이자 손주인 소련 사람들은 스탈린 시대의 대량 학살, KGB의 정신병원, 반체제 인사들에 대한 박해를 떠올렸다. 갑작스레, 몇 년간 누렸던 고르바초프의 자유화와 새로운 자유가 꿈에 불과한 것처럼 보였다. 이제 그들은 거짓말과 위선, 탄압의 폭정 아래 살아가야 할 운명인가?[6] 대다수는 각자의 본능에 따라 은신하기로 했다. 민주 개혁 운동에 속한 셰바르드나제의 지인들은 더 이상 전화를 받지 않았다. 공포는 전염되었고, 모스크바에 있는 외국인들까지 공포에 사로잡혔다. 연구를 위해 모스크바에 방문하고 있던 미국 학자 빅토리아 보넬(Victoria Bonnell)은 다음과 같이 회상했다. "우리가 느끼는 감정들, 즉 신중함과 대범함, 희망과 절망, 현장에 있다는 흥분과 자신과 가족의 안전에 대한 두려움은 지나치게 모순되어 결정적인 행동을 할 수 없었다."[7]

소수의 사람들이 두려움을 행동에 옮기기 시작했다. 옐레나 보네르의 딸 타티아나와 그 친구들은 브레즈네프 치하에서 영웅적인 반체제 인사들의 자녀로서 성장했다. 그녀는 친구들에게 합류하기 위해 러시아 의회로 달려갔다. 그들이 보기엔, 이 기관은 훈타에 맞설 유일한 곳이었다.[8] 옐친 쪽 인사도 있었다. 블라디미르 루킨은 대공포 시대의 후손이었는데, 당원이었던 부모는 둘 다 그가 태어난 직후에 체포되었다. 그는 야나예프와 국가비상사태위원회의 지도자들을 개인적으로 알고 있기에 두렵지 않았다. 그는 그들이 무자비하게 굴 사람들이라고 믿지 않았다. 고요하고 텅 빈 러시아 의회 건물에서, 루킨은 가까스로 연락이 닿은 의원들을 불러 모았다. 그의 행동 계획은 쿠데타의 정당성을 박탈하기 위해 러시아 인민대표대회를 소집하는 것이었다.[9]

옐친은 알마아타에서 카자흐스탄 지도자인 누르술탄 나자르바예프를 만난 뒤, 8월 18일 일요일 아주 늦게 모스크바로 돌아왔다. 대필 작가가 쓴 회고록은 그 회의에 관해 언급하지 않았다. 다른 출처에서는 나자르바예프가 쉴 새 없이 보드카를 내와 러시아 손님을 융숭히 대접했고, 어느 순간에 옐친은 산에서 흘러 내려오는 얼음장 같은 급류에 몸을 담갔다고 전한다. 결국, 옐친은 그곳에서 잠시 눈을 붙여야 했고 모스크바로 돌아오는 비행기는 다섯 시간이나 지연되어 밤에야 도착했다. 불분명한 이유로, 예비 군용 공항으로 항로가 변경되었다. 옐친은 비행 내내 잤고, 경호원들이 그를 차에 태워 모스크바 북서쪽 근교에 고관들을 위한 출입 통제 단지인 아르한겔스코예 2번지의 자택으로 데려갔다. 그는 곧장 자러 갔다.[10] 이튿날 아침, 딸 타티아나가 아침 6시에 그를 깨워 나쁜 소식을 알렸다. 30분 동안 옐친은 속옷 바람으로, 어안이 벙벙한 채 TV 앞에 앉아 있었다. 그동안 아내 나이나와 타티아나는 일반 전화가 걸리는지 확인했는데, 놀랍게도 전화선은 멀쩡했다. 그들은 같은 단지에 살고 있는 러시아 지도부의 다른 사람들에게 전화를 돌렸다. 곧 하스불라토프, 부르불리스, 실라예프, 모스크바의 부시장인 유리 루시코프(Yuri Luzhkov)가 옐친에게 왔다. 레닌그라드 시장인 아나톨리 솝차크도 그 자리에 있었다. 모두 어쩔 줄 몰랐고 KGB 특공대가 당장이라도 들이닥칠 거라 예상했다.[11]

옐친은 개인적으로 아는 소련 공수부대 지휘관인 파벨 그라초프(Pavel Grachev) 장군에게 전화를 걸어 보호해달라고 부탁했다. 그는 야조프가 그라초프 장군에게 군 비상사태의 병참 업무를 맡긴 것을 몰랐다. 잠시 아무 말 없다가, 그라초프는 옐친의 별장으로 1개 소대를 보내주겠다고 약속했다. 하지만 보내지 않았다. 솝차크는 레닌그라드행 비행기를 타려고 황급히 떠났다. 누군가가 옐친에게 야나예프에게 전화해보라고 했지만, 러시아 지도자는 처칠의 순간(Churchillian moment, 지도자로서 일생일대의 위기나 결단의 순간 – 옮긴이)을 맞고 있었다. 적과의 대화는 없다! 옐친과 보좌관들은 '러시아 시민들에게 보내는 호소문'을 내기로 했는데, 현 사태를 반헌법적 쿠데타로 규탄할 작정이었다. 고르바초프에 관해서도 잠시 논의가 오갔다. 고르바초프가 나중에 복귀하여 공모자들로부터 권력을 되찾기 위해, 부하들이 '궂은 일'을 하게끔 두었다고 부르불리스는 주장했다. 하스불라토프는 그와 달리 고르바초프와 쿠데타 음모를 엮는 것은 잘못이며 유일한 합법적 지도자로 고르바초프의 모스크바 복귀를 요청해야 한다고 생각했다. 부르불리스는 나중에 그것이 최상의 전술이었음을 인정했다. 러시아 국민은 더는 고르바초프를 좋아하지 않았지만, 옐친은 반동분자들에 맞서 소련 지도자를 지지하기로 부시에게 한 약속을 지킬 것이었다. 호소문은 고르바초프의 복귀를 요구했다. "쿠데타는 …… 전 세계 앞에 소련의 신임을 떨어트리며, 세계 사회에서 우리의 위신을 무너트리고, 냉전과 고립의 시대로 되돌아가게 한다." 옐친의 딸 타티아나가 낡은 타자기를 가져와 독수리 타법으로 초안을 타이핑했다. 그러고 나서 가정용 팩스기로 서방 기자와 대사관, 국제단체에 보냈다. 모든 메시지가 탈 없이 전송되었다.[12]

다음 단계는 러시아 의회로 가는 것이었다. 오전 9시 30분경, 옐친을 태운 차가 아르한겔스코예를 떠나 모스크바로 향했다. 기습 공격을 예상한 러시아 지도자는 방탄조끼를 입고 알렉산드르 코르자코프와 경호원 몇 명의 보호를 받았다. 뒤에 남은 아내와 딸은 KGB의 인질이 될 위험이 있었다. 하지만 아무 일도 일어나지 않았다. 옐친은 아무런 방해도 받지 않고 러시아 의회에 도착했다. 이상하게도 의회 건물 주변에는 여전히 군경이 없었다. 몇몇 옐친 지지자만이 그 앞을 서성이고 있었다. 몇 안 되는 의원들이 건물 안에 모여 있었다. 외국의 외교관들과 기자들도 소식을 듣길 고대하며 의회로 찾아왔다. 15분 뒤, 하스불라토프는 잔류한 러시아연방 최고소비에트의 특별 회의를 개최했다.[13] 그사이, 제2타만 기계화 소총사단 소속 탱크 몇 대가 건물 밖에 도착했다. 의회 6층에 있는 집무실에서, 옐친은 탱크 운전병들이 해치를 여는 것을 볼 수 있었고, 몇몇 민간인이 그들에게 말을 걸었다. 그때 옐친의 두 번째 위대한 순간이 찾아왔다. 안전한 곳에 머물러야 한다는 부르불리스와 다른 사람들의 만류를 뿌리치고, 그는 의회 건물 앞 광장에서 코르자코프와 경호원들만 대동한 채 차에서 내렸다. 그는 부대 지휘관과 말을 주고받은 뒤 탱크 위로 올라갔다. 이 단상에서, 러시아 대통령은 러시아 국민에게 보내는 호소문을 읽었다. 그는 "우익,

반동, 반헌법 쿠데타"에 맞서 총파업을 호소했다. 군중 가운데 누군가가 내전이 벌어지는 것이냐고 물었다. 옐친이 대답했다. "군은 인민에 맞서지 않을 것이다!"[14]

엄청난 허세였다. 옐친의 총파업 선언은 통하지 않았다. 군에 대한 그의 주장도 엄포일 뿐이었다. 모스크바의 기계화사단에는 옐친에게 투표하고 그에게 공감하는 사병과 장교가 있었다. 그중 다수는 고르바초프가 정치 무대에서 제거된 것을 반겼다. 그러나 엘리트 병력, 특히 KGB의 '알파' 특공대와 공수부대는 크류치코프와 야조프의 명령을 따랐다. 설상가상으로, 다른 공화국 지도자들과 의회들은 국가비상사태위원회에 맞서는 옐친 쪽에 가담하지 않았다. 러시아 대통령은 크라우추크와 나자르바예프에게 전화를 걸었고 두 사람의 조심스러운 반응에 "충격을 받았다". 그루지야에서는, 민족주의 지도자 즈비아드 감사후르디아가 훈타의 요구에 따라 즉각 그루지야 공화국 민병대를 해산했다. 발트 공화국들에서는, 비타우타스 란즈베르기스만이 옐친을 지지해 불복종 운동을 촉구했다. 일부 공화국 엘리트들과 러시아연방 내 민족 자치구의 지도자들은 훈타와 타협할 준비가 되어 있었다. 진짜로 소요가 일어난 곳은 몰도바뿐이었다.[15]

모스크바에서 상황 또한 옐친에게 점차 불리해지는 듯했다. 고르바초프를 권좌에 복귀시키기 위한 투쟁의 전망에 선동되는 사람은 없었다. 여론 조사에 따르면 소련 지도자를 지지하는 사람은 17퍼센트에 불과했고, 응답자의 45퍼센트는 그를 불신했다. 알렉시 2세 총대주교는 옐친의 지지 호소에 응답하지 않았고 "병이 났다".[16] 그날 늦게, 안드레이 코지레프는 미국의 대사 대리인 짐 콜린스(Jim Collins)에게 옐친의 저항 전략은 대중의 대규모 지지를 기대하지 않는다고 털어놨다. 그와 반대로, 유혈사태로 이어질 수 있는 보안군과의 대치를 피해 집에 머물라고 시민들에게 촉구해야 한다고 생각했다.[17] 미국 대사관은 상황을 다음과 같이 요약했다. "주민의 절대다수는 권력 투쟁이 가져올 어떤 결과든 묵인할" 자세로 "대체로 평상시와 다를 바 없이 할 일을 했다".[18]

누구도 옐친이 돌변한 것을 알아차리지 못한 듯했다. 소련 헌정 질서의 주요 파괴자에서 그 수호자로 변신했는데 말이다. 미국의 방송국 자유라디오(Radio Liberty)는 러시아 의회 내에 특파원을 두고 옐친의 발언을 소련 전역에 중계했다. CNN 카메라맨이 탱크 위에 서 있는 그의 모습을 포착해 전 세계에 보여주었다. 이 보도 방송은 옐친을 “러시아의 민주주의를 위한 투쟁”의 중심에 두었고, 사태 전개에 엄청난 중요성을 띠었다.

여덟 시간의 시차 때문에, 조지 부시는 모스크바에서 일어나는 사건을 까맣게 모른 채 메인주 케네벙크포트에 있는 일가 소유의 사유지에서 잠들어 있었다. CNN이 고르바초프의 ‘병’과 모스크바의 비상 통치에 관해 보도하기 시작했을 때는 일요일 자정에 가까웠다. 브렌트 스코크로프트는 부시 일가의 사유지에서 그리 멀지 않은 호텔에서 TV로 뉴스를 접했다. 그는 백악관 상황실을 맡고 있는 로버트 게이츠에게 전화를 걸어, 모스크바의 쿠데타에 관해 물었다. 게이츠는 “무슨 소립니까?”라고 되물었다. 스코크로프트는 부시와 와이오밍의 목장에서 휴가 중인 제임스 베이커를 깨웠다. 부시는 다음 날 아침 모든 에너지를 끌어모아야 할 것이므로 다시 자러 갔다. 베이커는 친구인 셰바르드나제의 운명이 걱정돼 뜬눈으로 밤을 새웠다. 스코크로프트는 게이츠와 CIA 직원들과 연락을 주고받으며 상황을 계속 주시했다. 알아낸 것은 별로 없었다.[19]

월요일 오전 5시 30분에 잠에서 깼을 때, 부시는 후세를 위해 그의 생각을 녹음하기로 했다. 처음 든 생각은 야나예프에 관한 것이었다. “우크라이나에서 연방과 인민의 선택에 대한 존중에 관해 연설을 마쳤을 때, 그는 내게 축하 인사를 건넸다. 나는 그 친구가 마음에 들었다. 그에게 낚시용 루어를 보냈다. 게다가 그는 꽤 상냥한 사람이었다. 초기 보고들로 보건대 지금 그는 간판뿐인 대표인 듯하고, 그건 익히 알고 있던 바다. …… 우리가 할 수 있는 게 그다지 없다. 실은 아예 없는 것 같다…….” 그다음에는 고르바초프로 넘어갔다. 친구 미하일이 음모에 연루되었을 수도 있다고 전혀 의심하지 않았다. “그의 유머 감각, 그의 용기를 생각한다. …… 당신을 지지한 것이 자랑스러우며 TV에서 온갖 전문가란 사람들이 나와서 뭐가 문제였는지 이러쿵저러쿵하겠지만, 당신은 당신의 나라를 위해 옳은

일을 했고 강하고 훌륭했다." 이것은 작별 인사처럼 들렸다.[20]

스코크로프트가 케네벙크포트로 와서 대통령에게 미국의 전략적 이해관계에 초점을 맞춰야 한다고 역설했다. 행정부의 최우선 목표는 소련군이 동유럽 철군을 완료하고 크렘린이 소련의 핵무기와 재래식 전력을 감축하기로 한 약속을 지키게 하는 것이었다. 케네벙크포트에서 열린 기자회견에서, 부시는 동독이나 발트 지역 등지에서 강경파를 더 무모하게 몰아갈 수 있는 언행은 피하기로 했다. 일찌감치 본에서 전화를 건 콜 총리는 부시에게 독일 영토에서 여전히 주둔하고 있는 소련군을 자극하고 싶지 않다고 말했다. 핵심 쟁점은 훈타가 모든 국제 조약과 의무를 준수해야 한다는 점이었다. 한편 미테랑 대통령은 부시에게 "모든 게 끝나버렸다는 인상은 주지 말자. 쿠데타는 며칠이나 몇 달 만에 실패할 수도 있다. 변화를 겪는 나라에 무력으로 정권을 강제하기는 어렵다. 쿠데타는 통하지 않을 것이다. 소비에트 공화국들도 지금은 선출된 공직자를 두고 있다"[21]라고 말했다. 부시는 기자회견에서 미테랑의 조언을 따랐다. 그는 "쿠데타는 성공하지 못하며", 러시아의 국민들은 이미 "자유를 맛봤다"라고 말했다. 그는 비상 통치를 "초헌법적"이라고 표현했다. 그런데도 그는 제재 조치에 대해서는 언급하지 않았고 모스크바 지도부와의 관계를 돌이킬 수 없게 만들 만한 행동도 하지 않았다. 개인적으로, 그는 야나예프가 기존의 조약을 지킬 것이라고 믿었다.[22] 부시는 네덜란드 총리인 뤼트 뤼버르스에게도 전화를 걸어, 브뤼셀에서 NATO 긴급회의가 소집되는 것을 막아달라고 요청했다. "NATO에서 우리의 입장이 의도치 않게 약속처럼 비쳐서 1956년의 헝가리가 재현되거나, 다른 한편으로 철저한 무력감의 징후로 보일까 대단히 걱정스럽다." 뤼버르스는 대통령에게 동의했다.[23]

브라이언 멀로니는 오타와에서 전화를 걸어, 부시에게 G7 정상회담을 상기시켰다. "누군가는 당신들이 런던에서 더 너그러웠다면 이런 일은 일어나지 않았을 것이라고 할 수도 있다." 캐나다 총리는 "그가 우리와 너무 친밀해서 전복된 것은 아닌지 의심하지 않는가?"라고 부시에게 물었고, 부시는 "그 점은 의심의 여지가 없다"라고 대답했다. 그는 상황을 통제하고 있다는 것을 보여주기 위해 기자회견을 끝낸 뒤 케네벙크포트의 휴가를 중단하고 워싱턴으로 복귀하기로 했다.[24]

크류치코프의 실책

국가비상사태위원회 혹은 GKChP가 압도적인 힘을 과시했다면 대중적 정당성을 얻을 수도 있었다. 이것은 전 세계에서 일어난 많은 쿠데타에서 얻을 수 있는 분명한 교훈, 그리고 러시아 역사의 교훈이었다. KGB 의장 블라디미르 크류치코프는 폭력이라면 많이 겪었다. 1956년 부다페스트에서, 그는 소련군 탱크가 반공 혁명을 진압하는 것을 목격했다. 1979년, KGB 특공대는 소련 점령의 서막으로 아프가니스탄 지도자를 암살했다. 1981년, 크류치코프는 폴란드에서 계엄령 도입과 관련해 야루젤스키 장군에게 조언했는데, 당시 하룻밤 사이에 반대파 지도부 전체와 수천 명의 운동가가 체포되었다. 하지만 이 일로 크류치코프는 무력행사와 관련한 정치적·경제적 비용이 높다는 것을 깨달았다. 소련의 아프가니스탄 개입과 폴란드에서의 탄압은 서방의 제재를 불러왔다.[25]

크류치코프는 눈앞의 딜레마를 고민했다. 옐친과 러시아의 여타 선출 공직자들을 체포했다가는 서방에서 공분이 빗발치고 냉전으로 회귀할 수도 있었다. 소련의 경제와 재정은 서방의 제재를 버틸 수 없었다. 크류치코프는 야조프, 야나예프, 루캬노프가 폭력사태를 각오하지 않는다는 것도 알고 있었다. 연대 책임을 이용하는 점진적인 단계별 전술에 의해 비상통치가 필요하다고만 그들을 설득할 수 있었다. 야조프 국방부 장관이 무력을 과시하려 탱크 수백 대를 모스크바 시가지로 보내기로 결정했을 때, 크류치코프는 반대하지 않았다. 그는 무장한 반대파가 모스크바를 장악하려는 것처럼 보인다는 '정보 보고서'를 꾸며냈다. KGB 의장은 증대하는 무질서와 경제 위기의 시대에 단호한 조치를 환영하는 소련 시민들의 본능을 믿었다. 2년 뒤, 옐친은 "정보부의 교활한 기관원은 타당하게 판단했다"라고 평가할 터였다.[26]

8월 19일 월요일 자정 이후에, 크류치코프는 KGB 협의회를 소집했다. 세바르신 장군이 지시 사항을 받아적었다. "할 일은 통합된 재정과 통화 시스템을 보존하는 것이다. …… 우리는 시장경제로 옮겨 갈 것이지만, 통제 없는 시장은 아니다. 외국의 간섭은 허용되어선 안 된다. 연방조약은 체결하지 않을 것인데, 한 국가에서 다른 국가로 순식간에 넘어갈 수는 없기 때문이다." 크류치코프는 소비에트 공화국들과 일부 자치구 지도자들에게 전화를 걸어, 조약 조인식이 취소되었으니 모스크바 방문 계획을 중지하라고 말했다.[27]

그는 크라우추크에게도 전화를 걸었다. 우크라이나는 소련의 통제하에 둘 핵심적인 공화국이었다. 우크라이나 지도자는 집무실에서 전화를 받았고, 우크라이나공산당 제1서기인 스타니슬라프 후렌코와 바렌니코프 장군도 함께 있었다. 장군은 우크라이나 관리들에게 "결연하고 용기 있는 이들이 마침내 권력을 쥐었다"라고 말한 참이었다. 우크라이나 의회가 키예프, 르보프, 오데사, "소비에트 권력이 무너진" 우크라이나 서쪽 지역에 계엄을 도입할 것을 요구했다. 크라우추크는 충격을 받고 무방비 상태라 느꼈지만, 계엄령은 공연히 자극만 일으킬 것이라고 반대했다. 크류치코프가 전화했을 때, 크라우추크는 비상사태가 합헌적인지 조심스레 물었다. 한 시간 뒤에 바렌니코프는 "크라우추크와 그 외의 동무들이 제안에 동의했다"라고 크류치코프에게 알렸다. 그날 늦은 저녁, 크라우추크는 소련 전역에 방송되는 뉴스 프로그램 '〈브레미아(*Vremia*)〉'에 출현했다. 잘 짜인 발언은 어느 쪽으로든 해석되었다. 그는 민주주의와 헌정에 대한 우려를 표명하되 누가 그것을 위협하는지는 명확히 말하지 않았다. 또 모스크바의 훈타가 요구한 것처럼, 우크라이나인들에게 침착하게 생업에 종사할 것을 당부했다. 크라우추크는 바로 며칠 전에 고르바초프와 같이 식사했지만, 그의 건강 상태에 관해서는 아무 말도 하지 않았다.[28]

국가비상사태위원회는 옐친을 어떻게 할지를 두고 옥신각신했다. 바클라노프는 하루 전날인 8월 18일, 크류치코프와 파블로프, 야조프와 자신이 옐친이 카자흐스탄에서 돌아오는 대로 공항에서 만날 계획을 세웠다고 회고했다. "약속을 잡으라고 지시받은 사람들이 제대로 약속을 잡지 못해 만남이 이루어지지 못했다." 나자르바예프의 환대와 옐친의 폭음으로 모스크바 귀환이 지연되고 착륙 공항이 바뀌는 바람에, 공모자들의 계획이 어그러졌는지도 모른다.[29] 하지만 크류치코프의 타산도 중요했는데, 옐친을 체포하는 일은 피하고 싶었다. 그 대신, 인상 깊게 무력을 과시하여 그를 을러메고, 어쩌면 고르바초프를 희생시켜 그 러시아 분리주의자와 거래할 수도 있으리라 기대했다. KGB 의장은 러시아연방과 소련은 서로가 없으면 존재할 수 없다고 믿었다. 셰바르신은 "러시아는 소련의 보루다. 소련은 러시아의 보루다"라는 그의 문구를 떠올렸다. 크류치코프는 옐친이 연방의 적임을 알았지만, "고르바초프에 대한 옐친의 뿌리 깊은 적의를 바탕으로 옐친과의 거래가 어떻게든 가능할"거라 믿었다. 결국, 크류치코프는 "소련 지도부와의 협상을 위해 옐친을 확보할 요량으로" 그의 별장을 면밀히 감시하라는 명령을 내렸다. 이 어처구니없는 대책은 눈앞의 정치적 문제에 명확한 해답이 없음을 숨겼다.[30]

옐친의 결의와 탱크 위에서의 선언은 새로운 정치적 국면을 만들어냈다. 하지만 크류치코프는 자신의 점진적인 시나리오가 먹힐 것이라고 여전히 믿었다. 루캬노프와 최고소비에트가 지지하여, 국가비상사태위원회는 곧 합법성을 얻을 것이고 옐친은 말썽꾼으로 고립될 것이었다.[31] 크림반도에서 고르바초프는 뛰어난 직관을 발휘했다. 그는 체르냐예프에게 말했다. "그러니까 이런 상황에서 나는 옐친을 믿어. 그는 포기하거나, 그들에게 굴복하지 않을 거야. 말하자면 유혈사태가 발생할 거야."[32]

옐친을 잡지 않고 놔둔 것은 크류치코프가 저지른 크나큰 실수였다. 다른 잘못도 문제를 더욱 악화시켰다. 공모자들은 자신들이 보유한 가장 막강한 무기인 TV를 잘 활용하는 방법을 몰랐다. TV를 이용해 비상 통치에 관한 대대적이고 공격적인 프로파간다를 확산하는 대신, 훈타는 발레 〈백조의 호수〉 장면들로 시작하는 검열된 뉴스만 사전 녹화해서 방송했다. 이는 국가비상사태위원회의 정치적·이데올로기적 무능함의 완벽한 예였다. KGB는 수십 년간의 냉전 동안 축적해온 심리전의 방대한 무기를 투입하지 않았다. TV 언론인 알렉산드르 넵조로프(Alexander Nevzorov)와 언론인 알렉산드르 프로하노프, 정치인 블라디미르 지리놉스키처럼 비상 통치를 지지하며 많은 팬을 거느린 러시아 민족주의자들이 있었다. 하지만 그들은 TV 스튜디오로 초대되지도 않아서 눈앞에서 펼쳐지는 드라마에 끼지 못했다.[33]

그날 오후 일찍, 국가비상사태위원회는 다시 크렘린에 모였다. 신경이 날카로워지고 잠이 부족해서 몇몇 사람은 '기쁨에 취해' 있었다. 초기 보고가 승리했다는 느낌을 주었다. 군과 KGB의 조사 결과는 새로운 통치에 순응하는 것으로 나타났다. 서방 지도자들의 반응도 안심시켜주었다. 워싱턴에서 부시가 여전히 가만 있는 동안, 헬무트 콜은 소련 대사를 만나서 독일의 경제적 지원을 계속 받고 싶다면 국가비상사태위원회가 충족해야 할 다섯 가지 조건을 제시했다. 총리는 '미하일 고르바초프의 신변 안전'을 보증해줄 것도 요구했다. 미테랑은 기자들에게 야나예프의 '놀라운 편지'에 관해 이야기했고 모스크바의 새 지도부에 "미하일 고르바초프와 보리스 옐친의 생명에 대한 보증"도 요청했다.[34] 이는 서방 지도자들이 대규모 폭력사태만 없다면 훈타를 인정할 것이라는 신호였다.

크류치코프는 정당성을 얻었다고 느꼈다. 상황이 평상시와 다를 바 없다고 강조하기 위해, 국가비상사태위원회는 기자회견을 열고 외신 기자들을 초대하기로 했다. 기자회견은 8월 19일 오후 5시에 노보스티 통신사에서 열렸고, 훈타로서는 홍보 참사로 변하고 말았다. 떨리는 마음을 진정시킬 수 없던 야나예프는 끔찍하게 연기를 못했고, 파블로프 총리는 참석이 불가능했으며, 크류치코프와 야조프는 기자회견에 나타나지 않기로 했다. 무미건조한 보리스 푸고만이 보안 기관을 대표해 기자회견에 참석했다. 기자회견의 청중은 무서워하는 기색을 드러내기는커녕 경멸하고 도전했다. 서방 기자들이 야나예프에게 고르바초프의 건강에 관해 묻자, 그는 "고르바초프는 아주 무사하다. 나의 친구인 대통령이 곧 건강을 되찾아 함께 일하길 바란다"라고 대답했다. 비웃음과 웃음소리가 터져 나오는 가운데, 한 이탈리아 기자는 야나예프에게 임시 대통령이 칠레 독재자인 아우구스토

피노체트에게 자문을 구했는지 물었다. 《인디펜던트 가제트》의 스물네 살짜리 기자 타티아나 말키나(Tatiana Malkina)는 "지난밤 당신이 쿠데타를 벌인 것을 알고 계십니까?"라고 물었다. 야나예프는 무표정한 얼굴로 "우리는 헌정적 규범을 따르고 있다"라고 대답했다. TV를 자신들의 목적에 맞게 이용하지 못하고, 공모자들은 저도 모르게 그 힘을 불리하게 돌리고 말았다. TV 카메라가 야나예프의 떨리는 손을 클로즈업했다. 며칠 뒤에 가이다르가 떠올리기를, 그것이 모스크바 주변의 그 모든 탱크보다도 계획을 더욱 망쳐버렸다고 평가했다. 무자비한 훈타 대신, 소련 인민들은 권력을 유지할 의지가 없는 한 무리의 썰렁한 관료를 목도하고 있었다.[35]

TV와 라디오에는 믿을 만한 뉴스가 없어서, 많은 소련 시민은 서방 라디오 방송을 들으려고 단파 라디오에 의지했다. 이란 혁명을 직접 목격했던 KGB의 셰바르신 장군은 CNN을 시청했다. 그는 "믿기지 않는 상황이었다"라고 회고했다. KGB 분석가들은 "미국 정보 출처로부터 우리나라 수도의 상황을" 파악하고 있었다. 서방 언론 매체는 무엇보다 모스크바와 레닌그라드의 많은 러시아인 협력자와 친구 덕택에 훌륭한 보도를 할 수 있었다. 러시아의 독립 통신사 '인테르팍스'는 CNN과 서방 언론에 생생한 뉴스를 곧장 전달했다. 폐쇄된 국영 신문사와 잡지사에서 근무했던 기자들은 '공동신문(Common Newpaper)'을 조직하여 정보를 모으고 팩스와 전화로 서방의 동료들에게 공유했다. 무엇보다도, 오스탄키노 TV 방송국에서 친옐친 편집자들은 검열 담당자들을 용케도 속이고는 소련TV 제1채널의 황금 시간대 뉴스에 연설하는 옐친을 담은 CNN 영상을 몇 초간 방송했다.[36]

키예프에서 뉴스를 보던 바렌니코프 장군은 격노했다. "정말 추악한 광경이었다. 소련 사회와 맞지 않는 작자들이 탱크 위에 올라가다니!" 그는 모스크바에 있는 전우들에게 전보를 쳤다. "이미 모든 것에 합의했기 때문에, 파괴적 세력에 대해 조치하지 않는 걸 이해할 수 없다." 바렌니코프는 국가비상사태위원회에 "모험주의적인 옐친 그룹을 처리하기 위해 즉각적인 수단을 취할 것"을 요청했는데, 러시아 정부 건물에 출입 통제선을 치고, 러시아 의회에 물, 전기, 전화, 그 외 통신선을 차단하라는 것이었다. 국가비상사태위원회가 '민주주의'와 '합법성'에 따라 행동한다면, 그 자신뿐 아니라 소련이라는 국가를 파멸시킬 것이라고 했다. 바렌니코프는 쿠데타 음모의 가장 중요한 모순을 정확히 짚었다. 옐친은 나중에 "공모자들은 헌법을 위반하는 것을 두려워하고 있었다"[37]라고 언급했다.

옐친은 정부의 보안선으로 크류치코프에게 전화를 걸어서 인민이 탱크를 가로막으려 들 수도 있고 그러면 '무수한 사상자'가 발생할 것이라고 경고했다. 크류치코프는 침착하게 대답했다. "아니, 희생자는 없을 거요. 우선, 이것은 전적으로 평화로운 작전이고, 탱크에는 실탄이 없소. …… 모든 문제는 당신들 러시아 지도부에서 비롯된 것이오. 우리의 정보는 인민은 조용하며 일상이 정상적으로 돌아간다는 것을 보여준다오." KGB 의장은 차를 타고 모스크바를 개인적으로 둘러봤는데, 모스크바 시민들은 정상적인 생활을 영위하고 있었다. 날이 흐려지면서 가랑비가 내리기 시작했고, 탱크와 버스가 도로에 나란히 서 있었으며, 고르키가에 문을 연 소련의 제1호점이자 유일한 맥도날드 앞에는 사람들이 길게 늘어서 있었다. 크류치코프는 자신감을 얻고 KGB 본부로 돌아왔기에, 키예프에서 바렌니코프가 보낸 불안을 조장하는 전보에 반응할 필요는 없었다.[38]

바로 이 순간 모스크바의 사건은 누구도 예상하지 못한 방식으로 전개되기 시작했다. 옐친이 살아 있고, 자유로우며, 저항한다는 것을 알고 모스크바와 그 외 지역의 수만 명의 사람이 비상 통치에 저항하려고 움직였다. 공포라는 마법이 깨졌다. 그날 밤 그들은 건물 색깔 때문에 '벨리 돔(하얀 집)'이라고 불리는 러시아 의회 건물 밖에 자발적으로 모여들기 시작했다. 군중은 수백 명에서 수천 명으로 불어났다. 사람들은 옐친을 지지하는 구호를 외치며 군대가 도시를 떠날 것을 요구했다. 바리케이드도 쌓기 시작했다. 엘레나 보네르의 딸 타티아나는 집에 와서 어머니에게 자동차 열쇠를 달라고 했다. "바리케이드를 쌓는 데 차를 쓰려는 거니?" 어머니는 걱정이 되어 물었다. 타티아나는 "아뇨, 방독면을 가져오는 데 차가 필요해서요"라고 대답했다. 그녀의 친구들은 의회 건물로 쳐들어올 때 군인들

이 최루가스를 사용할 수도 있다고 걱정했다.[39]

영국 대사 로드릭 브레이스웨이트는 러시아의 지방 소도시인 볼로그다에서 휴가를 보내고 있었다. 그는 무슨 일이 일어났는지 알자마자, 모스크바로 돌아오는 첫 비행기에 몸을 실었다. 영국 외무부에 보낸 첫 전보에서 그는 쿠데타가 "묘하게 머뭇거리고, 신사다운 분위기마저 풍긴다"라고 보고했다. 권력을 잡은 '거물들(barons)'이 서방 언론과 러시아 민주주의자들이 주장한 것처럼 '공산주의'를 되살리고 싶어 하는 것은 분명 아니라고 말했다. 옐친을 체포하는 대신, 쿠데타 지도자들은 "말 안 듣는 아이를 꾸짖는 부모"처럼 옐친에 대해 말했다.[40] 미국의 대사 대리인 짐 콜린스와 미국 대사관은 예상치 못한 쿠데타에 깜짝 놀랐다. 외교관들은 쿠데타에 관해 너무 오랫동안 풍문을 들은 나머지 '양치기 소년 이야기'가 되고 말았다. 콜린스는 연줄이 닿는 사람과 모스크바 일반 시민들의 의견을 청취한 대사관 직원이 관찰한 바를 요약했다. 그는 이 쿠데타가 이상하다고 지적했는데, 강경파에서 옐친이 반대파의 구심점 역할을 하도록 허용했기 때문이다. 또한 콜린스는 옐친이 야나예프에게 전화하여 크렘린에 있는 자신의 집무실에 들어가지 못한다며 불평했다고 보고했다. 전하는 바에 의하면 야나예프는 옐친에게 그의 차가 크렘린으로 들어가는 것이 허용될 것이라고 안심시켰다. 콜린스는 본국 정부에 "말과 행동 면에서 쿠데타 주동자들과 거리를 둘 것"을 건의했다.[41]

미국 대사관은 레닌그라드에서 아나톨리 솝차크의 기막힌 행동에 관해서도 보고했다. 시장은 시의회 관리들을 인솔하여 결집시켰다. 그는 군관구 지휘관과 협상해서 병력이 시내로 진입하지 못하게 설득했다. 또한 키로프 공장의 노동자들에게 이튿날 거리로 나와 '쿠데타'를 일으킨 '범죄자들'에 대항하는 집회에 참석할 것을 호소했다.[42] 사실, 러시아 제2의 주요 도시의 상황은 서방 외교관들이 상상하는 것보다 훨씬 뒤죽박죽이었다. 레닌그라드 당 조직, 현지 KGB, 레닌그라드 군관구 지휘관 빅토르 삼소노프(Viktor Samsonov)는 모스크바에서 지시가 내려오길 기다렸다. 그러나 그들은 혼란스럽고 이해하기 힘든 신호를 받았다.[43] 레닌그라드 KGB에서, 자신들이 무슨 일을 하고 있는지 훈타가 모른다는 사실을 처음 깨달은 이들은 장교들이었다. 블라디미르 푸틴이라는 KGB 장교는 당시 솝차크의 개인 보좌관으로 일하고 있었다. 1년 반 전, 푸틴은 동독의 붕괴를 지켜봤다. 8월 19일, 푸틴은 상관에게 갈등 상황에서 동시에 양쪽을 위해 일할 수 없다고 밝혔다. 그는 선택했다. "당신과 일하겠습니다." 푸틴은 KGB에 공식적으로 전역을 요청하고 싶다고 말했다. 솝차크는 "좋아, 그렇게 하면 내가 크류치코프에게 전화할 테니까"라고 대답했다. 푸틴은 놀랐다. "난 크류치코프가 그를 지옥으로 보내버릴 줄 알았다." 크류치코프는 솝차크의 말에 귀를 기울였을 뿐 아니라, 푸틴의 요청에도 동의했다.[44]

"우리 편에 서주시오!"

민족 문제에 관한 옐친의 자문이었던 갈리나 스타로보이토바는 8월 19일에 런던에 있었다. 그녀는 '러시아혁명'에 관한 책을 쓰기 위해 영국 출판사의 초대를 받아 그곳을 방문하고 있었다. 그녀는 모스크바로 돌아가서 체포될 위험을 감수하는 대신, 자유라디오와 BBC 러시아어 서비스, 미국의 소리(Voice of America)를 통해 동포들과 소통하고 훈타에 대한 저항을 요청하기로 했다. 반체제 망명객인 그녀의 친구들이 이런 라디오 방송국에서 일하고 있었다. 방송을 통해, 스타로보이토바는 1991년 1월 리투아니아에서 강경파가 실패했던 것처럼 이번에도 공모자들이 실패할 것이라고 말했다.[45] 훈타가 권력을 잡기 전에, 스타로보이토파는 고르바초프가 사임해야 한다고 주장했다. 이제 그녀의 성명은 달라졌다. 스타로보이토바의 웅변에서, 고르바초프는 실패한 지도자에서 합법성과 헌정의 강력한 상징으로 탈바꿈했다. 그녀는 고르바초프가 모스크바로 복귀하도록 돕는 것이 서방 지도자들의 도덕적 의무라고 말했다. 스타로보이토바는 서방 지도자들의 초기 반응을 히틀러와 스탈린에 대한 유화책에 비유했다.[46]

모스크바에서, 안드레이 코지레프는 옐친이 부시에게 보내는 편지를 전달하기 위해 짐 콜린스를 만났다. 미국 행정부는 훈타에 대해 '평소와 다를 바 없다'는 인상을 피해야 했다. 이는 훈타의 행위에 합법성을 부여할 것이었다.[47] 이튿날 아침, 코지레프는 모스크바 셰레메티예보공항에서 파리로 날아갔다. 그를 억류하는 사람은 없었다. 그가 옐친에게 받은 지시는 미국으로 가서, 부시를 만나고 UN에 호소하라는 것이었다. 필요하다면, 코지레프는 러시아 망명정부를 세우라는 임무를 받았다. 파리에 도착한 코지레프는 BBC 카메라 앞에서, 국가비상사태위원회를 "전체주의 정권을 부활"시키려는 깡패 무리라고 불렀다. "소련의 지도자라고 주장하는 그 날강도 집단에는 유화책은 없다"라고 그는 선언했다. 또한 서방에서 "이 정권이 신세계 질서의 파트너가 될 것"이라고 주장하는 사람들을 질타했다. BBC 특파원이 "서방에서 할 수 있는 일은 무엇인가?"라고 묻자, 코지레프는 "에스토니아와 발트 국가들의 독립을 인정하는 게 옳을 것이다. 그것은 범죄자들이 무력 사용을 통해 스스로 제국을 무너트리고 있다는 사실을 알려줄 것이다"라고 답했다. 갈리나 스타로보이토바는 런던의 BBC 스튜디오에서 같은 프로그램에 출연해 맞장구를 쳤다. "동료이자 친구인 코지레프 씨에게 동의한다. 발트 국가들의 독립을 즉각 인정하라. 여러분이 국가 범죄자들의 합법성을 인정하지 않는다는 사실을 보여줄 것이다."[48]

러시아 민주주의자들은 소련의 급격한 해체의 결과를 따질 여유가 없었다. 혁명가들이 그렇듯, 역사가 그들의 편이라고 믿었다. 겐나디 부르불리스는 8월 18일에 신뢰하는 기자에게 다음과 같이 말했다. "우리는 전체주의적 권력 체제의 역사적 붕괴를 처리하고 있다." 이 과정은 "걷잡을 수 없는 자연의 위력처럼, 필수적이고 불가피했다".[49]

8월 20일 아침, 스타로보이토바는 보수파 러시아 전문가이자 친구인 니컬러스 베델 경(Lord Nicholas Bethell)에게 마거릿 대처와 연락하게 해달라고 부탁했다. 러시아 반체제 인사들과 반공주의자들은 정책과 언변, 명확함과 단호함으로 인해 철의 여인을 오랫동안 우러러보았다. 대처는 즉시 스타로보이토바와 베델을 개인 집무실로 불러 간단한 상황 설명을 요청했다. 스타로보이토바는 자신의 걱정을 털어놨는데, 영국 외무부가 모스크바의 훈타 정부에 무른 태도를 보인다는 것이었다. 대처가 옐친과 이야기를 나누고 그에게 연대를 표해주면 좋겠다고 스타로보이토바는 제안했다. 핸드백 안을 잠시 뒤지더니, 그녀는 러시아 의회의 옐친 집무실 직통 번호를 찾아냈다. 대처는 "놀랍게도 그와 연결되었다"라고 나중에 회상했다. 그녀와 옐친은 베델과 스타로보이토바의 통역으로 30분간 대화를 나눴다. 이 통화는 그 위험천만한 시기에 옐친에게 절실했던 도덕적이고 정치적인 지지였다.[50]

파리에서는, 6월 방미 당시 옐친을 열렬히 환영했던 워싱턴 소재 민주주의센터(Center for Democracy)의 수장인 앨런 와인스타인(Allen Weinstein)에게 코지레프가 전화를 걸었다. 민주주의센터는 민주주의를 위한 국가기금, 크리블연구소와 더불어 워싱턴의 친옐친 로비 활동의 중심축이었다. 비상 통치가 시작되고 첫 이틀 동안, 와인스타인과 직원들은 러시아 대통령을 위한 사실상의 대사관 역할을 했다. 그들은 팩스로 옐친의 대통령령과 러시아 의회 내 친구들로부터 목격담을 받았고, 번역해서 미국 정부 관리들과 의회, 언론에 전달했다. 민주주의센터는 옐친파와 계속 전화하며 그들에게 미국의 최신 소식을 전했다. 이제 코지레프는 와인스타인에게 전화로 미국 국민에게 보내는 호소문을 구술했다. '우리 편에 서주시오!'라는 제목의 호소문은 다음과 같은 말로 끝맺었다. "조국의 민주주의뿐 아니라 전 세계의 평화를 위협하는 현 위기에 대한 미국인들과 미국 정부의 응답은 전폭적인 지지일 것이라 확신한다. 자유 국민은 서로 이해한다." 와인스타인은《워싱턴포스트》에 즉시 전화를 걸었다. 코지레프의 호소문은 이튿날인 8월 21일 아침 신문에 실렸다.[51]

부시와 스코크로프트는 로버트 게이츠로부터 정보 요약 보고서를 받았을 때, 대통령 전용기를 타고 메인주에서 워싱턴 D.C.로 향하고 있었다. 소련의 상황은 여전히 어두웠고 장기적 전망은 대단히 심각해 보였다. 가장 먼저 타전된 CIA 분석 보고는 "진짜 건강상의 위기"일 가능성도 완전히 배제할 수는 없지만, 고르바초프는 십중팔구 격리되었거나 심지어 살해되었을 수도 있다고 결론 내렸다. "60세의 소련 지도자는 고혈압, 당뇨, 고지혈증, 만성적 스트레스를 비롯한 여러 가지 심각한 건강상의 문제를 겪고 있으며 모두 심장마비나 뇌졸중의 위험을 증가시키는 요인이다."[52] 그렇지만 고르바초프를 권좌에 복귀시키라는 옐친의 요청은 부시에게 큰 효과가 있었다. 미국 대통령은 1989년 천안문사태 진압을 놓고 중국의 프로파간다를 곧이곧대로 수용했다는 언론의 비난에 크게 데였다. 이제 그는 소련에 대해 똑같이 행동하고 있었다. 처음으로, 게이츠와 친옐친 전문가들은 부시라는 수용적인 청중을 얻었다. CIA의 현장 상황 분석은 바뀌기 시작했다. 한 분석가는 "쿠데타는 단계적으로 해낼 수 없는 것"이라고 주장했다. 게이츠는 "쿠데타 지도자들이 야무지게 행동하지 못했고 어쩌면, 정말이지 어쩌면, 이 행위를 되돌릴 수도 있다는 생각이 들었다"라고 회고했다. 미국 행정부 내에서 옐친과 야코블레프, 셰바르드나제가 체포되지 않은 이유를 궁금해하는 건 제임스 베이커만은 아니었다. 베이커는 "내가 쿠데타를 이끄는 사람이라면 틀림없이 그들을 체포했을 것"이라고 생각했다.[53] 크류치코프의 점진주의적 시나리오는 모스크바는 물론 워싱턴에서도 의도와는 정반대의 효과를 낳았다. 미국인들은 쿠데타 지도부의 자제를 허약함으로 해석했다. 8월 19일 오후 3시경, 소련 대사 빅토르 콤플렉토프(Viktor Komplektov)가 야나예프의 친서를 부시에게 전달하려고 백악관에 나타났다. 그러나 미국 행정부는 훈타와 더 이상 대화하고 싶지 않았다.[54]

8월 20일 아침, 부시는 옐친에게 전화를 걸었다. 전화는 미국 동부 표준시로 오전 8시 18분에 연결되었다. 부시는 "그쪽에서 상황이 어떻게 돌아가고 있는지 확인하려고" 전화했다고 말했다. 옐친은 극심한 위험에 처해 있지 않은 듯 차분하게 대답했다. 심지어 야나예프를 '대통령'이라고 불렀다. 그는 고르바초프의 상태에 관해 놀라울 만큼 잘 알고 있었다. 그는 소련 지도자가 크림반도 포로스에서 "무장 경호원과 KGB에 의해 삼중으로" 포위되어 있다고 알렸다. 그러고 나서 러시아 지도자는 런던에서 갈리나 스타로보이토바가 조언한 대로 말했다. "대통령님, 당신이 고르바초프와의 통화를 요구하고, 이곳의 상황이 엄중하니 세계 지도자들을 규합할 수 있다면 좋겠습니다." 부시는 야나예프와 대화해서 그를 자제시키는 것이 도움이 될지 물었다. "아니오, 절대 그래서는 안 됩니다." 옐친은 기겁해서 대답했다. “당신이 공식적으로 전화하면 그들에게 합법성을 부여하는 셈입니다.” 옐친의 뻔뻔한 배짱이 부시를 압도했다. “고르바초프와 합법적 정부의 복귀를 우리도 전적으로 지지합니다. 당신에게 공감하며, 미국 국민 모두 당신을 지지하는 만큼 지금 당신이 하는 일은 전적으로 옳아요.”[55]

부시에 이어 영국의 존 메이저 총리도 옐친에게 전화를 걸었다. 독일의 한스디트리히 겐셔 외무부 장관은 옐친과 러시아 정부를 지지하는 메시지를 보냈다. 모든 통화는 러시아 의회 앞에 모인 군중에게 발표되었고 수천 명이 환호했다. 또한 부시가 전화를 끊자마자, 크류치코프에게 통화 내용이 보고되었을 것이 분명했다. 이젠 국제적 합법성이 옐친에게 기울고 훈타에 대해서는 부정되는 것이 명백했다.[56]

크림반도에 갇힌 미하일 고르바초프와 그 일가는 BBC와 미국의 소리, 자유라디오의 뉴스를 열심히 들었다. 옐친이 체포되지 않았고 저항한다는 뉴스를 듣고 고르바초프는 쿠데타가 유혈사태로 이어질 것이라고 생각했다. 그리고 모스크바 기자회견에서 야나예프의 발언은 고르바초프와 라이사에게 생명의 위협을 느끼게 했다. 훈타가 소련 지도자를 협박해서, 강압적으로 자신들의 행위에 동의하게 할 것은 당연했다. 그가 거부할 경우, KGB는 “그를 병나게” 하거나, 심지어 죽게 할 수 있었다. 고르바초프는 소련의 최고소비에트와 국민에게 호소하는 영상을 녹화했는데, 훈타의 행위를 “반헌법적 행위”, “조악한 거짓말”, “국가 범죄”라고 칭했다. 그와 라이사는 이 비디오 영상을 숙소 밖으로 밀반출할 방법을 체르냐예프와 의논했지만, 불가능하다고 결론 내렸다. 라이사는 억류된 그날부터 전달되는 음식을 아무것도 먹어서는 안 된다고 결정했다. 고르바초프 부부에게 유일한 희망은 서방 정부들이 훈타를 거부하고 소련 대통령을 모스크바로 복귀시키라고 호소하는 것이었다. 체르냐예프는 고르바초프의 발언을 녹음했다. “[서방의] 모든 신용 한도는 해지될 것이고, 모든 ‘수도꼭지’가 즉시 잠길 것이다. 우리 은행은 즉각 파산할 것이다. …… 모든 것이 서서히 멈출 것이다. 공모자들은 지능이 쥐새끼 수준이라, 기초적인 문제들조차 이해하지 못한다."[57]

급변점

1931년, 이탈리아 작가 쿠르치오 말라파르테(Curzio Malaparte)는《쿠데타의 기술》이란 책에서 성공적인 쿠데타의 핵심 요소를 묘사했다. 그는 1917년 레닌과 트로츠키의 쿠데타를 분석했다. 말라파르테의 핵심 논지는 결연한 리더십을 지닌 열성적 소수파가 모든 것이 아슬아슬한 균형을 이룬 급변점에 있을 때, 결과를 걱정하지 말고 과단성 있게 행동해야만 쿠데타에 성공할 수 있다는 것이었다. 크류치코프는 성공적 쿠데타의 필요조건을 잘 알고 있었지만, 그것을 실행할 만한 배짱이 없었을 뿐이다.[58] KGB 의장이 결연한 반혁명분자거나 광신적 스탈린주의자였다면, 역사는 완전히 달라졌을 것이다. 그러는 대신, 국가비상사태위원회는 권력을 잃을 급변점에 급속하게 다가가고 있었다.

한 여론 전문가에 따르면, 소련의 관료 계급의 다수는 처음에 이렇게 생각했다. "모든 것이 전적으로 합법적이진 않지만 무언가 조치를 취해야 하며, 나라는 엄중한 상황에 있다." 8월 19일, 모스크바의 독립 여론 조사 서비스가 의원과 정부 관료, 언론의 지도자, 여론 형성자 등 '엘리트 대표들' 300명에게 설문 조사를 실시했다. 조사는 비상 통치가 발표된 지 네 시간 뒤에 전화로 이뤄졌는데, 응답자의 60퍼센트는 훈타를 지지하지 않고 옐친을 지지했으며, 40퍼센트는 국가비상사태위원회를 강력히 지지하거나 러시아연방 정부의 편을 들 생각이 없었다. 놀랍게도 많은 사람이 사태를 관망하는 자세를 취하고 있었다. 많은 이가 설문에 응답하려고 하지 않거나 입장을 명확히 밝히지 않았다.[59]

최고위 관료 엘리트의 지배적 관심사는 돈이었다. 모스크바에 탱크를 배치하는 게 경화와 쇠퇴하는 산업 생산에 대한 투자자를 찾는 데 무슨 도움이 될까? 무력 사용은 서방의 제재와 소련의 파산만 가져올 것이었다.[60] 훈타는 경제 전략이 놀랄 만큼 부재하다는 것을 드러냈다. 그들의 호소문은 국민에게 "식량과 주택 문제에 대한 해법", 범죄와 종족 폭력사태의 근절, 저소득층 이익의 보호를 약속했다. 하지만 호소문은 이것을 어떻게 달성할지는 설명하지 않았고 따라서 이를 읽은 사람들은 훈타가 브레즈네프, 안드로포프, 체르넨코의 경제 정책으로 돌아가고 있다는 인상을 강하게 받았다. 하지만 그조차도 불가능했는데, 소련 경제는 이미 '폴란드 상황'(1980년대 폴란드의 혼란스러운 상황을 가리킨다. 내적으로는 계획경제인데 외적으로 개방 정책을 펼치면서 거액의 외채를 떠안았고, 이를 해결하려 복지를 줄이다가 대규모 폭동과 반정부운동이 일어나고 경제 성장이 위축되었다 – 옮긴이)에 처해 있었고 서방의 신용 대출에 대단히 의존했기 때문이다. 훈타에서 유일하게 거론한 것은 상품의 공급 및 입수 가능성뿐이었다. 군과 보안 기관에서 수확해서 소련 시민의 식탁에 음식을 제공할 수는 없었다. 야나예프가 떠올릴 수 있었던 유일한 아이디어는 국가 비축분을 가져다가 소비자에게 저렴한 가격에 판매하는 것이었다.[61]

8월 19일 늦은 오후, 소련 각료회의는 비상 회의를 열었다. 파블로프도 회복한 모양인지 참석했다. 그는 먼저 비상 통치를 옹호하는 말로 시작했다가 이내 다른 이야기로 넘어갔다. 훈타가 미국산 무기로 무장한 채 모스크바에 침투한 과격분자들에 의해 정부 각료 전체가 체포될 뻔한 위험을 막았다고 말했다. 상관의 발언을 듣던 각료들은 당황했다. 셰르바코프는 파블로프가 헛것을 봤거나 취했다고 생각했다. 셰르바코프가 다음으로 나서서 "우리가 기대했던" 서방의 지원은 "오지 않을 것"이며 서방에서 돈과 식량, 의약품, 필수 산업 부품을 공급해주지 않으면, "연쇄반응이 일어나 경제가 완전히 멈출 수도 있다"라고 말했다. 그날 아침 일찍부터 셰르바코프는 서방의 제재와 소련의 해외 자산 동결에 대비했다. 그는 소련의 해외 무역 대표부와 해외 은행에 미국과 유럽 계좌에 예치된 소련의 돈을 즉각 '중립적 국가'로 이체하라는 지침을 내렸다. 셰르바코프는 "나는 규율을 지지하지만 …… 1929년으로 돌아가자는 건 아니다"라고 발언을 마무리했다. 스탈린이 농민과 기업가를 상대로 펼친 공포정치를 뜻했다.[62]

파블로프 정부의 다른 각료들인 비탈리 도구시예프(Vitaly Doguzhiyev)와 마슬류코프도 셰르바코프와 의견이 같았다. 연방조약은 ("진지한 수정을 거친 뒤") 경제를 유지하는 데 핵심적인 정치 토대가 될 것이다. 상황이 자신의 주장에 불리하게 돌아가자, 파블로프는 방침을 바꿨다. 그는 각료들에게 자신도 미래의 연방조약이 중앙의 권리와 책임을 명확하게 규정한다면 지지하겠다고 말했다. "우리는 전문가들이며, 통합된 경제 공간이 어때야 하는지 각자 나름대로 안다." 회의는 무엇도 결정하지 않은 채 중단되었다.[63]

각료회의 외부에서, 경제학자들은 훈타가 제 무덤을 팠다는 것을 누구보다 잘 알고 있었다. 예고르 가이다르는 별장에서 라틴아메리카 경제에 관한 저서를 마무리하고 있는데, 아내 마샤가 울먹이며 전화를 걸어서 거리에 탱크가 돌아다니고 있고 고르바초프가 권좌에서 쫓겨났다고 소리 질렀다. 가이다르의 첫 반응은 훈타가 서방의 제재에 굴하지 않고 5년에서 7년, 어쩌면 수십 년간 집권할 것 같다는 예측이었다. 어쨌거나 소련은 방대한 자원을 보유하고 있잖은가? 하지만 라디오에서 야나예프의 호소문을 들은 뒤, 가이다르는 예측을 수정했다. 새 통치자 중에 정치적 의지나 경제적 비전을 가진 피노체트나 덩샤오핑은 없었다. 모스크바에서, 가이다르는 동료들과 함께 선언서를 작성하여 모스크바의 모든 외국 통신사에 보냈다. 훈타는 경제를 죽이고 있으며 옐친의 승리가 나라를 위한 유일한 희망이라는 내용이었다. 그날 저녁, 가이다르와 동료들은 당원증을 찢어버렸다.[64]

소련 최고소비에트 의장인 아나톨리 루캬노프는 기회주의자였다. 8월 20일 아침, 루슬란 하스불라토프, 알렉산드르 루츠코이, 러시아연방의 총리 이반 실라에프가 포괄적 제안서를 들고 루캬노프를 찾아와 소련 의회의 상임위원회를 소집해서 훈타의 법령을 반헌법적인 것으로 부인해야 한다고 말했다. "야나예프를 끌어들여" 고르바초프와 러시아 지도부 간의 만남도 주선해야 했다. 루캬노프는 거절했다. 그는 고르바초프가 직무 수행 불가 상태라는 거짓말을 되풀이했고 이를 뒷받침할 의학적 증거도 있다고 주장하기까지 했다.[65] "자네가 한마디만 했으면 이 웃기는 짓거리는 전부 끝났을 텐데"라고 나중에 고르바초프는 옛 친구에게 한마디 했다. 그와 마찬가지로 그 반대도 사실이었다. 즉, 루캬노프의 한마디면 훈타는 합법화될 수도 있었다. 하지만 루캬노프는 결정을 미루고 있었다. 몇 년 후에 무엇을 예상했는지 질문을 받자, 루캬노프는 서기장 고르바초프를 교체할 9월의 비상 당대회라고 답했다.[66] 그때까지 그는 위험을 감수할 생각이 없었다.

8월 20일은 훈타와 러시아 민주파 야권 모두에게 결정적인 날이었다. 키가 크고 카리스마 넘치는 아나톨리 솝차크가 오전 10시에 레닌그라드 겨울궁전 앞에서 20만 명이 참가한 집회를 열었다. 사람들은 혁명에 준하는 열정을 대규모로 분출하며 구호를 외쳤다. "훈타는 물러가라! 파시즘은 통하지 않을 것이다!" 저명한 지식인과 예술가가 옐친만이 "러시아 국가의 합법적인 최고 권력"을 갖고 있다고 주장했다. 자유라디오, BBC, 솝차크가 통제하는 레닌그라드 라디오 방송국이 저항의 목소리를 중계했다. 아프가니스탄전쟁의 참전 군인들이 군중을 보호하기로 자원했고, 산업 노동자들도 집회에 참가했다. 보리스 기다스포프가 이끄는 당 기구는 코빼기도 보이지 않았다.[67] 그날 오후, 솝차크는 미국 영사 잭 고스널(Jack Gosnell)에게 쿠데타가 유혈 없이, 그리고 "에스파냐의 쿠데타 시도처럼, 책임자들만 체포한 채" 끝나길 바란다고 말했다. 솝차크는 1981년에 후안 카를로스 국왕이 TV에서 군부 쿠데타를 규탄하고 민주적 통치가 계속되도록 요청한 일을 언급했다. "우리에게는 후안 카를로스가 없다. 하지만 옐친이 있다"라고 솝차크는 미소를 띠며 말했다.[68]

그날 아침 모스크바에서는, 수만 명이 벨리 돔 앞 광장으로 몰려들었다. 오후 3시, 셰바르드나제는 군중에게 연설했고 지난 12월에 쿠데타가 다가오고 있다고 했던 자신이 옳았음을 상기시켜 박수갈채를 받았다. 연설 도중 고르바초프를 언급하자, 군중은 부재한 소련 지도자에게 야유를 보냈다. 셰바르드나제는 "자유 만세!"라는 구호로 연설을 끝냈다. 그는 나중에 보좌관들에게 그때가 인생에서 최고의 순간이었다고 말했다. 훈타의 열렬한 지지자인 알렉산드르 프로하노프는 상황을 살펴보러 광장으로 왔다. 그는 바리케이드 앞에 있는 "많은 여성과 어린 소녀"를 보았다. 러시아 여성들은 탱크 운전병들에게 계속 호소하고 있었다. "죽이지 마라! 멈춰! 신의 가호가 있길!" 각지에서 찾아온 아프가니스탄전쟁 참전 군인들이 의

회의 수비를 조직하고 있었다. 소련 관료 집단의 고위층과 연줄이 있는 모스크바의 엘리트 싱크탱크 소속의 젊은 지식인들과 학자들도 그 자리에 있었다. 군중에는 외국인도 많았고, 미국인 학생도 몇 있었다. 《인디펜던트 가제트》 기자는 "상업과 기업계 사람들이 놀랄 만큼 열성적으로 러시아 정부를 지지했다"라고 썼다. 모스크바 증권거래소와 러시아 상업은행은 영업을 중단했고, 젊은 증권 중개인들 다수가 비상 통치에 반대하여 모스크바를 가로지르는 가두시위에 참가했다. 젊은 사업가들은 벨리 돔 앞의 군중에게 식량, 텐트, 장비, 건축 자재를 제공했다.[69]

8월 20일에 내무부의 보고서는 러시아 27개 도시에서 총 25만 명이 참여한 대규모 집회가 열렸다고 파악했다. 크류치코프의 고향 도시인 볼고그라드에서는 시 소비에트(평의회)에 의해 소집된 5000명의 시민이 시위를 벌였다. 우랄 지역 곳곳에서, 시베리아와 극동 전역의 주요 도시에서, 지방 정부는 러시아 지도부를 지지해 옐친의 연설을 현지 TV와 라디오 방송으로 중계했고 훈타의 해산을 요구했다. 총파업 운동은 실패했지만, 모스크바와 레닌그라드의 일부 학술 기관과 보르쿠타와 쿠즈바스의 광부 노조들은 파업에 동참했다.[70]

크류치코프의 점진적 시나리오는 엉망진창이 되었다. 그는 이 시점에 부하인 게니 아게예프(Genyi Ageyev) 장군에게 벨리 돔을 공습하고 러시아 야권 인사들을 체포하는 '천둥 작전'을 준비하라고 지시했다. 그러나 KGB 의장은 결정적 조치를 위한 명령서에 서명함으로써 자신이 모든 책임을 지고 싶지는 않았다. 야조프는 난감한 처지에 빠졌는데, 대규모 병력을 모스크바 시가지로 불러들였지만 정작 사용하고 싶지는 않았기 때문이다. 천둥 작전에 따르면, 군대는 KGB 특공대를 위해 길을 터줘야 했다. 총참모부에 있는 야조프의 부관들이 작전 회의를 열었는데, 야조프 국방부 장관은 참석하지 않았다. 키예프에서 돌아온 바렌니코프 장군과 블라디슬라프 아찰로프 장군이 모든 준비 작업을 맡았다. 아찰로프는 러시아 의회를 방문해 정찰을 실시하도록 부관인 알렉산드르 레베트(Alexander Lebed) 장군을 파견했다. 레베트는 국방부로 돌아와 벨리 돔 주변의 군중이 5만

명가량이라고 보고했다. 민간인의 희생을 피할 수 없었다.[71]

고르바초프의 실용적인 자문인 예브게니 프리마코프는 크림반도의 휴양지에서 모스크바로 가까스로 복귀했고, 국가비상사태위원회에 관해 지인과 동료의 의견을 재빨리 조사했다. 그들 모두 훈타가 "끝장난 자들의 음모"라는 데 동의했다. 일부는 국가비상사태위원회가 이틀이나 사흘밖에 못 갈 것이라고 내다봤다. 외무부의 고위 외교관들은 훈타를 위해 일하지 않을 것임을 알리기 위해, 미국 대사관의 관료들과 개인적으로 접촉하기 시작했다. 나중에 진상 조사 증언에서, 프리마코프는 오랜 친구인 야나예프를 크렘린 집무실에서 만나 설득했다고 상기했다. "당장 야조프를 만나서 병력을 철수하라고 했다. 훈타의 명목상 수장은 현실 부정과 두려움에 빠져 있었다. 야나예프는 자신이 '볼모'이며 '그들이 강요했다'고 한탄했다." 프리마코프가 고르바초프에 관해 묻자, 야나예프는 대답했다. "제냐, 믿어줘. 다 괜찮을 거야. 미하일 세르게예비치는 돌아올 거고, 우리는 함께 일할 거야." 나중에 한 인터뷰에서, 야나예프는 민주파가 자신을 처형할 계획이었다고 주장했다. 그는 정말로 그렇게 믿는 눈치였다.[72]

훈타에 변절자가 생기는 것은 시간문제일 뿐이었다. 첫 번째 배신자는 파블로프였다. 그는 각료회의가 열리는 동안 마음을 가라앉히려고 약을 먹었고, 나중에 두 번째로 쓰러져서 며칠 동안 거동이 불가능했다. 야나예프가 그다음이었다. 8월 20일 국가비상사태위원회의 저녁 회의에서, 소련의 대통령 권한대행은 TV 연설문 원고를 읽으며 회의를 시작했는데, 벨리 돔에 대한 공습이 임박했다는 소문은 근거가 없다고 말하려 했다. 국영 TV 방송사의 사장인 레오니트 크랍첸코(Leonid Kravchenko)도 회의에 참석했고 나중에 푸고, 크류치코프, 셰닌, 바클라노프, 야조프가 야나예프의 선언에 놀랐다고 증언했다. 너 나 할 것 없이, 그들은 그런 발표는 좋은 생각이 아니라고 언성을 높였다. 야나예프가 그들에게 반문했다. "정말로 벨리 돔을 공격하길 원하는 사람이 있습니까?" 어색한 침묵이 흘렀다. 결국, 야나예프는 다시금 궁지에 몰렸다고 느꼈고, 러시아 의회 앞에 모인 군중을 해산할 수 있길 바라며 모스크바에 통금을 도입하는 법령에 서명했다. 대통령 권한대행이 유혈사태를 책임지고 싶어 하지 않는다는 것은 더욱 분명해졌다. 이런 결정의 책임은 분명 크류치코프와 야조프의 몫이었다.[73]

공개 석상과 CNN의 카메라 앞에서, 옐친과 그의 대변인들은 러시아 군대는 러시아 국민을 상대로 하는 폭력에 관여하지 않을 것이라고 거듭 말했다.[74] 일부 아프간치, 즉 아프가니스탄전쟁 참전 군인들은 모스크바에서는 옐친, 레닌그라드에서는 솝차크를 보호하겠다고 자원했다.[75] 하지만 총참모부에서 나온 문서에는 군인들의 불복종이나 변절 증거가 전혀 없다. 직무 수행 중인 장교들은 직속상관의 명령을 따랐다. 그들은 소련 헌법에 대한 충성 맹세를 진지하게 받아들였고, 그에 의해 행동했다. 하지만 바렌니코프를 비롯해 극소수만이 '질서를 회복하기 위해' 무슨 수단이든 쓸 각오가 되어 있었다. 최근 너무 많은 경우에 정치 지도자들은 민간인을 상대로 한 살상 무기 사용에 군인을 희생양으로 삼았다. 소련 장교들은 트빌리시, 바쿠, 빌뉴스의 교훈을 기억했다. 알렉산드르 레베트 장군도 그들 중 한 명이었다. 처음에, 그는 공수부대 지휘관인 파벨 그라초프로부터 러시아 의회 주변에 '방어를 조직'하라는 명령을 받았다. 레베트는 옐친을 만났고, 옐친은 탱크 1개 대대 배치에 동의했다. 양측 모두 무슨 일이 벌어지고 있는지 제대로 이해하지 못했다. 이튿날, 그라초프는 탱크를 배치한 "멍청한 행위"에 대해 레베트를 문책하고 그에게 철수시키라고 명령했다. 레베트는 상관이 자신을 모종의 게임에 이용하고 있음을 깨달았다. 민주적 성향의 기자들은 서방 라디오 방송에 레베트가 옐친 쪽으로 넘어갔다고 보도했다. 그러고 나서 레베트가 자살했다는 소문이 돌았다. 레베트의 상관들은 잘못된 정보를 믿었기에, 야조프는 8월 20일에 그가 멀쩡히 살아서 집무실에 있는 것을 보고 놀랐다. 이 모든 일로 인해 레베트는 매우 신중하게 행동했고, 상부로부터 명백한 서면 명령이 내려오기 전까지는 어떠한 폭력 사용도 자제했다.[76]

'알파' 특공대도 마찬가지로 생각했다. KGB 장교인 빅토르 카르푸힌(Viktor Karpukhin)이 이끄는 이 엘리트 분대는 러시아 의회를 공습할 준비 태세를 갖췄다. '알파' 특공대의 베테랑 중 한 명은 '알파' 특공대가 GRU

와 헬리콥터 편대, 일부 공수부대의 지원을 받았다고 회상했다. 무수한 사상자를 내지 않고는 임무를 수행할 수 없으리라는 것을 모두 깨달았다. “우리 중 누구도 자기 손에 러시아 국민의 피를 묻히고 싶지 않았다.” 이 점이 모두에게 분명해지자, 다음과 같은 일이 일어났다고 베테랑은 설명했다. “지원 부대와의 마찰이 생겨났다. 헬리콥터 조종사들은 잘못하면 미국 대사관을 타격할 수도 있기 때문에, 러시아 의회에 미사일 공격을 수행할 수 없다고 말했다. 모두 이 작전 수행의 부담을 다른 쪽에 떠넘기려 했다. 공수부대 녀석들은 연료가 떨어져서 기지로 진격할 수 없다고 불평했다. GRU 녀석들도 발을 빼려 했다.”[77]

하지만 러시아 의회 내부에서는, 명령을 받은 군과 KGB가 어떻게 행동할지 알 길이 없었다. 옐친과 측근들은 공격이 임박했다고 믿었다. KGB 내의 다양한 정보원뿐 아니라 아프가니스탄전쟁 참전 군인으로부터 필살의 준비에 대한 경고가 들어오고 있었다. 루츠코이 부통령과 함께 러시아 연방의 명목상 국방부 장관인 콘스탄틴 코베츠(Konstantin Kobets) 장군은 모스크바에 배치된 군부대 지휘관들에게 정신없이 전화를 돌렸는데, 그중 일부는 아프가니스탄전쟁 복무 때부터 절친한 친구들이었다. 벨리 돔에 있는 겐나디 부르불리스의 집무실은 정찰과 행동 작전의 또 다른 중심지였다. 그곳에서 ‘러시아 KGB’의 의장 빅토르 이바넨코는 동료와 친구에게 전화를 걸었다. 부르불리스는 이바넨코가 전화통만 붙들고 있었다고 감탄하며 회고했다. “사흘 동안 잠도 안 자고 먹지도 않았다. 그가 전화에 대고 ‘콜랴, 우리가 같이 갔던 사냥 기억하지? 제발 자제해줘. 이건 어리석은 짓이고, 그래봤자 좋은 일은 없을 테니, 좋은 친구로 남자’라고 말하는 것을 들었다.” 이바넨코는 ‘알파’ 특공대의 지휘관에게도 전화하여 반헌법적인 명령은 수행하지 말라고 경고했다. 한 ‘알파’ 특공대 장교도 이를 확인해주었다. “우리에게 가장 달갑지 않은 것은 벨리 돔의 방어자들과 그곳을 공격할 준비를 하는 사람들이 서로를 안다는 사실이었다. 우리 모두 오랫동안 KGB에서 함께 일해왔고, 서로에게 비밀을 숨기기는 불가능했다.” 러시아연방 지부 소속의 KGB 관리 대다수는 훈타 첫날부터 어느 쪽이 승

리할지 지켜보며 중립적인 태도를 취했다.[78]

최악의 사태를 걱정했기에, 일부 사람들은 조용히 의회 건물을 떠났다. 그중 한 명이 러시아연방의 총리인 이반 실라예프였다. 옐친은 그의 눈빛을 이해할 수 있었다. "패배는 피할 수 없다. 나는 늙었다." 막 휴가에서 돌아온 모스크바 시장인 가브릴 포포프는 목숨을 걱정하며 완전히 취한 채 요새화된 건물 지하에 틀어박혀 있었다.[79] 러시아 의회 바깥에 모인 수만 명의 사람은 철저한 무방비 상태였지만, 차가운 가랑비를 맞으며 자리를 지켰다. 그들은 민주적으로 선출된 정부를 보호하기 위해, 공격이 일어나면 의회 건물을 보호할 인간 방패 역할을 하기로 결심했다. 그 가운데는 영국 대사의 부인인 질 브레이스웨이트도 있었다. 용감한 여성인 그녀는 "고르바초프와 민주적 가치를 옹호하기 위해" 바리케이드로 가자며 러시아 친구들을 설득했다. 이따금 세간의 이목을 끄는 인물이 나타나 방어자들의 사기를 북돋웠다. 세계적으로 유명한 첼리스트 므스티슬라프 로스트로포비치가 벨리 돔을 지키기 위해 미국에서 돌아왔다. 모스크바의 부시장 유리 루시코프는 의회 건물에서 밤을 새우려고 임신한 아내와 함께 왔다. 예두아르트 셰바르드나제도 아내인 나눌리에게는 알리지 않고 그날 저녁 의회로 찾아와 건물 앞의 군중에게 모습을 드러냈다. 그런 유명 인사들이 나타나자 군중은 폭력사태를 피할 수 있으리라는 희망을 가졌다.[80]

밤 11시경, 예고르 가이다르가 러시아 의회에 도착하여 부르불리스의 집무실로 찾아갔더니, 민주주의의 이름으로 죽음을 각오한 많은 저명한 지식인이 있었다. "정보의 공백이 공포를 일으켰다"라고 그는 이틀 뒤에 회고했다. 8월 21일 새벽 2~3시쯤에 공격이 시작되리라 모두 예상했다. 실제로 '알파' 특공대가 계획한 시각이었다. 가이다르는 다른 이들처럼 민주적으로 선출된 칠레 대통령 살바도르 아옌데와 1973년에 피노체프가 쿠데타를 일으켰을 때 아옌데가 모네다궁을 최후까지 떠나지 않았던 것을 생각하고 있었다. 그는 자신이 고작 이틀 전에 내린 합리적인 결론을 잊어버렸다.[81] 거리 맞은편에 있는 미국 대사관의 미국인들도 훈타가 곧 공격하리라고 확신했다. 그들은 대사관 공관에서 공격에 취약한 곳에 있는 직원 모두를 안전을 위해 지하 체육관으로 대피시켰다. NATO 모임에 참석하기 위해 브뤼셀로 향하는 비행기에 있던 제임스 베이커는 미국의 백악관 상황실에서 금방이라도 전화가 와서 KGB와 검은 베레모(특공대원)가 "공격을 개시하여 바리케이드를 돌파했고, 그 과정에서 옐친이 사망했다"라는 소식을 들으리라고 예상했다.[82]

오전 2시 30분경, 벨리 돔으로 이어지는 너른 칼리닌 대로 근처, 사도보예 콜초(모스크바의 대형 순환로 – 옮긴이)에서 총성이 들렸다. 대부분의 방어자는 오랫동안 예상했던 공격이 마침내 시작되었다고 생각했다. 옐친의 경호 책임자인 알렉산드르 코르자코프는 그를 건물 밖으로 재빨리 빼돌릴 여러 방법을 갖고 있었다. 그는 러시아 대통령을 변장시킬 가발과 턱수염, 콧수염을 준비했다. 가장 간단한 방법은 옐친을 차에 태워 길 건너 미국 대사관으로 피신시키는 것이었다. 코르자코프는 옷을 입은 채로 꾸벅꾸벅 졸던 옐친을 깨워, 피신시킬 차로 이끌고 갔다. 정신이 든 옐친은 미국 망명을 거부했다. 이것은 옐친의 호기로움을 보여주는 또 다른 사례인 동시에, 운명 의식의 발로이기도 했다. "쿠데타를 통해 기적과 같은 힘이 우리를 도와주고 있다고 느꼈다"라고 옐친은 회고했다.[83]

야조프는 크류치코프에게 최고의 자산이었다. 그는 국가가 붕괴할 경우 소련군의 미래를 걱정해서 국가비상사태위원회에 가담했다. 야조프는 또 다른 개인적 걱정거리가 있었다. 쿠데타 한 달 전, 아내인 엠마가 심각한 차 사고를 당했는데, 기적적으로 생존하긴 했지만 두 다리가 부러졌다. 야조프는 아내에게 쿠데타 계획에 관해 얘기하지 않았다. 8월 19일에 그 사실을 알았을 때, 아내는 요양 중이던 별장에서 남편에게 여러 차례 전화를 걸었지만 야조프는 통화를 거부했다. 그러자 엠마는 휠체어에 탄 채로 남편을 만나게끔 모스크바로 데려다 달라고 친구에게 부탁했다. 야조프는 국방부 로비에서 그녀를 기다리고 있었다. 친구가 휠체어를 밀어 집무실에 들어가자, 엠마는 울음을 터트렸다. 아내의 눈물이 야조프에게 영향을 미친 것은 분명했다. 그녀는 내전이 시작되고 있으니 이 악몽 같은 상황을 중단하고 고르바초프에게 전화하라고 간청했다. "엠마, 이해해줘. 연락이 안 돼." 엠마는 야조프의 집무실 TV에서 훈타의 기자회견이 시작된 것을 보았다. 그녀는 흐느끼며 말했다. "디마, 어쩌다가 저들과 함께한 거야! 당신은 그들을 항상 비웃었잖아. 고르바초프에게 전화해……."[84]

아무런 조치도 없었기에 야조프의 좌절감은 더욱 커졌다. 몇 시간이 흐르자, 탱크와 무장한 차량은 훈타로서는 권력보다는 난처한 상황의 상징인 것 같았다. 군대에 따뜻한 음식을 제공할 설비가 없었고, 장교와 사병은 옷을 갈아입지도 못한 채 춥고 비 내리는 밤에 탱크 안에서 잠을 자야 했으며, 이용할 화장실조차 없었다. 모스크바 시민들은 음식과 물을 가져다주고는 명령을 어기고 도시 밖으로 철수하도록 장교들을 설득하려 했다. 크류치코프가 천둥 작전을 계획하기 시작하자, 야조프는 치명적인 무력 사용이 아무 활동을 하지 않는 것보다 군대를 더 큰 위험에 빠트릴 수도 있다는 점을 점차 깨닫기 시작했다. 소련 공군 지휘관 예브게니 샤포시니코프 앞에서 야조프는 어떻게 해야 할지 혼잣말로 물었다. 샤포시니코프는 "소련군의 위신을 지킬 수 있도록, 위엄 있게" 모스크바에서 병력을 철수시킬 것을 권유했다. 야조프는 이 대화를 시인하거나 부인하지 않았다.[85] 그의 부관인 블라디슬라프 아찰로프도 야조프가 작전에 관여하지 않으려 한다고 느꼈다. 무력 사용에 대한 결연한 의지를 지니고 있었지만, 바렌니코프조차도 군이 KGB와 폭동 진압 경찰을 위해 궂은 일을 해주는 데 반대했다.[86]

국가비상사태위원회의 저녁 회의에서, 훈타 내부에서도 의견 차이가 불거졌다. 바클라노프와 크류치코프는 상황이 여전히 유리하다고 주장한 반면, 야나예프는 불리한 정보를 언급했다. 크류치코프는 "진실한 정보가 아니라, 유용한 정보를 받아들여야 한다"라고 대꾸했다. KGB 의장은 '저항의 본산'을 해체하고 옐친을 체포해야 한다고 주장했다. 누구도 반대하지 않았지만, 결정이 내려진 것도 아니었다. 바클라노프는 망설이는 데 화가 치밀어서 그 자리에서 국가비상사태위원회를 나가겠다며 공식 사퇴서를 작성했다. 야조프는 침울한 표정으로 험악한 분위기를 지켜봤다.[87]

그러고 난 후 각료회의로부터 보고가 들어왔다. 장관들은 소련 정부가 엄청난 재정 적자를 안고 있음을 알았다. 파블로프의 부관인 도구시예프는 며칠 내로 필수 물자가 떨어질 것이며, 소련은 필수 수입품을 구입하기 위한 대출 한도도 바닥났다고 알렸다. 누군가가 전쟁을 대비한 전략적 비축 식량을 언급했다. 그 순간 야조프가 폭발했다. 그는 심문 과정에서 이렇게 회상했다. "나는 군 비축 식량이 군을 겨우 며칠 먹일 정도라는 걸 알았다. [소련의] 3억 명의 인구라면 하루 만에 소비해버릴 것이다. 그것은 해법이 아니었다." 그곳에 있는 모두가 상황이 절망적이라고 생각했다.[88]

국가비상사태위원회 회의가 오후 10시 30분 무렵에 끝난 뒤, 크류치코프는 루뱐카로 돌아와 러시아 의회를 공격하기 위해 최종적인 준비를 했다. 공격 시각은 군과 KGB에 의해 오전 3시로 정해졌다. 그때가 벨리 돔 앞의 군중이 가장 적을 것이었다. 크류치코프의 부관인 게니 아게예프는 벨리 돔 근처를 직접 정찰했고 그곳을 점령하려는 시도는 피바다를 불러일으킬 것이라는 결론을 내린 채 돌아왔다. 크류치코프는 공격을 개시하라는 명령을 내리지 않았다.[89]

야조프는 신경이 곤두선 채, 참모본부의 집무실로 돌아왔다. 그는 나쁜 뉴스를 기다리고 있었고, 그것은 곧 들어왔다. 제2타만 기계화 소총사단 소속의 병력 수송 장갑차 행렬이 통금 명령을 실행하다가 매복한 젊은이들에게 공격을 당했고, 그중에는 아프가니스탄전쟁 참전 군인도 있었다. 그들은 무궤도 버스를 쌓아 만든 바리케이드를 이용해 지하도를 지나가던 장갑차 행렬을 가로막았다. 젊은이들은 장갑차에 화염병을 던지고 관측 창을 천으로 가렸다. 젊은 병사들은 겁에 질리고 혼란에 빠져 발포했다. 혼전 중에 모스크바 청년 세 명이 사망했다. 병사를 포함해 12명이 부상을 당했다.[90]

블라디슬라프 아찰로프는 야조프에게 사고를 보고하고, 거리에서 진압 경찰이 완전히 자취를 감춰서 군대가 전혀 보호받지 못하고 있다고 덧붙였다. 야조프로서는 이것이 한계였다. 그는 넥타이를 풀고 셔츠 단추를 끄르고는, 아찰로프에게 말했다. "'중지' 명령을 내려!" 이것은 병사들이 그 자리에 멈춰 선 채 다른 명령을 따르는 것을 중지해야 한다는 뜻이었다.

이어서 야조프는 모스크바 시청으로 전화해, 모스크바 시 당국에 바리케이드를 치우고 탱크와 장갑차의 철수를 위해 길을 터줄 것을 요청했다. 그 후 아찰로프와 바렌니코프에게 KGB 본부로 가서 크류치코프에게 군은 쿠데타에서 발을 빼겠다고 전하라고 지시했다.[91]

벨리 돔에 있던 사람들은 여전히 최악을 예상했다. 오전 3시경, 부르불리스는 정부 보안선을 이용해 크류치코프에게 전화했다. KGB 의장은 "편히 주무셔도 된다"라고 알렸다. 가이다르는 이 대화를 듣고서 어이없었다. 서로 죽일 준비를 하고 있는데, 두 사람은 여전히 평범한 정부 관리들처럼 전화로 담소를 나눈 것이다.[92] 두 시간 뒤, 야조프의 명령에 따라 모스크바 군 지휘관은 통금을 해제했다. 그런 후에는 야조프가 총참모부와 국방부 협의회를 열어 모스크바에서 병력을 철수하라고 명령했다. 그는 훈타 구성원들을 만나길 거부했다. 크류치코프, 바클라노프, 셰닌이 그의 마음을 바꾸려고 집무실로 달려왔다. 야조프는 심문 과정에서 다음과 같이 증언했다. "크류치코프는 계속해야 한다고 설득했다. 그는 만사가 끝장난 것은 아니며, '끈질긴 투쟁(*vyazhuiu bor'bu*)'을 벌여야 한다고 말했다. 나는 그의 말이 무슨 뜻인지 도저히 이해가 가지 않았다." 그들 중 한 명이 야조프에게 배신했다고 비난하자, 야조프는 "우리는 총을 쏴서 사람을 죽이자고 일을 시작한 게 아니다"라고 대꾸했다.[93]

훗날 정치적 목적을 위해 8월의 사건을 미화할 필요가 더 이상 없어졌을 때, 옐친은 훈타의 구성원이 무자비한 냉소주의자와 전체주의적인 폭군이 아니라 "평균적이고, 평범한 소련 사람"이라고 했다. 심지어 그들이 인명과 합법성을 존중했다고도 시인했다. 그리고 그들이 투항하고 권력을 잃은 이유는 그 때문이었다.[94] 1993년 10월, 모스크바의 헌정 위기 동안에 옐친은 아주 딴판으로 행동했는데, 러시아 의회가 자신에게 대항하자 탱크 부대 지휘관들에게 의사당을 향해 발포하라고 명령했고, 정적들을 모조리 잡아들였으며, 6년을 더 집권했다.

크류치코프와 훈타의 창시자들은 명확한 계획이나 실행 가능한 경제 프로그램 없이, 무엇보다도 무슨 수단을 써서든 저항을 분쇄하겠다는 결의 없이 비상 통치를 도입했다. 비상 통치는 회개와 도덕적 붕괴라는 소극으로 끝났다. 군을 살리려고 결심한 야조프는 고르바초프를 찾아가 용서를 구하기로 했다. 내무부 장관 보리스 푸고는 규칙에 따라 행동한 훈타의 유일한 정회원이었다. 그와 아내는 자식과 친지에게 유서를 남기고 총 옆에서 죽은 채로 발견되었다. "나는 범죄에 맞먹는, 전적으로 뜻밖의 실수를 저질렀다."[95] 이것은 1809년에 나폴레옹이 귀족인 정적을 암살한 것을 두고 프랑스 정치가가 "이건 범죄보다 나쁘다. 이건 대실수다"라고 한 유명한 말을 바꾼 것이다. 암살은 범죄였지만 황제는 어리석은 실수를 저질렀는데, 그 일로 적만 늘었기 때문이다.

국가 기구의 일부 목격자들은 8월 21일에 일어난 일을 '정치적 멜트다운(붕괴)'이라고 묘사했다. 공모자들은 누구도 예상할 수 없었던 것을 이뤄냈으니, 바로 중앙 정부의 행정부가 완전히 항복한 것이었다. 실패한 비상 통치는 옐친과 그의 민주파 추종자 및 지지자에게 고르바초프와 헌정 질서를 대신해 집행 권한의 수단을 장악할 역사적인 기회를 제공했다. 상상할 수 없었던 일이 필연이 되었다. 그리고 이는 소련의 정치적 죽음을 뜻했다.

고르비 구하기

국가비상사태위원회의 퇴진에 관한 소문은 소련 관료제와 엘리트층의 비공식 경로로 퍼져나갔다. 첫 반응은 프리마코프와 '민주적 개혁'을 위한 중도적 운동 진영에서 나왔다. 그들은 기자회견을 열고 '민주적 야권' 세력에 합류하겠다고 공개적으로 밝혔다. 애매한 태도를 취하던 사람들도 이긴 편에 가담하기 시작했다. 스타라야광장에서는, 소련공산당 서기국과 정치국 국원이 올레크 셰닌과 거리를 두려고 안간힘을 썼다. 수술을 받고 8월 19일에 퇴원한 서기장 대리인 블라디미르 이바시코는 국가비상사태위원회에 호소문을 보내고 고르바초프와의 만남을 주선하겠다고 제안했다. 이 제안에 관해 듣고, 셰닌은 그것이 완전한 항복이라고 여겼다.[96]

각료회의에서, 파블로프의 두 고위 각료인 셰르바코프와 도구시예프는 국영은행의 고위 관리들을 만나 "헌정 과정이 곧 복원될 것이므로" 소련과의 경제, 금융 거래를 취소하지 말 것을 G7 국가 정상들에게 요청하는 탄원서를 작성했다.[97] 루캬노프는 크렘린 집무실에서 엉뚱한 말에 돈을 걸었다며 스스로를 원망했다. 그는 옐친에게 전화를 걸어, 흔치 않게 감정을 드러내면서 혼자 크림반도로 가서 고르바초프를 풀어줄 생각이라고 말했다. 소련 최고소비에트의 대의원들은 합법적인 소련 대통령을 모스크바로 복귀시켜야 한다는 결의안을 황급히 통과시켰다.[98]

8월 21일 추적추적 비가 내리는 추운 아침, 러시아 의회는 여전히 바리케이드에 둘러싸여 있었는데, 5만 명의 사람들이 건물 앞에 서성거렸다. 바리케이드들 사이에서 오도 가도 못 하는 탱크 몇 대가 간밤의 공포를 상기시켰다. 오전 11시 15분, 의장인 하스불라토프가 러시아 의회의 특별회기를 열었다. 의원들 가운데 절반만이 참석했다. 몇몇 서방 대사와 기자도 지켜보려고 따라왔다.[99] 행정부의 붕괴에 관한 뉴스가 하나둘씩 들어오기 시작했고, 의원들의 분위기는 신중함에서 의기양양함으로 바뀌었다. 개회 연설에서, 하스불라토프는 "자신들의 목표를 확고하게, 냉소적으로, 그리고 거창하게 실행한" 무자비한 훈타에 관해 말했다. "자유의 마지막 보루인 벨리 돔"을 해산한 뒤, 훈타는 "전국에서 완전한 승리를 거두고 자유의 길과 조국의 회생을 선택한 사람들을 향해 피비린내 나는 테러를 자행할 위치에 있었을 것이다". 그는 우레 같은 박수갈채를 받으며, 모스크바 시민들이 반동 세력을 가로막고 러시아의 명예를 구원했다고 말을 이었다. 또한 서방의 지지가 러시아 혁명의 합법성에 결정적 요인이었음을 강조했다. "부시 대통령과 영국 총리, 서유럽 지도자를 포함한 서방의 지도자들은 …… 이 시점에 소련의 자유로운 발전을 유일하게 보장하는 것은 …… 러시아연방과 대통령 그리고 최고소비에트가 취한 저항적 자세라고 절대적으로, 명명백백하게 말했다."[100]

옐친이 다음으로 발언에 나섰다. 그는 오전 5시부터 줄곧 깨어 있었다. 그는 크류치코프에게 전화하여 한 가지 제안을 했는데, 같이 크림반도로 가서 고르바초프의 안위를 확인하자는 것이었다. 놀랍게도 KGB 의장은 동의했다. 의장은 대치 상태에서 빠져나올 합법적인 방법을 찾느라 필사적이었다. 그러고 나서 러시아 대통령은 가족에게 전화를 걸었다. 옐친의 딸 옐레나의 생일이었고, 딸은 전화기에 대고 소리를 질렀다. "아빠, 인생 최고의 생일 선물을 줬어요. 아빠가 우리에게 자유를 줬어요!"[101] 의원들을 마주한 옐친은 예리하고 자신감 넘쳤다. 그는 쿠데타가 앞선 두 차례 시도가 실패한 뒤 일어난 것이라고 했는데, 1월에 발트 지역의 유혈사태와 6월에 소련 최고소비에트의 비공개 회기를 가리킨 것이었다. 우파 세력은 민주 세력의 연합으로 저지되었다. 옐친은 탱크와 스페츠나츠(*Spetsnaz*, 군 특수부대 – 옮긴이)를 멈춰 세워준 모스크바 시민들에게 감사를 표했다. 군은 국민에게 맞서지 않았다. 레베트 장군의 툴라사단은 의회 건물을 공습하는 대신 수호하는 임무를 맡았고, "하루 동안 그곳을 지키며 버티고 서 있었다". 하스불라토프가 시작한 혁명적 서사에 살을 붙여가며, 옐친은 '성하', 다시 말해 "러시아 지도부에 전폭적 지지를 표명"했다는 러시아정교회의 알렉시 2세 총대주교도 언급했다.[102] 서방의 지지도 옐친의 연설에서 두드러지게 언급되었다. "이 자리에서 부시와 미테랑, 그 외 정상들이 반헌법적 쿠데타와 비상 통치를 선언한 집단의 행위를 단호히 규탄했고, 그 어떤 행위도 지지하지 않았음을 언급해야겠다."[103]

민주파가 승리를 자축한 것이 그날의 분위기였다. 마침내 러시아가 동유럽 국가들과 발트 공화국들에 이어 평화로운 민주 혁명의 대열에 합류했다. 무엇보다도, 옐친은 소련군과 KGB, 경찰을 '러시아 국가'의 일부로 인수하는 것을 합법화하고 싶었다. 또한 의원들에게 러시아연방 영토상의 기업과 자산을 러시아 당국의 관할에 두기로 고르바초프와 "합의가 있었다"라고 밝혔다. 물론 고르바초프는 연방조약 서명 및 새로운 연방정부의 창설과 이 약속을 연계했다. 옐친은 편리하게도 이를 "잊어버렸다". 민주적인 러시아가 승리했고, 그곳의 민선 지도자는 전리품을 차지하기 시작했다.

한 시간 동안 러시아연방 의원들에게 연설한 뒤, 옐친은 폭탄 발언을 했다. 크류치코프가 "비행기를 타고 함께 포로스로 가서 고르바초프 대통령을 복귀시키자는 내 제안에 동의했다"라고 밝혔다. 의원들은 믿을 수 없다는 반응을 보이며 반발했다. KGB와는 거래하지 않는다! 하스불라토프는 마치 "내가 그렇다고 했잖아"라고 말하듯 옐친을 쳐다봤다. 연기하듯, 옐친은 태세를 바꿔 크류치코프와 훈타의 여타 일원들을 체포하겠다고 제안했다. 그는 안전상의 이유로 크림반도에 가지 않을 것이다. 그 대신, 실라예프 총리와 루츠코이 부통령이 이끄는 대표단이 가서 고르바초프를 데려올 것이다. 의회는 이 제안에 동의했다.[104]

하지만 의회 밖에서, 상황은 어떤 예상이나 계획보다도 급속히 바뀌고 있었다. 몇 분 뒤, 옐친은 벨리 돔에서 발언하려고 도착한 바딤 바카틴에게 크류치코프가 자신을 "속였다"라고 말했는데, 벨리 돔에 오는 대신 KGB 의장은 고르바초프를 만나러 크림반도로 떠났던 것이다. 사실상 누가 누굴 속였는지는 분명치 않았다.[105] 몇 분 뒤에 옐친은 다시금 최고소비에트 회의장에서 이렇게 발표했다. "모험주의자들, 이른바 위원회의 구성원들은 전부 브누코보[공항]로 떠났다. …… 그들의 의도는 알려지지 않았고, 어쩌면 도망치고 싶은 것일 수도 있다……." 여기서 알려지지 않은 위험성은 불운한 공모자들이 오락가락하는 소련 지도자와 타협할 수도 있다는 것이었다. 엄청난 소란이 일어난 가운데, 대의원들은 즉각 크림반도로 대표단을 보내, 공모자들을 붙잡아 체포해야 한다는 결의안을 통과시켰다. 공포와 불확실성의 분위기에 편승하여, 옐친은 조치를 취할 권한을 위임해달라고 요청했다. 대의원들은 옐친의 비상 명령을 승인하여, 그에게 러시아 영토상의 경제적 자산에 대한 통제권과 권위를 부여했다. 이는 명백히 소련 헌법에 위배되는 것이었다. 러시아 대통령은 훈타와 협력한 지역과 지방 당국자는 누구나 임시 인민위원으로 교체할 수 있는 권한도 부여받았다. 그것은 정치 혁명을 위한 권한이었다.[106]

8월 21일 오후 2시 30분, 야조프는 브누코보공항에서 아내 엠마에게 작별 키스를 하고 크류치코프, 바클라노프, KGB 제9국의 국장 유리 플레하노프와 함께 대통령 전용기 IL-62기에 탑승했다. 바클라노프는 나중에 이를 "처음부터 무의미한 행위"였다고 불렀지만, 어쨌든 떠났다. 쿠데타 공모자들은 그날 오후 크림반도로 떠난 유일한 대표단도 아니었다. 훈타 구성원들 외에도 두 사람이 비행기에 올랐는데, 아나톨리 루캬노프와 당 서기장 대리인 블라디미르 이바시코였다.[107] 그리고 대략 두 시간 뒤, 러시아 의회가 파견한 대표단과 일부 기자가 동행한 TU-134기가 이륙했다. 러시아 당국은 서방 정치가와 외교관 그리고 국제적인 의학 전문가와 CNN 직원도 초청했지만, 철수하는 탱크 행렬로 길이 막히는 바람에 외국인은 단 두 명만 시간에 맞춰 비행기에 오를 수 있었다.[108]

두 비행기의 경쟁은 매우 진지해서, 참여한 모든 사람은 드라마가 펼쳐지고 있다는 느낌에 사로잡혔다. 부시는 모스크바 시각으로 오후 3시 30분에 옐친에게 전화를 걸었고, 러시아 지도자는 그에게 공모자들이 고르바초프를 빼돌려서 퇴임 문서에 서명하도록 강요하거나 알려지지 않은 곳으로 데려가려 한다고 말했다. 또한 자신이 크라우추크와 소련 공군의 수장인 샤포시니코프 장군에게 전화를 걸어 IL-62기를 막아달라고 요청했다고도 알렸다. 이것은 불가능한 일로 밝혀졌다. 그러고 나서 러시아 대통령은 "고르바초프의 경호원을 통해" 고르바초프는 건강하며 "권한을 위임할 어떤 문서에든" 서명하지 않기로 결심했음을 야권에서 알았다고 말했다. 옐친은 크림반도에서 모스크바로 돌아오면 훈타를 체포한다는 계획이었다. 당연하게도, 그는 부시와 전화로 자세한 내용을 공유할 수는 없었다. "러시아와 소련 전역에서 민주주의를 수호하기 위해 최선을 다하겠다"라는 말로 통화를 마무리했다.[109]

대통령 전용기는 아무 문제 없이 크림반도의 벨베크비행장에 착륙했다. 질(Zil) 리무진(소련의 요인용 고급 차 – 옮긴이)이 자리아로 승객들을 빠르게 데려갔다. 현지 KGB와 군 지휘관은 여전히 야조프와 크류치코프의 명령을 따랐기에, 제3의 '러시아' 비행기가 착륙하는 것을 막기 위해서 트럭으로 비행장을 막았다. 오후 5시가 되기 직전에 리무진이 대통령 별장에 도착하여, 출입문을 통과해 본채로 향했다. 이때 고르바초프에게 충성하는 무장 경호원들이 그들을 막아섰다. 플레하노프 장군과 크류치코프는 경호원들, 공식적으로는 그들의 부하들과 이야기하려고 갔지만 경호원들은 리무진이 더 가까이 다가오면 발포하겠다고 경고했다. "그들은 그럴 거야"라고 플레하노프는 중얼거리며, 차량으로 돌아갔다. 크류치코프와 바클라노프, 야조프는 이런 사태에 대비하지 못했다. 그들은 어떻게 해야 할지 몰라 근처에 있는 손님용 숙소로 갔다. 루캬노프와 이바시코는 그들을 받아달라고 간청하는 쪽지를 고르바초프에게 보냈다.[110]

역사가 세르히 플로히는 이렇게 썼다. "고르바초프를 처음으로 '구해낸' 이들은 쿠데타의 성패와 소비에트 정치 무대의 주요 행위자들의 정치적 생존을, 어쩌면 물리적 생존도 좌우할 것이었다." 이 문장은 두 비행기의 분위기를 표현하지만, 현실은 완전히 달랐다. 고르바초프는 "승자와 패자를 고를" 처지가 아니었다.[111] 옐친과 모스크바 시민은 나라와 전 세계에 새로운 정치적 서사를 창조했고, 소련 대통령은 이 서사에 합류할 수 있을 뿐이었다. 그리고 고르바초프에게 가장 결정적 요인은 라이사였다. BBC가 크림반도로 향한 두 비행기의 경쟁에 관해 보도하기 시작했을 때, 라이사는 공모자들이 그녀의 일가를 포함해 목격자들은 제거하러 오는 것이라고 확신했다. 그녀는 딸 이리나와 사위 아나톨리 품에 쓰러졌다. 심한 고혈압으로 쓰러진 것이었다. 안타깝게도, 고르바초프는 8년 뒤 사랑하는 아내를 잃었는데, 8월 21일의 충격 때문에 불치병이 생긴 탓이었다. 소련 대통령은 공모자들을 쫓아내기로 결심했다.[112]

아내를 침대에 눕히고 의사를 부른 뒤, 고르바초프는 크류치코프에게 전화선을 즉각 복구하라고 요청했다. KGB 의장은 이에 응했고, 오후 5시 35분에 무할라트카의 교환수가 고르바초프의 전화를 다시 연결했다. 대통령의 첫 통화는 옐친이었다. 그러고 나서 나자르바예프와 크라우추크에게 전화를 걸었다. 그 후에는, 국방부와 KGB, 크렘린의 연대 지휘관에게 전화를 걸었고, 지휘관에게는 자신이 내리는 명령만 따르라고 지시했다. 그들은 그에 따랐다. 또한 고르바초프는 벨베크 당국에 러시아 대표단의 도착에 대비해 비행장을 열어두고 모스크바로 대통령 전용기가 출발할 수 있게 준비하라고 지시했다.[113] 그다음 조지 부시로부터 전화가 왔는데, 그때는 방해받은 휴가를 계속하기 위해 케네벙크포트로 돌아와 있었다. "세상에! 다행이에요, 미하일!" 부시는 고르바초프의 목소리가 들리자 소리쳤다. 소련 대통령은 곧장 본론에 들어갔다. 그는 쿠데타로 중단된 일, 다시 말해 연방조약, 소련에 대한 국제적 지원, 소련 국가와 경제의 재건 등을 재개하는 데 부시가 제공할 수 있는 모든 지원이 필요했다. 쿠데타의 실패가 공화국들과의 협력이 옳았음을 입증했다고 고르바초프는 말했는데, 모든 공화국 지도자가 "불법적 행위에 반대하여 …… 원칙적 입장을 취했기" 때문이라고 설명했다. 또한 쿠데타가 "민주주의에 의해 저지되었다. 이것[민주주의]은 우리의 보증인"이라고 덧붙였다. 부시는 통화해서 기뻤다. "예전과 다름없이 원기 왕성하고 자신감 넘치는 미하일 고르바초프처럼 들린다"라고 말했다.[114]

고르바초프는 침대에 누워 있는 아내에게 돌아가, 자신의 조치들에 관해 이야기했다. "난 크류치코프, 바클라노프, 야조프를 맞아주지 않을 거야. 이제 그들과 할 얘기는 없어." 그는 마음을 정했다. 그는 러시아 정부를 기꺼이 받아들이고 자신만의 영역에서 옐친을 능가하기 위해 노력할 것이다. 한편, '러시아' 비행기는 한 시간 동안 크림반도 상공을 맴돌다가 벨베크공항에 착륙했다. 탑승객들은 행동 방침을 논의했다. 한 무리의 장교를 데려온 루츠코이는 KGB 경호원이 저항하면 당장 자리아를 급습할 태세였다. 역시 방문단에 합류한 바카틴과 프리마코프가 그 계획을 말렸다. 벨베크공항에서 현지 KGB와 군 사단은 한동안 합의를 보지 못하다가, 러시아 대표단이 포로스로 갈 수 있게 승용차와 트럭, 버스를 제공하기로 했다. 대표단이 별장에 도착했을 때는 이미 날이 저물었다. 관리들이 차에서 내려, 루츠코이의 무장한 장교들의 경호를 받으며 출입문으로 걸어갔다. 문이 열리자 누구도 그들을 가로막지 않았다. 근처에 있는 불빛으로, 야조프와 크류치코프, 바클라노프가 뭔가를 의논하는 것이 보였다. 루츠코이가 반사적으로 고개를 끄덕였고, 크류치코프가 인사하는 제스처를 했다. 고르바초프의 충성스러운 경호원들이 대표단을 본채로 안내했고, 베이지색 스웨터를 걸친 고르바초프가 로비에서 그들을 기다리고 있었다. 실라예프는 대통령이 아주 건강해 보여서 놀랐다. 반면, 라이사는 눈물범벅으로 몸을 덜덜 떨었다. 서로 진심으로 안도하고 기뻐했다. 루츠코이는 몇 주 뒤 조사 과정에서 이렇게 말했다. "우리가 본채에 들어가 고르바초프와 라이사를 봤을 때, 아무것도 연출되지 않았음이 분명해졌다. 그들은 정말로 외부와 고립되었고 어떤 상황이든 각오하고 있었다."[115]

체르냐예프는 일기에 "이 순간에 과거의 의견 차이와 악감정, 반목은 말할 것도 없이 정치가 싹 사라진 듯했다"라고 썼다.[116] 고르바초프의 보좌관은 나중에 자신이 순진했고 감정적이었다고 시인했다. 사실, 이것은 고르바초프의 정치적 사망의 시작이었는데, 비상 통치와 그 주동자들을 거부함으로써 권력의 집행 수단도 마찬가지로 잃어버렸다. 고르바초프는 러시아 관리들이 동석한 자리에서 루캬노프와 이바시코의 방문을 허용했다. 그는 루캬노프에게 호통을 쳤다. 왜 최고소비에트를 소집하지 않았는가? 왜 옐친 편에 서지 않았는가? 루캬노프가 고르바초프의 말에 끼어들려 했지만, 고르바초프는 그의 말문을 닫았다. "헛소리 집어치워. 날 속이려 들지 마." 그러고는 잘못을 저지른 애들처럼 루캬노프와 이바시코를 방에서 쫓아냈다. 고르바초프의 격노는 진심이었지만, 이것은 자신의 가장 가까운 정치적 파트너와 대놓고 연을 끊는 방식이기도 했다. 그는 두 번 다시 루캬노프를 만나지 않았으며, 설명을 듣고 싶어 하지도 않았다.[117]

루츠코이는 KGB가 크림반도에서 그들을 기다리고 있다가 급습할지도 모른다는 걱정을 떨치지 못해서 모스크바로 즉시 출발하자고 주장했다. 라이사의 건강이 걱정된 고르바초프는 하룻밤 더 머물길 원했지만, 결국에는 따랐다. 서둘러 짐을 싼 후, 대통령 내외는 루츠코이가 데려온 무장 장교들과 러시아 인사들과 함께 방탄 대통령 전용차를 타고 벨베크공항으로 출발했다. 일단 대통령 전용기에 오르자, 고르바초프는 러시아 인사들을 모두 자기 구역으로 불러 비행 내내 탁자에 둘러앉아 이야기를 나누고 술잔을 들었다. 라이사는 막내 손녀 나타샤를 무릎에 안은 채 좌석에 말없이 웅크려 있었고, 그 위 손녀인 제니아는 바닥에서 잠들었다. 크류치코프는 대통령 전용기 뒤쪽 구역에 붙들려 있었는데, 고르바초프가 KGB의

매복에 대한 대비책으로 지시한 일이었다. KGB 제9국의 국장인 플레하노프는 야조프 및 다른 사람들과 함께 다른 비행기에 탔다. 그는 "아무짝에도 쓸모없는 늙다리 겁쟁이들 같으니! 곧 깃털이 뽑혀 나갈 닭처럼 나도 그들과 한 묶음이 되어버렸군!"이라고 중얼거렸다. 소련 공군이 미그 전투기를 보내 대통령 전용기를 호위했다. 브누코보공항은 정적에 싸여 있었다. 모이세예프 장군과 알렉산드르 베스메르트니흐를 포함하여 기자, TV 카메라, 소련 관료 무리가 고르바초프의 도착을 기다렸다. 크류치코프와 야조프는 공항에서 체포되었다. 다른 훈타의 일원들은 의원 면책특권이 있어서 집에 갈 수 있었다.[118]

얇은 스웨터와 바람막이 점퍼 차림으로 비행기에서 내린 고르바초프는 멍하고 아득한 느낌이었다. 기자들 앞에서, 그는 옐친과 민주주의의 수호자에게 감사를 표했다. "우리 사회와 시민은 바뀌었습니다. …… 그리고 그것이 페레스트로이카의 최대 승리입니다." 하지만 그에게는 새롭고도 극적인 할 말이 없었다. 그는 '사회주의적 선택'에 관한 옛 슬로건을 되풀이했고, 당이 비상 통치에 참여한 데 대해 면죄부를 주려 했다. 고르바초프는 탈진한 상태였다. 비행기에서 내리자 라이사는 다시금 쓰러졌고, 대개는 의연한 고르바초프의 딸도 주체할 수 없이 흐느꼈다. 그는 가족들을 데리고 곧장 집으로 갔다.[119]

고르바초프의 전기 작가를 비롯해 일부 관찰자들은 소련 지도자가 귀가하는 대신 환희에 찬 군중의 환영을 받으며 벨리 돔으로 갔어야 한다고 생각한다. 갈리나 스타로보이토바는 그랬다면 대중적 정당성을 부여받았을 것이라고 믿었다. 하지만 십중팔구 그런 기회는 없었을 것이다. 고르바초프는 그날 러시아 승리주의를 열광적으로 보여주는 현장에서 혼자 튀었을 것이다. 벨리 돔에서, 러시아 관리들은 모든 사람을 영웅과 악당으로 나누었다. 전체적인 분위기는 고르바초프는 실패했고 물러나야 한다는 것이었다. 루츠코이가 "악당은 전부 체포될 것입니다!"라고 발표하자 찬성의 함성이 터져 나왔다. 실라예프도 맞장구를 쳤다. "여러분은 파시스트를, 자유에 반하여 병력을 일으킨 잔인한 광신자를 물리쳤습니다. …… 감사합니다! 신께서 러시아가 풍요롭고 행복하게 해주시길." 포포프 시장은 이튿날 아침 군중에게 연설하며 고르바초프가 교훈을 얻고 공산당을 떠나야 한다고 말했다. 이에 군중은 "그는 사임해야 한다!"라고 외쳤다.[120]

고르바초프의 대중적 권위는 지난 몇 년 사이에 완전히 무너졌으므로, 승리에 들뜬 한순간의 환영이 현실을 바꿀 수는 없었을 것이다. 소련 지도자는 여전히 공식적으로는 군과 KGB를 다스렸다. 하지만 그는 러시아 국민의 지지를 되찾을 수 없었다. 그것은 이제 돌이킬 수 없게, 보리스 옐친의 것이었다.

12장 종말Demise

• 모든 것이 산산이 부서진다: 중심은 버티지 못한다

_W. B. 예이츠, 〈재림〉(1919)

파티는 끝났다

1991년 8월 22일 아침, 옐친은 부시 대통령에게 전화를 걸어 고르바초프가 모스크바의 관저로 무사히 돌아왔으며, 야조프, 파블로프, 크류치코프는 체포되었고, 러시아는 "민주주의의 위대한 승리"를 축하할 수 있을 거라고 보고했다. 부시는 놀라고 감동받았다. 그는 "이곳에서 당신의 주가는 하늘을 찌른다. 당신은 법에 대한 존중을 보여주고 민주적 원칙을 옹호했다. …… 당신은 최전선에, 바리케이드 위에 서 있었다. …… 고르바초프를 무사히 데려왔다. 그를 권좌에 복귀시켰다. 전 세계에서 많은 친구를 얻었다. …… 이제 친구로서 한마디 충고하자면, 한숨 주무시고 쉬셔라."[1] 부시는 케네벙크포트로 돌아와 낚시와 골프를 즐기는 중이었다.

옐친은 부시에게 "고르비를 구하겠다"라고 한 약속에도 불구하고 소련 대통령이 훈타의 배후에 있다고 확신했다. 모스크바 미국 대사관의 분석가들은 워싱턴에 러시아 민주주의자들이 "고르바초프를 지켰다, 본의 아니게"라고 보고했다.[2] 비상 통치 기간 동안 공표된 옐친의 법령은 국가비상사태위원회의 법령과 마찬가지로 '초헌법적(extra-constitutional)'이었다. 본질적으로, 러시아 공화국의 수반은 고르바초프에게서 헌법적 권력을 빼앗았다. 옐친으로서는, 고르바초프가 모스크바로 돌아와 사임했다면 완벽했을 것이다. 그러나 하스불라토프와 부르불리스는 고르바초프를 즉각 제거할 수 없다는 것을 깨달았다.

고르바초프를 권좌에 복귀시키는 것은 옐친이 가장 원하지 않는 일이었다. 1990년 초부터, 러시아 지도자는 '전체주의적 제국'을 파괴하고 자유로운 민주국가로서 '러시아를 부활'시킨다는 사명을 추구했다. 고르바초프는 이 목표의 주요 장애물이었다. 8월 22일, 러시아 대통령은 러시아 의회에 출석하여 당과 KGB가 대표하는 전체주의 세력은 일시적으로 저지되었을 뿐이라고 말했다. 그들은 곧 역습에 나설 것이다. 구질서라는 히드라는 목이 잘렸지만, 아직 완전히 분쇄된 것은 아니다.[3]

고르바초프는 고작 몇 시간밖에 자지 못하고 8월 22일 오전 7시에 깼는데, 관저로 두툼한 봉투가 배달되었기 때문이었다. 봉투 안에는 옐친이 서명하고 러시아 의회가 승인한 여러 법령이 들어 있었다. 훈타가 통치한 사흘 동안 옐친은 스스로 소련군의 통수권자로 선언하고, 러시아 영토상의 모든 집행 권한을 장악했으며, 중앙 TV 방송과 통신사를 비롯하여 중앙에서 관리하는 소련의 모든 산업을 소련이 아닌 '러시아'가 대신해서 차지했다. 이제 그는 소련 대통령이 이 쿠데타를 승인해주길 바랐다. 분개한 고르바초프는 서명을 거부하고, 배달원을 돌려보낸 다음, 다시 자러 갔다.[4] 그는 대통령 안보회의의 비상 회의를 주재하기 위해 정오에 크렘린 집무실에 도착했다. 그런 회의는 몇 주 만에 처음이었다. 서기장이 소수의 정치국원과 민감한 결정을 내리던 유명한 밤나무 방에서, 고르바초프는 훈타가 통과시킨 모든 법령을 취소하는 문서에 서명했다. 그러고 나선 새로운 소련 정부를 구성하기 시작했다. 외무부 장관 베스메르트니흐를 해임하고, 국방부 장관에는 야조프를 대신해 모이세예프 원수를 임명했으며, KGB의 새로운 의장으로 레오니트 셰바르신을 임명했다. 또한 발레리 볼딘을 대신해 그리고리 레벤코를 새로운 비서실장으로 임명했다.[5] 지난 7월에 비밀 3자 회담에서, 고르바초프는 최고위직 임명은 옐친과 나자르바예프의 동의가 따라야만 하겠다고 약속했다. 그러나 여기에는 그들이 연방조약에 서명한다는 조건이 딸려 있었다. 그는 다음 날 아침에 9 더하기 1 그룹의 긴급회의에서 두 지도자를 만날 거라 예상했다. 어쩌면 옐친의 정치적 과시주의(grandstanding)에 맞서 다른 공화국의 지도자들이 자신을 지지해주길 바랐을 것이다.

소련 지도자는 여전히 새로운 정치적 현실을 부정하고 있었다. 그는 또한 크림반도에 갇혀 있다 막 빠져나온 지난 사흘간의 개인적 드라마에 몰두해 있었다. 그날 열린 기자회견에서, 그는 훈타의 음모에 연루되었다는 것을 부정하는 데 대부분의 시간을 썼지만, 서방 기자들을 제외하면 언론은 적대적이었다. 옐친의 자문이자 급진적 민주주의자인 유리 카랴킨(Yuri Karyakin)은 고르바초프에게 왜 그런 "명백한 악당들"을 정부의 중요 직위에 임명했는지 물었다. 고르바초프는 크류치코프와 야조프를 '신뢰했다'고 맥없이 시인했다. 또한 함박웃음을 지으며, "여러분에게 모든 것을 말하지는 않을 것"이라고 현명하지 못하게 덧붙였다. 이 발언은 그 후 여러 음모론의 좋은 먹잇감이 된다. 고르바초프는 쿠데타 동안 일부 인사들은 "진짜 민주주의자"처럼 처신했다고 말하며 당 기구를 변호했다. 영국 대사 로드릭 브레이스웨이트는 소련 대통령을 프랑스혁명 이후의 부르봉 왕가에 비유하며 그는 "아무것도 배우지 못했고, 아무것도 잊지 않았다"라고 말했다. 고르바초프를 흠모하는 이들은 현실과 동떨어진 그의 처신이 정신적 충격과 잘못된 정보의 결과라고 설명했다. 하지만 고르바초프의 건강과 에너지는 크림반도에서 겪은 시련에 대한 그의 묘사와 어긋난다.[6]

고르바초프가 기자들과 러시아 민주주의자들에게 질문 공세에 시달리는 동안, 옐친은 전경이 보이는 러시아 의회의 발코니에서 대규모 군중의 환호를 만끽했다. 하스불라토프, 루츠코이, 부르불리스가 승리한 지도자의 옆자리를 차지했고, 다른 대의원과 관리들이 그 주변에 서 있었다. 3색 러시아 국기가 건물 꼭대기에 게양되었다. 옐친은 체포된 훈타의 일원들이 '러시아' 구치소에 수감되어 있고 곧 재판받을 것이라고 밝혔다. 그는 루캬노프가 쿠데타의 핵심 이념가라고 주장했다. 또한 러시아 영토상의 KGB, 경찰, 그 외 보안 세력은 '러시아' 관할에 속한다고 선언했다. 하스불라토프는 뒤이어 스타라야광장의 당 본부를 "국유화(nationalize)"하고(소련이 아닌 러시아의 소유로 삼는다는 뜻 - 옮긴이) 쿠데타를 지지한 신문사를 폐쇄하자고 제안했다. 모스크바 시장인 가브릴 포포프는 옐친에게 '소련 영웅' 메달을 수여할 것을 제안했다. 옐친은 이 어이없는 제안에 소련이 더 이상 필요한지 묻기라도 하듯 쓴웃음을 지었다. 벨리 돔 앞의 군중은 연신 "옐친! 옐친! 로-씨-야! 로-씨-야!"[7]를 외쳐댔다.

4킬로미터 떨어진 스타라야광장의 당 본부 앞에는 또 다른 군중이 모여 있었는데, 건물로 쳐들어갈 태세였다. 시위 진압 경찰은 보이지 않았고, 무장한 몇몇 KGB 장교만이 본부 건물을 지키고 있었다. 고르바초프는 포포프 시장에게 전화를 걸어 도움을 요청했다. 하지만 분명한 지도부가 없는 시위 군중은 그 후 근처의 루뱐카광장으로 몰려가 광장의 두 면을 접하고 있는 KGB 본부 건물과 광장 중앙에 위치한 볼셰비키 비밀경찰의 창설자인 펠릭스 제르진스키의 동상에 분노를 돌렸다. 기록물이 파기되는 것을 막고 본부에 갇혀 있는 정치범을 풀어주도록 KGB로 쳐들어가자는 외침이 여기저기서 터져 나왔다.[8]

시위 군중의 의도에 관한 뉴스가 러시아 의회에 도달하자, 대의원들 사이에서 새로운 공포의 물결이 퍼져나갔다. 한 목격자는 극심한 위기감이 감돌았다고 회고한다. "KGB 장교들이 발포하기라도 하면 우리의 승리 전체가 한순간에 증발해버릴 것이다." 의원들은 휴회하고 루뱐카광장으로 달려가, 부재한 시위 진압 경찰을 대신해 제르진스키 동상에 저지선을 형성했다.[9] 옐친의 측근인 블라디미르 루킨은 KGB의 신임 의장이며 개인적으로 아는 세바르신에게 전화를 걸어, 의원 두 명이 KGB 건물을 시찰할 수 있게 해달라고 요청했다. 그의 요청은 받아들여졌고, 이 조치로 군중은 조금 진정되었다. 시위 군중의 관심은 이제 제르진스키 동상으로 옮겨갔다. 세르게이 스탄케비치 의원이 동상을 안전하게 철거하자고 군중을 가까스로 설득했다. 동상은 11톤이나 나갔기에, 쓰러트러 버렸다면 지하철역을 비롯해 지하 통신망을 망가뜨렸을 것이다. 모스크바 당국자들이 크루프 사의 거대한 건설용 크레인 두 대를 보내 동상의 목 부위에 고리를 걸어 받침대에서 들어 올렸다. 거대한 동상은 공중에 매달려 있다가 군용 트럭에 실려 갔다.[10]

세바르신은 한때 유리 안드로포프가 차지하고 있었던 집무실에서 그 광경을 지켜봤다. 날이 저물었지만, KGB 건물은 컴컴했다. 모든 등은 꺼져 있었다. 셰바르신은 군중 지도자들의 영리함과 그들을 따르는 이들의 순진함에 대해 생각했다. 그는 KGB 경비병들에게 무슨 일이 있어도 발포하지 말라고 지시한 다음, 아무도 모르게 뒷문으로 빠져나와 텅 빈 거리로 나왔다. 동상을 철거했기에, 군중이 폭력을 저지를 위험은 사라졌다. KGB 본부 건물은 점거되고 약탈당하지 않았다. 일부 사람들에게는 크게 안도할 일이었지만, 다른 이들은 두고두고 후회했다.[11]

오후 내내 잠들었던 옐친은 저녁에 〈*브레미야*〉 뉴스 프로그램을 보고서야 고르바초프가 새 사람을 임명했음을 알았다. 그는 노발대발했다. 크림반도의 포로가 몰래 KGB와 군, 경찰에 대한 통제권을 다시 손에 넣으려 하고 있다! 그는 고르바초프에게 전화를 걸었다. "대체 무슨 짓을 하고 있는 건가? 모이세예프는 쿠데타의 조직자 중 한 명이고 셰바르신은 쿠데타의 주동자인 크류치코프와 친하다."[12] 8월 23일 아침, 옐친은 모이세예프 원수가 서명하여 국가비상사태위원회에 전달한 야조프의 명령서 사본을 들고 크렘린의 고르바초프 집무실로 찾아왔다. 러시아 민주주의에 공감하는 한 장교가 서류 분쇄기에서 건져낸 사본이었다. 쿠데타 음모에 연루되지 않은 셰바르신에 대해서는 아무것도 찾아낼 수 없었다.[13] 옐친은 자신이 고른 후보자의 임명을 요구했다. 국방부 장관으로는 샤포시니코프 원수를, KGB 의장으로는 바딤 바카틴을 지명했다. 두 사람 다 쿠데타 지도자들이 체포되기 전에 훈타에 대한 저항에 가담했다. 이 순간 고르바초프의 생각은 다음과 같이 재구성할 수 있을 듯하다. *내가 거부한다면, 옐친은 내 뜻을 무시해버리고 나를 수포로 돌아간 음모의 일부라고 선언할 테지. 사람들은 그를 믿을 것이고, 내전이 일어나 거리에서 유혈사태가 발생할 거야. 내가 동의한다면, 성미가 불같은 승자를 길들일 희망이 여전히 남아 있다. 서방 지도자들은 내 편에 설 테니까.* 고르바초프는 좀 더 이상주의적인 방식으로 생각했을 수도 있다. 그는 권력 그 자체를 추구하지 않는다고 거듭 주장했다. 그는 헌법적 권력을 유지하길 원했지만, '러시아 민주주의'에 반하는 게 아니라 그로써 통치하기를 원하기도 했다.

무슨 생각을 하고 있었든지 간에, 고르바초프는 다시금 굴복했다. 그는 엘친의 요구에 동의했다. 이 시점부터 소련 지도자는 명목상의 통수권자가 되었다. 그는 군과 KGB에 대한 통제권을 잃었다. 옐친이 핵무기 코드를 공유하도록 고르바초프의 동의를 얻었다는 간접적 증거도 있다.[14] 고르바초프에서 옐친으로 권력이 넘어간 것은 한 시간 뒤에 시작된 9 더하기 1 회의에서도 계속되었다. 소련 대통령은 옐친이 지켜보는 가운데, 자신이 최근에 임명한 사람들을 한 명씩 차례로 부른 다음 해임했다. 모이세예프의 차례가 왔을 때, 고르바초프는 원수에게 그가 축출당했다고 말하고는 "그러니 제발, 이상한 일은 그만두라"라고 덧붙였다. 모이세예프는 핏기가 가신 얼굴로 대답했다. "나는 당신에게 잘못한 일이 없습니다. …… 그리고 이상한 일에 가담하지 않을 것이고 결코 당을 떠나지 않을 것입니다"라고 대답했다. 세바르신 차례가 왔을 때, 그는 미소를 지으며 "고마워요! 오늘 밤 드디어 편히 잠들 수 있겠군"이라고 말했다. 고르바초프는 의아하다는 듯 눈썹을 치켜뜨며 "단잠을 자기엔 아직 이른 시간이오"라고 대꾸했다. 크라우추크와 나자르바예프, 벨로루시의 지도자 니콜라이 데멘테이와 중앙아시아 네 개 공화국의 지도자가 이 연옥 같은 장면을 말없이 지켜봤다.[15]

회의 동안, 옐친의 경호원인 코르자코프가 부르불리스의 쪽지를 가져왔다. 쪽지에는 "소련공산당 중앙위원회에서 문서 파기 작업이 벌어지고 있다. 시급히 건물 내 모든 활동을 잠정 중단시켜야 한다"라고 적혀 있었다. 옐친은 고르바초프에게 "여기에 서명해주시겠소?"라고 물었다. 고르바초프는 묵묵히 "동의함"이라고 갈겨썼다.[16] 그는 무슨 일이 벌어질지 예상하지 못했을 것이다. 포포프와 부시장인 루시코프는 소련의 수도 내 모든 당 위원회에 폐쇄 조치를 내렸다. 모스크바 시 공직자들과 민주러시아의 열성파들은 즉각 이 명령에 따라 행동에 나섰다. 포포프는 고르바초프의 동의를 이용하여 "국가 쿠데타 조직에 있는" 러시아공산당과 "소련공산당의 연루에 대한 조사가 끝날 때까지 일시적으로" 당 본부를 폐쇄하는 행정명령을 발표했다.[17] 이것은 분명 고르바초프가 쪽지에 서명했을 때 생각한 게 아니었다. 나머지는 순전히 즉흥적이었다. 핵심 당 행정가인 니콜라이 크루치나는 부르불리스의 쪽지에 고르바초프의 서명이 있는 것을 보고 충격을 받았지만, 명령에 따랐다. 성난 모스크바 시민들이 금방이라도 난입할 태세로 건물 밖에 모여 있었다. 민주러시아에서 보낸 대표들이 전쟁과 비상사태에 대비하여 설치된 내부 무선통신 시스템을 이용하여, 소련공산당 본부의 모든 직원에게 15시까지 건물을 떠나라고 명령했다. 계속 남아 있는 사람은 체포될 것이라고 공언했다. 건물을 빠져나온 당료와 직원은 바깥에서 성난 군중과 맞닥뜨렸다. 사람들은 그들에게 욕설을 퍼붓고 가방을 뒤졌다. 모스크바 당 조직의 수장인 유리 프로코피에프는 얼굴을 걷어차였다. 사람들은 폐쇄된 당의 구내식당과 상점에서 식품을 발견하고 분노에 차서 소리를 질렀는데, 일반 식료품점에서는 오래전에 자취를 감춘 것이었다. 모스크바 시 공직자들이 수십 년간 소비에트 권력의 중심이었던 건물 단지를 장악했다. 고작 며칠 전에, 그들은 체포될 것을 예상하고 있었다. 그들 중에 원자력연구소의 한 물리학자는 이렇게 회고했다. "나는 포포프 시장에게 전화를 걸어 '당신의 명령을 이행했다. 지금 고르바초프의 집무실에서 전화하는 거다'라고 보고하는 즐거움을 뿌리칠 수 없었다." 러시아 '자유주의자'가 꿈꿨던 반전체주의적 혁명이 마침내 승리를 거뒀다.[18]

아나톨리 체르냐예프는 당 본부를 떠나라는 명령을 들었을 때 분노했다. 그는 체포 위협을 무시하고, 계속 일했다. 두 시간 뒤, KGB 장교들이 그와 고르바초프의 참모들을 지하실로 데려갔는데, 놀랍게도 그곳엔 비밀 지하철역이 있었다. 열차가 그들을 스타라야광장에서 크렘린으로 곧장 데려갔다. 고르바초프는 무슨 일이 있었는지 듣고는 쓴웃음을 지을 뿐이었다. 체르냐예프는 나중에 "그는 나랑 이야기할 겨를도 없었다"라고 썼다.[19] 작가 다닐 그라닌(Daniil Granin)은 며칠 뒤에 당 본부를 방문했다. 한때 신성불가침한 권력의 본산이었던 그곳은 이제 서류가 여기저기 널려 있고 울리지 않는 전화기만이 줄지어 놓여 있는, 환기가 되지 않은 채 버려진 건물이었다. 당은 거대한 단체였기에, 누구도 그곳을 무사히 떠날 수 없었다. 갑자기, 그것이 신기루처럼 사라졌다. 그라닌은 해방의 기쁨

대신, 권력의 진공 상태와 눈앞에 펼쳐진 불확실성이라는 광대한 지평선을 걱정했다.[20]

그날 늦게, 고르바초프는 자신이 이끌던 권력 구조를 어쩔 수 없이 해산해야 했다. 이것은 러시아 의회의 긴급 회기에서 매우 굴욕적인 방식으로 이루어졌다. 고르바초프는 얼마간 공통의 기반을 찾으러 그곳에 갔던 것 같다. 그러나 공통의 기반 대신 복수와 증오의 감정과 맞닥뜨렸다. 회기는 전국에 중계되었다. 고르바초프가 회의장으로 들어서자마자 옐친의 참모가 단상에서 외쳤다. "우리는 연방 대통령이 필요 없다. …… 이 가증스러운 인물을 쫓아내야 한다. …… 분명히 우리의 친구가 아니다." 고르바초프는 의원들의 영웅주의를 칭찬하며 말을 시작했지만, 그가 들은 것은 "우리는 당신이 필요하지 않지만, 당신은 우리가 필요하지"란 말뿐이었다. 그는 비판자들을 이성적으로 설득하려고 했다. "우리는 서로가 필요하다."[21] 그러자 옐친이 단상을 장악하고 소련의 주요 기관이 전체주의적 쿠데타에 집단적으로 연루되었다고 주장했다. 그는 각료회의부터 비난했다. 《이즈베스티야(*Izvestia*)》 신문은 비공식적인, 그리고 분명히 심하게 편집되고 수정된 8월 19일 자 각료회의 회의록을 게재했다. 이 판본은 모든 각료가 쿠데타를 지지했다는 잘못된 인상을 전달했다. 고르바초프는 파블로프의 부관인 셰르바코프에게서 그와 다른, 더 정확한 설명을 받았다. 하지만 그는 러시아 의회 긴급 회기에서 옐친과의 대립을 회피했다. 그는 보도문을 살펴보겠다고만 말했다. 옐친은 그에게 문서 한 장을 떠밀었다. "그럼 이걸 한번 읽어보시오! 읽어보라고!" 고르바초프는 소리 내어 읽기 시작했다가 "[소련] 정부 전체가 사임해야 한다"라고 밝혔다. 옐친은 의기양양하게 소련의 다음 총리는 러시아연방에서 지명해야 한다고 선언했다. 고르바초프는 반대하지 않았다.[22] 옐친은 가스와 석유 산업, MIC와 여타 소련 산업 자산에 대한 통제권을 러시아연방에 넘기라고 요구했다. 이번에는 고르바초프가 반발했다. "그것은 매우 커다란 과제고, 경제의 기능을 악화시키지 않는 방식으로 문제를 해결해야 한다."[23]

러시아 지도자의 마지막 깜짝 발언은 가장 극적이었다. 옐친은 짓궂은 미소를 띠며 말했다. “그러면, 좀 더 가벼운 문제로 넘어가서, 러시아 공산당의 활동을 중지시키는 행정명령에 서명하시겠소?” 그는 깜짝 놀란 고르바초프한테 종이 한 장을 건넸다. “지금 뭐 하는 거요……?” 고르바초프는 더듬거렸다. “나는…… 이런 얘기는 우리가…… 아직 이걸 안 읽어봤소…….” 그는 옐친이 당을 금지할 헌법적 권한이 없다고 따졌다. 그러나 결국 고르바초프는 옐친의 명령에 부서했다. 많은 소련 사람이 환호했다. 하지만 더 많은 사람이 고르바초프가 굴욕을 당하는 이 광경에 역겨움을 느꼈다. 셰바르드나제의 보좌관은 일기에 “옐친은 그를 꼭두각시처럼 갖고 놀았다”[24]라고 적었다. 고르바초프는 왜 그랬을까? 그의 측근들은 나중에 이때가 그의 정치 철학에 심대한 변화가 일어난 순간이었다고 설명했는데, 당과 마침내 절연하고 이제 ‘국가를 살리는’ 데 초점을 맞췄다는 것이다.[25] 이른바 철학의 변화는 정치적 참패에 가까워 보였다.

이 회의를 위해 옐친을 도와 문서를 준비했던 겐나디 부르불리스는 “잔인하고, 악의적이고, 고약한 광경이었다. 옐친은 포식자, 청부업자처럼 굴었다”라고 회고했다. 그런데도 부르불리스는 자신이 정당하다고 느꼈다. 그에게 개개인은 더 큰 역사적 힘의 매개체일 뿐이었다. 그는 고르바초프를 ‘떠버리’고, 헛소리와 급작스러운 태세 변환과 시간 끌기의 달인이라고 생각했다. 그리고 옐친은 전 지구적 중요성을 띤 임무를 수행했는데, 동서 분리를 종식시키고 전체주의적 ‘제국’을 평화롭게 해체하도록 도왔다. 옐친의 행동은 과거의 굴욕에 대한 복수였을 것이다. 가학적인 악의라는 재능을 과시한 뒤, 옐친은 이제 분위기를 바꿨다. 그는 망신을 당한 고르바초프를 자신의 집무실로 데려가 말했다. “미하일 세르게예비치! 최근에 정말 많은 일을 겪었지요?” 그는 두 가족 모두 위험에 처했었다며 말을 이었다. “가족까지 다 같이 만납시다.” 부르불리스는 옐친이 따뜻하고 순수한 동정심을 드러내는 것을 보고 말문이 막혔다. 고르바초프는 말없이 그를 쳐다보다가 그 거북한 제의를 거절했다. 그러자 옐친은 다시금 문을 닫아버렸고, 다시는 보기 드문 동정심을 드러내지 않았다.[26]

8월 24일 토요일, 러시아 정부와 모스크바 시청은 군대와의 대치 과정에서 사망한 세 청년의 장례식을 주관했다. 장례식은 민주러시아의 모든 대형 집회가 열렸던 마네즈나야광장에서 열렸다. 사방에서 백청적의 러시아 국기가 휘날렸다. 러시아 부활절을 연상시키는 분위기였다. 검은 제의에 수염이 덥수룩한 정교회 사제들이 어디서나 눈에 띄었다. 질서 유지를 위해 난데없이 러시아 코사크 기병이 나타났다. 자유주의적 성향의 지식인들은 새롭게 찾은 자유와 러시아적 정체성을 만끽하고자 광장으로 나왔다. 러시아 망명객들도 옐친의 승리에 환호했다. 러시아 대통령이 행사를 주도한 반면, 팔에 검은 상장을 낀 고르바초프는 과거의 유령처럼 보였다. 모두가 그의 페레스트로이카가 실패했으며 마침내 끝났다는 데 동의했다.[27] 소수의 러시아 민족주의자만이 8월의 그날을 참패로 여겼고, 그들은 역사적 국가 붕괴의 충격에서 헤어나지 못했다.[28] 극렬한 민족주의적 견해를 지닌 TV 기자 알렉산드르 넵조로프는 익명의 꼭두각시 조종자들이 연출한 "모조 쿠데타"를 성토했다. 무력 과시의 실패로 '애국 세력'의 신용은 땅에 떨어졌다. 그는 소비에트연방의 "불가분성에 관해 말하는 사람은 이제부터 파시스트, 쿠데타 시도자, 훈타 지지자라고 불릴 것"이라고 결론 내렸다.[29]

장례식이 끝난 뒤, 미하일 고르바초프는 크렘린의 집무실로 돌아왔다. 대통령령으로 그는 군대와 경찰, 국가 조직 내 당 조직을 폐지했다. 또한 당 재산을 러시아와 그 외 공화국 정부로 이전하도록 승인했다. 마지막으로, 그는 당 서기장에서 사임했다. 고르바초프는 이제 자신의 주요 임무는 소비에트연방에서 '민주적인 러시아'와 그 이후 연방으로 자발적으로 이행하는 것의 합법성을 담보하는 일이라고 굳게 믿었다. 그는 여전히 새로운 연방조약에 대한 희망을 버리지 않았는데, 그 프로젝트는 오로지 그만이 믿는 것 같았다.

체포된 훈타의 일원들은 그 소식을 듣고, 이것이 반역 행위라고 여겼다. 하지만 구질서에 대한 단 한 명의 신봉자는 이 오욕을 견딜 수 없다고 결심했다. 세르게이 아흐로메예프 원수는 8월에 휴가 중이었지만, 국가비상사태위원회를 지지하기 위해 모스크바로 서둘러 귀환했다. 이제, 아흐로메예프는 고르바초프에게 자신이 왜 소련 대통령에게 충성한다는 군인의 맹세를 어겼는지 설명하는 편지를 보냈다. "1990년부터 나는 우리나라가 종말을 향해가고 있다고 확신했고, 지금도 그렇다. 이제 나라는 곧 해체될 것이다. 조국이 죽어가고, 내 삶의 명분이라고 여긴 모든 것이 파괴된 지금, 더는 살아갈 수 없다." 8월 24일, 소련의 원수는 자신의 집무실에서 목을 맸다.[30]

연쇄반응

8월 21~22일, 에스토니아, 라트비아, 리투아니아 정부는 법적 전제 조건 없이 연방을 벗어날 놀라운 기회를 엿봤다. 소련군과 폭동 진압 경찰이 발트 국가들의 수도를 떠나 기지로 돌아가고 있었다. 8월 20일, 에스토니아 의회는 모스크바에서 벌어진 쿠데타로 소련과 대화가 불가능해졌다고 선언했고, 공화국은 일방적으로 독립을 선언했다. 이튿날 라트비아 의회도 마찬가지로 선언했다. 그러나 서방 정부들은 고르바초프와 옐친이 발트 공화국들을 연방에서 놓아줄 법적 방안을 찾을 때까지 발트 국가들의 주권 인정을 보류했다.[31]

에스토니아 정부의 수장인 아르놀드 뤼텔은 보리스 옐친과의 우정을 이용해 소련과 연을 끊기로 했다. 그는 옐친의 지지가 발트 독립을 향한 과정에 결정적임을 알고 있었다. 앞서 7월 29일, 옐친은 라트비아 유르말라에서 발트 3국의 지도자들과 만나 리투아니아의 완전한 독립을 인정하기로 동의했는데, 이에 대한 법적 근거는 1940년 발트 병합이 원천 무효라는 데 러시아가 동의한다는 것이었다. 옐친은 연방조약에 서명한 뒤 이 동의서를 공개할 계획이었지만, 사건은 다른 방향으로 흘러갔다.[32] 8월 22일, 뤼텔은 옐친에게 전화를 걸어 승리를 축하했고 법률 전문가들을 데리고 모스크바로 날아갔다. 이튿날은 악명 높은 독·소불가침조약 기념일이었고, 뤼텔은 옐친이 에스토니아 독립을 인정하길 기대했다. 라트비아 지도자 아나톨리스 고르부노프스도 모스크바로 날아가 합류했다.[33] 모스크바에서 열린 서방 외교관과의 간담회에서, 뤼텔은 발트 지역의 러시아인 소수 집단 내 극단주의자, 군, KGB를 저지하기 위해서는 옐친의 지지가 필요하다고 말했다. 발트인들은 더 높은 목표를 겨냥하고 있었다. 그들은 옐친의 수용을 도구 삼아 서방에 의한 인정의 관문을 열길 원했다.[34]

옐친은 8월 24일 마네즈나야광장의 장례식이 끝난 뒤에야, 에스토니아 대표를 만났다. 뤼텔이 요청 사항을 밝힌 뒤, 옐친은 자신이 어떤 종류의 문서에 서명해야 하느냐고 물었다. 러시아 외무부 장관인 안드레이 코지레프는 에스토니아인에게 원하는 바를 문서로 작성하라고 건의했고, 에스토니아 법률 전문가들은 그 자리에서 작성했다. 행정명령은 무조건으로 에스토니아의 독립선언을 인정하고 고르바초프에게 소련과 에스토니아 공화국 간의 합의를 도출시킬 것을 촉구했다. 또한 "국제 사회가 에스토니아 공화국의 독립을 인정"할 것도 권고했다.[35] 옐친은 문서에 서명한 다음 환한 미소를 지으며 "에스토니아 공화국에 행운을 빈다"라고 말했다. 만족한 에스토니아인들은 옐친의 집무실을 나서다가, 차례를 기다리고 있던 라트비아 대표단을 만났다. 짤막한 대화가 오간 뒤, 옐친은 에스토니아의 문안을 똑같이 베낀 문서에 서명해 고르부노프스에게 건넸다.[36]

옐친을 위해 대통령령을 작성한 에스토니아 법률 전문가 레인 뮐레르손(Rein Müllerson)은 나중에 "법적으로 이것은 헛소리였다. 러시아는 주권 국가가 아니었고, 인정 행위는 법적 효력이 없었다"라고 시인했다. 전 세계에서 볼 때, 국제법의 합법적 주체는 여전히 소련뿐이었다. 하지만 정치적으로 옐친의 명령은 결정적이었다. 뮐레르손은 "당시, 옐친은 고르바초프에게 이래라저래라하고 어디에 서명할지 지시했다"라고 회고했다. 옐친을 만난 후, 발트 지도자들은 모스크바의 미국 대사관과 서방 대사관을 방문했다. 그들이 보내는 메시지는 옐친이 독립을 인정했는데 무엇을 기다리느냐는 것이었다.[37] 이튿날, 앞서 망설였던 노르웨이와 핀란드가 발트 공화국들의 주권을 인정했다. 본에서는, 1975년의 헬싱키최종의정서의 국제적 규범이 현 상태의 국경선에 대한 국가 주권의 우위를 규정한다며 한스디트리히 겐셔 외무부 장관이 회의적인 콜 총리를 설득했다. 한편, 미테랑 대통령은 롤랑 뒤마(Roland Dumas) 외무부 장관에게 발트 국가를 프랑스가 인정한다고 발표해도 된다고 허락했다.[38] 러시아를 지렛대 삼아 발트인들은 목표를 이뤘다.

독립을 향한 또 다른 도약이 우크라이나에서도 벌어지고 있었다. 고르바초프가 9 더하기 1 회의 방식을 받아들인 후, 레오니드 크라우추크와 우크라이나공산당 기관원은 우크라이나 공화국의 영토상 권위의 근거인 우크라이나 최고소비에트의 절대적 주인이 되었다. 키예프에서 부시 대통령과 회담하고 크림반도에서 고르바초프와 함께 크라우추크를 만난 것은 우크라이나 정치인들의 야심이 어디까지 뻗어갔는지 보여주었다. 그래도 1991년 8월까지는, 소련 내 제2의 슬라브 공화국에서 독립에 찬성하는 견고한 다수파는 없었다. 1939년 폴란드의 해체 이후 스탈린에 의해 병합된 서우크라이나 지역만이 소련에서 기필코 분리하고자 했다.

훈타가 비상 통치를 선언했을 때, 우크라이나 공화국 내 러시아어 사용 지역의 사람들은 경제적·사회적 무질서를 끝낼 기회라며 고르바초프의 축출을 환영했다. 비슷한 분위기가 우크라이나 수도에도 팽배했다. 모스크바의 실력자들이 "무력을 사용하고 사람들을 다치게 하는 것을 두려워하지 않았다면 나라의 주인이 되었을 것"이라며 KGB 고위 관리는 회고했다.[39] 이런 분위기에서는 가장 결연한 우크라이나 민족주의자조차 길게 내다보기로 했다. 루흐 지도자들은 내전을 염려해 옐친을 지지하는 행동을 하지 않기로 했다. 유일한 예외는 우크라이나 헬싱키 그룹의 일원이자, 소련의 감옥과 수용소에서 20년을 보낸 렙코 루키야넨코(Levko Lukianenko)가 이끄는 우크라이나 공화당이었다. 그는 소련을 러시아제국과 동일시해서 모스크바 훈타에 대한 공개적인 저항을 촉구했다. 그에 따른 인명 피해는 "종기를 째는 랜싯"(외과 수술용 작은 칼 – 옮긴이)이 되어, 제국의 급속한 붕괴를 초래할 것이다. 회고록에서 루키야넨코는 고르바초프와 옐친 간의 권력 투쟁을 "천운"이라고 불렀다. 권력 투쟁이 지속되는 동안, "러시아제국은 우크라이나에 전력을 쏟을 수 없었다".[40]

'푸치(정부 전복 시도)'의 기괴한 실패는 부메랑 효과를 낳아서, 수백만 우크라이나인은 모스크바가 더 이상 명령을 내릴 입장이 아니라고 생각했다.

중앙 권력이 부재한 상황에서 사람들은 해법을 찾아 공화국 의회와 정부로 눈길을 돌렸다.[41] 그리고 소련 중앙의 붕괴로 인해 우크라이나공산당 지도부와 그 라이벌인 민족주의 진영은 재빨리 머리를 굴려야 했다. 8월 22~23일에 모스크바에 머물렀던 크라우추크는 옐친이 소련 국가와 당 자원, 소련 경제의 수단 그리고 소련군과 KGB에 대한 통제권을 인수하는 것을 목격했다. 우크라이나가 허약한 고르바초프와 자기주장이 강한 옐친 사이에서 균형을 잡기는 더 이상 불가능했다.[42] 8월 19일에 비상 통치에 대한 미적지근한 지지를 보인 탓에, 크라우추크의 리더십은 위험에 처해 있었다. 그와 동료들은 급진 민족주의자뿐 아니라 키예프 및 우크라이나 중부, 남부, 동부 도시들의 러시아화된 인텔리겐치아가 주도하는 민주주의 운동 세력과도 마주해야 했다. 민주주의 진영의 지도자는 우크라이나 의회의 부의장으로, 민주러시아에 많은 친구를 둔 블라디미르 그리네프(Vladimir Grinev)였다. 그는 공개적으로 쿠데타에 반대했고 우크라이나공산당 실력자들을 몰아내길 원했다. 그리네프는 "[우크라이나의] 공산주의자에게 민주적 이념과 러시아의 민주운동 진영을 등에 업은 옐친은 우크라이나 토착 루흐보다 훨씬 큰 위협이었다"라고 회고했는데, 루흐는 권력을 잡을 수 없었기 때문이다. 시위 군중은 우크라이나 최고소비에트 앞으로 몰려가 "옐친! 옐친! 크라우추크는 물러가라! 크라우추크는 반성하라!"라고 연호했다.[43]

한 관찰자는 우크라이나 최고소비에트에서 무슨 일이 벌어졌는지 묘사했다. "나는 단 몇 시간 만에 …… 모든 공산주의자가 가장 원칙을 굽히지 않는 우크라이나 민족주의자로 변신하는 광경을 TV로 지켜봤다. 이 변신은 단번에 이루어졌다." 그들 중 일부는 러시아 민주파를 넌지시 언급했다. "그들은 [소비에트 권력 기관을] 스스로 장악했다. 우리도 지금 그렇게 해야 한다. 내일이면 늦을지도 모른다." 키예프의 당 일꾼은 막대한 경제 자산을 염두에 두고 있었다. 우크라이나 공화국의 공장, 시설, 광산, 조선소, 흑해 함대, 그 외 자산의 절반 이상은 모스크바 기반 중앙 부처와 복합기업이 통제하면서 사실상 소유했다. 우크라이나 주권은 공화국과 지

역 당 실력자들이 자산을 [우크라이나] '국가의(national)' 것으로 차지하게 할 것이었다.[44]

크라우추크가 나섰다. 그는 우크라이나 영토상의 KGB, 경찰, 소련군의 모든 조직은 *라다*에 속한 것이므로, 공화국의 수반인 자신에게 속한 것이라고 주장했다. 또한 모스크바에서 옐친이 내린 행정명령을 본받아, 우크라이나 국가 조직 내에 있는 당 조직을 모조리 해산했다. 그는 이런 법령들은 향후 모든 쿠데타에 맞서서 공화국의 주권을 보호하는 데 도움이 될 것이라고 주장했다. 하지만 렙코 루키야넨코는 진짜 동기를 이해했는데, 우크라이나공산당 엘리트들은 옐친에게 맞서 국가 주권이라는 방벽을 세우려 했던 것이다.[45] 독립 찬성파에게 이것은 황금 같은 기회였다. 그들은 다음과 같은 '독립선언법'을 기안했다. "소련의 국가 쿠데타와 관련해 우크라이나에 닥칠 뻔한 심각한 위험을 고려하여" *라다*는 "1000년에 걸친 국가 건설 전통을 이어갈" 것을 제안하며 "불가분하고 불가침의" 영토를 보유한 우크라이나 독립국가의 창립을 선언한다는 내용이었다. 루흐에서는 많은 지식인이 망설였다. [민족주의자로] 위장한 공산당 노멘클라투라가 완전히 장악한 민족국가보다 민주적인 러시아와 함께 한 나라 안에 남는 것이 낫지 않을까? 결국, 그들은 독립선언법을 지지하기로 결정했다.[46]

작가 블라디미르 야보립스키(Vladimir Yavorivsky)는 *라다*에서 독립선언법을 낭독한 뒤 표결에 부칠 것을 제안했다. 공산주의자 분파는 휴회를 요구했다. 휴회한 동안, 크라우추크는 옐친과 고르바초프에게 전화를 걸어 압박받는 상황에서 공산당 의원들이 완전한 독립에 투표할 수도 있다고 알렸다. 옐친은 "그게 정상"이라고 대답했다. 러시아 지도자가 우크라이나 독립을 전적으로 지지했다고 크라우추크는 회고했다. 고르바초프는 낙심했지만, 이내 3월의 국민투표가 *라다*의 표결보다 언제나 헌법상 우선할 것이라고 말하며 스스로 위안했다. 회기는 재개되었고, 크라우추크는 독립선언법에 찬성했다. 그리네프는 우크라이나 민주주의자들과 당 실력자들과의 불경한 동맹에 반기를 들었다. 그는 독립선언법을 공산당과 공산당 자산의 국유화에 대한 금지와 연계할 것을 제안했다. 극소수만이 그리네프의 제안을 지지했다. *라다*의 독립선언법은 346명의 대의원이 찬성하고, 두 명은 반대, 다섯 명은 기권하여 가결되었다.[47]

투표 결과가 발표되었을 때, 당 기관원들은 민족적 기쁨을 분출하며 적과 합세했다. 우크라이나 민족주의자들을 탄압하고 투옥시킨 자들이 과거 그들의 피해자들을 끌어안고 눈물을 글썽이며 우크라이나 노래를 불렀다.[48] 하지만 크라우추크는 감정에 휩싸이지 않았다. 3월 국민투표에 대한 고르바초프의 언급은 그에게 새로운 아이디어를 제공했다. 그는 공화국 대통령 선거가 있는 12월 1일에 국민투표도 같이 실시할 것을 *라다*에 제안했다. 많은 민족주의자가 반대했다. 왜 또 국민투표를 실시해야 하는가? 독립선언법만으로 충분하다. 크라우추크는 "국민투표를 실시하지 않으면 세계가 우리를 인정하지 않을 것"이라고 주장했다. 우크라이나 의회는 제안을 승인했다. 의원들은 또한 국방부의 창설에 투표하고 공화국 영토상의 모든 소련 군부대의 [우크라이나] '국군화(nationalize)'를 약속했다.[49] 이 조치는 그 뒤로 몇 달간 키예프와 모스크바 사이에 심각한 긴장을 일으켰다.

슬라브인들의 전쟁?

고르바초프가 이끌었던 국가는 사실상 사라졌다. 이런 상황에서 그는 탈공산주의 공화국 지도자들과 손잡고 통치하기로 결심했다. 항상 극단적인 준법주의자였기에, 그는 결정을 내리기 위해 과거의 또 다른 유물인 소련 최고소비에트를 소집했다. 마지막으로 비상 인민대표대회를 개최한 것이다. 붕괴하고 있는 연방의 최고 의회는 고르바초프를 수장으로 하는 임시정부를 위한 길을 내주도록 소련 헌법을 수정할 것이었다.

8월 26일, 휴가에서 돌아온 소련 최고소비에트는 지도자가 없었다. 루캬노프 의장은 훈타에서 맡은 역할로 수사를 받고 있었다. 의원들 대다수는 의회가 끝장났다는 것을 깨달아서 새로운 방향을 찾으려고 필사적이었다. 가장 급진적인 의원들은 최고소비에트의 즉각적인 해산을 제안했다. 모두 고르바초프가 옐친의 인질임을 알고 있었다. 하스불라토프는 옐친을 대표하여 장래 연방을 위한 러시아의 조건을 밝혔다. 첫째, 러시아연방은 "통합되었고 불가분"이다. 민족 자치구들의 탈퇴는 불가능하기에, 그들은 고르바초프가 아니라 옐친하고만 협상해야 한다. 타타르스탄의 샤이미예프 총리와 마찬가지로, 이 지역의 지도자들은 조용히 듣기만 했다. 그들은 훈타를 암묵적으로 지지했고 이제는 '8월 혁명'의 패자였다. 둘째, 러시아 영토상의 모든 소련 재산, 경제 자산, 자원은 '러시아'에 속해야 한다. 언제나 기민한 정치 행위자인 나자르바예프는 러시아의 요구에 맞장구를 쳤다. 그도 거대한 바이코누르우주센터를 비롯해 소련 자산을 요구했고, 카자흐스탄이 자체 군대와 외교 정책, 국제 조약을 보유할 것이라고 선언했다. 그와 동시에 나자르바예프는 옐친의 정치적 과시주의를 염두에 두고, "카자흐스탄은 어느 지역의 '급소'도, 누구의 '동생'도 되지 않을 것이다. 우리는 오로지 동등한 권리와 기회가 주어져야만 연방에 가입할 것이다"[50]라고 발언했다.

크라우추크는 소련 최고소비에트에 참석하지 않았다. 우크라이나 작가이자 생태학자, 공화국 의원인 유리 셰르바크(Yuri Shcherbak)가 독립 우크라이나를 대변하는 대사를 자임했다. 셰르바크는 소련 애국자로 성장했다가, 나중에 자유 민주주의자가 되었고, 최종적으로는 뒤늦게 우크라이나 민족주의로 전향했다. 그는 우크라이나 민족주의자들이 훈타 기간에 줄곧 수동적이었다고 시인한 후, 모스크바로 오는 길에 직접 러시아어로 번역한 우크라이나 독립선언법을 낭독했다. 그는 쿠데타가 연방이란 구상을 쓸모없게 만든 "정치적 체르노빌"을 촉발했다고 말했다. 모든 민주주의자에게 남은 좋은 선택지는 옐친이 발트 지역의 독립을 받아들인 것처럼, 무조건으로 우크라이나의 독립을 수용하는 것뿐이다.[51]

아나톨리 숍차크가 반박에 나섰다. 이제 상트페테르부르크로 다시 이름이 바뀐 레닌그라드의 시장은 새로운 민주적 러시아가 러시아를 중심으로 한 민주국가들의 연합 창설에 지배적 역할을 해야 한다고 믿었다. 그는 발트 공화국들을 아무런 협상 없이 놔준 옐친의 결정에 속이 상했다. 러시아는 그 지역에 상업적인 이해관계가 너무 많았다.[52] 우크라이나의 경우는 그 열 배에 달했다. 솝차크가 보기에, 키예프의 당 노멘클라투라는 민주 세력에 맞서 자기들만의 '보호 구역'을 만들어내려 한다. 그는 우크라이나 군대 창설 결정을 "정치적으로 미친 짓"이라고 불렀다. 소련 군대는 분할될 수 없다. 그는 "우리는 핵 강국"이라고 말했다.[53]

옐친도 자신의 결정을 다시 생각해보는 듯했다. 8월 26일, 그의 언론 비서관 파벨 보샤노프는 옐친의 요청에 따라 언론에 성명을 내놨다. "러시아연방은 모든 국가와 국민의 자결에 대한 헌법적 권리를 전혀 의심하지 않는다. 그러나 국경선 문제가 존재하며, 그 문제의 미해결은 적절한 조약에 의해 확보되는 동맹관계의 조건에서만 가능하고 허용될 수 있다. 그 관계가 종식되면, 러시아연방은 국경선 재조정 문제를 제기할 권리를 보유한다. 이는 발트 3국을 제외한 모든 인접 공화국에 해당된다."[54]

성명서는 무엇보다도 우크라이나를 겨냥한 것이었다. 그것은 "역사적인 러시아 땅"을 우크라이나소비에트사회주의공화국에 이전시킨 볼셰비키 독재정권의 결정을 분할 정복 책략이라고 매도한 민족주의자 작가인 알렉산드르 솔제니친의 영향을 강하게 반영했다.[55] 옐친의 측근인 블라디미르 루킨은 러시아연방, 우크라이나, 카자흐스탄의 국경선이 "전체주의 제국을 건설하려고 볼셰비키가 민족주의를 냉소적으로 조작한 산물"이라고 굳게 믿었다. 국제적인 감시하에 국민투표를 실시하여 이 지역들이 새로운 민주국가인 러시아의 일부가 되길 원하는지, 지금 그대로 남길 원하는지 결정하게 해야 한다. 문제가 되는 지역들이란 크림반도와 돈바스 지역이었다.[56]

모스크바에서 열린 원탁 토론에서 우크라이나에 뿌리를 둔 정치학자 알렉산드르 트십코(Alexander Tsypko)는 이 성명서가 두 슬라브 공화국 간 전쟁으로 이어질 수 있다고 경고했다. 양국 간 전쟁은 유고슬라비아 붕괴 과정에서 세르비아와 크로아티아 분쟁보다 더 심각할 것이다. 평화를 유지할 유일한 길은 현 우크라이나 국경선을 인정하는 것이다. 루킨은 이의를 제기했다. “모두 필요한 것을 가져가고 나면 [러시아에는] 무엇이 남을까?” 그는 유고슬라비아와의 비유를 거부했다. 소련군은 여전히 모스크바의 통제하에 있다. 옐친은 조용하지만 단호하게 경제적 압박을 이용해, 러시아계 주민이 다수를 차지하는 크림반도를 우크라이나가 반환하게 만들어야 한다. 그는 우크라이나 지도자들이 “러시아 없이는 우크라이나가 돌아갈 수 없다는 것을 이해할 만큼은 똑똑할 것”이라고 결론 내렸다.[57]

겐나디 부르불리스는 여러 해가 지난 뒤에도 계속해서 우크라이나인들에 대한 성명서는 옐친의 언론 비서관 보샤노프의 작품이라고 주장했다. 부르불리스의 어머니는 돈바스 지역 루한스크 출신이었고, 부르불리스는 키예프 출생이었다. 그는 우크라이나와 러시아가 별개라는 것을 상상할 수 없었지만, 솔제니친의 종족-민족주의는 거부했다.[58] 보샤노프는 나중에 상관의 동기를 이렇게 회고했다. “옐친은 어떤 대가를 치르든 연방을 고수하겠다는 정치적 욕망이 당연히 없었다.” 그와 동시에 옐친은 우크라이나의 독립선언법에 기분이 상했다. 그는 줄곧 우크라이나 독립을 지지해왔지만, 이것이 러시아인과 우크라이나인 간 관계 개선에 도움이 될 것이라 확신했다. 그런데 크라우추크와 우크라이나 공산주의자들은 자신을 농락했고, 러시아어 사용 지역인 크림반도까지 포함해 민주적인 러시아에서 떨어져 나가기로 결정한 것이다. 옐친은 키예프에 강력한 신호를 보내기로 했다. 보샤노프는 성명서를 다 작성한 다음, 라트비아 휴양지인 유르말라로 향하던 옐친에게 전화를 걸어 초안을 읽었다. 옐친은 “좋아. 언론에 보내”라고 대답했다.[59]

루츠코이 부통령은 상트페테르부르크 시장 아나톨리 솝차크와 모스크바 시장 가브릴 포포프와 마찬가지로 성명서를 환영했다. TV 인터뷰에서 포포프는 크림반도뿐 아니라 드네프르강 이서 일부 지역과 오데사도 국경 분쟁 지역이라고 말했다. 보샤노프도 기자회견을 열었을 때 똑같이 말했다. 한 우크라이나 기자가 옐친과 러시아 지도부가 공산주의-제국주의의 유산을 여전히 붙들고 있다고 비난했다. 보샤노프는 우크라이나 민족주의자들이 이 ‘유산’을 대단히 선택적으로 여긴다고 대답했다. “한 연방에서 러시아와 함께 살길 원치 않는가? 그것이 당신들에게는 공산주의의 유산인가? 그렇다면 떠나되, 크림반도와 돈바스는 돌려줘라! 그 지역은 '공산주의의 유산' 덕분에 우크라이나의 일부가 되었으니 말이다! 당신들은 소련공산당 중앙위원회 상임위의 승인을 받아 니키타 흐루쇼프로부터 그 지역들을 받았다."[60]

이튿날, 크라우추크는 옐친에게 전화를 걸어 항의했다. 그들은 1990년 11월에 두 공화국의 영토 통합성에 관해 합의하지 않았던가? 옐친은 발뺌했다. 연방이 붕괴하면 러시아와 우크라이나 사이에 국경선 문제가 발생할 수 있다고만 주장하며, 자신은 성명서를 승인하지 않았다고 부인했다. 크라우추크는 동의했지만, 옐친에게 이 문제가 제기되면 "문명화된 방식으로"[61] 해결해야 한다고 촉구했다. 옐친의 장황한 말 돌리기는 성명서가 서방과 러시아 민주주의자들 사이에 불러일으킨 정치적 폭풍에 대한 반작용이었다. 서방 대사들은 그에게 전화를 걸어 우려를 표명하고 있었다. 기자들은 옐친의 집무실 앞에 진을 치고 질문을 퍼부어댔다. 옐친은 본색을 바꾼 건가? 러시아는 크림반도를 놓고 우크라이나와 전쟁에 나설 것인가? 모스크바에서는 《인디펜던트 가제트》가 기명 논설을 게재했는데, 필자는 옐친의 영토 수정주의를 1938년의 주데텐란트에 대한 히틀러의 주장에 비유했다.[62]

옐친은 아연실색했다. 8월 27일, 그는 루츠코이에게 카자흐스탄으로 날아가 나자르바예프를 안심시켜달라고 부탁했다. 카자흐스탄 대통령은 대체로 러시아계 주민이 거주하는 카자흐스탄 북부 지역들을 걱정하고 있었다. 루츠코이는 알마아타에서 보샤노프가 옐친의 동의 없이 성명서를 발표했다고 공언하며 엇나간 언론 비서관을 혼내주겠다고 약속했다. 이튿날 아침, 옐친은 루츠코이, 세르게이 스탄케비치와 여러 인사들을 분쟁 조정자로 키예프로 파견했다. 솝차크, 루킨, 셰르바크도 소련 최고소비에트를 대표하여 이 대표단에 합류했다.

모스크바에서 온 대표단은 그날 오후에 보리스폴공항에 착륙했다. 그들은 *라다*에서 크라우추크와 여타 우크라이나 의원들을 만났다. 러시아-

우크라이나 대화는 그날 밤늦도록 이어졌다. 감정이 격해지는 가운데 크라우추크와 루츠코이는 러시아-우크라이나 협정문에 서명했다. 그들은 1990년 11월의 러시아-우크라이나 조약이 현재와 향후 모든 협상의 기반이라는 점을 확인했다. 기자들은 양측이 "이전 연방"이라고 말하는 데 주목했다. 우크라이나인들은 '이행기 동안' 개별 군대 수립을 보류하기로 약속했다. 하지만 이는 지킬 뜻이 없는 약속이었다. 크라우추크는 우크라이나가 노보오가료보 대화에 복귀하는 데 동의했지만, 단서가 붙었다. 우크라이나 국민이 국민투표와 대통령 선거가 실시되는 12월 1일에 우크라이나 공화국의 미래 연방 가입 여부를 결정한다는 것이었다.[63]

슬라브 공화국들 간의 최초의 대치는 우크라이나에 유리하게 끝났다. 우크라이나 지도자는 이제 동부, 남부, 중부 우크라이나의 러시아어 사용자들을 소외시키지 않으면서 선거 운동에 나설 수 있었다. 하지만 러시아 측 회담 참석자들은 근본적인 의견 차이를 해소하지 못했음을 알고 있었다. 크림반도는 여전히 논쟁 거리로 남았다. 러시아는 이미 발트해의 소련 항구와 기지를 발트 국가들에 양도했다. 우크라이나의 분리는 러시아 국가가 흑해의 22개 항구 가운데 19개를 잃을 거라는 의미였다. 러시아-우크라이나 합의가 불공평하다는 감각은 앞으로의 갈등에 주요한 원인이 된다.[64]

"은행으로 달려가기"

8월은 니콜라이 크루치나에게는 인생의 마지막 달이었다. 수석 당 행정가로서, 그는 당의 모든 자산과 돈, 투자를 담당하고 있었다. 젊은 시절 크루치나는 1956년 11월에 소련군 탱크와 함께 반항의 도시 부다페스트에 입성했다. 1991년 8월 23일, 소련 탱크가 모스크바를 떠난 후, 모스크바 정부에서 나온 민주주의자 대표들이 그에게 당 본부를 폐쇄할 것을 강요했다. 크루치나는 실의와 배신감을 느꼈다. 그러고 난 후 고르바초프가 전화해 당의 해산을 알렸고, 크루치나에게 당원들에게 퇴직금을 지급하라고 지시했다. 민주러시아에서 대표들이 와서 당 자금과 투자에 관해 크루치나를 심문했다. 이것이 최후의 결정타였다. 8월 26일 이른 아침, 크루치나는 경비가 딸린 아파트 자택 발코니에서 떨어져 죽었다. 유서로 남긴 쪽지에 그는 "나는 겁쟁이다"라고 썼다. 추후 부검과 재판에서 범죄의 흔적은 발견되지 않았다.[65]

크루치나의 몰락은 중앙 노멘클라투라의 지도하에 발전한 소련 국가자본주의의 극적인 종식을 상징했다. 수십 년에 걸쳐 소련 국가가 축적한 국유재산 도용에 대한 표현은 극적으로 바뀌었다. 당시 소련 경제를 연구하며 모스크바에 머물고 있던 젊은 미국 학자는 "은행으로 달려가기(a run on the bank)"라는 은유를 제시했다. 그는 은행이 파산하기 직전에 돈을 인출하려 달려가는 고객들처럼 소련 노멘클라투라가 국가 자산을 낚아채려 몰려가고 있다고 주장했다. 크루치나의 죽음은 자살이었을지 모르지만, 그의 죽음은 많은 권력자에게 매우 편리한 일이었다. 그리고 고작 한 달 뒤인 10월 6일, 크루치나의 전임자인 81세의 게오르기 파블로프(Georgy Pavlov)도 자택 발코니에서 떨어져 죽었다. 그로부터 열흘 뒤에는 외국 공산당에 대한 재정 지원을 맡고 있던 또 다른 당 관리가 아파트 자택 창문에서 떨어져 죽었다. 이런 미스터리한 추락사로 인해 '사라진' 당 자금에 관한 풍문이 끊임없이 무성했다. 여러 조사가 이루어졌지만, 성과는 없었다. 붕괴하는 소련 국가에서 런던, 뉴욕, 스위스를 비롯한 여러 해외 계좌로 부의 막대한 이전은 계속되었다.[66]

러시아연방 최고경제회의의 수장인 미하일 보차로프는 패자 중 한 명이었다. 훈타가 들어서기 몇 달 전, 보차로프는 국영 복합기업을 세워 발트 공화국들과 동유럽에서 소련의 군사 자산을 매각할 계획을 세우고 있었다. 매각 품목으로는 군사기지, 기반 시설, 창고, 중장비 등이 있었다. 보차로프는 자신의 대기업이 발트 공화국들에서만 1000억 달러를 벌어들일 수 있다고 믿었다. 그는 병력을 파견해 발트 지역의 군사기지를 보호하고 있는 야조프, 크류치코프, 푸고와 협상했다. 루캬노프는 "고르바초프가 돌아오면, 우린 당신 문서에 전부 서명할 거요!"라고 말했다고 한다. 훈타의 참사는 보차로프의 계획을 망쳤다. 비상 통치 동안, 그는 사업차 빈에 가 있었고 서둘러 복귀하지 않았다. 그런 후 그는 옐친의 신뢰를 잃었다. 라이벌인 부르불리스와 하스불라토프가 그를 러시아 권력 구조에서 조용히 몰아냈다.[67] 크루치나와 보차로프는 새로운 기업 체인과 투자를 위한 중추로 중앙 관료 기구에 의존했다. 그들은 소련 국가의 자멸로 허를 찔렸다.

가스프롬의 수장인 빅토르 체르노미르딘은 갑자기 자신이 의지할 데 없다는 것을 깨달았다. 회사에는 국가 신용 대출과 보조금이 없었다. 그와 같은 수백 명의 '붉은 경영자'도 같은 처지였다. 재무부가 관리하던 국가 예산은 공화국들에서 세금을 받는 것을 사실상 중단했다. 세금은 11퍼센트만 걷혔다. 한편 연금과 임금, 봉급은 여전히 물가와 연동되어 지난해 가을과 비교할 때 명목상으로 두 배가 올랐다. 국영기업들의 경영 책임자들은 핵무기를 담당하는 직원에게도 봉급을 줄 돈이 없었다.[68]

중앙 국가의 갑작스러운 붕괴로 소련 경제의 무정부적 와해 과정이 시작되었다. 고전 명작 영화 〈그리스인 조르바〉(1964)에는 그리스의 마을 주민들이 부유한 부인의 집을 약탈하는 장면이 나오는데, 단 몇 분 만에 꼭대기부터 바닥까지 탈탈 털려서 텅 빈 잔해만 남는다. 소련의 조르바 같은 환경에는 명백한 승자가 있었다. 고르바초프의 개혁 기간에 이미 출발하는 데 유리했으며, 가능한 수단을 모두 동원해 돈을 버는 것이 진짜 목표인 젊은 기업가였다. 그들 중 다수는 콤소몰 출신이었다. 소련 당국은 콤소몰 활동가에게 최초의 상업은행을 비롯해 '사회주의적 협동조합'을 출범시킬 독보적인 특권을 부여했다. 영국 기자로서 이런 활동가 겸 사업가를 많이 알던 폴 클렙니코프(Paul Khlebnikov)는 KGB와 당이 "한 세기 전 차르 비밀경찰이 저질렀던 것과 똑같은 실수를 저질렀다"라고 나중에 썼는데, 말하자면 혁명가들을 통제할 요량으로 그들의 뒤를 봐줬던 것이다. 80년 뒤, 니콜라이 크루치나와 KGB는 "소련을 파괴했던 갱스터와 자본가"를 배출했다.[69]

신진 자본가들이 소련이라는 드라마에서 한 역할이 무엇이든 간에, 훈타의 실패 뒤에 그들은 어느 때보다 자유를 느꼈다. 8월 21일 '기업 신문'인 《코메르산트(*Kommersant*)》는 "페레스트로이카가 끝나서 정말 다행이다!"라는 헤드라인을 달고 나왔다. 신문의 편집인인 32세의 블라디미르 야코블레프는 글라스노스트의 대표적인 신문인《모스크바 뉴스》의 편집장 예고르 야코블레프의 아들이었다. '인도적 사회주의'의 신봉자인 아버지와 대조적으로, 아들인 야코블레프는 이상이나 이념에 대한 무관심을 천명했다. 그는 "정상 사회" 건설을 원했는데, 자유방임적 자본주의 사회를 뜻했다. 이것은 세대 차이였다.《모스크바 뉴스》에 실린 대단히 흥미로운 아버지와의 대화에서 블라디미르는 고르바초프의 모든 법령이 현장의 현실을 반영하지 않았기 때문에 먹혀 들지 않은 지 오래되었다고 말했다. 그는 현지 당국자들이 "그들이 탐내는 사치품뿐 아니라 그들의 냉장고에 저장할 수 있는 식품은 무엇이든" 제공하는 젊은 기업가에게 극도로 의존한다고 주장했다.[70]

고르바초프 시대의 다른 기업가도 이런 뻔뻔한 배짱을 공유했다.《코메르산트》의 후원자 중 한 명인 콘스탄틴 보로보이(Konstantin Borovoy)는 로마를 방문해서 소련 대사 아나톨리 아다미신에게 "사업이 번창하고 있지만 정치권력이 걸림돌이다"라고 말했다. 1990년 11월, 보로보이는 옐친 정부의 인가를 받아 모스크바 증권거래소를 설립했다. 증권 중개인들은 대기업과 공장이 그들의 생산품을 필요한 상품 및 자재로 교환하게끔 돕고, 대체로 비과세인 막대한 이익을 쌓았다. 8월 20일, 훈타에 반기를 든 젊은 증권 중개인들은 거대한 러시아 국기를 들고 모스크바 거리를 행진했다.[71] 보로보이는 아다미신에게 일부 KGB 관리들을 비롯해 고위층 정보통 덕분에 자신과 사업 파트너들은 "쿠데타 시도자들이 무슨 일을 꾸미고 있는지 모두" 알고 있었다고 떠벌렸다. "내 중개인들은 이미 억만장자가 되었다. 그들은 그 돈을 투자해야 하지만, 그렇게 하는 것이 금지되어 있다." 그는 국가가 제거되면, 젊은 러시아 자본가들이 축적된 유동 자산으로 재정난에 처한 국유기업과 자산을 사들일 수 있을 거라 기대했다.[72]

미하일 호도르콥스키(Mikhail Khodorkovsky)는 새로운 사업 전망을 활용한 또 다른 기업가였다. 16개의 상업은행과 두 개의 보험회사, 무역회사 한 군데를 소유한 메나테프그룹의 젊은 최고 경영자로서 호도르콥스키는 러시아연방 정부의 자문이기도 했다.[73] 메나테프그룹은 높은 봉급을 제시하여 국영은행과 정부 부처의 최고 전문가들을 끌어들였다. 비상 통치 소식을 들었을 때 호도르콥스키는 처음에 훈타가 자기 같은 젊은 백만장자들에게 포퓰리즘적 공격을 가할 것이라고 예상했다. 하지만 그런 일은 일어나지 않았다. 8월 19~21일의 위험스러운 사흘간 그는 러시아 의회에 머물렀지만, 바로 옆 건물에 위치한 메나테프그룹을 계속 이끌었는데, 한때 그곳은 지금은 사라진 사회주의 국가 경제 블록의 업무가 이뤄지던 곳이었다. 8월 말, 젊은 은행가들은 승리를 축하하고 러시아연방 정부에 금융거래 자유화와 민영화를 요구했다.[74]

휴가가 끝났을 때, 아나톨리 아다미신 대사는 로마의 소련 대사관으로 복귀했다. 많은 저명한 관리가 이탈리아 재계 엘리트와 정부 관리들에게 수익성 좋은 사업 기회를 제안하기 위해 이탈리아 의약품과 식품, 상품을 대가로 모스크바에서 이탈리아로 찾아왔다. 아다미신은 숍차크, 포포프, 루츠코이와 여타 많은 인사를 만났다. 그들의 사업 수완 결여는 대사를 충격에 빠트렸다. 그가 보기에 그 관리들은 한탕주의자 사업가처럼 굴며 앞다퉈 상대방보다 낮은 가격을 부르고 있었다. 장관들과 시장들은 공식 지위를 이용해 개인적 사업을 도모하고 있었다. 그러면서도 규제되지 않은 시장경제가 나라를 완전히 혼돈 상태로 몰아가고 있었다고 투덜거렸다. 심지어 보로보이조차 비전을 지닌 강력한 정치가, 어쩌면 레닌 같은 인물이 필요하다고 털어놨다. 물론 이번에는 자본주의 측에 가담한 레닌이었다.[75]

아다미신은 이탈리아 친구들과 동료들, 다시 말해 이탈리아 정관계 인사들과 금융인들이 같은 의심을 표명하는 것을 보고 깜짝 놀랐다. 그들은 소련 국가가 갑자기 사라지는 일은 비극일 것이라고 주장했다. 그렇게 되면 소련의 재부(財富) 대부분은 "마피아"들의 호주머니로 들어가게 될 것이다.[76] 이탈리아인들은 자기들이 무슨 이야기를 하고 있는지 잘 알고 있었다. 그리고 모스크바, 상트페테르부르크, 러시아연방과 우크라이나, 남캅카스 여러 지방에서 범죄 집단들이 이미 중간급 노멘클라투라와 어울리면서 새롭게 등장 중인 '자유'시장을 위한 후원의 인맥을 다지고 있었다. 이 과정이 러시아, 우크라이나, 발트 국가들, 그리고 소련의 다른 공화국들의 포스트소비에트(post-soviet, 탈소련) 경제의 미래를 규정하고 형성했다.[77]

임시 과두정

8월 27일, 고르바초프는 게오르기 샤흐나자로프에게 새로운 연방조약에 관해 러시아, 우크라이나, 그 외 공화국의 지도자들과 작업을 개시하라고 지시했다. 경험 많은 자문책은 도저히 믿을 수 없어 고개를 내저었다. 고르바초프는 앞서 거머쥔 권력을 다시 중앙 정부에 돌려주도록 옐친과 공화국 실력자들을 설득할 수 있으리라고 정말로 기대하는 걸까? 고르바초프는 "우리는 그들에게 어느 공화국이든 연방 없이는 생존할 수 없음을 설명해야 한다. 러시아도 마찬가지다"라고 말했다. 결국 샤흐나자로프는 옐친의 본부에 연락을 취했다.[78]

그때는 모스크바에서 기이한 무정부의 순간이었다. 이전에 경제와 재정을 관리해온 소련 중앙 국가와 당 구조는 흩어졌다. 자리에 남아 있던 사람들은 정치적 지원 없이 불확실한 상태였다. 무정부 상태의 한 사례는 8월 말에 국영은행의 지위를 둘러싼 불확실성이었다. 8월 25일, 옐친은 러시아 정부가 국영은행과 재무부를 인수한다는 명령에 서명했다. 옐친 정부는 또한 소련 금과 다이아몬드 보유고 및 루블화 조폐 시설도 통제하려 했다.[79] 8월 26일, 국영은행의 수장 빅토르 게라셴코는 훈타에 협력했다는 이유로 자신이 해임되었다는 것을 알았다. 비상 통치 동안, 그는 국영은행 지점에 러시아연방에서 밀린 세금을 징수하라는 지침을 내렸다. 또한 러시아 관할하에 등록된 상업은행을 단속했다. 이제 러시아 정부의 대표들이 게라셴코에게 와서 은행 금고실의 '열쇠'를 요구했다. 1917년에 볼셰비키가 한 행동을 어설프게 따라 한 것이다. 그들의 요구에 응하는 대신, 게라셴코는 수화기를 들어 모스크바와 공화국들, 그리고 해외까지 모든 유력 인사에게 전화를 걸었다. 특히 크라우추크와 나자르바예프 등에게서 압력이 거세졌기에, 옐친은 인수 작업을 중단했다. 러시아 특사들은 조용히 은행을 떠났고, 게라셴코는 업무를 재개했다. 은행은 계속해서 러시아 연방만이 아니라 모든 공화국에 속한 것처럼 돌아갔다.[80]

새로운 불확실성은 소련의 에너지 생산과 분배의 미래에도 구름을 드리웠다. 8월 31일, 러시아 대통령은 러시아 영토상의 소련 석유와 가스 산업을 [러시아] '국유화'하는 법령에 서명했다. 이것은 국영기업 가스프롬과 국영 수송관 건설회사를 비롯해 소련의 연료 복합기업체 전체를 아울렀다.[81] 과거에는 소련 각료회의와 각종 위원회들이 원유와 가스를 서부 시베리아의 유전과 가스전에서 공화국과 해외로 전달하고 분배하는 방식을 결정했다. 갑자기 이 메커니즘이 사라진 반면, 시장에 기반한 새로운 합의와 네트워크는 여전히 등장하지 않았다. 우크라이나에서는 석유화학 산업체들이 "요란한 소리를 내며 갑작스레 멈춰 섰다". 에너지 참사가 닥칠 듯했다. 참사를 막기 위해 석유화학 산업의 마지막 소련 장관인 체첸계의 살람베크 하드지예프(Salambek Khadzhiyev)는 버려진 집무실로 돌아가 석유 유통을 재개하도록 여기저기 전화를 돌리고 계약을 맺어야 했다.[82]

경제학자 아벨 아간베갼은 로마를 방문했을 때, 공화국 경제는 모스크바의 조정 당국 없이 각자 분리되어서는 도저히 존재할 수 없다고 아다미신에게 말했다. 아간베갼에 따르면, 중앙화된 신용, 생산품, 물자의 분배가 중단되었다. 목재, 광물, 금속 수출도 3분의 1, 때로는 3분의 2나 급격하게 줄어들었다. 돈바스의 광부들은 수갱을 지을 목재가 없었다. 광부 노동조합 지도자들은 우크라이나-러시아 분리는 광산 폐쇄를 야기하여, 대규모 실업 사태를 낳을 것이라고 주장하고 있었다. 아간베갼은 독립에 대한 환희는 금방 잦아들고 "공화국들은 중앙에 무릎을 꿇고 기어들어 올 것"이라고 자신 있게 예견했다.[83]

바로 이 순간을 고르바초프가 유리하게 이용한 것이었다. 옐친이 라트비아에서 테니스를 치며 휴가를 즐기는 동안, 고르바초프는 해체된 각료회의를 임시로 대체하는 '운영위원회'를 신설했다. 그는 러시아연방 총리 이반 실라예프에게 이 회의를 이끌어달라고 부탁했다. 놀랍게도 옐친은 그 두 조치에 동의했다. 500일 계획의 작성자인 그리고리 야블린스키도 경제 ‘운영위원회’의 부원장으로 합류했다. 모든 공화국에서 운영위원회에 대표를 파견했는데, 발트 국가들도 참관인을 파견했다. 고르바초프는 옐친의 파괴적 행동을 상쇄할 수 있는 필수적인 중재자로서 부상하는 듯했다.[84] ‘운영위원회’는 아무런 헌법적 권위 없이 순전히 관성을 기반으로 움직였다. 야블린스키는 자신이 기업 경영자들을 어르고 때로 욕하며, 석탄이나 밀을 실은 화물열차를 이 지역에서 저 지역으로 보내거나, 한 산업체를 다른 산업체와 연결해주느라, 온종일 전화통을 붙들고 있었다고 회고했다. 그는 자신의 통화가 현장에 의도한 결과를 가져왔는지도 알 길이 없었다.[85]

고르바초프의 계획은 이 임시 운영위원회를 포스트소비에트 정부, 즉 옛 연방의 잔해 위에 새 연방을 탄생시키기 위한 가교로 전환하는 것이었다. 8월 31일에 그는 옐친과 나자르바예프를 만나서 정치적 거래를 제시했다. 트로이카가 인민대표대회를 소집하여 임시정부를 합법화하자는 것이었다. 고르바초프는 세 가지 새로운 기관을 염두에 두었다. 첫째, 공화국들이 참여해 경제를 운영하는 합동 경제회의였다. 둘째, 고르바초프가 주재하고 공화국 지도자들로 구성되어 정치 사안을 다룰 국무회의였다. 셋째, 보수적인 다수파가 공화국 의회들에서 위임받은 대표들로 대체된 새로운 소련 최고소비에트였다. 이 기관들을 승인한 뒤에 인민대표대회는 자진 해산하고 두 번 다시 소집되지 않을 터였다. 옐친은 거래를 수용했다. 그와 부르불리스, 그 외 측근들은 고르바초프의 연방 재건 계획이 도로아미타불이라고 믿었다. 하지만 고르바초프가 내놓은 제안은 러시아 지도부로서는 도저히 거절할 수 없었다.

9월 1일, 고르바초프는 공화국 지도자들을 크렘린의 집무실로 초청했다. 나자르바예프가 왔고, 옐친은 루츠코이 부통령을 보냈다. 중앙아시아에서는 카리모프와 그 외 지도자들이 참석했다. 그루지야 의회의 의장은 참관인으로 왔다. 발트 3국과 몰도바 지도부는 참석을 거절했다. 우크라이나 지도부도 없었는데, 크라우추크는 ‘아픈’ 데다 우크라이나 총리 비톨트 포킨은 ‘휴가 중’이었다. 블라디미르 그리네프는 아무런 공식 권한 없이 우크라이나 공화국을 대표했다.[86] 인민은 새로운 법적 질서를 요구하고 서방 지도자들은 "한마디로 패닉에 빠져 있다"라는 말로 고르바초프는 모임을 시작했다. 새로운 질서를 세우지 않는다면 어쩌면 유고슬라비아에서처럼 전쟁이, "아마겟돈 같은 것"이 닥칠지도 모른다. 그는 트로이카를 대신하여, 공화국들로 헌법적 권력을 이양할 계획을 밝혔다. 그러고 나서 "다음 주 안으로" 연방조약 서명을 제안했다.[87]

공화국의 실력자들은 고르바초프가 인민대표대회에 보내기 위해 준비해둔 공동 성명서에 동의했다. 하지만 그들은 혼란스러웠다. 독립을 선택한 사람들도 커져가는 혼란에 자신들도 책임이 있음을 별안간 깨달았고, 눈앞의 새로운 의무와 거대한 불확실성에 낙담했다. 모임이 끝난 뒤, 그들은 초대형 소련 의회에 참석하러 이미 모스크바에 속속 도착하던 자국의 대표들을 만나러 갔다. 하지만 1989년에 선출된 인민대표대회의 다수파가 어떻게 반응할지는 누구도 예측할 수 없었다. 명민한 내부자이자 고르바초프의 보좌관인 예브게니 프리마코프는 대의원들이 스스로 인민대표대회를 해산하느니 소련 대통령을 몰아낼 것이라고 예상했다. 당시 모스크바에 있었던 발트 3국의 총리들은 매우 불안해했다. 인민대표대회가 잘못된 결정을 내리면, 그들의 독립선언 행위가 위험에 처할 터였다.[88]

인민대표대회는 9월 2일 오전 10시에 크렘린에서 개최되었다. 1900명의 대표가 참석한다고 등록했다. 고르바초프와 공화국 지도자들은 인원을 끌어모으고 행사를 치르기 위해 가능한 모든 행정적·정치적 자원을 동원했다. 숍차크는 러시아연방 선거구에서 선출된 '러시아' 대표들에게 '공을 들였다'. 나자르바예프는 카자흐스탄 대표단이 제시간에 모스크바에 도착할 수 있도록 특별 이동 수단을 제공했고, 다른 중앙아시아 공화국들도 그랬다. 회기가 열리자, 나자르바예프가 공화국 지도자들로부터 받은 충격과 공포의 성명을 전달했다. 대표단은 온갖 대비를 했지만, 성명은 전혀 뜻밖이었다. 많은 이가 고르바초프가 새로운 소련 각료회의와 최고소비에트를 구성할 것이라고 예상했고, 이를 승인할 작정이었다. 그 대신에, 그들은 반헌법적 쿠데타에 대한 동의를 요청받았다. 공동 성명은 공화국들이 "국제법의 주체"로서 UN에 가입할 권리를 천명했다. 나자르바예프가 성명서 낭독을 마치자마자, 아무 논의 없이 세 시간 동안 휴회했다.[89] 어리둥절한 채 지도자도 없이, 대표들은 로비로 나와 배회했다. 고르바초프의 보좌관인 바딤 메드베데프는 나중에 "선제적 충격" 요법이 먹혔다고 주장했다.[90]

대회가 재개된 후, 유리 셰르바크는 우크라이나 대의원들을 대표해, 공화국은 즉각적인 경제협정을 지지하지만 소비에트 기관의 '노예'가 되기도 원치 않는다고 말했다. 그는 1975년 헬싱키회의를 모델로 한 "구소련의 지정학적 공간에 관한" 회의를 열자고 제안했다. 우크라이나는 공동 통화 체계에 참여할 의사가 없었는데, "우크라이나의 이해관계를 보호할 유일한 길은 자체 통화 시스템을 만드는 것이기" 때문이었다. 우크라이나인들은 소련의 금과 통화 보유고에서 자국의 지분도 주장했다. 그러나 소련의 부채를 승계하고 싶지는 않았다. 벨로루시 최고소비에트의 새로운 의장인 스타니슬라프 슈슈케비치(Stanislav Shushkevich)는 우크라이나의 제안을 지지했다.[91] 솔제니친 추종자들이 인민대표대회에 있었다면, 틀림없이 몸서리를 쳤으리라. 슬라브 공통의 국가 건설 프로젝트가 끝장난 것이다.

민주러시아 소속 대표들은 공화국 지도자들이 과두 지배 체제를 수립하는 것을 지지했다. 알렉산드르 오볼렌스키(Alexander Obolensky)가 유일한 예외였다. 그는 과두 지배 체제를 '공동의 민주적 공간'이라는 발상에 맞선 노멘클라투라의 음모라며 규탄했다. 고르바초프와 11개 공화국 지도자들의 공동 성명을 1918년 1월 레닌의 민주적 입헌의회 해산에 비교했다. 오볼렌스키는 옐친과 고르바초프에게 손가락질하며, "새로운 차르의 가신의 기분에 맞춰주면서, 헌법을 창녀처럼 대하는 것을 그만둘 때인 것 같소!"라고 단호히 말했다. 이어서 그는 고르바초프가 두 가지 측면에서 실패했다고 지적했는데, 쿠데타가 일어날 만한 여건을 조성했고 이제는 자신이 수호하기로 맹세한 헌법을 배반했다는 것이었다. 그런 지도자는 즉각 제거해야 하며, 새로운 소련 대통령을 당장 선출해야 한다.[92]

반란은 흐지부지되었다. 대의원들 대개 헌법적 원칙보다는 공화국 지도자들에 대한 충성심을 택했다. 러시아 공산주의자들과 민족주의자들은 눈에 띄지 않게 자세를 낮췄다. 고르바초프를 몰아내자는 오볼렌스키의 제안은 이상주의적이었지만, 많은 이에게 그것은 무정부와 내전의 불길한 전망만 키울 뿐이었다. 공화국 지도자들에 의한 포스트소비에트의 과두 지배 체제는 적어도 외견상으로는 질서가 잡히도록 통치하는 듯 보일 것이다. 아카데미 회원인 드미트리 리하초프, 과학자인 예브게니 벨리호프(Yevgeny Velikhov)와 주요 공적 인사들은 고르바초프를 지도자로 두어야 한다고 호소했다. 러시아 민주파는 장내의 소란을 이용해 '자유와 권리에 관한 결의안'을 상정했는데, 이전 소련 영토 전역에서 사회-경제적 권리와 인권에 대한 고상한 선언이었다. 이는 사실상 만장일치로 채택되었다.[93]

옐친은 인민대표대회 첫 회기 내내 나타나지 않았다. 마침내 출석했을 때는 고르바초프를 "쿠데타가 일어나기 전, 심지어 3주 전보다 훨씬 더" 신뢰한다고 말했다. 발언에 나선 고르바초프는 전향한 민주주의자처럼 말했다. 그는 승자들의 서사를 고스란히 받아들였다. 자신이 1년 전에 '전체주의 체제'와 완전히 결별하고 '민주 세력'에 의지하지 못한 것을 후회한다고 말했다. 그는 공화국들이 뭉쳐서 경제 위기를 극복할 것이라며 오볼렌스키의 비난을 반박했다. "서방도 우리를 지원할 것이다……." 휴회한 동안 고르바초프는 엄선한 대의원 집단을 만나서 소련의 최고소비에트가 여전히 공통의 국가성을 보증할 것이라고 그들을 안심시켰다.[94]

인민대표대회에서 고르바초프는 지칠 줄 모르고 일했다. 논쟁을 일으키지 않기 위한 법률적 수단을 찾아내고, 혼란스러운 대의원들과 막후에서 타협하고 의견을 분열시킬 안건은 덮어버렸다. 공화국 지도자들이 소련 헌법을 폐지하고 대회를 해산하는 데 필요한 3분의 2의 정족수를 얻지 못했을 때 회의를 주재하던 고르바초프는 대의원들에게 갑작스러운 최후통첩을 내놨는데, 집으로 돌아가든지 아니면 헌법 폐지를 놓고 단순 과반수로 표결하라는 것이었다. 나중에 고르바초프는 영국 대사에게 "그들[공화국 지도자들]이 필요로 하는 결과를 얻기 위해 법을 주물러야 했다"라고 시인했다. 의원들은 백기를 들었다. 9월 5일, 인민대표대회와 헌법은 조용히 역사의 쓰레기통으로 들어갔다. 1900명의 대표들은 짐을 싸서 집으로 돌아갔는데, 여행 가방에 소시지와 크렘린의 뷔페에서만 볼 수 있는 귀한 식품을 챙겨 갔다.

고르바초프의 보좌관인 바딤 메드베데프는 소련 대통령이 적절하게 행동했다고 주장했다. 구식의 단일 구조를 폐지하는 것은 "상황의 특성상" 불가피했다. 샤흐나자로프와 체르냐예프도 같은 생각이었다. 정계에서 은퇴한 리시코프는 인민대표대회 해산과 소련 헌법 폐지를 "어리석은" 행위라고 지적했다. 소련 대통령이 그 대가로 얻는 것도 없이 옐친을 도와 법적 틀을 깨버렸다는 것이다.[95]

9월 6일, 소련 대통령은 크렘린 집무실에서 첫 국무회의를 주재했다. 공화국 실세로 이루어진 과두 지배 집단은 자신들의 정치적 행운을 여전히 믿을 수 없었다. 옐친은 고르바초프가 무대 중앙을 차지하도록 당분간은 내버려뒀다.[96] 첫 번째 안건은 발트 국가들의 독립이었다. 인민대표대회에서는 이 문제를 논의할 시간이 없었다. 고르바초프는 1940년에 파괴된 발트 국가들의 국가성 '회복'과 소련의 다른 공화국들의 주권을 분리하는 법적 방화벽을 세우기 위해 최선을 다했다. 2년 전에 이는 혁명적인 움직임이었을 것이다. 이제는 겉보기만 그럴싸한 법률적 수작으로 보였다. 발트 국가들은 인민대표대회에 참석하지 않았지만, 에스토니아의 에드가르 사비사르 총리는 '우연히' 참석했다. 사실상, 그는 모스크바의 '공위기'가 언제든 갑작스레 끝날까 봐 걱정했다. 옐친과 고르바초프가 합의에 이르고, 그러면 러시아인들은 발트 국가들의 독립에 의문을 제기할 것이었다. 인민대표대회에서 사비사르는 다른 공화국의 지도자들을 '동무'라고 부르며 화해의 메시지를 보내려고 동분서주했다. "우리의 헤어짐을 극적으로 만들어서는 안 된다. 우리는 같은 지리적 공간에 있다. 우리는 달로 날아가진 않을 것이다."[97]

공화국 지도자들은 발트 3국과 "소련 내 공화국들[발트 3국]의 이익과 개인의 권리에 관한 쟁점 전체에 대한" 협상을 진행할 대표단을 구성하기로 결의했다. 이는 수많은 조건이 붙은 결별 계약에 대한 기나긴 협상을 뜻했다. 고르바초프는 야코블레프, 셰바르드나제, 숍차크에게 공화국을 각각 맡아 협상을 이끌어달라고 요청했다. 다음 날,《이즈베스티야》는 크로아티아군과 세르비아군 사이의 소규모 유혈 충돌에 대한 뉴스 옆에, 작은 활자로 주권 인정 선언을 실었다.[98]

고르바초프의 임시정부 도박은 마지막이자 가장 필사적인 움직임이었다. 그가 보유하고 있는 유일한 자산은 소련의 대통령이라는 헌법적 지위와 국제적 명성, 완전한 경제적 붕괴에 대한 공화국들의 두려움이었다. 그러나 새로운 연방이란 전망은 고작 두 달 만에 모스크바의 인디언 서머(늦가을에 잠시 찾아오는 따뜻한 날씨 – 옮긴이)처럼 사라져버릴 터였다. 옐친은 자신보다 위에서 행사되는 권력 없이 '러시아'가 포스트소비에트 공간에서 자연스럽게 리더가 되길 원했다. 고르바초프는 경제 붕괴의 위협과 자신에 대한 서방 지도자들의 지지만으로 공화국 실력자들을 공동의 정치적 프로젝트로 이끌 수 있다고 착각했다. 실상 그는 옐친과 공화국 실력자들을 위해 정치적 짐을 떠맡고 있을 뿐이었다. 아니면, 그의 언론 비서관 안드레이 그라초프가 나중에 말했듯이, 소련의 대통령은 스스로 리어왕의 처지가 되고 말았다. 신의를 지키겠다는 약속에 대한 대가로 유형의 자산을 내준 것이다.[99]

13장 불협화음Cacophony

- 왕의 모든 말과 왕의 모든 신하도
  험프티를 다시 합치지 못했네.
  _영국 동요

- 수레에서 떨어진 물건은 잃어버린 것이다.
  _러시아 속담

신용 종식

MID로 알려진 소련 외무부는 8월 위기 이후로 곤경에 처했는데, 외교관들 대다수가 훈타의 명령을 따른 탓이었다. 영국 대사인 로드릭 브레이스웨이트는 "내가 소련 고위 관리였다면 십중팔구 베스메르트니흐와 그 외 협력자들의 신세가 되었을 것이다"라고 일기에 썼다. 러시아 외무부 장관인 안드레이 코지레프는 소련 외교관 고위층을 숙청하려고 외무부 본부에 수사관을 파견했다. 고르바초프가 베스메르트니흐를 해임한 뒤, 이제 외무부 제1차관 율리 크비친스키의 목이 달아날 차례였다. 그는 비상 통치를 따르라며 해외 소련 대사관과 영사관에 발송한 전문에 서명했다. 로마 주재 소련 대사인 아나톨리 아다미신은 쿠데타 동안 모스크바에 휴가를 와 있었던 게 천만다행이었음을 깨달았다. 덕분에 그는 알리바이가 있었다.[1]

1991년 8월 28일, 소련 외무부 고위 관리들의 대표단이 셰바르드나제를 찾아와 공직에 복귀하여 혁명의 핍박에서 소련 외교를 구해달라고 간청했다. 대표단 중 한 명인 세르게이 라브로프(Sergey Lavrov)는 "우리는 집단적 책임을 통감하며, 현명한 아버지에게 돌아온 탕자처럼 당신을 찾아왔다. …… 문제는 외교 정책만이 아니다"라고 말했다. "당신이 복귀하면 다른 공화국들의 대거 이탈을 막을 수 있을 것이다. …… 우리는 UN에서 퇴출당할지도 모른다. 심지어 법률적인 관점에서도 더 이상 강대국 지위를 유지하지 못할 수도 있다." 셰바르드나제는 외무부에 대한 코지레프의 공격이 '미친 짓'이라는 데 동의했다. 그는 소련 외교 정책을 다시 이끌어 달라는 제안을 고사하지 않았지만, 고르바초프에 관해 깊은 의구심을 표명했다. 그가 보기에 현 상황의 진짜 원흉은 비상 통치 계획을 조장하고 쿠데타가 임박했다는 모든 경고를 무시한 소련 대통령이었다.[2]

고르바초프는 셰바르드나제에게 전화하지 않았다. 그 대신, 체코슬로바키아 주재 대사인 보리스 판킨(Boris Pankin)이 차기 외무부 장관으로 지명되었다. 그는 공개적으로 '쿠데타'를 규탄한 유일한 소련 대사였다. 그를 임명한 것은 고르바초프와 옐친 모두 셰바르드나제를 원치 않은 탓이기도 했다. 외교 정책은 두 대통령이 자기들한테 남겨둔 권력 수단이 되었다.[3] 8월 28일 오후 늦게, 판킨은 고르바초프와 만나러 크렘린에 도착했다. 한때 최고 권력의 고요한 안식처였던 곳이 벌집 같았다. 문이 수시로 열렸다 닫히고, 방문객들이 오갔다. 고르바초프는 임시정부를 구성하고 있었다.[4] 그는 판킨과 간단히 대화를 나눈 뒤 임명장에 서명했다. 고르바초프 집무실 앞 로비에서 몇 시간을 기다린 뒤, 판킨은 TV 뉴스를 통해 소련 최고소비에트가 청문 절차도 없이 그를 승인했음을 알았다. 그날 저녁, 고르바초프는 신임 장관을 허심탄회한 대화에 초대했다. 대통령은 죽마고우처럼 판킨에게 어깨동무를 했다. 8월 내내 세계가 그와 소련을 지지해줬다고 그는 말했다. "방향을 바꾸고, 편견을 없애야 할 때야. …… 이 중잣대는 그만해야 해." 프라하에서 바츨라프 하벨 대통령과 많은 논의를 했던 판킨은 동유럽 사람들이 모스크바가 그들을 잊어버린 것처럼 느낀다고 말했다. 하지만 고르바초프는 그 주제에 관심이 없었다. 그의 우선 사항은 서방과의 파트너십과 자금 마련이었다. 그는 판킨에게 잔뜩 놓인 전화기 중에 '외무부 장관'이라고 표시된 것이 있는 책상을 보여주었다. "자네가 저쪽에서 수화기를 들면, 나는 이쪽에서 이걸 든다네. 직통이야."

판킨은 감동받은 채 집무실을 나왔지만, 무슨 일을 해야 하고 어떤 과제에 초점을 맞춰야 할지는 알 수 없었다.[5]

이튿날 아침, 판킨에게 새로운 역할을 제대로 브리핑하는 대신에, 고르바초프는 새 비서실장인 그리고리 레벤코를 보내 판킨을 외무부협의회에 소개시켰다. 한 달 전이라면, 소련 고위 외교 관료들로 구성된 이 속물 집단은 판킨을 벼락출세했다고 무시했을 것이다. 하지만 이제는 끽소리 없이 그를 받아들였다. 판킨은 다급하게 즉석에서 말을 지어내며, 소련에는 "승리를 거둔 민주주의의 외교 정책"이 필요하다고 말했다. 그러고 나서 생각을 정리하기 위해 전임자가 비워둔 거대한 집무실로 물러갔다. 집무실에는 초상화 두 점이 걸려 있었는데, 레닌과 고르바초프의 초상화였다. 어느 쪽도 판킨에게 조언을 주지 못했다.[6]

고르바초프는 자신이 나라를 구하기 위해 서방에 금융 지원을 요청할 수 있는 소련의 유일한 고위 공직자인 양 굴었다. 9월 1일, 공화국의 지도자들 11명과 회담하다가 고르바초프는 갑자기 자리를 비웠다. '쿠데타' 이후로 모스크바를 처음 방문하는 서방 정치가인 영국의 존 메이저 총리와 더글러스 허드 외무부 장관을 영접하러 가야 했던 것이다. 메이저는 부유한 선진국인 G7의 의장이었고 나이절 윅스(Nigel Wicks)를 대동했는데, 소련의 부채와 서방의 금융 지원을 논의할 모임에 참석할 예정인 재무부 고위 관리였다. 고르바초프는 공화국의 실력자들에게 세계 정치 무대에서 자신의 독보적인 위상을 상기시켜주고 싶었다. 크렘린에 있는 황금빛 게오르기옙스키홀에서 메이저, 허드와 대담하면서, 대통령은 방금 소련을 해체에서 구해냈다고 말했다. 그의 성공을 공고히 하기 위해서는, 서방의 지원이 필요했다. 영국 총리와 외무부 장관은 고르바초프가 자신감을 되찾은 데 깊은 인상을 받았다.[7] 다시 공화국 지도자들의 회의실로 돌아온 고르바초프는 영국 귀빈들이 도움을 약속했다고 말했다. 윅스는 모스크바에 머물면서 야블린스키와 함께 경제 개혁과 IMF, 세계은행, 서방 정부의 지원에 관한 방안을 작업할 것이다. 이 방안은 절실하게 필요한 서방 금융 지원을 이끌어낼 수도 있다.[8]

'개혁을 위한 돈'에 관한 논의는 고르바초프 임시정부의 두 번째 공식 모임인 9월 6일 국무회의에서도 이어졌다. 러시아연방 총리 이반 실라에프는 공화국 지도자들에게 소련의 외채가 522억 달러에 달하며, 이 중 209억 달러는 1991년이 상환 만기라고 밝혔다. 파블로프 정부는 대부분을 지불했지만, 여전히 39억 달러가 체불되었으며, "현재까지는 갚을 돈이 없다". 소련의 금 보유고는 고갈되었다. "실질적으로 전 연방이 파산 직전이다." 어디서 돈을 구할 것인가? 채무불이행을 선언해야 하는가? 실라에프는 고르바초프에게 몸을 돌려 말했다. "당신만이 할 수 있다."[9] 다시 키를 잡은 고르바초프는 자금 조성을 위해 특사를 파견하겠다고 말했다. 예브게니 프리마코프는 사우디아라비아와 아랍에미리트로 가고, 야코블레프는 독일로 갈 것이며, 누군가가 한국에도 가야 할 것이다.[10] 나자르바예프가 말을 받았다. 그는 옐친에게 간청했다. "전국에 우리가 통합되었다는 것을 보여줍시다. …… 서로 치고받는 짓은 그만둬야 합니다." 뚱한 표정으로 앉아 있던 러시아 대통령은 아무 말도 하지 않았다. KGB의 의장인 바딤 바카틴은 고르바초프가 모임을 주도했다고 회고했다. 그는 국가 재정 수치들을 쉽게 다뤘고 결정적 발언은 언제나 그의 몫이었다.[11]

9월 9일, '인도주의적 차원에 관해' OSCE가 주최한 협의회가 모스크바에서 열렸다. 이 회의의 구상은 정치국이 인권을 서방에 대한 소련 외교 정책의 도구로 여겼던 페레스트로이카 초창기로 거슬러 올라갔다. 1988년 9월, 많은 외교적 거래 끝에 모임이 정해졌다. 3년이 지난 뒤, 모임은 이제 많은 이에게 완전히 생뚱맞아 보였다. 행사를 주관하는 외무부에서 모두 판킨에게 회의 개최를 연기하라고 권고했다. 서방 외교관들도 동의했다.[12] 하지만 판킨에게는 좋은 생각이 떠올랐다. OSCE 협의회는 모스크바가 무너지고 있는 전체주의 제국의 중심이 아니라, 민주적 혁명의 수도라고 세계에 알릴 훌륭한 기회였다.[13] 고르바초프는 잠깐 망설인 후 찬성했다. 단 며칠 새, 35명의 외무부 장관과 고위 인사들이 소련의 공식 초청장을 받았다. 협의회는 소비에트하우스의 기둥의 방에서 열렸는데 레닌의 동지들이 1936~1938년에 재판을 받고 사형에 처해진 곳이자, 1953년 3월에는 스탈린의 관이 전시된 곳이기도 했다. '인도주의적 문제'를 논의하기에 참 대단한 장소가 아닌가!

OSCE 38개 회원국의 국기가 기둥의 방을 장식했고, 그중에는 독립한 발트 3국의 국기도 있었다. 판킨은 우크라이나와 벨로루시 그리고 그 외 소비에트 공화국들의 '외무부 장관'도 참관인 자격으로 초대했다. 개막 연설에서 고르바초프는 '위대한 유라시아 민주주의'에 관해 언급했다. 누구도 더 이상 소비에트연방을 입에 올리지 않았다. 이튿날, 옐친은 러시아 의회에서 각국의 외무부 장관을 맞았다. 고르바초프와 옐친은 크렘린 내에서 따로 공식 축연을 주최했다. 당 본부 차고에 숨겨두었던 검은 리무진이 고관들을 모스크바 여기저기로 실어 날랐다. 주최 측은 자유와 민주주의의 승리, 새로운 파트너십 그리고 국제 관계에서 인권에 밀려난 이데올로기에 관해 이야기했다. 고인이 된 안드레이 사하로프의 친구이자 한때 정치범이었던 세르게이 코발레프(Sergey Kovalev)가 이끈 소련 대표단은 국가 주권에 대한 국제법의 우위를 비롯한 기막힌 제안을 한 꾸러미나 내놓았다. 미국과 서방 정부들이 수용하기에는 벅찬 것이었다.[14]

민주러시아 지지자와 추종자는 새로운 신화, 붕괴하는 소비에트 세계에 대한 대체물을 제시하는 서방을 찬양하는 열기에 사로잡혔다. 민주적 성향의 러시아인들은 오늘은 아니어도 가까운 미래에는 '문명화된 국제사회의 일원'이 되길 바랐다. 모스크바의 문화 엘리트들에게, 회의의 사교 행사는 서방에 속하고 그들에게 받아들여지길 원하는 욕구를 채워주었다. 일부 서방 손님들은 낙관주의를 보고 어이가 없었다. 나라가 결딴나고 있었다. 축하할 일이 있는가? 어떤 손님은 주최 측에 물었다. 소련 경제는 왜 그렇게 나락에 빠졌는가? 새로운 독재정권이 두려운가?[15]

고르바초프는 세계적 명사로서의 위상을 확고히 하고 서방의 장관들에게 금융 지원을 요청하기 위해 모스크바 포럼을 이용했다. 그는 한스디트리히 겐셔에게 10억 마르크의 융자를 요청했다. 그때까지 콜 총리의 정부는 이미 고르바초프에게 250억 마르크 이상을 빌려준 터였다. 놀랍게도 고르바초프는 그 돈을 어디에 썼는지 설명하지도 못했다. 그는 미국 국무부 장관인 제임스 베이커에게 "이 동네에서는 뭐든 사라진다"라고 놀랍도록 태연하게 말했다. 하지만 겐셔는 헬무트 콜에게 즉시 이야기해보겠다고 약속했다. 고르바초프는 독일의 관대함을 칭찬하고 미국의 반응과 대조했다. "어떤 사람은 돈도 내지 않고 결정권을 가지려 하지요." 같은 날, 고르바초프는 옐친과 실라예프, 야블린스키를 초대하여 콜과의 통화 내용을 듣게 했다. 통화상으로, 독일 총리는 10억 마르크의 대출을 약속했다. 셰르파(주도적인 산업 강국 정상들의 대표)가 모일 차기 G7 드레스덴정상회담에서 소련에 대한 지원을 옹호하겠다고 했다.[16]

또한 고르바초프는 프랑스의 재무부 장관인 피에르 베레고부아(Pierre Bérégovoy)와 외무부 장관인 롤랑 뒤마와도 이야기했다. 그는 프랑스를 유럽공동체의 리더라 여겼다. 미테랑 대통령의 전직 자문인 자크 아탈리는 동유럽 국가들에 대출해주는 EBRD의 총재였다. 고르바초프는 프랑스 외빈들에게 "여러분의 지원이 몹시 필요하다는 점을 미테랑 대통령에게 전해달라. …… 이게 우리의 마지막 기회다"라고 말했다. 그는 서방 국가들에 소련 경제를 구할 100억 달러의 안정화 기금 조성을 촉구했다. 국제 금융의 까다로운 문제를 다루는 서방 은행들의 비공식 단체인 파리클럽(Paris Club)에도 소련 부채를 조정해줄 것을 요청했다. 안타깝게도, 고르바초프는 프랑스로부터 금융 지원을 받지 못했다. 프랑스 외교 정책의 우선순위는 OSCE에서 유럽연합을 창설하기 위한 교섭 과정인 마스트리흐트조약으로 이동하기 시작했다. 소련을 배제하는 프로젝트였다.[17]

서유럽 국가들의 외무부 장관은 고르바초프를 여전히 치켜세웠다. 노르웨이 외무부의 토르발드 스톨텐베르크(Thorvald Stoltenberg)는 덴마크, 스웨덴, 핀란드, 아이슬란드의 동료들과 함께 소련 지도자를 만났다. 그는 "왜 전후 서유럽의 경험을 활용해서 마셜플랜 같은 것을 실행하지 않는가?"라고 물었다. 만약 서방이 소련의 변화를 돕는 데 실패한다면, 그의 결론은 "우리는 전후에 창조한 모든 것을 파괴할 수도 있다"라는 것이었다.[18] 실제로는 북유럽 국가들은 발트 공화국들을 돕기 위해 너도나도 움직이고 있었다. 소련의 다른 공화국은 그들의 소관이 아니었다.

체코슬로바키아의 외무부 장관과 과거 반체제 인사였던 이르지 디엔스트비에르(Jiří Dienstbier)는 고르바초프에게 "[서방 지도자들은] 이 돈이 1970년대에 폴란드에서 그랬던 것처럼 바람과 함께 사라질까 봐 걱정스럽다"라고 경고했다.[19] 기금 조성을 위한 마라톤 작업이 끝날 때까지, 고르바초프는 두 건의 금융 지원만 약속받았다. 독일은 10월 15일까지 국영은행에 10억 마르크를 예치하기로 약속했다. 한편 10억 달러의 국가 신용을 약속한 것은 이탈리아였다. 고르바초프가 독일 세르파인 호르스트 쾰러(Horst Köhler)에게 추가로 저리의 대출을 요청했을 때, 독일인들은 답을 미뤘다. 쾰러는 추가적인 금액은 G7 지도자들의 공동 결정이 필요하다고 말했다.[20] 고르바초프의 개인적 신용은 한계에 도달했다.

"겁쟁이 키예프"

부시 대통령과 브렌트 스코크로프트는 모스크바의 급속한 변화에 당황스러웠다. 그들은 구소비에트 중심이 사라졌다는 것을 이해했다. 하지만 옐친의 '민주 혁명'이 어떻게 드러날지는 짐작할 수 없었다. 부시는 강경파가 재집결하여 반격할 수도 있다고 우려했다.[21] 라트비아와 에스토니아에 대한 옐친의 성급한 대통령령과 우크라이나 독립선언법은 미국 대통령을 난처하게 만들었다. 의회는 부시에게 발트 국가들의 주권을 수용하고 우크라이나 독립도 인정하라고 촉구했다. 8월 26일, 부시를 만나러 케네벙크포트를 방문한 브라이언 멀로니 총리는 캐나다가 곧 발트 국가들의 주권을 인정할 것이라고 밝혔다. 이튿날에는 헬무트 콜 총리가 전화를 걸어와 헤이그에서 열린 EEC 외무부 장관회의도 발트 국가들을 인정하기로 결정했다고 전했다. 부시는 생각에 잠겨 대답했다. "이 결정이 다른 공화국들에 어떤 영향을 미칠지 좀 더 알 수 있으면 좋을 텐데요." 회고록에서 부시는 "서방에서 우리가 먼저 행동하기 전에" 고르바초프에게 먼저 발트 국가들의 독립을 인정할 기회를 주고 싶었다고 설명했다.[22]

부시의 주된 우려와 관심 사항은 발트 공화국들이 아니라 우크라이나였다. 8월 29일, 《뉴욕타임스》는 '붕괴 후'라는 제목으로 윌리엄 새파이어의 기명 칼럼을 실었다. 보수적인 대중 칼럼니스트는 다음과 같이 썼다. "소비에트 제국이 해체되고 있다. 이것은 인류의 자유에는 영광스러운 순간이다. 우리는 신과 NATO, 러시아와 제국 내부의 반체제 인사 그리고 자신과 세계를 전제적 지배로부터 보호하기 위해 미국인들이 두 세대 동안 치른 희생에 감사하며, 이 순간을 만끽해야 한다." 칼럼니스트는 소심하게 군다며 부시를 공격했다. "미국의 대통령은 러시아인과 우크라이나인을 비롯한 모두를 자유세계로 반갑게 맞이하며, 경찰의 해체와 군대의 감축을 촉구하고 번영으로 가는 길을 왜 방송에 나와 보여주지 않는가?" 그 대신, 부시는 "어리석게도 역사의 조류를 거슬러서 워싱턴이 중앙집권적 모스크바의 편을 들게 하고 있다". 칼럼니스트는 8월 1일 부시의 우크라이나 의회 연설을 콕 집어서 "겁쟁이 키예프 연설"이라고 불렀다.[23] 이것은 우크라이나 독립을 즉각 인정하라는 우렁찬 주장이었다.

부시 대통령은 격노했고 깊이 상처받았다. 새파이어의 "겁쟁이 키예프"는 쉽게 잊히지 않았고 대단히 민감한 순간에 등장했다. 부시와 베이커는 우크라이나의 분리가 소련 비축 핵무기에 가져올 파급효과를 고민하고 있었다. 우크라이나의 연방 탈퇴의 전략적 파급효과는 특히 우려할 만했다. 지하 격납고에 저장된 총 176기의 ICBM과 42대의 전략 폭격기가 우크라이나 영토에 배치되어 있었고, 여기에 1800개의 핵탄두가 특수 벙커에 저장되어 있다고 추정되었다. SS-18 미사일을 생산하는 소련 최대의 미사일 공장은 우크라이나 드네프로페트롭스크에 있었다.[24] 우크라이나가 독립한다면 이 막대한 핵전력을 누가 책임질까?

미국 대통령은 새파이어와 비판자들을 무시하기로 했다. 백악관은 발트 문제를 우크라이나 독립에서 분리했다. 후자는 핵무기 문제가 명확해질 때까지 미뤄야 했다. 이튿날인 8월 30일, 부시는 고르바초프에게 발트 독립을 인정하는 문제를 더 이상 기다릴 수 없다고 알렸다. 소련 지도자는 소련 의회의 개회까지 기다려달라고 간청했다. 소련 주재 신임 미국 대사인 로버트 스트라우스(Robert Strauss)와 정보원들은 고르바초프의 간청을 뒷받침했다. 소련 최고소비에트회의에서 소련 지도자를 해임해버릴 수도 있다. 부시는 고르바초프에게 며칠 말미를 주겠다고 말했다. 그러더니 리투아니아의 비타우타스 란즈베르기스에게 전화를 걸어서 "월요일의 중대 발표"를 기다리라고 말했다. 부시는 "우리가 당신 편이라는 것을 알려주고 싶다"라고 안심시키며 마무리했다.[25]

9월 2일 아침, 부시는 기자들을 만나 발트 국가들과의 외교 관계를 회복했다고 발표했다. 그 직전에, 그는 에스토니아와 라트비아 대통령에게 전화를 걸어 "소련 사람들이 독립을 허용하게" 하려고 이렇게 오랫동안 기다렸다고 설명했다. 미국 대통령은 자신이 방금 우아한 외교술을 구사했다고 생각했다. 그는 인생에서 이날의 특별한 의미를 곰곰이 생각하며 점심시간을 보냈다. 1944년 9월 2일, 부시가 조종하던 군용기가 일본 남쪽, 태평양 보닌제도에서 격추되었다. 동료 승무원들은 전사하고 그가 유일한 생존자였다. 인생과 행운, 조국에 대한 봉사를 생각한 순간이었다.

회고록에서, 부시와 스코크로프트는 자신들이 현명하게 행동했다고 줄곧 주장했다. 국가안보보좌관은 두 사람이 발트 쟁점에 "영구적인 해법을 추구하고 있었다"라고 평가했다. "그것은 소련이 발트 독립을 자발적으로 인정해야 제대로 달성될 수 있었다." 그러지 않고 민족주의적 우파가 모스크바에서 집권하기라도 하면 "소련은 약화된 상태에서 압력을 받아 행동했다고 주장하면서" 상황을 쉽게 뒤집어버릴 수도 있었다. 부시와 스코크로프트 어느 쪽도 새파이어의 칼럼을 언급하지 않았다.[26]

발트 쟁점이 해소되고 우크라이나에 대한 인정은 미뤄진 가운데, 백악관은 소련 난제의 다른 측면에 초점을 맞췄다. 9월 4일, 부시와 각료들은 허약한 소련과 소련의 해체 중 어느 쪽이 미국의 이해관계에 더 나을지 토론했다. "우린 의견이 갈렸다. 아주 심하게 갈렸다"라고 스코크로프트는 회고했다. 펜타곤의 수장인 딕 체니는 고르바초프를 버리고 진짜 민주주의자이자 서방의 가치를 수용하는 옐친을 택해야 한다고 공개적으로 주장했다. 체니는 우크라이나 독립을 인정하라는 우크라이나계 미국인 단체들과 NED의 청원을 지지했다.[27]

제임스 베이커는 고르바초프 휘하의 허약한 연방이 독립 공화국들의 예측 불가능한 불협화음보다는 미국의 이해관계에 더 나을 것이라고 주장했다. 그는 보좌관인 앤드루 카펜데일(Andrew Carpendale)과 존 해나(John Hannah)로부터 영감을 얻었다. 카펜데일은 레닌의 유명한 격언을 본떠 '무엇을 해야 하는가'라는 메모를 작성해서, 모스크바의 자유주의적 지식인들을 응원하고 소련 전역에 '공동의 민주적 공간'을 창출한다는 그들의 구상을 지지했다. 카펜데일은 옐친의 야심이 공화국들 사이의 유고슬라비아 같은 대립을 낳을 수도 있다고 주장했다. 해나는 소련 해체 과정이 "평화롭고 질서정연하게 이루어질" 수 있도록, OSCE의 법적 준거 틀로부터 이끌어낸 5개 원칙을 제안했다. 이는 1) 헬싱키최종의정서의 정신에 따라, 민주적 가치 및 원칙에 부합하는 평화적 자결권 2) 국내외에서 기존의 경계선을 존중하고, 변경 시에는 평화롭게 서로 합의하여 할 것 3) 민주주의와 법의 지배, 특히 선거에 대한 존중 4) 인권, 특히 소수민족에 대한 동등한 처우 5) 국제법과 의무 사항에 대한 존중이었다.[28] 셰바르드나제도 이러한 원칙을 확인하도록 베이커에게 촉구했다. 그는 고르바초프와 옐친이 파트너십을 수립하도록 미국 행정부가 두 사람을 설득해주길 바랐다.[29]

베이커는 휘하의 보좌관들처럼 폭력적 혼돈 상태로 돌이킬 수 없게 치닫고 있는 유고슬라비아를 생각하고 있었다. 9월 4일, 국무부 장관은 국무부 언론 브리핑에서 5개 원칙을 발표했다. 그는 발트 국가들은 "미국에 항상 특수하고 개별적인 사례였으며 여전히 그렇다"라고 강조했다. 소비에트연방의 장래는 "국제적으로 수용되는" 원칙에 따라 "소련 사람들이 스스로 결정하는 것이다". 한 기자가 소련과 유고슬라비아 간의 유사성에 관해 묻자, 그는 "[유고슬라비아는] 5개 원칙을 따르지 않아서 무슨 일이 일어났는지 보라!"[30]라고 답변했다.

미국 외교의 눈앞에는 두 장의 와일드카드가 있었다. 하나는 자본주의로 이행하는 소련 경제를 안정화할 서방의 대규모 금융 지원 방안이었다. 8월 29일, 그레이엄 앨리슨과 로버트 블랙윌은《워싱턴포스트》기명 칼럼에서 부시 행정부에 이 조치를 주도하라고 촉구했다.[31] G7 정상들 가운데 한 명인 존 메이저는 부시에게 경고했는데, 일부 서방 지도자들은 모스크바가 IMF의 자금을 끌어올 수 있도록 소련의 IMF 가입을 신속히 처리하길 원했던 것이다. 부시는 니컬러스 브래디 재무부 장관의 건의를 받아 이 방안에 확고히 반대했다. 그는 "우리는 가치와 필수적인 이해관계에서 중대한 승리를 거둔 참이다. 우리의 입지가 강하므로 서둘러서 성급한 결정을 내릴 필요는 없다고 본다. 대규모 현금 지원에 대한 압박에 저항할 수 있어야 한다"[32]라고 말했다. 9월 4일 각료회의에서, 베이커는 부시에게 동의해야 했다. 대통령은 미국 경제가 신음하고 있는데 소련에 납세자들의 돈을 쓰자고 제안할 수는 없었다.[33]

우크라이나 독립은 두 번째 와일드카드였다. NSC의 고위 소련 전문가인 에드 휴잇은 부시와 스코크로프트에게 다음과 같이 썼다. "옐친과 고르바초프 둘 다 우크라이나가 연방에 남아야 한다고 생각한다." 우크라이나의 분리는 거대한 경제적 혼란과 러시아에서 민족주의적 역풍을 불러일으킬 수 있다. 휴잇은 "결국에는 크라우추크가 12월의 핵심 선거에서 승리하지 못하고, 주로 러시아를 통제하려는 시도에서 우크라이나가 연방에 남을 공산이 크다"라고 추측했다.[34] 우크라이나 쟁점은 백악관에서 9월 5일에 논의되었다. 부시는 다른 공화국들의 독립선언이 '복잡한 쟁점'이라고 시인하는 말로 운을 뗐다. 러시아연방과 다른 공화국들 내부에는 더 작은 자치구들이 존재했고 그 지역들은 모두 분리를 위협하고 있었다. 대통령의 불확실성에 직면하여 체니는 다시금 '공격적' 접근법을 들고나왔다. 그는 미국이 소비에트 공간에 보유한 거대한 지렛대를 이용해 그곳을 쪼개야 한다고 주장했다. "[러시아에는] 여전히 권위주의적 정권이 들어설 수도 있다. 지금부터 1~2년 안으로 상황이 잘못 돌아간다면, 그때 가서 우리가 충분히 하지 않았다는 말에 어떻게 답할 수 있을지 모르겠다……." 토론 기록 전문은 여전히 기밀이지만, 체니의 발언의 요지는 분명했다. 러시아는 민주국가로 존재한 적이 없으며, 앞으로도 민주국가가 될 것 같지 않다는 뜻이었다. 우크라이나 독립 인정은 어쨌거나 좋은 정책일 것이다. "민주주의가 실패한다면, [러시아가] 작은 게 우리한테는 낫다."[35] 베이커는 체니에게 딜레마의 다른 측면도 상기시켰다. 만약 소련 해체가 폭력으로 이어진다면 어쩔 건가? "우린 또 다른 유고슬라비아를 원치 않았다"라고 스코크로프트는 회고했다. "베이커는 주로 핵무기의 지휘 통제 문제 때문에 소련을 하나로 유지하도록 노력하는 것이 중요하다고 생각했다. …… 나는 해체된 연방이 우리에게 더 낫다고 생각했는데 연방 해체는 소련의 핵전력을 세분할 것이고, 세분된 전력 대부분은 우리가 더 이상 걱정하지 않아도 될 것이기 때문이었다." 하지만 스코크로프트는 체니의 주장에 동의하지 않았다. 미국이 공공연하게 소련의 해체를 지지한다면, "소련의 다수를 구성하는 대다수의 러시아인들에게 장기적으로 적대감을 이끌어낼 게 거의 확실했기" 때문이다. "결국 우리는 아무런 입장도 취하지 않았다. 상황을 방치했다."[36]

베이커에게 모스크바의 OSCE 포럼은 목표로 하는 청중에게 자신의 5개 원칙을 전달하고 미국 외교가 소련의 해체에서 어떻게 이득을 볼 수 있을지 알아보는 기회였다. 그의 일정에는 START와 CFE의 비준도 포함되어 있었는데, 이는 소련 전략 무기 감축과 중유럽에서 소련군의 철수를 뜻했다. 그는 두 핵심적인 후견 국가인 쿠바와 아프가니스탄에 대한 소련의 원조도 끝내고 싶었다.[37] 베이커는 9월 11일 아침에 모스크바에 도착했다. 첫 만남은 외무부 장관인 판킨이었다. 놀랍게도 판킨은 베이커에게 열 가지 제안이 담긴 목록을 제시했는데, 그중 몇 가지는 미국 측의 요청에 선수를 치는 것이었다. 제안서는 쿠바와 아프가니스탄에 대한 소련의 지원을 종결하고, 일본이 영유권을 주장하는 북방 영토에 관해 대화하며, 미국인들의 관광과 사업에 닫혀 있던 소련의 제한 구역을 개방하고, 동유럽 국가들이 자유롭게 동맹을 맺을 권리를 인정할 것 등이 담겨 있었다. 판킨은 이 제안들이 소련의 양보가 아니라 "오늘날 외교 정책을 운영"하는 사람들의 새로운 철학을 반영한 것이라고 결론 지었다.[38]

그다음 베이커는 고르바초프를 만났다. 소련 지도자는 쿠바와 아프가니스탄에 대한 소련의 지원은 종료하겠지만, 점진적이며 협상의 대상이 될 것이라고 확인했다. 그는 여전히 무조건적인 철수라는 모양새는 피하고 싶었다. 하지만 식량과 의약품을 비롯해 서방의 지원이 절실했다. 그는 또한 (야블린스키도 동석한 가운데) 소련이 국제수지 균형을 유지할 수 있도록 서방이 안정화 달러 기금을 설립해줄 수 있는지 물었다. 베이커는 모호한 답변을 내놨다. 옐친도 지지하는, IMF가 승인한 경제 개혁 프로그램을 실시하면 "서방이 제법 상당한 원조를 제공할 수 있을 것이다". 반대로 국무부 장관은 서방 은행들에 대한 소련의 부채에 관해서는 구체적이었다. 그 부채들은 반드시 기한까지 상환해야 하며, 그러지 않으면 미국은 인도주의적 원조를 "중단해야 할지도 모른다".[39]

옐친은 이제 자신이 모스크바의 실세임을 가르쳐주기 위해 베이커를 기다리고 있었다. 그는 소련 외교 정책은 전부 "쓰레기"라고 말했다. 플로리다의 쿠바인 공동체는 카스트로 독재정권에 대한 소련의 보조금을 즉각 중단시키기 위해 옐친에게 로비해왔다. 이제는 이것을 베이커에게 선물로 내놨다. 옐친은 소련이 그해 말까지 아바나와 카불에 대한 군사적·경제적 지원을 끊을 것이라고 공언했다. 1만 1000명의 소련 정규군 전원이 1992년 1월까지 쿠바에서 철수할 것이다. 옐친은 이에 대해 고르바초프의 동의를 받아내겠다고 약속했고 몇 시간 만에 그렇게 했다. 그날 저녁 베이커와 고르바초프는 기자회견에서 이에 관한 공동 발표문을 내놨다.[40] '민주적인 외교 정책'의 예법은 차치하고라도, 이것은 초강대국이라는 소련의 지위에 대한 성급한 해체를 알렸다. 한 역사가는 이 에피소드를 "소련 외교 정책 자산의 급매 처분"이라고 불렀다. 사실, 그 '자산'은 쓰레기처럼 버려졌다. 쿠바와 아프가니스탄과 협의를 시작도 하지 않은 판킨은 고르바초프-베이커의 발표를 듣고 깜짝 놀랐다.[41]

쿠바 정권은 소련 보조금이 끊겼어도 뜻밖에도 살아남아, 미국 측에는 눈엣가시 같은 존재로 남았다. 카불의 나지불라 대통령 정권은 4년 뒤에 무너져서 무자비한 탈레반 근본주의 정권으로 대체된다. 이는 미국의 이해관계에 전혀 이득이 되지 않았다. 만약 베이커가 1991년 9월에 미래를 점칠 수 있었다면, 뉴욕 쌍둥이빌딩에서 치솟는 연기와 20여 년에 걸친 미국의 아프가니스탄 군사 점령이 눈에 들어왔을 것이다.

모스크바에서 부시에게 친 전보에서, 베이커는 옐친과 고르바초프의 "놀라운 유연성"에 관해 쓰고 이를 미국의 지원에 대한 희망과 연결 지었다. 그는 미국이 "이익을 즉시 '가두도록(lock-in)' 한층 서둘러야 한다"라고 주장했다.[42](주식이나 증권의 매매 시 지정가에 도달하면 매매를 중단하여 이미 얻은 수익이 유출되지 않도록 '가두는데' 이를 비유한 것임 – 옮긴이) 그래도 국무부 장관은 자신이 방금 경험한 것을 제대로 설명할 수 없었다. 미국인들의 비위를 맞춰주려는 러시아인들의 태도는 그들의 이해관계와 상식이 요구하는 것을 훨씬 넘어섰다. 베이커가 모스크바에서 만난 관리들은 모두 거듭난 기독교인처럼 행동했다. 개심의 새로운 원천이 엉클 샘의 지지와 돈이라는 사실만 제외하면 그랬다. 모두 베이커에게 도움을 간청했다. 코지레프는 옐친이 한층 더 결연하게 행동해 소련 외교 정책의 '쓰레기'를 내던져 버리도록 베이커가 그를 설득시켜주길 바랐다. 러시아 대통령은 미국인들 말만 들을 테니까![43] 국방부 장관 예브게니 샤포시니코프는 베이커가 우크라이나와 벨로루시를 제지해주길 원했는데, 두 나라의 정치인들은 소련군을 해체하려는 참이었다. 미국이 그들을 "서둘러 인정해주지 말아야" 한다고 샤포시니코프는 간청했다. 그런 순진한 호소에 깜짝 놀란 베이커는 그것은 미국의 정책이 아니라고 원수를 안심시켰다. KGB의 의장인 바카틴은 베이커에게 발트 국가들과의 대화에서 자신을 지지해달라고 부탁했는데, 그들은 자국 영토상의 비밀경찰 네트워크를 당장 해체하려 하기 때문이었다. 바카틴은 KGB를 CIA와 비슷한 것으로 전환하기 위해서라도 미국의 지원이 필요했다. "여긴 정말 기가 막힌 나라다"라며 베이커는 놀라움을 금치 못했다. "한 달 전에는 KGB 의장이 고르바초프 대통령을 체포하더니만, 이제는 KGB 의장이 CIA 모델을 따르려고 미국 법률을 공부하고 있다!"[44]

바카틴은 회고록에서 베이커가 소련의 미래에 관해 "우리의 저명한 일부 정치인들보다" 더 걱정하더라고 적었다. 국무부 장관은 이전의 소비에트 공화국들이 UN에 당장 가입 신청을 하려는 것을 보고 경악했다. 소련이 상임이사국으로 있는 UN 안전보장이사회는 어떻게 될까? 베이커는 이런 우려를 코지레프와 공유했고, 그도 이 '악몽' 같은 상황을 막아야 한다는 데 동의했다. OSCE에 속한 12개 공화국에서 온 참석자들과 함께한 스파소하우스의 저녁 만찬에서, 베이커는 참석자들에게 협력하고 경제 조약에 서명할 것을 촉구했다. 그러나 그는 실라예프와 야블린스키를 만나고는 두 러시아인의 목표가 일치하지 않음을 확신했다. 그들은 끊임없이 다퉜다. 실라예프는 IMF와 세계은행에 돈을 요청하고 싶어 했지만, 야블린스키는 엄밀하게 자신의 아이디어에 기초한 개혁 프로그램이 없다면 돈은 낭비될 것이라고 말했다. 포포프 시장과 솝차크 시장은 서방 기업들이 고르바초프의 임시정부를 건너뛰고 모스크바, 상트페테르부르크와 직접 거래하는 것이 더 나을 것이라고 베이커를 설득하려고 했다. 포포프는 NATO가 기한이 지난 군 비축 식량을 모스크바로 보내줄 것을 촉구했다. 솝차크는 베이커에게 "중앙에 돈을 주지 말라"라고 경고했다.[45]

베이커의 모스크바 방문에서 셰바르드나제의 모스크바 아파트 자택에서 함께한 저녁 식사가 감정적으로 정점을 찍었다. 전직 외무부 장관은 서방의 대대적 개입 없이는 러시아에서 민주주의의 미래가 밝지 않다고 내다봤다. 연방의 해체는 경제를 산산조각 낼 것이고, 블라디미르 지리놉스키 같은 포퓰리스트가 민심의 불만에 편승할 것이다.[46] 셰바르드나제는 미국인 친구에게, 과거에 서방은 발트 국가들의 연방 탈퇴를 지원 조건으로 내걸었음을 상기시켰다. "이제 발트인들은 떠났는데, 지원은 없다." 베이커는 이런 논리에 넘어가지 않았다. 그는 "경제 혁명"을 수행하면 "우리는 지체하지 않고 지원을 제공할 것"이라고 말했다. 셰바르드나제는 "지원"이 이뤄지기 전에 우크라이나도 떠나고 카자흐스탄도 떠나고 중앙아시아는 결국 이슬람 수중으로 들어갈 것이라고 반박했다. "크라우추크는 약하다"라고 베이커는 반박했다. "그는 민족주의자들에 맞서서 대통령직에 출마했다." 서방은 중앙의 편이었고 민족주의자들에 맞섰다. 결국, 베이커는 모든 책임을 포스트소비에트의 관련자들과 IMF에 떠넘기는 미국의 불간섭 공식 노선을 고수했다. "베이커의 절제력이 다시금 그가 친구[셰바르드나제]에게 인간적으로 구는 것을 막았다"라고 만찬에 참석한 베

이커의 주요 보좌관들 중 한 명이었던 로버트 졸릭은 회고했다.[47]

그렇긴 해도, 베이커는 러시아 민주주의에 감정적으로 사로잡힌 채 모스크바를 떠났다. 그는 부시에게 모스크바에서 민주주의자들의 실패는 "훨씬 더 위협적이고 위험한 세계를 가져올 것"이라고 했다. 또한 매우 가망은 없지만, 러시아 민주주의자들이 "정치 혁명"에 버금가는 "경제 혁명"을 이뤄낸 다음에는 "특히 우리가 지원을 망설이는 경우에, 그 책임은 우리한테 떨어질 것이다".[48] 이 도덕적 책임감은 베이커가 발트 국가들로 가서 영웅 대접을 받자 다소 가라앉았다. 란즈베르기스와 동료들은 소련군이 즉시 철수하고, 벨로루시를 비무장화하고, 소련군이 이제는 소련의 고립 영토(본토와 떨어져서 외국의 영토로 둘러싸인 영토 – 옮긴이)가 된 칼리닌그라드 지역으로 이동하기 위해 리투아니아를 통과하는 것을 중단하도록 워싱턴이 모스크바를 압박해주길 바랐다. 베이커가 이 모든 일은 병참적으로 불가능하다는 샤포시니코프의 주장을 인용하자, 리투아니아인들은 화를 냈다. 발트인들은 과거 소련 시절의 의무 사항을 지키는 것도 거부했다. 에스토니아 외무부 장관 렌나르트 메리는 나미비아가 그렇듯 에스토니아는 소련의 승계 국가가 아니라고 말했다. 베이커는 러시아어를 사용하는 소수 집단에 관한 이야기를 꺼냈을 때 "공공연한 적의에 가까운 반응"을 보고 놀랐다. 에스토니아 정부의 수반인 아르놀드 뤼텔은 에스토니아에 있는 대다수의 러시아인과 우크라이나인은 국방과 안보 분야에서 일하며 이 나라를 떠나야 한다고 말했다. 베이커는 그런 생각을 그만두게 하려고 뤼텔을 최선을 다해 설득했다.[49]

다음으로 베이커는 나자르바예프 대통령과 회담을 갖기 위해 참모들과 카자흐스탄으로 갔다. 카자흐스탄 공화국 영토에는 다핵탄두를 갖춘 전략 ICBM 1000기가 배치된 것으로 추정되었고, 전부 약 1800개의 핵무기가 저장되어 있었다.[50] 알마아타에서 카자흐스탄 관계자들은 미국인들을 성대하게 대접했는데, 보드카가 흘러넘치고 '미국-카자흐스탄 전략적 동맹'을 위해 건배가 오갔다. 나자르바예프는 5개 원칙에 동의했고, 카자흐스탄은 비핵 지대로 남을 것이라고 확인했으며, 베이커에게 공화국 수도에 외교 '대표부'를 설치하라고 요청했다. 그는 미국인들에게 옐친의 측근이 러시아 민족주의 경향이 강한 데 대해 우려를 표명했다. 그는 "우리나라를 돌아다니다 보면, 카자흐스탄 아이들을 때리는 러시아 아이들이 보일 것이다. 내가 어릴 때 그랬다. 그들과 함께 사는 건 쉽지 않았다"라고 불평했다. 대통령은 어린 시절의 트라우마만이 아니라 지정학적이고 역사적인 현실을 염두에 두었다. 카자흐스탄은 1936년에 스탈린에 의해 소비에트의 공화국으로 수립되었고, 냉전기에 공화국은 소련 MIC가 활개를 치는 공간이 되었다. 공화국 지도부는 거대 우주센터와 생물학, 화학 연구소를 비롯해 자국 영토상의 '폐쇄 도시'에서 무슨 일이 벌어지는 전혀 알지 못했다. 그곳은 모스크바가 통제하고 자금을 댔다. "하나의 열강에 사실상 사방으로 둘러싸여 있는 카자흐스탄인들은 자신들의 평화와 안정을 보장해줄 수 있는 세계 유일의 열강인 미국에 접근하길 원했다"라고 베이커는 상황을 요약했다.[51]

베이커는 다른 생각도 들었다. 모스크바에서는 멋진 아이디어로 보이던 것이 주변부에서는 매우 달라 보였다. 발트 공화국의 지도자들은 부정적 결과는 상관하지 않고 소련과 정치적·경제적·문화적으로 절연하길 원했다. 그리고 모스크바에서는 매우 협조적이고 합리적으로 보이던 나자르바예프는 본거지로 돌아오자 말이 급격히 바뀌었다. 그런 변덕스러운 태도에 직면한다면 과연 고르바초프가 살아남을 수 있을지, 베이커는 생각에 잠겼다.[52]

"빈말 대잔치"

9월 5일, 민주러시아 지도자들은 8월의 극적인 사건 이후 처음으로 모스크바에서 모임을 가졌다. 대표적인 급진적 민주주의자인 아르카디 무라쇼프는 "오늘 아침 11시 30분에, 소련은 소멸했다"라는 말로 동료들을 맞았다. 그는 인민대표대회의 해산과 소련 헌법의 종식을 언급하고 있었다. 대다수가 모스크바의 자유주의적 지식인인 참석자는 이 지각변동을 전체주의 제국의 종말과 민주적인 신시대의 시작과 동일시했다. 그들은 옐친이 새로운 선거를 실시할 테고, 그러면 폴란드의 경우처럼 공산당 기관원이 사라진 러시아 정부가 구성될 것이라고 믿었다.[53] 하지만 그다음에는 어떻게 해야 할지 분명치 않았다. 운동의 지도자인 유리 아파나셰프와 그 외 러시아 민주주의자는 별안간 돌격이 멈춘 기병 여단처럼 느껴졌다. 그들이 반대했던 당은 사라졌고, 가시적인 공통의 공격 대상은 이제 없었다. 러시아 민주운동 진영은 경제와 국가 건설, 재정 안정화를 어떻게 해결할지 잘 몰랐다. 이런 문제는 군중을 동원하고 선전 유인물을 찍어낸다고 해결되는 게 아니었다.[54]

9월 14일, 민주러시아가 주최한 협의회가 모스크바에서 열렸다. 55개 지역에서 총 153명의 대표가 참석했다. 소련 시절에 유명 반체제 인사였던 블라디미르 부콥스키와 유리 오를로프(Yuri Orlov)가 상임위원회에 속해 있었다. 하지만 옐친은 여전히 휴가 중이어서 나타나지 않았다. 러시아 대통령은 이미 그를 지지해준 지식인 운동 집단과는 분리된 상위의 존재로 여겼다. 협의회를 주재한 유리 아파나셰프는 청중에게 이날은 역사적 의미가 있는 특별한 날이라고 상기시켰다. 74년 전, 알렉산드르 케렌스키가 이끄는 임시정부가 러시아를 공화국으로 선포했다. 불행히도 최초의 러시아 공화국은 레닌과 트로츠키가 파괴해버리기 전까지 고작 두 달밖에 지속되지 못했다. 잠시, 대표들은 이 사실을 숙고했다. 그러고 나서 아파나셰프는 자리에서 일어나서 1990년 6월에 탄생하여 마침내 전체주의적 족쇄를 떨쳐낸 제2의 러시아 공화국 삼색기에 경례하자고 청중에게 제안했다.[55]

운동의 또 다른 주도적 인사인 일리야 자슬랍스키가 정세 보고를 했다. 세 정치 세력이 러시아의 미래를 결정할 것이다. 첫 번째 세력은 국가자본주의를 표방하는 옛 노멘클라투라 구성원이었다. 두 번째 세력은 전문 직업인과 인텔리겐치아, 숙련 노동자와 새로운 기업가 집단으로 이루어진 민주러시아였다. 세 번째 세력은 "일하고 싶지는 않지만, 모든 것을 나누고 공유하고 싶어 하는" 사람들, 즉 소비에트 사회의 "쓰레기"로 구성되어 있었다. 포퓰리스트 블라디미르 지리놉스키가 이 집단에 호소력을 발휘했다. 그 후 자슬랍스키는 가능한 시나리오를 언급했다. 최악의 경우에는 비참하고 성난 다수가 지리놉스키 떼거리에 가담할 수도 있다. 또 다른 시나리오는 민주파 지도자들이 친자본주의적 노멘클라투라와 손을 잡는 것이었다. 자슬랍스키는 세 번째 시나리오를 선호했는데, 이 경우 민주러시아는 옐친에 대한 조건부 지지를 이어가면서 러시아 의회에서 입지를 강화할 것이었다.[56] 뒤이은 토론은 많은 대표가 미래에 대해 비관적임을 보여주었다. 상트페테르부르크의 한 대표는 "우리 국민은 미개하고, 교육을 못 받았다"라고 경고했다. 전직 당 실세들은 유권자를 매수할 돈이 있으며, 많은 사람이 "소시지를 갖다 바칠" 사람에게 투표할 것이다. 예카테린부르크의 한 대표는 현지 시 평의회(소비에트) 운동가들, 즉 1년 전 민주러시아의 주축이 이제 실업자이며 자금이 없다고 불만을 토로했다. 발언자는 민주파가 경제력 없이 말만 하는 계급인 이상, 민주주의는 실패할 것이라고 경고했다.[57]

8월 23일에 당 본부를 폐쇄했던 모스크바 관리 중 한 명인 예브게니 사보스탸노프(Yevgeny Savostyanov)는 하나의 실용적 경제 개혁 프로그램으로 단합해야 한다고 운동 진영에 촉구했다.[58] 그는 500일 계획은 더 이상 적용할 수 없음을 시인하고, 자신의 정책 프로그램을 제안했다. 그의 정책 문서는 즉각적인 가격 자유화와 부동산과 환전을 저해하는 규제의 철폐, 국가 연금의 투자 기금 이전 등을 주장했다. 이 정책 목록은 미국 경제 관행을 그대로 빌린 것이었다. 무라쇼프는 대학과 의료를 민영화하고, 소련 시절의 공공 서비스를 해체해 민간 서비스로 전환할 것을 제안했다. 그는 "자유주의 사상이 러시아 역사와 문화의 고유한 특징과 결합해 …… 세계에 러시아의 기적을 보여줄 것"이라고 낙관적으로 결론 내렸다. 그는 러시아 역사와 문화에서 어떤 "고유한 특징"을 생각했는지는 자세히 설명하지 않았다. 그런 프로그램을 누가, 또는 어떻게 실행할 것인지도 설명하지 않았다.[59] 아무도 질문을 던지지 않았다. 이 무렵에는 선의의 비전문가가 생각해낸 온갖 경제 프로그램들이 점점 급진적 성격을 띠면서 모스크바를 떠돌았다.

협의회 참석자들 가운데 국가 건설을 언급한 사람은 없었다. 민주러시아 운동가를 대다수 배출한 소련의 인텔리겐치아는 사회의 지도적 위상을 예민하게 의식했지만, 관료제를 경멸하고 서류 작업을 꺼렸다. 무라쇼프는 예외였는데, 시청의 친구들로부터 모스크바 경찰청장이 되어달라는 제안을 수락했다. 그는 동료들에게 자신을 본받으라고 다그쳤다. "우리가 참여하지 않으면 누가 개혁을 실행하는가?" 그러나 대다수는 이런 사고방식을 따를 준비가 되어 있지 않았다. 문학사가인 레오니트 바트킨(Leonid Batkin)은 민주파와 국가 조직 간의 협력에 반대하여 열정적으로 연설했다. "우리는 지금 이대로 남아야 한다." 민주러시아는 국가 조직에 침투하는 대신, 풀뿌리 운동과 의정 활동에 집중해야 한다. 바트킨은 "옐친과 러시아 당국에 우리 덕분임을 상기시키고 그들에게 '꼬리 치는 일'을 그만둬야 한다"라고 결론 내렸다.[60]

대표들 대다수는 소비에트연방이라는 '악의 제국' 대신 영연방을 대략적으로 반영한 독립적인 민주국가의 연합이 들어서기를 바랐다. 일부는 포스트소비에트 공화국들이 모두 소련의 법적 승계 국가가 되어야 한다고 주장했다. 급진주의적인 면으로는 누구에게도 뒤지지 않는 바트킨은 동료들에게 KGB와 구소련군을 "끝장내고 …… 파괴"할 것을 촉구했다.[61] 그리고 소련 핵무기는 어떻게 해야 할까? 이탈리아 르네상스 전문가인 바트킨은 여기에도 답변을 내놓았다. 장래 연합의 모든 회원국이 전략군에 공동 통제권 및 지휘권을 가져야 한다. 제임스 베이커가 이 모임에 참석했다면, 정신 나간 미치광이 무리라고 생각했을 것이다. 또 다른 관찰자인 러시아 학자는 다음과 같이 회상했다. "살면서 일반적으로 그렇게는 용감하지 않은 사람들이 …… 소련의 해체 이후 우리 영역이 구유고슬라비아와 비슷하지만 핵무기까지 있는, 만인의 만인에 대한 투쟁의 공간으로 바뀔 것이라는 점을 우려하지 않았다는 게 지금도 도통 이해가 안 된다. 미국인들은 이를 크게 염려했으나, 우리[지식인들]는 아니었다."[62]

협의회의 모든 사람이 연방의 붕괴를 축하한 것은 아니었다. 어느 대표는 고르바초프의 연방조약을 지지하며 8월의 사건을 비극이라고 여겼다. "우리가 이전 제국을 아무리 많이 쪼갠들, 여기서 탄생하는 모든 국가는 여전히 다종족적일 것이다." 그루지야와 몰도바에서는 이미 폭력적인 종족 분쟁이 벌어지고 있었다. 다른 지역에서도 그런 일이 벌어질 수 있었다. 민주러시아는 왜 발트, 우크라이나, 그루지야 분리주의자들은 지지하면서 다른 공화국에서 살고 있는 러시아인은 지지하지 않는가? 그리고 러시아어 사용 지역인 크림반도가 우크라이나를 떠나서 러시아에 합류하기로 결정하면 어떻게 할 건가?[63] 그러자 동부 우크라이나의 한 발언자가 일어나 항의했다. 그는 국경선을 변경하길 요청하는 소리가 "총 방아쇠 소리보다 더 크게 들린다"라고 말했다. 그는 우크라이나 주민들 대다수는 소비에트연방을 영구히 탈퇴할 준비가 되어 있으니, 러시아인들은 남의 일에 신경 끄라고 덧붙였다.[64] 이런 말다툼은 '공동의 민주적 공간'이란 훌륭한 관념의 종식을 예고했다.

9월 16일, 국무회의는 고르바초프의 크렘린 집무실에서 연방조약과 공동의 경제 프로그램을 논의했다. 이것은 단명한 공화국 과두 지배 체제에서 가장 중요한 모임이었다. 옐친도 참석했고 고르바초프와 의견이 일치한 듯 보여서, 이것이 모임의 기조가 되었다.[65] 야블린스키는 시장경제로의 이행이 이루어질 때까지 앞으로 5년 동안 자신과 경제 전문가들에게 비상 권한을 달라고 요청했다. 그는 자신의 프로그램이 수용되지 않는다면, 몇 달 안으로 굶주리고 비참한 사람들의 무리가 기존의 의회와 각종 회의체를 모조리 없애버릴 것이라고 말했다. 야블린스키의 기술 관료적인 유토피아는 본말을 전도해서 경제와 정치의 순서를 뒤바꾸었다. 그의 논리는 그 순간 좌중을 압도하는 듯했다. 옐친은 무표정하게 이야기를 들었다. 우크라이나 *라다* 의장인 레오니드 크라우추크와 비톨트 포킨 총리가 가장 먼저 이의를 제기하고 나섰다. "그렇다면 독립은 무슨 소리인가?"[66] 포킨은 우크라이나는 식량이 남아돌기 때문에 식량을 수출하여 경화를 얻을 계획이라고 말했다. 우크라이나 공화국은 모스크바의 독재 없이도 생존할 수 있고 원하는 대로 부를 분배할 수 있다. 아제르바이잔 대통령인 아야즈 뮈탈리보프(Ayaz Mutallibov)와 벨로루시 총리 비야체슬라프 케비치(Vyacheslav Kebich)는 야블린스키의 계획을 공화국 의회에 가지고 갈 수는 없다며 불만을 제기했다. 그랬다간 반역으로 몰릴 것이다.[67]

야블린스키는 수업을 이해하지 못하는 학생을 대하는 교사처럼 이야기했다. 그는 우크라이나 통화를 수립하려는 우크라이나 *라다*의 시도가 잘못 판단한 프로젝트라고 지적했다. 그는 미국의 연방준비제도와 유사하게 여러 은행이 모스크바와 키예프, 소비에트연방의 여러 도시에 소재하는 것은 가능했다. 하지만 단 하나의 통화와 단 하나의 중앙 통화 공급자만 있어야 한다. 만일 우크라이나와 그 외 공화국들이 '국가(national)' 통화를 발행한다면 은행권은 쓸모없는 종잇조각이 될 것이다. 그는 크라우추크와 포킨에게, 자신의 계획은 기존의 국가 자산을 분배하는 게 아니라 모두의 생활 수준을 높일 현실성 있는 공동 시장을 창출하는 것이라고 설명했다.[68]

고르바초프는 연방조약을 계속 밀어붙였다. 그는 크라우추크를 질책했다. "[우크라이나의] 당신들은 왜 조약도 맺기 전에 군대를 인수하는 거요? 그리고 국경 수비대를 장악하는 이유가 뭐요?" 크라우추크는 그것이 8월 쿠데타에 대한 공화국의 대응으로, 스스로 보호하려는 조치라고 설명했다. 벨로루시의 최고소비에트 의장인 스타니슬라프 슈슈케비치는 크라우추크 편을 들었다. 모두 옐친을 쳐다봤다. 오랫동안 말이 없다가, 러시아 지도자는 다시금 연방조약과 경제협정에 찬성했다. 그는 러시아가 "홀로서기를 하고 당면 문제들을 독자적으로 해결해야 한다고 특정 집단에서 나를 압박하기 시작했는데……"라고 말하며 말끝을 흐렸다.[69] 회의의 남은 시간 내내 러시아 대통령은 침묵을 지켰다. 그는 수첩에 몇 마디 적었다. 그중 하나는 "중앙에서 통치하거나 따로따로?"였다.[70] 옐친이 마음을 정하지 못한 건 분명했다. 그는 야블린스키가 전에 한 말을 떠올렸는데, 효과적인 경제 개혁은 한 공화국에서만 실시될 수 없으며 개혁이 효과를 보려면 소비에트연방 전역에 걸쳐 실시되어야만 한다는 것이었다. 그러나 불확실성이 결단의 사나이인 러시아 지도자를 마비시켰다. 그는 수첩에 적은 질문에 답을 내릴 수 없었다.

나자르바예프 대통령은 알마아타에서 제임스 베이커와 회담을 마치고 뒤늦게 회의에 합류했다. 모스크바에서 카자흐스탄의 지도자는 다시금 노선을 바꿨고, 연방을 찬성하는 현명한 사람으로 비쳤다. 베이커가 G7은 포스트소비에트 공화국들이 보조를 맞춰 행동할 때만 금융 지원을 할 것임을 밝혔다고 그는 말했다. 만일 공화국들이 서방에 따로 접근한다면 "식민지처럼 취급당할 것"이다. 그는 크라우추크에게 몸을 돌려 말했다. "디아스포라(흩어짐)는 좋을 수도 있지만, 어떤 공화국도 충족해주지 못할 거요. …… 친애하는 레오니드, 우크라이나가 어떻게 될지 걱정입니다." 그는 안심시켜주는 발언으로 마무리했다. "경제 문제가 우리를 단합하게 할 것입니다. 그럴 거라 확신합니다."[71]

고르바초프는 크라우추크에게 동료집단으로서 압력을 가할 수 있는 기회를 붙잡았다. 그는 "슬라브인들은 갈라설 수 없다"라고 말했다. "레오니드, 연방에 관해 더 많이 발언하는 것을 두려워하면 안 됩니다." 고르바초프는 우크라이나 *라다*의 지도자가 연합에 찬성하지만, 그저 민족주의자인 경쟁자들이 이 쟁점으로 대통령 선거에서 유리한 입장에 설까 봐 두려워하는 것이라고 짐작했다. 크라우추크는 변명하듯 힘없이 대답했다. 그는 러시아연방에서 오는 갱목 공급이 중단된 탓에, 우크라이나 동부 돈바스 지역의 광산들이 문을 닫고 있다고 우려했다. "미하일 세르게예비치, 내일이면 모든 것이 해결되리라고 말할 수 있다면 좋겠지만…… 그렇게는 안 되겠죠, 안 될 겁니다……." 옆에서 이 대화를 듣던 슈슈케비치는 훗날 크라우추크가 얼마나 영리하게 고르바초프보다 한 수 앞섰는지 감탄했다. "얻어내려고 하는 바가 뭐였든 간에, 고르바초프는 절대 얻어낼 수 없었다."[72]

과두 지배 체제는 편의주의와 불확실성의 산물이었다. 누구도 그것이 오래가리라고는 믿지 않았다. 고르바초프와 옐친이 실라예프에게 러시아연방 총리에서 물러나 임시정부의 경제위원회에서 새로운 책무에 집중해 달라고 부탁했을 때, 노련한 관료는 주저했다. 실라예프는 이 직책이 모래성 쌓기와 다를 바 없다는 것을 알았다. 고르바초프는 반대로 소비에트연방을 이끌 권리를 다시 얻은 것처럼 행동했다.[73] 슈슈케비치는 고르바초프가 "다른 누구의 말도 들으려 하지 않았다. …… 그는 자신이 정말 똑똑하고 뛰어나니까, 모두 지지해줄 것이라고 생각했다"라고 회고했다. 하지만 공화국 거물들은 고르바초프가 집권 기한이 진즉에 끝나버린 허풍선이라고 여겼다. 긴 회의 사이의 휴식 시간에, 그들 중 일부는 고르바초프의 모습에 고개를 절레절레 흔들었다. "또 빈말 대잔치로군!"[74]

제임스 베이커의 보고를 숙고한 뒤, 부시와 스코크로프트는 소련에 인도적 지원 이상을 제공하는 것은 비현실적일 것이라고 서방의 동맹국들에 암시했다. 재무부의 국제문제 담당 차관인 데이비드 멀퍼드는 드레스덴의 셰르파 회담에 참석하러 가서, 소련 채무에 재융자하려는 독일의 시도를 무산시켰다. 그러고 나서 그는 고르바초프에게 나쁜 소식을 전하러 온 니컬러스 브래디와 연준 의장 앨런 그린스펀에게 합류했다. 그들은 서방이 이미 약속된 것 이상으로는 돈을 주지 않을 것이라고 밝혔다. 브래디는 "이는 독일과 그 외 상대국들의 견해이기도 하다"라고 덧붙였다. 고르바초프는 의연하게 소식을 받아들였다. "우리는 현실적이라서, 미국이 태도를 정하지 않으면 아무 일도 일어나지 않는다는 걸 잘 안다." 그는 소련-서방의 파트너십이 불균형하다고 지적했다. '러시아인, 슬라브인'은 서방에서 친구처럼 대우받기를 기대한다. 하지만 미국인은 돈을 센다. 브래디는 서방의 요구 조건을 밀어붙였다. 인도적 지원을 받으려면, 모스크바는 금 보유고를 비롯해 재정 상태를 완전히 공개해야 한다. 고르바초프는 공개적으로 창피를 당할 수도 있었다. 1990~1991년에, 그는 무역수지 적자와 재정 적자를 메우기 위해 금 보유고를 대규모로 매각하도록 은밀하게 재가했기 때문이다. 하지만 브래디는 입장을 굽히지 않았다.[75] 부시에게 보내는 보고서에서, 재무부 장관은 다음과 같이 결론 내렸다. 소련 경제는 "우리가 생각한 것보다" 더 급속하게 위축되고 있다. 중앙과 공화국들의 관계가 정리될 때까지는 추락을 막을 조치는 어떤 것도 효과가 없을 것이다. 그리고 관계가 정리될 가능성은 대단히 의심스러웠다.[76]

"러시아의 전략"

1991년 7월에 옐친의 국무부 장관으로 임명된 겐나디 부르불리스는 9월에 친한 기자에게 머리를 비우려고 서방과 러시아의 철학자의 책과 함께 시인 오시프 만델스탐(Osip Mandelstam)과 지그문트 프로이트를 읽는다고 말했다. 기자가 부르불리스에게 걱정거리가 무엇인지 묻자, 그는 "전체주의 소비에트 제국에서 민주적인 권력과 통치 구조로의 철저한 이행"이라고 대답했다. 훈타가 몰락한 뒤, 부르불리스는 외교 정책과 경찰력, KGB, 언론과 관련한 쟁점을 옐친에게 '콕 짚어 가르쳐'주었다. 1991년 9월에, "나라에는 정부가 없었다"라고 그는 나중에 회고했다. 민주러시아의 운동가들은 옐친에게 당과 KGB 관리가 공직을 맡는 것을 사실상 금지하는 '정화' 작업을 실시하라고 촉구했다. 부르불리스는 이것이 불가능하다는 걸 알았다. 기용할 수 있는 '민주적인 간부 집단'이 전혀 없었기 때문이었다. 옐친의 측근은 대개 당 노멘클라투라와 KGB 출신이었다.[77] 부르불리스는 소련 고위 관료 집단 전체를 배제하길 원하는 친구들의 열의를 뜯어말렸다. 그는 소련 외교관과 KGB의 대규모 숙청에 반대했다.[78]

부르불리스는 또한 경제 위기에 대처할 현실성 있는 조치를 제안해줄 사람이 필요했다. 그는 실라예프의 경제위원회는 배제했고, 야블린스키도 무시했다. 부르불리스는 '그리샤' 야블린스키가 고르바초프 같았다고 회고했다. 말은 잘하는데, 실제 행동은 못했다. 옐친이 권력이 있고 행동할 의지가 있는 유일한 사람이었다. 하지만 부르불리스는 옐친의 영향력을 고르바초프의 헛된 계획에 허비할까 염려스러웠다. 그 대신, 민주국가 러시아를 건설하는 데 쓰여야 한다. 옐친의 핵심 자문에게는, 러시아 국가의 탄생과 소련 경제 자산의 전용, 급진적 시장 개혁의 실시는 한데 묶인 세 가지 핵심 요소였다.[79]

부르불리스는 '스웨덴식 사회주의' 모델을 꿈꾸기도 했지만, 이 선택지를 재빨리 버리고 시장 자유주의를 택했다. 그는 한 기자에게 "배고픈 사람에게 물고기를 줄 수도 있지만, 물고기 잡는 법을 가르쳐줄 수도 있다"라고 말했다. 성서에 나오는 이 우화는 국가 사회주의에 반대하는 논지로서 미국 우파인 부르불리스의 친구들이 들려준 것이었다. 스웨덴식 사회주의 모델은 비용이 너무 많이 들고 의존하려는 러시아인의 습관만 지속시킬 것이다. 러시아인들은 주도적으로 행동하는 법을 힘들게 배워야 한다. 부르불리스는 민주러시아의 급진주의자들이 현실적인 경제 전략을 들고나오길 바라는 것은 가망이 없음을 알았다.[80] 기존의 경제 프로그램은 어느 것도 그의 기준에 맞지 않았다. 옐친의 경제 자문으로 수학 교수인 이고르 니트(Igor Nit)는 1950년대와 1960년대 소련의 수학적 계량경제학을 기초로 한 보고서를 작성했다. 니트는 또한 1930년대 초 볼셰비키들의 경험에 기댔다. 그들은 금으로 뒷받침되는 병용 통화를 성공적으로 도입하고, 국영과 시장지향이라는 두 가지 경제 체제를 동시에 수립해냈다. 하지만 1991년 9월에는 독재정권이 없었고, 농민층과 예전의 상업 계층도 없었다. 게다가 국고에는 금이 없었다.[81]

경제 개혁을 위한 두 번째 진지한 시도는 미하일 베른스탐이 이끄는 스탠퍼드대학의 경제학자 팀이 마련한 프로그램으로, 그는 1991년 3월 이래로 러시아연방 최고경제회의의 후원을 받아 모스크바에서 연구했다. 미국 경제학자 팀은 워싱턴 컨센서스에 대한 매력적인 대안을 설계했다. 베른스탐은 이 접근법을 "충격 없는 개혁"이라고 불렀다. 서방의 대형 융자 대신 베른스탐과 동료들은 은행 계좌에 있는 국민들의 개인 저축을 투자금으로 이용해, 시장 조건에 입각해 국영기업에 재융자(refinance, 기존 채무를 갚도록 새로 빌려주는 것 – 옮긴이)할 것을 제안했다. 이런 식으로 일석삼조의 효과를 거둘 수 있을 것이다. 소련 기업들은 국가 재정에 의존하지 않고, 수백만 소련 국민은 투자자가 되며, 서방 자금에 대한 필요성도 줄어들 것이다. 베른스탐은 그러한 전략이 "탈중앙화된 강한 연방"에서 실현 가능하다고 확신했다.[82] 하지만 9월에 스탠퍼드대학의 경제학자들은 주요한 정치적 지지 기반을 잃었는데, 러시아연방 최고경제회의의 의장인 미하일 보차로프가 물러난 것이다. 그리고 부르불리스는 베른스탐과 그 팀을 외면했다.

마지막으로, 러시아연방 경제부 장관인 예브게니 사부로프(Yevgeny

Saburov)가 내놓은 프로그램이 있었다. 45세의 사부로프는 수학과를 졸업했고 모스크바 인텔리겐치아의 반(半)반정부적 배경을 지녔다. 그는 자유민주주의에 대한 잠시의 희열감 탓에 공직에 나섰는데, 진짜 열정을 품은 것은 경제학이 아니라 시였다.[83] 사부로프의 프로그램은 그의 친구들이 정부 소유 별장에서 작성한 것이었다. 《코메르산트》는 9월 초에 그 초안을 실었는데, 시장경제학과 좋은 의도가 막연하게 뒤섞인 것이었다. 부르불리스는 야블린스키 계획과 마찬가지로 사부로프의 프로그램도 싫어했는데, 프로그램의 주된 목표가 연방의 보존이었기 때문이다.[84]

부르불리스는 남은 시간이 없고, 보리스 옐친이 사부로프의 프로그램을 지지할지도 모른다는 사실을 알았다. 러시아 대통령은 미국 스타일 자본주의에 대한 새로운 믿음과 우랄 공업지대에서 쌓은 경험 사이에서 흔들리고 있었다. 그는 부르불리스에게 소련 경제의 작동 방식에 대한 우월한 지식을 과시하는 것을 좋아했는데, 분배와 공급, 수요에 관련한 숫자를 처리해봤기 때문이다. 스베르들롭스크의 당 노멘클라투라 출신인 옐친의 절친들은 러시아가 아직 자본주의를 도입할 준비가 되어 있지 않다고 믿었다. 그중 한 명은 영국 대사 로드릭 브레이스웨이트에게 "현재로서는, 진짜 기업가 집단은 없고, 야바위꾼뿐이다"라고 말했다. 옐친도 부르불리스에게 비슷한 말을 했다. 러시아 국민은 충격이 아니라 안정을 원하며, 그 점을 무시해서는 안 된다고 말이다. 고르바초프와의 국무회의가 끝난 뒤, 옐친은 모든 약속을 취소하고 또다시 사라졌다. 서방 외교관들은 러시아 대통령이 어디 있는지 몰랐다. 부르불리스는 옐친이 해결 방법을 알 수 없는 불확실하고 복잡한 상황에서 도망친다고 생각했다. "보리스 옐친의 사고방식에는 고뇌에 찬 선택이란 없었다"라고 부르불리스는 회상했다. 이런 흐름을 뒤집을 수 있는 것은 옐친이 신뢰하고 채택하고 실천할, 새롭고 대담하고 단순한 전략뿐이었다.[85]

8월 20일 저녁, 부르불리스는 러시아 정부로서는 결정적인 순간에 예고르 가이다르를 우연히 만났다. 가이다르를 부르불리스에게 소개한 사람은 옐친의 자문 중 한 명인 알렉세이 골롭코프였다. 그는 몇 달 전 피노체트 장군과 신자유주의 경제학자들을 만나러 칠레에 갔다.[86] 부르불리스는 자신이 원하던 것을 가이다르가 모두 줄 수 있다는 점을 재빨리 깨달았다. 야블린스키, 니트, 베른스탐, 사부로프를 비롯한 모두가 시스템에 곧 들이닥칠 충격을 완화하거나 회피하려 한 반면, 가이다르는 그것이 불가피하다고 여겼다. 폴란드 '충격 요법' 프로그램의 장본인이었던 레세크 발체로비치가 9월에 모스크바를 방문했을 때, 가이다르와 그의 그룹은 그를 스승처럼 맞이했다. 발체로비치는 가장 급격하게 전환해야만 사회가 방식을 바꾸게 만들 수 있다고 충고했다. 또한 성공적인 외과수술처럼 개혁은 최대한 신속하게 실행되어야 한다. 가이다르는 시장의 힘이 가능한 한 빠르게 풀려나야 하며, 대단히 충격적인 조정 과정을 거쳐 모든 것이 제자리를 찾을 것이라고 절대적으로 확신했다.[87] 소련 정부에서 전에 겪은 경험은 가이다르에게 교훈을 주었는데, 개혁 프로그램은 '두 다리'가 없으면 걸을 수 없다는 것이다. 집단의 이익과 충돌하면, 개혁은 서류상의 글자로만 남을 것이다. 하지만 즉각적인 이익을 제공하면, 열성적으로 시행될 것이다. 가이다르는 워싱턴 컨센서스와 충격 요법의 신조를 빠져나갈 구멍이 없는 관료적인 행정명령의 언어로 번역하고, 기존의 경제 주체들과 정부 관리들이 변화를 실천하고 거기서 이득을 볼 수 있게 인센티브를 제공했다.[88]

부르불리스는 옐친에게 무엇을 해야 하는지 설명하는 글을 작성해달라고 가이다르에게 부탁했다. 가이다르와 그의 팀은[89] 아르한겔스코예 2번지의 국영 '15호 별장'에서 작업을 시작했다. 사부로프 팀은 근처에 있는 '6호 별장'에서 작업했다. 경쟁하는 두 팀은 친하게 지냈고, 서로 식사와 술자리로 초대하기도 했다. 하지만 가이다르는 자신이 경쟁하고 있다는 걸 알았다.[90] 부르불리스, 코지레프, 옐친의 법률 자문 세르게이 샤흐라이는 '15호 별장'을 자주 찾아 진행 중인 작업을 논의했다. 부르불리스와 가이다르는 효율적인 팀을 구성했다. 가이다르는 부르불리스가 "선택지들을 따지고, 유망한 인사들과 전문가들을 끌어들이는 법"을 알았다며 회고했다. 부르불리스도 가이다르가 정책을 "법적 구조로, 법률 행위들의 문안

으로 뒷받침되게 했다"라며 칭찬했다.[91]

소련 고위 엘리트의 후손인 가이다르는 소비에트연방을 파괴하고 싶어 하는 부르불리스와 친구들이 지닌 이데올로기적 열정을 공유하지는 않았다. 8월 후반까지, 그의 시나리오는 고르바초프가 옐친을 후계자로 임명하는 것이었다. 이 시나리오에서 "옐친은 연방의 구조를 합법적으로 자기 밑에 두고, 러시아 전 국민의 지도자로서 절대적 권한을 갖고 두 권력 중심을 합병시킨다".[92] 그 대신, 옐친은 고르바초프의 권력을 빼앗았지만 일은 맡으려 하지 않았다. 게다가 우크라이나는 독립을 선언했고, 고르바초프는 처음부터 실패작인 임시정부를 수립했다. 단 한 번뿐인 기회가 허비되었다. 가이다르는 고르바초프의 국무회의에 미래가 없다고 확신했다. 그런 잡종을 위해 일하느니 파괴하는 게 나았다. 가이다르가 자문을 구한 서방 경제학자들도 동의했다. 그중 한 명인 스탠퍼드대학의 경제학자 루디거 돈부시는 1918년 오스트리아-헝가리제국의 멸망을 연구했다. 핵심은 안정적 통화의 복원이라고 그는 충고했다.[93]

회고록에서, 가이다르는 급강하하는 비행기의 조종사처럼 행동해야 했다고 썼다. 소련의 자원과 상품 분배 체계는 무너졌다. 근린궁핍화(beggar-thy-neighbor, 상대방 카드를 다 빼앗는 카드 게임에서 따온 용어로, 다른 국가의 경제를 희생, 즉 궁핍하게 만들면서 자국의 경기회복을 도모하려는 경제 정책 – 옮긴이)의 보호무역주의가 득세했다. 루블화는 더 이상 작동하지 않았고, 사람들은 식량과 상품을 사재기하기 시작했다. 조종사는 새로운 엔진, 즉 시장경제를 켜야 했고, 그러지 않으면 비행기는 추락할 것이다. 심사숙고하며 세부 사항을 따질 여유가 없었다. 소련 경제는 비행기가 아니었지만, 이 은유는 설득력이 있었다. 소련 경제는 가이다르와 부르불리스가 확신한 대로 이미 자멸해버린 국가의 일부였다. '러시아'가 탄생하여 살아가도록 소비에트연방의 껍데기를 벗어버려야 했다.[94]

9월 23일, 가이다르 팀은 '이행기의 러시아 전략'이란 제목의 초안을 내놓았다. 레닌의 신경제정책과 마거릿 대처의 개혁을 비롯해 지난 20세기 동안 시장 개혁에 관한 간단한 세계사로 서두를 열었다. 성공의 열쇠는 경제 전문가와 단호한 정치 지도자가 연합하는 것이었다. 문서는 옐친의 권위가 "안정화 정책을 수행할 만하다"라고 단언했다. 그러나 그의 권위가 허비되면, 상황은 보수적 반대파에게 유리해질 것이다. "카리스마를 지닌 지도자로서는 개혁이라는 힘든 과정의 초기에 인기가 없는 것이 [수년간] 포퓰리즘만 펼치다가 목표를 향해 아무런 진전이 없는 것보다 낫다."[95] 메시지는 분명했다. 옐친은 새로운 러시아를 탄생시키는 거창한 행위에 정치적 자산을 쓰거나, 아니면 고르바초프처럼 또 다른 실패한 지도자가 될 수 있다. 부르불리스는 이 문서를 옐친의 자문회의에서만 논의했다. '러시아 전략'은 오로지 보리스 옐친만을 위해 작성되었다.

이튿날, 부르불리스는 서류 가방에 문서를 챙겨서 소치로 날아갔다. 옐친은 근처의 정부 관저 '보차로프 루체이'에서 쉬고 있었다. 하지만 러시아 지도자는 이 방안을 단호히 거부했다. 부르불리스는 러시아 대통령이 "급진적 조치를 피할 수 있게, 다른 누군가가 더 편리한 방안을 갖다줄 때까지 좀 더 기다리고" 싶어 했다고 회고했다.[96] 옐친은 다시 한번 고르바초프에게 구애를 받았다. 루츠코이, 실라예프, 사부로프, 포포프, 숍차크, 야블린스키를 거느린 소련 지도자는 크렘린에서 옐친에게 전화를 걸어 러시아가 다른 공화국들을 상대로 경제적 이해관계를 지킬 가장 좋은 방법은 그들과 경제적 조약을 맺는 것이라고 설득했다. 고르바초프는 옐친에게 "책임을 받아들이고 러시아를 중심으로 국민을 단결"시켜달라고 간청했다. 부르불리스가 소치에 나타나기 직전에, 가이다르의 경쟁자인 예브게니 사부로프도 옐친과 이야기했다. 러시아 대통령은 사부로프의 프로그램이 포스트소비에트 공화국들끼리 경제 조약을 협상하기에 좋은 기반이라고 동의했다.[97]

부르불리스는 고르바초프, 야블린스키, 사부로프의 주장을 깎아내려야 했다. 그는 가이다르의 보고서를 소리 내어 읽은 다음, 옐친의 질문에 대답했다. 보고서는 공화국들이 자국 영토상의 재산을 장악한 뒤 러시아연방 영토에 위치한 "재산과 자원을 공유하려고" 새로운 연방을 이용하려 든다고 지적했다. 무엇보다도 석유와 가스였다. 완전한 주권만이 자원들에 대한 진짜 통제권을 러시아에 부여할 수 있다. 러시아 정부는 자체적인 통화, 금융, 재정 정책을 수립해야 하고, 돈을 찍어내고 세관을 설치할 권리를 보유해야 한다. 부르불리스와 가이다르는 "지정학적 상황과 산업력 및 원자재 때문에 러시아가 비공식적으로 지도자 역할을 차지할 …… 경제적 연합을 은밀히 건설하기 시작할 것"을 제안했는데, 이는 쌍무적인 군사·정치 동맹, 공동 통화로 루블화를 이용하는 무역지대, 에너지와 수송 네트워크의 공유, 과학기술의 협력을 통해 가능했다. 그러면 소련군은 어떻게 해야 하는가? 가이다르의 보고서는 "군대를 보존할 유일한 길은 소련군을 점진적으로 러시아군으로 전환하는 것이라고 소련군 지도자들과 비밀 회담을" 할 것을 제안했다.[98] 보고서 작성자들은 본질적으로 고르바초프가 달성하고자 하는 것을 제안하고 있었지만, 고르바초프와 '연방 중심'은 빠져 있었다.

부르불리스는 옐친을 설득하는 데 사흘이 걸렸다. "우리 셋뿐이었다"라고 부르불리스는 회고했다. 세 번째 사람은 옐친의 경호원 코르자코프로, 그는 "해변에 있는 우리에게 음식을 가져다주고 이따금 오락거리 …… 테니스와 목욕탕을 제공했다". 러시아 바냐(*banya*)는 벌거벗은 남자들이 허심탄회한 대화를 나누고 어려운 결정을 내리는 관례적 장소였다. 그 과정에서 부르불리스는 뜨거운 증기와 열기를 견뎌야 했다. 어쨌든, 그는 그것이 옐친이 마음을 정하는 데 도움이 되리란 것을 알았다.[99] 물론, 옐친은 소련 대통령과 임시정부를 항상 없애버리고 싶어 했다. 정확히 1주일 전에, 고르바초프가 주재하는 국무회의는 옐친과 나자르바예프에게 국무회의를 대표하여 나고르노카라바흐에서 평화 중재 임무를 맡겼다. 중재 회담은 실패했고, 아르메니아와 아제르바이잔 간의 적대 행위는 계속되었다. 옐친은 더욱 좌절했다. 그는 헛된 임무에 정치적 자본을 허비한 참이었다. 이 경험은 가이다르의 논지를 확인시켜주었다. 즉, 러시아 대통령이 고르바초프의 임시정부를 지지할 때마다 그의 권위가 약화된다는 것이다.

보고서에서 경제 관련 부분은 옐친에게 어둠의 영역이었지만, 그럼에도 러시아연방에 출구를 약속했다. 러시아는 자체적인 경제 개혁을 시작하고 다른 공화국들을 이끌 것이다. 마침내 러시아 대통령은 동의했다. "다른 수가 없으면, 그렇게 해야지. 얘기 끝." 두 사람은 누가 경제를 책임질지를 두고 짧게 논의했다. 부르불리스는 가이다르와 그의 팀이 그들의 신념을 실행해야 한다고 말했다. 미래 개혁 정부는 '세 가지 힘'에 의존할 텐데, 전문성, 정치적 의지, 대중의 지지였다. 가이다르가 첫 번째를 제공하고, 두 번째와 세 번째는 옐친에게서 비롯될 것이다. 러시아 지도자는 모스크바에서 가이다르를 만나 최종 결정을 내리겠다고 말했다. 부르불리스는 9월 28일에 모스크바로 돌아갔다. 그는 가까운 친구와 동료들에게 고르바초프 임시정부는 초읽기에 들어갔다고 말했다.[100]

우크라이나와 핵무기

9월 16일에 모스크바 국무회의에 참석한 뒤, 레오니드 크라우추크는 다시 짐을 싸서 대서양을 건넜다. 그는 우크라이나 최고소비에트의 수장으로서 UN 총회에 참석하러 북아메리카로 갔다. 우크라이나소비에트사회주의공화국은 UN의 창립 회원국 가운데 하나였다. 1945년, 스탈린은 루스벨트 및 처칠과의 회담에서 소련에 UN 의석 16개를 달라고 요구했다. 영연방 국가들의 표와 균형을 맞추기 위해 소련 공화국들에도 개별 의석을 요구한 것이다. 결국 스탈린은 단 두 개의 의석에 만족해야 했는데, 우크라이나와 벨로루시였다. 러시아연방은 회원국 자격을 따로 얻지 못했다. 소련 독재자는 키예프와 민스크에 외무부를 신설하기까지 했다. 1991년, 뉴욕에 있는 우크라이나 UN 대표부 관리들은 크라우추크의 방문 일정을 준비하고, 조율하는 것을 도왔다. 그는 세계 무대에서 연설하는 첫 번째 우크라이나 지도자였다.

크라우추크는 새로운 목적의식과 정당성을 가지고 북아메리카에 당도했다. 8월 이후의 모든 여론 조사는 우크라이나 국민의 4분의 3이 완전한 독립을 원한다는 것을 보여주었다. 크라우추크가 독립국가 우크라이나의 초대 대통령이 될 수 있다는 뜻이었다. 역사가 세르히 플로히는 "크라우추크는 자신을 위해서가 아니라 우크라이나 독립을 위한 캠페인을 펼치는 것이 최선의 전략이라고 판단했다"라고 평가했다.[101] 캐나다와 미국 방문은 그런 캠페인을 위한 이상적 시간이자 최적의 장소였다. 열흘간의 순방 동안 크라우추크는 캐나다의 브라이언 멀로니 총리를 만난 다음, 워싱턴 D.C.로 날아가 부시 대통령과 의원들을 만났다. 크라우추크는 다른 핵심 청중도 겨냥했다. 가장 중요한 대상은 우크라이나계 이민자 사회였다. 이념 담당 당료로서 크라우추크는 이 이민 공동체를 오랫동안 적으로 취급했다. 이제 그는 미국 정부와 의회, 언론계, 공공기관에서 활동하는 우크라이나 혈통의 유력 인사에게서 엄청난 환영과 지원을 받았다. 그는 방문하는 도시마다 우크라이나계 주민들에게 화해의 메시지를 보내고 우크라이나 독립과 민주국가 건설에 힘을 보태달라고 호소했다. 그는 언제나 "*슬라바 우크라이니*(*Slava Ukraiini*, 우크라이나에 영광을)*!*"라는 구호로 연설을 마무리했다. 이것은 1941~1944년에 스탈린에게 맞서 싸웠던 서우크라이나 민족주의자들의 구호였다. 북아메리카로 이주한 우크라이나인들과 그 후손들이 새롭게 눈을 떴다. 뉴욕에서 우크라이나 이민자 사회는 월도프 아스토리아호텔에서 축하 만찬회를 열었다. 크라우추크가 연설할 때, 청중은 여러 차례 환호와 박수를 보냈다. 우크라이나어와 러시아어를 가리지 않고 우크라이나의 모든 신문은 크라우추크에게 투표할 미래의 수백만 유권자에게 그의 북아메리카 방문이 대성공이었다고 보도했다.[102]

크라우추크 캠페인의 또 다른 목표는 유대인 공동체였다. 우크라이나 영토가 격랑에 휘말릴 때마다 유대인들은 현지 주민들과 침략 세력이 자행하는 끔찍한 폭력의 희생자였다. 1941년 볼히니아의 촌락에서 살던 어린 시절에 크라우추크는 독일 점령군과 우크라이나 부역자가 남녀노소를 가리지 않고 유대인을 모조리 처형하는 것을 목격했다. 그는 이 끔찍한 유산을 공개적으로 거론한 첫 우크라이나 지도자가 되었다. 9월 30일, 크라우추크가 UN 총회에서 연설하던 날, 우크라이나 최고소비에트는 미국 대표단이 우크라이나를 방문했을 당시인 8월 1일에 크라우추크와 부시 대통령이 조의를 표했던 바비야르의 희생자들을 추모하고 기리는 특별 주간을 선포했다. 바비야르 희생자의 대다수는 유대인이었다. UN 연설에서 크라우추크는 홀로코스트와 반유대주의를 명시적으로 거론하지는 않았지만 "종족학살은 어디에서도 되풀이되어선 안 된다"라고 말했다. 또한 우크라이나 이민자 사회는 우크라이나 민족에 대한 종족학살로 간주하는 1932~1933년의 대량 아사 사태인 스탈린의 '홀로도모르'의 희생자들도 언급했다. 크라우추크가 말로 줄타기 곡예를 하는 것은 잠재적으로 적대적인 두 청중 집단에 호소하려는 솜씨 좋은 선전가의 행위였다. 그는 역사의 지뢰밭을 조심스럽게 걸으면서 더 나은 미래를 이야기했다. 우크라이나를 유서 깊은 뿌리를 가진 신생 국가로, 아프리카와 아시아, 라틴아메리카 국가들과 나란히 독립을 향한 보편적 염원에 동참하려는 나라로 제시했다.[103]

크라우추크의 북아메리카 방문 중 하이라이트는 9월 25일에 백악관 집무실에서 부시 대통령과 만난 것이었다. "소비에트연방은 사실상 해체되었다"라고 우크라이나 정치인은 단언했다. "연방엔 국가 정부가 없다." 12월 국민투표는 우크라이나 *라다*가 선언한 독립을 공고히 할 것이다. 크라우추크는 미국 대통령에게 우크라이나에 대한 외교적 인정을 요구했다. 이것은 부시가 애써 회피하려고 했던 화제였다. 그는 미국의 공식 노선을 되풀이했다. 우크라이나를 비롯해 일방적인 독립선언 행위를 미국은 인정하지 않을 것이다. 하지만 윌리엄 새파이어의 '겁쟁이 키예프' 칼럼과 우크라이나 이민자 사회에서 커져가는 압력을 고려해서 부시도 신중하게 접근해야 했다. 스코크로프트는 "우크라이나계 미국인들, 그들은 항상 있었고, 아주 목소리가 높았다"라고 회고했다. 그래서 부시는 크라우추크에게 "우크라이나는 미국인들의 마음속에 특별한 위치를 차지한다"라고 말했다.[104]

스코크로프트는 러시아와 우크라이나의 연합이 미국의 국익에 반하지 않는다고 믿었다. 그는 대통령에게 "우크라이나는 새로운 연방 구조에서 러시아에 균형을 맞춰줄 수 있는 유일한 공화국"이라고 보고했다. 우크라이나가 없다면 모스크바의 "새로운 정부가 새로운 러시아제국이 되는 것을 막을 방법이 없을 것이다".[105] 하지만 크라우추크는 그 연합에 분명히 반대했고, 그의 확신은 부시를 놀라게 했다. 그는 우크라이나 지도자에게

“중앙과의 경제적 연합이 있어야 한다고 보는가?”라고 물으며 “그것이 투자를 촉진하기 위한 필수적인 조치라고 생각한다”라고 말했다. 크라우추크는 “중앙은 아무것도 할 수 없다. 우리는 시간이 없다. 소비에트연방은 거대한 나라다. 나라 전체에서 경제 개혁을 신속하게 추구하기란 불가능하다.” 그렇기에 서방의 대출과 지원은 우크라이나로 직접 와야 한다. 크라우추크는 우크라이나의 경제적 자산을 한껏 치켜세웠다. 며칠 뒤, 뉴욕의 외교협회에서는 우크라이나가 소련 MIC의 30퍼센트를 차지하고 있으며 “유럽에서 유리한 지정학적 입지”를 누리고 있다고 역설할 터였다. 크라우추크는 부시에게 우크라이나가 러시아로부터 받는 것보다 더 많은 자원을 제공하고 있으니, 일단 독립하면 번영하는 과학-산업 강국이 될 것이라고 말했다. 그는 우크라이나 산업이 시베리아로부터 값싼 가스와 석유를, 중앙 재정에서는 막대한 투자를 받아왔음을 언급하는 일은 “잊었다”.[106] 대담은 예정보다 훨씬 길게 이어졌지만, 부시는 여전히 회의적이었다. 그는 우크라이나 지도자가 “자신이 제안하는 것의 파급효과와 복잡성을 파악하지 못한 듯했다”라고 회고했다. 우크라이나 지도자가 그려 보이는 경제적 전망은 비현실적이었다.[107]

우크라이나 영토에 있는 핵무기의 미래를 둘러싸고도 불확실성이 존재했다. 9월 5일, 미국 고위 관리들은 백악관 모임에서 이 문제를 다뤘다. 합동참모총장인 콜린 파월은 “구소련의 해체를 보고 싶다”라고 말했다. 하지만 소련군이 “러시아로 물러난다면” 우크라이나, 벨로루시, 카자흐스탄에 있는 핵무기의 안전은 누가 보장할 것인가? 브렌트 스코크로프트는 소련 비축 핵무기의 분할이라는 딕 체니의 아이디어를 지지했다. 스코크로프트는 “우크라이나 또는 카자흐스탄이 핵무기를 보유해도, 나는 걱정되지 않았다. 어떤 상황에서든 우리를 향하지는 않을 것이기 때문이다.” 하지만 그는 전술 핵무기와 그 통제 및 안전과 관련하여 문제가 발생할 수 있다고 시인했다. 부시는 미국이 핵 불확실성을 축소할 선제적 대형 조치(이하 ‘이니셔티브’)를 들고나올 수는 없는지 물었다.[108]

대통령의 요청에 대한 답변으로, 체니와 파월은 전술, 중거리, 미국 전략 핵무기의 일방적 감축을 위한 제안서를 마련했다. 펜타곤의 방안은 ICBM에서 각개목표물다탄두(MIRV)의 제거와 유럽에서 단거리(전술) 핵무기의 철수를 포함했다. 무엇보다도 핵폭탄을 탑재한 B-52 폭격기가 소련 국경선 상공에서 비행하는 것을 중단시킬 계획이었다. 또한 이전 군축회담에서 미국 측 협상가들이 강력하게 반대했던 미국 해군의 토마호크 순항미사일도 감축하기로 했다.[109]

부시는 이런 움직임을 "1950년대 초반 이래로 미국 핵전략에서 가장 폭넓고 포괄적인 변화"라고 칭찬했다. '군축 공세'는 여러 가지 목표 대상이 있었다. 무엇보다도 부시와 스코크로프트는 소련 쪽에서 고르바초프가 우크라이나에 배치된 것을 비롯해 훨씬 더 포괄적인 감축 조치로 화답하리라고 기대했다. 스코크로프트는 NATO 사무총장 만프레트 뵈르너에게 "소련 측이 우리의 제안을 거부한다면 우리도 재고해야 할지도 모른다"라고 설명했다.[110] 그들은 고르바초프가 세계적 정치가로서 위상을 드높일 기회를 놓치지 않으리라고 기대했다. 그리고 모스크바에서 베이커가 한 회담에서 옐친, 샤포시니코프와 소련군 참모부도 전술 핵무기가 여전히 중앙의 통제하에 있을 때 기꺼이 제거할 용의가 있다고 밝혔다. 스코크로프트는 모스크바가 우크라이나와 카자흐스탄 영토에 배치된 소련의 '중'탄도미사일 폐기도 동의해주길 바랐다. 핵 군축 이니셔티브의 두 번째 목표 대상은 NATO였다. 전술, 단거리 핵무기는 특히 독일과 동유럽에서 군사적 자산이 아닌 정치적 부담이었다. 소련군의 철수와 바르샤바조약기구의 해체 이후, 그들과 대치했던 미국의 무기 시스템은 타당한 목적이 사라졌다.[111] 부시의 핵 이니셔티브의 마지막 대상은 미국 국내 정치였다. 소련 측이 비축 핵무기 감축으로 화답한다면 대통령은 유권자들에게 미국을 더 안전하게 만들었다고 말할 수 있으리라.

고르바초프는 기꺼이 화답하고 싶어 했다. 하지만 군부와 총참모장 블라디미르 로보프(Vladimir Lobov), START 협상가 빅토르 카르포프(Viktor Karpov)는 소련 MIRV를 더 많이 감축하는 데 반대했다. 아나톨리 체르냐예프는 일기에서 소비에트연방의 운명이 위태로운 시기에 낡아빠진 무기에 매달리는 꽉 막힌 군부에 분노를 쏟아냈다.[112] 9월 27일, 부시는 고르바초프와 통화하기로 했다. 소련 대통령은 미국 대통령의 반응을 떠보기로 하고, 샤포시니코프, 로보프, 카르포프를 불러서 부시와의 대화를 듣게 했다. 그는 부시에게 '순진한' 질문들을 던졌다. 부시의 이니셔티브는 일방적인가? 소련도 여기에 응답해야 하는가? 미국 해군과 전략 잠수함도 감축할 것인가? 통화가 끝나갈 무렵, 고르바초프는 체르냐예프가 쪽지에 적어준 말을 읽었다. "이는 레이캬비크에 비견될 만한 역사적인 이니셔티브"라며 부시에게 축하의 말을 건넸다. 1986년, 아이슬란드에서 열린 정상회담에서 레이건과 고르바초프는 유사한 핵무기 감축을 논의했다. 하지만 고르바초프는 소련의 대응에 관해 부시에게 구체적인 말은 하지 않아 미국 대통령을 실망시켰다.[113]

고르바초프는 고위 장성들에게 기민한 정치력을 과시하고 싶었다. 부시와 통화가 끝난 뒤, 그는 군 관계자들에게 로마 공화국의 마지막 나날을 다룬 손턴 와일더(Thornton Wilder)의 소설 《3월의 이데스(The Ides of March)》에 관해 이야기했다. 그와 라이사는 얼마 전에 그 소설로 만든 연극을 보았다. 고르바초프는 특히 율리우스 카이사르를 칭송했는데, 로마 지도자는 한순간에 에너지와 세력을 집중시키고, 적들을 분열시켜 그들을 하나씩 무찌르는 법을 아는 전략적 상황의 달인이었다. 놀랍게도 고르바초프는 카이사르가 전략적 천재성에도 불구하고 음모의 희생자가 되어 원로원 의원들에게 암살당했다는 사실은 덧붙이지 않았다. 그 대신, 고르바초프의 생각은 자신의 복귀에 맞춰져 있었다. 그는 야블린스키에게 본과 런던으로 가서 실패한 소련 국가에 신용 대출을 해줄 곳을 더 찾아보라고 지시했다.[114]

UN 총회에서 크라우추크는 우크라이나의 미래를 비핵 중립국이라고 했다. 하지만 그는 우크라이나 영토의 ICBM과 핵탄두에 관해 여전히 양가적인 입장이었다. 일부 대화에서는 러시아연방으로 핵무기를 이전하는 것에 반대하고 우크라이나 영토상에서 폐기되어야 한다고 주장했다. 다른 자리에서는, 우크라이나가 비축 핵무기에 대한 중앙 통제를 수용한다고 말했지만 우크라이나에 배치된 무기에 대해서는 '이중 열쇠(dual key)'(열쇠 두 개를 동시에 돌려야 작동하는 시스템 – 옮긴이) 통제권을 요구했다. 미국 전문가들은 우려스러웠다. 9월 27일, 크라우추크가 하버드대학에서 연설했을 때 하버드케네디스쿨의 필립 젤리코는 우크라이나의 핵무기는 어떻게 될지 더 자세히 설명해달라고 했다. 그것들은 폐기될 것인가, 아니면 러시아로 이전될 것인가? 이 문제에 정치적 동맹이 개입된다면, 크라우추크는 이 연결 고리를 설명하고 관련된 집단 간에 솔직한 협상을 위해서 길을 터줄 수 있는가? 젤리코는 콘돌리자 라이스와 함께 NSC의 브렌트 스코크로프트 아래서 근무하다가 하버드의 학계로 복귀한 터였다. 크라우추크는 키예프로 와서 우크라이나 외교부를 만나보라고 젤리코를 초대했다. 젤리코는 NSC 동료들에게 보내는 메모에서, "핵무기 이슈는 중대한 기술적 차원을 띠고 있지만" 크림반도 및 돈바스와 같은 "또한 더 폭넓은 우크라이나의 정치적 사항과 엮여 있을 가능성이 크다"라고 지적했다.[115]

크라우추크는 미국과 캐나다가 우크라이나의 주권을 인정할 것이라는 자신의 생각을 확인하고서 아주 기쁘게 키예프로 돌아왔다. 우크라이나 언론은 크라우추크가 해외에서 자국에 대한 인식을 확 바꿔놨다고 찬사를 쏟아냈다. 우크라이나 기자들은 캐나다와 미국의 유력 인사들이 "자주적인 국가 지위를 얻으려는 우크라이나 국민의 열망을 지지"하는 한편, 대기업들은 우크라이나 경제에 투자하고 싶어 한다고 보도했다. 나중에 크라우추크는 자신이 지나치게 낙관적이었음을 시인했다.[116] 실상 그는 우크라이나의 비축 핵무기와 서방의 정치적·재정적 지원을 교환하길 바랐다. 1991년 가을, 크라우추크는 '우크라이나 핵'이 정치적 자산이라기보다는 거대한 골칫거리라는 것을 깨닫지 못했던 것 같다. 우크라이나 저장소에 있는 핵탄두와 핵폭탄은 러시아 영토에 위치한 두 군데 핵 연구소에서 조립되었다. 무기의 유효 기간은 10년이었고 특별한 유지 점검 조치가 필요했다. 과학적-기술적 잠재력에도 불구하고 우크라이나가 무기를 유지하고 사용하는 기술과 역량을 획득하려면 엄청난 금액과 오랜 시간이 필요했다. 무엇보다 우려스러운 점은 핵무기 불량이 체르노빌은 사소한 사건으로 보이게 할 만큼 커다란 문제를 일으킬 수도 있다는 것이었다! 우크라이나 영토상의 비축 핵무기는 향후 몇 년 동안 우크라이나와 러시아연방 그리고 미국과의 관계에서 핵심이 되었다.[117]

키예프에서 크라우추크는 공식적인 대통령 선거 운동에 나섰다. 그는 동부와 남부 지역의 러시아어 사용자들과 서부의 우크라이나인, 그리고 여러 공동체에 각기 다른 메시지를 전달하며 여러 공화국을 순방했다. 바비야르 추모 행사에서는, 우크라이나 국민을 대표하여 유대인에게 용서를 구했다. 그는 홀로코스트 당시 수없이 죽음을 맞이했던 언어인 이디시어로 연설을 마무리했다. 크라우추크는 새로운 연방에 공개적으로 반대하는 발언을 하지 않았다. 옐친처럼 그는 고르바초프의 프로젝트를 정면으로 훼방 놓는 사람으로 비치길 원치 않았다. 그 대신 그는 유감을 띤 어조로 중앙 정부의 해체에 관해 논평했다. “소련 각료회의는 없으며, 소련 최고소비에트도 없다는 건 모두가 아는 사실이다. 국가 차원에서 같이 협력할 사람이 없다!” 북아메리카와 우크라이나에서 크라우추크가 한 연설과 기자회견에서, 고르바초프의 이름은 두드러지게 부재했다.[118]

14장

독립Independence

• 안타깝게도, 우리는 '독립'에 대해 오만가지로 다르게 이해한다.

_A. N. 야코블레프가 조지 부시에게, 1991년 11월 19일[1]

러시아 우위

1991년 9월 28일, 고르바초프의 보좌관 게오르기 샤흐나자로프는 옐친의 국무부 장관 겐나디 부르불리스를 만나, 연방조약을 지지해달라고 촉구했다.[2] 부르불리스는 이제 연방조약을 고려하지 않는다고 대답했다. 그는 쩌렁쩌렁한 목소리로 "우리는 서로 얼마간 거리를 둠으로써, 러시아를 구하고 독립을 확고히 해야 한다"라고 말했다. 러시아가 국가성을 정립하고 재기하면 "모두 자연스레 러시아로 향할 테고, 모든 것을 재조정할 수 있다".[3] 샤흐나자로프는 새로운 연방이 러시아의 이해관계에 유리하게 작용할 것이라고 주장했다. 연방은 우크라이나, 벨로루시, 카자흐스탄 공화국을 러시아의 지정학적 영향권 안에 두게 할 것이다. 그러지 않으면, 그 공화국들은 "다른 블록과 동맹에 들어갈 테고, 그들을 강제로 다시 데려오는 것은 불가능할 것이다." 샤흐나자로프는 동유럽 국가들이 이미 NATO 가입 의사를 타진하기 시작했다고 말했다. 우크라이나도 그럴지 모른다. "그렇게 되면 국경선에서 [NATO를] 마주하게 될 것이다." 그리고 크림반도는 어떻게 되는가? 러시아의 국가 정체성에서 빼놓을 수 없는 이 반도가 외국의 영토가 될 것인가?[4] 부르불리스는 이 모든 것은 뛰어난 외교술로 풀어갈 수 있다고 대답했다. 어쩌면 소련 대통령은 새로운 연방이라는 미망을 추구하는 대신, 그의 탁월한 능력을 이 과제에 쏟아야 하지 않을까?[5] 양자는 아무런 합의점을 찾지 못한 채 대화를 마쳤다.

옐친은 한 가지 조건을 달고 예고르 가이다르의 개혁 전략을 수락했는데, 러시아가 서방과 공화국들에 의해 강대국이자 소련의 제1차적 법적 승계 국가로 인정받아야 한다는 것이었다. 달리 말해, 포스트소비에트 공화국들은 러시아로부터 주권을 부여받고, 러시아는 소련의 비축 핵무기와 전 지구적인 자산을 물려받아야 한다는 뜻이었다. 옐친은 2년 뒤, 러시아 민족주의자들로부터 혹독한 공격을 받을 때 이 문제를 다시 끄집어냈다. 그는 러시아가 소련의 법적 승계 국가라는 생각을 "믿음직한 지식에 입각한 절대적으로 논리적"인 생각이라고 옹호했다. 그는 흥미로운 대안도 제기했다. "러시아가 다른 길을 택해서 다른 러시아, 다시 말해 1917년에 볼셰비키가 파괴한 나라의 법적 승계권을 복원했다면 어떻게 되었을까?" 그는 1917년 9월에 임시정부가 선언했던 러시아 공화국에 관해 썼다. 그 경우에도 나름의 이점이 있었다. "우리는 소비에트 법률을 거부했을 것이다. …… 무엇보다도 우리 러시아인들은 자신을 다른 방식으로 생각하고 새롭게 되찾은 나라의 시민이라고 느꼈을 것이다. …… 그런 조치의 의심할 여지 없는 이점은 1991년 당시에 상실되고 말았다."[6] 이러한 성찰은 이 문제가 러시아 지도자에게 얼마나 중요했는지 보여준다.

부르불리스는 10월 1일에 러시아 의회 연설에서, 러시아의 법적 우위라는 생각을 언급했다. "러시아는 연방과 모든 조직에 승계 국가가 될 수 있고 또 되어야 하는 유일한 국가다." 옐친의 자문인 세르게이 스탄케비치는 러시아가 핵무기 통제권을 비롯해 소련 국가의 모든 기능을 당장 인수하겠다는 뜻은 아니라고 설명했다. 하지만 다른 공화국들이 이 쟁점에 관해 합의에 도달하지 못한다면, 러시아연방은 소련의 비축 핵무기와 지위에 있어서 "유일하고도 자연스러운 후계자로 비칠" 것이다. 스탄케비치는 다른 공화국들이 완전한 독립을 택한다면, UN 안전보장이사회에서 소련의 상임이사국 지위는 러시아의 몫이어야 한다고 암시했다. 이에 대한 대가로, 러시아는 소련의 모든 부채를 갚을 각오였다.[7]

러시아가 소련의 유일한 승계 국가라는 생각은 감정적 반응을 불러일으켰다. 러시아 의회의 헌법위원회 위원장 올레크 루먄체프는 "러시아는 러시아연방이라는 부록보다 훨씬 크다(소비에트연방은 러시아의 일개 부록 같은 존재라는 뜻 – 옮긴이). …… 소비에트연방은 러시아라는 존재의 한 형태였다"라고 주장했다. 우크라이나가 러시아에서 떨어져 나간다면 "크림반도 쟁점이 제기될 것이다". 민주당을 창당한 니콜라이 트랍킨은 부르불리스의 선언을 열정적으로 지지했다. 이제는 러시아연방의 석유 사업에 대한 관심에 버금갈 만큼 민족주의적 견해를 지니게 된 루츠코이 부통령도 이 대열에 합류했다.[8] 정치학자 알렉산드르 트십코는《이즈베스티야》에서 '러시아의 선택이라는 드라마'에 관해 썼다. 그는 민주주의 국가들의 연합은 모스크바 지식인들의 자기기만이지만, 포스트소비에트 공화국들 가운데 러시아가 우위에 있다는 발상은 특히 우크라이나와 갈등만 낳을 것이라고 경고했다. 그는 러시아연방 지도자들에게 국가 건설이라는 어리석은 행동을 그만두고 고르바초프가 있는 중앙을 지지하라고 충고했다.[9] 비탈리 포르트니코프(Vitaly Portnikov)는《인디펜던트 가제트》에 더 강한 어조로 글을 썼다. 다른 공화국들이 포스트소비에트 공간의 주인이자 핵무기의 유일한 소유자가 되려는 러시아의 야심에 반대한다면, "우리에겐 틀림없이 유고슬라비아 시나리오가 뒤따를 것이다". 러시아인들은 이미 두 번이나 '러시아제국'을 파괴했다. 제정 러시아와 소비에트연방 말이다. 그들이 다시 제국의 게임을 벌이기로 한다면, 러시아연방은 같은 운명을 맞이할 것이다.[10]

러시아와 우크라이나 간의 '오해'가 별안간 다시 몰아쳤다. 크라우추크 대통령은 러시아의 야심이 심각한 충돌로 이어질 수 있다고 경고했다. 그는 크림반도의 '지위 변경' 가능성을 부정하고 우크라이나는 자국 영토상의 소련 핵미사일에 대한 이중 열쇠 통제권을 요구할 것이라고 공언했다.[11] 모스크바에서 옐친의 자문은 영국 대사인 로드릭 브레이스웨이트에게 우크라이나가 대형 군대를 배치할 계획이며 "그 군대의 유일하고도 잠재적인 적은 러시아일 것"이라고 불만을 토로했다. 체르냐예프는 크라우추크에게 분노를 쏟아냈다. "그는 핵미사일과 돈바스, 크림반도가 제 것인 줄 안다. …… 정말 바보다. …… 세바스토폴도 자기 것이라고 진짜로 믿는 걸까?! …… 초민주주의자라 해도, 그가 러시아 민주주의자라면 이런 주장에 들고일어날 거다!" 세바스토폴 해군기지는 1854~1855년 크림전쟁 이래로 러시아인들에 의해 러시아의 영광을 상징하는 도시로 여겨졌다. 크림반도가 니키타 흐루쇼프 치하에서 우크라이나소비에트사회주의공화국으로 이전된 뒤, 세바스토폴도 우크라이나 영내에 속했다. 하지만 도시 주민은 자신들의 러시아 정체성에 열정적이었다.[12]

이 격론을 촉발한 부르불리스는 옐친이 우크라이나와 또 다투길 원치 않는다는 것을 알고 있었다. 국무부 장관과 그의 보좌관들이 논쟁을 끝내기 위해 나섰다. 안드레이 코지레프는 러시아 제국주의에 관한 의심을 부인했다. "많은 사람이 러시아를 옛 제국의 이미지로 인식하는 것 같다"라고 부르불리스는 기자들에게 설명했다. "누가 이런 식으로 반응하는가? 다른 공화국들에서 생존하는 공산주의 정권들이다. 그들은 진정으로 탈공산화된 러시아를 원치 않는다."[13]

민감한 순간이었다. 카자흐스탄 알마아타에서, 공화국 대표들이 모여 경제와 무역 관계를 규제할 조약을 준비하는 회의가 열리고 있었다. 참가자 대다수는 포스트소비에트 경제지대가 무관세와 단일 통화, 즉 루블화 지대로 남길 원했다. 알마아타 회의를 지배한 인물은 옐친에게 전권을 위임받은 러시아 경제부 장관 예브게니 사부로프와 야블린스키였다. 둘 다 러시아연방이 소비에트 공간 전역에 걸친 급진적인 경제적 이행에서 선도자 역할을 할 것이라 믿었다. 러시아의 경제력은 특히 석유와 가스 공급과 생산 부문에서 다른 공화국들이 무시할 수 없는 현실이었다. 실제로, 카자흐스탄의 나자르바예프 대통령과 중앙아시아 지도자들은 경제 조약을 체결할 준비가 되었다. 그리고 우크라이나 총리인 비톨트 포킨은 조약안에 서명까지 했다.[14] 부르불리스와 그의 동료들이 이 시도를 꼬이게 하려고 때를 맞춰 '러시아의 우위'라는 수사를 내놓기라도 한 것 같았다. 당시 로마를 방문하고 있었던 코지레프는 소련 대사 아나톨리 아다미신에게 연방의 즉각적 해체와 러시아의 온전한 주권만이 러시아 자원을 다른 공화국들에 강탈당하는 것을 막을 수 있다고 말했다.[15]

고르바초프도 뒤통수를 쳤다. 야블린스키와 사부로프와 경제 조약을 지지하는 대신, 그는 알마아타 방문을 취소했다. 이제 그는 공화국들이 연방조약에 먼저 서명하길 원했다. 그는 샤흐나자로프를 압박했다. “게오르기, [러시아인들을] 두려워하지 말게. …… 설마 부르불리스에게 영향을 받은 건가?” 러시아 정부가 분열하면 소련 대통령이 주도권을 다시 잡을 수 있다고 믿었지만, 또 다른 계산 착오였다.[16] 고르바초프는 자신만의 세계에서 살았다. IMF의 총재인 미셸 캉드쉬는 소련의 준회원 자격을 위해 서류 작업을 하러 모스크바에 왔다. 공동 성명서는 합의 주체로서 ‘소련(the USSR)’이란 표현을 의도적으로 피했다(“국가가 이름 없는 상태로 남은 유일한 경우일 것”이라고 체르냐예프는 비꼬았다). 캉드쉬는 고르바초프에게 서방의 투자와 노하우라면 몇 년 내로 연방을 경제 초강대국으로 탈바꿈시킬 것이라고 말했다. 하지만 모스크바에서 G7 대사들에게 브리핑하는 자리에서는, 고르바초프를 외롭고 딱한 인물로 묘사했다. 그는 공화국들 간에, 그리고 러시아 자체적으로 “현재 헌정적·제도적 난맥상” 때문에, 소련 경제는 도저히 소생이 불가능하다고 말했다.[17]

부시 대통령은 마침내 ‘소련’에 15억 달러의 인도적 지원금을 풀었다. 10월 6일, 소련 지도자는 미국의 호의에 화답하기로 했다. 군부는 MIRV 탑재 중미사일을 포함해서 소련 핵전략의 삼위일체인 세 ‘다리’를 모두 자르는 데 마지못해 동의했다. 부시와의 전화 통화에서, 소련 지도자는 다시금 자신의 정치적 곤경에 관해 이야기했다. 그는 미국 친구에게 포스트소비에트 정치에 개입하고, 12개 공화국 대표들이 서명한 경제연합에 관한 협정에 서명하도록 옐친을 재촉할 것을 부탁했다.[18]

부시는 핵 이니셔티브의 성공에 흡족했고 고르바초프에 대한 충심과 지지를 보여주려 했다. NSC의 토론에서, 그는 “중앙의 친구들은 개혁가들*이다*. 우리는 소비에트연방을 12개 공화국으로 해체하도록 지지하는 정책을 수립하지 말아야 한다”[19]라고 말했다. 미국 대사 로버트 스트라우스는 옐친 정부가 엉망이라고 모스크바에서 보고했다. 10월 8일, 미국 대통령은 아직도 흑해에서 휴가 중인 옐친에게 전화를 걸었다. 부시는 옐친에게 건강 상태를 묻고 미국으로 치료를 받으러 오라고 초청했다. 그러고 나서 용건으로 들어갔다. "분명히 내부 문제고, 정말로 내가 상관할 바가 아니지만 말이오. 하지만 한 가지 알려주고 싶어요. 자발적인 경제연합은 누가 무얼 소유하고 있고 누가 책임을 맡고 있는지 명확히 하는 중요한 조치가 될 수 있고, 따라서 인도적인 지원과 앞으로의 경제 투자를 촉진할 거예요."[20]

부시의 말, 초대와 요청으로 옐친은 우쭐해졌다. 그는 다음에 무엇을 할 것인지 결정하려면 여전히 시간이 필요하다고 답했다. 또한 고르바초프를 지지하기로 미국 대통령에게 한 약속도 상기했다. 그는 러시아가 알마아타 경제 조약에 서명할 것이라고 약속했다. "우리는 경제 조약으로 얻을 게 가장 적어요. 사실 잃을 수도 있지요. 하지만 더 큰 정치적 목표, 연방을 구한다는 목표를 위해 서명할 겁니다."[21] 부시가 전화를 끊은 뒤, 옐친은 떨리는 손으로 수첩에 휘갈겨 썼다. "미스터 부시: 휴가, 치료차 초청, 10월 15일 경제연합, 경제적 지원은 이것과 연계되어 있다." 그러고 나서 그는 "조약에 서명할 것이다"라고 쓰고 밑줄을 그었다. 이것은 미국 소프트파워를 보여주는 사례였다. 몇 시간 전만 해도, 옐친은 고르바초프와 협력하지 않을 것이라고 부르불리스에게 말했다.[22] 이제 그는 부시에게 그 반대로 약속했다. 그는 소련의 법적 승계 국가이자 강대국으로서 러시아의 우위와 미래의 그의 역할이 전적으로 미국의 동의에 좌우되리라는 것을 깨달았다.

10월 11일에 고르바초프의 크렘린 집무실에서 국무회의가 다시 열렸다. 우크라이나 지도부는 크라우추크와 포킨을 비롯해 전원이 참석했다. 옐친의 자리는 비어 있었다. 고르바초프는 신경이 곤두섰다. 옐친에게 연락을 취하려는 시도는 수포로 돌아갔다. 막판에 그는 대중에게 호소하기 위해서 방송 촬영 팀을 초대했다. 이는 허사였다. 크라우추크는 연방조약에 관한 논의를 즉각 거부하려 했다. 이 난감한 순간, 옐친이 나타났다. 그는 TV 카메라를 언짢게 쏘아본 뒤 한마디 툭 던졌다. "타협." 이 한마디로, 국무회의의 균형점이 즉시 바뀌었다. 연방조약의 초안을 논의하자는 고르바초프의 제안은 받아들여졌다. 고르바초프는 TV 카메라를 치웠다.[23]

야블린스키는 보고서에서 경제 조약에 대해 공화국이 반대하는 이유를 조목조목 반박했다. 그의 주요 논지는 공동 시장과 자유 무역만이 공화국들과 일부 지역 사이에 팽배한 근린궁핍화식 사고방식도 타파할 수 있다는 것이었다. 하지만 그의 유창한 말솜씨는 공화국 지도자들에게 소귀에 경 읽기였다. 크라우추크와 포킨은 모스크바에 있는 초국가적 기관을 원치 않는다는 입장을 되풀이했다. 야블린스키는 승산 없는 싸움을 하고 있다고 느꼈다.[24] 마침내, 옐친이 퉁명스레 입을 열었다. "우린 최대한 빨리 조약에 서명하고 싶소. 불확실성은 경제 상황에 나쁜 영향을 주지요." 알마아타에서 합의된 경제 조약을 의미했다. 하지만 그는 이것이 여전히 협상이 필요한 금융, 국가 예산, 자산, 무역에 관한 구체적 합의 내용에 달려 있다고 말했다. 옐친은 손가락으로 허공을 찌르며 이어서 말했다. "둘째로, 우리는 이 경제 조약에서 규정하지 않은 기관에 대한 재정 지원을 중단해야 할 때라고 봅니다. 그리고 러시아가 중앙에 위임하지 않은 기관도 전부."[25]

그러고 나서 세 번째 요점을 제시했다. 중앙은행은 공화국 은행들에 이래라저래라할 수 없다. 그 대신, 옐친은 은행 연합을 제안했다. 공화국들은 원한다면 '국가 통화'를 도입할 수 있다. 모스크바에 저장된 소련의 금 보유고와 통화 보유고는 공동으로 통제할 것이다. 옐친은 부시에 대한 약속은 지키되, 자신의 요구 사항은 고수했다. 그 결과는 경제에 관한 개소리였다. 러시아 지도자는 가이다르의 전략에서 벗어나 우크라이나인들을 도와주고 있었다. 크라우추크는 러시아의 요구 조건에 즉각 동의했다. 그는 조건이 충족된다면, 우크라이나도 경제 조약에 서명할 것이라고 말했다.[26]

야블린스키는 상황을 수습하려고 한 차례 더 시도했다. 그는 공화국들이 자체 통화를 찍어내면 루블화 지대는 붕괴할 것이라고 설명했다. 그는 어깨를 으쓱하면서 "자연법칙"이라고 말했다. 공화국 지도자들은 주요 도시에 식량을 공급하기 위해 누가, 무엇을 공동 비축량(common pool)에 내놓을지를 둘러싸고 말다툼을 벌이기 시작했다. 크라우추크가 우크라이나는 모스크바와 상트페테르부르크로 식량을 보내지 않을 것이라고 말했다. 고르바초프는 쏘아붙였다. 군대에 식량을 공급할 건가? 포킨은 우크라이나 영토에 주둔한 군대에만 식량을 공급할 수 있다고 대답했다. 고르바초프는 폭발했다. "당신들은 거기서 온갖 법을 통과시켰지. …… 군대에 대해서 말이야! 나라의 대통령을 그 지경에 몰아넣었어. …… 그렇다면 나도 지금까지 용인해온 당신들의 [법령을] 취소시킬 수밖에 없을 거요." 포킨은 중간에 끼어들려고 했지만, 고르바초프가 막았다. "이제는 재정도, 식량도 따로 갖길 원하는군. …… 당신들은 헌법이 없는 것처럼 굴지만, 헌법은 아직 건재해!"[27] 고르바초프의 모습은 안타까웠다. 아무런 결과 없이 또 폭발했을 뿐이었다.

마침내 9개 공화국 지도자는 경제 조약에 서명하기로 동의했고, 조인식 날짜는 10월 15일로 잡혔다. 하지만 마지막 순간, 옐친은 다시 마음을 바꿨다. 그는 이 경제 구역 내에서 각 공화국들이 루블화를 발행할 수 있는 할당 비율을 정해야 한다고 요구했다.[28] 조인식은 연기해야 했다. 고르바초프는 신부가 예식장에 나타나지 않은 신랑 같았다. 그는 더 시시한 목표, 즉 크렘린에서 열리는 세르비아의 슬로보단 밀로셰비치와 크로아티아의 프라뇨 투지만(Franjo Tudjman)과의 회담에 시간을 들였다. 이것은 그가 내부적으로 처한 망신스러운 상황을 덮기엔 형편없었다. 체르냐예프는 "유혈을 피하기 위해 세르비아와 크로아티아를 설득하려고? 웃기는 일이다! 체첸인, 잉구시인, 오세티야인, 아르메니아인 등등, 평화를 회복시켜야 할 민족이 우리에겐 없는 모양이다."[29] 옐친과 7개 공화국 지도자는 며칠 뒤 수정된 경제연합 조약에 서명했다. 한편 러시아-우크라이나 사이의 의견차는 커졌다. 우크라이나 지도자들은 조약에 서명하기 전에 소련의 금, 다이아몬드 및 귀금속 보유고에서 자신의 몫을 요구했다. 키예프 관리들은 모스크바 기반의 합자회사들이 오데사와 크림반도의 항구를 장악하려고 한다고 불만을 토로했다. 그리고 러시아의 산유업자들은 우크라이나 관리들이 석유를 빼돌려 해외에 시장 가격에 판매하고 있다고 비난했다. 우크라이나로의 석유 흐름은 5500만 톤에서 4000만 톤으로 감소했다. "품위 있는 결별은 불가능하다. 각자 가능한 한 많이 집어 가려 한다"라며 사정을 잘 아는 아다미신은 일기에 썼다.[30]

개혁 정부

고르바초프 임시정부의 답답한 모임에 참석한 다음 날, 옐친은 마침내 민주러시아 지도자들과 만났다. 유리 아파나셰프는 옐친이 위기의 시기에 휴가를 간다고 비난했다. 그는 러시아가 우위라는 주장을 '쇼비니즘'이라고 규탄하고 즉각적인 경제 개혁을 요구했다. 또한 옐친과 고르바초프의 협력에 항의하고 반대 입장을 모스크바 거리로 가져가겠다고 위협하기까지 했다. 옐친은 민주파 비판자들에게 마음을 결정했다고 답했다. 그는 '국민적 신임'이라는 새로운 러시아 정부를 구성할 것인데, 그 일원은 민주운동 진영의 지도자들이 추천하는 인사일 것이다. 앞으로 몇 달 내로, 러시아 정부에서 가격 규제를 철폐하고 대규모 민영화를 도입할 것이라고 약속했다.[31]

옐친은 그 약속을 지킬 생각이었다. 그는 부르불리스에게 가이다르와의 만남을 주선해달라고 했다. 경제학자와 러시아 지도자는 10월 16일에 만났다. 부르불리스는 옐친의 첫 반응이 부정적이었다고 회고했다. 젊고 땅딸막한 가이다르는 공부벌레 괴짜처럼 보였다. 하지만 그의 차분한 단호함은 인상적이었다. 부르불리스는 옐친이 실제로는 소련 경제에 관해 아는 게 없는 "전문가들"이 "자신만만하게 지껄이는 소리"에 질렸다고 회상했다. 가이다르는 전문 용어를 피하면서 "매우 복잡한 질문에 명확하게 답변하고, 개혁을 실행하기 위한 일련의 조치를 제시했다". 가이다르 팀의 한 일원은 이렇게 회고했다. "사부로프 팀은 이행기가 뭔지, 그리고 그것을 어떻게 헤쳐가야 하는지 이해하지 못했다. 그들은 계속 우물거렸다. 자기 이론에 자신감이 넘치는 예고르는 굉장하고 훌륭했다."[32] 신자유주의 신조로 전향한 신봉자의 자신감은 대단했다. 그것이 옐친의 마음도 기울게 했다.

더욱이 러시아 지도자와 가이다르는 둘 다 우랄 지역에 뿌리를 두었다. 경제학자의 외조부는 우랄 정착민과 광부에 관한 민담 이야기를 쓴 러시아 작가 파벨 바조프(Pavel Bazhov)였다. 가이다르는 어릴 때 그 지역에서 지냈다. 가이다르의 친조부인 아르카디는 소련 시민이라면 모두가 아는 상징적인 문학계 인사였는데, 1920년대와 1930년대 그가 쓴 소설은 혁명 정권과 사회 정의를 치켜세웠다. 전체적으로, 가이다르라는 이름이 지닌 강력한 상징성은 옐친의 관심을 끌 수밖에 없었다. 가이다르의 할아버지는 공산주의 유토피아를 위해 싸웠다. 이제는 그 손자가 전체주의를 무너트리고 러시아를 시장의 번영으로 이끌기 위해 나섰다. 옐친은 모임이 끝난 뒤 아내에게 "그는 경제학의 거인"이라며 "우린 돌파할 거야!(*Prorvemsia!*)"라고 말했다.[33]

가이다르는 자신이 얼마나 엄청난 과제에 직면했는지 모르지 않았다. 아무런 재원도 없고, 자유 경제에 일반적인 기초적 구조와 관행도 부재한 상황에서 침몰하는 배를 자유시장으로 이끌고 가라는 임무를 받았다. 그는 제의를 거절할 수 없었다. 개인적 명예가 걸린 문제였다.[34] 하지만 얼마나 많은 문제가 자신을 기다리고 있을지 최악의 악몽을 떠올려도 상상하지 못했을 것이다. 옐친 본인이 문제의 주요 일부였다. 러시아 대통령은 거시경제의 논리와 시장으로의 도약에 동반하는 복합적 문제를 이해하지 못했다. 그는 개혁을 위한 계획에 대해 모순적이고 일관성이 떨어지는 공식적인 발언을 여러 차례 했다. 부르불리스는 옐친이 "중요한 문제에 몰입하려 노력했지만 금방 지쳤다"라고 회고했다. 한편, 그의 음주 문제는 여전했다. 그가 개혁을 위한 각종 조치를 운용하고 일상적으로 논의하는 자리에 매일같이 참석할 수 없다는 것이 금세 분명해졌다. 그는 가이다르에게 가족과 같은 신뢰를 드러내며 그에게 모두 일임했다. 부르불리스는 "얼마 안 있어 옐친은 입버릇처럼 '전진, 전진!'이라고 말했다"라고 회고했다.[35]

이 역사적인 순간의 관찰자이자 참여자인 스탠퍼드대학의 경제학자 미하일 베른스탐은 소련의 해체가 "하나의 목표로 합쳐진 이원 정책"이었다고 썼다. 첫 번째 정책은 '잔여' 소련을 인수하여 고르바초프 없이 운영하려는 러시아 개혁가들의 시도였다. 두 번째 정책은 다른 공화국들과 합의하고 보조금과 지원금 시스템을 중지시키려는 시도였다. 개혁가들은 세 가지 목표를 달성하고 싶었는데, 소련 자산을 공평하게 분배하고, 민주주의를 건설하고, 다종족적인 연합을 탄생시키는 것이었다. 안타깝게도 세

가지 목표를 모두 달성하기는 불가능했다고 베른스탐은 결론 내렸다. 한 가지는 버려야 했다. 그에 따른 갈등은 "소비에트연방의 해체로 이어졌다".[36] 하지만 미국 경제학자는 네 번째 목표를 간과했는데, 옐친과 부르불리스는 소련의 폐허로부터 강한 러시아 국가를 재건하길 바랐고, 이는 우크라이나를 비롯한 다른 공화국 지도자들의 불안을 부추겼다. 뒤에서 살펴보겠지만, 러시아적인 이 목표는 연방 해체의 주요 원동력 중 하나였다.

독자는 이런 분석을 학구적 작업으로 여길 수도 있다. 하지만 이러한 접근법은 제국의 붕괴와 내셔널리즘에 관한 익숙한 서사들보다 1991년 10~11월에 러시아 지도부가 직면했던 딜레마를 훨씬 잘 이해할 수 있게 해준다. 경제 개혁의 논리, 소련 자산을 차지하려는 각축전, 권력과 국가 건설의 현실은 옐친 정부가 고르바초프를 제거하도록 몰아갔다. 다른 요인, 무엇보다도 경제적 독립과 걷잡을 수 없는 해체에 대한 두려움, 미국과 서방의 인정과 합법성의 필요성은 옐친이 연방을 유지하도록 강요했다.

러시아 대통령은 서방 정부에 자신의 새로운 행동 노선을 알리고 싶어 안달이 났다. 브레이스웨이트는 10월 16일 자 일기에 "아무리 인기가 없다고 해도, 옐친은 진짜 개혁을 도입하려고 마침내 마음먹었다"라고 썼다.[37] 10월 25일, 옐친은 부시 대통령에게 전화했다. "실질적인 경제 프로그램과 방안을 발표하고, 재빨리 가격을 자유롭게 하는 동시에, 민영화와 금융, 토지 개혁을 실시할 준비가 되었다고 공표할 계획이다. …… 한 번에 시도할 것이다." 그동안 러시아의 생활 수준은 떨어지겠지만, "넉 달이나 다섯 달, 어쩌면 여섯 달"이 지나면 개선될 것이라고 전망했다. 옐친은 세부 내용을 설명하도록 안드레이 코지레프를 워싱턴으로 보내겠다고 제안했다. 그는 "난 힘이 넘치며, 테니스도 치고, 심장도 좋다"라는 말로 통화를 마무리했다.[38]

10월 28일, 옐친은 러시아연방 인민대표대회 특별 대회를 소집하여 개혁을 실시하기 위한 특별 권한을 부여해줄 것을 요청했다. 거대한 레닌 흉상 앞에서 서서 시장 자본주의로의 신속한 이행 전략을 발표했다. 옐친은 가이다르가 써준 원고를 보면서, 이것이 러시아가 생존하고 통화와 경제를 회복할 유일한 길이라고 말했다. 러시아연방이 단독으로 어떻게 움직일 수 있느냐는 당연한 질문에 대해, 옐친은 자신의 진로가 다른 공화국들이 따라올 수 있도록 길을 내줄 것이라고 주장했다. 그는 우크라이나에 경제 조약에 서명할 것을 촉구했고 개혁은 러시아의 경로를 "제국이 아니라 민주주의를 향해" 이끌 것이라고 청중을 안심시켰다. 옐친은 자신의 근본적 야심을 밝히며 연설을 마무리했다. 공유 공동체 프로젝트가 실패한다면 "러시아는 연방의 법적 승계자로서 책임을 짊어질 것"이다.[39]

가격 자유화가 거시경제적 안정성을 복원해주고 모든 것을 바로잡으리라는 가이다르의 믿음이 옐친 연설문의 원동력이었다. 그래도 러시아 대통령의 태도는 여전히 애매했다. 그는 소련군이 어떻게 될 것인지, 돈을 어떻게 댈 것인지 명확히 밝히지 않았다. 방대한 사회보장 프로그램과 공약이 어떻게 될 것인지도 모호했다. IMF 경제학자들과 가이다르는 사회보장 프로그램의 급격한 삭감을 원했다. 하지만 옐친은 경제적으로 어려운 사람을 보호하겠다고 약속했다. 대의원들 대다수는 개혁의 배후에 자리한 논리를 이해하지 못했지만, 대담한 새로운 행동 노선의 마법에 사로잡혔다. 11월 1일, 대회는 옐친에게 그가 요구한 모든 것을 부여했다. 선거의 연기, 민주적인 신헌법 보류, 대통령령으로 통치할 권한, 그리고 방해가 되는 소련 법률을 폐지해도 된다는 허가였다.[40] 대다수 러시아인은 옐친의 연설에서 한 가지만 이해했다. 바로 가격이 천정부지로 치솟으리라는 것이었다. 사재기 열풍이 전국을 휩쓸기 시작했다. 나중에 가이다르는 브레이스웨이트에게 옐친이 강력한 연설을 하려다 과장했고, 그를 말릴 수 없었다고 시인했다.[41]

베른스탐도 마침 이 역사적인 순간을 보았다. 10월 19일, 그는 하스불라토프로부터 되도록 빨리 모스크바로 돌아오라는 팩스를 받았다. 10월 21일에 프랑크푸르트 암마인에서 비행기를 갈아타면서, 베른스탐은 "옐친이 러시아만의 개혁을 계획할 수도 있다"라는 《파이낸셜타임스》 기사를 읽었다.[42] 모스크바에서 베른스탐은 옐친이 가이다르에게 개혁의 책임을 맡겼다는 것을 알았다. 베른스탐은 가이다르에게 전화를 걸었지만, 가이다르는 너무 바빠서 통화할 틈도 없었다. 10월 26일, 친구인 사부로프가 베른스탐을 아내의 생일 파티에 초대했다. 운전사가 딸린 관용 리무진이 베른스탐을 파티가 열리는 아르한겔스코예 2번지로 데려왔다. 손님들은 대체로 경제학자와 그 배우자였다. 중간에 가이다르가 모습을 드러냈다. 옐친의 새로운 총아는 사부로프를 꼭 끌어안은 다음, 그의 아내에게도 인사했다. 그다음 두 경제학자는 밀담을 나누려 자리를 떠났다가 반 시간 뒤에 어두운 표정으로 돌아왔다. 베른스탐은 사부로프가 가이다르에게 러시아 정부에서 새로운 역할을 맡겨줄 것을 부탁했지만, 거절당한 모양이라고 짐작했다. 가이다르는 자기 팀에서 데려온 전문가로만 구성된 독재적 운영을 계획했다.[43]

가이다르는 베른스탐에게 다가와 자신이 작성하고 있는 민감한 문서에 관해 전문가의 견해를 요청했다. 스탠퍼드대학의 경제학자가 호텔로 돌아갔더니, 정부 공문 배달원이 문제의 문서를 가져왔다. 그것은 '러시아연방 내 외국인의 경제적 활동 자유화에 관해'라는 제목의 대통령령의 초안이었다. 대통령령은 모든 소련 법률과 수출입 통제를 폐지했다. 모든 수출입세와 관세도 무효화했다. 러시아연방에 등록된 모든 경제 행위자에게 국제무역의 자유가 부여되었다. 소련 정부 관리들과 선별 기업들에 대단히 수익성 좋은 사업이었던 석유와 가스, 여타 원자재 수출에 대한 할당과 인허가는 이제 경매로 판매될 예정이었다. 마지막으로 대통령령은 루블화를 외환으로 교환하는 데 국가 독점을 폐지했다. 러시아 시민들, 외국인 거주민, 심지어 외국인들도 러시아 상업은행에 당좌예금 계좌를 열 수 있었다. 이것은 혁명적인 조치였다. 그 전에는 소련법에 따라 모든 외국인은 달러와 독일 마르크화를 공식 환율에 따라 루블화로 교환하든지, 아니면 기소당할 위험을 무릅쓰고 암시장을 이용해야 했다. 명령은 1991년 11월 10일에 발효될 예정이었다. 그것은 러시아 대통령 전용 용지에 타자로 작성되어 있었다. 빠진 것은 옐친의 서명뿐이었다.[44]

베른스탐은 망연자실했다. "그것을 들여다보고 있노라니, 뒤에 핵 아마겟돈이 고개를 치켜들고 있는 게 보였다." 베른스탐은 소련 사회와 경제에 친숙했기에 그런 개혁 조치가 러시아연방에서만 실시될 때 무슨 일이 일어날지 깨달았다. 다른 공화국 사람들, 즉 대통령령의 '외국인 거주민'이 앞다퉈 러시아로 와서 계좌를 열고 루블화를 달러로 바꾸려 할 게 뻔했다. 다른 공화국 정부들은 시민에게 봉급과 임금을 줄 루블화가 바닥날 것이다. 그러면 갑작스러운 적자를 메우기 위해 국영은행에서 루블화를 빌릴 것이고 은행은 천문학적인 양의 루블화를 찍어내야 할 것이다. 그로 인해 환율이 붕괴하고 초인플레이션이 발생할 것이다. 이런 일은 가격 자유화가 시행되기도 전에 일어날 터였다. 이와 유사한 파괴적인 단락은 카자흐스탄과 아제르바이잔의 산유업체와 우크라이나 철강업체에도 영향을 미칠 것이다. 그러면 그들은 모든 생산량을 러시아 회사들에 수출하기 시작할 테고, 러시아 회사는 곧장 해외로 재수출할 것이다. 러시아 정부는 상품과 루블화의 유입을 막기 위해 공화국 국경선에 검문소를 세워야 할 것이다. 다른 공화국 정부들은 자원 유출을 막으려고 마찬가지로 조치를 취해야 할 것이다. 새로운 국경선을 넘나드는 범죄 세력과 국가별 민병대 간에 충돌이 터질 것이다. 갈등이 격화하면서, 군대 내에서 예전의 지휘 계통이 무너지기 시작할 것이다. 군대 내 다른 부분들이 저마다 편을 먹을 것이다. 우크라이나, 벨로루시, 카자흐스탄, 그 외 공화국에 위치한 소련군은 그 공화국 편이 될 것이다. 베른스탐은 걱정스러웠다. 그 모든 핵무기, 특히 소련 전역에 흩어져 있는 전술 핵무기는 어떻게 될까?[45]

포스트소비에트 공화국들 간의 핵무기 분쟁은 소련에 살고 있는 사람들에게는 기괴한 생각이었다. 하지만 며칠 전 난감한 사건이 일어났다. 루츠코이 부통령은 우크라이나 정부 관리들과 협상 과정에서 핵 논리를 폈다. 그는 시베리아에서 우크라이나를 가로질러 서유럽까지 수송관으로 전달되는 천연가스의 상업용 가격을 협상하기 위해 가스프롬의 특사 역할을 하고 있었다. 대화는 크림반도의 미래를 비롯해 다른 이슈들을 건드리면서 재빨리 뜨거워졌다. 외교관은 아닌 루츠코이는 우크라이나가 '핵보유국'에 그렇게 고집스레 나오면 안 된다고 말했다. 우크라이나 협상가들은 자기들도 핵무기가 있으며 모든 수단을 다해 국경선을 수호할 것이라고 응수했다. 신문에서는 "우크라이나를 상대로 한 러시아의 핵 공격" 위협에 관한 기사를 냈다. 옐친은 해명해야 했다.[46]

베른스탐은 이 모든 게 전화로 설명하기엔 너무 민감한 문제라고 판단했다. 그는 가이다르와 면담을 요청했고, 결국 11월 3일에 받아들여졌다. 가이다르는 얼마 전 스타라야광장의 예전 당사로 들어가 레오니트 브레즈네프의 이전 집무실을 차지하고 있었다. 벽에 걸린 거대한 레닌 초상화가 내려다보는 가운데 베른스탐은 자신의 종말론적 시나리오를 설명했다. 그는 러시아 개혁가들이 개혁과 평화 모두를 원한다면, 세 가지 선택지 중에서 골라야 한다고 말했다. 첫째, 즉각적 자유화를 포기하고, 대신에 장래에 명확한 한계를 두고 점진적으로 도입한다. 둘째, 다른 공화국들이 이런 조치에 동의하고 포스트소비에트 전 공간에 걸쳐 다 같이 조율한 자유화 프로그램을 들고나올 때까지 기다린다. 셋째, 러시아를 연방과 여타 공화국들에서 완전히 분리해 독립국가로 만든다. 베른스탐은 개인적으로는 앞에 두 가지가 이전 소비에트연방의 주민들에게 트라우마가 덜할 것이기에 그 선택지들을 선호한다고 말했다.

가이다르는 그가 지금까지 말한 것을 글로 적어달라고 부탁했다. 그러더니 비상 회의에 참석시킬 관리들의 이름을 적어 비서에게 그 사람들을 집무실로 즉시 호출하라고 지시했다. 그는 베른스탐에게 집무실 뒤편의 방으로 잠시 물러나 있으라고 부탁했다. 이미 저녁이 늦은 시각이었다. 베른스탐은 파이프 담배를 피우며 꾸벅꾸벅 졸았다. 얼마 있다가 가이다르가 그를 깨워서 텅 빈 집무실로 다시 불렀다. 스탠퍼드대학의 경제학자를 곁에 두고 가이다르는 옐친에게 보안선으로 전화를 걸었다. 그는 핵 시나리오를 비롯해 베른스탐이 한 이야기를 다시 들려줬다. 그다음 수화기를 베른스탐에게 넘겼다. 옐친은 베른스탐에게 고마움을 표하고는 만나고 싶다는 의사를 표명했다. 스탠퍼드대학의 경제학자는 한밤중에 거대한 건물을 나와 걸어서 호텔에 도착했다.[47]

베른스탐은 정말로 옐친을 만났다. 하지만 러시아 개혁을 위한 자신의 대안적 비전을 논의할 기회는 없었다. 11월 6일, 옐친은 새 정부를 출범시켰다. 가이다르가 부총리이자 재정경제부 장관이 되었다. 두 중요 부처를 통합해서 관리하는 직책이었다. 부르불리스와 가이다르는 러시아 대통령에게 총리가 되어 직접 정부를 이끌라고 설득했다. 그들은 그것이 최선의 방안이라고 주장했다. 최고소비에트는 가이다르를 총리로 승인해주지 않을 것이다. 그리고 이 막강한 지위에 다른 사람이 오른다면 정치 게임을 벌여서 개혁 실행에 방해가 될 수 있다. 옐친 측근 출신들은 새 행정부에서 국방과 안보, 경찰청장 같은 경제 분야 이외의 자리를 맡았다. 민주러시아 출신 운동가들은 몇몇 부차적인 직위에만 임명되었다.[48]

11월 5일, 첫 각료회의에서 옐친은 외국 무역 자유화 명령에 서명했다. 하지만 그것은 이전과 완전히 다른 문서였다. 이 행정명령은 가격 자유화와 분리되었고 자유무역지대에 합류하기 위해서는 다른 공화국들이 최종적으로 동의해야 했다.[49] 옐친 정부는 이원적 개혁을 이어갔는데, 다른 공화국들과 경제적·정치적 연합의 일부가 되기로 약속하면서, 동시에 고르바초프의 임시정부를 대신하여 포스트소비에트 공간을 스스로 경영할 작정이었다.

첫 번째 조치는 국영은행과 재무부와 관련이 있었다. 지난 10월 국무회의에서, 고르바초프와 옐친은 두 기관이 장래 연방의 핵심으로 유지되는 대신, 공화국 대표들이 감독하는 것으로 합의한 듯했다. 그러나 가이다르의 신자유주의적 개혁의 논리는 반대의 것을 요구했다. 11월 15일, 가이다르는 옐친에게 거시경제적 안정을 회복하고 개혁을 성공시키기 위해 소련의 모든 재정과 예산 제도, 기관을 러시아의 통제하에 두어야 한다고 말했다. 국영은행은 남을 것이지만, 이제부터 러시아은행이 환전을 관리할 것이다. 옐친은 일방적인 행정명령으로 소련의 재무부도 폐지하려고 했지만, 다른 공화국 지도자들과의 '전투' 끝에 당분간 유지하기로 합의했다. 그는 러시아 정부에 조만간 그 부처가 러시아의 재정경제부로 합쳐질 것이라고 말했다. 그리고 지폐를 찍어내고 화폐를 주조하는 특수 시설인 고즈낙(*Goznak*)도 러시아의 관할이 될 것이다. 소리 없이 러시아가 소련의 금과 다이아몬드 보유고, 시베리아의 광산도 모두 장악해야 한다고 그는 말했다. 옐친은 이런 결정을 '역사적'이라고 불렀고, 실제로도 그랬다.[50] 그렇다면 베른스탐의 경고와 주장은 어떻게 된 건가? 스탠퍼드대학의 경제학자는 여러 해 뒤에 옐친과 가이다르가 자신의 말을 매우 잘 알아들었다고 평가했다. 그들은 그저 중앙 기구들을 집어삼키고 러시아연방을 소련의 법적 승계 국가로 전환하는 데 시간이 더 필요하다고 판단했을 뿐이었다.[51] 가이다르는 확실히 그랬다. 하지만 옐친은, 앞으로도 보겠지만, 합리적 사고가 다른 개념과 공존했다.

두 번째 조치와 관련하여, 러시아 정부는 다른 공화국들에 대한 소련의 정치적 통제력을 경제적·재정적 수단과 교체하기로 했다. 다른 공화국들이 완전히 독립할 경우, 석유를 시장 가격에 판매하겠다는 가이다르의 원래 계획은 수정되어야 했다. "우크라이나를 신중히 대해야 한다. 거기에는 러시아인들이 너무 많이 산다." 러시아인 소수 집단이 있는 발트 국가들도 석유와 가스를 계속 보조받을 터였다. 영향력 행사를 위한 이런 수단은 곧 드러나겠지만 제한적이고 비용이 많이 들 것이었다. 가이다르는 이 정책이 불만스러웠다. 그는 전체 산유량의 4분의 1이 넘는 석유 1억 2600만 톤이 수출 허가를 받은 법인 조직과 국영기업에 이미 분배되었음을 알았다. 석유는 러시아 경제가 계속 돌아가게 하기 위해, 훨씬 더 유효한 통화의 형태로서 가치가 떨어진 루블화를 대체했다.[52]

역사적인 첫 각료회의 후, 옐친과 새 내각은 기자들 앞에 섰다. 가이다르는 자신과 장관들이 모스크바의 관용 아파트, 관용 별장, 특별 식량 패키지 등등 모든 공식 특권을 포기하기로 했다고 선언했다. 이런 행동을 통해, 가이다르는 그와 동료들이 고통스러운 개혁에 뒤따르는 모든 희생을 러시아 국민과 함께하겠다는 것을 보여주려 했다. 보리스 옐친은 기뻐했다. 이때, 안드레이 코지레프가 손을 들었다. 옐친은 또 다른 장관이 이 자리에 희망찬 분위기를 더하길 기대하며 고개를 끄덕였다. 방송 카메라들이 돌아가는 가운데, 코지레프는 입을 열었다. "어머니와 제가 두 채의 아파트를 하나로 만드는 공사를 하고 있는데…… 방 세 개짜리와 두 개짜리가 방 다섯 개짜리 한 채가 되는 거죠. 그래도 될까요? 그러면 가이다르가 방금 발표한 내용과 모순될까요?" 옐친은 입이 떡 벌어졌다. 고고하고 도덕적이던 회견의 분위기는 싹 사라지고 말았다.[53]

중앙이라는 허구

한편, 워싱턴의 NSC 우발사태 소그룹은 소비에트 지대에서 걷잡을 수 없이 전개되는 사태를 따라가기 위해 열흘에 한 번씩 만나고 있었다. 미국인들은 모스크바에 훌륭한 정보원이 많았다. 여기에는 소련 외무부와 옐친의 측근, 고르바초프 임시정부 인사도 포함되어 있었다. 10월 24일에 NSC 우발사태 그룹의 조정관 니컬러스 번스(Nicholas Burns)는 브렌트 스코크로프트에게 '폭풍 전야'라는 제목의 보고서를 제출했다. 보고서는 "소비에트혁명이 또 한 번 도약하기 직전이다"라는 레닌의 표현으로 시작했다. 보고서는 "중앙의 소련 부처 대다수는 러시아 정부에 인수되었다. 심지어 [외무부와] 군부도 점점 더 러시아 영향력 아래로 들어가고 있다"라고 결론 내렸다. 고르바초프와 옐친은 "경제연합의 구성을 용이하게 하고 소련군을 유지하는 데 정치적 정당성을 제공하기 위해 '중앙'이란 허구를 유지하고자 한다". 이 허구는 또한 고르바초프가 "서방과의 유용한 대화자"로서의 역할을 유지하게 했다. 가까운 전망은 다음과 같았다. 고르바초프는 올해 안으로 사임할 것이고, 그러면 연방의 중앙 대신 러시아를 상대해야 할 것이며, 소련군은 러시아군이 될 것이고, 12월 1일 국민투표에 이은 우크라이나의 독립선언은 '정해진 결론'이다. 포스트소비에트 공화국들은 크림반도의 미래를 둘러싼 것과 같은 잠재적인 갈등 위험성을 지닌 '뒤죽박죽 조각보'가 될 것이다.[54]

전망 보고서를 읽은 부시와 스코크로프트는 최악의 시나리오에 꽂혀 있었다. 정보 당국은 모스크바의 총참모부가 전략과 전술 핵무기에 대한 중앙 통제를 가까스로 유지하고 있다고 상당히 확신하며 보고했다. 하지만 고르바초프나 옐친이 군과 KGB, 핵 '버튼'을 통제하고 있는지는 분명치 않았다.[55] 스코크로프트는 CIA의 소련 분과가 '친옐친'적이며 따라서 기울어 있다고 여겼다. 그러나 소련이 해체되고 있다는 분석은 받아들였다. 여러 해가 지난 후, 그는 "상황이 어느 정도까지 진행되고 있는지 깨닫지 못했던 것 같다"라고 회고했다. 옐친은 고르바초프를 제거하고 싶었고, 소련의 "거의 완전한" 파괴는 그것을 달성할 길이었다고 말을 이었다. "그는 고르바초프 발아래 있는 소비에트연방을 끌어냈다."[56]

크렘린에 있는 고르바초프의 거대한 집무실은 외부 세계와 고립된 섬이 되었다. 그의 책상 위에 놓인 무수한 전화기는 대부분 조용했다. 예전이라면 그에게 전화를 걸었을 사람들은 이제 투옥되었거나, 해임되거나, 옐친에게 넘어갔다. 의기소침하고 신임을 잃은 KGB 전문가들은 더 이상 분석 보고서를 보내지 않았다. 한때 고르바초프 궁정의 일부였던 기성 소비에트 인텔리겐치아는 진즉 옐친에게로 떠났다. 소련 과학아카데미와 소련 작가동맹, 예술가동맹 등 '창조적' 조합들은 투표를 통해 러시아 치하로 들어가기로 결정했다. 8월에 생긴 병이 우울증으로 이어진 라이사 고르바초바는 남편을 배신했다며 모든 사람을 탓하고 공적 생활에서 물러났다.[57] 남은 자문은 체르냐에프, 샤흐나자로프, 야코블레프와 셰바르드나제 정도였다. 후자의 두 사람은 어려움에 처하고 고립된 소련 지도자를 돕기 위해 돌아왔다.

고르바초프는 옐친의 새로운 행동 노선에 관해 어떻게 해야 할지 그들과 함께 의논했다. 야코블레프와 셰바르드나제는 거리를 유지하면서 "러시아인들이 실수할 때까지" 기다리라고 권유했고 연방 구상을 다시 꺼내들었다. 고르바초프는 러시아 개혁 정부를 전적으로 지지하겠다고 말했다. "핵심 이슈는 옐친을 돕는 것이다. 자신이 기만당하고 버려졌다고 여기면 그는 떼를 쓴다." 그는 러시아연방이 개별 국가로 생존할 수 있다고 상상하는 것은 "위험한 학구적 유토피아"라고 지적했다. 또한 다른 공화국 국민 "대다수는 러시아의 리더십을 인정할 준비가 되어 있지만, 새로운 연방의 형태일 경우에만 그렇다. …… 연방 안에서 러시아는 실질적으로 그 역할을 수행할 것"이라고 설명했다. 고르바초프는 자신이 그 연방의 대통령으로 선출될 것이라고 여전히 상상하고 있었다.[58]

10월 21일, 개편된 소련 최고소비에트가 오랜만에 다시 모였다. 고르바초프가 첫 회기를 개회했지만, 그 절차는 그가 고립되었다는 사실만 부각시켰다. 많은 대의원이 퇴진당했고, 그 의석은 러시아연방과 공화국 의회들에서 위임한 '공화국 대의원'으로 대체되었다. 단상 뒤에는 소련 국기 옆에 7개의 공화국 국기만 내걸렸다. 우크라이나 *라다*는 여러 주 동안 약속했던 대의원들을 보내지 않았다. 바딤 메드베데프는 "우크라이나는 [최고소비에트에서] 대표되지 않는다. 발트 국가들과 그루지야도 마찬가지다. …… 사실상 이른바 민주 세력만이 대표된다. [보수] 세력은 숙청되었다"[59]라고 기록했다. 고르바초프는 연설에서 이 자리를 1917년 11월에 러시아에서 선출된 제헌의회에 비교했다. 이것은 해괴한 비유였는데, 정식으로 모이기도 전에 레닌에 의해 해산되었기 때문이다. 대형 신문들은 고르바초프 연설의 요약문만 실었다.[60]

고르바초프의 국제적 위신에 대한 마지막 결정타는 10월 30일과 11월 1일에 마드리드에서 개최된 중동문제 국제회의였다. 이것은 여러 해에 걸친 소련과 미국의 외교적 노력의 결실이었다. 소련 외무부 장관 보리스 판킨과 미국 국무부 장관 제임스 베이커는 아랍-이스라엘 분쟁에 엮인 적대적 당사자들이 회의에 참석하도록 설득하는 기적을 이뤄냈다. 그것은 모든 것이 첨예한 균형을 이룬 가운데, 막판 합의와 극단적 감정, 세상을 놀라움에 빠트릴 발표가 난무한 외교적 드라마였다. 10월 18일, 소련은 24년간의 소원과 적대를 끝내고 이스라엘과 외교 관계를 완전히 회복했다. 베이커는 이스라엘과 미국이 테러 조직으로 여기던 팔레스타인해방기구(PLO)의 지도자 야세르 아라파트를 만났다. 중동에서 미·소 간 협력은 레오니트 브레즈네프의 오랜 꿈이었다. 소련이 고작 크렘린 집무실 크기로 줄어들었을 때에야 고르바초프가 그 꿈이 실현된 것을 보았다는 사실은 지독한 아이러니였다.[61]

부시 대통령은 워싱턴에서 출발하기 직전 일기에 "요약 보고서는 이번이 내가 이런 식으로 그와 만나는 마지막 기회일 수도 있다고 설명한다. …… 그의 기분을 알아보는 것도 흥미로울 것이다"라고 기록했다.[62] 10월

30일, 부시와 고르바초프는 회의 개회식에 공동 의장으로 나란히 앉았고, 미국과 소련 국기가 커다랗게 내걸린 가운데, 판킨이 회의 시작을 알리는 의사봉을 두드렸다. 소련 지도자가 워낙 자연스러운 자신감을 내비치며 회의를 이끌었으므로 부시와 다른 서방 정치인들은 그의 정치적 사망에 관해 자신들이 읽은 게 사실인지 의아할 지경이었다. 하지만 회의는 고르바초프의 정치력과 소련 외교에 종말을 알리는 것이었다. 소련 지도자가 마드리드로 날아간 그날, 안드레이 코지레프는 소련 외무부 인원이 기존의 10분의 1 규모인 300명으로 축소될 것이며, 러시아와 공화국들이 위임한 기능만 수행할 것이라고 발표했다. 사적인 대화에서, 코지레프는 소련 외무부와 그 해외 자산은 1917년 이전에 러시아 국가의 소유였고 이제 새로운 러시아에 속해야 한다고 설명했다. 모스크바에서, 많은 소련 외교관은 코지레프 및 그의 직원들과 조용히 협상을 벌여 러시아 외무부에 자리를 얻었다. 그들 중 일부는 "결국에 우리는 모두 러시아인"이라고 주장했다.[63]

판킨은 고르바초프가 소련 외무부 이슈를 논의하기 위해 옐친에게 전화할 것이라고 예상했지만, 마드리드의 소련 지도자는 세계 무대에서 머무는 1분 1초를 만끽하는 듯 너무 바빠서 그럴 틈이 없어 보였다. 고르바초프는 친구인 미국 대통령이 공개적으로 자기를 지지해주길 기대했지만, 부시는 외교적 침묵을 유지했다. 그 대신 그는 고르바초프에게 소련 군부와 핵무기 통제, 우크라이나 독립에 관해 물었다. 소련 지도자는 그런 우려를 일축했다.[64] 그는 부시에게 다시금 돈을 요청했다. "100~150억 달러는 그리 크지 않고 상환은 심각한 문제가 아니다." 부시는 "겨울을 대비해" 15억 달러를 주겠다고 약속하고는 재빨리 덧붙였다. "그게 너무 모욕적인 액수라면, 돌아가서 상의하고 무슨 일을 할 수 있을지 알아보겠다." 베이커는 더 직설적이어서, 고르바초프의 통역인 파벨 팔라셴코에게 속내를 밝혔다. "15억 달러를 현금으로 받아라. 우리가 재고하기 전에 받아라." 자존심이 너무 강해서 탈인 고르바초프는 제의를 거절했다.[65]

11월 1일, 판킨은 외무부 차관으로부터 전보를 받았다. "중동에서 평화를 복원하는 대신, 돌아와 당신의 부처를 구해야 한다." 외무부 장관은 옐친과 다른 공화국 지도자들과의 만남을 준비하기 위해 회의를 포기하고 모스크바로 돌아와야 했다. 떠나기 전에 자신이 출발하는 이유를 베이커에게 설명했고, 베이커는 이해한다고 말했다. 그는 부시가 옐친에게 전화하면 좋을 것 같다고까지 제안했다. "세상에, 그건 생각도 못 했다"라고 판킨은 회고록에서 회상했다. "지금까지도 나는 그 통화가 이루어졌는지 어땠는지 모른다."[66]

11월 4일, 외무부의 미래는 노보오가료보에서 열린 국무회의 비공개 모임에서 논의되었다. 판킨은 외무부 축소가 소련에 대한 법적 승계를 위험에 빠트릴 것이라고 주장했다. 관건은 UN 안전보장이사회 상임이사국 지위와 1만 5000가지 조약 및 협정이었다. 판킨은 133군데의 대사관, 93군데의 영사관, 국제기구에 설치된 여섯 군데의 사무실과 무역 사무소 등등 외무부의 수십억 자산과 소유물이 어떻게 될지도 궁금했다. 알고 봤더니 모임 직전에 고르바초프는 옐친과 이야기를 나눴다. "소련 외무부는 수 세기에 걸쳐 러시아 사람들이 만들어낸 것인데 왜 망가트리고 싶어 하나? …… 분명히 자넨 그걸 러시아로 가져오고 싶겠지. 언젠가 그렇게 되겠지만, 지금은 그걸 돌봐야 해."[67] 옐친은 고르바초프의 타협책에 마지못해 동의했다. 외무부를 대외경제관계부와 합병하는 방안이었다. 합병된 부서는 대외관계부로 이름 붙였다. 위기는 해소된 듯했다. 코지레프 외무부의 고위 외교관이 서열 제2위의 관리로 워싱턴 D.C.에 파견될 예정이었다.[68]

비공개 모임에서 판킨은 옐친, 나자르바예프, 크라우추크를 가까이서 관찰하고서 외무에 대한 무지함에 경악했다. 그는 노보오가료보를 떠나며 한시름 놨지만, 그와 외무부가 "훨씬 큰 판돈이 걸린 게임의 카드"라는 불안한 느낌도 없지 않았다.[69] 사실 고르바초프와 옐친은 판킨 모르게 외무부의 최고위직을 예두아르트 셰바르드나제에게 주기로 이미 합의했다. 고르바초프는 옐친이 저명한 그루지야 정치가를 존중해서 외무부를 가만두길 기대했다.[70]

국무회의 비밀 회동은 소련군의 미래도 논의했다. 샤포시니코프 원수는 초강국의 군사력인데도 병력 충원이 되지 않고, 재정 지원을 받지 못하며, '국(national)'군들 사이에서 뜯겨나가고 있다고 보고했다. 우크라이나, 그루지야, 아제르바이잔, 몰도바는 자국 신병이 자국 영토상의 '국군' 부대에서만 복무할 것이라고 발표했다. 공화국 의회들은 자국 영토상의 군이 소비에트연방이 아니라 새로 독립한 국가들에 충성 맹세를 해야 한다고 요구했다. 그리고 발트 국가들은 전략 미사일 방어 시스템과 대공 시스템을 비롯해 모든 소련 기지가 즉각 해체되고 철수해야 한다고 요구했다. 게다가 동독에서 소련군과 물자를 유지할 돈도 더 이상 없었다. 심지어 중유럽에서 철수하는 데도 훨씬 더 많은 돈이 들었다. 폴란드 정부는 자국 영토에서 소련군을 이동시키는 데 높은 가격을 부르고 있었다. 마지막으로는 '사업 활동'으로 위장한 무기와 군사 장비의 불법 판매와 부패의 위험이 존재했다.[71]

고르바초프는 이제 독립한 공화국들에 합법적으로 주둔할 수 있도록 소련군에 새로운 지위를 확립할 것을 제안했다. 누구도 통수권자로서 고르바초프의 역할에 공공연하게 의문을 제기하지는 않았다. 하지만 논의는 법적·정치적 세부 사항이라는 수렁에 빠졌다. 여러 국가에 속하면서 동시에 특정한 국가에 속하지 않는 군대를 위한 선례가 없었다. 시간이 흘러도 합의는 도출되지 않았다. 나자르바예프, 카리모프와 여타 중앙아시아 지도자들은 다른 누군가가 돈을 부담하는 공동 군대를 원했다. 우크라이나와 벨로루시는 자국 영토상의 소련군이 '국군화되어야(nationalized)' 한다고 계속 고집을 피웠다.[72]

KGB의 미래도 논쟁 거리였다. 그 가공할 기관은 사실상 옐친과 고르바초프 이중의 지휘하에 있었다. 그들은 '알파' 특공대는 둘 다 동의할 때만 이용할 수 있다고 합의했다.[73] 모스크바의 민주주의자들은 KGB를 '러시아 CIA'와 러시아 내무부로 쪼개길 원했다. '러시아 KGB'의 의장 빅토르 이바넨코는 중앙 기구 및 지부와 더불어 '알파' 특공대와 제9국을 러시아로 가져오려고 로비했다. 그는 옐친에게 "보안 조직이 없는 공화국은 이웃 국가들의 공격적인 요구와 극단주의자들의 행위에 무방비 상태가 될 것"이라고 썼다. 그는 분리주의, 조직범죄, 국가 재산 약탈 등 러시아연방에 대한 여러 위협을 거론했다. 부르불리스는 이바넨코를 지지했다.[74] 하지만 옐친은 KGB를 쪼개길 원하는 사람들 편이었다. 그러므로 국무회의는 그 거대 기구를 모든 공화국이 동등하게 통제하는 여러 부분으로 쪼개기로 결정했다. 고르바초프의 보좌관인 예브게니 프리마코프는 KGB 대외정보국의 국장이 되었다. 방첩부는 군에 귀속되었다. 국경 경비대와 철도 부대는 별도 기관의 일부가 되었다. 너무도 불확실한 상황에, 모스크바의 KGB 직원들은 "보드카를 마시고 서류를 불태우고 TV를 보면서 무슨 일이 일어날지를 기다렸다". 많은 사람이 급성장하는 민간 보안 부문에서 일자리를 찾기 시작했다.[75]

11월 14일 국무회의 모임은 고르바초프가 연방조약을 얻어내기 위한 최종 전장이 되었다. 그는 "주권국가들의 연방"에 동의하도록 옐친과 다른 공화국 지도자들을 압박했다. 옐친은 반대했다.[76] 고르바초프의 언론 비서관은 옐친이 '*발랼 반쿠*(*valyal Van'ku*)' 마을의 바냐(*Vanya*) 아저씨처럼 굴었다고 회상했다(바냐 아저씨는 민담에 나오는 인물로, 마을 공동체가 다 같이 달성하길 원하는 공동 프로젝트에 참여를 아득바득 거부하는 게으른 술꾼이다). 다른 참석자들은 이 나라에는 왜 강력한 지도자 한 사람 대신 모든 것을 물어뜯는 기괴한 경쟁자 둘이 있는지 생각했다. 샤흐나자로프는 옐친 현상을 가능케 하는 "러시아의 분열적 정신 상태"를 한탄했다. 판킨은 불현듯 옐친과 고르바초프가 서로 자리와 역할을 바꾸기만 한다면 옐친이 소련의 대통령이 될 테고, 그러면 연방은 보존될 것이라는 생각이 들었다. 한순간 고르바초프의 인내심이 바닥났다. 그는 발끈하여 서류를 정리하며 자리를 뜨려고 했다. 공화국 지도자들은 옐친과 고르바초프가 개인적으로 이야기를 나눌 수 있도록 잠깐 휴식 시간을 갖자고 했다. 휴식 시간이 끝난 뒤, 고르바초프는 기분이 좋아져서 돌아왔다. 옐친은 새로운 구조를 '민주국가 연방'으로 부르는 데 동의했다. 러시아 '바냐 아저씨'는 마지막으로 동료집단의 압력에 굴복했다.[77]

미래의 '연방 국가'는 5년 임기의 대통령을 직접, 평등, 비밀 투표로 선출할 예정이었다. 대통령은 통치하기보다는 주재하는 역할이었다. 공동의 헌법은 없겠지만, 공화국들이 단순히 위임한 게 아니라 선거구별로 선출한 대표들로 구성된 공동 의회를 둘 예정이었다. 모든 재정적 권한과 의사결정 권한은 연방을 구성하는 공화국들에 남는 대신, 조정 기구들이 설치될 것이었다. 한참 실랑이를 벌인 끝에, 옐친은 '이행'을 위해 중앙의 재무부와 경제부를 2주간 더 유지하는 데도 동의했다. 이것은 연방이라는 구상을 위해 옐친이 치르기로 마음먹었던 마지막 희생이었다.[78]

고르바초프는 소련 최고소비에트에 300억 루블 지출을 승인해달라고 요청했을 때, 또 한 번 굴욕을 감내해야 했다. 정부 재정에는 중앙 부처들에 봉급을 줄 돈이 없었다. 이제는 러시아연방이 지배하는 의회는 그의 요청을 부결시켰다. 그러자 고르바초프는 옐친에게 승인을 요청해야 했다.[79] 11월 22일, 옐친은 러시아 영토상에 있는 국영은행의 모든 지점을 몰수하라고 지시했다. 사흘 뒤에는, 대형 전쟁에 대비하여 각종 물자를 저장해둔 어마어마한 창고 네트워크인 소비에트연방 '동원 예비물'을 인수했다. 그리고 마지막 순간에 그는 고르바초프가 요청한 300억 루블의 융자를 허용했다.[80] 하지만 옐친이 중앙 국가란 허구를 무너트리지 못하게 막는 마지막 요인이 하나 남아 있었다. 그는 우크라이나가 국민투표를 실시하여 미래를 결정하길 기다리는 중이라고 러시아 정부에 설명했다. 11월 15일, 러시아 정부 모임에서 대통령은 불만스러운 가이다르에게 가격과 외환 자유화를 1992년 1월 1일까지 연기하라고 지시했다. 가이다르에게는 이것이 그의 정부가 내려야 하는 "모든 결정 가운데 아마도 가장 어려운 결정"이었다. 조치를 미룰수록 '러시아 주권'과 거시경제적 안정화를 위한 시간을 그만큼 잃을 것이고, 결국 가까운 미래에 인플레이션이 더 심각해질 것이었다.[81]

우크라이나를 기다리며

역사가인 세르히 플로히는 옐친의 새로운 노선에 관해 "러시아 방주가 소비에트 선거(船渠)를 떠나고 있다"라고 썼다. 이 성서의 은유는 우크라이나에 훨씬 더 잘 들어맞았다. 10월, 크라우추크는 우크라이나가 '해직 수당', 즉 금, 다이아몬드, 외환을 비롯해 소련의 모든 재정 보유고 가운데 16퍼센트를 받을 때까지 경제 조약에 서명하길 거부했다. 우크라이나 지도자는 러시아와 여타 공화국들과 함께 서방 은행들에 대한 소련의 부채 상환을 처리하는 과정에 참여하는 것도 거부했다. 부르불리스는 자신과 동료들이 우크라이나 독립에 전적으로 찬성했다고 회고했다. 그러나 "우리의 머리와 마음으로는 이것이 돌이킬 수 없는 사실이 되리라고는 생각도 할 수 없었다". 부르불리스는 우크라이나와 가족 관계로 연결되어 있었고 수천만 명의 러시아인과 우크라이나인, 그리고 자기처럼 피가 섞인 사람들이 우크라이나와 러시아연방을 별개의 존재로 상상할 수 없다는 것을 잘 알고 있었다. 러시아인에게 우크라이나는 잉글랜드인에게 스코틀랜드와 같았으며, 더 가깝게 느낄 뿐이었다. 러시아의 관점에서 우크라이나는 합의 없이 이혼 신청을 하는 격이었다. 러시아의 이러한 심적 태도는 우크라이나 민족주의와 충돌하고 향후 몇십 년 동안 커다란 긴장과 갈등의 원천이 될 수밖에 없었다.[82]

결별이 도저히 불가능하다는 인상은 엄연한 경제적 사실로 더 강해졌다. 소련 경제는 밀접하게 얽혀 있고, 실질적으로 분리할 수 없게 구성되어 있었다. 이 통합성은 러시아혁명 이전으로 거슬러 가지만, 소련 시절에 훨씬 심화되었다. 러시아연방과 우크라이나는 공동의 산업, 과학기술 복합체를 갖고 있었다. 하르코프와 드네프로페트롭스크 그리고 우크라이나의 공업 도시에 있는 대다수 공장과 실험실은 모스크바와 상트페테르부르크, 우랄, 시베리아에 똑같은 공장과 실험실 및 파트너 업체를 두고 있었다. 우크라이나 기업과 가게는 튜멘의 석유와 가스가 없으면 굴러갈 수 없었고, 돈바스 광산은 러시아산 목재가 없으면 굴러갈 수 없었으며, 노릴스크의 알루미늄 제련소는 우크라이나산 보크사이트가 필요했다. 소련 전략 미사일과 대다수의 하이테크 무기는 우크라이나에서 조립되거나 '메이드 인 우크라이나' 부품이 필요했다. 수십 년 동안 이 경제는 모스크바 중앙에서 관리하고, 재원을 대고, 발전시켰다. 우크라이나 분리주의자들은 어떤 대가를 치러서라도 이런 상황을 끝내고 싶었지만, 그 대가는 막대했다. 수십 년 동안 중앙에 있는 소련 관료와 전문가가 우크라이나 경제의 대부분을 운영했다. 모스크바의 누구도 우크라이나라는 방주가 소련-러시아라는 선거를 떠나는 것을, 그리고 즉시 침몰하지 않고 항해할 것이라고는 상상할 수 없었다.

모스크바의 두 지도자 옐친과 고르바초프가 손잡고 노력했다면, 우크라이나 정치를 분리에서 멀어지도록 할 수 있었을 것이다. 우크라이나 공화국은 우크라이나 독립이 어떤 의미인지를 둘러싸고 의견이 엇갈렸다. 게다가 우크라이나 공업 지역의 경우, 키예프가 무게중심이 아니었다. 그 지역들은 자신들을 모스크바와 러시아 역사, 러시아 문화와 결부시켰다.[83] 뒤섞인 혈통과 공유된 정체성을 간직한 그 지역의 수백만 주민에게 우크라이나 '주권'은 여전히 러시아연방과 공동의 국가를 내포하는 막연한 것이었다. 게오르기 샤흐나자로프는 그 사람들을 동원하여 우크라이나 분리주의에 반대하고 공동의 국가성을 지지해야 한다고 생각했다. 그는 고르바초프에게 '갈리시아 민족주의와 그 협력자들'에 맞선 캠페인을 조직할 것을 제안하는 글을 썼다. 그 글에서 고르바초프의 보좌관은 러시아는 크림반도, 돈바스, 우크라이나 남부가 "러시아의 역사적 일부를 구성하며, 우크라이나가 연방을 떠날 경우 러시아는 그곳을 포기할 생각이 없다"라고 공식적으로 선언해야 한다고 주장했다. 하지만 고르바초프와 옐친은 우크라이나를 두고 합의할 수 없었다.[84]

러시아 내부의 의견 분열은 크라우추크의 선거 운동에는 완벽한 기회였다. 크라우추크는 북아메리카에서 성공적으로 데뷔한 뒤, 재빨리 우크라이나 지역에서 지지를 얻었다. 10월에 대다수 지역에서 30~40퍼센트 수준에 머무른 지지율이 서우크라이나에서는 훨씬 떨어졌으며, 크림반도와 동부, 남부 지역에서는 절반을 조금 넘는 정도였다.[85] 그의 경쟁자들은 새로운 정당과 운동 진영을 대변한 반면, 크라우추크는 '무소속' 후보로 나섰다. 예전의 당 엘리트들은 그를 중심으로 뭉쳤다. 플로히는 그중 많은 이에게 "독립은 새로운 종교가 되었고 크라우추크는 그 선지자가 되었다"

고 썼다. 전에 크라우추크가 이끈 우크라이나 당 언론과 언론인들도 그를 지지했다. 발행 부수가 많은《우크라이나 프라우다》는 크라우추크에 대한 지지를 선언했다. 우크라이나 KGB도 그를 중심으로 뭉쳤다. 한 정보원은 미국인들에게 우크라이나 영토상의 KGB 기구, 병사, 국경 경비대, 철도 부대는 키예프의 크라우추크 리더십에 응답하는 "85퍼센트의 충성스러운 우크라이나인"이라고 자랑하기까지 했다.[86]

그의 선거 유세는 몇 가지 핵심 요소에 기반했다. 우선, 그는 완전한 독립과 우크라이나를 위한 군사력을 비롯해 소련 자산을 온전히 나눠 받아야 한다는 의견을 지지함으로써 민족주의자 라이벌, 누구보다도 루흐의 후보인 비야체슬라프 체르노볼(Vyacheslav Chernovol)의 허를 찔렀다. 둘째로, 그는 역사로 분열된 나라를 공고히 할 최고의 통합자를 자임했다. 셋째로, 서방으로부터 국제적 합법성과 러시아로부터 최상의 경제적 거래를 얻어낼 가능성이 가장 큰 후보자라며 나섰다.

크라우추크는 우크라이나계와 러시아계 가릴 것 없이, 악몽 같은 소련의 과거와 거리를 두고 새롭게 출발하길 원하는 우크라이나 인텔리겐치아와 과학기술 전문가들 대다수를 비롯해 공화국의 모든 주요 유권자 집단에 호소할 수 있었다. 그리고 우크라이나 역사와 자신을 그다지 동일시하지 않고, 그 대신 공동의 소련 국가에 강한 연결성을 느끼며 안정과 질서로의 복귀를 원하는 남부와 동부의 유권자들도 끌어당겼다. 그들은 옐친의 가격 자유화를 걱정했다. 크라우추크는 독립 우크라이나가 안정성과 값싼 식량의 안식처로 남을 것이라고 약속했다.[87]

크라우추크의 유세에서 초창기 목표 가운데 하나는 크림반도의 분리주의를 무력화하는 것이었다. 크림반도는 타타르스탄과 체첸이 러시아의 영토 통합성에 위협인 것처럼 우크라이나의 영토 통합성에 큰 위협이었다. 샤흐나자로프는 자신의 반분리주의 캠페인의 일환으로서 "바그로프 동지와 합심하여 일할" 것을 충고했다.[88] 니콜라이 바그로프(Nikolai Bagrov)는 크림반도의 당 지도부 수장으로서 크림반도를 연방조약 서명 권리를 지닌 우크라이나 내 자치 공화국으로 전환시키는 현지 주민투표를 조직했다. 독립선언법 이후로 크림반도의 친러시아 활동가들은 크림반도를 러시아연방에 반환시키기 위해 또 한 번의 주민투표를 요구했다. 바그로프는 언제든 한편으로 가담할 태세로 상황을 관망하고 있었다.[89]

크라우추크는 그 지역 의회가 국민투표에 관한 결정을 내리기 위해 모인 날 크림반도를 방문했다. 그는 "크림반도 자치권의 대부"라고 자신을 소개하며, 우크라이나에 계속 남는다면 그 반도를 '자유경제지대'로 전환하겠다고 약속했다. 러시아 복귀 결정은 우크라이나 헌법에 위배될 것이다. 물론 키예프는 이를 막으려고 무력을 쓰지는 않을 것이다. 하지만 크림반도의 모든 농가와 기업들은 우크라이나로부터 그 지역으로 오는 에너지와 물에 훨씬 더 높은 가격을 지불해야 할 것이다. 크림반도의 건조한 토양에 물을 대기 위해 운하로 드네프르강을 끌어왔다. 만약 크림반도 주민들이 우크라이나를 떠나기로 하면 매년 30억 달러를 내야 할 것이다.[90] 크라우추크는 설득력 있는 논지들을 성공적으로 이용했다. 크림반도 의회는 주민투표를 취소시켰다. 분리주의 운동의 기세는 잦아들었다. 바그로프는 크라우추크와 허심탄회하게 대화를 나눈 뒤, 그를 지지하고 크림반도에 대한 우크라이나의 선택을 옹호했다.[91] 크라우추크는 드네프로페트롭스크, 하르코프, 니콜라예프, 돈바스의 지역 엘리트에게도 유사한 방식으로 작업했다.

11월 4일, 크라우추크는 국무회의에 참석차 모스크바로 갔지만, 그의 진짜 목적은 옐친과 경제 회담을 갖는 것이었다. 우크라이나와 러시아 지도자는 경제와 무역 파트너십에 관한 양자 합의에 도달했다. 같은 날, 크라우추크는 앞서 퇴짜를 놨던 경제 조약에 서명했다. 공동 기자회견에서 크라우추크와 옐친은 서로의 우정과 열린 국경선, 영토 통합성에 대한 상호 존중, 소수민족에 대한 보호를 확인했다. 한 기자가 옐친에게 크림반도에 관해 묻자, 그는 "이것은 우크라이나 국가의 주권 문제"라는 답변을 되풀이했다.[92] 크라우추크는 스스로 뿌듯해할 만했다. 그는 불가능한 일을 해내고 파편화된 우크라이나 유권자 집단을 하나로 뭉치게 한 듯했다. 그는 우크라이나의 문제에 대한 모든 답을 갖고 있으며, 누구에게도 상처를 주지 않고 일을 추진하는 법을 알고 있다는 인상을 주었다. 이는 곧 근거 없는 믿음으로 드러나지만, 크라우추크는 많은 이의 눈에 여전히 우크라이나의 국부(國父)였다. 반대로, 많은 러시아인은 그를 미래의 갈등에 불씨를 지피며 모두를 속여 넘긴 교활한 여우라고 여겼다.

11월 21일, 옐친은 민족 문제 관련 자문인 갈리나 스타로보이토바를 만났다. 러시아 대통령은 모든 전화선을 끊고 비서에게 대화가 끝날 때까지 방해하지 말라고 지시했다. 그가 스타로보이토바에게 던진 질문은 딱 하나였다. 우크라이나는 어디에 투표할 것인가? 그녀는 우크라이나 유권자의 최소 4분의 3은 독립을 지지할 것이라고 대답했다. 옐친은 귀를 의심했다. "그럴 리가 없다! 거긴 우리 슬라브 형제 공화국이다! 러시아인의 30퍼센트가 그곳에서 살고 있다. 크림반도는 러시아의 것이다! 드네프르강 동쪽에 사는 모든 사람은 자연히 러시아에 끌린다!" 40분에 걸쳐, 스타로보이토바는 우크라이나에서 사는 동료들과 민족지학자, 민주적 정치인으로부터 받은 데이터를 하나하나 짚어주었다. 마침내 옐친은 설득되었다. "그렇다면 이 새로운 정치 현실을 인정할 것이다"라고 말했다. 국민투표가 끝난 뒤, 그는 1주일을 기다렸다가 세 슬라브 공화국 간의 회담을 개최할 작정이었다. 회담 장소는 "그들에게는 제국주의적 중심"인 모스크바나 우크라이나인들이 승리를 자축할 키예프가 아니라, 눈에 띄지 않는 민스크가 될 터였다. "그건 옐친의 아이디어였다"라고 스타로보이토바는 회고했다.[93]

옐친의 결정이 지닌 역사적 의미는 엄청났다. 그것은 수 세기에 걸친 러시아 역사와 사고방식에 어긋났다. 영국 대사 로드릭 브레이스웨이트는 "대단히 합리적인 러시아인들은 우크라이나(러시아인들의 역사는 모두 그곳으로 거슬러 간다)가 제 갈 길을 갈 수도 있다고 시사하면 입에 거품을 문다"라고 썼다. 러시아-우크라이나 관계는 "북아일랜드처럼 인화성이 크지만, 폭발의 결과는 훨씬 더 심각할 것이다".[94] 상트페테르부르크 시장인 아나톨리 솝차크는 어느 영국 관리와의 대화에서, 서방이 우크라이나 분리주의를 조장하고 있다고 비난했다. 이는 연방의 해체를 부추길 테고 러시아 민주주의를 죽일 것이다. 영국 관리는 서방은 실제적인 현실에 대처하는 것 말고는 도리가 없다고 주장했다. 숍차크는 자신들이 사태에 영향을 미칠 수 있는 능력을 서방이 과소평가한다며 "'현실을 인정'하는 서방의 정책이 히틀러의 권력이 부상하도록 만들었다"라고 반박했다.[95]

우크라이나에 관한 옐친의 새로운 확신은 11월 25일에 고르바초프와 공화국 실력자들이 마지막으로 만났을 때 일어난 일을 설명해준다. 소련 지도자는 그들이 주권국가들의 연방 초안을 승인해주길 기대했다. 그 대신 옐친은 우크라이나가 없는 연방은 생각할 수 없다고 말하며 12월 1일까지 기다리자고 제안했다. 우크라이나가 없는 조약은 쓸모없고 도발만 할 것이다. "그러면 우크라이나는 연방을 파괴하는 결정을 취할 것이다. 우크라이나가 자체 통화를 갖는 결정을 내리면 그걸로 끝이다." 고르바초프는 또 한 번 답답한 심경을 드러낸 뒤 자리를 떴다. 한동안 공화국 실력자들은 고르바초프 없이 토의를 이어갔다. 그러고 나서 옐친과 벨로루시의 최고소비에트의 의장인 스타니슬라프 슈슈케비치가 고르바초프의 집무실로 찾아와 회의로 돌아오라고 초대했다. 옐친이 쓴웃음을 지으며, "칸에게 머리를 숙이러 왔어"라고 말하자, 고르바초프는 "좋아, 차르 보리스, 본론으로 들어가지"라고 대꾸했다. 옐친은 고르바초프와 다른 공화국 지도자들 옆에 앉아, 몇 시간 동안 연방조약의 최종안을 하나하나 검토해야 했다. 하지만 모임이 끝난 뒤, 그는 고르바초프와 함께하는 기자회견에 나오지 않았고, 당황한 소련 지도자는 혼자서 기자회견을 해야 했다.[96]

연방조약이 효력이 없다는 것을 이미 알고 있었다면 옐친은 왜 그렇게 많은 시간을 쏟았을까? 십중팔구 그는 이번에도 '바냐 아저씨' 역할을 하고 있었을 것이다. 모임에서 고르바초프와 공화국 지도자들은 러시아가 국영은행과 고즈낙을 인수하는 데 항의했다. "다른 공화국들 없이, 우리 없이 그렇게 할 수는 없다"라고 고르바초프는 불평했다. 국영은행은 공화국들의 금융 연합에 속해야 하고 고즈낙은 소련 재무부에 되돌려줘야 한다. 고르바초프는 "이건 해적질"이라고 결론 내렸다. 옐친은 자신은 잘못한 게 하나도 없다고 고집스레 주장했다. 가이다르는 옐친에게 가격 자유화가 실시되면 최소 1조 루블을 찍어내야 할 것이므로, 고즈낙의 장비를 업그레이드해야 한다고 말했다. 국무회의에서 러시아 지도자는 고즈낙이 모든 공화국에 필요한 돈을 찍어내겠다고 약속만 했다. 카리모프는 예를 들어서 우즈베키스탄이 러시아가 얼마나 많은 양의 루블화를 찍어낼지 어떻게 알 수 있느냐고 물었다. 옐친은 "그러면 전에는 알고 있었소?"라고 되받아쳤다. 다른 공화국 지도자들은 고즈낙을 국영은행의 휘하로 복귀시켜야 한다고 표결했지만, 옐친은 이 결정을 무시했다.[97]

고르바초프는 자기가 한 말을 지켰고 러시아의 개혁적인 정책 노선을 지지했다. 국무회의 특별 비공개 모임에서 야블린스키는 옐친을 나라가 제2차 세계대전 이래로 직면한 적 없는 위험 부담을 무릅쓰는 영웅으로 추어올렸다. 그리고 우크라이나와 발트 국가들까지도 싫든 좋든 러시아의 결정에 제약을 받을 수밖에 없다고 말했다. 슈슈케비치는 회의적인 듯 왜 다른 공화국들이 미지의 영역으로 뛰어드는 러시아를 뒤따라야 하느냐고 물었다. 어쩌면 개별 국가성과 자체 통화가 우크라이나나 벨로루시가 앞으로 다가올 러시아의 충격을 피할 수 있게 해주지 않을까? 야블린스키는 이는 도움이 되지 않을 것이라고 대답했다. 우크라이나와 다른 공화국들이 러시아와의 국경을 폐쇄하고 자체 재정 시스템을 만들어내지 않는 한, 그들은 거시경제적 관점에서 여전히 러시아와 한배에 머무를 것이다. 그리고 우크라이나는 이 배를 망가트리거나 거기에 구멍을 내지 않는 편이 좋다.[98] 하지만 우크라이나가 실제로 자체 통화를 발행하기 시작한다면, 이는 "러시아에 끝이 보이지 않는 끔찍한 고통을 초래"할 것이라고 야블린스키는 시인했다. 또 다른 통화는 혈액형이 맞지 않는 피를 수혈하는 격이리라. 우크라이나는 러시아 경제를 죽일 수 있지만 그들의 경제도 파괴할 것이다.[99]

고르바초프는 옐친에게 임시정부에 900억 루블의 돈을 더 꾸어달라고 부탁했다. 옐친은 거절했다가 마음을 바꿨다.[100] 나중에 부시 대통령과의 통화에서 그는 러시아가 "나라 전체를 구하기"로 했다고 말했다. 그러고는 "하지만 우리가 언제나 그렇게 이타주의적일 수 없다는 점을 모두가

온전히 이해해야만 한다. 1992년에 공화국들은 각자 자기 일에 책임을 져야 한다"라고 덧붙였다.[101]

11월 말, 러시아 대통령과 장관들은 소련 경제 유산의 가장 수익성 높은 부문을 인수하려고 서둘렀다. 가스프롬을 비롯한 석유와 에너지 산업의 기업들, 금과 다이아몬드 산업, 그리고 군 건설업체들이었다. 그러나 옐친은 대공, 미사일 방어 방위 사업체 같은 MIC의 꽃에는 완전히 무관심했다. 심지어 원자력 산업(*Minsredmash*, 민스레드마시)의 미래에도 무심했다. 물론 나중에 러시아 국가는 그 산업체들에 대한 책임을 떠맡았다.[102]

11월 28일 러시아 정부 모임에서, 옐친은 연방의 관할하에 마지막까지 남아 있던 소련 국가 조직을 빨리 치워버리고 싶어 했다. 코지레프와 다른 장관들은 외무부의 중앙 기구, 대사관과 별관, 해외 자산이 러시아 관할로 들어와야 한다고 합의했지만, 아직 러시아의 법적 소유로 선언하지는 않았다. 옐친은 "[러시아연방을] 신속히 러시아로 재명명하자. 그러면 우리는 이 재산의 법적 승계자가 될 것이다"라고 제안했다. 11월 29일, 옐친은 소련 외무부를 러시아 소속으로 바꾸도록 지시했다. 그런데도 그는 세계가 러시아를 초강대국 소련의 대체자로 인정해주길 기다려야 했다.[103]

11월 28일, 부르불리스는 폭동 진압 경찰이 딸린 내무부가 즉각 러시아 관할로 들어와야 한다고 제안했다. 급진적인 개혁 실시 이후 예상되는 사회적 소요에 대비해, 러시아 국가는 거리의 질서를 유지해야 했다. 옐친은 8월 이후 처음으로 다시 소련군 인수에 관해 언급하기 시작했다. 그는 우크라이나 영토상의 소련군을 '국'군으로 전환하고 봉급을 두 배로 올린 크라우추크의 움직임에 깊은 인상을 받았다. 그는 "거기서는 한참을 망설이며 꾸물대지 않았다. 그건 강력한 정치적 조치였다"라고 높이 평가했다.[104] 그는 대체로 러시아 세금으로 유지되는 군이 왜 계속 고르바초프 휘하에 있어야 하는지 이해할 수 없었다. 그리고 자국 영토 주권이 위험한 상태인 판에 러시아가 왜 러시아 영토 바깥, 예를 들어 나고르노카라바흐에 배치된 병력에 돈을 대야 하는가?[105]

마지막 요점은 캅카스 지방 러시아 국경지대의 전략 요충지인 체첸의 분리주의라는 폭발성 있는 쟁점과 관련이 있었다. 그곳에서 사는 체첸계 주민들은 비극적 역사를 갖고 있었다. 제정 러시아는 그 지방을 정복하고 반란을 진압했다. 제2차 세계대전 동안 스탈린은 체첸인들이 독일 침략자들과 협력했다고 그들을 카자흐스탄으로 강제 이주시켰다. 스탈린 사후, 흐루쇼프는 체첸인들이 본향으로 돌아올 수 있게 허용하고 체첸을 러시아연방 내 자치 공화국으로 회복시켜주었다. 그들의 비극적 역사는 지나간 일이 된 듯했다. 하지만 1991년 8월, 소련 국가의 내부적 파열은 체첸을 무정부 지대로 탈바꿈시켰다. 한 사회학자는 전투적인 젊은이들과 부족적 민족주의자들이 신임을 잃은 소련 엘리트들을 밀어냄에 따라 "산악지대가 골짜기들을 되찾았다"라고 지적했다. 아프가니스탄전쟁의 참전군인이자 과거 에스토니아 주둔 공군사단 지휘관이었던 조하르 두다예프(Dzhokhar Dudayev) 장군은 체첸 '국민 혁명'을 이끌었다. 그와 그의 무장 추종자들은 75만 인구의 '국가(nation)' 창설을 선언했는데, 소련은 물론 러시아연방으로부터 독립한 체첸 공화국이었다.[106]

분리주의적인 크림반도로 날아간 크라우추크와 대조적으로, 옐친은 체첸에 그와 똑같이 대응하길 거부했다. 그는 분리주의자들과의 협상 업무를 하스불라토프와 루츠코이에게 일임했다. 회담이 수포로 돌아가자, 11월 7일 러시아 대통령은 인정받지 못한 공화국에 비상사태를 선언했다. 루츠코이는 병력 파견을 제안했고 심지어 지원 병력으로 공군을 배치하려고 했다. 고르바초프는 막판에야 이에 관해 통보받고 경악했다. 그는 옐친이 술에 취한 상태로 이런 결정을 내렸다고 확신했다. 그는 옐친에게 전화를 걸었지만, 러시아 대통령과 통화가 되지 않았다. 그러자 루츠코이에게 전화를 걸어, 군 통수권자로서 전쟁을 촉발할 수 있는 군과 경찰에 대한 명령을 막을 것이라고 말했다. 덕분에 군과 내무부 장관 빅토르 바란니코프(Viktor Barannikov)가 옐친의 행정명령에 시간을 끌 수 있는 여유가 생겼다. 한편 러시아 의회는 체첸에 대한 무력 사용을 불허하고 병력을 철수하라고 결의했다. 체면이 말이 아니게 된 옐친은 루츠코이를 탓했다.[107]

옐친은 군 통수권을 가져오기로 결심했다. 하지만 군은 그저 또 하나의 포스트소비에트 매각 품목이 아니었다. 미국인들은 러시아 정부가 핵무기와 관련해 얼마나 책임감 있게 행동할지 주시하고 있었다. 우크라이나가 "경로를 스스로 결정할 수 있게끔(*opredelitsia*)", 러시아 군대의 창설은 미뤄졌다. 옐친은 연방 구조에서 가장 중요한 부문이 해체된 책임을 크라우추크에게 돌리고 싶었다.[108]

옐친과 그의 측근들은 또한 소련 외채에 관해 서방과 대화하는 과정에서 이원 정책에 발목이 잡혔다고 느꼈다. 10월 말이 되자, 소련의 대외경제은행(Vneshekonombank)은 파산했다. 런던과 싱가포르를 비롯해 외국에 있는 소련 소유 은행은 자금을 보충하든지, 문을 닫아야 했다. 러시아 총리 이반 실라예프는 채무 상환을 연기해주도록 파리클럽 채권자들에게 호소하고, 소련 부채에 관해 G7과 협의를 개시하기로 동의했다. G7 전문가 팀이 11월 초에 모스크바에 도착해서 그달 내내 옥탸브르스카야호텔에 머물렀다. 그들은 소련 재정의 혼란상에 말문이 막혔다. 석유 수출은 자치기업과 수상쩍은 회사의 손에 들어갔고, 석유 판매 수입은 재무부에 들어오지 않았다. 다른 국영기업도 수출로 벌어들인 외화를 국영은행에 보내는 것을 실질적으로 중단했다. 게다가 누구도 소련의 금 보유고가 어찌 되었는지 모르는 눈치였다. 그리고 소련 재무부는 무역수지 불균형을 메우기 위해 잉글랜드은행에 방대한 양의 다이아몬드를 예치해야 했다. G7 팀은 포스트소비에트 행위자들에게 재정에 대한 통제권을 다시 행사하도록 강제했다. 전문가 팀은 소련 부채에 대한 재조정이나 상환 기한 연장은 없을 것이라고 통보했다. 상환을 불이행하면, 서방 국가들은 식량과 인도적 지원을 중단할 것이다. 서방의 자세는 협박보다는 엄포에 가까웠지만, 단호한 입장은 옐친과 가이다르에게 불쾌한 충격이었다.[109]

미국 재무부의 데이비드 멀퍼드는 러시아가 채무불이행을 피해야만 IMF에 가입 자격을 얻고 서방의 융자를 받을 수 있을 것이라고 통보했다. 멀퍼드가 러시아에 금 100톤을 담보로 내놓으라고 했다며 가이다르는 회고했다. 이러한 일방적 명령은 가이다르를 당혹하게 만든 동시에, 1918년 브레스트-리토프스크에서 독일이 볼셰비키 정권에 러시아의 모든 금 보유고를 넘기도록 강요했던 것을 떠올리게 했다.[110] G7 전문가 팀은 시급한 개혁에 드는 재원으로서 러시아에 통화와 금의 여유분이 필요하다는 사실에 무관심했다.

멀퍼드는 "우크라이나와 일부 공화국들, 러시아 …… 협상 테이블 주변으로 엄청난 적대감이 흘렀다"라고 회고했다. 우크라이나인들은 금과 다이아몬드, 통화 보유고 같은 소련 자산에 대한 권리를 주장했지만, 소련의 부채에 대한 책임은 지지 않으려 했다. 다른 공화국들도 그들의 예를 따랐다. 러시아 대표단이 소련 자산에 대한 통제권을 대가로 소련의 모든 부채를 갚겠다고 제안하자, 다른 공화국들은 이를 '러시아 제국주의의 또 다른 발현'으로 받아들였다. 고르바초프는 자신이 옳았음이 입증되었다고 느꼈고, 러시아인들은 이제 과거 제국 정권들의 모든 죄를 갚아야 했다.[111]

러시아 정부의 각료회의에서, 젊은 대외경제부 장관인 표트르 아벤(Pyotr Aven)은 러시아가 채무 협상을 중단해야 한다고 주장했다. 하지만 갈리나 스타로보이토바는 러시아가 모든 소련 부채를 갚는 데 동의해야 한다고 주장했는데, 러시아의 자원을 고려할 때 그리 어렵지 않았다. 그리고 이는 전 세계에 러시아가 소련과 1917년의 러시아 공화국의 유일한 법적 승계 국가라는 암시가 될 것이었다. 옐친은 반발했다. 러시아 국민은 이를 수용하지 않을 것이며 겨울을 나기 위한 수입 식량에 지불할 돈도 없을 것이다! 스타로보이토바는 서방이 폴란드에 그랬던 것처럼, 러시아가 그 부채의 절반만 갚아도 봐줄 것이라고 반박했다. 그리고 아프리카 국가들에 대해 소련이 보유한 채권을 외국 은행에 매각할 수도 있을 것이다. 모잠비크의 채권만으로 겨울 동안 상트페테르부르크가 먹고살기에 충분할 것이다. 결국, 재정적 신용과 해외에 있는 소련 은행 네트워크를 유지하기 위해 채무 협상을 계속하기로 결정했다. 가이다르는 앞으로 다른 공화국들이나 고르바초프 임시정부가 러시아 정부의 동의 없이 받은 융자는 갚지 않겠다고 공개적으로 선언했다. 서방 파트너들은 그 말뜻을 알아챘다. 지금부터 '소련' 대신 러시아가 국제 금융 거래의 주체였다.[112]

고르바초프는 12월 3일 저녁에 옐친에게 전화를 걸어 연방조약을 매듭

짓기 위해 크라우추크, 나자르바예프와 즉시 만나자고 제의했다. 러시아 지도자는 "어쨌든 거기서는 아무것도 안 나올 것"이라고 대답했다. 연방조약 대신 그는 러시아, 우크라이나, 벨로루시, 카자흐스탄의 4자 동맹을 원했다. 고르바초프는 버럭 소리를 질렀다. "그러면 거기서 내 위치는 무엇인가? 그렇게 대할 거라면, 난 빠지지. 얼음 구멍 속에 떠 있는 쓰레기가 될 생각은 없어." 고르바초프에 따르면, 옐친은 취해서 또다시 '바냐 아저씨' 행세를 하고 있었다. "그러면 당신이 없으면 우린 어떻게 할까, 미하일 세르게예비치!" 고르바초프가 자신의 역할은 무엇이냐고 다시 물었을 때, 인사불성이 된 옐친은 "글쎄, 그냥 그대로 있어"라고 대답했다.[113]

우크라이나 선거

워싱턴에서 부시와 스코크로프트는 모스크바에서 또 다른 쿠데타 위험성과 우크라이나 핵무기에 관해 여전히 걱정했다. 10월 24일, *라다*가 우크라이나는 비핵국가가 되길 원한다고 선언했다. 하지만 그 말이 행동과 일치하는가? 11월 초, 미국 행정부는 크라우추크의 측근들로부터 최악의 걱정을 덜어주는 중요한 신호를 받았다. 우크라이나 KGB의 부의장인 예브게니 마르추크(Yevgeny Marchuk)와 내무부 차관 발레리 두르디네츠(Valery Durdinets)는 미국 측 연락책에게 우크라이나 지도부가 공개적으로 보여준 것보다 책임감 있는 노선을 추구하고 있다는 메시지를 전달했다. 1996년 전에 확립된 국제적 통제에 따라 우크라이나 영토상의 핵무기들을 해체하려는 '계획'이 있었다. 마르추크와 두르디네츠는 미국 측에 크라우추크는 모스크바가 핵무기 통제권을 보유하도록 할 것이라고 알렸다. 게다가 우크라이나의 전술, 전략 무기를 러시아연방으로 이전하는 것도 반대하지 않을 것이다. 우크라이나는 러시아와 커다란 분쟁 거리인 세바스토폴의 흑해 함대를 인수하지도 않을 것이다. 그러한 신호를 보낸 뒤, 백악관에서 크라우추크에 대한 신임은 적잖이 올라갔다.[114]

11월 중순에 이르자, 미국의 모든 외교 및 정보기관은 12월 1일의 국민투표가 우크라이나의 독립을 확정할 것이라고 입을 모았다. 그러나 부시와 스코크로프트에게 국민투표는 한 가지 문제를 제기했다. 스코크로프트는 우크라이나 유권자들이 "거의 확실히 주권에 찬성표를 던질 것이지만, 그게 반드시 소련으로부터의 독립에 찬성한다는 의미는 아니었다. 분명한 점은 우크라이나가 연방 해체의 가장 직접적인 원인이 되도록 옐친이 수작을 벌이고 있다는 것이었다"라고 회고했다. 그렇다면 미국은 우크라이나를 곧장 인정한다고 발표하여 소련의 최종적 해체에 시동을 걸어야 하는가? 펜타곤의 딕 체니와 그의 부관들은 그래야 한다고 제안했다. 그것이 "역행하는 러시아"에 맞서는 "보험 정책"이라고 주장했다. 우크라이나의 막대한 자원, 인구, 지리가 없다면 러시아는 "소련이 제기한 위협이 결코 되지 못할 것"이라고 한 펜타곤 관리는 회고했다.[115] 그러나 제임스 베이커 국무부 장관은 계속 반대했다. 그는 우크라이나에 대한 즉각적인 인정은 "평화로운 이행을 가능하게 하는, 다자 혹은 양자 간에 합의할 기회를 파괴"할 것이다. 그는 우크라이나 국민투표가 우크라이나 국가가 "더 분해되는 것"을 촉발하지 않는다고 확신할 수 있어야 한다고 말했다. 베이커는 크림반도, 돈바스, 동우크라이나를 둘러싼 분쟁 가능성에 대한 셰바르드나제의 경고에 주의를 기울였다. 스코크로프트는 체니의 논지에 공감했지만, 러시아 민족주의자들의 반감을 사지 않도록 미국은 우크라이나 국민투표에 '완전한 중립'을 유지해야 한다는 주장을 고수했다.[116]

부시는 친구인 고르바초프에 대한 의리와 국내 정치에 호소할 필요성 사이에서 갈등했다. 공화당 우파는 세금 인상과 경기 불황을 놓고 대통령을 탓했고, 소련 붕괴에 대한 '겁쟁이 키예프'식 접근법을 조롱했다. 미국 의원들 다수는 고르바초프가 노벨평화상을 수상했던 것을 이미 잊었고, 그와 주변 인물들을 "개전의 정이 없는 공산주의자"라고 여겼다. 국민투표 날짜가 빠르게 다가오면서, 부시와 스코크로프트는 뭔가를 해야만 했다. 11월 25일, 주요 관계자 모임에서 행정부는 우크라이나 독립을 인정하기로 합의했지만, 고르바초프와 옐친이 먼저 마음을 정할 수 있게 몇 주 기다리기로 했다. 그러나 미국의 정책은 부시 때문에 들키고 말았다. 체니와 비서실장 존 수누누의 제의로 그는 우크라이나 이민 사회 대표들을 만나서 자신의 결정을 은밀히 털어놨다. 우크라이나계 미국인들은 이 뉴스를 즉시 언론에 유출했다. 스코크로프트는 나중에 이렇게 회고했다. "그것 때문에 뭐가 달라지지는 않았지만, 알고 보니 고르바초프에게는 체면이 깎이는 일이었고, 사정을 고려하면 그렇게 하지 말았어야 했다."[117]

그 발표는 우크라이나 대중의 분위기에 커다란 영향을 미쳤다. 투표를 앞둔 한 주간, 크라우추크는 국민투표를 소련의 비참함과 장래의 번영 간 실존적 선택처럼 몰아가려고 한층 힘썼다. 세르히 플로히는 러시아와 여타 공화국들을 먹여 살리던 "유럽의 곡창지대이자 경제 초강국"이라는 우크라이나 신화는 "국민의 마음에 단단히 뿌리내리고 있었다"라고 썼다.[118] 세계에서 가장 막강하고 부유한 나라인 미국의 인정은 분리된 우크라이나가 소멸하는 게 아니라 번영하리란 뜻이었다. 이 신화는 곧 괴로운 찬물을 뒤집어썼다. 우크라이나 경제는 비상하는 대신 곤두박질쳤다. 그리고 미국이 인정했다고 해서 재정적으로 관대한 조치나 투자가 따르지도 않았다.

고르바초프는 우크라이나가 공통의 뿌리와 문화가 아니라면 경제적·재정적 필요 때문에라도 연방에 남을 것처럼 계속 행동했다. 11월 19일, 알렉산드르 야코블레프는 백악관에서 부시를 만나 고르바초프의 메시지를 전달했다. 우크라이나 국민투표 결과가 독립 찬성으로 나와도, 그것이 우크라이나가 러시아 연합을 떠난다는 의미는 아니라는 메시지였다. 대화록에서 기밀이 해제된 부분을 살펴보면, 부시는 독립이란 말이 무엇을 의미하는지에 달려 있다고 말했다. 야코블레프도 동의했다. "안타깝게도, 우리는 '독립'에 대해 오만가지로 다르게 이해한다." 그러나 더 압박하자, 야코블레프는 옐친이 12월 1일 이후에 우크라이나 독립을 인정할 것 같다는 개인적인 의견을 밝혔다. 게다가 그는 러시아계 주민이 집중된 돈바스 지역과 우크라이나계 사이에 '내전'의 위험은 없다고 생각했다. 이것은 고르바초프가 그에게 원하던 발언이 아니었다.[119]

11월 25일, 소련 지도자는 국영방송에서 우크라이나 국민에게 호소했다. 그는 우크라이나 국민투표가 3월의 연방 국민투표 결과를 무효화하지는 않을 것이라는 입장을 되풀이했다. 고르바초프의 다른 연설이 그렇듯, 이 연설은 정반대 효과를 낳았다. 크라우추크는 "고르바초프는 우크라이나를 대신해 발언할 권리가 없다. …… 그가 떠들어대는 대로 내버려두고, 우리 일에나 신경 쓰겠다"라며 반박했다. 모스크바에서 TV 논평가는 고르바초프를 조롱했고, 《이즈베스티야》는 그가 우크라이나 문제에 어설프게 간섭했다며 비난했다. 자유주의 성향의 《인디펜던트 가제트》는 '제국은 끝났다'란 헤드라인을 들고나왔다. 어떤 칼럼에서는 우크라이나가 자신을 지키고 블라디미르 지리놉스키 같은 공격적인 러시아 민족주의자들을 억제하기 위해 핵무기를 계속 보유할 것을 촉구했다. 또 다른 글에서는 이웃에 있는 번영한 우크라이나의 출현은 유럽에 계속 남으려는 러시아의 제국적 꿈을 포기하게 만들 것이라고 주장했다. 그렇지 않으면, 러시아는 아시아에서 자리를 찾아야 할 것이다.[120]

우크라이나 독립을 미국이 인정할 것이라는 뉴스에 소련 지도자는 격노했다. 언론 비서관 안드레이 그라체프는 소련 내정에 대한 미국의 간섭에 항의할 것을 제안했다. 체르냐예프가 항의안을 작성했다. 이후 1992년에, 전직 소련 지도자는 미국의 우크라이나 독립 인정이 연방조약에 대한 미묘한 균형을 무너트렸다고 썼다. 그는 "우크라이나 지도부의 분리주의적 입장은 옐친에게 '선물'이었다"라고 확신했다. 옐친은 러시아 여론을 적대적으로 몰아갈까 봐 연방을 공개적으로 반대하는 것을 꺼렸지만, 크라우추크의 비타협적 태도를 연방조약을 망칠 구실로 기꺼이 이용했다는 것이다.[121]

1991년 11월 30일, 부시는 마침내 고르바초프에게 연락해 자신의 입장을 설명했다. 그는 우크라이나 지도부가 핵무기와 소련 조약, 인권에 대한 조건을 충족하기 전에는 미국이 독립을 인정하지 않을 것이라고 확신했다. 고르바초프는 우크라이나의 독립 투표를 연방에서 분리할 수 있는 권리로 받아들이지 않을 것이라고 말했다. 그랬다가는, 우크라이나와 러시아 사이에 유고슬라비아에서보다 더 심각한 분쟁이 발생할 것이라고 경고했다. 옐친 진영에는 러시아가 크림반도와 돈바스를 영유하길 원하는 '세력'이 있었다. 이때 베이커가 끼어들었다. "맞아요, 맞아. 정말 위험합니다." 부시도 공감했다. "나도 국내에서 압박을 받고 있습니다. 당신이 어떤 일을 겪고 있는지는 알 수 없지만, 여기서도 사람들이 내게 압력을 넣고 있어요." 그는 설득력은 없지만, 우크라이나에 대한 미국의 "지연된 인정"이 민족주의자들의 우려를 가라앉혀 새로운 연방이라는 구상으로 돌아가는 데 도움이 될 수도 있다고 주장했다.[122]

5분 뒤에 부시는 옐친에게 전화를 걸었다. 그는 껄끄러운 대화를 각오하고 있었다. 앞서 그는 러시아 지도자로부터 급진적 민족주의자들을 부추길 수 있으니, 우크라이나 독립을 즉시 인정하지 말라고 촉구하는 편지를 받았다. 로버트 스트라우스 대사는 모스크바에서 코지레프와 나눈 대화의 전문을 보냈다. 러시아 외무부 장관은 미국이 우크라이나 독립에 관한 러시아의 우려를 불식시키도록 도와달라고 부탁했다.[123] 하지만 이번에 옐친은 불과 며칠 전과는 입장이 달랐다. 그는 부시에게 우크라이나인의 70퍼센트 이상, 다시 말해 3월 국민투표에서 연방 보존에 찬성한 비율보다 더 많이 독립에 찬성한다면 우크라이나의 독립을 즉각 인정할 것이라고 말했다. 부시는 "곧바로?"라고 물었다. "네, 즉시 그렇게 해야 해요. 그러지 않으면 새로운 개혁에 …… 다가가는 상황에서 우리의 입장이 불분명해집니다." 그는 우크라이나 독립을 인정하는 것이 다른 조건과 연계되면 "극단적 세력의 봉기"를 초래할 뿐이고 "민주주의에 부정적 영향을 미칠 것"이라고 말했다. 옐친은 또한 국민투표 이후에 크라우추크를 만날 계획이라고 밝혔다. "새로운 우크라이나 대통령은 고르바초프와 협상을 시작하지 않고 러시아와 대화를 시작할 거예요." 그는 부시에게 "고르바초프는 아직 몰라요. 그는 여전히 우크라이나가 [연방조약에] 서명할 거라 생각하고 있어요"라고 털어놨다. 러시아는 "우리가 내내 먹여 살려온" 중앙아시아의 "5개 이슬람 국가"와 연합하길 원치 않는다고 설명했다. 옐친의 의사는 분명했다. 우크라이나 국민투표가 끝난 뒤 소비에트연방을 해체하고 슬라브 공화국들과 합의하고 싶다는 것이었다.[124]

12월 1일 투표는 우크라이나 독립의 가장 열성적 옹호자들조차도 깜짝 놀라게 했다. 투표지의 질문 문안은 다음과 같았다. "우크라이나의 독립 선언을 지지하십니까?" 2880만 명가량, 다시 말해 등록 유권자의 84퍼센트가 투표소에 나왔다. 그중 90퍼센트 이상은 '그렇다'에 투표했다. 서우크라이나 일부 지역에서는 찬성률이 97~99퍼센트에 달했다. 투표 과정은 이 역사적 순간을 목격하러 온 무수한 우크라이나 이민 사회 구성원들과 국제적 참관인들이 감시했다. 놀랍게도, 동우크라이나의 루한스크와 도네츠크 지역의 찬성률도 84퍼센트였다. 크림반도와 '러시아 영광의 도시'인 세바스토폴에서는 많은 주민이 투표장에 나오지 않았지만 투표자의 각각 54퍼센트와 57퍼센트가 찬성했다. 그들 중 다수가 나중에 자신들은 속았고 국민투표가 소비에트연방의 종식으로 이어질 줄은 몰랐다고 주장했다. 하지만 소련의 경제적 위기라는 배경과 대조적으로 미래 우크라이나의 번영에 대한 환상은 분명히 작용했다. 크라우추크는 갈리시아를 제외한 우크라이나 전 지역에서 탄탄한 지지로 승리했다. 그는 1960만 표와 거대한 대중적 위임을 받았다.[125]

12월 2일, 옐친은 크라우추크에게 전화를 걸어 선거 승리를 축하하고 투표 결과가 발표되는 대로 러시아가 우크라이나를 인정할 것이라고 말했다. 그는 우크라이나 대사를 접견하기를 고대하고 있었다. 폴란드와 캐나다는 즉시 공식적으로 인정했다. 고르바초프는 어떻게 반응해야 할지 고심했지만, 투표 결과는 아무것도 바꾸지 않는다는 기존의 입장을 고수했다. 독립이 연방으로부터의 분리를 의미하지는 않는다는 것이다. 부시는 12월 3일에 크라우추크에게 전화를 걸어 우크라이나가 "민주주의를 멋지게 보여준" 것을 축하했다. 그는 "미국-우크라이나 관계를 의논할" 특사를 파견하겠다고 약속했다. 미국 대통령은 정치적 압력에도 불구하고 인정을 미루는 노선을 유지했다. 크라우추크는 "이번 토요일에" 민스크에서 옐친을 만나 "정책의 모든 쟁점과 러시아 공화국과 관련한 우선적인 고려 사항을 논의할 것"이라고 알렸다. 부시는 "아주 중요하지요. 정말 잘됐군요"라고 답했다.[126]

갈리나 스타로보이토바는 러시아 민주주의자들이 우크라이나의 독립을 환영한다는 것을 보여주기로 했다. 그녀는 장미 꽃다발을 사서 우크라이나 공화국 전권대사 표트르 크리자놉스키(Pyotr Kryzhanovsky)를 찾아가, 우크라이나 독립 첫날을 축하했다. "그는 눈이 휘둥그레졌다"라고 스타로보이토바는 회고했다. "그는 내가 보는 앞에서 크라우추크에게 전화를 걸어서 우크라이나어로 난생처음 숙녀한테서 꽃을 받았다고 말했다." 그러고 나서 그녀는 웃으면서 덧붙였다. "그들은 꽃보다는 탱크를 예상하고 있었다."[127]

15장

청산Liquidation

- 두 로마가 무너졌고, 세 번째 로마가 일어서며, 네 번째는 없을 것이다.

  _ 필로테우스 수사 프스코프(1524)

  (앞의 두 로마는 서로마제국의 수도 로마와 동로마제국의 수도 콘스탄티노플을 가리킨다. 콘스탄티노플이 함락된 뒤 모스크바가 앞 로마제국들의 정통성을 잇는 제3의 로마를 자처했다 – 옮긴이)

- 우리는…… 소비에트사회주의공화국연방이 국제법의 대상이자 지정학적 실체로서 더 이상 존재하지 않는다고 인정한다.

  _ 독립국가연합 협정문, 1991년 12월 8일 민스크에서

레오니드 크라우추크는 나중에 우크라이나 국민투표가 소비에트 제국의 붕괴로 이어진 마지막 일격이 되었다고 주장했다. "우크라이나는 그 공을 인정받아야 한다."[1] 증거는 이런 주장과 상충한다. 우크라이나 국민투표는 소련의 붕괴를 반영한 것이지, 그 원인이 아니었다. 1991년 12월 2일, 소련은 고르바초프의 개혁과 뒤이어 옐친의 가차 없는 분리주의 노선으로 파괴되어 이미 사체나 다름없었다. 소련에 대한 재정적 부고는 그 파괴를 가장 잘 설명한다. 1986년과 1987년, 즉 체르노빌과 보드카 적자(세수 결손)의 해에 재무부는 각각 39억과 59억 루블만 찍었다. 반대로 1988~1989년, 국영기업과 협동조합법이 재정 시스템에 영구적인 적자를 낸 해에 루블화 유동성 공급은 각각 117억 루블과 183억 루블로 증가했다. 1990년, 의회주의적 포퓰리즘과 공화국들의 주권, 중앙 정부에 맞선 그들의 '입법 전쟁'으로 인해 재무부는 284억 루블을 찍어내야 했다. 1991년, 고르바초프가 공화국들에 권력을 이양함에 따라 루블화 투입은 934억으로 치솟았다.

소련 국민의 '저축'도 기하급수적 증가했지만, 금방 쓸모없는 휴지 조각이 되었다. 국가의 주요 기능인 통화 안정성을 담보하지 못하는 국가는 무너질 수밖에 없었다.[2]

12월에 일어난 일은 고르바초프와 자발적 연방이라는 그의 환상을 끝장낸 최후의 일격이었다. 그리고 그 일격은 옐친의 새로운 노선 때문이었다. 옐친 정부는 우크라이나의 국민투표 결과로 선택을 바꾸지 않았다. 앞서 살펴본 대로, 우크라이나 독립을 예상한 가이다르와 그의 팀은 이미 허구에 불과한 중앙의 기능을 인수할 준비를 하고 있었다. 국민투표 이후, 러시아 개혁가들은 드디어 자유롭게 이 중앙을 청산할 수 있었다.

최후의 일격

옐친은 러시아 정부에도 자신의 계획을 명확히 설명하지 않았는데, 파벌주의와 정치 공작이 판을 쳐서였다. 나중에 러시아 정부의 일부 인사들은 벨라루스(이제는 벨로루시가 아니었다)의 숲에서 일어난 일은 적어도 부분적으로는 계획된 음모였다고 주장했다. 증거가 보여주는 그림은 좀 더 미묘하다. 옐친은 독립한 우크라이나의 적의를 사고 싶지 않았다. 그와 동시에, 그는 크라우추크가 국제적 정당성을 인정받기 위해 러시아연방과의 합의가 절실할 것이라고 여겼다. 스타로보이토바는 "우리 둘 다(스타로보이토바와 옐친) 국제법의 규범을 벗어나는 결정적 조치"를 취하려는 크라우추크의 결정이 옐친의 동의에 달려 있을 것이라는 "잘못된 인상을 품었다"라고 회고했다.[3]

옐친은 12월 7일에 부르불리스와 가이다르, 샤흐라이, 코지레프와 개인 보좌관인 빅토르 일류신(Viktor Ilyushin) 등 충직한 장관과 자문을 대동하고 민스크로 날아갔다. 루츠코이, 스탄케비치, 루킨, 의회 지도자들과 장관들을 비롯한 다른 이들은 준비 과정을 고지받지도 못했다.[4] 모스크바를 떠나기 전, 옐친은 고르바초프를 만나 자신의 임무는 크라우추크를 연방조약에 관한 대화로 다시 불러들이는 것이라고 안심시켰다. 나중에 회고록에서 부르불리스는 옐친이 소련 지도자를 속인 게 아니라고 주장했다. "그것은 절대적으로 우리의 선의이자 양심적인 자세였다." 하지만 옐친은 결코 그렇게 말하지 않았다.[5]

가이다르도 민스크에서 무슨 일이 벌어질지 몰랐다고 주장했다.[6] 하지만 그의 공식적 행위는 그렇지 않았음을 시사한다. 12월 1일, 러시아 최고의 경제학자는 여러 개의 행정명령을 급하게 준비했다. 어떤 명령은 1989~1990년에 등장해 우크라이나, 카자흐스탄, 벨라루스 그리고 여타 공화국 영토상에서 활동한 소련 복합기업체와 컨소시엄을 전부 러시아 국가 관할에 두었다. 또 다른 명령은 1992년 1월 2일부터 러시아연방 내의 가격을 자유화했다. 그 문서는 "이전 연방 공화국들"과의 무역은 "일반적으로 세계 가격에 따라" 이루어질 것이라고 선언했다. 이 문서들은 소비에트연방을 청산하는 행위였다. 옐친은 12월 3일에 이 행정명령에 서명했다.[7]

옐친은 11월 24일에 국무회의를 둘러싸고 잡담을 나누다가 슈슈케비치와 벨라루스 총리인 비야체슬라프 케비치에 의해 민스크로 초대되었다. 벨라루스는 시베리아의 석유와 가스가 절실했다. 슈슈케비치는 옐친에게 비스쿨리의 휴양지와 사냥 숙소에서 회담을 가진 뒤 푹 쉴 수 있다고 약속했다. 최고위 당 노멘클라투라를 위한 이 복합 휴양 단지는 브레스트에서 80킬로미터, 소련-폴란드 국경에서 고작 8킬로미터밖에 떨어지지 않은 벨로베자 숲 한가운데 있었다. 며칠 뒤, 옐친은 슈슈케비치에게 전화를 걸어 크라우추크도 비스쿨리에 초대해달라고 부탁했다.[8] 12월 7일 오후, 슈슈케비치는 민스크와 작은 공항을 오가며 옐친을 맞이해 벨라루스 의회로 데려간 뒤, 따로 영접식을 열어 크라우추크를 맞이하고 그와 함께 비스쿨리 근처의 공군기지로 날아갔다.

왕년에 물리학을 전공한 학생이자 교수였던 슈슈케비치는 리 하비 오즈월드를 가르친 적이 있어서 이미 역사적 현장을 스쳐 지나갔다. 미래에 존 F. 케네디 대통령의 암살범은 1959년에 소련으로 도망쳐서 소련 시민권을 요구했다. 오즈월드는 민스크에서 일하며 러시아인 아내 마리나와 함께 살다가, 1962년에 아내와 딸을 데리고 미국으로 돌아갔다. KGB는 젊은 슈슈케비치가 신중하고 믿을 만하다고 여겨서 그 방탕한 젊은 미국인에게 러시아어를 가르치는 일을 맡겼다. 슈슈케비치는 자기 학생이 미국 대통령을 죽일 거라고는 생각도 못 했다.[9]

페레스트로이카는 여전히 당원이었던 슈슈케비치가 민주적 정치인이 되도록 확신을 심어주었다. 1989년 3월, 그는 민스크에서 인민대표대회의 대의원으로 선출되었고 사하로프, 아파나셰프, 부르불리스 등 러시아 야권에 합류했다. 그는 1991년 8월에는 훈타에 반대했고 공화국 최고소비에트의 의장으로 뽑혔다. 그때쯤, 그는 벨라루스를 소련 제국의 식민지로 여겼다.[10]

비스쿨리는 흐루쇼프와 브레즈네프가 사냥했던 곳이었다. 그곳을 찾은 외빈들로는 피델과 라울 카스트로, 에리히 호네커도 있었다. 1991년 12월 7일 토요일 저녁, 세 슬라브 공화국 간 회담의 절대적 보안과 비밀을 유지하기 위해 KGB 특수부대가 그곳을 지키고 있었다. 옐친과 러시아 팀은 민스크에서 가장 마지막으로 도착했다. 크라우추크는 사냥을 나가서 이미 곰 한 마리를 쏘고 휴식을 취했다. 지도자들과 수행단은 저녁에 담소를 나누기 위해 모였다. 대화는 금방 정치적인 내용으로 흘러갔다. 고르바초프와 소비에트연방을 어떻게 해야 할까? 크라우추크는 모스크바 사람들에게 나라를 '팔아넘기지' 못하도록 루흐에서 보낸 민족주의자 대의원 세 명과 비톨트 포킨 총리와 함께 왔다. 크라우추크를 보고 옐친은 한 가지 임무가 있다고 말했다. 연방조약에 합류하라는 고르바초프의 초대를 전달하는 것이었다. 러시아 지도자는 과장된 말투로 크라우추크도 그렇게 하기로 동의한다면 자신은 "지금 당장" 연방조약에 서명할 준비가 되어 있다고 선언했다. 우크라이나 대통령 당선인은 쓴웃음을 지으며 이 연극을 지켜봤다. 그는 우크라이나가 고생 끝에 이제야 국가 지위를 얻었다고 대답했다. 그런데 국민투표는 자신에게 중앙과 협약을 체결할 권리를 위임하지 않았다. 자신의 말뜻을 강조하고자, 그는 짐짓 고르바초프가 누구이며 크렘린은 어디 있느냐고 물었다. 루흐 대의원들은 자기들은 키예프로 돌아가야 할 것 같다고 투덜거렸다. 우크라이나 경제 상황을 걱정하는 포킨만이 모종의 경제적 조약이 필요하다는 의견을 조용히 표명했다.[11]

옐친은 크라우추크가 고르바초프의 연방조약을 거부할 것임을 알고 있었다. 하지만 우크라이나인들이 자신과의 협정에 서명하는 것도 거부하리라곤 예상하지 못했다. 부르불리스와 가이다르도 놀랐다. 이것은 러시아 개혁의 미래를 위험에 빠트렸다. 반대로 벨라루스 대표단은 협조적이고 합리적이었다. 벨라루스 정부의 수반 비야체슬라프 케비치는 소련식 경제 관리자로서 벨라루스 공화국이 값싼 러시아산 에너지가 없으면 생존할 수 없다는 사실을 알았다. 그는 벨라루스 의회의 민족주의자와 민주주의자가 이데올로기적 광기에 사로잡혀서 자국 산업을 희생시키고도 남을 정신이상자들이라고 여겼다. 케비치는 부관을 보내 옐친의 장관들과 대화를 나누며 두 공화국 간 경제협정 가능성을 타진하게 했는데, 우크라이나도 합류할 수 있었다. 옐친의 법률 자문인 세르게이 샤흐라이가 혁명적 발상을 들고나온 것은 늦은 밤이었다. 소련은 1922년 12월에 네 공화국에 의해 구성됐는데, 그중 세 공화국은 비스쿨리에서 대표로 참여했다. 네 번째 공화국인 자캅카스(Trans-Caucasian) 공화국은 더 이상 존재하지 않았다. 그렇다면 이제 세 공화국이 소비에트연방을 해산하기로 결정하면 어떨까? 샤흐라이는 즉석에서 아이디어를 짜내고 있었다. 옐친과 크라우추크, 부르불리스까지도 1922년의 조약은 볼셰비키들이 전체주의적 정책을 위장하려 했던 가리개에 불과하다고 여러 차례 공개적으로 이야기했다. 이제 샤흐라이는 이 가리개를 이용해 레닌이 무력으로 건설한 것을 법적으로 파괴하자고 제안하고 있었다. 부르불리스는 나자르바예프 대통령이 비스쿨리에 오지 않은 것이 천만다행이었다고 회고했다. 그의 존재는 그 묘책을 망쳐버렸을 텐데, 카자흐소비에트사회주의공화국은 1936년에야 소비에트연방에 가입했기 때문이다.[12]

크라우추크를 달래기 위해, 러시아인들과 벨라루스 관리들은 향후 협정에서 '연방'이란 단어는 빼기로 합의했다. 그 대신 그들은 중심부와 식민지들의 품위 있는 결별을 가져온 국제기구 영연방의 예를 따라 '독립국가연합(Commonwealth of Independent States, CIS)'을 구성하기로 했다. 가이다르가 새로운 연합을 구성할 협정문의 초안을 작성했지만, 그의 필체는 알아보기 힘들었다. 러시아 외무부 장관 코지레프가 그 문서를 타자로 칠 사람을 찾아내는 임무를 맡았다. 그 '사람'은 KGB가 비스쿨리로 데려온 여성 타이피스트였다. 새벽 4시였으므로, 코지레프는 타이피스트가 잔다고 생각한 방을 찾아가 손으로 쓴 초안을 문 밑으로 밀어 넣었다. 하지만 그는 엉뚱한 방을 골랐다. 이튿날 아침에 초안을 찾아서 타자로 치는 데는 시간이 걸렸다.[13]

12월 8일 일요일, 부르불리스는 아침 식사 후 회의 탁자 앞에 앉아 있던 주요 관계자들에게 샤흐라이의 아이디어를 밝혔다. 슈슈케비치는 부르불리스가 "여러분! '소비에트사회주의공화국연방은 국제법의 대상이자 지정학적 실체로서 더 이상 존재하지 않는다'라는 제안 밑에 서명하는 데 동의하시겠습니까?"라고 외치고 있었다고 회고했다. 이것은 법적 승계에 관한 러시아-우크라이나 간의 분쟁을 유예하는 방법인 것 같았다. 세 공화국은 대등한 주체로 행동할 것이다. 모두가 이구동성으로 이야기하는 가운데 옐친이 선언했다. "연합은 사람들과 전 세계를 겁먹게 하는 대신, 희망을 주는 메시지가 될 것이다. 그것은 파괴가 아니라, 건설이다. 소련과 소련공산당 중앙위원회, 주권국가들의 연방을 이제 누가 필요로 하겠는가?" 케비치는 러시아 지도자가 "고르바초프는 없어져야 해. 그만! 차르 노릇은 이제 됐어"라고 했다고도 회상했다.[14]

모든 사람이 기쁘게도, 크라우추크는 제안서에 서명하기로 동의했다. 공화국 수장들은 각각 부르불리스, 포킨, 케비치가 이끄는 팀을 근처 당구실로 보내 최종 문서를 기안하게 했다. 연합 협정을 위한 일부 요점들은 러시아, 우크라이나, 벨로루시가 1990년에 서명했던 상호 조약에서 고스란히 가져왔다. 잠재적인 의견 차이들 가운데는 핵무기 통제에 관한 것도 있었다. 크라우추크는 이 문제가 매우 상세하게 논의되었다고 회고했다. 그는 세 공화국이 동일한 통제권을 가져야 한다고 주장했고, 옐친은 동의했다. 적어도 그런 것처럼 보였다.[15]

옐친이 모스크바를 떠나기 전에, 갈리나 스타로보이토바는 우크라이나 지도자에게 3~5년간의 유예 후에 협상을 거쳐 국경선 변경 선택지를 제의하라고 건의했다. 그녀는 크림반도를 걱정하고 있었다. 나고르노카라바흐를 둘러싼 아르메니아-아제르바이잔 분쟁에 비춰 볼 때, 크림반도 주민에게 우크라이나에 남을지 러시아로 돌아갈지를 생각하고 결정할 시간을 주는 것이 좋을 듯했다. 이 선택지는 러시아의 대중을 달래고 국제법에 따라 영토 쟁점을 해소할 가능성을 열어놓을 것이었다. 그러나 옐친은 비스쿨리에서 이 문제를 제기하지 않았다. 부르불리스는 다음과 같이 이유를 설명했다. 크라우추크는 승리자가 된 기분으로 비스쿨리로 왔고 그런 제안은 생각해보지도 않았을 것이다. 스타로보이토바는 이 문제를 아예 제기하지도 않은 것이 정치적 실수라고 생각했다. 그녀라면, 쟁점을 제기했을 것이다. 하지만 그 회담은 여성 타이피스트와 웨이트리스를 제외하면, 전적으로 남자들의 모임이었다. "러시아 정치에서는 많은 것이 음주와 거친 언어를 동반한 온천의 한증탕에서 결정된다. 여자의 존재는 단순히 기술적인 장애였을 것이다. 그것이 나를 빼놓은 이유였다."[16]

CIS에 관한 협정문의 첫 문단에 샤흐라이의 문안이 들어갔다. 그 문제가 합의되자, 방에서는 "만세"의 환호성이 울렸다. 다른 요점도 재빨리 문안이 작성되어 합의되었다. 옐친은 각 조항마다 샴페인으로 축배를 들겠다고 말했다. 협정문에는 총 14개 조항이 있었고, 회담이 끝날 무렵 러시아 대통령은 제대로 말할 수도 없었다. 공식 조인식은 오후 2시경에 열렸다. 옐친, 크라우추크, 슈슈케비치가 케비치, 포킨, 부르불리스와 함께 문서에 서명했다. 회담 과정이 궁금한 160여 명의 기자가 도착해 있었다. 그들은 인근 마을에서 음식도 없이 참담한 조건에서 전날 밤을 보냈다. 이제 그들은 소비에트연방이 더 이상 존재하지 않는다는 말을 들었다. 러시아, 우크라이나, 벨라루스 영토상의 모든 연방 조직과 기관의 효력이 없어졌다. CIS의 본부는 민스크로 정해졌다. 연합 창립의 기반이 되는 문서는 배포되지 않았다.[17]

옐친은 대필 작가가 쓴 일기에서 "제국의 마지막 순간"이 왔음을 깨달았을 때 "갑작스레 어깨가 가벼워진 듯한 자유의 느낌"이 자신을 압도했다고 회고했다. 그는 자신에게 "또 다른 길"이 가능했다고도 썼다. 소련 대통령으로 출마해, 고르바초프의 자리를 차지하고, 나라를 하나로 유지하는 것이었다. 그는 왜 이 길을 택하지 않았나? 옐친은 이 문제에 대해 수수께끼 같은 말을 던졌다. "나는 심리적으로 고르바초프의 자리를 대신할 수 없었다."[18] 심리 작용만으로는 비스쿨리에서 소련의 종말을 설명할 수 없지만, 새로운 실력자들의 당시와 이후의 행태를 설명해준다. 나중에 슬라브 지도자 세 사람은 자신들이 한자리에 모였을 때 소련은 이미 죽었다고 거듭 주장했다. 하지만 그들은 비스쿨리에서 제의(祭儀)적 살해를 거행하는 것처럼 행동했다. 크라우추크는 옐친이 매우 긴장했고 술로 긴장을 풀었다고 회고했다. 코지레프는 옐친이 비스쿨리에서 심하게 마셨다고 기억했는데, "결과에 대한 뚜렷한 전망이 없었고 자신이 옳은 일을 하는지 자신이 없었기 때문이다. 그래서 그는 엉뚱한 행동을 했고, 붕괴하는 소련 국가와 새로운 연합 탄생의 퍼즐에 대한 평화로운 해법이 눈앞에 다가왔다는 것을 깨닫고 나서야 확고한 자세를 되찾았다."[19]

선거에서 승리한 후 기고만장하던 크라우추크도 불안하기는 마찬가지였다. 그는 비스쿨리는 "강심장이 아닌 사람들한테는 어울리지 않는" 곳이었다고 회고했다. 그는 잠을 못 잤고 밤이면 자기만 보려고 쓴 메모를 읽었다. 벨라루스 참석자들의 회고는 불안감부터 공황까지 다양했다. 비스쿨리에서 소련을 해체하기 위해 만난 지도자들은 그곳에서 자신들을 보호하고 있지만 이제 해체되고 있는 나라에 충성을 맹세한 KGB와 군 장교들에 관한 생각을 멈출 수 없었다. 케비치는 벨라루스 KGB의 의장이 모스크바에 있는 중앙 KGB의 상관들에게 진행 중인 '쿠데타'에 관해 알렸다며 자신에게 조용히 귀띔했음을 회고했다. 그는 "고르바초프의 명령을 기다리고 있소!"라고 덧붙였다. 케비치는 등골이 오싹했다. 그가 "명령이 내려올 거라고 생각하나?"라고 묻자 "물론이오"라고 KGB 장교는 대답했다. "국가 반역인 것은 분명하고 틀림없소. 내가 뒷짐 지고 있을 수 없다는 걸 이해하시오. 나는 맹세한 몸이오." KGB가 비스쿨리로 데려온 전문

타이피스트인 예브게니아 파테이추크(Yevgenia Pateichuk)는 우크라이나 혈통이었지만, 자신이 타자를 쳐야 하는 문안에 충격을 받았다. 그녀는 손가락이 말을 듣지 않아 첫 단어부터 오타를 냈다.[20]

회고록에서, 옐친은 고르바초프가 축출되지 않았다면 "악의 세력의 도구"가 되었을 것이라고 언급했다. 정말이지 대단히 심리적인 핑계다! 러시아 대통령이 소련 지도자가 무력을 쓸 것을 딱히 걱정했을 리는 없다. 그와 동시에 옐친은 틀림없이 자신의 행동이 빚어낸 거대한 불확실성을 감지했을 것이다. 그의 경호원이며 전직 KGB 장교이기도 한 코르자코프는 당시의 분위기를 다음과 같이 설명했다. "이중 권력은 위험투성이인데 그런 시기에 사람들은 어떤 권위도 인정하기 않기 때문이다. 고르바초프는 더는 진지하게 받아들여지지 않았고, 사람들은 그를 조롱했다. 그러나 옐친도 권력의 수단이 없었다. 이런 상황은 사실상 무정부 상태보다 나빴다." 회고록에서, 가이다르는 그 시기를 1917년 러시아의 무정부 상태에 비교했다. 군부는 의지할 수 없었다. 체첸에서의 위기는 "국가에 군대가 없으며 …… 군의 행위는 통제하기 힘들다"라는 것을 보여주었다. 경찰의 경우에는, 한마디로 자취를 감췄다.[21] 옐친은 이 역사적 순간에 분명히 엄청난 감정적 갈등을 겪었을 것이다. 우랄의 부트카 마을 출신의 러시아 농민이었던 그가 표트르 대제와 예카테리나 여제가 건설했고, 레닌과 스탈린이 부활시켰던 영역을 방금 해체해버린 것이다. 히틀러의 대군을 물리쳤고, 옐친이 아주 최근까지만 해도 자신과 동일시해온 소련이었다. 그리고 그와 러시아 주권에 투표했던 수천만 명의 사람은 공통의 조국이 없어졌다는 것을 알았을 때 어떻게 느낄 것인가?

술을 빼면, 불안을 잠재울 자연스러운 치료법은 정당성의 새로운 원천을 찾아내는 것이었다. 크라우추크는 우크라이나 국민투표에서 거둔 압도적 승리에 기댈 수 있었다. 옐친은 그런 것이 없었다. 그가 정당화한 논리는 부정적으로, 고르바초프 정부가 작동하지 않는다는 것이었다. 그는 소련 지도자에게 전화하는 것조차 거부하며, "소련은 더는 존재하지 않는다. 고르바초프는 더는 대통령이 아니고, 그의 명령은 아무것도 아니"라고 말했다. 몇 시간 뒤, 온천에서 시간을 보내고 온 옐친은 고르바초프에게 알려야 한다고 마음먹었지만, 이 달갑잖은 일을 슈슈케비치에게 떠넘겼다. 그 대신, 조지 부시에게 전화하고 싶었다. 이 놀라운 청산의 드라마에서 한 가지 아이러니한 측면은 옐친이 크라우추크보다 미국의 인정을 더 간절히 열망했다는 것이다.[22]

나중에 슈슈케비치와 참석자들은 부시와 고르바초프에게 동시에 전화가 갔다고 말했다. 부시는 즉각 전화를 받았지만, 고르바초프는 받지 않았다. 코지레프는 회고록에서 옐친과 부시를 연결시키는 것은 자신이 할 일이었는데, 전혀 준비가 안 되어 있었다고 말했다. 그때는 휴대폰으로 전 지구가 즉각 연결되기 전이었다. 코지레프는 수첩을 뒤져서 미국 국무부 전화번호를 찾아냈다. 워싱턴 D.C.는 일요일 이른 시각이었다. 코지레프는 의심스러워하는 접수 담당 직원에게 용건을 설명하여 최고위층과 전화 연결을 해줄 수 있는 상급자와 연결되었다. 코지레프는 이런 과정을 거쳐 부시와 연결되기까지 30분이 걸렸다고 추정했다. 그렇다면 부시와 고르바초프에게 동시에 전화가 갔다는 이야기는 상상이다. 어쨌거나, 슈슈케비치는 옐친이 부시와 나누는 말을 들으며 고르바초프가 수화기를 들기를 기다렸다고 회고했다. 그러나 당시에 관한 모든 회고는 시간에 대해 대단히 애매한데, 이 드라마의 출연자들을 사로잡고 있던 불안감을 나타내는 또 다른 지표인지도 모른다.[23]

미국 측 기록만 정확하다. 비스쿨리에서는 저녁 9시 8분, 워싱턴에서는 오후 1시 8분에 부시가 전화를 받았다. 옐친 혼자 이야기했다. 그는 세 지도자가 "모든 *사람이 우리에게 서명하라고 떠밀고 있는* 연방조약과 시스템이 만족스럽지 않다"라고 결론 내렸다고 말했다. CIS 선언의 이런저런 대목을 인용하며, 그것이 "이 엄중한 상황에서 빠져나올 유일한 길"이자 국제 평화와 안보를 강화하는 시도라고 추켜올렸다. 연합 구성국들은 "외채"와 "핵무기 및 비확산에 관한 일원화된 통제를 비롯해" 소련의 모든 의무 사항을 인정한다고도 황급히 덧붙였다. 잠시 헷갈리는 바람에 그는 부시에게 협정문이 "16개 조항"이라고 언급했는데, 실제로는 14개 조항뿐이었다. 또한 나자르바예프와도 방금 이야기했는데, "우리의 행위에 전적으로 동의하며 협정에 서명하길 원한다"라고 말했다고 전했다. 기껏해야 희망일 뿐이었다. 카자흐스탄 지도자는 사건이 벌어진 후에야 협정에 관해 알았고, 합류하길 거부했다. 하지만 옐친에게는 워싱턴에 소련 핵무기를 보유한 4개 공화국 전부가 합의를 봤다고 보고하는 것이 핵심이었다.[24]

부시가 미처 대답하기도 전에, 옐친은 "고르바초프 대통령은 이 일을 모른다"라고 설명했다. 그는 "이해"를 구했다. 부시는 "중앙의 반응은 어떨 것 같은가?"라고 물었다. 옐친은 CIS가 소련의 전략군과 나머지 소련군을 공동 통제하에 인수할 것이라고 대답했다. "사실, 샤포시니코프는 전적으로 동의하고 우리의 입장을 지지했다." 국방부 장관은 실제로 옐친이 비스쿨리에서 정부 보안선으로 전화를 건 첫 번째 사람이었다. 회고록에서, 샤포시니코프는 이 이야기가 맞다고 확인해줬다. 그는 옐친의 제안을 즉각 수용했다. 그러므로 그는 맹세를 어기고 충성 대상을 바꾼 첫 번째 고위 장교였다. 곧 무수한 장교들이 샤포시니코프의 본보기를 따를 터였다. 부시는 옐친에게 "미국에 대한 특별한 예우"에 감사를 표했다. "미국 같은 제3자가 아닌 참여 당사자들에 의해 정리되어야 한다고 생각한다"라고 덧붙였다. 이는 CIS에 대한 인정 지연 의사를 전형적으로 표명하는 말처럼 들렸다. 옐친은 얼른 맞장구를 쳤다. "대통령님, 장담하겠습니다."[25]

옐친의 명령으로, 워싱턴 주재 러시아 대사인 안드레이 콜로솝스키(Andrei Kolosovsky)가 미국 관리들을 만나 즉석 질의에 답하기로 했다. 무슨 이유인지, 코지레프는 외무부를 통해 비스쿨리에서 서명된 문서를 팩스로 전송하지 못했다. 어쩌면 전송하고 싶지 않았을 수도 있다. 콜로솝스키의 관저는 소련 대사관 내부에 위치해 있었으므로, 문서가 고르바초프에게 전달될 수도 있었다. 코지레프는 미국인 친구 앨런 와인스타인에게 도움을 구했는데, 민주주의센터의 대표로서 와인스타인은 마침 모스크바에 있었다. 그는 최근에 모스크바에 사무실을 개설했고 기꺼이 도움을 제공했다. 12월 9일 월요일, 그는 소련 해체에 관한 문서를 "이 메모와 같이 보내는 문서를 소련 대사관의 안드레이 콜로솝스키에게 최대한 빨리 전달해주시오. 반드시 직접 건네줄 것"이란 메모와 함께 워싱턴 D.C.의 부센터장에게 전송했다. 와인스타인은 콜로솝스키에게 워싱턴 D.C.에서 이루어질 "역사적 만남에 행운을 빈다"라는 인사말도 덧붙였다.[26]

실무적인 측면에서, 부르불리스와 케비치, 포킨이 세 공화국의 경제 정책을 조율하기 위해 가이다르가 대부분 작성한 두 쪽짜리 문서에 서명했다. 우크라이나, 벨라루스, 러시아연방 정부는 "서로 경제적인 피해를 초래할 수 있는 행위를 자제"하기로 합의했다. 그들은 루블화 지대에 남고, 3국이 특별히 합의한 뒤에만 새로운 국가 통화를 도입하기로 했다. 3국은 또한 지폐 발행을 최소화하고, 거래를 통제할 시스템을 신설하고, 무역과 가격 자유화 이후에 국경 개방을 유지하기로 약속했다. 크라우추크는 나중에 "우리는 우크라이나, 벨라루스, 러시아연방 간 국경은 존재하지 않는다. [CIS의] 국경만 존재"한다고 합의했음을 시인했다. 이것이 러시아에 피해를 줄 수 있는 행위를 제한하기 위해 가이다르가 우크라이나로부터 얻어낸 최선이었다. 옐친은 옐친대로 체르노빌원자력발전소를 안전하게 유지하기 위한 끝이 보이지 않는 작업에 비용을 대기로 약속했다. 그리고 미리 합의된 대로 협정 파트너들이 충격에 대비할 수 있게 경제 자유화를 1월 2일에 개시하기로 양보했다. 가이다르는 이것이 커다란 희생이라고 여겼다. 고물가를 예상한 사재기는 2주간 더 이어졌다. 그러면 인플레이션이라는 용수철은 더 큰 힘으로 튀어 오를 터였다. 그는 우크라이나가 합의를 지킬 것이라고 믿지 않았다. 그가 옳았다.[27]

가이다르는 "핵무기가 있는 나라에서 우리가 유고슬라비아와 같은 전면적 내전을 용케 피했던 게 자랑스럽다"고 회고했다. 부르불리스도 "제국의 유혈 분할"을 막았다고 동의했다. 또 비스쿨리회담이 "냉전을 끝냈"으며 "새로운 세계 질서를 위한 기적적인 전망을 내놓았다"고 평가했다. 크라우추크는 수년 뒤에 자신도 내전을 걱정했고 안도감을 느꼈다고 털어놨다. 우크라이나는 자국 경제를 제대로 통제할 수 없었기 때문에 협정에 가입했다. "러시아는 [연합이] 느린 결별이라고 강조했다."[28] 이 마지막 요점이 향후 몇 년간 우크라이나, 벨라루스와 러시아와의 관계를 규정했다.

미국의 인정

비스쿨리 문서는 모스크바에서 법적 공격을 받았다. 전문가들로 구성된 기구인 소련의 헌법위원회는 비스쿨리협정이 "법적 효력이 없다"라고 선언했다. 1922년 조약에 서명한 창립 공화국은 그들이 탄생시킨 연방을 해산할 권리가 없었다. 외무부 집무실에서 셰바르드나제는 항의서를 내놓으려고 했다. "내전을 원하는 건가?"라고 그는 부르불리스에게 물었다. "세 공화국은 그렇게 할 권리가 없다. 그들은 고르바초프를 축출할 수 없다. 이건 반헌법적 쿠데타다." 부르불리스의 친구인 니콜라이 트랍킨은 반대 시위를 조직하려 했지만 헛수고였다.[29] 찻잔 속의 태풍은 이틀간 지속되다가 그쳤다. 사람들은 고르바초프나 헌법에 관심이 없었다.

한 기자가 가이다르에게 고르바초프는 소련의 해체를 막기 위해 왜 무력을 쓰지 않았는지 물었다. 가이다르는 "그에게 임전 태세인 연대가 하나라도 있었는가?"라고 되물었다. 고르바초프는 "분명 무력을 쓰길 원치 않았겠지만, 확실한 것은 그가 무력을 쓸 수 없었다는 것이다"라고 러시아 개혁가는 주장했다. 윌리엄 타우브먼은 고르바초프가 "이 가능성을 모색하지 않을 만큼 정신이 나갔을 리 없었다"라고 보지만, 그의 모색은 "매우 온건"하고 "무성의"했다고 시인한다. 이론적으로는 '알파' 특공대를 이용할 수 있었을 테지만, 실제로는 KGB 특공대가 그의 명령을 따르지 않았을 것이다.[30]

러시아 비속어를 구사하는 것으로 유명한 고르바초프는 자신의 정치적 무기력에 대한 눈가림으로서 12월 8~9일 이틀 동안 비속어를 실컷 남발했다. 스타니슬라프 슈슈케비치가 CIS 구성을 알리려고 전화했을 때, 소련 대통령은 세 지도자가 모스크바로 와서 결정을 국무회의에 제시하라고 요구했다. 크라우추크는 딱 잘라 거절하고 키예프로 돌아가 충성스러운 스페츠나즈가 보호하는 자신의 별장에 머물렀다. 벨라루스 지도자는 민스크로 돌아가는 것보다 더 안전하다고 느껴서 KGB가 지키는 비스쿨리에 머물렀다. 옐친은 홀로 불쾌한 일을 처리해야 했다. 그는 코르자코프가 준비한 무장 경호를 받으며 크렘린에 당도했다. 고르바초프가 옐친을 말 안 듣는 봉건귀족처럼 취급한 것은 그때가 마지막이었다. 러시아 지도자는 욕설을 싫어했지만, 고르바초프는 신경 쓰지 않았다. 소련 지도자는 자기가 옐친에게 현실정치(Realpolitik)를 이야기했다고 회고했다. 그 자리에 함께 있었던 나자르바예프는 고르바초프의 질문 방향을 다음과 같이 기억했다. 전략군은 어떻게 되는가? 누가 국경선을 관리할 건가? 다른 공화국들은 어떻게 되는가? 크라우추크를 어떻게 믿을 수 있나? 발트 지도자들도 모든 문제를 해결하겠다고 약속했지만, 러시아에서 원한 것을 얻어낸 뒤에는 약속을 저버렸다. 이제 그들은 "러시아인은 나가라!"라고 외친다. 옐친은 일어나 나가려고 했지만, 고르바초프가 그를 가로막았다. "이봐, 앉아 있어. 내일 사람들에게 뭐라고 말할지 얘기해봐." 옐친은 나중에 크라우추크에게 "그런 식의 대화는 두 번 다시 나누고 싶지 않다"라고 말했다.[31]

고르바초프가 한 구두 공세의 효과는 전무했다. 국무회의는 다시는 재소집되지 않았고, 실라예프-야블린스키 경제위원회는 끝났다. 하지만 고르바초프는 측근들에게 "최후까지 싸울 작정"이라고 말했다. 인민대표대회를 소집하여 새로운 국민투표를 요구하리라. 자문들은 그를 말렸다. 그가 통제할 수 있는 재정은 없었고, 옐친의 동의 없이는 대회를 소집할 돈을 낼 수도 없었다. 최선의 선택지는 사임하는 것이었다. 직위에 집착하며 크렘린에 붙어 있을수록 소련 대통령은 더 불쌍해 보일 뿐이었다. 고르바초프의 보좌관들은 아직 크렘린 경비들이 출입구에서 검색하지 않는 동안, 자신의 금고에 있는 극비 문서들을 자택으로 옮기기 시작했다. 체르냐예프는 문건과 메모, 정치국과 각종 회의 기록을 집에 보관하기 위해 서류 가방에 담아 무더기로 옮겼다. 샤흐나자로프와 메드베데프, 그 외의 사람들도 그렇게 했다. 나중에 그 문서들은 고르바초프재단 문서고를 구성한다.[32]

한편, 부르불리스는 권력의 본체를 맡았다. 그는 잔존 KGB의 의장인 바카틴과 대외정보국을 맡고 있는 프리마코프에게 전화를 걸었다. 그러고 나서 그 둘과 협상하도록 이바넨코를 파견했다. 바카틴에 따르면, 메시지는 다음과 같았다. 러시아 정부는 "우리가 얌전히 처신할 거라 믿고, 어떤 '행위'도 하지 말라고 경고하며, 질서를 유지해줄 것을 부탁한다"라는 것이었다. 바카틴은 깜짝 놀랐다. "나나 프리마코프는 소란을 일으킬 생각은 한 번도 안 했다. 우리는 그렇게 배우며 자란 사람들이었다." 이틀 뒤, 그는 KGB 기구가 어떻게 될 것인지 옐친에게 물을 기회가 있었다. CIS의 수도인 민스크로 본부가 이전될 것인가? 옐친은 그런 순진한 질문을 하며 모든 것을 액면 그대로 받아들여서는 안 된다고 대답했다. 권력의 본체는 모두 모스크바에 남을 것이었다.[33]

옐친은 군에 대한 통제권도 공고히 했다. 샤포시니코프는 옐친이 민스크에서 도착하자 브누코보공항에 나가 새로운 우두머리를 맞았다. 하지만 러시아 민주주의자들은 이전의 소련군을 계속 두려워했다. 한 자문은 옐친에게 "네오스탈린주의 세력이 구체제를 되살리기 위해 이용할지도 모를 자연 발생적 폭발 가능성을 배제해선 안 된다"라고 경고했다. 옐친은 8월 19일에 그를 체포하지 않았던 사람인 파벨 그라초프를 샤포시니코프의 하급자로 임명했다. 이틀 뒤, 옐친은 대략 50명의 고위 지휘관을 러시아 의회의 협의회에 초청했다. 샤포시니코프는 꼼꼼하게 각본이 짜인 모임을 주재했다. 옐친의 메시지는 러시아가 지휘 통제의 통일성을 보존하면서 300만 전력의 소련군을 인수했다는 것이었다. 이는 군이 민족주의적 극단주의자와 갱단, 폭리 취득자의 먹잇감이 되지 않게 막을 것이다. 발트 지역, 남캅카스, 중앙아시아를 비롯해 러시아 영토가 아닌 구소련의 주변부에 배치된 병력은 철수시키거나 해당 국가의 동의를 받아 합법적으로 주둔할 것이다. 흑해 함대는 우크라이나에 이양되지 않을 것이다. 누구도 군에 새로운 충성 맹세를 하라고 요구하지 않을 것이다. 옐친은 군에 봉급을 두 배로 올리겠다고 약속했다. 군의 충성을 보장하는 효과적인 방식인 셈이었다.[34]

같은 날, 고르바초프는 국방부를 찾았다. 그는 옐친이 이미 발표한 내용을 이야기했지만, 아무도 듣지 않았다. 샤포시니코프는 "그에겐 실속 있는 내용이 없었다"라고 회고했다. 고르바초프는 군에 봉급을 줄 돈도 없었다. 옐친이 사실상의 군 통수권자가 되었다. 그는 크렘린 연대의 수장도 자기 사람으로 교체했다. 고르바초프의 전화기를 포함해 이제는 정부 통신도 장악했다.[35] 핵무기 발사 코드가 담긴 서류 가방(*chemodanchik*)은 여전히 고르바초프한테 있었지만, 옐친의 동의 없이는 쓸 수 없었다.

마지막까지 고르바초프 편이었던 사람은 나자르바예프였다. 카자흐스탄 지도자는 3인방이 소련을 해산한 날 고르바초프의 요청으로 모스크바에 왔다. 그때 슈슈케비치가 비스쿨리에서 전화를 걸어 CIS 협정문에 서명하러 오라고 초대했다. 그는 이 모의에서 배제된 데 기분이 나빴고 고르바초프 곁에 머무르기로 했다. 그는 옐친이 12월 9일 월요일에 숙취가 덜 깬 기색이 역력한 채로 크렘린에 도착했다고 회고했다. "눈 뜨고 못 봐줄 몰골이었다." 카자흐스탄 지도자는 난처한 처지였다. 그는 카자흐스탄이 러시아의 자원과 옐친의 호의에 기대야 한다는 점을 알고 있었다. 중앙아시아의 다른 공화국 지도자들에게 전화를 걸어 그들도 같은 생각임을 알았다. 누구도 옐친에게 맞서 고르바초프 편을 들 생각이 없었다. 나자르바예프는 즉시 알마아타로 돌아갔다.[36]

옐친은 부시에게 카자흐스탄이 CIS에 가입했다고 말했지만, 현실은 달랐다. 러시아 지도자는 600만 러시아인이 카자흐스탄에 살고 있으므로 그 공화국이 연합의 일부가 되어야 한다고 생각했다. 그와 동시에 인구가 급성장하고 있는 '무슬림' 공화국인 우즈베키스탄, 타지키스탄, 키르기스스탄, 투르크메니스탄을 연합에서 배제하고 싶었다. 12월 4일에 옐친을 만난 셰바르드나제는 중앙아시아가 지정학적 문제, 다시 말해 이슬람의 온상이자 공산주의 중국을 비롯한 다른 강대국들의 놀이터가 될 것이라고 경고했다. 옐친은 그의 말에 귀를 기울였다. 가이다르와 경제학자들은 많은 보조금을 받았던 중앙아시아 공화국들이 러시아 정부 재정에 순 부담이 되므로 배제해야 한다고 촉구했다. 하지만 옐친의 행동은 저도 모르게 나자르바예프가 연합에서 배제된 비(非)슬라브 아시아 공화국들의 블록을 형성하게 만들었다.[37] 옐친이 알마아타에서 돌아오라고 설득하자, 카자흐스탄 지도자는 조건을 내걸었다. 그는 다른 중앙아시아 4개국 대통령들과 함께 가입에 동의하기로 했다. 게다가 연합조약은 알마아타에서 재교섭을 거쳐 서명되어야 한다고 주장했다. 옐친은 코지레프에게 체면을 잃지 않으면서 할 수 있는 방법을 알아보라고 지시했다. 외무부 장관은 '폴란드 선례'를 찾아냈다. 1945년, 폴란드는 UN 창립 총회에 참석할 수 없었지만 나중에 창립 회원국 명단에 추가되었다. 겉은 그럴싸한 비유였지만, 코지레프로서는 그보다 더 나은 카드를 내놓을 수 없었다.[38]

키예프와 민스크의 의회들은 이미 비스쿨리협정을 승인했다. 이제 군의 지지를 받는 옐친은 러시아 최고소비에트 내 분파를 이끄는 지도자들을 만났다. 그는 CIS가 테이블에 올라온 유일한 선택지라고 설명했다. "주 임무는 러시아와 우크라이나가 바리케이드의 반대편에 서게 하지 않는 것이다." 우크라이나가 자체적으로 군과 통화, 국경선을 갖추면 "러시아와 우크라이나 사이에 평화는 없을 것이다". 그다음 옐친은 베른스탐과 야블린스키가 앞서 한 말을 되풀이했다. 우크라이나와 공동 루블화 지대에 관한 합의는 경제 전쟁을 미연에 방지하는 데 도움이 된다. 그러지 않으면 우크라이나발 "루블화 산사태"가 러시아 경제를 덮칠 것이다. 그는 이 주제를 이튿날 의회 연설에서 더 자세히 설명했다. 러시아가 우크라이나와 합의하지 않는다면 "내일 우리 현실은 무역 봉쇄, 폐쇄된 국경선, 경제 전쟁이 될 수 있다. …… 최악의 가능성은 핵무기를 사용한 전쟁일 것이다". 옐친은 CIS가 공동의 포스트소비에트 공간 재통합으로 나아가는 유일한 길이라며 자신감에 차서 연설을 마무리했다. 우크라이나와 벨라루스는 러시아 석유와 가스의 유럽 수송을 막지 않을 것이다. 러시아를 중심으로 새로운 연방의 재건을 원했던 대의원들조차도 비준에 찬성했다. 다른 선택지가 보이지 않았다. 총 188명이 CIS 협정 승인에 찬성표를 던졌고 일곱 명은 기권했으며 여섯 명은 반대표를 던졌다. 의원들은 또한 연방 최고소비에트 소속의 러시아 대의원들을 불러들이기로 결정했고, 그리하여 연합 협정에 반대할 수도 있었던 마지막 헌법 기관의 활동을 무력화했다. 끝으로 공화국의 공식 명칭에서 '소비에트'와 '사회주의'를 빼기로 결정했다. 러시아소비에트사회주의공화국연방은 러시아연방(Russian Federation) 또는 그냥 '러시아'가 되었다.[39]

옐친과 그의 부관들은 이 표결과 비스쿨리협정에 대한 항의가 없다는 이유로 사실상 합법화라고 여겼다. 세르게이 샤흐라이는 '개혁에 대한 법적 뒷받침'을 위해 러시아 정부의 부총리가 되었다. 그는 이제 법과 질서 세력을 감독했다. 샤흐나자로프는 나중에 샤흐라이를 나폴레옹이 정복을 정당화하기 위해 의존했던 법률가들에 비유했다.[40] 부르불리스는 "세계사에는 법적 정당성이 사후에, 행위가 기정사실이 된 후에 등장하는 선례들이 풍부하다. …… 나는 12월 8일이나 9일 또는 10일에 단 하나의 정부 기관이나 군 부대도" 소련의 해산에 항의하지 않았다는 사실을 "볼 때마다 놀라움과 감탄을 금할 수 없다"라고 회상했다.[41] 많은 사람이 이중 권력의 종식을 지지했다. 그들은 정치적 의지가 굳은 과감한 행동가 옐친이 나라를 경제적 수렁에서 건져줄 것이라 기대했다. 모스크바에서 여론 조사는 국민의 84퍼센트가 CIS 협정에 찬성한다는 것을 보여주었다.[42] 대중적 불만은 몇 주 뒤에 불거졌다. 2년 뒤, 그것은 러시아에 헌정 위기를 불러오고 옐친을 권좌에서 몰아낼 뻔한 정치적 폭풍으로 발전했다.

멸시와 무관심의 대상인 고르바초프는 여전히 떠나지 않았다. "생각이 옹졸한 사람들"이라는 것이 러시아 의회의 결정에 대한 그의 반응이었다. "고르바초프의 시대는 이제 시작되었을 뿐이다."《인디펜던트 가제트》 편집장과의 긴 인터뷰에서, 나라가 없는 지도자는 자신이 과오를 범했다는 것을 시인하지 않았다. "나는 행복한 개혁가를 본 적이 없다. 그리고 내 운명에 만족한다"라고 말했다. 앞으로 어떻게 할 건가? 그는 "그건 나만의 비밀로 하겠다. 고르바초프가 무슨 생각을 하는지 누가 알겠는가?"라고 대답했다. 고르바초프의 계산은 더 이상 중요하지 않았다. 그는 곧 역사가 될 터였다.[43]

러시아 의회가 연합 협정문을 비준한 날, 부르불리스는 파리와 브뤼셀로 갔다. 그는 "우리는 제안서를 작성하여 주요 국가들로 빠짐없이 찾아갔다"라고 회고했다. 옐친은 국제 사회가 자신이 한 일을 수용해주길 원했다. 고작 한 달 전에, 미테랑 대통령은 시골 별장에서 미하일과 라이사 고르바초프를 영접했다. 그들은 세계 정세와 신세계 질서에 관해 이야기했다. 이제 프랑스 지도자는 앉아서 옐친의 전략가에게 귀 기울이고 있었다. 부르불리스는 "그에게 20세기에 가장 전체주의적 제국을 소비에트 헌법 내에서 최대한 합법적으로 폐지했"으며, 핵무기를 러시아에 평화롭게 이전했다고 말했다. 감정을 자제할 수 없었던 미테랑은 놀라서 팔을 치켜들었다고 부르불리스는 회고했다. 프랑스 지도자는 "이런 일이 가능할 거라고 상상도 못 했다!"라고 말했다.[44]

옐친과 부르불리스는 유럽위원회의 자크 들로르와 NATO 사무총장 만프레트 뵈르너와의 만남에 더 큰 의미를 부여했다. 부르불리스는 미테랑에게 한 말을 뵈르너에게 되풀이한 다음, 러시아 개혁가들이 "대립을 일으키는 모든 조건을 없애기 위한 우리의 주된 사명의 일환으로서, NATO 가입 가능성을 결정적으로 고려하고 있다"라고 덧붙였다. 그의 말에 뵈르너가 "충격을 받은 것까지는 아니어도, 혼란스러워했다"라고 회고했다. "그는 몇 분간 침묵하다가 내 눈을 들여다보며 말했다. '국무부 장관님, 당신의 고백은 매우 뜻밖입니다. 이것은 매우 복잡한 과제인 듯합니다.' 그러고는 딱히 논거를 찾아보지도 않고, '그쪽은 매우 거대한 나라입니다. 대체 어떤 환경에서 그런 일이 현실이 될 수 있을지 상상할 수 없군요'라고 덧붙였다."[45]

부르불리스는 민주국가 러시아가 NATO에 가입하는 전망에 서방이 열의를 보이지 않아서 꽤 당혹스러웠다고 회고했다. 하지만 그와 옐친은 계속해서 미국인들에게 기대를 걸었다. 러시아 지도부는 행동 노선을 고수한다면 러시아가 부시 대통령의 전폭적 인정과 지지를 받을 것이라고 믿었다.

어쨌든 소련 종식에 관한 뉴스는 부시 행정부에 충격이었다. 1990~1991년에 국무부 분석관으로 일했던 프랜시스 후쿠야마는 "변화는 관료집단에 항상 불시에 닥친다"라고 설명했다. 소련 위기에 관한 우발사태 소그룹 조정관 닉 번스는 "소련이 금방 해체될 것 같다는 것이 그때 처음으로 매우 분명해졌던 것 같다"[46]라고 회고했다. 부시는 녹음기에 "상황이 통제를 벗어날까? 고르바초프가 사임할까? 아니면 반격하려고 할까? 옐

친이 제대로 생각해서 결정할까? 어렵다. 정말이지 어려운 상황이다"라고 심경을 토로했다.[47]

제임스 베이커 국무부 장관의 연설문 작가인 앤드루 카펜데일은 상관에게 러시아의 민주주의자들을 돕기 위해 미국인 친구들을 동원하고 원조를 최대한 풀 때라고 썼다. "다음 몇 달이 그들의 운명을 결정할지도 모릅니다." 그는 최근 진주만 기념식에서 부시가 한 연설을 언급했다. "우리는 전체주의를 분쇄했고, 그 임무를 완수한 뒤에는 적들이 민주주의 체제를 만드는 것을 도왔습니다. 우리는 적을 친구로 만들었고, 그들의 상처를 치유했으며, 그 과정에서 우리를 드높였습니다." 카펜데일은 뒤이어 미국은 "오늘 동일한 상황에 직면했습니다. 즉, 우리는 냉전에서 평화롭게 승리했습니다. 이제 우리는 야블린스키가 말한 대로 우리가 물리친 사람들을 어떻게 해야 할지 결정해야 합니다"라고 지적했다. 러시아, 우크라이나, 그 외 지역의 민주주의자들이 성공한다면 "우리는 진정으로 신세계 질서를 맞이할 수 있습니다". 그러지 않는다면 "우리는 권위주의적 역전이나 파시즘의 위험에 직면할 것입니다".[48]

베이커는 극명한 이분법을 믿지 않았다. 그는 러시아인들을 위한 또 다른 마셜플랜이 없을 것임을 알고 있었다. 재무부 장관 니컬러스 브래디와 의회는 이를 지지하지 않을 것이다. 유일하게 현실성 있는 방안은 소련 핵무기를 해체하고 통제하는 일을 돕는 것이었다. 상원의원 샘 넌(민주당)과 리처드 루거(Richard Lugar, 공화당)의 주도로 의회는 이 임무에 연간 4억 달러 지출을 승인했다. 하지만 베이커는 미국 정치에서 정부의 계획은 이상주의적 비전과 연계되어야 함을 알고 있었다. 카펜데일의 논지는 강력하게 공명했다. 구소련 국가들을 지원하자는 요청은 미국 고립주의의 복귀와 맞서 싸우는 데 도움이 될 것이다.[49]

12월 12일, 국무부 장관은 부시와 스코크로프트의 동의를 받아 모교인 프린스턴대학을 찾아가 '소련 이후의 상황'에 관해 연설했다. 그는 소련 봉쇄 전략의 아버지인 조지 케넌의 지혜를 칭송했는데 케넌도 청중 가운데 한 명이었다. 베이커는 서방에 "8월 쿠데타의 실패로 시작된 새로운 러시아혁명의 이점을 살릴 것"을 촉구했다. 핵무기의 테마는 고상한 웅변으로 치장되었다. 베이커의 전기 작가는 "마법사만이 케케묵은 천을 새로운 주요 정부 계획으로 변신시킬 수 있다"라고 논평했다. 베이커의 연설문 작가는 패전국 독일, 일본과의 거창한 비유를 버렸다. 대신, 그는 알레고리를 사용했다. 냉전 동안 두 초강국은 "병 속에 든 두 마리 전갈"이었지만 이제 서방 국가들과 구소련 공화국들은 자유와 민주주의를 향한 "가파른 산을 오르는 서투른 등반가들"이었다. 어느 나라든, 이를테면 러시아라도 "파시즘으로 추락"하면 전부 다 추락할 것이다. 베이커의 실용적인 제안은 마셜플랜보다는 1948~1949년의 베를린 공수작전과 비슷했다. 미군 수송기들은 겨울 내내 기한이 지난 미군 배급식량을 비롯해 인도적 지원 물품을 소련 전역의 도시에 전달할 예정이었다.[50]

이튿날, 옐친은 진행 상황을 보고하기 위해 부시에게 전화를 걸었다. 러시아는 CIS 협정을 다시 짜기로 카자흐스탄 및 다른 4개 '스탄'과 합의했다. 몰도바와 아르메니아도 합류하기로 했다. 협정문은 12월 21일에 서명할 예정이다. 총참모부 및 내부 보안군과도 만났다. "그들은 모두 우리의 결정을 지지한다. …… 모스크바는 평온하다. 차분하게 차질 없이 이행을 완수하기 위해 미하일 세르게예비치 고르바초프와 매일 대화하고 있다." 그는 "전 연방 소비에트 기관들이 러시아로 이전될 것이다. …… 정보부, 안보부, 기타 등등"이라고 강조했다.[51]

베이커는 다시 모스크바로 날아갔다. 12월 15일, 셰레메티예보공항에 착륙했을 때 베이커와 그의 국무부 팀은 착륙한 것 자체가 운이 좋았다는 것을 깨달았다. 대다수의 소련 공항과 공중 수송 시설은 제트 연료유가 없어서 폐쇄된 상태였다. 무국가와 무정부 상태의 회색 지대에서 소련의 원유는 공식 허가 여부와 상관없이 전부 수출용으로 돌려지고 있었다. 수십억의 오일 달러들이 해외 계좌로 빠져나가는 동안, 소련의 조종사들은 비행기를 띄울 연료가 없었고 소련 전역의 주유소는 비어 있었다. 베이커는 코지레프에게 전화를 걸어 자신이 타고 돌아갈 비행기가 재급유를 받을 수 있게 해달라고 신신당부해야 했다. 러시아 외무부 장관은 연료 위기가 "그렇게 심

각하지는 않다"라고 안심시키며 문제를 해결하겠다고 약속했다.[52]

편안한 아르바트 지구의 펜타호텔에서 몇 시간 동안 휴식을 취한 뒤, 베이커는 스타라야광장의 이전 당 본부 내부의 새 집무실로 코지레프를 만나러 갔다. 국무부 장관과 보좌관들은 코지레프에게 질문을 퍼부었다. 러시아 외무부 장관은 혹사당해 지쳐 있었다. 그는 카자흐스탄, 우즈베키스탄, 우크라이나, 벨라루스 및 그 외 공화국들과 다자간 대화를 이끌어왔다. 원래 방안은 베이커의 5개 원칙(13장 참조)을 지켜서, 무엇보다도 민주적 가치와 원칙을 고수하고, 기존 국경선을 준수하며, 인권을 존중하고, 소수민족을 보호하는 공화국들과만 연합을 구성하는 것이었다고 설명했다. 중앙아시아 4개 국가는 가입 자격이 없었다. 그러나 오늘 이 방안은 폐기되었다. "나자르바예프가 다른 5개국을 CIS로 데려올 것이다." 미국인들은 코지레프에게 고르바초프와 셰바르드나제 대신 누가 중동 평화 협상 과정과 START, CFE를 비롯한 대화에서 미국의 파트너가 될지 물었다. 코지레프는 대답할 수 없었다. 콜로솝스키가 끼어들었다. "많은 공화국이 독자적인 외무부를 구성할 간부 집단이 없다. 러시아는 소련 외무부를 인수할 것이므로 문제없다." 베이커와 국무부 팀은 미국이 공수하는 인도적 지원 물품은 누가 담당할 것인지 알고 싶었다. 원조 곡물 인도 비용은 원조받는 나라에서 지불하기로 했다. 이제 누가 이미 곡물을 내린 선박의 운임비 6000만 달러를 내는가? 게다가 미국이 융자해준 10억 달러는 금을 담보로 해야 했다. 러시아는 금을 얼마나 갖고 있는가? 코지레프는 "혼란상이 매우 심각하다"라고 대답했다. "우린 매우 불안하다. 그래서 중앙 정부 기관을 해체하려는 것이다. …… 금 보유고의 규모나 다른 데이터에 대해 아는 바가 없다." 소련의 석유와 가스에서 나온 수입은 어떻게 되었는가? 코지레프는 러시아 재무부는 그 수입을 대부분 받지 못했다고밖에 할 말이 없었다. 그는 소련의 대외무역은행(Veneshtorgbank)이 파산했다고도 밝혔다. 미국인들은 '낙담하여' 자리를 떴다.[53]

이튿날 아침, 옐친은 크렘린의 웅장한 예카테리닌스키홀에서 베이커를 접견했다. 전에 외국 고관을 이곳에서 영접하는 것은 고르바초프의 특권이었다. 러시아 대통령은 "러시아 땅에 있는 러시아 건물에서" 미국인을 환영했다. 옐친 옆에 함께한 샤포시니코프 원수와 그라초프 장군, 내무부 장관인 빅토르 바란니코프는 그가 권력 행사 수단을 장악했음을 보여주었다. 부르불리스와 코지레프, 콜로숍스키도 참석했다. 옐친은 12월 8일에 있었던 일을 길게 설명한 뒤, 자신의 희망 사항 목록을 나열했다. 그는 러시아와 다른 두 슬라브 공화국이 동유럽 국가들을 위해 설립된 NATO 협력위원회(NACC)에 포함되기를 원했다. 또한 미국인들에게 러시아를 "공산주의 국가 목록에서 지울" 것을 촉구했다. 그리고 특별 조약에 의해 "미국이 러시아연방을 인정하는 첫 국가가 되길" 바랐다.[54]

베이커는 이전의 소련 행위자들이 하나같이 미국의 인정을 시급하게 필요로 한다는 데 강한 인상을 받았다. 하지만 옐친의 요구에는 뭔가 앞뒤가 맞지 않는 점이 있었다. 그는 러시아를 '천년의 역사'를 지닌 나라로 이야기하면서도, UN 안전보장이사회에서 소련이 차지했던 상임이사국 지위를 요구했다. 다른 공화국들에 공정하고 공평무사하게 행동하길 바라면서도, 소련의 모든 해외 공관이 '1917년 이전' 러시아제국의 유산이라고 천명했다. 그는 공화국들이 OSCE에 각각 가입하길 바라면서도 구소련군이 'NATO와 통합'되어야 한다고 생각했다. 베이커는 미국이 '상징적 결의서'로 러시아를 소련의 승계 국가로 인정할 수 있다고 제의했다. 그러나 이를 '중대한 실질적 이슈', 무엇보다도 핵무기 통제와 연계시켰다. 기뻐서 싱글벙글하면서, 옐친은 샤포시니코프와 통역만 대동한 채 베이커를 다른 방으로 데려갔다. 그는 두 가지 "핫라인 핵무기 시스템"이 있다고 설명했다. 첫 번째 시스템은 오로지 협의용으로 러시아, 우크라이나, 벨라루스, 카자흐스탄 지도자를 연결하는 회의 시스템이었다. 다른 공화국들은 "발언권이 없"었는데, 핵무기를 보유하지 않았기 때문이다. 4개 핵보유국 가운데 러시아만이 핵무기를 발사할 능력이 있었다. 우크라이나는 발사할 수 없었고, 우크라이나 영토에서 러시아로 전술 핵무기 이전도 마침 거의 완료되었다. 우크라이나, 벨라루스, 카자흐스탄 지도자는 "일이 어떻게 돌아가는지 모른다. 그래서 당신한테만 말하는 거다. 그들은 전화기를 갖고 있다는 데 만족할 것이다". 핵무기가 러시아로 이전된 뒤에는 그 전화기도 치울 것이다. 핵무기 발사를 결정하는 두 번째 시스템은 고르바초프, 옐친, 샤포시니코프와 연결되어 있었다. 하지만 옐친은 "현재로는" 그와 샤포시니코프만 "핵 발사 버튼을 누르는 서류 가방"을 갖고 있으며 "샤포시니코프 혼자서는 못 누른다"라고 밝혔다. 이는 고르바초프의 서류 가방이 이미 연결이 끊겼다는 뜻이었다. 고르바초프의 핵 전화기도 "12월이 끝나기 전에" 곧 치울 것이었다.[55] 러시아 지도자는 그 자리에서 미국의 주요 요구 조건을 충족한 셈이었다. 그는 러시아에 대한 미국의 인정으로 향하는 길이 깨끗이 치워졌다고 확신했다.

러시아의 민주 혁명에 대한 베이커의 미사여구는 모스크바 개혁가들 사이에 기대를 급증시켰다. 코지레프는 훈타가 몰락한 시점인 8월에 베이커와 나눈 대화를 떠올렸다. "우리는 부시나 당신이 거꾸로 뒤집은 풀턴 연설(1946년 윈스턴 처칠이 미주리주 풀턴에 있는 웨스트민스터대학에서 한 연설. 그 유명한 '철의 장막'이란 표현이 등장했다 – 옮긴이)을 해주길 기다리고 있다." 백악관은 공산주의에 대한 십자군 대신 이제 러시아 민주주의자들을 돕는 십자군을 이끌어야 한다. "정상적인 사람들이 러시아에 집권했다는데, 좋은 사람이나 바보, 멍청이는 중요하지 않다. 그들은 당신들과 같은 곳에 있길 원할 뿐이다. …… 당신들은 그들을 지지하고 그들에게 또 다른 마셜플랜을 줘야 한다. 다른 일에는 눈을 감고 그들에게 돈을 줘야 한다." 코지레프는 프린스턴대학 연설에서 베이커가 "정확히 이것을, 토씨까지 그대로" 말했다고 믿었다. 러시아 외무부 장관은 가이다르에게 베이커의 방문이 미국의 약속을 이용해 돈을 얻어낼 순간이라고 말했다. "우리는 순방 중에 베이커의 발표에 관해 이야기한 적이 있다." 코지레프는 가이다르가 이를 옐친과 논의하리라고 생각했다.[56]

코지레프는 사정을 몰랐다. 12월 6일, 가이다르는 미국인들에게 러시아 개혁을 뒷받침할 무려 40~50억 달러의 '안정화 기금'을 요청했다. 러시아 정부 내에서도 소수만이 읽어본 개혁에 관한 상세한 개요서도 미국 정부에 전달했다. 국고는 텅 비었고, 금과 석유 수입도 없으며, 신용 대출도 끊겼기에 가이다르는 완충제가 절실했다. 옐친이 대중적인 지도자로서 얻은 위임 권력을 금방 잃을 것이므로, 정부는 기다리거나 개혁 속도를 늦출 수 없다고 그는 추론했다. 그와 동시에, 그만한 개혁이 가져올 막대한 정치적 충격에서 살아남을 민주주의 체제는 없었다. 메시지는 분명했는데, 우리는 행동에 나서든 그러지 않든 죽겠지만, 서방의 돈이 있다면 승산이 있을지도 모른다.[57] 12월 10일, 미국 재무부의 데이비드 멀퍼드는 백악관에 보내는 메모에서 가이다르의 구상을 산산 조각냈다. 그는 러시아에서 거시경제적 안정화가 조만간 이뤄지지는 않을 것이라고 주장했다. "옐친이 국내에서 통화적·재정적 규율 없이 가격을 자유화한다면, 서방의 지원이 있든 없든 그가 걱정하는 초인플레이션은 틀림없이 발생할 것이다." 금융 세계화의 세계에서 투기자들은 루블화를 박살 낼 것이다. 멀퍼드는 가이다르의 정치적 곤경과 집권 개혁파의 생존 위험성을 철저히 무시했다.[58]

가이다르는 멀퍼드의 혹독한 판단을 몰랐다. 그는 베이커의 방문을 앞둔 이틀간 IMF가 후원하는 외국 경제학자 대표단과 대화했다. 그는 오스트리아-헝가리제국의 붕괴 이후 재정 안정화에 관해 저술한 루디거 돈부시를 초청했다. IMF의 존 오들링스미와 리처드 어브(Richard Erb)도 초청받았지만 참석하지 않았다. 대표단의 나머지는 하버드대학의 제프리 삭스, 스웨덴 웁살라대학의 안데르스 오슬룬드(Anders Åslund), 칠레에서 온 세르히오 데 라 콰드라 등 워싱턴 컨센서스에 찬동하는 경제학자들이었다. 미하일 베른스탐은 가이다르가 외국인들의 조언을 필요로 하지 않았다고 언급했다. 그는 자신이 올바른 경로를 가고 있다는 사실을 외국 경제학자들이 옐친에게 확인시켜주길 원했다. 러시아 대통령은 우랄 공업지역 출신 친구들을 비롯해 정부 내 다른 인사로부터 엄청난 압력을 받고 있었는데, 가이다르의 개혁이 완전히 미친 짓이라고 말했다.[59]

코지레프는 베이커가 있는 자리에서 마셜플랜을 적극적으로 홍보할 생각이었다. 그러나 성과는 없었다. 국무부 장관은 고르바초프와 면담하느라 늦게 도착했고, 옐친은 허세로 가득 차서 "말도 안 되는 소릴 하고 있었다"라고 회고했다. 어느 순간 베이커가 미국이 러시아를 어떻게 도울지를 물었다. 옐친은 인도주의적으로 식량을 지원해주길 요청했는데, 안정화 기금에 관해서는 잊어버렸다. 코지레프가 가이다르를 불러 이야기를 들어 보자고 제안했을 때, 옐친은 거만하게 일축했다. "그가 말하고 있을 때, 아무도 이야기할 수 없었다"라고 코지레프는 설명했다. 그와 가이다르는 이 만남에서 아쉽게 기회를 놓쳤다고 여겼다. 코지레프는 "부시와 베이커와 함께, 우리는 엄청난 일을 해낼 수도 있었다"라고 말했다. 부르불리스도 동의했다. 옐친은 "잘못된 과대망상"을 품었고, 러시아가 충분히 부유하다고 뽐냈다. "이것은 절대적으로 부도덕한 태도였다. 그는 현실과 어려움, 결과를 무시하면서 이런 식의 범슬라브적 태도를 취하지 말았어야 했다."[60] 지원의 기회가 조금이라도 있었는가? 베이커는 재무부의 입장으로 발목이 잡혀 있었지만, 러시아 개혁가들을 위해 재정적 지원을 기꺼이 추진하고자 했다. 국무부는 1992년 초에 그런 프로그램을 작업하기 시작했다.[61]

초강국을 대체하다

프린스턴대학 연설에서, 베이커는 고르바초프와 셰바르드나제를 냉전 종식의 영웅으로 꼽았다. 미국 국무부 장관과 셰바르드나제는 만찬을 들기 위해 모스크바에 있는 조지아(그루지야) 조각가 주랍 체레텔리(Zurab Tsereteli)의 거처 겸 스튜디오에서 만났다. 두 사람 모두 이것이 '최후의 만찬'임을 알고 있었다. 셰바르드나제는 보좌관들에게 덫에 갇힌 기분이라고 토로했다. 고르바초프 정부에서 재차 사임하는 건 "유치할 것" 같았다. 그의 시선은 모스크바와 조지아 사이에 나뉘어 있었다. 정적인 즈비아드 감사후르디아의 파란만장한 경력의 끝이 가까워지는 가운데, 소련 정치가는 자신의 다음 경력 전환의 무대는 조국일 것이라고 생각했다. 셰바르드나제는 자신을 괴롭히는 생각들을 베이커에게 털어놨다. 페레스트로이카는 왜 실패했는가? 그와 고르바초프는 "시간표나 일정표가 없었고", 개혁의 단계와 타이밍을 잘못 골랐으며, "경제 분야에서 더 많은 일을 했어야 했다". 베이커는 친구를 위로했다. 그에게는 소련에 일어난 모든 일이 절대적으로 필연적이었다. "악의 제국"은 일단 "자유라는 요정이 램프에서 빠져나오자" 무너질 수밖에 없었다. 베이커는 고르바초프와 셰바르드나제가 그 과정을 시작하는 유례 없는 용기를 보여주었다고 말했다. "역사는 그렇게 판단할 것"이라고 장담했다. "[페레스트로이카가 아닌] 다른 길은 폭력적인 폭발이었을 것이며, 그때 내전이 일어났을지도 모른다." 이튿날 아침, 세르게이 타라센코는 테이무라즈 스테파노프에게 말했다. "베이커는 우리 머릿속을 떠나지 않던 질문에 답해줬다. 지금 일어나고 있는 모든 일은 어쨌든 일어났을 테지만, 더 끔찍한 결과를 낳았을 것이다. 당신은 그 과정을 시작할 용기가 있었고, 나는 50년 뒤에는 모든 것이 괜찮아질 것이며, 사람들이 당신을 기억할 것이라고 확신한다." 이렇게 흉금을 털어놓는 대화 뒤에 셰바르드나제는 미국인들을 만찬 테이블로 불렀다. 수완이 좋은 체레텔리는 훌륭한 조지아식 상을 차렸다. 조지아산 와인은 물론, 오즈의 마법사의 솜씨인 듯 향긋한 초록색 타르후나 보드카가 나왔다![62]

베이커가 고르바초프를 집무실에서 만난 것은 그때가 마지막이었다. 부시는 소련 지도자가 사임한 뒤 옐친이 그에게 무슨 짓을 할까 걱정했다. 콜 총리는 미국인들에게 독일에서 가장 인기 있는 러시아인을 보호해줄 것을 촉구했다. 부시는 12월 13일에 옐친에게 전화를 걸어 권력 이행기 동안 꼴사나운 짓은 피하길 "권했다". 옐친은 그와 다른 공화국 지도자들이 "미하일 세르게예비치 고르바초프를 따뜻하게 대우하고 최대한 존중하고 있다. …… 우리는 결정을 재촉하고 싶지 않으며 그가 스스로 결정을 내리길 바란다"라고 여러 차례 밝혔다. 부시는 정중하게 압력을 가했고, 옐친은 "대통령님, 개인적으로 약속하고 보증하건대 모든 일이 좋고도 점잖은 방식으로 이루어질 것입니다. 우리는 고르바초프와 셰바르드나제를 굉장히 존중하며 대할 거예요"라고 답했다.[63] 하지만 베이커가 모스크바에 도착했을 때,《타임》의 스트로브 탤벗은 고르바초프의 측근 가운데 익명의 관리로부터 다음과 같은 메시지를 받았다. 지나치게 열정적인 옐친의 수사관들이 "8월 쿠데타에서" 한 역할과 관련해 고르바초프를 재판에 회부하고 싶어 한다는 것이다. 고르바초프의 통역관인 파벨 팔라셴코가

탤벗에게 이 메모를 미국 관리들 쪽에 전달해달라고 부탁했다.[64]

베이커는 고르바초프가 꼴이 말이 아닌 것을 보았다. 그는 몰락한 지도자에게 동정을 느꼈고 그의 역사적 명성을 위해 품위 있게 권좌에서 내려와야 한다고 생각했다. 그러나 고르바초프는 대신에 (발트 국가들과 조지아를 뺀) 11개 공화국을 대표하는 공화국 지도자들이 CIS 협정을 결정할 12월 21일까지 기다렸다. 아무도 그를 알마아타에 초대하지 않았다. 고르바초프는 미국이 러시아와 공화국들을 즉시 인정하지 않길 원했다. 베이커가 그것을 약속하기는 쉬운 일이었다. 그는 다음과 같이 회고했다. "우리는 승계 국가들의 …… 전체적 전망과 행동을 조성하는 데 분명한 이해관계가 있었다. 인정은 우리가 이용할 수 있는 가장 큰 '당근'이었고, 나는 영향력을 극대화하기 위해 선뜻 내놓지 않았다……."[65]

베이커가 떠난 직후, 갈리나 스타로보이토바가 고르바초프와의 만남을 요청했다. 그녀는 러시아 의회에서 비스쿨리협정 승인에 찬성표를 던지지 않은 소수의 민주파 가운데 한 명이었다. 그녀는 중앙아시아와 캅카스 지방의 러시아인 소수 집단을 보호하기 위해서라도 협상에 의한 연방이 성급한 청산보다 낫다고 여겼다. 또한 독립국가 러시아가 러시아 민족주의와 제국주의의 본거지가 될까 봐 걱정했다. 스타로보이토바는 변화를 도입했지만 그러고 나서 너무도 많은 기회를 허비해버린 사람에게 동정심을 느꼈다. 고르바초프가 달리 할 일이 없었으므로, 그들은 세 시간 동안 이야기를 나눴다. 스타로보이토바는 "모두가 그를 버리고 잊었다"라고 회고했다. 그녀는 고르바초프가 KGB를 비롯해 정부의 모든 정보 채널에서 연락이 끊겼음을 알았다. "나는 그의 정부 통신, 로켓 전략군을 관리하는 버튼의 연결이 이미 끊긴 것을 알고 있었지만, 그는 여전히 모르고 있었다." 그들은 페레스트로이카의 운명에 관해 성찰했다. 스타로보이토바는 고르바초프가 당을 개혁하려고 왜 그렇게 긴 시간을 낭비하며 질질 끌었는지 이해할 수 없었다. "미하일 세르게예비치, 왜 우리에게 기대지 않았어요? …… 우리는 국민에게 크게 지지받았고, 당신에게는 권력 기구가 있었잖아요. 국가 전체가 수중에 있었어요. 당신이 요청만 했다면 대처나 부시, NATO든 누구라도 당신을 도왔을 텐데요." 스타로보이토바는 고르바초프의 답변에 실망했다. 소련 지도자는 자신의 과오를 인정하지 않았다. "그는 그 협소한 권력 기구의 경계 내에서만 사고하고, 거리 정치의 관점에서는 사고하지 못했다……."[66]

스타로보이토바가 협소하고 무익했다고 판단한 고르바초프의 행동을 전기 작가인 타우브먼은 비극이라고 여겼다. 1991년 8월까지 어느 시점에서든 고르바초프가 '민주주의'에 기대는 것이 현실적인 선택이었을까? 스타로보이토바는 소비에트라는 거대한 조직을 깨부수길 원했지만, 자유주의 성향 지식인들의 능력을 심하게 과대평가했다. 그들이 고르바초프와 손을 잡았더라도, 개혁을 실시하고 사회 질서를 유지할 만한 역량은 한참 부족했다. 그리고 고르바초프가 러시아 자유주의자들의 전폭적 지지를 누렸다곤 해도 심각한 역풍을 맞지 않고서 정말로 당을 처분하고 '제국'을 해체할 수 있었을까? 소련의 자유주의적 통치자와 반공 급진 정치인 간의 논쟁은 참혹하게 중단되고 말았다. 7년 뒤, 상트페테르부르크에서 스타로보이토바는 범죄조직이 고용한 청부 살인범 손에 암살당한다. 스타로보이토바를 추모하며 고르바초프는 말했다. "그녀는 우리가 지금도 요구하지 못하는 것을 권력 당국에 요구했다."[67]

옐친과 그의 각료들은 이 드라마의 마지막 무대에 오를 준비가 되었다. 바로 임시정부를 대체하고 남아 있는 소련 국가 기구를 러시아가 차지하는 일이었다. 이제는 셰바르드나제가 이끄는 외무부의 합병은 가장 중요하고 상징적인 조치였다. 하지만 국제적 합법성이라는 요인이 이 조치를 할 시기에 핵심적이었다. 코지레프는 11개 공화국이 알마아타에서 새로운 협정에 서명할 때까지 기다리라고 권유했다. 그러지 않으면 우크라이나, 벨라루스, 카자흐스탄 지도자가 소련의 국제 자산에 자기들 몫을 요구할 수도 있었다.[68]

하지만 옐친은 기다리지 않았다. 결정적인 방아쇠는 비스쿨리회담 전에 코지레프가 자체적인 채널을 통해 계획한 이탈리아 방문이었다. 소련 대사관은 사전 통보도 받지 못했다. 아나톨리 아다미신은 12월 17일, 옐친이 도착하기 이틀 전에야 방문 계획을 알았다. 로마행 비행기에 오르기 전 공항에서 열린 기자회견에, 옐친은 CIS 구조 내에 고르바초프나 셰바르드나제를 위한 자리는 없음을 밝혔다. 이탈리아 주재 대사는 "나의 영예로운 소련 외무부 인생도 근일 중에 막을 내리겠군"이라는 결론에 도달했다. 그는 이탈리아 관리들에게 국빈 방문을 맞을 준비를 하라고 알렸다. 이탈리아 측 관계자들은 자기들에겐 러시아 삼색기도 없다고 투덜거렸다. 아다미신은 "우리는 이틀 만에 나라를 파괴하고 새 나라를 탄생시켰다"라고 대꾸했다. 옐친의 비행기가 피우미치노에 착륙했을 때, 직원들은 옐친의 의전 담당관이 모스크바에서 가져온 러시아 국기로 공항과 소련 대사관을 장식했다.[69] 고르바초프를 추앙한 이탈리아인들이 이제는 앞다퉈서 승리한 경쟁자의 비위를 맞춰주었다. 프란체스코 코시가 대통령은 퀴리날레궁에서 옐친을 국빈으로 영접하고 이탈리아 최고 훈장을 수여했다. 덕분에 관계자들은 서훈에 필요한 귀금속을 찾으러 인근 보석상으로 서둘러 달려가야 했다. 요한 바오로 2세 교황도 바티칸에서 러시아 지도자를 맞았다. 이탈리아인들의 관심과 인정에 자신감을 얻은 옐친은 소련 외무부와 러시아 외무부를 합병하는 행정명령에 서명하기로 그 자리에서 결심했다. 코지레프가 셰바르드나제에게 이 소식을 알리려 전화하자, 그는 의연하게 대답했다. "내일 여기로 와서 외무부를 운영해도 되네." 자존심 강한 그루지야인은 불법적 기습이라고 여긴 행위에 대해 분노를 드러내지 않았다. 1년 전 같은 날, 셰바르드나제는 사임을 결심했다. 이제 그는 쫓겨났다. 그는 테이무라즈 스테파노프에게 "내 심경이 어떤지 상상도 못 할 거네"라고 말했다.[70]

이전 상관을 대면하고 싶지 않던 코지레프는 외무부 차관인 게오르기 쿠나제(Georgy Kunadze)를 보내 달갑잖은 임무를 실행하게 했다. IMEMO에서 일본 전문가로 활동했던 쿠나제는 1991년 1월에 당을 떠났는데, 몇 달 뒤에 코지레프는 그에게 최소한의 기본 직원만 있는 러시아 외무부에 자리를 제안했다. 쿠나제는 인수인계 회의를 잡기 위해 셰바르드나제에게 전화를 걸었지만, 장관은 너무 바빠서 만날 수 없다고 대답했다. 마찬가지로 그루지야인인 쿠나제는 두 대의 차에 보좌관들을 대동하고서 외무부에 당도했다. "나는 '특공대 납시오!'라고 농담을 던졌다." 소련 외무부 건물 7층에 있는 셰바르드나제의 집무실에서 쿠나제는 장관에게 옐친의 행정명령을 건넸다. "그는 명령을 읽고 오랫동안 말이 없다가, 한마디 던졌다. '그는 왜 나한테 이런 짓을 하는 거지!'" 그러고 나서 셰바르드나제는 서류 가방을 챙겨서 집무실을 떠났다. 권력 이전 과정에서 유일하게 품위 있었던 순간이었다.[71]

같은 날, 옐친은 실라예프-야블린스키의 경제위원회를 해산하는 또 다른 행정명령에 서명했다. 로마에서 돌아오자마자, 그는 프리마코프 및 소련 대외정보국의 고위 직원들과 비밀 회담을 가졌다. 그가 비밀 요원들에게 활동의 연속성을 약속했던 모양인지, 프리마코프는 계속 수장으로 남았다. 또한 옐친은 KGB 중앙 기구를 국내 안보 중앙 부처의 기구와 통합시켰다. 옐친은 그렇게 민감한 기관에 또 다른 야심만만한 정치인이 필요하지 않았으므로, 바카틴은 자리를 잃었다. 옐친은 다른 행정명령을 통해 고르바초프의 집무실과 대통령 관련 시설을 비롯해 크렘린도 차지했다. 소련 국방부와 총참모부는 '연합' 기관으로 남았는데, 핵무기 통제 문제가 여전히 공식적으로 해소되지 않았기 때문이었다.[72]

정신없이 이뤄진 통합 조치는 이제 외교 정책을 완전히 좌우하는 코지레프에게 골칫거리를 안겼다. 그가 보기에, 옐친의 개인적 야심은 국가의 이해관계를 뛰어넘었다. 그는 회고록에서, "옐친은 고르바초프로부터 크렘린의 으리으리한 대통령 집무 공간과 [핵]가방을 넘겨받는 것을 기다릴 수 없었던 모양이다. 그는 어린 소년이 성인이 되었다는 상징으로 넥타이 매는 것을 꿈꾸듯, 권력의 상징으로 그것을 꿈꿨다"라고 썼다. 사실 옐친은 이미 핵에 대한 권한을 차지했지만, 전 세계가 그 사실을 알길 원했다. 코지레프는 걱정스러웠다. 국제 사회가 러시아를 초강대국 소련의 대체자로 받아들일까? 러시아는 UN에서 소련의 의석을 얻을 수 있을까?[73] 그는 제임스 베이커, 더글러스 허드, 롤랑 뒤마에게 조언을 구했다. 영국은 옐친이 한 조치의 합법성을 의심스러워했다. "쿠데타는 계속되고 있다"라고 로드릭 브레이스웨이트는 일기에 썼다. 그래도 영국 외무·영연방부(FCO)는 대단히 협조적이었다. 브레이스웨이트는 런던이 "러시아가 최대한 법석을 떨지 않고 그 자리에 들어오길 바란다. 논쟁이 일어나면 우리나 프랑스가 독일과 일본, 인도보다 높은 지위를 차지할 근거를 설득력 있게 제시하지 못하는 현실에서 상임이사국의 지위를 계속 유지할 권리도 의문시될 것이다"라고 썼다. FCO의 법률가들은 러시아가 "이름만 다른 소련일 뿐", 연속된 국가(continuation state)라는 논거를 구성했다. 영국 대사는 이런 결정을 셰바르드나제의 집무실을 임시로 차지하고 있던 쿠나제에게 전달했다. 이튿날, 미국 주재 러시아 대사 빅토르 콤플렉토프는 브렌트 스코크로프트에게 영국이 권고한 노선을 따라 작성된, 옐친의 서명이 들어간 각서를 전달했다.[74]

코지레프는 우크라이나와 벨라루스가 러시아의 초강대국 자산의 도용에 반대하지 않을까 걱정했다. 그에게는 매우 다행스럽게도 그런 일은 일어나지 않았다. 회고록에서, 그는 알마아타의 공화국 지도자들이 자국의 처참한 경제 사정에 정신이 팔려 있었다고 회고했다. 실제로 공화국들은 루블화 지대의 포로였고 1992년 1월 2일 이후로 러시아 경제 개혁의 결과를 감내해야 할 터였다. 아제르바이잔의 아야즈 뮈탈리보프, 아르메니아의 레본 테르페트로시안(Levon Ter-Petrosian), 타지키스탄의 라흐몬 나비예프(Rahmon Nabiyev)와 몰도바의 미르체아 스네구르(Mircea Snegur)는 필사적으로 옐친의 군사적·재정적 지원을 얻으려고 했다. 그 나라들은 무정부와 전쟁을 겪었다. 그리고 모든 참석자에게 알마아타협정에 서명하는 것은 국제적 인정으로 가는 관문이었다. 구소련 국가들을 순방하는 동안, 제임스 베이커는 "미국을 만족시키려는 강렬한 욕망 …… 받아들여지려는, 우리에게 '승인받고자 하는' 욕망"을 봤다. 베이커는 그것이 미국의 "도덕적 권위"의 소산이라고 믿었다.[75] 그보다는 필요의 소산으로, 예전의 중앙을 상실하고 때로 거부했던 공화국 실력자들은 신생 주권을 합법화할 또 다른 방법을 간절히 바랐다. 크라우추크와 그 외의 사람들은 미국의 인정을 최대한 빨리 얻어내기 위해 모스크바의 야심에 적어도 한동안은 눈을 감았다.

알마아타에서 11개국 지도자들은 12월 8일에 3인방의 선언과 합의를 확인하는 내용으로 러시아 전문가들이 마련한 의정서를 만장일치로 승인했다. 이 호기로운 환경에서, 코지레프는 옐친에게 UN 안전보장이사회의 상임이사국 문제를 제기하라고 요청했다. 외무부는 소련의 기능을 러시아가 '지속(continuation)'하는 것에 관한 반쪽짜리 합의문을 마련했다. 옐친이 설득에 나섰다. 러시아는 UN 회원국이 아니므로, 그에 따르는 재정적 부담 및 책임과 함께 소련의 의석을 물려받을 수 있다는 것이었다. 다른 지도자들은 이 제안을 환영했다. 코지레프는 옐친에게 귓속말로 제안을 투표에 부치는 편이 좋겠다고 속삭였다. 이 계책이 통했다. 코지레프는 지도자들이 "특히 그들의 국내 사정이 아주 안 좋았기 때문에 국제적 영역에서 긍정적인 조치로 그날을 마무리하길 원했다"라고 회고했다. 그들은 즉시 투표해서 만장일치로 제안에 찬성했다. 나중에 우크라이나 외무부 장관 아나톨리 즐렌코(Anatoly Zlenko)와 벨라루스 대표 표트르 크랍첸코(Piotr Kravchenko)가 이 결정을 바꾸려고 시도했다. "하지만 저녁 식사가 나오고 있었고, 협정의 주역들은 논쟁이 아니라 축하하고 싶은 기분이었다."[76]

알마아타 모임 이틀 뒤에 유럽공동체 12개국이 러시아를 초강국 소련의 법적 승계 국가로 환영했다. 중화인민공화국도 인정했다. 과거에 그 공산국가는 러시아와 똑같이, '중화민국(대만)'의 의석을 차지함으로써 자리를 얻었다. 그러나 베이징의 지도자들이 그 일을 달성하는 데는 20년이 넘게 걸렸다. 마지막으로 넘겨진 것은 핵이라는 왕의 홀이었다. 알마아타에서, 옐친은 CIS 합동군사령부(Joint Military Command of the CIS)의 창설을 제안하고 전략 핵전력의 사령관으로 샤포시니코프 원수를 추천했다. 그러나 이에 대한 최종 결정은 12월 30일에 있을 다음 모임까지 연기되었다.[77]

모두 미국이 러시아를 공식적으로 인정하기를 기다렸지만, 조지 부시는 한 가지 단순한 이유 때문에 이 발표를 미뤘다. 그는 "그의 친구 미하일"이 떠나기를 기다리고 있었다. 알마아타에서, 러시아 대통령은 1964년에 정치국이 흐루쇼프를 축출한 뒤 그를 모욕적으로 대우한 것과 달리, 고르바초프를 “예의 바른 방식으로” 은퇴시키겠다고 약속했다. 옐친은 사임 기한을 그해 말까지 하기로 고르바초프와 합의했지만, 한편으로는 더 이상 기다릴 수 없었다. 그리고 고르바초프는 서둘러 떠나려 하지 않았다.[78] 고르바초프가 크렘린 집무실에 머무는 날이 하루하루 지날수록 옐친의 행동도 뻔뻔스러워졌다. 그러다 12월 23일, 옐친은 예고도 없이 고르바초프의 집무실로 찾아와 조건을 협상하는 게 아니라 말 그대로 지시하려 했다. 두 사람의 만남은 여덟아홉 시간 동안 이어졌다. 처음에 두 지도자는 일 대 일로 대화했지만 합의할 수 없었다. 한 가지 쟁점은 고르바초프가 요청했지만 옐친이 수락하길 거부한, 기소하지 않는다는 개인적 보증이었다. 고르바초프는 알렉산드르 야코블레프를 중재자로 불렀다. 두 지도자는 고르바초프가 공적 침묵을 지키고 옐친과 옐친 정부를 비판하지 않기로 합의했다. 그 대가로, 그는 대통령 재단을 설립할 부지를 모스크바에 제공받고 요리사, 웨이터, 소규모 경호원을 비롯한 20명의 직원과 함께 모스크바 외곽에 있는 거대한 별장을 계속 보유할 수 있었다. 고르바초프는 자신과 아내를 위해 각각 한 대씩, 운전사가 딸린 관용 리무진 두 대도 계속 보유하기로 했다. 이 만남에서, 소련 지도자는 옐친에게 1939년 몰로토프-리벤트로프협약의 비밀 의정서를 비롯해 가장 민감한 역사적 문서들을 보관하고 있는 금고 열쇠를 넘겼다. 그들은 12월 25일에 옐친과 샤포시니코프가 와서 고르바초프한테서 핵 권력의 상징적 홀인 핵가방을 넘겨받기로 합의했다. 다른 민감한 문제들도 논의했는데, 서방 지도자들이 고르바초프에게 종결시키라고 오랫동안 조용히 촉구해온 생물학 무기 비밀 프로그램도 있었다.[79]

옐친은 나중에 고르바초프로부터 물질적 요청 사항이 담긴 “거대한” 목록을 받았다고 기억했다. 그것 말고는, 그의 서술은 혼란스럽고 심지어 날짜도 틀렸다. 고르바초프는 회고록에 이 만남에 관해 단 두 줄만 할애했고, 분명 그 일을 잊고 싶어 했다. 하지만 옐친과의 만남 도중에 걸려온 존 메이저와의 통화는 언급했다. 고르바초프가 전화를 받는 동안, 옐친은 고르바초프를 버리고 자신을 위해 일하라며 야코블레프에게 졸랐다.[80]

긴 만남이 끝을 향해갈 무렵, 고르바초프는 두려워지기 시작했다. 그는 코냑을 몇 잔 마신 후 자리를 떠서, 더 이상 자신의 것이 아닌 집무실 뒤편의 또 다른 방으로 쉬러 갔다. 야코블레프는 옐친과 담소를 나누며 한 시간을 더 머물렀다. 고르바초프와 옥신각신한 뒤에 러시아 지도자는 누군가에게 관대함을 과시하고 싶었다. 그는 야코블레프에게 "민주주의 운동에 기여한 특별한 공로"에 대한 보답으로 예외적인 지위와 거액을 내리는 특별 명령을 내리겠다고 약속했다. 나중에는 잊어버린 약속이었다. 옐친이 떠났을 때, 야코블레프는 "승자의 행진이군"이라고 혼잣말을 던졌다. 그러고는 안쪽 방으로 가서 눈물이 그렁그렁한 채 소파에 기대앉은 고르바초프를 발견했다. "이렇게 되는 거야, 사샤." 야코블레프도 "불의한 일이 일어난 듯" 가슴이 먹먹했다. 거대한 변화를 함께 시작했던 두 사람은 이제 여정의 끝에 이르렀다. 고르바초프는 야코블레프에게 물을 달라고 부탁한 뒤, 혼자 있게 해달라고 했다. 나중에 이 광경을 반추하면서 야코블레프는 고르바초프가 요란하게 퇴장하기로 했다면 어떻게 되었을지 생각했다. 그는 옐친과의 만남을 거부할 수도 있었다. 소련 인민대표대회의 재소집을 요구하고, 자신을 대체할 새로운 대통령이 선출될 때까지 기다리겠다고 고집할 수도 있었다. "그건 가능했다! 그러면 나라가 어떻게 되었을지, 그리고 외국 정부는 얼마나 난처했을지는 상상만 할 수 있을 뿐이다."[81] 고르바초프도 그 방안을 잠시 고려했다가 포기했던 것 같다.

그 대신, 그는 집무실에서 남은 시간 동안 연설문을 준비하며 보냈다. 이번에는 신레닌주의적 이론화는 더는 없었고, '사회주의적 선택'과 그것을 대변해야 하는 당은 사라지고 없었다. 새로운 유럽의 공동 건설을 비롯해 '신사고'에 관한 모든 국제적 야심도 소련과 함께 폐기 처분되었다. 러시아는 "유럽의 마구간으로" 데려가길 원하는 기수를 내동댕이친 멍청한 암말처럼 굴었다고 야코블레프는 회고했다.[82] 수백만 러시아인은 다르게 생각했다. 고르바초프의 페레스트로이카는 약속의 인플레이션으로 이어졌고, 여기에 진짜 인플레이션과 경제 붕괴가 뒤따랐다고 말이다. 사람들은 이데올로기적 수사와 국가 대계에 대한 믿음을 잃었다. 브레즈네프의

'침체'조차 달성하지 못한 의도치 않은 결과였다. 1991년 12월, 진짜 레닌이 마법처럼 모스크바 시내에 나타났다고 해도 누구도 그에게 신경 쓰지 않았을 것이다. 사람들은 일용한 양식을 찾아 일상의 곤경에 허덕이고 있었다.

고르바초프는 2주 동안 고별사를 위해 다양한 초안을 만지작거렸다. 그는 샤흐나자로프 버전은 너무 순하고 야코블레프의 텍스트는 불평조라고 느꼈기에, 체르냐예프가 작성한 원고를 골랐다. 이 연설문에서, 고르바초프는 리더십의 실패를 인정하지 않고, 비판에 응답하지도 않았다. 그 대신 페레스트로이카의 업적들, 국내의 자유화와 냉전 종식을 열거했다. 그런 성공을 거두었다면 왜 나라가 해체되고 그는 권력을 잃었는가? 고르바초프는 이 실패를 다른 이들의 탓으로 돌렸다. 당과 경제 관료 집단의 저항, 낡은 관행과 이데올로기적 무기력. 그는 "불관용, 낮은 수준의 정치 문화, 변화에 대한 두려움"에 관해서도 언급했다. 이것이 "우리가 그렇게 많은 시간을 잃어버린 이유"라고 설명했다. 연설은 옐친을 전혀 언급하지 않았고, 그리하여 그의 집권 의지의 정당성을 부정했다. 고르바초프는 연방 해산 결정이 "국민의 투표를 기반으로 결정되었어야 했다"라고 말했다.[83]

역사에서 고르바초프의 자리를 보증한 주요 인물은 서방 열강과 언론, 여론이었다. 퇴임하던 날, 그는 코시가, 멀로니, 겐셔에게서 전화를 받았다. 하지만 구소련 공화국 지도자들은 아무도 전화하지 않았다. 집무실에서 보내는 그의 마지막 나날은 미국 TV 방송사에서 촬영해갔다. ABC 방송은 8월 사건 이후에 그를 촬영하기로 계약했고, 준비 작업은 12월 말까지 이어졌다. 테드 코펄(Ted Koppel)과 릭 캐플런(Rick Kaplan)이 이끄는 촬영 팀이 모스크바에 도착하기 무섭게 고르바초프 통치에 막이 내렸다. 또 다른 방송사인 CNN 촬영 팀은 이미 모스크바에 와서 장비를 갖추고 크렘린으로 달려갈 때를 기다리고 있었다. 그들은 고르바초프의 퇴임을 전 세계에 중계할 독점권을 따냈는데, 그들만이 할 수 있는 위성 중계 기술이 있었다. 12월 25일에 크렘린에서 일어난 일을 세심하게 하나하나 기록한 아일랜드 기자 코너 오클레어리(Conor O'Clery)는 경력을 마감하는 순간 고르바초프가 미국인들에게 둘러싸여 있는 모습에 감탄했다. 1970년대에 나온 구식 카메라를 든 소련 TV 방송 팀은 미국 언론 기업 옆에서 가난한 친척처럼 보였다.[84]

소련 역사의 종식에 관한 지배적 서사를 창조하는 미국의 헤게모니는 이 순간 절대적인 것 같았다. 미국 기자들은 뉘앙스 따윈 사절이었다. 당은 진즉 권력을 잃고 이제는 금지당했지만, 그들은 '공산주의의 종식'을 기록했다. 미국 언론의 해석에서 국가의 붕괴는 최후의 참된 신앙, 즉 자유 민주주의로 고르바초프의 개종에 대한 하나의 배경일 뿐이었다. 경제, 금융 위기와 민주파와 중앙 정부 간 대치, 옐친의 분리주의, 고르바초프의 '우회전', 8월 훈타라는 잘못 이해된 그 모든 사태는 전 세계에 고르바초프의 정치적 여정에 대한 장애물이나 이정표로 제시되었다. 나머지 국제 사회도 대체로 그 각본을 따랐다.

퇴임일에 소련 지도자의 고풍스러운 우아함에서 코펄은 공증인을 만나러 가기 전에 옷을 차려입는 구세계 유럽인이었던 캐나다인 아버지를 떠올렸다. 전 세계적 쇼가 이뤄진다는 사실이 고르바초프를 일순간 흥분시켰다. 그는 코펄에게 퇴임이 정치적 사망을 의미하지는 않는다고 말했다. 그는 자신이 "아마도 이곳에서 최초로" 권력의 평화적 이양을 실행했으며, "심지어 이 점에서도 나는 알고 보니 선구자였다"라고 말했다.[85] 중앙방송의 사장인 예고르 야코블레프는 고르바초프가 카메라 앞에서 사퇴서에 서명하길 원했다. 방송 중계가 시작되기 직전에 고르바초프는 사퇴서에 서명할 때 쓸 자신의 소련제 펜을 시험해봤다. 펜은 말을 듣지 않았다. CNN 회장 톰 존슨(Tom Johnson)이 자신의 몽블랑 펜을 빌려줬다. 현장에 있었던 코너 오클레어리는 "다시 한번 언론의 일원이 소련을 청산할 도구를 제공했다"라고 촌평을 던지지 않을 수 없었다. 중계방송은 저녁 7시에 시작해 12분 뒤에 끝났다. 예고르 야코블레프가 다시금 끼어들었다. 몇몇 시각 효과가 마음에 들지 않았다. "다시 찍자"라고 제안했다. 고르바초프는 믿을 수 없다는 듯 그를 쳐다봤다. "예고르, 이건 다시 찍을 수 없네. 모든 게 서명되었어. 이건 역사적인 행위야."[86]

고르바초프의 자문들은 그 순간을 평화적이고 진화적인 개혁으로, 복잡한 다종족 국가를 하나로 유지하려 했던 시도의 비극적 실패로, 1000년간 이어진 국가성의 종결로 바라봤다. 고르바초프의 역사적 위업들에 초점을 맞춘 체르냐예프조차도 1991년을 "국가의 퇴락, 경제의 파괴, 사회 혼란의 해"로 묘사했다.[87] 샤흐나자로프는 몇 달 뒤에 "나라는 망했고, 사람들은 더 가난해졌으며, 어디서나 피가 흐른다"라고 논평했다. 그는 낙관적인 어조를 띠려고 애썼다. "이 혼란으로부터 환골탈태한 새로운 러시아가 등장할 것이다." 셰바르드나제의 보좌관 스테파노프는 고르바초프의 연설이 "지루하고, 무색무취하고, 변함없이 아무런 뉘우침이 없"다고 느꼈다. 대다수의 소련 사람은 방송을 보지도 않았다. 나라는 얼어붙은 것 같았고, 유일한 활동은 필사적인 장보기였다. 가이다르의 아내와 옐친의 최측근 보좌관의 아내들마저도 식품을 사려고 줄을 서야 했다. 가격 자유화를 예상해, 모든 공급업자가 모스크바와 상트페테르부르크로 식량을 공급하려 하지 않았다. 화물선들은 대금을 받을 때까지 화물을 내리지 않았다. 창고는 가격 자유화 때까지 물자를 쌓아두려는 '마피아' 거래업자들의 차지였다.[88]

옐친은 고르바초프 연설의 가장 중요한 시청자였고, 그는 그 퇴임사를 싫어했다. 그는 핵 '버튼'을 전달하기로 합의한 공식 행사에 고르바초프를 보러 나올 생각이 없었다. 그 대신 샤포시니코프에게 "중립적 영역"인 크렘린의 거대한 예카테리닌스키홀에서 전직 소련 지도자를 만나라고 지시했다. 고르바초프는 예카테리닌스키홀로 가길 거부했다. 샤포시니코프는 당황스러웠다. 그는 이양 서류에 두 지도자의 서명이 필요했다. 즉석에서 원수는 두 대령과 함께 고르바초프의 집무실로 찾아가 소련 지도자의 핵'가방'을 확인하고 서류에 서명하게 했다. 그는 서류에 옐친의 서명을 받아서 다시 오겠다고 약속했다. 그러고 나서 그때까지 고르바초프 옆을 지키고 있던 두 대령을 포함해 네 명의 대령과 함께 떠났다. 고르바초프는 코펄에게 "이제 핵 버튼에 손가락을 얹을 사람은 옐친이오"라고 말했다. 실상은 이미 몇 주 전부터 그랬다는 것을 누구도 차마 말하지 못했다.[89]

옐친은 또 다른 상징적 방식으로 자신의 지배권을 드러냈다. 고르바초프가 연설하기 반 시간 전에, 작업자 두 명이 붉은광장에서도 보이는, 크렘린 내에서 불을 밝힌 깃대에서 거대한 소련 국기를 치웠다. 러시아 삼색기가 그 자리를 대체했다. 이것은 급하게 이뤄진 일이었다. 러시아 지도자는 원래 이 행사를 그날이 아니라 12월 31일 자정에 사람들을 많이 모아놓고 축포를 쏘며 진행하기로 계획했다. 하지만 다시금 그의 기질이 거창한 국가적 행사보다 더 강력했다. 옐친의 변덕스러운 행태는 나중에 역효과를 낳고 그의 많은 시도를 꼬이게 만들 것이다. 그가 마지막으로 고르바초프한테서 시선을 가로채려고 했다면, 이번엔 실패했다. 미국이 연출한 소련 지도자의 퇴장 옆에서, 괴상한 연극적 제스처를 구사하는 옐친은 촌스러운 지방 극단 배우 같았다.

부시 대통령은 캠프 데이비드에서 CNN 방송으로 친구의 퇴임을 지켜봤다. "그 최후가 꽤나 큰 충격이었다"라고 그는 녹음기에 기록했다. "크리스마스 기간, 휴가 때였다." 두 시간 전에, 그는 떠나는 소련 지도자로부터 전화와 개인적 편지를 받았다. 고르바초프는 아무 문제 없이 엄격한 통제하에 핵전력을 옐친에게 넘길 것이라고 안심시켰다. "연결 차단은 없을 거야. 자넨 아주 조용한 크리스마스 저녁을 보낼 수 있을 거라네." 고르바초프는 친구에게 구소련 국가들 간의 화합을 장려하고 선구적인 개혁을 추진하는 러시아에 특별한 지지를 보내달라고 부탁했다. 부시도 감정에 북받쳐 대답했다. "우리의 우정은 한결같고 시간이 흘러도 변함없을 거야." 그는 역사가 그의 엄청난 공헌을 인정할 것이라고 다시금 장담했다. 고르바초프가 전화를 끊은 뒤, 부시는 감상에 젖었다. 뭔가 어마어마한 일이 방금 일어났다. 세계 제2의 초강대국, 미국의 오랜 적수가 더는 존재하지 않았다. CIA의 온갖 보고서에도, 옐친과 러시아 자유주의자들의 장담에도, 우크라이나 국민투표의 압도적 결과에도, 미국 최고위 지도자들은 초강대국 소련이 1991년 12월 마지막 나날까지 여전히 존재했으며 "그저 한 번의 서명으로" 폐지되었을 뿐이라고 믿었다. 이것은 부시와 그의 행정부 일원이 생전에 목도할 것이라고는 상상도 못 했던 사건이었다. 스코크로프트는 "역사상 전무후무한 상황"이라고 인정했다. 고르바초프와 통화를 마친 뒤, 부시는 생각했다. "세상에, 이 나라에 사는 우리는 운이 좋아. 우린 참 많은 축복을 받았어."[90]

크리스마스이브에 NSC 직원인 닉 번스와 에드 휴잇은 다른 관리들은 가족과 함께하러 진즉 귀가한 뒤에도 백악관 옆 미국 행정부 청사에서 근무 중이었다. 그들은 스코크로프트로부터 상반되는 신호를 받았다. 고르바초프의 공헌에 관한 연설문을 작성해야 하나, 그냥 성명을 작성해야 하나? 결국, 특별 연설문을 작성하라는 지시가 내려왔다. 연설문은 핵이라는 악몽을 피한 커다란 안도감과 동유럽과 포스트소비에트 공간에서 미국식 가치의 승리라는 주제를 결합했고, 이제 그것이 이 땅의 평화를 보장하고 있음을 시사했다. 고르바초프에 대한 헌사는 CIS에 대한 환영의 메시지로 변모했다. 번스는 미국 행정부와 고르바초프, 셰바르드나제와의 우정에도 불구하고 "우리 다수는" 그들이 대표한 국가를 "레이건의 표현대로, 악의 제국이라고 여겼다"라고 회고했다.[91]

아닌 게 아니라, 스코크로프트와 행정부의 일원들은 미국의 유라시아 파트너로서 민주적 소련에 대한 고르바초프의 비전을 대수롭지 않게 여겼다. 스코크로프트는 지도자로서 고르바초프의 자질이 소련의 붕괴를 가져왔다고 믿었다. 그는 "빛나는 재기에도 불구하고 고르바초프는 치명적 결점이 있어 보였다"라고 성찰했다. "그는 힘든 결정을 내리고 그것을 끝까지 밀고 나가는 능력이 없었던 것 같다. 시간을 끌면서 결단을 미루고 임기응변으로 대응하는 것이 예술의 경지였다." 이 결점은 "우리 쪽에서 봤을 때는 …… 매우 고마운 일이었다. …… 고르바초프가 권위주의적이고 스탈린 같은 정치적 의지와 전임자들의 결단력을 소유했다면, 우리는 지금도 소련과 마주하고 있을지 모른다".[92]

부시는 크리스마스 저녁 9시에 연설을 했다. 옐친과 알마아타회담의 참석자들이 오랫동안 기다린 바로 그 미국 대통령의 연설이었다. 그는 미국이 "용기 있는 보리스 옐친 대통령이 이끄는 자유롭고 민주적인 독립 국가 러시아를 인정하고 환영한다"라고 말했다. "모스크바에 있는 미국 대사관은 주러시아 대사관으로 계속 그곳에 있을 것이다. 미국은 UN 안전보장이사회 상임이사국으로서 러시아가 소련의 의석을 차지하는 것을 지지하려 한다. 나는 민주적인 시장 개혁을 러시아에 가져오려는 옐친 대통령의 시도를 지지하며, 그와 긴밀히 협력하길 고대하고 있다." 다음 문단에서 부시는 우크라이나, 아르메니아, 카자흐스탄, 벨라루스를 비롯하여, 베이커에게 자유주의자라는 인상을 준 아스카르 아카예프 대통령이 행정수반인 키르기스스탄 공화국의 국제적인 주권을 인정했다. 다른 3개 중앙아시아 공화국인 아제르바이잔, 조지아, 몰도바는 여전히 5개 원칙을 충족해야 했다.[93]

옐친은 미국의 인정 소식을 듣고서, 고르바초프가 비우고 간 크렘린 집무실로 부르불리스와 측근들을 초대하여 함께 승리를 축하했다. 그들은 코냑 한 병을 비웠다. 적어도 그들은 이 현장을 찍도록 미국 TV 방송사를 초대하지 않을 정신은 있었다. 같은 날, 소련 외무부 건물로 이사한 러시아 외무부는 UN 사무총장 하비에르 페레스 데 케야르에게 소련의 UN 참여와 모든 활동은 러시아에 의해 "계속될" 것이라고 밝히는 서신을 보냈다. 이를 유념하여, '소비에트사회주의공화국연방'이란 국명은 '러시아연방'으로 교체되어야 한다. 12월 27일 저녁, 주UN 소련 대사 율리 보론초프(Yuli Vorontsov)는 평소대로 자리에 착석했지만 이제는 또 다른 나라, 러시아를 대변했다. 전 세계의 다른 모든 소련 대사도 그의 예를 따랐다.[94]

러시아연방은 미국과 다른 서구 열강의 동의와 권고를 받아 소련의 핵 승계 국가가 되었다. 여러 해가 지나서 옐친은 서방이 러시아를 열강이자 대등한 파트너로 간주하지 않는다고 의심했다. 회고록에서, 코지레프는 이런 의심은 하지 않았지만, 여러 구체적인 방식으로 그것이 사실이었다고 인정했다. '러시아 민주주의'에 대한 미국의 찬탄은 오래가지 않았다. 1992년 11월에 부시가 대선에서 빌 클린턴에게 진 뒤, 러시아 경제에 대한 미국의 실질적인 지원에 대한 희망도 사라졌다. 하지만 그것은 또 다른 이야기다.

결론

이 책에서 살펴본 바와 같이, 소련은 여러 가지로 나쁜 상황과 불운한 선장의 희생양이었다. 1980년대, 15년간 모든 개혁에 저항해온 소련 지도부는 고르바초프 아래서 엄청난 규모의 경제적·정치적 변화를 개시했다. 그러나 그러한 개혁을 뒷받침하는 구상과 계획은 치명적으로 낡았고, 경제적으로 결함이 있었으며, 기존 경제와 정치체를 내부로부터 파괴했다. 개혁의 설계자, 그중에서도 미하일 고르바초프는 실패를 인정하고 경로를 수정할 수 없었다. 그와 동시에서 그들은 구시스템의 잔해에서 새로운 행위자들이 등장하는 것을 가능케 했고, 그 행위자들이 혼란을 물려받았다.

1985년에 구시스템을 물려받고 그 시스템에 의해 타락한 국민을 통치하는 소련 지도자라면 누구든 헤라클레스 같은 과업에 직면해서 문제로 가득한 판도라의 상자를 열 수밖에 없었을 것이다. 하지만 미하일 고르바초프는 신화 속 영웅이 아니었다. 그는 소련 사람을 억압과 순응주의의 유산에서 해방시키려 했지만, 알렉산드르 2세나 세르게이 비테 백작, 표트르 스톨리핀 총리 같은 과거 러시아의 대(大)개혁가로부터 교훈을 배우지 못했다. 그 대신 그의 롤 모델은 러시아 국가의 대파괴자 블라디미르 레닌이었다. 1917~1922년 맹렬한 볼셰비키가 그랬던 것처럼, 고르바초프는 자신의 운명이 혁명적 규모의 변화를 포용하는 것이라고 느꼈다. 레닌처럼 그는 존재한 적 없던 사회를 창조하기 위해 혼돈의 힘을 풀어헤치길 원했다. 이데올로기적 메시아주의의 위험한 실천이다. 그와 동시에 소련사의 커다란 역설로서 고르바초프는 레닌의 혁명에서 성공의 핵심이었던 방법과 특징을 시종일관 거부했다. 그는 행동보다 말을, 폭력보다 의회의 합의를, 독재보다 권력 이양을 선호했다. 한마디로 인간적 사회주의 사회에 대한 그의 메시아적 관념은 갈수록 소련 권력의 현실과 그 경제로부터 유리되었다.

앞서 고르바초프의 개혁을 연구한 사람들은 그가 진즉 이뤄졌어야 할 변화를 가져오는 것과 강경파의 역풍을 상쇄하는 것 사이에서 균형을 잡으며 줄타기를 해야 했다고 주장한다. 그러지 않았다면 그는 1964년의 니키타 흐루쇼프처럼 축출되었을 것이다. 1991년의 '8월 쿠데타'는 이를 입증한다고 흔히들 말한다. 이 책은 질문을 입증하고 이러한 전제의 타당성을 제한한다. 당에는 골수 이념가들이 여전히 많았지만, 1980년대에 소련 관료 집단은 더 이상 어떤 변화에든 저항하려고 작정한 '스탈린주의자들'로 똘똘 뭉친 집단이 아니었다. 만약 그랬다면 고르바초프는 1988년과 1990년 사이에 여러 가지 가능한 경우 중에 축출되었을 것이다. 당과 국가 내 고르바초프에 대한 반대는 뚜렷한 대안 전략이 부재한 가운데 언제나 지도자 없이 분산되어 있었다. 1991년 8월, 단일 국가를 보존하는 욕망으로 촉발된 훈타의 3일 천하는 분명한 설계와 정책 선택지가 결여된 어리석은 행위였다. 군, 안보 기관, 관료 집단은 누가 승자로 드러날지 기다리며 그저 형세를 관망했다.

고르바초프의 리더십, 성격, 신념은 소련의 자멸에 주요 요인이었다. 그는 이데올로기적 개혁가적 열성과 정치적 소심함을, 도식적인 메시아주의와 현실과의 거리 두기를, 비전이 넘치고 숨 막히는 외교 정책과 결정적인 국내 개혁을 추진하지 못하는 무능력을 모두 갖췄다. 그러한 특징이 그를 소련사에 독보적인 존재로 만들었다. 그러나 폭력과 무력에 대한 혐오감은 보수주의자들도 공유할 만큼 그의 세대에 전형적이었다. 이것은 스탈린 사후 몇십 년 동안 소련 엘리트의 더 깊은 문화적·사회적 변모를 가리킨다. 그들은 정치적·경제적 폭풍이 들이닥쳤을 때 놀랄 만큼 무기력한 것으로 드러났다. 정치국의 집단적 의지 마비를 목격한 고르바초프의 보좌관 게오르기 샤흐나자로프는 이를 시스템 위기라고 불렀다.[1] 정치국의 누구도 고통스러운 개혁을 실시하고 필요하다면 무력을 통해 질서를 유지하는 일을 눈감고 해낼 뚝심이 없었다. 고르바초프가 선호한 정책, 인텔리겐치아를 달래고 공화국의 지배 엘리트에게 책임을 이양하는 정책은 더 나은 개혁이 아니라 혼란으로 가는 길이었다. 이는 발트 지역과 남캅카스에서, 그리고 궁극적으로는 소련의 핵심 슬라브 공화국들에서 걷잡을 수 없는 분리주의를 가능케 하고 정당화했다.

골수 결정론자만이 고르바초프의 정책들에 대안이 없었다고 믿을 수 있다. 소비에트 시스템에 훨씬 더 논리적 경로는 대중 지지를 누리는 안드로포프 같은 권위주의의 지속과 급진적 시장 자유화의 결합이었을 것이다. 수십 년 전 바로 레닌이 그랬던 것처럼 말이다. 1990~1991년에도 러시아인들 대다수는 강력한 지도자, 더 나은 경제, 국가의 통합을 원했다. 자유 민주주의, 시민권, 민족 자결주의가 아니라 말이다. 고르바초프는 이를 제공하는 데 실패했고, 그래서 그들은 그 대신 옐친을 지지했다.

1988년 후반, 고르바초프의 부관들 일부는 세금과 재정을 중앙이 통제하는 단일 국가, 최소한 강력한 대통령을 둔 연방을 헌법상으로 긍정할 것을 제안했다. 그 대신, 고르바초프는 눈에 빤히 보이는 유고슬라비아의 나쁜 사례에도 불구하고 '더 강한 공화국들'이라는 치명적 정책을 추진했다. 그리고 그는 인민대표대회와 최고소비에트같이 대의제 기구지만 다루기 힘들고 통치 능력이 없는 기관의 권한을 강화했다. 당 독재는 적어도 고통스럽고 어려운 개혁을 시작하고 통제할 수 있다. 당 독재를 대체한 '사회주의적 민주주의' 시스템은 해방과 자유화를 의미했지만, 견제와 균형을 제공하지 않고 특히 러시아연방에서 악성 포퓰리즘과 민족 분리주의로 가는 관문도 열었다. 유사한 참사가 경제에도 일어났다. 좋은 뜻이긴 했어도 불운한 경제학자와 기술 관료들이 마련한 개혁은 새로운 경제 행위자들이 새로운 자산으로 안정적이고 새로운 경제를 창출하는 대신 기존 경제를 마구잡이로 약탈하고 국가의 자금과 세금을 도용함으로써 수익을 올리게 만들었다. 이로써 국가 예산의 구멍은 점점 커졌다. '공화국별 자체 재정' 개혁은 분리주의의 열망만 키우고 새로운 연방 시스템을 탄생시킬 기회를 없앴다.

1990년대 초, 고르바초프는 패배의 고비에서 승리를 낚아낼 커다란 기회를, 어쩌면 그의 마지막 기회를 얻었다. 경제 자문인 니콜라이 페트라코프는 급진적 경제 개혁을 위한 탁월한 프로그램을 설계했다. 소련 지도자는 새로운 대통령 권력을 여전히 갖고 있었고 당도 통제하고 있었다. 리투아니아는 공공연한 반란 상태였지만 연방의 핵심 러시아는 여전히 중앙이 통제하고 있었다. 고르바초프는 새로운 정부를 구성하고, 대통령 통치를 도입하며, 공화국의 권리를 다시 축소하고 시장 개혁을 진행할 수도 있었다. 그것은 커다란 도박이었겠지만 여전히 실행 가능했고 나라 전체의 분위기를 바꿨을 수도 있다. 그 대신 고르바초프는 망설이며 기다렸고, 그러자 기회의 창은 닫혔다. 1990년은 허비해버린 기회들의 해로 이어지다 끝났고 연방정부의 무능력은 누가 봐도 분명했다. 옐친은 이런 미결정 상태의 주요 수혜자였다. 그와 동시에 고르바초프는 독일 문제와 중동에 관해서 결연하게 외교 정책을 수행할 능력이 있었다. 그가 국내적으로 그렇게 행동했다면 소련의 미래는 다른 방향으로 흘러갔을 수도 있다. 하지만 레닌의 찬미자는 마법사의 제자였던 것으로 드러났다. 그는 자신이 풀어헤친 힘들에 대한 통제권을 되찾을 방법을 몰랐다.

고르바초프의 우유부단과 권력의 탈집중화는 당 노멘클라투라를 소외시키고 파편화했다. 공화국 기관들의 권한 강화와 민족주의 운동은 소련 당료들에게 한 가지 선택지만 남겼다. "민족주의자가 되어" 자신을 종족-영토적 이해관계와 공화국, 지역과 동일시하는 것이다. 1990년 3월 최초의 완전한 자유 선거가 전국적으로가 아니라 공화국들에서 실시되었다는 사실은 소련 엘리트가 민족주의 노선을 따라 해체되는 것을 가속화했다. 이는 동시에 소련 정치를 유고슬라비아에서처럼 처참한 방향으로 몰아갔다. 구 지배계급의 급속한 해체는 단일 국가성의 사망을 뜻했다. 거대한 요인은 잠자는 거인 러시아의 각성과 연방 최대 공화국에서 자유로운 민선으로 합법화된, 모스크바의 '러시아' 대항 엘리트의 등장이었다.

소련 엘리트의 종말과 동시에 소외된 반(半)반정부적인 전문가들, 이전 소련 인텔리겐치아 일원들은 반체제적 반란에 안성맞춤인 기반, 즉 이단아적인 보리스 옐친과 '민주러시아'의 대중 기반으로 드러났다. 그 사람들은 자력으로는 소련 최대의 공화국을 장악할 수 없었다. 그들이 그렇게 할 수 있었던 것은 소련 정부와 고르바초프 리더십에 대한 폭넓은 불만, 당 노멘클라투라와 KGB의 파편화였다. 옐친은 결국 권력과 재산을 놓고 중앙 권위와 우열을 다투는 대항 엘리트의 지도자를 자처하게 되었다. 이 '러시아' 대항 엘리트는 소수의 진짜 민주주의자들부터 지위에 굶주린 많은 지식인과 대중선동가까지 다양한 사람을 끌어당겼다. 그것은 당에 대한 포퓰리즘적 반란, 경제적 불만, 무정부와 내전에 대한 두려움, 모스크바 지식인들의 진정한 자유주의, 지방의 반제·반모스크바 정서 등등 다양한 불만을 이용했다.

그러나 나라를 갈라지게 한 시스템의 위기에서 줄곧 중요 요인이었던 것은 '러시아 야권'의 강성함이 아니라 크렘린 지도부의 허약함이었다. 1991년 3월에 연방 내 핵심 공화국들에서 주민의 대략 20퍼센트는 공통의 국가보다는 개별 공화국들에서 사는 게 나을 것 같다고 생각했다. 이 소수파는 8월이 되자 다수파가 되었고, 우크라이나에서 가장 두드러졌지만 러시아 연방에서도 눈에 띄었다. 이는 압도적으로 갑작스러운 민족적 각성의 결과가 아니었다. 그보다는 법과 질서를 지지해 선택한 결과, 중앙 당국의 터무니없는 무능력과 중앙 권력의 진공으로부터 거리 두기였다. 한 젊은 연구자가 표현한 대로 1991년 8월 이후에, "위계질서의 와해는 소비에트 시스템의 더 폭넓은 '붕괴'의 결과라기보다는 시스템의 붕괴 그 자체였다".[2] 쉽게 설명하자면, 소련 시스템은 대체로 내부적 힘겨루기로 인해 해체되고 분해되었다.

이 힘겨루기 싸움에 합의된 결론은 없었다. 그것은 결정적인 대결이나 국가성의 붕괴 둘 중 하나로 끝날 수밖에 없었다. 고르바초프는 양쪽 시나리오를 모두 피하려 했으나, 그가 옐친과 협상했던 연방조약은 어쩌면 실제로 일어난 것보다는 더 점진적이었겠지만 결국 국가의 붕괴를 불가피하게 만드는 최종적 유화 행위였다. 크류치코프와 고르바초프 측근 가운데 소수는 이 불가피성을 깨달았다. 그래서 그들은 그를 건너뛰고 소련 헌법과 국가를 무효로 만드는 새로운 연방조약 서명을 막으려 했다. 하지만 그들은 내전의 망령을 회피하고자 했다. 옐친과 야권에는 다행스럽게도 소련군과 KGB 지도부에 덩샤오핑이나 피노체트 같은 인물은 없었다. 이데올로기적 통일성의 결여도 훈타를 약화시켰다. 훈타 구성원들은 공산주의든 반공주의든 특정한 이데올로기에 영감을 받지 않았다. 당은 이미 시체였고 더 이상 소련 국가, 사회, 경제의 향방을 결정하지 못했다. 당의 사망이 1991년 8월에 훈타의 음모를 가능케 했다. 훈타 지도자들인 크류치코프, 야조프, 파블로프는 당 위계질서, 규율, 권위에 구속되지 않았다. 그들은 독자적으로 행동에 나섰다. 소련군과 보안군은 상관들의 명령을 따랐지만 역시 목적과 지휘의 통일성이 부족했다. 결연한 무력 사용은 국가 구조를 결속하고 확고히 했을 수도 있지만 무력 사용 명령은 결코 떨어지지 않았다.

이데올로기와 이데올로기적 분열은 소련사의 마지막 시기를 크게 차지했다. 스탈린 사후 흐루쇼프와 동료들은 사람들에게 재정비된 유토피아를, 다시 말해 과거의 재판들과 공포정치를 보상하고자 스푸트니크와 더 많은 식량, 개인 주택이 있는 덜 잔인한 형태의 사회주의와 약간의 개방성을 제공했다. 고르바초프는 1987~1989년에 똑같은 일을 하려 했지만, 국내의 약속을 손에 잡히는 치적으로 뒷받침하지 못했기에 재빨리 실패했다. 글라스노스트가 레닌주의적 신화를 포함해 사회주의 유토피아 전체를 박살 내는 동안 이상과 현실 사이 벌어지는 간극은 냉소적인 폭리 취득 추구는 물론이고 민족주의, 반공주의, 포퓰리즘이 채웠다. 옐친과 '민주 러시아'의 다수 인사는 서방의 자유 민주주의에 충실한 열정적인 반공 이념가가 되었다. 훗날 옐친과 러시아 엘리트가 그런 신념을 가장했다고 의심한 사람들은 틀렸다. 그들은 '러시아'와 '민족들', 그리고 세계를 소련 '전체주의 제국'으로부터 해방시키려 했고 그 잔해로부터 '정상' 사회와 국가를 건설하길 기대했다.[3] 그들 중 경제와 비축 핵무기의 분할을 비롯해 이러한 기획에 동반하는 거대한 위험과 그에 따른 종족-영토 갈등을 고려한 사람은 거의 없었다. 1917년의 볼셰비키들처럼 그들은 역사가 자신들 편이라고 느꼈다. 이러한 무지와 자신감의 결합으로 그들은 고르바초프와 그의 정부보다 크게 유리했다. 당시와 이후에 많은 사람에게 믿기 힘들어 보이긴 했지만 러시아 지도자들은 기가 막히도록 순진하게 서방에 인정되고, 정당화되고, 받아들여지고, 편입되기를 원했다. 이데올로기적 혁명에 가까운 그러한 기대를 빼고는 소련이 내부적으로 무너진 이야기를 도저히 이해할 수 없다.

엄청난 속도와 규모의 여느 역사 드라마와 마찬가지로 소련 붕괴는 주요 행위자들이 딜레마에 직면하고 결정적 선택을 내리거나 회피한 여러 전환점들로 구성되어 있다. 고르바초프는 노멘클라투라 정치의 거장이었지만 형편없는 의사결정자였다. 그의 한 가지 진짜 도박은 1988~1989년의 정치 개혁이었다. 그 전과 이후에 그는 우물쭈물 시간을 끌면서 실체 없는 합의를 모색하고, 압력에 반응하고, 종종 책임을 다른 사람들에게 넘겼다. 반면 권력으로 향하는 옐친의 길은 기나긴 도박의 연속이었다. 1989년에 그는 소비에트연방 대신 '러시아'의 미래에 돈을 걸었다. 1991년에 그는 모든 것을 거기에 걸면서 거듭 판돈을 올렸다. 그해 가을 예고르 가이다르가 연방의 유지와 IMF 스타일의 자유화에 의한 '러시아 구하기' 중에 하나를 선택해야 한다고 옐친을 설득했을 때 러시아 지도자는 주저 없이 후자를 선택했다. 옐친 주변의 사람들도 구시스템에 대한 증오와 자유주의적 미래에 대한 새로운 신념으로 무장하고 결단력 있게 행동했다. 노멘클라투라 개혁가들, 국가 기구의 옹호자들은 의심과 강력한 리더십 부재로 무장 해제된 채 양다리를 걸치거나 관망했다.

소련 중앙 구조가 너무도 쉽고 빠르게 붕괴해버린 현상은 가장 노련한 서방 관찰자들마저도 이해할 수 없는 일이었다. 영국 대사 로드릭 브레이스웨이트는 연례 검토에서 다음과 같이 결론 내렸다. "1991년에 …… 고르바초프는 친구 없이 한 해를 시작하여 일자리 없이 마감했다. 옐친은 승리했지만 그의 치세도 조기에 종식할 수 있는 경제적 붕괴에 직면했다."[4] 이 책이 자세히 서술한 대로 소련 국가성의 주요 제도들은 사실 생명력이 대단히 질겼고 소비에트연방이 지속된 한 거의 끝까지 유지되었다. 국가 기구는 '러시아인들'에게 인수되었을 뿐이었다. 러시아연방은 허공에서 새로운 국가를 만들어내는 대신, 구 중앙 국가성의 대부분을 물려받았다.

이 국가성은 혼란기를 거쳐 블라디미르 푸틴 대통령의 재임기 동안 재창조되고 재발명되었다.

소련의 개혁과 붕괴에서 서방 요인은 비록 서방과 소련 모두에 제대로 이해되지 않았지만, 이 책이 입증하듯이 언제나 중심적이었다. 오랜 서사와 달리, 로널드 레이건의 공세, 냉전 압력, 감당하기 힘든 국방 지출은 소련 지도부를 개혁으로 몰아가지 않았다. 개혁의 필요성에 대한 깨달음은 1960년대 초반으로 거슬러 간다. 서방의 권력은 소련의 위기와 종말의 단계들에 상응하여 점점 커졌다. 개혁이 실패하기 시작하고, 당 정권이 쇠락함에 따라 이 권력은 엄청나게 증대했다. 1988년 말에 이르자 고르바초프와 셰바르드나제, 그들의 측근은 다시금 서방을 거창한 프로젝트, 이번에는 소련 현대화라는 프로젝트의 파트너로 보는 옛 러시아 전통을 고수하고 있었다. 1989년 소련 국내 문제들과 동유럽 공산 정권의 갑작스러운 붕괴로 고르바초프는 신국제질서의 설계자라는 역할에 외국의 융자와 지원을 구걸해야 할 필요를 결합할 수밖에 없었다. 그와 동시에 러시아 야권의 많은 이에게 서방은 '정상성'의 모델이 되었고, 그들은 그 정상성의 이름으로 소련 시스템과 국가를 깨부수길 원했다. 그리고 1990년 말에 이르자 가장 보수적이고 비밀 유지 의무가 있는 소련 엘리트마저도 서방 인사들에게 소련이 개혁하고 생존할 수 있게 도와달라고 부탁하고 있었다. 1991년 여름에 소련 엘리트 사이에서 새로운 마셜플랜에 대한 기대는 보편적이다시피 했다.

미국 주도의 서방이 소련을 '보존'하려고 노력했다면 생존의 가능성이 있었다. 그러나 서방은 붕괴하는 소련에 투자하지 않았고 워싱턴의 많은 사람이 안보 이유에서 소련을 해체시키길 원했다. 서방 지도자, 전문가, 여론 형성자들은 소련 적대자들이 어떻게 그리도 갑자기 열성적 파트너와 심지어 탄원자로 변신할 수 있는지 이해할 수 없었다. 수십 년간 냉전 적대를 이어온 미국인들은 소련 내부의 힘겨루기를 '공산주의자들' 대 '민주주의자들', '개혁가들' 대 '강경파들' 등등과 같은 이분법적 렌즈로 바라봤다. 극소수의 전문가만이 미묘한 차이들을 파악할 수 있는 지식과 인내심이 있었다. 의회, 싱크탱크 집단, 부시 행정부의 많은 일원은 계속해서 소련을 갱생이 불가능한 '악의 제국'으로 취급했다. 동유럽과 발트 지역 출신 이민 사회, 공화당 우파와 리버럴한 민주당 진영 모두 소련에 도와주어야 할 동포와 친구들이 있었다. 그들은 반공주의와 분리주의를 지지했다. 부시 행정부는 불확실성 때문에 소련 정치, 개혁과 거리를 두는 쪽을 선호했다. 그러나 국내의 로비 활동과 국가 안보상의 이해관계 그리고 혁명적 변화의 강도 그 자체로 인해 미국 정책 형성자들은 결국 한쪽 편을 들 수밖에 없었다.

부시와 미국 행정부가 참여하길 원하든 원치 않았든 간에, 어쨌거나 발트 민족주의자부터 훈타 일원까지 소련 드라마의 모든 배우는 자신의 행동과 선택을 좌우하는 결정적 요인으로 '아메리카'에 기댔다. 이 이야기의 가장 놀라운 부분은 미국에 기대고 인정과 편입의 대가로 미국의 지도와 조언을 기꺼이 따르려는 고르바초프와 옐친 두 사람의 욕망이었다.

서방에서 소련의 붕괴는 냉전으로부터 행복한 탈출, 공산주의에 대한 승리, 자유주의적 가치의 승리, 그리고 영구적 평화와 번영에 대한 기대와 합쳐졌다. 무엇보다도 지정학적 경쟁자이자 군사화된 거인이 사라졌다는 커다란 안도감이 존재했다. 수년 뒤에 역사가 오드 아르네 베스타는 소련의 해체는 "국제 체제로서 냉전의 마지막 흔적을 지웠다"라고 썼다.[5] 소련의 이미지를 바꾸려고 고르바초프가 그렇게도 애썼건만! 서방의 지도자들에게는 러시아에서 민주주의를 공고히 할 전대미문의 역사적인 기회를 붙잡으려는 정치적 의지나 상상력이 없었다. 포스트소비에트 공간이 서방의 궤도 안으로 통합하기에는 너무 거대하고 예측하기 힘들다는 시각이 만연했다. 무엇보다도 동유럽과 발트 지역에서 냉전 승리의 손쉬운 성과들에 집중하는 편이 더 현실적이고 실용주의적이었다. 그래도 부시 행정부는 1992년에 '러시아의 자유'를 지속시킬 수 있도록 의회에 240억 달러의 융자를 호소하기는 했다. 이 유망한 이니셔티브는 부시의 재선 캠페인에서 재빨리 사라져버렸고, 결국 부시는 젊은 민주당 후보 빌 클린턴에게 패배했다. 클린턴의 친구인 스트로브 탤벗의 회고에 따르면, 클린턴은

1991년 8월 쿠데타가 실패하고 소련이 사라져서 자신은 얼마나 운이 좋은지 모른다고 말했다. 그러지 않았다면, 미국 대중은 여전히 냉전의 관점에서 사고했을 테고 부시가 선거에서 승리했을 것이라고 클린턴은 믿었다. 그는 부시가 "소련을 역사의 잿더미 위로 연착륙시키도록 고르바초프가 조종하는 동안 그를 유도하는 체계적이고, 주의 깊고, 고도로 유능한 관제사 역할"을 맡았다고 칭찬했다. 클린턴과 탤벗은 이제 미국 주도의 신세계 질서 안에서 러시아의 자리가 잡힐 때까지 옐친을 유도할 작정이었다. 그러나 이 불분명한 프로젝트는 성공하지 못했다.[6]

1992년 1월 2일에 러시아의 옐친-가이다르 정부는 자유화와 시장 개혁을 개시하고 정신없는 속도로 국유재산 사유화를 시작했다. 역사가 크리스티나 스포어(Kristina Spohr)는 "포스트소비에트의 경제적 이행에 대한 빅뱅식 접근법은 역대 실시된 최대의 경제 개혁이었을 것이다"라고 썼다. 그러나 개혁가들은 계속해서 서방의 그 대형 경제·금융 지원 패키지를 헛되이 기다렸다. 그 대신 서방의 돈은 동유럽으로 갔다. 그리고 1992년 덩샤오핑이 중국을 사업에 재개방함에 따라 막대한 금액이 공산주의 중국으로도 곧 쏟아져 들어갔다.[7] 워싱턴 컨센서스와 세계 단기 금융시장은 러시아뿐 아니라 우크라이나와 다른 구소련 공화국들도 곤경에 내버려뒀다. 발트 3국만이 예외였다. 러시아와 우크라이나는 경쟁하듯 서방의 관대함, "민주주의"에 대한 지지, 그리고 지정학적 혜안에 기대를 걸었다. 그러나 기대와 달리 그들은 탐욕스러운 투자자들을 놓고 다투는 처지가 되었고, 그것은 두 나라가 모두 지는 제로섬 게임이었다. 글로벌 금융 기구들은 국가 주권과 자존심을 웃음거리로 만들었다. 이전 초강국의 엘리트와 국민은 갑자기 세계 먹이사슬의 밑바닥 언저리에 있는 자신들을 발견했다.[8]

19세기 중반 이탈리아가 통일된 뒤 한 자유주의 정치가는 유명한 말을 했다. "이탈리아가 만들어졌다. 이제 남은 일은 이탈리아인을 만들어내는 것이다."[9] 1991년 12월에 구소련 국가의 지도자들은 "소련이 사라졌다. 남은 일은 새로운 국가와 그 시민들을 만들어내는 것이다"라고 말할 수 있었으리라. 포스트소비에트 영역에 온전한 주권을 갖추고, 경제적으로 생존 가능한 국가는 없었다. 구소련 공화국들의 주민들은 새로운 정체성을 흡수하는 법을 터득해야 했다. 공동의 소련 경제는 분할되고 민영화되어야 했다. 찢기고 너덜너덜해진 그 잔해는 시장과 이윤으로 재연결되어야 했다. 그것은 행복한 과정이 아니었다. 구소련 엘리트는 눈앞의 엄청난 과제에 부응하지 못했다. 그들은 대체로 서방에서 나온 경제 청사진을 흉내 내고 모방했다. 그리고 그들은 국가 재산을 재분배했다.

서방의 안정화 기금은 없고 대신 국제수지 위기와 텅 빈 국가 재정에 직면한 옐친-가이다르 정부는 곧 거대한 국내의 역풍에 휩싸이고 블라디미르 지리놉스키 같은 비자유주의적인 포퓰리스트와 민족주의자들에게 시달렸다. 러시아 경제는 1917~1921년과 1941년 여름 나치 침공 이래로 최대의 경기 침체에 빠졌다. 러시아는 거대한 사회적 전위와 부의 불평등을 비롯해 1980년대 1990년대의 라틴아메리카 자본주의의 최악을 경험함과 동시에 급격한 경제적 쇠퇴를 겪었다. 현대화 대신 대규모 탈산업화가 일어났다. 어느 정도는 불가피했지만 대체로 야만적이고 무의미한 일이었다. 민영화는 급성장하는 중간계급을 낳지 못했다. 국가 자산의 분배는 뻔뻔할 정도로 불공정했고, 자국 시민들에는 무관심한 라틴아메리카의 수출 지향 매판 부르주아를 닮은 새로운 파벌인 이른바 '올리가르히'를 탄생시켰다. 민영화된 상점들은 점차 식품과 여타 상품들로 채워졌지만 대다수의 러시아인들은 이를 기적으로 보지 않았다. 1991년 여러 해 동안 수천만 명이 심지어 기초식품을 식탁에 올리는 데도 애를 먹었다. 1980년대에 러시아 인구의 대략 30퍼센트는 빈곤층이었다. 1990년대에 들어서자 70~80퍼센트가 거기에 속했다. 소련에는 사회 안전망이 있었고 인위적으로 낮게 책정된 가격으로 기초식품 품목들을 구할 수 있었다. 새로운 러시아에서는 사회보장과 복지제도 들이 많이 파괴되었다. 과거의 안전망은 사라졌다. 그리고 대다수의 지역과 도시에서 범죄와 마피아 같은 것이 판을 쳤다. 러시아인의 기대 수명은 1990년 69세에서 1994년 64.5세로 떨어졌다. 남성의 경우는 64세에서 58세로 급락했다. 1990년대 말에 이르자 러시아의 아동 인구는 1990년보다 370만 명 감소했다. 노동 연령 남성

가운데 340만 명이 조기 사망했다. 많은 젊은 여성이 아이를 낳아 기를 여력이 없었다. 이것은 평화 시의 인구학적 파국으로, 러시아는 오늘날까지도 이를 극복하지 못하고 있다.[10] 소련 시절에도 생활은 좋지 않았지만, 소련이 사라진 뒤 대다수의 사정은 훨씬 나빠졌다. 러시아에서 사람들은 두 번 속았다고 느꼈다. 가까운 과거에 고르바초프에게 속았고, 이제는 옐친에게 속았다는 것이다.

옐친도 속았다고 느꼈다. 서방 사람들이 보기에 러시아 대통령은 전임자 고르바초프가 갖고 있던 위상이 없었다. 스포어는 "새로운 러시아에 관한 그 많은 말에도 불구하고" 고르바초프는 "인정받는 이데올로기적 체제와 의심의 여지가 없는 초강국을 대변했다"라고 지적한다. 무너지는 경제, 체첸과 여타 지역에서의 종족 갈등, 그리고 빈곤 인구를 거느린 옐친의 러시아가 무엇을 대변하는지는 분명하지 않았다.[11] 러시아 엘리트는 첨예하게 갈렸다. 교육받은 기업가적인 소수 집단은, 특히 모스크바를 중심으로 새로운 자유를 누리면서 그로부터 물질적·정신적으로 혜택을 보게 되었다. 그러나 많은 이가 자신들의 친미·친서방 태도를 재고하기 시작했다. 경제적·재정적 통제력을 파괴하면서 자본주의적 불확실성을 향해 달려갔던 1991년의 반공 열기는 돌이켜보니 이데올로기적 광기로 비치기 시작했다. 승승장구한 서방은 아등바등하는 러시아와 여타 포스트소비에트 공화국들을 자신들의 익숙한 구역에서 제외한 듯했다. 그리고 지배적인 서방의 기구들과 NATO, 유럽연합에 러시아가 포함되지 않을 것이라는 의심이 금세 고개를 쳐들었다.[12]

이제 정계에서 은퇴한 고르바초프와 샤흐나자로프는 자신들이 옳았음이 입증되었다고 느꼈다. 소련의 해체는 옐친과 부르불리스, 코지레프와 여타 러시아 지도자들이 기대하고 약속했던 것을 가져오지 못하지 않았는가? 아닌 게 아니라 CIS은 연방의 해산을 가리는 위장에 불과했다. 국내적·국제적 시장 세력들과 지정학은 러시아와 우크라이나를 통합이 아닌 경쟁으로 몰아갔다. 그리고 옛 로마 경구 '바이 빅티스(Vae Victis)', 즉 "패자는 비참하도다"라는 말은 변함없이 진실한 예언으로 드러났다. 약하고 가난하고 패배한 자들의 운명은 여전히, 강하고 부유하고 승리한 자들의 전차를 쫓아가 결국 받아들여지거나 거부당하는 것이었다. 유럽연합과 NATO는 권력과 부, 안보의 구조들을 규정했다. "유럽으로 복귀"하겠다는 한결같은 결의를 보인 발트 3국만이 포스트소비에트 공화국들 가운데 유일하게 성공했다. 카자흐스탄과 중앙아시아 공화국들은 말할 것도 없고 우크라이나, 벨라루스, 몰도바, 그루지야도 그토록 원하는 서방의 꿈나라 밖에 남았다.

옐친이 고집하는 러시아 우위와 우크라이나와 여타 공화국 엘리트들의 여망 사이 긴장은 사라지지 않고 계속해서 추가적인 압력을 초래했다. 아르메니아-아제르바이잔 무력 분쟁을 제외하면 신생 국가들 간의 전면전은 피할 수 있었지만, 크림반도를 둘러싸고 러시아-우크라이나 갈등의 즉각적 점화, 러시아-발트 긴장, 트란스니스트리아, 체첸, 그루지야, 나고르노카라바흐에서의 분쟁은 영구적 평화가 아니라 지속적인 분쟁을 뜻했다. 러시아를 견제하기 위해 NATO와 손잡으려는 우크라이나와 조지아의 염원은 러시아가 '세력 범위(zone of influence)'나 '자유주의적 제국(liberal empire)'을 거론하는 사태로 이어졌다. 상호 불안과 맞비난의 악순환이 벌어졌다. 옐친은 러시아의 NATO 가입을 원했고 동유럽과 구소련의 모든 국가를 아우르며, 러시아만 따로 남겨지거나 특별 취급되지 않을 공동 기구에 대한 구상을 지지했다. 그 대신 클린턴 행정부는 NATO를 확대하고 러시아에 NATO와의 '파트너십'을 제의하는 쪽을 택했다. 그것은 부르불리스가 1991년 12월에 브뤼셀에서 들었던 것과 본질적으로 똑같은 구상이었다. 한마디로 러시아는 너무 커서 완전히 소속될 수 없다는 것이다! 워싱턴은 옐친에게 세계 지도자들의 클럽에 한 자리와 많은 찬사를 안겼다. 다만 크렘린이 주변 지역이나 국제 무대에서 이상한 짓을 하지 않는다는 조건이 붙었다. 대다수의 서방 연구자들은 나중에 이것이 최선의 선택지였다고 결론 내렸다. 러시아를 국제 사회 안에 붙잡아두는 동시에 견제하는 전략이었다.[13]

러시아의 역사는 소련이 무너지고 고작 9년 만인 1999년에 또다시 방향을 틀었다. 그해에 건강과 권위가 완전히 망가진 옐친은 1991년에 훈타를 물리치는 것을 도왔던 젊은 전직 KGB 장교 블라디미르 푸틴을 후계자로 골랐다. 단 몇 년 만에 푸틴은 소련 붕괴가 낳은 방대하고 깊은 환멸과 민심 이반을 활용했다. 구소련 국가가 해체되는 것을 무심하게 혹은 공감하며 지켜봤던 사람들이 이제는 경제적·사회적 안정을 보장할 강력한 러시아 국가 건설을 원했다. 푸틴은 1991년 옐친의 약속을 이행했다. "러시아는 우뚝 일어설 것이다." 하지만 매우 다른 방식에 의해서였다. 옐친은 NATO 확대가 유럽 내 새로운 분리로 이어질 수 있다고 경고했다. 푸틴은 이 경고에 따라 행동에 나섰다. 2008년 그는 조지아를 상대로 군사력을 사용했고, 2014년에는 크림반도를 병합하고 돈바스 지역에서 우크라이나를 상대로 선전포고 없는 전쟁을 벌였다.

이런 행동들 이후에 푸틴의 러시아는 서방에서 쇠퇴하고 있지만 수정주의적인 위험 국가로 치부되었다. 서방 논평가들은 하나둘씩 "영원한 러시아"에 관해, 한 번도 유럽이었던 적이 없거나 "진정한" 민주주의를 경험한 적 없는 나라, 영원히 전제정에 빠져 있고 이웃 지역들에 언제나 적대적인 나라의 피상적 이미지에 관해 쓰기 시작했다. 나는 이 책이 그런 시각의 허위를 입증하기를 바란다. 공산주의에서 자본주의로의 이행이 많은 러시아인에게 안정되고 강한 국가를 열망하게 만들고 자유와 자유 민주주의의 구호들에 다소 회의적이게끔 만든 것은 러시아인들의 잘못이 아니다.

소련 붕괴의 사회적 트라우마와 경제적 재앙은 여러 해 뒤에 일어난 일을 설명하지 않으며 그것을 정당화하는 것은 더더욱 아니다. 그러나 그것들이 가리키는 바는 장차 10년이나 20년 뒤 커다란 역전과 뜻밖의 역사가 일어날 가능성이다. 러시아인들은 "역사에는 가정법이 없다"라고 말하곤 한다. 그 말은 일어난 일은 일어나버렸다는 뜻이다. 맞는 말이긴 하지만, 만약 18세기에 표트르 대제가 러시아를 개혁하지 않았다면 어떻게 되었을까? 그리고 레닌과 볼셰비키가 1918~1921년에 권력을 잡지 않았다면? 고르바초프의 개혁이 없었다면 소련은 10년을 더 버티다가 훨씬 더 폭력적으로 붕괴했을 수도 있다. 하지만 소련이 안드로포프가 구상했던 대로 더 보수적인 방식으로 개혁되었을 것이라고 상상해볼 수도 있다. 심지어 당 노멘클라투라와 MIC도 포함해 소련 엘리트 내부에는 변화를 위한 상당한 잠재력이 있었다. 소련의 마지막 몇 년 동안 돈의 힘은 소련 엘리트의 행동에 중심적이고 결정적이었다. 크렘린 통치자가 다른 선택들을 내렸더라면, 이 돈의 힘을 이용해 기존의 엘리트를 소외시키는 대신 이행의 이해당사자들로 변신시켰더라면 KGB 장교들조차도 국가자본주의와 민영화를 지지했을 것이다. 나중에 옐친과 푸틴 치하에서 실제로 그랬던 것처럼 말이다. 소련은 노멘클라투라 스타일 국가자본주의로, 그리고 확실히 그 권력 기관들을 보존한 채 시행착오를 거쳐 점진적으로 세계경제에 진입할 수도 있었을 것이다. 이는 물론 많은 이에게, 특히 러시아 이외 민족주의자들과 러시아 자유주의자들에게 전적으로 불쾌한 시나리오다. 이것은 지난 1991년에 그들이 두려워하고 맞서 싸웠던 것이었지만 오로지 타협을 선호하고 무력 사용에 반감을 느끼는 고르바초프의 성향 덕분에 그들은 성공할 수 있었다.

고르바초프의 자발적 연방 시나리오가 어떻게 성공할 수 있었을지는 상상하기가 훨씬 더 힘들다. 1990~1991년의 그 선택지를 비판했던 이들의 판단은 정확했다. 공화국들의 구공산주의자 파벌들은 '민족국가들(nations)'이 될 유례없는 기회를 놓치지 않았고 모스크바의 실제나 가상의 권력으로부터 그들을 보호해주고 그들에게 정당성을 부여해줄 외부 세력들과 재빨리 손잡았다. 고르바초프가 지향하는 '사회주의적 민주주의' 노선, 민족 공화국들의 권한 강화, 그리고 전면적인 시장 개혁에 대한 그의 망설임은 경제적·정치적 위기로 나가는 길을 열었다. 고르바초프의 통치 막판에 소련은 파산 직전이었고 구지배계급은 정당성을 상실했으며, 국가는 망가진 상태였다. 꼭 1917년처럼 말이다. 이런 상황의 주요 수혜자는 독립을 이룬 발트인들이었지만 우크라이나와 카자흐스탄 그리고 여타 공화국들에서 소련이 만들어낸 엘리트들도 득을 봤다.

인간의 정신은 장기적 변화를 내다볼 수 없다. 공산당이 지배하고 천안문 시위를 폭력적으로 진압한 뒤 사실상 고립된 중국이 세계 제2위이자 잠재적으로 제1위의 경제 강국이 되리라고 1991년에 누가 상상이나 했겠는가? 하지만 부시 대통령이 1992년에서 러시아 패키지에서 제안한 대로 수십억 달러가 포스트소비에트 공간에 투자되고 미국인들에게 더 많은 일자리가 생기는 대신, 수천억 달러가 중국으로 갔고 많은 미국 노동자가 일자리를 잃었다. 1991년에 고르바초프를 구하기 위한 그랜드바겐을 공동 기획했던 그레이엄 앨리슨은 사반세기 뒤에 중국에 유리한 지구적 권력 축의 회전과 "필연적인" 미·중 대결에 관해 쓰기 시작했다.[14] 중국 경제의 부정할 수 없는 성공을 인정하기 위해, 심지어 워싱턴 컨센서스도 수정되어야 했다.[15] 1990년대 초반에 누가 30년 뒤에 논평가들이 자유주의적 세계 질서의 새로운 위기와 미국 힘의 쇠퇴, 그리고 유로회의주의(Euroskeptism, 유럽연합의 강화에 회의적인 태도 – 옮긴이)를 토론하고 있을 것이라고 예상할 수 있었을까? 그러나 거의 모두가 무적의 자유 민주주의에 대한 믿음이 널리 퍼진 시대는 끝났다는 것을 의심하지 않는다. 지난 10년 사이에 미국 심장부와 동유럽에서 포퓰리즘이 다시 고개를 쳐들고 이번에는 자유주의에 맞서, 구질서에 도전하고 있다.[16]

대다수는 소련의 붕괴와 서방에서 최근에 전개된 사태 간의 병렬 관계에 분연히 반박할 것이다. 하지만 일부 구소련 사람들은 불현듯 소름 끼치는 기시감을 경험했다. 2008년에 서구 정부들은 1988~1991년 소련의 파괴적인 정책들과 유사하게 국민의 세금과 심지어 저축을 이용해 기업들을 긴급 구제해야 했다. 고고한 레토릭으로 둘러싸인 노벨평화상 수상자 버락 오바마가 아프가니스탄과 중동에서 수렁에 빠졌을 때 고르바초프와 비교하는 말이 여기저기서 들려왔다. 2016년 브렉시트 국민투표 결과는 해법으로 여겨진 것이 오히려 커다란 문제가 되었다는 점에서 일부 관찰자들에게 1991년 3월 고르바초프의 국민투표를 상기시켰다.[17] 그리고 도널드 트럼프의 "미국을 다시 위대하게 만들자"라는 구호는 소련 '제국'에 의한 '러시아'의 희생을 운운하던 옐친의 수사법을 아득하게 일깨웠다. 심지어 구소련의 일부 나이 많은 시민은 냉전기에 그토록 신중했던 서방 엘리트들이 더 이상 자신들이 무슨 일을 하고 있는지 모른다고 의심하기 시작했다. 브레즈네프와 체르넨코, 고르바초프 후반 시대들을 떠올리게 하지 않는가! 결국엔 소련 수수께끼가 우리 시대에 완전히 무관하지는 않을 것 같다. 역사가 자유와 민주주의의 필연적 승리에 관한 도덕극이었던 적은 없다. 그 대신 세계는 항상 그래 왔던 대로, 이상주의와 권력, 훌륭한 통치와 부패, 자유의 고조와 위기와 비상시에 자유를 제한해야 할 필요 사이의 투쟁의 장이다.

사라져버린 소련의 유령은 유럽과 아시아, 세계를 떠돌고 있지 않다. 그러나 소련의 갑작스러운 소멸에 대한 수수께끼는 우리 시대 사람들의 상상 속을 여전히 떠돌고 있다. 전에 승승장구하던 서구 자유주의적 질서의 확실성이 우리 발아래서 흔들리고 깎여 나가는 모습을 목도하는 지금 특히 그렇다. 소련의 종식은 거대한 역사적 의미와 어마어마한 불확실성으로 가득한 인간 드라마였다. 그것은 냉전 종식과 탈식민화, 자유주의적 자본주의의 지구적 서사에서 하나의 각주로 축소될 수 없다. 이 놀라운 이야기는 우리에게 지속성의 외관상 확실성을 믿지 말라고 가르쳐주며 미래의 갑작스러운 충격에 대비할 수 있게 도와주리라.

감사의 말

이 책은 다수의 기관과 동료, 사서, 문서고 관리자와 여타 개인들의 격려와 호의, 지지와 조언이 없었다면 쓰이지 못했을 것이다. 지난 2008년에 고(故) 빅토르 자슬랍스키는 소련은 망할 수밖에 없었다고 주장하면서도 내게 책을 쓰라고 강권했다. 나는 그의 조언을 따랐지만 그와는 다른 결론에 도달했다. 이 책의 집필 작업은 템플대학 역사학과와 런던정경대학 국제사학과의 탁월한 학구적 환경 덕분에 가능했다. 리처드 임머맨, 윌리엄 히치콕, 베스 베일리, 리처드 파버, 랠프 영, 페트라 게드, 리타 크루거, 하워드 스포데크, 그레고리 어윈, 제이 로크누어, 매튜 존스, 피어스 러들로, 데이비드 스티븐슨, 크리스티나 스포어, 나이절 애슈턴, 스베토자르 라작, 로엄 알반디 등등 그곳에서 함께 연구하며 조언과 격려, 관심을 아끼지 않은 동료에게 깊이 감사드린다. 미국과 영국의 여러 기관은 미국의 문서고와 도서관을 이용하도록 편의를 봐주었고, 이 책의 앞부분을 집필할 때 지원을 아끼지 않았다. 스탠퍼드대학 후버연구소의 W. 글렌 캠벨 & 리타 리카도-캠벨 내셔널 펠로십, 케넌러시아연구소의 공공정책 장학금, 2012년과 2014년 우드로윌슨센터의 펠로십이 특히 도움이 되었다. 또한 2018년 후버연구소와 문서고의 연구 보조금 덕분에 팰로앨토로 돌아가 추가로 조사할 수 있었다. 우드로윌슨센터에서는 크리스천 오스터만, 새뮤얼 웰스, 로버트 리트와크, 블레어 러블, 매튜 로잔스키, 윌리엄 포머란츠로부터 끊임없는 격려와 지지를 받았다. 스탠퍼드대학에서는 특히 노먼 나이마크, 에릭 와킨, 데이비드 홀러웨이, 게일 라피더스, 마이클 맥폴, 아나톨 슈멜레프에게 특히 감사한다. 2018년 런던정경대학에서는 도미닉 리븐과 재닛 하틀리가 운영하는 폴센프로그램에서 연구 보조금을 받았는데, 덕분에 모스크바 문서고에서 조사 작업을 마무리할 수 있었다. 내가 소속된 국제사학과도 추가 조사와 출장을 위해 연구비를 지원해주었다.

이 책은 러시아와 미국에서 새로운 사료가 발견되지 않았다면 쓰이지 못했을 것이다. 내가 이용한 사료의 주요 소장 기관은 러시아현대사 국립문서고(RGANI)와 러시아연방 국립문서고, 후버연구소 문서고(HIA), 조지 H. W. 부시 대통령 도서관(GBPL), 조지워싱턴대학 국가안보 문서고(NSA), 프린스턴대학 실리 G. 머드 도서관(SML)이다. 무수한 요청에도 인내심을 잃지 않았던 문서고 담당자들에게 고마움을 표하고 싶다. 런던정경대학의 사서 폴 호슬러는 내가 원하는 도서와 논문을 찾는 데 언제나 도움을 줄 길을 찾았다. 오랜 친구와 동료도 자료와 생각을 공유해주었는데, 특히 스베틀라나 사브란스카야, 톰 블랜턴, 크리스천 오스터만, 호프 해리슨, 윌리엄 타우브먼, 마크 크래머, 오드 아르네 베스타, 아치 브라운, 티머시 콜턴, 디아나 빌리어스 네그로폰테, 페터 루겐탈러, 세르히 플로히, 블라디미르 페차트노프, 루돌프 피호이아, 올레크 스크보르초프에게 고맙다. 애나 칸은 1991년도 BBC 프로그램과 인터뷰 사본을 보여주었고, 나탈리야 키비타 박사는 키예프의 공공기관 국립문서고의 자료를 고맙게도 공유해줬다. 옐친재단의 알렉산드르 밥킨은 시각 자료에 관해 조언해줬다. 소련 주재 마지막 영국 대사인 로드릭 브레이스웨이트 경은 매우 귀중한 본인의 미출간 일기 사본을 제공했다. 나는 우나 베르그만의 학위 논문으로부터 발트의 공화국에서 전개된 사태에 관해 많은 것을 알았는데, 베르그만의 책《불확실성의 정치(Politics of Uncertainty: The US, the Baltic Question, and the Collapse of the USSR)》은 곧 옥스퍼드대학 출판사에서 출간될 예정이다.

전자 데이터베이스의 시대를 살고 있는 덕분에 대단히 풍성한 '전자 문서고'를 구축해준 사람들에게도 크게 빚졌다. 여기에는 옐친아카이브(https://yeltsin.ru/archive), 옐친센터의 또 다른 프로젝트인 '새로운 러시아의 역사(Istoriia novnoi Rossii)'(http://ru-90.ru), 예고르 가이다르에 관한 아카이브(http://gaidar-arc.ru), 우크라이나 독립에 관한 인터뷰 아카이브 '소련의 붕괴, 독립 우크라이나의 구술 역사 1988~1991(Rozpad Radians'kogo Soiuzu. Ustaistoriia nezalezhnoi Ukraiiny 1988~1991)'(http://oralhistory.org.ua/categroy/interview-ua)

등이 있다. 이런 정보원들 덕분에 나는 팬데믹 봉쇄 기간 동안에 집을 떠나지 않고도 사료를 발굴하고, '물리적' 문서고에서 개인적으로 조사했을 때보다 훨씬 더 많은 것을 알아낼 수 있었다.

어떤 역경에도 굴하지 않는 재닛 랭과 짐 블라이트가 조직한 독보적인 '비판적 구술사' 회의에 여러 차례 참석한 덕분에, 운 좋게도 이 책에 묘사한 역사적 사건의 주요 참여자와 격의 없이 사적인 대화를 나누며 많은 시간을 보낼 수 있었다. 특히 미하일 고르바초프의 보좌관이었던 아나톨리 체르냐예프와 게오르기 샤흐나자로프, 예두아르트 셰바르드나제의 보좌관이었던 세르게이 타라센코와의 만남과 대화에 깊이 영향을 받았다. 체르냐예프는 1995년에 나를 고르바초프에게 소개시켜주었고, 몇 년 뒤에는 당시 아직 출간되지 않았던 자신의 놀라운 일기를 나와 공유했다. 1999년에 제임스 허시버그의 창의적인 에너지 덕분에 조지아를 방문하여 셰바르드나제와도 인터뷰할 수 있었다. 잊을 수 없는 경험이었다. 이들 외에도 나는 알렉산드르 야코블레프, 예고르 리가초프, 발렌틴 바렌니코프, 전직 국방부 장관 드미트리 야조프, MIC의 수장이었던 올레크 바클라노프 등 과거 소련 지도부의 인사들과 만나 이야기를 나눌 수 있었다. 그 외에도 이 책에 등장하는 인물들 가운데 내가 직접 만날 기회를 누린 사람이 있다면, 소련 정보기관의 수장이자 잠시 KGB 의장을 맡기도 한 레오니트 셰바르신, 소련의 마지막 외무부 장관이었던 보리스 판킨, 고르바초프의 통역이었던 파벨 팔라셴코, 경제학자이자 정치인 그리고리 야블린스키, 옐친의 동지였다가 나중에는 비판가가 된 블라디미르 루킨, 외교관 아나톨리 아다미신, 고르바초프의 언론 비서관이었던 안드레이 그라초프 등이 있다. 1990~1991년 당시 옐친의 핵심 전략가였던 겐나디 부르불리스는 몇 시간이고 나와 온라인으로 대화하며 소련 붕괴에 관한 평가와 회상을 공유해주었다. 나는 페레스트로이카의 흥분과 좌절, 위기, 소련의 붕괴를 살아낸 안드레이 코코신, 빅토르 셰이니스, 스타니슬라프 슈슈케비치, 알렉산드르 드로즈도프, 이고르 말라셴코, 안드레이 주보프, 알렉세이 판킨 등과의 대화를 통해 많은 것을 배웠다. 여러 해에 걸친 이들과의 만남과 대화는 단순히 공식적인 인터뷰가 아니었다. 우리는 그 역사를 다시금 체험했고, 이 책은 그들과의 토론이다.

서방의 정치인 및 여러 인사와의 만남과 인터뷰는 소련 붕괴에 있어서 서방, 특히 미국이라는 '요인'의 복잡성과 미묘함을 온전히 이해하는 데 핵심적이었다. 인터뷰에 응해주고 당시에 여전히 공개가 제한된 자신의 문서를 이용할 수 있게 허락해준 전직 국무부 장관 제임스 베이커에게 감사드린다. 나는 로버트 졸릭, 콘돌리자 라이스, 스트로브 탤벗, 윌리엄 오돔, 필립 젤리코, 프랜시스 후쿠야마, 마이클 보스킨, 로드릭 브레이스웨이트, 잭 매틀록을 만나서 인터뷰할 수 있는 특권도 누렸다. 후버연구소의 명예교수인 미하일 베른스탐과의 만남과 인터뷰는 그때까지 뚜렷하지 않았던 소련의 경제 개혁과 향후 위기의 본질에 관한 나의 관점을 명확히 해주었다. 게다가 베른스탐은 1990~1992년 당시의 사적인 문서를 공유해주고, 후버연구소의 구내식당과 연구실에서 무수한 시간을 함께 보내며 과거를 회상하고 설명해주었다.

이 책의 원고는 아이작 스카보로, 미하일 베른스탐, 윌리엄 타우브먼, 게오르기 카샤노프, 스베틀라나 사브란스카야, 벤저민 네이선스, 엘리자베스 찰스, 마크 크래머, 로드릭 브레이스웨이트 등 여러 사람이 읽고 보내준 관심과 의견의 도움을 받았다. 스탠퍼드대학 알렉산더 댈린 강연회, 버클리대학의 슬라브·동유럽·유라시아연구소, 러시아 및 유라시아 연구 데이비스 센터, 펜실베이니아대학 러시아-소련사 워크숍(*kruzhok*, 크루쇼크), 뉴욕대학 아부다비캠퍼스는 내 연구의 예비적 결론을 다방면의 역사학자, 사회학자, 정치학자와 공유할 기회가 되었다. 마티 셔윈, 마크 크래머, 유리 슬레즈킨, 게오르기 데를루귀안과 빅토리아 주라블레바는 나의 프로젝트를 토론하기 위해 세미나를 조직하고 날카로운 질문을 던졌다. 세르게이 라드첸코는 코로나가 한창일 때 냉전사 연구자들을 위한 온라인 워크숍을 조직했는데, 거기서 나의 원고 일부가 논의되었다. 런던정경대학 국제사학과에서는 데이비드 스티븐슨과 스티브 케이시가 마련한 연구 포럼에서 동료들이 제기한 질문에 도움을 받았다. 마지막으로, 해마다 나의 소련사

강의를 들은 학생들도 소련의 갑작스러운 붕괴라는 수수께끼를 해명하게끔 나를 자극했다.

조애나(조) 고드프리는 이 책을 멋진 예일대학 출판부에 출간을 제의하면서 지나치게 두툼한 원고를 어떻게 가지치기할지 넌지시 의견을 제시했고, 편집할 때 유용한 조언도 아끼지 않았다. 원고를 살펴본 익명의 두 검토자는 이 책을 열렬히 지지하면서도 책의 구조와 초점을 더 나은 방향으로 수정해주었다. 편집자인 리처드 메이슨은 이 책의 가장 꼼꼼한 독자였다. 제임스 윌리엄스는 학생들을 비롯한 독자들이 세부 사항에 파묻히지 않고 줄거리를 따라갈 수 있도록 디지털 연보를 포함하라고 제안했다. 조사의 최종 단계에서는 이리나 포드콜지나, 리카르도 쿠치올라, 아이작 스카보로가 모스크바에 있는 문서고와 도서관에서 증거를 더 찾아낼 수 있도록 도와주었다. 그리고 교열을 보는 동안 코로나로 인해 이동이 어려울 때 넬리 릴코바는 주(註)를 살펴보고 출처를 확인해주었다. 이토록 무수한 도움을 받고도 이 책에서 사실관계 오류와 실수, 여타 오점이 발견된다면 전적으로 나의 책임이다.

책을 집필하는 과정은 고독한 작업이지만 나는 친구와 사랑하는 가족에게 의지할 수 있었다. 그들이 이 프로젝트가 성공할 것이라는 믿음을 준 덕분에 불가피한 자기 회의의 순간을 떨치고 다시 일어서서 계속 해나갈 수 있었다. 예기치 못한 팬데믹 동안 이 '사회적 안전망'은 필자가 제정신을 유지하는 데 정말로 중요했다. 나의 어머니 류드밀라 주보크와 아내 엘레나 비텐베르그, 아들 미하일 주보크는 애정과 보살핌으로 나를 지탱해주었다. 세 사람은 이 책을 언제 끝낼지 끊임없이 물었는데, 그렇게 물어본 덕분에 결국 이 책을 마무리하기로 결심할 수 있었다.

주

서문: 퍼즐

1. Stephen F. Cohen, "Was the Soviet System Reformable?" *Slavic Review* 63:3(2004), pp. 459-488; Mark Kramer, "The Reform of the Soviet System and the Demise of the Soviet State", *Slavic Review* 63:3(2004), pp. 505-12를 보라.
2. 푸틴의 연설은 http://kremlin.ru/events/president/transcripts/22931; 도날트 투스크의 발언은 https://www.rferl.org/a/eu-leader-to-putin-soviet-union-s-collapse-was-a-blessing-not-a-catastrophe/30049755.html을 보라.
3. James Wilson, *The Triumph of Improvisation: Gorbachev's Adaptability, Reagan's Engagement, and the End of the Cold War*(Ithaca, NY: Cornell University Press, 2015); Robert Service, *The End of the Cold War*, 1985~1991(London: Macmillan, 2015).
4. Kate Geoghegan, "A Policy in Tension: The National Endowment for Democracy and the U.S. Response to the Collapse of the Soviet Union", Diplomatic History 42:5(2018), pp. 771–801.
5. 이 평행우주와 모방에 관해서는 일례로 Alexei Yurchak, *Everything Was Forever, Until It Was No More: The Last Soviet Generation*(Princeton, NJ: Princeton University Press, 2006)을 보라 알렉세이 유르착,《모든 것은 영원했다, 사라지기 전까지는》, 문학과지성사, 2019).
6. 이 거대한 주제의 여러 측면을 탐구한 책으로는 Michael Ellman and Vladimir Kontorovich(eds.), *The Disintegration of the Soviet Economic System*(New York: Routledge, 1992), and also *The Destruction of the Soviet Economic System: An Insider's History*(London: Routledge, 1998); Philip Hanson, *From Stagnation to Catastroika: Commentaries on the Soviet Economy, 1983-1991*(Westport, CT: Praeger, 1992); David Woodruff, *Money Unmade: Barter and the Fate of Russian Capitalism*(Ithaca, NY: Cornell University Press, 1999); Juliet Johnson, *A Fistful of Rubles: The Rise and Fall of the Soviet Banking System*(Ithaca, NY: Cornell University Press, 2000); Yegor Gaidar, *Collapse of an Empire: Lessons for Modern Russia, trans. Antonina W. Bouis*(Washington, DC: Brookings Institution, 2007) 등이 있다.
7. Mark R. Beissinger, *Nationalist Mobilization and the Collapse of the Soviet State* (New York: Cambridge University Press, 2002). 소련의 종식에서 우크라이나가 한 역할은 Serhii Plokhy, *The Last Empire: The Final Days of the Soviet Union* (New York: Basic Books, 2014)에서 과대평가되어 있다.
8. 이에 관한 초기이자 유일한 시도는 John Dunlop, *The Rise of Russia and the Fall of the Soviet*

Empire (Princeton, NJ: Princeton University Press, 1993); Geoffrey Hosking, *Rulers and Victims: Russians in the Soviet Union* (Cambridge, MA: Belknap Press, 2005)도 보라. "제국"에 대한 의문 제기는 Edward W. Walker, *Dissolution: Sovereignty and Breakup of the Soviet Union* (New York: Rowman & Littlefield, 2003)을 보라.

9. David M. Kotz and Fred Weir, *Revolution from Above: The Demise of the Soviet System* (New York: Routledge, 1997); Steven Solnick, *Stealing the State: Control and Collapse in Soviet Institutions* (Cambridge, MA: Harvard University Press, 1998); Stephen Kotkin and Jan Tomasz Gross, *Uncivil Society: 1989 and the Implosion of the Communist Establishment* (New York: Modern Library, 2009); Georgi M. Derluguian, *Bourdieu's Secret Admirer in the Caucasus: The World-System Biography* (Chicago, IL: Chicago University Press, 2005).
10. Archie Brown, *The Human Factor: Gorbachev, Reagan, and Thatcher, and the End of the Cold War* (London: Oxford University Press, 2020); 그의 "Did Gorbachev as General Secretary Become a Social Democrat?" *Europe-Asia Studies* 65:2 (2013), pp. 198–220도 보라.
11. William Taubman, *Gorbachev: His Life and Times* (New York: Simon & Schuster, 2017), p. 688.
12. Odd Arne Westad, *The Cold War: A Global History* (London: Allen Lane, 2017), pp. 613–14.
13. Vladimir Kontorovich, "The Economic Fallacy," *The National Interest 31* (1993), p. 44.
14. Frank Costigliola, ed., *The Kennan Diaries* (New York: W. W. Norton, 2014), p. 199.
15. Stephen F. Cohen, Archie Brown, Mark Kramer, and Stephen E. Hanson의 기고는 *Slavic Review* 63:3 (Autumn 2004), pp. 473–4, 483, 486, 493, 500, 503, 506–8, 512, 533을 보라.

1장 페레스트로이카

1. http://liders.rusarchives.ru/andropov/docs/rech-yuv-andropova-na-plenume-tsk-kpss-15-iyunya-1983-g.html.
2. Leonid Mlechin, *Yuri Andropov, Posledniaia nadezhda rezhima* (Moscow: Tsentrpoligraph, 2008), pp. 2–18. 이 책은 개인 파일의 기록을 토대로 한 최초의 안드로포프 전기다.
3. 위의 책.
4. Arkady Volsky와의 인터뷰, "Chetyre genseka," *Kommersant*, no. 169, 12 September 2006, at https://www.kommersant.ru/doc/704123.
5. 이에 관해서는 Moshe Lewin, "Kosygin and Andropov," in his *The Soviet Century* (London: Verso, 2005).

6. Mlechin, *Yuri Andropov*, pp. 87–8.
7. Vladislav Zubok, *Zhivago's Children: The Last Russian Intelligentsia* (Cambridge, MA: Belknap Press, 2009).
8. Georgy Shakhnazarov, *Tsena Svobody* (Moscow: Rossika Zevs, 1993), p. 23.
9. 위의 책, pp. 27–30.
10. 위의 책, p. 23.
11. 1981년 7월 11일 슈타지 수장 밀케와 안드로포프와의 만남에 관한 슈타지 기록, 번역은 Bernd Schaefer, at http://digitalarchive.wilsoncenter.org/docu\-ment/115717.
12. Riccardo Cucciolla, "The Crisis of Soviet Power in Central Asia: The Uzbek 'Cotton Affair' (1975~1991)," PhD Dissertation, IMT School for Advanced Studies, Lucca, 2017.
13. 1992년 8월 25일, 마이클 맥폴이 리시코프와 실시한 인터뷰, The McFaul Collection, Hoover Institution Library & Archives [hereafter HIA].
14. 이 집단에는 스테판 시타리안, 레프 벨로우소프(Lev Belousov), 니콜라이 페트라코프, 아벨 아간베갼, 타티아나 자슬랍스카야, 게오르기 아르바토프, 레오니트 아발킨, 발렌틴 파블로프가 포함되었다.
15. Nikolai Ryzhkov, *Perestroika: Istoriia predatelstv* (Moscow: Novosti, 1993), pp. 33–8; Nikolai Ryzhkov, *Desiat' let velikikh potriasenii* (Moscow: Kniga. Prosveshcheniie. Miloserdiie, 1996), p. 45.
16. Shakhnazarov, *Tsena Svobody*, pp. 32–3.
17. 안드로포프의 일기는 리시코프와의 빈번한 만남을 기록하고 있다, RGANI, f. 82, op. 1, d. 53–4. Recollections of Nikolai Ryzhkov at: https://lenta.ru/articles/2020/04/23/35/?fbclid=IwAR00Uocg8CZYJyrQgxdnZo8jkbqY_t8dBXEAOX7IVM3JbvyuRXJ3VvHs2NQ, 2020년 4월 26일 접속.
18. 1981년 7월 11일 밀케와 안드로포프와의 만남에 관한 슈타지 기록, Bernd Schaefer의 번역문은 http://digitalarchive.wilsoncenter.org/docu\-ment/115717을 보라.
19. Mark Harrison, "Secrets, Lies, and Half Truths: The Decision to Disclose Soviet Defense Outlays," Political Economy Research in Soviet Archives, Working Paper no. 55, September 2008, at https://warwick.ac.uk/fac/soc/economics/staff/mharrison/archive/persa/055.pdf. 해리슨(Harrison)은 HIA의 독보적인 비탈리 카타예프 문서집을 토대로 이 같은 결론을 도출했다. 소련의 국방 지출에 관해서는 Dmitri Steinberg, "The Soviet Defence Burden: Estimating Hidden Defence Costs," *Europe-Asia Studies* 44:2 (1992), pp. 237–63; Iu. D. Masliukov and E. S. Glubokov, "Planirovaniie i finansirovaniie voennoi promyshlennosti v SSSR", in A. V. Minaev, ed., *Sovetskaia voennaia moshch ot Stalina do Gorbacheva* (Moscow: Voennyi parad, 1999), pp. 82–129도 보라.

20. 1982년 11월 22일, 소련공산당 중앙위원회 총회에서 안드로포프의 발언, RGASPI, f. 2, op. 3, d. 614, pp. 32-4, Robert Service, *The End of the Cold War, 1985-1991* (London: Macmillan, 2015), pp. 55 -6에서 인용.

21. Vitaly Vorotnikov, *A bylo eto tak ... Iz dnevnika chlena Politbiuro TsK KPSS* (Moscow: Sovet veteranov knigoizdaniia, 1995), pp. 24 -6; Ryzhkov, Desiat' let, p. 50.

22. S. A. Sitarian, *Uroki budushchego* (Moscow: Ekonomicheskaia gazeta, 2010), pp. 71 -3.

23. M. S. Zotov. Ia—bankir. *Ot Stalina do Putina* (Moscow: Rusaki, 2004), pp. 281 -2.

24. Ryzhkov, Desiat' let, p. 48.

25. 고르바초프의 배경에 관한 최상의 정보원은 Taubman, *Gorbachev*, esp. pp. 76, 134.

26. Mikhail Gorbachev, *Zhizn i reformy*, vol. 1 (Moscow: Novosti, 1995), p. 265; Raisa Gorbacheva, *I Hope* (New York: HarperCollins, 1991), pp. 4 -5; Taubman, *Gorbachev*, p. 209.

27. A. Ross Johnson, "The Cold War and East-Central Europe, 1945~1989," *Journal of Cold War Studies* 19:2 (Spring 2017), p. 203.

28. Taubman, *Gorbachev*, pp. 1, 5, 693; Nikolai Andreiev, *Zhizn Gorbacheva* (Moscow: Dobroie delo, 2016), p. 691.

29. 고르바초프를 이렇게 규정한 최초의 연구자는 Stephen E. Hanson, "Gorbachev: The Last True Leninist Believer?" in Daniel Chirot, ed., *The Crisis of Leninism and the Decline of the Left: The Revolutions of 1989* (Seattle, WA: University of Washington Press, 1991).

30. 이에 관한 더 자세한 설명은 Ludmilla Alexeyeva and Paul Goldberg, *The Thaw Generation: Coming of Age in the Post-Stalin Era* (Boston, MA: Little, Brown, 1990); Zubok, *Zhivago's Children*; Benjamin Tromly, *Making the Soviet Intelligentsia: University and Intellectual Life under Stalin and Khrushchev* (Cambridge: Cambridge University Press, 2014); Kathleen S. Smith, *Moscow 1956: The Silenced Spring* (Cambridge, MA: Harvard University Press, 2017)을 보라.

31. Anatoly Chernyaev, *Sovmestnyi iskhod. Dnevnik dvukh epokh 1972-1991 gody* (Moscow: ROSSPEN, 2008), 23 April 1989, p. 790; Valery Boldin, *Ten Years that Shook the World* (New York: Basic Books, 1994), p. 95; Taubman, *Gorbachev*, pp. 215 -16.

32. Vystupleniie A. N. Yakovleva, 29 August 1985, GARF, f. 100063, op. 1, d. 116, https://www.alexanderyakovlev.org/fond/issues-doc/1023305.

33. Ibid; Zapiska Yakovleva Gorbachevu, "Imperativ politicheskogo razvitiia," the end of December 1985, GARF, f. 10063, op. 1, d. 380. https://www.alexanderyakovlev.org/fond/issues-doc/1023329.

34. Taubman, *Gorbachev*, pp. 230 -1; *XXXII S'ezd Kommunisticheskoi Partii Sovetskogo Soiuza. 25 fevralia–6 marta 1986 goda. Stenograficheskii otchet*, vol. 1 (Moscow: Izdatelstvo politicheskoi literatury, 1986), p. 121.

35. *V Politburo TsK KPSS*, p. 117.

36. 위의 책, p. 103.

37. Andreiev, *Zhizn Gorbacheva*, pp. 286–9.

38. Michael Ellman and Vladimir Kontorovich, *The Destruction of the Soviet Economic System: An Insider's History* (London: Routledge, 1998), p. 122.

39. Vorotnikov, *A bylo eto tak*, pp. 83–4. 1960년대 후반 서구 스타일의 새로운 공장의 설립과 혁신의 성공 사례에 관해서는 S. V. Zhuravlev, M. R. Zezina, R. G. Pikhoia, and A. K. Sokolov, *Istoriia Volzhskogo Avtomobilnogo Zavoda, 1996-2006* (Moscow: RAGS, 2006), ch. 1; Valentina Fava, "Between Business Interests and Ideological Marketing: The USSR and the Cold War in Fiat Corporate Strategy, 1957~1972," *Journal of Cold War Studies* 20:4 (Fall 2018), pp. 26–64를 보라.

40. Rudolph Pikhoia, *Sovetskii Soiuz: istoriia vlasti. 1945-1991* (Moscow: RAGS, 1998), pp. 508–9.

41. 정치국에서 고르바초프의 발언, 체르냐예프의 기록, 1986년 5월 후반과 6월 초반 (미출간); *V Politburo TsK KPSS*, 3 July 1986 and 16 February 1989, pp. 64–5, 445; Ryzhkov, Perestroika, pp. 145, 150. Serhii Plokhy, *Chernobyl: The History of a Nuclear Catastrophe* (New York: Basic Books, 2018)(세르히 플로히, 《체르노빌 히스토리》, 책과함께, 2021); Taubman, *Gorbachev*, p. 241.

42. Bill Keller, "Gorbachev, at Chernobyl, Urges Environment Plan," The New York Times, 24 February 1989, at https://www.nytimes.com/1989/02/24/world/gorbachev-at-chernobyl-urges-environment-plan.html.

43. Politburo minutes on 3 July 1986, *V Politburo TsK KPSS*, pp. 82–3.

44. 아나톨리 체르냐예프의 개인 문서고의 기록. 마지막 발언은 *V Politburo TsK KPSS*에서 출간된 판본에서는 빠져 있다.

45. Taubman, *Gorbachev*, p. 242.

46. Vorotnikov, *A bylo eto tak*, pp. 118, 132.

47. 1986년 6월 20일 정치국에서 체르냐예프의 기록, Chernyaev Papers, St Antony's College, Oxford.

48. 위의 책, 25 September 1986.

49. Ellman and Kontorovich, *The Destruction of the Soviet Economic System*, pp. 142, 144. "정신 나간 주변부" 인물로는 경제학자 라리사 피야셰바(Larisa Piyasheva)와 그녀의 남편인 보리스 핀스케르(Boris Pinsker)가 있었다; L. Popkova [alias of Piyasheva], "Gde pyshneie pirogi?" *Novyi mir* 5 (1987), pp. 239–41을 보라.

50. 1992년 8월 25일 마이클 맥폴이 니콜라이 리시코프를 상대로 한 인터뷰, The McFaul

Collection, HIA.

51. 1987년 1월 22일, 정치국 의사록, *V Politburo TsK KPSS*, pp. 134 – 5.

52. 1987년 2월 12일, 정치국 의사록, Chernyaev Papers, St Antony's College, Oxford.

53. 1987년 5월 14일, 정치국 의사록, *V Politburo TsK KPSS*, p. 184. 1987년 7월 5일 체르냐예프 일기, 그의 Sovmestnyi iskhod, p. 313.

54. 1987년 5월 21~22일 정치국 의사록, Chernyaev Papers, St Antony's College, Oxford. *V Politburo TsK KPSS*, pp. 188 – 9.

55. 1987년 7월 16일, 정치국에서 리시코프의 발언, *V Politburo TsK KPSS*, p. 209.

56. 1987년 6월 11일 정치국에서 아나톨리 체르냐예프의 기록, Chernyaev Papers, St Antony's College, Oxford; *V Politburo TsK KPSS*, pp. 196 – 7.

57. Rudolf Pikhoia, "Pochemu nomenklatura ne stala zashchishchat Sovetskii Soiuz," at http://www.russ.ru/Mirovaya-povestka/Rudol-f-Pihoya-Pochemu-nomenklatura-ne-stala-zaschschat-Sovetskij-Soyuz.

58. 이 같은 분석은 http://lexandbusiness.ru/view-article.php?id=4716; 베른스탐은 "Mogilshchiki Sovetskogo Soiuza" at https://www.svoboda.org/a/usa-today-belovezh\-skiye-soglasheniya/28167677.html.

59. I. A. Chudnov, *Denezhnaia reforma 1947 goda* (Moscow: ROSSPEN, 2018).

60. 1988년 4월 14일 정치국 의사록, p. 332; 1992년 9월 30일 리시코프를 상대로 한 맥폴의 인터뷰, The McFaul Collection, HIA; 1988년 4월 14일 정치국 의사록, *V Politburo TsK KPSS*, p. 332. 리시코프의 통계에 따르면 국가 예산 세입은 보드카 매출이 감소한 탓에 340억 루블이 줄었고 석유 판매 수입 400억 루블도 받지 못했다.

61. 1986년 10월 30일과 12월4일 정치국 의사록, *V Politburo TsK KPSS*, pp. 103, 116 – 17.

62. Valentin Pavlov, *Upushchen li shans?Finansovyi kliuch k rynku* (Moscow: TERRA, 1995), pp. 71 – 2, 79 – 80.

63. Yakov Feygin, *Reforming the Cold War State: Economic Thought, Internationalization, and the Politics of Soviet Reform, 1955-1985*, PhD, University of Pennsylvania, 2017, pp. 135, 150.

64. Zotov, *Ia—bankir*, pp. 285 – 9, 290 – 1. 1992년 9월 30일, 리시코프를 상대로 한 맥폴의 인터뷰, The McFaul Collection, HIA.

65. Zotov, *Ia—bankir*, p. 296.

66. Taubman, *Gorbachev*, pp. 3, 338.

67. Daniel Thomas, *The Helsinki Effect: International Norms, Human Rights, and the Demise of Communism* (Princeton, NJ: Princeton University Press, 2001); Sarah Snyder, *Human Rights Activism and the End of the Cold War: A Transnational Story of the Helsinki Network* (Cambridge: Cambridge University Press, 2011); Richard Davy, "Helsinki Myths: Setting the Record Straight on the Final Act of the CSCE, 1975," *Cold War History* 9:1 (2009),

pp. 1 – 22; Michael C. Morgan, *The Final Act: The Helsinki Accords and the Transformation of the Cold War* (Princeton, NJ: Princeton University Press, 2018).

68. *Varianty* 2,4,5에 게재되기로 한 리뷰로, 자유유럽라디오방송(RFE)이 1982년 4월 이전에 발표된 것으로 판단함, Open Society Archives 300-80-1, Box 880, 3. 나타샤 윌슨(Natasha Wilson)의 박사 논문 초고에서 인용됨.

69. 1987년 8월 3일 체르냐예프 일기, *Sovmestnyi iskhod*, p. 720.

70. Anatoly Chernyaev, "Fenomen Gorbacheva v kontekste liderstva," *Mezhdunarodnaia zhizn* 7 (1993), pp. 52 – 3.

71. 위의 책, p. 53.

72. Vadim Medvedev, *V komande Gorbacheva: vzgliad iznutri* (Moscow: Bylina, 1994), p. 74; Shakhnazarov, *Tsena svobody*, p. 73.

73. Medvedev, *V komande Gorbacheva*, pp. 73 – 5.

74. 1992년 9월 30일 리시코프를 상대로 맥폴이 실시한 인터뷰. The McFaul Collection, HIA. 헌정 위기에 관해서는 William E. Pomeranz, *Law and the Russian State: Russia's Legal Evolution from Peter the Great to Vladimir Putin* (London: Bloomsbury, 2018), pp. 108 – 22를 보라.

75. Vorotnikov, *A bylo eto tak*, p. 49.

76. 1988년 8월 5일 체르냐예프 기록, Chernyaev Papers, St Antony's College, Oxford.

77. Medvedev, *V komande Gorbacheva*, p. 78.

78. 1990년 8월 20일, 트빌리시에서 셰바르드나제를 상대로 저자가 한 인터뷰.

79. Chernyaev, *Sovmestnyi iskhod*, pp. 758 – 9.

80. Timothy J. Colton, *Yeltsin: A Life* (New York: Basic Books, 2011), chs 5 and 6.

81. Taubman, *Gorbachev*, pp. 330 – 1.

82. Boris Yeltsin, *Against the Grain, trans. Michael Glenny* (New York: Summit Books, 1990), pp. 184 – 5; Colton, *Yeltsin*, pp. 147 – 8; Taubman, *Gorbachev*, pp. 322 – 36, 362 – 3. 1997년 11월 9일 폴란드 야흐란카에서 저자와 샤흐나자로프와의 대화.

83. 1987년 11월 13일 자 체르냐예프 편지, Chernyaev Papers, St Antony's College, Oxford.

84. Taubman, *Gorbachev*, pp. 342 – 51.

85. Chernyaev, *Sovmestnyi iskhod*, p. 761.

86. Medvedev, *V komande Gorbacheva*, pp. 78 – 9; Taubman, *Gorbachev*, pp. 371 – 2; Chernyaev, *Sovmestnyi iskhod*, pp. 761 – 7; Vorotnikov, *A bylo eto tak*, pp. 259 – 60.

87. MSG SS, vol. 12, p. 37.

88. Medvedev, *V komande Gorbacheva*, pp. 78 – 9; Vorotnikov, *A bylo eto tak*, pp. 259 – 60.

2장 해방

1. *V Politburo TsK KPSS*, pp. 419–20, 422; Chernyaev, *Sovmestnyi iskhod*, 31 December 1988, p. 776.
2. 고르바초프의 신사고의 세대적·이데올로기적 원천에 대해서는 Robert English, *Russia and the Idea of the West: Gorbachev, Intellectuals, and the End of the Cold War* (New York: Columbia University Press, 2000); Andrei S. Grachev, *Gorbachev's Gamble: Soviet Foreign Policy and the End of the Cold War* (Cambridge: Polity, 2008); and Taubman, *Gorbachev*, pp. 262–6을 보라.
3. 미·소 관계의 핵 관련 측면에 관해서 지금까지 엄청난 양의 문헌이 나왔는데, 예를 들어 David Hoffman, *The Dead Hand: The Untold Story of the Cold War Arms Race and its Dangerous Legacy* (New York: Anchor Books, 2010)(데이비드 E. 호프먼, 《데드핸드》, 미지북스, 2015); Yevgeny P. Velikhov, "Nauka rabotaet na bezyadrnyi mir," *Mezhdunarodnaia zhizn* 10 (1988), pp. 50–1; Roald Sagdeev, *The Making of a Soviet Scientist: My Adventures in Nuclear Fusion and Space from Stalin to Star Wars* (New York: John Wiley, 1994), pp. 261–2, 273 등을 보라.
4. 연설 기록, M. S. Gorbachev, *Gody trudnykh reshenii* (Moscow: Alfa Print, 1993), pp. 48, 50.
5. Zubok, *Failed Empire*, p. 287(블라디슬라프 주보크, 《실패한 제국》, 아카넷, 2016); 더 자세한 내용은 Elizabeth C. Charles, "The Game Changer: Reassessing the Impact of SDI on Gorbachev's Foreign Policy, Arms Control, and US-Soviet Relations," PhD Dissertation, Columbia University, 2010.
6. www.cia.gov/library/readingroom/docs/CIA-RDP83B00140R000100080019-7.pdf에서 "On the impact of COCOM and the US oil embargoes of petroleum equipment petrols"를 보라. https://www.cia.gov/library/readingroom/docs/CIA-RDP83M00914R000600020038-7.pdf도 보라. 도시바 스캔들은 Sergey Radchenko, *Unwanted Visionaries: The Soviet Failure in Asia at the End of the Cold War* (New York: Oxford University Press, 2014), pp. 79–85를 보라.
7. Dmitry Furman, "Fenomen Gorbacheva," *Svobodnaia Mysl'* 11 (Moscow, 1995), pp. 68, 70–1.
8. Vadim Medvedev, *Raspad: Kak on nazreval v "mirovoi sisteme sotsializma"* (Moscow: Mezhdunarodnye otnosheniia, 1994), pp. 141–3; Jacques Lévesque, *The Enigma of 1989: The USSR and the Liberation of Eastern Europe* (Berkeley, CA: University of California Press, 1997), pp. 59–65.
9. 1986년 10월 23일 정치국 의사록, *V Politburo TsK KPSS*, p. 93; 이 모임에 관한 체르냐예프의 기록은 Chernyaev Papers, St Antony's College, Oxford.

10. 1987년 10월 8일 정치국 의사록, *V Politburo TsK KPSS*, p. 242.
11. 동유럽 "제국"과 관련한 "부담"과 "자산"이란 표현은 미국 사회학자 Valerie Bunce, "The Empire Strikes Back: The Evolution of the Eastern Bloc from a Soviet Asset to a Soviet Liability," *International Organization* 39:1 (Winter 1985), pp. 23, 28에 등장했다.
12. Morgan, The Final Act, esp. pp. 237–40; Marie-Pierre Rey, " 'Europe is our common home': A Study of Gorbachev's Diplomatic Concept," *Cold War History* 4:2 (2004), p. 39.
13. 소련군 감축에 관한 1988년 4월 26일 외무부 논의, Teimuraz Stepanov-Mamaladze Papers, Box 2, Envelope 7, HIA.
14. https://nsarchive2.gwu.edu//rus/text_files/Masterpiece/1988-10-06.pdf; 1988년 12월 21일 자 체르냐예프 일기, *Sovmestnyi iskhod*, p. 776.
15. https://nsarchive2.gwu.edu//rus/text_files/Masterpiece/1989-02-00.pdf.
16. *V Politburo TsK KPSS*, p. 436.
17. Robert M. Gates, *From the Shadows: The Ultimate Insider's Story of Five Presidents and How They Won the Cold War* (New York: Simon & Schuster, 1996), pp. 265, 266; George P. Schulz, *Turmoil and Triumph: My Years as Secretary of State* (New York: Charles Scribner's/Macmillan, 1993), pp. 760, 765; Don Oberdorfer, *From the Cold War to a New Era: The United States and the Soviet Union*, 1983~1991 (Baltimore, MD: Johns Hopkins University Press, 1998), p. 320; Taubman, *Gorbachev*, pp. 422–3.
18. Philip Zelikow and Ernest May, Interview with Brent Scowcroft, 12~13 November 1999, p. 16; Interview with Dick Cheney, 16~17 March 2000, p. 121. George H. W. Bush Oral History Project, the Miller Center, University of Virginia [hereafter BOHP].
19. Taubman, *Gorbachev*, p. 400.
20. Gorbachev, *Zhizn i reformy*, vol. 1, pp. 35, 61; Alexandr N. Yakovlev, *Sumerki* (Moscow: Materik, 2005), pp. 35–66.
21. Geoffrey Hosking, *Rulers and Victims: The Russians in the Soviet Union* (Cambridge, MA: Belknap Press, 2001), pp. 72–3, 80.
22. 위의 책.
23. Miroslav Hroch, *Social Preconditions of National Revival in Europe: A Comparative Analysis of the Social Composition of Patriotic Groups among the Smaller European Nations* (Cambridge: Cambridge University Press, 1985).
24. Mark R. Beissinger, *Nationalist Mobilization and the Collapse of the Soviet State*, pp. 54, 55.
25. Interview with Arkady Volsky, "Chetyre genseka," *Kommersant* 169, 12 September 2006, at https://www.kommersant.ru/doc/704123.
26. 위의 책.

27. Beissinger, *Nationalist Mobilization*, p. 74; *V Politburo TsK KPSS*, p. 197; Chernyaev's notes at the Politburo, 11 June 1987, Chernyaev Papers, St Antony's College, Oxford.
28. Alfred J. Rieber, "Stalin, Man of the Borderlands," *The American Historical Review* 106:5 (December 2001), pp. 1651 – 91; 동일 저자의 *Stalin and the Struggle for Supremacy in Eurasia* (Cambridge: Cambridge University Press, 2015); Jamil Hasanli, *The Sovietization of Azerbaijan: The South Caucasus in the Triangle of Russia, Turkey, and Iran, 1920–1922* (Salt Lake City, UT: University of Utah Press, 2018).
29. 나고르노카라바흐 분쟁에 관해서는 Thomas de Waal, *Black Garden: Armenia and Azerbaijan through Peace and War* (New York: New York University Press, 2013), pp. 11 – 55, 83 – 93을 보라.
30. Shakhnazarov, *Tsena svobody*, p. 209.
31. *Soiuz mozhno bylo sokhranit: Belaia kniga: Dokumenty i fakty o politike M. S. Gorbacheva po reformirovaniiu i sokhraneniiu mnogonatsional'nogo gosudarstva* (Moscow: Izdatel'stvo AST, 2007). 고르바초프재단 사이트에 있는 전자 사본은 https://www.gorby.ru/userfiles/union_could_be_saved.pdf를 보라.
32. Shakhnazarov, *Tsena svobody*, pp. 206 – 7; Pavel Palazhchenko, "Professia i vremia. Zapiski perevodchika-diplomata," *Znamia* 10 (2020), at https://znamlit.ru/publication.php?id=7755.
33. Shakhnazarov, *Tsena svobody*, p. 210.
34. Politburo, 3 March 1988, *Soiuz mozhno bylo sokhranit*, p. 26.
35. *V Politburo TsK KPSS*, p. 317; 유고슬라비아 연방주의 위기에 관해서는 Sabrina P. Ramet, *Balkan Babel: The Disintegration of Yugoslavia from the Death of Tito to the Fall of Milošević* (Cambridge, MA: Westview Press, 2002), pp. 3 – 48; and *Veljko Vujacic, Natsionalizm, mif, i gosudarstvo v Rossii i Serbii. Predposylki raspada SSSR i Yugoslavii* (St Petersburg: European University, 2019)를 보라.
36. *Soiuz mozhno bylo sokhranit*, pp. 38, 39, 43.
37. Chernyaev's notes, 9 October 1988, *Sovmestnyi iskhod*, p. 767.
38. Diary of Teimuraz Stepanov-Mamaladze Papers, 14, 17, and 23 November 1988, Box 5, Folder 4, HIA.
39. Shakhnazarov, *Tsena svobody*, pp. 215 – 16.
40. De Waal, *Black Garden*, pp. 83 – 93.
41. Alfred Senn, *Gorbachev's Failure in Lithuania* (New York: St Martin's Press, 1995); Anatol Lieven, *The Baltic Revolution: Estonia, Latvia, Lithuania and the Path to Independence* (New Haven, CT: Yale University Press, 1993); Ronald Grigor Suny, *The Revenge of the Past: Nationalism, Revolution, and the Collapse of the Soviet Union* (Stanford, CA: Stanford

University Press, 1993); Nils R. Muiznieks, "The Influence of the Baltic Popular Movements on the Process of Soviet Disintegration," *Europe-Asia Studies* 47:1 (1995), pp. 3–25; Una Bergmane, "French and US Reactions Facing the Disintegration of the USSR: The Case of the Baltic States (1989~1991)," PhD Dissertation, Sciences Po, Paris, 2016.

42. Beissinger, *Nationalist Mobilization*, pp. 170–4.
43. 야코블레프가 정치국에 내놓은 주장은 https://www.alexanderyakovlev.org/fond/issues-doc/1023735를 보라. 발트인들에 대한 야코블레프의 유화책에 관해서는 Yegor Ligachev, *Inside Gorbachev's Kremlin, introduction by Stephen F. Cohen* (New York: Westview Press, 1996), pp. 137–40을 보라.
44. Senn, *Gorbachev's Failure in Lithuania*, pp. 25–6; Beissinger, *Nationalist Mobilization*, pp. 174–5.
45. Valery Boldin, *Krushenie piedestala. Shtrikhi k portretu M.S. Gorbacheva* (Moscow: Respublika, 1995), pp. 261–2; Bergmane, "French and US Reactions," p. 118.
46. 이에 관한 더 자세한 설명은 Muiznieks, "The Influence of the Baltic Popular Movements," pp. 3–25를 보라.
47. Chernyaev, *Sovmestnyi iskhod*, p. 773.
48. 1988년 11월 10일 정치국, Vorotnikov, *A bylo eto tak*, p. 265.
49. Andrei Zubov and Alexei Salmin, "Optimizatsiia natsionalno-gosudarstvennykh otnoshenii v usloviiakh 'natsionalnogo vozrozhdeniia' v SSSR," *Rabochii klass i sovremennyi mir* 3 (1989), pp. 62–84; 2017년 9월 13일 모스크바에서 주보프가 저자에게 들려준 회고; "Silnyi tsentr silnyie respubliki," 고스플란의 위원장 유리 마슬류코프와의 인터뷰, *Pravda*, 23 March 1989.
50. Chernyaev, Sovmestnyi iskhod, p. 773.
51. 1988년 11월 24일 정치국 의사록, Chernyaev Papers, St Antony's College, Oxford; 1989년 2월 16일 정치국 의사록, *Soiuz mozhno bylo sokhranit*, pp. 58–60.
52. Shakhnazarov, *Tsena svobody*, pp. 400–2; Pomeranz, *Law and the Russian State*, p. 109.
53. 타우브먼은 Ezra Vogel, *Deng Xiaoping and the Transformation of China* (Cambridge, MA: Harvard University Press, 2011), p. 423을 인용한다. (에즈라 보걸, 《덩샤오핑 평전》, 민음사, 2014)
54. Vogel, *Deng Xiaoping and the Transformation of China*, pp. 625–32; Kristina Spohr, Post Wall, *Post Square: Rebuilding the World After 1989* (New York: William Collins, 2019), pp. 55–8.
55. Taubman, *Gorbachev*, p. 480.
56. 더 자세한 설명은 Chris Miller, *The Struggle to Save the Soviet Economy: Mikhail Gorbachev*

and the Collapse of the USSR (Chapel Hill, NC: University of North Carolina Press, 2016), pp. 52 – 4, 180 – 1; Vladislav Zubok, "The Soviet Union and China in the 1980s: Reconciliation and Divorce," *Cold War History* 17:2 (Spring 2017), pp. 131 – 3을 보라.

57. 1988년 8월 5일 고르바초프가 체르냐예프에게 한 발언. Chernyaev Papers, cited in Service, *The End of the Cold War*, p. 385.

58. Roy Medvedev, "Vizit M. S. Gorbacheva v Pekin v 1989 godu," *Novaia i noveishaia istoriia* 3 (2011), pp. 93 – 101.

59. 1989년 5월 17일 베이징 기자회견에서 고르바초프의 발언, Mikhail Sergeyevich Gorbachev, *Sobraniie Sochinenii*, vol. 14, p. 23.

60. Shakhnazarov, *Tsena svobody*, p. 133.

61. *V Politburo TsK KPSS*, p. 412; William Moskoff, *Perestroika in the Countryside: Agricultural Reform in the Gorbachev Era* (New York: M. E. Sharp, 1990).

62. Ryzhkov at the Politburo, 28 March 1989, *MSG SS*, vol. 13, p. 481.

63. Leonid Abalkin, *Neispolzovannyi shans. Poltora goda v pravitelstve* (Moscow: Izdatelstvo politicheskoi literatury, 1991), pp. 8 – 10; 그와의 인터뷰, "Lunnyi landshaft," in Komsomolskaia Pravda, 8 February 1989, p. 2도 보라; 아발킨 사이트에 있는 추계는 https:// web.archive.org/web/20070927185048/; http://www.biograph.comstar.ru/bank/abalkin. htm; *Gosudarstvennyi biudzhet SSSR. 1989. Kratkii statisticheskii sbornik* (Moscow: Finansy i statistika, 1989), p. 5.

64. Abalkin, *Neispolzovannyi shans*, pp. 15 – 17; 미하일 베른스탐이 2020년 4월 16일 저자에게 제공한 정보.

65. 1988년 10월 29일 고르바초프; 1988년 11월 18일 고르바초프가 라지브 간디에게 한 발언, MSG SS, vol. 12, pp. 291, 380.

66. 1989년 4월 18일 프라니츠키와 리시코프와의 대화에 관한 아다미신의 기록, Adamishin Papers, HIA. 아발킨과 아간베간을 비롯한 대다수의 경제학자들도 그렇게 생각했다. A. G. Aganbegyan, "Gde vziat milliardy?", *Izvestia*, 2 August 1989.

67. 1988년 10월 3일 고르바초프의 정치국 발언 in MSG SS, vol. 12, pp. 143 – 4.

68. Chernyaev, *Sovmestnyi iskhod*, 3 April 1989, pp. 787 – 8.

69. Vorotnikov, *A bylo eto tak*, 15~16 March 1989, p. 285.

70. MIC에 관한 이 수치는 소련 각료회의 군산위원회 위원장 이고르 벨루소프의 보고서, Stenogramma zasedania prezidentskogo soveta, 28 September 1990에서 나온다. RGANI, f. 121, op. 3, d. 71, ll. 4 – 5.

71. Clifford G. Gaddy, *The Price of the Past: Russia's Struggle with the Legacy of a Militarized Economy* (Washington, DC: Brookings Institution Press, 1996), pp. 47 – 8.

72. MSG SS, vol. 12, p. 381; "Kadrovaia otstavliaiushchaia," *Ogonyok* 2 (20 January 2020), p.

16.

73. MSG SS, vol. 13, pp. 172 – 7; CIA memorandum, "CIS Candidate Cities for Defense Industries Conversion," 5 February 1992. Scowcroft Collection: OA/ID CF01343-009, GBPL.
74. Chernyaev's notes, 21 December 1988. Chernyaev Papers, St Antony's College, Oxford.
75. Chernyaev, *Sovmestnyi iskhod*, 15 and 22 January 1989, pp. 779, 783.
76. 고르바초프의 이데올로기적 진화에 관해서는 Archie Brown, "Did Gorbachev as General Secretary Become a Social Democrat?" *Europe-Asia Studies* 65:2 (March 2013), pp. 198 – 220을 보라.
77. Chernyaev, *Sovmestnyi iskhod*, 19 February 1989, p. 784.
78. Dominic Lieven, "Western Scholarship on the Soviet Regime," *Journal of Contemporary History* 29:2 (1994), p. 217.
79. Tocqueville, *The Ancien Régime and the French Revolution, trans. Arthur Goldhammer* (New York: Cambridge University Press, 2011), p. 157. (알렉시 드 토크빌,《앙시앵레짐과 프랑스혁명》, 지만지, 2013)

3장 혁명들

1. A. V. Berezkin and V. A. Kolosov, i.a., "The Geography of the 1989 Elections of People's Deputies of the USSR (Preliminary Results)," *Soviet Geography* 30:8 (1989), pp. 607 – 34.
2. 1989년 3월 2일 정치국에서 레프 자이코프(Lev Zaikov)는 최고소비에트와 각료회의 인원의 74퍼센트는 옐친에게 투표했다고 말했다. 고등군사아카데미와 KGB 고등연구소의 압도적 다수도 옐친에게 투표했다. MSG SS, vol. 13, pp. 484 – 6; Shakhnazarov's memo to Gorbachev, 30 March 1989, in Shakhnazarov, *Tsena svobody*, p. 465.
3. MSG SS, vol. 13, p. 486.
4. 위의 책, pp. 486 – 7.
5. 총회 의사록 전문은 1989년 4월 27일 자《프라우다》에 실렸다.
6. Chernyaev, *Sovmestnyi iskhod*, 30 April 1989, pp. 790 – 1; MSG SS, vol. 14, pp. 137 – 41. Vorotnikov, *A bylo eto tak*, p. 294; Matthew Evangelista, "Norms, Heresthetics, and the End of the Cold War," *Journal of Cold War Studies* 3:1 (Winter 2001), p. 12.
7. Roy Medvedev, *Sovetskii Soiuz. Posledniie gody zhizni* (Moscow: AST, 2010), pp. 256 – 7.
8. 블라디미르 레닌이 막심 고리키에 보낸 1919년 9월 15일 자 편지, Library of Congress, at https://www.loc.gov/exhibits/archives/g2aleks.html.
9. Benjamin Tromly, *Making the Soviet Intelligentsia: Universities and Intellectual Life under Stalin and Khrushchev* (New York: Cambridge University Press, 2013), p. 258.

10. 더 자세한 설명은 *Zubok, Zhivago's Children*, esp. ch. 7을 보라.

11. Chernyaev, *Sovmestnyi iskhod*, 15 January 1989, p. 780.

12. 위의 책, 13 May 1989, p. 794; *V Politburo TsK KPSS*, pp. 479–80, 482; Vorotnikov, *A bylo eto tak*, pp. 301–2; Taubman, *Gorbachev*, pp. 435–6.

13. Vladimir Kormer, *Dvoinoe soznanie intelligentsii i psevdokul'tura*, https://readli.net/chitat-online/?b=153810&pg=1.

14. Filipp Bobkov, interview on 22 February 1999 for the project on the end of the Cold War by the Gorbachev Foundation-HIA; Derluguian, *Bourdieu's Secret Admirer*, ch. 5.

15. Recollections of Sergey Stankevich, "25 let MDG. Pochemu pogib SSSR?" https://www.svoboda.org/a/25404259.html.

16. 위의 책.

17. Chernyaev, *Sovmestnyi iskhod*, 16 April, 2 May 1989, pp. 789, 792; Ligachev, *Inside Gorbachev's Kremlin*, pp. 146–69.

18. Medvedev, *V komande Gorbacheva*, pp. 91, 95; Taubman, *Gorbachev*, p. 428.

19. Taubman, *Gorbachev*, p. 441; Medvedev, *Sovetskii Soiuz*.

20. "Na S'ezde tsarstvuiet svoboda," Uchitelskaia gazeta, 3 June 1989; D. S. Likhachev, "K voprosu o vlasti," *Smena*, 20 June 1989, p. 1.

21. T. Gdlyan and N. Ivanov, *Kremlevskoe Delo* (Moscow: Gramota, 1996); Ligachev, *Inside Gorbachev's Kremlin*, pp. 204–53; Leslie Holmes, *The End of Communist Power: Anti-Corruption Campaigns and the Legitimation Crisis* (Oxford and New York: Oxford University Press, 1993); Cucciolla, "The Crisis of Soviet Power in Central Asia".

22. Shakhnazarov, *Tsena svobody*, pp. 77–8.

23. 에스토니아의 라흐바린네는 에스토니아 전체 의석 36석 가운데 29석을 얻었고 라트비아의 인민전선은 41석 가운데 30석을, 사유디스는 리투아니아의 42석 가운데 36석을 얻었다. Bergmane, "French and US Reactions", pp. 115–16. Senn, *Gorbachev's Failure in Lithuania*, p. 58.

24. Medvedev, *V komande Gorbacheva*, p. 98; Vorotnikov, *A bylo eto tak*, pp. 309–11.

25. Medvedev, *Sovetskii Soiuz*, pp. 263–6, 268.

26. Vitaly Korotich, editor-in-chief of "Ogonyok," *Molodezh Estonii*, 18 February 1989.

27. Anatoly Sobchak, *Khozhdeniie vo vlast. Rasskaz o rozhdenii parlamenta* (Moscow: Novosti, 1991), pp. 43–8.

28. Gorbachev, *Zhizn i reformy*, vol. 1, p. 468.

29. 1989년 7월 31일 정치국에서, MSG SS, vol. 16, p. 501.

30. 빅토르 게라셴코의 회고, Nikolai Krotov, *Ocherki istorii banka Rossii* (Moscow: Ekonomicheskaia letopis, 2011), pp. 162–4.

31. 노동자 운동에 대한 자세한 설명은 Medvedev, *Sovetskii Soiuz*, pp. 268 – 71을 보라.
32. Ryzhkov, Desiat' let, pp. 407 – 10; "Obrashcheniie k Sovetskomu narodu," *Izvestia*, 27 July 1989, p. 1; "Zakon o neotlozhnykh merakh po uluchsheniiu pensionnogo obespecheniia i sotsialnogo obsluzhivaniia naselenia," *Izvestia*, 4 August 1989; 국가 예산 적자 수치는 고스플란의 위원장 유리 마슬류코프의 최고소비에트 보고 기록에서 나온 것으로 *Izvestia*, 6 August 1989, p. 3을 보라. 리시코프가 추정한 파업에 따른 손실액은 1989년 10월 12일 정치국 회의, Chernyaev Papers, St Antony's College, Oxford.
33. 스테파노프 테이무라즈의 1989년 7월 말 일기. Stepanov-Mamaladze Papers, Box 5, Folder 7, HIA; *Chernyaev, Sovmestnyi iskhod*, 28 May 1989, pp. 799 – 800.
34. Gorbachev, *Zhizn i reformy*, vol. 1, pp. 461 – 2; 협동조합 사업가들의 '교수형'에 관해서는 *V Politburo TsK KPSS*, 14 July 1989, p. 496를 보라.
35. Eleonory Gilburd, *To See Paris and Die: The Soviet Lives of Western Culture* (Cambridge, MA: Harvard University Press, 2018); Yurchak, *Everything Was Forever, Until It Was No More; Sergey I.* Zhuk, *Rock and Roll in the Rocket City: The West, Identity, and Ideology in Soviet Dniepropetrovsk, 1960-1985* (Baltimore, MD, and Washington, DC: Woodrow Wilson Center Press and Johns Hopkins University Press, 2010); Maya Plisetskaya, *Ia, Maya Plisetskaia* (Moscow: Novosti, 1994).
36. "Poezdka za granitsu. Novoie v pravilakh vyezda i v'ezda v SSSR," Izvestia, 23 August 1989, p. 6.
37. 고르바초프 집권 초기 "공공 외교"와 그에 대한 소련 엘리트 기관의 참여는 David Foglesong, "When the Russians Really Were Coming: Citizen Diplomacy and the End of the Cold War," *Cold War History* 20:4 (2020), pp. 419 – 40을 보라.
38. Taubman, *Gorbachev*, pp. 149 – 52.
39. 1989년 5월 12일과 15일 자 테이무라즈의 일기. Teimuraz Stepanov-Mamaladze Papers, Box 5, Folder 7, HIA.
40. 1989년 혁명들의 최대 열망으로서 "정상성"에 관해서는 Ivan Krastev and Stephen Holmes, *The Light That Failed: Why the West Is losing the Fight for Democracy* (New York: Pegasus, 2020)를 보라.
41. 2020년 4월 13일 저자와 겐나디 부르불리스와의 전화 통화.
42. 1991년 6월 22일 니콜라이 트랍킨과 안드레이 카라울로프와의 인터뷰, Andrey Karaulov, *Vokrug Kremlia* (Moscow: Slovo, 1993), pp. 163 – 4.
43. Pavel Voshchanov, *Yeltsin kak navazhdenie. Zapiski politicheskogo prokhodimtsa* (Moscow: Algoritm, 2017), pp. 17 – 38: Lev Sukhanov, *Kak Yeltsin stal prezidentom. Zapiski pervogo pomoshchnika* (Moscow: Eksmo, 2011), pp. 47 – 52.
44. Jack Matlock, *Autopsy on an Empire* (New York: Random House, 1995), pp. 247 – 9;

Sukhanov, *Kak Yeltsin stal prezidentom*, pp. 52–68.

45. Sukhanov, *Kak Yeltsin stal prezidentom*, p. 71.
46. Voshchanov, *Yeltsin kak navazhdenie*, pp. 39–41; Sukhanov, *Kak Yeltsin stal prezidentom*, pp. 81–4.
47. Leon Aron, *Boris Yeltsin: A Revolutionary Life* (New York: HarperCollins, 2000), pp. 328–9; Colton, *Yeltsin*, pp. 172–3; Sukhanov, *Kak Yeltsin stal prezidentom*, p. 84; Pavel Voshchanov in Sergey Kiselev's film, "Prezident Vseia Rusi," part 1, https://www.youtube.com/watch?v=UZYMNqkdKzg, 2015년 11월 10일에 접속.
48. Matlock, *Autopsy*, pp. 227–32.
49. Senn, *Gorbachev's Failure in Lithuania*, pp. 71–2; Frédéric Bozo, *Mitterrand, the End of the Cold War, and German Unification* (Oxford: Berghahn Books, 2010), p. 85; Bergmane, "French and US Reactions," pp. 131–5.
50. 1989년 7월 31일, 정치국 의사록, *V Politburo TsK KPSS*, pp. 503–4.
51. Senn, *Gorbachev's Failure in Lithuania*, pp. 74–7; Bergmane, "French and US Reactions," pp. 120–1, 128.
52. 1989년 7월 14일 정치국 의사록, *V Politburo TsK KPSS*, pp. 497–500; 출간된 기록과 차이가 나는 원래 필기 기록은 Chernyaev Papers, St Antony's College, Oxford를 보라.
53. Beissinger, *Nationalist Mobilization*, pp. 192–3; Alla Yaroshinskaia, "Narodnyi Rukh na sluzhbe KGB," 9 October 2010, at https://www.rosbalt.ru/ukraina/2010/12/09/798964.html; 일부 반박은 http://khpg.org/index.php?id=1252007024. Braithwaite, diary, 4 November 1989를 보라.
54. https://www.segodnya.ua/lifestyle/fun/20-let-rukhu-shevchenko-konjak-i-ahent-khb-171273.html; 루흐회의 조직위원회 위원장 블라디미르 야보립스키와의 인터뷰. http://oralhistory.org.ua/interview-ua/382. 야보립스키는 당시 키예프에서 선출된 인민대표대회 대의원이자 당원이었다.
55. 사하로프의 프로젝트에 관해서는 "Remembering A. D. Sakharov's Constitutional Project 15 years," *Ab Imperio* 4 (2004), pp. 341–411의 논의와 자료를 보라; 특히 Kimitaka Matsuzato, "Ethno-Territorial Federalism and A. D. Sakharov's Constitutional Draft," *Ab Imperio* 4 (2004), pp. 387–91을 보라.
56. 갈리나 스타로보이토바와의 인터뷰, Rozpad Radians'koho Soiuzu. Usna istoria nezalezhnoi Ukrainy—1988~1991, at http://oralhistory.org.ua/cate\-gory/interview-ua/page/3/; *Sobesednik* 36 (1989).
57. *Izvestia*, 28 August 1989, p. 1. 이 선언문은 체르냐예프와 샤흐나자로프가 작업했다. Chernyaev, *Sovmestnyi iskhod*, 11 September 1989, p. 800.
58. Chernyaev, *Sovmestnyi iskhod*, 11 and 16 September 1989, pp. 800–1.

59. Chernyaev, 위의 책, 16 and 17 September, 5 October 1989, pp. 803, 805 –6.

60. Chernyaev, 위의 책, 15 October 1990, pp. 809 – 11; Vitaly Korotich, *Zal Ozhidaniia* (New York: Liberty Publishing House, 1991).

61. 1989년 9월 7일 정치국 회의, MSG SS, vol. 16, p. 482.

62. 고르바초프의 흐루쇼프에 관해서는 Amy Knight, "The KGB, Perestroika, and the Collapse of the Soviet Union," *Journal of Cold War Studies* 5:1 (2003), pp. 72 –4; Taubman, *Gorbachev*, p. 227; Braithwaite, diary, 4 November 1989를 보라.

63. *Pravda*, 3 December 1989.

64. 1989년 10월 12일 정치국에서 체르냐예프의 기록, Chernyaev Papers, St Antony's College, Oxford.

65. 1989년 4월 18일 리시코프가 프라니츠키에게 보낸 메모, Adamishin Papers, HIA.

66. 1989년 2월 4일 아나톨리 체르냐예프가 바딤 자글라딘에게 보낸 메모, in Svetlana Savranskaya, Thomas Blanton, and Vladislav Zubok, eds., *Masterpieces of History: The Peaceful End of the Cold War in Europe, 1989* (Budapest: Central European University Press, 2010), p. 389; Spohr, *Post Wall, Post Square*, pp. 82 –3.

67. 1989년 6월 12일 고르바초프와 콜의 대화, Alexander Galkin and Anatoly Chernyaev, eds., *Mikhail Gorbachev i Germanskii vopros. Sbornik dokumentov. 1986-1991* (Moscow: Ves Mir, 2006) pp. 161 –2; MSG SS, vol. 15, pp. 156 –73, 178 –81, 252 –4; Malcolm Byrne and Vojtech Mastny, eds., *A Cardboard Castle? The Inside Story of the Warsaw Pact* (Budapest: Central European University Press, 2005), pp. 644 –54.

68. 갈킨과 체르냐예프와의1989년 6월 14일 대화, Galkin and Chernyaev, Mikhail Gorbachev i Germanskii vopros, pp. 194 –5.

69. 동유럽에서 위로부터의 변화를 가속화한 "비시민 사회" 논제는 Kotkin and Gross, *Uncivil Society*에 소개되었다.

70. 최상의 설명은 Mary Sarotte, *1989: The Struggle to Create Post-Cold War Europe* (Princeton, NJ: Princeton University Press, 2011); Spohr, *Post Wall, Post Square*, ch. 2를 보라.

71. 테이무라즈의 1989년 8월 18일과 19일 자 일기. Teimuraz Stepanov-Mamaladze Papers, Box 5, Folder 8, HIA.

72. Beissinger, *Nationalist Mobilization*, p. 185; 테이무라즈의 1989년 4월 14~17일 자 일기, Teimuraz Stepanov-Mamaladze Papers, Box 5, Folder 8, HIA.

73. Braithwate, diary, 6 October 1989; Chernyaev Papers, St Antony's College, Oxford entry of 5 October 1989, pp. 805 –6.

74. George Bush and Brent Scowcroft, *A World Transformed* (New York: Knopf, 1998), p. 130; Russel Riley and Melvyn Leffler, interview with Philip Zelikow, 28 July 2010, BOHP, p. 16. 러시아-소련의 역사와 팽창주의에 관한 스코크로프트의 시각은 그와의 인

터뷰를 보라: 12~13 November 1999, BOHP, p. 8. Gates, From the Shadows, pp. 443–8; Jeffrey Engel, *When the World Seemed New: George H. W. Bush and the End of the Cold War* (New York: Houghton, Mifflin, Harcourt, 2017), pp. 137–8; Matlock, Autopsy, pp. 182–90, 195–7.

75. 일례로 1989년 7월 28일 기관 간 논의에 관해 브렌트 스카우크로트 앞으로 보낸 NSC 메모, in the papers of Condoleezza Rice; Subject Files, OA/ID CF00718-011, GBPL를 보라.

76. Bush and Scowcroft, *A World Transformed*, pp. 142–3; Colton, *Yeltsin*, pp. 171–2. 옐친과의 대화를 손으로 받아 적은 기록은 in Condoleezza Rice Papers: PA/ ID CF 00717–021, GBPL를 보라.

77. 비공식 회담용 메모는 https://bush41library.tamu.edu/files/memcons-telcons/1989-09-21—Shevardnadze%20[2].pdf; https://bush41library.tamu.edu/files/memcons-telcons/ 1989-09-21—Shevardnadze%20[1].pdf를 보라. Bush and Scowcroft, *A World Transformed*, pp. 144–5.

78. 이 일화에 관한 문헌은 너무 광범위하여 여기에 나열하기 어렵다. 영어로 쓰인 훌륭한 서술은 Mary Sarotte, *The Collapse: The Accidental Opening of the Berlin Wall* (New York: Basic Books, 2014)을 보라.

79. 이 과정에 대한 최상의 분석은 Lévesque, The Enigma of 1989; Kotkin and Gross, *Uncivil Society*다.

80. *Sarotte*, 1989, pp. 67–8; Emily S. Rosenberg, "Consumer Capitalism and the End of the Cold War," in Malvyn Leffler and Odd Arne Westad, eds., *The Cambridge History of the Cold War* (New York: Cambridge University Press, 2010), vol. III, p. 489.

81. 학자들의 최초 반응은 Daedalus 119:1 (Winter 1990)을 보라. 균형 잡힌 접근은 M. Kramer and V. Smetana, eds., *Imposing, Maintaining, and Tearing Open the Iron Curtain: The Cold War and East-Central Europe* (Lanham, MD: Lexington Books, 2014); Taubman, *Gorbachev*, p. 486을 보라.

82. MSG SS, vol. 17, pp. 47, 52, 56. 브레이스웨이트의 기록에는 이 발언이 없다, Braithwaite's diary, 17 November 1989.

83. Bush and Scowcroft, *A World Transformed*, pp. 154–5.

84. Bergmane, "French and US Reactions," pp. 138–41.

85. Anatoly Chernyaev, "Gorbachev-Bush. Vstrecha na Malte v 1989 godu," 7 June 2001, at https://www.gorby.ru/presscenter/publication/show_152/.

86. 이 만남에 관해 미국 측 기록은 이하를 보라 : https://bush41library.tamu.edu/files/memcons-telcons/1989-12-02--Gorbachev%20Malta%20Luncheon%20Meeting.pdf; https://bush\-41library.tamu.edu/files/memcons-telcons/1989-12-03—Gorbachev%20

Malta%20 Second%20Expanded%20Bilateral.pdf. 소련 측 기록은 Gorbachev, *Zhizn i reformy*, vol. 2, pp. 143 – 4를 보라.

87. 미국 측 판본은 https://bush41library.tamu.edu/files/memcons-telcons/1989-12-03—Gorbachev%20Malta%20Second%20Restricted%20Bilateral.pdf. 고르바초프의 선언의 핵심적 의의는 Chernyaev, Sovmestnyi iskhod, 2 January 1990, p. 833을 보라.

88. Bush and Scowcroft, *A World Transformed*, p. 177.

89. 테이무라즈의 1989년 12월 4일 자 일기. Teimuraz Stepanov-Mamaladze Papers, Box 5, Folder 8, HIA.

90. 위의 책, 4 December, between 10 and 16 December 1989.

4장 분리주의

1. *Pervyi s'ezd narodnykh deputatov SSSR, May 25-June 9, 1989. Stenograficheskii otchet*, vol. 2 (Moscow: Politizdat 1989), pp. 456 – 9; "Na S'ezde tsarstvuiet svoboda," *Uchitelskaia gazeta* (3 June 1989).

2. 1989년 7월 14일, 정치국 의사록, *V Politburo TsK KPSS*, p. 496 – 503; 출간되지 않은 체르냐예프의 원래 기록은 Chernyaev Papers, St Antony's College, Oxford.

3. 1989년 7월 14일 정치국 의사록, MSG SS, vol. 15, pp. 247 – 50; *V Politburo TsK KPSS*, pp. 500 – 3도 보라.

4. G. V. Myasnikov, "Dusha moia spokoina . . .: Iz dnevnikov raznykh let". Published by M. G. Myasnikov, *Nazhe naslediie*, 59 – 60 (2001), the entry of 19 April 1980, http://www.nasledie-rus.ru/podshivka/6012.php.

5. 체르냐예프의 1989년 1월 15일과 9월 11일 자 일기, Sovmestnyi iskhod, pp. 779, 800 – 1; 더 자세한 설명은 Vladislav Zubok, *The Idea of Russia: The Life and Work of Dmitry Likhachev* (London: I. B. Tauris, 2016), ch. 8을 보라.

6. Vorotnikov, *A bylo eto tak*, the entry of 25 – 27 October 1989, p. 353; Braithwaite's diary, 27 October 1989.

7. Andrei Sakharov, *Trevoga i nadezhda*. Vol. 2. *Stati, pisma, vystupleniia, interview, 1986-1989* (Moscow: Vremia, 2006), pp. 591 – 2; materials of the constitutional project of A. D. Sakharov, *Ab Imperio* 4 (2004), pp. 357 – 60.

8. Dunlop, *The Rise of Russia*, p. 93; interview with Mikhail Afanasyev in *Literaturnaia Rossiia* 4 (January 1992), p. 2; 운동 강령은 *Viktor Sheinis, Vzlet i padeniie parlamenta. Perelomnyie gody v rossiiskoi politike (1985-1991)*, vol. 1 (Moscow: Moscow Carnegie Center, Fond INDEM, 2005), p. 261에 실려 있다.

9. Yeltsin, *Against the Grain*, pp. 258 – 61; Voshchanov, *Yeltsin kak navazhdeniie*, pp. 48 – 52,

74 – 80; Vorotnikov, *A bylo eto tak*, entry of 16 October 1989, pp. 351 – 2.

10. B. N. Yeltsin, Tezisnoie soderzhaniie predvybornoi programmy, g. Leningrad, December 1989; Predvybornaia programma B. N. Yeltsina, December 1989, the Archive of B.N.Yeltsin [hereafter AY], f. 6, op. 1, d. 8, ll. 5 – 12, 13 – 42, at https://yeltsin.ru/archive/paperwork/8576; https://yeltsin.ru/archive/paperwork/8577.

11. B. N. Yeltsin, Vstrechi s trudiashchimisia g. Sverdlovska, 28 January~2 February 1990, AY, f. 6, op. 1, d. 8, ll. 43 – 9.

12. 영역본은 *The Sunday Times*, 11 February 1990, AY, f. 6, op. 1, d. 212, ll. 1 – 12; Chernyaev, *Sovmestnyi iskhod*, the entries of 3 and 21 January 1990, pp. 835, 838.

13. 알렉산드르 지노비에프의 견해와 생애는 그의 *Russkaia tragediia* (Moscow: Algoritm, 2007)를 보라. 그의 또 다른 저서 *Catastroika. Povest o Perestroike v Partgrade* (Moscow: EKSMO, Algoritm, 2003)도 보라. Philip Hanson, "Homo Sovieticus among the Russia-watchers," in *Alexander Zinoviev as Writer and Thinker: An Assessment* (New York: Macmillan Press, 1988), pp. 154 – 72.

14. 1990년 3월 9일, 보리스 옐친이 프랑스 채널 Antenne-2와 한 인터뷰는 http://zinoviev.info/wps/archives/518; https://www.youtube.com/watch?v=4r9e-QzP6Y에서 볼 수 있다. 2020년 3월 20일에 접속.

15. Chernyaev, *Sovmestnyi iskhod*, 1 January 1990, p. 833.

16. Senn, *Gorbachev's Failure in Lithuania*, p. 84.

17. 이 논의는 Edward W. Walker, *Dissolution: Sovereignty and the Breakup of the Soviet Union* (New York: Rowman & Littlefield, 2003)을 보라. https://sites.fas.harvard.edu/~hpcws/comment21.htm도 보라.

18. David Remnick, *Lenin's Tomb: The Last Days of the Soviet Empire* (New York: Random House, 1993), p. 301; Taubman, *Gorbachev*, pp. 503 – 4; *Soiuz mozhno bylo sokhranit*, the entry of Gorbachev's January 1990 trip.

19. *Soiuz mozhno bylo sokhranit*, the entries of January 1990.

20. Raisa Gorbacheva, "Ia nadeius," at https://www.gorby.ru/ru/gorbacheva/I_hope.

21. TV에 관해서는 1990년 2월 20일 자 정치국 의사록에서 정치국원들이 제기한 불만을 보라: *V Politburo TsK KPSS*, pp. 565 – 6.

22. 1990년 2월 2일 고르바초프와 광부들과의 만남은 MSG SS, vol. 18, p. 221.

23. Vorotnikov, *A bylo eto tak*, p. 408.

24. Chernyaev, *Sovmestnyi iskhod*, the entry of 28 January 1990, p. 839.

25. 위의 책, the entries of 21, 28 January, 21 April 1990, pp. 837, 838 – 9, 851.

26. Vorotnikov, *A bylo eto tak*, pp. 392, 394; *V Politburo TsK KPSS*, pp. 567 – 8; Chernyaev, *Sovmestnyi iskhod*, p. 841.

27. Vorotnikov, *A bylo eto tak*, p. 402; *V Politburo TsK KPSS*, p. 562.

28. MSG SS, vol. 18, pp. 621, 622.

29. Boldin, *Krushenie piedestala*, pp. 245 – 8.

30. Sobchak, *Khozhdenie vo vlast*, pp. 167 – 86.

31. Vneocherednoi Tretii S'ezd Narodnykh Deputatov SSSR, March 12 – 15, 1990. *Stenograficheskii otchet*, vol. 2 (Moscow: Izdanie Verkhovnogo Soveta SSSR, 1990), pp. 30 – 1; MSG SS, vol. 18, p. 515.

32. Vorotnikov, *A bylo eto tak*, pp. 406, 409; Chernyaev, *Sovmestnyi iskhod*, pp. 844, 847; Shakhnazarov, *Tsena svobody*, pp. 139 – 46.

33. Shakhnazarov, *Tsena svobody*, pp. 140 – 1, 144 – 5; Taubman, *Gorbachev*, p. 512.

34. Vorotnikov, *A bylo eto tak*, the entry of 30 March 1990, pp. 413 – 14.

35. Alexander Galkin and Chernyaev, *Mikhail Gorbachev i Germanskii vopros*, pp. 307 – 1. More on this in Vladislav Zubok, "With His Back Against the Wall: Gorbachev, Soviet Demise, and German Reunification," *Cold War History* 14:4 (2014), pp. 629 – 30.

36. 2000년 8월 10~11일, 브렌트 스코크로프트와의 인터뷰, BOHP, pp. 44, 45.

37. 이 만남에 관한 메모는 https://bush41library.tamu.edu/files/memcons-telcons/1989-12-03-Kohl.pdf, 2020년 3월 31일에 접속; Bush and Scowcroft, *A World Transformed*, pp. 197 – 9. Sarotte, *1989*, pp. 78 – 9; Spohr, *Post Wall, Post square*, ch. 4.

38. Galkin and Chernyaev, *Mikhail Gorbachev i Germanskii vopros*, pp. 334, 338.

39. 위의 책, p. 354; 1990년 2월 13일 헬무트 콜과 부시와의 통화 내용은, http://bushlibrary.tamu.edu/research/pdfs/memcons_telcons/1990-02-13-Kohl%20%5B1%5D.pdf.

40. Vneshekonombank to the Council of Ministers of the USSR (by Yuri Moskovsky), 16 June 1990, State Archives of the Russian Federation (GARF), f. 5446, op. 162, d. 1464, at http://gaidar-arc.ru/file/bulletin-1/DEFAULT/org.stretto.plugins.bulletin.core.article/file/2251, retrieved 1 April 2014; Tuomas Forsberg, "Economic Incentives, Ideas, and the End of the Cold War: Gorbachev and German Unification," *Journal of Cold War Studies* 7:2 (Spring 2005), pp. 142 – 64.

41. Bush and Scowcroft, *A World Transformed*, pp. 221 – 2; Memorandum of Conversation, Helmut Kohl, Bush, Baker, i.a. Camp David, 24 and 25 February 1990, at http://bushlibrary. tamu.edu/research/pdfs/memcons_telcons/1990-02-24-Kohl.pdf; http://bushlibrary.tamu. edu/research/pdfs/memcons_telcons/1990-02-25-Kohl.pdf. Adamishin to Braithwaite, 22 January 1990; Chernyaev to Braithwaite, 24 February 1990, Braithwaite's diary.

42. 1990년 2월 13일 체르냐예프의 정치국 회의 기록, Chernyaev Papers, St Antony's

College, Oxford; 1990년 3월 2일 자 정치국 의사록, *Soiuz mozhno bylo sokhranit*; NSC Files 1989~1991, Baltics, from the American Embassy in Moscow to Secretary of State, "Ambassadors Call on Yakovlev," 30 March 1990, GBPL.

43. Senn, *Gorbachev's Failure in Lithuania*, pp. 90–7. Lieven, *The Baltic Revolution*, pp. 230–9. 1990년 3월 15일 소련 인민대표대회의 선언은 *Raspad SSSR: Dokumenty i fakty (1986~1992)*, vol. 1 (Moscow: Walters Kluwer, 2009), pp. 296–7을 보라.

44. Vorotnikov, *A bylo eto tak*, pp. 408–9; *V Politburo TsK KPSS*, p. 581; Chernyaev, *Sovmestnyi iskhod*, entry of 22 March 1990, p. 846. 야코블레프의 입장은 NSC Files 1989~1991, Baltics, from the American Embassy in Moscow to the Secretary of State, "Ambassadors Call on Yakovlev," 30 March 1990, GBPL을 보라.

45. *Raspad SSSR*, vol. 1, pp. 172–3.

46. https://ru.wikisource.org/wiki/Закон_СССР_от_03.04.1990_№_1409-I.

47. Stenographic record no. 2 of the Presidential Council of the USSR, RGANI, f. 121, op. 3, d. 48, ll. 4–19, 30, 31–6.

48. "Poslanie Prezidenta SSSR i predsedatelia Soveta Ministrov SSSR," *Raspad SSSR*, vol. 1, pp. 304–5.

49. Senn, *Gorbachev's Failure in Lithuania*, pp. 101–4.

50. https://bush41library.tamu.edu/files/memcons-telcons/1990-04-06-Shevardnadze.pdf. For the 러시아 측 기록은 스테파노프 테이무라즈의 일기, Teimuraz Stepanov-Mamaladze Papers, Box 5, Folder 8, HIA, pp. 439–40을 보라.

51. 1990년 4월 10일 캐나다 브라이언 멀로니 총리와의 회담은 https://bush\-41library.tamu.edu/files/memcons-telcons/1990-04-10-Mulroney.pdf를 보라. 이 기록과 상당히 다른 어조로 묘사된 Bush and Scowcroft, *A World Transformed*, pp. 222–7, 228–9, 그리고 스코크로프트와의 인터뷰 no. 2, pp. 41–2, BOHP를 비교하라.

52. Bergmane, "French and US Reactions," pp. 172–6, 179; Bush and Scowcroft, *A World Transformed*, p. 216; interview with Scowcroft no. 2, pp. 42–3, BOHP.

53. 1990년 4월 4일 한스디트리히 겐셔 외무부 장관과 회담에 대한 기록은 https://bush\-41library.tamu.edu/files/memcons-telcons/1990-04-04-Genscher.pdf를 보라.

54. 1990년 4월 19일 프랑스 미테랑 대통령과의 회담은 https://bush41library.tamu.edu/files/memcons-telcons/1990-04-19-Mitterrand%20[1].pdf를 보라.

55. Bergmane, "French and US Reactions," pp. 189–91, 202; Braithwaite's diary, 21 March 1990.

56. Shakhnazarov to Gorbachev, 5 May 1990, in his *Tsena svobody*, p. 470.

57. Chernyaev, *Sovmestnyi iskhod*, entry of 7 May 1990, pp. 855–6; Braithwaite's diary, 18 May 1990; Gorbachev's meeting with Baker, 17 May 1990, MSG SS, vol. 19, pp. 584–

6; vol. 20, pp. 27–9, 135–44.

58. Remnick, *Lenin's Tomb*, pp. 325–7. Chernyaev, *Sovmestnyi iskhod*, p. 854; Vorotnikov, *A bylo eto tak*, p. 425; Braithwaite's diary, 8 May 1990.

59. Remnick, *Lenin's Tomb*, p. 328; Chernyaev, *Sovmestnyi iskhod*, entry of 5 May 1990, p. 854.

60. Chernyaev, *Sovmestnyi iskhod*, entry of 5 May 1990, p. 854; Vorotnikov, *A bylo eto tak*, p. 426; *V Politburo TsK KPSS*, pp. 494–5. 이 문제에 관한 정치국의 토론 기록은 여전히 출간되지 않았다.

61. 1990년 5월 4일, 체르냐예프가 고르바초프에게 보낸 편지, in Galkin and Chernyaev, *Mikhail Gorbachev i Germanskii vopros*, p. 425.

62. 이에 관한 더 자세한 설명은 5장을 보라.

63. "Iz Besedy s Kh. Telchikom," 14 May 1990, MSG SS, vol. 19, pp. 522–46; vol. 20, p. 518, n. 7; Taubman, *Gorbachev*, p. 549.

64. 경찰과 KGB에서는 각각 17명과 10명이 선출되었다. Sheinis, *Vzlet i padeniie parlamenta,* vol. 1, pp. 273–4.

65. 위의 책, pp. 276, 281–2.

66. Yelena Fanailova, "Zakon o pechati," Radio Liberty at http://www.svoboda.org/a/27159049.html, 2020년 3월 24일 접속.

67. Sheinis, *Vzlet i padeniie parlamenta*, vol. 1, pp. 264, 267–72.

68. 1990년 4월 20일 정치국 회의는 Vorotnikov, *A bylo eto tak*, pp. 423–4, 428–9를 보라.

69. Vorotnikov, *A bylo eto tak*, pp. 432–5; Sheinis, *Vzlet i padeniie parlamenta*, vol. 1, pp. 302–3. 고르바초프의 "놀라운 무심함"은 Braithwaite's diary, 29 May 1990을 보라. 2020년 4월 21일 저자가 수행한 겐나디 부르불리스와의 전화 인터뷰.

70. 테이무라즈의 1990년 5월 29일 자 일기, Teimuraz Stepanov-Mamaladze Papers, Box 5, Folder 9, HIA, ll. 99–100, 105.

71. Taubman, *Gorbachev*, p. 553; Bush and Scowcroft, *A World Transformed*, pp. 282–83; Philip Zelikow and Condoleezza Rice, *Germany Unified and Europe Transformed: A Study in Statecraft* (Cambridge, MA: Harvard University Press, 1997), p. 278.

72. 테이무라즈의 1990년 5월 29일 자 일기, Teimuraz Stepanov-Mamaladze Papers, Box 5, Folder 9, HIA, ll. 99–100, 105, 109, 120–1. Interview with Sergey Tarasenko, 19 March 1999, Moscow, courtesy of Oleg Skvortsov, head of the Oral History Project on the End of the Cold War, the Institute for General History, Russian Academy of Sciences.

73. https://bush41library.tamu.edu/files/memcons-telcons/1990-05-31-Gorbachev.pdf.

74. Taubman, *Gorbachev*, pp. 554–5; diary of Stepanov-Mamaladze, 1 June 1990, Teimuraz

Stepanov-Mamaladze Papers, Box 5, Folder 9, HIA, ll. 127–8; 고르바초프와 부시의 최초 일 대 일 면담에 관해서는 https://bush41library.tamu.edu/files/memcons-telcons/1990-05-31-Gorbachev.pdf를 보라.

75. 체르냐예프는 고르바초프의 발언을 되풀이한다: Chernyaev, *Sovmestnyi iskhod*, entry of 17 June 1990, p. 858을 보라.

76. 고르바초프는 1990년 6월 8일 BBC와의 인터뷰에서 이런 입장을 표명했다. MSG SS, vol. 20, pp. 396–404.

77. 1990년 5월 22일 옐친의 연설은 Braithwaite's diary, 29 May 1990을 보라.

78. Sheinis, *Vzlet i padeniie parlamenta*, vol. 1, pp. 318–19.

79. Deklaratsiia S'ezda narodnykh deputatov RSFSR, 12 June 1990, "O gosudarstvennom suve\-renitete Rossiiskoi Federativnoi Sotsialisticheskoi Respubliki," *Raspad SSSR*, vol. 1, pp. 181–3. 1990년 민주러시아 소속 대의원이었던 예브게니 코조킨(Yevgeny Kozhokin)을 상대로 저자가 2017년 9월 15일 모스크바에서 한 인터뷰.

80. Archie Brown, "The End of the Soviet Union," *Journal of Cold War Studies* 17:4 (2015), p. 163.

81. Starovoitova in *Komsomolskaia Pravda*, 7 June 1991, cited in Dunlop, The Rise of Russia, p. 24; interview with Galina Starovoitova for the Ukrainian project *Rozpad Radianskoho Soiuzu*, at http://oralhistory.org.ua/interview-ua/566.

82. 배경 설명은 Serhii Plokhy, *The Gates of Europe: A History of Ukraine* (New York: Basic Books, 2015)을 보라. 우크라이나 선언문은 *Raspad SSSR* vol. 1, pp. 191–5를 보라.

83. 1990년 6월 8일 부시와 콜의 회담 기록은 https://bush41library. tamu.edu/files/memcons-telcons/1990-06-08-Kohl.pdf; Zapiska N. I. Ryzhkova v TsK KPSS, 29 June 1990, f. 89, perechen 8, d. 77, 4–10; Vypiska iz protokola no. 178 of the Politburo session on 10 May 1990, RGANI, f. 89, per. 10, dok. 58, HIA, f. 89, Reel 1.990.

84. 마이클 보스킨을 상대로 한 저자의 인터뷰, HIA, 19 April 2013; Michael J. Boskin, *Capitalism and its Discontents: The Adam Smith Address* (Hoover Institution: Stanford University, 1999), pp. 9–11; Brady to Bush, 24 May 1990, Michael Boskin Files, Folder OA/ID CF01113–43, GBPL. Bush and Scowcroft, *A World Transformed*, p. 277.

85. 1990년 7월 17일 부시와 고르바초프의 통화 내용은 https://bush41library.tamu.edu/files/memcons-telcons/1990-07-17-Gorbachev.pdf. 휴스턴정상회담에 관해서는 Svetlana Savranskaya and Thomas Blanton, eds., *The Last Superpower Summits: Reagan, Gorbachev and Bush at the End of the Cold War* (Budapest: Central European University Press, 2016), pp. 584–5를 보라.

86. Bush and Scowcroft, *A World Transformed*, pp. 276–7. 1990년 6월 8일 독일 콜 총리와의 회담은 https://bush41library.tamu.edu/files/memcons-telcons/1990-06- 08-Kohl.pdf.

1990년 7월 8일 브라이언 멀로니와의 회담은 https://bush41library.tamu. edu/files/ memcons-telcons/1990-07-08-Mulroney.pdf.

87. Zelikow and Rice, *Germany Unified*, pp. 277–8; Bush and Scowcroft, A World Transformed, pp. 282–3.

88. 테이무라즈의 1990년 7월 11일 자 일기, Teimuraz Stepanov-Mamaladze Papers, Box 5, Folder 9, HIA, p. 170.

89. Vorotnikov, *A bylo eto tak*, pp. 440–3; Chernyaev, *Sovmestnyi iskhod*, entries of 24 June, 8 and 9 July 1990, pp. 861–2.

90. 테이무라즈의 1990년 7월 3일 자 일기, Teimuraz, Stepanov-Mamaladze Papers, Box 5, Folder 10, HIA, ll. 188–91. 1990년 7월 2일 야코블레프의 연설, *Pravda*, 4 July 1990.

91. Grachev, *Gorbachev's Gamble*, pp. 189–90. 테이무라즈의 1990년 7월 12일 자 일기, Stepanov-Mamaladze Papers, Box 5, Folder 9, HIA, 12 July 1990, ll. 207, 212.

92. Sheinis, *Vzlet i padeniie parlamenta*, pp. 355–6. 옐친의 지지율은 AY, f. 6, op. 1, d. 59, ll. 117–22에서 VTsIOM(1990년 10월 무렵) 데이터를 보라.

93. Chernyaev, *Sovmestnyi iskhod*, entries of 11 and 14 July 1990, pp. 863, 864; Galkin and Chernyaev, *Gorbachev i Germanskii vopros*, pp. 492–503. 1990년 7월 5일 NATO 사무총장 만프레트 뵈르너와의 회담은 https://bush41library.tamu.edu/files/ memcons-telcons/1990-06-08-Kohl.pdf를 보라.

94. 아르히즈에서의 대화에 관한 자세한 서술은 Hanns Jürgen Küsters and Daniel Hoffmann, *Deutsche Einheit: Sonderedition aus den Akten des Bundeskanzleramtes 1989/90* (Munich: De Gruyter Oldenbourg, 1998), pp. 1357–64; Spohr, *Post Wall, Post Square*, pp. 242–3을 보라.

5장 갈림길

1. Braithwaite's diary, 31 March and 23 November 1989.

2. 2020년 9월 3일, 미하일 베른스탐이 저자에게 밝힌 내용. 이를 같은 시기에 중국이 하고 있던 일과 비교해보라. Barry Naughton, *Growing out of the Plan: Chinese Economic Reform, 1978-1993* (New York: Cambridge University Press, 1996).

3. Ryzhkov, Perestroika, p. 130; Pavlov, *Upushchen li shans?*, pp. 94–7; Gorbachev, Zhizn i reformy, vol. 1, p. 566; V. Pavlov to the State Commission on Economic Reform, 2 November 1989. GARF, f. 5446, op. 150, d. 64, ll. 53–62; V. G. Panskov to the Council of Ministers, 11 November 1989. GARF, f. 7733, op. 65. d. 4847, ll. 35–41. Abalkin's inter\-view in *Pravda*, 16 December 1989, p. 1.

4. Gorbachev, *Zhizn i reformy*, vol. 1, p. 567. 정부의 경제 프로그램과 그에 관한 논의는

Pravda, 11 and 14~15 November 1989를 보라. 제2차 인민대표대회에서 리시코프의 보고는 *Pravda*, 15 December 1989를 보라.

5. Ryzhkov, *Perestroika*, pp. 234–5, 254–5. "파산"에 관한 리시코프의 언급: 세바르드나제가 보좌관들에게 한 언급은 테이무라즈의 1990년 7월 19일 자 일기, Teimuraz Stepanov-Mamaladze Papers, Box 5, Folder 7, HIA를 보라. 투기적인 대외무역에 관해서는 RGANI, f. 121, op. 3, d. 13, l. 13을 보라. 유가는 https://www.eia.gov/dnav/pet/hist/LeafHandler.ashx?n=\-pet&s=f000000 3&f=m을 보라.
6. "Zanyat 'oboronku,'" Part II. *Novaia gazeta*, 11 February 2008, at https://novayagazeta.ru/articles/2008/02/11/39365-zanyat-oboronku-chast-ii.
7. 1990년 3월 5일 랴센체프가 코메르산트에서 한 인터뷰는 https://www.kommersant.ru/doc/265944; Sobchak, Khozhdeniie vo vlast, pp. 55–60을 보라. Ryzhkov, *Perestroika*, pp. 259–66; 나중에 언론계의 탐사 보도는 "Zanyat 'oboronku,'" parts I–IV, Novaia gazeta 9, 10, 11, 12 February 2008, at https://novayagazeta.ru/articles/2008/02/11/39365-za\-nyat-oboronku-chast-ii; https://novayagazeta.ru/articles/2008/02/14/39323-zanyat-obo\-ronku-chast-iii을 보라.
8. Braithwaite's diary, 14 and 23 March 1990; 솝차크의 비난과 리시코프의 감정적인 방어는 https://www.youtube.com/watch?v=suFhs9CypMc.
9. 폴란드의 개혁에 관해서는 Henryk Kierzkowski, Marek Okolski, and Stanislaw Wellisz, eds., *Stabilization and Structural Adjustment in Poland* (New York: Routledge, 1993).
10. Yakov Feygin, "Reforming the Cold War State: Economic Thought, Internationalization, and the Politics of Soviet Reform, 1955~1985," PhD Dissertation, University of Pennsylvania, 2017, p. 91.
11. Nikolai Petrakov, *Russkaia ruletka. Ekonomicheskii eksperiment tsenoiu 150 millionov zhiznei* (Moscow: Economika, 1998), pp. 102, 104–5.
12. 페트라코프는 경제학자 보리스 표도로프(Boris Fyodorov)와 공동으로 프로그램을 마련했다 ; Petrakov, *Russkaia ruletka*, pp. 109–16.
13. 1990년 4월 3일 모스크바에서 고르바초프가 야루젤스키에게, in MSG SS, vol. 19, pp. 245, 248.
14. 1990년 4월 18일 대통령회의에서의 논의는 Vorotnikov, *A bylo eto tak*, pp. 420–1; Gorbachev, *Zhizn i reformy*, vol. 1, p. 570을 보라.
15. Braithwaite's diary, 25 April 1990.
16. Abalkin, *Neispolzovannyi shans*, pp. 167–8.
17. 1990년 5월 11일 고르바초프의 답변은 MSG SS, vol. 19, p. 458; *Pravda*, 14 May 1990을 보라.
18. 1990년 5월 22일 대통령회의와 연방회의 연석회의 속기록은 RGANI, f. 121, op. 3, d.

56, ll. 29, 41–55, 67–70, 84, 96–7, 108–9, 130–1을 보라.

19. Abalkin, *Neispolzovannyi shans*, pp. 165–6; Gorbachev, *Zhizn i reformy*, vol. 1, p. 570; Ryzhkov, *Perestroika*, pp. 310–11.

20. Vorotnikov, *A bylo eto tak*, p. 422; Braithwaite's diary, 22 and 23 May 1990; interview with Stanislav Shatalin by Andrey Karaulov, 28 July 1991, *Nezavisimaia gazeta*, 24 August 1991, at http://www.yavlinsky.ru/said/documents/index.phtml?id=2422.

21. 러시아의 선언에 관해서는 1990년 8월 13일 샤흐나자로프가 고르바초프에게 보낸 메모를 그의 *Tsena svobody*, p. 486에서 보라.

22. 2020년 3월 31일, 현 옐친센터의 수장인 알렉산드르 드로즈도프를 상대로 한 저자의 전화 인터뷰.

23. GARF, f. 10026, op. 1, d. 270, ll. 58–61; Gerashchenko in Krotov, *Ocherki istorii*, pp. 172–3.

24. 블라디미르 라스카조프의 회고는 Krotov, *Ocherki istorii*, pp. 246–50을 보라.

25. https://bio.yavlinsky.ru/#round-five.

26. 2000년 10월 9일 그리고리 야블린스키가 PBS에서 한 인터뷰는 http://www.pbs.org/wgbh/commandingheights/shared/minitext/int_grigoriiyavlinsky.html을 보라. 2016년 1월 17일에 접속.

27. G. A. Yavlinsky, A. Yu. Mikhailov, M. M. Zadornov, "400 dnei doveriia," Moscow, 1990, at https://www.yabloko.ru/Publ/500/400-days.pdf, 2020년 4월 26일 접속. 야블린스키가 2010년 4월 3일에 한 인터뷰는 https://www.forbes.ru/interview/45575-reformatory-prihodyat-k-vlasti-grigorii-yavlinskii 을 보라. 2020년 4월 16일 접속.

28. Ryzhkov, *Perestroika*, pp. 320–1; 2010년 3월 4일 야블린스키의 인터뷰.

29. Petrakov, *Russkaia ruletka*, pp. 133–4.

30. 보리스 옐친이 오스트리아 신문 《쿠리어(*Kurier*)》에서 한 발언의 번역본은 TASS, 25 July 1990, AY, f. 6, op. 1, d. 36, ll. 22–8, 1990년 6월 26일 옐친의 기자회견은, AY, d. 37, ll. 125–54, https://yeltsin.ru/archive/paperwork/9433.

31. Petrakov, *Russkaia ruletka*, p. 135.

32. Taubman, *Gorbachev*, p. 528.

33. https://zakon.rada.gov.ua/cgi-bin/laws/main.cgi?nreg=55-12#Text; RGANI, f. 121, op. 3, d. 59, l. 104; 이와 다른, 더 경제 중심적인 시각은 Taubman, *Gorbachev*, pp. 522–3; *Raspad SSSR*, vol. 1, pp. 191–5. MSG SS, vol. 21, pp. 288–9를 보라.

34. Petrakov, *Russkaia ruletka*, pp. 136–8. 샤탈린, 페트라코프, 야블린스키와 그들 팀의 법적·정치적 전제들은 https://www.yabloko.ru/Publ/500/500-3.html을 보라. 2020년 4월 20일 접속.

35. Petrakov, *Russkaia ruletka*, p. 138; Ryzhkov, *Perestroika*, pp. 322–4; Abalkin,

Neispollzovannyi shans, p. 197.

36. BBC 다큐멘터리 "The Second Russian Revolution"에서 샤탈린의 인터뷰. 발언 녹취록은 Taubman, *Gorbachev*, p. 523; Petrakov, *Russkaia ruletka*, p. 139에서 인용.
37. Abalkin, *Neispolzovannyi shans*, pp. 201 – 3; Ryzhkov, *Perestroika*, p. 329.
38. Petrakov, *Russkaia ruletka*, pp. 139 – 42; "500 Days. The Concept of a Program of Transition to a Market Economy as a Foundation of an Economic Union of Sovereign Republics," https://www.yabloko.ru/Publ/500/500-days.html 2020년 4월 20일 접속. 8월 29일 고르바초프에게 제출된 판본은 RGANI, f. 121, op. 3, d. 60, ll. 97 – 116을 보라.
39. Vasily Seliunin, "Uroki polskogo," *Ogonyok* 33 (11~18 August 1990), pp. 3 – 5; Igor Klyamkin, "Oktyabrskii vybor prezidenta," *Ogonyok* 47 (11~24 November 1990), pp. 4 – 5; Petrakov, *Russkaia ruletka*, pp. 150 – 2.
40. Informatsiia o politicheskikh nastroeniakh moskvichei v avguste 1990, AY, f. 6, op. 1, d. 59, ll. 94 – 107.
41. Anatoly Chernyaev, *My Six Years with Gorbachev* (Moscow: Progress, 1993), pp. 284 – 6; Chernyaev, *Sovmestnyi iskhod*, 21 August 1990, p. 866.
42. *Sovetskaia Tatariia*, 12 August 1990; Sovetskaia Bashkiriia, 14 August 1990; cited in *Soyuz mozhno bylo sokhranit*, pp. 185 – 6.
43. 2020년 5월 6일 겐나디 부르불리스를 상대로 한 저자의 전화 인터뷰.
44. Chernyaev, *Sovmestnyi iskhod*, 21 August 1990, pp. 867 – 8.
45. Ryzhkov, *Perestroika*, p. 328; Abalkin, *Neispolzovannyi shans*, pp. 200, 206 – 7; Petrakov, *Russkaia ruletka*, pp. 142 – 3. 2020년 5월 6일 겐나디 부르불리스를 상대로 한 저자의 전화 인터뷰.
46. Petrakov, *Russkaia ruletka*, pp. 152 – 3; Chernyaev, *My Six Years with Gorbachev*, p. 868.
47. Petrakov, *Russkaia ruletka*, pp. 153 – 4; 샤탈린의 인터뷰는 Taubman, *Gorbachev*, p. 527에서 인용.
48. Petrakov, *Russkaia ruletka*, pp. 155 – 6.
49. 1990년 8월 29일 고르바초프와의 회담 결과에 관한 옐친의 주장과 기록은 AY, f. 6, op. 1, d. 31, ll. 16 – 26을 보라.
50. Chernyaev, *My Six Years with Gorbachev*, p. 286; Chernyaev, *Sovmestnyi iskhod*, 27 August 1990, p. 870.
51. 1990년 8월 15일과 29일 볼딘에게 보낸 옐친 의료 기록, AY, f. 6, op. 1, d. 203, ll. 11 – 17; Adamishin Papers, HIA에서 1990년 9월 14일 자 아다미신의 일기도 보라.
52. VTsIOM 데이터(1990년 10월 무렵)는 AY, f. 6, op. 1, d. 59, ll. 117 – 22를 보라.
53. 2020년 5월 6일 겐나디 부르불리스를 상대로 한 저자의 전화 인터뷰.
54. 1990년 8월 29일 고르바초프와의 회담 결과에 관한 기록. AY, f. 6, op. 1, d. 31, ll. 22 – 6.

55. *Raspad SSSR. Dokumenty i fakty*, vol. 2 (Moscow: Kuchkovo pole, 2016), pp. 366 – 73.
56. 1991년 8월 31일 의사록, RGANI, f. 121, op. 3, d. 67, ll. 1 – 5, 24 – 32, 34 – 43.
57. RGANI, f. 121, op. 3, d. 67, ll. 147 – 52.
58. 위의 글, ll. 234 – 5.
59. 위의 글, ll. 188 – 92.
60. RGANI, f. 121, op. 3, d. 68, ll. 110 – 12.
61. Gorbachev, *Zhizn i reformy*, vol. 1, p. 578; Abalkin, *Neispolzovannyi shans*, p. 216.
62. 아다미신의 1990년 9월 7일 자 일기, Adamishin Papers, HIA.
63. Remnick, *Lenin's Tomb*, pp. 358 – 9; also Braithwaite's diary, 15 September 1990.
64. Remnick, *Lenin's Tomb*, pp. 359 – 67.
65. Pikhoia, *Sovetskii Soiuz* pp. 601 – 2. Rudolf Pikhoia, "Nikto ne khotel ustupat," *Ogonyok* 37 (2010), https://www.kommersant.ru/doc/1503613, 2010년 9월 20일에 온라인에 공개. 2020년 5월 2일 접속.
66. Viktor Yaroshenko, "Energiia raspada," *Novyi Mir* (March 1991), p. 171.
67. 아다미신의 1990년 9월 9일과 10일 자 일기, Adamishin Papers, HIA.
68. Pavlov, *Upushchen li shans?*, pp. 27 – 8.
69. Taubman, *Gorbachev*, p. 529.
70. 이 수치는 Box 12, Folder 27, HIA의 비탈리 카타예프 문서에서 가져왔다.
71. Savranskaya and Blanton, *The Last Superpower Summits*, pp. 709 – 10, and Pavel Palazhchenko, *My Years with Gorbachev and Shevardnadze: The Memoir of a Soviet Interpreter* (University Park, PA: Pennsylvania State University Press, 1997), p. 209; 테이무라즈의 1990년 8월 3일 자 일기, Teimuraz Stepanov-Mamaladze Papers, Box 5, Folder 9, HIA, pp. 286 – 7.
72. James A. Baker, *The Politics of Diplomacy: Revolution, War, and Peace, 1989-1992* (New York: G. P. Putnam's Sons, 1995), p. 1; Bush and Scowcroft, *A World Transformed*, p. 326; 짐 콜린스가 블라디미르 페차트노프(Vladimir Pechatnov)에게 건넨 정보(페차트노프가 저자에게 밝힌 내용) 2020년 4월 29일; Sergey Tarasenko, interview (undated), The Hoover Institution and Gorbachev Foundation Collection, Box 3, Folder 2, HIA, pp. 68 – 9. 미국의 시각과 의도에 관해서는 Baker, *The Politics of Diplomacy*, pp. 10 – 15, and Dennis Ross, *Statecraft* (New York: Farrar, Straus, Giroux, 2008), ch. 4; interview no. 2 with Brent Scowcroft, 10~11 August 2000, BOHP, pp. 78 – 84.
73. Bush and Scowcroft, *A World Transformed*, pp. 358 – 63. Savranskaya and Blanton, *The Last Superpower Summits*, pp. 713, 730; "Soviet Economic Reform at a Crossroads," 3 August 1990, Directorate of Intelligence, Michael Boskin Files, Folder OA/ID CF01113 – 43, GBPL.

74. Chernyaev, *Sovmestnyi iskhod*, 13 September 1990, p. 872; MSG SS, vol. 22, pp. 45–56; Savranskaya and Blanton, The *Last Superpower Summits*, pp. 714, 734. 미국 쪽 메모에는 부시의 야단스러운 발언 내용이 없다. ; https://bush41library.tamu.edu/files/memcons-telcons/1990-09-09--Gorbachev%20[1].pdf.
75. 세르게이 타라센코는 1998년 저자와의 대화에서 이 공식을 거듭하여 회고했다. 인용문은 Savranskaya and Blanton, *The Last Superpower Summits*, p. 716을 보라. The Hoover Institution and Gorbachev Foundation Collection, Box 3, Folder 2 HIA, pp. 64–7과 특히 p. 66에서 타라센코의 인터뷰도 보라; Scowcroft, BOHP, p. 84.
76. Bush and Scowcroft, *A World Transformed*, p. 368, at https://bush41library.tamu.edu/files/memcons-telcons/1990-09-09--Gorbachev%20[2].pdf.
77. Chernyaev, *Sovmestnyi iskhod*, 13 September 1990, p. 872.
78. Sarotte, *1989*, pp. 192–3; Galkin and Chernyaev, *Gorbachev i Germanskii vopros*, pp. 554–9, 563–6.
79. Chernyaev, *Sovmestnyi iskhod*, 14 and 15 September, 31 October 1990, pp. 872–3, 884.
80. *V Politburo TsK KPSS*, pp. 610–11; Petrakov, *Russkaia ruletka*, pp. 166–7; Braithwaite's diary, 24 September 1990.
81. Yaroshenko, "Energiia raspada," pp. 181–5.
82. *Pravda*, 26 September 1990; Yaroshenko, "Energiia raspada," pp. 180–1.
83. Pikhoia, *Sovetskii Soiuz*, p. 533.
84. "Vremia sovmestnykh deistvii. Vstrecha M. S. Gorbacheva s deiateliami sovetskoi kultury," Pravda, 3 October 1990, p. 2.
85. Peter Reddaway and Dmitri Glinski, *The Tragedy of Russia's Reforms: Market Bolshevism against Democracy* (Washington, DC: United States Institute of Peace, 2001), p. 176.
86. Yavlinsky's letter to Yeltsin on 5 November 1990, AY, f. 6, op. 1, d. 41, ll. 132–3. 2016년 12월 24일 모스크바에서 야블린스키와의 인터뷰.
87. Petrakov, *Russkaia ruletka*, pp. 167–70.
88. Chernyaev, *Sovmestnyi iskhod*, 14 and 23 October 1990, pp. 879, 883–4.
89. *Izvestia*, 16 October 1990.
90. *V Politburo TsK KPSS*, pp. 617–21; Chernyaev, *Sovmestnyi iskhod*, 17 October 1990, pp. 880–1.
91. Braithwaite's diary, entry of 13 September 1990.
92. 1990년 9월 18일 크류치코프와의 만남에 관한 옐친의 기록. AY, f. 6, op. 1, d. 60, ll. 92–5; Ruslan Khasbulatov, *Poluraspad SSSR. Kak razvalili sverkhderzhavu* (Moscow: Yauza Press, 2011), pp. 187–8.
93. 2020년 4월 21일과 28일 겐나디 부르불리스와의 전화 인터뷰(저자); 2011년 2월 8일 겐

나디 부르불리스를 상대로 데이비드 스피디(David C. Speedie)가 한 인터뷰. The End of the Cold War: The US Global Engagement Interview Series, https://www.carnegie\-council.org/studio/multimedia/20110208c/index.html, 2016년 5월 21일 접속.

94. 1990년 10월 18일과 24일 의사록, AY, f. 6, op. 1, d. 22, ll. 1–2, 8–11, at https://yeltsin.ru/archive/paperwork/9315.

95. 1990년 10월 18일과 24일 의사록, AY, f. 6, op. 1, d. 22, ll. 8–11, at https://yeltsin.ru/archive/paperwork/9315.

96. Alexander Solzhenitsyn, "Kak nam obustroit Rossiiu," *Komsomolskaia Pravda* (18 September 1990).

97. 2020년 4월 20일과 28일 겐나디 부르불리스와의 전화 인터뷰(저자).

98. Dunlop, *The Rise of Russia*, pp. 102–3.

99. 1990년 10월 24일 대회에 관한 소련공산당 중앙위원회 보고, f. 89(소련공산당 재판을 위해 수집된 자료에서 나왔다), op. 12, d. 29, 사본은 HIA; Yaroshenko, "Energiia raspada," pp. 178–9; *Ogonyok* 44 (October 1990), pp. 2–3.

100. 1990년 10월 31일 대통령회의 의사록, RGANI, f. 121, op. 3, d. 78, ll. 137, 170, 207–9.

101. 위의 책, l. 209.

102. 위의 책, ll. 93–4, 97, 102–16, 133–4; Gorbachev, Zhizn i reformy, vol. 1, pp. 583–4.

103. RGANI, f. 121, op. 3, d. 78, ll. 244–5.

104. 위의 책, ll. 246–9.

105. 위의 책, ll. 250–7, 268.

106. 셰바르드나제는 이를 쿠데타가 무너진 뒤인 1991년 8월 24일에 보좌관들과 논의했다. Stepanov-Mamaladze Papers, Box 3, Folder 28, HIA.

107. https://ria.ru/20151107/1314380162.html와 https://www.youtube.com/watch?v=I0wPT-Ec4NA, 2020년 5월 11일에 접속.

108. https://ria.ru/20151107/1314380162.html 와 https://www.youtube.com/watch?v=I0wPT-Ec4NA, 2020년 5월 11일에 접속.

109. https://www.youtube.com/watch?v=711ZgWTIm4g; Braithwaite's diary, 7 November 1990.

110. MSG SS, vol. 23, pp. 43, 52.

111. *Ukrainian Weekly*, 11 November 1990, p. 1; https://www.youtube.com/watch?v=I0wPT-Ec4NA.

6장 리바이어던

1. 1990년 11월 5일 대통령회의 의사록, RGANI, f. 121, op. 3, d. 81, ll. 71, 81.

2. Roy Medvedev, *Boris Yeltsin. Narod i vlast v kontse XX veka. Iz nabliudenii istorika* (Moscow: Vremia, 2011), p. 48; Vorotnikov, *A bylo eto tak*, p. 452.
3. "Stenogramma soveshchaniia sekretarei TsK KPSS," 19 July 1990, RGANI, f. 121, op. 103, d. 178, l. 2.
4. 위의 책, ll. 2, 20.
5. Pikhoia, *Sovetskii Soiuz*, p. 544.
6. Chernyaev, *Sovmestnyi iskhod*, entries of 8 and 9 July 1990, pp. 861 – 2.
7. 상당히 편향되었지만 이에 관해 한 정보원은 Yuri Prokofiev, *Do i posle zapreta KPSS. Pervyi sekretar MGK KPSS vspominaet* (Moscow: Algoritm, Eksmo, 2005), http://www.velykoross.ru/1189.
8. VTsIOM의 데이터(1990년 10월 무렵), AY, f. 6, op. 1, d. 59, ll. 123 – 5.
9. 1998년 12월 14일에 올레크 스크보르초프가 올레크 셰닌을 상대로 실시한 인터뷰, p. 14. The Oral History Project of the Institute of General History (Moscow) and the National Security Archive (Washington, DC). 인터뷰 녹취록은 저자 개인 소장.
10. Rudolf Pikhoia, "Pochemu nomenklatura ne stasshchishchat Sovetskii Soiuz," 2012년 2월 14일 강연은 http://www.russ.ru/Mirovaya-povestka/Rudol-f-Pihoya-Pochemu-nomenklatura-ne-stala-zaschischat-Sovetskij-Soyuz를 보라. 2016년 3월 14일 접속.
11. V. S. Chernomyrdin, *Krasnyi director. 1938-1990 (memuary)* (Moscow: Muzei Chernomyrdina, 2013), pp. 195 – 7.
12. Andrew Barnes, *Owning Russia: The Struggle over Factories, Farms, and Power* (Ithaca, NY: Cornell University Press, 2006), pp. 53 – 61.
13. 당 재산에 대한 추정치는 1991년 7월 무렵에 보차로프가 하스불라토프에게 보낸 메모, "Ob imushchestve KPSS," GARF, f. 10026, op. 10, d. 3, ll. 209 – 10을 보라. 1990년 7월 19일 당의 영리활동에 관한 당 서기국의 논의도 보라: RGANI, f. 121, op. 103, d. 178. Paul Khlebnikov, *Godfather of the Kremlin: The Decline of Russia in the Age of Gangster Capitalism* (New York: Harcourt, Inc., 2000), pp. 56 – 9; David Hoffman, *The Oligarchs: Wealth and Power in the New Russia* (New York: Public Affairs, 2011), p. 125.
14. Yaroshenko, "Energiia raspada," p. 173; *Kotkin and Gross*, Uncivil Society.
15. Leon Onikov, *KPSS: anatomiia raspada* (Moscow: Respublika, 1996), p. 10; 유사한 견해는 Roy Medvedev, *Boris Yeltsin*, p. 48.
16. Doug McAdam, Sidney Tarrow, and Charles Tilly, *Dynamics of Contention* (New York: Cambridge University Press, 2004), p. 250; Derluguian, *Bourdieu's Secret Admirer*.
17. Masliukov and Glubokov, "Planirovaniie i finansirovaniie", p. 121; Vitaly Shlykov, "Chto pogubilo Sovetskii Soiuz? Amerikanskaia razvedka o sovetskikh voiennykh raskhodakh," *Voennyi vestnik* 8 (2001), p. 13.

18. 2000~2003년 러시아연방 국방위원회 부위원장 예두아르트 보로비예프(Eduard Vorobiev) 장군과의 인터뷰, http://ru-90.ru/content/трудности-становления-российских-вооруженных-сил-интервью-с-эа-воробьевым.

19. Yaroshenko, "Energiia raspada," p. 166.

20. D. T. Yazov, *Udary sud'by. Vospominaniia soldata i marshala* (Moscow: Tsentrpolitgraf, 2014). Sergey Akhromeyev and Georgy Kornienko, *Glazami marshala i diplomata. kriticheskii vzgliad na vneshniuu politiku SSSR do i posle 1985 goda* (Moscow: Mezhdunarodniie Otnosheniia, 1992).

21. 군부와 셰바르드나제와의 갈등에 관해서는 Savranskaya and Blanton, *The Last Superpower Summits*, pp. 260–1을 보라. 아흐로메예프에 관해서는 Vitaly Katayev's recollections, HIA, pp. 196–9를 보라.

22. 캘리포니아 스탠퍼드대학에서 2013년 4월 10일 조지 슐츠와의 인터뷰(저자).

23. 브레이스웨이트는 야조프에게 "깊이 뿌리박힌 독일에 대한 불안함"을 알아차렸다. Braithwaite's diary, entry of 12 November 1990; Grachev, *Gorbachev's Gamble*, p. 191; 2011년 모이세예프와의 인터뷰는 https://www.gzt-sv.ru/articles/3252-general-moiseev-detstve-gk\-chp-zhurnalistah. Teimuraz Stepanov-Mamaladze Papers, Box 3, Folder 11, HIA, ll.

24. William Odom, *The Collapse of the Soviet Military* (New Haven, CT, and London: Yale University Press, 1998), pp. 272–80; Katayev Papers, Box 3, Folder 1, HIA. 바르샤바조약과 비엔나회담 등등에 관한 논의를 다음 의사록은 HIA를 보라.

25. Braithwaite's diary, entries of 11 November and 9 and 10 December 1990.

26. 이 서신의 텍스트는 Katayev Papers, Box 8, Folder 22, HIA, pp. 6–8.

27. Braithwaite's diary, entry of 11 November 1990; 1990년 11월 5일 셰바르드나제의 발언은 Katayev Papers, Box 3, Folder 1, HIA를 보라.

28. 야조프의 발언은 1990년 8월 24일과 11월 5일 자 비탈리 카타예프의 기록, Katayev Papers, Box 3, Folder 1, HIA; Chernyaev, *Sovmestnyi iskhod*, entry of 20 October 1990, p. 882.

29. Odom, *The Collapse of the Soviet Military*, p. 259.

30. Stenogramma zasedania prezidentskogo soveta, 28 September 1990, RGANI, f. 121, op. 3, d. 71, ll. 176, 177–8.

31. 1990년 10월 29일 소련공산당 중앙위원회 군사위원회 모임에서 논의된 수치. Katayev Papers, Box 2, Folder 4, HIA; Odom, *The Collapse of the Soviet Military*, pp. 292–7.

32. 1990년 10월 28일 소련공산당 중앙위원회 군사위원회에서 카타예프의 기록. Katayev Papers, Box 2, Folder 4, HIA.

33. Alexander Lebed, *Za derzhavu obidno* (Moscow: Moskovskaia Pravda, 1995), pp. 260–1;

https://www.youtube.com/watch?v=I0wPT-Ec4NA.

34. 고르바초프의 연설 및 질문에 대한 답변만 있는 축약본은 1990년 10월 16일 자 《프라우다》에 실렸으며 MSG SS, vol. 23, pp. 84–95에 수록되었다.

35. Grachev, *Gorbachev's Gamble*, p. 274.

36. 더 자세한 배경 설명은 Knight, "The KGB, Perestroika, and the Collapse of the Soviet Union," pp. 67–93을 보라.

37. 1990년 2월 9일 모스크바 KGB 본부에서 로버트 게이츠와 크류치코프의 대화 내용, Scowcroft Collection, Box 21, OA/ID 91128–001, GBPL. 1999년 5월 19일 크류치코프의 인터뷰. The Hoover Institution and Gorbachev Foundation Collection interviews on the end of the Cold War, Box 2, Folder 7, p. 26, HIA.

38. 1990년 2월 9일 모스크바 KGB 본부에서 로버트 게이츠와 크류치코프 대화 내용, Scowcroft Collection, Box 21, OA/ID 91128–001, GBPL.

39. 위의 글.

40. 회고록에서 게이츠는 크류치코프가 자신과의 대화에서 고르바초프를 공공연히 반대했다고 주장했다. 기밀 해제된 미국 측 대화 기록은 이런 주장을 뒷받침하지 않는다. Gates, *From the Shadows*, p. 491.

41. Leonid Shebarshin, *Ruka Moskvy: zapiski nachalnika sovetskoi razvedki* (Moscow: Tsentr-100, 1992), pp. 271–4.

42. Braithwaite's diary, entry of 14 December 1990.

43. 사회학자 올가 크리시타놉스카야(Olga Kryshtanovskaia)의 데이터, "Smena vsekh ili smena stilia," Moscow News (21 April 1991).

44. Shebarshin, *Ruka Moskvy*, p. 269.

45. Oleg Kalugin, *Spymaster: My Thirty-Two Years in Intelligence and Espionage against the West* (New York: Basic Books, 2009).

46. 셰바르신의 인터뷰, *Pravda*, 22 April 1990, 그의 저서 *Ruka Moskvy*, p. 316에도 실려 있다.

47. 위의 책, p. 272; Vladimir Kryuchkov, *Lichnoie delo*, vols. 1 and 2 (Moscow: Olimp, 1996), pp. 87–8.

48. Chernyaev, *Sovmestnyi iskhod*, 19 February and 17 March 1990, pp. 919, 929.

49. 이 스타일에 관해서는 Raymond L. Garthoff, *Soviet Leaders and Intelligence: Assessing the American Adversary during the Cold War* (Washington, DC: Georgetown University Press, 2015)를 보라.

50. Kryuchkov, *Lichnoie delo*, vol. 2, p. 41.

51. 2020년 5월 6일 겐나디 부르불리스와의 전화 인터뷰에서 나온 정보.

52. Braithwaite's diary, 11, 22, and 25 December 1990.

53. MIC 재정 지출에 관해서는 Masliukov and Glubokov, "Planirovaniie i finansirovaniie," pp. 105 – 20; Zasedanie planovoi i biudzhetno-finansovoi komissii, 29 November 1990, GARF, f. 9654, op. 7, d. 881, ll. 63, 84 – 7을 보라. 배경에 관해서는 Julian Cooper, *The Soviet Defence Industry: Conversion and Reform, Chatham House Papers* (London: Bloomsbury Academic, 2000)를 보라.

54. 이 프로그램에 관한 최상의 서술은 Hoffman, *The Dead Hand, and Milton Leitenberg, The Soviet Biological Weapons Program: A History* (Cambridge, MA: Harvard University Press, 2012)를 보라.

55. Robert Mosbacher to George Bush, 19 September 1990. Scowcroft Collection, OA-ID 91119-003, GBPL.

56. Stenogramma zasedania prezidentskogo soveta, 28 September 1990. RGANI, f. 121, op. 3, d. 71, ll. 3 – 14. Katayev Papers, Box 12, Folder 13, HIA. Andrei Kokoshin, "Defense Industry Conversion in the Russian Federation," p. 48; Gaddy, *The Price of the Past*, p. 66.

57. Stenogramma zasedania prezidentskogo soveta, 28 September 1990. RGANI, f. 121, op. 3, d. 71, ll. 50 – 2; Masliukov and Glubokov, "Planirovaniie i finansirovaniie."

58. 위의 책, ll. 82 – 9; E. P. Velikhov, *Moi put': Ia na valenkakh poiedu v 35-i god* (Moscow: Sotsproekt, 2009), https://biography.wikireading.ru/201606.

59. Stenogramma zasedania prezidentskogo soveta, 28 September 1990. RGANI, f. 121, op. 3, d. 71, ll. 105 – 6; Masliukov and Glubokov, "Planirovaniie i finansirovaniie", ll. 105 – 6; 플루토늄 이니셔티브에 관해서는 1991년 10월 15일 자 메모, Burns and Hewett Files: USSR, Chronology Files, OA-ID CF01407-013-40, GBPL을 보라.

60. Stenogramma zasedania prezidentskogo soveta, 28 September 1990. RGANI, f. 121, op. 3, d. 71, ll. 57 – 64; Masliukov and Glubokov, "Planirovaniie i finansirovaniie", ll. 57 – 64. 바클라노프의 성격과 견해에 관한 더 자세한 내용은 O. D. Baklanov, *Kosmos—sud'ba moia. Zapiski iz "Matrosskoi tishiny"*, vol. 1 (Moscow: Obshchestvo sokhraneniia literaturnogo nalediia, 2014), 221, pp. 8 – 9, 12 – 14, 24, 221과 저자의 개인 파일에 있는 2000년 10월 O. 스크보르초프가 바클라노프를 상대로 수행한 인터뷰를 보라.

61. Stenogramma zasedania prezidentskogo soveta, 28 September 1990. RGANI, f. 121, op. 3, d. 71, ll. 116 – 18; Masliukov and Glubokov, "Planirovaniie i finansirovaniie", ll. 116 – 18.

62. 프리마코프에 관한 자전적인 자세한 서술은 Yevgeny Primakov, *Vstrechi na perekrestkakh* (Moscow: Tsentrpoligraf, 2015), pp. 8 – 24를 보라.

63. Stenogramma zasedania prezidentskogo soveta, 28 September 1990. RGANI, f. 121, op. 3, d. 71, l. 130; Masliukov and Glubokov, "Planirovaniie i finansirovaniie", l. 130.

64. 이 사건에 관한 미국 측 보고는 *Soviet Conversion 1991. Report and Recommendations of an*

International Working Group on Economic Demilitarization and Adjustment, ed. John Tepper Marlin, PhD, and Paul Grenier. Colby Papers, MC 113, Box 15, Folder 3. The Seeley Mudd Library, Princeton University.

65. *Soviet Conversion 1991*, pp. 52–3, 55–6.
66. 위의 책, p. 57.
67. 위의 책, pp. 11–12, 24.
68. Velikhov, *Moi put'.*
69. 1990년 6월 15일에 블라디미르 쿠드랴초프와 모스크바국가법률연구소 동료들이 마련한 초안은 GARF, f. 10026, op. 3, d. 411, ll. 1–12; 1990년 11월 22일 고르바초프가 인민대표대회에 제출한 초안은 GARF, f. 10026, op. 3, d. 411, ll. 33a–33e를 보라.
70. MSG SS, vol. 23, pp. 486–7.
71. Moscow News, 6 January 1991, p. 6; Medvedev, *Boris Yeltsin*, pp. 406–8.
72. Remnick, *Lenin's Tomb*, pp. 386–7.
73. Dunlop, *The Rise of Russia*, p. 149.
74. 1990년 11월 16일 정치국 의사록, MSG SS, vol. 23, pp. 426–46.
75. Chernyaev, *Sovmestnyi iskhod*, 15 November 1990, pp. 886–7; MSG SS, vol. 23, pp. 141–2.
76. MSG SS, vol. 23, pp. 176–7; Pavlov, *Upushchen li shans?*, p. 28.
77. 독일 통일 관련 조약 비준을 망칠 위협에 관해서는 Zasedaniie voiennoi komissii TsK KPSS, 29 October 1990, Vitaly Katayev's notes, Katayev Papers, Box 2, Folder 4, HIA를 보라.
78. Savranskaya and Blanton, *The Last Superpower Summits*, pp. 775–6.
79. MSG SS, vol. 23, pp. 176–7; Savranskaya and Blanton, *The Last Superpower Summits*, pp. 773–80.
80. Chernyaev, *Sovmestnyi iskhod*, 24 November 1990, pp. 887–8.
81. 샤흐나자로프가 기록한 1990년 12월 5일 고르바초프와의 대화 내용, *V Politburo TsK KPSS*, pp. 658–9.
82. 당시 노르웨이노벨상위원회에서 일하던 오드 아르네 베스타가 저자에게 제공한 정보; 2021년 4월 25일 자 이메일.
83. 옐친의 방문을 앞두고 준비된 우크라이나 상황에 관한 메모(작성자와 날짜는 불명), AY, f. 6, op. 1, d. 57, ll. 64–73.
84. 1990년 11월 18~19일 옐친의 우크라이나소비에트사회주의공화국 최고소비에트 연설과 여타 자료. AY, f. 6, op. 1, d. 57, ll. 110–51; d. 216, ll. 11–45.
85. Solzhenitsyn, "Kak nam obustroit Rossiiu," *Komsomolskaia Pravda* (18 September 1990); 2020년 5월 25일 겐나디 부르불리스와의 전화 인터뷰(저자).

86. Yevgeny Kozhokin, deputy of Vladimir Lukin, to Andrey Kozyrev (around October 1990), GARF, f. 10026, op. 4, d. 2700, ll. 33 –4.
87. 1990년 10월 24일 옐친 자문회의 의사록, AY, f. 6, op. 1, d. 22, ll. 1 –2, 8 –11, at https://yeltsin.ru/archive/paperwork/9315; Komsomolskoie znamia, 21 November 1990, AY, f. 6, op. 1, d. 57, ll. 110 –51.
88. Braithwaite's diary, 20 March 1991.
89. AY, f. 6, op. 1, d. 57, ll. 152 –60.
90. Chernyaev, *Sovmestnyi iskhod*, entry of 5 December 1990, p. 890.
91. MSG SS, vol. 23, p. 288; AY, f. 6, op. 1, d. 216, ll. 33 –6.
92. 1990년 5월 22일 대통령회의 의사록, RGANI, f. 121, op. 3, d. 56, ll. 67, 70; 30 August 1990, 위의 글, d. 67, ll. 198 –9; Pavlov, *Upushchen li shans?*, p. 4.
93. 1990년 12월 9일 고르바초프에게 보내는 메모. AY, f. 6, op. 1, d. 16, ll. 54 –6.
94. Sheinis, *Vzlet i padeniie parlamenta*, p. 417.
95. Braithwaite's diary, 17 December 1990.
96. *Chetvertyi s'ezd narodnykh deputatov SSSR, December 17-27 1990. Stenographic report*, vol. 1 (Moscow, 1991), p. 13.
97. 1998년 10월 15일, 올레크 스크보르초프가 진행한 사지 우말라토바와의 인터뷰.
98. Vorotnikov, *A bylo eto tak*, pp. 464 –5; Medvedev, *Boris Yeltsin*, p. 410.
99. The notes of Teimuraz Stepanov-Mamaladze, 21 December 1990, Stepanov-Mamaladze Papers, Box 3, Folder 20, HIA; Shevardnadze's reflections on the "empire" is in Pavel Palazhchenko, "Professia i vremia. Zapiski perevodchika-diplomata," *Znamia* 10 (2020), at https://znamlit.ru/publication.php?id=7755.
100. 이 사건에 관한 TV 보도는 https://www.youtube.com/watch?v=WnThxagvlPI.
101. Stepanov-Mamaladze's notes on 21 and 22 December 1990, Stepanov-Mamaladze Papers, Box 3, Folder 20, HIA.
102. Izvestia, 23 December 1991; Braithwaite's diary, entry of 22 December 1991.
103. D. A. Granin, *Prichudy moiei pamiati* (St Petersburg: Tsentpoligraf, 2010), pp. 134 –5.
104. Chernyaev, *Sovmestnyi iskhod*, entry of 21 and 23 December 1990, pp. 891 –3.

7장 대치

1. Thomas Carlyle, *The French Revolution: A History* (London: Modern Library, 2002), p. 537.
2. 2013년 2월 23일 스탠퍼드대학에서 콘돌리자 라이스와의 인터뷰(저자). Kirsten Lundbe rg, "CIA and the Fall of the Soviet Empire: The Politics of 'Getting it Right'," a case study for Ernest May and Philip Zelikow at the Kennedy School of Government, Harvard

University, at https://www.cia.gov/library/readingroom/docs/DOC_0005302423.pdf.

3. Condoleezza Rice to Robert Gates, 18 December 1990, Senior Small Group Meeting on Soviet Contingencies, file: USSR Collapse, OA/ID 91119003, Scowcroft Collection, Box 13, GBPL.
4. Gates to Condoleezza Rice, Memorandum to the President, 12 June 1990, OA/ID CF00721, Condoleezza Rice Papers, 1989~1990 Subject Files, Box 2, GBPL.
5. Scowcroft to the President (no date, likely January 1991), OA/ID CF00719-010, Scowcroft Collection, Box 13, GBPL.
6. Interview with James Baker, 11 March 2011, BOHP, p. 29.
7. 이 서신의 원본과 영어 번역본은 Bush Library, College Station, OA/ID 91128-005, GBPL. 이 편지는 고르바초프의 공보 비서관인 비탈리 이그나텐코(Vitaly Ignatenko)의 아이디어였고 아나톨리 체르냐예프가 작성했다; Chernyaev, *Sovmestnyi iskhod*, 24 December 1990, p. 893.
8. Senn, *Gorbachev's Failure in Lithuania*, p. 119.
9. Senn, Op. cit., pp. 127–36.
10. 2019년 1월 13일 KGB 대령 미하일 골로바토프와의 인터뷰, https://www. rubaltic.ru/article/kultura-i-istoriya/21032019-mikhail-golovatov-u-vilnyusskoy-telebashni-predali-i-nas-i-litovtsev.
11. https://baltnews.lt/vilnius_news/20160408/1015277883.html.
12. Kryuchkov, *Lichnoie delo*, vol. 2, p. 30; Gorbachev, *Zhizn i reformy*, vol. 2, p. 506; Chernyaev, *Sovmestnyi iskhod*, entry of 13 January 1991. 1991년 1월 7일 셰바르드나제와 잭 매틀록과의 대화록, Katayev Papers, Box 4, Folder 55, HIA.
13. The notes of Stepanov-Mamaladze, 27 August 1991, Stepanov-Mamaladze Papers, Box 3, Folder 28, HIA; ibid, 3 January 1991, Box 3, Folder 20.
14. Memo, Bush-Gorbachev, 11 January 1991, at https://bush41library.tamu.edu/files/memcons-telcons/1991-01-11-Gorbachev.pdf.
15. 언론에 대한 훌륭한 평가는 Bergmane, "French and US Reactions," pp. 258–9; 동일 저자의 "'This is the End of Perestroika?' International Reactions to the Soviet Use of Force in the Baltic Republics in January 1991," *Journal of Cold War Studies* 22:2 (Spring 2020), pp. 26–57을 보라.
16. Chernyaev, *Sovmestnyi iskhod*, entries of 13 and 15 January 1991, pp. 900–2, 903–6; 1991년 1월 13일 BBC 파노라마 프로그램에 출연한 갈리나 스타로보이토바, BBC 아카이브, 안나 칸 제공.
17. 모스크바에서 나온 여러 반응들에 대한 요약은 Bergmane, "French and US Reactions," pp. 245–7을 보라.

18. Knight, "The KGB, Perestroika, and the Collapse of the Soviet Union," pp. 67 – 93; Chernyaev, *Sovmestnyi iskhod*, entry of 15 January 1991, pp. 903 – 6.

19. Gorbachev, *Zhizn i reformy*, vol. 2, pp. 510, 511.

20. Chernyaev, *Sovmestnyi iskhod*, entry of 22 January 1991, p. 909; Braithwaite's diary, 22 and 23 January 1991.

21. *Materialy ob'edinennogo plenuma Tsentralnogo komiteta i Tsentralnoi kontrolnoi komissii KPSS*, 31 January 1991 (Moscow: Izdatelstvo politicheskoi literatury, 1991), pp. 83 – 4.

22. Deputy General Secretary of the CC CPSU V. Ivashko, a letter, "K partiinym organizat\–siiam, vsem kommunistam Vooruzhennykh sil SSSR, voisk KGB, vnutrennikh voisk MVD i zheleznodorozhnykh voisk," 5 February 1991, f. 89, op. 20, d. 32, HIA.

23. The text is in *Raspad SSSR*, vol. 1; vol. 2; the interview with Yeltsin, 13 January 1991, AY, f. 20, no. fono 020.

24. AY, f. 6, op. 1, d. 57, ll. 62 – 3; d. 59, ll. 16 – 19; 2020년 5월 24일 겐나디 부르불리스와의 전화 인터뷰(저자).

25. AY, f. 6, op. 1, d. 22, ll. 112 – 13, 115 – 19, 135 – 9, 156 – 9.

26. AY, f. 6, op. 1, d. 22, ll. 171 – 2.

27. 1990년 12월 25일 동포들에게 보내는 편지, AY, f. 6, op. 1, d. 59, ll. 1 – 10.

28. AY, f. 6, op. 1, d. 22, ll. 107 – 10, 119, 142, 165.

29. 러시아연방 최고소비에트에서 옐친의 연설과 발언, AY, f. 6, op. 1, d. 19, ll. 213 – 56.

30. 이 메모의 발췌문은 Yevgenia Albats, *The State Within a State: The KGB and its Hold on Russia—Past, Present, and Future* (New York: Farrar, Straus, Giroux, 1994), pp. 223 – 4; 이 메모는 Pikhoia, *Sovetskii Soiuz*, p. 622에도 인용된다.

31. Pavlov, *Upushchen li shans?*, pp. 3 – 8.

32. 위의 책, pp. 154, 182.

33. Chernyaev, *Sovmestnyi iskhod*, entry of 19 February 1991, pp. 918 – 19.

34. Pavlov, *Upushchen li shans?*, p. 106.

35. 루슬란 하스불라토프의 회고는 Nikolai Krotov, *Istoriia sovetskoi bankovskoi reformy 80-h gg. XX v. vol. 1. Spetsbanki* (Moscow: Ekonomicheskaia letopis, 2008), p. 423; Pavlov, *Upushchen li shans?*, pp. 130 – 2를 보라.

36. 1990년 10월 5일 국영은행과 은행 관련 입법에 관한 논의는 GARF, f. 9654, op. 7, d. 302, ll. 61 – 4, 84 – 7, 100, 104, 123을 보라.

37. 겐나디 마튜킨의 회고는 Krotov, *Istoriia sovetskoi*, p. 206을 보라.

38. On the failing negotiations on taxes between Pavlov and the Russian government see AY, f. 6, op. 1, d. 16, ll. 54 – 70; d. 173, l. 61.

39. 소련 각료회의 문서, GARF, f. 5446, op. 163, d. 32, l. 146; d. 35, ll. 116 – 54.

40. *Kommersant-Vlast* 5 (28 January 1991), at https://www.kommersant.ru/doc/265657. Braithwaite's diary, 25 January 1991.
41. Pavlov, *Upushchen li shans?*, pp. 220–6, 239–40; Izvestia, 31 January 1991, p. 1; 페트라코프가 영국 대사에게 Braithwaite's diary, 24 January 1991.
42. 이 사건에서 KGB의 역할에 관해서는 MVD Maj.-Gen. Vladimir Ovchinsky, Den 2 (February 1991), p. 2를 보라.
43. Braithwaite's diary, entry of 13 February 1991.
44. 1991년 12월 26일 조정 자문회의 의사록은, AY, f. 6, op. 1, d. 22, ll. 165–6.
45. Gorbachev, Zhizn i reformy, vol. 1, p. 517.
46. 1990년 3월 22일 정치국 의사록과 1990년 5월 17일 고르바초프와 만난 뒤 샤흐나자로프의 기록은 *V Politburo TsK KPSS*, pp. 581, 595; Chernyaev, Sovmestnyi iskhod, entries of 1 September 1990 and 10 March 1991, pp. 870–1, 927.
47. Pikhoia, *Sovetskii Soiuz*, pp. 619–20.
48. Kryuchkov, *Lichnoie delo*, vol. 2, p. 33.
49. 2020년 5월 6일 겐나디 부르불리스와의 전화 인터뷰(저자).
50. 1991년 2월 6일 조정 자문회의 의사록과 4부 성명 초안 AY, f. 6, op. 1, d. 23, ll. 7–10; d. 57, ll. 174–5.
51. AY, f. 6, op. 1, d. 23, ll. 21–2, 23–4, 29, 110–11.
52. Braithwaite's diary, 14 February 1990; 2020년 5월 24일 겐나디 부르불리스와의 전화 인터뷰(저자)
53. Sukhanov, *Kak Yeltsin stal prezidentom*, p. 190; 2016년 6월 10일 모스크바에서 루돌프 피호이아가 저자에게 제공한 정보.
54. 1991년 2월 19일, 18시 50분, 언론인 세르게이 로마킨(Sergey Lomakin), 올레크 폽초프(Oleg Poptsov)와 옐친과의 인터뷰. 자유라디오 모니터링 자료.
55. 1991년 2월 22일 여론 조사, Demokraticheskaia Rossiia Papers, Box 2, Folder 10, HIA.
56. Gorbachev, *Zhizn i reformy*, vol. 1, pp. 518, 520–5; MSG SS, vol. 24, pp. 299–339.
57. Pikhoia, *Sovetskii Soiuz*, pp. 625–6.
58. Boldin, *Krushenie piedestala*, pp. 267, 268.
59. Chernyaev, *Sovmestnyi iskhod*, entry of 2 March 1991, pp. 923–5.
60. Khasbulatov, *Poluraspad SSSR*, pp. 124–5, 355; Vladimir Isakov, *Predsedatel soveta respub\liki. Parlamentskie dnevniki 1990 goda* (Ekaterinburg: Uralskii rabochii, 1997), pp. 241–2.
61. "Zakopavshyie SSSR," at https://lenta.ru/articles/2016/03/27/miners. On Golikov see https://newtimes.ru/articles/detail/4491; http://vkrizis.ru/obschestvo/ne-stalo-shahtyorskogo-vozhaka-vyacheslava-golikova.

62. Quoted from the anonymous transcript published in the newspaper Russkaia mysl (Paris), 15 March 1991; Chernyaev, *Sovmestnyi iskhod*, entry of 10 March 1991, p. 927.
63. 1991년 3월 14일 조정자문회의 의사록, AY, f. 6, op. 1, d. 24, ll. 3 – 11, 55 – 6.
64. 위의 글, ll. 59 – 64.
65. AY, f. 6, op. 1, d. 24, ll. 1 – 2, 12 – 13, 29, 40, 42.
66. 1991년 3월 15일, 후버연구소 경제학자 4인과 옐친과의 대화. From the papers of Mikhail Bernstam, Professor Emeritus of Stanford University.
67. NSC의 주장에 관해서는 Rice, "Responding to Moscow," 21 January 1991, NSC Files, Condoleezza Rice Papers, Soviet Union/USSR Subject Files, Baltics, GBPL, Bergmane, "French and US Reactions," p. 263에서 인용된다.
68. Chernyaev, *My Six Years with Gorbachev*; Matlock, Autopsy, pp. 469 – 72.
69. Chernyaev, *Sovmestnyi iskhod*, entry of 22 February 1991, pp. 919 – 21; MSG SS, vol. 24, pp. 258 – 64; https://bush41library.tamu.edu/files/memcons-telcons/1991-02-22-Gorbachev. pdf.
70. MSG SS, vol. 24, pp. 265 – 98.
71. The New York Times, 2 March 1991, https://www.nytimes.com/1991/03/02/world/after-the-war-the-battleground-death-stalks-desert-despite-cease-fire.html.
72. "Flashback: 1991 Gulf War," 20 March 2003, at http://news.bbc.co.uk/2/hi/middle_east/2754103.stm.
73. Chernyaev's notes, 11 February 1991, Gorbachev Foundation, f. 2, op. 3 (Chernyaev Papers). 체르냐예프에 따르면 정확한 날짜는 고르바초프가 크렘린궁 호두나무방에서 걸프전과 바르샤바조약에 관해 이야기했던 2월 9일일 수도 있다. *Sovmestnyi iskhod*, pp. 915 – 16.
74. Chernyaev, *Sovmestnyi iskhod*, entry of 25 February 1991, pp. 921 – 2.
75. https://bush41library.tamu.edu/files/memcons-telcons/1991-02-23-Kohl.pdf.
76. 2013년 2월 23일 스탠퍼드대학에서 콘돌리자 라이스와의 인터뷰(저자).
77. 스카우크로프트가 부시에게(1991년 2월 말), "Coping with the Soviet Union's Internal Turmoil," on file at the National Security Archive.
78. 위의 책.
79. The White House, Washington DC, 10 March 1991, on file at the National Security Archive.
80. Matlock, *Autopsy*, pp. 487 – 8.
81. Chernyaev, *Sovmestnyi iskhod*, entry of 14 March 1991, p. 928. 걸프전에서 미국의 승리 이후 커져가던 비관론에 관해서는 Pavel Palazhchenko, *My Years with Gorbachev and Shevardnadze*, p. 270을 보라.

82. Matlock, *Autopsy*, p. 489. 이 사건에 대한 베이커의 서술은 *The Politics of Diplomacy*, pp. 476–7을 보라.

83. 1991년 3월 15일 고르바초프와 베이커와의 대화 내용은 MSG SS, vol. 25, pp. 40–3, 563–4; Baker, *The Politics of Dipomacy*, p. 476; Palazhchenko, *My Years with Gorbachev and Shevardnadze*, p. 271.

84. 1991년 3월 15일 고르바초프와 베이커와의 대화 내용은 MSG SS, vol. 25, p. 564.

85. 위의 글, p. 565; Baker, *The Politics of Diplomacy*, p. 476; Palazhchenko, *My Years with Gorbachev and Shevardnadze*, p. 271.

86. Matlock, *Autopsy*, pp. 489–92; Chernyaev, *Sovmestnyi iskhod*, p. 931.

87. Baker, *The Politics of Diplomacy*, p. 477; Proposed Agenda for meeting with the President, 20 March 1991, 2:00. James A. Baker III Papers, Box 115, Folder 8. The Seeley Mudd Library, Princeton University; Bush and Scowcroft, *A World Transformed*, p. 500.

88. Kryuchkov, *Lichnoie delo*, vol. 2, p. 34.

89. Pikhoia, *Sovetskii Soiuz*, p. 631.

90. Bergmane, "French and US Reactions," pp. 287, 289; Beissinger, *Nationalist Mobilization*, p. 387.

91. Matlock, *Autopsy*, p. 477; Braithwaite's diary, 20 March 1991.

92. AY, f. 6, op. 1, d. 61, ll. 1–11. GARF, f. 10026, op. 8, d. 184 and 191.

93. Pikhoia, *Sovetskii Soiuz*, p. 629; 이러한 두려움에 관해서는 Palazhchenko, *My Years with Gorbachev and Shevardnadze*, p. 271도 보라.

94. Demokraticheskaia Rossiia Papers, Box 2, Folders 10 and 11, HIA.

95. Vstrecha s vedushchimi ekonomistami strany, 16 March 1991, MSG SS, vol. 25, pp. 60–4, 429–65, 567.

96. Report of "Radio Russia" at 17:40, 22 March 1991, the Foreign Broadcast Information Service (FBIS).

97. Braithwaite's diary, entry of 14 March 1991. *NDI, The Commonwealth of Independent States: Democratic Developments, Issues, and Options* (Washington, DC: January 1992); James Goldgeier and Michael McFaul, *Power and Purpose: U.S. Policy Toward Russia after the Cold War* (Washington, DC: Brookings Institution Press, 2003), pp. 29–30.

98. Chernyaev, *Sovmestnyi iskhod*, entries of 20 and 25 March 1991, pp. 929–30, 931.

99. Pavlov, *Upushchen li shans?*, pp. 161–3, 175–7.

100. 이 "계획"에 관해서는 Khasbulatov, *Poluraspad*, pp. 123, 128을 보라.

101. Lukin to Yeltsin, 26 March 1991, AY, f. 6, op. 1, d. 13, ll. 240–1.

102. MSG SS, vol. 25, pp. 129–43; *Nezavisimaia gazeta* (28 March 1991), p. 1.

103. Chernyaev, *Sovmestnyi iskhod*, 29 March 1991, p. 932.

104. 위의 글.

105. The notes of Teimuraz Stepanov, 18 March 1991, Stepanov-Mamaladze Papers, Box 3, Folder 25, HIA.

106. 이러한 노선은 국민투표 이전에 옐친의 자문회의에서 정식화되었고 이후 확고해졌다. AY, f. 6, op. 1, d. 13, ll. 1－20을 보라. 옐친의 보고의 전문은 *Rossiiskaia gazeta* (31 March 1991), pp. 1－3을 보라.

107. 대회 속기록은 *Rossiiskaia gazeta* (30 March 1991), pp. 2－5; Vorotnikov, *A bylo eto tak*, pp. 478－9.

108. Alan Cooperman, "Thousands Gather for Manned Rally in Moscow", 8 March 1991, FBIS-Soviet Politics. Dunlop Papers, HIA.

109. Pikhoia, *Sovetskii Soiuz*, pp. 421－2; also "A Day of Tension in Moscow," 28 March 1991, FBIS, *AM-Soviet Politics*, Dunlop Papers, HIA; Remnik, *Lenin's Tomb*, pp. 421－2.

110. Braithwaite's diary, 28 March 1991.

111. Gorbachev, *Zhizn i reformy*, vol. 2, pp. 513, 514, 523.

112. 갈리나 스타로보이토바, https://youtu.bee/06jiDhmekwl.

113. V. B. Isakov, *Myatezh protiv Yeltsina. Komanda po spaseniiu SSSR* (Moscow: Algoritm EKSMO, 2011), pp. 110－11; Vorotnikov, *A bylo eto tak*, p. 479; Pikhoia, *Sovetskii Soiuz*, pp. 634－5; Gorbachev, *Zhizn i reformy*, vol. 2, p. 520.

114. AY, f. 6, op. 1, d. 14, ll. 175－96.

8장 이양

1. AY, f. 6, op. 1, d. 41, l. 169.

2. Shakhnazarov, *Tsena svobody*, p. 224.

3. 1991년 3월 21일, 국영은행과 재무부 기획재정예산위원회 위원장이 고르바초프에게 한 보고, RGANI, f. 121, op. 3, d. 42, ll. 41－6.

4. RGANI, f. 121, op. 3, d. 42.

5. Vadim Medvedev's diary, 23 April 1991, cited in *Soiuz mozhno bylo sokhranit*, p. 259.

6. 1991년 4월 8일에 고르바초프는 이런 요구들을 샤흐나자로프와 논의했다. *V Politburo TsK KPSS*, p. 657; 같은 날 샤흐나자로프가 고르바초프에게 보낸 메모, *Tsena svobody*, p. 522.

7. Gorbachev, *Zhizn i reformy*, vol. 2, p. 529.

8. 1991년 3월 28일 체르냐예프가 고르바초프에게 보낸 메모, the Gorbachev Foundation, f. 2, op. 3; Arbatov's note to Yeltsin, 12 April 1991, AY, f. 6, op. 1, d. 41, ll. 165－8.

9. Gorbachev, *Zhizn i reformy*, vol. 2, p. 528.

10. Boris Yeltsin, *Zapiski prezidenta* (Moscow: Ogonyok, 1994), p. 40; Voshchanov, *Yeltsin*

kak navazhdeniie, pp. 236 –9; Colton, *Yeltsin*, pp. 189, 515.

11. Khasbulatov to Yeltsin, 22 April 1991, AY, f. 6, op. 1, d. 41, ll. 170 –1, at https://yeltsin.ru/ archive/paperwork/9488.
12. 고르바초프의 획책에 관해서는 2020년 5월 6일과 24일 겐나디 부르불리스와의 전화 인터뷰(저자); 1991년 5월 24일 연방조약준비위원회에서 샤이미예프의 발언; *V Politburo TsK KPSS*, pp. 671 –2.
13. Shakhnazarov, *Tsena svobody*, pp. 224 –5.
14. Burbulis to the Ukrainian oral history project, http://oralhistory.org.ua/interview-ua/445.
15. Pikhoia, *Sovetskii Soiuz*, p. 637.
16. Gorbachev, *Zhizn i reformy*, vol. 2, p. 532; Chernyaev, *Sovmestnyi iskhod*, entry of 9 April 1991, p. 935; Braithwaite's diary, 17 and 21 April 1991.
17. Gorbachev, *Zhizn i reformy*, vol. 2, pp. 536 –8; Shakhnazarov, *Tsena svobody*, p. 225.
18. 총회 엘리트들의 이유에 관해서는 A. S. Puchenkov, "Avgustovskyi putsch 1991 g.: Vzgliad na sobytiia iz zdaniia TsK (po pokazaniiam ochevidtsev)," Noveishaia istoriia Rossii 9:2 (2019), pp. 462 –3; Chernyaev, *Sovmestnyi iskhod*, entry of 27 April 1991, p. 937; Gorbachev, *Zhizn i reformy*, vol. 2, pp. 538 –9, 540.
19. Braithwaite's diary, 29 April 1991.
20. Khasbulatov, *Poluraspad SSSR*, pp. 156, 157; Shakhnazarov's memo to Gorbachev on 8 April 1991 in *Tsena svobody*, p. 520.
21. A. G. Vishnevsky, *Serp i ruble. Konservativnaia modernizatsiia v SSSR* (Moscow: OGI, 1998), pp. 343 –53; Henry Hale, *Patronal Politics: Eurasian Regime Dynamics in Comparative Perspective* (New York: Cambridge University Press, 2014), pp. 54 –5.
22. Lukin to Yeltsin, 31 May 1991, GARF, f. 10026, op. 4, d. 2684, ll. 6 –7. 연방세를 둘러싼 고르바초프와 옐친 간 논쟁에 관해서는 *V Politburo TsK KPSS*, p. 672; Yuri Baturin et al., eds., *Epokha Yeltsina. Ocherki politicheskoi istorii* (Moscow: Vagrius, 2001), pp. 135, 137.
23. Marc Garcelon, *Revolutionary Passage: From Soviet to Post-Soviet Russia* (Philadelphia, PA: Temple University Press, 2005), pp. 4, 69, 127 –8.
24. 위의 책, p. 138; Vladimir Boxer, "Nezabyvaiemyi 1990 ili My iz Kronshtadta," 26 October 2005, at https://polit.ru/article/2005/10/26/demross.
25. 1991년 4월 13일 민주러시아 운동 대표 총회 의사록; 1991년 4월 14일 민주세력 전(全)러시아 회의 의사록, Demokraticheskaia Rossiia Papers, Box 2, Folder 14, HIA.
26. Zaiavleniie koordinatsionnogo soveta dvizheniia Demokraticheskaia Rossiia. Proect. Drafts by Shneider on 8 and 11 April 1991. Demokraticheskaia Rossiia Papers, Box 5,

Folder 11, HIA.

27. 1991년 4월 14일 민주세력 전(全)러시아 회의 의사록, Demokraticheskaia Rossiia Papers, Box 2, Folder 14, HIA.

28. 위의 글.

29. L. A. Ponomarev, "Pozitsiia dvizheniia Demokraticheskaia Rossiia po voprosu natsional\-no-gosudarstvennogo ustroistva," April 1991. Demokraticheskaia Rossiia Papers, Box 6, Folder 4, HIA.

30. 1991년 9월 블라디미르 보세르의 회고, Demokraticheskaia Rossiia Papers, Box 3, Folder 6, HIA. 1991년 4월 27일 민주러시아 총회 의사록, Demokraticheskaia Rossiia Papers, Box 6, Folder 8, HIA; Boxer, "Nezabyvaiemyi 1990."

31. 1991년 4월 27일 민주러시아 운동 의사록, Demokraticheskaia Rossiia Papers, Box 6, Folder 8, HIA.

32. Geoghegan, "A Policy in Tension," pp. 787, 794.

33. 2010년 12월 14일 전직 크리블연구소 소장 존 엑스니시오스(John Exnicios)와의 인터뷰(David C. Speedie), https://www.carnegiecouncil.org/studio/multimedia/20110208c/index.html, 2016년 5월 21일 접속; Arthur H. Matthews, *Agents of Influence: How the Krieble Institute Brought Democratic Capitalism to the Former Soviet Empire* (Washington, DC: Krieble Institute of the Free Congress Foundation, 1995).

34. Michael McFaul, *From Cold War to Hot Peace: An American Ambassador in Putin's Russia* (New York: Houghton Mifflin Harcourt, 2018), p. 12. 이 인터뷰집은 출간되었다; Sergey Markov and Michael McFaul, *The Troubled Birth of Russian Democracy: Parties, Personalities, and Programs* (Stanford, CA: Hoover Institution Press Publication, 1993)도 보라.

35. Michael Beschloss and Strobe Talbott, *At the Highest Levels: The Inside Story of the End of the Cold War* (Boston, MA: Little, Brown, 1993), pp. 354–5; 1991년 3월 25일 셰바르드나제-닉슨 면담에 대한 기록은 Stepanov-Mamaladze Papers, Box 3, Folder 23, HIA, pp. 37–8을 보라.

36. Dimitri K. Simes, *After Collapse: Russia Seeks Its Place as a Great Power* (New York: Simon & Schuster, 1999), the notes, p. 256; 디미트리 K. 시메스와 저자와의 2016년 5월 23일 전화 통화.

37. 닉슨과 고르바초프와의 면담에 관해서는 "Iz besedy s byvshim prezidentom SShA R. Niksonom," 2 April 1991, MSG SS, vol. 25, pp. 152, 587–8; Palazhchenko, *My Years with Gorbachev and Shevardnadze*, pp. 274–8. 옐친-닉슨 면담에 대한 기록은 미국 쪽이나 러시아 쪽 어디에서도 구할 수 없다. 2016년 5월 23일 저자와 디미트리 K. 시메스와의 전화 통화; Beschloss and Talbott, *At the Highest Levels*, p. 356; Serge Schmemann, "Moscow Journal: In Gorbachev, Nixon Detects a Fellow Scrapper," *The New York Times*,

4 April 1991, at http://www.nytimes.com/1991/04/04/world/moscow-journal-in-gorbachev-nixon-detects-a-fellow-scrapper.html, 2016년 5월 26일 접속.

38. Richard Nixon, "A Superpower at the Abyss," *Time*, 22 April 1991; Monica Crowley, *Nixon in Winter* (New York: Random House, 1998), p. 41, cited in Colton, *Yeltsin*, pp. 190–1.

39. 1991년 3월 25일 이탈리아 안드레오티 총리와의 대화 및 만찬에 대한 기록, GBPL, at https://bush41library.tamu.edu/files/memcons-telcons/1991-03-24-Andreotti.pdf, 2016년 5월 19일에 접속.

40. 1991년 3월 29일 백악관 집무실에서 에스토니아 대통령 아르놀드 뤼텔과의 회담 및 대화 기록, GBPL, at https://bush41library.tamu.edu/files/memcons-telcons/1991-03-29-Ruutel.pdf, 2016년 5월 19일 접속; 1991년 4월 11일 룩셈부르크 총리 산테르(Santer)와 유럽위원회 들로르 의장과의 회담 및 대화 기록, https://bush41library.tamu.edu/ files/memcons-telcons/1991-04-11-Santer.pdf.

41. David Gompert and Ed Hewett to John Helgerson, DDCI, 10 April 1991, Nicholas Burns and Ed Hewett Files, OA/ID CF01486-023, GBPL; 'The Soviet Cauldron,' 23 April 1991, at https://www.cia.gov/library/center-for-the-study-of-intelligence/csi-publications/ books-and-monographs/at-cold-wars-end-us-intelligence-on-the-soviet-union-and-eastern-europe-1989-1991/16526pdffiles/SOV91-20177.pdf; 어마스의 시각에 관해서는 Beschloss and Talbott, *At the Highest Levels*, p. 349를 보라.

42. Directorate of Intelligence, 29 April 1991, "The Gorbachev Succession," Burns and Hewett Files, OA/ID CF01486-023, GBPL.

43. Burns to Hewett, 30 April 1991, Nicholas Burns and Ed Hewett Files, OA/ID CF01486-023, GBPL; Brent Scowcroft to William H. Webster, 9 May 1991, Scowcroft Collection, Box 13, Soviet collapse, OA/ID 91119-005, GBPL; Bush and Scowcroft, *A World Transformed*, p. 502.

44. Khasbulatov, *Poluraspad SSSR*, pp. 171–2.

45. Kryuchkov, *Lichnoie delo*, vol. 2, pp. 11–12.

46. Demokraticheskaia Rossiia Papers, Box 6, Folder 8, HIA; Sukhanov, *Kak Yeltsin stal prezidentom*, pp. 204–6.

47. Elizabeth Teague, "Boris Yeltsin Introduces his Brain Trust," Report on the USSR, RFE-RL, 12 April 1991.

48. Boxer, "Nezabyvaiemyi 1990."

49. Pikhoia, *Sovetskii Soiuz*, p. 642; 2019년 6월 5일 모스크바에서 옐친의 최측근이었던 루돌프 피호이아와의 인터뷰(저자); Yeltsin, *Zapiski prezidenta*, pp. 46, 47. The electoral materials in Demokraticheskaia Rossiia Papers, Box 5, Folder 5, HIA; Gorbachev, *Zhizn i* *reformy*, vol. 2, p. 528.

50. Yeltsin's report in *Tretii* (vneocherednoi) *S'ezd narodnykh deputatov RSFSR, 28 marta–5 aprelia 1991 goda. Stenograficheskii otchet*, vol. 1 (Moscow: Respublika, 1992), pp. 115–27; Tezisy programmy B. N. Yeltsina na post Prezidenta RSFSR. "Vykhod iz krizisa i obnov\-leniie Rossii," Demokraticheskaia Rossiia Papers, Box 5, Folder 11, HIA.
51. Zasedanie Verkhovnogo Soveta RSFSR. Stenogramma. In: O. Rumyantsev i.a. (ed.), *Iz istorii sozdaniia Konstitutsii Rossiiskoi Federatsii*, vol. 6 (Moscow: 2010), pp. 357–69.
52. 옐친의 〈명사 소개〉 프로그램, FBIS, Russian service, Dunlop Papers, Box 9, HIA; Igor Fisunenko, "Kon'iunkturnost ne moie amplua," Programmy televideniia i radio, 28, 14~18 July 1991.
53. Round-table of presidential candidates on Soviet TV, 10 and 11 June 1991, FBIS.
54. Matlock, *Autopsy*, pp. 510–11.
55. 옐친의 방미 계획 초안(날짜 미상)에는 여전히 부시와의 만남이 포함되어 있지 않았다. GARF, f. 10026, op. 4, d. 2794.
56. 2011년 2월 8일 겐나디 부르불리스와의 인터뷰는 https://www.carnegiecouncil. org/studio/multimedia/20110208c/index.html, 2016년 5월 21일 접속; Matthews, *Agents of Influence*, pp. 62, 118. Matlock, *Autopsy*, pp. 509–10.
57. Vladimir Lukin in *The New Times* 23 (1991), p. 6; Liudmila Saraskina, *Alexander Solzhenitsyn* (Moscow: Molodaia gvardiia, 2008), p. 804.
58. Scowcroft to Bush, sometime before 20 June 1991. NSC Files, USSR Chronological Files, June 1991, CF01407-005, GBPL, Box 1, Folder CF01407-005, pp. 1–2.
59. Memorandum of conversation. Meeting with the President of the Russian Republic Boris Yeltsin of the USSR, 20 June 1991, GBPL at: https://bush41library.tamu.edu/files/ memcons-telcons/1991-06-20--Yeltsin.pdf.
60. 위의 글.
61. 위의 글.
62. Bush and Scowcroft, *A World Transformed*, p. 504.
63. 1991년 6월 21일, 10시 00분~10시 38분, 소련 대통령 고르바초프와의 전화 통화 내용, GBPL, at: https://bush41library.tamu.edu/files/ memcons-telcons/1991-06-21-Gorbachev.pdf. 무슨 까닭인지 부시는 통화에서 포포프의 이름을 언급하여 매틀록을 매우 불편하게 했다; Matlock, *Autopsy*, pp. 541–3, 545.
64. "Amerika vtoroi raz priznala Yeltsina," *The New Times*, Moscow, no. 26, 1991.
65. 2020년 4월 21일 겐나디 부르불리스와의 전화 인터뷰(저자); Russian TV "Vesti" 22 June 1991, 23:00, TASS on the results of Yeltsin's visit, 22 June 1991. RFE/RL Research Institute, Dunlop Papers, Box 9, HIA.

66. 행사 일정표와 모든 연설문을 담은 기록은 AY, f. 6, op. 1, d. 84, ll. 1–40, at https://yeltsin.ru/archive/paperwork/10377.

67. Inauguratsiia B. N. Yeltsina, 10 July 1991, at https://www.youtube.com/watch?v=KApj6-RkLz4, 2017년 5월 28일에 접속.

68. AY, f. 6, op. 1, d. 84, ll. 21–6.

69. "V Kremlie odnim prezidentom bolshe," *Izvestia*, 11 July 1991, pp. 1, 2; Colton, *Yeltsin*, p. 194.

70. Shakhnazarov, *Tsena svobody*, pp. 168–9.

71. Chernyaev, *Sovmestnyi iskhod*, 23 June and 11 July 1991, pp. 954, 961; Shakhnazarov to Gorbachev, 19 June 1991, in *Tsena svobody*, pp. 539–40.

72. "Analiticheskii material o politicheskikh itogakh vyborov Presidenta RSFSR," 1 July1991, AY, f. 6, op. 1, d. 166, ll. 27–8, at, http://yeltsin.ru/archive/paperwork/18222, 2017년 5월 28일에 접속.

73. Stepanov notes, 21 June, 18–21 July 1991, Stepanov-Mamaladze Papers, Box 3, Folder 27, HIA.

74. Shakhnazarov, *Tsena svobody*, p. 256; Chernyaev, *Sovmestnyi iskhod*, 11 July 1991, p. 961.

75. 1991년 7월 8일 고르바초프와 곤살레스와의 회담, MSG SS, vol. 26; Chernyaev, *Sovmestnyi iskhod*, 9 July 1991, p. 961.

76. Pavlov, *Upushchen li shans?*, pp. 109–10.

77. Matiukhin in Krotov, *Istoriia sovetskoi*, p. 212.

78. Interview with Viktor Ivanenko, at http://ru-90.ru/content/кгб-и-радикальные-перемены-интервью-с-вв-иваненко.

79. 1995년 6월 30일 맥폴이 겐나디 부르불리스를 상대로 수행한 인터뷰, Michael McFaul Collection, Box 3, HIA; 2020년 5월 6일 겐나디 부르불리스와의 인터뷰(저자).

80. AY, f. 6, op. 1, d. 163, ll. 67–75; V. Ivanenko, "Oni mne ne do kontsa doveriali," Ogonek 12–13 (24 March~2 April 1992); Tezisy (vystupleniie B. N. Yeltsina); Material k vystuple\-niiu Prezidenta RSFSR B. N. Yeltsina na soveshchanii rukovodiashchego sostava organov KGB RSFSR (without date, 1991), GARF, f. 10026, op. 4, d. 3411, ll. 64–73; Andrei Przhezdomsky, *Za kulisami putcha. Rossiiskie chekisty protiv razvala organov KGB v 1991 godu* (Moscow: Veche, 2011), p. 59.

81. Leonid Shebarshin, . . . *I zhizni melochnyie sny* (Moscow: Mezhdunarodnyie otnosheniia, 2000), pp. 81–2.

82. 그런 "세포 조직들"은 거의 모든 기관과 국가 기구, 기업, 여타 조직들에 존재했다. Ukaz Prezidenta RSFSR 14 (20 July 1991). "O prekrashchenii deiatelnosti organizatsionnykh struktur politicheskikh partii i massovykh obschestvennykh dvizhenii v gosudarstvennykh

organakh, uchrezhdeniiakh i organizatsiiakh RSFSR," *Rossiskaia gazeta* (21 July 1991), p. 1.

83. *Izvestia* (31 July 1991), p. 2.

9장 합의

1. "워싱턴 컨센서스"의 기원에 관해서는 Philip Arestis, "Washington Consensus and Financial Liberalization," and John Williamson, "The Strange History of the Washington Consensus," *Journal of Post Keynesian Economics 27:2* (Winter 2004~2005), pp. 195-206, 251-71; Giovanni Arrighi and Lu Zhang, "Beyond the Washington Consensus: A New Bandung?" https://www.researchgate.net/publication/252076182_BEYOND_THE_WASHINGTON_CONSENSUS_A_NEW_BANDUNG을 보라.
2. 동유럽에서 신자유주의가 몰고 온 충격에 관해서는 Ivan Krastev and Stephen Holmes, *The Light That Failed* (New York: Pegasus Books, 2020)를 보라.
3. Reddaway and Glinski, *The Tragedy of Russia's Reforms*, p. 176.
4. Tobias Rupprecht, "Formula Pinochet: Chilean Lessons for Russian Liberal Reformers during the Soviet Collapse, 1970-2000," Journal of Contemporary History 5:1 (2016), pp. 165-8; interview with Vitaly Naishul on 12 February 2011, at http://polit.ru/article/2011/02/14/nayshul; Alfred Kokh's recollections in Alfred Kokh and Igor Svinarenko, *A Crate of Vodka*, trans. Antonina W. Bouis (New York: Enigma Books, 2009), pp. 282-4.
5. Yegor Gaidar, "Otkuda poshli reformatory," interview with Vitaly Leibin, 6 September 2006, at http://polit.ru/article/2006/09/06/gaidar; Vitaly Naishul, "Otkuda sut poshli reformatory," 21 April 2004, at http://polit.ru/article/2004/04/21/vaucher.
6. Yevgeny Yasin, "Reformatory prikhodiat k vlasti," interview with Alfred Kokh and Petr Aven, at http://www.forbes.ru/interview/4615reformatory-prihodyat-k-vlasti-evge\-nii-yasin. 소프론 워크숍에서 발표된 글들은 Merton J. Peck and Thomas J. Richardson, eds., *What Is to Be Done? Proposals for the Soviet Transition to the Market* (New Haven, CT: Yale University Press, 1991)으로 출간되었다.
7. 2013년 1월 28일 캘리포니아 스탠퍼드대학에서 베른스탐이 저자와 나눈 대화. 당시 베른스탐은 스탠퍼드대학에 초청된 가이다르를 챙기는 주인장 역할을 했다.
8. Y. Gaidar, "Dve programmy," *Pravda* (13 September 1990).
9. *The Economy of the USSR: Summary and Recommendations, The IMF, The World Bank, OECD, and EBRD* (Washington, DC: The World Bank, December 1990); A Study of the Soviet Economy, vols. 1-3 (Paris: February 1991).
10. 당시 연구 팀의 팀원이었던 피로슈카 나지-모하치(Piroska Nagy-Mohacsi)가 저자에게

제공한 정보; 그녀의 저서 *The Meltdown of the Russian State: The Deformation and Collapse of the State in Russia* (Cheltenham, UK: Edward Elgar Publishing, 2000)와 발표문 "The Destruction of the Soviet Economy," an international workshop, LSE, 23 March 2018도 보라.

11. "Zakliuchenie IMEMO po dokladu MVF, Vsemirnogo Banka, OESR i EBRR o sostoianii ekonomiki SSSR," 29 January 1991, GARF, f. 5446, op. 163, d. 1290, ll. 9–19; Y. Gaidar, "Vremia nepriiatnykh istin," *Moskovskiie novosti* 3 (20 January 1991), p. 12; 1991년 3월 모스크바에서 가이다르와 나눈 대화에 관해 미하일 베른스탐이 저자에게 밝힌 정보(스탠퍼드대학 후버연구소에서 2013년 1월 29일에 가진 인터뷰); 2013년 12월 25일, 미하일 베른스탐이 저자에게 보낸 이메일.
12. 이 그룹에는 과세 전문가인 에드워드 래지어(Edward Lazear)와 전직 재무부 차관 찰스 맥루어(Charles McLure), 합리적 기대이론의 이론가인 토머스 서전트(Thomas Sargent) 등이 있었다. 미하일 베른스탐이 저자에게 밝힌 정보(스탠퍼드대학 후버연구소에서 2013년 1월 29일에 가진 인터뷰); 베른스탐 컬렉션의 개인 문서.
13. 2016년 5월 23일 베른스탐과의 서신.
14. 베른스탐 개인 문서고에 있는 당시 만남에 대한 그의 기록. 폴란드에서 탈공산주의 엘리트들이 "외국산 수입품"으로서 받아들인 신자유주의 경제 신조에 대한 분석은 Peter Zeniewski, "Neoliberalism, Exogenous Elites and the Transformation of Solidarity," *Europe-Asia Studies* 63:6 (August 2011), pp. 983–8을 보라.
15. A cable from Jack Matlock to General Scowcroft, 071515z, 7 May 1991, Scowcroft Collection, Box 22, OA/ID 91129-002, GBPL.
16. George H. W. Bush, *All the Best: My Life in Letters and Other Writings* (New York: Scribner, 2014), p. 517.
17. 1991년 5월 11일 고르바초프 대통령과의 통화 내용, https://bush41library.tamu. edu/files/memcons-telcons/1991-05-11-Gorbachev.pdf.
18. 위의 글.
19. Doklad V. Pavlova na Verkhovnom Sovete SSSR 22 April 1991, *Izvestia* (23 April 1991), pp. 2–3; *Nezavisimaia gazeta* (31 August 1991), p. 2.
20. Doklad V. Pavlova na Verkhovnom Sovete SSSR 22 April 1991, *Izvestia* (23 April 1991), p. 3; Pavlov, *Upushchen li shans?*, pp. 286, 296.
21. 야블린스키와의 점심에 관한 브레이스웨이트의 기록, on 13 May 1991, diary. "Window of Opportunity: Joint Program for Western Cooperation in the Soviet Transformation to Democracy and the Market Economy," 17 June 1991, folder "USSR Chron File; June 1991 [1]," OA/ID CF01407, NSC Files, Burns and Hewett Files, USSR Chronological Files, OA/ID CF01407, GBPL.

22. Primakov, *Vstrechi na perekrestkakh*, pp. 89–90; 2016년 12월 24일 모스크바에서 그리고리 야블린스키와의 인터뷰(저자).
23. Jeffrey J. Sachs, 5 May 1991, "Promoting Economic Reform in the Soviet Union"; Jeffrey Sachs to Ed Hewett, 6 May 1991. OA/ID CF01486–029, NSC Files, Burns and Hewett Files, Subject Files, Box 2, OA/ID CF01486–029, GBPL.
24. Chernyaev, *Sovmestnyi iskhod*, 17 May 1991, p. 942.
25. 위의 글, 18 May 1991; Zasedaniie Soveta bezopasnosti, 18 May 1991, *V Politbiuro TsK KPSS*, pp. 668–9.
26. 블랙윌과 졸릭에 관해서는 Beschloss and Talbott, *At the Highest Levels*, p. 385; Goldgeier and McFaul, *Power and Purpose*, pp. 63–4; 2015년 12월 15일 자 저자와 데니스 로스(Dennis Ross)의 이메일; Robert Zoellick at http://oralhistory.org.ua/interview-ua/341을 보라.
27. 그에 관해서는 일례로 Boris Fyodorov, *10 bezumnykh let. Pochemu v Rossii ne sostoialis reformy* (Moscow: Kollektsiia Sovershenno Sekretno, 1999), p. 64를 보라.
28. 2001년 7월 31일 스탠퍼드대학에서 마이클 보스킨과의 인터뷰, BOHP; 1991년 5월 30일 경제자문회의 프리마코프, 셰르바코프와의 "보스킨 그룹"과의 만남에 관한 수기 기록: Boskin Files, OA/ID CF00756-015, GBPL.
29. 대화 메모. 1991년 5월 21일 대통령과 예브게니 프리마코프 간 오찬; Scowcroft Collection: Special Separate USSR Notes Files, Box. 22, OA/ID 91129-001, pp. 1–3, GBPL; Beschloss and Talbott, *At the Highest Levels*, pp. 387, 390.
30. 스코크로프트의 각료회의용 메모, "The U.S. Economic Relationship with the Soviet Union," 31 May 1991. Council of Economic Advisors: Boskin Files: OA-ID CF01113-051, p. 2, GBPL; Bush and Scowcroft, *A World Transformed*, p. 503; Bush, *All the Best*, pp. 521–2; Primakov, *Vstrechi na perekrestkakh*, p. 90.
31. *Raspad SSSR*, vol. 1, pp. 997–8.
32. Chernyaev, *Sovmestnyi iskhod*, 5 June 1991, p. 946; "Nobelevskaia lektsiia," 5 June 1991, in Gorbachev, *Gody Trudnykh Reshenii*, pp. 268–81.
33. Chernyaev, *Sovmestnyi iskhod*, 5 June 1991, p. 947.
34. Braithwaite's diary, 6 and 8 May 1991.
35. 이 이야기에 대한 자세한 서술은 Beschloss and Talbott, *At the Highest Levels*, pp. 362–70; Palazhchenko, *My Years with Gorbachev and Shevardnadze*, p. 286; Komitet po voprosam oborony i gosudarstvennoi bezopasnosti, 23 May 1991, GARF, f. 9654, op. 7, d. 216, ll. 7–61을 보라.
36. 이 문단을 작성하는 데 소련 총참모부가 이용한 자료는 the Katayev Papers, Box 5, Folders 8–16, HIA; Chernyaev, *Sovmestnyi iskhod*, 18 May 1991, p. 943.

37. William Safire, "The Grand-Bargain Hunters," *The New York Times* (3 June 1991).
38. News Release, "Hoover Scholars: Soviet Economic Reform Lies with Individual Republics," Stanford News Service, 20 June 1991; Beschloss and Talbott, *At the Highest Levels*, p. 376.
39. Matlock, *Autopsy*, pp. 537 – 9; Braithwaite's diary, 28 May 1991.
40. Brent Scowcroft's memorandum to the secretaries of state, the treasury, defense, agriculture, commerce, OMB, and CEA. "The U.S. Economic Relationship with the Soviet Union," 31 May 1991; Michael Boskin Files, NSC Meeting Files, CF01113-051, GBPL.
41. National Security Council. Meeting on U.S.-Soviet Relations, 3 June 1991, White House Situation Room. NSC Files, Burns Files, Box 2, OA/ID CF01308-005, GBPL.
42. NSC Files, Burns Files, Box 2, OA/ID CF01308-005, GBPL.
43. 위의 글, pp. 5 – 8.
44. 1991년 6월 5일 부시가 고르바초프에게 보낸 서신 번역본은 the files of Vitaly Katayev, Katayev Papers, Box 4, Folder 58, HIA, pp. 1 – 8을 보라.
45. Braithwaite's diary, 7 June 1991; Primakov, Vstrechi na perekrestkakh, pp. 90 – 1.
46. 2016년 12월 24일 모스크바에서 그리고리 야블린스키와의 인터뷰(저자).
47. Graham Allison and Robert Blackwill, "America's Stake in the Soviet Future," *Foreign Affairs* (Summer 1991), pp. 77 – 97.
48. Burns and Hewett Files: Subject Files, Box 2, OA/ID CF-1486-019, GBPL. 첨부 편지와 프로그램 사본은 AY, f. 6, op. 1, d. 160, ll. 10 – 62, at https://yeltsin.ru/ archive/paperwork/13129를 보라.
49. Izvestia (19 June 1991), p. 1; Burns and Hewett Files: Subject Files, Box 2, OA/ID CF1486- 019, GBPL; Beschloss and Talbott, *At the Highest Levels*, p. 401.
50. 파블로프의 연설을 받아 적은 기록은 GARF, f. 9654, op. 7, d. 1334; Nezavisimaia gazeta (18 June 1991); Gerashchenko to V. S. Pavlov and A. I. Lukyanov, 12 July 1991, RGAE, f. 2224, op. 32, d. 4006, ll. 28 – 32, at http://gaidar-arc.ru/file/bulletin-1/DEFAULT/org. stretto.plugins.bulletin.core.Article/file/2571.
51. GARF, f. 9654, op. 7, d. 1334, ll. 77 – 89, 113 – 21.
52. 크류치코프의 연설문 전문은 GARF, f. 9654, op. 7, d. 1334, ll. 90 – 110; also his *Lichnoie delo*, vol. 2, pp. 388 – 91; Pikhoia, *Sovetskii Soiuz*, p. 648.
53. Beschloss and Talbott, *At the Highest Levels*, pp. 394 – 5.
54. 1991년 6월 21일 미하일 고르바초프와의 전화 대화는 GBPL, https://bush\-41library.tamu.edu/files/memcons-telcons/1991-06-21-Gorbachev.pdf. On the logic of Gorbachev's political confidence see Chernyaev, *Sovmestnyi iskhod*, 23 June 1991, p. 954.

55. Boris Yeltsin on C-SPAN, 20 June 1991, at https://www.c-span.org/video/?18520-1/presi\-dent-russian-republic. Meeting with President of the Russian Republic Boris Yeltsin of the USSR, 20 June 1991, p. 5, at https://bush41library.tamu.edu/files/memcons-telcons/1991-06-20-Yeltsin.pdf.
56. 2021년 4월 25일 티모시 콜턴이 저자에게 제공한 정보; Arnold L. Horelick. "The Future of the Soviet Union: What is in the Western Interest," 16 – 18 June 1991, p. 20, at https://www.rand.org/pubs/occasional_papers-soviet/OPS022.html. 다른 참석자들로는 스티븐 세스타노비치(Stephen Sestanovich), 스티븐 메이어(Stephen Meyer), 프레더릭 스타(Frederik Starr), 로버트 레그볼드(Robert Legvold) 등이 있었다. 결론에 관해서는 Opening Session of the London Economic Summit, Monday, 15 July 1991, p. 3, GBPL, https://bush41library.tamu.edu/files/memcons-telcons/1991-07-15-Mitterrand.pdf를 보라.
57. Michael Boskin, 30 – 31 July 2001, Stanford University, BOHP, p. 20.
58. Memorandum of Conversation. Telcon with Helmut Kohl, 24 June 1991, GBPL, at https://bush41library.tamu.edu/files/memcons-telcons/1991-06-24-Kohl.pdf.
59. Proposed agenda for meeting with the President, 26 June 1991, 1:30 p.m., James A. Baker III Papers (MC 197), Box 115, Folder 8 (White House Meeting Agendas, 1991), Seeley Mudd Library, Princeton University.
60. 야블린스키와 앨리슨의 순방에 관해서는 2016년 12월 24일 모스크바에서 저자가 수행한 야블린스키와의 인터뷰를 보라. 메이저에게 보낸 서신은 the Burns and Hewett Files: Chronological File, Box 1, OA/ID CF1407-006, GBPL을 보라.
61. Interview with Robert Gates, BOHP, p. 91.
62. Braithwaite's diary, 19 July 1991.
63. Jack Matlock, "Gorbachev's Draft Economic Package for G-7," 3 July 1991, Burns and Hewett Files: Subject Files, Box 2, OA/ID CF01486-026, GBPL.
64. Chernyaev, *Sovmestnyi iskhod*, 3 and 7 July 1991, pp. 957, 959. 파블로프 그룹에는 아발킨, 아간베갼, 야레멘코, 마르트니노프(V. Martnynov), 오제렐리에프(O. Ozhereliev) 등이 있었는데 이들은 개혁에 관해 다양하고, 심지어 상충하는 시각을 견지하고 있었다. 이 그룹이 작성한 "편지"는 7월 11일에 G7 정상들에게 보내졌다. *V Politburo TsK KPSS*, pp. 680 – 92를 보라.
65. Matlock, "Gorbachev's Draft Economic Package for G-7."
66. GARF, f. 5446, op. 163, d. 47.
67. Documents of 25 June and 6 July 1991 in *V Politburo TsK KPSS*, pp. 678 – 9; Chernyaev, *Sovmestnyi iskhod*, 7 July 1991, p. 959.
68. The Zaikov commission on the Warsaw Pact political meeting, 6 June 1990, Katayev

Papers, Box 3, Folder 1, HIA; recollections of Vladimir Lobov, Kommersant-Vlast, 4 April 2005, at https://www.kommersant.ru/doc/560143; Yuli Kvitsinsky, Vremia i sluchai. Zametki professionala (Moscow: Olma-press, 1999), pp. 146, 147. 당시 동유럽 국가들의 NATO 접근에 관해 사료로 뒷받침되는 최상의 연구는 Mary Sarotte, *Not One Inch: America, Russia, and the Making of Post-Cold War Stalemate* (New Haven, CT: Yale University Press, 2021), ch. 4.를 보라.

69. Chernyaev, *Sovmestnyi iskhod*, 6 July 1991, p. 958; 1991년 7월 5일 고르바초프와 콜의 일 대 일 면담, MSG SS, vol. 26, p. 371.

70. Anatoly Chernyaev, *Shest Let s Gorbachevym. Po dnevnikovym zapisiam* (Moscow: Progress-Kultura, 1993), p. 467; Chernyaev, *Sovmestnyi iskhod*, 6 July 1991, p. 958. "코스타리카"에 대한 언급은 소련측 공식 메모에는 누락되어 있다, MSG SS, vol. 26, pp. 374–5.

71. Chernyaev, *Sovmestnyi iskhod*, 6 July 1991, p. 958.

72. Telephone conversation with Helmut Kohl, Chancellor of Germany, on 8 July 1991, GBPL, at https://bush41library.tamu.edu/files/memcons-telcons/1991-07-08-Kohl.pdf.

73. John Lloyds, Grigory "Yavlinsky Tries to Warn Off the West," *The Financial Times* (23 July 1991), p. 2; Grigory Yavlinsky, "Soglasie na shans"; Chernyaev, *Sovmestnyi iskhod*, 11 July 1991, p. 962.

74. Gorbachev, *Zhizn i reformy*, vol. 2, pp. 292–4.

75. Gorbachev's Letter of Application, 15 July 1991, Scowcroft Collection, Box 22, OA/ID 91129-001, GBPL.

76. Allison to Bush (via Scowcroft), 12 July 1991, Burns and Hewett Files: Chronological Files, Box 1, OA/ID CF-01407-006, GBPL.

77. Meeting with Manfred Wörner, Secretary-General of NATO, 25 June 1991, Oval Office, GBPL, at https://bush41library.tamu.edu/files/memcons-telcons/1991-06-25-Woerner.pdf.

78. Meeting with Giulio Andrreotti of the Netherlands, 15 July 1991; meeting with Helmut Kohl, 15 July 1991; meeting with Prime Minister Lubbers and EC President Delors, 15 July 1991. Memos and telephone conversations, GBPL.

79. Bush and Scowcroft, *A World Transformed*, pp. 506, 507.

80. Meeting with Prime Minister Kaifu of Japan, 11 July 1991, GBPL, at https://bush41library.tamu.edu/files/memcons-telcons/1991-07-11-Kaifu.pdf.

81. Opening Session of the London Economic Summit, Monday, 15 July 1991, GBPL, p. 3, at https://bush41library.tamu.edu/files/memcons-telcons/1991-07-15-Mitterrand.pdf.

82. Ibid.

83. Second Plenary, London Economic Summit, 16 July 1991, GBPL, at https://bush41library.tamu.edu/files/memcons-telcons/1991-07-16-Mitterrand%20[1].pdf.
84. 멀로니는 모스크바에서 쿠데타가 일어난 날 부시와의 대화에서 이 일화를 상기했다. memo of conversation with Brian Mulroney, 19 August 1991, "Telephone Conversation with Prime Minister Brian Mulroney of Canada, August 19, 1991," GBPL, at http://bushlibrary.tamu.edu/research/pdfs/memcons_telcons/1991-08-19 - Mulroney.pdf.
85. Braithwaite's diary, 14 and 16 July 1991; Palazhchenko, *My Years with Gorbachev and Shevardnadze*, p. 296.
86. Vladimir Utkin ("Yuzhmash") at the USSR Supreme Soviet, 23 May 1991, GARF, f. 9654, op. 7, d. 216, ll. 20 - 1; 1991년 6월 17일 최고소비에트에서 야조프의 연설, GARF, f. 9654, op. 7, d. 1334, ll. 76 - 7; "K voprosu o ratifikatsii dogovora mezhdu SSSR i SShA o sokrashchenii i ogranichenii SNV" (without date), Katayev Papers, Box 6, Folder 22, HIA; Beschloss and Talbott, *At the Highest Levels*, p. 403.
87. Chernyaev, *Sovmestnyi iskhod*, 7 July 1991, p. 960; Palazhchenko, My Years with Gorbachev and Shevardnadze, p. 291; Beschloss and Talbott, *At the Highest Levels*, p. 406.
88. "Iz besedy s Prezidentom Frantsii F. Mitteranom," 17 July 1991; "Iz besedy s prezidentom Evropeiskogo banka rekonstruktsii i razvitiia Zhakom Attali," 17 July 1991, MSG SS, vol. 27, pp. 29, 31, 33 - 6.
89. 이 문단은 이 대화를 받아 적은 여러 기록들을 토대로 했다: Savranskaya and Blanton, *The Last Superpower Summits*, pp. 852 - 3; *V Politburo TsK KPSS*, pp. 693 - 4 and Chernyaev, *Sovmestnyi iskhod*, 23 July 1991, p. 966.
90. Savranskaya and Blanton, *The Last Superpower Summits*, p. 853.
91. 위의 책. "소련의 종말"에 관한 문장은 미국 측 회담용 메모에는 빠져 있다. Chernyaev, *Sovmestnyi iskhod*, 23 July 1991, p. 966. 체르냐예프는 당시 소련 측 통역이었던 팔리셴코와 이 표현을 체크했다. Palazhchenko, *My Years with Gorbachev and Shevardnadze*, p. 293.
92. Savranskaya and Blanton, *The Last Superpower Summits*, p. 852, *V Politburo TsK KPSS*, p. 695.
93. Beschloss and Talbott, *At the Highest Levels*, p. 407; Chernyaev, *Shest Let s Gorbachevym*, p. 457; Chernyaev, *Sovmestnyi iskhod*, p. 966; Palazhchenko, *My Years with Gorbachev and Shevardnadze*, p. 292.
94. Gorbachev, *Zhizn i reformy*, vol. 2, pp. 296 - 7.
95. Beschloss and Talbott, *At the Highest Levels*, p. 407.
96. "Beseda s M. Thatcher," 19 July 1991, MSG SS, vol. 27, pp. 89 - 90; Gorbachev, Zhizn i reformy, vol. 2, p. 299; Palazhchenko, *My Years with Gorbachev and Shevardnadze*, pp. 296 - 7.

97. 당시 소련 과학아카데미의 미국·캐나다 연구소의 부소장이었던 안드레이 코코신(Andrei Kokoshin)의 회고. 2019년 3월 25일 모스크바에서 저자에게 밝힌 정보.

10장 음모

1. "The Announcement of M. S. Gorbachev on Television," *Izvestia*, 2 August 1991, p. 1.
2. 1991년 7월 26일 소련공산당 중앙위원회 총회 의사록은 GARF, f. P9654, op. 17, d. 1357, ll. 18 – 25를 보라.
3. Otto Latsis, *Tshchatelno splanirovannoe samoubiistvo* (Moscow: Moskovskaia shkola politicheskikh issledovanii, 2001), p. 365. 1991년 7월 25일 소련공산당 중앙위원회 총회 의사록, GARF, f. P9654, op. 17, d. 1356, l. 57도 보라.
4. Shakhnazarov, *Tsena svobody*, pp. 537 – 9, 542 – 3; 1991년 7월 27일 샤흐나자로프가 고르바초프에게 보낸 메모는 Geoghegan, "A Policy in Tension", p. 792에서 인용.
5. TsDAGO, f. 1, op. 32, d. 2933; Shakhnazarov, *Tsena svobody*, p. 542; *Nezavisimaia gazeta* (20 June 1991), p. 3.
6. Recollections of Yuri Baturin, *Demokratizatsia: The Journal of Post-Soviet Democratization II:2* (Spring 1994), pp. 212 – 21; *Soiuz mozhno bylo sokhranit*, pp. 289 – 301 at: https://www.gorby.ru/userfiles/union_could_be_saved.pdf.
7. Gorbachev, *Zhizn i reformy*, vol. 2, pp. 552, 556. 이 합의에 관한 가장 자세한 분석은 Ignaz Lozo, *Avgustovskii putch 1991 goda. Kak eto bylo* (Moscow: ROSSPEN, 2014), pp. 80 – 94를 보라.
8. Gorbachev, *Zhizn i reformy*, vol. 2, p. 556.
9. Shakhnazarov, *Tsena svobody*, pp. 544 – 5.
10. "Primernaia protsedura podpisaniia Soiuznogo dogovora," draft from the archive of the Gorbachev Foundation, in *Soiuz mozhno bylo sokhranit*, pp. 302 – 305 at https://www.gorby.ru/userfiles/union_could_be_saved.pdf.
11. Palazhchenko, *My Years with Gorbachev and Shevardnadze*, p. 298.
12. Braithwaite's diary, 21 June 1991.
13. 1991년 7월 29일 베이커와 셰바르드나제 간 만남, Stepanov notes, Stepanov-Mamaladze Papers, Box 3, Folder 27, HIA.
14. 1991년 7월(날짜 미상) 겐나디 야나예프의 BBC 인터뷰, 안나 칸 제공. Bush, All the Best, p. 530도 보라.
15. Palazhchenko, *My Years with Gorbachev and Shevardnadze*, p. 299; Savranskaya and Blanton, *The Last Superpower Summits*, p. 804.
16. Bush and Scowcroft, *A World Transformed*, pp. 509 – 10.

17. "Conversation with J. Bush" (one on one), 30 July 1991, in MSG SS, vol. 27, pp. 156, 159, 164 – 7; Bush and Scowcroft, *A World Transformed*, p. 511; Chernyaev, *Shest Let s Gorbachevym*, p. 461.

18. "Expanded Bilateral Meeting with Mikhail Gorbachev of the USSR," 30 July 1991, in Memcons—Moscow Summit—7/91, OA/ID CF01756-025, Burns and Hewett Files: Subject Files, Box 1, GBPL.

19. 위의 글.

20. Robert A. Pollard, "Economic Security, and the Origins of the Cold War: Bretton Woods, the Marshall Plan, and American Rearmament, 1944~1950," Diplomatic History 9:3 (1985), pp. 274 – 5를 보라.

21. Memorandum of conversation. Meeting with Boris Yeltsin, President of the Republic of Russia, 30 July 1991, GBPL; *Izvestia*, 31 July 1991, p. 2; https://bush41library.tamu.edu/ files/memcons-telcons/1991-07-30-Yeltsin.pdf.

22. Beschloss and Talbott, *At the Highest Levels*, pp. 412 – 13.

23. Gorbachev, *Zhizn i reformy*, vol. 2, p. 308.

24. 위의 글, pp. 301 – 4; Palazhchenko, *My Years with Gorbachev and Shevardnadze*, p. 305; 소련-미국 공동관리에 관해서는 Plokhy, *The Last Empire*, p. 22.

25. Three-on-three meeting with President Mikhail Gorbachev, 31 July 1991, GBPL, at https://bush41library.tamu.edu/files/memcons-telcons/1991-07-31-Gorbachev%20[1].pdf.

26. Palazhchenko, *My Years with Gorbachev and Shevardnadze*, p. 304; Tarmo Vahter, *Estonia: Zharkoie leto 91-go. Avgustovskii putch i vozrozhdenie nezavisimosti* (Tallinn: Eesti Ekspress, 2012), p. 188 – 191.

27. Three-on-three meeting with President Mikhail Gorbachev, 31 July 1991, GBPL, at https://bush41library.tamu.edu/files/memcons-telcons/1991-07-31-Gorbachev%20[1].pdf.

28. Bush, *All the Best*, pp. 529 – 30.

29. Beschloss and Talbott, *At the Highest Levels*, p. 415.

30. D. Yazov, "Eto sbalansirovannyi dogovor," *Izvestia* (1 August 1991), p. 2.

31. Matlock, *Autopsy*, pp. 564 – 5; Gorbachev, *Zhizn i reformy*, vol. 2, p. 304.

32. Matlock, *Autopsy*, pp. 566 – 7; "Remarks to the Supreme Soviet of the Republic of the Ukraine in Kiev, Soviet Union," 1 August 1991, at https://bush41library.tamu.edu/archives/public-papers/3267.

33. Telephone conversation with Helmut Kohl, 8 July 1991, GBPL, at https://bush41library.tamu.edu/files/memcons-telcons/1991-07-08-Kohl.pdf.

34. CIA, "Gorbachev's Future," 28 May 1991, p. 8, GBPL.

35. Ekonomichni rozrakhunki ta pravovy visnovki scho do vkhozhdeniia Ukraiiny do Soiuzu na umovakh, *vyznachenykh proektom dogovoru pro Soiuz suverennykh derzhav* (ekspertne zakluchennia), 25 July 1991, TsDAGO, f. 1, op. 32, 2901, ll. 55 – 6.

36. Meeting with Ukrainian Supreme Soviet Chairman Leonid Kravchuk, 1 August 1991, GBPL, at: https://bush41library.tamu.edu/files/memcons-telcons/1991-08-01-Kravchuk.pdf.

37. Matlock, *Autopsy*, pp. 570 – 1.

38. Chernyaev, *Sovmestnyi iskhod*, entry of 3 August 1991, p. 969.

39. MSG SS, vol. 27, pp. 208 – 10; Lozo, *Avgustovskii putsch 1991 goda*, pp. 74, 83.

40. Pavlov, *Upushchen li shans?*, p. 32.

41. 별장과 그 전설에 관한 정보는 https://www.youtube.com/watch?v=pvtLHIxcrOA에서 찾을 수 있다. 2021년 4월 26일 접속.

42. "Eti dni byli uzhasny," "Foros: 73 chasa pod arestom. Iz dnevnika zheny prezidenta," 3 and 4 August 1991, in *Raisa. Pamiati Raisy Maksimovny Gorbachevoi* (Moscow: Vagrius, 2000), pp. 117 – 18; V. S. Pavlov, *August iznutri. Gorbachevputch* (Moscow: Delovoi mir, 1993), p. 96.

43. "Eti dni byli uzhasny," 4 August 1991, p. 118.

44. Ibid, 5 and 7 August 1991, pp. 118 – 19; Taubman, *Gorbachev*, p. 606.

45. "Eti dni byli uzhasny," 6 August 1991, p. 119. 이 글의 원고는 M. S. Gorbachev, *Avgustovskii putch. Prichiny i sledstviia* (Moscow: Novosti, 1991), pp. 64 – 90에 실려 있다.

46. "Eti dni byli uzhasny," 8 and 10 August 1991, pp. 119 – 20; interview with Leonid Kravchuk in Rozpad Radians'koho Soiuzu, http://oralhistory.org.ua/interview-ua/510.

47. "Eti dni byli uzhasny," 18 August 1991, p. 121.

48. "Obrashchenie k prezidentu Rossii B.N. Yeltsinu" (signed on 5 August 1991), Nezavisimaia gazeta, 8 August 1991.

49. "Boris Yeltsin: podpisaniie novogo soiuznogo dogovora ne stavit pod somnenie suveren\-itet respubliki," *Nezavisimaia gazeta* (13 August 1991), p. 1.

50. "Slovo k narodu," *Sovetskaia Rossiia* (23 July 1991).

51. Remnick, *Lenin's Tomb*, pp. 376, 439; Andrei S. Grachev, Gibel Sovetskogo "Titanika": *Sudovoi zhurnal* (Moscow: n.p., 2015), pp. 203 – 4.

52. 이것은 7월 23일 노보오가료보에서 합의된 판본이었다. Lozo, *Avgustovskii putch 1991 goda*, pp. 74, 78. 나중에 어느 인터뷰에서 올레크 셰닌은 파블로프가 조약의 본문을 친구인 한 기자에게 흘렸다고 주장했다. 1998년 12월 14일 올레크 스크보르초프가 올레크 셰닌을 상대로 한 인터뷰, p. 18.

53. 한 사본은 GARF, f. 10036, op. 3, d. 412, p. 132; 또 다른 사본은 우크라이나공산당 문서고, TsDAGO, f. 1, op. 32, d. 2901, ll. 4–20.

54. A. B. Veber, "Podgotovka i proval avgustovskogo putcha," in A. S. Chernyaev, ed., *Dva putcha i raspad SSSR* (Moscow: Gorbachev-fond, 2011), p. 54.

55. Boldin, *Krushenie piedestala*, pp. 13–14; "Vstrecha prezidentov piati respublik," *Izvestia* (14 August 1991), p. 1.

56. Gorbachev, *Zhizn i reformy*, vol. 2, p. 553.

57. Anatoly Adamishin's diary, 24 July 1991, Adamishin Papers, HIA.

58. A. N. Yakovlev to Gorbachev, 30 April 1991, at http://www.alexanderyakovlev.org/f./issues-doc/1024404; "Otkrytoe pismo A. N. Yakovleva kommunistam ob opasnosti revan\-shizma," 16 August 1991, at http://www.alexanderyakovlev.org/f./issues-doc/1024446, accessed 17 June 2017.

59. The schedule, dated 13 August 1991, is in TsDAGO, f. 1, op. 32, d. 2901, p. 23.

60. "Statia, napisannaia v Forose," Gorbachev, *Avgustovskii putch*, pp. 65, 71–81.

61. "Supreme Soviet Investigation of the 1991 Coup" [레프 포노마레프가 이끈 위원회의 1992년 2월 4일 청문 결과 보고]. The Suppressed Transcripts: Part 1. Demokratizatsiya 3:4 (Fall 1995), pp. 422–4.

62. Kryuchkov, Lichnoie delo, vol. 2, pp. 132–47; Boldin, *Krushenie piedestala*, p.12; exploration of Kryuchkov's motives in Lozo, *Avgustovskii putch* 1991 goda, p. 159.

63. Yeltsin, *Zapiski prezidenta*, pp. 72–3; information from the KGB, dated 20 June 1991; Kryuchkov, *Lichnoie delo*, pp. 153–4.

64. 1999년 4월 23일 올레크 스크보르초프가 발레리 볼딘을 상대로 수행한 인터뷰, 저자 개인 문서고, 스크보르초프 제공.

65. 올레크 스크보르초프가 올레크 바클라노프를 상대로 수행한 인터뷰(1999년 날짜 미상), 저자 개인 문서고, 스크보르초프 제공; 1997년 4월 16일 모스크바에서 바클라노프와의 인터뷰(저자).

66. The protocol of interrogation of Oleg Baklanov, 9 September 1991, in Valentin Stepankov, *GKChP: 73 chasa, kotoryie izmenili mir* (Moscow: Vremia, 2011), pp. 36, 37, 39. 1998년 12월 7일 올레크 스크보르초프가 크류치코프를 상대로 수행한 인터뷰, 저자 개인 문서고, 스크보르초프 제공.

67. 셰닌은 스테판코프(Stepankov)의 책에서 언급되지 않지만 2001년 노바야 가제타에서 출간된 문서는 그가 8월 5일 모임에 참석했음을 보여준다. Novaia gazeta 53 (23 July 2001), http://2001.novayagazeta.ru/nomer/2001/51n/n51n-s15. shtml; Yakovlev, *Sumerki*, p. 614를 보라. 1998년 12월 14일 올레크 스크보르초프가 올레크 셰닌을 상대로 수행한 인터뷰, 저자 개인 문서고, 스크보르초프 제공.

68. Stepankov, *GKChP*, pp. 29 – 30.

69. 두 사람은 KGB 제1총국(대외정보국) 블라디미르 지진 소령과 알렉세이 예고로프 대령이었다. 야조프는 나중에 소련 공수부대 지휘관인 파벨 그라초프 장군에게 두 사람을 합류시켜 KGB와 군의 행동을 조율하도록 지시했다.

70. Stepankov, *GKChP*, pp. 31, 32 – 3.

71. Interview with Valentin Varennikov, 3 October 2000, Hoover Institution and Gorbachev Foundation Oral History Project, HIA, Box 3, Folder 4, p. 36; V. A. Varennikov, *Nepovtorimoe*, vol. 6 (Moscow: Sovetskii Pisatel, 2001), p. 178.

72. 1997년 3월 25일, 올레크 스크보르초프가 겐나디 야나예프를 상대로 한 인터뷰. 녹취록은 저자 개인 소장.

73. 1999년 3월 25일 올레크 스크보르초프가 겐나디 야나예프를 상대로 한 인터뷰. Transcript in the personal archive of the author.

74. 올레크 스크보르초프가 발레리 볼딘을 상대로 한 인터뷰, 1999년 4월 23일, pp. 13, 42 – 3; "GKChP: protsess, kotoryi ne poshel," *Novaia gazeta* 53 (30 July 2001), http://2001.novayagazeta.ru/nomer/2001/53n/n53n-s11.shtml.

75. Stepankov, *GKChP*, pp. 43 – 4, 52 – 3.

76. 위의 글, p. 53.

77. 라이사의 회고는 "Eti dni byli uzhasny," 15 August 1991, p. 121; Shakhnazarov, *Tsena svobody*, p. 263; Stepankov, *GKChP*, p. 64; Gorbachev, *Zhizn i reformy*, vol. 2, p. 557.

78. Gorbachev, *Zhizn i reformy*, vol. 2, pp. 557 – 8; "Eti dni byli uzhaasny," 18 August 1991, p. 122.

79. Boldin, *Krushenie piedestala*, pp. 16 – 17; Varennikov, *Nepovtorimoe*, vol. 6, pp. 206 – 12; Gorbachev, *Zhizn i reformy*, vol. 2, pp. 258 – 9; Gorbachev, *Avgustovskii putch*, pp. 10 – 13; Stepankov, *GKChP*, pp. 58 – 60; Taubman, *Gorbachev*, pp. 608 – 9.

80. KGB 개인 경호원들의 태도는 https://www.youtube.com/watch?v=c1AytxDkErw&t=1205s; Raisa's diary, 18 August 1991.

81. Stepankov, *GKChP*, p. 54; Chernyaev, *Sovmestnyi iskhod*, p. 975.

82. Stepankov, *GKChP*, pp. 72 – 3, 169 – 75.

83. 1999년 3월 25일, 올레크 스크보르초프가 겐나디 야나예프를 상대로 한 인터뷰.

84. Lozo, *Avgustovskii putch* 1991 goda, pp. 184 – 7, 197.

85. 베스메르트니흐에 관해서는 Stepankov, *GKChP*, p. 85를 보라.

86. Stepankov, *GKChP*, pp. 83 – 5, 91 – 7; Lozo, *Avgustovskii putch 1991 goda*, p. 437. 셰닌이 국가비상사태위원회에 포함되지 않은 이유에 관해서는 1999년 초(날짜 미상)에 바클라노프가 올레크 스크보르초프에게 한 인터뷰를 보라. 인터뷰 본문은 GKChP SSSR. *Sbornik opublikovannykh dokumentov (avgust 1991 g)* (Moscow: Samizdat, 2011), pp. 4 – 8,

14 – 15, at http://gkchp.sssr.su/gkchp.pdf를 보라.

87. 1999년(날짜 미상), 올레크 스크보르초프가 올레크 바클라노프를 상대로 한 인터뷰. Courtesy of O. Skvortsov.

88. The text of Yanayev's letter to Bush is in OA-ID 9113, Scowcroft Collection, "Dobrynin (Gorbachev) files," GBPL. GKChP SSSR, pp. 8 – 9.

89. 명령서 사본은 국방부와 총참모부 문서 파일에 있으며, 국가비상사태위원회에 대한 의회 조사위원회에 제출되었다. GARF, f. 9654, op. 7, d. 1360, l. 48; "유혈사태가 발생하길 원치 않"는다는 발언에 관해서는 러시아 최고소비에트 조사에서 샤포시니코프의 진술, "The Suppressed Transcripts, Part. 4," *Demokratizatsiya* (Summer 1996), p. 605를 보라.

90. Stepankov, *GKChP*, p. 102; Yevgeny Shaposhnikov, *Vybor. Zapiski glavnokomanduiushchego* (Moscow: 1993), p. 19.

11장 훈타

1. AY, f. 6, op. 1, d. 135, ll. 95 – 9.
2. Adamishin's diary, 18 August 1991, Adamishin Papers, HIA.
3. 위의 글, 18 and 20 August 1991, Adamishin Papers, HIA.
4. Interview with Yelena Bonner on Radio Liberty, 15 August 2001, http://archive.svoboda.org/programs/hr/2001/hr.081501.asp.
5. The notebook of Stepanov-Mamaladze, 19 August 1991, Stepanov-Mamaladze Papers, Box 3, Folder 28, HIA.
6. Masha Lipman, "Life Without Lies: One Year after the Death of Fear," *Washington Post*, 16 August 1992.
7. Victoria Bonnell, Ann Cooper, and Grigory Freidin, eds., *Russia at the Barricades: Eyewitness Accounts of the August 1991 Coup* (Armonk, NY: M. E. Sharpe, 1994), p. 93.
8. Interview with Bonner on Radio Liberty, 15 August 2001, at http://archive.svoboda.org/programs/hr/2001/hr.081501.asp.
9. 루킨에 관해서는 "Syn komissara," Itogi 13 (28 March 2011); the author's interview with Vladimir Lukin, 30 June 2017, Moscow.
10. Yeltsin, *Zapiski prezidenta*, pp. 67, 70; Voshchanov, *Yeltsin kak navazhdenie*, pp. 259 – 61.
11. Naina Yeltsina, *Lichanaia zhizn* (회고록의 발췌문), https://www.business-gazeta.ru/article/348365; Gennady Burbulis, interview by journalist Andrei Karaulov, 23 August 1991, Karaulov, *Vokrug Kremlia*, pp. 303 – 4.
12. Stepankov, *GKChP*, pp. 106 – 7; Ruslan Khasbulatov, *Poluraspad SSSR*, p. 290; Burbulis in Karaulov, Vokrug Kremlia.

13. Lozo, *Avgustovskii putch 1991 goda*, pp. 202–3; Gennady Burbulis's recollections in "Meltdown," *Foreign Affairs*, 20 June 2011, http://foreignpolicy.com/2011/06/20/meltdown; Ruslan Khasbulatov, ed. Richard Sakwa, *The Struggle for Russia: Power and Change in the Democratic Revolution* (London: Routledge, 1993), pp. 141–2; the author's interview with Vladimir Lukin, Moscow, 30 June 2017.

14. Lozo, *Avgustovskii putch 1991 goda*, p. 207. A video recording of Yeltsin's speech is at https://www.youtube.com/watch?v=-zXChf5tEMI&t=336s.

15. Yeltsin, *Zapiski prezidenta*, p. 87. 감사후르디아의 순응에 관해서는 GARF, f. 9654, op. 7, d. 1360 (the materials of the Ministry of Defense of the USSR), ll. 118–21을 보라. 리투아니아와 몰도바에 관해서는 GARF, f. 9654, op. 7, d. 1360, ll. 83–4, 99–100을 보라.

16. V. A. Yadov, "O nekotorykh prichinakh putcha i ego porazheniia s tochki zreniia massovogo soznaniia i obshchestvennogo mneniia," GARF, f. 9654, op. 7, d. 1363; 1991년 8월 19일 총대주교에 대한 옐친의 호소는 Demokraticheskaia Rossiia Papers, Box 2, Folder 21, HIA를 보라.

17. Collins from the US Embassy in Moscow to the Secretary of State, a ciphered cable on 19 August 1991, 16:32Z, NSC Files; White House Situation Room cables during the coup, GBPL.

18. American Embassy on 21 August 1991, 18:57Z, NSC Files; White House Situation Room, GBPL.

19. Bush and Scowcroft, *A World Transformed*, pp. 518–19; Baker, *The Politics of Diplomacy*, pp. 514–16; interview with Robert Gates, BOHP, p. 85; Beschloss and Talbott, *At the Highest Levels*, pp. 429–30.

20. Bush, *All the Best*, p. 533.

21. Memo of conversations on 19 August 1991, the Bush Library. 오전 6시 50분 부시와 미테랑의 대화는 conversation took place at 6:50 a.m., at https://bush41library.tamu.edu/files/memcons-telcons/1991-08-19-Mitterrand.pdf, 2018년 1월 15일 접속; 부시-콜 대화의 편집본은 https://bush41library.tamu.edu/files/memcons-telcons/1991-08-19-Kohl.pdf를 보라.

22. "First Statement on Soviet Coup," 19 August 1991, http://www.c-spanvideo.org/program/20705-1. Memo of conversation with Toshiki Kaifu, 19 August 1991, GBPL, at https://bush41library.tamu.edu/files/memcons-telcons/1991-08-19-Kaifu.pdf.

23. 1991년 8월 19일, 존 메이저와 뤼트 뤼버르스와의 통화, GBPL, at https://bush41library.tamu.edu/files/memcons-telcons/1991-08-19-Major%20[1].pdf, and https://bush41library.tamu.edu/files/memcons-telcons/1991-08-19-Lubbers.pdf.

24. "Telephone Conversation with Prime Minister Brian Mulroney of Canada, August 19,

1991," GBPL, at http://bushlibrary.tamu.edu/research/pdfs/memcons_telcons/1991-08-19-Mulroney.pdf.

25. Kryuchkov, *Lichnoie delo*, pp. 53–7.

26. Yeltsin, *Zapiski prezidenta*, pp. 74, 76–8, 88.

27. Shebarshin, *Ruka Moskvy*, pp. 279–80; Stepankov, *GKChP*, p. 129.

28. 이 일화에 관한 크라우추크 쪽 서술은 Plokhy, *The Last Empire*, pp. 143–156, 158; Stepankov, *GKChP*, pp. 119–21을 보라. 1991년 8월 19일 저녁 9시에 〈브레미야〉 프로그램에 방송된 크라우추크 연설은 https://www.youtube.com/watch?v=WEtj2JRRM8M을 보라.

29. 이 계획에 관해서는 Stepankov, *GKChP*, pp. 113–16; Voshchanov, *Yeltsin kak navazhdenie*, p. 254를 보라.

30. Shebarshin, *Ruka Moskvy*, p. 280; Yanayev, interview with O. Skvortsov, 25 March 1999; Baklanov, interview with O. Skvortsov (n.d.), p. 41. 이 사본들은 올레크 스크보르초프에게 제공받아 저자의 개인 문서고에 있다.

31. Stepankov, *GKChP*, pp. 116–17.

32. Chernyaev, *Shest Let s Gorbachevym*, p. 485.

33. 1991년 8월 21일에 관한 넵조로프의 논평은 https://www.youtube.com/watch?v=zE-R60-TIY0, 2021년 4월 25일 접속. 프로하노프의 회고는 http://izbor\-skiy-club.livejournal.com/552743.html에 있다. 2017년 8월 12일 접속.

34. Stepankov, *GKChP*, pp. 127–30; Lozo, *Avgustovskii putch 1991 goda*, pp. 280–2.

35. 가이다르가 친구인 빅토르 야로셴코 기자와 나눈 대화 (테이프 녹취록), 22 August 1991, Vestnik Evropy 46 (2016); Anna Ostapchuk, "Politicheskaia elita v moment perevorota," interview with B. Grushin, Nezavisimaia gazeta, 31 August 1991, p. 2; Victoria Bonnell and Gregory Freidin, "Televorot: The Role of Television Coverage in Russia's August 1991 Coup", *Slavic Review* 52:4 (Winter 1993), pp. 810–38.

36. Shebarshin, *Ruka Moskvy*, p. 256; Lozo's interview with Shebarshin in Lozo, *Avgustovskii putch 1991 goda*, p. 289. 쿠데타 동안 미디어의 역할에 관해서는 Mikhail Berger, "Fakt, kotoryi nashol Interfaks," Izvestia, 31 August 1991; "Kak pressa pobedila GKChP," part 2, https://www.svoboda.org/a/27926336.html을 보라.

37. Stepankov, *GKChP*, pp. 154–5; Boris Yeltsin, *The Struggle for Russia* (New York: Crown, 1994), p. 75.

38. Yeltsin, *Zapiski prezidenta*, pp. 93–4; 모스크바 거리에 대한 묘사는 아다미신의 1991년 8월 20일 자 일기, Adamishin Papers, HIA; Stepankov, *GKChP*, p. 144를 보라.

39. Bonnell, Cooper, and Freidin, *Russia at the Barricades*, pp. 74, 87. 쿠데타의 악영향에 관한 KGB의 예측에 관해서는 Stepankov, *GKChP*, pp. 31–2; interview with Bonner on

Radio Liberty, 15 August 2001, at http://archive.svoboda.org/programs/hr/2001/hr.081501.asp.

40. A copy of the telegram from Rodric Braithwaite to the FCO, from the files at the National Security Archive, Washington, DC. Courtesy of Sir Rodric Braithwaite and Svetlana Savranskaya.

41. NSC files, cables from the US Embassy, 19 August 1991, 1914Z, 1120Z, 18:01 EDT. NSC Files; White House Situation Room, GBPL. Collins's conclusions are in 1914Z, OA-ID, CF01723-011-4; the interview with James Collins in The Ambassadorial Series, compiled and edited by the Monterey Initiative in Russian Studies. Middlebury Institute of International Studies, 10 May 2021, p. 28, at https://www.middlebury.edu/institute/sites/www.middlebury.edu.institute/files/2021-05/Ambassadorial%20Series%20Transcripts_0.pdf?fv=lToKNLlx.

42. 셰바르드나제의 호소에 관해서는 the US Embassy cable of 19 August 1991, sent at 1930Z, 17223-007-16; 솝차크에 관해서는 the US Embassy cable of 19 August 1991, 1852Z, 1991, CF01723-007-7. NSC Files; White House Situation Room, GBPL을 보라.

43. Interview with V. N. Samsonov, 18 August 2011, http://www.online812.ru/2011/08/22/004.

44. Vladimir Putin in the film Delo Sobchaka (2019), directed by Ksenia Sobchak, at https://www.youtube.com/watch?v=Ra1kPqcxsAM.

45. 쿠데타 기간 동안 스타로보이토바의 활동에 관해서는 1991년 10월 2일 본인의 설명, https://www.youtube.com/watch?v=S30wA6JWVCU; 스타로보이토바의 아들 플라톤 보르셉스키의 회고(Platon Borshchevsky), Hove, UK, 16 March 2017을 보라.

46. Galina Starovoitova, interview with Andrei Karaulov, 22 May 1991, in Karaulov, *Vokrug Kremlia*, pp. 97–8; Starovoitova on the BBC, 19 and 20 August 1991. Courtesy of Anna Kan and the BBC archives.

47. The cable from Collins to the Secretary of State, 19 August 1991, 1642Z, 1991, OA-ID CF01723-001-5-7. NSC Files; White House Situation Room, GBPL.

48. The BBC, 20 August 1991 broadcast. Courtesy of Anna Kan.

49. Gennady Burbulis, interview with Andrei Karaulov, 18 August 1991, in Karaulov, *Vokrug Kremlia*, p. 294.

50. Margaret Thatcher, *The Downing Street Years* (New York: HarperCollins, 1993), p. 513. Starovoitova online at https://www.youtube.com/watch?v=S30wA6JWVCU; also the footage from the BBC on 19 August 1991. Courtesy of Anna Kan; also https://www.bbc.com/russian/media-37145656.amp.

51. Paul Nathanson, the Center for Democracy, 1991년 8월 27일 쿠데타 동안 센터의 활동

에 관해서는 The Center for Democracy records, Box 15, Folder "SU: coup articles", 1 of 2, HIA; Andrei Kozyrev, "Stand by Us!" *The Washington Post*, 21 August 1991, p. A21.

52. NSC Files, the White House Situation Room Files, CIA intelligence support cable for Monday, 19 August 1991, 1005Z, 1991, OA-ID CF01723-01-0028-29, GBPL.

53. Baker, *The Politics of Diplomacy*, p. 519.

54. Gates, *From the Shadows*, pp. 521 – 2; Beschloss and Talbott, *At the Highest Levels*, p. 432. Plokhy, *The Last Empire*, p. 105.

55. "Telecon with President Boris Yeltsin of Republic of Russia, USSR," 20 August 1991, GBPL, at https://bush41library.tamu.edu/files/memcons-telcons/1991-08-19-Yeltsin.pdf. http://bushlibrary.tamu.edu/research/pdfs/memcons_telcons/1991-08-19—Yeltsin.pdf; Bush and Scowcroft, *A World Transformed*, pp. 527 – 8.

56. Yeltsin, *Zapiski prezidenta*, pp. 93 – 4.

57. 쿠데타 동안 고르바초프와 그 일가에 관해서는 라이사의 일기, Gorbachev, *Zhizn i reformy*, vol. 2, pp. 563 – 8; "Eti dni byli uzhasny," pp. 124 – 8; Chernyaev, *Sovmestnyi iskhod*, pp. 978 – 9; Taubman, *Gorbachev*, pp. 610 – 11을 보라.

58. 영역판은 Curzio Malaparte, *Coup d'Etat: The Technique of Revolution* (New York: E. P. Dutton, 1932)을 보라. KGB가 준비한 문서 "비상 상황에 대한 몇 가지 원칙"은 쿠데타에 관한 조사 중에 야나예프의 금고에서 발견되었다. "The Suppressed Transcripts: Part 1," *Demokratizatsiya* 3:4 (Fall 1995), p. 438.

59. Ostapchuk, "Politicheskaia elita v moment perevorota," p. 2; GARF, f. 9654, op. 7, d. 1363.

60. The telephone conversation between George H. W. Bush and the President of Turkey, Turgut Özal, 19 August 1991, GBPL, at https://bush41library.tamu.edu/files/memcons-telcons/1991-08-19-Ozal.pdf.

61. ' "Perevorot,' Beseda E. Gaidara i V. Yaroshenko 22 avgusta 1991 g.," *Vestnik Evropy* 46 (2016), at http://magazines.russ.ru/vestnik/2016/46-47/perevorot.html.

62. GARF, f. 9654, op. 7, d. 1359, ll. 10 – 15. 이 회의에 대한 상이하고 엇갈리는 진술은 국가비상사태위원회에 대한 조사 기록인 Stepankov, *GKChP*, pp. 140 – 1을 보라.

63. 셰르바코프가 소련 최고소비에트 대의원들에게 보낸 설명문(그는 이 설명문의 사본을 1991년 8월 22일에 고르바초프에게도 보냈다); GARF, f. 9654, op. 7, d. 1359, ll. 10 – 19를 보라.

64. " 'Perevorot.' Beseda E. Gaidara i V. Yaroshenko 22 avgusta 1991 g."; Yegor Gaidar, *V dni porazhenii i pobed* (Moscow: Vagrius, 1996), pp. 72 – 3; the text of the "analysis-proclamation" of the Gaidar Institute, published on 20 August 1991, is at http://gaidar-arc.ru/file/ bulletin-1/DEFAULT/org.stretto.plugins.bulletin.core.Article/file/4155.

65. Stepankov, *GKChP*, p. 203; GARF, f. 9654, op. 7, d. 1363, l. 115.
66. Andrei Grachev, *Gibel Sovetskogo "Titanika." Sudovoi zhurnal* (Moscow: Prozaik, 2018), p. 203.
67. 레닌그라드에서 벌어진 사건들에 대한 기록 영상은 Sergey Loznitsa, "Sobytie," https://www. youtube.com/watch?v=VF4MJJm2bh0.
68. Gosnell's cable to the State Department, 20 August 1991, 1959Z, NSC Files, the White House Situation Room Files, GBPL.
69. 쿠데타에 대한 프로하노프의 회고는 http://izborskiy-club.livejournal.com/ 552743. html; *Komsomolskaia Pravda*, 3 September 1991, p. 4; Mikhail Leontiev, "Russkii kapital: ne na smert' a na zhizn," *Nezavisimaia gazeta*, 22 August 1991, p. 4. 여성과 아프간 참전 용사, 사업가들의 역할에 대한 더 자세한 서술은 Dunlop, *The Rise of Russia*, pp. 222–5를 보라. 셰바르드나제에 관해서는 1991년 8월 20일 자 미국 대사관 전보, 1524Z, NSC Files, the White House Situation Room Files, GBPL; the notes of Stepanov-Mamaladze, 20 August 1991, Stepanov-Mamaladze Papers, Box 3, Folder 28, HIA를 보라.
70. The MVD report: "Ob obstanovke v strane za 20 avgusta 1991 goda," GARF, f. 9654, op. 7, d. 1345, ll. 114–16; Harvey Balzer, "Ordinary Russians? Rethinking August 1991," *Demokratizatsiya* 13:2 (Spring 2005), pp. 193–218.
71. Stepankov, *GKChP*, p. 196; Lozo, *Avgustovskii putch 1991 goda*, pp. 222–3.
72. 프리마코프의 증언은 cited in Stepankov, *GKChP*, p. 191; Primakov, *Vstrechi na perekrestkakh*, p. 99; Yanayev's interview by O. Skvortsov, 25 March 1999, in the author's personal files. Courtesy of O. Skvortsov. Cable from the US Embassy to the State Department, 20 August 1991, 1158Z, NSC Files, the White House Situation Room Files, GBPL에서 인용.
73. Stepankov, *GKChP*, pp. 207–8.
74. Lozo, *Avgustovskii putch 1991 goda*, pp. 242–5; Yevgeny Savostianov, "V avguste 91-go," in A. I. Muzykantskii, E. V. Savostianov, et al. (eds.), *Avgust 1991. Konets KPSS. Vospominaniia uchastnikov sobytii* (Moscow: Edinaia Kniga, 2006), p. 10.
75. The recollections of Sergey Yushenkov in Muzykantskii, Savostianov, et al., *Avgust 1991*, pp. 61–7.
76. Lebed, *Za derzhavu obidno*, pp. 389–91, 396–7, 398–9; Alexander Korzhakov, *Boris Yeltsin—ot rassveta do zakata* (Moscow: Interbuk, 1997), p. 53.
77. Quoted from the interview in the film by David Satter, *The Age of Delirium*, https://www.youtube.com/watch?v=TOiW0EqU6yo; Stepankov, *GKChP*, pp. 216–17, 225–6.
78. The author's interview with Gennady Burbulis, 24 May 2020, by phone; Ivanenko at http://ru-90.ru/content/кгб-и-радикальные-перемены-интервью-с-вв-иваненко; Satter,

The Age of Delirium, at https://www.youtube.com/watch?v=TOiW0EqU6yo. 러시아 KGB 관리들에 관해서는 "The Suppressed Transcripts: Part 1," *Demokratizatsiya* 3:4 (Fall 1995), p. 425를 보라.

79. Yeltsin, *The Struggle for Russia*, pp. 82, 85; Korzhakov, *Boris Yeltsin—ot rassveta do zakata*, p. 56.

80. 2021년 4월 20일 로드릭 브레이스웨이트가 저자에게 제공한 정보; 로스트로포비치에 관해서는 *Nezavisimaia gazeta*, 22 August 1991, p. 6; 셰바르드나제에 관해서는 1991년 8월 21일 스테파노프의 기록, Stepanov-Mamaladze Papers, Box 3, Folder 28, HIA를 보라.

81. Yegor Gaidar's interview on 22 August 1991 with the journalist Viktor Yaroshenko; see "'Perevorot.' Beseda E. Gaidara i V. Yaroshenko 22 avgusta 1991 g." *Vestnik Evropy* 46 (2016), at http://magazines.russ.ru/vestnik/2016/46-47/perevorot.html. 공격 시각의 경우, '알파' 특공대의 한 베테랑이 Satter의 영화 〈The Age of Delirium〉, https://www.youtube.com/watch?v=TOiW0EqU6yo에서 확인해주었다.

82. 미국 대사관의 예측과 대비에 관해서는 the cable from Collins to the State Department, 21 August 1991, 0124Z, NSC Files, the White House Situation Room Files, GBPL; Baker, *The Politics of Diplomacy*, p. 521을 보라.

83. Korzhakov, *Boris Yeltsin—ot rassveta do zakata*, pp. 54–5; Yeltsin, *The Struggle for Russia*, pp. 84, 93.

84. Stepankov, *GKChP*, 156.

85. 이 일화는 Yevgeny Shaposhnikov, *Vybor*, pp. 34–5에 들어 있다.

86. Lozo, *Avgustovskii putch 1991 goda*, p. 223; Stepankov GKChP, pp. 238–9.

87. Lozo, *Avgustovskii putch 1991 goda*, p. 231.

88. Stepankov, *GKChP*, p. 210; Lozo, *Avgustovskii putch 1991 goda*, p. 229.

89. Vadim Bakatin, *Izbavlenie ot KGB* (Moscow: Novosti, 1992), p. 55; interview with Oleg Shenin by O. Skvortsov, 14 December 1998.

90. Lozo, *Avgustovskii putch 1991 goda*, pp. 239–43.

91. Stepankov, *GKChP*, p. 239; Gennady Gudkov, "KGB protiv GKChP," http://echo.msk.ru/blog/gudkov/2040242-echo, 2017년 8월 20일 접속.

92. Gaidar in "'Perevorot'"; 2020년 4월 28일, 겐나디 부르불리스와 저자와의 전화 인터뷰.

93. Stepankov, *GKChP*, pp. 255–7, 260.

94. Yeltsin, *The Struggle for Russia*, p. 101.

95. Vladislav Achalov, *Mera vozdeistviia—rasstrel*, vol. 2: *Ya skazhu Vam pravdu* (Moscow: Knishnyi Mir, 2010), p. 44; Pugo's note in Stepankov, *GKChP*, p. 312.

96. Shenin in interview with O. Skvortsov, 14 December 1998, Moscow.

97. Shcherbakov's letter to Gorbachev on 21 August 1991; the declaration of the Council of

Ministers of the USSR, 21 August 1991: GARF, f. 9654, op. 7, d. 1359, ll. 21 –3, 140.

98. GARF, f. 10026, op. 1, d. 569, l. 39.

99. Ibid, ll. 1 –3; Braithwaite's diary, 21 and 23 August 1991. The cables from Polish ambassador Stanislaw Ciosek at http://www.gorby.ru/userfiles/shifrogrammy.pdf, 2018년 4월 28일 접속.

100. 1991년 8월 21일 러시아연방 최고소비에트 특별회기 미수정 속기록, GARF, f. 10026, op. 1, d. 569, ll. 1 –3.

101. GARF, f. 10026, op. 1, d. 569, l. 7; Naina Yeltsina, *Lichnaia zhizn* (Moscow: Sindbad, 2017), p. 212; Yeltsin, *The Struggle for Russia*, p. 103.

102. Yeltsin to the RSFSR Supreme Soviet on 21 August 1991, GARF, f. 10023, op. 1, d. 569, l. 7; Gerd Stricker, ed., *Russkaia pravoslavnaia tserkov v sovetskoie vremia*, vol. 1 (Moscow: Propylei, 1995).

103. GARF, f. 10026, op. 1, d. 569, l. 7.

104. GARF, f. 10026, op. 1, d. 569, ll. 7 –8.

105. Bakatin, *Izbavlenie* ot KGB, p. 16

106. GARF, f. 10026, op. 1, d. 569, l. 8.

107. Lozo, *Avgustovskii putch 1991 goda*, p. 250.

108. Braithwaite's diary, 21 August 1991; on the invitation of CNN 게우르기 우루샤제의 회고는 http://www.bbc.com/russian/features-37119374?post_id=974438595911674_1168146229874242#을 보라. 2016년 7월 15일 접속.

109. Telephone conversation with President Boris Yeltsin, 21 August 1991, at 8:30 a.m., GBPL, https://bush41library.tamu.edu/files/memcons-telcons/1991-08-21-Yeltsin%20[1].pdf.

110. Stepankov, *GKChP*, pp. 274, 276 –9. 고르바초프는 주동자들이 순순히 말을 듣게 자신을 압박하러 왔다고 믿었다. *Zhizn i reformy*, vol. 2., p. 571를 보라. 루카노프와 이바시코의 쪽지에 관해서는 고르바초프재단 사이트의 사진: http:// www.gorby.ru/putsch/21_avgusta를 보라.

111. Plokhy, *The Last Empire*, pp. 125, 128.

112. 라이사의 일기는 Gorbachev, *Zhizn i reformy*, vol. 2, p. 569, 그 자신의 반추는 p. 571; Stepankov, *GKChP*, pp. 270 –1. 훈타 주모자들에 대한 고르바초프의 노여움은 고르바초프의 전기작가인 윌리엄 타우브먼에 의해서 주요 동기로 거론된다. 2018년 4월 16일에 타우브먼이 저자에게 밝힌 정보.

113. Stepankov, *GKChP*, pp. 275 –6.

114. Memo of conversation, Bush and Gorbachev, 21 August 1991, 12:19~12:31 p.m., 1991, GBPL, at https://bush41library.tamu.edu/files/memcons-telcons/1991-08-21-

Gorbachev.pdf.

115. Gorbachev, *Zhizn i reformy*, vol. 2, p. 570; Stepankov, *GKChP*, pp. 279 – 81; Taubman, *Gorbachev*, p. 613.

116. Chernyaev, *Shest Let s Gorbachevym*, p. 489.

117. Stepankov, *GKChP*, pp. 281 – 3; Anatoly Lukyanov, *Avgust 91-go. A byl li zagovor?* (Moscow: Algoritm-Eksmo, 2010), pp. 50 – 75도 보라.

118. Gorbachev, *Zhizn i reformy*, vol. 2, p. 573에 실린 라이사의 일기; Stepankov, *GKChP*, pp. 285 – 7.

119. MSG SS, vol. 27, pp. 232 – 3; Taubman, *Gorbachev*, pp. 614 – 16, 619.

120. Taubman, *Gorbachev*, pp. 616 – 17, 619; 스타로보이토바는 http://oralhistory.org.ua/inter\-view-ua/566; 포포프와 군중의 반응에 관해서는 American Embassy cable on 22 August 1991, 1509Z, NSC Files, the White House Situation Room Files, GBPL을 보라.

12장 종말

1. Telephone conversation with Boris Yeltsin, President of the Russian Republic, USSR, 9:20~9:31 p.m. EST, 21 August 1991, GBPL, at https://bush41library.tamu.edu/files/memcons-telcons/1991-08-21-Yeltsin%20[2].pdf.
2. The NSC Files: the White House Situation Room Files, 025-15, GBPL.
3. 공산주의자들의 예상되는 보복에 관해서는 2018년 9월 15일 루돌프 피호이아와 저자와의 대화.
4. 옐친의 행정명령들은 Raspad SSSR, vol. 1, pp. 836 – 46.
5. MSG SS, vol. 27, pp. 234 – 5. 샤흐나자로프는 이 임명들이 1991년 8월 24일에 이루어졌다고 잘못 주장한다. *Tsena svobody*, p. 279.
6. 고르바초프의 기자회견은 http://www.gorby.ru/putsch/22_avgusta; Chernyaev, *Shest Let s Gorbachevym*, pp. 488 – 9를 보라.
7. Muzykantskii, E. V. Savostianov, et al., *Avgust 1991*, p. 56; Braithwaite's diary, 22 August 1991.
8. Igor Kharichev, "Sobytiia v tempe Allegro Molto," in Muzykantskii, Savostianov, et al., Avgust 1991, p. 36.
9. 1991년 8월 22일과 23일 러시아연방 최고소비에트 회기 의사록은 GARF, f. 10026, op. 1, d. 569, ll. 114 – 18, 142, 156 – 7; 2018년 9월 15일 루돌프 피호이아와 저자와의 대화.
10. 2017년 6월 30일 모스크바에서 블라디미르 루킨과의 인터뷰(저자).
11. 위의 글; an excerpt from Shebarshin's notes from 22 August 1991, *Ruka Moskvy*, pp. 287 – 9.

12. Yeltsin, *The Struggle for Russia*, p. 106.
13. GARF, f. 9654, op. 7, d. 1360, ll. 50–4.
14. 블라디미르 루킨은 핵무기 통제 관련 소식을 1991년 10월 24일에 스트라우스 대사에게 전달했다. Strauss's cable to Baker, 24 October 1991 at 1417Z, 1991. Courtesy of Svetlana Savranskaya, National Security Archive.
15. Shaposhnikov, *Vybor*, p. 65, Shebarshin, *Ruka Moskvy*, pp. 291–3.
16. 이 기록은 Muzykantskii, Savostianov, et al., *Avgust 1991*, p. 98.
17. 이 문서는 위의 책 p. 89에 실려 있다.
18. 위의 책, pp. 16–24, 90–2.
19. Chernyaev, *Shest Let s Gorbachevym*, p. 492.
20. Puchenkov, "Avgustovskyi putsch 1991 g.," pp. 472–3; Onikov, *KPSS*, p. 160; Granin, *Prichudy moiei pamiati*, pp. 391–4.
21. Transcripts of the session of the Supreme Soviet of the RSFSR, 23 August 1991, GARF, f. 10026, op. 1, d. 569, ll. 156–7, and d. 2919.
22. "O zasedanii Kabineta Ministrov v tot ponedelnik," *Izvestia*, 23 August 1991. The unre\-dacted copy of the notes, countersigned by other witnesses, is in GARF, f. 9654, op. 7, d. 1358, ll. 7–11. "Vstrecha s deputatami rossiiskogo parlamenta," 23 August 1991, MSG SS, vol. 27, pp. 264–70.
23. "Vstrecha s deputatami rossiiskogo parlamenta," pp. 273–4; "Gorbachev's Speech to Russians," *The New York Times*, 24 August 1991, pp. 6–7.
24. "Gorbachev's Speech to Russians," p. 7; the working notes of Stepanov-Mamaladze Papers, 23 August 1991, HIA.
25. Shakhnazarov, Tsena svobody, pp. 278–9; Chernyaev, Shest Let s Gorbachevym, p. 492.
26. Gennady Burbulis in Pyotr Aven and Alfred Kokh, *Revoliutsia Gaidara. Istoriia reform 90-kh iz pervykh ruk* (Moscow: Alpina, 2013), p. 50; 2020년 5월 24일, 겐나디 부르불리스와의 전화 인터뷰(저자).
27. Braithwaite's diary, 24 August 1991, "From the diaries of Sergey Sergeyevich Dmitriev," Otechestvennaia istoriia (January–February 2001), p. 167.
28. 쿠데타 기간 동안 지리놉스키에 관해서는 https://www.youtube.com/watch?v=pUhuzD7WVQ8; Alexei Pankin's interview with Zhirinovsky in August 2016 at https://www.nnov.kp.ru/radio/26570/3586043.
29. 8월의 나날들에 대한 프로하노프의 회고는 https://www.nnov.kp.ru/radio/26570/3586043. 넵조로프의 논평은 https://www.youtube.com/watch?v=zE-R60-TIY0.
30. Stepankov, *GKChP*, pp. 306–7, 311.
31. Bergmane, "French and US Reactions," p. 326; Kristina Spohr Readman, *Germany and*

the Baltic Problem After the Cold War: The Development of a New Ostpolitik, 1989–2000 (London: Routledge, 2004), pp. 30 – 1.

32. Bergmane, "French and US Reactions," p. 285; Voshchanov, *Yeltsin kak navazhdenie*, pp. 287 – 9.
33. Vahter, *Estonia*, pp. 283 – 7, 196 – 8.
34. Braithwaite's diary, 23 August 1991.
35. *Raspad SSSR*, vol. 1, pp. 879, 880.
36. Vahter, *Estonia*, p. 305; Voshchanov, Yeltsin kak navazhdeniie, pp. 283 – 4.
37. Vahter, *Estonia*, pp. 305, 306 – 7.
38. Spohr Readman, *Germany and the Baltic Problem*, 36; Bergmane, "French and US Reactions," pp. 320 – 1; Braithwaite's diary, 23 and 26 August 1991.
39. Interview with Vladimir Grinev at http://oralhistory.org.ua/interview-ua/239; interview with Yevgeny Marchuk at http://oralhistory.org.ua/interview-ua/428.
40. Ciphered telegrams from the Transcarpathian Military District to the Ministry of Defense, 20 August 1991 at 15:50 and 18:00, and on 21 August 1991 at 01:45 a.m., GARF, f. 9654, op. 7, d. 1360, ll. 93, 109, 137; Levko Lukianenko in the oral history project about Ukraine's independence at Rozpad Radians'koho Soiuzu, http://oralhistory.org.ua/interview-ua.
41. Interview with Vladimir Grinev at http://oralhistory.org.ua/interview-ua/239; interview with Yevgeny Marchuk at http://oralhistory.org.ua/interview-ua/428.
42. 2020년 5월 24일 겐나디 부르불리스와의 전화 인터뷰(저자)
43. Interview with Vladimir Grinev at http://oralhistory.org.ua/interview-ua/239, 2019년 10월 10일 접속; Plokhy, *The Last Empire*, pp. 162, 164.
44. Tsypko at the political round table of the Congress of the Compatriots in Moscow, 28 August 1991, GARF, f. 9654, op. 7, d. 2756, ll. 87, 98, 122, 133.
45. Hurenko in Georgy Kasianov, *Ukraina 1991–2007. Ocherki noveishei istorii* (Kiev: Nash Chas, 2008), p. 35; interview with Lukianenko in *Rozpad Radianskoho Soiuzu*.
46. Interview with Lukianenko in *Rozpad Radians'koho Soiuzu*; Solchanyk, "Kravchuk and the Coup"; interview with John Stepanchuk in *Rozpad Radians'koho Soiuzu*, at http://oralhistory.org.ua/interview-ua/315; Plokhy, *The Last Empire*, pp. 165 – 7, at http://static. rada.gov.ua/site/postanova_eng/Rres_Declaration_Independence_rev12.htm.
47. Interview with Leonid Kravchuk in *Rozpad Radians'koho Soiuzu*, at http://oralhistory.org.ua/interview-ua/510; interview with Grinev, Rozpad Radians'koho Soiuzu, at http:// oralhistory.org.ua/interview-ua/239; Plokhy, *The Last Empire*, p. 168; Kasianov, *Ukraina 1991–2007*, pp. 36 – 7.

48. Ivan Drach in Vera Kuznetsova, "Rossiia: shag k imperii. Novyie gosudarstvenniki zani\-maiut mesto starykh?" Nezavisimaia gazeta, 27 August 1991, p. 3; Plokhy, *The Last Empire*, p. 169.
49. Interview with Leonid Kravchuk in *Rozpad Radianskoho Soiuzu*, at http://oralhistory.org.ua/interview-ua/510; interview with Nikolai Bagrov, at http://oralhistory.org.ua/interview-ua/372.
50. "Verkhovnyi Sovet SSSR. Vneocherednaia sessiya," *Bulletin* 2 of the joint session (Sovet Soiuza and Sovet Natsionalnostei), 26 August 1991, pp. 31 – 41, 63 – 4 at, http://sten.vs.sssr. su/12/6/2.pdf.
51. 위의 책, pp. 69 – 71, at http://sten.vs.sssr.su/12/6/2.pdf.
52. Sobchak, *Khozhdenie vo vlast*. 발트 지역에 관해서는 American Consul in Leningrad to the State Department, 22 August 1991, 1616Z, GBPL.
53. "Verkhovnyi Sovet SSSR. Vneocherednaia sessiia," *Bulletin* 2, 26 August, 1991, pp. 81 – 4, at http://sten.vs.sssr.su/12/6/2.pdf; Bill Keller, "Collapse of an Empire," *The New York Times*, 27 August 1991, at http://www.nytimes.com/1991/08/27/world/soviet-tur\-moil-collapse-empire-soviet-politicians-agree-union-dying-but-there-no.html?page\-wanted=all&mcubz=1.
54. "Press sekretar prezidenta ofitsial'no zaiavliaet," *Rossiiskaia gazeta*, 27 August 1991.
55. Solzhenitsyn, "Kak nam obustroit Rossiiu," at http://www.lib.ru/PROZA/SOLZHENICYN/ s_kak_1990.txt.
56. 1992년 3월 20일 루킨이 솔제니친에게 보낸 서신은 https:// rg.ru/17/07/13/rossijskomu-politiku-vladimiru-lukinu-ispolnilos-80-let.html을 보라.
57. GARF, f. 9654, op. 7, d. 2756, ll. 87, 98, 119 – 60.
58. 2020년 4월 21일과 5월 24일 겐나디 부르불리스와의 인터뷰(저자). 부르불리스의 친구인 알렉산드르 드로즈도프(Alexander Drozdov)는 그 선언을 "시험용 풍선"이라고 불렀다. 2020년 3월 24일 드로즈도프와의 인터뷰(저자).
59. Pavel Voshchanov, "Kak ia ob'iavlial voinu Ukraine," Novaia gazeta, 23 October 2003; also his *Yeltsin kak navazhdenie*, p. 290.
60. " 'Krizis mozhet stat neperenosimym.' Zaiavleniie politsoveta dvizheniia demokratich\-eskikh reform," *Izvestia*, 29 August 1991; Vera Kuznetsova, "Metamorfozy eltsinskoi natsional-politiki. Na oblomkakh rukhnuvshikh struktur vlasti," Nezavisimaia gazeta, 31 August 1991; Voshchanov, *Yeltsin kak navazhdenie*, pp. 293 – 4.
61. Interview with Leonid Kravchuk at http://oralhistory.org.ua/interview-ua/510.
62. Vladimir Kovalenko, "Golovokruzheniie Rossii ot uspekhov," *Nezavisimaia gazeta*, 3 September 1991, p. 5. 2018년 9월 15일, 모스크바에서 저자와 루돌프 피호이아와의 대화.

63. "Rossiia i Ukraina dogovorilis," *Izvestia*, 29 August 1991, p. 2; the author's interview with Lukin, 30 July 1991, Moscow; "Verkhovnyi Sovet SSSR," *Bulletin* 9, 29 August 1991, p. 6; Plokhy, *The Last Empire*, pp. 180 – 1.

64. 우크라이나에 관한 스탄케비치의 언급, Braithwaite's diary, 27 June 1991; 2017년 6월 30일 모스크바에서 블라디미르 루킨과의 인터뷰(저자); Voshchanov, "Kak ia ob'iavlial voinu Ukraine"; Adamishin's diary, 22, 23, 24 September 1991, HIA; Duygu Bazoglu Sezer, "Balance of Power in the Black Sea in the Post-Cold War Era: Russia, Turkey, and Ukraine," in *Crimea: Dynamics, Challenges, and Prospects, ed. Maria Drohobycky* (London: Rowman & Little Brown, 1995), p. 167.

65. 크루치나에 관한 고르바초프의 평가는 *Zhizn i reformy*, vol. 1, p. 228; Stepankov, *GKChP*, pp. 300 – 4.

66. Khlebnikov, *Godfather of the Kremlin*, pp. 60 – 6.

67. 보차로프의 계획은 1991년 8월 26일 자 그의 메모, GARF, f. 10036, op. 10, d. 3, ll. 5 – 6. 그는 1991년 10월 1일 사임했다. Rossiiskaia gazeta, 2 October 1991, p. 1; M. A. Bocharov, "Vremia vseobshchego ocharovania, i razocharovaniia," in Krotov, *Ocherki istorii*, pp. 482 – 3.

68. Spravka to the committee for foreign affairs and international trade, 1 September 1991, GARF, f. 10026, op. 4, d. 2687, ll. 24 – 6; V. A. Rayevsky from the Ministry of Finance to Yuri Luzhkov, 15 October 1991; Ivan Silayev on the state of monetary circulation, mid-October, GARF, f. 5446, op. 63, d. 41, ll. 40, 43 – 5.

69. Khlebnikov, *Godfather of the Kremlin*, pp. 58, 75.

70. "Razgovor s synom," Moskoskiie Novosti 36 (8 September 1991); Arkady Ostrovsky, *The Invention of Russia: The Journey from Gorbachev's Freedom to Putin's War* (London: Atlantic Books, 2015), pp. 136 – 8.

71. Mikhail Leontiev, "Russkii kapital. Ne na smert', a na zhizn," Nezavisimaia gazeta, 22 August 1991, p. 4; Gaddy, *The Price of the Past*, p. 87; also Borovoy's interviews on the Russian radio station "Mayak" on 25 August 1991, RFE/RL Research Institute; and "Posledniaia ekspropriatsiia," Literaturnaia gazeta, 2 October 1991, p. 5, Dunlop Papers, Box 2, Folder Post-Coup (5), HIA.

72. Adamishin's diary, 7 and 9 October 1991; Gaddy, *The Price of the Past*, p. 87.

73. "Biografiia Mikhaila Khodorkovskogo," at https://khodorkovsky.ru/bio; see also Mikhail Khodorkovsky, Leonid Nevzlin, *Chelovek s rublem* (Moscow: MENATEP-inform, 1992).

74. M. Khodorkovsky, "Bunt Bankirov," Nezavisimaya gazeta, 14 September 1991; Matiukhin in Krotov, *Ocherki istorii*, pp. 213 – 14, 230 – 1.

75. Adamishin's diary, 14 October 1991, Adamishin Papers, HIA.

76. 위의 글, 31 October 1991.

77. Derluguian, Bourdieu's Secret Admirer, p. 304; Vadim Volkov, *Violent Entrepreneurs: The Use of Force in the Making of Russian Capitalism* (Ithaca, NY: Cornell University Press, 2002).

78. Shakhnazarov, *Tsena svobody*, p. 281.

79. *Raspad SSSR*, vol. 1, p. 859.

80. 게라셴코와 그를 대체하기 위해 임명된 러시아 관리인 안드레이 즈베레프의 회고는 Krotov, Ocherki istorii pp. 178, 181 – 2, 193; Leontiev, "Russkii kapital," Ne na smert, a na zhizn," Nezavisimaia gazeta, 22 August 1991, p. 4; and his "Putchisty vozvrashchaiutsia," Nezavisimaia gazeta, 31 August 1991, p. 3; "'Krizis mozhet stat neperenosimym,'" Izvestia, 29 August 1991, p. 3를 보라.

81. Rasporiazheniie Prezidenta RSFSR, 28 and 31 August 1991, in *Raspad SSSR*, vol. 1, pp. 863, 876.

82. Adamishin's diary, 5 September 1991, Adamishin Papers, HIA; GARF, f. 10026, op. 4, d. 2705, l. 64.

83. Adamishin's diary, 5 September 1991, Adamishin Papers, HIA.

84. *Izvestia*, 29 August 1991, p. 2; "Osnovnyie polozheniia strategii vneshneekonomicheskoi politiki v skladyvaiushcheisia ekonomicheskoi i politicheskoi situatsii," a memorandum to the Committee for foreign and economic relations of the Supreme Soviet of the RSFSR, 29 August 1991, GARF, f. 10026, op. 4, d. 2705, l. 64.

85. 2016년 12월 19일 모스크바에서 그리고리 야블린스키와의 인터뷰(저자).

86. MSG SS, vol. 28, pp. 11 – 12, 523.

87. 위의 글, pp. 12, 13, 15, 20, 22.

88. Braithwaite's diary, 1 September 1991; Adamishin's diary, 31 August 1991, Adamishin Papers, HIA.

89. "Vneocherednoi Piatyi S'ezd narodnykh deputatov SSSR," *Bulletin* 1, p. 2.

90. Medvedev, *V komande Gorbacheva*, p. 141.

91. Yuri Shcherbak at the Congress, afternoon session, 2 September 1991, *Bulletin* 1, p. 7.

92. *Bulletin* 2, 2 September 1991, p. 13; *Bulletin* 5, 4 September 1991, p. 9.

93. *Bulletin* 2, 2 September 1991, pp. 6 – 7, 14; *Bulletin* 3, 3 September 1991, p. 22. The text of the Declaration is in *Izvestia*, 6 September 1991, p. 1.

94. *Bulletin* 3, 3 September 1991, p. 20; *Bulletin* 4, 4 September 1991, pp. 13 – 14.

95. Braithwaite's diary, 10 September 1991; Medvedev, *V komande Gorbacheva*, p. 141; Nikolai Ryzhkov in his interview with Michael McFaul, 30 September 1992, McFaul Collection, HIA.

96. Boris Pankin, *Sto oborvannykh dnei* (Moscow: Sovershenno sekretno, 1993), p. 238.

97. "Savisaar's remarks at the State Council," Gorbachev MSG SS, vol. 28, pp. 106 – 7; Vahter, *Estonia*, p. 352.

98. "Zasedanie Gosudarstvennogo Soveta SSSR", 6 September 1991, Gorbachev MSG SS, vol. 28, pp. 109 – 10; B. Pankin, "O priznanii nezavisimosti Latvii, Litvy, i Estonii," *Izvestia*, 7 September 1991, p. 4.

99. Andrei S. Grachev, *Dalshe bez menia. Ukhod prezidenta* (Moscow: Progress-Kultura, 1994), p. 64. 그라초프는 이 저서의 영어판에서는 그 비유를 뺐다.

13장 불협화음

1. Braithwaite's diary, 23 August 1991; Adamishin's diary, 26~28 August 1991, esp. pp. 16 – 17, Anatoly Adamishin Papers, HIA.
2. The notes of Stepanov-Mamaladze, 28 August 1991, Stepanov-Mamaladze Papers, Box 3, Folder 28, HIA.
3. Pankin, *Sto oborvannykh dnei*, pp. 17, 20 – 1; Yeltsin, *Zapiski prezidenta*, p. 138; also his *The Struggle for Russia*, p. 107.
4. Pankin, *Sto oborvannykh dnei*, pp. 20 – 1, 31 – 9.
5. Ibid, pp. 36 – 41; the interview with Boris Pankin in *Rozpad Radianskoho Soiuzu*, at http://oralhistory.org.ua/interview-ua/557.
6. Pankin, *Sto oborvannykh dnei*, pp. 43 – 5.
7. Ibid, pp. 60 – 3; Braithwaite's diary, 1 September 1991.
8. MSG SS, vol. 28, pp. 15, 48.
9. "Vystupleniie I. Silayeva," MSG SS, vol. 28, pp. 487 – 9.
10. MSG SS, vol. 28, pp. 112 – 16, 117, 119.
11. Bakatin, *Izbavleniie ot KGB* (Moscow: Novosti, 1992), p. 116.
12. Pankin, *Sto oborvannykh dnei*, pp. 48 – 9, 72 – 3; Braithwaite's diary, 30 August 1991.
13. Pankin, *Sto oborvannykh dnei*, pp. 49, 71.
14. Pankin, *Sto oborvannykh dnei*, p. 78; Izvestia, 10 September 1991, p. 1.
15. Braithwaite's diary, 10 September 1991; Notes of Stepanov-Mamaladze, 10~11 September 1991, Stepanov-Mamaladze Papers, Box 3, Folder 29, HIA.
16. MSG SS, vol. 28, pp. 142 – 5, 147; Baker, *The Politics of Diplomacy*, p. 529.
17. MSG SS, vol. 28, pp. 130 – 7, 176 – 9, 554 – 5, 567.
18. MSG SS, vol. 28, p. 219.
19. MSG SS, vol. 28, pp. 151, 170.

20. Gorbachev's conversation with Horst Köhler, 12 September 1991, MSG SS, vol. 28, pp. 226 – 7.
21. Bush and Scowcroft, *A World Transformed*, pp. 536 – 7.
22. 위의 책, pp. 536 – 8; Beschloss and Talbott, *At the Highest Levels*, pp. 440 – 1. Bush's conversations with Kohl on 26 and 27 August 1991, Scowcroft Collection, Presidential Telcons and Memcons, OA-ID 91113-001, GBPL.
23. William Safire, "After the Fall," *The New York Times*, 29 August 1991.
24. https://www.armscontrol.org/factsheets/Ukraine-Nuclear-Weapons.
25. Bush's talk with Landsbergis, 31 August 1991, GBPL, at https://bush41library.tamu.edu/ files/memcons-telcons/1991-08-31-Landsbergis.pdf.
26. Bush and Scowcroft, *A World Transformed*, pp. 538 – 9.
27. Kate Geoghegan, "The Specter of Anarchy, the Hope of Transformation: The Role of Non-State Actors in the U.S. Response to Soviet Reform and Disunion, 1981~1996," PhD Thesis, University of Virginia, December 2015, p. 257.
28. Baker, *The Politics of Diplomacy*, pp. 524 – 5.
29. The notes of Stepanov-Mamaladze, 28 August 1991, Stepanov-Mamaladze Papers, Box 3, Folder 28, HIA; Baker, *The Politics of Diplomacy*, p. 525.
30. https://www.c-span.org/video/?21026-1/state-department-news-briefing. Diana Villiers Negroponte, *Master Negotiator: The Role of James A. Baker III at the End of the Cold War* (New York: Archway Publications, 2020), p. 198.
31. Graham Allison and Robert Blackwill, "On with the Grand Bargain," *The Washington Post*, 27 August 1991.
32. A cable from Major to Bush on 22 August 1991; Scowcroft's draft of Bush's response to Major, 22 August 1991, the Bush Library, the NSC Files: Burns and Hewett Files, USSR Chron Files, OA-ID CF01407, GBPL.
33. Bush and Scowcroft, *A World Transformed*, p. 540; Baker, *The Politics of Diplomacy*, p. 526.
34. Memorandum from Brent Scowcroft to POTUS, "Developments in the USSR," 5 September 1991. NSC Files, Burns and Hewett Files, GBPL.
35. Bush and Scowcroft, *A World Transformed*, p. 541에서 인용.
36. 위의 책, p. 542; interview with Brent Scowcroft, 10 – 11 August 2000, BOHP, pp. 51 – 2.
37. "Key points in Secretary Baker's meetings in the USSR and the Baltics, September 11~16, 1991," NSC Files, Burns and Hewett Files, USSR Chron Files, OA-ID C1407-009-22, GBPL.
38. Pankin, *Sto oborvannykh dnei*, pp. 85 – 7, 91 – 2.
39. MSG SS, vol. 28, pp. 201 – 2; "Key points in Secretary Baker's meetings," C1407-009-

23; Baker, *The Politics of Diplomacy*, pp. 527 – 8.

40. The Center for Democracy Papers, Box 15, folder: SU: Cuba, HIA. "Key points in Secretary Baker's meetings"; conversation with the Secretary of State J. Baker, 11 September 1991, MSG SS, vol. 28, pp. 192 – 9; Baker, *The Politics of Diplomacy*, pp. 527 – 8.

41. Pankin, *Sto oborvannykh dnei*, pp. 93 – 5. 이에 대한 재구성은 Baker, *The Politics of Diplomacy*, pp. 528 – 9; "Key points in Secretary Baker's meetings"; Pankin, *Sto oborvannykh dnei*, p. 94; Plokhy, *The Last Empire*, pp. 203 – 4를 토대로 한다.

42. Baker, *The Politics of Diplomacy*, p. 528.

43. "Key points in Secretary Baker's meetings"; Baker, *The Politics of Diplomacy*, p. 528.

44. Baker, *The Politics of Diplomacy*, p. 534; Bakatin, *Izbavlenie ot KGB*, p. 105.

45. "Key points in Secretary Baker's meetings," pp. 3, 4; Baker, *The Politics of Diplomacy*, p. 530.

46. "Key points in Secretary Baker's meetings," p. 9; Baker, *The Politics of Diplomacy*, pp. 530 – 1.

47. Interview with Robert Zoellick, Box 173, Series 12, Folder 8, JAB, Seeley Mudd Library, Princeton, NJ. The notes of Stepanov-Mamaladze, 12 September 1991, Stepanov-Mamaladze Papers, Box 3, Folder 29, HIA.

48. Baker, *The Politics of Diplomacy*, pp. 535 – 6.

49. "Key points in Secretary Baker's meetings," pp. 10 – 11; Baker, *The Politics of Diplomacy*, pp. 536 – 8.

50. The memorandum of 18 February 1992 to the NSC from the CIA and State Department, "Defining American Interests in Kazakhstan." A document from the National Security Archive, courtesy of Svetlana Savranskaya.

51. "Key points in Secretary Baker's meetings," p. 12; Baker, *The Politics of Diplomacy*, pp. 536 – 9.

52. Baker, *The Politics of Diplomacy*, p. 932.

53. Protokol zasedania Koordinatsionnogo Soveta dvizheniia "Demokraticheskaia Rossiia," 5 September 1991, Demokraticheskaia Rossiia papers, Box 6, Folder 5, HIA.

54. 이런 감정에 관해서는 1991년 9월 13일 야블린스키와 베이커와의 대화, http://www.alexanderyakovlev.org/fond/issues-doc/1024458, 2018년 8월 20일 접속; Vladimir Pastukhov, "Rossiiskoie demokraticheskoie dvizhenie: put k vlasti," Polis, 1 – 2 (1992), pp. 8 – 16.

55. The minutes of the Council of the movement Demokraticheskaia Rossiia Papers, 14 September 1991, Box 6, Folder 5, HIA, pp. 1 – 2.

56. 위의 책, pp. 20 – 6.
57. 위의 책, pp. 28, 32 – 3.
58. 위의 책, pp. 145 – 6.
59. 위의 책, pp. 115 – 25.
60. 위의 책, pp. 68, 81, 83, 108 – 12.
61. "Zaiavleniie Demokraticheskogo Kongressa i Mezhparlamentskoi konferentsii demokrat\-icheskikh fraktsii, 7 September 1991, Bishkek, Box 6, Folder 5, Demokraticheskaia Rossiia Papers, HIA, pp. 87, 88.
62. Dmitry Furman, "Perestroika glazami moskovskogo gumanitariia," at http://dmitriy\-furman.ru/?page_id=3657.
63. *The minutes*, pp. 94 – 5, 97 – 8.
64. 위의 책, pp. 160 – 2.
65. The minutes of the State Council, 16 September 1991, MSG SS, vol. 28, pp. 251, 270 – 1, 491 – 4.
66. 위의 책, p. 265.
67. 위의 책, p. 263.
68. 위의 책, pp. 264 – 5, 278, 494 – 502.
69. MSG SS, vol. 28, pp. 269 – 71, 279, 320.
70. AY, f. 6, op. 1, d. 163, at https://yeltsin.ru/archive/paperwork/18109.
71. MSG SS, vol. 28, pp. 321 – 2.
72. MSG SS, vol. 28, p. 323.
73. MSG SS, vol. 28, pp. 262, 245.
74. MSG SS, vol. 28, pp. 272, 311 – 12; Shushkevich in Rozpad Radians'koho Soiuzu, at http:// oralhistory.org.ua/interview-ua/455.
75. 'Beseda s ministrom finansov SShA N. Brady," 19 September 1991, MSG SS, vol. 28, pp. 357 – 66.
76. Nicholas F. Brady, Memorandum to the President, 21 September 1991, Burns and Hewett Files; USSR Chron Files, OA-ID, CF01407-009-76/79, GBPL.
77. Interview with G. E. Burbulis by Oleg Moroz, Literaturnaia gazeta 45 (1991); http:// www. ru-90.ru/content/переломный-момент-истории-интервью-с-гэ-бурбулисом; recol\-lections of Alexander Shokhin in Pyotr Aven and Kokh, Revoliutsia Gaidara, pp. 119, 120.
78. 2020년 5월 24일 겐나디 부르불리스와의 전화 인터뷰(저자).
79. 위의 글.
80. Interview of Andrei Karaulov with Gennady Burbulis, Nezavisimaia gazeta, 5 September

1991, p. 7; 2020년 5월 24일 겐나디 부르불리스와의 전화 인터뷰(저자).

81. 이고르 니트의 전기와 그의 이론의 핵심은 http://realism2002.narod.ru/ biography.html. Yakov Feygin, "Reforming the Cold War State: Economic Thought, Internationalization, and the Politics of Soviet Reform, 1955 – 1985," PhD Dissertation, University of Pennsylvania, 2017.

82. 이때쯤이면 이 집단에는 에드워드 래지어, 찰스 맥루어, 토머스 서전트, 애널리즈 앤더슨, 주디 셸튼이 있었다. Mikhail Loginov, "V naibolshei stepeni gotova k reformam," interview with Mikhail Bernstam, Rossiiskaia gazeta, 9 May 1991, pp. 1, 2; *Reforma bez shoka. Vybor sotsialno-priemlemykh reshenii. Vyschii Ekonomichestkii Sovet pri Prezidiume Verkhovnogo Soveta Rossii*. (Moscow–San Francisco. "Za ekonom\-icheskuiu gramotnost," 1992); 2012년 12월 21일 스탠퍼드대학에서 미하일 베른스탐과의 인터뷰(저자).

83. Yelena Penskaia, "Pamiati Evgeniia Saburova," Russkii zhurnal, 23 June 1991, at http://www.litkarta.ru/dossier/penskaya-saburov.

84. 사부로프는 알렉산드르 그란베르그와 공동으로 작성한 이 프로그램의 초안을 아래에 발표했다: Kommersant, 9 September 1991, p. 9, at http://www.ru-90.ru/content/переломный-момент-истории-интервью-с-гэ-бурбулисом.

85. "Perelomnyi moment istorii," interview with G. E. Burbulis at http://www.ru-90.ru/content/переломный-момент-истории-интервью-с-гэ-бурбулисом; Recollections of Alexander Shokhin in Aven and Kokh, *Revoliutsia Gaidara*, pp. 119, 120; Braithwaite's diary, 16 October 1991.

86. Yegor Gaidar, *V dni porazhenii* (Moscow: Vagrius, 1996), p. 263.

87. Vladimir Mashits in Aven and Kokh, *Revoliutsia Gaidara*, p. 183.

88. Gaidar, *V dni porazhenii*, pp. 264 – 6.

89. 가이다르 팀은 블라디미르 마시츠(Vladimir Mashits), 안드레이 네차예프(Andrei Nechaev), 알렉세이 골롭코프, 콘스탄틴 카갈롭스키(Konstantin Kagalovsky), 안드레이 바빌로프(Andrei Vavilov)로 이루어져 있었다.

90. 야블린스키도 경제 개혁에 관해 고르바초프에게 조언함으로써 이 경주에 참가했다: MSG SS, vol. 28, p. 366; Gaidar, *V dni porazhenii*, p. 275.

91. Gaidar, *V dni porazhenii*, pp. 249 – 50, 261; 미하일 베른스탐도 가이다르의 접근법의 이런 특성이 경쟁자들보다 우위에 있었음을 인정한다. 2013년 12월 25일 베른스탐이 저자에게 보낸 이메일.

92. Gaidar, *V dni porazhenii*, p. 253.

93. "Shans dlia Rossii—shans dlia vsekh," Nezavisimaia gazeta, 28 September 1991, p. 4; Rudiger Dornbusch, "Monetary Problems of Post-Communism: Lessons from the End of the Austro- Hungarian Empire," Weltwirtschaftliches Archiv, 1992, Bd. 128, H. 3.

94. Gaidar, *V dni porazhenii*, pp. 267–74. 부르불리스의 이러한 확신은 "Zapiski o novoi Rossii. Tri konsensusa. Gennady Burbulis vspominaet," Vestnik Evropy 46–7 (2016)을 보라.

95. 전문은 여전히 미출간이다. 인용문들은 예고르 가이다르의 문서에 접근했던 듯한 탐사 언론인 올레크 모로즈(Oleg Moroz)의 문서에서 가져왔다(2019년 9월 28~30일 모로즈의 개인적 통신); http://www.relga.ru/Environ/WebObjects/tgu-www.woa/wa/Main?textid=5130&level1=main&level2=articles.

96. "Perelomnyi moment istorii," interview with G. E. Burbulis at http://www.ru-90.ru/content/переломный-момент-истории-интервью-с-гэ-бурбулисом.

97. "Soveshchanie v Orekhovoi komnate po problemam Soiuznogo dogovora," 20 September 1991, MSG SS, vol. 28, pp. 375–6.

98. Quotations from Oleg Moroz, "Yeltsin vybiraet napravleniie dvizheniia," http://litresp.ru/chitat/ru/%D0%9C/moroz-oleg-pavlovich/eljcin-protiv-gorbacheva-gorbachev-protiv-eljcina/33.

99. Burbulis, in Aven and Kokh, *Revoliutsia Gaidara*, p. 54. 러시아 바냐의 문화적·정치적 기능에 관해서는 Ethan Pollock, *Without the Banya We Would Perish: The History of the Russian Bathhouse* (New York: Oxford University Press, 2019)를 보라.

100. Burbulis in Aven and Kokh, *Revoliutsia Gaidara*, pp. 54, 55; "Zapiski o novoi Rossii. Tri konsensusa. Gennady Burbulis vspominaet," *Vestnik Evropy* 46–7 (2016).

101. Plokhy, *The Last Empire*, p. 279.

102. *Pravda Ukrainy*, 2, 3 and 4 October 1991.

103. 크라우추크 연설의 전문은 *Pravda Ukrainy*, 3 October 1991.

104. "Meeting with Leonid Kravchuk, Ukrainian Supreme Soviet Chairman," 25 September 1991, at http://bushlibrary.tamu.edu/research/pdfs/memcons_telcons/1991-09-25-Kravchuk.pdf. Scowcroft at http://oralhistory.org.ua/interview-ua/352.

105. Scowcroft to Bush, Memo on meeting with Leonid Kravchuk, 25 September 1991, pp. 1–2, 4–5, Scowcroft Collection, GBPL.

106. "Meeting with Leonid Kravchuk, Ukrainian Supreme Soviet Chairman," 25 September 1991, ⟨http://bushlibrary.tamu.edu/research/pdfs/memcons_telcons/1991-09-25-Kravchuk.pdf.

107. Bush and Scowcroft, *A World Transformed*, p. 543.

108. 위의 책, p. 542; interview 2 with Brent Scowcroft, 10–11 August 2000, BOHP, p. 54.

109. Bush and Scowcroft, *A World Transformed*, p. 545.

110. Villiers Negroponte, Master Negotiator, p. 201; Bush's conversation with the Secretary-General of NATO Manfred Wörner, 27 September 1991, at https://bush41library.

tamu.edu/files/memcons-telcons/1991-09-27-Woerner.pdf.

111. Bush and Scowcroft, *A World Transformed*, p. 545.

112. Chernyaev, *Sovmestnyi iskhod*, 27 September 1991, pp. 989–91.

113. MSG SS, vol. 28, pp. 420–32; Pankin, *Sto oborvannykh dnei*, p. 193.

114. Chernyaev, *Sovmestnyi iskhod*, 27 September 1991, pp. 989–91; "Julius Ceasar," the Big Soviet Encyclopedia, at http://bse.sci-lib.com/article120367.html.

115. "Harvard Discussion with Kravchuk on Nuclear Weapons," Philip Zelikow's memo to Graham Allison, Robert Blackwill, Al Carnesale, Ashton Carter, Bill Hogan, 27 September 1991. Courtesy of Svetlana Savranskaya, the National Security Archive.

116. Plokhy, *The Last Empire*, pp. 208–9.

117. 1993년 2월 2일 우크라이나 전문가들이 추정한 우크라이나의 핵 능력과 문제는 https://nsarchive2.gwu.edu/Nuclear-Weapons-and-Ukraine/ Doc-32-Ukraine-Foreign-Ministry-report-nuclear-policy-alternatives-1993-02-02.pdf를 보라. 1993년 2월 21일 우크라이나 전문가들의 추정은 https://nsarchive2.gwu.edu/ Nuclear-Weapons-and-Ukraine/Doc-36-Ukraine-Foreign-Ministry-consequences-not-joining-NPT-1993-04-21.pdf를 보라.

118. 1991년 10월 4일 크라우추크의 기자회견, *Pravda Ukrainy*, 8 October 1991.

14장 독립

1. Memcon, meeting with Alexander Yakovlev, 10 November 1991, Burns and Hewett files; USSR: Chronology Files, OA-ID CF01407-14-35, GBPL.

2. 이 만남의 날짜는 *Soyuz mozhno bylo sokhranit*, p. 362에 나와 있다.

3. Shakhnazarov, *Tsena svobody*, pp. 284–5.

4. Shakhnazarov at the extraordinary session of the Supreme Soviet of the RSFSR, GARF, f. 10026, op. 1, d. 569, l. 19; Shakhnazarov, *Tsena svobody*, p. 285.

5. Shakhnazarov, *Tsena svobody*, p. 285.

6. Boris Yeltsin, *Midnight Diaries* (New York: Public Affairs, 2000), pp. 253–4.

7. *Izvestia*, 2 October 1991, p. 1; *Rossiiskaia gazeta*, 2 October 1991; "Kto pravopreemnik byvshego SSSR?" *Izvestia*, 3 October 1991, p. 1; MSG SS, vol. 28, p. 589.

8. *Nezavisimaia gazeta*, 12 October 1991, p. 3.

9. A. Tsypko, "Drama rossiiskogo vybora," *Izvestia*, 1 October 1991, p. 5.

10. Vitaly Portnikov, "Nezavisimost RSFSR. Mirazh ili politicheskaia avantiura," *Nezavisimaia gazeta*, 15 October 1991, p. 4.

11. Adamishin's diary, 6 October 1991, Adamishin Papers, HIA; Vitaly Portnikov, "Leonid

Kravchuk: Rossiia khochet stat Sovetskim Soiuzom," *Nezavisimaia gazeta*, 9 October 1991, p. 3.

12. Chernyaev, "Sovmestnyi iskhod," 7 October 1991, p. 996; Valery Soldatenko, *Rossiia—Krym—Ukraina. Opyt vzaimootnosheniy v gody revoliutsii i grazhdanskoi voiny* (Moscow: ROSSPEN, 2018), pp. 78 –80.
13. Burbulis in interview in Novoie Vremia 45 (1991); also his "Minnoie pole vlasti."
14. *Nezavisimaia gazeta*, 1 October 1991, p. 1.
15. Adamishin on 30 September, 2 and 3 October 1991, Adamishin Papers, HIA. *Nezavisimaia gazeta*, 10 October 1991, pp. 1, 2.
16. Shakhnazarov, *Tsena svobody*, pp. 287 –9; MSG SS, vol. 28, pp. 436 –8.
17. Chernyaev, *Sovmestnyi iskhod*, 6 October 1991, p. 994; Braithwaite's diary, 7 October 1991.
18. Memcon, Bush-Gorbachev conversation, 6 October 1991, Burns and Hewett Files, CFO-1407-10-20, GBPL; Chernyaev, *Sovmestnyi iskhod*, 6 October 1991, pp. 995 –6.
19. Gates, *From the Shadows*, p. 530.
20. Bush and Scowcroft, *A World Transformed*, p. 547; "Telecom with Boris Yeltsin, President of the Republic of Russia," 18 October 1991, at http://bushlibrary.tamu.edu/ research/ pdfs/memcons_telcons/1991-10-08-Yeltsin.pdf.
21. "Telecom with Boris Yeltsin, President of the Republic of Russia," 8 October 1991, at http://bushlibrary.tamu.edu/research/pdfs/memcons_telcons/1991-10-08-Yeltsin.pdf.
22. Yeltsin's notes on 8 October 1991, AY, f. 6, op. 1, d. 163, l. 46, at https://yeltsin.ru/ archive/ paperwork/18099, accessed 5 July 2020.
23. Grachev, *Dalshe bez menia*, pp. 48 –9. The transcript of the State Council, 11 October 1991, RGANI, f. 121, d. 103, ll. 2 –11; *Nezavisimaia gazeta*, 9 October 1991, p. 3.
24. RGANI, f. 121, d. 103, ll. 12 –20, 21 –8.
25. 위의 글, ll. 44, 47 –8.
26. 위의 글.
27. 위의 글, ll. 48 –9, 95 –6.
28. AY, f. 6, op. 1, d. 91, ll. 43 –7, at https://yeltsin.ru/archive/paperwork/10434.
29. Chernyaev, *Sovmestnyi iskhod*, 12 October 1991, pp. 997 –9.
30. Adamishin's diary, 19 October 1991, Adamishin Papers, HIA.
31. AY, f. 6, op. 1, d. 91, ll. 39 –42; 104, ll. 1 –4, at https://yeltsin.ru/archive/paperwork/10434/; *Nezavisimaia gazeta*, 15 October 1991, p. 1; Braithwaite's diary, 16 October 1991.
32. Burbulis and Vladimir Lopukhin in Aven and Kokh, *Revoliutsia Gaidara*, pp. 56, 183;

Yeltsina, *Lichnaia zhizn*, p. 215.

33. Burbulis in Aven and Kokh, *Revoliutsia Gaidara*, p. 56; 가이다르 집안의 뿌리에 관해서는 그의 어머니 아리아드나 바조프-가이다르(Ariadna Bazhov-Gaidar)와의 인터뷰, https://www.womanhit.ru/psychology/family/655439-ariadna-bazhovagaydar-tri-izvestnyih-familii-soshlis-vodnom-klubke.html을 보라.
34. 명예가 걸린 문제라는 점에 대해서는 2013년 3월 12일, 스탠퍼드대학에서 가이다르에 대한 베른스탐의 회고와 Gaidar, *V dni porazhenii*, p. 277을 보라.
35. Burbulis in Aven and Kokh, *Revoliutsia Gaidara*, p. 57.
36. Mikhail Bernstam, "Prolegomenon, part 4," 그의 사적인 문서에 대한 논평. 미하일 베른스탐 제공.
37. Braithwaite's diary, 16 October 1991.
38. Telephone conversation with Boris Yeltsin, President of the Republic of Russia, 25 August 1991, GBPL, at https://bush41library.tamu.edu/files/memcons-telcons/1991-10-25-Yeltsin.pdf.
39. Stenographic report of Yeltsin's speech with his handwritten remarks, 28 October 1991, AY, f. 6, op. 1, d. 84, ll. 41 – 133; 134 – 5.
40. Piatyi (vneocherednoi) S'ezd narodnykh deputatov RSFSR, October 1991. *Bulletin* no. 13, p. 24; *Bulletin* no. 14, pp. 8, 14 – 15 (Moscow, 1991); http://pravo.gov.ru/proxy/ips/?docbody=&prevDoc=102016271&backlink=1&&nd=102012920; and http://pravo.gov.ru/proxy/ips/?docbody=&prevDoc=102017933&backlink=1&&nd=102012915.
41. Braithwaite's diary, 19 November 1991.
42. 2013년 2월 6일 스탠퍼드대학에서 베른스탐과의 인터뷰(저자); *The Financial Times*, 21 October 1991, p. 7.
43. 2013년 2월 6일 베른스탐과의 인터뷰(저자).
44. 이 문서 사본은 미하일 베른스탐이 개인적으로 소장하고 있다. 베른스탐 제공. 203년 2월 6일 스탠퍼드대학에서 베른스탐과의 인터뷰(저자).
45. 이 시나리오는 미하일 베른스탐 개인 문서집의 여러 언급들에 의존한다. 베른스탐 제공. 2013년 2월 6일 스탠퍼드대학에서 베른스탐과의 인터뷰(저자).
46. V. Portnikov, "Yeltsin obsuzhdal s voiennymi vozmozhnost iadernogo udara po Ukraine," *Nezavisimaia gazeta*, 24 October 1991; Andrei Kozyrev, *Firebird: The Elusive Fate of Russian Democracy* (Pittsburgh, PA: University of Pittsburgh Press, 2019), p. 77; Yegor Gaidar, *Anatomiia putcha*, at http://ru-90.ru/content/гайдар-ет-крах#_ftn74.
47. 2013년 2월 6일 스탠퍼드대학에서 베른스탐과의 인터뷰(저자).
48. Alexander, Shokhin in Aven and Kokh, *Revoliutsia Gaidara*, p. 121.
49. Ukaz Prezidenta RSFSR o liberalizatsii vneshneekonomicheskoi deiatelnosti na territorii

RSFSR, 15 November 1991, no. 213, at http://www.consultant.ru/document/cons_doc_LAW_143; Stenograma zasedaniia pravitelstva RSFSR, 28 November 1991, at http://ru-90.ru/content/стенограмма-заседания-правительства-рсфср-28-ноября-1991-года.

50. Stenographic record of the meeting of the Russian government, 15 November 1991, at http://ru-90.ru/content/заседания-правительства-рсфср-15-ноября-1991-года-0.

51. 2013년 2월 6일 스탠퍼드대학에서 베른스탐과의 인터뷰(저자). .

52. "Ekonomicheskaia situatsiia v Rossii—1991 god." Materialy k prezidentskomu konsulta\-tivnomy sovetu Yeltsina, 22 October 1991, at https://yeltsin.ru/archive/paperwork/10590; http://ru-90.ru/content/заседания-правительства-рсфср-15-ноября-1991-года-0.

53. Shokhin in Aven and Kokh, *Revoliutsia Gaidara*, p. 121; the author's interview with Alexander Drozdov, 24 April 2020.

54. "Gathering Storm," NSC Files, Burns Files: the USSR Chron Files, OA-ID CF01498-008, GBPL.

55. 위의 글과 US Embassy cable 221538Z, NSC Files, Burns Files: the USSR Chron Files, OA-ID CF01498-008, GBPL.

56. Interview with Brent Scowcroft, 10 – 11 August 2000, BOHP, pp. 50, 53.

57. The US Embassy cable 221538Z, NSC Files, Burns Files: the USSR Chron Files, OA-ID CF01498-008, GBPL. 인텔리겐치아의 "배신"에 관해서는 Vladislav Zubok, *Dmitrii Likhachev.Zhizn i vek* (St Petersburg: Vita Nova, 2016), pp. 457 – 8.

58. "Mikhail Gorbachev: nuzhna revoliutsiia umov," interview with Gorbachev by Len Karpinsky, *Moskovskiie Novosti*, 3 November 1991, p. 4. Shakhnazarov's memo to Gorbachev on 29 October 1991, *Tsena svobody*, pp. 296, 565 – 6.

59. From the diary of V. A. Medvedev, 21 October 1991, in *Soiuz mozhno bylo sokhranit*, pp. 383 – 4.

60. *Izvestia*, 21 October 1991, p. 1.

61. Pankin, *Sto oborvannykh dnei*, pp. 200 – 2, 211 – 13. "Points for Pankin: Middle East," 22 October 1991, James A. Baker III Papers, Box 176, Folder 27, Seeley Mudd Library, Princeton University.

62. Bush and Scowcroft, *A World Transformed*, pp. 410, 548.

63. Mary Dejevsky, "Yeltsin Moves to Wrest Power from Gorbachev," The London Times, 29 October 1991; Stanislav Kondrashov, "Zemletriasenie na Smolenskoi ploshchadi," Izvestia, 2 November 1991, pp. 1, 12; "Sud'ba sotrudnikov MIDa reshaetsia v eti dni," Izvestia, 3 November 1991, p. 1; Adamishin's diary, 14 November 1991, Adamishin Papers HIA; Andrei Kozyrev to Yeltsin and Burbulis, "Ob imushchestve MID SSSR," 13

November 1991, GARF, f. 10026, op. 4, d. 1277, ll. 175 – 6.

64. Pankin, *Sto oborvannykh dnei*, p. 233. Luncheon meeting with President Gorbachev, 29 October 1991, 12:30 – 1:15 p.m., GBPL, at https://bush41library.tamu.edu/files/memcons-telcons/1991-10-2-Gorbachev%20[1].pdf.

65. Plokhy, *The Last Empire*, p. 237; meeting on Soviet debt, 5 November 1991, WHORM, CO165, 306788 Russia, GBPL.

66. Pankin, *Sto oborvannykh dnei*, pp. 234 – 6.

67. Shakhnazarov's record of the Gorbachev-Yeltsin talk, 2 November 1991, *V Politburo TsK KPSS*, pp. 713 – 14.

68. 1991년 11월 4일 국무회의 속기록, GARF, f. 121, op. 3, d. 107, ll. 254 – 88; the memcon of Gorbachev with Deputy Secretary of Defense Donald Atwood, 5 November 1991, CF01407 – 012, GBPL.

69. Pankin, *Sto oborvannykh dnei*, pp. 240, 245; GARF, f. 121, op. 3, d. 107, l. 282.

70. Stepanov's notes, 5 November 1991, Stepanov-Mamaladze Papers, Box 3, Folder 30, HIA.

71. 1991년 11월 4일 국무회의 속기록, GARF, f. 121, op. 3, d. 107, ll. 121 – 31.

72. GARF, f. 121, op. 3, d. 107, ll. 141 – 206; 1991년 11월 4일 국무회의 속기록, GARF, f. 121, op. 3, d. 114, ll. 184 – 99.

73. 옐친은 이 사실을 1991년 12월 11일, 러시아 의원들을 상대로 한 비공개 브리핑에서 밝혔다. AY, f. 6, op. 1, d. 104, l. 97, at https://yeltsin.ru/archive/paper\-work/10637.

74. Bakatin, *Izbavleniie ot KGB*, pp. 62 – 3; interview with Viktor Ivanenko at: http://ru-90.ru/ content/кгб-и-радикальные-перемены-интервью-с-вв-иваненко.

75. Interview with Ivanenko at http://ru-90.ru/content/кгб-и-радикальные-перемены-интервью-с-вв-иваненко.

76. *V Politburo TsK KPSS,* p. 722; Grachev, *Dalshe bez menia*, pp. 144 – 6.

77. Chernyaev, *Sovmestnyi iskhod*, 17 November 1991, pp. 1021 – 3; Shakhnazarov, *Tsena svobody*, pp. 169, 176; Pankin, *Sto oborvannykh dnei*, p. 251; Grachev, *Dalshe bez menia*, pp. 149 – 51.

78. *V Politburo TsK KPSS*, p. 723; 1991년 11월 4일 국무회의 속기록, GARF, f. 121, op. 3, d. 114, ll. 132 – 5.

79. *Raspad SSSR*, vol. 1, pp. 965 – 6.

80. "O formirovanii sistemy gosrezervov RSFSR," 25 November 1991, at https://yeltsin.ru/archive/act/33772; *V Politburo TsK KPSS*, p. 717; 1991년 11월 4일 국무회의 행정명령, *Raspad SSSR*, vol. 1, pp. 966 – 70.

81. http://ru-90.ru/content/заседания-правительства-рсфср-15-ноября-1991-года-0; Gaidar,

V dni porazhenii, p. 314.

82. Plokhy, *The Last Empire*, p. 230; 2020년 5월 24일 겐나디 부르불리스와의 전화 인터뷰 (저자). 배경에 관해서는 Roman Solchanyk, *Ukraine and Russia: The Post-Soviet Transition* (New York: Roman and Littlefield, 2001); Serhii Plokhy, *The Lost Kingdom: The Quest for Empire and the Making of the Russian Nation* (New York: Basic Books, 2017)를 보라.

83. 우크라이나 지역주의는 Nataliya Kibita, *Soviet Economic Management under Khrushchev. The Sovnarkhoz Reform* (London: Routledge, 2015); "Why Isn't Ukraine Authoritarian?" 11 July 2019, at https://huri.harvard.edu/news/why-isnt-ukraine-authoritarian-asks-nataliya-kibita를 보라.

84. Shakhnazarov to Gorbachev on 8 October 1991, in *Tsena svobody*, pp. 560–1; Yegor Gaidar, *Krakh*, at http://ru-90.ru/content/гайдар-ет-крах.

85. N. Mikhalchenko and V. Andrushchenko, *Belovezhie. L. Kravchuk. Ukraina* (Kiev: Ukrainskii tsentr dukhovnoi kultury, 1996), pp. 73–5.

86. Philip Zelikow's memo, 5 November 1991, OA-ID CF1407-013, GBPL.

87. Andrew Wilson, *Ukrainian Nationalism in the 1990s: A Minority Faith* (Cambridge: Cambridge University Press, 1997); Paul Stepan Pirie, History, Politics, and National Identity in Southern and Eastern Ukraine, PhD thesis, School of Slavonic and East European Studies, University of London, 1998.

88. Shakhnazarov, *Tsena svobody*, p. 561.

89. 이에 대한 배경은 Gwendolyn Sasse, *The Crimea Question: Identity, Transition, and Conflict* (Cambridge, MA: Harvard University Press, 1998), pp. 159–64를 보라.

90. *Pravda Ukrainy*, 12 October 1991; 크라우추크의 연설은 Krymskaia Pravda, 26 October 1991을 보라.

91. The interview with Nikolai Bagrov, Krymskaia Pravda, 30 October 1991. 바그로프가 어떤 이해관계에서 크라우추크를 지지했는지는 http://oralhistory.org.ua/interview-ua/566에서 갈리나스타로보이토바와 http://oralhistory.org.ua/interview-ua/372에서 바그로프를 보라.

92. *Krymskaia Pravda*, 13 and 16 November 1991.

93. Interview with Galina Starovoitova for the project *Rozpad Radianskoho Soiuzu*, at http://oralhistory.org.ua/interview-ua/566.

94. Braithwaite's diary, 17 November 1991; Adamishin's diary, 3 December 1991, Adamishin Papers, HIA.

95. Braithwaite's diary, 6 November 1991.

96. 1991년 11월 25일 국무회의 속기록, RGANI, f. 121, op. 3, d. 122, ll. 6–7, 16, 21–34; Chernyaev, Sovmestnyi iskhod, 26 November 1991, p. 1,027; Grachev, *Dalshe bez menia*,

p. 165.

97. 1991년 11월 25일 국무회의 속기록, GARF, f. 121, op. 3, d. 114, ll. 105 – 8; 1991년 11월 27일 국무회의 행정명령, Raspad SSSR, vol. 1, p. 986.

98. 1991년 11월 25일 국무회의 속기록, GARF, f. 121, op. 3, d. 114, l. 50 – 59.

99. 위의 글, ll. 48 – 51.

100. The decision of the Council of Republics of the Supreme Soviet of the USSR, 28 November 1991, *Raspad SSSR*, vol. 1, pp. 997 – 8; 1991년 11월 28일 러시아 각료회의 속기록, GARF, f. A-259, op. 1, d. 5284, l. 63, at http://ru-90.ru/content/стенограмма-заседания-правительства-рсфср-28-ноября-1991-года.

101. https://bush41library.tamu.edu/files/memcons-telcons/1991-11-30-Yeltsin.pdf.

102. 1991년 11월 28일 러시아 각료회의 속기록, at http://ru-90.ru/content/стенограмма-заседания-правительства-рсфср-28-ноября-1991-года.

103. 위의 글.

104. http://ru-90.ru/content/заседания-правительства-рсфср-15-ноября-1991-года-0;http://ru-90.ru/content/стенограмма-заседания-правительства-рсфср-28-ноября-1991-года.

105. http://ru-90.ru/content/стенограмма-заседания-правительства-рсфср-28-ноября-1991-года.

106. 체첸과 러시아 갈등의 배경은 John B. Dunlop, *Russia Confronts Chechnya: Roots of a Separatist Conflict* (Cambridge, 1998); Carlotta Gall & Thomas de Waal, *Chechnya: Calamity in the Caucasus* (New York: New York University Press, 1998); Gail Lapidus, 'Contested Sovereignty: The Tragedy of Chechnya', International Security 23:3 (Summer 1998), pp. 5 – 49를 보라.

107. 더 자세한 설명은 Plokhy, The Last Empire, pp. 246 – 8; Adamishin's diary, 22 November 1991, Adamishin Papers, HIA를 보라.

108. http://ru-90.ru/content/стенограмма-заседания-правительства-рсфср-28-ноября-1991-года.

109. Meeting on Soviet Debt, 5 November 1991, WHORM, CO165, 306788 Russia, GBPL; Goldgeier and McFaul, *Power and Purpose*, pp. 68 – 9; 2016년 12월 25일 모스크바에서 그리고리 야블린스키와의 인터뷰(저자).

110. Gaidar, *V dni porazhenii*, p. 318.

111. Goldgeier and McFaul, Power and Purpose, p. 71; Braithwaite's diary, 16 November 1991; Mulford in Goldgeier and McFaul, Power and Purpose, p. 70; http://ru-90.ru/content/стенограмма-заседания-правительства-рсфср-28-ноября-1991-года.

112. http://ru-90.ru/content/стенограмма-заседания-правительства-рсфср-28-ноября-1991-года. See similar advice from Georgy Arbatov to Yeltsin, AY, f. 6, op. 1, d. 160, l. 98.

113. Chernyaev, *Sovmestnyi iskhod*, 3 December 1991, pp. 1030 – 1.

114. Philip Zelikow's memo, 4 November 1991, Burns and Hewett Files; Ed Hewett to Brent Scowcroft, 8 November 1991, Chron USSR files, OA-ID CF1407-013 and CF1407-012, GBPL

115. Goldgeier and McFaul, *Power and Purpose*, p. 47; Nicholas Burns to Ed Hewett and David Gompert, 22 November 1991, Burns and Hewett Files. Chron USSR files. OA-ID CF 01407-012-37, GBPL.

116. Interview with Brent Scowcroft, 10 – 11 August 2000, Washington DC, BOHP, p. 52. The summary from a memo of Nicholas Burns to Ed Hewett and David Gompert, 22 November 1991, Burns and Hewett Files. Chron USSR files. OA-ID CF 01407-012-37, GBPL; Baker, *The Politics of Diplomacy*, pp. 560 – 1.

117. Goldgeier and McFaul, *Power and Purpose*, p. 35.

118. Plokhy, *The Last Empire*, p. 284; Kasianov, Ukraina 1991 – 2007, p. 37; *Pravda Ukrainy*, 30 November 1991.

119. Meeting with Alexander Yakovlev, 19 November 1991, Burns and Hewett Files; USSR: Chronology Files, OA-ID CF01407-14-35, 36, GBPL.

120. *Pravda Ukrainy*, 30 October 1991; Mikhalchenko and Andrushchenko, Belovezhie, p. 89; *Nezavisimaia gazeta*, 28 November 1991, p. 4; Aleksei Plotitsyn, "Posmotrim pravde v glaza," ibid, p. 5; Vitaly Portnikov, "Konets imperii," 30 November 1991, p. 1.

121. Mikhail Gorbachev, *Dekabr-91: Moia pozitsiia* (Moscow: Novosti, 1992), p. 57.

122. Conversation with President Mikhail Gorbachev of the USSR, 30 November 1991, GBPL, at http://bushlibrary.tamu.edu/research/pdfs/memcons_telcons/1991-11-30-Gorbachev.pdf.

123. Telegram from Strauss to Bush, 20 October 1991, on file at the National Security Archive, courtesy of Svetlana Savranskaya; Bush's conversation with Mulroney, 30 November 1991, GBPL, at https://bush41library.tamu.edu/files/memcons-telcons/1991-11-30- Mulroney.pdf.

124. Telephone conversation with Boris Yeltsin, President of the Republic of Russia, 30 November 1991, GBPL, at https://bush41library.tamu.edu/files/memcons-telcons/1991- 11-30-Yeltsin.pdf.

125. Mikhalchenko and Andrushchenko, *Belovezhie*, pp. 89 – 90; Leonid Kravchuk in *Rozpad Radianskoho Soiuzu* at http://oralhistory.org.ua/interview-ua/510.

126. Chernyaev, *Sovmestnyi iskhod*, pp. 1,030 – 1; telephone conversation with President Leonid Kravchuk of Ukraine on 3 December 1991, GBPL, at https://bush41library.tamu.edu/files/memcons-telcons/1991-12-03-Kravchuk.pdf.

127. Starovoitova in her interview to *Rozpad Radianskoho Soiuzu*, at http://oralhistory.org.ua/category/interview-ua/page/3.

15장 청산

1. 크라우추크의 발언은 Mikhalchenko and Andrushchenko, *Belovezhie*, p. 91에서 인용. Plokhy, *The Last Empire*, pp. 401-2도 보라.
2. V. A. Rayevsky to the State Council, 18 November 1991, the Archive of the Central Bank, at http://gaidar-arc.ru/file/bulletin-1/DEFAULT/org.stretto.plugins.bulletin.core.Article/file/757.
3. Interview with Galina Starovoitova for the Ukrainian project *Rozpad Radianskoho Soiuzu*, at http://oralhistory.org.ua/category/interview-ua/page/3.
4. 2017년 6월 30일 블라디미르 루킨과의 인터뷰(저자); interview with Starovoitova for the Ukrainian project *Rozpad Radianskoho Soiuzu*; Gaidar, "Za riumkoi takie voprosy ne reshalis," at, https://www.svoboda.org/a/3547434.html.
5. 2020년 5월 6일 겐나디 부르불리스와의 전화 인터뷰(저자).
6. Gaidar, "Za riumkoi takie voprosy ne reshalis."
7. https://yeltsin.ru/archive/act/33830.
8. Stanislav Shushkevich, *Moia zhizn, krusheniie i voskreshenie SSSR* (Moscow: ROSSPEN, 2012), pp. 192-3; Vyacheslav Kebich, *Iskushenie vlastiu. Iz zhisni premier-ministra* (Minsk: Paradoks, 2008), pp. 187-8.
9. Shushkevich, *Moia zhizn*, pp. 12-13, 70-1.
10. 위의 책, pp. 199-200.
11. 위의 책, p. 200; Leonid Kravchuk, *Maemo te, shcho maemo: Spohady i rozdumy*, (Kyiv: Stolittia, 2002) pp. 129-30; Plokhy, *The Last Empire*, pp. 303-5.
12. Shushkevich, *Moia zhizn*, pp. 199-200; 2020년 5월 6일 겐나디 부르불리스와의 전화 인터뷰(저자).
13. Kebich, *Iskushenie vlastiu*, pp. 199-200; Gaidar, *V dni porazhenii*, pp. 324-5; Gaidar, "Za riumkoi takie voprosy ne reshalis," https://www.svoboda.org/a/3547434.html. 코지레프는 이 일화를 회고록 *Firebird*, pp. 47-8에서 빠트렸다.
14. Shushkevich, *Moia zhizn*, p. 200; Kebich, *Iskushenie vlastiu*, p. 200.
15. Kravchuk, "Da Ukrainu prosto prinudili vziat Krym," 9 September 2016, at https://republic.ru/posts/73137.
16. Interview with Galina Starovoitova for the Ukrainian project Rozpad *Radianskoho Soiuzu*, at http://oralhistory.org.ua/category/interview-ua/page/3; Kravchuk, "Da

Ukrainu prosto prinudili vzyat Krym."

17. 기자들의 회고는 *Soyuz mozhno bylo sokhranit*, pp. 503–4에서 인용.
18. Yeltsin, *Zapiski prezidenta*, pp. 143–4, 146, 147.
19. Kozyrev, *Firebird*, pp. 128–9.
20. Leonid Kravchuk, *Ostanni dni imperii* (Kiev: Dovira, 1994), pp. 17, 20; Kebich, *Iskushenie vlastiu*, pp. 202–3; Plokhy, *The Last Empire*, pp. 310–12, 315.
21. Korzhakov, *Boris Yeltsin—ot rassveta do zakata, p. 128; Yegor Gaidar, Vlast i sobstvennost. Smuty i instituty. Gosudarstvo i evoliutsiia* (St Petersburg: Norma, 2009), pp. 123–4.
22. Kebich, *Iskushenie vlastiu*, p. 206.
23. Kozyrev, *Firebird*, pp. 49–50.
24. Telephone conversation with President Yeltsin of the Republic of Russia, 8 December 1991, GBPL, http://bushlibrary.tamu.edu/research/pdfs/memcons_telcons/1991-12-08-Yeltsin.pdf.
25. 위의 글; Shaposhnikov, *Vybor*, pp. 125–7.
26. Allen Weinstein to Paul Nathanson, 9 December 1991, The Center for Democracy Papers, Box 18, HIA.
27. 서명이 들어간 경제협정문 전문의 사본은 The Center for Democracy Papers, Box 18, HIA. 축약본은 Rossiiskaia gazeta, 10 December 1991, at https://yeltsin.ru/day-by-day/1991/12/10/8722; Kravchuk, *Ostanni dni imperii*, p. 33; Gaidar, *V dni porazhenii*, pp. 321, 327.
28. Gaidar, "Za riumkoi takie voprosy ne reshalis." 샤흐라이와 부르불리스는 이러한 시각을 공유한다. 2020년 4월 28일 부르불리스와의 전화 통화(저자); Kravchuk, "Da Ukrainu prosto prinudili vziat Krym."
29. The declaration of the Committee of the Constitutional Supervision of the USSR, 11 December 1991, in Raspad SSSR, vol. 1, pp. 1033–4; Stepanov's notes, 8, 9, 10 December 1991, Stepanov-Mamaladze Papers, Box 3, Folder 31. HIA.
30. Gaidar, "Za riumkoi takie voprosy ne reshalis"; Taubman, *Gorbachev*, p. 635.
31. Taubman, *Gorbachev*, p. 634; 나자르바예프의 회고는 *Soyuz mozhno bylo sokhranit*, pp. 507–8; *Shakhnazarov V Politburo TsK KPSS*, p. 732; Kravchuk, *Ostanni dni imperii*, p. 29.
32. Chernyaev, *Sovmestnyi iskhod*, 10 and 11 December 1991, pp. 1034–6; Stepanov's notes, 4 December 1991, Stepanov-Mamaladze Papers, Box 3, Folder 31. HIA.
33. Bakatin, *Izbavleniie* ot KGB, p. 133.
34. Kozyrev, *Firebird*, p. 51; Shaposhnikov, *Vybor*, pp. 128, 137; Volkogonov's memo to Yeltsin, 10 December 1991, at https://yeltsin.ru/archive/paperwork/10464; Yeltsin's theses for the military conference, 11 December 1991, at https://yeltsin.ru/archive/

paperwork/10462.

35. Shaposhnikov, *Vybor*, p. 137; Chernyaev, *Sovmestnyi iskhod*, 11 December 1991, pp. 1,035–6.

36. 나자르바예프의 회고, *Soyuz mozhno bylo sokhranit*, p. 507.

37. Stepanov's notes, 4 December 1991, Stepanov-Mamaladze Papers, Box 3, Folder 31. HIA.

38. Kozyrev, *Firebird*, p. 56; Starovoitova at http://oralhistory.org.ua/category/interview-ua/page/3.

39. Stenographic report on Yeltsin's meeting with parliamentary factions, 11 December 1991, at Yeltsin's speech at the RSFSR Supreme Soviet on 12 December 1991, at https:// yeltsin.ru/archive/paperwork/10637/https://yeltsin.ru/archive/paperwork/10401.

40. Yeltsin's decree to appoint Shakhrai, 12 December 1991, at https://yeltsin.ru/archive/act/33804; Shakhnazarov, Tsena svobody, p. 283.

41. 2020년 5월 6일 겐나디 부르불리스와의 전화 인터뷰(저자).

42. *Izvestia*, 12 December 1991, p. 2.

43. Chernayev, *Sovmestnyi iskhod*, 12 December 1991, p. 1,036; Vitaly Tretiakov's interview with Mikhail Gorbachev, *Nezavisimaia gazeta*, 12 December 1991, p. 5.

44. 2020년 5월 6일 겐나디 부르불리스와의 전화 인터뷰(저자).

45. 위의 글.

46. 2013년 2월 19일 캘리포니아 스탠퍼드대학에서 프랜시스 후쿠야마와의 인터뷰(저자). 번스의 발언은 Plokhy, *The Last Empire*, p. 323에서 인용.

47. Bush and Scowcroft, *A World Transformed*, pp. 556–7.

48. Proposed Agenda for meeting with the President, 4 and 10 December 1991, James A. Baker III Papers, Box 115, Folder 8, Seeley Mudd Library, Princeton, NJ.

49. Baker, *The Politics of Diplomacy*, pp. 562–3; Villiers Negroponte, *Master Negotiator*, pp. 206–7.

50. "America and the Post-Coup Soviet Union," at https://www.c-span.org/video/?23366-1/ post-coup-soviet-union.

51. "Telephone conversation with President Boris Yeltsin of Russia," 13 December 1991, GBPL, at http://bushlibrary.tamu.edu/research/pdfs/memcons_telcons/1991-12-13-Yeltsin.pdf.

52. Baker, *The Politics of Diplomacy*, pp. 564–5.

53. Summary of Baker-Kozyrev talk; handwritten notes taken at 16 December 1991 meeting with Foreign Minister Kozyrev, Moscow. NSC Files, Burns and Hewett Files,

USSR Chronological File, 16 December 1991, OA/ID CFO 1407-016. GBPL; Baker, *The Politics of Diplomacy*, pp. 565–7.

54. Summary of Baker-Yeltsin talks. NSC Files, Burns-Hewett Files, USSR Chronological File, 16 December 1991, OA/ID CFO 1407-016, GBPL; Baker, The Politics of Diplomacy, pp. 569–71.

55. Baker's handwritten notes of 16 December 1991, Meeting with Yeltsin. James A. Baker III Papers, Box 176, Folder 28, Seeley Mudd Library, Princeton, NJ. 베이커는 회고록에서 자신의 기록을 살짝 다르게 제시하면서 고르바초프가 더 이상 핵무기를 통제하고 있지 않다는 사실을 교묘히 피해 갔다. Baker, The Politics of Diplomacy, p. 572.

56. Kozyrev in Aven and Kokh, *Revoliutsia Gaidara*, p. 273.

57. Jim Collins from the US Embassy in Moscow to the NSC, 6 December 1991, NSC Files, Burns and Hewett Files; USSR: Chronological Files, OA-ID CF01407-16, pp. 11–17, GBPL.

58. Memorandum of David Mulford to Michael Boskin, Robert Zoellick, Ed Hewett et al., 10 December 1991, NSC Files, Burns and Hewett Files; USSR: Chronological Files, OA-ID CF01407-16, pp. 2–5, GBPL.

59. 1991년 12월 11-13일 경제학자들과의 만남에 대한 러시아 측 기록은 https://yeltsin.ru/archive/paperwork/13145; economic checklist for Yeltsin, 15 December 1991, James A. Baker III Papers, Box 176, Folder 28, Seeley Mudd Library, Princeton University; 2020년 8월 9일 미하일 베른스탐이 저자에게 보낸 이메일.

60. Interview with Andrei Kozyrev in Aven and Kokh, Revoliutsia Gaidara, p. 274; 2021년 5월 24일 부르불리스와의 전화 인터뷰(저자).

61. 이 프로그램에 관한 더 자세한 설명은 Spohr, *Post Wall, Post Square*, pp. 471–7을 보라.

62. Baker, *The Politics of Diplomacy*, pp. 567, 577; Stepanov-Mamaladze notes, 17 December 1991, Stepanov-Mamaladze Papers, Box 3, Folder 31, HIA.

63. "Telephone conversation with President Boris Yeltsin of Russia," 13 December 1991, GBPL, at http://bushlibrary.tamu.edu/research/pdfs/memcons_telcons/1991-12-13-Yeltsin.pdf; Bush and Scowcroft, *A World Transformed*, p. 557.

64. Baker, *The Politics of Diplomacy*, p. 565; Palazhchenko, *Professia i vremia*, p. 359; the author's communication with Pavel Palazhchenko, 21 March 2021.

65. Baker, *The Politics of Diplomacy*, pp. 573–4.

66. Interview with Galina Starovoitova in the Ukrainian project "Rozpad Radyan'skoho Soyuzu," at http://oralhistory.org.ua/category/interview-ua/page/3. 이 대화의 날짜에 대해서는 주장이 엇갈린다. 스타로보이토바는 1991년 12월 19일이라고 말하지만 체르냐예프는 1991년 12월 15일로 기록한다. *Sovmestnyi iskhod*, p. 1,037; 갈리나 스타로보이토

바의 투표에 관해서는 2021년 5월 19일 저자가 그녀의 아들 플라톤과 그녀의 자매 올가와 나눈 전화 통화를 보라.

67. 스타로보이토바에 대한 고르바초프의 평가는 http://starovoitova.ru/?p=62.
68. http://ru-90.ru/content/стенограмма-заседания-правительства-рсфср-28-ноября-1991-года.
69. Adamishin's diary, 10, 12, 13, 19, 20, 22 December 1991, Adamishin Papers, HIA.
70. 위의 글, 22 December 1991; Kozyrev, *Firebird*, pp. 61–2; Stepanov's notes, 18 December 1991, Stepanov-Mamaladze Papers, Box 3, Folder 31, HIA; Yeltsin's decree on the MID, 18 December 1991, at https://yeltsin.ru/archive/act/33824.
71. Interview with Georgy Kunadze, 2 December 2017, at https://www.svoboda.org/a/28886758.html; Stepanov's notes, 19 December 1991, Stepanov-Mamaladze Papers, Box 3, Folder 31, HIA.
72. 행정명령들은 https://yeltsin.ru/archive/act/33826/; https://yeltsin.ru/archive/act/33832; https://yeltsin.ru/archive/act/33823/; https://yeltsin.ru/archive/act/33822; https://yeltsin.ru/archive/act/33825; *Raspad SSSR*, vol. 1, pp. 1,064–7; Kozyrev, *Firebird*, p. 56; Yakovlev, *Sumerki*, p. 507.
73. Braithwaite's diary, 19 December 1991; Kozyrev, *Firebird*, p. 57.
74. Braithwaite's diary, 20 December 1991; Kozyrev, *Firebird*, pp. 57–8; Yeltsin's letter on the UN to the US government, 20 December 1991, WHORM, CO 165, 320925, GBPL; Nezavisimaia gazeta, 19 December 1991, p. 3.
75. Baker, *The Politics of Diplomacy*, p. 583.
76. Kozyrev, *Firebird*, pp. 59–61; *Raspad SSSR*, vol. 1, p. 1,049.
77. Kozyrev, *Firebird*, pp. 60–1.
78. 고르바초프의 권좌에서에의 마지막 나날에 대한 매우 상세한 묘사는 Conor O'Clery, *Moscow, December 25, 1991: The Last Day of the Soviet Union* (Dublin: Transworld, 2011).
79. Yakovlev, *Sumerki*, p. 506.
80. Yeltsin, *Zapiski prezidenta*, p. 151; Yakovlev, *Sumerki*, p. 507.
81. Yakovlev, *Sumerki*, pp. 507–9.
82. 위의 책, p. 509.
83. 연설문은 Gorbachev, *Zhizn i reformy*, vol. 1, pp. 6–7.
84. O'Clery, *Moscow, December 25, 1991*, pp. 76–7, 133–5, 201–2.
85. 위의 책, pp. 26–7.
86. 위의 책, pp. 203–4; 고르바초프의 퇴임 연설은 http://www.nytimes. com/1991/12/26/world/end-of-the-soviet-union-text-of-gorbachev-s-farewell-address.html?pagewanted=all; interview with Igor Malashenko, 28 February 2018, at https://

thebell.io/mozhno-lyubit-mozhno-nenavidet-no-smeyatsya-nad-tsarem-neslyhanno-the-bell-publikuet-ne-vyhodivshee-ranshe-intervyu-igorya-malashenko.

87. Chernyaev, *Sovmestnyi iskhod*, p. 1,045.

88. Shakhnazarov, *Tsena svobody*, p. 350; Stepanov's notes, 25 December 1991, Stepanov-Mamaladze Papers, Box 3, Folder 31, HIA.

89. O'Clery, *Moscow, December 25, 1991*, pp. 231–4; Shaposhnikov, *Vybor*, diary entry of 25 December 1991.

90. Bush, *All the Best*, p. 543; Bush and Scowcroft, *A World Transformed*, pp. 559–62, 564; Palazhchenko, *My Years with Gorbachev and Shevardnadze*, pp. 364–6; "Telcon with Mikhail Gorbachev, President of the Soviet Union," 25 December 1991, GBPL, at http:// bushlibrary.tamu.edu/research/pdfs/memcons_telcons/1991-12-25-Gorbachev.pdf. On 'the stroke of a pen' see Colin L. Powell, My American Journey (New York: Ballantine Books, 2003), p. 546.

91. Plokhy, *The Last Empire*, pp. 381–2.

92. Bush and Scowcroft, *A World Transformed*, p. 563.

93. "Address to the Nation on the Commonwealth of Independent States," 25 December 1991, https://bush41library.tamu.edu/archives/public-papers/3791.

94. Kozyrev, *Firebird*, p. 58.

결론

1. Shakhnazarov, *Tsena svobody*, p. 212.
2. Steven Solnick, *Stealing the State* (Cambridge, MA: Harvard University Press, 1998), p. 4.
3. 러시아와 동유럽 엘리트들 간 비교, 대조는 Krastev and Holmes, *The Light That Failed*를 보라.
4. Braithwaite's diary, 1 January 1992.
5. Westad, *The Cold War: A Global History* (London: Allen Lane, 2017), p. 616.
6. Strobe Talbott, *The Great Experiment: The Story of Ancient Empires, Modern States, and the Quest for a Global Nation* (New York: Simon & Schuster, 2008), p. 275. Talbott's comments at the conference "U.S. Presidents Confront Russia: A Century of Challenge, 1917–2017," Miller Center for Public Affairs, University of Virginia, 10 December 2017 (the author's notes).
7. Spohr, *Post Wall, Post Square*, pp. 467–70.
8. Adam Tooze, *Crashed: How a Decade of Financial Crises Changed the World* (London: Viking, 2018). (애덤 투즈, 《붕괴》, 아카넷, 2019)

9. 인용문은 Massimo d'Azeglio, *I miei ricordi* (Florence: Barbera, 1898), p. 5를 보라.

10. https://data.worldbank.org/indicator/SP.DYN.LE00.IN?locations=RU; Nataliya Romashevskaya, "Poverty Trends in Russia: A Russian Perspective," in Jeni Klugman, ed., Poverty in Russia: Public Policy and Private Responses (Washington, DC: The World Bank, 1997), pp. 119–21.

11. Spohr, *Post Wall, Post Square*, p. 481.

12. 이러한 재고에 대한 짤막한 묘사는 Eric Shiraev and Vladislav Zubok, *Anti-Americanism in Russia: From Stalin to Putin* (New York: Palgrave Press, 2000); Vladislav Zubok, "Russia and the West: Twenty Difficult Years," in Geir Lundestad (ed.), *International Relations Since the End of the Cold War: New and Old Dimensions* (London: Oxford University Press, 2013), pp. 209–28을 보라. https://clinton.presidentiallibraries.us/items/ show/57569에서 기밀 해제된 옐친과 클린턴 대통령 간 대화도 보라.

13. 논쟁이 치열한 이 주제에 관해서는 이하를 보라. Mary Elise Sarotte, "A Broken Promise? What the West Really Told Moscow about NATO Expansion," *Foreign Affairs* 93:5 (September/October 2014); https://networks.h-net.org/node/28443/discussions/6590537/h-diploissf-policy-roundtable-xii-1-nato-expansion-retrospect.

14. Graham Allison, *Destined for War: Can America and China Escape Thucydides's Trap?* (Boston, MA: Mariner Books, 2017). (그레이엄 앨리슨, 《예정된 전쟁》, 세종서적, 2018)

15. https://www.nytimes.com/interactive/2018/11/18/world/asia/china-rules.html; https://www.nytimes.com/interactive/2018/11/25/world/asia/china-economy-strategy.html.

16. 이것들과 다른 문제들에 관해서는 Krastev and Holmes, *The Light That Failed*를 보라.

17. Artemy Kalinovsky, "The Gorbachev Predicament: How Obama's Political Challenges Resemble Gorbachev's," Foreign Affairs, 19 January 2011, at https://www.foreignaffairs.com/articles/2011-01-19/gorbachev-predicament.

참고문헌

1차 사료

러시아 연방

- Arkhiv Prezidentskogo Tsentra B. N. Yeltsina (AY) at: https://yeltsin.ru/archive/
- Rossiiskii Gosudarstvennyi Arkhiv Noveishei Istorii (RGANI), Moscow
- Materialy Prezidentskogo Soveta SSSR, f. 121, op. 3
- Materialy Gosudarstvennogo Soveta SSSR, f. 121, op. 3
- Materialy Soveta Federatsii SSSR, f. 121, op. 3
- State Archive of the Russian Federation (GARF), Moscow
- The Council of Ministers of the USSR, f. R5446, op. 163
- The Supreme Soviet of the RSFSR, f. 10026, op. 4
- The Supreme Soviet of the USSR, f. 9654, op. 7, 10
- The Archive of Alexander N. Yakovlev at https://www.alexanderyakovlev.org/fond/issues/73229
- The Archive of the Gorbachev Foundation
- The Archive of Yeltsin Center

우크라이나

- Tsentralny Derzhavnyi Archiv gromadyanskikh obiedinenii (TsDAGO), Kiev
- Materialy Obshchego Otdela Kommunisticheskoi Partii Ukrainy, f. 1, op. 32

영국

- The Archives of St Antony's College, Oxford
- The Anatoly Chernyaev Papers. The Politburo notes

미국

- George H. W. Bush Presidential Library (GBPL)
- Brent Scowcroft Collection
- Council of Economic Advisors
- Michael Boskin Files

- Memcons and Telcons
- NSC Files
- Nicholas Burns Files
- Nicholas Burns and Ed Hewett Files
- Condoleezza Rice Papers
- WHORM Files
- Hoover Institution Library & Archives (HIA), Stanford, CA
- A. L. Adamishin Papers
- Democratic Russia (Demokraticheskaia Rossiia) Papers
- John Dunlop Papers
- Hoover Institution and Gorbachev Foundation Collection
- Vitaly Katayev Papers
- Michael McFaul Collection
- Russian Archives project, Fond 89
- Teimuraz Stepanov-Mamaladze Papers
- The Center for Democracy (Allen Weinstein) Papers
- Zelikow and Rice Papers
- Mikhail S. Bernstam personal papers, Stanford University (now at the University of Notre Dame)
- National Security Archive (NSA), George Washington University, Washington, DC
- Russian and East European Archival Documents Database (READD-RADD Collection)
- Seeley G. Mudd Library (SML), Princeton University
- James A. Baker III Papers (JAB)
- Colby Papers
- Council of Foreign Relations meeting records
- Don Oberdorfer Papers

간행물

- Allison, Graham, and Grigory Yavlinsky. Window of Opportunity: The Grand Bargain for Democracy in the Soviet Union. New York: Pantheon Books, 1991.
- Gorbachev, Mikhail. Perestroika: New Thinking for Our Country and the World. New York: HarperCollins, 1987.
- Materialy ob'edinennogo plenuma Tsentralnogo komiteta i Tsentralnoi kontrolnoi komissii KPSS. Moscow: Izdatelstvo politicheskoi literatury, 1991.
- Raspad SSSR: Dokumenty i fakty (1986–1992 gg.), vol. 1 (Moscow: Walters Kluwer,

2009)

- Rumyantsev, O. G., ed., Iz istorii sozdaniia Konstitutsii Rossiiskoi Federatsii. Konstitutsionnaia komissiia: stenogrammy, materialy, dokumenty (1990 – 1993). Moscow: Wolters Kluwer. Fond Konstitutsionnykh reform, 2008 – 10.
- Sobraniie Sochinenii Mikhaila Sergeyevich Gorbacheva, vols. 1 – 28. Moscow: Ves Mir, 2008 – 18.
- "Supreme Soviet Investigation of the 1991 Coup: The Suppressed Transcripts," part I: Demokratizatsiya 3 no. 4 (Fall 1995): 411 – 50; (Winter 1996), 109 – 38; (Fall 1996), 603 – 22.
- V Politburo TsK KPSS . . . Po zapisiam A. Chernyaeva, V. Medvedeva, G. Shakhnazarova. 1985 – 1991. Moscow: Gorbachev-Fond, 2010.
- 2-a sessia Verkhovnogo Soveta RSFSR. Bulleten № 1. Sovmestnoe zasedanie Soveta Respubliki I Soveta Natsionalnostey. 3 sept. 1990. Stenografichesky otchet. Vol. 1. Moscow: Izdanie Verkhovnogo Soveta SSSR, 1991.
- 4-y s'ezd narodnykh deputatov SSSR. 17 – 27 ec. 1990. Stenografichesky otchet. Vol. 1. Moscow: Izdanie Verhovnogo Soveta SSSR, 1991.

출간된 회고록과 일기

- Abalkin, Leonid. Neispolzovannyi shans. Poltora goda v pravitelstve. Moscow: Izdatelstvo politicheskoi literatury, 1991.
- Adamishin, Anatoly. V raznyie gody. Vneshnepoliticheskie ocherki. Moscow: Ves Mir, 2016.
- Adamishin, Anatoly, and Richard Schifter. Human Rights, Perestroika, and the End of the Cold War. Washington, DC: United States Institute of Peace Press, 2009.
- Aven, Pyotr, and Alfred Kokh, Revoliutsia Gaidara. Istoriia reform 90-kh iz pervykh ruk (Moscow: Alpina, 2013).
- Bakatin, Vadim. Izbavlenie ot KGB. Moscow: Novosti, 1992.
- Baker, James A. The Politics of Diplomacy: Revolution, War, and Peace, 1989 – 1992. New York: G. P. Putnam's Sons, 1995.
- Baklanov, Oleg. Kosmos—sud'ba moia. Zapiski iz "Matrosskoi tishiny," vol. 1. Moscow: Obshchestvo sokhraneniia literaturnogo naslediia, 2014.
- Boldin, Valery. Krushenie piedestala. Shtrikhi k portretu M.S. Gorbacheva. Moscow: Respublika, 1995.
- Bush, George, and Brent Scowcroft. A World Transformed. New York: Knopf, 1998.
- Chernyaev, Anatoly. Shest Let s Gorbachevym. Po dnevnikovym zapisiam. Moscow:

Progress-Kultura, 1993.

- Chernyaev, Anatoly. My Six Years with Gorbachev. Moscow: Progress, 1993.
- Chernyaev, Anatoly. Sovmestnyi iskhod. Dnevnik dvukh epokh 1972–1991 gody. Moscow: ROSSPEN, 2008.
- Fyodorov, Boris. 10 bezumnykh let. Pochemu v Rossii ne sostoialis reformy. Moscow: Kollektsiia Sovershenno Sekretno, 1999.
- Gates, Robert M. From the Shadows: The Ultimate Insider's Story of Five Presidents and How They Won the Cold War. New York: Simon & Schuster, 1996.
- Gorbachev, Mikhail. Zhizn i reformy, vols. 1 and 2. Moscow: Novosti, 1995.
- Gorbacheva, Raisa. I Hope. New York: HarperCollins, 1991.
- Granin, D. A. Prichudy moiei pamiati. St Petersburg: Tsentpoligraf, 2010.
- Isakov, Vladimir. Predsedatel soveta respubliki. Parlamentskie dnevniki 1990 goda. Ekaterinburg: Uralskii rabochii, 1997.
- Kalugin, Oleg. Spymaster: My Thirty-Two Years in Intelligence and Espionage against the West. New York: Basic Books, 2009.
- Khasbulatov, Ruslan. Poluraspad SSSR. Kak razvalili sverkhderzhavu. Moscow: Yauza Press, 2011.
- Kokh, Alfred, and Igor Svinarenko. A Crate of Vodka, trans. Antonina W. Bouis. New York: Enigma Books, 2009.
- Kozhokin, Yevgeny. "Mysli o pervom S'ezde narodnykh deputatov RSFSR," in O. G. Rumyantsev, ed., Iz istorii sozdaniia Konstitutsii Rossiiskoi Fedratsii, vol. 6. Moscow: Wolters Kluwer. Fond Konstitutsionnykh reform, 2010, pp. 820–3.
- Kozyrev, Andrei. Firebird: The Elusive Fate of Russian Democracy. Pittsburgh, PA: University of Pittsburgh Press, 2019.
- Kryuchkov, Vladimir. Lichnoie delo, vols. 1 and 2. Moscow: Olimp, 1996.
- Lebed, Alexander. Za derzhavu obidno. Moscow: Moskovskaia Pravda, 1995.
- Lieven, Anatol, and Victor Kogan-Jasnyi. Baltiiskoie otrazheniie. Vospominania o nekotorykh sobytiiakh 1988–93 gg. Moscow: Grazhdanskaia preemstvennost, 2016.
- Ligachev, Yegor. Inside Gorbachev's Kremlin, introduction by Stephen F. Cohen. New York: Westview Press, 1996.
- Matlock, Jack. Autopsy on an Empire. New York: Random House, 1995.
- Onikov, Leon. KPSS: anatomiia raspada. Moscow: Respublika, 1996.
- Palazhchenko, Pavel. My Years with Gorbachev and Shevardnadze: The Memoir of a Soviet Interpreter. University Park, PA: Pennsylvania State University Press, 1997.
- Pankin, Boris. Sto oborvannykh dnei. Moscow: Sovershenno sekretno, 1993.

- Pavlov, Valentin. Upushchen li shans? Finansovyi kliuch k rynku. Moscow: Terra, 1995.
- Petrakov, Nikolai. Russkaia ruletka. Ekonomicheskii eksperiment tsenoiu 150 millionov zhiznei. Moscow: Ekonomika, 1998.
- Prokofiev, Yuri. Do i posle zapreta KPSS. Pervyi sekretar MGK KPSS vspominaet. Moscow: Algoritm, Eksmo, 2005.
- Ryzhkov, Nikolai. Perestroika: Istoriia predatelstv. Moscow: Novosti, 1993.
- Ryzhkov, Nikolai. Desiat' let velikikh potriasenii. Moscow: Kniga. Prosveshcheniie. Miloserdiie, 1996.
- Sakharov, Andrei. Trevoga i nadezhda. Vol. 2. Stat'i, pis'ma, vystupleniia, interview, 1986 – 1989. Moscow: Vremia, 2006.
- Sell, Louis. From Washington to Moscow: US-Soviet Relations and the Collapse of the USSR. Durham, NC: Duke University Press, 2016.
- Shakhnazarov, Georgy. Tsena svobody. Moscow: Rossika Zevs, 1993.
- Shebarshin, Leonid. Ruka Moskvy: zapiski nachalnika sovetskoi razvedki. Moscow: Tsentr-100, 1992.
- Sitarian, S. A. Uroki budushchego. Moscow: Ekonomicheskaia gazeta, 2010.
- Sukhanov, Lev. Kak Yeltsin stal prezidentom. Zapiski pervogo pomoshchnika. Moscow: Eksmo, 2011.
- Vorotnikov, Vitaly. A bylo eto tak . . . Iz dnevkika chlena Politbiuro TsK KPSS. Moscow: Sovet veteranov knigoizdaniia, 1995.
- Yakovlev, Alexandr N. Sumerki. Moscow: Materik, 2005.
- Yeltsin, Boris. Prezidentskiy marafon. Razmyshleniya, vospominaniya, vpechatleniya. Moscow: AST, 2000.
- Yeltsin, Boris. The Struggle for Russia. New York: Crown Books, 1994.
- Zotov, M. S. Ia—bankir. Ot Stalina do Putina. Moscow: RUSAKI, 2004.

미출간 일기와 회고록

- Adamishin, Anatoly, Diaries.
- Braithwaite, Rodric, Diary.
- Stepanov-Mamaladze, Teimuraz, Diary and Notes.

인터뷰, 대화, 이메일

- James A. Baker III, Washington, 2013.
- Oleg Baklanov, Moscow, 1997.
- Mikhail Bernstam, Stanford, 2013 – 20.

- Michael Boskin, Stanford, 2013.
- Rodric Braithwaite, London, 2014 – 19.
- Gennady Burbulis, by phone, 2020.
- Anatoly Chernyaev, Moscow, 1995 – 2001.
- Alexander Drozdov, Moscow, 2020.
- Francis Fukuyama, Stanford, 2013.
- Mikhail Gorbachev, Moscow, 1995.
- Andrei Kokoshin, Moscow, 2019.
- Yevgeny Kozhokin, Moscow, 2017.
- Vladimir Lukin, Moscow, 2017.
- Jack Matlock, Washington, 2007 – 14.
- Michael McFaul, Stanford, 2013.
- William Odom, Washington, 2000 – 1.
- Pavel Palazhchenko, Moscow, 2021.
- Alexei Pankin, Moscow, 2020.
- Rudolf Pikhoia, Moscow, 2018.
- Condoleezza Rice, Stanford, 2013.
- George Schultz, Stanford, 2013.
- Georgy Shakhnazarov, Moscow, Oslo, Jachranka, 1995 – 2000.
- Eduard Shevardnadze, Tbilisi, 1999.
- Strobe Talbott, Charlottesville, 2017.
- Sergey Tarasenko, Moscow i.a., 1998 – 2001.
- Grigory Yavlinsky, Moscow, 2016.
- Philip Zelikow, Charlottesville, 2017.
- Robert B. Zoellick, Washington, 1998; Charlottesville, 2017.
- Andrei B. Zubov, Moscow, 2017.

출간, 미출간 인터뷰집

- Collection of interviews by Oleg Skvortsov, Institute of General History, Moscow.
- Collection of interviews by the Gorbachev Foundation – Stanford University project, HIA Karaulov, Andrei. Vokrug Kremlia. Moscow: Slovo, 1993.
- Ryzhkov, Nikolai. "Esli by Andropov dol'she prozhil," at https://lenta.ru/articles/2020/04/23/35/?f\-bclid=IwAR00Uocg8CZYJyrQgxdnZo8jkbqY_t8dBXEAOX7IVM3JbvyuRXJ3VvHs2NQ.
- Volsky, Arkady. "Chetyre genseka," Kommersant, no. 169, 12 September 2006, at: https://

www.kommersant.ru/doc/704123.

2차 사료

도서

- Adomeit, Hannes. Imperial Overstretch: Germany in Soviet Policy from Stalin to Gorbachev. Baden-Baden: Nomos, 1998.
- Albats, Yevgenia. The State within a State. New York: Farrar, Straus and Giroux, 1999.
- Andreiev Nikolai. Zhizn Gorbacheva. Moscow, MA: Dobroie delo, 2016.
- Aron, Leon. Boris Yeltsin: A Revolutionary Life. New York: HarperCollins, 2000.
- Bakatin, Vadim, Izbavlenie ot KGB. Moscow: Novosti, 1992.
- Balzer, Harvey, ed. Five Years that Shook the World: Gorbachev's Unfinished Revolution. Boulder, CO: Westview Press, 1991.
- Beissinger, Mark R. Nationalist Mobilization and the Collapse of the Soviet State. Cambridge: Cambridge University Press, 2002.
- Beschloss, Michael R., and Strobe Talbott. At the Highest Levels: The Inside Story of the End of the Cold War. Boston: Little, Brown, 1993.
- Bozo, Frédéric. Mitterrand, the End of the Cold War, and German Unification. Oxford: Berghahn Books, 2010.
- Breslauer, George W. Gorbachev and Yeltsin as Leaders. New York: Cambridge University Press, 2002.
- Brown, Archie. The Gorbachev Factor. Oxford and New York: Oxford University Press, 1996.
- Brown, Archie. Seven Years that Changed the World: Perestroika in Perspective. Oxford: Oxford University Press, 2007.
- Brown, Archie. The Rise and Fall of Communism. New York: HarperCollins, 2009.
- Brudny, Yitzhak M. Reinventing Russia: Russian Nationalism and the Soviet State, 1953–1991. Cambridge, MA: Harvard University Press, 1998.
- Bunce, Valerie. Subversive Institutions: The Design and the Destruction of Socialism and the State. Cambridge: Cambridge University Press, 1999.
- Cohen, Stephen F., and Katrina van den Heuvel. Voices of Glasnost: Interviews with Gorbachev's Reformers. New York: W. W. Norton, 1989.
- Colton, Timothy J. Yeltsin: A Life. New York: Basic Books, 2011.
- Cox, Michael, ed. Rethinking the Soviet Collapse: Sovietology, the Death of Communism

and the New Russia. London: Pinter, 1998.

- Crowley, Monica. Nixon in Winter. New York: Random House, 1998.
- Daniels, Robert. The Rise and Fall of Communism in Russia. New Haven, CT: Yale University Press, 2007.
- Derluguian, Georgi M. Bourdieu's Secret Admirer in the Caucasus: The World-System Biography. Chicago, IL: Chicago University Press, 2005.
- Dobbs, Michael. Down with Big Brother: The Fall of the Soviet Empire. New York: Alfred A. Knopf, 1997. (마이클 돕스,《1991》, 모던아카이브, 2020)
- Dunlop, John. The Rise of Russia and the Fall of the Soviet Empire. Princeton, NJ: Princeton University Press, 1993.
- Ellman, Michael, and Vladimir Kontorovich. The Destruction of the Soviet Economic System: An Insider's History. London: Routledge, 1998.
- English, Robert D. Russia and the Idea of the West: Gorbachev, Intellectuals, and the End of the Cold War. New York: Columbia University Press, 2000.
- Foglesong, David S. The American Mission and the "Evil Empire." New York: Cambridge University Press, 2007.
- Fowkes, Ben. The Disintegration of the Soviet Union: A Study in the Rise and Triumph of Nationalism. London: Macmillan, 1997.
- Furman, Dmitry. Nashi Desiat Let. Politicheskii protsess v Rossii s 1991 po 2001 god. Moscow-St Petersburg: Letnii Sad, 2001.
- Gaidar, Yegor. Collapse of an Empire: Lessons for Modern Russia, trans. Antonina W. Bouis. Washington, DC: Brookings Institution, 2007.
- Gaidar, Yegor. V dni porazhenii i pobed. Moscow: Vagrius, 1996.
- Garcelon, Marc. Revolutionary Passage: From Soviet to Post-Soviet Russia. Philadelphia, PA: Temple University Press, 2005.
- Garthoff, Raymond L. Soviet Leaders and Intelligence: Assessing the American Adversary during the Cold War. Washington, DC: Georgetown University Press, 2015.
- Goldgeier, James, and Michael McFaul. Power and Purpose: U.S. Policy Toward Russia after the Cold War. Washington, DC: Brookings Institution Press, 2003.
- Grachev, Andrei S. Gorbachev. Moscow: Vagrius, 2001.
- Grachev, Andrei S. Gorbachev's Gamble: Soviet Foreign Policy and the End of the Cold War. Cambridge: Polity, 2008.
- Hahn, Gordon M. Russia's Revolution from Above, 1985–2000: Reform, Transition and Revolution in the Fall of the Soviet Communist Regime. New Brunswick, NJ: Transaction, 2002.

- Hoffman, David E. The Oligarchs: Wealth and Power in the New Russia. New York: Public Affairs, 2011.
- Hoffman, David E. The Dead Hand: The Untold Story of the Cold War Arms Race and its Dangerous Legacy. New York: Anchor Books, 2010.
- Johnson, Juliet. A Fistful of Rubles: The Rise and Fall of the Soviet Banking System. Ithaca, NY: Cornell University Press, 2000.
- Kotkin, Stephen. Armageddon Averted: The Soviet Collapse, 1970 – 2000. New York: Oxford University Press, 2008 (updated edition).
- Kotkin, Stephen, and Jan Tomasz Gross. Uncivil Society: 1989 and the Implosion of the Communist Establishment. New York: Modern Library, 2009.
- Kotz, David M., and Fred Weir. Revolution from Above: The Demise of the Soviet System. New York: Routledge, 1997.
- Krotov, Nikolai. Istoriia sovetskoi bankovskoi reformy 80-h gg. XX v. vol. 1. Spetsbanki. Moscow: Ekonomicheskaia letopis, 2008.
- Lévesque, Jacques. The Enigma of 1989: The USSR and the Liberation of Eastern Europe, trans. Keith Martin. Berkeley, CA: University of California Press, 1997.
- Lewin, Moshe. The Soviet Century. London: Verso, 2005.
- Lukin, Alexander. The Political Culture of Russian "Democrats." Oxford: Oxford University Press, 2000.
- Marples, David R. The Collapse of the Soviet Union, 1985 – 1991. New York: Pearson Education Ltd, 2004.
- Matthews, Arthur H. Agents of Influence: How the Krieble Institute Brought Democratic Capitalism to the Former Soviet Empire. Washington, DC: Krieble Institute of the Free Congress Foundation, 1995.
- Medvedev, Roy. Boris Yeltsin. Narod i vlast v kontse XX veka. Iz nabliudenii istorika. Moscow: Vremia, 2011.
- Medvedev, Vadim. V komande Gorbacheva: vzgliad iznutri. Moscow: Bylina, 1994.
- Miller, Chris. The Struggle to Save the Soviet Economy: Mikhail Gorbachev and the Collapse of the USSR. Chapel Hill, NC: University of North Carolina Press, 2016.
- Mlechin, Leonid. Yuri Andropov. Posledniaia nadezhda rezhima. Moscow: Tsentrpoligraph, 2008.
- Morgan, Michael Cotey, The Final Act: The Helsinki Accords and the Transformation of the Cold War. Princeton, NJ: Princeton University Press, 2018.
- Oberdorfer, Don. From the Cold War to a New Era: The United States and the Soviet Union, 1983 – 1991. Baltimore, MD: Johns Hopkins University Press, 1998.

- O'Clery, Conor. Moscow, December 25, 1991: The Last Day of the Soviet Union. New York: Random House, 2012.
- O'Connor, Kevin, Intellectuals and Apparatchiks: Russian Nationalism and the Gorbachev Revolution. New York: Lexington Books, Rowman & Littlefield, 2006.
- Odom, William. The Collapse of the Soviet Military. New Haven, CT, and London: Yale University Press, 1998.
- Ostrovsky, Alexander. Glupost ili izmena? Rassledovaniie gibeli SSSR. Moscow: Krymskii most, 2011.
- Ostrovsky, Arkady. The Invention of Russia: The Rise of Putin and the Invention of Fake News. London: Penguin, 2017.
- Park, Andrus. End of an Empire? A Conceptualization of the Soviet Disintegration Crisis, 1985 – 1991. Tartu, Estonia: University of Tartu Press, 2009.
- Pikhoia, Rudolph. Sovetskii Soiuz: istoriia vlasti. 1945 – 1991. Moscow: RAGS, 1998.
- Pleshakov, Constantine. There Is No Freedom Without Bread! 1989 and the Civil War That Brought Down Communism. New York: Farrar, Straus, and Giroux, 2009.
- Plokhy, Serhii. The Last Empire: The Final Days of the Soviet Union. New York: Basic Books, 2014.
- Pryce-Jones, David. The War That Never Was: The Fall of the Soviet Empire, 1985 – 91. London: Weidenfeld and Nicolson, 1995.
- Radchenko, Sergey. Unwanted Visionaries: The Soviet Failure in Asia at the End of the Cold War. New York: Oxford University Press, 2014.
- Reddaway, Peter, and Dmitri Glinski. The Tragedy of Russia's Reforms: Market Bolshevism against Democracy. Washington, DC: United States Institute of Peace, 2001.
- Remnick, David. Lenin's Tomb: The Last Days of the Soviet Empire. New York: Random House, 1993.
- Sakwa, Richard. Gorbachev and his Reforms, 1985 – 1990. London: Philip Allan, 1990.
- Savranskaya, Svetlana, Thomas Blanton, and Vladislav Zubok, eds. Masterpieces of History: The Peaceful End of the Cold War in Europe, 1989. Budapest: Central European University Press, 2010.
- Savranskaya, Svetlana, and Thomas Blanton, eds. The Last Superpower Summits: Reagan, Gorbachev and Bush at the End of the Cold War. Budapest: Central European University Press, 2016.
- Senn, Alfred. Gorbachev's Failure in Lithuania. New York: St. Martin's Press, 1995.
- Service, Robert. The End of the Cold War, 1985 – 1991. London: Macmillan, 2015.
- Sheinis, Viktor. Vlast i zakon. Politika i konstitutsii v Rossii v XX – XXI vekakh. Moscow:

Mysl, 2014.

- Sheinis, Viktor. Vzlet i padeniie parlamenta: Perlomnyie gody v rossiiskoi politike (1985 – 1991). Moscow Carnegie Center, Fond INDEM, 2005.
- Simes, Dimitri K. After Collapse: Russia Seeks Its Place as a Great Power. New York: Simon & Schuster, 1999.
- Solnick, Steven. Stealing the State: Control and Collapse in Soviet Institutions. Cambridge, MA: Harvard University Press, 1998.
- Spohr, Kristina. Post Wall, Post Square: Rebuilding the World After 1989. New York: William Collins, 2019.
- Spohr, Kristina Readman. Germany and the Baltic Problem After the Cold War: The Development of a New Ostpolitik, 1989 – 2000. London: Routledge, 2004.
- Stepankov, Valentin. GKChP: 73 chasa, kotorye izmenili mir. Moscow: Vremia, 2011.
- Stepankov, Valentin, and E. Lisov. Kremlevskii zagovor. Moscow: Ogonek, 1992
- Strayer, Robert. Why Did the Soviet Union Collapse? Understanding Historical Change. New York: M. E. Sharpe, Inc., 1998.
- Suny, Ronald Grigor. The Revenge of the Past: Nationalism, Revolution, and the Collapse of the Soviet Union. Stanford, CA: Stanford University Press, 1993.
- Sutela, Pekka. Economic Thought and Economic Reform in the Soviet Union. Cambridge: Cambridge University Press, 1991.
- Talbott, Strobe. The Great Experiment: The Story of Ancient Empires, Modern States, and the Quest for a Global Nation. New York: Simon & Schuster, 2008.
- Taubman, William. Gorbachev: His Life and Times. New York: Simon & Schuster, 2017.
- Tinguy, Anne de, ed. The Fall of the Soviet Empire. New York: Columbia University Press, 1998.
- Tolz, Vera, and Iain Elliot, eds. The Demise of the USSR: From Communism to Independence. London: Palgrave Macmillan, 1995.
- Vahter, Tarmo. Estonia: Zharkoie leto 91-go. Avgustovskii putch i vozrozhdenie nezavisimosti. Tallinn: Eesti Ekspress, 2012.
- Volkov, Vadim. Violent Entrepreneurs: The Use of Force in the Making of Russian Capitalism. Ithaca, NY: Cornell University Press, 2002.
- Walker, Edward W. Dissolution: Sovereignty and the Breakup of the Soviet Union. New York: Rowman & Littlefield, 2003.
- Watson, William E. The Collapse of Communism in the Soviet Union. Westport, CT: Greenwood, 1998.
- Westad, Odd Arne. The Cold War: A Global History. London: Allen Lane, 2017.

- Wilson, James. The Triumph of Improvisation: Gorbachev's Adaptability, Reagan's Engagement, and the End of the Cold War. Ithaca, NY: Cornell University Press, 2015.
- Woodruff, David. Money Unmade: Barter and the Fate of Russian Capitalism. Ithaca, NY: Cornell University Press, 1999.
- Yurchak, Alexei. Everything Was Forever, Until It Was No More: The Last Soviet Generation. Princeton, NJ: Princeton University Press, 2006. (알렉세이 유르착,《모든 것은 영원했다, 사라지기 전까지는》, 문학과지성사, 2019)
- Zaal, von, Yuliya. KSZE-Prozess und Perestroika in der Sowjetunion: Demokratisierung, Werteumbruch und Auflösung. Munich: Oldenburg Wissenschaftsverlag, 2014.
- Zelikow, Philip, and Condoleezza Rice. Germany Unified and Europe Transformed: A Study in Statecraft. Cambridge, MA: Harvard University Press, 1997.
- Zezina, M. R., O. G. Malysheva, F. V. Malkhozova, and R. G. Pikhoia. Chelovek peremen. Issledovaniie politicheskoi biografii B. N. Yeltsina. Moscow: Novyi Khronograf, 2011.
- Zubok, Vladislav M. A Failed Empire: The Soviet Union in the Cold War from Stalin to Gorbachev. Chapel Hill, NC: University of North Carolina Press, 2009. (블라디슬라프 주보크,《실패한 제국》, 아카넷, 2017)
- Zubok, Vladislav M. Zhivago's Children: The Last Russian Intelligentsia. Cambridge, MA: Belknap Press, 2009.
- Zubok, Vladislav M. The Idea of Russia: The Life and Work of Dmitry Likhachev. London: I. B. Tauris, 2016.

논문

- Bonnell, Victoria, and Gregory Freidin. "Televorot: The Role of Television Coverage in Russia's August 1991 Coup," Slavic Review 52:4 (Winter 1993), pp. 810-38.
- Brown, Archie. "The National Question, the Coup, and the Collapse of the Soviet Union," in Alastair Kocho-Williams, ed., The Twentieth-Century Russia Reader. New York: Routledge, 2011, pp. 291-310.
- Brubaker, R. "Nationhood and the National Question in the Soviet Union and Post-Soviet Eurasia: An Institutionalist Account," Theory and Society 23 (1994), pp. 47-78.
- Cohen, Stephen F. 'Was the Soviet System Reformable?' Slavic Review 63:3 (2004), pp. 459-88.
- Dunlop, John B. "The August 1991 Coup and its Impact on Soviet Politics," Journal of Cold War Studies 5:1 (2003), pp. 94-127.
- Evangelista, Matthew. "Norms, Heresthetics, and the End of the Cold War," Journal of Cold War Studies 3:1 (Winter 2001), pp. 5-35.

- Geoghegan, Kate. "A Policy in Tension: The National Endowment for Democracy and the U.S. Response to the Collapse of the Soviet Union," Diplomatic History 42:5 (2018), pp. 771 – 801.
- Hanson, Stephen E. "Gorbachev: The Last True Leninist Believer?" in Daniel Chirot, ed., The Crisis of Leninism and the Decline of the Left: The Revolutions of 1989. Seattle, WA: University of Washington Press, 1991.
- Kramer, Mark. "The Reform of the Soviet System and the Demise of the Soviet State," Slavic Review 63:3 (2004), pp. 505 – 12.
- Kramer, Mark. "The Demise of the Soviet Bloc," Europe-Asia Studies 63:9 (November 2011), pp. 1,535 – 90.
- Lieven, Dominic. "Western Scholarship on the Soviet Regime," Journal of Contemporary History 29:2 (1994).
- Muiznieks, Nils R. "The Influence of the Baltic Popular Movements on the Process of Soviet Disintegration," Europe-Asia Studies 47:1 (1995), pp. 3 – 25.
- Pravda, Alex. "The Collapse of the Soviet Union 1990 – 1991," in The Cambridge History of the Cold War, vol. III. Cambridge: Cambridge University Press, 2010.
- Rey, Marie-Pierre. "'Europe is our common home': A Study of Gorbachev's Diplomatic Concept," Cold War History 4:2 (2004), pp. 33 – 65.
- Rowley, David. "Interpretations of the End of the Soviet Union: Three Paradigms," Kritika 2:2 (2001), pp. 395 – 426.
- Scarborough, Isaac. "(Over)determining Social Disorder: Tajikistan and the Economic Collapse of Perestroika," Central Asian Survey 35:3 (2016), pp. 439 – 63.
- Shlykov, Vitaly. "Chto pogubilo Sovetskii Soiuz? Amerikanskaia razvedka o sovetskykh voiennykh dokhodakh," Voennyi vestnik 8 (2001), pp. 2 – 40.
- Shlykov, Vitaly. "Chto pogubilo Sovetskii Soiuz? Genshtab i ekonomika," Voennyi vestnik 9 (2002), pp. 5 – 191.
- Soiuz mozhno bylo sokhranit: Belaia kniga: Dokumenty i fakty o politike M. S. Gorbacheva po reformirovaniiu i sokhraneniiu mnogonatsional'nogo gosudarstva. Moscow: Izdatel'stvo AST, 2007. For an electronic copy at the site of the Gorbachev Foundation, see https://www.gorby.ru/userfiles/union_could_be_saved.pdf.
- Taylor, Brian D. "The Soviet Military and the Disintegration of the USSR," Journal of Cold War Studies 5:1 (2003), pp. 17 – 66.
- Tuminez, Astrid S. "Nationalism, Ethnic Pressures, and the Breakup of the Soviet Union," Journal of Cold War Studies 5:4 (Fall 2003), pp. 81 – 136.
- Wallander, Celeste A. "Western Policy and the Demise of the Soviet Union," Journal of

Cold War Studies 5:4 (2003), pp. 137 – 77.

- Zlotnik, Marc. "Yeltsin and Gorbachev: The Politics of Confrontation," Journal of Cold War Studies 5:1 (2003), pp. 128 – 64.
- Zubok, Vladislav. "With His Back Against the Wall: Gorbachev, Soviet Demise, and German Reunification," Cold War History 14:4 (2014), pp. 619 – 45.
- Zubok, Vladislav. "Gorbachev, German Reunification, and Soviet Demise," in Frederic Bozo, Andreas Roedder, and Mary Sarotte, eds., German Unification: A Multinational History. New York: Routledge, 2016, pp. 88 – 108.
- Zubok, Vladislav. "The Collapse of the Soviet Union," in Juliana Furst, Silvio Pons, and Mark Selden, eds., The Cambridge History of Communism, vol. III, Endgames? Late Communism in Global Perspective, 1968 to the Present. Cambridge: Cambridge University Press, 2017.
- Zubok, Vladislav. "The Soviet Union and China in the 1980s: Reconciliation and Divorce," Cold War History 17:2 (Spring 2017), pp. 121 – 41.
- Zubok, Vladislav. "Intelligentsia as a Liberal Concept in Soviet History, 1945 – 1991," in Riccardo Cucciolla, ed., Dimensions and Challenges of Russian Liberalism: Historical Drama and New Prospects. Cham, Switzerland: Springer, 2019, pp. 45 – 62.
- Zweynert, Joachim. "Economic Ideas and Institutional Change: Evidence from Soviet Economic Discourse, 1987 – 1991," Europe-Asia Studies 58:2 (2006), pp. 169 – 92.

학위 논문

- Bergmane, Una. "French and US Reactions Facing the Disintegration of the USSR: The Case of the Baltic States (1989 – 1991)," Sciences Po, Paris, 2016.
- Cucciolla, Riccardo. "The Crisis of Soviet Power in Central Asia: The Uzbek 'Cotton Affair' (1975 – 1991)," PhD Dissertation, IMT School for Advanced Studies, Lucca, 2017.
- Geoghegan, Kate. "The Specter of Anarchy, the Hope of Transformation: The Role of Non-State Actors in the U.S. Response to Soviet Reform and Disunion, 1981 – 1996," University of Virginia, Charlottesville, 2015.
- Scarborough, Isaac. "The Extremes it Takes to Survive: Tajikistan and the Collapse of the Soviet Union, 1985 – 1992," London School of Economics and Political Sciences, 2018.

찾아보기

ㄱ

ㄷ

ㄹ

ㅅ

ㅇ

ㅈ

ㅊ

ㅋ

ㅌ

ㅍ

ㅎ

소련 붕괴의 순간

오늘의 러시아를 탄생시킨 '정치적 사고'의 파노라마

초판 1쇄 인쇄 2025년 3월 7일
초판 1쇄 발행 2025년 3월 26일

지은이 블라디슬라프 M. 주보크
옮긴이 최파일
펴낸이 최순영

출판2 본부장 박태근
지식교양 팀장 송두나
편집 송두나
디자인 김태수
교정교열 한홍

펴낸곳 ㈜위즈덤하우스 **출판등록** 2000년 5월 23일 제13-1071호
주소 서울특별시 마포구 양화로 19 합정오피스빌딩 17층
전화 02) 2179-5600 **홈페이지** www.wisdomhouse.co.kr

ISBN 979-11-7171-375-2 93920